MICHEL®

CEPT-Katalog 2015

SCHWANEBERGER VERLAG GMBH

Bewertungshinweise

In diesem Katalog gelten für ungebrauchte Marken (1. Preisspalte) Postfrisch-Notierungen ✱✱. Marken mit Falz ✱ bedingen Preisermäßigungen. Die Preise der 2. Preisspalte gelten für gestempelte Marken ⊙. Die FDC-Notierungen gelten für Marken auf Ersttagsbrief, d. h. am ersten Tag der Frankaturgültigkeit abgestempelte Briefe oder Karten.

Alle Preisnotierungen sind Richtwerte auf Euro-Basis (€) und beinhalten die deutschen Steuern und Abgaben. Sie gelten, sofern bei einzelnen Sammelgebieten oder Ausgaben nicht ausdrücklich anders angegeben, für Marken in einwandfreier Qualität. Einzelheiten und Ausnahmen sind am Beginn der jeweiligen Katalogkapitel bzw. bei einzelnen Ausgaben dargestellt. Einzelne Marken aus Sätzen können teurer sein als die Notierung im Katalog. Gravierende Preisänderungen nach Redaktionsschluss werden in der MICHEL-Rundschau angezeigt.

Als Grundlage für die Ermittlung der Preisnotierungen dienten Verkaufspreislisten des Briefmarkenhandels und Arbeitsvorlagen von Sammlern sowie (Bundes-)Arbeitsgemeinschaften im In- und -Ausland.

ASCAT Internationaler Verband der Herausgeber von Briefmarkenkatalogen

BDPh MICHEL – vom Bund Deutscher Philatelisten empfohlen

BPP MICHEL – vom Bund Philatelistischer Prüfer e.V. empfohlen

ISBN 978-3-95402-096-6

E-Mail: europa1@michel.de
Internet: http://www.michel.de oder
http://www.briefmarken.de

Satz: Gerber Media Service GmbH, Ohmstr. 1, 85716 Unterschleißheim

Druck: Kessler Druck + Medien, Michael-Schäffer-Str. 1, 86399 Bobingen

Vorwort

Der vorliegende Katalog umfasst nicht nur die CEPT-Gemeinschaftsausgaben einschließlich der Vorläufer seit 1949, sondern auch viele thematisch zugehörige Markenausgaben aus den Sammelgebieten NATO, EFTA und KSZE sowie die französischen Dienstmarken des Europarates und die Skandinavien-Gemeinschaftsausgaben und die sogenannten Europa-Ausgaben (Sympathie- oder Mitläuferausgaben).

Der Schwerpunkt der Katalogbearbeitung lag, neben der Aufnahme von zwei Jahrgängen an Neuheiten, auf einer umfassenden Revision der Preisnotierungen. Bei allen Ländern und allen enthaltenen Sammelgebieten steigen die Notierungen der seit der Jahrtausendwende erschienenen Marken stetig an, was sicherlich auf das Fehlen einschlägiger Lagerposten zurückzuführen ist. Die Addition der kompletten Jahrgänge bis einschließlich 2012 ergibt im Vergleich zur vorhergehenden Katalogauflage einen ansehnlichen Zuwachs von rund 600 € bei postfrischen und immerhin rund 400 € bei gestempelten Marken.

Ausgeprägte Preisbewegungen gab es bei den höher bewerteten Europa- und KSZE-Ausgaben ehemaliger Ostblockstaaten aus der Zeit zwischen 1970 und 1990. Steigende Tendenzen verzeichnen besonders auch kleinauflagige Marken der Nachfolgestaaten im Raum des ehemaligen Jugoslawiens. Neben der Preisbearbeitung wurden im MICHEL-CEPT-Katalog 2015 auch Bogenkonfigurationen und Ganzsachenkatalogisierungen eingefügt.

In diesem Katalog sind alle bis einschließlich Heft 11/2014 der MICHEL-Rundschau katalogisierten Neuheiten enthalten. Um keine der nachfolgenden Ausgaben zu verpassen und den Katalog aktuell zu halten, empfiehlt sich ein Abonnement der MICHEL-Rundschau ab Heft 12/2014.

Der Dank der Redaktion gilt allen Prüfern, Sammlern und Händlern, die mit ihrer wertvollen Mitarbeit, mit Ergänzungs- und Verbesserungsvorschlägen und der Überlassung von Preislisten zum Gelingen des MICHEL-CEPT-Kataloges 2015 beigetragen haben.

Unseren Lesern wünschen wir viel Freude bei der Beschäftigung mit der „europäischen“ Philatelie und dem vorliegenden Katalog.

Schwaneberger Verlag
Redaktion

Abkürzungen und Zeichenerklärungen

Abkürzungen der Druckverfahren:

Bdr. = Buchdruck
Hfdr. = Heißfoliendruck
Odr. = Offsetdruck
Pdr. = Prägedruck
RaTdr. = Rastertiefdruck
Rdr. = Reliefdruck
Stdr. = Steindruck
StTdr. = Stichtiefdruck

Abkürzungen der Farbenbezeichnungen:

dkl' = dunkel-	Gr = grüner Aufdruck
lebh' = lebhaft-	Gra = grauer Aufdruck
mfg. = mehrfarbig	K = karminer Aufdruck
schwärzl' = schwärzlich	Ku = kupferner Aufdruck
	L = lila Aufdruck
Bl = blauer Aufdruck	Or = oranger Aufdruck
Br = brauner Aufdruck	R = roter Aufdruck
Bz = bronzener Aufdruck	S = schwarzer Aufdruck*)
G = goldener Aufdruck	Si = silberner Aufdruck
Gb = gelber Aufdruck	V = violetter Aufdruck

*) Wenn nicht anders angegeben, ist die Aufdruckfarbe immer schwarz.

Andere Abkürzungen und Abkürzungszeichen:

Platten, Typen und Trennungsarten:

Pl = Platte
T = Type
gez. = gezähnt
gest. = gestanzt
K = Kammzähnung
Ks = Kastenzähnung
L = Linienzähnung
Shz. = Sicherheitszähnung
~ = Zähnung richtungsvertauscht
⬚ = durchstochen
□ = geschnitten
U = ungezähnt
Ul = links ungezähnt
Ur = rechts ungezähnt
Uo = oben ungezähnt
Uu = unten ungezähnt
Us = senkrecht ungezähnt
Uw = waagerecht ungezähnt
Udr = dreiseitig ungezähnt
Uzw = zweiseitig ungezähnt
UMs = waagerechtes Paar, Mitte ungezähnt
UMw = senkrechtes Paar, Mitte ungezähnt

Wasserzeichen:

oWz. = ohne Wasserzeichen (Bezeichnung nur in Sonderfällen)
Wz. = Wasserzeichen

Gummierung:

(✶) = ungebraucht ohne Gummi oder mit Teilgummi
✶ = ungebraucht mit Originalgummi (Falz)
✶✶ = ungebraucht mit Originalgummi (postfrisch)
o. G. = ohne Gummi

Entwertungen:

⊙ = mit Poststempel entwertet
〰 = Federzugentwertung
⊗ = fiskalische Entwertung
⊘ = Abstempelung zu philatelistischen Zwecken
○ = Lochentwertung
Ⓢ = (ausgabebezogener) Sonderstempel
Ⓣ = Tagesstempel

Fälschungen:

FALSCH = Fälschungen (Teilfälschungen) vorkommend (zum Schaden der Sammler)
⊜ = Falschstempel vorkommend, Stempelprüfung erforderlich
PFä = Fälschungen zum Schaden der Post

Aufdrucke:

= Aufdruck normalstehend
(DD) = doppelter Aufdruck bzw. auch Doppeldruck
(DK) = doppelter Aufdruck, davon einer kopfstehend
(K) = kopfstehender Aufdruck
= schräger Aufdruck nach links oben
= schräger Aufdruck nach links unten
= schräger Aufdruck nach rechts oben
= schräger Aufdruck nach rechts unten

Briefe und Briefstücke:

⊠ = Marke auf Bedarfsbrief, -Postkarte, Paketkarte oder Drucksache, bei Flugpostmarken auf Flugpostbrief oder -karte
▷ = Marke auf Briefstück
◪ = schräg halbiert vorkommend
◧ = senkrecht halbiert vorkommend
⬓ = waagerecht halbiert vorkommend
FDC = Ersttagsbrief

Verschiedenes:

Ak = Ankündigungskarton
AkB = Ankündigungsblatt mit Druckvermerk
Bl. = Block
Br l/u = Bogenrand links/unten
DD = doppelter (Auf-)Druck bzw. Doppelprägung
DDD = Dreifachaufdruck bzw. Dreifachdruck
DZ = Drucker(ei)zeichen
EB = Erinnerungsblatt
ETB = Ersttagsblatt
F = Fehldruck, Fehlfarbe oder Fehlverwendung
G = Druck auf der Gummiseite
HAN = Hausauftragsnummer
H-Bl. = Heftchenblatt
Hz = Herzstück
K (⊔⊓) = Kehrdruckpaar
KZ = Kehrdruckpaar mit Zwischensteg
L = Leerfeld bzw. anhängendes gez. Feld mit Bogenrandbedruckung
MH = Markenheftchen
MHB = Markenheftchenbogen
MK = Maximumkarte
NA = Neuauflage
ND = amtlicher Neudruck
Nachdr. (N) = Nachdruck
Neudr. (N) = privater Neudruck
P = Plattendruck oder Probedruck
Pa = auf geklebter Papierbahn
Papier fl. = fluoreszierendes Papier
Papier ph. = phosphoreszierendes Papier
PF = Plattenfehler
PH = Phasendruck
Pl.-Nr. = Plattennummer
POL = POL-Lochung
R = Rollendruck oder Rollenmarke
RWZ = Reihenwertzahl
S = Seite, Sonderdruck oder Schwarzdruck
s. = siehe
SD = Schwarzdruck
SZ = senkrechter Zusammendruck mit Zwischensteg
V = Vorlagedruck oder Versuchsdruck
W = Walzendruck oder waager. Zusammendruck
Wst. = Wertstempel
WZ = waagerechter Zusammendruck mit Zwischensteg
Zd = Zusammendruck
Zf = Zierfeld
ZS = Zwischenstegpaar (senkrecht)
ZW = Zwischenstegpaar (waagerecht)
E = Entwurf
GA = es gibt Ganzsache mit bildgleichem Wertstempel
S = Stich
= Marke erscheint unter der UV-Lampe …
□□ = Doppelstück (2 Marken zusammenhängend)
□□□ = Dreierstreifen (3 Marken zusammenhängend)
□□/□□, ⊞ = Viererblock
–,– = kein Preisansatz möglich
✈ = Flugpostmarke
~ = Bogenkonfiguration richtungsvertauscht

Hinweise für den Katalog-Benutzer

Prüfungen und Begutachtungen von Briefmarken oder Feststellungen, ob es sich eventuell um Abarten handelt, sowie Recherche von Katalognummern auf Sammlerwunsch etc. sind der Redaktion aus Zuständigkeits- bzw. Zeitgründen nicht möglich. Für unverlangt eingesandte Briefsendungen und Markenvorlagen wird keinerlei Haftung übernommen. Vor Einsendung geprüfter Marken halten Sie bitte kurz telefonische Rücksprache mit der Redaktion.

Alle Zuschriften, auch E-Mails, Fax etc., werden aufmerksam gelesen, aber nicht immer beantwortet. Anfragen, die ausschließlich im eigenen Interesse gestellt werden, beantworten wir in aller Regel nur dann, wenn Rückporto (Ausland Antwortschein) beiliegt.

Vor Einsendung von geprüften Markenvorlagen bitten wir Sie, sich zu überlegen, ob Ihre beabsichtigte Meldung für den MICHEL-Europa-Katalog auch wirklich geeignet ist. Wir empfehlen Ihnen darüberhinaus, die unter dem Titel „MICHEL-Abartenführer“ beim Fachhandel vorliegende „Anleitung zur Bestimmung von Abarten, Abweichungen und Fehlern auf Briefmarken“ zu Rate zu ziehen. Aus dieser kleinen Broschüre können Sie alle wichtigen Informationen zum Thema Abarten entnehmen.

Sollten Sie Irrtümer, Satz- oder Druckfehler entdecken, bitten wir Sie, uns diese mitzuteilen. Sie tragen so dazu bei, dass wir diese Fehler für die nächste Auflage korrigieren können. Für Ihre Mithilfe bedanken wir uns bereits an dieser Stelle.

Sie erleichtern uns die Arbeit, wenn Sie Hinweise auf Fehler, Vorschläge und Anfragen getrennt von der übrigen Korrespondenz auf einseitig beschriebenen Blättern einsenden.

Vergessen Sie bitte in Ihrem eigenen Interesse nie, auf Ihrem Schreiben deutlich Ihren Namen und Ihre genaue Anschrift mit Postleitzahl, nach Möglichkeit auch Ihre telefonische Erreichbarkeit anzugeben.

Ein Anruf in der Redaktion ist meist der einfachste und schnellste Weg. Tel.-Nr. 0 89/3 23 93-3 48.

Vorläuferausgaben

Belgien

1953, 26. Okt. Büro der europäischen Jugend. StTdr. (6×5); gez. K 12½.

uz) Allegorische Darstellung symbolisiert das vereinte Europa

976	80 C + 20 C grün	uz	5,—	3,—
977	2.50 Fr + 1 Fr karmin	uz	30,—	20,—
978	4 Fr + 1.50 Fr dunkelblau	uz	30,—	22,—
	Satzpreis (3 W.)		65,—	45,—
	FDC			100,—

Auflage: 145 266 Sätze

Gültig bis 30.9.1954

Berlin (West)

1950, 1. Okt. Eröffnung der Deutschen Industrieausstellung, Berlin; Marshallplan (European Recovery Program). StTdr. (10×5); Wz. 2; gez. K 13¾:14.

t) Riese Atlas trägt die Weltkugel

71	20 (Pf) lebhaftbräunlichkarmin	t	100,—	40,—
	amtl. FDC			140,—

71 Y mit fehlerhaftem Wz. (fehlender Ring) .... *4000,— 6000,—*

MiNr. 71 in Lilabraun ist Probedruck.

Auflage: 1 000 000 Stück, davon 11 500 auf amtl. FDC

Gültig bis 30.6.1951

Deutschland

1955, 5. Okt. Europäische Fahrplankonferenz, Wiesbaden. Odr. (10×5); Wz. 5; gez. K 13¾:14.

cp) Signal „Freie Fahrt", schematische Darstellung von Schienenwegen

219	20 (Pf) lebhaftorangerot/schwarz	cp	10,—	3,—
	FDC			80,—

Auflage: 10 000 000 Stück

Gültig bis 31.12.1956

Frankreich

1952, 31. Mai. Tagung des Europarates, Straßburg. StTdr.; gez. K 13.

tn) Das Haus Europas auf dem Platz Le Nôtre

942	30 Fr russischgrün	tn	8,50	7,50
	FDC			45,—

Auflage: 2 155 000 Stück

Griechenland

1951, 20. Sept. Freimarken: Wiederaufbau der Industrie und Landwirtschaft mit Hilfe des Marshall-Planes. StTdr. Wz. 2; gez. 13:13½.

fr) Industriewerk und Gott Hephaistos

fs) Delphin und Dreizack

ft) Restaurierung eines antiken Tempels

fu) Traktor und Demeter, Göttin der Fruchtbarkeit

fv) Heimarbeiterinnen beim Weben

fw) Landkarte mit Lage der elektr. Kraftanlagen

582	700 Dr orangegelb	fr	5,—	0,50
583	800 Dr blaugrün	fs	7,50	0,50
584	1300 Dr grünblau	ft	10,—	0,50
585	1600 Dr oliv	fu	30,—	0,50
586	2600 Dr violettgrau	fv	80,—	2,50
587	5000 Dr purpur	fw	100,—	0,50
	Satzpreis (6 W.)		220,—	5,—
	FDC			*1500,—*

Auflagen: MiNr. 582 = 24 362 185, MiNr. 583 = 4 253 943, MiNr. 584 = 5 001 932, MiNr. 585 = 4 860 608, MiNr. 586 = 2 788 298, MiNr. 587 = 3 799 435 Stück

Gültig bis 16.2.1958

Italien

1949, 30. Mai. Marshallplan (ERP). RaTdr. (10×5); Wz. 3; gez. K 14.

nb) Arbeiter vor Schiffsbug

774	5 L graugrün	nb	7,50	6,—
775	15 L violett	nb	30,—	22,—
776	20 L sepia	nb	95,—	25,—
	Satzpreis (3 W.)		130,—	50,—
	FDC			170,—

Zwischenstegpaare:

774 ZW–776 ZW .... 3 Paare *1500,— 1500,—*

Auflage: 2 000 000 Sätze

Gültig bis 31.12.1949

Als Grundlage für die Ermittlung von Preisnotierungen dienten Verkaufspreislisten des Briefmarkenhandels und Arbeitsvorlagen von Arbeitsgemeinschaften sowie Sammlern im In- und Ausland.

Luxemburg

1951, 25. Okt. Europäische Einigung. RaTdr.; gez. K 11½.

dl) Wirtschaftlicher und sozialer Fortschritt durch ein geeintes Europa

dm) Die Wahrung der Menschenrechte durch ein geeintes Europa

dn) Der Frieden durch ein geeintes Europa

478	80 C	dunkelgrün/grünlich	dl	12,—	12,—
479	1 Fr	bläulichviolett/grauviolett	dm	6,—	0,70
480	2 Fr	blaugrau/schwarzviolett	dn	30,—	0,70
481	2.50 Fr	weinrot/ocker	dl	30,—	25,—
482	3 Fr	braun/hellchromgelb	dm	50,—	38,—
483	4 Fr	kobaltblau/grünlichgrau	dn	100,—	50,—
		Satzpreis (6 W.)		220,—	120,—
		FDC			250,—

Auflage: 200 000 vollständige Sätze

Gültig bis 31.12.2002

1956, 10. Aug. Vier Jahre Montanunion. StTdr.; gez. K 11:11½, Hochformat ~.

fh) Güterwagen, Hüttenwerk, Bessemerbirne, Umrisse der Schumanplan-Länder

fi) Breitflanschträger mit Karte Europas, darüber Türme Luxemburgs

fk) 6 geschlossene Kettenglieder, mit Grubenlampe verbunden

552	2 Fr	braunrot	fh	32,—	0,50
553	3 Fr	dunkelblau	fi	32,—	28,—
554	4 Fr	dunkelgrün	fk	6,—	5,—
		Satzpreis (3 W.)		70,—	32,—
		FDC			36,—

Auflagen: MiNr. 552 = 1 000 000, MiNr. 553 = 300 000, MiNr. 554 = 500 000 Stück

Gültig bis 31.12.2002

Saarland

1950, 8. Aug. Aufnahme des Saarlandes in den Europarat. RaTdr. (5×5 + 5×5); gez. K 13½.

du) Buch, Erdkugel, Schriftband

dv) Buch, Erdkugel, Friedenstaube, Schriftband

297	25 Fr	dunkelviolettultramarin	du	45,—	15,—

Flugpostmarke

298	200 Fr	dunkelbraunrot	dv	180,—	310,—
		Satzpreis (2 W.)		220,—	320,—
		FDC			1900,—

Zwischenstegpaare:

297 ZW	150,—	160,—
298 ZW	600,—	1200,—

Bei MiNr. 297–298 gibt es große Farbschwankungen.

Auflagen: MiNr. 297 = 1 260 000 Stück, MiNr. 298 = 162 240 Stück

Gültig bis 31.8.1952

Triest – Zone A

1949, 15. Juni. Marshallplan (ERP). Schwarzer Aufdruck Type VII.

67	5 L	graugrün	(774)	10,—	5,—
68	15 L	violett	(775)	10,—	12,—
69	20 L	sepia	(776)	10,—	8,—
		Satzpreis (3 W.)		30,—	25,—
		FDC			110,—

MiNr. 67 ist mit kopfstehendem Aufdruck bekannt.

Auflage: 200 000 Sätze

Gültig bis 31.12.1949

Türkei

1954, 8. Aug. 5 Jahre Europarat. Odr.; gez. L 11.

ml) Allegorische Darstellung: Wirtschaftliche Entwicklung

mm) Allegorische Darstellung: Gerechtigkeit und Frieden

1391	10 K	braun	ml	5,—	5,—
1392	15 K	russischgrün	mm	3,—	3,—
1393	20 K	ultramarin	mm	3,—	3,—
1394	30 K	bläulichviolett	ml	20,—	20,—
		Satzpreis (4 W.)		30,—	30,—
		FDC			450,—

Auflagen: MiNr. 1391 = 110 000, MiNr. 1392 = 150 000, MiNr. 1393 = 140 000, MiNr. 1394 = 100 000 Stück

Gültig bis 31.12.1955

Prüfungen und Prüfordnung

Der beste Schutz gegen den Erwerb falscher oder minderwertiger Marken ist der Einkauf im guten Fachgeschäft. In Zweifelsfällen ist die Hinzuziehung eines Experten angebracht.

Prüfordnung. Die von den Spitzenverbänden der Sammler und Händler anerkannten Experten für Marken, Abstempelungen und Erhaltung prüfen nach einheitlichen Richtlinien, die jeder Philatelist kennen sollte.

Ergänzend sei hier nochmals darauf hingewiesen, dass der Verlag der MICHEL-Kataloge keine Markenprüfungen vornimmt.

Gemeinschaftsausgaben

Länder mit einem Stern nach dem Landesnamen waren oder sind keine Mitglieder der CEPT bzw. POST EUROP.

1956

Belgien

1956, 15. Sept. Europa. StTdr. (6 × 5); gez. K 11½.

xa) „EUROPA“ hinter Stahlrohrgerüst, Europafahne

1043	2 Fr	grün	xa	3,—	0,20
1044	4 Fr	violett	xa	15,—	0,50
			Satzpreis (2 W.)	18,—	0,60
			FDC		14,—

Gedenkblatt der belgischen Post mit
MiNr. 1043–1044 □ (nicht frankaturgültig) .... 36,—

Auflagen: 5 258 000 Sätze

Deutschland

1956, 15. Sept. Europa. StTdr. (10 × 5); Wz. 5; gez. K 14.

dm) „EUROPA“ hinter Stahlrohrgerüst, Europafahne

241	10 (Pf)	schwärzlichgrün	dm	1,—	0,20
242	40 (Pf)	dunkelblau	dm	9,—	1,30
			Satzpreis (2 W.)	10,—	1,50
			FDC		45,—

241 Z Wz. seitenverkehrt .... *7000,— 4000,—*

MiNr. 241–242 gibt es mit starken Formatunterschieden.

Auflagen: MiNr. 242 = 68 000 000, MiNr. 243 = 28 000 000 Stück

Gültig bis 30.6.1951

Frankreich

1956, 15. Sept. Europa. MiNr. 1104 Bdr., gez. K 13½:14; MiNr. 1105 StTdr., gez. K 13.

aax) „EUROPA“ hinter Stahlrohrgerüst, Europafahne

1104	15 Fr	lilarosa/braunkarmin	aax	3,—	0,30
1105	30 Fr	kobalt/violettblau	aax	7,—	1,20
			Satzpreis (2 W.)	10,—	1,50
			FDC		35,—

Auflagen: MiNr. 1104 = 43 500 000, MiNr. 1105 = 13 300 000 Stück

Italien

1956, 15. Sept. Europa. RaTdr. (10 × 5); Wz. 4; gez. K 14.

ue) „EUROPA“ hinter Stahlrohrgerüst, Europafahne

973	25 L	dunkelgrün	ue	2,—	0,30
974	60 L	dunkelgraublau	ue	13,—	1,30
			Satzpreis (2 W.)	15,—	1,50
			FDC		17,—

Zwischenstegpaare:

973 ZW–974 ZW .... 2 Paare *500,— 500,—*

Auflagen: MiNr. 973 = 50 000 000, MiNr. 974 = 15 000 000 Stück

Gültig bis 31.12.1957

Luxemburg

1956, 15. Sept. Europa. StTdr.; gez. K 13.

fl) „EUROPA“ hinter Stahlrohrgerüst, Europafahne

555	2 Fr	schwarzgraubraun/schwarz	fl	*200,—*	0,50
556	3 Fr	hellbräunlichrot/rot	fl	*90,—*	75,—
557	4 Fr	lebhaftgrünlichblau/schwarzblau	fl	*10,—*	5,—
			Satzpreis (3 W.)	*300,—*	80,—
			FDC		120,—

Auflagen: MiNr. 555 = 1 145 000, MiNr. 556 = 425 000, MiNr. 557 = 745 000 Stück

Gültig bis 31.12.2002

Niederlande

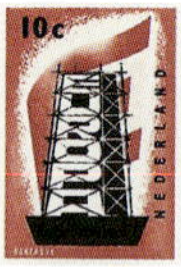

1956, 15. Sept. Europa. RaTdr.; gez. K 12¾:14.

nm) „EUROPA“ hinter Stahlrohrgerüst, Europafahne

683	10 C	braunrot/schwarz	nm	1,—	0,30
684	25 C	hellblau/schwarz	nm	34,—	2,70
			Satzpreis (2 W.)	35,—	3,—
			FDC		55,—

Auflagen: MiNr. 683 = 44 517 700, MiNr. 684 = 5 339 500 Stück

Gültig bis 31.12.1957

Als Grundlage für die Ermittlung von Preisnotierungen dienten Verkaufspreislisten des Briefmarkenhandels und Arbeitsvorlagen von Arbeitsgemeinschaften sowie Sammlern im In- und Ausland.

1957

Belgien

1957, 16. Sept. Europa. StTdr. (6×5); gez. K 11½.

xy) Sechs Kornähren vor Querschnitt einer Metallbrücke, Kohlenhalde und Fabrikschornsteinen

1070	2 Fr	braunviolett	xy	1,—	0,20
1071	4 Fr	violettultramarin	xy	4,—	0,60
		Satzpreis (2 W.)		5,—	0,80
		FDC			7,—

Zwei Gedenkblätter der belgischen Post mit jeweils MiNr. 1070–1071 □ (nicht frankaturgültig) und Inschriften in französisch (links) und flämisch (unten) bzw. flämisch (links) und französisch (unten) . . . . je 25,—

Beide Blätter gibt es auch mit Aufdruck „5.10.58“ und Krone.

Auflagen: MiNr. 1070 = 6 436 000, MiNr. 1071 = 2 708 000 Stück

Deutschland

1957, 16. Sept. Europa. Komb. Odr. und Pdr. (5×10); v = geriffelter, w = glatter Gummi; oWz.; gez. K 14.

eg) Baum

268	10 (Pf)	schwärzlicholivgrün/ helltürkisblau	eg		
v		geriffelter Gummi		0,50	0,20
w		glatter Gummi		2,—	—,—
269 v	40 (Pf)	violettultramarin/ helltürkisblau	eg	5,50	0,50
		Satzpreis (2 W.)		6,—	0,70
		FDC			17,—

268 U	ungezähnt	*400,—*	*400,—*
268 Ur	rechts ungezähnt	*750,—*	—,—

Auflagen: MiNr. 268 und 294 zusammen 60 000 000, MiNr. 269 = 25 000 000 Stück

Gültig bis 31.12.1959

1958, Aug. Europa (1957). Komb. Odr. und Pdr. (5×10); Wz. 5; gez. K 14.

eg) Baum

294	10 (Pf)	schwärzlicholivgrün/ helltürkisblau	eg	8,—	14,—

294 F Prägedruck (Baum) fehlend . . . . *1300,—* —,—

Nachdem MiNr. 268 versehentlich in ganz geringen Mengen auf Wasserzeichenpapier gedruckt worden war, ließ die Deutsche Bundespost eine größere Menge mit Wz. nachdrucken.

Auflagen: MiNr. 268 und 294 zusammen 60 000 000 Stück

Gültig bis 31.12.1959

Frankreich

1957, 16. Sept. Europa. StTdr.; gez. K 13.

acp) Zwei Hände mit Zahnrad, Olivenzweigen und Ähre

1157	20 Fr	braun/grün	acp	1,—	0,50
1158	35 Fr	braun/grünlichblau	acp	1,50	1,50
		Satzpreis (2 W.)		2,50	2,—
		FDC			15,—

Auflagen: MiNr. 1157 = 12 630 000, MiNr. 1158 = 9 335 000 Stück

Italien

1957, 16. Sept. Europa. Odr. (10×5); Wz. 4; MiNr. 992 gez. K 14, MiNr. 993 gez. K 13½:13.

up) Buchstabe „E“ aus den Flaggen der Mitgliedstaaten der EWG

992	25 L	mehrfarbig	up	1,—	0,30
993	60 L	mehrfarbig	up	8,—	0,90
		Satzpreis (2 W.)		9,—	1,—
		FDC			8,—

Zwischenstegpaare:

992 ZW–993 ZW . . . . 2 Paare *450,—* *450,—*

Auflagen: MiNr. 992 = 18 625 000, MiNr. 993 = 10 800 000 Stück

Gültig bis 31.12.1958

Luxemburg

1957, 16. Sept. Europa. StTdr.; gez. K 12½:12.

fy) Symbolische Darstellung

572	2 Fr	lilabraun	fy	5,—	0,50
573	3 Fr	braunrot	fy	100,—	25,—
574	4 Fr	purpur	fy	100,—	25,—
		Satzpreis (3 W.)		200,—	50,—
		FDC			75,—

Auflagen: MiNr. 572 = 1 070 000, MiNr. 573 = 380 000, MiNr. 574 = 417 500 Stück

Gültig bis 31.12.2002

Niederlande

1957, 16. Sept. Europa. RaTdr.; gez. K 12¾:14.

of) Schaufelförmiger, sechszackiger Stern sowie Blatt- und Fruchtmotiv

704	10 C	schwarz/lebhaftviolettultramarin	of	1,—	0,30
705	30 C	dkl'grün/lebhaftviolettultramarin	of	4,—	2,20
		Satzpreis (2 W.)		5,—	2,50
		FDC			12,—

Auflagen: MiNr. 704 = 32 542 250, MiNr. 705 = 3 743 800 Stück

Gültig bis 31.12.1958

Saarland

1957, 16. Sept. Europa. Komb. Odr. und Pdr. (5×10); gez. K 14:13¾.

ha) Baum

402	20 Fr	dunkelorange/ mittelorangegelb	ha	0,80	1,30
403	35 Fr	dunkelbläulichviolett/ hellrosa	ha	1,20	1,80
		Satzpreis (2 W.)		2,—	3,—
		FDC			8,—

Angeblich einfarbige Exemplare von MiNr. 403 sind durch Witterungseinflüsse ausgeblichene Stücke.

Auflagen: MiNr. 402 = 1 832 220, MiNr. 403 = 1 517 231 Stück

Gültig bis 5.7.1959

Schweiz

1957, 15. Juli/1958. Europa. StTdr. (5×10); x = dickes, nicht durchscheinendes Papier (0,10 mm und mehr), y = dünnes, leicht durchscheinendes Papier; gez. K 11¾.

ri) Siebenadriges Seil, Sinnbild europäischer Gemeinschaft

646	25 (C)	dunkelrosa . . . . ri			
x		dickes Papier (15.7.1957)		1,—	7,—
y		dünnes Papier (1958)		—,—	0,90
647	40 (C)	blau . . . . ri			
x		dickes Papier (15.7.1957)		3,50	8,—
y		dünnes Papier (1958)		—,—	0,90
			Satzpreis x (2 W.)	4,50	15,—
			Satzpreis y (2 W.)	—,—	1,80
			FDC x (deutsch)		70,—
			FDC x (französisch)		75,—
			FDC x (italienisch)		140,—

Auflagen: MiNr. 646 = 25 530 000, MiNr. 647 = 25 376 000 Stück

1958

Belgien

1958, 13. Sept. Europa. RaTdr. (6×5); gez. K 11½.

zr) Stilisierte Taube über Buchstabe „E“

1117	2.50 Fr	zinnober/dunkelblau . . . . zr	1,—	0,30
1118	5 Fr	lebhaftultramarin/rot . . . . zr	4,—	0,40
		Satzpreis (2 W.)	5,—	0,70
		FDC		3,—

Gedenkblatt der belgischen Post mit MiNr. 1117–1118 □ (nicht frankaturgültig) . . . . 100,—

Auflagen: MiNr. 1117 = 11 438 610, MiNr. 1118 = 3 439 512 Stück

Deutschland

1958, 13. Sept. Europa. Odr. (10×5); Wz. 5; gez. K 14.

fg) Stilisierte Taube über Buchstabe „E“

295	10 (Pf)	dunkelgelblichgrün/ hellkobalt (Töne) . . . . fg	0,50	0,30
296	40 (Pf)	lebhaftkobalt/mittelrot . . . . fg	4,—	0,50
		Satzpreis (2 W.)	4,50	0,80
		FDC		16,—
		amtl. Sonderblatt mit Ⓢ		50,—

Amtliches Sonderblatt der Deutschen Bundespost, Format 208×148 mm, wurde für 0,60 DM am 13., 14. und 15.9.1958 auf 13 Bonner Postämtern mit aufgeklebten Marken verkauft.

296 Udr	nur unten gezähnt (40 Stück bekannt)	750,—	—,—

Auflagen: MiNr. 295 = 100 000 000, MiNr. 296 = 27 000 000 Stück

Gültig bis 31.12.1960

Frankreich

1958, 13. Sept. Europa. StTdr.; gez. K 13.

aes) Stilisierte Taube über Buchstabe „E“

1210	20 Fr	rot . . . . aes	1,—	0,30
1211	35 Fr	kornblumenblau . . . . aes	1,—	0,70
		Satzpreis (2 W.)	2,—	1,—
		FDC		4,50

Auflagen: MiNr. 1210 = 19 805 000, MiNr. 1211 = 9 210 000 Stück

Italien

1958, 13. Sept. Europa. RaTdr. (10×5); Wz. 4; gez. K 14.

vl) Stilisierte Taube über Buchstabe „E“

1016	25 L	orangerot/blau vl	0,50	0,50
1017	60 L	blau/orangerot vl	1,50	1,50
		Satzpreis (2 W.)	2,—	2,—
		FDC		4,—

Zwischestegpaare:

1016 ZW–1017 ZW	. . . . 2 Paare	*60,—*	*60,—*

Auflagen: MiNr. 1016 = 50 000 000, MiNr. 1017 = 15 000 000 Stück

Gültig bis 31.12.1959

Die Preisnotierungen in den MICHEL-Katalogen gelten für Marken in einwandfreier Qualität. Bei gezähnten Marken muss die Zähnung allseits vollständig sein, bei geschnittenen Marken darf der Schnitt das Markenbild nicht berühren. Postfrische Erhaltung setzt vollkommen unberührte Gummierung voraus, Marken mit Falz dürfen nur einen sauberen Erstfalz haben. Gestempelte Marken sollen eine saubere und möglichst lesbare Abstempelung haben.

Lesen Sie dazu auch die Einführung.

Luxemburg

1958, 13. Sept. Europa. Odr.; gez. K 12½:13.

gh) Stilisierte Taube über Buchstabe „E“

590	2.50 Fr	dunkelrosakarmin/türkisblau	gh	0,30	0,30
591	3.50 Fr	blaugrün/gelborange	gh	1,—	0,40
592	5 Fr	türkisblau/dunkelrosakarmin	gh	1,20	0,80
		Satzpreis (3 W.)		2,50	1,50
		FDC			2,—

Auflagen: MiNr. 590 = 2 010 000, MiNr. 591 = 765 000, MiNr. 592 = 777 500 Stück

Gültig bis 31.12.2002

Niederlande

1958, 13. Sept. Europa. Odr.; gez. K 12¾:14.

os) Stilisierte Taube über Buchstabe „E“

718	12 C	orangerot/hellkobalt	os	0,50	0,30
719	30 C	hellblau/karminrot	os	1,50	0,70
		Satzpreis (2 W.)		2,—	1,—
		FDC			4,50

Auflagen: MiNr. 718 = 48 798 050, MiNr. 719 = 4 494 350 Stück

Gültig bis 31.12.1959

Saarland

1958, 13. Sept. Europa. Odr. (10×5); Wz. 2; gez. K 13¾:14.

hu) Stilisierte Taube über Buchstabe „E“

439	12 Fr	dunkelgelblichgrün/ kobalt (Töne)	hu	0,70	1,20
440	30 Fr	lebhaftkobalt/mittelrot	hu	0,90	1,80
		Satzpreis (2 W.)		1,60	3,—
		FDC			7,—
		amtl. Sonderblatt mit Ⓢ			40,—

Amtliches Sonderblatt der Deutschen Bundespost, Format 208×148 mm, mit aufgeklebten (im DM-Währungsgebiet nicht frankaturgültigen) Saarland-Marken und Bonner Sonderstempel wie Abbildung am 13., 14. und 15.9.1958 verkauft.

Auflagen: MiNr. 439 = 1 982 869, MiNr. 296 = 1 557 151 Stück

Gültig bis 5.7.1959

Türkei

1958, 10. Okt. Europa. Odr.; gez. L 11.

sr) Baumstumpf mit jungem Reis und Wort AVRUPA (Europa)

1610	25 (K)	blauviolett/lebhaftviolett	sr	0,30	0,30
1611	40 (K)	violettblau/lebhaftultramarin	sr	0,70	0,70
		Satzpreis (2 W.)		1,—	1,—
		FDC			3,—
1610 F		karmin/hellkarmin		—,—	—,—

Auflage: 4 000 000 Sätze

Gültig bis 31.12.1960

1959

Belgien

1959, 19. Sept. Europa. RaTdr. (6×5); gez. K 11½.

aax) Sechsgliedrige Kette mit dem Wort „EUROPA“

1164	2.50 Fr	bräunlichkarmin	aax	1,—	0,30
1165	5 Fr	dunkelblaugrün	aax	1,50	0,30
		Satzpreis (2 W.)		2,50	0,50
		FDC			4,—

Gedenkblatt der belgischen Post mit MiNr. 1164–1165 □ (nicht frankaturgültig) .... 100,—

Auflagen: MiNr. 1164 = 5 981 000, MiNr. 1165 = 2 275 000 Stück

Deutschland

1959, 19. Sept. Europa. Odr. (10×5); Wz. 5; gez. K 14.

gd) Sechsgliedrige Kette mit dem Wort „EUROPA“

320	10 (Pf)	(dunkel)grünoliv	gd	0,40	0,20
321	40 (Pf)	indigo	gd	1,60	0,50
		Satzpreis (2 W.)		2,—	0,70
		FDC			7,—
320 U		ungezähnt		300,—	
320 Uu		unten ungezähnt		450,—	

Auflagen: MiNr. 320 = 90 000 000, MiNr. 321 = 25 000 000 Stück

Gültig bis 31.12.1961

Frankreich

1959, 19. Sept. Europa. StTdr.; gez. K 13.

agm) Sechsgliedrige Kette mit dem Wort „EUROPA“

1262	25 Fr	grün	agm	1,—	0,50
1263	50 Fr	blauviolett	agm	1,50	1,—
		Satzpreis (2 W.)		2,50	1,50
		FDC			4,50

Auflagen: MiNr. 1262 = 10 000 000, MiNr. 1263 = 8 500 000 Stück

Italien

1959, 19. Sept. Europa. RaTdr. (8×8); Wz. 4; gez. K 14.

ww) Sechsgliedrige Kette mit dem Wort „EUROPA“

1055	25 L	dunkeloliv	ww	0,30	0,30
1056	60 L	indigo	ww	0,30	0,30
			Satzpreis (2 W.)	0,50	0,50
			FDC		4,—

Zwischenstegpaare:

1055 ZW–1056 ZW . . . . 2 Paare *25,—* *25,—*

MiNr. 1055–1056 wurden jeweils im Bogen zu 60 Marken und 4 Zierfeldern (Feld 1, 2, 9 und 10) gedruckt.

Auflagen: MiNr. 1055 = 50 000 000, MiNr. 1056 = 15 000 000 Stück

Gültig bis 31.12.1960

Luxemburg

1959, 19. Sept. Europa. Odr.; gez. K 12¾:14.

gu) Sechsgliedrige Kette mit dem Wort „EUROPA“

609	2.50 Fr	braunoliv	gu	2,—	0,50
610	5 Fr	schwarzblau	gu	2,—	1,50
			Satzpreis (2 W.)	4,—	2,—
			FDC		2,50

Auflagen: MiNr. 609 = 1 537 500, MiNr. 610 = 1 007 500 Stück

Gültig bis 31.12.2002

Niederlande

1959, 19. Sept. Europa. Odr.; gez. K 12¾:14.

pe) Sechsgliedrige Kette mit dem Wort „EUROPA“

735	12 C	scharlach	pe	0,50	0,30
736	30 C	dunkelolivgrün	pe	4,50	2,20
			Satzpreis (2 W.)	5,—	2,50
			FDC		9,—

Auflagen: MiNr. 735 = 24 252 000, MiNr. 736 = 3 203 300 Stück

Gültig bis 31.12.1960

Österreich

1959, 9. März. Europa. StTdr. (10×5); gez. K 14½:13¾.

wd) „E“ als Wohngebäude auf Europateil einer Weltkugel

1059	2.40 (S)	dunkelsmaragdgrün	wd	1,50	0,70
			FDC		3,—

1059 U	ungezähnt	—,—
1059 y	dünnes Papier (max. 0,09 mm)	—,—

Vorlagedruck in Schwarz, mit dem Originaldruckstöckel gedruckt, □, auf Erläuterungsblatt geklebt . . . . 35,—

Auflage: 2 871 000 Stück

Gültig bis 30.6.2002

Schweiz

1959, 22. Juni. Europa. StTdr. (5×10); gez. K 11¾.

sr) Geschlossene Kette aus Ringen und Quadraten

679	30 (C)	rot	sr	1,50	0,70
680	50 (C)	lebhaftkobaltblau	sr	2,—	1,30
			Satzpreis (2 W.)	3,50	2,—
			FDC		7,—

679 I	Farbstrich durch linke obere Ecke des rechten unteren Quadrates (Feld 36, Teilauflage)	15,—	15,—

Auflagen: MiNr. 679 = 36 182 000, MiNr. 680 = 39 907 000 Stück

1960

Belgien

1960, 17. Sept. Europa. RaTdr. (5×6); gestrichenes Papier; gez. K 11½.

acg) „O“ in „EUROPA“ als Wagenrad mit 19 Speichen

1209	3 Fr	braunlila	acg	0,50	0,20
1210	6 Fr	schwarzoliv	acg	1,50	0,70
			Satzpreis (2 W.)	2,—	0,80
			FDC		5,—

Gedenkblatt der belgischen Post mit MiNr. 1209–1210 □ (nicht frankaturgültig) . . . . 100,—

Auflagen: MiNr. 1209 = 9 234 156, MiNr. 1210 = 2 572 503 Stück

Dänemark

1960, 19. Sept. Europa. StTdr. (5×10); gez. K 12¾.

de) „O“ in „EUROPA“ als Wagenrad mit 19 Speichen

386	60 (Ø)	violettultramarin	de	0,80	0,60
			FDC		2,50

Auflage: 5 107 500 Stück

Deutschland

1960, 19. Sept. Europa. StTdr. (5×10); Wz. 5; gez. K 14.

gt) „O“ in „EUROPA“ als Wagenrad mit 19 Speichen

337	10 (Pf)	schwärzlicholivgrün/ dunkelgelblichgrün	gt	0,30	0,20
338	20 (Pf)	lebhaftrot/zinnoberrot	gt	1,—	0,30
339	40 (Pf)	kobalt/lebhaftgrünlichblau	gt	1,50	1,30
			Satzpreis (3 W.)	2,80	1,80
			FDC		15,—

337 Uo	oben ungezähnt	450,—	450,—
339 V	Versuchsdruck mit 4½ mm breitem senkrechtem Phosphorstreifenaufdruck	*600,—*	

Auflagen: MiNr. 337 = 100 000 000, MiNr. 338 = 30 000 000, MiNr. 339 = 20 000 000 Stück

Gültig bis 31.12.1962

Finnland

1960, 19. Sept. Europa. StTdr.; gez. K 14.

lw) „O" in „EUROPA" als Wagenrad mit 19 Speichen

525	30 (M)	violettultramarin/grünlichblau	lw	0,60	0,80
526	40 (M)	lilaschwarz/dunkelkarminbraun	lw	0,80	0,80
		Satzpreis (2 W.)		1,50	1,50
		FDC			4,—

Zur Nationalen Britischen Briefmarkenausstellung 1961 erschien mit Genehmigung der finnischen Postverwaltung ein rückseitig numeriertes Gedenkblatt (Größe 127 × 86 mm) mit Abbildung der MiNr. 525 in Schwarz neben 4 Briefmarken-Entwürfen . . . . 5,—

Auflagen: MiNr. 525 = 2 996 401, MiNr. 526 = 2 996 901 Stück

Gültig bis 31.5.1994

Frankreich

1960, 17. Sept. Europa. StTdr. (5 × 10); gez. K 13.

aif) „O" in „EUROPA" als Wagenrad mit 19 Speichen

1318	0.25 (Fr)	dunkelblaugrün/blaugrün	aif	0,50	0,50
1319	0.50 (Fr)	lilapurpur/lila	aif	0,50	0,50
		Satzpreis (2 W.)		1,—	1,—
		FDC			4,—

1319 F Radnabe lila statt lilapurpur . . . . 15,—

Auflagen: MiNr. 1318 = 17 050 000, MiNr. 1319 = 11 735 000 Stück

Griechenland

1960, 19. Sept. Europa. Odr.; Wz. 2; gez. K 13¾:12¼.

lw) „O" in „EUROPA" als Wagenrad mit 19 Speichen

746	4.50 Dr	kornblumenblau	lw	5,—	3,—
		FDC			12,—

Auflage: 999 376 Stück

Gültig bis 31.1.1961

Großbritannien

1960, 19. Sept. Europa. RaTdr. (6 × 20); Wz. 22; gez. K 14¾:14¼.

fl) „O" in „EUROPA" als Wagenrad mit 19 Speichen, Inschriftbänder, Königin Elizabeth II.

341	6 P	lila/dunkelolivgrün	fl	2,—	1,—
342	1'6 Sh'P	dunkelutramarin/karminbraun	fl	10,—	7,—
		Satzpreis (2 W.)		12,—	8,—
		FDC			50,—

Anläßlich der „Stampex 1962" wurde von der Ausstellungsleitung ein von der britischen Post genehmigtes Gedenkblatt (Größe 161:95 mm) in den Handel gebracht, das neben anderen Marken die MiNr. 341 in schwarzer Farbe enthält. Die Marken dieses Blattes waren nicht frankaturgültig . . . . 2,—

Auflagen: MiNr. 341 = 16 990 320, MiNr. 342 = 7 682 520 Stück

Gültig bis 29.2.1972

Irland

1960, 19. Sept. Europa. StTdr.; Wz. 2; gez. K 15.

ar) „O" in „EUROPA" als Wagenrad mit 19 Speichen

146	6 Pg	orangebraun	ar	4,—	3,—
147	1'3 Sc'Pg	blauviolett	ar	28,—	25,—
		Satzpreis (2 W.)		32,—	28,—
		FDC			50,—

Zwischenstegpaar:

146 ZW . . . . 1 Paar *400,— 450,—*

MiNr. 147 ist sehr wasserempfindlich.

Auflagen: MiNr. 146 = 1 601 040, MiNr. 147 = 1 170 240 Stück

Gültig bis 31.12.1971

Island

1960, 19. Sept. Europa. RaTdr.; gez. K 11¾.

du) „O" in „EUROPA" als Wagenrad mit 19 Speichen

343	3.00 Kr	smaragdgrün/hellbläulichgrün	du	0,50	0,50
344	5.50 Kr	kornblumenblau/kobalt	du	1,—	1,—
		Satzpreis (2 W.)		1,50	1,50
		FDC			3,50

Auflagen: MiNr. 343 = 1 500 000, MiNr. 344 = 750 000 Stück

Gültig bis 30.6.1981

Italien

1960, 19. Sept. Europa. RaTdr. (5 × 8); Wz. 4; gez. K 14.

xn) „O" in „EUROPA" als Wagenrad mit 19 Speichen

1077	30 L	schwarzblaugrün/ockerbraun	xn	0,30	0,30
1078	70 L	ultramarin/rotorange	xn	0,30	0,30
		Satzpreis (2 W.)		0,50	0,50
		FDC			2,50

Zwischenstegpaare:

1077 ZW–1078 ZW . . . . 2 Paare *25,— 25,—*

Auflagen: MiNr. 1077 = 50 000 000, MiNr. 1078 = 15 000 000 Stück

Gültig bis 31.12.1961

Liechtenstein

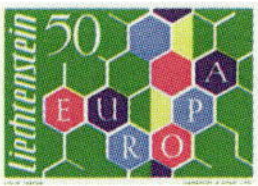

1960, 19. Sept. Europa. RaTdr. (4 × 5); gez. K 14.

lm) Wabenmuster mit Inschrift „EUROPA"

398	50 (Rp)	mehrfarbig	lm	100,—	40,—
		FDC			55,—

□ = Probedruck (ohne Druckvermerk „Harrison" am Unterrand)

FALSCH

Auflage: 322 000 Stück

Gültig bis 31.10.1966

Luxemburg

1960, 19. Sept. Europa. StTdr.; gez. K 11:11¾.

hf) „O" in „EUROPA" als Wagenrad mit 19 Speichen

629	2.50 Fr	grünlichschwarz/gelblichgrün	hf	0,50	0,50
630	5 Fr	braunkarmin/grünlichschwarz	hf	0,50	0,50
		Satzpreis (2 W.)		1,—	1,—
		FDC			1,50

Auflagen: MiNr. 629 = 1 542 100, MiNr. 630 = 1 052 100 Stück

Gültig bis 31.12.2002

Niederlande

1960, 19. Sept. Europa. RaTdr.; gez. K 12:12½.

pw) „O“ in „EUROPA“ als Wagenrad mit 19 Speichen

753	12 C karmin/gelb	pw	0,30	0,30
754	30 C preußischblau/gelb	pw	1,70	1,70
	Satzpreis (2 W.)		2,—	2,—
	FDC			10,—

Auflagen: MiNr. 753 = 23 497 000, MiNr. 754 = 2 746 500 Stück

Gültig bis 31.12.1961

Norwegen

1960, 19. Sept. Europa. RaTdr.; gez. K 13.

et) „O“ in „EUROPA“ als Wagenrad mit 19 Speichen

449	90 (Ø) preußischblau	et	1,—	1,—
	FDC			3,50

Auflage: 2 175 500 Stück

Österreich

1960, 29. Aug. Europa. StTdr. (10×5); gez. K 14½:13¾.

xa) Teil einer ionischen Säule; Wort „EUROPA“

1081	3 S grauschwarz	xa	1,50	1,50
	FDC			3,—

1081 U ungezähnt . . . . 380,—

Vorlagedruck in Schwarz, mit dem Originaldruckstöckel gedruckt, □, auf Erläuterungsblatt geklebt . . . . 22,—

Auflage: 2 966 000 Stück

Gültig bis 30.6.2002

Portugal

1960, 16. Sept. Europa. Odr. (5×10); gez. K 13½.

io) „O“ in „EUROPA“ als Wagenrad mit 22 Speichen

898	1.00 E kornblumenblau/hellkobalt	io	0,50	0,50
899	3.50 E braunkarmin/karmin	io	3,50	2,50
	Satzpreis (2 W.)		4,—	3,—
	FDC			5,—

Auflagen: MiNr. 898 = 9 000 000, MiNr. 899 = 1 000 000 Stück

Gültig bis 30.6.1963

Schweden

1960, 19. Sept. Europa. StTdr.; senkrecht gez. 12¾.

ex) „O“ in „EUROPA“ als Wagenrad mit 19 Speichen

463	40 (Ö) blau	ex	0,50	0,50
464	1 Kr bräunlichrot	ex	1,—	0,50
	Satzpreis (2 W.)		1,50	1,—
	FDC			2,—

Auflagen: MiNr. 463 = 5 665 000, MiNr. 464 = 4 039 200 Stück

Schweiz

1960, 19. Sept. Europa. StTdr. (5×10); gez. K 11¾.

ub) „O“ in „EUROPA“ als Wagenrad mit 19 Speichen

720	30 (C) rot	ub	0,80	0,40
721	50 (C) violettultramarin	ub	1,20	1,—
	Satzpreis (2 W.)		2,—	1,40
	FDC			5,—

Auflagen: MiNr. 720 = 20 825 000, MiNr. 721 = 20 394 000 Stück

Spanien

1960, 19. Sept. Europa. RaTdr.; gez. K 12¾:13.

ov) „O“ in „EUROPA“ als Wagenrad mit 19 Speichen

1189	1 Pta schwarzgrün/braunoliv	ov	0,50	0,50
1190	5 Pta lilabraun/zinnober	ov	1,50	1,50
	Satzpreis (2 W.)		2,—	2,—
	FDC			4,—

Auflagen: MiNr. 1189 = 5 500 000, MiNr. 1190 = 3 500 000 Stück

Gültig bis 28.2.2002

Türkei

1960, 19. Sept. Europa. RaTdr.; gez. K 11¾.

xc) „O“ in „EUROPA“ als Wagenrad mit 19 Speichen

1774	75 K dunkelolivgrün/blaugrün	xc	1,—	1,—
1775	105 K violettultramarin/graublau	xc	1,50	1,50
	Satzpreis (2 W.)		2,50	2,50
	FDC			80,—

Auflage: 750 000 Sätze

Gültig bis 31.12.1961

1961

Belgien

1961, 16. Sept. Europa. RaTdr. (5×6); gez. K 11½.

ads) Stilisierte Taube aus 19 Einzeltauben

1253	3 Fr gelboliv/schwarzgrün	ads	0,40	0,30
1254	6 Fr hellorangebraun/schwarz	ads	0,60	0,30
	Satzpreis (2 W.)		1,—	0,50
	FDC			2,—

Gedenkblatt der belgischen Post mit MiNr. 1253–1254 □ (nicht frankaturgültig) . . . . 100,—

Auflage: 3 552 851 Sätze

Deutschland

1961, 18. Sept./1962, 15. Febr. Europa. Odr. (5×10); Wz. 5; v = geriffelter, w = glatter Gummi.

hx) Stilisierte Taube aus 19 Einzeltauben

x = normales Papier, gez. K 14:13¾ (18.9.1961)

367 x	10 (Pf)	dunkelolivgrün	hx		
v		geriffelter Gummi		0,50	
w		glatter Gummi		0,30	0,30
368 x	40 (Pf)	violettultramarin	hx		
v		geriffelter Gummi		6,—	
w		glatter Gummi		0,50	0,70
		Satzpreis x (2 W.)		0,80	1,—
		FDC x			4,—

y = Papier fl., gez. K 13¼:13 (15.2.1962)

367 y v	10 (Pf)	grün(grau)oliv	hx	0,40	0,60
		FDC y			2,80

367 y U	ungezähnt	800,—	800,—
367 x Uo	oben ungezähnt	750,—	750,—
367 y Ur	rechts ungezähnt	750,—	750,—

Von MiNr. 367 x gibt es Farb- und Papiertönungen.

Auflagen: MiNr. 367 x = 55 000 000, MiNr. 367 y = 54 090 500, MiNr. 368 x = 20 000 000 Stück

Gültig bis 31.12.1963

Frankreich

1961, 16. Sept. Europa. StTdr. (5×10); gez. K 13.

akz) Stilisierte Taube aus 19 Einzeltauben

1363	0.25 (Fr)	zinnober	akz	0,50	0,50
1364	0.50 (Fr)	lebhaftultramarin	akz	0,50	0,50
		Satzpreis (2 W.)		1,—	1,—
		FDC			2,50

Auflagen: MiNr. 1363 = 19 725 000, MiNr. 1364 = 14 395 000 Stück

Griechenland

1961, 18. Sept. Europa. Odr.; Wz. 2; gez. K 13¾:12¼.

nb) Stilisierte Taube aus 19 Einzeltauben

775	2.50 Dr	orangerot/rosa	nb	0,50	0,50
776	4.50 Dr	violettultramarin/ grauultramarin	nb	0,50	0,50
		Satzpreis (2 W.)		1,—	1,—
		FDC			1,50

775 F	Farbe Rosa fehlend	12,—	12,—

Auflagen: MiNr. 775 = 2 491 571, MiNr. 776 = 1 682 435 Stück

Gültig bis 19.3.1962

Großbritannien

1961, 18. Sept. Europa. RaTdr. (6×20); Wz. 22; gez. K 14¾:14¼.

fp) CEPT-Emblem, Königin Elizabeth II.

fr) Stilisierte Taube aus 19 Einzeltauben, Königin Elizabeth II. und CEPT-Emblem

fs) Stilisierte Taube aus 19 Einzeltauben, CEPT-Emblem und Königin Elizabeth II.

346	2 P	mehrfarbig	fp	0,30	0,30
347	4 P	mehrfarbig	fr	0,30	0,30
348	10 P	mehrfarbig	fs	0,30	0,60
		Satzpreis (3 W.)		0,80	1,—
		FDC			5,—

346 F	Farbe Orange fehlend	*18000,—*
348 F I	Farbe Gelbgrün fehlend	*20000,—*
348 F II	Farbe Grünlichblau fehlend	*7000,—*

Auflagen: MiNr. 346 = 47 530 920, MiNr. 347 = 7 614 480, MiNr. 348 = 5 427 780 Stück

Gültig bis 29.2.1972

Island

1961, 18. Sept. Europa. RaTdr.; gez. K 11¾.

dz) Stilisierte Taube aus 19 Einzeltauben

354	5.50 Kr	mehrfarbig	dz	0,50	0,50
355	6 Kr	mehrfarbig	dz	0,50	1,—
		Satzpreis (2 W.)		1,—	1,50
		FDC			2,50

Auflage: 1 000 000 Sätze

Gültig bis 30.6.1981

Italien

1961, 18. Sept. Europa. RaTdr. (5×10); Wz. 4; gez. K 14.

yy) Stilisierte Taube aus 19 Einzeltauben

1113	30 L	rotlila	yy	0,30	0,30
1114	70 L	dunkelgraugrün	yy	0,30	0,30
		Satzpreis (2 W.)		0,50	0,50
		FDC			3,—

Zwischenstegpaare:

1113 ZW–1114 ZW	2 Paare	*25,—*	*25,—*

Auflagen: MiNr. 1113 = 49 882 000, MiNr. 1114 = 14 538 000 Stück

Gültig bis 31.12.1962

Liechtenstein

1961, 3. Okt. Europa. RaTdr. (4×5); gez. K 13½:14.

md) Wort „EUROPA“ in Getriebemuster

414	50 (Rp)	mehrfarbig	md	0,50	0,50
		FDC			1,—

414 F I	Farbe Orange (Zahnkranz „P“) fehlend	2400,—	2800,—
414 F II	Farbe Violett (Zahnkranz „U“) fehlend	2400,—	2800,—

Auflage: 5 299 000 Stück

Gültig bis 30.6.1967

Luxemburg

1961, 18. Sept. Europa. StTdr.; gez. K 13¼:12¾.

hr) Stilisierte Taube aus 19 Einzeltauben

647	2.50 Fr	bräunlichrot	hr	0,50	0,50
648	5 Fr	blau	hr	0,50	0,50
		Satzpreis (2 W.)		1,—	1,—
		FDC			1,50

Auflagen: MiNr. 647 = 2 892 500, MiNr. 648 = 2 140 000 Stück

Gültig bis 31.12.2002

Niederlande

1961, 18. Sept. Europa. RaTdr.; gez. K 14:13.

rh) Stilisierte Taube aus 19 Einzeltauben

765	12 C braunocker	rh	0,30	0,30
766	30 C grünlichblau	rh	0,30	0,30
		Satzpreis (2 W.)	0,50	0,50
		FDC		2,50

Auflagen: MiNr. 765 = 35 601 500, MiNr. 766 = 5 265 500 Stück

Gültig bis 31.12.1962

Portugal

1961, 18. Sept. Europa. Odr. (10×5); gez. K 13½.

iu) Stilisierte verschlungene Hände, CEPT-Symbol

907	1.00 E mehrfarbig	iu	0,50	0,50
908	1.50 E mehrfarbig	iu	1,30	1,30
909	3.50 E mehrfarbig	iu	1,30	1,30
		Satzpreis (3 W.)	3,—	3,—
		FDC		5,50

907 F Farbe Türkisblau (Daumen) fehlend .... —,— —,—

Auflagen: MiNr. 907 = 9 000 000, MiNr. 908–909 je 1 000 000 Stück

Gültig bis 30.6.1964

San Marino

1961, 20. Okt. Europa. RaTdr. (3×2); Wz. 6; gez. K 13.

lo) Ansicht des Monte Titano

700	500 L dunkellilabraun/ dunkelblaugrün	lo	40,—	20,—
		FDC		22,—
		Kleinbogen	250,—	200,—

Auflage: 600 000 Stück

Schweiz

1961, 18. Sept. Europa. StTdr. (5×10); gez. K 11¾.

us) Stilisierte Taube aus 19 Einzeltauben

736	30 (C) rot (Töne)	us	0,60	0,30
737	50 (C) lebhaftviolettultramarin	us	1,—	0,70
		Satzpreis (2 W.)	1,60	1,—
		FDC		4,—

Auflagen: MiNr. 736 = 21 233 000, MiNr. 737 = 21 217 000 Stück

Spanien

1961, 18. Sept. Europa. RaTdr.; gez. K 12¾:13.

sa) Stilisierte Taube aus 19 Einzeltauben, CEPT-Symbol

1266	1 Pta dunkelorangerot	sa	0,30	0,30
1267	5 Pta dunkelsiena	sa	0,50	0,50
		Satzpreis (2 W.)	0,80	0,80
		FDC		1,50

Auflagen: MiNr. 1266 = 5 500 000, MiNr. 1267 = 3 500 000 Stück

Gültig bis 28.2.2002

Türkei

1961, 18. Sept. Europa. Odr.; gez. K 13.

yu) Stilisierte Taube aus 19 Einzeltauben

1820	30 K blauviolett	yu	0,50	0,70
1821	40 K dunkelgrüngrau	yu	1,—	1,—
1822	75 K hellrot	yu	1,50	1,30
		Satzpreis (3 W.)	3,—	3,—
		FDC		10,—

Auflage: 600 000 Sätze

Gültig bis 31.12.1964

Zypern

1962, 19. März. Europa (1961). RaTdr.; gez. K 14.

bv) Stilisierte Taube aus 19 Einzeltauben

197	10 M rötlichviolett	bv	0,50	0,30
198	40 M blau	bv	0,80	0,30
199	100 M grün	bv	0,80	1,—
		Satzpreis (3 W.)	2,—	1,50
		FDC		2,50

Auflagen: MiNr. 197 = 2 345 676, MiNr. 198 = 929 240, MiNr. 199 = 965 459 Stück

Gültig bis 30.9.1970

1962

Belgien

1962, 15. Sept. Europa. RaTdr. (5×6); gez. K 11½.

aew) Stilisierter Baum mit 19 Blättern

1282	3 Fr mehrfarbig	aew	0,50	0,20
1283	6 Fr mehrfarbig	aew	1,—	0,40
		Satzpreis (2 W.)	1,50	0,60
		FDC		2,—

Gedenkblatt der belgischen Post mit
MiNr. 1282–1283 □ (nicht frankaturgültig) .... 100,—

Auflagen: MiNr. 1282 = 9 000 000, MiNr. 1283 = 6 000 000 Stück

Deutschland

1962, 17. Sept. Europa. StTdr. (5×10); Papier fl.; Wz. 5; gez. K 14.

io) Stilisierter Baum mit 19 Blättern

383	10 (Pf) schwärzlichsmaragdgrün	io	0,30	0,30
384	40 (Pf) dunkelblau	io	0,60	0,70
		Satzpreis (2 W.)	0,90	1,—
		FDC		3,50

Auflagen: MiNr. 383 = 85 000 000, MiNr. 384 = 20 000 000 Stück

Gültig bis 31.12.1964

Frankreich

1962, 15. Sept. Europa. StTdr.; gez. K 13.

amy) Stilisierter Baum mit 19 Blättern

1411	0.25 (Fr)	hellblauviolett	amy	0,50	0,50
1412	0.50 (Fr)	braunorange	amy	0,50	0,50
			Satzpreis (2 W.)	1,—	1,—
			FDC		3,—

Auflagen: MiNr. 1411 = 18 975 000, MiNr. 1412 = 10 380 000 Stück

Griechenland

1962, 17. Sept. Europa. Odr.; Wz. 2; gez. K 14:12½.

nr) Stilisierter Baum mit 19 Blättern

796	2.50 Dr	rot/schwarz	nr	0,50	0,50
797	4.50 Dr	blau/schwarz	nr	1,50	1,50
			Satzpreis (2 W.)	2,—	2,—
			FDC		2,50

Auflagen: MiNr. 796 = 2 447 713, MiNr. 797 = 1 848 818 Stück

Gültig bis 17.9.1964

Irland

1962, 17. Sept. Europa. StTdr.; Wz. 2; gez. K 15.

av) Stilisierter Baum mit 19 Blättern

155	6 Pg	dunkelbraunrot	av	1,50	1,—
156	1'3 Sc'Pg	schwarzgrün	av	1,50	2,50
			Satzpreis (2 W.)	3,—	3,50
			FDC		5,50

Zwischenstegpaare:

155 ZW–156 ZW	2 Paare	45,—	60,—

Auflagen: MiNr. 155 = 2 024 160, MiNr. 156 = 2 012 160 Stück

Gültig bis 31.12.1971

Island

1962, 17. Sept. Europa. RaTdr.; gez. K 11¾.

ek) Stilisierter Baum mit 19 Blättern

364	5.50 Kr	mehrfarbig	ek	0,50	0,40
365	6.50 Kr	mehrfarbig	ek	0,50	0,40
			Satzpreis (2 W.)	1,—	0,80
			FDC		1,20

Auflage: 2 000 000 Sätze

Gültig bis 30.6.1981

Italien

1962, 17. Sept. Europa. RaTdr. (5×10); Wz. 4; gez. K 14.

zl) Stilisierter Baum mit 19 Blättern

1129	30 L	rotlila	zl	0,40	0,30
1130	70 L	blau	zl	0,60	0,50
			Satzpreis (2 W.)	1,—	0,70
			FDC		2,50

Zwischenstegpaare:

1129 ZW–1130 ZW	2 Paare	*35,—*	*35,—*

Auflagen: MiNr. 1129 = 39 954 957, MiNr. 1130 = 9 393 338 Stück

Gültig bis 31.12.1963

Liechtenstein

1962, 2. Aug. Europa. RaTdr. (5×4); gez. K 11¾.

mi) Zwei Hände

418	50 (Rp)	schwarzviolett-ultramarin/orangerot	mi	0,60	0,60
			FDC		1,—

Auflage: 1 903 000 Stück

Gültig bis 31.10.1966

Luxemburg

1962, 17. Sept. Europa. RaTdr.; Faserpapier; gez. K 11¾.

hx) Stilisierter Baum mit 19 Blättern

657	2.50 Fr	mehrfarbig	hx	0,50	0,50
658	5 Fr	mehrfarbig	hx	0,50	0,50
			Satzpreis (2 W.)	1,—	1,—
			FDC		1,50

Auflagen: MiNr. 657 = 3 100 000, MiNr. 658 = 2 100 000 Stück

Gültig bis 31.12.2002

Monaco

1962, 6. Juni. Europa. StTdr. (6×5); gez. K 13.

lo) Wort EUROPA über Acker mit Getreidegarben

lp) Merkur über Landkarte von Europa Gandon

695	0.25 (Fr)	mehrfarbig	lo	0,30	0,30
696	0.50 (Fr)	braunoliv/grün	lo	0,70	0,30
697	1.00 (Fr)	braunoliv/lila	lo	1,—	0,40

✈ Flugpostmarke

698	2.00 (Fr)	mehrfarbig	lp	1,—	1,—
			Satzpreis (4 W.)	3,—	2,—
			FDC		7,—

Auflagen: MiNr. 695 = 1 146 720, MiNr. 696 = 676 240, MiNr. 697 = 571 367, MiNr. 698 = 561 804 Stück

Niederlande

1962, 17. Sept. Europa. RaTdr.; gez. K 14:12¾.

ry) Stilisierter Baum mit 19 Blättern

782	12 C	mehrfarbig	ry	0,50	0,30
783	30 C	mehrfarbig	ry	1,—	0,70
			Satzpreis (2 W.)	1,50	1,—
			FDC		2,50

Auflagen: MiNr. 782 = 34 736 400, MiNr. 783 = 4 568 600 Stück

Gültig bis 31.12.1963

Norwegen

1962, 17. Sept. Europa. RaTdr.; gez. K 13.

fi) Stilisierter Baum mit 19 Blättern

476	50 (Ø)	karminrot	fi	0,50	0,50
477	90 (Ø)	kobalt	fi	1,—	1,—
			Satzpreis (2 W.)	1,50	1,50
			FDC		2,50

Auflagen: MiNr. 476 = 5 981 000, MiNr. 477 = 2 301 000 Stück

Portugal

1962, 17. Sept. Europa. Odr. (5×10); gez. K 13½.

ke) Bienenwaben mit Inschrift EUROPA, CEPT-Emblem

927	1.00 (E)	mehrfarbig	ke	0,50	0,50
928	1.50 (E)	mehrfarbig	ke	1,30	1,30
929	3.50 (E)	mehrfarbig	ke	1,30	1,30
		Satzpreis (3 W.)		3,—	3,—
		FDC			5,50

Auflagen: MiNr. 927 = 8 000 000, MiNr. 928–929 je 1 500 000 Stück

Gültig bis 30.6.1964

San Marino

1962, 25. Okt. Europa. RaTdr. (3×2); Wz. 6; gez. K 14.

np) Inschrift EUROPA mit Pfeilen vor Felsen von San Marino

749	200 L	braungrau/karminrot	np	1,50	1,50
		FDC			3,—
		Kleinbogen		11,—	11,—

Auflage: 1 158 000 Stück

Schweiz

1962, 17. Sept. Europa. RaTdr. (5×5); gez. K 11¾.

vm) Stilisierter Baum mit 19 Blättern

756	30 (C)	mehrfarbig	vm	0,80	0,80
757	50 (C)	mehrfarbig	vm	1,40	1,20
		Satzpreis (2 W.)		2,20	2,—
		FDC			4,50

Auflagen: MiNr. 756 = 8 860 000, MiNr. 757 = 8 830 000 Stück

Spanien

1962, 13. Sept. Europa. RaTdr.; gez. K 12¾:13.

uv) Honigbiene (Apis mellifera) auf Waben, CEPT-Emblem

1340	1 Pta	braunkarmin	uv	0,50	0,30
1341	5 Pta	dunkelblaugrün	uv	1,50	0,90
		Satzpreis (2 W.)		2,—	1,20
		FDC			2,50

Auflagen: MiNr. 1340 = 5 000 000, MiNr. 1341 = 3 500 000 Stück

Gültig bis 28.2.2002

Türkei

1962, 17. Sept. Europa. Odr.; gez. K 13½:13.

zo) Stilisierter Baum mit 19 Blättern

1843	75 K	smaragdgrün/braunschwarz	zo	0,50	0,30
1844	105 K	hellrot/braunschwarz	zo	1,—	0,30
1845	195 K	hellblau/braunschwarz	zo	1,50	1,—
		Satzpreis (3 W.)		3,—	1,50
		FDC			3,—

Auflage: 1 400 000 Sätze

Zypern

1963, 28. Jan. Europa (1962). Odr.; Wz. 6; gez. K 14:13½.

cl) Stilisierter Baum mit 19 Blättern

215	10 M	violettblau/schwarz	cl	3,—	1,—
216	40 M	rot/schwarz	cl	17,—	5,—
217	150 M	grün/schwarz	cl	20,—	12,—
		Satzpreis (3 W.)		40,—	18,—
		FDC			35,—

Auflagen: MiNr. 215 = 1 360 691, MiNr. 216 = 574 523, MiNr. 217 = 424 960 Stück

Gültig bis 27.1.1971

1963

Belgien

1963, 14. Sept. Europa. RaTdr. (5×6); gez. K 11½.

agh) Buchstaben „CEPT“ in Ornament

1320	3 Fr	mehrfarbig	agh	0,50	0,30
1321	6 Fr	mehrfarbig	agh	1,—	0,30
		Satzpreis (2 W.)		1,50	0,50
		FDC			3,50

Gedenkblatt der belgischen Post mit MiNr. 1320–1321 □ (nicht frankaturgültig) .... 100,—

Auflagen: MiNr. 1320 = 9 000 000, MiNr. 1321 = 4 500 000 Stück

Deutschland

1963, 14. Sept. Europa. StTdr. (5×10); Wz. 5; Papier fl.; gez. K 14:13¾.

km) Buchstaben „CEPT“ in Ornament

406	15 (Pf)	schwärzlichsmaragdgrün	km	0,30	0,40
407	20 (Pf)	dunkelrosa	km	0,30	0,30
		Satzpreis (2 W.)		0,50	0,70
		FDC			1,50

Auflagen: MiNr. 406 = 30 000 000, MiNr. 407 = 110 000 000 Stück

Gültig bis 31.12.1965

Finnland

1963, 16. Sept. Europa. StTdr.; gez. K 11¾.

nh) Buchstaben „CEPT“ in Ornament

576	0.40 (M)	dunkellila	nh	2,—	1,—
		FDC			3,—

Auflage: 3 000 000 Stück

Gültig bis 31.12.2011

Frankreich

1963, 14. Sept. Europa. StTdr.; gez. K 13.

aon) Buchstaben „CEPT“ in Ornament

1450	0.25 (Fr)	dunkelrotbraun	aon	0,60	0,40
1451	0.50 (Fr)	dunkelblaugrün	aon	0,60	0,40
		Satzpreis (2 W.)		1,20	0,80
		FDC			3,—

Auflagen: MiNr. 1450 = 19 435 000, MiNr. 1451 = 10 765 000 Stück

Griechenland

1963, 16. Sept. Europa. Odr.; Wz. 2; gez. K 13¾:12½.

ob) Buchstaben „CEPT“ in Ornament

821	2.50 Dr	dunkelgelbgrün . . . . ob		1,—	0,50
822	4.50 Dr	dunkellila . . . . ob		4,—	3,50
			Satzpreis (2 W.)	5,—	4,—
			FDC		9,—

Auflagen: MiNr. 821 = 2 360 097, MiNr. 822 = 1 197 570 Stück

Gültig bis 16.6.1965

Irland

1963, 16. Sept. Europa. StTdr.; Wz. 2; gez K 15.

ax) Buchstaben „CEPT“ in Ornament

159	6 Pg	rot . . . . ax		1,—	1,—
160	1'3 Sc'Pg	dunkelblau . . . . ax		7,—	6,50
			Satzpreis (2 W.)	8,—	7,50
			FDC		13,—

Zwischenstegpaare:

159 ZW–160 ZW	. . . . 2 Paare	50,—	60,—

Auflagen: MiNr. 159 = 2 500 000, MiNr. 160 = 2 000 000 Stück

Gültig bis 31.12.1971

Island

1963, 16. Sept. Europa. RaTdr.; gez. K 11¾.

er) Buchstaben „CEPT“ in Ornament

373	6.00 Kr	mehrfarbig . . . . er		0,80	0,80
374	7.00 Kr	mehrfarbig . . . . er		0,80	0,80
			Satzpreis (2 W.)	1,50	1,50
			FDC		2,—

Auflage: 1 500 000 Sätze

Gültig bis 30.6.1981

Italien

1963, 16. Sept. Europa. RaTdr. (8×8); Wz. 4; gez. K 14.

aab) Buchstaben „CEPT“ in Ornament

1149	30 L	bräunlichkarmin/braun . . . . aab		0,30	0,30
1150	70 L	braun/dunkelblaugrün . . . . aab		0,60	0,30
			Satzpreis (2 W.)	0,80	0,50
			FDC		2,—

Zwischenstegpaare:

1149 ZW–1150 ZW	. . . . 2 Paare	*25,—*	*25,—*

MiNr. 1149–1150 wurden jeweils im Bogen zu 60 Marken und 4 Zierfeldern (Feld 1, 2, 9 und 10) gedruckt.

Auflagen: MiNr. 1149 = 29 925 055, MiNr. 1150 = 9 342 462 Stück

Gültig bis 31.12.1964

Liechtenstein

1963, 26. Aug. Europa. RaTdr. (5×4); gez. K 11¾.

mx) Griechische Architekturelemente

431	50 (Rp)	mehrfarbig . . . . mx		1,—	0,60
			FDC		1,50

Auflage: 1 507 479 Stück

Gültig bis 30.6.1971

Luxemburg

1963, 16. Sept. Europa. RaTdr.; Faserpapier; gez. K 11¾.

iv) Buchstaben „CEPT“ in Ornament

680	3 Fr	mehrfarbig iv		0,50	0,50
681	6 Fr	mehrfarbig iv		0,50	0,50
			Satzpreis (2 W.)	1,—	1,—
			FDC		1,50

Auflagen: MiNr. 680 = 2 575 000, MiNr. 681 = 1 550 000 Stück

Gültig bis 31.12.2002

Monaco

1963, 12. Dez. Europa. StTdr. (5×6); gez. K 13.

nl) Frau mit Taube vor Lyra

742	0.25 (Fr)	mehrfarbig . . . . nl		1,—	0,50
743	0.50 (Fr)	mehrfarbig . . . . nl		2,—	1,—
			Satzpreis (2 W.)	3,—	1,50
			FDC		3,—

Auflage: 598 600 Sätze

Niederlande

1963, 16. Sept. Europa. RaTdr.; gez. K 14:12¾.

sv) Buchstaben „CEPT“ in Ornament

806	12 C	karminbraun/orangegelb . . . . sv		0,30	0,30
807	30 C	dunkelgrünblau/orangegelb . . . . . sv		1,20	1,20
			Satzpreis (2 W.)	1,50	1,50
			FDC		4,50

Auflagen: MiNr. 806 = 34 073 500, MiNr. 807 = 3 823 200 Stück

Gültig bis 31.12.1964

Norwegen

1963, 14. Sept. Europa. RaTdr.; gez. K 13.

fu) Buchstaben „CEPT“ in Ornament

498	50 (Ø)	lilapurpur/orange . . . . fu		1,—	1,—
499	90 (Ø)	dunkelblau/grünoliv . . . . fu		2,—	1,50
			Satzpreis (2 W.)	3,—	2,50
			FDC		4,50

Auflagen: MiNr. 498 = 4 494 500, MiNr. 499 = 1 488 500 Stück

Portugal

1963, 16. Sept. Europa. Odr. (10×10); gez. K 13¼.

km) Aus verzahnten Teilen gebildete stilis. Taube, CEPT-Emblem

948	1.00 (E)	mehrfarbig	km	0,50	0,50
949	1.50 (E)	mehrfarbig	km	3,50	1,80
950	3.50 (E)	mehrfarbig	km	4,—	1,80
			Satzpreis (3 W.)	8,—	4,—
			FDC		6,50

Auflagen: MiNr. 948 = 6 000 000, MiNr. 949–950 je 1 500 000 Stück

Gültig bis 30.6.1965

San Marino

1963, 21. Sept. Europa. RaTdr. (5×8). Wz. 6; gez. K 14.

oy) Fahne von San Marino vor Gebäude in Form eines „E“

781	200 L	kobalt/orange	oy	1,30	1,30
			FDC		1,50

Auflage: 730 000 Stück

Schweiz

1963, 16. Sept. Europa. RaTdr. (5×10); gez. K 11¾.

wl) Buchstaben „CEPT“ in Ornament

781	50 (C)	mehrfarbig	wl	1,—	0,70
			FDC		3,—

Auflage: 9 955 000 Stück

Spanien

1963, 16. Sept. Europa. StTdr.; gez. K 13:12¾.

xm) „Unsere Liebe Frau von Europa“ (von Ferruzzio), CEPT-Emblem

1411	1 Pta	olivbraun/violettbraun	xm	0,30	0,30
1412	5 Pta	dunkelblaugrün/lilaschwarz	xm	0,70	0,70
			Satzpreis (2 W.)	1,—	1,—
			FDC		1,50

Auflagen: MiNr. MiNr. 1411 = 5 000 000, MiNr. 1412 = 3 500 000 Stück

Gültig bis 28.2.2002

Türkei

1963, 16. Sept. Europa. Odr.; gez. K 13.

abi) Buchstaben „CEPT“ in Ornament

1888	50 K	mehrfarbig	abi	0,50	0,50
1889	130 K	mehrfarbig	abi	1,—	1,—
			Satzpreis (2 W.)	1,50	1,50
			FDC		2,50

Auflage: 750 000 Sätze

Zypern

1963, 4. Nov. Europa. Odr.; Wz. 6; gez. K 14:13½.

cv) Buchstaben „CEPT“ in Ornament

225	20 M	mehrfarbig	cv	5,—	1,—
226	30 M	mehrfarbig	cv	5,—	3,—
227	150 M	mehrfarbig	cv	30,—	10,—
			Satzpreis (3 W.)	40,—	14,—
			FDC		30,—

Auflagen: MiNr. 225 = 560 863, MiNr. 226 = 820 214, MiNr. 227 = 367 869 Stück

Gültig bis 3.11.1971

1964

Belgien

1964, 12. Sept. Europa. RaTdr. (6×5); gez. K 11½.

ahw) Stilisierte Blume mit 22 Blütenblättern um CEPT-Emblem

1358	3 Fr	mehrfarbig	ahw	0,50	0,20
1359	6 Fr	mehrfarbig	ahw	1,—	0,40
			Satzpreis (2 W.)	1,50	0,60
			FDC		2,—

Gedenkblatt der belgischen Post mit MiNr. 1358–1359 □ (nicht frankaturgültig) .... 100,—

Auflagen: MiNr. 1358 = 8 400 000, MiNr. 1359 = 3 300 000 Stück

Deutschland

1964, 14. Sept. Europa. Odr. (10×5); Papier fl.; gez. K 13¾:14.

mb) Stilisierte Blume mit 22 Blütenblättern um CEPT-Emblem

445	15 (Pf)	grünoliv/lebh'braunviolett	mb	0,20	0,20
446	20 (Pf)	lebh'karminrot/violettpurpur	mb	0,20	0,20
			Satzpreis (2 W.)	0,40	0,40
			FDC		1,70

446 U	ungezähnt	600,—	700,—
446 Udr	nur rechts gezähnt	1000,—	—,—

Auflagen: MiNr. 445 = 30 000 000, MiNr. 446 = 70 000 000 Stück

Gültig bis 31.12.1966

Frankreich

1964, 12. Sept. Europa. StTdr.; gez. K 13.

arb) Stilisierte Blume mit 22 Blütenblättern um CEPT-Emblem

1490	0.25 (Fr)	mehrfarbig	arb	0,50	0,30
1491	0.50 (Fr)	mehrfarbig	arb	0,50	0,30
			Satzpreis (2 W.)	1,—	0,50
			FDC		2,50

Auflagen: MiNr. 1490 = 28 990 000, MiNr. 1491 = 10 225 000 Stück

Griechenland

1964, 14. Sept. Europa. Odr.; Wz. 2; gez. K 13:13½.

pe) Stilisierte Blume mit 22 Blütenblättern um CEPT-Emblem

858	2.50 Dr	blaugrün/bräunlichkarmin	pe	1,—	1,—
859	4.50 Dr	grauoliv/siena	pe	2,—	1,50
			Satzpreis (2 W.)	3,—	2,50
			FDC		3,50

Auflagen: MiNr. 858 = 2 421 877, MiNr. 859 = 1 473 601 Stück

Gültig bis 14.6.1966

Irland

1964, 14. Sept. Europa. RaTdr.; Wz. 2; gez. K 14:15.

bb) Stilisierte Blume mit 22 Blütenblättern um CEPT-Emblem

167	8 Pg	dunkelgrün/kobalt	bb	2,—	1,—
168	1'5 Sc'Pg	karminbraun/rotorange	bb	9,—	4,50
			Satzpreis (2 W.)	11,—	5,50
			FDC		14,—

Zwischenstegpaare:

167 ZW–168 ZW	2 Paare	50,—	80,—

Auflage: 2 500 000 Sätze

Gültig bis 31.12.1971

Island

1964, 14. Sept. Europa. RaTdr.; gez. K 11¾.

fa) Stilisierte Blume mit 22 Blütenblättern um CEPT-Emblem

385	4.50 Kr	mehrfarbig	fa	0,50	0,50
386	9 Kr	mehrfarbig	fa	1,—	0,50
			Satzpreis (2 W.)	1,50	1,—
			FDC		2,—

Auflage: 1 500 000 Sätze

Gültig bis 30.6.1981

Italien

1964, 14. Sept. Europa. RaTdr. (10×5); Wz. 4; gez. K 14.

aap) Stilisierte Blume mit 22 Blütenblättern um CEPT-Emblem

1164	30 L	lila	aap	0,30	0,30
1165	70 L	dunkelgrünblau	aap	0,30	0,30
			Satzpreis (2 W.)	0,50	0,50
			FDC		1,50

Zwischenstegpaare:

1164 ZW–1165 ZW	2 Paare	*30,—*	*30,—*

Auflagen: MiNr. 1164 = 29 857 638, MiNr. 1165 = 9 573 573 Stück

Gültig bis 31.12.1965

Liechtenstein

1964, 1. Sept. Europa. RaTdr. (5×4); gez. K 13¼:14½.

nl) Spätrömisches Kastell in Schaan (Modell im Landesmuseum Vaduz)

444	50 (Rp)	mehrfarbig	nl	1,30	0,60
			FDC		2,—

444 F Farbe Braun (Torbogen) fehlend .... 2000,—

Auflage: 1 767 007 Stück

Gültig bis 30.6.1971

Luxemburg

1964, 14. Sept. Europa. RaTdr.; Faserpapier; gez. K 11¾.

ki) Stilisierte Blume mit 22 Blütenblättern um CEPT-Emblem

697	3 Fr	mehrfarbig	ki	0,50	0,50
698	6 Fr	mehrfarbig	ki	0,50	0,50
			Satzpreis (2 W.)	1,—	1,—
			FDC		1,50

Auflagen: MiNr. 697 = 2 580 000, MiNr. 698 = 1 540 000 Stück

Gültig bis 31.12.2002

Monaco

1964, 12. Sept. Europa. StTdr. (5×6); gez. K 13

ow) Stilisierte Blume mit 22 Blütenblättern um CEPT-Emblem

782	0.25 (Fr)	mehrfarbig	ow	1,—	0,50
783	0.50 (Fr)	mehrfarbig	ow	2,—	1,50
			Satzpreis (2 W.)	3,—	2,—
			FDC		3,—
			Sonderdruck	*1200,—*	

MiNr. 782–783 sind auch im Paar zusammenhängend als nicht frankaturgültiger Sonderdruck in Blockform für Geschenkzwecke bekannt.

Auflagen: MiNr. 782 = 1 553 520, MiNr. 783 = 731 090 Stück

Niederlande

1964, 14. Sept. Europa. RaTdr.; gez. K 12¾:14.

tp) Stilisierte Blume mit 22 Blütenblättern um CEPT-Emblem

827	15 C	schwarzolivgrün	tp	0,30	0,30
828	20 C	hellbraun	tp	0,70	0,50
			Satzpreis (2 W.)	1,—	0,80
			FDC		2,—

Auflagen: MiNr. 827 = 29 770 300, MiNr. 828 = 4 842 100 Stück

Gültig bis 31.12.1965

Die Preisnotierungen gelten für Marken in handelsüblicher Qualität.

Norwegen

1964, 14. Sept. Europa. RaTdr.; gez. K 13.

gk) Stilisierte Blume mit 22 Blütenblättern um CEPT-Emblem

521	90 (Ø) schwarzblau	gk	2,—	2,—
		FDC		3,50

Auflage: 1 913 800 Stück

Österreich

1964, 14. Sept. Europa. Odr. (10×5); gez. K 12.

aav) Stilisierte Blume mit 22 Blütenblättern um CEPT-Emblem

1173	3 S dunkellilaultramarin (Töne)	aav	1,50	1,—
		FDC		1,50

1173 U	ungezähnt	850,—
	Vorlagedruck in Schwarz, mit dem Originaldruckstöckel gedruckt, □, auf Erläuterungsblatt geklebt	20,—

Auflage: 3 500 000 Stück

Gültig bis 30.6.2002

Portugal

1964, 14. Sept. Europa. Odr. (10×10); gez. K 13¼.

ks) Stilisierte Blume mit 22 Blütenblättern um CEPT-Emblem

963	1.00 E mehrfarbig	ks	1,—	0,50
964	3.50 E mehrfarbig	ks	7,—	2,—
965	4.30 E mehrfarbig	ks	7,—	2,50
		Satzpreis (3 W.)	15,—	5,—
		FDC		7,50

Auflagen: MiNr. 963 = 8 000 000, MiNr. 964–965 je 1 500 000 Stück

Gültig bis 30.6.1966

San Marino

1964, 15. Okt. Europa. RaTdr. (5×8); Wz. 6; gez. K 14.

rt) Stilisierte Weltkugel, linke Hälfte als „E“

826	200 L violettultramarin/rot	rt	1,80	1,80
		FDC		2,—

Auflage: 678 000 Stück

Schweiz

1964, 14. Sept. Europa. StTdr. (10×5); Papier ph.; gez. K 11¾.

xe) Stilisierte Blume mit 22 Blütenblättern um CEPT-Emblem

800	20 (C) lebhaftrot	xe	0,60	0,30
801	50 (C) dunkelultramarin	xe	1,20	0,60
		Satzpreis (2 W.)	1,80	0,80
		FDC		2,—

Auflagen: MiNr. 800 = 52 420 000, MiNr. 801 = 18 443 000 Stück

Spanien

1964, 14. Sept. Europa. RaTdr.; gez. K 13:12¾.

aay) Stilisierte Blume mit 22 Blütenblättern um CEPT-Emblem

1501	1 Pta mehrfarbig	aay	0,50	0,50
1502	5 Pta mehrfarbig	aay	1,—	1,—
		Satzpreis (2 W.)	1,50	1,50
		FDC		2,50

Auflagen: MiNr. 1501 = 6 000 000, MiNr. 1502 = 4 500 000 Stück

Gültig bis 28.2.2002

Türkei

1964, 14. Sept. Europa. Odr.; gez. K 13:13½.

acl) Stilisierte Blume mit 22 Blütenblättern um CEPT-Emblem

1917	50 K mehrfarbig	acl	1,—	1,—
1918	130 K mehrfarbig	acl	1,—	1,—
		Satzpreis (2 W.)	2,—	2,—
		FDC		6,—

Auflage: 700 000 Sätze

Zypern

1964, 14. Sept. Europa. Odr.; Wz. 6; gez. K 13½:14.

de) Stilisierte Blume mit 22 Blütenblättern um CEPT-Emblem

240	20 M fahlbraun/dunkelorangebraun	de	3,—	0,30
241	30 M türkisblau/violettultramarin	de	3,—	0,30
242	150 M hellbläulichgrün/dkl'olivgrün	de	30,—	14,—
		Satzpreis (3 W.)	35,—	14,—
		FDC		30,—

Auflagen: MiNr. 240 = 610 340 MiNr. 241 = 896 314, MiNr. 242 = 404 040 Stück

Gültig bis 13.9.1972

1965

Belgien

1965, 25. Sept. Europa. Komb. StTdr. und RaTdr. (5 × 6); gez. K 11½.

akr) Zweig mit aus den Buchstaben „CEPT“ gebildeter Frucht

1399	1 Fr	bräunlichrosa/schwarz .... akr		0,40	0,30
1400	3 Fr	hellgrüngrau/schwarz .... akr		0,40	0,30
			Satzpreis (2 W.)	0,80	0,50
			FDC		2,—

Gedenkblatt der belgischen Post mit MiNr. 1399–1400 □ (nicht frankaturgültig) .... 100,—

Auflagen: MiNr. 1399 = 7 500 000, MiNr. 1400 = 9 240 000 Stück

Deutschland

1965, 27. Sept. Europa. StTdr. (5 × 10); Papier fl.; Wz. 5; gez. K 14:13¾.

np) Zweig mit aus den Buchstaben „CEPT“ gebildeter Frucht

483	15 (Pf)	dunkelgrün .... np		0,30	0,30
484	20 (Pf)	karminrot .... np		0,30	0,30
			Satzpreis (2 W.)	0,60	0,60
			FDC		1,30

Auflagen: MiNr. 483 = 30 000 000, MiNr. 484 = 70 000 000 Stück

Gültig bis 31.12.1967

Finnland

1965, 27. Sept. Europa. Komb. StTdr. und Odr.; gez. K 14.

on) Zweig mit aus den Buchstaben „CEPT“ gebildeter Frucht

608	0.40 (M)	mehrfarbig .... on		1,50	0,50
			FDC		3,—

Auflage: 2 999 635 Stück

Gültig bis 31.12.2011

Frankreich

1965, 25. Sept. Europa. StTdr.; gez. K 13.

asf) Zweig mit aus den Buchstaben „CEPT“ gebildeter Frucht

1521	0.30 (Fr)	orangerot .... asf		0,50	0,30
1522	0.60 (Fr)	dunkelblaugrau .... asf		0,50	0,30
			Satzpreis (2 W.)	1,—	0,60
			FDC		1,50

Auflagen: MiNr. 1521 = 23 890 000, MiNr. 1522 = 11 225 000 Stück

Griechenland

1965, 21. Okt. Europa. Odr.; Wz. 2: gez. K 13½:12½.

rk) Zweig mit aus den Buchstaben „CEPT“ gebildeter Frucht

890	2.50 Dr	mehrfarbig .... rk		1,—	0,50
891	4.50 Dr	mehrfarbig .... rk		1,—	0,50
			Satzpreis (2 W.)	2,—	1,—
			FDC		2,—

Auflagen: MiNr. 890 = 2 514 147, MiNr. 891 = 1 305 946 Stück

Gültig bis 21.7.1967

Irland

1965, 27. Sept. Europa. RaTdr.; Wz. 2; gez. K 15.

bf) Zweig mit aus den Buchstaben „CEPT“ gebildeter Frucht

176	8 Pg	braunrot/schwarz .... bf		6,—	4,—
177	1'5 Sc'Pg	hellgrünlichblau/purpur .... bf		6,—	6,—
			Satzpreis (2 W.)	12,—	10,—
			FDC		12,—

Zwischenstegpaare:

176 ZW–177 ZW	.... 2 Paare	70,—	60,—

Auflagen: MiNr. 176 = 2 250 000, MiNr. 177 = 2 500 000 Stück

Gültig bis 31.12.1971

Island

1965, 27. Sept. Europa. RaTdr.; gez. K 11¾.

fk) Zweig mit aus den Buchstaben „CEPT“ gebildeter Frucht

395	5.00 Kr	mehrfarbig .... fk		1,—	1,—
396	8.00 Kr	mehrfarbig .... fk		1,—	1,—
			Satzpreis (2 W.)	2,—	2,—
			FDC		5,—

Auflage: 1 000 000 Sätze

Gültig bis 30.6.1981

Italien

1965, 27. Sept. Europa. RaTdr. (5 × 8); Wz. 4; gez. K 14.

abi) Zweig mit aus den Buchstaben „CEPT“ gebildeter Frucht

1186	40 L	mehrfarbig .... abi		0,30	0,30
1187	90 L	mehrfarbig .... abi		0,30	0,30
			Satzpreis (2 W.)	0,50	0,50
			FDC		1,50

Zwischenstegpaare:

1186 ZW–1187 ZW	.... 2 Paare	*20,—*	*20,—*

Auflagen: MiNr. 1186 = 34 721 085 MiNr. 1187 = 14 105 063 Stück

Gültig bis 31.12.1966

Liechtenstein

1965, 31. Aug. Europa. RaTdr. (5 × 4); gez. K 11¾.

nw) Alemannisches Ornament auf einer Gürtelschnalle (um 600 n. Chr.), Männergrab in Eschen

454	50 (Rp)	mehrfarbig .... nw		0,80	0,70
			FDC		1,—

Auflage: 1 722 882 Stück

Gültig bis 30.6.1971

Luxemburg

1965, 27. Sept. Europa. RaTdr.; Faserpapier; gez. K 12½.

ku) Zweig mit aus den Buchstaben „CEPT“ gebildeter Frucht

715	3 Fr mehrfarbig	ku	0,50	0,50
716	6 Fr mehrfarbig	ku	0,50	0,50
		Satzpreis (2 W.)	1,—	1,—
		FDC		1,50

Auflagen: MiNr. 715 = 2 075 000, MiNr. 716 = 1 270 000 Stück

Gültig bis 31.12.2002

Monaco

1965, 25. Sept. Europa. StTdr. (5×6); gez. K 13.

px) Zweig mit aus den Buchstaben „CEPT“ gebildeter Frucht

810	0.30 (Fr) mehrfarbig	px	1,—	0,50
811	0.60 (Fr) mehrfarbig	px	2,—	1,50
		Satzpreis (2 W.)	3,—	2,—
		FDC		3,—

Auflagen: MiNr. 810 = 1 220 200, MiNr. 811 = 570 964 Stück

Niederlande

1965, 27. Sept. Europa. RaTdr.; gez. K 14:12¾.

ui) Zweig mit aus den Buchstaben „CEPT“ gebildeter Frucht

848	18 C mehrfarbig	ui	0,30	0,30
849	20 C mehrfarbig	ui	0,30	0,30
		Satzpreis (2 W.)	0,50	0,50
		FDC		1,50

Auflagen: MiNr. 848 = 30 713 900, MiNr. 849 = 4 558 900 Stück

Gültig bis 31.12.1966

Norwegen

1965, 25. Sept. Europa. RaTdr.; gez. K 13.

gt) Zweig mit aus den Buchstaben „CEPT“ gebildeter Frucht

532	60 (Ø) bräunlichrot	gt	1,—	0,50
533	90 (Ø) blau	gt	1,—	1,—
		Satzpreis (2 W.)	2,—	1,50
		FDC		3,50

Auflagen: MiNr. 532 = 5 743 500, MiNr. 533 = 2 038 500 Stück

Portugal

1965, 27. Sept. Europa. Odr.; gez. K 13½.

lc) Zweig mit aus den Buchstaben „CEPT“ gebildeter Frucht

990	1.00 E mehrfarbig	lc	1,—	0,50
991	3.50 E mehrfarbig	lc	11,—	2,—
992	4.30 E mehrfarbig	lc	13,—	9,50
		Satzpreis (3 W.)	25,—	12,—
		FDC		18,—

990 I Wertziffer „00“ statt „1$00“ . . . . —,—

Auflagen: MiNr. 990 = 9 000 000, MiNr. 991–992 je 1 500 000 Stück

Gültig bis 30.9.1971

San Marino

1965, 28. Aug. Europa. RaTdr. (8×5); Wz. 6; gez. K 14.

sk) Schachbrett mit Türmen

842	200 L mehrfarbig	sk	1,50	1,—
		FDC		1,50

Auflage: 879 533 Stück

Schweiz

1965, 14. Sept. Europa. RaTdr. (5×10); Papier ph.; gez. K 11¾.

ye) Zweig mit aus den Buchstaben „CEPT“ gebildeter Frucht

825	50 (C) mehrfarbig	ye	1,20	0,60
		FDC		1,20

Auflage: 15 561 000 Stück

Spanien

1965, 27. Sept. Europa. StTdr.; gez. K 13:12¾.

adg) Hl. Benedikt, Schutzpatron Europas, nach einer Skulptur von Pereira

1565	1 Pta gelblichgrün/dunkelgrün	adg	0,40	0,40
1566	5 Pta blauviolett/lilapurpur	adg	0,80	0,40
		Satzpreis (2 W.)	1,20	0,80
		FDC		1,50

Auflagen: MiNr. 1565 = 7 000 000, MiNr. 1566 = 6 000 000 Stück

Gültig bis 28.2.2002

Türkei

1965, 27. Sept. Europa. Odr.; gez. K 13:13½.

adw) Zweig mit aus den Buchstaben „CEPT“ gebildeter Frucht

1961	50 K mehrfarbig	adw	1,—	1,—
1962	130 K mehrfarbig	adw	1,—	1,—
		Satzpreis (2 W.)	2,—	2,—
		FDC		8,—

Auflage: 600 000 Sätze

Zypern

1965, 27. Sept. Europa. Odr.; Wz. 6; gez. K 14:13½.

ds) Zweig mit aus den Buchstaben „CEPT“ gebildeter Frucht

258	5 M mehrfarbig	ds	1,—	0,50
259	45 M mehrfarbig	ds	16,—	2,50
260	150 M mehrfarbig	ds	18,—	7,—
		Satzpreis (3 W.)	35,—	10,—
		FDC		12,—

Auflagen: MiNr. 258 = 2 466 702, MiNr. 259 = 416 625, MiNr. 260 = 416 694 Stück

Gültig bis 26.9.1973

1966

Andorra (Französische Post)

1966, 24. Sept. Europa. StTdr. (5×5); gez. K 13.

al) Stilisiertes Boot mit geblähtem Segel und Inschrift „CEPT"

198	0.60 (Fr)	braun	al	4,—	3,50
			FDC		6,50

Auflage: 720 000 Stück

Belgien

1966, 24. Sept. Europa. StTdr. (6×5); gez. K 11½.

amh) Stilisiertes Boot mit geblähtem Segel und Inschrift „CEPT"

1446	3 Fr	smaragdgrün	amh	0,30	0,30
1447	6 Fr	helllilapurpur	amh	0,70	0,30
			Satzpreis (2 W.)	1,—	0,50
			FDC		1,50

Gedenkblatt der belgischen Post mit MiNr. 1446–1447 □ (nicht frankaturgültig) .... 100,—

MiNr. 1447 ist sehr wasserempfindlich.

Auflagen: MiNr. 1446 = 10 500 000, MiNr. 1447 = 2 500 000 Stück

Deutschland

1966, 24. Sept. Europa. RaTdr. (10×5); Papier fl.; gez. K 13¾:14.

ow) Stilisiertes Boot mit geblähtem Segel und Inschrift „CEPT"

519	20 (Pf)	mehrfarbig	ow	0,30	0,40
520	30 (Pf)	mehrfarbig	ow	0,30	0,30
			Satzpreis (2 W.)	0,60	0,60
			FDC		1,30

Auflagen: MiNr. 519 = 30 000 000, MiNr. 520 = 70 000 000 Stück

Gültig bis 31.12.1968

Frankreich

1966, 24. Sept. Europa. StTdr.; gez. K 13.

atr) Stilisiertes Boot mit geblähtem Segel und Inschrift „CEPT"

1556	0.30 (Fr)	dunkelgrünlichblau	atr	0,50	0,30
1557	0.60 (Fr)	rot	atr	0,50	0,30
			Satzpreis (2 W.)	1,—	0,60
			FDC		1,70

Auflagen: MiNr. 1556 = 31 310 000, MiNr. 1557 = 8 200 000 Stück

Griechenland

1966, 19. Sept. Europa. Odr.; Wz. 2; gez. K 12½:13¾.

so) Stilisiertes Boot mit geblähtem Segel und Inschrift „CEPT"

919	1.50 Dr	braun-/schwarzoliv	so	0,50	0,50
920	4.50 Dr	orange-/rotbraun	so	1,50	0,50
			Satzpreis (2 W.)	2,—	1,—
			FDC		2,—

Auflagen: MiNr. 919 = 7 566 997, MiNr. 920 = 1 319 086 Stück

Gültig bis 19.6.1968

Irland

1966, 26. Sept. Europa. RaTdr.; Wz. 2; gez. K 15.

br) Stilisiertes Boot mit geblähtem Segel und Inschrift „CEPT"

188	7 Pg	dunkelorange/dunkelolivgrün	br	2,—	1,—
189	1'5 Sc'Pg	olivgrau/grün	br	2,—	2,—
			Satzpreis (2 W.)	4,—	3,—
			FDC		5,50

Zwischenstegpaare:

188 ZW–189 ZW	2 Paare	20,—	25,—

Auflagen: MiNr. 188 = 2 250 000, MiNr. 189 = 2 500 000 Stück

Gültig bis 31.12.1971

Island

1966, 26. Sept. Europa. RaTdr.; gez. K 11¾.

ft) Stilisiertes Boot mit geblähtem Segel und Inschrift „CEPT"

404	7.00 Kr	mehrfarbig	ft	1,70	1,—
405	8.00 Kr	mehrfarbig	ft	1,80	1,50
			Satzpreis (2 W.)	3,50	2,50
			FDC		5,—

Auflage: 1 000 000 Sätze

Gültig bis 30.6.1981

Italien

1966, 26. Sept. Europa. RaTdr. (8×8); Wz. 4; gez. K 14.

aci) Stilisiertes Boot mit geblähtem Segel und Inschrift „CEPT"

1215	40 L	hellviolett/dunkelviolett	aci	0,30	0,30
1216	90 L	hellblau/dunkelblau	aci	0,30	0,30
			Satzpreis (2 W.)	0,50	0,50
			FDC		1,50

Zwischenstegpaare:

1215 ZW–1216 ZW	2 Paare	*60,—*	*80,—*

MiNr. 1215–1216 wurden jeweils im Bogen zu 60 Marken und 4 Zierfeldern (Feld 1, 2, 9 und 10) gedruckt.

Auflagen: MiNr. 1215 = 24 304 635, MiNr. 1216 = 11 016 392 Stück

Gültig bis 31.12.1967

Liechtenstein

1966, 6. Sept. Europa. RaTdr. (5×4); gez. K 14½:13¼.

om) Stilisiertes Boot mit geblähtem Segel und Inschrift „CEPT“

469	50 (Rp)	mehrfarbig	om	0,60	0,60
			FDC		1,—

469 F	Farbe Braun fehlend	500,—	450,—

Auflage: 1 886 230 Stück

Gültig bis 30.6.1971

Luxemburg

1966, 26. Sept. Europa. Odr.; gez. K 13½:12¾.

lh) Stilisiertes Boot mit geblähtem Segel und Inschrift „CEPT“

733	3 Fr	dunkelolivgrau/schwarzblau	lh	0,50	0,50
734	6 Fr	braunoliv/dunkelrussischgrün	lh	0,50	0,50
			Satzpreis (2 W.)	1,—	1,—
			FDC		1,50

Auflagen: MiNr. 733 = 1 800 000, MiNr. 734 = 1 000 000 Stück

Gültig bis 31.12.2002

Monaco

1966, 26. Sept. Europa. StTdr. (5×6); gez. K 13.

rx) Stilisiertes Boot mit geblähtem Segel und Inschrift „CEPT“

835	0.30 (Fr)	orange	rx	0,50	0,50
836	0.60 (Fr)	hellgrün	rx	1,50	0,50
			Satzpreis (2 W.)	2,—	1,—
			FDC		2,—

Auflagen: MiNr. 835 = 1 469 586, MiNr. 836 = 562 346 Stück

Niederlande

1966, 26. Sept. Europa. RaTdr.; gez. K 12¾:14.

va) Stilisiertes Boot mit geblähtem Segel und Inschrift „CEPT“

864	20 C	gelboliv/braunoliv	va	0,30	0,30
865	40 C	dunkelblau/ dunkelschwarzblau	va	0,70	0,70
			Satzpreis (2 W.)	1,—	1,—
			FDC		1,50

Auflagen: MiNr. 864 = 30 949 400, MiNr. 865 = 4 919 900 Stück

Gültig bis 31.12.1967

Norwegen

1966, 26. Sept. Europa. StTdr.; gez. K 13¼.

hf) Stilisiertes Boot mit geblähtem Segel und Inschrift „CEPT“

547	60 (Ø)	rotlila	hf	0,50	0,50
548	90 (Ø)	dunkelgraublau	hf	1,50	1,—
			Satzpreis (2 W.)	2,—	1,50
			FDC		2,50

Auflagen: MiNr. 547 = 5 549 500, MiNr. 548 = 1 976 000 Stück

Portugal

1966, 26. Sept. Europa. Odr. (10×10); gez. K 12.

lo) Stilisiertes Boot mit geblähtem Segel und Inschrift „CEPT“

1012	1.00 (E)	mehrfarbig	lo	1,—	0,50
1013	3.50 (E)	mehrfarbig	lo	11,—	2,50
1014	4.30 (E)	mehrfarbig	lo	13,—	4,—
			Satzpreis (3 W.)	25,—	7,—
			FDC		12,—

1012 I	fehlender Landesname	—,—	—,—

MiNr. 1012–1014 sind auch in Markenbreite 31 mm und Zähnung K 11½:12 bekannt.

Auflagen: MiNr. 1012 = 9 000 000, MiNr. 1013–1014 je 1 500 000 Stück

Gültig bis 31.3.1973

San Marino

1966, 24. Sept. Europa. RaTdr. (5×5); Wz. 6; gez. K 14:14¼.

to) Unsere liebe Frau von Europa; Gemälde von Ferruzzio

879	200 L	mehrfarbig	to	0,60	0,60
			FDC		1,—

Auflage: 1 690 000 Stück

Schweiz

1966, 26. Sept. Europa. StTdr. (10×5); Papier ph.; gez. K 11¾ .

yy) Stilisiertes Boot mit geblähtem Segel und Inschrift „CEPT“

843	20 (C)	dunkelrosa	yy	0,50	0,50
844	50 (C)	dunkelkobalt	yy	0,70	0,50
			Satzpreis (2 W.)	1,20	0,90
			FDC		1,30

Auflagen: MiNr. 843 = 22 379 000, MiNr. 844 = 9 512 000 Stück

Spanien

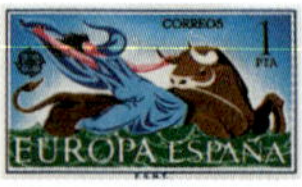

1966, 26. Sept. Europa. RaTdr.; gez. K 12¾:13.

agg) Entführung der Europa durch den Stier Zeus, CEPT-Emblem

1642	1 Pta	mehrfarbig	agg	0,30	0,30
1643	5 Pta	mehrfarbig	agg	0,50	0,50
			Satzpreis (2 W.)	0,80	0,80
			FDC		1,20

Auflage: 6 000 000 Sätze

Gültig bis 28.2.2002

Türkei

1966, 26. Sept. Europa. Odr.; gez. K 13.

agc) Stilisiertes Boot mit geblähtem Segel und Inschrift „CEPT“

2018	50 K	mehrfarbig	agc	1,—	1,—
2019	130 K	mehrfarbig	agc	2,—	2,—
			Satzpreis (2 W.)	3,—	3,—
			FDC		10,—

2018 F Farbe Schwarz fehlend .... *250,—*

Zwischenstegpaare, z. T. in abweichenden Farben, stammen aus unzerteilten Druckbogen (Makulaturbestände).

Auflage: 500 000 Sätze

Zypern

1966, 26. Sept. Europa. Odr.; Wz. 6; gez. K 13:14.

dy) Stilisiertes Boot mit geblähtem Segel und Inschrift „CEPT“

270	20 M	mehrfarbig	dy	0,50	0,30
271	30 M	mehrfarbig	dy	0,50	0,30
272	150 M	mehrfarbig	dy	4,—	3,60
			Satzpreis (3 W.)	5,—	4,—
			FDC		7,—

Auflagen: MiNr. 270 = 758 463, MiNr. 271 = 778 476, MiNr. 272 = 418 509 Stück

Gültig bis 25.9.1974

1967

Andorra (Französische Post)

1967, 29. April. Europa. StTdr. (5×5); gez. K 13.

am) Ineinandergreifende Zahnräder, Antriebsrad mit CEPT-Emblem

199	0.30 (Fr)	hellblau/dunkelblau	am	5,—	2,—
200	0.60 (Fr)	rot/karminlila	am	7,—	6,—
			Satzpreis (2 W.)	12,—	8,—
			FDC		12,—

Auflagen: MiNr. 199 = 800 000, MiNr. 200 = 600 000 Stück

Belgien

1967, 29. April. Europa. RaTdr. (6×5); Papier ph.; gez. K 11½.

ank) Ineinandergreifende Zahnräder, Antriebsrad mit CEPT-Emblem

1472	3 Fr	mehrfarbig	ank	0,30	0,30
1473	6 Fr	mehrfarbig	ank	0,70	0,30
			Satzpreis (2 W.)	1,—	0,60
			FDC		1,50

Gedenkblatt der belgischen Post mit
MiNr. 1472–1473 ☐ (nicht frankaturgültig) .... 100,—

Auflagen: MiNr. 1472 = 7 000 000, MiNr. 1473 = 2 750 000 Stück

Deutschland

1967, 2. Mai. Europa. RaTdr. (10×5); Papier fl.; gez. K 13¾:14.

pk) Ineinandergreifende Zahnräder, Antriebsrad mit CEPT-Emblem

533	20 (Pf)	mehrfarbig	pk	0,40	0,40
534	30 (Pf)	mehrfarbig	pk	0,30	0,30
			Satzpreis (2 W.)	0,70	0,70
			FDC		1,30

Auflagen: MiNr. 533 = 30 000 000, MiNr. 534 = 85 000 000 Stück

Gültig bis 31.12.1969

Frankreich

1967, 29. April. Europa. StTdr.; gez. K 13.

aum) Ineinandergreifende Zahnräder, Antriebsrad mit CEPT-Emblem

1578	0.30 (Fr)	blau/ultramaringrau	aum	0,50	0,30
1579	0.60 (Fr)	graubraun/blau	aum	0,50	0,30
			Satzpreis (2 W.)	1,—	0,50
			FDC		2,20

Auflage: MiNr. 1578 = 40 600 000, MiNr. 1579 = 10 310 000 Stück

Griechenland

1967, 2. Mai. Europa. Odr.; Wz. 2; gez. K 12½:13¾.

tt) Ineinandergreifende Zahnräder, Antriebsrad mit CEPT-Emblem

948	2.50 Dr	mehrfarbig	tt	0,50	0,30
949	4.50 Dr	mehrfarbig	tt	1,50	1,30
			Satzpreis (2 W.)	2,—	1,50
			FDC		2,—

Auflagen: MiNr. 948 = 3 953 019, MiNr. 949 = 1 357 245 Stück

Gültig bis 2.2.1969

Irland

1967, 2. Mai. Europa. RaTdr.; Wz. 2; gez. K 15.

bt) Ineinandergreifende Zahnräder, Antriebsrad mit CEPT-Emblem

192	7 Pg	hellgrün/gold	bt	2,—	1,—
193	1'5 Sc'Pg	lilarot/gold	bt	2,—	2,50
			Satzpreis (2 W.)	4,—	3,50
			FDC		4,—

Zwischenstegpaare:

192 ZW–193 ZW .... 2 Paare 20,— 32,—

Die Goldfarbe ist wasserempfindlich. „Fehlender Golddruck“ (nur grüner Unterdruck sichtbar) ist chemische Verfärbung.

Auflagen: MiNr. 192 = 2 000 000, MiNr. 193 = 2 250 000 Stück

Gültig bis 31.12.1971

Island

1967, 2. Mai. Europa. RaTdr.; gez. K 11¾.

fw) Ineinandergreifende Zahnräder, Antriebsrad mit CEPT-Emblem

409	7.00 Kr	mehrfarbig . . . . fw		1,—	1,—
410	8.00 Kr	mehrfarbig . . . . fw		1,—	1,—
			Satzpreis (2 W.)	2,—	2,—
			FDC		5,50

Auflage: 1 000 000 Sätze

Gültig bis 30.6.1981

Italien

1967, 10. April. Europa. RaTdr. (8×8); Wz. 4; gez. K 14.

acr) Ineinandergreifende Zahnräder. Antriebsrad mit CEPT-Emblem

1224	40 L	violettpurpur/hellrosa . . . . acr		0,30	0,30
1225	90 L	violettultramarin/ hellrahmfarben . . . . acr		0,30	0,30
			Satzpreis (2 W.)	0,50	0,50
			FDC		1,50

Zwischenstegpaare:

1224 ZW–1225 ZW	. . . . 2 Paare	*60,—*	*80,—*

MiNr. 1224–1225 wurden jeweils im Bogen zu 60 Marken und 4 Zierfeldern (Feld 1, 2, 9 und 10) gedruckt.

Auflagen: MiNr. 1224 = 25 000 000, MiNr. 1225 = 15 000 000 Stück

Liechtenstein

1967, 20. April. Europa. RaTdr. (5×4); gez. K 11¾.

os) Ineinandergreifende Zahnräder, Antriebsrad mit CEPT-Emblem

474	50 (Rp)	mehrfarbig . . . . os		0,70	0,60
			FDC		1,40

Auflage: 2 234 180 Stück

Gültig bis 31.12.2001

Luxemburg

1967, 2. Mai. Europa. RaTdr.; Faserpapier; gez. K 11¾.

lx) Ineinandergreifende Zahnräder, Antriebsrad mit CEPT-Emblem

748	3 Fr	mehrfarbig lx		0,50	0,50
749	6 Fr	mehrfarbig lx		0,50	0,50
			Satzpreis (2 W.)	1,—	1,—
			FDC		1,50

Auflage: 1 050 000 Sätze

Gültig bis 31.12.2002

Monaco

1967, 28. April. Europa. StTdr. (5×6); gez. K 13.

tb) Ineinandergreifende Zahnräder, Antriebsrad mit CEPT-Emblem

870	0.30 (Fr)	mehrfarbig . . . . tb		0,50	0,30
871	0.60 (Fr)	mehrfarbig . . . . tb		1,50	0,90
			Satzpreis (2 W.)	2,—	1,20
			FDC		2,—

Auflagen: MiNr. 870 = 1 442 890, MiNr. 871 = 562 080 Stück

Niederlande

1967, 2. Mai. Europa. RaTdr.; x = normales Papier oWz., y = Papier ph. mit Wz. 2 X; gez. K 12¾:14.

vo) Ineinandergreifende Zahnräder, Antriebsrad mit CEPT-Emblem

x = normales Papier oWz.

878 x	20 C	graublau/dunkelblau . . . . vo		0,50	0,30
879 x	45 C	bräunlichlila/dunkelbraun . . . . . vo		1,50	0,70
			Satzpreis x (2 W.)	2,—	1,—
			FDC x		2,—

y = Papier ph. mit Wz. 2 X

878 y	20 C	graublau/dunkelblau . . . . vo		1,20	0,30
879 y	45 C	bräunlichlila/dunkelbraun . . . . . vo		1,80	0,70
			Satzpreis y (2 W.)	3,—	1,—
			FDC y		10,—

Auflagen: MiNr. 878 x = 21 188 600, MiNr. 878 y = 10 734 400, MiNr. 879 x = 2 875 300, MiNr. 879 y = 2 925 900 Stück

Gültig bis 31.12.1968

Norwegen

1967, 2. Mai. Europa. RaTdr.; gez. K 13.

hl) Ineinandergreifende Zahnräder, Antriebsrad mit CEPT-Emblem

555	60 (Ø)	matpurpur/violettpurpur . . . . hl		0,50	0,50
556	90 (Ø)	graublau/dunkelviolettblau . . . . . hl		1,—	1,—
			Satzpreis (2 W.)	1,50	1,50
			FDC		2,50

Auflagen: MiNr. 555 = 5 007 500, MiNr. 556 = 2 166 000 Stück

Portugal

1967, 2. Mai. Europa. Odr. (10×10); gez. K 13½.

lz) Ineinandergreifende Zahnräder, Antriebsrad mit CEPT-Emblem

1026	1.00 (E)	mehrfarbig . . . . lz		1,—	0,50
1027	3.50 (E)	mehrfarbig . . . . .lz		11,—	1,50
1028	4.30 (E)	mehrfarbig . . . . lz		13,—	3,—
			Satzpreis (3 W.)	25,—	5,—
			FDC		8,50

Auflagen: MiNr. 1026 = 9 000 000, MiNr. 1027–1028 je 1 500 000 Stück

Gültig bis 31.3.1973

San Marino

1967, 5. Mai. Europa. RaTdr. (8×5); Wz. 6; gez. K 14.

ua) Karte von Europa mit Kennzeichnung der EWG und EFTA angeschlossenen Länder (CEPT-Länder)

890	200 L	dunkelgrün/hellorangebraun . . . ua		1,20	0,60
			FDC		1,—

Auflage: 1 488 000 Stück

Schweiz

1967, 13. März. Europa. StTdr. (10×5); Papier ph.; gez. K 11¾.

ze) Ineinandergreifende Zahnräder, Antriebsrad mit CEPT-Emblem

850	30 (C)	schwarzgraublau . . . . ze		1,20	0,40
			FDC		0,80

Auflage: 15 212 000 Stück

Spanien

1967, 2. Mai. Europa. RaTdr.; gez. K 13¼.

ahv) Ineinandergreifende Zahnräder, Antriebsrad mit CEPT-Emblem

1682	1.50 Pta	mehrfarbig . . . . ahv		0,30	0,30
1683	6 Pta	mehrfarbig . . . . ahv		0,30	0,30
			Satzpreis (2 W.)	0,60	0,60
			FDC		1,—

Auflage: 6 000 000 Sätze

Gültig bis 28.2.2002

Türkei

1967, 2. Mai. Europa. Odr.; gez. K 13.

agy) Ineinandergreifende Zahnräder, Antriebsrad mit CEPT-Emblem

2044	100 (K) + 10 K	mehrfarbig . . . . agy		1,50	1,—
2045	130 (K) + 10 K	mehrfarbig . . . . agy		1,50	1,50
			Satzpreis (2 W.)	3,—	2,50
			FDC		3,50

Auflagen: MiNr. 2044 = 560 896, MiNr. 2045 = 561 046 Stück

Zypern

1967, 2. Mai. Europa. Odr.; Wz. 6; gez. K 13½:14.

eu) Ineinandergreifende Zahnräder, Antriebsrad mit CEPT-Emblem

292	20 M	mehrfarbig . . . . eu		1,—	0,70
293	30 M	mehrfarbig . . . . eu		1,—	0,80
294	150 M	mehrfarbig . . . . eu		4,—	3,—
			Satzpreis (3 W.)	6,—	4,50
			FDC		6,—

Auflagen: MiNr. 292 = 628 981, MiNr. 293 = 629 007, MiNr. 294 = 419 035 Stück

Gültig bis 1.5.1975

1968

Andorra (Französische Post)

1968, 27. April. Europa. StTdr. (5×5); gez. K 13.

av) Kreuzbartschlüssel mit CEPT-Emblem

208	0.30 (Fr)	dunkelblaugrau/blau . . . . av		8,—	4,—
209	0.60 (Fr)	braun/violett . . . . av		12,—	7,—
			Satzpreis (2 W.)	20,—	11,—
			FDC		22,—

Auflagen: MiNr. 208 = 710 000, MiNr. 209 = 650 000 Stück

Belgien

1968, 27. April. Europa. RaTdr. (5×6); gestrichenes, phosphoreszierendes Papier; gez. K 11½.

aoy) Kreuzbartschlüssel mit CEPT-Emblem

1511	3 Fr	mehrfarbig . . . . aoy		0,50	0,10
1512	6 Fr	mehrfarbig . . . . aoy		0,50	0,40
			Satzpreis (2 W.)	1,—	0,50
			FDC		3,—

Gedenkblatt der belgischen Post mit MiNr. 1511–1512 □ (nicht frankaturgültig) . . . . 100,—

Auflagen: MiNr. 1511 = 9 000 000, MiNr. 1512 = 2 750 000 Stück

Deutschland

1968, 29. April. Europa. RaTdr. (5×10); Papier fl.; gez. K 14:13¾.

rk) Kreuzbartschlüssel mit CEPT-Emblem

559	20 (Pf)	mehrfarbig . . . . rk		0,30	0,40
560	30 (Pf)	mehrfarbig . . . . rk		0,30	0,30
			Satzpreis (2 W.)	0,60	0,60
			FDC		2,—

Auflagen: MiNr. 559 = 50 000 000, MiNr. 560 = 70 000 000 Stück

Gültig bis 31.12.1970

Frankreich

1968, 27. April. Europa. StTdr.; gez. K 13.

awe) Kreuzbartschlüssel mit CEPT-Emblem

1621	0.30 (Fr)	lilapurpur/orangebraun . . . awe		0,50	0,50
1622	0.60 (Fr)	braun/purpur . . . . awe		0,50	0,50
			Satzpreis (2 W.)	1,—	1,—
			FDC		2,—

Auflagen: MiNr. 1621 = 30 290 000, MiNr. 1622 = 11 165 000 Stück

Griechenland

1968, 29. März. Europa. Odr.; Wz. 2; gez. K 13¾:12¼.

us) Kreuzbartschlüssel mit CEPT-Emblem

974	2.50 Dr	mehrfarbig . . . . us		0,50	0,50
975	4.50 Dr	mehrfarbig . . . . us		1,50	1,50
			Satzpreis (2 W.)	2,—	2,—
			FDC		2,50

Auflagen: MiNr. 974 = 4 155 099, MiNr. 975 = 975 171 Stück

Gültig bis 29.12.1969

Irland

1968, 29. April. Europa. RaTdr.; Wz. 2; gez. K 15.

ca) Kreuzbartschlüssel mit CEPT-Emblem

202	7 Pg mehrfarbig	ca	0,50	0,50
203	1'5 Sc'Pg mehrfarbig	ca	3,—	2,50
		Satzpreis (2 W.)	3,50	3,—
		FDC		3,50

Zwischenstegpaare:

202 ZW–203 ZW	2 Paare	*30,—*	*30,—*

Auflage: 2 000 000 Sätze

Gültig bis 31.12.1971

Island

1968, 29. April. Europa. RaTdr.; gez. K 11¾.

gd) Kreuzbartschlüssel mit CEPT-Emblem

417	9.50 Kr mehrfarbig	gd	1,—	1,—
418	10.00 Kr mehrfarbig	gd	1,—	1,—
		Satzpreis (2 W.)	2,—	2,—
		FDC		4,50

Auflage: 1 000 000 Sätze

Gültig bis 30.6.1981

Italien

1968, 29. April. Europa. RaTdr. (5×10); Wz. 4; gez. K 14.

adu) Kreuzbartschlüssel mit CEPT-Emblem

1272	50 L dunkelrosa/russischgrün	adu	0,30	0,30
1273	90 L hellblau/olivbraun	adu	0,30	0,30
		Satzpreis (2 W.)	0,50	0,50
		FDC		1,50

Auflagen: MiNr. 1272 = 20 000 000, MiNr. 1273 = 12 000 000 Stück

Liechtenstein

1968, 25. April. Europa. RaTdr. (5×4); gez. K 11¾.

pp) Kreuzbartschlüssel mit CEPT-Emblem

495	50 (Rp) mehrfarbig	pp	0,70	0,60
		FDC		1,—

Auflage: 2 295 341 Stück

Gültig bis 31.12.2001

Luxemburg

1968, 29. April. Europa. RaTdr.; Faserpapier; gez. K 11¾.

mu) Kreuzbartschlüssel mit CEPT-Emblem

771	3 Fr mehrfarbig	mu	0,50	0,50
772	6 Fr mehrfarbig	mu	0,50	0,50
		Satzpreis (2 W.)	1,—	1,—
		FDC		1,50

Auflage: 1 000 000 Sätze

Gültig bis 31.12.2002

Monaco

1968, 29. April. Europa. StTdr. (6×5); gez. K 13.

ti) Kreuzbartschlüssel mit CEPT-Emblem

879	0.30 (Fr) rotorange/rot	ti	0,50	0,50
880	0.60 (Fr) karminrot/violettblau	ti	1,—	1,—
881	1.00 (Fr) bläulichgrün/rotbraun	ti	1,50	1,50
		Satzpreis (3 W.)	3,—	3,—
		FDC		4,50

Auflagen: MiNr. 879 = 1 133 958, MiNr. 880 = 503 968, MiNr. 881 = 540 259 Stück

Niederlande

1968, 29. April. Europa. RaTdr.; Papier ph.; gez. K 14:12¾.

wl) Kreuzbartschlüssel mit CEPT-Emblem

899	20 C preußischblau	wl	0,30	0,30
900	45 C lebhaftrot	wl	0,90	0,90
		Satzpreis (2 W.)	1,20	1,20
		FDC		2,—

Auflagen: MiNr. 899 = 31 322 000, MiNr. 900 = 5 654 300 Stück

Gültig bis 31.12.1985

Portugal

1968, 29. April. Europa. Odr. (10×10); gez. K 13½.

mm) Kreuzbartschlüssel mit CEPT-Emblem

1051	1.00 E mehrfarbig	mm	2,—	0,50
1052	3.50 E mehrfarbig	mm	13,—	3,—
1053	4.30 E mehrfarbig	mm	13,—	4,50
		Satzpreis (3 W.)	28,—	8,—
		FDC		10,—

Auflagen: MiNr. 1051 = 9 000 000, MiNr. 1052–1053 je 1 500 000 Stück

Gültig bis 30.4.1975

San Marino

1968, 29. April. Europa. StTdr. (5×8); Wz. 6; gez. K 14:13¼.

uz) Kreuzbartschlüssel mit CEPT-Emblem

913	250 L rotbraun	uz	0,80	0,80
		FDC		1,50

Auflage: 1 180 000 Stück

Schweiz

1968, 14. März. Europa. RaTdr. (5×5); Papier ph.; gez. K 11¾.

aab) Kreuzbartschlüssel mit CEPT-Emblem

871	20 (C) mehrfarbig	aab	0,50	0,30
		FDC		3,—

MiNr. 871 stammt aus dem Satz MiNr. 870–873.

Auflage: 35 245 000 Stück

Spanien

1968, 29. April. Europa. RaTdr.; gez. K 12¾:13.

alv) Kreuzbartschlüssel mit CEPT-Emblem

1755	3.50 Pta mehrfarbig	alv	0,30	0,30
		FDC		0,90

Auflage: 10 000 000 Stück

Gültig bis 28.2.2002

Türkei

1968, 6. Mai. Europa. Odr.; gez. K 13.

aiv) Kreuzbartschlüssel mit CEPT-Emblem

2095	100 K mehrfarbig	aiv	1,50	1,50
2096	130 K mehrfarbig	aiv	2,—	1,50
		Satzpreis (2 W.)	3,50	3,—
		FDC		7,—

Auflage: 600 000 Sätze

Zypern

1968, 29. April. Europa. Odr.; Wz. 6; gez. K 14.

fl) Kreuzbartschlüssel mit CEPT-Emblem

307	20 M mehrfarbig	fl	1,—	1,—
308	30 M mehrfarbig	fl	1,—	1,—
309	150 M mehrfarbig	fl	2,—	2,—
		Satzpreis (3 W.)	4,—	4,—
		FDC		5,—

Auflagen: MiNr. 307 = 418 590, MiNr. 308 = 493 585, MiNr. 309 = 383 576 Stück

Gültig bis 28.4.1976

1969

Andorra (Französische Post)

1969, 26. April. Europa. StTdr. (5×5); gez. K 13.

ba) „EUROPA“ und „CEPT“ in Tempelform

214	0.40 (Fr) mehrfarbig	ba	10,—	8,—
215	0.70 (Fr) mehrfarbig	ba	10,—	8,—
		Satzpreis (2 W.)	20,—	15,—
		FDC		25,—

Auflagen: MiNr. 214 = 690 000, MiNr. 215 = 700 000 Stück

Belgien

1969, 26. April. Europa. RaTdr. (5×6); Papier ph.; gez. K 11½.

arg) „EUROPA“ und „CEPT“ in Tempelform

1546	3 Fr mehrfarbig	arg	0,50	0,20
1547	6 Fr mehrfarbig	arg	0,50	0,40
		Satzpreis (2 W.)	1,—	0,60
		FDC		2,—

Gedenkblatt der belgischen Post mit
MiNr. 1546–1547 □ (nicht frankaturgültig) . . . . 100,—

Auflagen: MiNr. 1546 = 10 500 000, MiNr. 1547 = 2 750 000 Stück

Dänemark

1969, 28. April. Europa. StTdr. (5×10); Papier fl.; gez. K 12¾.

fl) „EUROPA“ und „CEPT“ in Tempelform

479	90 (Ø) preußischblau	fl	1,—	0,50
		FDC		1,50

Auflage: 7 055 000 Stück

Deutschland

1969, 28. April. Europa. RaTdr. (5×10); Papier fl.; gez. K 14:13¾.

si) „EUROPA“ und „CEPT“ in Tempelform

583	20 (Pf) mehrfarbig	si	0,50	0,30
584	30 (Pf) mehrfarbig	si	0,50	0,30
		Satzpreis (2 W.)	1,—	0,60
		FDC		2,—

Auflagen: MiNr. 583 = 50 000 000, MiNr. 584 = 71 500 000 Stück

Gültig bis 30.6.2002

Finnland

1969, 27. April. Europa. RaTdr.; gez. K 14.

rh) „EUROPA“ und „CEPT“ in Tempelform

656	0.40 (M) mehrfarbig	rh	4,50	1,—
		FDC		3,—

Auflage: 3 000 000 Stück

Gültig bis 31.12.2011

Frankreich

1969, 26. April. Europa. StTdr.; gez. K 13.

axu) „EUROPA“ und „CEPT“ in Tempelform

1665	0.40 (Fr) dunkelrotlila	axu	0,50	0,30
1666	0.70 (Fr) grünlichblau	axu	0,50	0,30
		Satzpreis (2 W.)	1,—	0,60
		FDC		2,50

Auflagen: MiNr. 1665 = 24 920 000, MiNr. 1666 = 11 925 000

Griechenland

1969, 5. Mai. Europa. Odr.; Wz. 2; gez. K 14:12¼.

vx) „EUROPA“ und „CEPT“ in Tempelform

1004	2.50 Dr mehrfarbig	vx	1,—	0,50
1005	4.50 Dr mehrfarbig	vx	3,—	1,50
		Satzpreis (2 W.)	4,—	2,—
		FDC		4,—

Auflagen: MiNr. 1002 = 5 628 056, MiNr. 1003 = 731 082 Stück

Gültig bis 4.1.1971

Die Bildbeschreibungen zu den Markenabbildungen sind so ausführlich wie möglich gehalten!

Großbritannien

1969, 2. April. Europa. RaTdr. (6×20); Papier ph.; gez. K 14¾:14¼.

mk) „EUROPA“ und „CEPT“ in Tempelform

512	9 P mehrfarbig	mk	0,30	0,30
		FDC		1,50

MiNr. 512 stammt aus dem Satz MiNr. 511–515.

Auflage: 9 823 200 Stück

Gültig bis 29.2.1972

Irland

1969, 28. April. Europa. RaTdr.; Wz. 2; gez. K 15.

cl) „EUROPA“ und „CEPT“ in Tempelform

230	9 Pg mehrfarbig	cl	2,—	1,50
231	1'9 Sc'Pg mehrfarbig	cl	2,—	2,—
		Satzpreis (2 W.)	4,—	3,50
		FDC		5,—

Zwischenstegpaare:

230 ZW–231 ZW		2 Paare	20,—	40,—

Auflagen: MiNr. 230 = 2 000 000, MiNr. 231 = 2 250 000 Stück

Gültig bis 31.12.1971

Island

1969, 28. April. Europa. RaTdr.; gez. K 11¾.

gk) „EUROPA“ und „CEPT“ in Tempelform

428	13.00 Kr mehrfarbig	gk	3,—	3,—
429	14.50 Kr mehrfarbig	gk	1,—	1,—
		Satzpreis (2 W.)	4,—	4,—
		FDC		6,—

Auflage: 1 000 000 Sätze

Gültig bis 30.6.1981

Italien

1969, 28. April. Europa. RaTdr. (5×10); Papier fl.; gez. K 14.

aer) „EUROPA“ und „CEPT“ in Tempelform

1295	50 L mehrfarbig	aer	0,30	0,30
1296	90 L mehrfarbig	aer	0,30	0,30
		Satzpreis (2 W.)	0,50	0,50
		FDC		2,—

Auflagen: MiNr. 1295 = 20 000 000, MiNr. 1296 = 12 000 000 Stück

Jugoslawien

1969, 20. Dez. Europa. RaTdr. (3×3); gez. K 11¾.

akh) „EUROPA“ und „CEPT“ in Tempelform

1361	1.25 (Din) mehrfarbig	akh		
I	1. Auflage		1,50	1,50
II	2. Auflage		6,—	6,—
1362	3.25 (Din) mehrfarbig	akh		
I	1. Auflage		3,—	3,—
II	2. Auflage		6,—	6,—
		Satzpreis I (2 W.)	4,50	4,50
		Satzpreis II (2 W.)	12,—	12,—
		FDC I		15,—
		Kleinbogensatz I (2 Klb.)	45,—	45,—
		Kleinbogensatz II (2 Klb.)	120,—	120,—

1361 U	ungezähnt	—,—
1362 U	ungezähnt	—,—
1362 I Klb F	Kleinbogen ohne Kontrollnummer	—,—

MiNr. 1361 ohne, MiNr. 1362 mit Kontrollnummer auf dem Kleinbogenrand.

MiNr. 1361–1362 wurden in zwei verschiedenen Auflagen gedruckt.

1. Auflage: Gummi leicht gelblich; bei MiNr. 1361 wirkt das gesamte Markenbild lebhaft; bei MiNr. 1362 ist die Kleinbogen-Kontrollnummer (von 00001 bis 44444) dunkelgrau in der Mitte im unteren Bogenrand der letzten rechten Marke, das „o“ in „No“ mit senkrechtem Strich.
2. Auflage: Gummi weiß; bei MiNr. 1361 das gesamte Markenbild matter; bei MiNr. 1362 ist die Kleinbogen-Kontrollnummer (von 44445 bis 72222) hellgrau, im unteren Bogenrand der letzten rechten Marke nach oben verschoben, das „o“ in „No“ ohne senkrechten Strich.

Auflagen: MiNr. 1361 I = 848 907, MiNr. 1362 I = 398 898 Stück, MiNr. 1361 II und 1362 II je 249 993 Stück

Liechtenstein

1969, 24. April. Europa. RaTdr. (4×5); gez. K 14½.

rc) „EUROPA“ und „CEPT“ in Tempelform

507	50 (Rp) mehrfarbig	rc	0,70	0,50
		FDC		1,20

Auflage: 1 869 872 Stück

Gültig bis 31.12.2001

Luxemburg

1969, 19. Mai. Europa. RaTdr.; Faserpapier; gez. K 11¾.

nm) „EUROPA“ und „CEPT“ in Tempelform

788	3 Fr mehrfarbig	nm	0,50	0,50
789	6 Fr mehrfarbig	nm	0,50	0,50
		Satzpreis (2 W.)	1,—	1,—
		FDC		1,50

Auflage: 1 000 000 Sätze

Gültig bis 31.12.2002

Monaco

1969, 26. April. Europa. StTdr. (6×5); gez. K 13:12¾.

vg) „EUROPA“ und „CEPT“ in Tempelform

929	0.40 (Fr) mehrfarbig	vg	1,—	0,50
930	0.70 (Fr) mehrfarbig	vg	2,—	1,80
931	1.00 (Fr) mehrfarbig	vg	2,—	1,80
		Satzpreis (3 W.)	5,—	4,—
		FDC		4,50

Auflage: MiNr. 929 = 931 167, MiNr. 930 = 502 207, MiNr. 931 = 509 580 Stück

Niederlande

1969, 28. April. Europa. RaTdr., Bogen (10×10) und Rolle; Papier ph.; gez. K 14:12¾.

xf) „EUROPA“ und „CEPT“ in Tempelform

920	25 C schwarzblau (B) (R)	xf	0,30	0,30
921	45 C karminrot (B)	xf	1,20	1,20
		Satzpreis (2 W.)	1,50	1,50
		FDC		4,50

Jede fünfte Rollenmarke trägt rückseitig eine schwarze Zählnummer.

Auflagen: MiNr. 920 = 31 577 230, MiNr. 921 = 3 550 400 Stück

Gültig bis 31.12.1985

Norwegen

1969, 28. April. Europa. RaTdr.; Papier ph.; gez. K 13.

ic) „EUROPA“ und „CEPT“ in Tempelform

583	65 (Ø) karminrot/grauschwarz	ic	1,—	0,30
584	90 (Ø) dunkelblau/grauschwarz	ic	1,—	1,—
	Satzpreis (2 W.)		2,—	1,30
	FDC			3,—

Auflagen: MiNr. 583 = 5 072 600, MiNr. 584 = 2 185 000 Stück

Österreich

1969, 28. April. Europa. RaTdr. (5×10); gez. K 12.

afs) „EUROPA“ und „CEPT“ in Tempelform

1291	2 S mehrfarbig	afs	0,80	0,40
	FDC			1,20

Vorlagedruck in Schwarz, mit dem Originaldruckstöckel gedruckt, □, auf Erläuterungsblatt geklebt .... 25,—

Auflage: 3 000 000 Stück

Gültig bis 30.6.2002

Portugal

1969, 28. April. Europa. Odr. (10×10); gez. K 13¼.

na) „EUROPA“ und „CEPT“ in Tempelform

1070	1.00 E mehrfarbig	na	0,50	0,50
1071	3.50 E mehrfarbig	na	15,—	3,50
1072	4.30 E mehrfarbig	na	15,—	4,—
	Satzpreis (3 W.)		30,—	8,—
	FDC			10,—

Auflagen: MiNr. 1070 = 9 000 000, MiNr. 1071–1072 je 1 500 000 Stück

Gültig bis 30.4.1975

San Marino

1969, 28. April. Europa. StTdr. (5×8); Wz. 6; gez. K 14:13½.

vk) „EUROPA“ und „CEPT“ in Tempelform

925	50 L schwarzgrün	vk	0,50	0,50
926	180 L lilapurpur	vk	0,50	0,50
	Satzpreis (2 W.)		1,—	1,—
	FDC			1,50

Auflage: 1 065 000 Sätze

Schweden

1969, 28. April. Europa. RaTdr.; A = senkrecht, D = dreiseitig gez. 14½.

im) „EUROPA“ und „CEPT“ in Tempelform

634	70 (Ö) mehrfarbig	im		
A	senkrecht gez.		1,50	0,50
Dl	dreiseitig gez.		1,50	1,50
Dr	dreiseitig gez.		1,50	1,50
635 A	1 Kr mehrfarbig	im	1,50	0,30
	Satzpreis A (2 W.)		3,—	0,60
	FDC (4 W.)			6,—
	Markenheftchen mit 10 × MiNr. 634 D		25,—	
634 Dl/Dr		Paar	3,—	3,—
DPB 9	Behörden-Dienstpostkarte zur Ausstellung „Schweden EUROPA“ mit Wertstempel in Zeichnung von MiNr. 634–635		3,—	3,—

Auflagen: MiNr. 634 A = 7 658 000, MiNr. 634 D = 4 035 000, MiNr. 635 A = 7 871 000 Stück

Schweiz

1969, 28. April. Europa. RaTdr. (5×10); Papier ph.; gez. K 11¾.

agb) „EUROPA“ und „CEPT“ in Tempelform

900	30 (C) mehrfarbig	abg	0,40	0,50
901	50 (C) mehrfarbig	abg	0,70	0,70
	Satzpreis (2 W.)		1,10	1,20
	FDC			1,60

Auflagen: MiNr. 900 = 20 177 000, MiNr. 901 = 9 987 000 Stück

Spanien

1969, 28. April. Europa. RaTdr.; gez. K 13:12¾.

aoa) „EUROPA“ und „CEPT“ in Tempelform

1808	3.50 Pta mehrfarbig	aoa	0,40	0,40
	FDC			0,80

Auflage: 10 000 000 Stück

Gültig bis 28.2.2002

Türkei

1969, 28. April. Europa. Odr.; gez. K 13¼:13.

akz) „EUROPA“ und „CEPT“ in Tempelform

2124	100 K mehrfarbig	akz	1,50	1,—
2125	130 K mehrfarbig	akz	1,50	1,50
	Satzpreis (2 W.)		3,—	2,50
	FDC			6,—

Auflage: 600 000 Sätze

Vatikanstadt

1969, 28. April. Europa. RaTdr. (5×8); Wz. 1; gez. K 14.

mn) „EUROPA“ und „CEPT“ in Tempelform

547	50 L dunkelblaugrau/braunocker	mn	0,30	0,30
548	90 L bräunlichrot/braunocker	mn	0,30	0,30
549	130 L dunkeloliv/braunocker	mn	0,30	0,30
	Satzpreis (3 W.)		0,60	0,60
	FDC			1,50

Auflage: 2 128 200 Sätze

Gültig bis 30.12.1970 und 23.7.1983–30.6.2009

Zypern

1969, 28. April. Europa. Odr.; Wz. 6; gez. K 14¼:13¾.

fv) „EUROPA" und „CEPT" in Tempelform

319	20 M	mehrfarbig	fr	1,—	0,50
320	30 M	mehrfarbig	fr	1,—	0,50
321	150 M	mehrfarbig	fr	3,—	2,50
			Satzpreis (3 W.)	5,—	3,50
			FDC		5,—

Auflagen: MiNr. 319 = 531 984, MiNr. 320 = 806 428, MiNr. 321 = 440 483 Stück

Gültig bis 27.4.1977

1970

Andorra (Französische Post)

1970, 2. Mai. Europa. StTdr. (5×5); gez. K 13.

bh) Flechtwerk als Sonnensymbol

222	0.40 (Fr)	orange	bh	10,—	4,—
223	0.80 (Fr)	purpurviolett	bh	10,—	8,—
			Satzpreis (2 W.)	20,—	12,—
			FDC		25,—

Auflagen: MiNr. 222 = 870 000, MiNr. 223 = 722 500 Stück

Belgien

1970, 1. Mai. Europa. RaTdr. (5×6); Papier ph.; gez. K 11½.

ata) Flechtwerk als Sonnensymbol

1587	3.50 Fr	mehrfarbig	ata	0,50	0,20
1588	7 Fr	mehrfarbig	ata	0,50	0,40
			Satzpreis (2 W.)	1,—	0,60
			FDC		3,—

Gedenkblatt der belgischen Post mit MiNr. 1587–1588 □ (nicht frankaturgültig) .... 100,—

Auflagen: MiNr. 1587 = 10 500 000, MiNr. 1588 = 2 750 000 Stück

Deutschland

1970, 4. Mai. Europa. StTdr. (5×10); Papier fl.; gez. K 14:13¾.

tx) Flechtwerk als Sonnensymbol

620	20 (Pf)	schwärzlichsmaragdgrün	tx	0,40	0,30
621	30 (Pf)	rot	tx	0,40	0,30
			Satzpreis (2 W.)	0,80	0,50
			FDC		1,30

Auflagen: MiNr. 620 = 50 000 000, MiNr. 621 = 95 000 000 Stück

Gültig bis 30.6.2002

Frankreich

1970, 2. Mai. Europa. StTdr.; gez. K 13.

azp) Flechtwerk als Sonnensymbol

1710	0.40 (Fr)	rotlila	azp	0,50	0,30
1711	0.80 (Fr)	helltürkisblau	azp	0,50	0,50
			Satzpreis (2 W.)	1,—	0,80
			FDC		2,—

Auflagen: MiNr. 1710 = 20 375 000, MiNr. 1711 = 15 900 000 Stück

Griechenland

1970, 21. April. Europa. Odr.; Wz. 2; gez. K 13¾:12¼, Hochformat ~.

xi) Flechtwerk als Sonnensymbol

xk) Eule, Sinnbild der Weisheit – aus den Symbolelementen der CEPT

1040	2.50 Dr	mehrfarbig	xi	1,—	1,—
1041	3 Dr	mehrfarbig	xk	1,—	1,—
1042	4.50 Dr	mehrfarbig	xi	4,—	1,—
			Satzpreis (3 W.)	6,—	3,—
			FDC		8,—

Auflagen: MiNr. 1040 = 3 000 000, MiNr. 1041 = 2 200 000, MiNr. 1042 = 800 000 Stück

Gültig bis 31.12.2002

Irland

1970, 4. Mai. Europa. RaTdr.; Wz. 2; gez. K 15.

cr) Flechtwerk als Sonnensymbol

239	6 Pg	dunkelbläulichviolett/silber	cr	0,50	0,50
240	9 Pg	olivbraun/silber	cr	1,50	1,50
241	1'9 Sc'Pg	braunschwarz/silber	cr	2,—	2,—
			Satzpreis (3 W.)	4,—	4,—
			FDC		7,50

Zwischenstegpaare:

239 ZW–241 ZW .... 3 Paare 20,— 45,—

Auflagen: MiNr. 239 = 12 000 000, MiNr. 240 = 2 000 000, MiNr. 241 = 2 250 000 Stück

Gültig bis 31.12.1971

Island

1970, 4. Mai. Europa. RaTdr.; gez. K 11¾.

gx) Flechtwerk als Sonnensymbol

442	9.00 Kr	braun/chromgelb	gx	2,—	1,—
443	25.00 Kr	grün/ocker	gx	2,—	2,—
			Satzpreis (2 W.)	4,—	3,—
			FDC		7,—

Auflage: 1 000 000 Sätze

Gültig bis 30.6.1981

Italien

1970, 4. Mai. Europa. RaTdr. (5×10); Papier fl.; gez. K 14:14¼.

afb) Flechtwerk als Sonnensymbol

1309	50 L	bräunlichrot/gelb	afb	0,30	0,30
1310	90 L	dunkelblaugrün/orange	afb	0,30	0,30
			Satzpreis (2 W.)	0,50	0,50
			FDC		2,—

Zwischenstegpaare:

1309 ZW–1310 ZW .... 2 Paare *35,— 35,—*

Auflagen: MiNr. 1309 = 16 000 000, MiNr. 1310 = 10 000 000 Stück

Jugoslawien

1970, 4. Mai. Europa. RaTdr. (3×3); gez. K 11¾.

ala) Flechtwerk als Sonnensymbol

1379	1.25 (Din) mehrfarbig . . . . ala	0,50	0,50
1380	3.25 (Din) mehrfarbig . . . . ala	0,50	0,50
	Satzpreis (2 W.)	1,—	1,—
	FDC		1,50
	Kleinbogensatz (2 Klb.)	9,—	9,—

1379 U	ungezähnt	—,—
1379 U F	ungezähnt, Farbe Hellgrünlichblau fehlend (Flechtwerk weiß)	—,—
1380 U	ungezähnt	—,—
1380 U F	ungezähnt, Farbe Blaugrau fehlend (Flechtwerk weiß)	—,—
1380 F	Dunkellila statt Purpurlila (▣ hellorangerot)	—,—

MiNr. 1379 ohne, MiNr. 1380 mit Kontrollnummer auf dem Kleinbogenrand.

Auflage: 876 324 Sätze

Liechtenstein

1970, 30. April. Europa. Odr. (5×4); gez. K 14.

rw) Flechtwerk als Sonnensymbol

525	50 (Rp) mehrfarbig . . . . rw	0,70	0,50
	FDC		1,—

Auflage: 2 014 742 Stück

Gültig bis 31.12.2001

Luxemburg

1970, 4. Mai. Europa. RaTdr.; Faserpapier; gez. K 11¾.

of) Flechtwerk als Sonnensymbol

807	3 Fr mehrfarbig . . . . of	0,50	0,50
808	6 Fr mehrfarbig . . . . of	0,50	0,50
	Satzpreis (2 W.)	1,—	1,—
	FDC		1,50

Auflage: 1 000 000 Sätze

Gültig bis 31.12.2002

Monaco

1970, 4. Mai. Europa. StTdr. (5×6); gez. K 12¾:13.

wu) Flechtwerk als Sonnensymbol

977	0.40 (Fr) violett . . . . wu	1,—	0,50
978	0.80 (Fr) blaugrün . . . . wu	2,—	1,70
979	1.00 (Fr) violettultramarin . . . . wu	2,—	1,80
	Satzpreis (2 W.)	5,—	4,—
	FDC		5,—

Auflagen: MiNr. 977 = 1 044 811, MiNr. 978 = 568 559, MiNr. 979 = 568 469 Stück

Die Notierungen gelten in der ersten Spalte für ungebrauchte (postfrische), in der zweiten für gebrauchte (gestempelte) Postwertzeichen.

Niederlande

1970, 4. Mai. Europa. RaTdr., Bogen (B) (10×10) und Rolle (R); Papier ph.; gez. K 14:12¾.

ya) Flechtwerk als Sonnensymbol

942	25 C scharlach (B) (R) . . . . ya	0,50	0,30
943	45 C preußischblau (B) . . . . ya	1,—	0,70
	Satzpreis (2 W.)	1,50	1,—
	FDC		3,50

Jede fünfte Rollenmarke trägt rückseitig eine schwarze Zählnummer.

Auflagen: MiNr. 942 = 33 307 210, MiNr. 943 = 4 519 400 Stück

Gültig bis 31.12.1985

Portugal

1970, 4. Mai. Europa. Odr. (10×10); gez. K 13¼.

nm) Flechtwerk als Sonnensymbol

1092	1.00 E dunkelviolettblau/ sämisch . . . . nm	0,50	0,30
1093	3.50 E rotbraun/sämisch . . . . nm	15,—	1,80
1094	4.30 E dunkeloliv/sämisch . . . . nm	15,—	5,—
	Satzpreis (3 W.)	30,—	7,—
	FDC		9,—

Auflagen: MiNr. 1092 = 9 000 000, MiNr. 1093–1094 je 1 500 000 Stück

Gültig bis 31.12.1983

San Marino

1970, 30. April. Europa. RaTdr. (5×10); gez. K 14:13½.

wp) Flechtwerk als Sonnensymbol

955	90 L gelbgrün/rot . . . . wp	0,50	0,50
956	180 L dunkelchromgelb/rot . . . . wp	0,50	0,50
	Satzpreis (2 W.)	1,—	1,—
	FDC		2,—

Schweiz

1970, 4. Mai. Europa. StTdr. (10×5); Papier ph.; gez. K 11¾.

ace) Flechtwerk als Sonnensymbol

923	30 (C) lebhaftrot . . . . ace	0,60	0,30
924	50 (C) dunkelkobalt . . . . ace	0,80	0,50
	Satzpreis (2 W.)	1,40	0,70
	FDC		1,50

Auflagen: MiNr. 923 = 20 492 000, MiNr. 924 = 13 282 000 Stück

Spanien

1970, 4. Mai. Europa. RaTdr.; gez. K 13:12¾.

are) Flechtwerk als Sonnensymbol

1860	3.50 Pta violettultramarin/gold . . . . . are	0,30	0,30
	FDC		1,—

Auflage: 10 000 000 Stück

Gültig bis 28.2.2002

Türkei

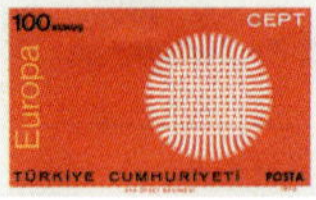

1970, 4. Mai. Europa. Odr.; gez. K 13.

amw) Flechtwerk als Sonnensymbol

2179	100 K	mehrfarbig	amw	1,50	1,—
2180	130 K	mehrfarbig	amw	1,50	1,50
			Satzpreis (2 W.)	3,—	2,50
			FDC		6,—

Auflage: 600 000 Sätze

Zypern

1970, 4. Mai. Europa. Odr.; Wz. 6; gez. K 14:13½.

gg) Flechtwerk als Sonnensymbol

332	20 M	mehrfarbig	gg	0,30	0,30
333	30 M	mehrfarbig	gg	0,30	0,30
334	150 M	mehrfarbig	gg	3,60	2,60
			Satzpreis (3 W.)	4,—	3,—
			FDC		4,—

Auflagen: MiNr. 332 = 648 163, MiNr. 333 = 680 645, MiNr. 334 = 410 505 Stück

Gültig bis 3.5.1978

1971

Andorra (Französische Post)

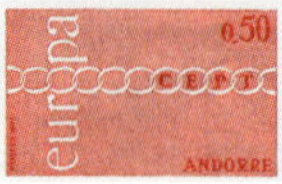

1971, 8. Mai. Europa. StTdr. (5×5); gez. K 13.

br) Brüderlichkeit und Zusammenarbeit durch Kette symbolisiert

232	0.50 (Fr)	karminrot	br	10,—	4,—
233	0.80 (Fr)	blaugrün	br	10,—	8,—
			Satzpreis (2 W.)	20,—	12,—
			FDC		25,—

Auflagen: MiNr. 232 = 800 000, MiNr. 233 = 925 000 Stück

Belgien

1971, 1. Mai. Europa. RaTdr. (5×6), Papier ph.; gez. K 11½.

aut) Brüderlichkeit und Zusammenarbeit durch Kette symbolisiert

1633	3.50 Fr	braunoliv/schwarz	aut	0,50	0,30
1634	7 Fr	schwarzolivgrün/ schwarz	aut	0,50	0,40
			Satzpreis (2 W.)	1,—	0,70
			FDC		3,—

Gedenkblatt der belgischen Post mit
MiNr. 1633–1634 □ (nicht frankaturgültig) . . . . 100,—

Auflagen: MiNr. 1633 = 10 500 000, MiNr. 1634 = 2 750 000 Stück

Deutschland

1971, 3. Mai. Europa. RaTdr. (5×10); Papier fl.; gez. K 14:13¾.

vs) Brüderlichkeit und Zusammenarbeit durch Kette symbolisiert

675	20 (Pf)	mehrfarbig	vs	0,40	0,30
676	30 (Pf)	mehrfarbig	vs	0,40	0,30
			Satzpreis (2 W.)	0,80	0,50
			FDC		2,—

Auflagen: MiNr. 675 = 50 000 000, MiNr. 676 = 71 600 000 Stück

Gültig bis 30.6.2002

Finnland

1971, 3. Mai. Europa. Odr.; gez. K 14.

sp) Brüderlichkeit und Zusammenarbeit durch Kette symbolisiert

689	0.50 (M)	mehrfarbig	sp	2,50	0,80
			FDC		1,80

Auflage: 3 000 000 Stück

Gültig bis 31.12.2011

Frankreich

1971, 8. Mai. Europa. StTdr.; gez. K 13.

bbc) Basilika „Santa Maria della Salute“ (erbaut 1631), Venedig

bbd) Brüderlichkeit und Zusammenarbeit durch Kette symbolisiert

1748	0.50 (Fr)	kobalt/olivbraun	bbc	0,50	0,50
1749	0.80 (Fr)	hellviolett	bbd	0,50	0,50
			Satzpreis (2 W.)	1,—	1,—
			FDC		3,—

Auflagen: MiNr. 1748 = 20 000 000, MiNr. 1749 = 10 100 000 Stück

Griechenland

1971, 18. Mai. Europa. Odr.; Wz. 2; gez. K 14:12½.

ys) Brüderlichkeit und Zusammenarbeit durch Kette symbolisiert

1074	2.50 Dr	mehrfarbig	ys	1,—	0,30
1075	5 Dr	mehrfarbig	ys	3,—	2,20
			Satzpreis (2 W.)	4,—	2,50
			FDC		3,50

Auflagen: MiNr. 1074 = 9 200 000, MiNr. 1075 = 845 297 Stück

Gültig bis 31.12.2002

Irland

1971, 3. Mai. Europa. RaTdr.; Wz. 2; gez. K 15.

cx) Brüderlichkeit und Zusammenarbeit durch Kette symbolisiert

265	4 (P)	gelboliv/schwarz	cx	0,50	0,50
266	6 (P)	türkisblau/schwarz	cx	3,50	3,50
			Satzpreis (2 W.)	4,—	4,—
			FDC		6,—

Auflagen: MiNr. 265 = 12 000 000, MiNr. 266 = 2 000 000 Stück

Gültig bis 31.12.2002

Island

1971, 3. Mai. Europa. RaTdr.; gez. K 11¾.

hf) Brüderlichkeit und Zusammenarbeit durch Kette symbolisiert

451	7.00 Kr	mehrfarbig	hf	1,—	1,—
452	15.00 Kr	mehrfarbig	hf	1,—	1,—
			Satzpreis (2 W.)	2,—	2,—
			FDC		6,—

Auflage: 1 000 000 Sätze

Gültig bis 30.6.1981

Italien

1971, 3. Mai. Europa. RaTdr. (5×8); Wz. 4; Papier fl.; gez. K 14.

afw) Brüderlichkeit und Zusammenarbeit durch Kette symbolisiert

1335	50 L	rot	afw	0,30	0,30
1336	90 L	rötlichviolett	afw	0,30	0,30
			Satzpreis (2 W.)	0,50	0,50
			FDC		2,—

Zwischenstegpaare:

1335 ZW–1336 ZW	2 Paare	*30,—*	*30,—*

Auflagen: MiNr. 1335 = 15 000 000, MiNr. 1336 = 8 000 000 Stück

Jugoslawien

1971, 4. Mai. Europa. RaTdr. (3×3); gez. K 11¾.

amh) Brüderlichkeit und Zusammenarbeit durch Kette symbolisiert

1416	1.50 (Din)	mehrfarbig	amh	0,30	0,30
1417	4.00 (Din)	mehrfarbig	amh	0,30	0,30
			Satzpreis (2 W.)	0,50	0,50
			FDC		3,—
			Kleinbogensatz (2 Klb.)	5,—	5,—

1416 U	ungezähnt	–,–
1417 U	ungezähnt	–,–

MiNr. 1416 ohne, MiNr. 1417 mit Kontrollnummer auf dem Kleinbogenrand.

Auflagen: MiNr. 1416 = 946 242, MiNr. 1417 = 746 242 Stück

Liechtenstein

1971, 11. Juni. Europa. Odr. (5×4); gez. K 13¾.

st) Brüderlichkeit und Zusammenarbeit durch Kette symbolisiert

545	50 (Rp)	mehrfarbig	st	0,70	0,50
			FDC		1,30

Auflage: 1 913 447 Stück

Gültig bis 31.12.2001

Luxemburg

1971, 3. Mai. Europa. RaTdr.; gez. K 12½:13.

ox) Brüderlichkeit und Zusammenarbeit durch Kette symbolisiert

824	3 Fr	mehrfarbig	ox	0,50	0,50
825	6 Fr	mehrfarbig	ox	0,50	0,50
			Satzpreis (2 W.)	1,—	1,—
			FDC		1,50

Auflage: 1 000 000 Sätze

Gültig bis 31.12.2002

Malta

1971, 3. Mai. Europa. Odr. (6×10); Wz. 6; gez. K 13¾:14¾.

hu) Brüderlichkeit und Zusammenarbeit durch Kette symbolisiert

422	2 P	mehrfarbig	hu	0,30	0,30
423	5 P	mehrfarbig	hu	0,30	0,30
424	1'6 Sh'P	mehrfarbig	hu	0,40	0,40
			Satzpreis (3 W.)	1,—	1,—
			FDC		2,50

Auflagen: MiNr. 422 = 1 398 350, MiNr. 423 = 1 524 900, MiNr. 424 = 501 010 Stück

Gültig bis 19.10.1976

Monaco

1971, 6. Sept. Europa. StTdr. (6×5); gez. K 13:12¾.

ya) Brüderlichkeit und Zusammenarbeit durch Kette symbolisiert

1014	0.50 (Fr)	rotlila	ya	1,—	1,—
1015	0.80 (Fr)	blau	ya	2,—	1,50
1016	1.30 (Fr)	schwarzgrün	ya	2,—	1,50
			Satzpreis (3 W.)	5,—	4,—
			FDC		7,—

Auflagen: MiNr. 1014 = 524 160, MiNr. 1015 = 426 593, MiNr. 1016 = 424 170 Stück

Niederlande

1971, 3. Mai. Europa. RaTdr., Bogen (B) (10×10) und Rolle (R); Papier ph.; gez. K 14:12¾.

yr) Brüderlichkeit und Zusammenarbeit durch Kette symbolisiert

963	25 C	mehrfarbig (B) (R)	yr	0,50	0,50
964	45 C	mehrfarbig (B)	yr	1,—	1,—
			Satzpreis (2 W.)	1,50	1,50
			FDC		3,50

Jede fünfte Rollenmarke trägt rückseitig eine schwarze Zählnummer.

Auflagen: MiNr. 963 = 32 807 480, MiNr. 964 = 5 302 000 Stück

Gültig bis 31.12.1985

Portugal

1971, 3. Mai. Europa. Odr. (10×10); gez. K 14½.

op) Brüderlichkeit und Zusammenarbeit durch Kette symbolisiert

1127	1.00 E	mehrfarbig	op	0,50	0,50
1128	3.50 E	mehrfarbig	op	15,—	1,50
1129	7.50 E	mehrfarbig	op	15,—	3,—
			Satzpreis (3 W.)	30,—	5,—
			FDC		7,50

Auflagen: MiNr. 1127 = 9 000 000, MiNr. 1128 = 5 000 000, MiNr. 1129 = 1 000 000 Stück

Gültig bis 31.12.1983

San Marino

1971, 29. Mai. Europa. RaTdr. (10×10); gez. K 13¼:14.

xk) Brüderlichkeit und Zusammenarbeit durch Kette symbolisiert

975	50 L	orange/blau	xk	0,50	0,50
976	90 L	blau/orange	xk	0,50	0,50
			Satzpreis (2 W.)	1,—	1,—
			FDC		1,20

Auflage: 700 000 Sätze

Schweiz

1971, 3. Mai. Europa. StTdr. (5×10); Papier ph.; gez. K 11¾.

ade) Brüderlichkeit und Zusammenarbeit durch Kette symbolisiert

947	30 (C) rosakarmin/gelblichorange	ade	0,50	0,30
948	50 (C) blau/gelblichorange	ade	0,80	0,70
		Satzpreis (2 W.)	1,30	1,—
		FDC		1,70

Auflagen: MiNr. 947 = 29 115 000, MiNr. 948 = 14 444 000 Stück

Spanien

1971, 29. April. Europa. RaTdr.; gez. K 13.

atx) Brüderlichkeit und Zusammenarbeit durch Kette symbolisiert

1925	2 Pta mehrfarbig	atx	1,—	0,50
1926	8 Pta mehrfarbig	atx	0,50	0,50
		Satzpreis (2 W.)	1,50	1,—
		FDC		2,50

Auflage: 8 000 000 Sätze

Gültig bis 28.2.2002

Türkei

1971, 3. Mai. Europa. Odr.; gez. K 13¼:13.

anz) Brüderlichkeit und Zusammenarbeit durch Kette symbolisiert

2210	100 K mehrfarbig	anz	1,50	1,—
2211	150 K mehrfarbig	anz	2,—	1,50
		Satzpreis (2 W.)	3,50	2,50
		FDC		6,—

2211 Udr	dreiseitig ungezähnt	—,—	

Auflage: 600 000 Sätze

Zypern

1971, 3. Mai. Europa. Odr.; Wz. 6; gez. K 14¼:13½.

hh) Brüderlichkeit und Zusammenarbeit durch Kette symbolisiert

359	20 M mehrfarbig	hh	0,50	0,30
360	30 M mehrfarbig	hh	0,50	0,30
361	150 M mehrfarbig	hh	3,—	3,—
		Satzpreis (3 W.)	4,—	3,50
		FDC		5,—

Auflagen: MiNr. 359 = 573 291, MiNr. 360 = 573 309, MiNr. 361 = 468 319 Stück

Gültig bis 2.5.1979

1972

Andorra (Französische Post)

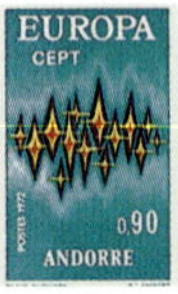

1972, 29. April. Europa. RaTdr. (5×5); gez. K 13.

bv) Sterne

238	0.50 (Fr) mehrfarbig	bv	10,—	4,—
239	0.90 (Fr) mehrfarbig	bv	10,—	8,—
		Satzpreis (2 W.)	20,—	12,—
		FDC		25,—

Auflage: 600 000 Sätze

Andorra (Spanische Post)

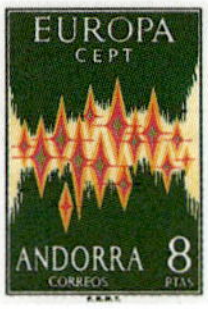

1972, 2. Mai. Europa. RaTdr. (10×8); gez. K 13.

ac) Sterne

71	8 Pta mehrfarbig	ac	*90,—*	*90,—*
		FDC		*100,—*

FALSCH Odr., Linienzähnung (unregelmäßige Eckzähnung) Ⓕ, auch FDC

Auflage: 200 000 Stück

Gültig bis 28.2.2002

Belgien

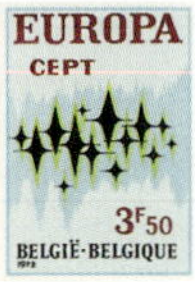

1972, 29. April. Europa. RaTdr. (6×5); Papier ph.; gez. K 11½.

awf) Sterne

1678	3.50 Fr mehrfarbig	awf	0,50	0,20
1679	7 Fr mehrfarbig	awf	0,50	0,40
		Satzpreis (2 W.)	1,—	0,50
		FDC		3,—

Gedenkblatt der belgischen Post mit
MiNr. 1678–1679 □ (nicht frankaturgültig) .... 100,—

Auflagen: MiNr. 1678 = 10 500 000, MiNr. 1679 = 2 750 000 Stück

Deutschland

1972, 2. Mai. Europa. RaTdr. (10×5); Papier fl.; gez. K 13¾:14.

xb) Sterne

716	25 (Pf) mehrfarbig	xb	0,80	0,30
717	30 (Pf) mehrfarbig	xb	0,80	0,30
		Satzpreis (2 W.)	1,50	0,50
		FDC		1,50

Auflagen: MiNr. 716 = 50 000 000, MiNr. 717 = 51 200 000 Stück

Gültig bis 30.6.2002

Finnland

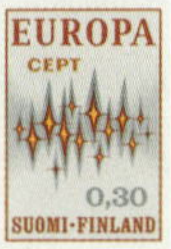

1972, 2. Mai. Europa. Odr.; gez. K 14.

tb) Sterne

700	0.30 (M) mehrfarbig	tb	1,—	0,50
701	0.50 (M) mehrfarbig	tb	2,50	0,50
		Satzpreis (2 W.)	3,50	1,—
		FDC		5,—

Auflage: 3 000 000 Sätze

Gültig bis 31.12.2011

Frankreich

1972, 22. April. Europa. MiNr. 1788 StTdr., MiNr. 1789 RaTdr.; gez. K 13.

bcp) Dom zu Aachen, Deutschland

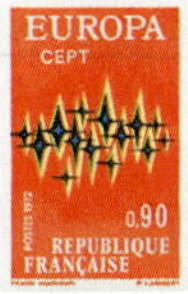

bcr) Sterne

1788	0.50 (Fr)	mehrfarbig	bcp	0,50	0,50
1789	0.90 (Fr)	mehrfarbig	bcr	0,50	0,50
			Satzpreis (2 W.)	1,—	1,—
			FDC		3,—

Auflagen: MiNr. 1788 = 21 550 000, MiNr. 1789 = 10 500 000 Stück

Griechenland

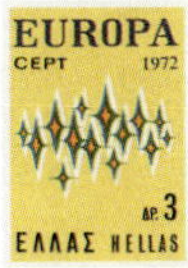

1972, 2. Mai. Europa. Odr.; Wz. 2; gez. K 12¼:13¾.

zz) Sterne

1106	3 Dr	mehrfarbig	zz	0,50	0,50
1107	4.50 Dr	mehrfarbig	zz	1,50	1,50
			Satzpreis (2 W.)	2,—	2,—
			FDC		3,50

Auflagen: MiNr. 1106 = 11 200 000, MiNr. 1107 = 833 195 Stück

Gültig bis 31.12.2002

Irland

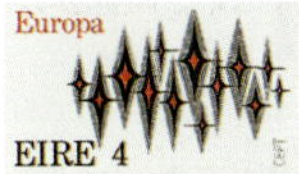

1972, 1. Mai. Europa. RaTdr.; Wz. 2; gez. K 15.

dd) Sterne

276	4 (P)	mehrfarbig	dd	1,—	1,—
277	6 (P)	mehrfarbig	dd	5,—	5,—
			Satzpreis (2 W.)	6,—	6,—
			FDC		11,—

Auflagen: MiNr. 276 = 18 000 000, MiNr. 277 = 2 000 000 Stück

Gültig bis 31.12.2002

Island

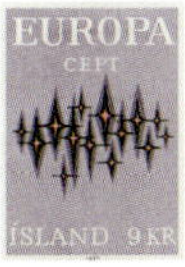

1972, 2. Mai. Europa. RaTdr.; gez. K 11¾.

ho) Sterne

461	9 Kr	mehrfarbig	ho	1,—	0,50
462	13 Kr	mehrfarbig	ho	2,—	1,50
			Satzpreis (2 W.)	3,—	2,—
			FDC		4,50

Auflagen: MiNr. 461 = 3 000 000, MiNr. 462 = 1 000 000 Stück

Gültig bis 30.6.1981

Italien

1972, 2. Mai. Europa. RaTdr. (10×5); Papier fl.; gez. K 13½:14.

agu) Sterne

1364	50 L	mehrfarbig	agu	0,30	0,30
1365	90 L	mehrfarbig	agu	0,30	0,30
			Satzpreis (2 W.)	0,50	0,50
			FDC		2,—

Auflagen: MiNr. 1364 = 15 000 000, MiNr. 1365 = 8 000 000 Stück

Jugoslawien

1972, 3. Mai. Europa. RaTdr. (3×3); gez. K 11¾.

anz) Sterne

1457	1.50 (Din)	mehrfarbig	anz	0,80	0,80
1458	5.00 (Din)	mehrfarbig	anz	0,80	0,80
			Satzpreis (2 W.)	1,50	1,50
			FDC		3,50
			Kleinbogensatz (2 Klb.)	15,—	15,—
1457 U		ungezähnt		—,—	
1458 U		ungezähnt		—,—	

MiNr. 1457 ohne, MiNr. 1458 mit Kontrollnummer auf dem Kleinbogenrand.

Auflagen: MiNr. 1457 = 985 869, MiNr. 1458 = 735 869 Stück

Liechtenstein

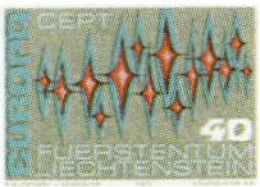

1972, 16. März. Europa. RaTdr. (5×4); gez. K 11¾.

tn) Sterne

564	40 (Rp)	mehrfarbig	tn	0,70	0,50
			FDC		1,—

Auflage: 1 880 113 Stück

Gültig bis 31.12.2001

Luxemburg

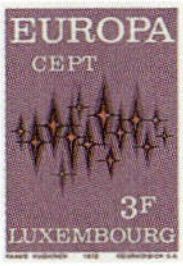

1972, 2. Mai. Europa. RaTdr.; Faserpapier; gez. K 11¾.

pp) Sterne

846	3 Fr	mehrfarbig	pp	0,50	0,50
847	8 Fr	mehrfarbig	pp	0,50	0,50
			Satzpreis (2 W.)	1,—	1,—
			FDC		2,50

Auflage: 1 000 000 Sätze

Gültig bis 31.12.2002

Malta

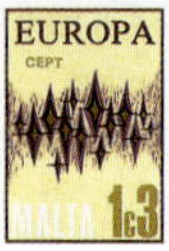

1972, 11. Nov. Europa. Odr. (4×3); Wz. 6; gez. K 13½:13¾.

in) Sterne

450	1.3 C mehrfarbig	in	0,30	0,30
451	3 C mehrfarbig	in	0,30	0,30
452	5 C mehrfarbig	in	0,30	0,30
453	7.5 C mehrfarbig	in	0,30	0,30
	Satzpreis (4 W.)		1,—	1,—
	FDC			2,—
	Kleinbogensatz (4 Klb.)		13,—	13,—

MiNr. 450–453 wurden jeweils im Kleinbogen zu 10 Marken und 2 verschiedenen Zierfeldern (Feld 2 und 3) gedruckt.

Auflagen: MiNr. 450 = 2 979 384, MiNr. 451 = 3 017 940, MiNr. 452 = 1 735 237, MiNr. 453 = 1 070 945 Stück

Gültig bis 31.7.2002

Monaco

1972, 27. April. Europa. StTdr. (5×6); gez. K 13¾:13.

yr) Sterne

1038	0.50 (Fr) rotorange/violettblau	yr	1,—	1,—
1039	0.90 (Fr) gelblichgrün/blauviolett	yr	2,—	3,—
	Satzpreis (2 W.)		3,—	4,—
	FDC			5,50

Auflagen: MiNr. 1038 = 749 160, MiNr. 1039 = 455 594 Stück

Niederlande

1972, 5. Mai. Europa. RaTdr. Bogen (B) (10×10) und Rolle (R); Papier ph.; gez. K 12¾:14.

zh) Sterne

987	30 C hellgrünlichblau/ grünlichocker (B) (R)	zh	0,50	0,50
988	45 C orange/grünlichocker (B)	zh	1,—	1,—
	Satzpreis (2 W.)		1,50	1,50
	FDC			4,50

Jede fünfte Rollenmarke trägt rückseitig eine schwarze Zählnummer.

Auflagen: MiNr. 987 = 19 000 000, MiNr. 988 = 3 000 000 Stück

Gültig bis 31.12.1985

Portugal

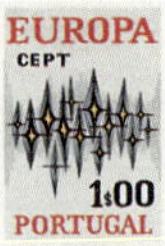

1972, 1. Mai. Europa. Odr. (10×10); gez. K 13¼.

pz) Sterne

1166	1.00 E mehrfarbig	pz	0,50	0,30
1167	3.50 E mehrfarbig	pz	15,—	0,70
1168	6.00 E mehrfarbig	pz	15,—	2,—
	Satzpreis (3 W.)		30,—	3,—
	FDC			6,—

Auflagen: MiNr. 1166 = 9 000 000, MiNr. 1167 = 4 000 000, MiNr. 1168 = 2 000 000 Stück

Gültig bis 31.12.1983

San Marino

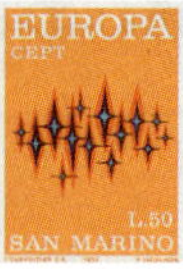

1972, 27. April. Europa. RaTdr. (10×5); gez. K 11¾.

yf) Sterne

997	50 L mehrfarbig	yf	0,40	0,40
998	90 L mehrfarbig	yf	0,40	0,40
	Satzpreis (2 W.)		0,80	0,80
	FDC			1,50

Auflage: 926 000 Sätze

Schweiz

1972, 2. Mai. Europa. RaTdr. (10×5); Papier ph.; gez. K 11¾.

aeb) Sterne

969	30 (C) mehrfarbig	aeb	0,50	0,30
970	40 (C) mehrfarbig	aeb	0,80	0,70
	Satzpreis (2 W.)		1,30	1,—
	FDC			1,50

Auflagen: MiNr. 969 = 29 900 000, MiNr. 970 = 14 006 000 Stück

Spanien

1972, 2. Mai. Europa. RaTdr.; gez. K 13.

awi) Figurenpyramide

awk) Sterne

1985	2 Pta graugrün/orangegelb	awi	1,—	0,50
1986	8 Pta mehrfarbig	awk	1,—	0,50
	Satzpreis (2 W.)		2,—	1,—
	FDC			4,—

Auflage: 6 000 000 Sätze

Gültig bis 28.2.2002

Türkei

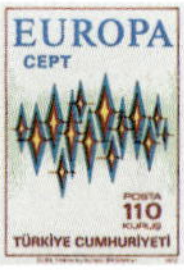

1972, 2. Mai. Europa. Odr.; gez. K 13:13¼.

apm) Sterne

2253	110 K mehrfarbig	apm	1,50	1,—
2254	250 K mehrfarbig	apm	3,50	1,50
	Satzpreis (2 W.		5,—	2,50
	FDC			8,—
2254 F	Farbe Grün fehlend			—,—

Auflage: 600 000 Sätze

Zypern

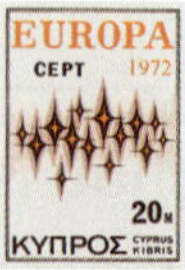

1972, 22. Mai. Europa. Odr.; Wz. 6; gez. K 12¼:13½.

hv) Sterne

374	20 M	mehrfarbig	hv	0,50	0,30
375	30 M	mehrfarbig	hv	0,50	0,30
376	150 M	mehrfarbig	hv	3,—	2,50
			Satzpreis (3 W.)	4,—	3,—
			FDC		6,—

Auflagen: MiNr. 374 = 639 784, MiNr. 375 = 534 775, MiNr. 376 = 429 779 Stück

Gültig bis 21.5.1980

1973

Andorra (Französische Post)

1973, 28. April. Europa. RaTdr. (5×5); gez. K 13.

cd) Stilisiertes Posthorn

247	0.50 (Fr)	mehrfarbig	cd	10,—	7,—
248	0.90 (Fr)	mehrfarbig	cd	10,—	8,—
			Satzpreis (2 W.)	20,—	15,—
			FDC		30,—

Auflagen: MiNr. 247 = 800 000, MiNr. 248 = 500 000 Stück

Andorra (Spanische Post)

1973, 30. April. Europa. RaTdr. (8×10); Papier ph.; gez. K 13.

ar) Blütenmuster

as) Stilisiertes Posthorn

84	2 Pta	mehrfarbig	ar	0,50	0,50
85	8 Pta	mehrfarbig	as	1,50	1,50
			Satzpreis (2 W.)	2,—	2,—
			FDC		4,—

Auflage: 750 000 Sätze

Gültig bis 28.2.2002

Belgien

1973, 28. April. Europa. RaTdr. (5×6); Papier ph.; gez. K 11½.

axp) Stilisiertes Posthorn

1722	4.50 Fr	mehrfarbig	axp	0,50	0,20
1723	8 Fr	mehrfarbig	axp	1,—	0,50
			Satzpreis (2 W.)	1,50	0,60
			FDC		3,—

Gedenkblatt der belgischen Post mit
MiNr. 1722–1723 □ (nicht frankaturgültig) .... 100,—

Auflagen: MiNr. 1722 = 10 500 000, MiNr. 1723 = 2 750 000 Stück

Deutschland

1973, 30. April. Europa. RaTdr. (5×10); Papier fl.; gez. K 14.

zb) Stilisiertes Posthorn

768	30 (Pf)	mehrfarbig	zb	0,50	0,30
769	40 (Pf)	mehrfarbig	zb	0,70	0,30
			Satzpreis (2 W.)	1,20	0,50
			FDC		2,—

Auflagen: MiNr. 768 = 50 000 000, MiNr. 769 = 73 450 000 Stück

Gültig bis 30.6.2002

Finnland

1973, 30. April. Europa. RaTdr.; Papier ph.; gez. K 14.

tw) Stilisiertes Posthorn

722	0.60 (M)	mehrfarbig	tw	1,50	0,50
			FDC		2,50

Auflage: 4 000 000 Stück

Gültig bis 31.12.2011

Frankreich

1973, 14. April. Europa. MiNr. 1826 StTdr., MiNr. 1827 RaTdr.; gez. K 13.

bed) Rathaus, Großer Platz von Brüssel

bee) Stilisiertes Posthorn

1826	0.50 (Fr)	lila/schwarzlila	bed	0,50	0,50
1827	0.90 (Fr)	mehrfarbig	bee	0,50	0,50
			Satzpreis (2 W.)	1,—	1,—
			FDC		2,50

Auflagen: MiNr. 1826 = 20 000 000, MiNr. 1827 = 10 200 000 Stück

Griechenland

1973, 2. Mai. Europa. Odr.; Wz. 2; gez. K 13¾:12½.

abr) Stilisiertes Posthorn

1147	2.50 Dr	preußisch-/türkisblau	abr	0,30	0,30
1148	3 Dr	karmin/bräunlichrot	abr	0,30	0,30
1149	4.50 Dr	olivgrün/gelborange	abr	1,50	1,—
			Satzpreis (3 W.)	2,—	1,50
			FDC		2,—

Auflagen: MiNr. 1147 = 6 000 000, MiNr. 1148 = 5 200 000, MiNr. 1149 = 839 144 Stück

Gültig bis 31.12.2002

Irland

1973, 30. April. Europa. RaTdr.; gez. K 15.

dm) Stilisiertes Posthorn

289	4 (P)	blau	dm	0,50	0,50
290	6 (P)	schwarz	dm	3,50	3,50
			Satzpreis (2 W.)	4,—	4,—
			FDC		4,50

Auflagen: MiNr. 289 = 10 000 000, MiNr. 290 = 2 000 000 Stück

Gültig bis 31.12.2002

Satzpreise sind, wenn nicht anders angegeben, nach den niedrigsten Preisen eines Satzes ohne Abarten errechnet.

Island

1973, 30. April. Europa. RaTdr.; gez. K 11¾.

hx) Stilisiertes Posthorn

471	13 (Kr) mehrfarbig	hx	2,—	1,50
472	25 (Kr) mehrfarbig	hx	1,—	0,50
		Satzpreis (2 W.)	3,—	2,—
		FDC		3,50

Auflage: 1 000 000 Sätze

Gültig bis 30.9.2006

Italien

1973, 30. Juni. Europa. Odr. (5×10); Papier fl.; gez. K 14¼.

ail) Stilisiertes Posthorn

1409	50 L mehrfarbig	ail	0,30	0,30
1410	90 L mehrfarbig	ail	0,30	0,30
		Satzpreis (2 W.)	0,50	0,50
		FDC		1,50

Auflagen: MiNr. 1409 = 15 000 000, MiNr. 1410 = 8 000 000 Stück

Jugoslawien

1973, 30. April. Europa. RaTdr. (3×3); gez. K 11¾.

apw) Stilisiertes Posthorn

1507	2.00 (Din) mehrfarbig	apw	0,50	0,50
1508	5.50 (Din) mehrfarbig	apw	1,—	1,—
		Satzpreis (2 W.)	1,50	1,50
		FDC		3,—
		Kleinbogensatz (2 Klb.)	15—	15,—

1508 Klb F ohne Kontrollnummer am Kleinbogenrand . —,—

MiNr. 1507 ohne, MiNr. 1508 mit Kontrollnummer auf dem Kleinbogenrand.

Auflagen: MiNr. 1507 = 873 000, MiNr. 1508 = 673 000 Stück

Liechtenstein

1973, 8. März. Europa. RaTdr. (5×4); gez. K 11¾.

ue) Stilisiertes Posthorn

579	30 (Rp) mehrfarbig	ue	0,40	0,30
580	40 (Rp) mehrfarbig	ue	0,60	0,50
		Satzpreis (2 W.)	1,—	0,80
		FDC		1,50

Auflagen: MiNr. 579 = 1 891 064, MiNr. 580 = 1 927 314 Stück

Gültig bis 31.12.2001

Luxemburg

1973, 30. April. Europa. RaTdr.; Faserpapier; gez. K 11½.

rf) Stilisiertes Posthorn

862	4 Fr mehrfarbig	rf	0,50	0,50
863	8 Fr mehrfarbig	rf	0,50	0,50
		Satzpreis (2 W.)	1,—	1,—
		FDC		2,—

Auflage: 1 000 000 Sätze

Gültig bis 31.12.2002

Malta

1973, 2. Juni. Europa. Odr. (3×4); Wz. 6; gez. K 14.

ki) Stilisiertes Posthorn

472	3 C mehrfarbig	ki	0,30	0,30
473	5 C mehrfarbig	ki	0,30	0,30
474	7.5 C mehrfarbig	ki	0,90	0,90
		Satzpreis (3 W.)	1,50	1,50
		FDC		2,50
		Kleinbogensatz (3 Klb.)	15,—	15,—

MiNr. 472–474 wurden jeweils im Kleinbogen zu 10 Marken und 2 verschiedenen Zierfeldern (Feld 1 und 4) gedruckt.

Auflagen: MiNr. 472 = 1 191 180, MiNr. 473 = 1 155 522, MiNr. 474 = 986 226 Stück

Gültig bis 31.7.2002

Monaco

1973, 30. April. Europa. StTdr. (6×5); gez. K 13:12¾.

zz) Stilisiertes Posthorn

1073	0.50 (Fr) rotorange	zz	2,—	2,—
1074	0.90 (Fr) blaugrün	zz	3,—	4,—
		Satzpreis (2 W.)	5,—	6,—
		FDC		10,—

Auflage: MiNr. 1073 = 587 999, MiNr. 1074 = 389 000 Stück

Niederlande

1973, 1. Mai. Europa. RaTdr., Bogen (B) (10×10) und Rolle (R); Papier ph.; gez. K 14:12¾.

aae) Stilisiertes Posthorn

1011	35 C blau (B) (R)	aae	0,50	0,30
1012	50 C hellblauviolett (B)	aae	1,—	1,20
		Satzpreis (2 W.)	1,50	1,50
		FDC		2,—

Jede fünfte Rollenmarke trägt rückseitig eine schwarze Zählnummer.

Auflagen: MiNr. 1011 = 24 017 100, MiNr. 1012 = 3 230 700 Stück

Gültig bis 31.12.1985

Norwegen

1973, 30. April. Europa. RaTdr.; Papier ph.; gez. K 13.

lh) Stilisiertes Posthorn

660	1.00 (Kr) mehrfarbig	lh	0,50	0,50
661	1.40 (Kr) mehrfarbig	lh	1,50	1,—
		Satzpreis (2 W.)	2,—	1,50
		FDC		2,50

Auflagen: MiNr. 660 = 10 070 000, MiNr. 661 = 2 599 500 Stück

Österreich

1973, 9. Juli. Europa. RaTdr. (5×10); gez. K 14.

aly) Posthorn mit Telefonwählscheibe

1416	2.50 S	mehrfarbig	aly	1,—	0,50
			FDC		1,—

P 437 Sonder-Bildpostkarte „JUVABA '73, Salzburg" mit MiNr. 1416 als Wertstempel .... 1,50 2,—

Vorlagedruck in Schwarz, mit dem Originaldruckstöckel gedruckt, □, auf Erläuterungsblatt geklebt .... 15,—

Auflage: 4 000 000 Stück

Gültig bis 30.6.2002

Portugal

1973, 30. April. Europa. Odr. (10×10); gez. K 13:12½.

se) Stilisiertes Posthorn

1199	1.00 E	mehrfarbig	se	1,—	0,50
1200	4.00 E	mehrfarbig	se	20,—	1,—
1201	6.00 E	mehrfarbig	se	25,—	1,50
			Satzpreis (3 W.)	45,—	3,—
			FDC		7,50

Auflagen: MiNr. 1199 = 9 000 000, MiNr. 1200 = 2 000 000, MiNr. 1201 = 1 000 000 Stück

Gültig bis 31.12.1983

San Marino

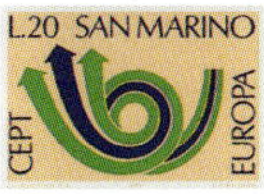

1973, 10. Mai. Europa. RaTdr. (5×10); gez. K 11.

zn) Stilisiertes Posthorn

1029	20 L	mehrfarbig	zn	0,40	0,40
1030	180 L	mehrfarbig	zn	0,80	0,80
			Satzpreis (2 W.)	1,20	1,20
			FDC		1,50

Auflage: 593 000 Sätze

Schweiz

1973, 30. April. Europa. Komb. StTdr. und RaTdr. (5×5); Papier ph.; gez. K 11¾.

afb) Stilisiertes Posthorn

994	25 (C)	bräunlichlila/rötlichgelb	afb	0,60	0,30
995	40 (C)	ultramarin/rötlichgelb	afb	1,—	0,70
			Satzpreis (2 W.)	1,60	1,—
			FDC		1,70

Auflagen: MiNr. 994 = 8 465 000, MiNr. 995 = 14 932 000 Stück

Spanien

1973, 30. April. Europa. RaTdr.; MiNr. 2020 gez. K 13:12½, MiNr. 2021 Papier ph., gez. K 13.

axv) Europa und der Stier; Mosaik aus dem Mérida-Museum

axw) Stilisiertes Posthorn

2020	2 Pta	mehrfarbig	axv	1,—	0,30
2021	8 Pta	mehrfarbig	axw	1,—	0,30
			Satzpreis (2 W.)	2,—	0,60
			FDC		1,70

Auflagen: MiNr. 2020 = 20 000 000, MiNr. 2021 = 10 000 000 Stück

Gültig bis 28.2.2002

Türkei

1973, 30. April. Europa. Odr.; gez. K 13.

arf) Stilisiertes Posthorn

2280	110 K	mehrfarbig	arf	1,—	1,10
2281	250 K	mehrfarbig	arf	3,—	1,90
			Satzpreis (2 W.)	4,—	3,—
			FDC		6,—

Auflage: 600 000 Sätze

Zypern

1973, 7. Mai. Europa. Odr.; Wz. 6; gez. K 14:13½.

ik) Stilisiertes Posthorn

389	20 M	mehrfarbig	ik	0,50	0,50
390	30 M	mehrfarbig	ik	0,50	0,50
391	150 M	mehrfarbig	ik	3,—	3,—
			Satzpreis (3 W.)	4,—	4,—
			FDC		5,—

Auflagen: MiNr. 389 = 724 451, MiNr. 390 = 499 446, MiNr. 391 = 369 436 Stück

Gültig bis 6.5.1981

1974

Andorra (Französische Post)

1974, 27. April. Europa: Skulpturen. StTdr. (5×5); gez. K 13.

co) Madonna von Pal

cp) Madonna von St. Coloma

258	0.50 (Fr)	mehrfarbig	co	10,—	10,—
259	0.90 (Fr)	mehrfarbig	cp	15,—	15,—
			Satzpreis (2 W.)	25,—	25,—
			FDC		35,—

Auflagen: MiNr. 258 = 800 000, MiNr. 259 = 500 000 Stück

Andorra (Spanische Post)

1974, 29. April. Europa: Skulpturen. RaTdr. (10×8); gez. K 13.

av) Madonna von Ordino

aw) Siebenarmiges Kreuz

88	2 Pta	mehrfarbig	av	1,50	1,50
89	8 Pta	mehrfarbig	aw	3,—	3,—
			Satzpreis (2 W.)	4,50	4,50
			FDC		12,—

Auflagen: MiNr. 88 = 600 000, MiNr. 89 = 560 000 Stück

Gültig bis 28.2.2002

Belgien

1974, 4. Mai. Europa: Skulpturen. Komb. StTdr. und RaTdr. (6×5); Papier ph.; gez. K 11½.

aze) Die zerstörte Stadt; von Ossip Zadkine (1890–1967)

azf) Einigkeit; von Georges Minne (1866–1941)

1766	5 Fr	schwarz/rot	aze	0,50	0,20
1767	10 Fr	schwarz/blau	azf	1,—	0,60
			Satzpreis (2 W.)	1,50	0,80
			FDC		3,50

Gedenkblatt der belgischen Post mit MiNr. 1766–1767 □ (nicht frankaturgültig) .... 100,—

Auflagen: MiNr. 1766 = 10 000 000, MiNr. 1767 = 3 500 000 Stück

Deutschland

1974, 17. April. Europa: Skulpturen. Odr. (10×5); Papier fl.; gez. K 14.

aam) Emporsteigender Jüngling

aan) Knieende

aam–aan) Skulpturen von Wilhelm Lehmbruck (1881–1919), Bildhauer

804	30 (Pf)	mehrfarbig	aam	0,70	0,30
805	40 (Pf)	mehrfarbig	aan	0,70	0,30
			Satzpreis (2 W.)	1,40	0,60
			FDC		2,20

Auflagen: MiNr. 804 = 50 000 000, MiNr. 805 = 68 200 000 Stück

Gültig bis 30.6.2002

Finnland

1974, 29. April. Europa: Skulpturen. Odr.; Papier ph.; gez. K 13:12¾.

uv) Freiheitsgöttin bekränzt die Jugend mit Siegerkranz; Relief von Wäinö Aaltonen (1894–1966)

749	0.70 (M)	mehrfarbig	uv	2,—	0,50
			FDC		2,50

Auflage: 3 000 000 Stück

Gültig bis 31.12.2011

Frankreich

1974, 20. April. Europa: Skulpturen. StTdr.; gez. K 13.

bfy) L'Age d'Airain; von Auguste Rodin (1840–1917)

bfz) L'Air; von Aristide Maillol (1861–1944)

1869	0.50 (Fr)	violett/schwarz	bfy	0,50	0,50
1870	0.90 (Fr)	braunoliv/schwarzlila	bfz	0,50	0,50
			Satzpreis (2 W.)	1,—	1,—
			FDC		2,20
			ETB		13,—

Auflagen: MiNr. 1869 = 20 300 000, MiNr. 1870 = 10 200 000 Stück, davon jeweils 43 276 auf ETB

Griechenland

1974, 10. Mai. Europa: Skulpturen. Odr.; Wz. 2; gez. K 13:14.

ach) Kykladisches kleines Idol – Harfenspieler von Keros, 2400 bis 2200 v. Chr.

aci) Archaische Kore aus Ionien, 510 v. Chr.

ack) Wagenlenker von Delphi, 480–450 v. Chr.

1166	3 Dr	mehrfarbig	ach	0,30	0,30
1167	4.50 Dr	mehrfarbig	aci	0,30	0,30
1168	6.50 Dr	mehrfarbig	ack	2,—	1,—
			Satzpreis (3 W.)	2,50	1,50
			FDC		2,—

Auflagen: MiNr. 1166 = 6 000 000, MiNr. 1167 = 5 200 000, MiNr. 1168 = 845 398 Stück

Gültig bis 31.12.2002

Irland

1974, 29. April. Europa: Skulpturen. RaTdr.; gez. K 14¾:15.

dt) Edmund Burke (1729–1797), Politiker und Publizist; Statue von John Henry Foley (1818–1874), Bildhauer

302	5 (P)	hellultramarin/dunkelbraun	dt	2,—	1,—
303	7 (P)	hellbläulichgrün/dunkelbraun	dt	5,—	2,50
			Satzpreis (2 W.)	7,—	3,50
			FDC		6,50

Auflagen: MiNr. 302 = 8 000 000, MiNr. 303 = 2 000 000 Stück

Gültig bis 31.12.2002

Island

1974, 29. April. Europa: Skulpturen. RaTdr.; gez. K 11¾.

in) Holzskulptur (17. Jh.)

io) Durch die Schallmauer; Bronzeskulptur von Asmundur Sveinsson (1893–1982)

489	13 (Kr)	mehrfarbig	in	0,30	0,30
490	20 (Kr)	mehrfarbig	io	0,80	0,80
			Satzpreis (2 W.)	1,—	1,—
			FDC		2,—

Auflagen: MiNr. 489 = 3 000 000, MiNr. 490 = 1 000 000 Stück

Gültig bis 30.9.2006

Die Preisnotierungen gelten für Marken in einwandfreier Qualität.

Italien

1974, 29. April. Europa: Skulpturen. RaTdr. (10×5); Papier fl.; gez. K 13¼:14.

akr) David, von Giovanni Lorenzo Bernini (1598–1680)

aks) Der Sieger, von Michelangelo Buonarroti (1475–1564)

1440	50 L	mehrfarbig	akr	0,40	0,30
1441	90 L	mehrfarbig	aks	0,40	0,30
			Satzpreis (2 W.)	0,80	0,50
			FDC		1,50

Auflagen: MiNr. 1440 = 15 000 000, MiNr. 1441 = 8 000 000 Stück

Jugoslawien

1974, 29. April. Europa: Skulpturen. RaTdr. (3×3); gez. K 11¾.

ass) Steinerne Figur aus Lepenski Vir

ast) Witwe mit Kind; von Ivan Meštrović (1883–1962)

1557	2.00 (Din)	mehrfarbig	ass	0,50	0,50
1558	6.00 (Din)	mehrfarbig	ast	1,50	1,50
			Satzpreis (2 W.)	2,—	2,—
			FDC		3,—
			Kleinbogensatz (2 Klb.)	20,—	20,—

1557 U	ungezähnt	—,—
1558 U	ungezähnt	—,—

MiNr. 1557 ohne, MiNr. 1558 mit Kontrollnummer auf dem Kleinbogenrand.

Auflagen: MiNr. 1557 = 925 000, MiNr. 1558 = 684 000 Stück

Liechtenstein

1974, 21. März. Europa: Skulpturen. RaTdr. (5×4); gez. K 11¾.

va) Der schreiende Reiter; Skulptur von Andrea Riccio (1470–1532)

vb) Kauernde Aphrodite; Skulptur von Antonio Susini († 1624)

600	30 (Rp)	mehrfarbig	va	0,40	0,30
601	40 (Rp)	mehrfarbig	vb	0,60	0,40
			Satzpreis (2 W.)	1,—	0,70
			FDC		1,50

Auflagen: MiNr. 600 = 1 825 957, MiNr. 601 = 1 786 116 Stück

Gültig bis 31.12.2001

Luxemburg

1974, 29. April. Europa: Skulpturen. RaTdr.; gez. K 11¾.

sa) Hirschkuh; Bronzeskulptur von Auguste Trémont (1892–1980)

sb) Knospen und Wachsen; Plastik von Lucien Wercollier (1908–2002)

882	4 Fr	mehrfarbig	sa	0,50	0,50
883	8 Fr	mehrfarbig	sb	1,50	1,50
			Satzpreis (2 W.)	2,—	2,—
			FDC		2,50

Auflage: 1 100 000 Sätze

Gültig bis 31.12.2002

Malta

1974, 13. Juli. Europa: Skulpturen. Odr. (3×4, Hochformate ~); Wz. 6; gez. K 13¾:14, Hochformate ~.

kz) Prähistorische Figur

la) Tür der Kathedrale von Mdina

lb) Silbermonstranz (1689)

lc) Vetlina; Skulptur von Antonio Sciortino (1879–1947)

493	1.3 C	mehrfarbig	kz	0,30	0,30
494	3 C	mehrfarbig	la	0,30	0,30
495	5 C	mehrfarbig	lb	0,30	0,30
496	7.5 C	mehrfarbig	lc	0,60	0,60
			Satzpreis (4 W.)	1,50	1,50
			FDC		2,—
			Kleinbogensatz (4 Klb.)	16,—	16,—

MiNr. 493–496 wurden jeweils im Kleinbogen zu 10 Marken und 2 verschiedenen Zierfeldern (Feld 1 und 4 bzw. Feld 2 und 3) gedruckt.

Auflagen: MiNr. 493 = 1 422 141, MiNr. 494 = 1 271 119, MiNr. 495 = 1 061 611, MiNr. 496 = 911 707 Stück

Gültig bis 31.7.2002

Monaco

1974, 8. Mai. Europa: Skulpturen. StTdr. (5×6); gez. K 12¾:13.

abp) König von Rom

abr) Madame Elisabeth

abp–abr) Skulpturen von François-Joseph Bosio (1768–1845), französischer Bildhauer

1114	0.45 (Fr)	grün/olivbraun	abp	1,—	1,—
1115	1.10 (Fr)	oliv-/lilabraun	abr	2,—	2,50
			Satzpreis (2 W.)	3,—	3,50
			FDC		4,50

Blockausgabe mit 5 × MiNr. 1114–1115

Block 7	(170×130 mm)	abs	30,—	30,—
		FDC		50,—

Block 7 I	fehlende Inschrift im Mittelfeld	*1000,—*	—,—
Block 7 K	kopfstehende Inschrift im Mittelfeld	—,—	—,—

Auflagen: MiNr. 1114 = 443 340, MiNr. 1115 = 409 370 Stück, Bl. 7 = 258 543 Blocks

Österreich

1974, 8. Mai. Europa: Skulpturen. StTdr. (10×5); gez. K 13¾.

ani) König Arthur von England; Bronzefigur (Innsbrucker Hofkirche) von Albrecht Dürer und Peter Vischer

1450	2.50 S	gold/schwärzlich-grünlichblau	ani	0,80	0,50
			FDC		1,—

Vorlagedruck in Schwarz, mit dem Originaldruckstöckel gedruckt, □, auf Erläuterungsblatt geklebt .... 15,—

Auflage: 3 200 000 Stück

Gültig bis 30.6.2002

Portugal

1974, 29. April. Europa: Skulpturen. Odr. (10×10); gez. K 13¾.

th) O Desterrado (Der Verbannte); Statue von Antonio Soares dos Reis (1847–1889)

1231	1.00 (E)	mehrfarbig	th	1,—	0,50
1232	4.00 (E)	mehrfarbig	th	20,—	2,—
1233	6.00 (E)	mehrfarbig	th	20,—	2,—
			Satzpreis (3 W.)	40,—	4,50
			FDC		11,—

Auflagen: MiNr. 1231 = 9 000 000, MiNr. 1232 = 2 000 000, MiNr. 1233 = 1 000 000 Stück

Gültig bis 31.12.1983

San Marino

1974, 9. Mai. Europa: Skulpturen. Komb. StTdr. und Odr. (10×5); gez. K 13½:14.

abb

abc

abb–abc) Weiblicher Körper; von Emilio Greco (1913–1995), Bildhauer

1067	100 L	sämisch/schwarz	abb	0,50	0,50
1068	200 L	mattgrün/schwarz	abc	1,—	1,—
			Satzpreis (2 W.)	1,50	1,50
			FDC		1,50

Auflage: 861 911 Sätze

Schweden

1974, 29. April. Europa: Skulpturen. StTdr.; Papier fl.; waagerecht gez. 12½.

sw) Gestalt im Sturm; Skulptur von Bror Marklund (1907–1977)

sx) Les dames de Mougins, Skulptur von Pablo Picasso (1881–1973) und Carl Nesjar (*1920)

852	75 (Ö)	dunkelkarminbraun	sw	0,60	0,40
853	1 Kr	schwarzblaugrün	sx	1,40	0,40
			Satzpreis (2 W.)	2,—	0,80
			FDC		1,50

Auflagen: MiNr. 852 = 13 473 000, MiNr. 853 = 8 616 000 Stück

Schweiz

1974, 28. März. Europa: Skulpturen. RaTdr. (10×5); Papier ph.; gez. K 11½.

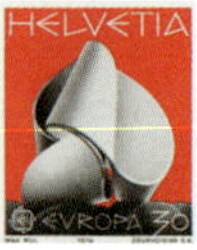

agn) Kontinuität; von Max Bill (1908–1994), Architekt und Designer

ago) Amazone; von Carl Burckhardt (1878–1923), Maler und Bildhauer

1029	30 (C)	dunkelrosa/schwarzgrau	agn	0,70	0,30
1030	40 (C)	mehrfarbig	ago	1,—	0,70
			Satzpreis (2 W.)	1,70	1,—
			FDC		2,40

Auflagen: MiNr. 1029 = 30 379 000, MiNr. 1030 = 5 989 000 Stück

Spanien

1974, 29. April. Europa: Skulpturen. RaTdr.; gez. K 13.

azz) Opfernde Frau; Figur vom Cerro de los Santos (Kultplatz bei Montealegre)

baa) Frau von Baza; Steinfigur aus der Provinz Granada

2072	2 Pta	mehrfarbig	azz	1,—	0,30
2073	8 Pta	mehrfarbig	baa	0,50	0,30
			Satzpreis (2 W.)	1,50	0,60
			FDC		2,50

Auflagen: MiNr. 2072 = 20 000 000, MiNr. 2073 = 10 000 000 Stück

Gültig bis 28.2.2002

Türkei

1974, 29. April. Europa: Skulpturen. Odr.; gez. K 13.

asw) Königsstatue, Malatya (8. Jh. v. Chr.)

asx) Knabenstatuette Alacahöyük (20. Jh. v. Chr.)

2320	110 K	mehrfarbig	asw	4,—	1,50
2321	250 K	mehrfarbig	asx	5,—	2,50
			Satzpreis (2 W.)	9,—	4,—
			FDC		12,—

Auflage: 600 000 Sätze

Zypern

1974, 29. April. Europa: Skulptur. Odr.; Wz. 6; gez. K 13½:14.

kc) Raub der Europa; Silbermünze (5. Jh. v. Chr.)

409	10 M	mehrfarbig	kc	0,50	0,50
410	40 M	mehrfarbig	kc	0,50	0,50
411	150 M	mehrfarbig	kc	3,—	3,—
			Satzpreis (3 W.)	4,—	4,—
			FDC		9,—

Auflage: 429 763 Sätze

Gültig bis 28.4.1982

1975

Andorra (Französische Post)

1975, 26. April. Europa: Gemälde. RaTdr. (5×1 + 5×1, Querformat ~); gez. K 11¾:13, Querformat ~.

cv) Maria und Magdalena am Kreuz

cw) Krönung des hl. Martin

cv–cw) Gemälde aus dem Alten Rathaus von Andorra la Vella

264	0.80 (Fr)	mehrfarbig	cv	4,—	4,—
265	1.20 (Fr)	mehrfarbig	cw	6,—	6,—
			Satzpreis (2 W.)	10,—	10,—
			FDC		25,—
			Kleinbogensatz (2 Klb.)	*110,—*	*130,—*

Zwischenstegpaare:

264 ZW–265 ZW	2 Paare	25,—	25,—

MiNr. 264–265 wurden jeweils im Kleinbogen zu 10 Marken mit nicht durchgezähntem Zwischensteg gedruckt.

Auflagen: MiNr. 264 = 820 000, MiNr. 265 = 500 000 Stück

Andorra (Spanische Post)

1975, 28. April. Europa: Gemälde. RaTdr. (10×8); gez. K 13.

bd

be) Christus

bd–be) Romanische Gemälde aus der Kirche von Ordino (12. Jh.)

96	3 Pta	mehrfarbig	bd	1,—	1,—
97	12 Pta	mehrfarbig	be	3,—	3,—
			Satzpreis (2 W.)	4,—	4,—
			FDC		8,—

Auflage: 600 000 Sätze

Gültig bis 28.2.2002

Belgien

1975, 26. April. Europa: Gemälde. Komb. StTdr. und RaTdr. (6×5); Papier ph.; gez. K 11½.

bat) Apostel (Das Abendmahl)

bau) Feuerprobe (Die Gerechtigkeit des Kaisers Otto)

bat–bau) Details aus Gemälden von Dirk Bouts (um 1415–1475)

1818	6.50 Fr	mehrfarbig	bat	0,50	0,20
1819	10 Fr	mehrfarbig	bau	1,—	0,40
			Satzpreis (2 W.)	1,50	0,60
			FDC		3,—

Gedenkblatt der belgischen Post mit MiNr. 1818–1819 □ (nicht frankaturgültig) .... 100,—

Auflagen: MiNr. 1818 = 10 000 000, MiNr. 1819 = 3 500 000 Stück

Deutschland

1975, 15. April. Europa: Gemälde. Komb. StTdr. und Odr. (10×5); Papier fl.; gez. K 14.

aca) Konzentrische Gruppe

acb) Bauhaustreppe

aca–acb) Gemälde von Oskar Schlemmer (1888–1943), Maler, Bildhauer und Bühnenbildner

840	40 (Pf)	mehrfarbig	aca	0,60	0,30
841	50 (Pf)	mehrfarbig	acb	0,90	0,30
			Satzpreis (2 W.)	1,50	0,60
			FDC		2,50
			ETB 9/1975		1,—

Auflagen: MiNr. 840 = 50 000 000, MiNr. 841 = 89 900 000 Stück, davon je 380 300 auf ETB

Gültig bis 30.6.2002

Finnland

1975, 28. April. Europa: Gemälde. Odr.; Papier ph.; gez. K 13:12¾.

vh) Kämmendes Mädchen; Gemälde von Magnus Knut Enckell (1870–1925)

vi) Wäscherinnen; Gemälde von Tyko Konstantin Sallinen (1879–1955)

764	0.70 (M)	mehrfarbig	vh	1,50	0,50
765	0.90 (M)	mehrfarbig	vi	1,50	0,50
			Satzpreis (2 W.)	3,—	1,—
			FDC		3,—

Auflage: 5 000 000 Sätze

Gültig bis 31.12.2011

Frankreich

1975, 26. April. Europa: Gemälde. RaTdr.; gez. K 13.

bhp) Sohn Paul im Harlekin-Gewand; von Pablo Picasso (1881–1972)

bhr) Frauen an der Balustrade; von Kees van Dongen (1877–1968)

1915	0.80 (Fr)	mehrfarbig	bhp	0,50	0,50
1916	1.20 (Fr)	mehrfarbig	bhr	0,50	0,50
			Satzpreis (2 W.)	1,—	1,—
			FDC		3,—
			ETB		15,—

Auflagen: MiNr. 1915 = 20 000 000, MiNr. 1916 = 10 000 000 Stück, davon jeweils 32 000 auf ETB

Griechenland

1975, 10. Mai. Europa: Gemälde. Odr.; Wz. 2; gez. K 13:14.

adr) Blumentopf; Detail aus dem Triptychon Erotokritos und Arethusa

ads) Erotokritos und Arethusa

adt) Mädchen mit Hut

1198	4 Dr	mehrfarbig	adr	0,30	0,30
1199	7 Dr	mehrfarbig	ads	0,50	0,50
1200	11 Dr	mehrfarbig	adt	1,20	1,20
			Satzpreis (3 W.)	2,—	2,—
			FDC		3,—

Auflagen: MiNr. 1198 = 4 000 000, MiNr. 1199 = 3 200 000, MiNr. 1200 = 791 187 Stück

Gültig bis 31.12.2002

Einzelne Marken aus Sätzen können teurer sein als die Notierung im Katalog.

Irland

1975, 28. April. Europa: Gemälde. RaTdr.; gez. K 15:14¾.

ea) Jagd von Castletown (Detail); von Robert Healy (1743–1771), Maler

315	7 (P) schwarz	ea	1,—	1,—
316	9 (P) dunkelbläulichgrün	ea	3,—	2,50
		Satzpreis (2 W.)	4,—	3,50
		FDC		5,—

Auflagen: MiNr. 315 = 4 000 000, MiNr. 316 = 2 000 000 Stück

Gültig bis 31.12.2002

Island

1975, 12. Mai. Europa: Gemälde. RaTdr.; gez. K 11¾.

kb) Haustfugl (Vogel im Flug); Gemälde von Thorvaldur Skúlason (1906–1984)

kc) Regin sund (Die Sonnenkönigin); Gemälde von Johannes S. Kjarval (1885–1972)

502	18 (Kr) mehrfarbig	kb	0,50	0,50
503	23 (Kr) mehrfarbig	kc	0,50	0,50
		Satzpreis (2 W.)	1,—	1,—
		FDC		1,50

Auflage: 1 500 000 Sätze

Gültig bis 30.9.2006

Italien

1975, 29. April. Europa: Gemälde. RaTdr. (10×5); Papier fl.; gez. K 13¼:14.

amr) Die Geißelung Christi; Gemälde (Detail) von Michelangelo Merisi Amerighi, genannt Caravaggio (1573–1610):

ams) Der Engel erscheint Hagar und Ismael; Gemälde (Detail) von Giovanni Battista Tiepolo (1696–1770)

1489	100 L mehrfarbig	amr	0,50	0,30
1490	150 L mehrfarbig	ams	0,50	0,30
		Satzpreis (2 W.)	1,—	0,50
		FDC		1,50

Auflagen: MiNr. 1489 = 15 000 000, MiNr. 1490 = 8 000 000 Stück

Jugoslawien

1975, 28. April. Europa: Gemälde. RaTdr. (3×3); gez. K 11¾.

auf) Stilleben mit Eiern; von Moša Pijade (1889–1957)

aug) Die drei Grazien; von Ivan Radović (1894–1973)

1598	3.20 (Din) mehrfarbig	auf		
I	1. Auflage		0,50	0,50
II	2. Auflage		0,60	0,60
1599	8.00 (Din) mehrfarbig	aufg		
I	1. Auflage		0,50	0,50
II	2. Auflage		1,20	1,20
		Satzpreis I (2 W.)	1,—	1,—
		FDC I		2,50
		Satzpreis II (2 W.)	1,80	1,80
		Kleinbogensatz I (2 Klb.)	10,—	10,—
		Kleinbogensatz II (2 Klb.)	*50,—*	*50,—*
1598 U	ungezähnt		—,—	
1599 U	ungezähnt		—,—	

MiNr. 1598 ohne, MiNr. 1599 mit Kontrollnummer auf dem Kleinbogenrand.

MiNr. 1598–1599 wurden in zwei verschiedenen Auflagen gedruckt. 1. Auflage (I): Gummi weiß. Bei MiNr. 1598 schwache Schattierungen; bei MiNr.1599 wirkt das ganze Markenbild dunkler, Kleinbogen-Kontrollnummern von 00 001 bis 80 555. 2. Auflage (II): Gummi leicht gelblich. Bei MiNr. 1598 betontere Schattierungen; bei MiNr. 1599 wirkt das ganze Markenbild heller, Kleinbogen-Kontrollnummern von 80 556 bis 100 000.

Auflagen: MiNr. 1598 I = 873 335, MiNr. 1599 I = 723 326 Stück, MiNr. 1598 II und 1599 II = 174 996 Sätze

Liechtenstein

1975, 13. März. Europa: Gemälde. RaTdr. (4×5); gez. K 11¾.

vy) Kalte Sonne; Emailmalerei von Martin Frommelt (*1933)

vz) Dorf; Aquarell von Louis Jäger (*1930)

623	30 (Rp) mehrfarbig	vy	0,50	0,40
624	60 (Rp) mehrfarbig	vz	0,70	0,60
		Satzpreis (2 W.)	1,20	1,—
		FDC		1,50

Auflagen: MiNr. 623 = 1 856 320, MiNr. 624 = 1 805 260 Stück

Gültig bis 31.12.2001

Luxemburg

1975, 28. April. Europa: Gemälde. RaTdr.; gez. K 11¼:11½.

sx) Moselbrücke von Remisch; von Nico Klopp (1894–1930)

sy) Stilleben; von Joseph Kutter (1894–1941)

904	4 Fr mehrfarbig	sx	0,50	0,50
905	8 Fr mehrfarbig	sy	2,—	2,—
		Satzpreis (2 W.)	2,50	2,50
		FDC		3,50

Auflage: 1 100 000 Sätze

Gültig bis 31.12.2002

Malta

1975, 15. Juli. Europa: Gemälde. Odr. (4×3); Wz. 6; gez. K 14.

lt) Allegorie von Malta; Gemälde von Francesco de Mura (1696–1782), italienischer Maler

lu) Judith und Holofernes; Gemälde von Valentin de Boulogne (1591–1632), französischer Maler

512	5 C mehrfarbig	lt	0,50	0,50
513	15 C mehrfarbig	lu	1,—	1,—
		Satzpreis (2 W.)	1,50	1,50
		FDC		2,—
		Kleinbogensatz (2 Klb.)	15,—	15,—

MiNr. 512–513 wurden jeweils im Kleinbogen zu 10 Marken und 2 verschiedenen Zierfeldern (Feld 9 und 12) gedruckt.

Auflagen: MiNr. 512 = 1 038 811, MiNr. 913 = 986 366 Stück

Gültig bis 31.7.2002

Monaco

1975, 13. Mai. Europa: Gemälde. StTdr. (5×6); gez. K 12¾:13.

adl) Seemann; Gemälde von Philibert Florence (1839–1918)

adm) Hl. Dévote; Altargemälde von Ludovic Bréa (um 1450–um 1523), Nizzaer Maler

1167	0.80 (Fr)	dunkelpurpur	adl	1,—	1,—
1168	1.20 (Fr)	kobalt	adm	2,—	3,—
			Satzpreis (2 W.)	3,—	4,—
			FDC		5,—

Blockausgabe mit 5 × MiNr. 1167–1168

Block 8	(170×130 mm)	adn	30,—	25,—
		FDC		50,—

Auflagen: MiNr. 1167 = 897 110, MiNr. 1168 = 460 890 Stück, Bl. 8 = 254 336 Blocks

Österreich

1975, 27. Mai. Europa: Gemälde. Komb. StTdr. und RaTdr. (10×5); gez. K 14½:13¾.

aox) Vermählung Mariens (Detail: Der Hohepriester); von Michael Pacher (um 1435–1498), Maler und Bildschnitzer

1487	2.50 S	mehrfarbig	aox	0,50	0,30
			FDC		1,—

Vorlagedruck in Schwarz, mit dem Originaldruckstöckel gedruckt, □, auf Erläuterungsblatt geklebt .... 15,—

Auflage: 3 200 000 Stück

Gültig bis 30.6.2002

Portugal

1975, 26. Mai/1976, 14. Jan. Europa: Gemälde. Odr. (5×10); x = normales Papier, y = Papier mit vorderseitigem Phosphorstreifen; gez. K 13¼.

ve) Die Reiter der Apokalypse; Buchmalerei, Lorvao-Manuskript

vf) Fernando Pessoa, Dichter; von Almada Negreiros (1893–1970)

1281	1.50 E	mehrfarbig	ve		
x		normales Papier		1,—	0,30
y		Papier ph. (14.1.1976)		40,—	2,50
1282 x	10.00 E	mehrfarbig	vf	70,—	2,20
			Satzpreis x (2 W.)	70,—	2,50
			FDC x		7,—
			FDC y		30,—

Auflagen: MiNr. 1281 x = 6 500 000, 1281 y = 3 500 000, MiNr. 1282 x = 1 000 000 Stück

Gültig bis 31.12.1983

San Marino

1975, 14. Mai. Europa: Gemälde. RaTdr. (10×5); gez. K 11¾.

abx) Segnende Hand des hl. Marinus

aby) Hl. Marinus

abx–aby) Der hl. Marinus segnet die Stadt San Marino; Gemälde von Giovanni Francesco Barbieri, genannt Guercino (1591–1666)

1088	100 L	mehrfarbig	abx	0,40	0,40
1089	200 L	mehrfarbig	aby	0,80	0,60
			Satzpreis (2 W.)	1,20	1,—
			FDC		1,50

Auflage: 950 000 Sätze

Schweden

1975, 28. April. Europa: Gemälde. RaTdr.; Papier fl.; MiNr. 899 senkrecht, MiNr. 900 waagerecht gez. 14¼.

us) Silvesterabend auf Skansen; von Eric Hallström (1893–1946)

ut) Inferno; von August Strindberg (1849–1912)

899	90 (Ö)	mehrfarbig (⊏⊐)	us	0,50	0,40
900	1.10 (Kr)	mehrfarbig (⊓⊔)	ut	1,—	0,40
			Satzpreis (2 W.)	1,50	0,80
			FDC		1,50

Auflagen: MiNr. 899 = 23 550 000, MiNr. 900 = 12 336 000 Stück

Schweiz

1975, 28. April. Europa: Gemälde. RaTdr. (10×5); Papier ph.; gez. K 11¾.

ahk) Der Mönch; von Ferdinand Hodler (1853–1918)

ahl) Stilleben mit Gitarre; von René Auberjonois (1872–1957)

ahm) L'effeuilleuse; von Maurice Barraud (1889–1954)

1050	30 (C)	mehrfarbig	ahk	0,50	0,30
1051	50 (C)	mehrfarbig	ahl	0,80	0,50
1052	60 (C)	mehrfarbig	ahm	1,—	1,—
			Satzpreis (3 W.)	2,20	1,80
			FDC		2,50

Auflagen: MiNr. 1050 = 19 234 000, MiNr. 1051 = 10 019 000, MiNr. 1052 = 10 129 000 Stück

Spanien

1975, 28. April. Europa: Gemälde. RaTdr.; gez. K 13.

bde) Frau bei Honiggewinnung; Höhlenmalerei, La Araña

bdf) Pferd; Höhlenmalerei, Tito Bustillo

2151	3 Pta	mehrfarbig . . . . bde	0,60	0,30
2152	12 Pta	mehrfarbig . . . . bdf	1,40	0,30
		Satzpreis (2 W.)	2,—	0,60
		FDC		1,50

Auflagen: MiNr. 2151 = 20 000 000, MiNr. 2152 = 10 000 000 Stück

Gültig bis 28.2.2002

Türkei

1975, 28. April. Europa: Gemälde. Odr.; gez. K 13.

auh) Orangenpflückerinnen in Hatay; von Cemal Tollu (1899–1968)

aui) Yörüken (türkische Nomaden) auf der Sommerweide; von Turgut Zaim (1906–1974)

2355	110 K	mehrfarbig . . . . auh	2,50	1,—
2356	250 K	mehrfarbig . . . . aui	2,50	1,50
		Satzpreis (2 W.)	5,—	2,50
		FDC		5,—

Auflage: 600 000 Sätze

Türkisch-Zypern*

1975, 29. Dez. Europa: Gemälde. Odr.; gez. K 13

w) Granatäpfel; von İsmet Güney (1932–2009)

x) Erntezeit; von Fikri Direkoğlu (*1930)

23	90 M	mehrfarbig . . . . w	1,50	1,50
24	100 M	mehrfarbig x	1,50	1,50
		Satzpreis (2 W.)	3,—	3,—
		FDC		5,—

24 F Farbe Schwarz (Rahmen und Schrift) fehlend . . . . —,—

Auflage: 500 000 Sätze

Zypern

1975, 28. April. Europa: Gemälde. Odr. (2×5 Zd); gez. K 13¼:15.

ko kr kp

ko) Die Spinnerinnen; Gemälde von Michael Kashalos (1885–1974)
kp) Stilleben; Gemälde von Christoforos Savva (1924–1968)
kr) Jungfrau und Kind von Liopetri; Gemälde von George Polyviou Georghiou (1901–1972)

426	20 M	mehrfarbig . . . . ko	0,30	0,30
427	30 M	mehrfarbig . . . . kp	0,30	0,30
428	150 M	mehrfarbig . . . . kr	0,70	1,—
		Satzpreis (3 W.)	1,—	1,30
		Dreierstreifen	1,50	1,50
		FDC		3,—

Auflage: 625 595 Sätze

Gültig bis 27.4.1983

1976

Andorra (Französische Post)

1976, 8. Mai. Europa: Kunsthandwerk. StTdr. (5×5); gez. K 13.

df) Schmiedehammer, Schmiedekunst

dg) Schäfer, Feuerstelle, Wollspinnerin

274	0.80 (Fr)	mehrfarbig . . . . df	4,—	1,50
275	1.20 (Fr)	mehrfarbig . . . . dg	6,—	3,—
		Satzpreis (2 W.)	10,—	4,50
		FDC		6,—

Auflage: 500 000 Sätze

Andorra (Spanische Post)

1976, 3. Mai. Europa: Kunsthandwerk. RaTdr. (10×8, Querformat ∼); gez. K 12¾:13¼, Querformat ∼.

bi) Kupferkessel

bk) Geschnitzte Holztruhe

101	3 Pta	mehrfarbig . . . . bi	0,50	0,50
102	12 Pta	mehrfarbig . . . . bk	1,50	1,—
		Satzpreis (2 W.)	2,—	1,50
		FDC		5,—

Auflagen: MiNr. 101 = 693 290, MiNr. 102 = 699 770 Stück

Gültig bis 28.2.2002

Belgien

1976, 8. Mai. Europa: Kunsthandwerk. RaTdr. (6×5, Querformat ∼), Papier ph.; gez. K 11½.

bci) Maurits Vandenneuker (1917–2003), Korbflechter

bck) Tontöpferei

1857	6.50 Fr	mehrfarbig . . . . .bci	0,50	0,30
1858	14 Fr	mehrfarbig . . . . .bck	1,—	0,30
		Satzpreis (2 W.)	1,50	0,50
		FDC		3,—

Gedenkblatt der belgischen Post mit MiNr. 1857–1858 □ (nicht frankaturgültig) . . . . 100,—

Auflagen: MiNr. 1857 = 10 000 000, MiNr. 1858 = 3 000 000 Stück

Deutschland

1976, 13. Mai. Europa: Kunsthandwerk. RaTdr. (10×5); Papier fl.; gez. K 14.

aee) Straßenhändlerin mit Bijouterien und Kupferstichen

aef) Straßenhändler mit Kupferstichen

aee–aef) Erzeugnisse der Porzellanmanufaktur Ludwigsburg (um 1765)

890	40 (Pf)	mehrfarbig	aee	0,70	0,30
891	50 (Pf)	mehrfarbig	aef	0,70	0,30
			Satzpreis (2 W.)	1,40	0,50
			FDC		1,80
			ETB 11/1976		0,70

Auflagen: MiNr. 890 = 49 550 000, MiNr. 841 = 98 650 000 Stück, davon je 394 000 auf ETB

Gültig bis 30.6.2002

Finnland

1976, 3. Mai. Europa: Kunsthandwerk. Odr.; Papier ph.; gez. K 13:12¾.

we) Altes Fahrtenmesser aus Vöyri in Messerscheide, Gürtel mit Bronzebeschlägen

787	0.80 (M)	mehrfarbig	we	2,—	0,50
			FDC		3,—

Auflage: 4 000 000 Stück

Gültig bis 31.12.2011

Frankreich

1976, 8. Mai. Europa: Kunsthandwerk. RaTdr.; gez. K 13.

bkf) Keramikkaraffe (18. Jh.)

bkg) Keramikteller (1787)

1961	0.80 (Fr)	mehrfarbig	bkf	0,50	0,50
1962	1.20 (Fr)	mehrfarbig	bkg	0,50	0,50
			Satzpreis (2 W.)	1,—	1,—
			FDC		2,60
			ETB		15,—

Auflagen: MiNr. 1961 = 20 000 000, MiNr. 1962 = 10 000 000 Stück, davon jeweils 39 000 auf ETB

Griechenland

1976, 10. Mai. Europa: Kunsthandwerk. Odr.; Wz. 2; MiNr. 1232 und 1234 gez. K 13½:14¼, MiNr. 1233 gez. K 12¾:12¼.

afb) Keramikkrug aus Florina

afc) Keramikzierteller

afd) Keramikkrug aus Ägina

1232	7 (Dr)	mehrfarbig	afb	0,30	0,30
1233	8.50 (Dr)	mehrfarbig	afc	0,30	0,30
1234	11 (Dr)	mehrfarbig	afd	1,50	1,—
			Satzpreis (3 W.)	2,—	1,50
			FDC		2,—

Auflagen: MiNr. 1232 = 3 200 000, MiNr. 1233 = 4 000 000, MiNr. 1234 = 815 322 Stück

Gültig bis 31.12.2002

Großbritannien – Guernsey

1976, 29. Mai. Europa: Kunsthandwerk. RaTdr. (3×3); Faserpapier; gez. K 11½:11¾.

ds) Milchkanne

dt) Taufbecher

133	10 P	mehrfarbig	ds	0,50	0,50
134	25 P	mehrfarbig	dt	1,—	1,—
			Satzpreis (2 W.)	1,50	1,50
			FDC		1,80
			Kleinbogensatz (2 Klb.)	15,—	15,—

Auflage: 1 185 014 Sätze

Großbritannien – Isle of Man

1976, 28. Juli. Europa: Kunsthandwerk. RaTdr. (1×3 Zd); Faserpapier; gez. K 11¾.

bz) Barroose-Becher (frühe Bronzezeit)

ca) Teekanne in Form eines dreibeinigen Mannes

cb) Laxey-Krug

cc) Cronk-Aust-Eßgeschirr (frühe Bronzezeit)

cd) Sansbury-Schüssel

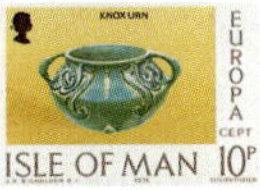

ce) Knox-Urne (frühes 20. Jh.)

82	5 P	mehrfarbig	bz	0,30	0,30
83	5 P	mehrfarbig	ca	0,30	0,30
84	5 P	mehrfarbig	cb	0,30	0,30
85	10 P	mehrfarbig	cc	0,40	0,40
86	10 P	mehrfarbig	cd	0,40	0,40
87	10 P	mehrfarbig	ce	0,40	0,40
			Satzpreis (6 W.)	2,—	2,—
			2 Dreierstreifen	2,20	2,20
			FDC		3,—
			Kleinbogensatz (2 Klb.)	7,—	7,—

Nominalgleiche Marken wurden jeweils zusammenhängend im Kleinbogen zu 9 Marken gedruckt.

Auflagen: MiNr. 82–84 je 256 400, MiNr. 85–87 je 269 900 Stück

Irland

1976, 1. Juli. Europa: Kunsthandwerk. RaTdr.; gez. K 15:14¾.

er) Keramikbranntweinfass

es) Keramikzierteller

344	9 (P) mehrfarbig	er	1,—	0,50
345	11 (P) mehrfarbig	es	2,50	1,50
		Satzpreis (2 W.)	3,50	2,—
		FDC		3,50

Auflagen: MiNr. 344 = 4 000 000, MiNr. 345 = 2 000 000 Stück

Gültig bis 31.12.2002

Island

1976, 3. Mai. Europa: Kunsthandwerk. RaTdr.; gez. K 11¾.

ko) Hölzerne Schüssel

kp) Spinnrad

514	35 (Kr) mehrfarbig	ko	1,—	1,—
515	45 (Kr) mehrfarbig	kp	1,—	1,—
		Satzpreis (2 W.)	2,—	2,—
		FDC		2,50

Auflage: 1 000 000 Sätze

Gültig bis 30.9.2006

Italien

1976, 22. Mai. Europa: Kunsthandwerk. RaTdr. (10×5); Papier fl.; gez. K 13½:14.

aof) Keramikzierteller (16. Jh.)

aog) Keramikvase mit Frauengesicht (18. Jh.)

1530	150 L mehrfarbig	aof	0,30	0,30
1531	180 L mehrfarbig	aog	0,50	0,30
		Satzpreis (2 W.)	0,80	0,50
		FDC		2,—

Auflagen: MiNr. 1530 = 15 000 000, MiNr. 1531 = 8 000 000 Stück

Jugoslawien

1976, 26. April. Europa: Kunsthandwerk. RaTdr. (3×3); gez. K 11¾.

avt) König Matjaž; Keramikskulptur von Jakob Podgorelec (1931)

avu) Keramikschale aus Peć (14. Jh.)

1635	3.20 (Din) mehrfarbig	avt	0,30	0,30
1636	8.00 (Din) mehrfarbig	avu	0,30	0,30
		Satzpreis (2 W.)	0,60	0,60
		FDC		2,—
		Kleinbogensatz (2 Klb.)	5,—	5,—

MiNr. 1635 ohne, MiNr. 1636 mit Kontrollnummer auf dem Kleinbogenrand.

Auflagen: MiNr. 1635 = 1 072 356, MiNr. 1636 = 872 356 Stück

Auch Prüfzeichen können falsch sein. Jeder Prüfer im Bund Philatelistischer Prüfer kontrolliert kostenlos die Richtigkeit seines Signums.

Liechtenstein

1976, 11. März. Europa: Kunsthandwerk. RaTdr. (5×4); gez. K 11¾.

wt) Mufflonschaf

wu) Fasanenfamilie

wt-wu) Keramiken von Prinz Hans von Liechtenstein (1910–1975)

642	40 (Rp) mehrfarbig	wt	0,50	0,40
643	80 (Rp) mehrfarbig	wu	1,—	0,80
		Satzpreis (2 W.)	1,50	1,20
		FDC		2,—

Auflagen: MiNr. 642 = 1 792 278, MiNr. 643 = 1 731 092 Stück

Gültig bis 31.12.2001

Luxemburg

1976, 3. Mai. Europa: Kunsthandwerk. RaTdr.; gez. K 11¾.

tu) Keramiksuppenschüssel mit Deckel (19. Jh.)

tv) Keramikschüssel (19. Jh.)

928	6 Fr mehrfarbig	tu	0,80	0,30
929	12 Fr mehrfarbig	tv	1,40	1,20
		Satzpreis (2 W.)	2,20	1,50
		FDC		2,50

Auflage: 1 000 000 Sätze

Gültig bis 31.12.2002

Malta

1976, 8. Juli. Europa: Kunsthandwerk. Odr. (3×4); Wz. 6; gez. K 13¾:14.

mo) Klöpplerinnen

mp) Bildhauer

532	7 C mehrfarbig	mo	0,50	0,50
533	15 C mehrfarbig	mp	0,70	0,70
		Satzpreis (2 W.)	1,20	1,20
		FDC		2,—
		Kleinbogensatz (2 Klb.)	14,—	14,—

MiNr. 532–533 wurden jeweils im Kleinbogen zu 10 Marken und 2 verschiedenen Zierfeldern (Feld 1 und 4) gedruckt.

Auflagen: MiNr. 532 = 1 160 038, MiNr. 533 = 982 452 Stück

Gültig bis 31.7.2002

Monaco

1976, 3. Mai. Europa: Kunsthandwerk. RaTdr. (5×6); gez. K 12¾:13.

afz) Keramikzierteller (20. Jh.)

aga) Keramikskulptur „Der Winzer“ (19. Jh.)

1230	0.80 (Fr) mehrfarbig	afz	1,—	1,—
1231	1.20 (Fr) mehrfarbig	aga	2,—	2,—
		Satzpreis (2 W.)	3,—	3,—
		FDC		4,50

Blockausgabe mit 5 × MiNr. 1230–1231

Block 10	(170×140 mm) . . . . agb	30,—	25,—
	FDC		50,—

Auflagen: MiNr. 1230 = 888 177, MiNr. 1231 = 569 768 Stück, Bl. 10 = 275 173 Blocks

Norwegen

1976, 3. Mai. Europa: Kunsthandwerk. Odr.; Papier ph.; gez. K 13¼:13.

np) Keramikbehälter (ca. 1760)

nr) Keramikzierteller (ca. 1760)

724	1.25 (Kr) mehrfarbig . . . . np	0,50	0,30
725	1.40 (Kr) mehrfarbig . . . . nr	1,—	1,—
	Satzpreis (2 W.)	1,50	1,20
	FDC		2,—

Auflagen: MiNr. 724 = 7 100 000, MiNr. 725 = 1 500 000 Stück

Österreich

1976, 13. Aug. Europa: Kunsthandwerk. Komb. StTdr. und RaTdr. (10×5); gez. K 14½:13¾.

ard) Tassilokelch aus dem Stift Kremsmünster

1516	4 S mehrfarbig . . . . ard	0,80	0,50
	FDC		1,20

Vorlagedruck in Schwarz, mit dem Originaldruckstöckel gedruckt, ☐, auf Erläuterungsblatt geklebt . . . . 15,—

Auflage: 3 500 000 Stück

Gültig bis 30.6.2002

Portugal

1976, 3. Mai. Europa: Kunsthandwerk. Odr. (5×10); Papier mit vorderseitigem Phosphorstreifen; gez. K 12:12½.

wk) Holzgeschnitzte Zierlöffel, schnitzender Schäfer

wl) Filigranarbeiten, Goldschmied

1311	3.00 (E) mehrfarbig . . . . wk	1,—	1,—
1312	20.00 (E) mehrfarbig . . . . wl	70,—	6,—
	Satzpreis (2 W.)	70,—	7,—
	FDC		20,—

Auflagen: MiNr. 1311 = 10 000 000, MiNr. 1312 = 500 000 Stück

Gültig bis 31.12.1983

San Marino

1976, 8. Juli. Europa: Kunsthandwerk. RaTdr. (5×7); gez. K 11¾.

ade) Keramikzierteller

adf) Silberteller mit Wappen von San Marino

1119	150 (L) mehrfarbig . . . . ade	0,70	0,40
1120	180 (L) mehrfarbig . . . . adf	0,80	0,60
	Satzpreis (2 W.)	1,50	1,—
	FDC		1,50

Auflage: 920 000 Sätze

Schweden

1976, 3. Mai. Europa: Kunsthandwerk. RaTdr.; waagerecht gez. 14¼.

wh) Lappenlöffel aus Elchhorn (ca. 1862) von Pal Zackrisson

wi) Kachelofen aus der Fayencefabrik Marieberg (1775)

943	1 Kr mehrfarbig . . . . wh	0,80	0,40
944	1.30 (Kr) mehrfarbig . . . . wi	0,80	0,60
	Satzpreis (2 W.)	1,50	1,—
	FDC		1,50

Auflagen: MiNr. 943 = 20 687 000, MiNr. 944 = 15 308 000 Stück

Schweiz

1976, 3. Mai. Europa: Kunsthandwerk. Komb. StTdr. und RaTdr. (10×5); Papier ph.; gez. K 11½.

aii) Blumenmuster einer Baumwollstickerei

aik) Taschenuhr (Ende 18. Jh.)

1073	40 (C) mehrfarbig . . . . aii	0,80	0,30
1074	80 (C) mehrfarbig . . . . aik	1,80	1,10
	Satzpreis (2 W.)	2,50	1,40
	FDC		2,—

Auflagen: MiNr. 1073 = 32 961 000, MiNr. 1074 = 8 296 000 Stück

Spanien

1976, 3. Mai. Europa: Kunsthandwerk. RaTdr.; gez. K 13¼.

bfn) Töpferei aus Talavera (Toledo)

bfo) Klöpplerin aus Camariñas (La Coruña)

2209	3 Pta mehrfarbig . . . . bfn	1,—	0,30
2210	12 Pta mehrfarbig . . . . bfo	1,—	0,70
	Satzpreis (2 W.)	2,—	1,—
	FDC		2,50

Auflage: 6 000 000 Sätze

Gültig bis 28.2.2002

Türkei

1976, 3. Mai. Europa: Kunsthandwerk. Odr.; gez. K 13.

avg) Keramikteller

avh) Keramikkaraffe

2385	200 K	mehrfarbig	avg	4,—	1,—
2386	400 K	mehrfarbig	avh	7,—	2,50
			Satzpreis (2 W.)	11,—	3,50
			FDC		9,—

Auflage: 600 000 Sätze

Türkisch-Zypern*

1976, 3. Mai. Europa: Kunsthandwerk. Odr.; gez. K 13:13¼.

y) Erwartung

z) Der denkende Mann

y–z) Keramikstatuetten von Hasan M. Emin

27	60 M	mehrfarbig	y	1,—	1,—
28	120 M	mehrfarbig	z	1,—	1,—
			Satzpreis (2 W.)	2,—	2,—
			FDC		5,—

Auflage: 500 000 Sätze

Länder mit einem Stern nach dem Landesnamen waren oder sind keine Mitglieder der CEPT bzw. POSTEUROP.

Zypern

1976, 3. Mai. Europa: Kunsthandwerk. Odr.; Wz. 6; gez. K 13¼:14.

kx) Krug in Form einer menschlichen Figur (19. Jh.)

ky) Kompositgefäß (2100–2000 v. Chr.)

kz) Byzantinischer Kelch (15. Jh.)

435	20 M	mehrfarbig	kx	1,—	1,—
436	60 M	mehrfarbig	ky	1,—	1,—
437	100 M	mehrfarbig	kz	1,—	1,—
			Satzpreis (3 W.)	3,—	3,—
			FDC		4,—

Auflagen: MiNr. 435 = 425 000, MiNr. 436–437 je 525 000 Stück

Gültig bis 2.5.1984

1977

Andorra (Französische Post)

1977, 30. April. Europa: Landschaften. StTdr. (5×5); gez. K 13.

do) Kirche St. Joan de Caselles

dp) Burgruine St. Vicenç

282	1.00 (Fr)	mehrfarbig	do	5,—	2,—
283	1.40 (Fr)	mehrfarbig	dp	7,—	4,—
			Satzpreis (2 W.)	12,—	6,—
			FDC		10,—

Auflagen: MiNr. 282 = 800 000, MiNr. 283 = 500 000 Stück

Andorra (Spanische Post)

1977, 2. Mai. Europa: Landschaften. Odr. (5×10); gez. K 13:13¼.

bp) Dorf Ansalonge

br) Landschaft bei Xuclar

107	3 Pta	mehrfarbig	bp	0,50	0,50
108	12 Pta	mehrfarbig	br	1,50	1,—
			Satzpreis (2 W.)	2,—	1,50
			FDC		3,50

Auflagen: MiNr. 107 = 1 000 000, MiNr. 108 = 700 000 Stück

Gültig bis 28.2.2002

Belgien

1977, 7. Mai. Europa: Landschaften. RaTdr. (5×6); Papier ph.; gez. K 11½.

bee) Staudamm der Gileppe bei Jalhay

bef) Mündung der Ijzer bei Nieuwpoort mit Albert-I.-Denkmal

1905	6.50 Fr	mehrfarbig	bee	0,50	0,30
1906	14 Fr	mehrfarbig	bef	1,—	0,70
			Satzpreis (2 W.)	1,50	1,—
			FDC		3,—

Gedenkblatt der belgischen Post mit MiNr. 1905–1906 □ (nicht frankaturgültig) .... 100,—

Auflagen: MiNr. 1905 = 10 000 000, MiNr. 1906 = 3 000 000 Stück

Dänemark

1977, 2. Mai. Europa: Landschaften. StTdr. (5×10); Papier fl.; gez. K 12¾.

lt) Landschaft bei Allinge

lu) Landschaft bei Ringsted

639	1 Kr lilarot	lt	0,50	0,30
640	1.30 Kr dunkelviolettblau	lu	2,50	2,50
		Satzpreis (2 W.)	3,—	2,50
		FDC		5,50

Auflagen: MiNr. 639 = 17 083 750, MiNr. 640 = 1 930 750 Stück

Deutschland

1977, 17. Mai. Europa: Landschaften. Komb. StTdr. und Odr. (5×10); Papier fl.; gez. K 14.

agc) Autobahnabschnitt der Rhönstrecke

agd) Rheinlandschaft mit Siebengebirge

934	40 (Pf) lebhaftgrün/schwarz	agc	0,80	0,30
935	50 (Pf) dunkelrosa/schwarz	agd	0,80	0,30
		Satzpreis (2 W.)	1,60	0,60
		FDC		2,20
		ETB 13/1977		0,70

Auflagen: MiNr. 934 = 49 950 000, MiNr. 935 = 126 100 000 Stück, davon jeweils 392 000 auf ETB

Gültig bis 30.6.2002

Finnland

1977, 2. Mai. Europa: Landschaften. Odr.; Papier ph.; gez. K 12¾:13.

wx) Nordfinnische Herbstlandschaft

808	0.90 (M) mehrfarbig	wx	2,—	0,50
		FDC		2,—

Auflage: 5 000 000 Stück

Gültig bis 31.12.2011

Frankreich

1977, 23. April. Europa: Landschaften. StTdr.; gez. K 13.

bmo) Dorf in der Provence

bmp) Bretonischer Hafen

2024	1.00 (Fr) mehrfarbig	bmo	0,50	0,50
2025	1.40 (Fr) mehrfarbig	bmp	0,50	0,50
		Satzpreis (2 W.)	1,—	1,—
		FDC		2,20
		ETB		10,—

Auflagen: MiNr. 2024 = 20 000 000, MiNr. 2025 = 10 000 000 Stück, davon jeweils 38 000 auf ETB

Griechenland

1977, 16. Mai. Europa: Landschaften. Odr.; gez. K 14¼:13½, Hochformat ∼.

agi) Burgen von Batheia, Mani

agk) Fira, Insel Santorin

agl) Lasithi-Hochebene, Insel Kreta

1263	5 Dr mehrfarbig	agi	0,30	0,30
1264	7 Dr mehrfarbig	agk	0,30	0,30
1265	15 Dr mehrfarbig	agl	1,50	0,50
		Satzpreis (3 W.)	2,—	1,—
		FDC		1,50

Auflagen: MiNr. 1263 = 5 000 000, MiNr. 1264 = 4 200 000, MiNr. 1265 = 837 073 Stück

Gültig bis 31.12.2002

Großbritannien – Guernsey

1977, 17. Mai. Europa: Landschaften. RaTdr. (5×5 + 5×5); gez. K 11¾.

eg) Talbots-Tal

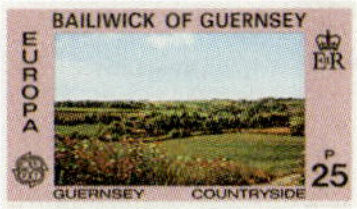

eh) Talbots-Tal

147	7 P mehrfarbig	eg	0,50	0,50
148	25 P mehrfarbig	eh	1,—	1,—
		Satzpreis (2 W.)	1,50	1,50
		FDC		1,80

Zwischenstegpaare:

147 ZW–148 ZW	2 Paare	3,50	3,50

Auflagen: MiNr. 147 = 1 371 463, MiNr. 148 = 598 453 Stück

Großbritannien – Isle of Man

1977, 26. Mai. Europa: Landschaften. Odr. (4×5 + 4×5); gez. K 14:14¼.

cn) Carrick-Bucht

co) Ramsey

95	6 P mehrfarbig	cn	0,30	0,30
96	10 P mehrfarbig	co	0,50	0,50
		Satzpreis (2 W.)	0,80	0,80
		FDC		1,—

Zwischenstegpaare:

95 ZW–96 ZW	2 Paare	1,80	1,80

Auflagen: MiNr. 95 = 778 685, MiNr. 96 = 843 525 Stück

Irland

1977, 27. Juni. Europa: Landschaften. Odr.; gez. K 14¼:15.

ez) Ballynahinchsee vor Bergkette „12 Bens“

fa) Lugallasee, Wicklowberge

361	10 (P) mehrfarbig	ez	1,—	1,—
362	12 (P) mehrfarbig	fa	5,—	4,50
	Satzpreis (2 W.)		6,—	5,50
	FDC			7,—

MiNr. 361–362 sind wasserempfindlich.

Auflagen: MiNr. 361 = 4 000 000, MiNr. 362 = 2 000 000 Stück

Gültig bis 31.12.2002

Island

1977, 2. Mai. Europa: Landschaften. RaTdr.; gez. K 11¾.

kw) Ofaerufoss, Eldgjá

kx) Kirkjufell, Grundarfjördur

522	45 (Kr) mehrfarbig	kw	1,—	0,50
523	85 (Kr) mehrfarbig	kx	1,—	0,50
	Satzpreis (2 W.)		2,—	1,—
	FDC			2,—

Auflagen: MiNr. 522 = 1 500 000, MiNr. 523 = 1 252 800 Stück

Gültig bis 30.9.2006

Italien

1977, 2. Mai. Europa: Landschaften. RaTdr. (5×5); Papier fl.; gez. K 14.

apt) Ätna (Sizilien)

apu) Castel del Monte (Apulien)

1567	170 L mehrfarbig	apt	0,50	0,30
1568	200 L mehrfarbig	apu	1,—	0,30
	Satzpreis (2 W.)		1,50	0,50
	FDC			2,—

Auflagen: MiNr. 1567 = 15 000 000, MiNr. 1568 = 8 000 000 Stück

Jugoslawien

1977, 4. Mai. Europa: Landschaften. RaTdr. (3×3); gez. K 11¾.

axs) Bucht von Kotor; von Milo Milunović (1897–1967)

axt) Landschaft im November; von Ljubo Babić (1890–1974)

1684	4.90 (Din) mehrfarbig	axs	0,50	0,50
1685	10.00 (Din) mehrfarbig	axt	0,50	0,50
	Satzpreis (2 W.)		1,—	1,—
	FDC			2,—
	Kleinbogensatz (2 Klb.)		10,—	10,—

1685 Klb F ohne Kontrollnummer am Kleinbogenrand . —,—

MiNr. 1684 ohne, MiNr. 1685 mit Kontrollnummer auf dem Kleinbogenrand.

Auflagen: MiNr. 1684 = 941 536, MiNr. 1685 = 841 536 Stück

Liechtenstein

1977, 10. März. Europa: Landschaften. RaTdr. (5×4); gez. K 12¾:12¼.

xv) Landkarte des Fürstentums Liechtenstein (1721)

xw) Ansicht von Vaduz (1815)

667	40 (Rp) mehrfarbig	xv	0,50	0,30
668	80 (Rp) mehrfarbig	xw	1,—	0,70
	Satzpreis (2 W.)		1,50	1,—
	FDC			1,50

Auflagen: MiNr. 667 = 1 988 411, MiNr. 668 = 1 874 480 Stück

Gültig bis 31.12.2001

Luxemburg

1977, 3. Mai. Europa: Landschaften. RaTdr.; gez. K 11½:11¾.

um) Altstadt, Luxemburg

un) Adolphe-Brücke und Europäische Investitionsbank, Luxemburg

945	6 Fr mehrfarbig	um	1,—	0,30
946	12 Fr mehrfarbig	un	1,—	1,20
	Satzpreis (2 W.)		2,—	1,50
	FDC			2,50

Auflage: 1 000 000 Sätze

Gültig bis 31.12.2002

Malta

1977, 5. Juli. Europa: Landschaften. Odr. (3×4); Wz. 6; gez. K 13½:14.

ni) Ta' l-Isperanza

nk) Is-Salini

554	7 C mehrfarbig	ni	0,50	0,50
555	20 C mehrfarbig	nk	1,—	1,—
	Satzpreis (2 W.)		1,50	1,50
	FDC			2,—
	Kleinbogensatz (2 Klb.)		15,—	15,—

MiNr. 554–555 wurden jeweils im Kleinbogen zu 10 Marken und 2 verschiedenen Zierfeldern (Feld 1 und 4) gedruckt.

Auflagen: MiNr. 554 = 1 800 662, MiNr. 555 = 1 034 390 Stück

Gültig bis 31.7.2002

Monaco

1977, 3. Mai. Europa: Landschaften. StTdr. (5×6); gez. K 12¾:13.

ahi) Oreillon-turm, Monaco (18. Jh.)

ahk) St.-Michaels-Kirche, Menton (17. Jh.)

1273	1.00 (Fr)	grünlichblau/ violettpurpur	ahi	1,—	1,—
1274	1.40 (Fr)	mehrfarbig	ahk	2,—	2,—
		Satzpreis (2 W.)		3,—	3,—
		FDC			4,50

Blockausgabe mit 5 × MiNr. 1273–1274

Block 11	(169×130 mm)	ahl	20,—	20,—
	FDC			50,—

Auflagen: MiNr. 1273 = 779 527, MiNr. 1274 = 365 494 Stück, Bl. 11 = 276 142 Blocks

Norwegen

1977, 2. Mai. Europa: Landschaften. Odr., Markenheftchen (5×2, Hochformat ~); Papier ph.; dreiseitig gez. 13.

og) Fischerdorf Hamnøy auf Insel Moskenes, Lofoten

oh) Wasserfall Huldrefossen, Gletscher Setrebreen

742	1.25 (Kr)	mehrfarbig	og		
Do		oben geschnitten		0,50	0,50
Du		unten geschnitten		0,50	0,50
743	1.80 (Kr)	mehrfarbig	oh		
Dl		links geschnitten		1,50	1,50
Dr		rechts geschnitten		1,50	1,50
		Satzpreis (2 W.)		2,—	2,—
		FDC (2 Paare)			4,—
		2 Markenheftchen		35,—	

Paare:

742 D/D	1,—	1,—
743 D/D	3,—	3,—

Auflagen: MiNr. 742 = 12 117 800, MiNr. 743 = 3 545 600 Stück

Österreich

1977, 10. Juni. Europa: Landschaften. StTdr. (5×10); gez. K 14.

ast) Attersee

1553	6 S	schwarzbraunoliv	ast	2,—	0,70
		FDC			1,50

Vorlagedruck in Schwarz, mit dem Originaldruckstöckel gedruckt, ☐, auf Erläuterungsblatt geklebt .... 15,—

Auflage: 3 400 000 Stück

Gültig bis 30.6.2002

Die Bildbeschreibungen zu den Markenabbildungen sind so ausführlich wie möglich gehalten!

Portugal

1977, 2. Mai. Europa: Landschaften. Odr. (5×10); y = Papier mit vorderseitigem Phosphorstreifen; gez. K 12:12½.

yo) Südportugiesische Ebene

yp) Nordportugiesische Gebirgslandschaft

1360 y	4.00 E	mehrfarbig	yo	2,—	0,30
1361 y	8.50 E	mehrfarbig	yp	7,—	1,20
		Satzpreis (2 W.)		9,—	1,50
		FDC			2,50

Blockausgabe, x = normales Papier

1360 x	4.00 E	mehrfarbig	yo	—,—	—,—
1361 x	8.50 E	mehrfarbig	yp	—,—	—,—
Block 20		mit 3 × MiNr. 1360 x–1361 x (148×96 mm)	yr	40,—	40,—
		FDC			90,—

Auflagen: MiNr. 1360 y = 3 000 000, MiNr. 1361 y = 1 000 000, Bl. 20 = 250 000 Blocks

Gültig bis 31.12.1983

San Marino

1977, 14. April. Europa: Landschaften. RaTdr. (5×10); gez. K 11¾.

adn) Monte Titano, Detail eines Gemäldes von Ghirlandaio

ado) Monte Titano, Detail eines Gemäldes von Guercino

1131	170 (L)	mehrfarbig	adn	0,90	0,90
1132	200 (L)	mehrfarbig	ado	0,90	0,90
		Satzpreis (2 W.)		1,80	1,80
		FDC			2,—

Auflage: 900 000 Sätze

Schweden

1977, 2. Mai. Europa: Landschaften. RaTdr.; senkrecht gez. 14½.

xz) Verschneiter Wald

ya) Rapatal im Sarek-Nationalpark

989	1.10 (Kr)	mehrfarbig	xz	0,50	0,50
990	1.40 (Kr)	mehrfarbig	ya	1,—	0,50
		Satzpreis (2 W.)		1,50	1,—
		FDC			2,—

Auflagen: MiNr. 989 = 18 140 000, MiNr. 990 = 9 532 000 Stück

Schweiz

1977, 2. Mai. Europa: Landschaften. Komb. StTdr. und RaTdr. (5×5); Papier ph.; gez. K 11¾:11½.

akf) St.-Ursanne im Jura

akg) Sils-Baselgia, Oberengadin

1094	40 (C)	mehrfarbig	akf	0,70	0,30
1095	80 (C)	mehrfarbig	akg	1,40	1,—
			Satzpreis (2 W.)	2,—	1,30
			FDC		2,—

1094 F I	Farbe Blau des Flusses fehlend	600,—	600,—
1094 F II	Farbe Blau insgesamt fehlend	1300,—	1300,—

Auflagen: MiNr. 1094 = 29 397 000, MiNr. 1095= 8 370 000 Stück

Spanien

1977, 2. Mai. Europa: Landschaften. RaTdr.; gez. K 13:13¼.

bix) Doñana-Nationalpark

biy) Ordesa-Nationalpark

2299	3 Pta	mehrfarbig	bix	0,30	0,30
2300	12 Pta	mehrfarbig	biy	0,30	0,30
			Satzpreis (2 W.)	0,60	0,60
			FDC		1,—

Auflage: 8 000 000 Sätze

Gültig bis 28.2.2002

Türkei

1977, 2. Mai. Europa: Landschaften. Odr.; gez. K 13.

awn) Sinterterrassen Pamukkale

awo) Tuffsteinpyramiden bei Zelve

2415	200 K	mehrfarbig	awn	4,—	1,50
2416	400 K	mehrfarbig	awo	8,—	2,50
			Satzpreis (2 W.)	12,—	4,—
			FDC		12,—

Auflagen: MiNr. 2415 = 600 000, MiNr. 2416 = 1 537 500 Stück

Türkisch-Zypern*

1977, 2. Mai. Europa: Landschaften. Odr.; gez. K 13:13¼.

ak) Hotel Salamis Bay in Famagusta (Mağusa)

al) Hafen von Kyrenia (Girne)

41	80 M	mehrfarbig	ak	2,—	1,50
42	100 M	mehrfarbig	al	2,—	2,—
			Satzpreis (2 W.)	4,—	3,50
			FDC		7,—

Auflage: 350 000 Sätze

Zypern

1977, 2. Mai. Europa: Landschaften. Odr.; gez. K 14:13.

mc) Dorf; Gemälde von Adamantios Diamantis (1900–1994)

md) Landschaft; Gemälde von Telemachos Kanthos (1910–1993)

me) Hafen; Gemälde von V. Ioannide

464	20 M	mehrfarbig	mc	0,50	0,30
465	60 M	mehrfarbig	md	0,50	0,30
466	120 M	mehrfarbig	me	2,—	1,50
			Satzpreis (3 W.)	3,—	2,—
			FDC		3,—

Gültig bis 1.5.1985

1978

Andorra (Französische Post)

1978, 29. April. Europa: Baudenkmäler. StTdr. (5×5); gez. K 13.

dx) Kirche von Pal

dy) Bergmassiv „Haus Karls des Großen"

290	1.00 (Fr)	mehrfarbig	dx	5,—	2,—
291	1.40 (Fr)	mehrfarbig	dy	7,—	5,—
			Satzpreis (2 W.)	12,—	7,—
			FDC		10,—

Auflagen: MiNr. 290 = 800 000, MiNr. 291 = 500 000 Stück

Andorra (Spanische Post)

1978, 2. Mai. Europa: Baudenkmäler. RaTdr. (8×10); gez. K 13¼.

bz) Altes Rathaus, Andorra la Vella

ca) Kirche St. Joan de Caselles

115	5 Pta	mehrfarbig	bz	0,50	0,50
116	12 Pta	mehrfarbig	ca	1,50	1,—
			Satzpreis (2 W.)	2,—	1,50
			FDC		5,—

Auflagen: MiNr. 115 = 984 221, MiNr. 116 = 999 661 Stück

Gültig bis 28.2.2002

Länder mit einem Stern nach dem Landesnamen waren oder sind keine Mitglieder der CEPT bzw. POSTEUROP.

Belgien

1978, 6. Mai. Europa: Baudenkmäler. Komb. StTdr. und RaTdr. (6×5, Querformat ~), Papier ph.; gez. K 11¾:11¼, Querformat ~.

bfs) Kathedrale von Antwerpen

bft) Pont des Trous in Tournai (Doornik)

1943	8 Fr	mehrfarbig . . . . bfs	0,50	0,30
1944	14 Fr	mehrfarbig . . . . bft	1,—	0,40
		Satzpreis (2 W.)	1,50	0,70
		FDC		3,50

1943 F Farbe Cyanblau (CEPT-Emblem) fehlend . . . . . —,—

Gedenkblatt der belgischen Post mit MiNr. 1943–1944 □ (nicht frankaturgültig) . . . . 100,—

Auflagen: MiNr. 1943 = 10 000 000, MiNr. 1944 = 3 000 000 Stück

Dänemark

1978, 11. Mai. Europa: Baudenkmäler. StTdr. (10×5); Papier fl.; gez. K 12¾.

mh) Villa von Jens Bang in Ålborg

mi) Schloss Frederiksberg in Kopenhagen

662	1.20 (Kr) rotkarmin . . . . mh	0,50	0,30
663	1.50 (Kr) schwarzblau/violettultramarin mi	1,50	0,80
	Satzpreis (2 W.)	2,—	1,—
	FDC		2,—

Auflagen: MiNr. 662 = 18 850 000, MiNr. 663 = 3 350 000 Stück

Deutschland

1978, 22. Mai. Europa: Baudenkmäler. Komb. StTdr. und Odr. (5×10); Papier fl.; gez. K 14.

ahr) Altes Rathaus, Bamberg

ahs) Altes Rathaus, Regensburg

aht) Altes Rathaus, Esslingen

969	40 (Pf) mehrfarbig . . . . ahr	0,80	0,40
970	50 (Pf) mehrfarbig . . . . ahs	1,20	0,40
971	70 (Pf) mehrfarbig . . . . aht	1,50	0,80
	Satzpreis (3 W.)	3,50	1,50
	FDC		5,—
	ETB 9/1978		1,20

SD 4 Schwarzdruck der MiNr. 969–971 aus der Jahreszusammenstellung 1978 der Deutschen Bundespost (Papierformat 148×210 mm) . . . . *40,—*

Zur Briefmarkenausstellung NAPOSTA '78 in Frankfurt wurden MiNr. 969–971 zusammen als Schwarzdrucke verkauft, Papierformat 105×148 mm, die jedoch keine Frankaturkraft hatten.

Auflagen: MiNr. 969 = 51 500 000, MiNr. 970 = 140 500 000, MiNr. 971 = 31 300 000 Stück, davon jeweils 410 000 auf ETB

Gültig bis 30.6.2002

Finnland

1978, 2. Mai. Europa: Baudenkmäler. Odr.; Papier ph.; gez. K 13:12¾, Querformat ~.

xm) Sanatorium in Paimio (1933)

xn) Atelierhaus Hvitträsk (1902)

825	1.00 (M) mehrfarbig . . . . xm	4,—	2,—
826	1.20 (M) mehrfarbig . . . . xn	8,—	6,—
	Satzpreis (2 W.)	12,—	8,—
	FDC		14,—

Auflagen: MiNr. 825 = 4 000 000, MiNr. 826 = 1 000 000 Stück

Gültig bis 31.12.2011

Frankreich

1978, 6. Mai. Europa: Baudenkmäler. StTdr.; v = matter, w = glänzender Gummi; gez. K 13.

bpd) Brunnen der Unschuldigen in Paris

bpe) Brunnen im Blumenpark von Paris

2098	1.00 (Fr) mehrfarbig . . . . bpd		
v	matter Gummi	10,—	0,30
w	glänzender Gummi	0,50	0,30
2099 w	1.40 (Fr) mehrfarbig . . . . bpe	1,—	0,70
	Satzpreis w (2 W.)	1,50	1,—
	FDC		3,—
	ETB		10,—

Auflagen: MiNr. 2098 = 20 000 000, MiNr. 2099 = 10 000 000 Stück, davon jeweils 37 000 auf ETB

Griechenland

1978, 15. Mai. Europa: Baudenkmäler. Odr.; gez. K 14:13½, Hochformat ~.

aim) Byzantinischer Dom Hagia Sophia in Thessaloniki

ain) Denkmal des Lysikrates in Athen

1314	4 (Dr) mehrfarbig . . . . aim	0,50	0,30
1315	7 (Dr) mehrfarbig . . . . ain	1,50	0,70
	Satzpreis (2 W.)	2,—	1,—
	FDC		1,50

Auflagen: MiNr. 1314 = 3 000 000, MiNr. 1315 = 992 335 Stück

Gültig bis 31.12.2002

Großbritannien – Guernsey

1978, 2. Mai. Europa: Baudenkmäler. Odr. (5×4, Hochformat ~); gez. K 14½:14¾, Hochformat ~.

ew) Dampfschiff „Prosperity"-Denkmal

ex) Victoria-Turm

161	5 P	mehrfarbig	ew	0,20	0,20
162	7 P	mehrfarbig	ex	0,40	0,40
			Satzpreis (2 W.)	0,60	0,60
			FDC		1,—

Auflagen: MiNr. 161 = 2 581 345, MiNr. 162 = 2 370 766 Stück

Großbritannien – Isle of Man

1978, 24. Mai. Europa: Baudenkmäler. RaTdr. (1×3 Zd); gez. K 11¾.

dr) Kreuztafel mit Radkopf — ds) Keltisches Radkreuz — dt) Keeil-Chiggyrt-Stein — dr–dt) Keltische Kreuzgrabsteine

du) Olaf-Liotulfson-Kreuz — dv) Odd- und Thorleif-Kreuz — dw) Thor-Kreuz — du–dw) Nordische Grabsteine

122	6 P	mehrfarbig	dr	0,30	0,30
123	6 P	mehrfarbig	ds	0,30	0,30
124	6 P	mehrfarbig	dt	0,30	0,30
125	11 P	mehrfarbig	du	0,30	0,30
126	11 P	mehrfarbig	dv	0,30	0,30
127	11 P	mehrfarbig	dw	0,30	0,30
			Satzpreis (6 W.)	1,50	1,50
			2 Dreierstreifen	1,60	1,60
			FDC		2,50
			Kleinbogensatz (2 Klb.)	8,—	8,—

Nominalgleiche Marken wurden jeweils zusammenhängend im Kleinbogen zu 9 Marken gedruckt.

Auflagen: MiNr. 122–124 je 3 821 152, MiNr. 125–127 je 3 788 667 Stück

Großbritannien – Jersey

1978, 1. Mai. Europa: Baudenkmäler. RaTdr. (5×4); Faserpapier; gez. K 11¾.

fh) Schloss Mont Orgueil

fi) Festung St. Aubin

fk) Schloss Elisabeth

177	6 P	mehrfarbig	fh	0,30	0,30
178	8 P	mehrfarbig	fi	0,30	0,30
179	10½ P	mehrfarbig	fk	0,30	0,30
			Satzpreis (3 W.)	0,90	0,90
			FDC		1,50

Auflagen: MiNr. 177 = 2 602 412, MiNr. 178 = 2 592 722, MiNr. 179 = 2 564 535 Stück

Irland

1978, 6. Dez. Europa: Baudenkmäler. RaTdr.; gez. K 15:14¾.

gb) Conolly-Obelisk in Castletown, Grafschaft Kildare (1740)

gc) Belvedere auf Tower-Hill in Dromoland, Grafschaft Clare (18. Jh.)

391	10 (P)	dunkelgraulila	gb	1,—	1,—
392	11 (P)	dunkelgrün	gc	3,—	1,50
			Satzpreis (2 W.)	4,—	2,50
			FDC		3,50

Auflagen: MiNr. 391 = 4 000 000, MiNr. 392 = 2 000 000 Stück

Gültig bis 31.12.2002

Island

1978, 2. Mai. Europa: Baudenkmäler. RaTdr.; gez. K 11¾.

le) Videyjarstofa (1752–54), erstes isländisches Steinhaus

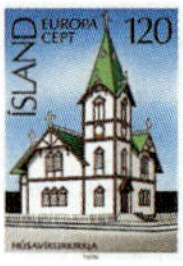

lf) Húsavíkur-Kirche (1906)

530	80 (Kr)	mehrfarbig	le	1,20	0,40
531	120 (Kr)	mehrfarbig	lf	1,80	0,60
			Satzpreis (2 W.)	3,—	1,—
			FDC		2,—

Auflage: 1 500 000 Sätze

Gültig bis 30.9.2006

Italien

1978, 29. April. Europa: Baudenkmäler. Komb. StTdr. und Odr. (5×10); Papier fl.; gez. K 14:13½.

asg) Castel Nuovo (Maschio Angioino), Neapel (13. Jh.)

ash) Pantheon in Rom (25 v. Chr.)

1607	170 L	mehrfarbig	asg	0,50	0,30
1608	200 L	mehrfarbig	ash	1,—	0,40
			Satzpreis (2 W.)	1,50	0,70
			FDC		2,—

Auflage: 10 000 000 Sätze

Jugoslawien

1978, 3. Mai. Europa: Baudenkmäler. RaTdr. (3×3); gez. K 11¾.

azd) Festung Golubac (Serbien)

aze) Kloster St. Naum (Makedonien)

1725	4.90 (Din)	mehrfarbig	azd	0,30	0,30
1726	10.00 (Din)	mehrfarbig	aze	0,40	0,40
			Satzpreis (2 W.)	0,70	0,70
			FDC		2,60
			Kleinbogensatz (2 Klb.)	6,—	6,—

1725 U–1726 U	ungezähnt	je	—,—	

MiNr. 1725 ohne, MiNr. 1726 mit Kontrollnummer auf dem Bogenrand.

Auflagen: MiNr. 1725 = 1 000 008, MiNr. 1726 = 750 006 Stück

Liechtenstein

1978, 2. März. Europa: Baudenkmäler. Komb. StTdr. und RaTdr. (5×4); gez. K 14:14 ¼.

yw) Palais Liechtenstein, Wien

yx) Schloss Feldsberg

692	40 (Rp)	gold/grauultramarin	yw	0,50	0,40
693	80 (Rp)	gold/rötlichkarmin	yz	1,—	0,80
			Satzpreis (2 W.)	1,50	1,20
			FDC		2,—

Auflagen: MiNr. 692 = 2 152 839, MiNr. 693 = 1 868 701 Stück

Gültig bis 31.12.2001

Luxemburg

1978, 18. Mai. Europa: Baudenkmäler. StTdr.; gez. K 13¾.

vm) Karl IV. (1316–1378), Graf von Luxemburg; Skulptur auf der Karlsbrücke in Prag

vn) Peter von Aspelt (1250–1320), Bischof von Basel; Grabmal im Mainzer Dom

967	6 Fr	blauviolett	vm	1,—	0,30
968	12 Fr	violettpurpur	vn	1,—	1,20
			Satzpreis (2 W.)	2,—	1,50
			FDC		2,50

Auflage: 800 000 Sätze

Gültig bis 31.12.2002

Malta

1978, 26. April. Europa: Baudenkmäler. Odr. (4×3); Wz. 6; gez. K 14¼:13¾.

nz) Denkmal für Großmeister Nicola Cotoner (1686); von Giovanni Battista Foggini (1652–1725)

oa) Denkmal für Großmeister Ramon Perellos; von Giuseppe Mazzuoli (1644–1725)

nz–oa) Denkmäler aus der St.-Georgs-Kapelle, Teil der St.-John-Co-Kathedrale in Valetta

569	7 C	mehrfarbig	nz	0,50	0,50
570	25 C	mehrfarbig	oa	1,—	1,—
			Satzpreis (2 W.)	1,50	1,50
			FDC		2,—
			Kleinbogensatz (2 Klb.)	15,—	15,—

MiNr. 569–570 wurden jeweils im Kleinbogen zu 10 Marken und 2 verschiedenen Zierfeldern (Feld 2 und 3) gedruckt.

Auflagen: MiNr. 569 = 1 977 775, MiNr. 570 = 1 043 279 Stück

Gültig bis 31.7.2002

Monaco

1978, 2. Mai. Europa: Baudenkmäler. StTdr. (5×6); gez. K 12¾:13.

aiy) Kathedrale von Monaco

aiz) Ansicht von Monaco

1319	1.00 (Fr)	mehrfarbig	aiy	1,—	1,—
1320	1.40 (Fr)	mehrfarbig	aiz	2,—	2,—
			Satzpreis (2 W.)	3,—	3,—
			FDC		4,50

Blockausgabe mit 5 × MiNr. 1319–1320

Block 12 (171×143 mm)		aka	30,—	25,—
		FDC		50,—

Auflagen: MiNr. 1319 = 670 877, MiNr. 1320 = 361 220 Stück, Bl. 12 = 275 111 Blocks

In ähnlicher Zeichnung akc: MiNr. 1333

Niederlande

1978, 2. Mai. Europa: Baudenkmäler. RaTdr.; Papier ph.; gez. K 12¾:14.

aeo) Rathaus in Haarlem

1120	55 C	mehrfarbig	aeo	1,—	0,30
			FDC		1,—

Auflage: 13 563 300 Stück

Norwegen

1978, 2. Mai. Europa: Baudenkmäler. StTdr.; Papier ph.; gez. K 13¼:13.

pe) Heddal-Stabkirche (1250) in Telemark

pf) Borgund-Stabkirche in Sogn

769	1.25 (Kr)	dunkelbraunkarmin/ lebhaftrot	pe	0,50	0,50
770	1.80 (Kr)	blauschwarz/kobalt	pf	1,—	1,—
			Satzpreis (2 W.)	1,50	1,50
			FDC		2,—

Auflagen: MiNr. 769 = 9 000 000, MiNr. 770 = 2 413 000 Stück

Österreich

1978, 3. Mai. Europa: Baudenkmäler. StTdr. (5×10); gez. K 13¾.

ato) Riegersburg, Steiermark

1573	6 S	dunkelpurpur	ato	2,—	0,70
			FDC		1,50

Vorlagedruck in Schwarz, mit dem Originaldruckstöckel gedruckt, □, auf Erläuterungsblatt geklebt .... 15,—

Auflage: 3 400 000 Stück

Gültig bis 30.6.2002

Portugal

1978, 2. Mai. Europa: Baudenkmäler. Odr. (5×10); gez. K 11¾:12½.

aak) Romanische Burg von Centum Cellas bei Belmonte

aal) Hieronymiter-Kloster in Belém bei Lissabon

1403	10.00 (E)	mehrfarbig	aak	2,—	0,50
1404	40.00 (E)	mehrfarbig	aal	8,—	2,—
			Satzpreis (2 W.)	10,—	2,50
			FDC		4,—

Blockausgabe mit 2 × MiNr. 1403–1404

Block 23 (112×96 mm) .... aam		22,—	20,—
	FDC		50,—

Postpreis: 120 E

1403 F Farbe Orangebraun (Landesname) fehlend ... —,—

Auflagen: MiNr. 1403 = 4 000 000, MiNr. 1404 = 1 500 000, Bl. 23 = 260 000 Blocks

Gültig bis 31.12.1983

San Marino

1978, 30. Mai. Europa: Baudenkmäler. RaTdr. (10×5); gez. K 11½.

aec) Tor des hl. Franziskus oder „Porta del Locho“ (14. Jh.)

aed) Tor der Ripa oder „Porta Omerellorum“ (15. Jh.)

1156	170 (L) mattkobalt/schwarzblau .... aec		1,—	0,80
1157	200 (L) hellorangegelb/ schwarzbraun .... aed		1,20	1,—
		Satzpreis (2 W.)	2,20	1,80
		FDC		2,—

Auflage: 880 000 Sätze

Schweden

1978, 11. April. Europa: Baudenkmäler. StTdr.; MiNr. 1014 senkrecht, MiNr. 1015 waagerecht gez. 12½.

yz) Schloss von Örebro

za) Portal des Schlosses von Örebro

1014	1.30 (Kr) schwarzoliv (▯) .... yz		0,50	0,40
1015	1.70 (Kr) lilarot (▭) .... za		1,—	0,60
		Satzpreis (2 W.)	1,50	1,—
		FDC		2,—

Auflagen: MiNr. 1014 = 17 156 000, MiNr. 1015 = 9 821 000 Stück

Schweiz

1978, 2. Mai. Europa: Baudenkmäler. Komb. StTdr. und RaTdr. (5×10); Papier ph.; gez. K 11½.

als) Stockalperpalast, Brig

alt) Rathaus des Äußeren Standes in Bern

1128	40 (C) mehrfarbig .... als		0,80	0,30
1129	80 (C) mehrfarbig .... alt		1,70	1,—
		Satzpreis (2 W.)	2,50	1,30
		FDC		2,—

Auflagen: MiNr. 1128 = 31 246 000, MiNr. 1129 = 8 281 000 Stück

Spanien

1978, 2. Mai. Europa: Baudenkmäler. StTdr.; gez. K 13¼:13.

bmk) Hof des Palastes von Karl V. in Granada

bml) Warenbörse in Sevilla

2366	5 Pta dunkelolivgrün/ schwarzblaugrün .... bmk		0,30	0,30
2367	12 Pta dunkelolivgrün/purpur ...... bml		0,50	0,30
		Satzpreis (2 W.)	0,80	0,50
		FDC		1,—

Auflage: 10 000 000 Sätze

Gültig bis 28.2.2002

Türkei

1978, 2. Mai. Europa: Baudenkmäler. Odr.; gez. K 13.

axo) Ishakpaşa-Schloss, Doğubeyazıt

axp) Burg von Anamur

2443	2½ L mehrfarbig .... axo		4,—	1,—
2444	5 L mehrfarbig .... axp		8,—	2,50
		Satzpreis (2 W.)	12,—	3,50
		FDC		8,—

Auflage: 600 000 Sätze

Türkisch-Zypern*

1978, 2. Mai. Europa: Baudenkmäler. Odr.; gez. K 13:13¼, Querformat ~.

az) Andachtsraum von Büyük Han in Nikosia (Lefkoşa)

ba) Brunnenanlage in der Selimiye-Moschee in Nikosia (Lefkoşa)

55	225 (K) mehrfarbig .... az		2,—	1,—
56	450 (K) mehrfarbig .... ba		3,—	1,50
		Satzpreis (2 W.)	5,—	2,50
		FDC		4,—

Auflage: 350 000 Sätze

Zypern

1978, 24. April. Europa: Baudenkmäler. Odr.; gez. K 14½:13½.

my) Hof des Klosters Chrysorrhogiatissa

mz) Burg Kolossi

na) Gemeindebücherei Paphos

484	25 (M) mehrfarbig .... my		0,50	0,30
485	75 (M) mehrfarbig .... mz		0,50	0,30
486	125 (M) mehrfarbig .... na		2,—	1,50
		Satzpreis (3 W.)	3,—	2,—
		FDC		2,50

Gültig bis 23.4.1986

1979

Andorra (Französische Post)

1979, 28. April. Europa: Geschichte des Post- und Fernmeldewesens. StTdr. (5×5); gez. K 13.

ee) Französischer Postbote vor Kirche St. Joan de Caselles (um 1900)

ef) Erstes französisches Postamt in Andorra la Vella

297	1.20 (Fr) mehrfarbig .... ee		2,—	2,—
298	1.70 (Fr) mehrfarbig .... ef		3,50	3,50
		Satzpreis (2 W.)	5,50	5,50
		FDC		10,—

Auflagen: MiNr. 297 = 500 000, MiNr. 298 = 300 000 Stück

Andorra (Spanische Post)

1979, 30. April. Europa: Geschichte des Post- und Fernmeldewesens. StTdr. (8 × 10); gez. K 13¼:13.

ch) Postautobus (ca. 1912)

ci) Vorphilatelistische Briefe

123	5 Pta	dunkelgrün/schwarzblau	ch	0,50	0,30
124	12 Pta	lilarot/purpurviolett	ci	1,—	0,70
		Satzpreis (2 W.)		1,50	1,—
		FDC			3,—

Auflagen: MiNr. 123 = 1 198 004, MiNr. 124 = 990 007 Stück

Gültig bis 28.2.2002

Belgien

1979, 28. April. Europa: Geschichte des Post und Fernmeldewesens. Komb. StTdr. und RaTdr. (5 × 5); Papier ph.; gez. K 11½.

bgz) Postkutsche, Postauto

bha) Optische Telegrafenlinie, Satellit, Antenne einer Erdfunkstelle

1982	8 Fr	mehrfarbig	bgz	1,—	0,20
1983	14 Fr	mehrfarbig	bha	1,—	0,60
		Satzpreis (2 W.)		2,—	0,80
		FDC			4,—

Gedenkblatt der belgischen Post mit MiNr. 1982–1983 □ (nicht frankaturgültig) . . . . 100,—

Auflagen: MiNr. 1982 = 10 000 000, MiNr. 1983 = 3 000 000 Stück

Dänemark

1979, 10. Mai. Europa: Geschichte des Post- und Fernmeldewesens. StTdr. (5 × 10); Papier fl.; gez. K 12¾.

na) Karriole

nb) Klopfertelegraph

686	1.30 (Kr)	lebhaftrot	na	0,50	0,50
687	1.60 (Kr)	schwarzblau	nb	1,50	1,—
		Satzpreis (2 W.)		2,—	1,50
		FDC			2,—

Auflagen: MiNr. 686 = 27 675 000, MiNr. 687 = 4 055 000 Stück

Dänemark – Färöer

1979, 7. Mai. Europa: Geschichte des Post- und Fernmeldewesens. Komb. StTdr. und Odr. (4 × 5), mit Unterdruck wie Wz. 2 von Dänemark (Kreuze mehrfach); gez. K 12½:13.

af) Marke Dänemark MiNr. 80 H

ag) Marke Färöer MiNr. 1

43	140 (Ø)	mehrfarbig	af	0,50	0,50
44	180 (Ø)	mehrfarbig	ag	0,50	0,50
		Satzpreis (2 W.)		1,—	1,—
		FDC			2,—

Durch die unterschiedlichen Stellungen des Unterdrucks entstanden sehr viele verschiedene Typen, die nicht gesondert aufgeführt werden.

Auflage: 2 000 000 Sätze

Deutschland

1979, 17. Mai. Europa: Geschichte des Post- und Fernmeldewesens. Odr. (5 × 10); Papier fl.; gez. K 14:13¾.

akk) Telegraphenbüro (1863)

akl) Postschalter (1854)

1011	50 (Pf)	mehrfarbig	akk	0,80	0,30
1012	60 (Pf)	mehrfarbig	akl	1,—	0,30
		Satzpreis (2 W.)		1,80	0,50
		FDC			2,40
		ETB 11/1979			0,70

1012 F Farbe Lilarot (Wertangabe) fehlend . . . . 1500,— *500,—*

Auflagen: MiNr. 1011 = 51 300 000, MiNr. 1012 = 122 800 000 Stück, davon jeweils 427 000 auf ETB

Gültig bis 30.6.2002

Finnland

1979, 2. Mai. Europa: Geschichte des Post- und Fernmeldewesens. Odr.; Papier ph.; gez. K 13.

yc) Brief der Königin Christina an Generalgouverneur Pietari (Per) Brahe (1638)

yd) Optischer Telegraph (1796) von Abraham Niclas Edelcrantz (1754–1821), Physiker; Landkarte

842	1.10 (M)	mehrfarbig	yc	2,—	0,60
843	1.30 (M)	mehrfarbig	yd	3,—	0,90
		Satzpreis (2 W.)		5,—	1,50
		FDC			3,—

Auflagen: MiNr. 842 = 5 000 000, MiNr. 843 = 3 000 000 Stück

Gültig bis 31.12.2011

Frankreich

1979, 28. April. Europa: Geschichte des Post- und Fernmeldewesens. StTdr.; gez. K 13.

bsa) Postflugzeuge „Caudron Simoun 630“ (1935)

bsb) Schwimmende Kugelpost nach Paris (1870/71)

2148	1.20 (Fr)	mehrfarbig	bsa	1,—	0,50
2149	1.70 (Fr)	mehrfarbig	bsb	1,50	0,50
		Satzpreis (2 W.)		2,50	1,—
		FDC			2,50
		ETB			10,—

Auflage: 10 000 000 Sätze, davon 37 000 auf ETB

Gibraltar*

1979, 16. Mai. Europa: Geschichte des Post- und Fernmeldewesens. Odr. (2 × 5); Wz. 5; gez. K 13¾:14.

lh) Antenne einer Erdfunkstelle, Posthorn, Fernsprecher

392	3 P	matt-/smaragdgrün	lh	0,30	0,30
393	9 P	matt-/rotbraun	lh	0,50	0,50
394	12 P	violettblau/-ultramarin	lh	0,70	0,70
		Satzpreis (3 W.)		1,50	1,50
		FDC			4,50
		Kleinbogensatz (3 Klb.)		15,—	15,—

Griechenland

1979, 12. Mai. Europa: Geschichte des Post- und Fernmeldewesens. Odr.; gez. K 13¼:14.

akz) Briefträger, Postbote mit Rad

ala) Postreiter

1352	4 (Dr) mehrfarbig	akz	0,50	0,30
1353	7 (Dr) mehrfarbig	ala	0,50	0,30
		Satzpreis (Paar)	1,50	0,50
		FDC		1,—

MiNr. 1352–1353 wurden zusammenhängend gedruckt.

Auflage: 1 031 242 Sätze

Gültig bis 31.12.2002

Großbritannien – Guernsey

1979, 8. Mai. Europa: Geschichte des Post- und Fernmeldewesens. RaTdr. (5×4); Faserpapier; gez. K 11¾.

ga) Briefkasten und Stempel (1853), Postauto und Stempel (1979)

gb) Telefonapparat (1897), Fernschreiber (1979)

189	6 P mehrfarbig	ga	0,30	0,30
190	8 P mehrfarbig	gb	0,30	0,30
		Satzpreis (2 W.)	0,60	0,60
		FDC		1,—

Auflagen: MiNr. 189 = 1 863 564, MiNr. 190 = 2 293 379 Stück

Großbritannien – Isle of Man

1979, 16. Mai. Europa: Geschichte des Post- und Fernmeldewesens. Odr. (5×4); gez. K 14½.

em) Postbote (1859)

en) Postbote (1979)

142	6 P mehrfarbig	em	0,30	0,30
143	11 P mehrfarbig	en	0,50	0,50
		Satzpreis (2 W.)	0,80	0,80
		FDC		1,30

Auflagen: MiNr. 142 = 1 301 039, MiNr. 143 = 1 290 318 Stück

Länder mit einem Stern nach dem Landesnamen waren oder sind keine Mitglieder der CEPT bzw. POSTEUROP.

Großbritannien – Jersey

1979, 1. März. Europa: Geschichte des Post- und Fernmeldewesens. Odr. (2×5 Zd); A = gez. K 14:14¼, C = gez. K 14¾.

fy) Frau am Briefkasten (um 1860)

fz) Postbeamter leert Briefkasten (1979)

ga) Telefonvermittlungsstelle (um 1900)

gb) Elektronische Telefonvermittlungsstelle (1979)

A = gez. K 14:14¼

192 A	8 P mehrfarbig	fy	0,30	0,30
193 A	8 P mehrfarbig	fz	0,30	0,30
194 A	10½ P mehrfarbig	ga	0,50	0,50
195 A	10½ P mehrfarbig	gb	0,50	0,50
		Satzpreis A (2 Paare)	1,80	1,80
		FDC A		2,—

C = gez. K 14¾

192 C	8 P mehrfarbig	fy	0,60	0,60
193 C	8 P mehrfarbig	fz	0,60	0,60
194 C	10½ P mehrfarbig	ga	1,—	1,—
195 C	10½ P mehrfarbig	gb	1,—	1,—
		Satzpreis C (2 Paare)	3,20	3,20

195 C F Farbe Grünblau fehlend .... 600,—

Nominalgleiche Marken wurden waagerecht zusammenhängend gedruckt.

Auflagen: MiNr. 192–193 zusammen 5 149 852, MiNr. 194–195 zusammen 3 047 039 Stück

Irland

1979, 6. Dez. Europa: Geschichte des Post- und Fernmeldewesens. Odr.; gez. K 14¾:14¼.

gv) Bianconi-Reisekutsche (1836)

gw) Kabelleger „William Cory“ (Verlegung des Transatlantik-Telegraphenkabels, 1866)

412	12 (P) mehrfarbig	gv	1,—	1,—
413	13 (P) mehrfarbig	gw	2,50	2,—
		Satzpreis (2 W.)	3,50	3,—
		FDC		3,50

Auflagen: MiNr. 412 = 3 000 000, MiNr. 413 = 2 000 000 Stück

Gültig bis 31.12.2002

Island

1979, 30. April. Europa: Geschichte des Post- und Fernmeldewesens. RaTdr.; gez. K 11¾.

lo) Telefon (Ende 19. Jh.)

lp) Posthorn, Posttasche

539	110 (Kr) mehrfarbig	lo	1,—	0,50
540	190 (Kr) mehrfarbig	lp	2,—	0,50
		Satzpreis (2 W.)	3,—	1,—
		FDC		2,—

Auflagen: MiNr. 539 = 3 500 000, MiNr. 540 = 1 500 000 Stück

Gültig bis 30.9.2006

Italien

1979, 30. April. Europa: Geschichte des Post- und Fernmeldewesens. RaTdr. (5 × 10); Papier fl.; gez. K 14:14¼.

aud) Morseapparat

aue) Brieftauben

1657	170 (L)	mehrfarbig	aud	0,50	0,30
1658	220 (L)	mehrfarbig	aue	1,50	0,40
			Satzpreis (2 W.)	2,—	0,70
			FDC		1,50

Auflage: 10 000 000 Sätze

Jugoslawien

1979, 30. April. Europa: Geschichte des Post- und Fernmeldewesens. RaTdr. (3 × 3); gez. K 11¾.

bbe) Postreiter vor Belgrad; Gemälde von Carl Goebel (1824–1899)

bbf) Postreiter vor Laibach; Gemälde von Jan van der Heyden (1637–1712)

1787	4.90 (Din)	mehrfarbig	bbe	0,50	0,50
1788	10.00 (Din)	mehrfarbig	bbf	0,50	0,50
			Satzpreis (2 W.)	1,—	1,—
			FDC		3,—
			Kleinbogensatz (2 Klb.)	10,—	10,—

MiNr. 1787 ohne, MiNr. 1788 mit Kontrollnummer auf dem Kleinbogenrand.

Auflagen: MiNr. 1787 = 990 490, MiNr. 1788 = 840 487 Stück

Liechtenstein

1979, 8. März. Europa: Geschichte des Post- und Fernmeldewesens. RaTdr. (5 × 4); gez. K 11¾.

aad) Postflugzeug AC-8 über Schaan

aae) Luftschiff LZ 127 „Graf Zeppelin“ über Schloss Vaduz

723	40 (Rp)	mehrfarbig	aad	0,60	0,50
724	80 (Rp)	mehrfarbig	aae	1,20	1,10
			Satzpreis (2 W.)	1,80	1,60
			FDC		3,—
			MK 6		5,—

Auflagen: MiNr. 723 = 2 403 532, MiNr. 724 = 2 318 412 Stück

Gültig bis 31.12.2001

Luxemburg

1979, 30. April. Europa: Geschichte des Post- und Fernmeldewesens. RaTdr.; gez. K 11¾.

wh) Postkutsche (19. Jh.)

wi) Fernsprechwandapparat (um 1900)

987	6 Fr	mehrfarbig	wh	2,—	0,30
988	12 Fr	mehrfarbig	wi	2,—	2,20
			Satzpreis (2 W.)	4,—	2,50
			FDC		3,50

Auflage: 800 000 Sätze

Gültig bis 31.12.2002

Malta

1979, 9. Mai. Europa: Geschichte des Post- und Fernmeldewesens. Odr. (4 × 3); Wz. 6; gez. K 14¼:14.

ov) Segelschiff, Flugzeugleitwerk

ow) Parabolantenne

594	7 C	mehrfarbig	ov	0,30	0,30
595	25 C	mehrfarbig	ow	1,40	1,40
			Satzpreis (2 W.)	1,70	1,70
			FDC		2,20
			Kleinbogensatz (2 Klb.)	17,—	17,—

MiNr. 594–595 wurden jeweils im Kleinbogen zu 10 Marken und 2 verschiedenen Zierfeldern (Feld 3 und 4) gedruckt.

Auflagen: MiNr. 594 = 1 403 323, MiNr. 595 = 1 001 462 Stück

Gültig bis 31.7.2002

Monaco

1979, 30. April. Europa: Geschichte des Post- und Fernmeldewesens. StTdr. (6 × 5); gez. K 13:12¾.

alt) Soldat als Bote (15.–16. Jh.)

alu) Fürstliche Feluke (18. Jh.)

alv) Dampflokomotive (19. Jh.)

1375	1.20 (Fr)	mehrfarbig	alt	1,—	0,50
1376	1.50 (Fr)	mehrfarbig	alu	2,—	1,—
1377	1.70 (Fr)	mehrfarbig	alv	2,50	1,50
			Satzpreis (3 W.)	5,50	3,—
			FDC		4,50

Blockausgabe mit 2 × MiNr. 1375–1377

Block 15	(130 × 150 mm)	alw	18,—	18,—
		FDC		28,—

Auflagen: MiNr. 1375 = 526 620, MiNr. 1376 = 333 460, MiNr. 1377 = 334 636 Stück, Bl. 15 = 311 960 Blocks

Niederlande

1979, 2. Mai. Europa: Geschichte des Post- und Fernmeldewesens. Odr.; Papier ph.; gez. K 12¾:13½.

afl) Briefmarken, Lupe

afm) Schiff, Hand mit Morsetaste

1140	55 C	mehrfarbig	afl	1,20	0,30
1141	75 C	mehrfarbig	afm	1,80	0,50
			Satzpreis (2 W.)	3,—	0,80
			FDC		1,50

Auflagen: MiNr. 1140 = 12 423 200, MiNr. 1141 = 6 005 500 Stück

Österreich

1979, 4. Mai. Europa: Geschichte des Post- und Fernmeldewesens. Komb. StTdr. und RaTdr. (10 × 5); gez. K 14¼:13¾.

auz) Laurenz Koschier (1804–1879), Pionier der Briefmarke

1608	6 S schwärzlichocker/ schwarzbraunpurpur	auz	1,50	0,70
		FDC		1,50

Vorlagedruck in Schwarz, mit dem Originaldruckstöckel gedruckt, □, auf Erläuterungsblatt geklebt .... 15,—

Auflage: 3 300 000 Stück

Gültig bis 30.6.2002

Portugal

1979, 30. April. Europa: Geschichte des Post- und Fernmeldewesens. Odr. (5×10); x = normales Papier, y = Papier mit vorderseitigem Phosphorstreifen; gez. K 12:11¾.

acc) Postreiter im von Pest befallenen Gebiet (16. Jh.)

acd) Postbote überbringt die Post (19. Jh.)

1441	14.00 (E)	mehrfarbig	acc		
x		normales Papier		1,50	0,50
y		Papier ph.		15,—	10,—
1442	40.00 (E)	mehrfarbig	acd		
x		normales Papier		3,50	1,—
y		Papier ph.		15,—	10,—
		Satzpreis x (2 W.)		5,—	1,50
		FDC x			3,—
		Satzpreis y (2 W.)		30,—	20,—
		FDC y			45,—

Blockausgabe mit 2 × MiNr. 1441 x–1442 x

Block 27	(121×103 mm)	ace	12,—	8,—
		FDC		55,—

FALSCH Gefälschte Phosphoraufdrucke sind bekannt.

Auflagen: MiNr. 1441 x = 1 900 000, MiNr. 1442 x = 1 000 000 Stück, MiNr. 1441 y und 1442 y = 100 000 Sätze, Bl. 27 = 270 000 Blocks

Gültig bis 31.12.1983

San Marino

1979, 29. März. Europa: Geschichte des Post- und Fernmeldewesens. RaTdr. (5×10); gez. K 11¾.

aep) Postautobus (1915–1925)

aer) Postkutsche (ca. 1895)

1172	170 (L)	mehrfarbig	aep	1,60	1,—
1173	220 (L)	mehrfarbig	aer	1,60	1,—
		Satzpreis (2 W.)		3,20	2,—
		FDC			2,50

Auflage: 850 000 Sätze

Schweden

1979, 7. Mai. Europa: Geschichte des Post- und Fernmeldewesens. StTdr.; senkrecht gez. 12¾.

aau) Ruderboot zur Postbeförderung

aav) Hand bedient Morseapparat

1058	1.30 (Kr)	dunkelgraugrün/schwarz	aau	1,—	0,50
1059	1.70 (Kr)	braunocker/schwarz	aav	1,—	0,50
		Satzpreis (2 W.)		2,—	1,—
		FDC			2,—

Auflage: MiNr. 1058 = 16 863 000, MiNr. 1059 = 7 586 000 Stück

Schweiz

1979, 30. April. Europa: Geschichte des Post- und Fernmeldewesens. Komb. StTdr. und RaTdr. (10×5); Papier ph.; gez. K 11½.

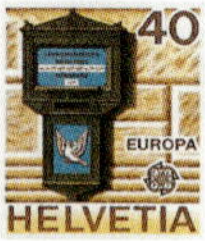

amu) Briefkasten aus Basel (1845)

amv) Alpine Relaisstation Jungfraujoch

1154	40 (C)	mehrfarbig	amu	0,80	0,40
1155	80 (C)	mehrfarbig	amv	1,70	1,20
		Satzpreis (2 W.)		2,50	1,60
		FDC			2,20

Auflagen: MiNr. 1154 = 39 327 000, MiNr. 1155 = 11 241 000 Stück

Spanien

1979, 30. April. Europa: Geschichte des Post-und Fernmeldewesens. StTdr.; gez. K 13:13¼, Querformat ∼.

boh) Kurier und Postillion (1761), Engel mit Posaune

boi) Manuel de Ysasi (1810–1855), Pionier des Weltpostvereins

2412	5 Pta	lilabraun/schwarzbraun	boh	0,50	0,30
2413	12 Pta	orangebraun/ schwarzblaugrün	boi	0,50	0,30
		Satzpreis (2 W.)		1,—	0,40
		FDC			1,—

Auflage: 12 000 000 Sätze

Gültig bis 28.2.2002

Türkei

1979, 30. April. Europa: Geschichte des Post- und Fernmeldewesens. Odr.; gez. K 13.

ayu) Postbeförderungsmittel

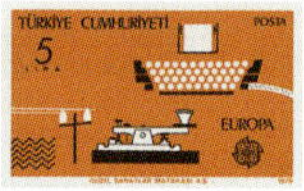

ayv) Morseapparat, Fernschreiber

ayw) Telefonwählscheibe

2477	2½ L	mehrfarbig	ayu	2,50	1,—
2478	5 L	bräunlichorange/schwarz	ayv	3,50	1,50
2479	7½ L	cyanblau/schwarz	ayw	5,—	2,50
		Satzpreis (3 W.)		11,—	5,—
		FDC			6,—

Auflage: 600 000 Sätze

Türkisch-Zypern*

1979, 20. Aug. Europa: Geschichte des Post- und Fernmeldewesens. Odr.; gez. K 13.

bl) Alte Türkei-Marke mit Zypern-Stempel, Landkarte von Zypern

bm) Zypern MiNr. 205 mit türkisch-zypriotischem Stempel, MiNr. 3 mit Ersttagsstempel, Postgebäude

bn) Altes Fernsprechgerät, Fernmeldesatellit, Telefonhörer

71	2 L	mehrfarbig	bl	1,50	0,30
72	3 L	mehrfarbig	bm	1,50	0,50
73	8 L	mehrfarbig	bn	3,—	1,20
			Satzpreis (3 W.)	6,—	2,—
			FDC		4,—

72 F Farbe Braunviolett fehlend .... *100,—*

Auflagen: MiNr. 71–72 je 500 000, MiNr. 73 = 350 000 Stück

Zypern

1979, 30. April. Europa: Geschichte des Post- und Fernmeldewesens. Odr.; Wz. 6; gez. K 14:13½.

ns) Postkutsche, Brief, Postauto

nt) Telefon, Parabolantenne, Satellit

nu) Dampfschiff, Briefe, Flugzeug

501	25 (M)	mehrfarbig	ns	0,50	0,30
502	75 (M)	mehrfarbig	nt	0,50	0,30
503	125 (M)	mehrfarbig	nu	2,—	1,50
			Satzpreis (3 W.)	3,—	2,—
			FDC		4,—

1980

Andorra (Französische Post)

1980, 26. April. Europa: Bedeutende Persönlichkeiten. StTdr. (5×5); gez. K 13.

en) Karl der Große (742–814), König der Franken und römischer Kaiser

eo) Napoleon I. (1769–1821), Kaiser der Franzosen

305	1.30 (Fr)	mehrfarbig	en	2,—	0,70
306	1.80 (Fr)	dunkelgrün/braunkarmin	eo	2,—	1,30
			Satzpreis (2 W.)	4,—	2,—
			FDC		2,20

Auflagen: MiNr. 305 = 1 000 000, MiNr. 306 = 800 000 Stück

Andorra (Spanische Post)

1980, 28. April. Europa: Bedeutende Persönlichkeiten. RaTdr. (10×8); gez. K 13:13¼.

cr) Antoni Fiter i Rosell (1706–1748), Schriftsteller

cs) Francesc Cairat Freixes (1880–1968), Politiker

131	8 Pta	mehrfarbig	cr	0,30	0,30
132	19 Pta	mehrfarbig	cs	1,20	0,70
			Satzpreis (2 W.)	1,50	1,—
			FDC		2,—

Auflagen: MiNr. 131 = 1 038 621, MiNr. 132 = 998 622 Stück

Gültig bis 28.2.2002

Belgien

1980, 26. April. Europa: Bedeutende Persönlichkeiten. RaTdr. (6×5); Papier ph.; gez. K 11½.

bil) Hl. Benedikt von Nursia (480–547), Ordensgründer

bim) Margarete von Österreich (1480–1530), Fürstin der Niederlande

2023	9 Fr	mehrfarbig	bil	0,50	0,30
2024	14 Fr	mehrfarbig	bim	1,50	0,70
			Satzpreis (2 W.)	2,—	1,—
			FDC		3,50

Gedenkblatt der belgischen Post mit MiNr. 2023–2024 ☐ (nicht frankaturgültig) .... 100,—

Auflagen: MiNr. 2023 = 10 000 000, MiNr. 2024 = 3 000 000 Stück

Dänemark

1980, 5. Mai. Europa: Bedeutende Persönlichkeiten. StTdr. (5×10); Papier fl.; gez. K 12¾.

no) Karen Christence Blixen-Finecke (1885–1962), Schriftstellerin

np) Schack August Steenberg Krogh (1874–1949), Physiologe, Nobelpreis 1920

699	1.30 (Kr)	lebhaftrot	no	0,50	0,30
700	1.60 (Kr)	blau	np	1,50	0,80
			Satzpreis (2 W.)	2,—	1,—
			FDC		2,—

Auflagen: MiNr. 699 = 18 200 000, MiNr. 700 = 3 100 000 Stück

Dänemark – Färöer

1980, 6. Okt. Europa: Bedeutende Persönlichkeiten. StTdr. (4×5), Papier ph.; gez. K 11½:11¾.

ar) Jakob Jakobsen (1864–1918), Sprachforscher, Ethnologe

as) Vensel Ulrich Hammershaimb (1819–1909), Theologe

53	150 (Ø)	schwarzoliv	ar	0,50	0,50
54	200 (Ø)	lilarot	as	0,50	0,50
			Satzpreis (2 W.)	1,—	1,—
			FDC		1,50

Auflagen: MiNr. 53 = 3 292 000, MiNr. 54 = 3 147 000 Stück

Nicht ausgegeben:

1980. Europa: Bedeutende Persönlichkeiten. Komb. StTdr. und Odr.; normales Papier; gez. K 13:12¾.

I	150 (Ø)	schwarz/schwarzoliv	ar I	—,—
II	200 (Ø)	schwarz/lilarot	as	—,—

Durch Gerichtsurteil wurde der Postverwaltung der Färöer das Eigentumsrecht an beiden nicht ausgegebenen Europamarken bestätigt.

Deutschland

1980, 8. Mai. Europa: Bedeutende Persönlichkeiten. Odr. (10 × 5); Papier fl.; gez. K 13¾:14.

alz) Hl. Albertus Magnus, Graf von Bollstädt (um 1193–1280), Bischof und Gelehrter

ama) Gottfried Wilhelm Leibniz (1646–1716), Philosoph, Universalgelehrter

1049	50 (Pf)	mehrfarbig . . . . alz		1,—	0,30
1050	60 (Pf)	mehrfarbig . . . . ama		1,—	0,30
			Satzpreis (2 W.)	2,—	0,60
			FDC		2,50
			ETB 12/1980		0,70

P So 6	Sonderpostkarte NAPOSTA '81 mit MiNr. 1049 als Wertstempel	1,30	1,—
SD 6	Schwarzdruck (nicht vom Originaldruckstock) der MiNr. 1049–1050 aus der Jahreszusammenstellung 1980 der Deutschen Bundespost (Papierformat 148 × 210 mm)	*35,—*	

Auflagen: MiNr. 1049 = 120 450 000, MiNr. 1050 = 136 050 000 Stück, davon jeweils 463 000 auf ETB

Gültig bis 30.6.2002

Finnland

1980, 28. April. Europa: Bedeutende Persönlichkeiten. Odr.; Papier ph.; gez. K 12¾:13, Hochformat ~.

zd) Frans Eemil Sillanpää (1888–1964), Schriftsteller, Nobelpreis 1939

ze) Artturi Ilmari Virtanen (1895–1973), Biochemiker, Chemie-Nobelpreis 1945

867	1.10 (M)	mehrfarbig . . . . zd		1,50	0,50
868	1.30 (M)	mehrfarbig . . . . ze		2,—	0,70
			Satzpreis (2 W.)	3,50	1,20
			FDC		2,50

Auflagen: MiNr. 867 = 6 000 000, MiNr. 868 = 3 000 000 Stück

Gültig bis 31.12.2011

Frankreich

1980, 26. April. Europa: Bedeutende Persönlichkeiten. StTdr.; gez. K 13.

bua) Aristide Briand (1862–1932), Politiker

bub) Hl. Benedikt von Nursia (480–547), Ordensgründer

				★★	⊙	FDC
2202	1.30 (Fr)	mehrfarbig . . . . . bua		1,—	0,40	2,20
2203	1.80 (Fr)	lilakarmin/rot . . . bub		1,50	0,60	3,—
			Satzpreis (2 W.)	2,50	1,—	
			ETB			10,—

Auflagen: MiNr. 2202 = 10 000 000, MiNr. 2203 = 8 000 000 Stück, davon 40 500 auf ETB

Gibraltar*

1980, 6. Mai. Europa: Bedeutende Persönlichkeiten. Odr. (2 × 5); Wz. 5; gez. K 14½.

lv) Gustavo Bacarisas (1872–1971), Maler

lw) John Mackintosh (1865–1940), Philanthrop

lx) Peter Amigo (1864–1949), Erzbischof

				★★	⊙
405	12 P	mehrfarbig lv		0,30	0,30
406	12 P	mehrfarbig . . . . lw		0,30	0,30
407	12 P	mehrfarbig lx		0,30	0,30
			Satzpreis (3 W.)	0,90	0,90
			FDC		2,20
			Kleinbogensatz (3 Klb.)	9,—	9,—

Griechenland

1980, 5. Mai. Europa: Bedeutende Persönlichkeiten. Odr.; gez. K 13¾:12¼.

anl) Giorgos Seferis (1900–1971), Schriftsteller und Diplomat, Nobelpreis 1963

anm) Maria Callas (1923–1977), Opernsängerin

1411	8 (Dr)	mehrfarbig . . . . anl		0,50	0,30
1412	14 (Dr)	mehrfarbig . . . . anm		1,—	0,60
			Satzpreis (2 W.)	1,50	0,80
			FDC		1,—

Auflagen: MiNr. 1411 = 4 000 000, MiNr. 1412 = 1 048 405 Stück

Gültig bis 31.12.2002

Großbritannien

1980, 9. Juli. Europa: Bedeutende Persönlichkeiten. RaTdr. (10 × 5 + 10 × 5); Papier ph.; gez. K 14¾:14¼.

zd) Charlotte Brontë (1816–1855), Schriftstellerin; Szene aus „Jane Eyre“

ze) George Eliot, eigentlich Mary Ann Evans (1819–1880), Schriftstellerin; Szene aus „Die Mühle am Fluss“

841	12 P	mehrfarbig . . . . zd		0,80	0,40
842	13½ P	mehrfarbig . . . . ze		1,—	0,50
			Satzpreis (2 W.)	1,80	0,90
			FDC		2,20

Zwischenstegpaare:

841 ZW–842 ZW	. . . . 2 Paare	4,—	4,—
842 F	Farbe Hellblau fehlend	*4500,—*	*4500,—*

MiNr. 841–842 stammen aus dem Satz MiNr. 841–844.

Auflagen: MiNr. 841 = 46 296 000, MiNr. 842 = 11 274 000 Stück

Großbritannien – Guernsey

1980, 6. Mai. Europa: Bedeutende Persönlichkeiten. RaTdr. (5×4); Faserpapier; gez. K 11¾.

gr) Generalmajor John Gaspard Le Marchant (1776–1812)

gs) Admiral Lord James de Saumarez (1757–1836)

204	10 P mehrfarbig	gr	0,30	0,30
205	13½ P mehrfarbig	gs	0,50	0,50
		Satzpreis (2 W.)	0,80	0,80
		FDC		1,50

Auflagen: MiNr. 204 = 2 794 871, MiNr. 205 = 1 715 880 Stück

Großbritannien – Isle of Man

1980, 6. Mai. Europa: Bedeutende Persönlichkeiten. RaTdr. (2×5 + 2×5); Faserpapier; gez. K 11¾.

fk) Charakteristische Personen aus seinen Gedichten

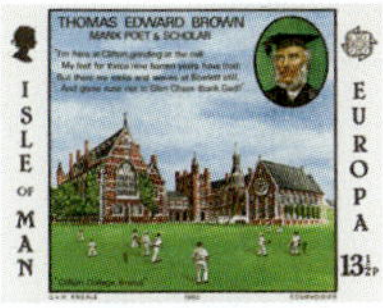

fl) Clifton College, Bristol

fk–fl) Thomas Edward Brown (1830–1897), Dichter und Gelehrter

164	7 P mehrfarbig	fk	0,30	0,30
165	13½ P mehrfarbig	fl	0,50	0,50
		Satzpreis (2 W.)	0,80	0,80
		FDC		1,—

Zwischenstegpaare:

164 ZW–165 ZW	2 Paare	2,50	2,50

Auflagen: MiNr. 164 = 1 726 009, MiNr. 165 = 1 708 590 Stück

Großbritannien – Jersey

1980, 6. Mai. Europa: Bedeutende Persönlichkeiten. Odr. (2×5 Zd); gez. K 14¼.

hb hc

hd he

hb–hc) Gouverneur Walter Raleigh und Militär-Ingenieur Paul Ivy
hd–he) König Charles II. und Gouverneur George Carteret

219	9 P mehrfarbig	hb	0,30	0,30
220	9 P mehrfarbig	hc	0,30	0,30
221	13½ P mehrfarbig	hd	0,40	0,40
222	13½ P mehrfarbig	he	0,40	0,40
		Satzpreis (2 Paare)	1,50	1,50
		FDC		2,40

Nominalgleiche Marken wurden waagerecht zusammenhängend gedruckt.

Auflagen: MiNr. 219–220 zusammen 4 793 980, MiNr. 221–222 zusammen 2 638 136 Stück

Irland

1980, 7. Mai. Europa: Bedeutende Persönlichkeiten. Odr.; gez. K 14¼:14¾.

gy) George Bernard Shaw (1856–1950), Schriftsteller; Poster von Alick Ritchie (1868–1938)

gz) Oscar Wilde (1854–1900), Schriftsteller; Gemälde von Henri de Toulouse-Lautrec (1864–1901)

417	12 (P) mehrfarbig	gy	1,50	0,50
418	13 (P) mehrfarbig	gz	2,50	1,50
		Satzpreis (2 W.)	4,—	2,—
		FDC		2,50

Zwischenstegpaar:

417 ZW	1 Paar	9,—	10,—

Auflagen: MiNr. 417 = 4 000 000, MiNr. 418 = 3 000 000 Stück

Gültig bis 31.12.2002

Island

1980, 28. April. Europa: Bedeutende Persönlichkeiten. RaTdr.; gez. K 11¾.

mc) Jón Sveinsson (Nonni) (1857–1944), Schriftsteller

md) Gunnar Gunnarsson (1889–1975), Schriftsteller

552	140 (Kr) schwarz/mattbräunlichrot	mc	1,—	0,50
553	250 (Kr) schwarz/mattorangebraun	md	1,—	0,50
		Satzpreis (2 W.)	2,—	1,—
		FDC		2,—

Auflagen: MiNr. 552 = 2 000 000, MiNr. 553 = 1 000 000 Stück

Gültig bis 30.9.2006

Italien

1980, 28. April. Europa: Bedeutende Persönlichkeiten. Odr. (5×10); Papier fl.; gez. K 14:13½.

avg) Antonio Pigafetta (1480–1530), Weltumsegler; Segelschiff

avh) Antonino Lo Surdo (1880–1949), Geophysiker; Erdkugel

1686	170 (L) mehrfarbig	avg	0,50	0,30
1687	220 (L) mehrfarbig	avh	1,—	0,40
		Satzpreis (2 W.)	1,50	0,60
		FDC		1,50

Auflage: 8 000 000 Sätze

Jugoslawien

1980, 28. April. Europa: Bedeutende Persönlichkeiten. RaTdr. (3×3); gez. K 11¾.

bcv) Silbermünze nach Skulptur von Antun Augustinčić (1900–1979)

bcw) Gemälde von Đorđe Prudnikov (*1939)

bcv–bcw) Josip Broz Tito (1892–1980); Politiker und Staatspräsident

1828	4.90 (Din)	mehrfarbig	bcv	0,30	0,30
1829	13 Din	mehrfarbig	bcw	1,30	1,30
			Satzpreis (2 W.)	1,50	1,50
			FDC		2,50
			Kleinbogensatz (2 Klb.)	15,—	15,—

1828 U	ungezähnt	20,—
1828 U F	Hintergrund cyanblau statt blau, □	—,—
1829 U	ungezähnt	20,—

MiNr. 1828 ohne, MiNr. 1829 mit Kontrollnummer auf dem Kleinbogenrand.

Auflagen: MiNr. 1828 = 1 000 008, MiNr. 1829 = 850 005 Stück

Liechtenstein

1980, 10. März. Europa: Bedeutende Persönlichkeiten. RaTdr. (5×4); gez. K 11¾.

aax) Marie Leopoldine Esterházy von Galánthá (1788–1846), Fürstin von Liechtenstein; Büste von Antonio Canova (1757–1822)

aay) Maria Theresia Anna Felicitas von Liechtenstein (1694–1772), Herzogin von Savoyen-Carignano; Gemälde von Martin van Meytens (1695–1770)

741	40 (Rp)	mehrfarbig	aax	0,60	0,50
742	80 (Rp)	mehrfarbig	aay	1,—	0,90
			Satzpreis (2 W.)	1,60	1,40
			FDC		3,—
			MK 13		4,—

Auflagen: MiNr. 741 = 2 287 721, MiNr. 742 = 2 266 723 Stück

Gültig bis 31.12.2001

Luxemburg

1980, 28. April. Europa: Bedeutende Persönlichkeiten. StTdr.; gez. K 13½.

xf) Jean Monnet (1888–1979), Wirtschaftspolitiker

xg) Hl. Benedikt von Nursia (480–547), Ordensgründer

1009	6 Fr	schwarzviolett	xf	1,—	0,50
1010	12 Fr	schwarzoliv	xg	1,—	0,50
			Satzpreis (2 W.)	2,—	1,—
			FDC		2,—

Auflage: 800 000 Sätze

Gültig bis 31.12.2002

Malta

1980, 29. April. Europa: Bedeutende Persönlichkeiten. Odr. (3×4); Wz. 6; gez. K 13¾:14.

pt) Rużar Briffa (1906–1963), Dichter und Physiker

pu) Mikiel Anton Vassalli (1764–1829), Geisteswissenschaftler und Patriot

615	8 C	mehrfarbig	pt	0,50	0,50
616	30 C	mehrfarbig	pu	1,—	1,—
			Satzpreis (2 W.)	1,50	1,50
			FDC		2,—
			Kleinbogensatz (2 Klb.)	16,—	16,—

MiNr. 615–616 wurden jeweils im Kleinbogen zu 10 Marken und 2 verschiedenen Zierfeldern (Feld 1 und 4) gedruckt.

Auflagen: MiNr. 615 = 1 724 097, MiNr. 616 = 1 188 108 Stück

Gültig bis 31.7.2002

Monaco

1980, 28. April. Europa: Bedeutende Persönlichkeiten. StTdr. (5×6); gez. K 12¾:13.

ang) Sidonie-Gabrielle Colette (1873–1954), Romanschriftstellerin

anh) Marcel Pagnol (1895–1974), Dramatiker

1421	1.30 (Fr)	mehrfarbig	ang	1,—	0,50
1422	1.80 (Fr)	mehrfarbig	anh	1,20	0,50
			Satzpreis (2 W.)	2,20	1,—
			FDC		2,50
			Sonderdruck	280,—	

Blockausgabe mit 5 × MiNr. 1421–1422

Block 16	(170×143 mm)	ani	10,—	8,—
		FDC		15,—

MiNr. 1421–1422 sind auch im Paar zusammenhängend als nicht frankaturgültiger Sonderdruck in Blockform für Geschenkzwecke bekannt.

Auflagen: MiNr. 1421 = 446 369, MiNr. 1422 = 346 139 Stück, Bl. 16 = 452 516 Blocks

Niederlande

1980, 23. Sept. Europa: Bedeutende Persönlichkeiten. Odr.; Papier ph.; gez. K 13½:12¾.

agr) Königin Wilhelmina (1880–1962)

ags) Winston Churchill (1874–1965)

1168	60 C	mehrfarbig	agr	0,60	0,30
1169	80 C	mehrfarbig	ags	1,40	0,30
			Satzpreis (2 W.)	2,—	0,50
			FDC		1,50

Auflagen: MiNr. 1168 = 12 222 100, MiNr. 1169 = 6 659 900 Stück

Österreich

1980, 25. Aug. Europa: Bedeutende Persönlichkeiten. StTdr. (10×5); gez. K 14¼:13¾.

awv) Robert Stolz (1880–1975), Komponist

1652	6 S	dunkelbraunkarmin	awv	1,50	0,70
			FDC		1,50

Vorlagedruck in Schwarz, mit dem Originaldruckstöckel gedruckt, □, auf Erläuterungsblatt geklebt .... 15,—

Auflage: 3 700 000 Stück

Gültig bis 30.6.2002

Portugal

1980, 14. April. Europa: Bedeutende Persönlichkeiten. Odr. (10×5); x = normales Papier, y = Papier mit vorderseitigem Phosphorstreifen; gez. K 11¾:12.

aed) Alexander Albert de la Roche de Serpa Pinto (1846–1900), Afrikaforscher

aee) Vasco da Gama (1468–1524), Seefahrer

1488 y	16.00 (E)	mehrfarbig	aed	1,—	0,50
1489 x	60.00 (E)	mehrfarbig	aee	2,50	1,—
			Satzpreis (2 W.)	3,50	1,50
			FDC		3,—

Blockausgabe mit 2 × MiNr. 1488 x–1489 x

1488 x	16.00 (E)	mehrfarbig	aed	—,—	—,—
Block 29	(107×110 mm)		aef	7,—	4,50
			FDC		20,—

Block 29 F	Farbe Grau auf dem Blockrand (Randbeschriftung) fehlend	—,—	—,—

Auflagen: MiNr. 1488 y = 1 300 000, MiNr. 1489 x = 850 000 Stück. Bl. 29 = 475 000 Blocks

Gültig bis 31.8.1989

San Marino

1980, 8. Mai. Europa: Bedeutende Persönlichkeiten. RaTdr. (8×5); gez. K 11¾.

agg) Giovanbattista Belluzzi (1506–1554), Militärarchitekt; Wallwerk von San Marino

agh) Antonio Orafo (1460–1522), Gold- und Silberschmied; Weihrauchfass und Weberschiffchen

1212	170 (L)	mehrfarbig	agg	1,50	0,40
1213	220 (L)	mehrfarbig	agh	2,—	0,40
			Satzpreis (2 W.)	3,50	0,80
			FDC		1,50

Auflage: 750 000 Sätze

Schweden

1980, 4. Juni. Europa: Bedeutende Persönlichkeiten. StTdr.; senkrecht gez. 12½.

acu) Elise Ottesen-Jensen (1886–1973), Vorkämpferin der Frauenbewegung

acv) Joe Hill (1879–1915), Liedermacher der Arbeiterbewegung

1106	1.30 (Kr)	dunkelgelbgrün	acu	0,50	0,30
1107	1.70 (Kr)	karminrot	acv	1,—	0,70
			Satzpreis (2 W.)	1,50	1,—
			FDC		2,—

Auflagen: MiNr. 1106 = 19 029 000, MiNr. 1107 = 10 357 000 Stück

Einzelne Marken aus Sätzen können teurer sein als die Notierung im Katalog.

Schweiz

1980, 28. April. Europa: Bedeutende Persönlichkeiten. Komb. StTdr. und RaTdr. (5×10); Papier ph.; gez. K 11½.

anp) Johann Konrad Kern (1808–1888), Politiker

anr) Gustav Adolf Hasler (1830–1900), Industrieller

1174	40 (C)	mehrfarbig	anp	0,80	0,30
1175	80 (C)	mehrfarbig	anr	1,50	1,—
			Satzpreis (2 W.)	2,20	1,30
			FDC		2,—

1174 I	„Warze" (schwarzer Punkt) auf linker Wange (Teilauflage)	12,—	12,—

Auflagen: MiNr. 1174 = 36 036 000, MiNr. 1175 = 8 426 000 Stück

Spanien

1980, 28. April. Europa: Bedeutende Persönlichkeiten. StTdr.; gez. K 13¼:13.

brf) Federico Garcia Lorca (1898–1936), Dichter

brg) José Ortega y Gasset (1883–1955), Philosoph

2460	8 Pta	purpurviolett/dunkelgrün	brf	0,30	0,30
2461	19 Pta	dunkelrotbraun/ schwarzblaugrün	brg	0,40	0,30
			Satzpreis (2 W.)	0,70	0,50
			FDC		1,—

Auflagen: MiNr. 2460 = 15 000 000, MiNr. 2461 = 10 000 000 Stück

Gültig bis 28.2.2002

Türkei

1980, 28. April. Europa: Bedeutende Persönlichkeiten. Odr.; gez. K 13.

azx) Üsküdarlı Hoca Ali Rıza (1857–1930), Maler

azy) Ali Sami Boyar (1880–1967), Maler

azz) Hulûsi Behçet (1889–1948), Dermatologe

2510	7½ L	mehrfarbig	azx	1,—	0,50
2511	15 L	mehrfarbig	azy	1,50	0,50
2512	20 L	mehrfarbig	azz	2,50	0,50
			Satzpreis (3 W.)	5,—	1,50
			FDC		5,—

Auflage: 650 000 Sätze

Türkisch-Zypern*

1980, 23. Mai. Europa: Bedeutende Persönlichkeiten. Odr.; gez. K 13.

bw) Ebû-Su'ûd Efendi (1490–1573), Rechtsgelehrter

bx) Selim II. (1524–1574), Sultan des Osmanischen Reiches

83	5 L	mehrfarbig	bw	2,—	0,50
84	30 L	mehrfarbig	bx	3,—	1,50
			Satzpreis (2 W.)	5,—	2,—
			FDC		4,—

Auflagen: MiNr. 83 = 1 000 000, MiNr. 84 = 500 000 Stück

Zypern

1980, 28. April. Europa: Bedeutende Persönlichkeiten. RaTdr. (4×5); gez. K 12½.

on) Hl. Barnabas, Landespatron (Fresko)

oo) Zenon von Kition (354–262 v. Chr.); Gründer der Stoischen Philosophenschule (Büste)

520	40 (M)	mehrfarbig .... on	0,30	0,30
521	125 (M)	mehrfarbig .... oo	0,40	0,40
		Satzpreis (2 W.)	0,50	0,50
		FDC		1,50

1981

Andorra (Französische Post)

1981, 16. Mai. Europa: Folklore. StTdr. (5×5); gez. K 13.

ew) Bärentanz

ex) Volkstanz „El Contrapas“

313	1.40 (Fr)	mehrfarbig .... ew	1,50	1,—
314	2.00 (Fr)	mehrfarbig .... ex	1,50	1,50
		Satzpreis (2 W.)	3,—	2,50
		FDC		3,—

Auflagen: MiNr. 313 = 1 000 000, MiNr. 314 = 800 000 Stück

Andorra (Spanische Post)

1981, 7. Mai. Europa: Folklore. Odr. (8×10); gez. K 13.

cy) Feier der hl. Anna (Volkstanz)

cz) Feier der Madonna von Canòlich

138	12 Pta	mehrfarbig .... cy	0,50	0,30
139	30 Pta	mehrfarbig .... cz	1,—	0,70
		Satzpreis (2 W.)	1,50	1,—
		FDC		2,—

Auflagen: MiNr. 138 = 1 249 043, MiNr. 139 = 1 099 040 Stück

Gültig bis 28.2.2002

Belgien

1981, 2. Mai. Europa: Folklore. Komb. StTdr. und RaTdr. (5×5); Papier ph.; gez. K 11½:11¾.

bkv) Puppen „Opsinjoorke“ und „Tchantchès“

bkw) Marionetten „d'Artagnan“ und „Woltje“

2058	9 Fr	mehrfarbig .... bkv	0,50	0,30
2059	14 Fr	mehrfarbig .... bkw	1,—	0,70
		Satzpreis (2 W.)	1,50	1,—
		FDC		4,—

Gedenkblatt der belgischen Post mit MiNr. 2058–2059 □ (nicht frankaturgültig) .... 100,—

Auflagen: MiNr. 2058 = 10 000 000, MiNr. 2059 = 3 000 000 Stück

Dänemark

1981, 4. Mai. Europa: Folklore. StTdr., Bogen (B) (5×10) und Markenheftchen (MH) (5×2); Papier fl.; gez. K 12¾.

oh) Fastnachtsbrauch „Tonnenschlagen“

oi) Johannisfeuer zum Sonnwendfest

730	1.60 (Kr)	dunkelbraunrot (B) (MH) .... oh	0,30	0,30
731	2.00 (Kr)	dunkelviolettblau (B) .... oi	1,70	0,80
		Satzpreis (2 W.)	2,—	1,—
		FDC		2,—
		Markenheftchen	6,—	

Auflagen: MiNr. 730 = 24 775 000, MiNr. 731 = 4 900 000 Stück

Dänemark – Färöer

1981, 1. Juni. Europa: Folklore. Komb. StTdr. und Odr. (4×5); gez. K 13:14½.

bb

bc

bb–bc) Volkstänze

63	150 (Ø)	mattrosa/dunkelgelbgrün ...... bb	0,50	0,50
64	200 (Ø)	mattgelbgrün/schwarzbraun ... bc	0,50	0,50
		Satzpreis (2 W.)	1,—	1,—
		FDC		1,50

Auflagen: MiNr. 63 = 2 807 400, MiNr. 64 = 2 704 700 Stück

Deutschland

1981, 7. Mai. Europa: Folklore. Odr. (10×5); Papier fl.; gez. K 13¾:14.

ank) Tanzpaar in Schwarzwälder Tracht

anl) Tanzpaar in friesischer Tracht

1096	50 (Pf)	mehrfarbig .... ank	0,80	0,30
1097	60 (Pf)	mehrfarbig .... anl	1,—	0,30
		Satzpreis (2 W.)	1,80	0,50
		FDC		2,—
		ETB 11/1981		0,70

Auflagen: MiNr. 1096 = 116 541 000, MiNr. 1097 = 156 541 000 Stück, davon jeweils 521 000 auf ETB

Gültig bis 30.6.2002

Finnland

1981, 18. Mai. Europa: Folklore. Odr.; Papier ph.; gez. K 12¾:13.

zr) Kirchenrudern

zs) Mittsommernachtsfest

881	1.10 (M)	mehrfarbig .... zr	1,—	0,40
882	1.50 (M)	mehrfarbig .... zs	2,—	0,60
		Satzpreis (2 W.)	3,—	1,—
		FDC		2,50

Auflagen: MiNr. 881 = 8 000 000, MiNr. 882 = 6 000 000 Stück

Gültig bis 31.12.2011

Frankreich

1981, 2. Mai. Europa: Folklore. StTdr.; gez. K 13.

bwb) „Bourrée croisée“, Volkstanz aus Berry und der Auvergne

bwc) „Sardane“, Volkstanz aus dem Roussillon

2259	1.40 (Fr) mehrfarbig	bwb	1,—	0,30
2260	2.00 (Fr) mehrfarbig	bwc	1,50	0,90
		Satzpreis (2 W.)	2,50	1,20
		FDC		3,—
		ETB		10,—

Auflagen: MiNr. 2259 = 20 000 000, MiNr. 2260 = 10 000 000 Stück, davon 42 500 auf ETB

Gibraltar*

1981, 24. Febr. Europa: Folklore. Odr. (5×2); Wz. 5; gez. K 14:13¼.

mh) Herakles an der Straße von Gibraltar

mi) Herakles und Heraklessäulen

416	9 P mehrfarbig	mh	0,30	0,30
417	15 P mehrfarbig	mi	0,50	0,50
		Satzpreis (2 W.)	0,80	0,80
		FDC		1,70
		Kleinbogensatz (2 Klb.)	9,—	9,—

Griechenland

1981, 4. Mai. Europa: Folklore. Odr.; gez. K 14:13.

aow) Volkstanz „Kyra Maria“

aox) Volkstanz Kretische „Sousta“

1445	12 (Dr) mehrfarbig	aow	0,50	0,30
1446	17 (Dr) mehrfarbig	aox	1,—	0,60
		Satzpreis (2 W.)	1,50	0,70
		FDC		1,50

Auflagen: MiNr. 1445 = 10 000 000, MiNr. 1446 = 1 039 394 Stück

Gültig bis 31.12.2002

Großbritannien

1981, 6. Febr. Europa: Folklore. RaTdr. (10×5 + 10×5); Papier ph.; gez. K 14¾:14¼.

zx) Herz, Vögel, Engel (Valentinstag)

zy) Moriskentänzer (Glasgemälde, 16. Jh.)

867	14 P mehrfarbig	zx	0,50	0,50
868	18 P mehrfarbig	zy	1,—	0,50
		Satzpreis (2 W.)	1,50	1,—
		FDC		3,—

Zwischenstegpaare:

867 ZW–868 ZW	2 Paare	4,—	4,—

MiNr. 867–868 stammen aus dem Satz MiNr. 867–870.

Auflagen: MiNr. 867 = 47 496 000, MiNr. 868 = 11 548 000 Stück

Großbritannien – Guernsey

1981, 22. Mai. Europa: Folklore. Odr. (5×2 + 5×2); gez. K 14¾.

hl) Traditionelle Begrüßung des Felsens „Andriou“

hm) Guernsey-Lilie (Nerine sarniensis), der Legende nach von Feen gebracht

223	12 P mehrfarbig	hl	0,40	0,40
224	18 P mehrfarbig	hm	0,50	0,50
		Satzpreis (2 W.)	0,90	0,90
		FDC		1,50

Zwischenstegpaare:

223 ZW–224 ZW	2 Paare	2,50	2,50

Auflagen: MiNr. 223 = 2 516 514, MiNr. 224 = 1 937 023 Stück

Großbritannien – Isle of Man

1981, 22. Mai. Europa: Folklore. Odr. (3×4 + 3×4); gez. K 14½.

gl) „Crosh Cuirn“ (Kreuze aus Ebereschenzweige), Bauernhof

gm) Kreuzknochen des Lippfisches, Segelboote

187	8 P mehrfarbig	gl	0,30	0,30
188	18 P mehrfarbig	gm	0,70	0,70
		Satzpreis (2 W.)	1,—	1,—
		FDC		1,50

Zwischenstegpaare:

187 ZW–188 ZW	2 Paare	2,50	2,50

Auflagen: MiNr. 187 = 1 261 267, MiNr. 188 = 1 243 459 Stück

Großbritannien – Jersey

1981, 7. April. Europa: Folklore. Odr. (2×5 Zd); gez. K 14¾.

ii) Ritter Hambye erschlägt den Drachen

ik) Hambye wird von seinem Knecht ermordet

ii–ik) Die Legende von La Hougue Bie

il) Mönche auf einer vermeintlichen Insel

im) Wal, Lederboot des hl. Brelade

il-im) Die Osterreise des hl. Brelade (Brendan)

253	10 P mehrfarbig	ii	0,40	0,40
254	10 P mehrfarbig	ik	0,40	0,40
255	18 P mehrfarbig	il	0,70	0,70
256	18 P mehrfarbig	im	0,70	0,70
		Satzpreis (2 Paare)	2,50	2,50
		FDC		3,—

Nominalgleiche Marken wurden waagerecht zusammenhängend gedruckt.

Auflagen: MiNr. 253–254 je 1 729 951, MiNr. 255–256 je 1 247 222 Stück

Irland

1981, 4. Mai. Europa: Folklore. Odr.; gez. K 14¼:15.

hr) „Legende vom Hahn und Topf"; Grabplatte (1841) in Thempleathea

hs) „Engel mit Waagschalen des Jüngsten Gerichts"; Grabplatte (1827) in Thempleathea

439	18 (P)	mehrfarbig	hr	1,—	0,50
440	19 (P)	mehrfarbig	hs	2,—	1,50
			Satzpreis (2 W.)	3,—	2,—
			FDC		2,50

Auflagen: MiNr. 439 = 4 000 000, MiNr. 440 = 1 500 000 Stück

Gültig bis 31.12.2002

Island

1981, 4. Mai. Europa: Folklore. RaTdr.; gez. K 11¾.

mr) „Der Zauberer Loftur und Bischof Gottschalk"

ms) „Tief ist das Meer um Island herum"

mr–ms) Illustrationen zu isländischen Volksmärchen

565	180 (A)	mehrfarbig	mr	1,—	0,80
566	220 (A)	mehrfarbig	ms	1,—	0,80
			Satzpreis (2 W.)	2,—	1,50
			FDC		2,50

Auflage: 1 000 000 Sätze

Gültig bis 30.9.2006

Italien

1981, 4. Mai. Europa: Folklore (I). RaTdr. (10×5); Papier fl.; gez. K 13½:14.

axv) Schachpartie mit lebenden Figuren in Marostica

axw) Pferderennen in Siena

1748	300 (L)	mehrfarbig	axv	1,30	0,60
1749	300 (L)	mehrfarbig	axw	1,30	0,60
			Satzpreis (2 W.)	2,50	1,20
			FDC		3,50

Auflage: 6 000 000 Sätze

Jugoslawien

1981, 5. Mai. Europa: Folklore. RaTdr. (3×3); gez. K 11¾.

bey) Hochzeit in der Herzegowina (Detail)

bez) Hochzeiter

bey–bez) Gemälde von Nikola Arsenović (1823–1885)

1883	8 Din	mehrfarbig	bey	0,40	0,30
1884	13 Din	mehrfarbig	bez	0,40	0,30
			Satzpreis (2 W.)	0,80	0,50
			FDC		1,50
			Kleinbogensatz (2 Klb.)	7,50	7,50

MiNr. 1883 ohne, MiNr. 1884 mit Kontrollnummer auf dem Kleinbogenrand.

Auflagen: MiNr.1883 = 1 200 000, MiNr. 1884 = 990 000 Stück

Liechtenstein

1981, 9. März. Europa: Folklore. RaTdr. (5×4); gez. K 12¼:12½.

abw) Feuerwerk auf Schloss Vaduz am Staatsfeiertag

abx) Festumzug am Staatsfeiertag (15. August)

764	40 (Rp)	mehrfarbig	abw	0,50	0,40
765	80 (Rp)	mehrfarbig	abx	1,—	0,90
			Satzpreis (2 W.)	1,50	1,30
			FDC		3,—
			MK 21		4,50

Auflagen: MiNr. 764 = 2 770 017, MiNr. 765 = 2 670 017 Stück

Gültig bis 31.12.2001

Luxemburg

1981, 4. Mai. Europa: Folklore. RaTdr.; gez. K 13¾.

yd) „Hämmelsmarsch", folkloristischer Umzug an Kirchweih

ye) „Éimaischen", volkstümlicher Krammarkt am Ostermontag

1031	8 Fr	mehrfarbig	yd	1,—	0,40
1032	12 Fr	mehrfarbig	ye	1,—	0,60
			Satzpreis (2 W.)	2,—	1,—
			FDC		2,—

Auflage: 800 000 Sätze

Gültig bis 31.12.2002

Malta

1981, 28. April. Europa: Folklore. Odr. (4×3); Wz. 6; gez. K 14¼:14.

rg) „Tigrija" (Traditionelles Pferderennen)

rh) „Gostra" (Geschicklichkeitsspiel für Jugendliche)

628	8 C	mehrfarbig	rg	0,30	0,30
629	30 C	mehrfarbig	rh	1,20	1,20
			Satzpreis (2 W.)	1,50	1,50
			FDC		2,—
			Kleinbogensatz (2 Klb.)	15,—	15,—

P 20	Sonderpostkarte WIPA '81 mit MiNr. 628–629 als Wertstempel	5,—	5,—

MiNr. 628–629 wurden jeweils im Kleinbogen zu 10 Marken und 2 verschiedenen Zierfeldern (Feld 1 und 2) gedruckt.

Gültig bis 31.7.2002

Monaco

1981, 4. Mai. Europa: Folklore. StTdr. (5×6); gez. K 12¾:13.

apa) Geflochtenes Kreuz mit Buchsbaumzweig

apb) Kinder bei Palmweihe am Palmsonntag

1473	1.40 (Fr) mehrfarbig	apa	1,—	0,50
1474	2.00 (Fr) mehrfarbig	apb	1,50	0,50
		Satzpreis (2 W.)	2,50	1,—
		FDC		3,—

Blockausgabe mit 5 × MiNr. 1473–1474

Block 17	(170×143 mm)	apc	12,—	10,—
		FDC		20,—

Auflagen: MiNr. 1473 = 481 699, MiNr. 1474 = 362 076 Stück, Bl. 17 = 382 314 Blocks

Niederlande

1981, 1. Sept. Europa: Folklore. Odr.; Papier ph.; gez. K 13½:12¾.

ahi) Glockenspiel

ahk) Drehorgel

1186	45 C mehrfarbig	ahi	0,50	0,30
1187	65 C mehrfarbig	ahk	1,50	0,30
		Satzpreis (2 W.)	2,—	0,50
		FDC		1,—

Auflagen: MiNr. 1186 = 10 455 700, MiNr. 1187 = 14 200 000 Stück

Norwegen

1981, 4. Mai. Europa: Folklore. Odr.; Papier ph.; gez. K 13:13¼.

tb) Die Seejungfrau; Rosemaling von Kristen Aanstad (1746–1832)

tc) Der Heiratsantrag; Rosemaling von Olav Hansson (um 1750–um 1820)

836	1.50 (Kr) mehrfarbig	tb	0,50	0,50
837	2.20 (Kr) mehrfarbig	tc	1,—	0,50
		Satzpreis (2 W.)	1,50	1,—
		FDC		2,—

Auflagen: MiNr. 836 = 10 425 000, MiNr. 837 = 2 575 000 Stück

Österreich

1981, 22. Mai. Europa: Folklore. RaTdr. (10×5); gez. K 14¼:13¾.

axo) Maibaum

1671	6 S mehrfarbig	axo	2,—	0,70
		FDC		1,60

Vorlagedruck in Schwarz, mit dem Originaldruckstöckel gedruckt, ☐, auf Erläuterungsblatt geklebt .... 15,—

Auflage: 3 800 000 Stück

Gültig bis 30.6.2002

Portugal

1981, 11. Mai. Europa: Folklore. Odr. (5×10); Papier ph.; gez. K 13½.

aga) Campinotracht, Wandteppich

agb) Fischertracht, Fischerboot, Zierteller

1531	22.00 (E) mehrfarbig	aga	1,—	0,70
1532	48.00 (E) mehrfarbig	agb	2,50	1,80
		Satzpreis (2 W.)	3,50	2,50
		FDC		4,—

Blockausgabe mit 2 × MiNr. 1531–1532

Block 32	(108×110 mm)	agc	10,—	8,—
		FDC		20,—
Block 32 F	Farbe Hellkarminrosa bei MiNr. 1531 fehlend			—,—

Auflagen: MiNr. 1531 = 1 300 000, MiNr. 1532 = 850 000 Stück, Bl. 32 = 475 000 Blocks

Gültig bis 31.8.1989

Portugal – Azoren

1981, 11. Mai. Europa: Folklore. Odr. (5×10); Papier mit vorderseitigem Phosphorstreifen; gez. K 12:11¾.

v) Reiterspiele am Peterstag (29. Juni) in Ribeira Grande

342	22.00 (E) mehrfarbig	v	1,—	1,—
		FDC		1,50

Blockausgabe mit 2 × MiNr. 342

Block 2	(140×115 mm)	w	4,—	2,—
		FDC		15,—

Auflagen: MiNr. 342 = 1 500 000 Stück, Bl. 2 = 750 000 Blocks

Gültig bis 31.8.1989

Portugal – Madeira

1981, 11. Mai. Europa: Folklore. Odr. (5×10); Papier mit vorderseitigem Phosphorstreifen; gez. K 12:11¾.

u) Tanzpaar

70	22.00 (E) mehrfarbig	u	1,50	0,50
		FDC		1,50

Blockausgabe mit 2 × MiNr. 70

Block 2	(140×115 mm)	v	5,50	2,—
		FDC		15,—

Auflagen: MiNr. 70 = 1 500 000 Stück, Bl. 2 = 750 000 Blocks

Gültig bis 31.8.1989

San Marino

1981, 24. März. Europa: Folklore. RaTdr. (10×5); gez. K 12:11¾.

agv) Feuer am Vorabend des St.-Josef-Tags (18. März)

agw) Feuerwerk am Nationalfeiertag (3. September)

1225	200 (L) mehrfarbig	agv	2,—	0,50
1226	300 (L) mehrfarbig	agw	2,—	0,50
		Satzpreis (2 W.)	4,—	1,—
		FDC		1,50

Auflage: 750 000 Sätze

Schweden

1981, 28. April. Europa: Folklore. StTdr.; senkrecht gez. 12¾.

aee) Troll

aef) Waldfrau

1141	1.50 (Kr)	schwarzblau/lilarot	aee	0,50	0,30
1142	2 Kr	schwarzblaugrün/ lebhaftrot	aef	1,—	0,30
		Satzpreis (2 W.)		1,50	0,50
		FDC			1,50

Auflagen: MiNr. 1141 = 12 340 000, MiNr. 1142 = 6 516 000 Stück

Schweiz

1981, 4. Mai. Europa: Folklore. RaTdr. (10×5); Papier ph.; gez. K 11½.

aoo) Tanzpaar

aop) Steinstoßer

1197	40 (C)	mehrfarbig	aoo	0,80	0,40
1198	80 (C)	mehrfarbig	aop	2,—	1,20
		Satzpreis (2 W.)		2,80	1,60
		FDC			2,20

Auflagen: MiNr. 1197 = 33 792 000, MiNr. 1198 = 9 088 000 Stück

Spanien

1981, 4. Mai. Europa: Folklore. StTdr.; gez. K 13½:13.

bsv) Volkstanz „La Jota"; Pilar-Basilika, Saragossa

bsw) Wallfahrt zum Fest der „Virgen del Rocío"

2498	12 Pta	braunschwarz/ dunkelrotbraun	bsv	0,40	0,30
2499	30 Pta	lebhaftviolett/blauviolett	bsw	0,60	0,30
		Satzpreis (2 W.)		1,—	0,50
		FDC			1,20

Auflagen: MiNr. 2498 = 12 000 000, MiNr. 2499 = 8 000 000 Stück

Gültig bis 28.2.2002

Türkei

1981, 4. Mai. Europa: Folklore. Odr.; gez. K 13.

bba) Volkstanzgruppe aus Antalya

bbb) Folkloregruppe aus Burdur

2546	35 L	mehrfarbig	bba	1,—	1,—
2547	70 L	mehrfarbig	bbb	3,—	1,—
		Satzpreis (2 W.)		4,—	2,—
		FDC			5,—

Auflage: 650 000 Sätze

Türkisch-Zypern*

1981, 29. Juni. Europa: Folklore. Odr.; gez. K 12¾:13.

cm

cn

cm–cn) Verschiedene Volkstänze

98	10 L	mehrfarbig	cm	2,—	0,30
99	30 L	mehrfarbig	cn	3,—	1,30
		Satzpreis (2 W.)		5,—	1,50
		FDC			2,50

Auflage: 400 000 Sätze

Zypern

1981, 4. Mai. Europa: Folklore. RaTdr. (4×5); gez. K 14½.

pr

ps

pr–ps) Zypriotische Volkstänze

547	40 (M)	mehrfarbig	pr	0,30	0,30
548	175 (M)	mehrfarbig	ps	0,80	0,80
		Satzpreis (2 W.)		1,—	1,—
		FDC			1,50

1982

Andorra (Französische Post)

1982, 8. Mai. Europa: Historische Ereignisse. StTdr. (5×5); gez. K 13.

fe) Erste Verfassung (1981): Papierrolle, Siegel

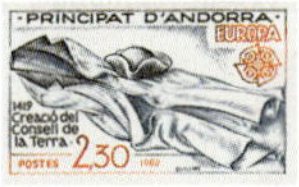

ff) Bildung des Staatsrats (1419): Amtstracht

321	1.60 (Fr)	mehrfarbig	fe	1,50	1,—
322	2.30 (Fr)	mehrfarbig	ff	2,—	1,50
		Satzpreis (2 W.)		3,50	2,50
		FDC			2,50

Auflagen: MiNr. 321 = 1 000 000, MiNr. 322 = 800 000 Stück

Andorra (Spanische Post)

1982, 12. Mai. Europa: Historische Ereignisse. RaTdr. (6×4, Querformat ~); gez. K 13:13¼, Querformat ~.

dh) Reform von 1866: Dokumente

di) Erste Verfassung (1981): Schriftstück, Landesflagge

153	14 Pta	mehrfarbig	dh	0,50	0,50
154	33 Pta	mehrfarbig	di	1,—	1,—
		Satzpreis (2 W.)		1,50	1,50
		FDC			2,50

Auflage: 1 000 000 Sätze

Gültig bis 28.2.2002

Belgien

1982, 1. Mai. Europa: Historische Ereignisse. Komb. StTdr. und RaTdr. (5×6); Papier ph.; gez. K 11½.

bmi) Hand kreuzt Stimmzettel an (Einführung des allgemeinen Wahlrechts, 1921)

bmk) Kaiser Joseph II. (1741–1790) (Toleranzedikt, 1781)

2100	10 Fr	mehrfarbig	bmi		0,50	0,20
2101	17 Fr	mehrfarbig	bmk		1,50	0,50
			Satzpreis (2 W.)		2,—	0,70
			FDC			3,50

Gedenkblatt der belgischen Post mit MiNr. 2100–2101 □ (nicht frankaturgültig) . . . . 100,—

Auflagen: MiNr. 2100 = 10 000 000, MiNr. 2101 = 3 000 000 Stück

Dänemark

1982, 3. Mai. Europa: Historische Ereignisse. StTdr., Bogen (B) (5×10) und Markenheftchen (MH) (5×2); Papier fl.; gez. K 12¾.

oz) Fronbauer (Aufhebung der Ortsuntertänigkeit, 1788)

pa) Demonstration (Einführung des Frauenwahlrechts, 1915)

749	2.00 (Kr)	braunkarmin (B) (MH)	oz	0,50	0,50
750	2.70 (Kr)	dunkelblau (B)	pa	1,50	0,50
			Satzpreis (2 W.)	2,—	1,—
			FDC		2,—
			Markenheftchen	8,—	

Auflage:MiNr. 749 = 33 400 000, MiNr. 750 = 9 852 500 Stück

Dänemark – Färöer

1982, 15. März. Europa: Historische Ereignisse. StTdr. (4×5); gez. K 13¾.

bi) Landkarte mit Wikingerzügen (800)

bk) Wikingerhaus (800–1050)

70	1.50 Kr	blau	bi	0,50	0,50
71	2.00 Kr	schwarz	bk	0,50	0,50
			Satzpreis (2 W.)	1,—	1,—
			FDC		1,50

Ungezähnte Marken entstammen gestohlener Makulatur.

Auflagen: MiNr. 70 = 2 079 100, MiNr. 71 = 2 135 100 Stück

Deutschland

1982, 5. Mai. Europa: Historische Ereignisse. Odr. (5×10); Papier fl.; gez. K 14.

aov) Zug auf das Schloss Hambach (150 Jahre Hambacher Fest)

aow) Vertragstext (Auszug) (25 Jahre Römische Verträge)

1130	50 (Pf)	mehrfarbig	aov	1,30	0,30
1131	60 (Pf)	mehrfarbig	aow	1,70	0,30
			Satzpreis (2 W.)	3,—	0,60
			FDC		2,50
			ETB 9/1982		0,40

P So 7 Sonderpostkarte NAJUBRIA ’83 mit MiNr. 1131 als Wertstempel 1,50 1,50

Auflagen: MiNr. 1130 = 102 126 000, MiNr. 1131 = 144 436 000 Stück, davon jeweils 571 000 auf ETB

Gültig bis 30.6.2002

Finnland

1982, 29. April. Europa: Historische Ereignisse. Odr.; Papier ph.; MiNr. 899 gez. K 13:12¾, MiNr. 900 gez. K 12½.

aak) Entstehung der finnischen Schriftsprache: Mikael Agricola (um 1509–1557), Theologe und Reformator; erstes Buch in finnischer Sprache (1543)

aal) Festzug bei der Eröffnungsfeier der Akademie Turku (1640); Gemälde von Albert Edelfelt (1854–1905)

899	1.20 (M)	mehrfarbig	aak	1,50	0,50
900	1.50 (M)	mehrfarbig	aal	2,—	0,70
			Satzpreis (2 W.)	3,50	1,20
			FDC		2,50

Auflagen: MiNr. 899 = 7 000 000, MiNr. 900 = 4 000 000 Stück

Gültig bis 31.12.2011

Frankreich

1982, 24. April. Europa: Historische Ereignisse. StTdr.; gez. K 13.

byh) Siegel, Landkarte (Unterzeichnung der Römischen Verträge, 1957)

byi) Siegel von König Karl dem Kahlen (Vertrag von Verdun, 843)

2329	1.60 (Fr)	dunkelblau	byh	1,20	0,40
2330	2.30 (Fr)	mehrfarbig	byi	2,—	0,80
			Satzpreis (2 W.)	3,20	1,20
			FDC		2,60
			ETB		10,—

Auflagen: MiNr. 2329 = 12 000 000, MiNr. 2330 = 8 000 000 Stück

Gibraltar*

1982, 11. Juni. Europa: Historische Ereignisse. Odr. (2×5); Wz. 5; gez. K 14¼:14.

ns) Flugplatz von Gibraltar mit Militärflugzeugen

nt) General Dwight Eisenhower und General Henri Giraud

ns–nt) Operation Torch (1943)

451	14 P	mehrfarbig	ns	0,50	0,50
452	17 P	mehrfarbig	nt	0,50	0,50
			Satzpreis (2 W.)	1,—	1,—
			FDC		2,—
			Kleinbogensatz (2 Klb.)	10,—	10,—

Griechenland

1982, 10. Mai. Europa: Historische Ereignisse. Odr.; gez. K 13½:14.

ari) Schlacht bei Marathon (490 v. Chr.)

ark) Ausfall aus Mesolongion (1826)

1481	21 (Dr)	mehrfarbig .... ari		0,50	0,50
1482	30 (Dr)	mehrfarbig .... ark		1,50	1,—
		Satzpreis (2 W.)		2,—	1,50
		FDC			2,50

Auflagen: MiNr. 1481 = 3 200 000, MiNr. 1482 = 831 949 Stück

Gültig bis 31.12.2002

Großbritannien

1982, 28. April. Europa: Historische Ereignisse. RaTdr. (5×10 + 5×10); Papier ph.; gez. K 14¼:15.

abn) 250 Jahre Covent-Garden-Oper: Ballerina

abo) Lincoln's-Inn-Field-Theater: Harlekin

abp) Royal Shakespeare Company: Schauspieler

abr) 250. Todestag von John Gay: Opernsängerin

914	15½ P	mehrfarbig .... abn	1,—	0,50
915	19½ P	mehrfarbig .... abo	1,20	0,80
916	26 P	mehrfarbig .... abp	1,30	1,—
917	29 P	mehrfarbig .... abr	1,50	1,20
		Satzpreis (4 W.)	5,—	3,50
		FDC		4,—

Zwischenstegpaare:

914 ZW–917 ZW	.... 4 Paare	11,—	11,—

Auflagen: MiNr. 914 = 41 492 200, MiNr. 915 = 9 222 900, MiNr. 916 = 8 740 000, MiNr. 917 = 7 811 800 Stück

Großbritannien – Guernsey

1982, 28. April. Europa: Historische Ereignisse. RaTdr. (5×4); Faserpapier; gez. K 11½.

ih) Schlacht von Hastings (1066): Flotte von Herzog Wilhelm dem Eroberer

ii) Fregatte HMS „Crescent" (1794) von Admiral Lord James de Saumarez

246	13 P	mehrfarbig .... ih	0,40	0,40
247	20 P	mehrfarbig ii	0,70	0,70
		Satzpreis (2 W.)	1,10	1,10
		FDC		2,—

MiNr. 246–247 stammen aus dem Satz MiNr. 245–250.

Auflagen: MiNr. 246 = 2 820 311, MiNr. 247 = 1 491 351 Stück

Großbritannien – Isle of Man

1982, 1. Juni. Europa: Historische Ereignisse. RaTdr. (3×4 + 3×4); Faserpapier; gez. K 12¼:12½.

hr) Druck des ersten Buches in Manx (1707) durch Bischof Thomas Wilson (1663–1755)

hs) Thomas Stanley (1477–1521), 2. Earl of Derby; Besuch der Isle of Man (1507)

213	9 P	mehrfarbig .... hr	0,30	0,30
214	19½ P	mehrfarbig .... hs	0,70	0,70
		Satzpreis (2 W.)	1,—	1,—
		FDC		1,50

Zwischenstegpaare:

213 ZW–214 ZW	.... 2 Paare	2,60	2,60
P 1	Sonderpostkarte zur Ganzsachenausstellung in San Marino mit MiNr. 214 als Wertstempel	3,50	3,50

Auflagen: MiNr. 213 = 1 120 457, MiNr. 214 = 1 129 315 Stück

Großbritannien – Jersey

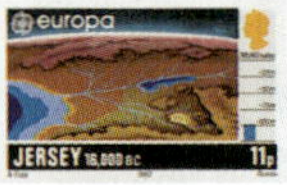

1982, 20. April. Europa: Historische Ereignisse. Odr. (4×5, Hochformat ~); gez. K 14¾.

ki

kk

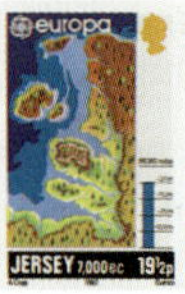

kl

km

ki–km Erdgeschichtliche Entwicklung der Insel Jersey zwischen 16 000 bis 4000 v. Chr.

278	11 P	mehrfarbig .... ki	0,40	0,40
279	11 P	mehrfarbig .... kk	0,40	0,40
280	19½ P	mehrfarbig .... kl	0,60	0,60
281	19½ P	mehrfarbig .... km	0,60	0,60
		Satzpreis (4 W.)	2,—	2,—
		FDC		2,50

Auflagen: MiNr. 278–279 zusammen 3 414 424, MiNr. 280–281 zusammen 2 307 769 Stück

Irland

1982, 4. Mai. Europa: Historische Ereignisse. Odr.; gez. K 14¼:15, Querformat ~.

in) Die große Hungersnot (1845–1850): Familie bei Kartoffelernte

io) Einführung des Christentums in Irland (5. Jh.): Hl. Patrick bereitet Osterfeuer vor (Fresko)

466	26 (P)	weißorangegelb/dunkellilabraun . in	2,—	1,50
467	29 (P)	mehrfarbig .... io	4,50	4,—
		Satzpreis (2 W.)	6,50	5,50
		FDC		8,—

Zwischenstegpaare:

466 ZW–467 ZW	.... 2 Paare	*60,—*	—,—

Auflagen: MiNr. 466 = 2 000 000, MiNr. 467 = 1 000 000 Stück

Gültig bis 31.12.2002

Island

1982, 3. Mai. Europa: Historische Ereignisse. RaTdr.; gez. K 11¾.

ne) Besiedlung Islands (874): Ingólfur Arnarson, Segelschiff

nf) Entdeckung Nordamerikas (1000): Leif Eriksson, Segelschiff

578	350 (A)	mehrfarbig	ne	2,50	0,80
579	450 (A)	mehrfarbig	nf	3,50	1,20
			Satzpreis (2 W.)	6,—	2,—
			FDC		3,—

Auflage: 1 000 000 Sätze

Gültig bis 30.9.2006

Italien

1982, 3. Mai. Europa: Historische Ereignisse. Komb. StTdr. und Odr. (10×5); Papier fl.; gez. K 13¼:14.

azx) Kaiserkrönung Karls des Großen in Rom (800); Freskendetail von Raffael (1483–1520)

azy) Unterzeichnung der Römischen Verträge (1957): Europaflagge mit Unterschriften

1798	200 (L)	mehrfarbig	azx	0,80	0,70
1799	450 (L)	mehrfarbig	azy	1,20	0,80
			Satzpreis (2 W.)	2,—	1,50
			FDC		2,50

Auflage: 5 000 000 Sätze

Jugoslawien

1982, 5. Mai. Europa: Historische Ereignisse. RaTdr. (3×3); gez. K 11¾.

bgi) Kapitän Ivo Visin (1806–1868); Seekarte

bgk) Segelschiff „Splendido“

1919	8 Din	mehrfarbig	bgi	0,50	0,50
1920	15 Din	mehrfarbig	bgk	0,50	0,50
			Satzpreis (2 W.)	1,—	1,—
			FDC		2,50
			Kleinbogensatz (2 Klb.)	10,—	10,—

MiNr. 1919 ohne, MiNr. 1920 mit Kontrollnummer auf dem Kleinbogenrand.

Auflage: 860 000 Sätze

Liechtenstein

1982, 8. März. Europa: Historische Ereignisse. RaTdr. (5×4); gez. K 11¾:11½.

ada) Bauern mit Anführer Jörg Pargant (Erhebung der Bauern, 1525)

adb) Graf Hartmann und Graf Heinrich bei König Wenzeslaus (Reichsunmittelbarkeit, 1396)

791	40 (Rp)	mehrfarbig	ada	0,50	0,40
792	80 (Rp)	mehrfarbig	adb	1,10	0,90
			Satzpreis (2 W.)	1,60	1,30
			FDC		2,—
			MK 29		3,50

Auflagen: MiNr. 791 = 2 551 114, MiNr. 792 = 2 426 474 Stück

Gültig bis 31.12.2001

Luxemburg

1982, 4. Mai. Europa: Historische Ereignisse. RaTdr.; gez. K 11¾.

yz) Londoner Vertrag (1867)

za) Pariser Vertrag (1951)

1052	8 Fr	mehrfarbig	yz	1,—	0,30
1053	16 Fr	mehrfarbig	za	2,—	0,70
			Satzpreis (2 W.)	3,—	1,—
			FDC		2,—

Auflage: 800 000 Sätze

Gültig bis 31.12.2002

Malta

1982, 29. April. Europa: Historische Ereignisse. Odr. (3×4); Wz. 6; gez. K 14¼:14.

so) Auslösung Maltas aus der Pfandschaft der Vizekönige von Sizilien (1428)

sp) Rückgabe Maltas an den Johanniterorden durch Vertrag von Amiens (1802)

661	8 C	mehrfarbig	so	0,50	0,50
662	30 C	mehrfarbig	sp	1,50	1,50
			Satzpreis (2 W.)	2,—	2,—
			FDC		3,—
			Kleinbogensatz (2 Klb.)	20,—	20,—

P 21	Sonderpostkarte PHILEX FRANCE mit MiNr. 661–662 als Wertstempel	5,—	5,—

MiNr. 661–662 wurden jeweils im Kleinbogen zu 10 Marken und 2 verschiedenen Zierfeldern (Feld 1 und 4) gedruckt.

Gültig bis 31.7.2002

Monaco

1982, 3. Mai. Europa: Historische Ereignisse. StTdr. (5×6); gez. K 12¾:13.

asa) Eroberung der Festung von Monaco durch die Grimaldi, verkleidet als Franziskanermönche (1297)

asb) Unterzeichnung des Vertrags von Péronne durch König Louis XIII. und Fürst Honoré II. (1641)

1526	1.60 (Fr)	mehrfarbig	asa	1,—	0,80
1527	2.30 (Fr)	mehrfarbig	asb	1,50	1,20
			Satzpreis (2 W.)	2,50	2,—
			FDC		2,50

Blockausgabe mit 5 × MiNr. 1526–1527

Block 19	(174×143 mm)	asc	12,—	10,—
		FDC		22,—

Auflagen: MiNr. 1526 = 301 601, MiNr. 1527 = 307 615 Stück, Bl. 19 = 308 937 Blocks

Niederlande

1982, 16. Sept. Europa: Historische Ereignisse. Odr.; Papier ph.; gez. K 12¾:13¼.

aih) Grundriss der Verteidigungsanlagen von Enkhuizen

aii) Grundriss der Verteidigungsanlagen von Coevorden

1219	50 C	mehrfarbig	aih	1,—	0,30
1220	70 C	mehrfarbig	aii	1,—	0,30
			Satzpreis (2 W.)	2,—	0,50
			FDC		1,50

Auflagen: MiNr. 1219 = 14 233 300, MiNr. 1220 = 14 610 200 Stück

Norwegen

1982, 3. Mai. Europa: Historische Ereignisse. StTdr.; Papier ph.; gez. K 13:13¼.

ug) Ankunft des neugewählten Königs Haakon VII. (1905)

uh) Kronprinz Olaf empfängt König Haakon VII. (1945)

865	2.00 (Kr)	bräunlichkarmin	ug	0,50	0,50
866	3.00 (Kr)	schwarzblau	uh	1,50	0,50
			Satzpreis (2 W.)	2,—	1,—
			FDC		2,50

Auflagen: MiNr. 865 = 9 070 750, MiNr. 866 = 3 970 750 Stück

Österreich

1982, 30. Juli. Europa: Historische Ereignisse. StTdr. (5×10); gez. K 13½:13¾.

azh) Erste Pferdeeisenbahn Linz–Freistadt–Budweis (1832)

1713	6 S	schwärzlichrötlichbraun	azh	2,—	0,70
			FDC		1,80

Vorlagedruck in Schwarz, mit dem Originaldruckstöckel gedruckt, □, auf Erläuterungsblatt geklebt .... 15,—

Auflage: 3 850 000 Stück

Gültig bis 30.6.2002

Portugal

1982, 3. Mai. Europa: Historische Ereignisse. Odr. (5×10); Papier ph.; gez. K 12:11¾.

ahn) Botschaft König Manuels I. an Papst Leo X. (1514)

1564	33.50 (E)	mehrfarbig	ahn	2,50	1,—
			FDC		1,80

Blockausgabe mit 4 × MiNr. 1564

Block 35	(140×115 mm)	aho	9,—	9,—
		FDC		20,—

Auflagen: MiNr. 1564 = 1 000 000 Stück, Bl. 35 = 350 000 Blocks

Gültig bis 31.8.1989

Portugal – Azoren

1982, 3. Mai. Europa: Historische Ereignisse. Odr. (5×10); Papier mit vorderseitigem Phosphorstreifen; gez. K 12:11¾.

ah) Einschiffung der Helden von Mindelo (1832)

353	33.50 (E)	mehrfarbig	ah	2,—	1,—
			FDC		2,—

Blockausgabe mit 3 × MiNr. 353

Block 3	(140×115 mm)	ai	6,—	6,—
		FDC		15,—
Block 3 F	Blockrandbeschriftung fehlend		—,—	

Auflagen: MiNr. 353 = 1 200 000 Stück, Bl. 3 = 550 000 Blocks

Gültig bis 31.8.1989

Portugal – Madeira

1982, 3. Mai. Europa: Historische Ereignisse. Odr. (5×10); Papier mit vorderseitigem Phosphorstreifen; gez. K 12:11¾.

ac) Erste Zuckermühle auf Madeira (15. Jh.)

77	33.50 (E)	mehrfarbig	ac	2,—	1,—
			FDC		2,—

Blockausgabe mit 3 × MiNr. 77

Block 3	(140×115 mm)	ad	7,—	7,—
		FDC		15,—

Auflagen: MiNr. 77 = 1 200 000 Stück, Bl. 3 = 550 000 Blocks

Gültig bis 31.8.1989

San Marino

1982, 21. April. Europa: Historische Ereignisse. RaTdr. (8×5); gez. K 11½:11¾.

aht) Versammlung der Familienoberhäupter (1906)

ahu) Napoleon besucht San Marino (1797)

1249	300 (L)	mehrfarbig	aht	2,—	0,80
1250	450 (L)	mehrfarbig	ahu	3,—	1,20
			Satzpreis (2 W.)	5,—	2,—
			FDC		3,—

Auflage: 750 000 Sätze

Schweden

1982, 26. April. Europa: Historische Ereignisse. StTdr.; A = senkrecht, D = dreiseitig gez. 12¾.

agb) Flurbereinigung (19. Jh.)

agc) Anders Celsius (1701–1744), Astronom

1187 A	1.65 (Kr) schwarz/schwarzoliv . . agb		1,—	0,50
1188	2.40 (Kr) schwarzblaugrün . . . . . agc			
Dl	dreiseitig gez. (▭)		1,50	1,—
Dr	dreiseitig gez. (▭)		1,50	1,—
		Satzpreis (3 W.)	4,—	2,50
		FDC		3,50
	Markenheftchen mit 6 × MiNr. 1188 D		8,—	
Paar: 1188 Dl/Dr	. . . .		3,—	3,—

Auflagen: MiNr. 1187 = 21 600 000, MiNr. 1188 = 12 500 000 Stück

Schweiz

1982, 3. Mai. Europa: Historische Ereignisse. RaTdr. (5×10); Papier ph.; gez. K 11¾.

apo) Rütlischwur (Fresko)

app) Bundesbrief

1221	40 (C) mehrfarbig . . . . apo		1,—	0,40
1222	80 (C) mehrfarbig . . . . app		2,—	1,40
		Satzpreis (2 W.)	3,—	1,80
		FDC		2,20

Auflagen: MiNr. 1221 = 36 352 000, MiNr. 1222 = 9 527 000 Stück

Spanien

1982, 3. Mai. Europa: Historische Ereignisse. StTdr.; gez. K 12¾.

buo) Wappen, Münzen (Vereinigung der spanischen Königreiche, 1512)

bup) Segelschiff „Santa Maria", Landkarte (Entdeckung von Amerika, 1492)

2545	14 Pta mehrfarbig . . . . buo		0,40	0,30
2546	33 Pta mehrfarbig . . . . bup		0,60	0,50
		Satzpreis (2 W.)	1,—	0,80
		FDC		1,20

Auflagen: MiNr. 2545 = 10 000 000, MiNr. 2546 = 8 000 000 Stück

Gültig bis 28.2.2002

Türkei

1982, 26. April. Blockausgabe: Europa – Historische Ereignisse. Odr.; gez. K 13:13¼.

bcs) Sultanhan-Karawanserei

bct) Historische Seidenstraße

bcu

2600	30 L mehrfarbig . . . . bcs		1,—	0,80
2601	70 L mehrfarbig . . . . bct		1,50	1,20
Block 21	mit 2 × MiNr. 2600–2601 (78×80 mm) . . . . bcu		5,50	4,—
		FDC		6,—

Auflage: 704 400 Blocks

Türkisch-Zypern*

1982, 30. Juli. Blockausgabe: Europa – Historische Ereignisse. Odr.; gez. K 12¾.

de) Toleranzedikt von Sultan Abdülaziz (1865)

df) Landung der osmanischen Truppen in Larnaka (1571)

dg

de–df) Eroberung Zyperns durch die Osmanen

114	30 L mehrfarbig . . . . de		0,50	0,50
115	70 L mehrfarbig . . . . df		1,—	1,—
Block 3	mit 2 × MiNr. 114–115 (85×125 mm) . . . . dg		4,—	4,—
		FDC		6,—

Auflage: 400 000 Blocks

Zypern

1982, 3. Mai. Europa: Historische Ereignisse. RaTdr. (5×4); gez. K 12½.

rl) Befreiung Zyperns durch Kaiser Nikephoros II. Phokas (965)

rm) Übertritt des römischen Prokonsuls Sergius Paulus zum Christentum (45)

566	40 (M) mehrfarbig . . . . rl		0,30	0,30
567	175 (M) mehrfarbig . . . . rm		0,80	0,80
		Satzpreis (2 W.)	1,—	1,—
		FDC		1,50

Auflage: 1 500 000 Sätze

1983

Andorra (Französische Post)

1983, 7. Mai. Europa: Große Werke des menschlichen Geistes. StTdr. (5×5); gez. K 13.

fu) Käserei

fv) Schmiede

334	1.80 (Fr) mehrfarbig . . . . fu		1,50	1,—
335	2.60 (Fr) mehrfarbig . . . . fv		1,50	1,50
		Satzpreis (2 W.)	3,—	2,50
		FDC		3,—

Auflagen: MiNr. 334 = 1 000 000, MiNr. 335 = 800 000 Stück

Andorra (Spanische Post)

1983, 7. Juni. Europa: Große Werke des menschlichen Geistes. RaTdr. (4×6); gez. K 13¼.

dt) Kirche von La Cortinada, Architekt mit Plan (12. Jh.)

du) Wassermühle, Konstruktionszeichnung (16. Jh.)

165	16 Pta mehrfarbig	dt	0,50	0,30
166	38 Pta mehrfarbig	du	1,50	1,20
		Satzpreis (2 W.)	2,—	1,50
		FDC		3,—

Auflage: 1 100 000 Sätze

Gültig bis 28.2.2002

Belgien

1983, 14. Mai. Europa: Große Werke des menschlichen Geistes. RaTdr. (5×5); Papier ph.; gez. K 11½.

bob) Der Mann von der Straße (Buchdruck)

boc) Nachtzüge (Eisenbahn)

bob–boc) Gemälde von Paul Delvaux (1897–1994)

2144	11 Fr mehrfarbig	bob	1,50	0,30
2145	20 Fr mehrfarbig	boc	2,50	0,70
		Satzpreis (2 W.)	4,—	1,—
		FDC		4,—

Gedenkblatt der belgischen Post mit MiNr. 2144–2145 □ (nicht frankaturgültig) .... 110,—

Auflagen: MiNr. 2144 = 10 000 000, MiNr. 2145 = 3 000 000 Stück

Dänemark

1983, 5. Mai. Europa: Große Werke des menschlichen Geistes. StTdr. (10×5); Papier fl.; gez. K 12¾.

ps) Kildeskovshallen, Gentofte

pt) Sallingsund-Brücke

781	2.50 (Kr) siena/braunkarmin	ps	0,50	0,30
782	3.50 (Kr) lebhaftgrünlichblau/schwarzblau	pt	1,50	0,80
		Satzpreis (2 W.)	2,—	1,—
		FDC		2,50

Auflagen: MiNr. 781 = 15 000 000, MiNr. 782 = 7 000 000 Stück

Dänemark – Färöer

1983, 6. Juni. Europa: Große Werke des menschlichen Geistes. StTdr. (4×5); gez. K 12½:11¾.

by) Nils Ryberg Finsen (1860–1904), Mediziner, Nobelpreis 1903

bz) Alexander Fleming (1881–1955), britischer Bakteriologe, Nobelpreis 1945

84	250 (Ø) dunkelviolettblau	by	0,50	0,50
85	400 (Ø) schwarzlilapurpur	bz	1,—	1,—
		Satzpreis (2 W.)	1,50	1,50
		FDC		2,50

Auflagen: MiNr. 84 = 2 374 440, MiNr. 85 = 2 369 460 Stück

Deutschland

1983, 5. Mai. Europa: Große Werke des menschlichen Geistes. Odr. (5×10); Papier fl.; gez. K 14.

arr) Moderne Schrifttype „A“, historische Gutenberglettern: Erfindung der Buchdruckerkunst durch Johannes Gutenberg (um 1397–1468)

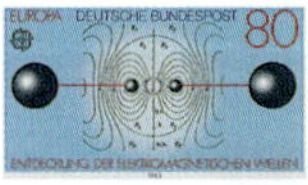

ars) Schwingungskreis (Hertzscher Dipol), elektrische Feldlinien: Entdeckung der elektromagnetischen Wellen durch Heinrich Hertz (1857–1894), Physiker

1175	60 (Pf) mehrfarbig	arr	2,50	0,50
1176	80 (Pf) mehrfarbig	ars	1,50	0,50
		Satzpreis (2 W.)	4,—	1,—
		FDC		2,50
		ETB 8/1983		0,70

P So 8 Sonderpostkarte LYMPURGA ’83 mit MiNr. 1175 als Wertstempel .... 1,50 2,—

Auflagen: MiNr. 1175 = 80 151 000, MiNr. 1176 = 110 351 000 Stück, davon jeweils 571 000 auf ETB

Gültig bis 30.6.2002

Finnland

1983, 2. Mai. Europa: Große Werke des menschlichen Geistes. Odr.; Papier ph.; gez. K 12¾:13.

abm) Schwebeschmelzverfahren für Kupfer

abn) Kirche am Tempelplatz, Helsinki

926	1.30 (M) mehrfarbig	abm	2,50	0,50
927	1.70 (M) mehrfarbig	abn	3,50	1,—
		Satzpreis (2 W.)	6,—	1,50
		FDC		2,—

Auflage: MiNr. 926 = 8 000 000, MiNr. 927 = 4 000 000 Stück

Gültig bis 31.12.2011

Frankreich

1983, 29. April. Europa: Große Werke des menschlichen Geistes. StTdr.; gez. K 13.

cat) Fotografie (Blende)

cau) Film (Lichtkegel)

2396	1.80 (Fr) lilabraun/rotbraun	cat	2,—	2,—
2397	2.60 (Fr) lilabraun/rotbraun	cau	2,50	2,—
		Satzpreis (2 W.)	4,50	4,—
		FDC		8,50
		ETB		10,—

Auflagen: MiNr. 2396 = 12 000 000, MiNr. 2397 = 8 000 000 Stück, davon 43 500 auf ETB

Gibraltar*

1983, 21. Mai. Europa: Große Werke des menschlichen Geistes. Odr. (2×5); Wz. 5; gez. K 14:13½.

oe) St. George's Hall, Befestigungsanlagen im Felsen von Gibraltar (1779–1783)

of) Regenwasser-Auffangfläche am Felsen von Gibraltar (19. Jh.)

463	16 P orangebraun/schwarz	oe	0,40	0,40
464	19 P cyanblau/schwarz	of	0,60	0,60
	Satzpreis (2 W.)		1,—	1,—
	FDC			2,—
	Kleinbogensatz (2 Klb.)		11,—	11,—

Griechenland

1983, 28. April. Europa: Große Werke des menschlichen Geistes. Odr.; MiNr. 1513 gez. K 12¼:14, MiNr. 1514 gez. K 13:14.

asu) Akropolis von Athen

asv) Archimedes (287–212 v. Chr.), Mathematiker und Physiker

1513	25 (Dr) mehrfarbig	asu	1,—	0,50
1514	80 (Dr) mehrfarbig	asv	3,—	1,50
	Satzpreis (2 W.)		4,—	2,—
	FDC			3,50

Auflagen: MiNr. 1513 = 2 200 000, MiNr. 1514 = 839 500 Stück

Gültig bis 31.12.2002

Großbritannien

1983, 25. Mai. Europa: Große Werke des menschlichen Geistes. RaTdr. (10×5 + 10×5); Papier ph.; gez. K 14¾:14¼.

acw) Brücke über den Humber

acx) Themse-Flutbarriere, Woolwich

acy) Löschinsel „lolair“, Nordsee

953	16 P mehrfarbig	acw	0,50	0,50
954	20½ P mehrfarbig	acx	2,—	1,50
955	28 P mehrfarbig	acy	2,50	1,50
	Satzpreis (3 W.)		5,—	3,50
	FDC			4,—

Zwischenstegpaare:

953 ZW–955 ZW	3 Paare	11,—	7,50

Auflagen: MiNr. 953 = 39 498 300, MiNr. 954 = 8 365 000, MiNr. 955 = 7 988 900 Stück

Großbritannien – Guernsey

1983, 14. März. Europa: Große Werke des menschlichen Geistes. RaTdr. (2×5 Zd); Faserpapier; gez. K 11¼:11½.

kc) Bau des Südkais von St. Peter Port (ca. 1850–1860)

kd) Ansicht des Hafens von St. Peter Port (um 1980)

ke) Ansicht der Küste bei St. Peter Port (1680)

kf) Plan der Hafenanlage für 1987

265	13 P mehrfarbig	kc	0,50	0,50
266	13 P mehrfarbig	kd	0,50	0,50
267	20 P mehrfarbig	ke	0,70	0,70
268	20 P mehrfarbig	kf	0,70	0,70
	Satzpreis (2 Paare)		2,50	2,50
	FDC			3,50

Nominalgleiche Marken wurden zusammenhängend gedruckt.

Auflagen: MiNr. 265–266 je 942 357, MiNr. 267–268 je 838 125 Stück

Großbritannien – Isle of Man

1983, 18. Mai. Europa: Große Werke des menschlichen Geistes. Odr. (2×3 + 2×3); gez. K 14¼.

iv) Konstruktionszeichnungen für das Wasserrad der Laxey-Erzmine

iw) Robert Casement (1815–1891), Ingenieur; Wasserrad (1854)

240	10 P mehrfarbig	iv	0,40	0,40
241	20½ P mehrfarbig	iw	0,80	0,80
	Satzpreis (2 W.)		1,20	1,20
	FDC			2,—

Zwischenstegpaare:

240 ZW–241 ZW	2 Paare	2,50	2,50
P 2	Sonderpostkarte TEMBAL '83 mit MiNr. 241 als Wertstempel	2,50	2,50

Auflagen: MiNr. 240 = 653 743, MiNr. 241 = 686 084 Stück

Großbritannien – Jersey

1983, 19. April. Europa: Große Werke des menschlichen Geistes. Odr. (2×5 Zd); gez. K 14¾.

lf) Marke Jersey MiNr. 19

lg) Zepter von König Karl II.

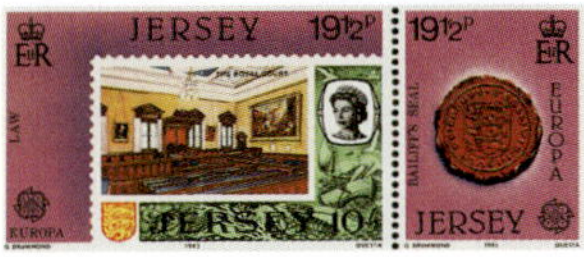

lh) Marke Jersey MiNr. 20 F

li) Gouverneurssiegel

299	11 P mehrfarbig	lf	0,50	0,50
300	11 P mehrfarbig	lg	0,50	0,50
301	19½ P mehrfarbig	lh	0,70	0,70
302	19½ P mehrfarbig	li	0,70	0,70
	Satzpreis (2 Paare)		2,50	2,50
	FDC			3,50

Nominalgleiche Marken wurden waagerecht zusammenhängend gedruckt.

Auflagen: MiNr. 299–300 zusammen 2 973 691, MiNr. 301–302 zusammen 1 301 579 Stück

Irland

1983, 4. Mai. Europa: Große Werke des menschlichen Geistes. Odr.; gez. K 15:14¼.

ku) Zeichnung neolithischer Muster aus der Grabanlage in Newgrange (3000 v. Chr.)

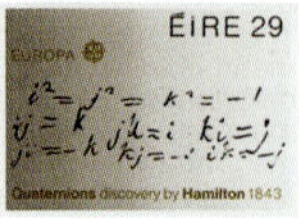

kv) Formeln für die Multiplikation von Quaternionen von William Rowan Hamilton (1805–1865)

508	26 (P)	schwarzgrau/gold	ku	2,—	3,—
509	29 (P)	mehrfarbig	kv	13,—	9,—
		Satzpreis (2 W.)		15,—	12,—
		FDC			14,—

MiNr. 508 ist wasserempfindlich.

Auflagen: MiNr. 508 = 2 000 000, MiNr. 509 = 1 000 000 Stück

Gültig bis 31.12.2002

Island

1983, 5. Mai. Europa: Große Werke des menschlichen Geistes. RaTdr.; gez. K 11¾.

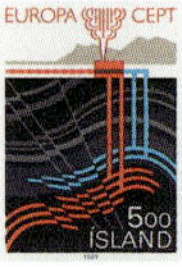

ob

oc

ob–oc) Nutzbarmachung der Erdwärme

598	5.00 (Kr)	mehrfarbig	ob	3,—	1,—
599	5.50 (Kr)	mehrfarbig	oc	4,—	1,50
		Satzpreis (2 W.)		7,—	2,50
		FDC			6,50

Auflage: 1 000 000 Sätze

Italien

1983, 2. Mai. Europa: Große Werke des menschlichen Geistes. Komb. StTdr. und Odr. (5×10); Papier fl.; gez. K 14:13¼.

bbt) Galileo Galilei (1564–1642), Mathematiker und Astronom

bbu) Archimedes (285–212 v. Chr.), griechischer Mathematiker und Physiker

1842	400 (L)	mehrfarbig	bbt	4,—	1,50
1843	500 (L)	mehrfarbig	bbu	5,—	0,50
		Satzpreis (2 W.)		9,—	2,—
		FDC			10,—

Auflage: 5 000 000 Sätze

Jugoslawien

1983, 5. Mai. Europa: Große Werke des menschlichen Geistes. RaTdr. (3×3); gez. K 11¾.

bis) Nobelpreis-Medaille, Manuskript von Ivo Andrić

bit) Ivo Andrić (1892–1975), Schriftsteller, Nobelpreis 1961; Brücke über die Drina

1984	8.80 (Din)	mehrfarbig	bis	0,50	0,50
1985	20 Din	mehrfarbig	bit	0,50	0,50
		Satzpreis (2 W.)		1,—	1,—
		FDC			1,50
		Kleinbogensatz (2 Klb.)		10,—	10,—

MiNr. 1984 ohne, MiNr. 1985 mit Kontrollnummer auf dem Kleinbogenrand.

Auflagen: MiNr. 1984 = 1 050 000, MiNr. 1985 = 710 000 Stück

Liechtenstein

1983, 7. März. Europa: Große Werke des menschlichen Geistes. RaTdr. (4×5); gez. K 11¼:11¾.

aeb) Notker Balbulus von St. Gallen (um 840–912), Gelehrter und Dichter

aec) Hildegard von Bingen (1098–1179), Mystikerin

816	40 (Rp)	mehrfarbig	aeb	0,50	0,40
817	80 (Rp)	mehrfarbig	aec	1,10	0,90
		Satzpreis (2 W.)		1,60	1,30
		FDC			2,—
		MK 37			3,—

Auflagen: MiNr. 816 = 1 958 352, MiNr. 817 = 1 861 252 Stück

Gültig bis 31.12.2001

Luxemburg

1983, 3. Mai. Europa: Große Werke des menschlichen Geistes. RaTdr.; gez. K 11¾.

zx

zy

zx–zy) Das Gleichnis vom barmherzigen Samariter; Miniaturen aus dem „Codex Aureus Escorialiensis“ (11. Jh.)

1074	8 Fr	mehrfarbig	zx	1,20	0,60
1075	16 Fr	mehrfarbig	zy	2,40	1,—
		Satzpreis (2 W.)		3,60	1,60
		FDC			2,—

Auflage: 800 000 Sätze

Gültig bis 31.12.2002

Malta

1983, 5. Mai. Europa: Große Werke des menschlichen Geistes. Odr. (3×4); Wz. 6; gez. K 14.

tk) Megalithischer Tempel, Ggantija (ca. 3000 v. Chr.)

tl) Fort St. Angelo (1530)

680	8 C	mehrfarbig	tk	0,50	0,50
681	30 C	mehrfarbig	tl	2,—	2,—
		Satzpreis (2 W.)		2,50	2,50
		FDC			4,—
		Kleinbogensatz (2 Klb.)		25,—	25,—
P 22		Sonderpostkarte TEMBAL ’83 mit MiNr. 680– 681 als Wertstempel		5,—	5,—

MiNr. 680–681 wurden jeweils im Kleinbogen zu 10 Marken und 2 verschiedenen Zierfeldern (Feld 1 und 4) gedruckt.

Gültig bis 31.7.2002

Monaco

1983, 27. April. Europa: Große Werke des menschlichen Geistes. StTdr. (5×6); gez. K 12¾:13.

aug) Montgolfiere (1783)

auh) Raumfähre (1983)

1579	1.80 (Fr) mehrfarbig	aug	1,50	0,50
1580	2.60 (Fr) mehrfarbig	auh	1,80	1,—
	Satzpreis (2 W.)		3,30	1,50
	FDC			4,—

Blockausgabe mit 5 × MiNr. 1579–1580

Block 23 (170×143 mm)	aui	15,—	10,—
FDC			22,—

Auflagen: MiNr. 1579 = 392 204, MiNr. 1580 = 323 682 Stück, Bl. 23 = 277 536 Blocks

Niederlande

1983, 17. Mai. Europa: Große Werke des menschlichen Geistes. Odr.; Papier ph.; gez. K 12¾:13¼.

aix) Zeitungsausschnitt; 75 Jahre Vereinigung der niederländischen Tagespresse, ECS-Satellitenprogramm

aiy) Europäischer Nachrichtensatellit ECS, Flaggen der Mitgliedsländer von EUTELSAT

1232	50 C mehrfarbig	aix	1,—	0,30
1233	70 C mehrfarbig	aiy	1,—	0,30
	Satzpreis (2 W.)		2,—	0,50
	FDC			1,50

Auflagen: MiNr. 1232 = 16 243 800, MiNr. 1233 = 14 454 600 Stück

Norwegen

1983, 3. Mai. Europa: Große Werke des menschlichen Geistes. StTdr.; gez. K 13:13¼, Hochformat ~.

vd) Edvard Grieg (1843–1907), Komponist; Noten seines Klavierkonzerts

ve) Niels Henrik Abel (1802–1829), Mathematiker; Skulptur von Gustav Vigeland (1869–1943)

885	2.50 (Kr) mittelbräunlichrot	vd	0,50	0,50
886	3.50 (Kr) dunkelblau/blaugrün	ve	1,50	1,—
	Satzpreis (2 W.)		2,—	1,50
	FDC			2,50

Auflagen: MiNr. 885 = 10 077 942, MiNr. 886 = 4 627 942 Stück

Satzpreise sind, wenn nicht anders angegeben, nach den niedrigsten Preisen eines Satzes ohne Abarten errechnet.

Österreich

1983, 24. Juni. Europa: Große Werke des menschlichen Geistes. StTdr. (10×5); gez. K 14¼:13½.

bao) Victor Franz Hess (1883–1964), Physiker, Nobelpreis 1936

1743	6 S schwarzopalgrün	bao	1,50	0,70
	FDC			1,80

Vorlagedruck in Schwarz, mit dem Originaldruckstöckel gedruckt, □, auf Erläuterungsblatt geklebt .... 15,—

Auflage: 3 800 000 Stück

Gültig bis 30.6.2002

Portugal

1983, 5. Mai. Europa: Große Werke des menschlichen Geistes. Odr. (5×10); Papier ph.; gez. K 12½.

akg) António Caetano de Abreu Freire Egas Moniz (1874–1955), Neurologe, Erfinder der Lobotomie, Nobelpreis 1949

1601	37.50 (E) mehrfarbig	akg	2,50	1,—
	FDC			1,50

Blockausgabe mit 4 × MiNr. 1601

Block 40 (140×115 mm)	akh	11,—	11,—
FDC			18,—

Auflagen: MiNr. 1601 = 1 000 000 Stück, Bl. 40 = 300 000 Blocks

Gültig bis 31.8.1989

Portugal – Azoren

1983, 5. Mai. Europa: Große Werke des menschlichen Geistes. Odr. (5×10); Papier mit vorderseitigem Phosphorstreifen; gez. K 12½.

am) Geothermisches Kraftwerk

356	37.50 (E) mehrfarbig	am	2,50	1,—
	FDC			1,50

Blockausgabe mit 3 × MiNr. 356

Block 4 (115×140 mm)	an	8,—	4,—
FDC			15,—

Auflagen: MiNr. 356 = 750 000 Stück, Bl. 4 = 450 000 Blocks

Gültig bis 31.8.1989

Portugal – Madeira

1983, 5. Mai. Europa: Große Werke des menschlichen Geistes. Odr. (5×10); Papier mit vorderseitigem Phosphorstreifen; gez. K 12½.

al) Bewässerungskanäle (Levadas)

84	37.50 (E) mehrfarbig	al	2,50	1,—
	FDC			1,50

Blockausgabe mit 3 × MiNr. 84

Block 4 (115×140 mm)	am	8,—	4,—
FDC			15,—

Auflagen: MiNr. 84 = 750 000 Stück, Bl. 4 = 450 000 Blocks

Gültig bis 31.8.1989

San Marino

1983, 20. April. Europa: Große Werke des menschlichen Geistes. RaTdr. (10×5); gez. K 12:11¾.

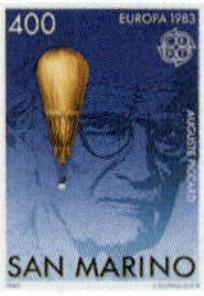

aiy) Stratosphärenballon

aiz) Bathyscaph

aiy–aiz) Auguste Piccard (1884–1962), Schweizer Physiker

1278	400 (L)	mehrfarbig	aiy	2,—	1,50
1279	500 (L)	mehrfarbig	aiz	3,—	2,50
			Satzpreis (2 W.)	5,—	4,—
			FDC		5,—

Auflage: 750 000 Sätze

Schweden

1983, 25. April. Europa: Große Werke des menschlichen Geistes. StTdr.; waagerecht gez. 12¾.

aie) Tänzerin (Gründung der Ballettgruppe „Les Ballets Suédois“ in Paris, 1920)

aif) Rollgabelschlüssel; Erfindung von Johan Petter Johansson (1853–1943)

1237	1.65 (Kr)	karminbraun/ocker	aie	1,—	0,50
1238	2.70 (Kr)	dunkelgrünlichblau	aif	1,—	0,50
			Satzpreis (2 W.)	2,—	1,—
			FDC		2,50

DPB 4	Behörden-Dienstpostkarte zur Ausstellung „HEUREKA! – Briefmarken und Erfindungen“ mit Wertstempel in Zeichnung von MiNr. 1238	3,—	3,—
DPB 5	Behörden-Dienstpostkarte zur Ausstellung „Moderne Kunst in Europa“ mit Wertstempel in Zeichnung von MiNr. 1237	3,—	3,—

Auflagen: MiNr. 1237 = 13 788 000, MiNr. 1238 = 10 545 000 Stück

Schweiz

1983, 3. Mai. Europa: Große Werke des menschlichen Geistes. Komb. StTdr. und RaTdr. (10×5); Papier ph.; gez. K 11½.

art) Himmelsglobus von Jost Bürgi (1552–1632), Mathematiker und Astronom

aru) Zahnradbahn von Niklaus Riggenbach (1817–1899), Ingenieur

1249	40 (C)	mehrfarbig	art	0,70	0,30
1250	80 (C)	mehrfarbig	aru	2,—	1,—
			Satzpreis (2 W.)	2,60	1,30
			FDC		1,50
			MK (mit MiNr. 1249)		1,40
			MK (mit MiNr. 1250)		2,—

Auflagen: MiNr. 1249 = 28 832 000, MiNr. 1250 = 10 961 000 Stück

Spanien

1983, 5. Mai. Europa: Große Werke des menschlichen Geistes. StTdr.; gez. K 12¾.

bwh) Miguel Cervantes Saavedra (1547–1616), Dichter; Illustration zu „Don Quijote“

bwi) Seilbahn über die Niagarafälle, erbaut von Torres Quevedo (1852–1936), Ingenieur

2585	16 Pta	schwarzoliv/dunkelbraunlila	bwh	0,50	0,30
2586	38 Pta	dunkellilabraun/dunkelbraunlila	bwi	1,—	0,70
			Satzpreis (2 W.)	1,50	1,—
			FDC		1,50

Auflagen: MiNr. 2585 = 10 000 000, MiNr. 2586 = 8 000 000 Stück

Gültig bis 28.2.2002

Türkei

1983, 5. Mai. Europa: Große Werke des menschlichen Geistes. Odr.; gez. K 12¾:13.

bea) Piri Reis (um 1470–1554), Geograph; Karte

beb) Uluğ Bey (1394–1449), Herrscher und Astronom; Observatorium

2631	50 L	mehrfarbig	bea	6,—	3,—
2632	100 L	mehrfarbig	beb	14,—	6,—
			Satzpreis (2 W.)	20,—	9,—
			FDC		25,—

Auflagen: MiNr. 2631 = 600 000, MiNr. 2632 = 740 000 Stück

Türkisch-Zypern*

1983, 30. Juni. Blockausgabe: Europa – Große Werke des menschlichen Geistes. Odr.; gez. K 13.

du) Landkarte Zyperns von Piri Reis (1470–1554), türkischer Geograph

dv) Skylab-Aufnahme von Zypern

dw

127	100 L	mehrfarbig	du	15,—	4,—
128	100 L	mehrfarbig	dv	15,—	4,—
Block 4	(82×77 mm)		dw	35,—	10,—
			FDC		15,—

Auflage: 350 000 Blocks

Zypern

1983, 3. Mai. Europa: Große Werke des menschlichen Geistes. RaTdr. (4×5); gez. K 14¾:14¼.

sb) Stele mit zyprischer Schrift (6. Jh. v. Chr.)

sc) Rohkupfer, Bronzekrug (2. Jh.), Kupferblock (1400–1250 v. Chr.)

582	50 (M)	mehrfarbig	sb	0,30	0,30
583	200 (M)	mehrfarbig	sc	0,70	0,70
			Satzpreis (2 W.)	1,—	1,—
			FDC		1,50

Auflagen: MiNr. 582 = 1 500 000, MiNr. 583 = 1 200 000 Stück

1984

Andorra (Französische Post)

1984, 5. Mai. Europa: 25 Jahre Europäische Konferenz der Verwaltungen für das Post- und Fernmeldewesen (CEPT). StTdr. (5×5); gez. K 13.

gc) Brücke

350	2.00 (Fr)	smaragdgrün	gc	3,—	2,—
351	2.80 (Fr)	lilapurpur	gc	4,—	3,—
			Satzpreis (2 W.)	7,—	5,—
			FDC		8,—

Auflagen: MiNr. 350 = 800 000, MiNr. 351 = 600 000 Stück

Andorra (Spanische Post)

1984, 5 Mai. Europa: 25 Jahre Europäische Konferenz der Verwaltungen für das Post- und Fernmeldewesen (CEPT). StTdr. (4×6); gez. K 13¼:13.

ed) Brücke

175	16 Pta	lilabraun	ed	0,50	0,50
176	38 Pta	kobalt	ed	1,50	1,—
			Satzpreis (2 W.)	2,—	1,50
			FDC		2,50

Auflage: 850 000 Sätze

Gültig bis 28.2.2002

Belgien

1984, 5. Mai. Europa: 25 Jahre Europäische Konferenz der Verwaltungen für das Post- und Fernmeldewesen (CEPT). RaTdr. (5×6); Papier ph.; gez. K 11½:11¾.

bpm) Brücke

2182	12 (Fr)	mehrfarbig	bpm	0,50	0,20
2183	22 (Fr)	mehrfarbig	bpm	2,50	0,60
			Satzpreis (2 W.)	3,—	0,80
			FDC		4,—

Gedenkblatt der belgischen Post mit MiNr. 2182–2183 □ (nicht frankaturgültig) . . . . 110,—

Auflagen: MiNr. 2182 = 10 000 000, MiNr. 2183 = 2 546 641 Stück

Dänemark

1984, 3. Mai. Europa: 25 Jahre Europäische Konferenz der Verwaltungen für das Post- und Fernmeldewesen (CEPT). StTdr. (5×10); Papier fl.; gez. K 12¾.

rl) Brücke

806	2.70 (Kr)	dunkelkarmin	rl	1,20	0,30
807	3.70 (Kr)	schwarzviolettblau	rl	1,80	1,20
			Satzpreis (2 W.)	3,—	1,50
			FDC		3,—

Auflagen: MiNr. 806 = 9 650 000, MiNr. 807 = 6 217 000 Stück

Dänemark – Färöer

1984, 2. April. Europa: 25 Jahre Europäische Konferenz der Verwaltungen für das Post- und Fernmeldewesen (CEPT). StTdr. (4×5); gez. K 13½.

cn) Brücke

97	250 (Ø)	dunkelkarmin	cn	0,50	0,50
98	500 (Ø)	schwarzviolettultramarin	cn	1,50	1,—
			Satzpreis (2 W.)	2,—	1,50
			FDC		2,50

Auflagen: MiNr. 97 = 1 428 000, MiNr. 98 = 1 292 000 Stück

Deutschland

1984, 8. Mai. Europa: 25 Jahre Europäische Konferenz der Verwaltungen für das Post- und Fernmeldewesen (CEPT). RaTdr. (5×10); Papier fl.; gez. K 14:13¾.

atc) Brücke

1210	60 (Pf)	mehrfarbig	atc	1,60	0,50
1211	80 (Pf)	mehrfarbig	atc	1,60	0,50
			Satzpreis (2 W.)	3,20	0,90
			FDC		4,—
			ETB 9/1984		0,70

Auflagen: MiNr. 1210 = 81 960 000, MiNr. 1211 = 105 260 000 Stück, davon jeweils 518 000 auf ETB

Gültig bis 30.6.2002

Finnland

1984, 7. Mai. Europa: 25 Jahre Europäische Konferenz der Verwaltungen für das Post- und Fernmeldewesen (CEPT). Odr.; Papier ph.; gez. K 12¾:13.

ace) Brücke

944	1.40 (M)	mehrfarbig	ace	2,50	0,80
945	2.00 (M)	mehrfarbig	ace	3,50	0,80
			Satzpreis (2 W.)	6,—	1,50
			FDC		2,50

Auflagen: MiNr. 944 = 8 000 000, MiNr. 945 = 6 000 000 Stück

Gültig bis 31.12.2011

Frankreich

1984, 28. April. Europa: 25 Jahre Europäische Konferenz der Verwaltungen für das Post- und Fernmeldewesen (CEPT). StTdr.; gez. K 13.

ccm) Brücke

2441	2.00 (Fr)	rotkarmin	ccm	1,—	1,—
2442	2.80 (Fr)	dunkelkobalt	ccm	2,—	1,—
			Satzpreis (2 W.)	3,—	2,—
			FDC		3,50
			ETB		10,—

P 147 Sonderpostkarte „25 Jahre Europa-Union" mit Motiv der MiNr. 2441–2442 als Wertstempel 3,50 3,50

Auflagen: MiNr. 2441 = 10 000 000, MiNr. 2442 = 8 000 000 Stück, davon 47 000 auf ETB

Gibraltar*

1984, 6. März. Europa: 25 Jahre Europäische Konferenz der Verwaltungen für das Post- und Fernmeldewesen (CEPT). Odr. (5×2); Wz. 5; gez. K 14½.

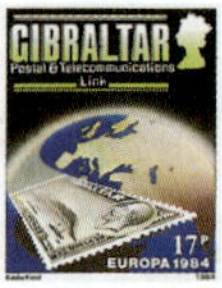

ot) Marke Gibraltar MiNr. 98, Weltkugel

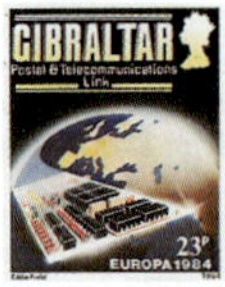

ou) Elektronische Bauteile, Weltkugel

475	17 P mehrfarbig .... ot		0,70	0,70
476	23 P mehrfarbig .... ou		0,80	0,80
		Satzpreis (2 W.)	1,50	1,50
		FDC		2,—
		Kleinbogensatz (2 Klb.)	15,—	15,—

Griechenland

1984, 30. April. Europa: 25 Jahre Europäische Konferenz der Verwaltungen für das Post- und Fernmeldewesen (CEPT). Odr.; gez. K 14¼:14.

auo) Brücke

1555	15 (Dr) mehrfarbig .... auo		0,50	0,30
1556	27 (Dr) mehrfarbig .... auo		1,50	1,20
		Satzpreis (2 W.)	2,—	1,50
		FDC		3,—

MH 1	(Nominale 84 Dr)	6,—	
H-Blatt 1	mit 2 × MiNr. 1555–1556	6,—	6,—

MiNr. 1555–1556 wurden sowohl einzeln im Bogen als auch zusammenhängend im Bogen und Markenheftchen (MH 1) gedruckt.

Auflagen: MiNr. 1555 = 4 200 000, MiNr. 1556 = 1 200 000 Stück, davon jeweils 500 000 im Zusammendruckbogen und jeweils 200 000 im Markenheftchen

Gültig bis 31.12.2002

Großbritannien

1984, 15. Mai. Europa: 25 Jahre Europäische Konferenz der Verwaltungen für das Post- und Fernmeldewesen (CEPT). RaTdr. (5×5 Zd + 5×5 Zd); Papier ph.; gez. K 14¾:14¼.

aeg) Brücke

988	16 P mehrfarbig .... aeg		1,50	1,50
990	20½ P mehrfarbig .... aeg		2,—	2,—
		Satzpreis (2 W.)	3,50	3,50
		FDC		4,—

Zwischenstegpaare:

988 ZW und 990 ZW	.... 2 Paare	8,—	8,—

988 U–989 U	ungezähntes Paar	*6000,—*	*6000,—*
990 U–991 U	ungezähntes Paar	*7000,—*	*7000,—*

MiNr. 988 und 990 wurden jeweils mit den nominalgleichen Mitläufern „2. Direktwahlen zum Europäischen Parlament“ (MiNr. 989 und 991) zusammenhängend gedruckt.

Auflagen: MiNr. 988 = 22 618 150, MiNr. 990 = 5 339 600 Stück

Großbritannien – Guernsey

1984, 10. April. Europa: 25 Jahre Europäische Konferenz der Verwaltungen für das Post- und Fernmeldewesen (CEPT). Odr. (4×5); gez. K 14¾.

kz) Brücke

286	13 P mehrfarbig .... kz		0,50	0,50
287	20½ P mehrfarbig .... kz		0,80	0,80
		Satzpreis (2 W.)	1,30	1,30
		FDC		2,50

Auflagen: MiNr. 286 = 1 680 033, MiNr. 287 = 903 972 Stück

Großbritannien – Isle of Man

1984, 27. April. Europa: 25 Jahre Europäische Konferenz der Verwaltungen für das Post- und Fernmeldewesen (CEPT). RaTdr. (4×5); Faserpapier; gez. K 11¾.

kt) Brücke

261	10 P mehrfarbig .... kt		0,40	0,40
262	20½ P mehrfarbig .... kt		0,80	0,80
		Satzpreis (2 W.)	1,20	1,20
		FDC		2,50

P 3	Sonderpostkarte ESPAÑA ’84 mit MiNr. 262 als Wertstempel	3,—	3,—

Auflagen: MiNr. 261 = 705 410, MiNr. 262 = 715 479 Stück

Großbritannien – Jersey

1984, 12. März. Europa: 25 Jahre Europäische Konferenz der Verwaltungen für das Post- und Fernmeldewesen (CEPT). Odr. (4×5); gez. K 14½:15.

mc) Brücke

320	9 P mehrfarbig .... mc		0,40	0,40
321	12 P mehrfarbig .... mc		0,50	0,50
322	20½ P mehrfarbig .... mc		0,60	0,60
		Satzpreis (3 W.)	1,50	1,50
		FDC		2,50

Auflagen: MiNr. 320 = 1 352 245, MiNr. 321 = 1 388 802, MiNr. 322 = 742 046 Stück

Irland

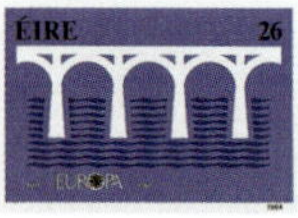

1984, 10. Mai. Europa: 25 Jahre Europäische Konferenz der Verwaltungen für das Post- und Fernmeldewesen (CEPT). Odr.; gez. K 15:14.

mb) Brücke

538	26 (P) kobalt/schwarz .... mb		2,—	2,—
539	29 (P) smaragdgrün/schwarz .... mb		13,—	13,—
		Satzpreis (2 W.)	15,—	15,—
		FDC		16,—

Auflagen: MiNr. 538 = 1 500 000, MiNr. 539 = 500 000 Stück

Gültig bis 31.12.2002

Länder mit einem Stern nach dem Landesnamen waren oder sind keine Mitglieder der CEPT bzw. POSTEUROP.

Island

1984, 3. Mai. Europa: 25 Jahre Europäische Konferenz der Verwaltungen für das Post- und Fernmeldewesen (CEPT). RaTdr.; gez. K 11¾.

ot) Brücke

614	6.50 (Kr) mehrfarbig	ot	3,—	1,—
615	7.50 (Kr) mehrfarbig	ot	1,—	1,—
		Satzpreis (2 W.)	4,—	2,—
		FDC		3,—

Auflage: 2 000 000 Sätze

Italien

1984, 4. Mai. Europa: 25 Jahre Europäische Konferenz der Verwaltungen für das Post- und Fernmeldewesen (CEPT). RaTdr. (5×10); Papier fl.; gez. K 14:13¼.

bdn) Brücke

1886	450 (L) mehrfarbig	bdn	3,—	1,—
1887	550 (L) mehrfarbig	bdn	4,—	3,—
		Satzpreis (2 W.)	7,—	4,—
		FDC		9,—

Auflage: 4 000 000 Sätze

Jugoslawien

1984, 30. April. Europa: 25 Jahre Europäische Konferenz der Verwaltungen für das Post- und Fernmeldewesen (CEPT). Odr. (3×3); gez. K 13¾.

bml) Brücke

2046	23.70 (Din) mehrfarbig	bml	0,50	0,50
2047	50 Din mehrfarbig	bml I	1,—	1,—
		Satzpreis (2 W.)	1,50	1,50
		FDC		2,—
		Kleinbogensatz (2 Klb.)	15,—	15,—

2046 F Hintergrund hellgelboliv statt mittelbräunlichrot —,—

MiNr. 2046 ohne, MiNr. 2047 mit Kontrollnummer auf dem Kleinbogenrand.

Auflage: 700 000 Sätze

Liechtenstein

1984, 12. März. Europa: 25 Jahre Europäische Konferenz der Verwaltungen für das Post- und Fernmeldewesen (CEPT). RaTdr. (5×4); gez. K 11¾.

aey) Brücke

837	50 (Rp) ultramarin/hellpreußischblau	aey	0,60	0,50
838	80 (Rp) dunkelbräunlichkarmin/ lebhaftkarmin	aey	1,—	0,80
		Satzpreis (2 W.)	1,60	1,30
		FDC		1,80
		MK 45		2,—

Auflagen: MiNr. 837 = 1 570 961, MiNr. 838 = 1 466 661 Stück

Gültig bis 31.12.2001

Luxemburg

1984, 7. Mai. Europa: 25 Jahre Europäische Konferenz der Verwaltungen für das Post- und Fernmeldewesen (CEPT). RaTdr.; gez. K 11½.

aaw) Brücke

1098	10 Fr mehrfarbig	aaw	2,—	0,50
1099	16 Fr mehrfarbig	aaw	2,50	1,—
		Satzpreis (2 W.)	4,50	1,50
		FDC		2,50

Auflage: 600 000 Sätze

Gültig bis 31.12.2002

Malta

1984, 27. April. Europa: 25 Jahre Europäische Konferenz der Verwaltungen für das Post- und Fernmeldewesen (CEPT). Odr. (3×4); Wz. 6; gez. K 13¾.

uk) Brücke

704	8 C mehrfarbig	uk	0,60	0,60
705	30 C mehrfarbig	uk	2,20	2,20
		Satzpreis (2 W.)	2,80	2,80
		FDC		3,50
		Kleinbogensatz (2 Klb.)	30,—	30,—

P 23 Sonderpostkarte ESPAÑA '84 mit MiNr. 704–705 als Wertstempel .... 5,— 5,—

MiNr. 704–705 wurden jeweils im Kleinbogen zu 10 Marken und 2 verschiedenen Zierfeldern (Feld 1 und 4) gedruckt.

Gültig bis 31.7.2002

Monaco

1984, 10. Mai. Europa: 25 Jahre Europäische Konferenz der Verwaltungen für das Post- und Fernmeldewesen (CEPT). StTdr. (6×5); gez. K 13:12¾.

awc) Brücke

1622	2.00 (Fr) kobalt	awc	1,30	0,80
1623	3.00 (Fr) gelbgrün	awc	2,—	1,—
		Satzpreis (2 W.)	3,30	1,80
		FDC		5,—

Blockausgabe mit 4 × MiNr. 1622–1623

Block 26	(143×170 mm)	awd	17,—	10,—
		FDC		22,—

Auflagen: MiNr. 1622 = 317 486, MiNr. 1623 = 298 845 Stück, Bl. 26 = 279 291 Blocks

Niederlande

1984, 22. Mai/1985. Europa: 25 Jahre Europäische Konferenz der Verwaltungen für das Post- und Fernmeldewesen (CEPT). RaTdr.; Papier ph.; A = gez. K 13¼:12¾, C = gez. K 13¾:12¾.

akt) Brücke

1251	50 C hellkobalt	akt		
A	gez. K 13¼:12¾ (22.5.1984)		1,—	0,50
C	gez. K 13¾:12¾ (1985)		10,—	10,—
1252	70 C gelbgrün	akt		
A	gez. K 13¼:12¾ (22.5.1984)		1,—	0,50
C	gez. K 13¾:12¾ (1985)		10,—	10,—
		Satzpreis A (2 W.)	2,—	1,—
		FDC A		2,50
		Satzpreis C (2 W.)	20,—	20,—

MiNr. 1251 C–1252 C stammen aus Rollen. Jede fünfte Rollenmarke trägt rückseitig eine schwarze Zählnummer.

Auflagen: MiNr. 1251 A = 14 377 000, MiNr. 1251 C = 1 200 600, MiNr. 1252 A = 14 699 200, MiNr. 1252 C = 4 150 700 Stück

Norwegen

1984, 4. Juni. Europa: 25 Jahre Europäische Konferenz der Verwaltungen für das Post- und Fernmeldewesen (CEPT). Odr.; Papier ph.; gez. K 13:13¼.

vx) Brücke

904	2.50 (Kr) mehrfarbig	vx	0,50	0,50
905	3.50 (Kr) mehrfarbig	vx	1,50	1,—
		Satzpreis (2 W.)	2,—	1,50
		FDC		2,50

Auflagen: MiNr. 904 = 8 813 978, MiNr. 905 = 2 765 570 Stück

Österreich

1984, 4. Mai. Europa: 25 Jahre Europäische Konferenz der Verwaltungen für das Post- und Fernmeldewesen (CEPT). RaTdr. (5×10); gez. K 13½.

bbv) Brücke

1772	6 S lebhaftcyanblau/ dunkellilaultramarin	bbv	2,—	0,80
		FDC		1,80

Vorlagedruck in Schwarz, mit dem Originaldruckstöckel gedruckt, □, auf Erläuterungsblatt geklebt .... 15,—

Auflage: 3 850 000 Stück

Gültig bis 30.6.2002

Portugal

1984, 2. Mai. Europa: 25 Jahre Europäische Konferenz der Verwaltungen für das Post- und Fernmeldewesen (CEPT). Odr. (5×10); Papier ph.; gez. K 12:11¾.

alp) Brücke

1630	51.00 (E) mehrfarbig	alp	2,50	1,80
		FDC		3,—

Blockausgabe mit 4 × MiNr. 1630

Block 43	(140×115 mm)	alr	11,—	10,—
		FDC		17,—

Auflagen: MiNr. 1630 = 600 000 Stück, Bl. 43 = 300 000 Blocks

Gültig bis 31.8.1989

Portugal – Azoren

1984, 2. Mai. Europa: 25 Jahre Europäische Konferenz der Verwaltungen für das Post- und Fernmeldewesen (CEPT). Odr. (5×10); Papier mit vorderseitigem Phosphorstreifen; gez. K 12:11¾.

aw) Brücke

364	51.00 (E) mehrfarbig	aw	2,50	1,50
		FDC		2,50

Blockausgabe mit 3 × MiNr. 364

Block 5	(115×140 mm)	ax	8,—	4,—
		FDC		15,—

Auflagen: MiNr. 364 = 600 000 Stück, Bl. 5 = 350 000 Blocks

Gültig bis 31.8.1989

Portugal – Madeira

1984, 2. Mai. Europa: 25 Jahre Europäische Konferenz der Verwaltungen für das Post- und Fernmeldewesen (CEPT). Odr. (5×10); Papier mit vorderseitigem Phosphorstreifen; gez. K 12:11¾.

at) Brücke

90	51.00 (E) mehrfarbig	at	2,50	1,50
		FDC		2,50

Blockausgabe mit 3 × MiNr. 90

Block 5	(115×140 mm)	au	8,—	4,—
		FDC		15,—

Formatunterschiede (Breite bis 120 mm) sind bekannt.

Auflagen: MiNr. 90 = 600 000 Stück, Bl. 5 = 350 000 Blocks

Gültig bis 31.8.1989

San Marino

1984, 27, April. Europa: 25 Jahre Europäische Konferenz der Verwaltungen für das Post- und Fernmeldewesen (CEPT). RaTdr. (5×10); gez. K 11¾:11½.

ako) Brücke

1294	400 (L) mehrfarbig	ako	2,—	1,20
1295	550 (L) mehrfarbig	ako	3,—	1,80
		Satzpreis (2 W.)	5,—	3,—
		FDC		4,—

Auflage: 534 140 Sätze

Schweden

1984, 9. Febr. Europa: 25 Jahre Europäische Konferenz der Verwaltungen für das Post- und Fernmeldewesen (CEPT). StTdr.; MiNr. 1270 waagerecht, MiNr. 1271 senkrecht gez. 12¾.

akl) Brücke

1270	1.80 (Kr) rot (▭)	akl	0,50	0,30
1271	2.70 (Kr) violettblau (▯)	akl	1,50	0,80
		Satzpreis (2 W.)	2,—	1,—
		FDC		2,50
	Markenheftchen mit 10 × MiNr. 1270		5,—	

Auflagen: MiNr. 1270 = 17 996 000, MiNr. 1271 = 8 594 000 Stück

Schweiz

1984, 2. Mai. Europa: 25 Jahre Europäische Konferenz der Verwaltungen für das Post- und Fernmeldewesen (CEPT). RaTdr. (5×10); Papier ph.; gez. K 11½.

asp) Brücke

1270	50 (C) mehrfarbig	asp	1,20	0,60
1271	80 (C) mehrfarbig	asp	1,80	1,—
		Satzpreis (2 W.)	3,—	1,60
		FDC		2,—

Auflagen: MiNr. 1270 = 40 032 000, MiNr. 1271 = 10 111 000 Stück

Spanien

1984, 5. Mai. Europa: 25 Jahre Europäische Konferenz der Verwaltungen für das Post- und Fernmeldewesen (CEPT). StTdr.; gez. K 13¼:13.

byk) Brücke

2633	16 Pta orangerot	byk	1,—	0,30
2634	38 Pta indigo	byk	1,—	0,70
		Satzpreis (2 W.)	2,—	1,—
		FDC		1,80

Mit dem Ausstellungskatalog der Briefmarken-Ausstellung ESPAÑA '84 wurde ein Block mit MiNr. 2632–2634 und entsprechenden Rahmeninschriften (violettpurpur, Größe 150×106 mm) verkauft, der keine Frankaturkraft hatte (Auflage: 50 000 Stück; 80,—). Auch mit blauem Aufdruck „CONCIERTO EXTRAORDINARIO MADRID, 3 DE MAYO DE 1984" (Auflage: 2500 Stück; 150,—).

Auflagen: MiNr. 2633 = 8 000 000, MiNr. 2634 = 6 000 000 Stück

Gültig bis 28.2.2002

Türkei

1984, 30. April. Europa: 25 Jahre Europäische Konferenz der Verwaltungen für das Post- und Fernmeldewesen (CEPT). Odr.; gez. K 13¼:13.

bff) Brücke

2667	50 L mehrfarbig	bff	6,—	1,50
2668	100 L mehrfarbig	bff	14,—	2,50
		Satzpreis (2 W.)	20,—	4,—
		FDC		12,—

Auflage: 600 000 Sätze

Türkisch-Zypern*

1984, 30. Mai. Europa: 25 Jahre Europäische Konferenz der Verwaltungen für das Post- und Fernmeldewesen (CEPT). Odr. (4×10); gez. K 12¼.

eg) Brücke

142	50 L	mehrfarbig	eg	2,50	2,50
143	100 L	mehrfarbig	eg	2,50	2,50
			Satzpreis (Paar)	5,—	5,—
			FDC		6,—

MiNr. 142–143 wurden schachbrettartig zusammenhängend gedruckt.

Auflage: 350 000 Sätze

Zypern

1984, 30. April. Europa: 25 Jahre Europäische Konferenz der Verwaltungen für das Post- und Fernmeldewesen (CEPT). Odr. (5×4); Wz. 6; gez. K 12½.

sv) Brücke

611	6 C	mehrfarbig	sv	0,30	0,50
612	15 C	mehrfarbig	sv	0,70	1,—
			Satzpreis (2 W.)	1,—	1,50
			FDC		2,—

Auflagen: MiNr. 611 = 1 500 000, MiNr. 612 = 1 200 000 Stück

1985

Andorra (Französische Post)

1985, 4. Mai. Europa: Europäisches Jahr der Musik. StTdr. (5×5); gez. K 13.

gi) Titelseite des Klavierauszuges der Oper „Le Val d'Andorre“

gk) Alte Holzblas- und Streichinstrumente

360	2.10 (Fr)	dunkelgelbgrün	gi	3,50	1,50
361	3.00 (Fr)	dkl'siena/braunschwarz	gk	4,50	2,50
			Satzpreis (2 W.)	8,—	4,—
			FDC		4,50

Auflagen: MiNr. 360 = 433 731, MiNr. 361 = 337 554 Stück

Andorra (Spanische Post)

1985, 3. Mai. Europa: Europäisches Jahr der Musik. StTdr. (4×6, Hochformat ~); gez. K 13.

ei) Enric Marfany i Gosset (1877–1957), Priester und Komponist; Anfangstakte der Nationalhymne

ek) Spielmann; Fresko aus der Kirche La Cortinata (12. Jh.)

181	18 Pta	mehrfarbig	ei	0,70	0,50
182	45 Pta	mehrfarbig	ek	1,30	1,—
			Satzpreis (2 W.)	2,—	1,50
			FDC		2,50

Auflage: 750 000 Sätze

Gültig bis 28.2.2002

Belgien

1985, 11. Mai. Europa: Europäisches Jahr der Musik. RaTdr. (5×6); Papier ph.; gez. K 11½.

bsd) César Franck (1822–1890), Komponist

bse) Musikwettbewerb „Königin Elisabeth“

2227	12 (Fr)	mehrfarbig	bsd	1,—	0,20
2228	23 (Fr)	mehrfarbig	bse	2,—	0,60
			Satzpreis (2 W.)	3,—	0,80
			FDC		5,—

Gedenkblatt der belgischen Post mit MiNr. 2227–2228 □ (nicht frankaturgültig) .... 150,—

Auflagen: MiNr. 2227 = 9 000 000, MiNr. 2228 = 2 318 408 Stück

Dänemark

1985, 2. Mai. Europa: Europäisches Jahr der Musik. Komb. StTdr. und Odr. (5×10); Papier fl.; gez. K 12¾.

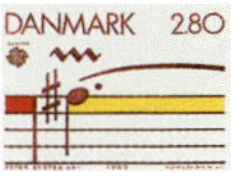

si) Note

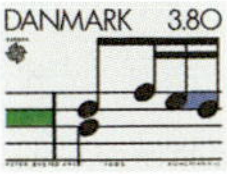

sk) Noten

835	2.80 (Kr)	mehrfarbig	si	1,—	0,50
836	3.80 (Kr)	mehrfarbig	sk	2,—	1,—
			Satzpreis (2 W.)	3,—	1,50
			FDC		2,50

Auflagen: MiNr. 835 = 8 500 000, MiNr. 836 = 4 400 000 Stück

Dänemark – Färöer

1985, 1. April. Europa: Europäisches Jahr der Musik. Odr. (4×5); gez. K 13:14¼.

dg) Jugendliche spielen klassische Musik

dh) Jugendliche spielen moderne Musik

116	280 (Ø)	mehrfarbig	dg	1,—	1,—
117	550 (Ø)	mehrfarbig	dh	1,50	1,—
			Satzpreis (2 W.)	2,50	2,—
			FDC		3,—

Auflagen: MiNr. 116 = 1 414 000, MiNr. 117 = 1 108 000 Stück

Deutschland

1985, 7. Mai. Europa: Europäisches Jahr der Musik. RaTdr. (10×5); Papier fl.; gez. K 13¾:14.

aus) Georg Friedrich Händel (1685–1759), Komponist

aut) Johann Sebastian Bach (1685–1750), Komponist

1248	60 (Pf)	mehrfarbig	aus	2,30	0,50
1249	80 (Pf)	mehrfarbig	aut	2,30	0,50
			Satzpreis (2 W.)	4,50	1,—
			FDC		5,—
			ETB 11/1985		0,70

Auflagen: MiNr. 1248 = 66 100 000, MiNr. 1249 = 107 450 000 Stück, davon jeweils 499 000 auf ETB

Gültig bis 30.6.2002

Finnland

1985, 17. Juni. Europa: Europäisches Jahr der Musik. Odr.; Papier ph.; gez. K 13:12¾.

adc) Kinder spielen Blockflöte

add) Noten aus „Ramus virens olivarum“

968	1.50 (M)	mehrfarbig . . . . adc	1,—	0,50
969	2.10 (M)	mehrfarbig . . . . add	4,—	1,50
		Satzpreis (2 W.)	5,—	2,—
		FDC		3,—

Auflagen: MiNr. 968 = 10 000 000, MiNr. 969 = 4 000 000 Stück

Gültig bis 31.12.2011

Frankreich

1985, 27. April. Europa: Europäisches Jahr der Musik. StTdr.; gez. K 12½:13.

cer) Adam de la Halle (um 1237–1286) Dichter und Komponist

ces) Darius Milhaud (1892–1974), Komponist

2497	2.10 (Fr) mehrfarbig . . . . cer	1,—	0,90
2498	3.00 (Fr) mehrfarbig . . . . ces	2,—	1,10
	Satzpreis (2 W.)	3,—	2,—
	FDC		3,50
	ETB		10,—

Auflagen: MiNr. 2497 = 10 000 000, MiNr. 2498 = 6 000 000 Stück, davon jeweils 42 300 auf ETB

Gibraltar*

1985, 26. Febr. Europa: Europäisches Jahr der Musik. RaTdr. (2×5); gez. K 12½:12¼.

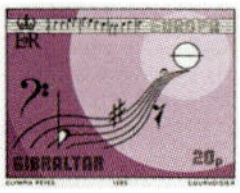

pf) Bassstimme der Europahymne, Musikzeichen

pg) Violinstimme der Europahymne, Musikzeichen

487	20 P mehrfarbig . . . . pf	0,50	0,50
488	29 P mehrfarbig . . . . pg	1,—	1,—
	Satzpreis (2 W.)	1,50	1,50
	FDC		3,—
	Kleinbogensatz (2 Klb.)	15,—	15,—

Griechenland

1985, 29. April. Europa: Europäisches Jahr der Musik. Odr. (2×5 Zd); gez. K 14:14¼.

avo) Musikwettstreit zwischen dem Gott Apollo und dem phrygischen Satyr Marsyas

avp) Nikos Skalkotas (1904–1949), Komponist; Dimitris Mitropoulos (1896–1960), Dirigent

1580	27 (Dr) mehrfarbig . . . . avo	0,50	0,50
1581	80 (Dr) mehrfarbig . . . . avp	1,50	1,50
	Satzpreis (2 W.)	2,—	2,—
	FDC		2,50

MH 4	(Nominale 134 Dr)	5,—	
H-Blatt 4	mit MiNr. 1580–1581	4,50	4,50

MiNr. 1580–1581 wurden auch zusammenhängend im Bogen und Markenheftchen (MH 4) gedruckt.

Auflagen: MiNr. 1580 = 4 200 000, MiNr. 1581 = 1 100 000 Stück, davon jeweils 500 000 im Zusammendruckbogen (2×5 Zd) und 200 000 bzw. 100 000 im Markenheftchen

Gültig bis 31.12.2002

Großbritannien

1985, 14. Mai. Europa: Europäisches Jahr der Musik. RaTdr. (5×10 + 5×10); Papier ph.; gez. K 14¼.

afo) Wassermusik; Orchesterkonzert von Georg Friedrich Händel (1685–1759)

afp) Die Planeten; Suite von Gustav Holst (1874–1934)

afr) Der erste Kuckuck; Orchesterstück von Frederick Delius (1863–1934)

afs) Seebilder; Liederzyklus von Edward Elgar (1857–1934)

1027	17 P mehrfarbig . . . . afo	0,60	0,60
1028	22 P mehrfarbig . . . . afp	1,20	1,20
1029	31 P mehrfarbig . . . . afr	2,—	2,—
1030	34 P mehrfarbig . . . . afs	2,20	2,20
	Satzpreis (4 W.)	6,—	6,—
	FDC		6,50

Zwischenstegpaare:

1027 ZW–1030 ZW	. . . . 4 Paare	24,—	24,—
1027 U	ungezähnt	*3500,—*	*3500,—*
1028 U	ungezähnt	*3500,—*	*3500,—*

Auflagen: MiNr. 1027 = 36 849 700, MiNr. 1028 = 7 805 800, MiNr. 1029 = 7 148 700, MiNr. 1030 = 6 806 100 Stück

Großbritannien – Guernsey

1985, 14. Mai. Europa: Europäisches Jahr der Musik. Odr. (4×5); gez. K 14¼.

ml) Noten mit Flaggen europäischer Länder; Zeichnung von Fiona Sloan (15 J.)

mm) Noten, Musikinstrumente; Zeichnung von Katie Lillington (15 J.)

322	14 P mehrfarbig . . . . ml	0,40	0,40
323	22 P mehrfarbig . . . . mm	1,—	1,—
	Satzpreis (2 W.)	1,40	1,40
	FDC		2,20

Auflagen: MiNr. 322 = 1 742 651, MiNr. 323 = 879 421 Stück

Großbritannien – Isle of Man

1985, 24. April. Europa: Europäisches Jahr der Musik. RaTdr. (2×5 Zd); Faserpapier; gez. K 11¾.

lk) Anfangstakte der Hymne „O Land of our Birth“

ll) William H. Gill (1839–1922), Komponist

lm) Anfangstakte der Hymne „Crofton“

ln) John Clague (1842–1908), Komponist

278	12 P	mehrfarbig	lk	0,60	0,60
279	12 P	mehrfarbig	ll	0,60	0,60
280	22 P	mehrfarbig	lm	1,20	1,20
281	22 P	mehrfarbig	ln	1,20	1,20
			Satzpreis (2 Paare)	3,50	3,50
			FDC		4,50

Nominalgleiche Marken wurden waagerecht zusammenhängend gedruckt.

Großbritannien – Jersey

1985, 23. April. Europa: Europäisches Jahr der Musik. Odr. (4×5); gez. K 14.

ne) John Ireland (1879–1962), Komponist

nf) Ivy St. Helier (1886–1971), Sängerin und Schauspielerin

ng) Claude Debussy (1862–1918), französischer Komponist

347	10 P	mehrfarbig	ne	0,40	0,40
348	13 P	mehrfarbig	nf	0,50	0,50
349	22 P	mehrfarbig	ng	1,10	1,10
			Satzpreis (3 W.)	2,—	2,—
			FDC		2,80

Auflagen: MiNr. 347 = 916 040, MiNr. 348 = 766 179, MiNr. 349 = 620 375 Stück

Irland

1985, 16. Mai. Europa: Europäisches Jahr der Musik. Odr.; gez. K 13¾:14.

na) Charles Villiers Stanford (1852–1924), Komponist

nb) Turlough Carolan (1670–1738), Komponist

563	26 (P)	mehrfarbig	na	2,—	2,—
564	37 (P)	mehrfarbig	nb	13,—	11,—
			Satzpreis (2 W.)	15,—	13,—
			FDC		15,—

Auflagen: MiNr. 563 = 2 000 000, MiNr. 564 = 500 000 Stück

Gültig bis 31.12.2002

Island

1985, 3. Mai. Europa: Europäisches Jahr der Musik. RaTdr.; gez. K 11¾.

pm) Frau mit „Langspil“

pn) Mann mit isländischer Geige

632	6.50 (Kr)	mehrfarbig	pm	2,—	0,80
633	7.50 (Kr)	mehrfarbig	pn	2,—	0,80
			Satzpreis (2 W.)	4,—	1,50
			FDC		2,50

Auflage: 1 500 000 Sätze

Italien

1985, 20. Juni. Europa: Europäisches Jahr der Musik. RaTdr. (10×5); Papier fl.; gez. K 13¼:14.

bfh) Aureliano Pertile (1885–1969) und Giovanni Martinelli (1885–1952), Tenöre

bfi) Vincenzo Bellini (1801–1835) und Johann Sebastian Bach (1685–1750), Komponisten

1932	500 (L)	mehrfarbig	bfh	3,—	1,—
1933	600 (L)	mehrfarbig	bfi	4,—	2,—
			Satzpreis (2 W.)	7,—	3,—
			FDC		9,—

Auflage: 5 000 000 Sätze

Jugoslawien

1985, 29. April. Europa: Europäisches Jahr der Musik. Odr. (3×3); gez. K 13¾:14.

bor) Josip Štolcer-Slavenski (1896–1955), Komponist; Blockflöte, Darabukka

bos) Originalpartitur des „Balkanophoniums“ von Josip Štolcer-Slavenski

2104	60 (Din)	mehrfarbig	bor	0,50	0,50
2105	80 (Din)	mehrfarbig	bos	1,—	1,—
			Satzpreis (2 W.)	1,50	1,50
			FDC		2,50
			Kleinbogensatz (2 Klb.)	15,—	15,—

Auflage: 550 000 Sätze

Liechtenstein

1985, 11. März. Europa: Europäisches Jahr der Musik. RaTdr. (5×4); gez. K 11¾.

agc

agd

agc–agd) Musikanten; Fragmente eines italienischen Cembalodeckels

866	50 (Rp)	mehrfarbig	agc	0,70	0,60
867	80 (Rp)	mehrfarbig	agd	1,—	0,90
			Satzpreis (2 W.)	1,70	1,50
			FDC		2,—
			MK 52		3,—

Auflagen: MiNr. 866 = 1 601 631, MiNr. 867 = 1 488 631 Stück

Gültig bis 31.12.2001

Farbschwankungen, die häufig bei hohen Auflagen vorkommen, sind Druckabweichungen, die nicht gesondert katalogisiert werden können.

Luxemburg

1985, 8. Mai. Europa: Europäisches Jahr der Musik. RaTdr.; gez. K 11½.

aby) Violinschlüssel, Landkarte von Luxemburg, Anfangstakte der Nationalhymne

abz) Hals einer Violine, Musikkonservatorium, Noten aus Violinkonzert op. 61 von Beethoven

1125	10 Fr	mehrfarbig	aby	2,—	0,50
1126	16 Fr	mehrfarbig	abz	3,—	1,—
			Satzpreis (2 W.)	5,—	1,50
			FDC		3,—

Auflage: 600 000 Sätze

Gültig bis 31.12.2002

Malta

1985, 25. April. Europa: Europäisches Jahr der Musik. Odr. (3×4); Wz. 6; gez. K 14.

vh) Nicolò Baldacchino (1895–1971), Tenor

vi) Francesco Azopardi (1748–1809), Komponist

726	8 C	mehrfarbig	vh	1,—	1,—
727	30 C	mehrfarbig	vi	2,—	2,—
			Satzpreis (2 W.)	3,—	3,—
			FDC		6,—
			Kleinbogensatz (2 Klb.)	30,—	30,—

MiNr. 726–727 wurden jeweils im Kleinbogen zu 10 Marken und 2 verschiedenen Zierfeldern (Feld 1 und 4) gedruckt.

Gültig bis 31.7.2002

Monaco

1985, 23. Mai. Europa: Europäisches Jahr der Musik. StTdr. (5×6); gez. K 12¾:13.

ayi) Fürst Antoine I. (1661–1731), Musikliebhaber

ayk) Jean-Baptiste Lully (1632–1687), Komponist

1681	2.10 (Fr)	dunkelkobalt	ayi	1,50	1,50
1682	3.00 (Fr)	bräunlichkarmin	ayk	1,50	1,50
			Satzpreis (2 W.)	3,—	3,—
			FDC		4,50

Blockausgabe mit 5 × MiNr. 1681–1682

Block 28	(170×143 mm)	ayl	15,—	15,—
		FDC		30,—

Auflagen: MiNr. 1681 = 270 032, MiNr. 1682 = 269 577 Stück, Bl. 28 = 235 841 Blocks

Die Preisnotierungen sind Richtwerte für Marken in handelsüblicher Qualität. Preisbewegungen nach oben und unten sind aufgrund von Angebot und Nachfrage die Regel.

Niederlande

1985, 4. Juni. Europa: Europäisches Jahr der Musik. Odr.; Papier ph.; gez. K 12¾:13¼.

alt) Klaviatur

alu) Orgelpfeifen

1274	50 C	mehrfarbig	alt	1,—	0,50
1275	70 C	mehrfarbig	alu	1,—	0,50
			Satzpreis (2 W.)	2,—	1,—
			FDC		1,50

Auflagen: MiNr. 1274 = 15 393 300, MiNr. 1275 = 15 359 800 Stück

Norwegen

1985, 19. Juni. Europa: Europäisches Jahr der Musik. StTdr.; Papier ph.; gez. K 13¼:13.

wu) Torgeir Augundsson (1801–1872), Violinist

wv) Ole Bull (1810–1880), Violinist und Komponist

926	2.50 (Kr)	braunlila	wu	0,50	0,50
927	3.50 (Kr)	dunkelblau	wv	1,50	1,—
			Satzpreis (2 W.)	2,—	1,50
			FDC		3,—

Auflagen: MiNr. 926 = 10 806 436, MiNr. 927 = 2 465 178 Stück

Österreich

1985, 3. Mai. Europa: Europäisches Jahr der Musik. Komb. StTdr. und RaTdr. (10×5); gez. K 13¾.

bdl) Johann Joseph Fux (1660–1741), Komponist und Musiktheoretiker

1811	6 S	rötlichgrau/schwarzsiena	bdl	2,—	0,80
			FDC		1,80

Vorlagedruck in Schwarz, mit dem Originaldruckstöckel gedruckt, □, auf Erläuterungsblatt geklebt .... 15,—

Auflage: 3 800 000 Stück

Gültig bis 30.6.2002

Portugal

1985, 6. Mai. Europa: Europäisches Jahr der Musik. Odr. (5×10); Papier ph.; gez. K 11¾:12.

amw) Tänzerin mit „Adufe“ (Rechteck-Tamburin)

1656	60.00 (E)	mehrfarbig	amw	3,—	2,—
			FDC		3,—

Blockausgabe mit 4 × MiNr. 1656

Block 47	(140×114 mm)	amx	11,—	10,—
		FDC		28,—

Auflagen: MiNr. 1656 = 600 000 Stück, Bl. 47 = 300 000 Blocks

Gültig bis 31.12.1992

Portugal – Azoren

1985, 6. Mai. Europa: Europäisches Jahr der Musik. Odr. (10×5); Papier mit vorderseitigem Phosphorstreifen; gez. K 11¾:12.

bg) Musikant mit „Folia" (Trommel)

373	60 (E)	mehrfarbig	bg	2,50	1,50
			FDC		2,50

Blockausgabe mit 3 × MiNr. 373

Block 6	(140×114 mm)	bh	8,—	7,—
		FDC		20,—

Auflagen: MiNr. 373 = 600 000 Stück, Bl. 6 = 300 000 Blocks

Gültig bis 31.12.1992

Portugal – Madeira

1985, 6. Mai. Europa: Europäisches Jahr der Musik. Odr. (10×5); Papier mit vorderseitigem Phosphorstreifen; gez. K 11¾:12.

bb) Musikant mit „Braguinha" (Gitarre)

97	60 (E)	mehrfarbig	bb	3,—	1,50
			FDC		2,50

Blockausgabe mit 3 × MiNr. 97

Block 6	(140×114 mm)	bc	10,—	6,—
		FDC		20,—

Auflagen: MiNr. 97 = 600 000 Stück, Bl. 6 = 300 000 Blocks

Gültig bis 31.12.1992

San Marino

1985, 18. März. Europa: Europäisches Jahr der Musik. RaTdr. (10×5); gez. K 12:11¾.

ali) Johann Sebastian Bach (1685–1750), deutscher Komponist

alk) Vincenzo Bellini (1801–1835), italienischer Komponist

1313	450 (L)	chromgelb/schwarz	ali	3,—	1,—
1314	600 (L)	gelbgrün/schwarz	alk	3,—	2,—
			Satzpreis (2 W.)	6,—	3,—
			FDC		5,50

Auflage: 600 000 Sätze

Schweden

1985, 24. April. Europa: Europäisches Jahr der Musik. StTdr.; A = senkrecht, D = dreiseitig gez. 12¾.

amp) Clavichord (16. Jh.)

amr) Schlüsselfiedel (15. Jh.)

1328 A	2 Kr	dunkelpurpurviolett auf mattchromgelb	amp	2,—	0,30
1329	2.70 (Kr)	dunkelbraunlila auf mattchromgelb	amr		
Dl		dreiseitig gez. (⌑)		1,—	1,—
Dr		dreiseitig gez. (⌑)		1,—	1,—
			Satzpreis (2 W.)	3,—	1,20
			FDC (3 W.)		4,—
		Markenheftchen mit 6 × MiNr. 1329 D		6,—	
1329 Dl/Dr			Paar	2,—	2,—

Auflagen: MiNr. 1328 = 14 545 000, MiNr. 1329 = 11 204 000 Stück

Schweiz

1985, 7. Mai. Europa: Europäisches Jahr der Musik. RaTdr. (10×5); Papier ph.; gez. K 11¾.

atp) Ernest Ansermet (1883–1969), Dirigent

atr) Frank Martin (1890–1974), Komponist

1294	50 (C)	mehrfarbig	atp	1,—	0,30
1295	80 (C)	mehrfarbig	atr	1,80	1,—
			Satzpreis (2 W.)	2,80	1,30
			FDC		2,—
			MK (MiNr. 1294)		1,50
			MK (MiNr. 1295)		2,—

Auflagen: MiNr. 1294 = 41 679 000, MiNr. 1295 = 9 469 000 Stück

Spanien

1985, 3. Mai. Europa: Europäisches Jahr der Musik. StTdr.; gez. K 13¼.

bzx) Antonio de Cabezón (1510–1566), Komponist und Organist

bzy) Nationales Jugendorchester

2671	18 Pta	mehrfarbig	bzx	0,50	0,30
2672	45 Pta	mehrfarbig	bzy	1,50	0,90
			Satzpreis (2 W.)	2,—	1,20
			FDC		2,—

Auflagen: MiNr. 2671 = 6 000 000, MiNr. 2672 = 4 000 000 Stück

Gültig bis 28.2.2002

Türkei

1985, 29. April. Europa: Europäisches Jahr der Musik. Odr.; gez. K 13.

bgu) Ulvi Cemal Erkin (1906–1972), Komponist, Direktor des Staatskonservatoriums

bgv) Mithat Fenmen (1916–1982), Pianist und Komponist

2706	100 L	mehrfarbig	bgu	10,—	2,—
2707	200 L	mehrfarbig	bgv	15,—	3,—
			Satzpreis (2 W.)	25,—	5,—
			FDC		10,—

Auflagen: MiNr. 2706 = 600 000, MiNr. 2707 = 630 000 Stück

Türkisch-Zypern*

1985, 26. Juni. Europa: Europäisches Jahr der Musik. Odr. (2×2 Zd); Wz. 1; gez. K 12½:12¼.

ff) Georg Friedrich Händel (1685–1759), deutscher Komponist

fg) Domenico Scarlatti (1685–1757), italienischer Komponist

fh) Johann Sebastian Bach (1685–1750), deutscher Komponist

fi) Buhurizade Mustafa Itri (1640–1712), türkischer Komponist

166	20 L	mehrfarbig	ff	1,—	1,—
167	20 L	mehrfarbig	fg	1,—	1,—
168	100 L	mehrfarbig	fh	1,—	1,—
169	100 L	mehrfarbig	fi	1,—	1,—
		Satzpreis (4 W.)		4,—	4,—
		Viererblock		4,—	4,—
		FDC			6,50

Auflage: 350 000 Sätze

Zypern

1985, 6. Mai. Europa: Europäisches Jahr der Musik. Odr. (5×4); Wz. 6; gez. K 12½.

ua) Musikanten (Tonfiguren)

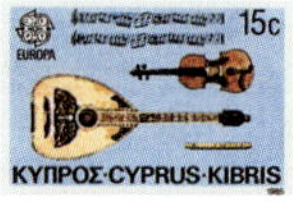

ub) Violine, Laute, Flöte

641	6 C	mehrfarbig	ua	0,50	0,50
642	15 C	mehrfarbig	ub	1,—	1,—
		Satzpreis (2 W.)		1,50	1,50
		FDC			2,—

Auflage: 700 000 Sätze

1986

Andorra (Französische Post)

1986, 3. Mai. Europa: Natur- und Umweltschutz. StTdr. (5×5); gez. K 13.

gr) Ortsansicht von Ansalonga

gs) Pyrenäen-Gemse (Rupicapra rupicapra pyrenaica)

369	2.20 (Fr)	kobalt/schwarz	gr	3,50	1,50
370	3.20 (Fr)	dunkelgelbgrün/schwarz	gs	5,—	3,—
		Satzpreis (2 W.)		8,50	4,50
		FDC			5,50

Auflagen: MiNr. 369 = 503 982, MiNr. 370 = 323 182 Stück

Andorra (Spanische Post)

1986, 5. Mai. Europa: Natur- und Umweltschutz. StTdr. (6×4); Papier ph.; gez. K 13:13¼.

er) Sonne, Regenbogen, Leuchtturm, Fische

es) Sonne, Bäume auf Felsen

188	17 (Pta)	mehrfarbig	er	1,—	1,—
189	45 (Pta)	mehrfarbig	es	1,50	1,50
		Satzpreis (2 W.)		2,50	2,50
		FDC			3,—

Auflage: 750 000 Sätze

Gültig bis 28.2.2002

Belgien

1986, 3. Mai. Europa: Natur- und Umweltschutz. RaTdr. (5×6); Papier ph.; gez. K 11½.

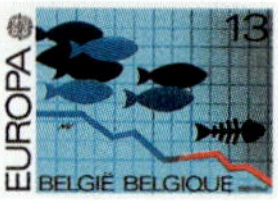

btp) Fische, Kurvendiagramm

btr) Wald, Kurvendiagramm

2263	13 (Fr)	mehrfarbig	btp	1,—	0,20
2264	24 (Fr)	mehrfarbig	btr	3,—	0,80
		Satzpreis (2 W.)		4,—	1,—
		FDC			4,50

Gedenkblatt der belgischen Post mit MiNr. 2263–2264 □ (nicht frankaturgültig) .... 120,—

Auflagen: MiNr. 2263 = 9 000 000, MiNr. 2264 = 2 400 000 Stück

Dänemark

1986, 4. Sept. Europa: Natur- und Umweltschutz. StTdr. (10×5); Papier fl.; gez. K 12¾.

uh) Straßenkehrer

ui) Müllabfuhr

882	2.80 (Kr)	dunkelbräunlichrot	uh	1,—	0,50
883	3.80 (Kr)	dunkelblau	ui	2,50	0,50
		Satzpreis (2 W.)		3,50	1,—
		FDC			5,—

Auflagen: MiNr. 882 = 10 000 000, MiNr. 883 = 5 100 000 Stück

Dänemark – Färöer

1986, 7. April. Europa: Natur- und Umweltschutz. Odr. (4×5); gez. K 13¼.

ea

eb

ea–eb) Verunreinigung des Meeres

134	3.00 (Kr)	mehrfarbig	ea	1,—	1,—
135	5.50 (Kr)	mehrfarbig	eb	1,50	1,50
		Satzpreis (2 W.)		2,50	2,50
		FDC			3,50

Auflagen: MiNr. 134 = 1 325 000, MiNr. 135 = 899 000 Stück

Deutschland

1986, 5. Mai. Europa: Natur- und Umweltschutz. RaTdr. (5×10); Papier fl.; gez. K 14.

avy) Mund

avz) Nase

avy–avz) David (Details); Skulptur von Michelangelo (1475–1564), italienischer Bildhauer, Maler, Baumeister und Achitekt

1278	60 (Pf)	mehrfarbig . . . . avy	1,50	0,50
1279	80 (Pf)	mehrfarbig . . . . avz	1,50	0,50
		Satzpreis (2 W.)	3,—	0,90
		FDC		3,—
		ETB 7/1986		0,70

P So 13	Sonderpostkarte NAJUBRIA '86 mit MiNr. 1278 als Wertstempel	1,40	1,70

Auflagen: MiNr. 1278 = 63 550 000, MiNr. 1279 = 107 350 000 Stück, davon jeweils 487 000 auf ETB

Gültig bis 30.6.2002

Finnland

1986, 10. April. Europa: Natur- und Umweltschutz. Odr.; Papier ph.; gez. K 12¾:13.

adt) Saimaa-Ringelrobbe (Pusa hispida saimensis)

adu) Kulturlandschaft

985	1.60 (M)	mehrfarbig . . . . adt	3,—	1,—
986	2.20 (M)	mehrfarbig . . . . adu	4,—	1,50
		Satzpreis (2 W.)	7,—	2,50
		FDC		4,—

Auflagen: MiNr. 985 = 8 000 000, MiNr. 986 = 4 000 000 Stück

Gültig bis 31.12.2011

Frankreich

1986, 26. April. Europa: Natur- und Umweltschutz. StTdr.; gez. K 13:12½.

cgo) Kleinfleck-Ginsterkatze (Genetta genetta)

cgp) Kleine Hufeisennase (Rhinolophus hipposideros)

			★★	⊙	FDC
2546	2.20 (Fr)	karminrot/ braunschwarz . . . cgo	2,—	1,—	2,50
2547	3.20 (Fr)	karminrot/ braunschwarz . . cgp	3,—	1,50	3,—
		Satzpreis (2 W.)	5,—	2,50	
		ETB			8,50

Auflagen: MiNr. 2546 = 12 106 214, MiNr. 2547 = 6 187 592 Stück, davon jeweils 46 000 auf ETB

Gibraltar*

1986, 10. Febr. Europa: Natur- und Umweltschutz. Odr. (2×5); Wz. 6; gez. K 13:13¼.

px) Schwalbenschwanz (Papilio machaon); Gouverneurspalast

py) Silbermöwe (Larus argentatus); Punta de Europa

			★★	⊙
503	22 P	mehrfarbig . . . . px	1,50	1,—
504	29 P	mehrfarbig . . . . py	1,50	1,50
		Satzpreis (2 W.)	3,—	2,50
		FDC		4,—
		Kleinbogensatz (2 Klb.)	30,—	30,—

Griechenland

1986, 23. April. Europa: Natur- und Umweltschutz. Odr.; A = gez. K 14:13¼ (2×4 Zd), C = senkrecht gez. 13¼.

axs) Waldbrand; Hände mit jungem Trieb

axt) Krauskopfpelikane auf dem Prespasee; Hände

1630	35 (Dr)	mehrfarbig . . . . axs		
A		gez. K 14:13¼	2,50	2,—
C		senkrecht gez. 13¼	4,—	4,—
1631	110 (Dr)	mehrfarbig . . . . axt		
A		gez. K 14:13¼	4,50	2,50
C		senkrecht gez. 13¼	10,—	10,—
		Satzpreis A (Paar)	7,—	5,50
		FDC A		6,—
		Satzpreis C (2 W.)	14,—	14,—
		FDC C		22,—

MH 5	(Nominale 290 Dr)	30,—	
H-Blatt 5	mit 2 × MiNr. 1630 C–1631 C	28,—	28,—

Auflagen: MiNr. 1630 A–1631 A = 1 000 000, MiNr. 1630 C–1631 C = 200 000 Sätze

Gültig bis 31.12.2002

Großbritannien

1986, 20. Mai. Europa: Natur- und Umweltschutz. RaTdr. (10×5 + 10×5); Papier ph.; gez. K 14¼.

ahb) Schleiereule (Tyto alba)

ahc) Baummarder (Martes martes)

ahd) Wildkatze (Felis silvestris)

ahe) Kreuzkröte (Bufo calamita)

1068	17 P	mehrfarbig . . . . ahb	0,80	0,80
1069	22 P	mehrfarbig . . . . ahc	1,20	1,20
1070	31 P	mehrfarbig . . . . ahd	2,—	2,—
1071	34 P	mehrfarbig . . . . ahe	2,50	2,50
		Satzpreis (4 W.)	6,50	6,50
		FDC		7,—

Zwischenstegpaare:

1068 ZW–1071 ZW	. . . . 4 Paare	14,—	14,—

Auflagen: MiNr. 1068 = 36 000 000, MiNr. 1069 = 7 135 800, MiNr. 1070 = 6 384 200, MiNr. 1071 = 6 022 000 Stück

Länder mit einem Stern nach dem Landesnamen waren oder sind keine Mitglieder der CEPT bzw. POSTEUROP.

Großbritannien – Guernsey

1986, 22. Mai. Europa: Natur- und Umweltschutz. RaTdr. (4×5); Faserpapier; gez. K 11½.

ny) Basstölpel (Morus bassanus)

nz) Lockerblütige Orchidee (Orchis laxiflora)

oa) Guernsey-Ulme (Ulmus sarniensis)

358	10 P	mehrfarbig	ny	0,40	0,40
359	14 P	mehrfarbig	nz	0,60	0,60
360	22 P	mehrfarbig	oa	0,80	0,80
			Satzpreis (3 W.)	1,80	1,80
			FDC		3,—

Auflagen: MiNr. 358 = 977 212, MiNr. 359 = 995 123, MiNr. 360 = 662 565 Stück

Großbritannien – Isle of Man

1986, 10. April. Europa: Natur- und Umweltschutz. RaTdr. (2×5 Zd); Faserpapier; gez. K 11¾.

mp) Ayres; Bartflechte (Usnea articulata), Orchidee (Neotinea intacta)

mr) Insel Calf of Man; Kornweihe (Circus cyaneus)

ms) Eary Cushlin; Hermelin (Mustela erminea)

mt) St.-Michaels-Insel; Grashüpfer (Stenobothus stigmaticus)

307	12 P	mehrfarbig	mp	0,50	0,50
308	12 P	mehrfarbig	mr	0,50	0,50
309	22 P	mehrfarbig	ms	1,—	1,—
310	22 P	mehrfarbig	mt	1,—	1,—
			Satzpreis (2 Paare)	3,50	3,50
			FDC		5,—

Nominalgleiche Marken wurden waagerecht zusammenhängend gedruckt.

Großbritannien – Jersey

1986, 21. April. Europa: Natur- und Umweltschutz. Odr. (5×4); gez. K 14¼.

on) Zwergstiefmütterchen (Viola kitaibeliana)

oo) Levkoje (Matthiola sinuata)

op) Sandkrokus (Romulea columnae)

378	10 P	mehrfarbig	on	0,40	0,40
379	14 P	mehrfarbig	oo	0,60	0,60
380	22 P	mehrfarbig	op	1,—	1,—
			Satzpreis (3 W.)	2,—	2,—
			FDC		3,—

Auflagen: MiNr. 378 = 892 977, MiNr. 379 = 892 631, MiNr. 380 = 612 513 Stück

Irland

1986, 1. Mai. Europa: Natur- und Umweltschutz. Odr.; gez. K 14:14¾, Querformat ~.

ny) Verschmutzung des Meeres durch Industrieabwässer

nz) Erhaltung der Hecken als Biotop für Vögel und Insekten

589	28 (P)	mehrfarbig	ny	3,—	3,—
590	39 (P)	mehrfarbig	nz	22,—	9,—
			Satzpreis (2 W.)	25,—	12,—
			FDC		15,—

Auflagen: MiNr. 589 = 2 000 000, MiNr. 590 = 500 000 Stück

Gültig bis 31.12.2002

Island

1986, 5. Mai. Europa: Natur- und Umweltschutz. RaTdr.; gez. K 11¾.

rd) Nationalpark Skaftafell

re) Nationalpark Jökulsá-Schlucht

648	10.00 (Kr)	mehrfarbig	rd	4,—	1,—
649	12.00 (Kr)	mehrfarbig	re	2,—	1,—
			Satzpreis (2 W.)	6,—	2,—
			FDC		4,—

Auflage: 1 000 000 Sätze

Italien

1986, 28. April. Europa: Natur- und Umweltschutz. RaTdr. (5×2 Zd); Papier fl.; gez. K 13¼:14.

bgx) Baum mit herzförmiger Krone

bgy) Baum mit sternförmiger Krone

bgz) Baum mit schmetterlingsförmiger Krone

bha) Baum mit sonnenförmiger Krone

1968	650 (L)	mehrfarbig	bgx	2,50	0,50
1969	650 (L)	mehrfarbig	bgy	2,50	0,50
1970	650 (L)	mehrfarbig	bgz	2,50	0,50
1971	650 (L)	mehrfarbig	bha	2,50	0,50
			Satzpreis (4 W.)	10,—	2,—
			FDC		6,50
			Viererblock	15,—	10,—
			FDC		12,—

MiNr. 1968–1971 wurden in Viererblockanordnung zusammenhängend gedruckt.

Auflage: 5 000 000 Sätze

Jugoslawien

1986, 28. April. Europa: Natur- und Umweltschutz. Odr. (3 × 3); gez. K 13¾.

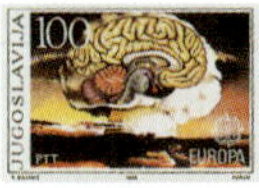

brn) Menschliches Gehirn. Atompilz

bro) Angefahrener Hirsch auf Autostraße

2156 100 (Din) mehrfarbig . . . . brn 0,50 0,50
2157 200 (Din) mehrfarbig . . . . bro 1,50 1,—
Satzpreis (2 W.) 2,— 1,50
FDC 3,20
Kleinbogensatz (2 Klb.) 20,— 20,—

Auflage: 400 000 Sätze

Liechtenstein

1986, 10. März. Europa: Natur- und Umweltschutz. RaTdr. (5 × 4); gez. K 11¾.

ahg) Rauchschwalbe (Hirundo rustica)

ahh) Rotkehlchen (Erithacus rubecula)

893 0.50 (Fr) mehrfarbig . . . . ahg 0,70 0,70
894 0.90 (Fr) mehrfarbig . . . . ahh 1,30 1,30
Satzpreis (2 W.) 2,— 2,—
FDC 2,20
MK 61 3,—

Auflagen: MiNr. 893 = 1 388 018, MiNr. 894 = 1 410 878 Stück

Gültig bis 31.12.2001

Luxemburg

1986, 5. Mai. Europa: Natur- und Umweltschutz. RaTdr.; gez. K 11¾.

ada) Wald und Stadt

adb) Mensch und Industrie

1151 12 Fr mehrfarbig . . . . ada 2,— 0,30
1152 20 Fr mehrfarbig . . . . adb 2,— 1,20
Satzpreis (2 W.) 4,— 1,50
FDC 3,—

Auflage: 1 000 000 Sätze

Gültig bis 31.12.2002

Malta

1986, 3. April. Europa: Natur- und Umweltschutz. Odr. (3 × 4); Wz. 6; gez. K 14.

wd) Schmetterlinge, stilis. Weltkugel

we) Die vier Elemente

746 8 C mehrfarbig . . . . wd 1,50 1,50
747 35 C mehrfarbig . . . . we 3,50 3,50
Satzpreis (2 W.) 5,— 5,—
FDC 6,—
Kleinbogensatz (2 Klb.) 50,— 50,—

P 25 Sonderpostkarte „STOCKHOLMIA '86" mit MiNr. 746–747 als Wertstempel . . . . 5,— 5,—

MiNr. 746–747 wurden jeweils im Kleinbogen zu 10 Marken und 2 verschiedenen Zierfeldern (Feld 1 und 4) gedruckt.

Gültig bis 31.7.2002

Monaco

1986, 22. Mai. Europa: Natur- und Umweltschutz. StTdr. (5 × 6); gez. K 12½:13.

bba) Laborschiff, Mikroskop (Küstengewässerschutz-Abkommen RAMOGE)

bbb) Badestrand und Meeresschutzzone von Monte Carlo (Schutz der Meerestiere)

1746 2.20 (Fr) mehrfarbig . . . . bba 2,— 1,—
1747 3.20 (Fr) mehrfarbig . . . . bbb 3,— 1,50
Satzpreis (2 W.) 5,— 2,50
FDC 4,—

Blockausgabe mit 5 × MiNr. 1746–1747

Block 32 (170 × 143 mm) . . . . bbc 25,— 15,—
FDC 28,—

Auflagen: MiNr. 1746 = 281 790, MiNr. 1747 = 234 390 Stück, Bl. 32 = 228 213 Blocks

Niederlande

1986, 13. Mai. Europa: Natur- und Umweltschutz. Odr., Bogen (B) (10 × 10) und Rolle (R); gez. K 12¾:14.

amn) Schlossgarten von Het Loo bei Arnheim

amo) Alter Baum

1292 50 C mehrfarbig (B) . . . . amn 1,— 0,50
1293 70 C mehrfarbig (B) (R) . . . . amo 1,— 0,50
Satzpreis (2 W.) 2,— 1,—
FDC 2,50

Jede fünfte Rollenmarke trägt rückseitig eine schwarze Zählnummer.

Auflagen: MiNr. 1292 = 7 422 900, MiNr. 1293 = 20 534 200 Stück

Norwegen

1986, 11. April. Europa: Natur- und Umweltschutz. Odr.; Papier ph.; gez. K 13:13¼.

xr) Behutsame Urbanisierung, Erhaltung der Natur

xs) Kampf gegen Umweltverschmutzung

946 2.50 (Kr) mehrfarbig . . . . xr 1,— 0,30
947 3.50 (Kr) mehrfarbig . . . . xs 3,— 0,70
Satzpreis (2 W.) 4,— 1,—
FDC 3,50

Auflagen: MiNr. 946 = 10 365 471, MiNr. 947 = 3 987 469 Stück

Österreich

1986, 2. Mai. Europa: Natur- und Umweltschutz. Komb. StTdr. und RaTdr. (10×5); gez. K 13½.

bfa) Große Küchenschelle (Pulsatilla grandis)

1848	6 S mehrfarbig	bfa	2,—	0,70
		FDC		1,80

Vorlagedruck in Schwarz, mit dem Originaldruckstöckel gedruckt, □, auf Erläuterungsblatt geklebt .... 15,—

Auflage: 3 500 000 Stück

Gültig bis 30.6.2002

San Marino

1986, 22. Mai. Europa: Natur- und Umweltschutz. RaTdr. (10×5); gez. K 13¼:14.

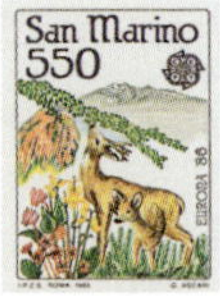

aml) Damwild, Pflanzen

amm) Turmfalke (Falco tinnunculus), Pflanzen

1339	550 (L) mehrfarbig	aml	12,—	10,—
1340	650 (L) mehrfarbig	amm	13,—	10,—
		Satzpreis (2 W.)	25,—	20,—
		FDC		25,—

Auflage: 385 723 Sätze

Portugal

1986, 5. Mai. Europa: Natur- und Umweltschutz. Odr. (5×10); Papier ph.; gez. K 12:11¾.

aok) Maifisch (Alosa alosa)

1690	68.5 (E) mehrfarbig	aok	4,50	2,—
		FDC		3,—

Blockausgabe mit 4 × MiNr. 1690

Block 50	(140×115 mm)	aol	22,—	12,—
		FDC		19,—

Auflagen: MiNr. 1690 = 600 000 Stück, Bl. 50 = 200 000 Blocks

Gültig bis 31.12.1992

Schweden

1986, 27. Mai. Europa: Natur- und Umweltschutz. StTdr.; C = waagerecht, D = dreiseitig gez. 12¾.

apf) Umweltverschmutzung durch Autoabgase

apg) Umweltverschmutzung durch Industrieabgase

1397 C	2.10 (Kr) mehrfarbig	apf	1,—	0,50
1398	2.90 (Kr) mehrfarbig	apg		
Do	dreiseitig gez. (⌷)		1,—	1,—
Du	dreiseitig gez. (⌷)		1,—	1,—
		Satzpreis (2 W.)	2,—	1,50
		FDC (3 W.)		3,50
	Markenheftchen mit 6 × MiNr. 1398 D		6,—	
1398 Do/Du		Paar	2,—	2,—

Auflagen: MiNr. 1397 = 7 800 000, MiNr. 1398 = 8 100 000 Stück

Portugal – Azoren

1986, 5. Mai. Europa: Natur- und Umweltschutz. Odr. (5×10); Papier mit vorderseitigem Phosphorstreifen; gez. K 12:11¾.

bl) Azorengimpel (Pyrrhula murina)

376	68.5 (E) mehrfarbig	bl	3,50	2,—
		FDC		3,—

Blockausgabe mit 3 × MiNr. 376

Block 7	(140×115 mm)	bm	11,—	8,—
		FDC		20,—

Auflagen: MiNr. 376 = 600 000 Stück, Bl. 7 = 220 000 Blocks

Gültig bis 31.12.1992

Schweiz

1986, 27. Mai. Europa: Natur- und Umweltschutz. Komb. StTdr. und Odr. (10×5); Papier ph.; gez. K 13½:13¾.

aum) Frauenkopf

aun) Männerkopf

1315	50 (C) mehrfarbig	aum	1,—	0,40
1316	90 (C) mehrfarbig	aun	2,—	1,80
		Satzpreis (2 W.)	3,—	2,20
		FDC		4,—
		MK (MiNr. 1315)		2,—
		MK (MiNr. 1316)		2,—

Auflagen: MiNr. 1315 = 41 049 000, MiNr. 1316 = 9 040 000 Stück

Portugal – Madeira

1986, 5. Mai. Europa: Natur- und Umweltschutz. Odr. (5×10); Papier mit vorderseitigem Phosphorstreifen; gez. K 12:11¾.

bm) Atlantik-Gelbschnabelsturmtaucher (Calonectris diomedea borealis)

106	68.5 (E) mehrfarbig	bm	5,—	2,—
		FDC		3,—

Blockausgabe mit 3 × MiNr. 106

Block 7	(140×114 mm)	bn	15,—	6,—
		FDC		20,—

Auflagen: MiNr. 106 = 600 000 Stück, Bl. 7 = 220 000 Blocks

Gültig bis 31.12.1992

Spanien

1986, 5. Mai. Europa: Natur- und Umweltschutz. Komb. StTdr. und Odr.; Papier ph.; gez. K 12¾:13¼.

cbt) Junger Mann füttert Vögel

cbu) Junge Frau gießt einen Baum

2726	17 (Pta)	mehrfarbig	cbt	0,50	0,30
2727	45 (Pta)	mehrfarbig	cbu	1,—	0,80
		Satzpreis (2 W.)		1,50	1,10
		FDC			1,80

Auflagen: MiNr. 2726 = 6 000 000, MiNr. 2727 = 4 000 000 Stück

Gültig bis 28.2.2002

Türkei

1986, 28. April. Europa: Natur- und Umweltschutz. Odr.; gez. K 13¼:13, Hochformat ~.

bhv) Industrieabgase, zeichnendes Kind

bhw) Blatt mit Wundpflaster

2738	100 L	mehrfarbig	bhv	6,—	1,—
2739	200 L	mehrfarbig	bhw	12,—	2,50
		Satzpreis (2 W.)		18,—	3,50
		FDC			10,—

Auflage: 600 000 Sätze

Türkisch-Zypern*

1986, 20. Juni. Blockausgabe: Europa – Natur- und Umweltschutz. Odr.; Wz. 1; gez. K 12¼.

fu) Eurasischer Gänsegeier (Gyps fulvus fulvus)

fv) Verschmutzung der Landschaft durch Unrat

fw

179	100 L	mehrfarbig	fu	5,—	3,—
180	200 L	mehrfarbig	fv	5,—	3,—
Block 5	(82×78 mm)		fw	13,—	11,—
		FDC			12,—

Auflage: 350 000 Blocks

Zypern

1986, 28. April. Europa: Natur- und Umweltschutz. Odr. (5×4); Wz. 6; gez. K 13¾:13.

ur) Zyprisches Mufflon (Ovis ammon orientalis cyprius) und Zedern (Cedrus brevifolia)

us) Großer Flamingo (Phoenicopterus ruber) am Larnaka-Salzsee

655	7 C	mehrfarbig	ur	0,50	0,50
656	17 C	mehrfarbig	us	2,—	2,—
		Satzpreis (2 W.)		2,50	2,50
		FDC			3,—

Auflage: 700 000 Sätze

1987

Andorra (Französische Post)

1987, 2. Mai. Europa: Moderne Architektur. StTdr. (5×5); gez. K 13.

gz) Neue Kirche von Meritxell

ha) Wintersportzentrum Pleta d'Ordino

379	2.20 (Fr)	magentarot/violett	gz	3,—	1,50
380	3.40 (Fr)	ultramarin/blauviolett	ha	5,50	4,—
		Satzpreis (2 W.)		8,50	5,50
		FDC			6,50

Auflagen: MiNr. 379 = 609 874, MiNr. 380 = 315 135 Stück

Andorra (Spanische Post)

1987, 15. Mai. Europa: Moderne Architektur. StTdr. (4×6, Hochformat ~); Papier ph.; gez. K 13¾:14, Hochformat ~.

ew) Kirche von Meritxell (Innenansicht)

ex) Kirche von Meritxell

193	19 (Pta)	dunkelblau/lilabraun	ew	1,—	1,—
194	48 (Pta)	dunkelblau/lilabraun	ex	1,—	1,—
		Satzpreis (2 W.)		2,—	2,—
		FDC			3,—

Auflage: 750 000 Sätze

Gültig bis 28.2.2002

Belgien

1987, 9. Mai. Europa: Moderne Architektur. RaTdr. (6×5); Papier ph.; gez. K 11¾:11½.

bvf) Kirche in Louvain-la-Neuve; von Jean Cosse (*1931)

bvg) St.-Maartensdal-Turm in Löwen; von Renaat Braem (1910–2001), Jan De Mol (1921–2004) und Albert Moerkerke

2303	13 (Fr)	mehrfarbig	bvf	0,50	0,40
2304	24 (Fr)	mehrfarbig	bvg	2,50	0,60
		Satzpreis (2 W.)		3,—	1,—
		FDC			5,—

Gedenkblatt der belgischen Post mit MiNr. 2303–2304 □ (nicht frankaturgültig) . . . . 120,—

Auflagen: MiNr. 2303 = 9 000 000, MiNr. 2304 = 2 400 000 Stück

Dänemark

1987, 4. Mai. Europa: Moderne Architektur. StTdr. (10×5, Querformat ~); Papier fl.; gez. K 12¾.

uv) Hauptbibliothek, Gentofte

uw) Kreisgymnasium, Høje Tåstrup

895	2.80 (Kr) karmin . . . . uv	1,—	0,30
896	3.80 (Kr) violettblau . . . . uw	2,50	1,30
	Satzpreis (2 W.)	3,50	1,50
	FDC		3,—

Auflagen: MiNr. 895 = 15 200 000, MiNr. 896 = 5 800 000 Stück

Dänemark – Färöer

1987, 6. April. Europa: Moderne Architektur. StTdr. (4×5); gez. K 12¾:14.

es

et

es–et) Haus des Nordens, Färöer; von Ola Steen (*1941) und Kolbrún Ragnarsdóttir

149	300 (Ø) dunkelultramarin . . . . es	1,—	1,—
150	550 (Ø) dunkellilabraun . . . . et	1,50	1,50
	Satzpreis (2 W.)	2,50	2,50
	FDC		3,50

Auflagen: MiNr. 149 = 1 219 000, MiNr. 150 = 819 000 Stück

Deutschland

1987, 5. Mai. Europa: Moderne Architektur. Odr. (5×10); Papier fl.; gez. K 14.

axu) Deutscher Pavillon, Barcelona; von Ludwig Mies van der Rohe (1886–1969), Architekt

axv) Köhlbrandbrücke, Hamburg

1321	60 (Pf) mehrfarbig . . . . axu	1,60	0,50
1322	80 (Pf) mehrfarbig . . . . axv	2,—	0,50
	Satzpreis (2 W.)	3,50	1,—
	FDC		2,50
	ETB 12/1987		1,—

P So 14	Sonderpostkarte SÜDPOSTA '87 mit MiNr. 1321 als Wertstempel	1,40	1,70
P So 16	Sonderpostkarte „Internationale Briefmarkenmesse, Essen“ mit MiNr. 1321 als Wertstempel	1,40	1,70

Auflagen: MiNr. 1321 = 74 840 000, MiNr. 1322 = 98 036 000 Stück, davon jeweils 487 400 auf ETB

Gültig bis 30.6.2002

Finnland

1987, 15. Mai. Europa: Moderne Architektur. Odr.; Papier ph.; gez. K 12¾:13.

afg) Stadtbibliothek „Metso“, Tampere; von Raili (*1926) und Reima Pietilä (1923–1993), Architekten

afh) Monument „Stoa“, Helsinki-Itäkeskus; von Hannu Sirén (*1953), Bildhauer

1021	1.70 (M) mehrfarbig . . . . afg	2,50	0,50
1022	2.30 (M) mehrfarbig . . . . afh	3,50	1,50
	Satzpreis (2 W.)	6,—	2,—
	FDC		3,—
	MK		4,50

Auflage: MiNr. 1021 = 8 000 000, MiNr. 1022 = 4 000 000 Stück

Gültig bis 31.12.2011

Frankreich

1987, 25. April. Europa: Moderne Architektur. StTdr.; gez. K 13:12½.

ciw) Fabrikgebäude „57 Mda43tal“ bei Paris; von Claude Vasconi (1940–2009), Architekt

cix) Wohngebäude in Paris; von Robert Mallet-Stevens (1886–1945), Architekt

2603	2.20 (Fr) blau/grün . . . . ciw	2,—	1,—
2604	3.40 (Fr) violettbraun/grün cix	2,50	2,—
	Satzpreis (2 W.)	4,50	3,—
	FDC		4,50
	ETB		9,—

Auflagen: MiNr. 2603 = 10 649 881, MiNr. 2604 = 5 344 668 Stück

Gibraltar*

1987, 17. Febr. Europa: Moderne Architektur. Odr. (2×5); Wz. 6; gez. K 14¾.

rr) Neptune House

rs) Ocean Heights

519	22 P mehrfarbig . . . . rr	1,—	1,—
520	29 P mehrfarbig . . . . rs	1,50	1,50
	Satzpreis (2 W.)	2,50	2,50
	FDC		3,50
	Kleinbogensatz (2 Klb.)	25,—	25,—

Griechenland

1987, 4. Mai. Europa: Moderne Architektur. Odr.; A = vierseitig gez. K 12½ (2×4 Zd), C = senkrecht gez. 12¾.

ayo) Plastik von Achilleas Apergis (1909–1986)

ayp) Delphisches Licht; Thermoskulptur von Gerassimos Sklavos (1927–1967)

1651	40 (Dr) mehrfarbig . . . . ayo		
A	gez. K 12½	2,50	2,—
C	senkrecht gez. 12¾	2,50	2,—

1652	130 (Dr) mehrfarbig	ayp		
A	gez. K 12½		4,50	3,—
C	senkrecht gez. 12¾		4,50	3,—
		Satzpreis A (Paar)	7,—	5,—
		FDC A		5,50
		Satzpreis C (2 W.)	7,—	5,—
		FDC C		6,—
MH 6	(Nominale 340 Dr)		15,—	
H-Blatt 6	mit 2 × MiNr. 1651 C–1652 C		14,—	14,—

Auflagen: MiNr. 1651 A–1652 A = 1 500 000, MiNr. 1651 C–1652 C = 300 000 Sätze

Gültig bis 31.12.2002

Großbritannien

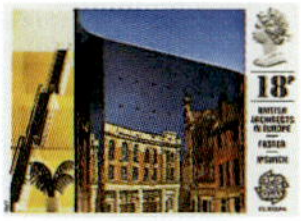

1987, 12. Mai. Europa: Moderne Architektur. RaTdr. (10×5 + 10×5); Papier ph.; gez. K 14¾:14¼.

ail) Bürohaus in Ipswich; von Norman Foster (*1935)

aim) Centre Pompidou in Paris; von Richard Rogers (*1933) und Renzo Piano (*1937)

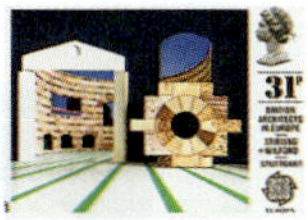

ain) Staatsgalerie in Stuttgart; von James Stirling (1926–1992) und Michael Wilford (*1938)

aio) Europäische Investitionsbank in Luxemburg; von Denis Lasdun (1914–2001)

1105	18 P mehrfarbig	ail	0,80	0,70
1106	22 P mehrfarbig	aim	1,20	1,—
1107	31 P mehrfarbig	ain	2,—	1,50
1108	34 P mehrfarbig	aio	2,50	1,80
		Satzpreis (4 W.)	6,50	5,—
		FDC		5,50

Zwischenstegpaare:

1105 ZW–1108 ZW		4 Paare	18,—	16,—
1107 U	ungezähnt		*4500,—*	*4500,—*

Auflagen: MiNr. 1105 = 33 759 600, MiNr. 1106 = 6 383 000, MiNr. 1107 = 5 857 500, MiNr. 1108 = 5 586 900 Stück

Großbritannien – Guernsey

1987, 5. Mai. Europa: Moderne Architektur. Odr. (2×5 Zd); gez. K 12¾;13¼.

pg) Hauptpostamt ph) St. Peter Port pi) Grundschule pk) St. Peter Port

389	15 P mehrfarbig	pg	0,50	0,50
390	15 P mehrfarbig	ph	0,50	0,50
391	22 P mehrfarbig	pi	0,70	0,70
392	22 P mehrfarbig	pk	0,70	0,70
		Satzpreis (2 Paare)	3,—	3,—
		FDC		4,50

Nominalgleiche Marken wurden waagerecht zusammenhängend gedruckt.

Auflagen: MiNr. 389–390 je 595 661, MiNr. 391–392 je 434 886 Stück

Großbritannien – Isle of Man

1987, 29. April. Europa: Moderne Architektur. Odr. (1×5 Zd); gez. K 13½.

nv) Abfertigungsgebäude, Hafen von Douglas

nw) Zufluchtsturm, Douglas

nx) Gaiety-Theater, Douglas

ny) Villa Marina, Douglas

335	12 P mehrfarbig	nv	0,60	0,60
336	12 P mehrfarbig	nw	0,60	0,60
337	22 P mehrfarbig	nx	1,20	1,20
338	22 P mehrfarbig	ny	1,20	1,20
		Satzpreis (2 Paare)	4,—	4,—
		FDC		4,50
		Kleinbogensatz (2 Klb.)	20,—	20,—

Nominalgleiche Marken wurden jeweils waagerecht zusammenhängend gedruckt.

Großbritannien – Jersey

1987, 23. April. Europa: Moderne Architektur. Odr. (2×5); gez. K 15:14.

pp) Katholische Kirche St. Maria und St. Peter, St. Helier

pr) Villa Devereux, St. Brelade

ps) Erholungs- und Vergnügungszentrum Fort Regent, St. Helier

405	11 P mehrfarbig	pp	0,50	0,50
406	15 P mehrfarbig	pr	0,70	0,70
407	22 P mehrfarbig	ps	1,20	1,20
		Satzpreis (3 W.)	2,40	2,40
		FDC		3,20
		Kleinbogensatz (3 Klb.)	24,—	24,—

Auflagen: MiNr. 405 = 847 735, MiNr. 406 = 883 825, MiNr. 407 = 467 615 Stück

Irland

1987, 14. Mai. Europa: Moderne Architektur. Odr.; gez. K 15:14.

pg) Verwaltungsgebäude von „Bord na Móna", Dublin; Der Torfstecher, Skulptur von John Behan (*1938), Bildhauer

ph) Marienkirche, Cong; Ruinen des ehemaligen Klosters

623	28 (P) mehrfarbig	pg	3,—	3,—
624	39 (P) mehrfarbig	ph	12,—	10,—
		Satzpreis (2 W.)	15,—	13,—
		FDC		15,—

Auflagen: MiNr. 623 = 2 000 000, MiNr. 624 = 500 000 Stück

Gültig bis 31.12.2002

Island

1987, 4. Mai. Europa: Moderne Architektur. RaTdr.; gez. K 11¾.

rx

ry

rx–ry) Glasfenster von Leifur Breidfjörd (*1945) in der Fossvogskapelle, Reykjavík

665	12.00 (Kr)	mehrfarbig	rx	1,50	0,70
666	15.00 (Kr)	mehrfarbig	ry	2,50	1,30
			Satzpreis (2 W.)	4,—	2,—
			FDC		2,50

Auflagen: MiNr. 665 = 1 500 000, MiNr. 666 = 1 000 000 Stück

Italien

1987, 4. Mai. Europa: Moderne Architektur. RaTdr. (5×10); Papier fl.; gez. K 14:13¼.

bio) Autobahnkirche, Florenz

bip) Hauptbahnhof, Rom

2010	600 (L)	mehrfarbig	bio	2,—	1,30
2011	700 (L)	mehrfarbig	bip	4,—	1,30
			Satzpreis (2 W.)	6,—	2,50
			FDC		4,50

Auflage: 5 000 000 Sätze

Jugoslawien

1987, 30. April. Europa: Moderne Architektur. Odr. (3×3); gez. K 13¾.

buf) Tito-Brücke zur Insel Krk; von Ilija Stojadinović (1924–2007)

bug) Dreibrücke über die Ljubljanica in Ljubljana; von Jože Plečnik (1872–1957)

2219	200 (Din)	mehrfarbig	buf	0,50	0,50
2220	400 (Din)	mehrfarbig	bug	1,—	1,—
			Satzpreis (2 W.)	1,50	1,50
			FDC		3,—
			Kleinbogensatz (2 Klb.)	15,—	15,—

Auflage: 400 000 Sätze

Liechtenstein

1987, 9. März. Europa: Moderne Architektur. RaTdr. (5×4); gez. K 11¾.

aif) Primarschule, Gamprin

aig) Pfarrkirche Schellenberg

916	50 (Rp)	mehrfarbig	aif	0,60	0,60
917	90 (Rp)	mehrfarbig	aig	1,20	1,20
			Satzpreis (2 W.)	1,80	1,80
			FDC		2,—
			MK 71		3,—

Auflagen: MiNr. 916 = 1 244 071, MiNr. 917 = 1 058 791 Stück

Gültig bis 31.12.2001

Luxemburg

1987, 4. Mai. Europa: Moderne Architektur. RaTdr.; Papier fl.; gez. K 11½.

ady) Olympia-Schwimmhalle; von Roger Taillibert (*1926), französischer Architekt

adz) Europäischer Gerichtshof mit Skulptur von Henry Moore (1898–1986), britischer Bildhauer und Graphiker

1174	12 Fr	mehrfarbig	ady	2,—	0,50
1175	20 Fr	mehrfarbig	adz	2,50	1,50
			Satzpreis (2 W.)	4,50	2,—
			FDC		2,50

Auflage: 1 000 000 Sätze

Gültig bis 31.12.2002

Malta

1987, 15. April. Europa: Moderne Architektur. Odr. (3×4); Wz. 6; gez. K 14.

xa) Touristenzentrum, Aquasun

xb) St.-Josephs-Kirche, Manikata

766	8 C	mehrfarbig	xa	1,—	1,—
767	35 C	mehrfarbig	xb	3,—	3,—
			Satzpreis (2 W.)	4,—	4,—
			FDC		6,—
			Kleinbogensatz (2 Klb.)	40,—	40,—

P 26 Sonderpostkarte „HAFNIA '87" mit MiNr. 766–767 als Wertstempel . . . . 5,— 5,—

MiNr. 766–767 wurden jeweils im Kleinbogen zu 10 Marken und 2 verschiedenen Zierfeldern (Feld 1 und 4) gedruckt.

Gültig bis 31.7.2002

Monaco

1987, 23. April. Europa: Moderne Architektur. StTdr. (6×5); gez. K 13:12½.

bda) Neues Stadion Louis II.

bdb) Prinz-Albert-Schwimmhalle

1794	2.20 (Fr)	mehrfarbig	bda	1,80	1,50
1795	3.40 (Fr)	mehrfarbig	bdb	2,20	2,—
			Satzpreis (2 W.)	4,—	3,50
			FDC		5,—

Blockausgabe mit 5 × MiNr. 1794–1795

Block 35	(143×171 mm)	bdc	20,—	16,—
		FDC		25,—

Niederlande

1987, 12. Mai. Europa: Moderne Architektur. Odr.; Papier ph.; gez. K 14:12¾.

anl) Ballett-Theater in Scheveningen; von Rem Koolhaas (*1944)

anm) Montessorischule, Amsterdam; von Herman Hertzberger (*1932)

1318	55 C mehrfarbig	anl	1,—	0,50
1319	75 C mehrfarbig	anm	1,—	0,50
		Satzpreis (2 W.)	2,—	1,—
		FDC		2,50

Auflagen: MiNr. 1318 = 11 435 750, MiNr. 1319 = 11 905 300 Stück

Norwegen

1987, 3. April. Europa: Moderne Architektur. Odr.; Papier ph.; gez. K 13¼:13.

yl) Holzarchitektur

ym) Glas- und Steinarchitektur

965	2.70 (Kr) mehrfarbig	yl	1,—	0,40
966	4.50 (Kr) mehrfarbig	ym	1,50	0,60
		Satzpreis (2 W.)	2,50	1,—
		FDC		3,—

Auflagen: MiNr. 965 = 11 448 173, MiNr. 966 = 11 509 481 Stück

Österreich

1987, 6. April. Europa: Moderne Architektur; Europäisches Kulturfestival „Europalia '87 Österreich", Brüssel. Komb. StTdr. und RaTdr. (10×5); gez. K 13¾.

bgf) Hundertwasser-Haus, Wien

1876	6 S mehrfarbig	bgf	2,50	1,20
		FDC		2,50

Vorlagedruck in Schwarz, mit dem Originaldruckstöckel gedruckt, ☐, auf Erläuterungsblatt geklebt .... 45,—

Auflage: 3 300 000 Stück

Gültig bis 30.6.2002

Portugal

1987, 5. Mai. Europa: Moderne Architektur. Odr. (5×10); Papier ph.; gez. K 12:11¾.

apx) Bankgebäude in Vila do Conde; von Álvaro Siza Viera (*1933)

1722	74.5 (E) mehrfarbig	apx	2,50	2,—
		FDC		2,50

Blockausgabe mit 4 × MiNr. 1722

Block 54	(140×114 mm)	apy	12,—	10,—
		FDC		19,—

S 3 Offizieller Schwarzdruck der MiNr. 1722 .... —,—

Auflagen: MiNr. 1722 = 600 000 Stück, Bl. 54 = 180 000 Blocks

Gültig bis 31.12.1992

Portugal – Azoren

1987, 5. Mai. Europa: Moderne Architektur. Odr. (5×10); Papier mit vorderseitigem Phosphorstreifen; gez. K 12:11¾.

bu) Gebäude der Regionalversammlung in Horta; von Manuel Correia Fernandes (*1941) und Luís Miranda

383	74.5 (E) mehrfarbig	bu	2,50	2,—
		FDC		2,50

Blockausgabe mit 4 × MiNr. 383

Block 8	(140×114 mm)	bv	11,—	10,—
		FDC		19,—

S 1 Offizieller Schwarzdruck der MiNr. 383 .... —,—

Auflagen: MiNr. 383 = 600 000 Stück, Bl. 8 = 200 000 Blocks

Gültig bis 31.12.1992

Portugal – Madeira

1987, 5. Mai. Europa: Moderne Architektur. Odr. (5×10); Papier mit vorderseitigem Phosphorstreifen; gez. K 12:11¾.

bx) Soziales Dienstleistungszentrum in Funchal; von Raúl Chorão Ramalho (1914–2001)

115	74.5 (E) mehrfarbig	bx	2,50	2,—
		FDC		2,50

Blockausgabe mit 4 × MiNr. 115

Block 8	(140×114 mm)	by	10,—	8,50
		FDC		19,—

S 1 Offizieller Schwarzdruck der MiNr. 115 .... —,—

Auflagen: MiNr. 115 = 600 000 Stück, Bl. 8 = 200 000 Blocks

Gültig bis 31.12.1992

San Marino

1987, 12. März. Europa: Moderne Architektur. RaTdr. (10×5); gez. K 12:11¾.

anc) Skizze

and) Innenansicht

anc–and) Kirche Maria zum Trost in Borgo Maggiore di San Marino; von Giovanni Michelucci (1891–1990), italienischer Architekt und Stadtplaner

1354	600 (L) mittelpurpur/schwarz	anc	10,—	8,—
1355	700 (L) gelborange/schwarz	and	12,—	10,—
		Satzpreis (2 W.)	22,—	18,—
		FDC		20,—

Auflage: 400 000 Sätze

Schweden

1987, 14. Mai. Europa: Moderne Architektur. StTdr.; MiNr. 1428 senkrecht, MiNr. 1429–1430 dreiseitig gez. 12¾.

ari) Stadtbibliothek in Stockholm; von Gunnar Asplund (1885–1940)

ark) Markuskirche in Stockholm; von Sigurd Lewerentz (1885–1975)

1428	2.10 (Kr)	schwarzblau/braun (▯) . . . . ari		1,—	0,50
1429	3.10 (Kr)	grün/orangebraun (▯) . . . . . ari		1,—	1,—
1430	3.10 (Kr)	grün/schwarzviolett (▯) . . . ark		1,—	1,—
			Satzpreis (3 W.)	3,—	2,50
			FDC		3,50

MH 120	(Nominale 18.60 Kr)	6,—	
H-Blatt 147	mit 3 × MiNr. 1429–1430	6,—	6,—

Auflagen: MiNr. 1428 = 7 500 000, MiNr. 1429–1430 je 4 740 000 Stück

Schweiz

1987, 26. Mai. Europa: Moderne Architektur. RaTdr. (5×10); Papier fl.; gez. K 11¾.

avx) Der Scarabäus; Plastik von Bernhard Luginbühl (1929–2011)

avy) Basler Fasnachtsbrunnen; Skulpturen von Jean Tinguely (1925–1991)

1349	50 (C) mehrfarbig . . . . avx		1,—	0,40
1350	90 (C) mehrfarbig . . . . avy		2,—	1,60
		Satzpreis (2 W.)	3,—	2,—
		FDC		3,—

Auflagen: MiNr. 1349 = 38 934 000, MiNr. 1350 = 7 530 000 Stück

Spanien

1987, 4. Mai. Europa: Moderne Architektur. Komb. StTdr. und Odr.; Papier ph.; gez. K 14:13¾, Querformat ∼.

cdx) Bilbao-Bank in Madrid; von Francisco Javier Sáenz de Oiza (1918–2000)

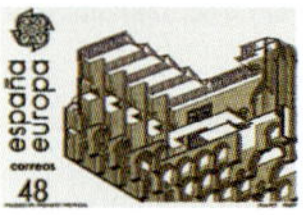

cdy) Museum für romanische Kunst in Mérida; von Rafael Moneo (*1937)

2781	19 (Pta) mehrfarbig . . . . cdx		1,—	0,50
2782	48 (Pta) mehrfarbig . . . . cdy		1,—	0,50
		Satzpreis (2 W.)	2,—	1,—
		FDC		2,—

Auflagen: MiNr. 2781 = 6 000 000, MiNr. 2782 = 4 000 000 Stück

Gültig bis 28.2.2002

Türkei

1987, 28. April. Europa: Moderne Architektur. Odr.; gez. K 13.

bkl) Institut für türkische Geschichte, Ankara

bkm) Gebäude der Sozialversicherung, Istanbul

2777	50 L mehrfarbig . . . . bkl		6,—	1,50
2778	200 L mehrfarbig . . . . bkm		12,—	2,50
		Satzpreis (2 W.)	18,—	4,—
		FDC		4,50

Auflage: 600 000 Sätze

Türkisch-Zypern*

1987, 30. Juni. Europa: Moderne Architektur. Odr., Bogen; Wz. 1; A = vierseitig gez. K 2¼.

gt) Wohngebäude von Ahmet Vural Behaeddin (1927–1993)

gu) Wohngebäude von Necdet Turgay

205 A	50 L mehrfarbig . . . . gt		2,—	2,—
206 A	200 L mehrfarbig . . . . gu		2,—	2,—
		Satzpreis A (2 W.)	4,—	4,—
		FDC A		10,—

Markenheftchen (1×4), C = waagerecht gez. 12¼

205 C	50 L mehrfarbig . . . . gt		2,—	2,—
206 C	200 L mehrfarbig . . . . gu		2,—	2,—
		Satzpreis C (2 W.)	4,—	4,—
		FDC C		11,—

H-Blatt 1	mit 2 × MiNr. 205 C–206 C	8,—
MH 1	mit 1 × H-Blatt 1	9,—

Auflagen: MiNr. 205 A–206 A = 300 000, MH 1 = 100 000 Markenheftchen

Zypern

1987, 11. Mai. Europa: Moderne Architektur. Odr. (5×4); Wz. 6; gez. K 14:13¼.

vr) Landeszentralbank (Architekten: Mikis Zembylas und Alkis Ioannides)

vs) Fernmeldebehörde (Architekten: Jacques und Andreas Philippou)

681	7 C mehrfarbig . . . . vr		0,50	0,50
682	18 C mehrfarbig . . . . vs		1,—	1,—
		Satzpreis (2 W.)	1,50	1,50
		FDC		2,—

Auflage: MiNr. 681 = 800 000, MiNr. 682 = 1 200 000 Stück

1988

Andorra (Französische Post)

1988, 30. April. Europa: Transport- und Kommunikationsmittel. StTdr. (5×5); gez. K 13.

hl) Funkturm von Enclar

hm) Computer für Touristeninformationen

390	2.20 (Fr) mehrfarbig . . . . hl		3,—	2,—
391	3.60 (Fr) mehrfarbig . . . . hm		5,—	3,—
		Satzpreis (2 W.)	8,—	5,—
		FDC		5,50

Auflagen: MiNr. 390 = 538 963, MiNr. 391 = 289 461 Stück

Andorra (Spanische Post)

1988, 5. Mai. Europa: Transport- und Kommunikationsmittel. StTdr. (6×4); Papier ph.; gez. K 14:13¾.

fe) Antike Straße nach Les Bons

ff) Maultiere

200	20 (Pta)	dunkelblau/karminrot	fe	0,50	0,50
201	45 (Pta)	dunkelblau/karminrot	ff	1,50	1,50
		Satzpreis (2 W.)		2,—	2,—
		FDC			2,50

Auflage: 600 000 Sätze

Gültig bis 28.2.2002

Belgien

1988, 7. Mai. Europa: Transport- und Kommunikationsmittel. RaTdr. (6×5); Papier ph.; gez. K 11¾:11½.

bwp) Parabolantenne

bwr) Umweltfreundlicher Motor

2335	13 (Fr)	mehrfarbig	bwp	0,50	0,30
2336	24 (Fr)	mehrfarbig	bwr	2,50	0,70
		Satzpreis (2 W.)		3,—	1,—
		FDC			5,—

Gedenkblatt der belgischen Post mit MiNr. 2335–2336 □ (nicht frankaturgültig) . . . . 120,—

Auflagen: MiNr. 2335 = 8 100 000, MiNr. 2336 = 2 100 000 Stück

Dänemark

1988, 5. Mai. Europa: Transport- und Kommunikationsmittel. Odr. (10×5); Papier fl.; gez. K 12¾.

vo) Postbotin auf neuentwickeltem Postfahrrad

vp) Mobiltelefon

921	3.00 (Kr)	mehrfarbig	vo	1,—	0,50
922	4.10 (Kr)	mehrfarbig	vp	2,50	1,—
		Satzpreis (2 W.)		3,50	1,50
		FDC			3,—

Auflagen: MiNr. 921 = 15 900 000, MiNr. 922 = 6 350 000 Stück

Dänemark – Färöer

1988, 11. April. Europa: Transport- und Kommunikationsmittel. RaTdr. (4×5); gez. K 11¾.

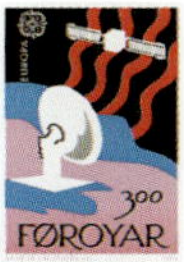

fl) Satellit, Erdfunkstelle

fm) Containerschiff, Ladekran, Gabelstapler

166	3.00 (Kr)	mehrfarbig	fl	1,—	1,—
167	5.50 (Kr)	mehrfarbig	fm	1,50	1,50
		Satzpreis (2 W.)		2,50	2,50
		FDC			3,50

Auflagen: MiNr. 166 = 819 000, MiNr. 167 = 689 000 Stück

Deutschland

1988, 5. Mai. Europa: Transport- und Kommunikationsmittel. Odr. (5×10); Papier fl.; gez. K 14.

azs) Flugzeug Airbus A 320, Flaggen der an der Konstruktion beteiligten Länder

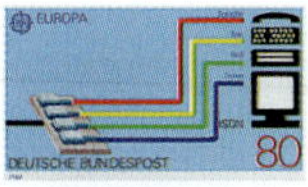

azt) Schematische Darstellung eines ISDN-Anschlusses der Deutschen Bundespost

1367	60 (Pf)	mehrfarbig	azs	1,40	0,60
1368	80 (Pf)	mehrfarbig	azt	1,40	0,60
		Satzpreis (2 W.)		2,80	1,20
		FDC			2,80
		ETB 14/1988			1,—

1368 F	Farben Lebhaftgrün und Lilaultramarin fehlend	—,—

P So 17	Sonderpostkarte NAPOSTA '89 mit MiNr. 1367 als Wertstempel	1,40	1,70

Auflagen: MiNr. 1367 = 73 550 000, MiNr. 1368 = 71 350 000 Stück, davon jeweils 477 000 auf ETB

Gültig bis 30.6.2002

Finnland

1988, 23. Mai. Europa: Transport- und Kommunikationsmittel. Odr.; gez. K 12¾:13.

agm) Bildschirme, Papierflugzeuge (Datenaustausch)

agn) Pferde-Straßenbahn, Helsinki (1890)

1051	1.80 (M)	mehrfarbig	agm	2,—	0,50
1052	2.40 (M)	mehrfarbig	agn	4,—	1,50
		Satzpreis (2 W.)		6,—	2,—
		FDC			3,50
		MK (MiNr. 1052)			4,50

Auflagen: MiNr. 1051 = 8 000 000, MiNr. 1052 = 4 000 000 Stück

Gültig bis 31.12.2011

Frankreich

1988, 30. April. Europa: Transport- und Kommunikationsmittel. StTdr.; gez. K 13.

cmh) Kabelstränge, Satellit

cmi) Nahverkehrszug

2667	2.20 (Fr)	mehrfarbig	cmh	2,—	1,50
2668	3.60 (Fr)	mehrfarbig	cmi	3,—	2,—
		Satzpreis (2 W.)		5,—	3,50
		FDC			5,50
		ETB			9,—

Auflagen: MiNr. 2667 = 12 047 695, MiNr. 2668 = 5 167 380 Stück

Länder mit einem Stern nach dem Landesnamen waren oder sind keine Mitglieder der CEPT bzw. POSTEUROP.

Gibraltar*

1988, 16. Febr. Europa: Transport- und Kommunikationsmittel. Odr. (1 × 5 Zd); Wz. 5; dreiseitig gez. K 14½:14, einseitig durchstochen.

ss) Passagierschiff „Canberra“, Felsen von Gibraltar

st) Flugzeug Boeing 737, Fähre „Gibline I“, Parabolantenne

su) Autobus, Postkutsche

sv) Personenwagen, Telefon, Felsen von Gibraltar

544	22 P	mehrfarbig	ss	1,—	1,—
545	22 P	mehrfarbig	st	1,—	1,—
546	32 P	mehrfarbig	su	1,50	1,50
547	32 P	mehrfarbig	sv	1,50	1,50
			Satzpreis (2 Paare)	5,—	5,—
			FDC		9,—
			Kleinbogensatz (2 Klb.)	35,—	35,—

Nominalgleiche Marken wurden waagerecht zusammenhängend gedruckt.

Griechenland

1988, 6. Mai. Europa: Transport- und Kommunikationsmittel. Odr.; A = vierseitig gez. K 12½ (2 × 4 Zd), C = senkrecht gez. 14.

baa) Satellit, Telekopierer, Telefon

bab) Eisenbahn, Straße, U-Bahn

1685	60 (Dr)	mehrfarbig	baa		
A		gez. K 12½		4,—	2,50
C		senkrecht gez. 14		5,—	3,—
1686	150 (Dr)	mehrfarbig	baa		
A		gez. K 12½		10,—	5,50
C		senkrecht gez. 14		12,—	7,—
			Satzpreis A (Paar)	14,—	8,—
			FDC A		12,—
			Satzpreis C (2 W.)	17,—	10,—
			FDC C		14,—

MH 8	(Nominale 420 Dr)	35,—	
H-Blatt 8	mit 2 × MiNr. 1685 C–1686 C	34,—	34,—

MiNr. 1685 C–1686 C wurden jeweils in Verkaufspackungen zu 100 Marken (20 Fünferstreifen) ausgegeben. MiNr. 1685 C–1686 C wurden außerdem zusammenhängend im Markenheftchen (MH 8) ausgegeben.

Auflagen: MiNr. 1685 A–1686 A = 1 000 000 Sätze, MiNr. 1685 C = 5 300 000, MiNr. 1686 C = 1 300 000 Stück, davon jeweils 300 000 im Markenheftchen

Gültig bis 31.12.2002

Großbritannien

1988, 10. Mai. Europa: Transport und Kommunikationsmittel. RaTdr. (10 × 5 + 10 × 5); Papier ph.; gez. K 14¾:14¼.

akz) „Mallard“-Lokomotive

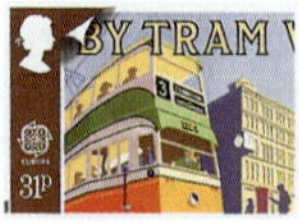

ala) Passagierschiff „Queen Elizabeth“

alb) Straßenbahn, Glasgow

alc) Doppeldecker Handley Page H.P. 45

1147	18 P	mehrfarbig	akz	0,80	0,60
1148	26 P	mehrfarbig	ala	1,20	1,20
1149	31 P	mehrfarbig	alb	2,—	1,80
1150	34 P	mehrfarbig	alc	2,50	2,—
			Satzpreis (4 W.)	6,50	5,50
			FDC		6,—

Zwischenstegpaare:

1147 ZW–1150 ZW	4 Paare	20,—	12,—

Auflagen: MiNr. 1147 = 32 346 500, MiNr. 1148 = 5 902 200, MiNr. 1149 = 5 607 400, MiNr. 1150 = 5 075 600 Stück

Großbritannien – Guernsey

1988, 10. Mai. Europa: Transport- und Kommunikationsmittel. Odr. (2 × 5 Zd); gez. K 14¼.

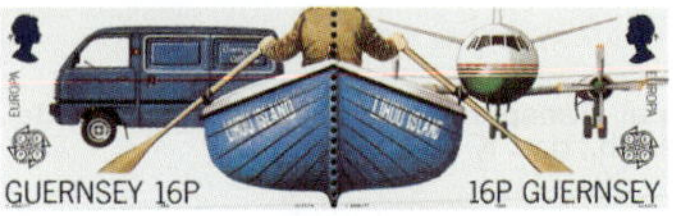

ri rk

ri–rk) Postauto, Postruderboot, Postflugzeug

rl rm

rl–rm) Postpferdefuhrwerk, Postbeamter auf Fahrrad

417	16 P	mehrfarbig	ri	0,50	0,50
418	16 P	mehrfarbig	rk	0,50	0,50
419	22 P	mehrfarbig	rl	1,—	1,—
420	22 P	mehrfarbig	rm	1,—	1,—
			Satzpreis (2 Paare)	3,50	3,50
			FDC		4,50

Nominalgleiche Marken wurden waagerecht zusammenhängend gedruckt.

Auflagen: MiNr. 417–418 je 387 699, MiNr. 419–420 je 359 634 Stück

Großbritannien – Isle of Man

1988, 14. April. Europa: Transport- und Kommunikationsmittel. Odr. (2 × 4 Zd); gez. K 13¾.

pe pf

pe–pf) Kabelleger „Flexservice 3“ beim Verlegen des Unterwasser-Glasfiberkabels von der Insel Man nach England

pg) Erdfunkstelle in Braddan

ph) Fernmeldesatellit INTELSAT V

367	13 P	mehrfarbig	pe	0,60	0,60
368	13 P	mehrfarbig	pf	0,60	0,60
369	22 P	mehrfarbig	pg	1,20	1,20
370	22 P	mehrfarbig	ph	1,20	1,20
			Satzpreis (2 Paare)	4,—	4,—
			FDC		5,—

Nominalgleiche Marken wurden waagerecht zusammenhängend gedruckt.

Großbritannien – Jersey

1988, 26. April. Europa: Transport- und Kommunikationsmittel. Odr. (4×5, Hochformate ~); gez. K 13¾.

rw) De Havilland D.H.C. Dash Seven; Gebäude in London; Tower des Flughafens Jersey

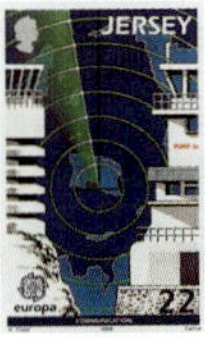

rx) Wetterradar und Display, Instrumentenlandesystem des Flughafens Jersey

ry) Tragflügelboot; Hafenansichten von St. Malo und Jersey

rz) Radarstation und Seefunkstelle im Hafen von Jersey

435	16 (P)	mehrfarbig	rw	0,60	0,60
436	16 (P)	mehrfarbig	rx	0,60	0,60
437	22 (P)	mehrfarbig	ry	0,90	0,90
438	22 (P)	mehrfarbig	rz	0,90	0,90
			Satzpreis (4 W.)	3,—	3,—
			FDC		4,—

Auflagen: MiNr. 435 = 881 324, MiNr. 436 = 865 868, MiNr. 437 = 509 086, MiNr. 438 = 510 104 Stück

Irland

1988, 12. Mai. Europa: Transport- und Kommunikationsmittel. Odr.; gez. K 15:14.

rk) Fluglotsen im Kontrollturm, Flugzeug Airbus A 320

rl) Erdkugel, Briefe

650	28 (P)	mehrfarbig	rk	2,—	1,—
651	39 (P)	mehrfarbig	rl	10,—	7,—
			Satzpreis (2 W.)	12,—	8,—
			FDC		10,—

Auflagen: MiNr. 650 = 2 000 000, MiNr. 651 = 300 000 Stück

Gültig bis 31.12.2002

Island

1988, 2. Mai. Europa: Transport- und Kommunikationsmittel. RaTdr.; gez. K 11¾.

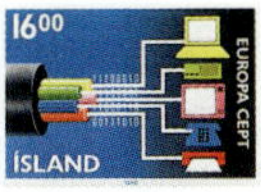

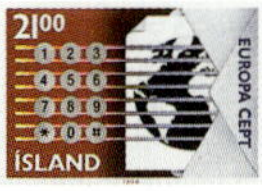

sr) Kabel, Computer, Radio, Fernseher, Telefon, Telekopierer (Digitale Datenübermittlung)

ss) Tastatur, Briefbogen mit Weltkugel, Umschlag (Elektronische Briefübermittlung)

682	16.00 (Kr)	mehrfarbig	sr	1,—	0,30
683	21.00 (Kr)	mehrfarbig	ss	3,—	1,70
			Satzpreis (2 W.)	4,—	2,—
			FDC		2,50

Auflagen: MiNr. 682 = 2 000 000, MiNr. 683 = 500 000 Stück

Italien

1988, 2. Mai. Europa: Transport- und Kommunikationsmittel. RaTdr. (5×10); Papier fl.; gez. K 14:13¼.

bkv) Elektrolokomotive „ETR 450“, Bahnhof

bkw) Landkarte Italiens, Postbeamtin am Computer

2043	650 (L)	mehrfarbig	bkv	2,—	1,—
2044	750 (L)	mehrfarbig	bkw	4,—	1,50
			Satzpreis (2 W.)	6,—	2,50
			FDC		4,—

Auflage: 4 000 000 Sätze

Jugoslawien

1988, 30. April. Europa: Transport- und Kommunikationsmittel. Odr. (3×3); gez. K 13¾.

bwo) Satellit INTELSAT V-A, Weltkarte, Erdfunkstelle in Ivanjica

bwp) Frau mit Funktelefon, Eisenbahn, Schiff, Transportfahrzeug

2273	450 (Din)	mehrfarbig	bwo	0,50	0,50
2274	1200 (Din)	mehrfarbig	bwp	1,—	1,—
			Satzpreis (2 W.)	1,50	1,50
			FDC		3,—
			Kleinbogensatz (2 Klb.)	15,—	15,—

Auflage: 390 000 Sätze

Liechtenstein

1988, 7. März. Europa: Transport- und Kommunikationsmittel. RaTdr. (5×4); gez. K 11¾.

akc) Radioteleskop

akd) Magnetschwebebahn

937	50 (Rp)	mehrfarbig	akc	0,70	0,70
938	90 (Rp)	mehrfarbig	akd	1,30	1,30
			Satzpreis (2 W.)	2,—	2,—
			FDC		2,20
			MK 80		3,—

Auflagen: MiNr. 937 = 1 174 917, MiNr. 938 = 1 005 737 Stück

Gültig bis 31.12.2001

Luxemburg

1988, 6. Juni. Europa: Transport- und Kommunikationsmittel. RaTdr.; Papier fl.; gez. K 11½.

afa) Briefe, Pfeile

afb) Weltkarte, Köpfe im Mikrochip

1199	12 Fr	mehrfarbig	afa	2,—	0,50
1200	20 Fr	mehrfarbig	afb	2,—	2,50
			Satzpreis (2 W.)	4,—	3,—
			FDC		3,50

Auflage: 1 000 000 Sätze

Gültig bis 31.12.2002

Malta

1988, 9. April. Europa: Transport- und Kommunikationsmittel. Odr. (4×3); Wz. 6; gez. K 13¾.

yd) Flugzeug, Schiff, Autobus, Ansicht von Valletta

ye) Stromleitung, Parabolantenne, Bildschirm, Telefonvermittlung

794	10 C mehrfarbig	yd	1,—	1,—
795	35 C mehrfarbig	ye	3,—	3,—
	Satzpreis (2 W.)		4,—	4,—
	FDC			8,—
	Kleinbogensatz (2 Klb.)		40,—	40,—

P 27 Sonderpostkarte „filacept ’88“ mit MiNr. 794–795 als Wertstempel . . . . 5,— 5,—

MiNr. 794–795 wurden jeweils im Kleinbogen zu 10 Marken und 2 verschiedenen Zierfeldern (Feld 1 und 2) gedruckt.

Gültig bis 31.7.2002

Monaco

1988, 21. April. Europa: Transport- und Kommunikationsmittel. StTdr. (5×6); gez. K 12½:13.

bfl) Satellit, Kopf mit Europakarte, Weltkugel

bfm) Hochgeschwindigkeitszug (TGV), Flugzeugpropeller

1859	2.20 (Fr) mehrfarbig	bfl	2,—	2,—
1860	3.60 (Fr) mehrfarbig	bfm	3,—	3,—
	Satzpreis (2 W.)		5,—	5,—
	FDC			8,—

Blockausgabe mit 5 × MiNr. 1859–1860

Block 39	(172×143 mm)	bfn	25,—	25,—
	FDC			28,—

Niederlande

1988, 17. Mai. Europa: Transport- und Kommunikationsmittel. Odr.; Papier ph.; gez. K 12¾:13¼, Querformat ~.

aoi) Radfahrer, Auto (Bleifreies Benzin)

aok) Radfahrer im Außenspiegel eines Autos

1343	55 C mehrfarbig	aoi	1,—	0,40
1344	75 C mehrfarbig	aok	1,—	0,40
	Satzpreis (2 W.)		2,—	0,80
	FDC			2,50

Auflagen: MiNr. 1343 = 11 447 100, MiNr. 1344 = 11 448 600 Stück

Norwegen

1988, 1. Juli. Europa: Transport- und Kommunikationsmittel. StTdr.; Papier ph.; gez. K 13:13¼.

zv) Raddampfer „Prinds Gustav“ (um 1838) vor Lofoten-Insel

zw) Herøy-Brücke zwischen Leinøy und Blankholm (1976)

996	2.90 (Kr) mehrfarbig	zv	1,—	0,50
997	3.80 (Kr) mehrfarbig	zw	1,50	1,—
	Satzpreis (2 W.)		2,50	1,50
	FDC			2,50

Auflagen: MiNr. 996 = 11 412 409, MiNr. 997 = 2 872 225 Stück

Österreich

1988, 13. Mai. Europa: Transport- und Kommunikationsmittel. RaTdr. (5×10); gez. K 14.

bie) Erdfunkstelle Aflenz

1922	6 S mehrfarbig	bie	1,50	0,60
	FDC			1,60

P 491 Auslandspostkarte für Nicht-CEPT-Länder mit MiNr. 1922 als Wertstempel . . . . 2,— 2,—

Vorlagedruck in Schwarz, mit dem Originaldruckstöckel gedruckt, □, auf Erläuterungsblatt geklebt . . . . 15,—

Desgl. ⊞ gezähnt, ausgegeben während der Ausstellung TRILATERALE ’88 in Salzburg als Beilage des Ausstellungskataloges . . . . 35,—

Dauereintrittskarte zur TRILATERALE ’88 in Form der Auslandspostkarte P 491 mit Zudruck . . . . 8,— 8,—

Auflage: 3 200 000 Stück

Gültig bis 30.6.2002

Portugal

1988, 21. April. Europa: Transport- und Kommunikationsmittel. Odr. (5×10); Papier ph.; gez. K 12:11¾.

asi) Postkutsche (19.Jh.)

1754 a	80 (E) mehrfarbig/weiß	asi	5,—	2,50
	FDC			3,50

Blockausgabe mit 4 × MiNr. 1754 b

1754 b	80 (E) mehrfarbig/weißgelborange	asi	3,—	2,50
Block 57	(139×112 mm)	ask	14,—	12,—
	FDC			15,—

S 4 Offizieller Schwarzdruck der MiNr. 1754 . . . . —,—

Die zweite Farbangabe bei MiNr. 1754 bezeichnet den Markenhintergrund.

Auflagen: MiNr. 1754 a = 600 000 Stück, Bl. 57 = 175 000 Blocks

Gültig bis 31.8.1995

Portugal – Azoren

1988, 21. April. Europa: Transport- und Kommunikationsmittel. Odr. (5×10); Papier mit vorderseitigem Phosphorstreifen; gez. K 12:11¾.

cc) Pferdeomnibus auf São Miguel (19. Jh.)

390 a	80 (E) mehrfarbig/weiß	cc	10,—	3,—
	FDC			3,—

Blockausgabe mit 4 × MiNr. 390 b

390 b	80 (E) mehrfarbig/weißgelborange	cc	2,—	2,—
Block 9	(139×112 mm)	cd	12,—	9,—
	FDC			15,—

S 2 Offizieller Schwarzdruck der MiNr. 390 . . . . —,—

Die zweite Farbangabe bei MiNr. 390 bezeichnet den Markenhintergrund.

Auflagen: MiNr. 390 a = 600 000 Stück, Bl. 9 = 190 000 Blocks

Gültig bis 31.8.1995

Portugal – Madeira

1988, 21. April. Europa: Transport- und Kommunikationsmittel. Odr. (5×10); Papier mit vorderseitigen Phosphorstreifen; gez. K 12:11¾.

cb) Postschiff „Maria Cristina“ (1916)

118 a	80 (E) mehrfarbig/weiß	cb	5,—	2,50
		FDC		3,—

Blockausgabe mit 4 × MiNr. 118 b

118 b	80 (E) mehrfarbig/weißgelborange	cb	3,—	2,—
Block 9	(139×112 mm)	cc	15,—	9,—
		FDC		15,—

S 2 Offizieller Schwarzdruck der MiNr. 118 .... —,—

Die zweite Farbangabe bei MiNr. 118 bezeichnet den Markenhintergrund.

Auflagen: MiNr. 118 a = 600 000 Stück, Bl. 9 = 190 000 Blocks

Gültig bis 31.8.1995

San Marino

1988, 17. März. Europa: Transport- und Kommunikationsmittel. RaTdr. (10×5); gez. K 12:11¾.

aoe) Weltkugel, Magnetschwebebahn

aof) Weltkugel, Glasfasern

1380	600 (L) mehrfarbig	aoe	7,—	3,—
1381	700 (L) mehrfarbig	aof	8,—	5,—
		Satzpreis (2 W.)	15,—	8,—
		FDC		10,—

Auflage: 375 000 Sätze

Schweden

1988, 25. Aug. Europa: Transport- und Kommunikationsmittel. StTdr.; MiNr. 1501 senkrecht, MiNr. 1502–1503 dreiseitig gez. 12¾.

auh) Hochgeschwindigkeitszug „X 2“

aui) Schmalspur-Dampflokomotive (1887)

1501	2.20 (Kr) mehrfarbig (⌶)	auh	2,—	0,50
1502	3.10 (Kr) mehrfarbig (⌶)	auh	1,—	1,—
1503	3.10 (Kr) mehrfarbig (⌶)	aui	1,—	1,—
		Satzpreis (3 W.)	4,—	2,50
		FDC		4,50

MH 133	(Nominale 18.60 Kr)	6,—	
H-Blatt 160	mit MiNr. 1502–1503	6,—	6,—

Auflagen: MiNr. 1502 = 10 100 000, MiNr. 1503–1504 je 2 658 900 Stück

Schweiz

1988, 24. Mai. Europa: Transport- und Kommunikationsmittel. RaTdr. (10×5); Papier fl.; gez. K 11¾.

awu) Landkarte Europas, Pfeile

awv) Landkarte Europas, Schaltungen

1370	50 (C) mehrfarbig	awu	1,—	0,50
1371	90 (C) mehrfarbig	awv	2,—	1,50
		Satzpreis (2 W.)	3,—	2,—
		FDC		3,—

Auflagen: MiNr. 1370 = 39 209 000, MiNr. 1371 = 7 460 000 Stück

Spanien

1988, 5. Mai. Europa: Transport- und Kommunikationsmittel. StTdr.; Papier ph.; gez. K 12¾:13¼.

cfw) Lokomotive der ersten spanischen Eisenbahnlinie in Kuba (1837)

cfx) Ansicht von Manila mit optischem Telegraphen spanischer Herkunft (1818)

2828	20 (Pta) schwarz/rotlila	cfw	0,50	0,50
2829	50 (Pta) dunkelgrün/schwarz	cfx	1,70	1,—
		Satzpreis (2 W.)	2,20	1,50
		FDC		2,—

Auflage: 4 000 000 Stück

Gültig bis 28.2.2002

Türkei

1988, 2. Mai. Europa: Transport- und Kommunikationsmittel. Odr.; gez. K 13:12¾, Querformat ~.

blu) Flugzeug, Autobus, Lokomotive, Schiff

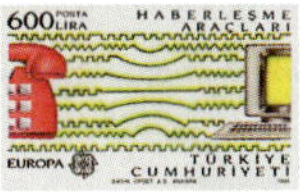

blv) Telefon, Computer, Wellenlinien, Weltkugel

2808	200 L mehrfarbig	blu	4,—	1,50
2809	600 L mehrfarbig	blv	11,—	2,50
		Satzpreis (2 W.)	15,—	4,—
		FDC		10,—

Auflage: 600 000 Sätze

Türkisch-Zypern*

1988, 31. Mai. Europa: Transport- und Kommunikationsmittel. Odr.; Wz. 1; gez. K 12¼.

hm) Schleppschiff „Piyale Paşa“

hn) Antennen des Radio- und Fernsehsenders Bayrak (BRTK) auf dem Berg Selvilitepe

223	200 L mehrfarbig	hm	2,—	1,—
224	500 L mehrfarbig	hn	3,—	2,—
		Satzpreis (2 W.)	5,—	3,—
		FDC		5,—

P 2 Sonderpostkarte „Europäisches Kommunikationsjahr“ mit MiNr. 224 als Wertstempel 3,— 3,—

Auflage: 250 000 Sätze

Zypern

1988, 9. Mai. Europa: Transport- und Kommunikationsmittel. Odr. (1×5 Zd); Wz. 6; gez. K 14:14¼

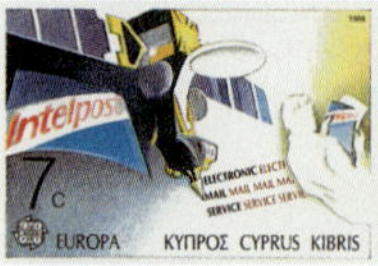

wf) Satellit, Mann mit Telebrief

wg) Autofahrer mit Autotelefon, Straße

wh

wi

wh–wi) Großer Flamingo (Phoenicopterus ruber), Passagierflugzeug

695	7 C	mehrfarbig	wf	0,30	0,30
696	7 C	mehrfarbig	wg	0,30	0,30
697	18 C	mehrfarbig	wh	1,—	1,—
698	18 C	mehrfarbig	wi	1,—	1,—
		Satzpreis (2 Paare)		3,—	3,—
		FDC			4,—
		Kleinbogensatz (2 Klb.)		15,—	15,—

Nominalgleiche Marken wurden zusammenhängend gedruckt.

Auflagen: MiNr. 695–696 je 500 000, MiNr. 697–698 je 800 000 Stück

1989

Andorra (Französische Post)

1989, 29. April. Europa: Kinderspiele. Komb. StTdr. und RaTdr. (5×5); gez. K 13.

hv) Das starke Pferd

hw) Das Taschentuch

399	2.20 (Fr)	weißgelborange/ schwarzviolettbraun	hv	2,—	1,20
400	3.60 (Fr)	weißgelborange/ schwarzviolettbraun	hw	5,—	3,30
		Satzpreis (2 W.)		7,—	4,50
		FDC			5,—

Auflagen: MiNr. 399 = 502 201, MiNr. 400 = 278 354 Stück

Andorra (Spanische Post)

1989, 8. Mai. Europa: Kinderspiele. Komb. StTdr. und Odr. (6×4, Querformat ~); Papier ph.; gez. K 14:13¾, Querformat ~.

fk) Jungen beim Bockspringen

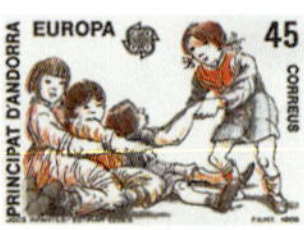

fl) Spielende Mädchen

209	20 (Pta)	mehrfarbig	fk	1,—	1,—
210	45 (Pta)	mehrfarbig	fl	1,50	1,50
		Satzpreis (2 W.)		2,50	2,50
		FDC			4,—

Auflage: 400 000 Sätze

Gültig bis 28.2.2002

Belgien

1989, 6. Mai. Europa: Kinderspiele. RaTdr. (5×6, Hochformat ~); Papier ph.; gez. K 11½:11¾, Hochformat ~.

byi) Murmeln

byk) Hampelmann

2375	13 (Fr)	mehrfarbig	byi	0,50	0,50
2376	24 (Fr)	mehrfarbig	byk	3,—	1,50
		Satzpreis (2 W.)		3,50	2,—
		FDC			5,—

Gedenkblatt der belgischen Post mit MiNr. 2375–2376 □ (nicht frankaturgültig) .... 120,—

Auflagen: MiNr. 2375 = 8 100 000, MiNr. 2376 = 1 800 000 Stück

Dänemark

1989, 11. Mai. Europa: Kinderspiele. Komb. StTdr. und Odr. (10×5); Papier fl.; gez. K 12¾.

wk) LEGO-Bausteine

wl) Holzfiguren von Kay Bojesen (1886–1958)

950	3.20 (Kr)	mehrfarbig	wk	1,—	0,30
951	4.40 (Kr)	mehrfarbig	wl	2,50	1,30
		Satzpreis (2 W.)		3,50	1,50
		FDC			4,—

Auflagen: MiNr. 950 = 17 250 000, MiNr. 951 = 8 250 000 Stück

Dänemark – Färöer

1989, 10. April. Europa: Kinderspiele. RaTdr. (4×5); gez. K 11¾.

ge) Holzschiff

gf) Holzpferd

184	3.50 (Kr)	mehrfarbig	ge	1,—	1,—
185	6.00 (Kr)	mehrfarbig	gf	1,50	1,—
		Satzpreis (2 W.)		2,50	2,—
		FDC			4,—

Auflagen: MiNr. 184 = 961 000, MiNr. 185 = 602 000 Stück

Deutschland

1989, 5. Mai. Europa: Kinderspiele. Odr. (5×10); Papier fl.; gez. K 14.

bbp) Drachensteigen

bbr) Puppentheater

1417	60 (Pf)	mehrfarbig	bbp	1,50	0,40
1418	100 (Pf)	mehrfarbig	bbr	2,—	0,50
		Satzpreis (2 W.)		3,50	0,90
		FDC			2,50
		ETB 13/1989			1,—

P So 19	Sonderpostkarte PHILATELIA ’89 mit MiNr. 1417 als Wertstempel	1,40	1,70
P So 20	Sonderpostkarte „Briefmarkenmesse Essen“ mit MiNr. 1417 als Wertstempel	1,40	1,70

Auflagen: MiNr. 1417 = 76 270 000, MiNr. 1418 = 79 280 000 Stück, davon jeweils 454 200 auf ETB

Gültig bis 30.6.2002

Finnland

1989, 31. März. Europa: Kinderspiele. Odr.; gez. K 13:12¾.

ahu) Mädchen beim Hüpfspiel „Himmel und Hölle“

ahv) Junge auf einem lenkbaren Rodelschlitten

1082	1.90 (M)	mehrfarbig	ahu	1,50	0,80
1083	2.50 (M)	mehrfarbig	ahv	2,50	0,80
			Satzpreis (2 W.)	4,—	1,50
			FDC		3,—

Auflagen: MiNr. 1082 = 8 000 000, MiNr. 1083 = 4 000 000 Stück

Gültig bis 31.12.2011

Frankreich

1989, 29. April. Europa: Kinderspiele. StTdr.; gez. K 12¾:13.

coi) Mädchen bei einem Hüpfspiel

cok) Jungen beim Ballspiel

2716	2.20 (Fr)	mehrfarbig	coi	1,—	0,50
2717	3.60 (Fr)	mehrfarbig	cok	2,—	1,70
			Satzpreis (2 W.)	3,—	2,20
			FDC		3,20
			ETB		9,—

Auflagen: MiNr. 2716 = 13 202 761, MiNr. 2717 = 5 939 388 Stück

Gibraltar*

1989, 15. Febr. Europa: Kinderspiele. Odr. (2×5); Wz. 6; gez. K 13:13¼.

tn) Puppe, Teddybär, Clown, Eisenbahn, Bausteine

to) Puppe, Haus, Hund, Ball, Schiff, Bausteine

563	25 P	mehrfarbig	tn	1,—	1,—
564	32 P	mehrfarbig	to	2,—	2,—
			Satzpreis (2 W.)	3,—	3,—
			FDC		3,50
			Kleinbogensatz (2 Klb.)	30,—	30,—

Griechenland

1989, 22. Mai. Europa: Kinderspiele. Odr.; A = vierseitig gez. K 12¼:13¾ (2×4 Zd), C = senkrecht gez. 13¾, D = senkrecht gez. 13¼.

bbo) Schmetterling

bbn) Vogel

1721	60 (Dr)	mehrfarbig	bbn		
A		vierseitig gez. K 12¼:13¾		2,—	1,—
C		senkrecht gez. 13¾		2,50	1,50
D		senkrecht gez. 13¼		1,50	1,—
1722	170 (Dr)	mehrfarbig	bbo		
A		vierseitig gez. K 12¼:13¾		5,—	2,—
C		senkrecht gez. 13¾		5,50	3,50
D		senkrecht gez. 13¼		3,50	2,—
			Satzpreis A (Paar)	7,—	3,—
			Satzpreis C (2 W.)	8,—	5,—
			Satzpreis D (2 W.)	5,—	3,—
			FDC A		5,—

MH 12	(Nominale 460 Dr)	17,—	
H-Blatt 12	mit 2 × MiNr. 1721 C–1722 C	16,—	16,—

MiNr. 1721 D–1722 D wurden jeweils in Verkaufspackungen zu 100 Marken (20 Fünferstreifen) ausgegeben.

Auflagen: MiNr. 1721 A–1722 A = 800 000, MiNr. 1721 C–1722 C = 200 000, MiNr. 1721 D–1722 D = 500 000 Sätze

Gültig bis 31.12.2002

Großbritannien

1989, 16. Mai. Europa: Kinderspiele. RaTdr. (5×10 + 5×10); Papier ph.; gez. K 14¼:14¾.

amv) Flugzeug, Lokomotive

amw) Holzbauklötze

amx) Würfel und Brettspiele

amy) Puppenhaus, Segelboot, Roboter

1202	19 P	mehrfarbig	amv	1,—	0,70
1203	27 P	mehrfarbig	amw	1,50	1,20
1204	32 P	mehrfarbig	amx	2,—	1,60
1205	35 P	mehrfarbig	amy	2,50	2,—
			Satzpreis (4 W.)	7,—	5,50
			FDC		6,—

Zwischenstegpaare:

1202 ZW–1205 ZW	4 Paare	18,—	14,—

Auflagen: MiNr. 1202 = 33 106 900, MiNr. 1203 = 5 298 300, MiNr. 1204 = 4 791 300, MiNr. 1205 = 4 939 500 Stück

Großbritannien – Guernsey

1989, 28. Febr. Europa: Kinderspiele. Odr. (4×5); gez. K 13½:13¼.

ss) Lé Cat

st) Cobo Alice

su) Lé Colimachaön

449	12 P	mehrfarbig	ss	0,40	0,40
450	16 P	mehrfarbig	st	0,80	0,80
451	23 P	mehrfarbig	su	1,—	1,—
			Satzpreis (3 W.)	2,20	2,20
			FDC		3,50

Auflagen: MiNr. 449 = 839 111, MiNr. 450 = 829 156, MiNr. 451 = 448 761 Stück

Großbritannien – Isle of Man

1989, 17. Mai. Europa: Kinderspiele. Odr. (2×5 Zd); gez. K 13½.

rw

rv

rv–rw) Spiele im Freien

ry

rx

rx–ry) Spiele im Haus

404	13 P	mehrfarbig	rv	0,60	0,60
405	13 P	mehrfarbig	rw	0,60	0,60
406	23 P	mehrfarbig	rx	1,20	1,20
407	23 P	mehrfarbig	ry	1,20	1,20
			Satzpreis (2 Paare)	4,—	4,—
			FDC		4,50

Nominalgleiche Marken wurden waagerecht zusammenhängend gedruckt.

Großbritannien – Jersey

1989, 25. April. Europa: Kinderspiele. Odr. (4×5); gez. K 14.

tn) Spielende Kleinkinder

to) Spielende Schulkinder

tp) Kinderparty

tr) Jugendliche beim Sport

tn–tr) Figurengruppen aus Knetmasse von Clare Luke (14 J.)

476	17 P	mehrfarbig	tn	0,60	0,60
477	17 P	mehrfarbig	to	0,60	0,60
478	23 P	mehrfarbig	tp	1,20	1,20
479	23 P	mehrfarbig	tr	1,20	1,20
			Satzpreis (4 W.)	3,50	3,50
			FDC		4,—

Auflagen: MiNr. 476 = 473 930, MiNr. 477 = 471 124, MiNr. 478 = 424 212, MiNr. 479 = 424 340 Stück

Irland

1989, 11. Mai. Europa: Kinderspiele. Odr. (2×5); gez. K 15:14.

so) Ringelreihen

sp) Himmel und Hölle

679	28 (P)	mehrfarbig	so	1,—	1,—
680	39 (P)	mehrfarbig	sp	2,—	2,—
			Satzpreis (2 W.)	3,—	3,—
			FDC		4,—
			Kleinbogensatz	30,—	30,—

Auflagen: MiNr. 679 = 1 000 000, MiNr. 680 = 500 000 Stück

Gültig bis 31.12.2002

Island

1989, 30. Mai. Europa: Kinderspiele. RaTdr.; gez. K 11¾:11½.

th) Kinder mit Segelschiffen am Strand

ti) Mädchen mit Reifen, Junge mit Steckenpferd

701	21.00 (Kr)	mehrfarbig	th	2,—	1,—
702	26.00 (Kr)	mehrfarbig	ti	2,—	1,—
			Satzpreis (2 W.)	4,—	2,—
			FDC		4,—

Auflage: 1 000 000 Sätze

Italien

1989, 8. Mai. Europa: Kinderspiele. RaTdr. (5×10, Hochformat ~); Papier fl.; gez. K 14:13¼, Hochformat ~.

bmg) Bockspringen; von Luca Rizzello

bmh) Mädchen vor Spiegel; von Serena Forcuti

bmi) Sackhüpfen; von Adelise Lahner

bmg–bmi) Zeichnungen von Kindern jünger als 15 Jahre

2078	500 (L)	mehrfarbig	bmg	1,—	0,70
2079	650 (L)	mehrfarbig	bmh	2,—	0,80
2080	750 (L)	mehrfarbig	bmi	3,50	1,—
			Satzpreis (3 W.)	6,50	2,50
			FDC		4,—

Auflage: 4 000 000 Sätze

Jugoslawien

1989, 29. April. Europa: Kinderspiele. Odr. (3×3); gez. K 13¾.

bzc) Mädchen mit Kaleidoskop, Phantasiefiguren

bzd) Junge mit Papierschiffchen und Murmeln

2340	3000 (Din)	mehrfarbig	bzc	1,—	1,—
2341	6000 (Din)	mehrfarbig	bzd	1,—	1,—
			Satzpreis (2 W.)	2,—	2,—
			FDC		3,50
			Kleinbogensatz (2 Klb.)	20,—	20,—

MiNr. 2340 ohne, MiNr. 2341 mit Kontrollnummer auf dem Kleinbogenrand.

Auflage: 320 000 Sätze

Liechtenstein

1989, 6. März. Europa: Kinderspiele. RaTdr. (4×5); gez. K 11½:11¾.

alc) Katz und Maus

ald) Stöckleverband

960	50 (Rp)	mehrfarbig	alc	1,—	0,80
961	90 (Rp)	mehrfarbig	ald	1,50	1,20
			Satzpreis (2 W.)	2,50	2,—
			FDC		2,50
			MK 87		3,—

Auflagen: MiNr. 960 = 1 152 004, MiNr. 961 = 956 924 Stück

Gültig bis 31.12.2001

Luxemburg

1989, 8. Mai. Europa: Kinderspiele. RaTdr.; Papier fl.; gez. K 11½:11¾.

afw) Drei Kinder im Park; Gemälde eines unbekannten Meisters (19. Jh.)

afx) Kind mit Trommel; Gemälde eines unbekannten Meisters (17. Jh.)

1219	12 Fr	mehrfarbig	afw	1,—	1,—
1220	20 Fr	mehrfarbig	afx	1,—	1,—
			Satzpreis (2 W.)	2,—	2,—
			FDC		2,50

Auflage: 700 000 Sätze

Gültig bis 31.12.2002

Malta

1989, 6. Mai. Europa: Kinderspiele. Odr. (4×3); Wz. 6; gez. K 13¾.

zb) Jungen mit Drachen

zc) Mädchen mit Puppen

816	10 C	mehrfarbig	zb	1,—	1,—
817	35 C	mehrfarbig	zc	3,—	3,—
			Satzpreis (2 W.)	4,—	4,—
			FDC		5,50
			Kleinbogensatz (2 Klb.)	40,—	40,—

P 29 Sonderpostkarte „PHILEXFRANCE ’89“ mit MiNr. 816–817 als Wertstempel ..... 5,— 5,—

MiNr. 816–817 wurden jeweils im Kleinbogen zu 10 Marken und 2 verschiedenen Zierfeldern (Feld 1 und 2) gedruckt.

Gültig bis 31.7.2002

Monaco

1989, 9. Mai. Europa: Kinderspiele. StTdr. (5×6); gez. K 12½:13.

bhz) Jungen spielen mit Schussern

bia) Mädchen beim Seilspringen

1919	2.20 (Fr)	mehrfarbig	bhz	1,50	1,50
1920	3.60 (Fr)	mehrfarbig	bia	2,50	2,50
			Satzpreis (2 W.)	4,—	4,—
			FDC		5,—

Blockausgabe mit 5 × MiNr. 1919–1920

Block 44	(172×143 mm)	bib	22,—	22,—
		FDC		32,—

Niederlande

1989, 9. Mai. Europa: Kinderspiele. Odr.; Papier ph.; gez. K 13¼:12¾.

aph) Junge mit Schnurtelefon, Namen der CEPT-Länder in der jeweiligen Landessprache

api) Mädchen mit Schnurtelefon, Namen der CEPT-Länder in niederländischer Sprache

1364	55 C	mehrfarbig	aph	1,—	0,50
1365	75 C	mehrfarbig	api	1,—	0,50
			Satzpreis (2 W.)	2,—	1,—
			FDC		2,50

Auflagen: MiNr. 1364 = 8 462 600, MiNr. 1365 = 12 286 750 Stück

Norwegen

1989, 7. Juni. Europa: Kinderspiele. Odr.; Papier ph.; gez. K 13:13¼.

aaw) Schneemannbauen

aax) Fadenspiel

1019	3.70 (Kr)	mehrfarbig	aaw	1,—	1,—
1020	5.00 (Kr)	mehrfarbig	aax	3,—	1,—
			Satzpreis (2 W.)	4,—	2,—
			FDC		4,—

Auflagen: MiNr. 1019 = 9 405 564, MiNr. 1020 = 3 047 478 Stück

Österreich

1989, 5. Mai. Europa: Kinderspiele. RaTdr. (5×10); gez. K 13½:14¼.

bkp) Boot mit Ruderern und fünf Salzstöcken (Holzspielzeug)

1956	6 S	mehrfarbig	bkp	1,50	0,60
			FDC		1,70

Vorlagedruck in Schwarz, mit dem Originaldruckstöckel gedruckt, □, auf Erläuterungsblatt geklebt .... 15,—

Auflage: 2 970 000 Stück

Gültig bis 30.6.2002

Portugal

1989, 26. April. Europa: Kinderspiele. Odr. (5×10); Papier ph.; gez. K 12:11¾.

aty) Junge mit Kreisel

1785	80 (E)	mehrfarbig	aty	3,—	2,—
			FDC		3,—

Blockausgabe mit 2 × MiNr. 1785–1786

aty) Junge mit Kreisel atz) Kreisel aua

1786	80 (E) mehrfarbig	atz	4,—	1,—
Block 64	(138×112 mm)	aua	18,—	18,—
		FDC		25,—

S 5 Offizieller Schwarzdruck der MiNr. 1785 .... —,—

Auflagen: MiNr. 1785 = 600 000 Stück, Bl. 64 = 170 000 Blocks

Gültig bis 31.8.1995

Portugal – Azoren

1989, 26. April. Europa: Kinderspiele. Odr. (5×10); Papier mit vorderseitigen Phosphorstreifen; gez. K 12:11¾.

cp) Junge im Boot

401	80 (E) mehrfarbig	cp	2,50	2,50
		FDC		3,—

Blockausgabe mit 2 × MiNr. 401–402

cp) Junge im Boot cr) Junge spielt mit Boot cs

402	80 (E) mehrfarbig	cr	3,—	2,50
Block 10	(138×112 mm)	cs	12,—	14,—
		FDC		18,—

S 3 Offizieller Schwarzdruck der MiNr. 401 .... —,—

Auflagen: MiNr. 401 = 600 000 Stück, Bl. 10 = 180 000 Blocks

Gültig bis 31.8.1995

Portugal – Madeira

1989, 26. April. Europa: Kinderspiele. Odr. (5×10); Papier mit vorderseitigem Phosphorstreifen; gez. K 12:11¾.

ck) Junge läßt Drachen steigen

125 I	80 (E) mehrfarbig	ck	5,—	2,50
		FDC		3,—

Blockausgabe mit 2 × MiNr. 125 II und 126

ck) Junge läßt Drachen steigen cl) Junge hält Drachen im Wind cm

125 II	80 (E) mehrfarbig	ck I	2,50	1,50
126	80 (E) mehrfarbig	cl	2,50	1,50
Block 10	(138×112 mm)	cm	12,—	14,—
		FDC		18,—

S 3 Offizieller Schwarzdruck der MiNr. 125 I .... —,—

MiNr. 125 I: „M" von „MADEIRA" unter „TU" von „PORTUGAL"; MiNr. 125 II: „M" von „MADEIRA" unter „P" von „PORTUGAL".

Auflagen: MiNr. 125 I = 600 000 Stück, Bl. 10 = 180 000 Blocks

Gültig bis 31.8.1995

San Marino

1989, 31. März. Blockausgabe: Europa – Kinderspiele. RaTdr.; gez. K 13¼:14.

apl

api) Kinder beim Rodeln apk) Kinder beim Hüpfspiel „Saltarello"

1407	650 (L) mehrfarbig	api	5,—	5,—
1408	750 (L) mehrfarbig	apk	5,—	5,—
Block 12	(114×80 mm)	apl	12,—	12,—
		FDC		18,—

Auflage: 375 000 Blocks

Schweden

1989, 17. Mai. Europa: Kinderspiele. StTdr.; MiNr. 1549 senkrecht, MiNr. 1550–1551 dreiseitig gez. 12¾.

awd) Kinder spielen mit einem Schiffchen

awe) Mädchen mit Tretschlitten, Schneemann

1549	2.30 (Kr) braunkarmin (▯)	awd	2,—	1,—
1550	3.30 (Kr) grünschwarz (▯)	awe	1,—	1,—
1551	3.30 (Kr) violett (▯)	awd	1,—	1,—
		Satzpreis (3 W.)	4,—	3,—
		FDC		4,—

MH 140	(Nominale 19.80 Kr)	6,—	
H-Blatt 167	mit MiNr. 1550–1551	6,—	6,—

Auflagen: MiNr. 1549 = 6 800 000, MiNr. 1550–1551 je 3 690 000 Stück

Schweiz

1989, 23. Mai. Europa: Kinderspiele. RaTdr. (10×5); Papier fl.; gez. K 11½.

axr) Kind bei Hüpfspiel

axs) Kinder spielen Blinde Kuh

1391	50 (C) mehrfarbig	axr	1,—	0,60
1392	90 (C) mehrfarbig	axs	2,—	1,40
		Satzpreis (2 W.)	3,—	2,—
		FDC		2,60

Auflagen: MiNr. 1391 = 39 601 000, MiNr. 1392 = 7 981 000 Stück

Spanien

1989, 5. Mai. Europa: Kinderspiele. RaTdr.; Papier ph.; gez. K 14:13¾.

cie) Kegelspiel

cif) Kreisel

2885	40 (Pta)	mehrfarbig	cie	1,—	0,70
2886	50 (Pta)	mehrfarbig	cif	1,50	1,30
			Satzpreis (2 W.)	2,50	2,—
			FDC		2,50

Auflage: 3 000 000 Sätze

Gültig bis 28.2.2002

Türkei

1989, 23. April. Europa; Kinderspiele. Odr.; Wz. 1; gez. K 13:12¾.

bnr) Bockspringen

bns) Mach' die Tür auf

2854	600 L	mehrfarbig	bnr	8,—	2,—
2855	1000 L	mehrfarbig	bns	10,—	3,—
			Satzpreis (2 W.)	18,—	5,—
			FDC		10,—

Auflage: 600 000 Sätze

Türkisch-Zypern*

1989, 31. Mai. Europa: Kinderspiele. Odr., Bogen; Wz. 1; A = vierseitig gez. K 12¼.

ir) Mädchen spielt mit Puppe

is) Junge läßt Drachen steigen

249 A	600 L	mehrfarbig	ir	3,—	3,—
250 A	1000 L	mehrfarbig	is	3,—	3,—
			Satzpreis A (2 W.)	6,—	6,—
			FDC A		7,—

Markenheftchen (4×1), C = senkrecht gez. 12¼

249 C	600 L	mehrfarbig	ir	3,—	3,—
250 C	1000 L	mehrfarbig	is	3,—	3,—
			Satzpreis C (2 W.)	6,—	6,—
			FDC C		10,—

H-Blatt 2	mit 2 × MiNr. 249 C–250 C	12,—
MH 2	mit 1 × H-Blatt 2	13,—

Auflagen: MiNr. 249 A–250 A = 200 000 Sätze, MH 2 = 100 000 Markenheftchen

Zypern

1989, 8. Mai. Europa: Kinderspiele. Odr. (2×5 Zd); gez. K 13.

xb) Lingri
xc) Ziziros

xd) Sitsa
xe) Bockspringen

715	7 C	mehrfarbig	xb	0,50	0,50
716	7 C	mehrfarbig	xc	0,50	0,50
717	18 C	mehrfarbig	xd	0,70	0,70
718	18 C	mehrfarbig	xe	0,70	0,70
			Satzpreis (2 Paare)	2,50	2,50
			FDC		3,—

Nominalgleiche Marken wurden jeweils waagerecht zusammenhängend gedruckt.

Auflagen: MiNr. 715–716 je 1 500 000, MiNr. 717–718 je 600 000 Stück

1990

Andorra (Französische Post)

1990, 5. Mai. Europa: Postalische Einrichtungen. StTdr. (5×5); gez. K 13.

ie) Altes Gebäude der französischen Post in Andorra la Vella

if) Schalterhalle des neuen Gebäudes der französischen Post in Andorra la Vella (seit 1990)

409	2.30 (Fr)	schwarz/rot	ie	3,—	1,—
410	3.20 (Fr)	rot/lebhaftviolettblau	if	4,50	3,—
			Satzpreis (2 W.)	7,50	4,—
			FDC		4,50

Auflagen: MiNr. 409 = 404 308, MiNr. 410 = 269 079 Stück

Andorra (Spanische Post)

1990, 8. Mai. Europa: Postalische Einrichtungen. Odr. (4×6, Hochformat ~); Papier ph.; gez. K 13¾.

fp) Altes Gebäude der spanischen Post in Andorra la Vella

fr) Neues Gebäude der spanischen Post in Andorra la Vella (seit 1982)

214	20 (Pta)	mehrfarbig	fp	0,50	0,50
215	50 (Pta)	mehrfarbig	fr	1,50	1,50
			Satzpreis (2 W.)	2,—	2,—
			FDC		2,50

Auflage: 600 000 Sätze

Gültig bis 28.2.2002

Bitte teilen Sie uns von Ihnen festgestellte Fehler mit, damit wir sie berichtigen können.

Belgien

1990, 5. Mai. Europa: Postalische Einrichtungen. Komb. StTdr. und RaTdr. (5×6, Hochformat ~); Papier ph.; gez. K 11½:11¾, Hochformat ~.

cad) Hauptpostamt Ostende

cae) Hauptpostamt Lüttich

2419	14 (Fr)	lebhaftcyanblau/schwarz . . . cad		1,50	0,40
2420	25 (Fr)	lebhaftrot/schwarz . . . . cae		3,—	0,80
			Satzpreis (2 W.)	4,50	1,20
			FDC		4,—

Gedenkblatt der belgischen Post mit
MiNr. 2419–2420 □ (nicht frankaturgültig) . . . . 120,—

Auflage: MiNr. 2419 = 7 500 000, MiNr. 2420 = 1 800 000 Stück

Dänemark

1990, 5. April. Europa: Postalische Einrichtungen. Odr. (5×10); Papier fl.; gez. K 12¾.

xa) Posthausschild, Haderslev

xb) Neues Postamt, Odense

974	3.50 (Kr)	mehrfarbig . . . . xa		1,—	0,30
975	4.75 (Kr)	mehrfarbig . . . . xb		3,—	0,70
			Satzpreis (2 W.)	4,—	1,—
			FDC		4,—

Auflagen: MiNr. 974 = 15 100 000, MiNr. 975 = 9 650 000 Stück

Dänemark – Färöer

1990, 9. April. Europa: Postalische Einrichtungen. Odr. (4×5); gez. K 13¾.

gu) Posthaus Gjógv

gv) Postamt Klaksvík

198	3.50 (Kr)	mehrfarbig . . . . gu		1,50	1,—
199	6.00 (Kr)	mehrfarbig . . . . gv		2,—	2,—
			Satzpreis (2 W.)	3,50	3,—
			FDC		4,—

Auflagen: MiNr. 198 = 919 000, MiNr. 199 = 922 000 Stück

Deutschland

1990, 3. Mai. Europa: Postalische Einrichtungen. Odr. (5×10); Papier fl.; gez. K 14.

bdl) Palais Thurn und Taxis, Frankfurt am Main

bdm) Postgiroamt Frankfurt am Main

1461	60 (Pf)	mehrfarbig . . . . bdl		1,80	0,60
1462	100 (Pf)	mehrfarbig . . . . bdm		1,80	0,60
			Satzpreis (2 W.)	3,50	1,20
			FDC		3,—
			ETB 14/1990		1,20

P So 21 Sonderpostkarte „Quadronale Leer '90" mit MiNr. 1461 als Wertstempel 1,40 1,70

Auflagen: MiNr. 1461 = 63 400 000, MiNr. 1462 = 71 310 000 Stück, davon jeweils 432 000 auf ETB

Gültig bis 30.6.2002

Finnland

1990, 26. März. Europa: Postalische Einrichtungen. Odr.; gez. K 12¾:13.

aiu) Poststelle, Nuvvus

aiv) Hauptpostamt, Turku

1108	2.00 (M)	mehrfarbig . . . . aiu		1,50	0,80
1109	2.70 (M)	mehrfarbig . . . . aiv		2,50	0,80
			Satzpreis (2 W.)	4,—	1,50
			FDC		4,—

Auflagen: MiNr. 1108 = 8 000 000, MiNr. 1109 = 4 000 000 Stück

Gültig bis 31.12.2011

Frankreich

1990, 28. April. Europa: Postalische Einrichtungen. StTdr.; gez. K 12¾:13.

crh) Hauptpostamt Mâcon

cri) Modernes Postgebäude

2770	2.30 (Fr)	mehrfarbig . . . . crh		1,—	0,80
2771	3.20 (Fr)	mehrfarbig . . . . cri		2,50	1,20
			Satzpreis (2 W.)	3,50	2,—
			FDC		3,—
			ETB		9,—

Auflagen: MiNr. 2770 = 13 711 930, MiNr. 2771 = 5 524 562 Stück

Gibraltar*

1990, 6. März. Europa: Postalische Einrichtungen. Odr. (2×2 Zd); dreiseitig gez. Ks 14¼, MiNr. 590 und 592 rechts durchstochen, MiNr. 591 und 593 links durchstochen.

uu) Postgebäude uv) Schalterhalle

uw) Schalterhalle ux) Postgebäude

590	22 P	mehrfarbig . . . . uu		1,—	1,—
591	22 P	mehrfarbig . . . . uv		1,—	1,—
592	32 P	mehrfarbig . . . . uw		1,50	1,50
593	32 P	mehrfarbig . . . . ux		1,50	1,50
			Satzpreis (2 Paare)	5,—	5,—
			FDC		7,—
			Kleinbogensatz (2 Klb.)	25,—	25,—

Nominalgleiche Marken wurden zusammenhängend in Kleinbogen zu je 4 Marken gedruckt.

Griechenland

1990, 11. Mai. Europa: Postalische Einrichtungen. Odr.; A = vierseitig gez. K 13¾:12¼ (2×4 Zd), C = senkrecht gez. 12¼.

bcl) Altes Zentralpostamt, Athen

bcm) Modernes Postamt, Athen

1742	70 (Dr)	mehrfarbig . . . . bcl		
A		gez. K 13¾:12¼	2,—	1,—
C		senkrecht gez. 12¼	2,50	1,—
1743	210 (Dr)	mehrfarbig . . . . bcl		
A		gez. K 13¾:12¼	5,—	2,50
C		senkrecht gez. 12¼	5,50	4,—
		Satzpreis A (Paar)	7,—	3,50
		FDC A		4,50
		Satzpreis C (2 W.)	8,—	5,—
		FDC C		5,50

MH 13	(Nominale 560 Dr)	17,—	
H-Blatt 13	mit 2 × MiNr. 1742 C–1743 C	16,—	16,—

Auflagen: MiNr. 1742 A–1743 A = 800 000, MiNr. 1742 C–1743 C = 200 000 Sätze

Gültig bis 31.12.2002

Großbritannien

1990, 6. März. Europa: Postalische Einrichtungen. RaTdr. (5×10 + 5×10); Papier ph.; gez. K 14¼:14¾.

aoo) Alexandra Palace (1875), Veranstaltungsort der STAMP WORLD EXHIBITION LONDON 1990

aop) Philatelistisches Büro der britischen Post, Edinburgh

1261	20 (P)	mehrfarbig . . . . aoo	2,—	1,—
1262	29 (P)	mehrfarbig . . . . aop	3,—	3,—
		Satzpreis (2 W.)	5,—	4,—
		FDC		4,50

Zwischenstegpaare:

1261 ZW–1262 ZW	. . . . 2 Paare	12,—	9,—

MiNr. 1261 wurde auch im MH 91 ausgegeben.

Auflagen: MiNr. 1261 = 20 427 400, MiNr. 1262 = 5 835 200 Stück

Großbritannien – Guernsey

1990, 27. Febr. Europa: Postalische Einrichtungen. Odr. (4×5); gez. K 13¼:13¾.

uc) Postamt auf Sark (um 1890)

ud) Postamt auf Sark (1990)

ue) Postschalter (um 1840)

uf) Postschalter (1990)

483	20 P	schwarzbraun/mattbraun . . . . uc	0,70	0,70
484	20 P	mehrfarbig . . . . ud	0,70	0,70
485	24 P	schwarzbraun/mattbraun . . . . ue	0,80	0,80
486	24 P	mehrfarbig . . . . uf	0,80	0,80
		Satzpreis (4 W.)	3,—	3,—
		FDC		4,—

Auflagen: MiNr. 483 = 498 819, MiNr. 484 = 398 759, MiNr. 485 = 495 039, MiNr. 486 = 397 759 Stück

Großbritannien – Isle of Man

1990, 18. April. Europa: Postalische Einrichtungen. Odr. (2×5 Zd); gez. K 13¼:13½.

su) Briefträger (1990)

sv) Postamt Ramsey (1990)

sw) Briefträger (1890)

sx) Postamt Douglas (1890)

427	15 P	mehrfarbig . . . . su	0,70	0,70
428	15 P	mehrfarbig . . . . sv	0,70	0,70
429	24 P	mehrfarbig . . . . sw	1,30	1,30
430	24 P	mehrfarbig . . . . sx	1,30	1,30
		Satzpreis (2 Paare)	4,50	4,50
		FDC		5,—

Nominalgleiche Marken wurden waagerecht zusammenhängend gedruckt.

Großbritannien – Jersey

1990, 13. März. Europa: Postalische Einrichtungen. Odr. (5×4, Querformate ~); gez. K 13½:13¾, Querformate ~.

uw) Postamt in der Broad Street, St. Helier (1969)

ux) Postverwaltungsgebäude, Mont Millais (1990)

uy) Postamt in der Hue Street, St. Helier (1815)

uz) Postamt am Halkett Place, St. Helier (1890)

508	18 P	mehrfarbig . . . . uw	0,60	0,60
509	18 P	mehrfarbig . . . . ux	0,60	0,60
510	24 P	mehrfarbig . . . . uy	0,90	0,90
511	24 P	mehrfarbig . . . . uz	0,90	0,90
		Satzpreis (4 W.)	3,—	3,—
		FDC		4,—

Auflagen: MiNr. 508 = 596 221, MiNr. 509 = 595 918, MiNr. 510 = 400 441, MiNr. 511 = 406 656 Stück

Die Preise von Einheiten (z. B. Markenheftchen, H-Blätter, Zusammendrucke, Rollenmarkenstreifen) müssen nicht der Summe der Einzelpreise entsprechen.

Irland

1990, 3. Mai. Europa: Postalische Einrichtungen. Odr. (4×3); gez. K 14:15.

ud) Hauptpostamt, Dublin

ue) Postamt, Westport

716	30 (P) mehrfarbig	ud	1,30	1,—
717	41 (P) mehrfarbig	ue	2,20	2,—
		Satzpreis (2 W.)	3,50	3,—
		FDC		4,—
		Kleinbogensatz	35,—	35,—

MiNr. 716–717 wurden jeweils in Kleinbogen zu 10 Marken mit 2 verschiedenen Zierfeldern (Feld 6 und 7) gedruckt.

Auflage: MiNr. 716 = 2 000 000, MiNr. 717 = 750 000 Stück

Gültig bis 31.12.2002

Island

1990, 7. Mai. Europa: Postalische Einrichtungen. RaTdr.; gez. K 11¾:11½.

ua) Ältestes isländisches Postamt, Reykjavík

ub) Neues Postamt, Reykjavík

726	21.00 (Kr) mehrfarbig	ua	2,—	0,50
727	40.00 (Kr) mehrfarbig	ub	3,—	2,—
		Satzpreis (2 W.)	5,—	2,50
		FDC		3,—

Auflage: 1 000 000 Sätze

Italien

1990, 7. Mai. Europa: Postalische Einrichtungen. RaTdr. (5×10); Papier fl.; gez. K 14:13¼.

bpn) Postamt an der Piazza di San Silvestro, Rom

bpo) Postamt im Fóndaco dei Tedeschi, Venedig

2150	700 (L) mehrfarbig	bpn	2,50	0,80
2151	800 (L) mehrfarbig	bpo	3,50	1,20
		Satzpreis (2 W.)	6,—	2,—
		FDC		3,50

Auflage: 4 000 000 Sätze

Jugoslawien

1990, 23. April. Europa: Postalische Einrichtungen. Odr. (3×3); gez. K 13¾.

cbu) PTT-Zentrum, Skopje

cbv) Fernmeldezentrale, Belgrad

2414	6.50 (Din) mehrfarbig	cbu	1,80	1,80
2415	10 (Din) mehrfarbig	cbv	1,80	1,80
		Satzpreis (2 W.)	3,50	3,50
		FDC		5,—
		Kleinbogensatz (2 Klb.)	35,—	35,—

Auflage: 295 000 Sätze

Liechtenstein

1990, 5. März. Europa: Postalische Einrichtungen. RaTdr. (5×4); gez. K 11¾.

amc) Postexpedition, Nendeln (1864)

amd) Postamt Vaduz (1976)

984	50 (Rp) mehrfarbig	amc	0,70	0,60
985	90 (Rp) mehrfarbig	amd	1,30	1,20
		Satzpreis (2 W.)	2,—	1,80
		FDC		2,—
		MK 93		2,50

Auflagen: MiNr. 984 = 1 273 308, MiNr. 985 = 930 508 Stück

Gültig bis 31.12.2001

Luxemburg

1990, 28. Mai. Europa: Postalische Einrichtungen. Komb. StTdr. und Odr.; Papier fl.; gez. K 13¼:13½, Hochformat ~.

agv) Hauptpostamt, Luxemburg-Stadt

agw) Postamt, Esch-sur-Alzette

1243	12 Fr hellchromgelb/schwarz	agv	2,—	0,30
1244	20 Fr weißblau/schwarz	agw	2,—	1,20
		Satzpreis (2 W.)	4,—	1,50
		FDC		2,50

Auflage: 800 000 Sätze

Gültig bis 31.12.2002

Malta

1990, 9. Febr. Europa: Postalische Einrichtungen. Odr. (4×3, Querformate ~); Wz. 6; gez. Ks 14.

zs) Portal des Hauptpostamtes in Valetta

zt) Eingang des Postamtes Żebbuġ

831	10 C mehrfarbig	zs	0,70	0,70
832	35 C mehrfarbig	zt	2,80	2,80
		Satzpreis (2 W.)	3,50	3,50
		FDC		4,50
		Kleinbogensatz (2 Klb.)	35,—	35,—

P 30 Sonderpostkarte „Stamp World London '90" mit MiNr. 831–832 als Wertstempel ..... 5,— 5,—

MiNr. 831–832 wurden jeweils im Kleinbogen zu 10 Marken und 2 verschiedenen Zierfeldern (Feld 1 und 2 bzw. Feld 1 und 4) gedruckt.

Gültig bis 31.7.2002

Satzpreise sind, wenn nicht anders angegeben, nach den niedrigsten Preisen eines Satzes ohne Abarten errechnet.

Monaco

1990, 3. Mai. Europa: Postalische Einrichtungen. StTdr. (5×6); A = gez. K 12½:12¼, C = gez. Ks 12½:12¾.

bkm) Postamt, Monaco-Ville (1908–1952)

bkn) Postamt, Monte Carlo (1884–1944)

bkm–bkn) Zeichnungen von Hubert Clérissi (1923–2000), monegassischer Maler

1961 A	2.30 (Fr) mehrfarbig	bkm	1,50	1,50
1962 A	3.70 (Fr) mehrfarbig	bkn	2,50	2,50
		Satzpreis (2 W.)	4,—	4,—
		FDC		6,—

Blockausgabe mit 4 × MiNr. 1961 C–1962 C

1961 C	2.30 (Fr) mehrfarbig	bkm	2,—	2,—
1962 C	3.70 (Fr) mehrfarbig	bkn	2,—	2,—
Block 47	(172×143 mm)	bko	20,—	20,—
		FDC		25,—

Niederlande

1990, 12. Juni. Europa: Postalische Einrichtungen. Odr.; Papier ph.; gez. K 13:12¾.

arf

arg

arf–arg) Postamt Veere, Hauptgeschäftsstelle der Königlichen PTT Nederland N.V. in Groningen

1386	55 C mehrfarbig	arf	1,—	0,50
1387	75 C mehrfarbig	arg	1,—	0,50
		Satzpreis (2 W.)	2,—	1,—
		FDC		2,—

Auflagen: MiNr. 1386 = 10 658 750, MiNr. 1387 = 14 104 700 Stück

Norwegen

1990, 14. Juni. Europa: Postalische Einrichtungen. Odr.; Papier ph.; gez. K 13:13¼.

acc) Hauptpostamt Trondheim

acd) Postamt Longyearbyen

1046	3.20 (Kr) mehrfarbig	acc	1,—	0,50
1047	4.00 (Kr) mehrfarbig	acd	2,—	1,—
		Satzpreis (2 W.)	3,—	1,50
		FDC		2,50

Auflage: MiNr. 1046 = 7 844 878, MiNr. 1047 = 4 122 004 Stück

Österreich

1990, 4. Mai. Europa: Postalische Einrichtungen. RaTdr. (5×10); gez. K 13½:14¼.

blz) Postamt Ebene Reichenau

1989	7 S mehrfarbig	blz	2,—	1,50
		FDC		2,—

1989 F	Farbe Blau fehlend	—,—	
1989 U	ungezähnt	—,—	

Vorlagedruck in Schwarz, mit dem Originaldruckstöckel gedruckt, ☐, auf Erläuterungsblatt geklebt .... 15,—

Auflage: 3 700 000 Stück

Gültig bis 30.6.2002

Portugal

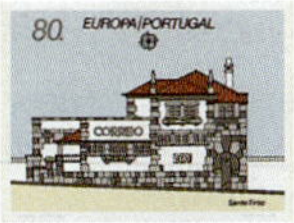

1990, 11. April. Europa: Postalische Einrichtungen. Odr. (5×10); Papier ph.; gez. K 12:11¾.

avu) Postamt Santo Tirso

1822	80 (E) mehrfarbig	avu	3,—	2,—
		FDC		2,50

Blockausgabe mit 2 × MiNr. 1822–1823

avu) Postamt Santo Tirso avv) Postkutschenstation avw

1823	80 (E) mehrfarbig	avv	2,—	1,50
Block 71	(139×112 mm)	avw	15,—	10,—
		FDC		14,—

S 6 Offizieller Schwarzdruck der MiNr. 1822 .... —,—

Auflagen: MiNr. 1822 = 600 000 Stück, Bl. 71 = 170 000 Blocks

Gültig bis 31.8.1995

Portugal – Azoren

1990, 11. April. Europa: Postalische Einrichtungen. Odr. (5×10); Papier mit vorderseitigem Phosphorstreifen; gez. K 12:11¾.

cz) Postamt Vasco da Gama

409	80 (E) mehrfarbig	cz	2,—	2,—
		FDC		3,—

Blockausgabe mit 2 × MiNr. 409–410

cz) Postamt Vasco da Gama da) Postamt Maia db

410	80 (E) mehrfarbig	da	4,—	1,50
Block 11	(139×112 mm)	db	12,—	8,—
		FDC		14,—

S 4 Offizieller Schwarzdruck der MiNr. 409 .... —,—

Auflagen: MiNr. 409 = 600 000 Stück, Bl. 11 = 180 000 Blocks

Gültig bis 31.8.1995

Portugal – Madeira

1990, 11. April. Europa: Postalische Einrichtungen. Odr. (5×10); Papier mit vorderseitigem Phosphorstreifen; gez. K 12:11¾.

cu) Postamt Zarco

133	80 (E) mehrfarbig	cu	2,—	2,—
		FDC		3,—

Blockausgabe mit 2 × MiNr. 133–134

cu) Postamt Zarco cv) Postamt Porto da Cruz cw

134	80 (E) mehrfarbig	cv	3,—	2,50
Block 11	(139×112 mm)	cw	12,—	10,—
		FDC		14,—

S 4 Offizieller Schwarzdruck der MiNr. 133 .... —,—

Auflagen: MiNr. 133 = 600 000 Stück, Bl. 11 = 180 000 Blocks

Gültig bis 31.8.1995

San Marino

1990, 22. Febr. Europa: Postalische Einrichtungen. RaTdr. (10×5); gez. K 13¼:14.

arl) Postamt Pianello (1842)

arm) Postamt Dogana

1432	700 (L) mehrfarbig	arl	3,—	1,50
1433	800 (L) mehrfarbig	arm	4,—	1,50
		Satzpreis (3 W.)	7,—	3,—
		FDC		4,—

Auflage: 375 000 Sätze

Schweden

1990, 28. März. Europa: Postalische Einrichtungen. StTdr.; MiNr. 1589 senkrecht, MiNr. 1590–1591 dreiseitig gez. 12¾.

axs) Postmuseum, Stockholm

axt) Postamt Sollebrunn axu) Postamt Västerås

1589	2.50 (Kr) mehrfarbig	axs	2,—	1,—
1590	3.80 (Kr) mehrfarbig	axt	1,—	1,—
1591	3.80 (Kr) mehrfarbig	axu	1,—	1,—
		Satzpreis (3 W.)	4,—	3,—
		FDC		4,50

MH 148	(Nominale 22.80 Kr)	7,50	
H-Blatt 175	mit MiNr. 1590–1591	7,20	7,20

MiNr. 1589 als Schwarzdruck mit rotem Aufdruck „SPECIMEN“ stammt aus einem Faltblatt des schwedischen Postmuseums.

Auflagen: MiNr. 1589 = 6 800 000, MiNr. 1590–1591 je 3 870 000 Stück

Schweiz

1990, 22. Mai. Europa: Postalische Einrichtungen. Komb. StTdr. und Odr. (5×10); Papier fl.; gez. K13¼:13½.

ayr) Hauptpostamt Luzern

ays) Kreispostdirektion Genf

1415	50 (C) mehrfarbig	ayr	1,20	0,50
1416	90 (C) mehrfarbig	ays	1,80	1,70
		Satzpreis (2 W.)	3,—	2,20
		FDC		3,—

Auflagen: MiNr. 1415 = 44 334 000, MiNr. 1416 = 14 284 000 Stück

Spanien

1990, 4. Mai. Europa: Postalische Einrichtungen. RaTdr.; Papier ph.; gez. K 13¾.

clg) Altes Postgebäude, Vitoria

clh) Modernes Postgebäude, Málaga

2937	20 (Pta) mehrfarbig	clg	1,—	0,50
2938	50 (Pta) mehrfarbig	clh	1,50	1,20
		Satzpreis (2 W.)	2,50	1,70
		FDC		2,50

Auflage: 3 000 000 Sätze

Gültig bis 28.2.2002

Türkei

1990, 2. Mai. Europa: Postalische Einrichtungen. Odr.; Wz. 1; gez. K 13.

bov) Modernes Postgebäude, Ankara

bow) Historisches Postgebäude, Istanbul

2886	700 L mehrfarbig	bov	4,—	1,50
2887	1000 L mehrfarbig	bow	6,—	1,50
		Satzpreis (2 W.)	10,—	3,—
		FDC		6,—

Auflage: 600 000 Sätze

Türkisch-Zypern*

1990, 31. Mai. Europa: Postalische Einrichtungen. Odr.; Wz. 1; gez. K 12¼.

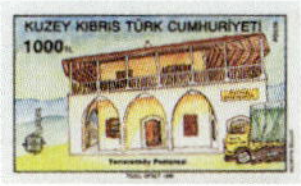

kr) Postamt Yenierenköy

ks) Postamt am Atatürk-Platz, Lefkoşa (Nikosia)

273	1000 L mehrfarbig	kr	3,—	2,50
274	1500 L mehrfarbig	ks	3,—	2,50
		Satzpreis (2 W.)	6,—	5,—
		FDC		9,—

Blockausgabe

Block 8	mit 2 × MiNr. 273–274 (105 × 72 mm)	kt	20,—	20,—
		FDC		22,—

Auflagen: MiNr. 273–274 = 250 000 Sätze, Bl. 8 = 75 000 Blocks

Zypern

1990, 10. Mai. Europa: Postalische Einrichtungen. Odr. (4 × 5); gez. K 13.

yl) Distrikt-Postamt, Paphos

ym) Hauptpostamt, Limassol

748	7 C mehrfarbig	yl	0,50	0,50
749	18 C mehrfarbig	ym	1,50	1,50
		Satzpreis (2 W.)	2,—	2,—
		FDC		2,50

Auflage: 350 000 Sätze

1991

Andorra (Französische Post)

1991, 27. April. Europa: Europäische Weltraumfahrt. StTdr. (5 × 5); gez. K 13:12¼, Querformat ~.

is) Direktabstrahlender TV-Satellit „TDF 1“

it) Spiegelteleskop, Observatorium

423	2.50 (Fr) mehrfarbig	is	3,—	3,—
424	3.50 (Fr) mehrfarbig	it	7,—	7,—
		Satzpreis (2 W.)	10,—	10,—
		FDC		15,—

Auflagen: MiNr. 423 = 343 022, MiNr. 424 = 257 231 Stück

Andorra (Spanische Post)

1991, 10. Mai. Europa: Europäische Weltraumfahrt. RaTdr. (6 × 4, Querformat ~); Papier ph.; gez. K 14:13¾, Querformat ~.

fx

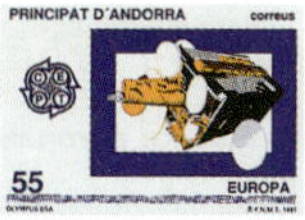

fy

fx–fy) Fernmeldesatellit „Olympus“

221	25 (Pta) mehrfarbig	fx	1,50	1,—
222	55 (Pta) mehrfarbig	fy	2,50	2,—
		Satzpreis (2 W.)	4,—	3,—
		FDC		4,—

Auflage: 650 000 Sätze

Gültig bis 28.2.2002

Belgien

1991, 4. Mai. Europa: Europäische Weltraumfahrt. RaTdr. (5 × 6); Papier ph.; gez. K 11¼:11½.

cbv) Fernmeldesatellit „Olympus“

cbw) Trägerrakete „Ariane 5“ mit Raumfähre „Hermes“

2458	14 (Fr) mehrfarbig	cbv	1,—	0,50
2459	25 (Fr) mehrfarbig	cbw	4,—	1,50
		Satzpreis (2 W.)	5,—	2,—
		FDC		6,—

Auflagen: MiNr. 2458 = 7 500 000, MiNr. 2459 = 1 800 000 Stück

Bulgarien

1991, 10. Mai. Europa: Europäische Weltraumfahrt. Odr. (10 × 4); gez. K 13.

few) Wettersatellit „Meteosat“

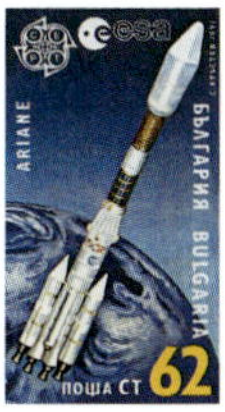

fex) Trägerrakete „Ariane“

3901	43 St mehrfarbig	few	1,—	0,50
3902	62 St mehrfarbig	fex	1,50	0,70
		Satzpreis (2 W.)	2,50	1,20
		FDC		2,50

Markenheftchen mit MiNr. 3901–3902 ist privaten Ursprungs.

Auflage: 1 000 000 Sätze

Gültig bis 3.7.1999

Dänemark

1991, 2. Mai. Europa: Europäische Weltraumfahrt. Odr. (8 × 5); Papier fl.; gez. K 13¼:13.

xz) Wassertemperatur

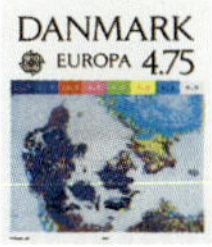

ya) Landtemperatur

xz–ya) Falschfarbenaufnahmen von Dänemark durch die amerikanischen Erdbeobachtungssatelliten „NOAA 6“ und „NOAA 7“

1000	3.50 (Kr)	mehrfarbig	xz	1,—	0,50
1001	4.75 (Kr)	mehrfarbig	ya	3,—	1,—
			Satzpreis (2 W.)	4,—	1,50
			FDC		3,50

Auflagen: MiNr. 1000 = 13 120 000, MiNr. 1001 = 5 960 000 Stück

Dänemark – Färöer

1991, 8. April. Europa: Europäische Weltraumfahrt. Odr. (5×4); gez. K 13.

hn) Satellit, Erde, Wetterkarte

ho) Segelboot, Sternbilder „Kleiner und Großer Wagen“

215	3.70 (Kr)	mehrfarbig	hn	1,—	1,—
216	6.50 (Kr)	mehrfarbig	ho	2,—	2,—
			Satzpreis (2 W.)	3,—	3,—
			FDC		4,50

Auflagen: MiNr. 215 = 705 000, MiNr. 216 = 531 000 Stück

Deutschland

1991, 2. Mai. Europa: Europäische Weltraumfahrt. Odr. (5×5); Papier fl.; gez. K 13¾.

bgf) Europäischer Erdbeobachtungssatellit „ERS-1“

bgg) Deutscher Fernmeldesatellit „Kopernikus“

1526	60 (Pf)	mehrfarbig	bgf	1,50	0,50
1527	100 (Pf)	mehrfarbig	bgg	2,50	0,50
			Satzpreis (2 W.)	4,—	1,—
			FDC		3,—
			ETB 20/1991		1,—

1526 F	Farben Opalgrün und Orange in der Weltkarte unten links fehlend	—,—

Auflage ETB: 433 600 Stück

Gültig bis 30.6.2002

Finnland

1991, 7. Juni. Europa: Europäische Weltraumfahrt. Odr.; gez. K 12¾:13.

alg) Menschen mit und ohne Raumanzug, Europakarte

alh) Satelliten und Empfangsantennen, Europakarte

1144	2.10 (M)	mehrfarbig	alg	2,50	1,50
1145	2.90 (M)	mehrfarbig	alh	3,50	1,50
			Satzpreis (2 W.)	6,—	3,—
			FDC		4,50

Auflagen: MiNr. 1144 = 6 000 000, MiNr. 1145 = 3 000 000 Stück

Gültig bis 31.12.2011

Frankreich

1991, 27. April. Europa: Europäische Weltraumfahrt. StTdr.; gez. K 12½:13.

ctw) Landkarte und Einwohner von Französisch-Guyana, Trägerrakete „Ariane“ in Kourou

ctx) Direktabstrahlender TV-Satellit „TDF 1“, Augen, Erde

2834	2.50 (Fr)	mehrfarbig	ctw	2,—	1,—
2835	3.50 (Fr)	mehrfarbig	ctx	3,—	2,—
			Satzpreis (2 W.)	5,—	3,—
			FDC		4,—
			ETB		11,—

Auflagen: MiNr. 2834 = 21 313 540, MiNr. 2835 = 5 429 361 Stück

Gibraltar*

1991, 26. Febr. Europa: Europäische Weltraumfahrt. Odr. (2×5); gez. K 13¼.

vu) Raumfähre „Hermes“, Raumstation „Columbus“

vv) Europäischer Erdbeobachtungssatellit „ERS-1“

613	25 P	mehrfarbig	vu	1,—	1,—
614	32 P	mehrfarbig	vv	2,—	1,50
			Satzpreis (2 W.)	3,—	2,50
			FDC		3,50
			Kleinbogensatz (2 Klb.)	30,—	30,—

Griechenland

1991, 20. Mai. Europa: Europäische Weltraumfahrt. Odr.; A = vierseitig gez. K 12½ (2×4 Zd), C = senkrecht gez. 12½.

bdy) Ikarus, erster Satellit „Sputnik“

bdz) Sonnengott Helios auf Streifwagen

1777	80 (Dr)	mehrfarbig . . . bdy			
A		gez. K 12½		1,50	1,—
C		senkrecht gez. 12½		2,—	1,50
1778	300 (Dr)	mehrfarbig . . . bdz			
A		gez. K 12½		5,50	4,—
C		senkrecht gez. 12½		7,—	5,50
			Satzpreis A (Paar)	7,—	5,—
			FDC A		6,50
			Satzpreis C (2 W.)	9,—	7,—
			FDC C		10,—

MH 14	(Nominale 760 Dr)	20,—	
H-Blatt 14	mit 2 × MiNr. 1777 C–1778 C	18,—	18,—

Auflagen: MiNr. 1777 A–1778 A = 800 000, MiNr. 1777 C–1778 C = 100 000 Sätze

Gültig bis 31.12.2002

Großbritannien

1991, 23. April. Europa: Europäische Weltraumfahrt, RaTdr. (5×5 Zd + 5×5 Zd); Papier ph.; gez. K 14¼:14¾.

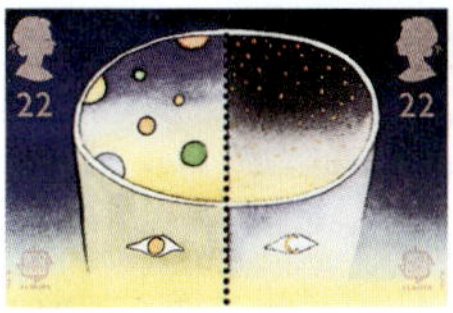

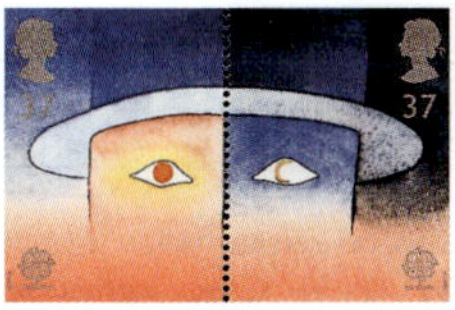

arp arr ars art

arp–art) Symbolische Darstellungen von Erde und Weltall

1337	22 (P) mehrfarbig	arp	1,50	1,50
1338	22 (P) mehrfarbig	arr	1,50	1,50
1339	37 (P) mehrfarbig	ars	3,—	3,—
1340	37 (P) mehrfarbig	art	3,—	3,—
	Satzpreis (2 Paare)		9,—	9,—
	FDC			13,—

Zwischenstegpaare:

1337 ZW–1340 ZW	4 Paare	20,—	20,—

Nominalgleiche Marken wurden waagerecht zusammenhängend gedruckt.

Auflagen: MiNr. 1337–1338 je 36 470 800, MiNr. 1339–1340 je 7 593 000 Stück

Großbritannien – Guernsey

1991, 30. April. Europa: Europäische Weltraumfahrt. Odr. (4×5); gez. K 13¼:13¾.

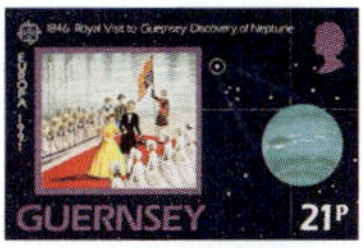

vp) Besuch von Königin Viktoria auf Guernsey; Entdeckung des Planeten Neptun (1846)

vr) Besuch von Königin Elisabeth II. auf Sark; 1. Satellit „Sputnik" (1957)

vs) Jungfernfahrt der Fähre „Sarnia"; 1. bemannter Weltraumflug (1961)

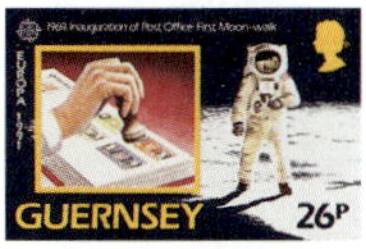

vt) Eröffnung des Postdienstes unter eigener Posthoheit; 1. Mondspaziergang (1969)

518	21 P mehrfarbig	vp	0,80	0,80
519	21 P mehrfarbig	vr	0,80	0,80
520	26 P mehrfarbig	vs	1,—	1,—
521	26 P mehrfarbig	vt	1,—	1,—
	Satzpreis (4 W.)		3,60	3,60
	FDC			4,50

Auflagen: MiNr. 518 = 390 924, MiNr. 519 = 390 834, MiNr. 520 = 369 404, MiNr. 521 = 370 244 Stück

Großbritannien – Isle of Man

1991, 24. April. Europa: Europäische Weltraumfahrt. Odr. (5×2 Zd); gez. K 14.

ui) Nachrichtensatellit INTELSAT

uk) Startende Ariane-Rakete, Fischerboote im Hafen von Douglas

ul) Nachrichtensatelliten

um) Flughafen- und Rundfunkgebäude, Flugzeug, Raumfähre beim Start

464	17 P mehrfarbig	ui	1,20	1,20
465	17 P mehrfarbig	uk	1,20	1,20
466	26 P mehrfarbig	ul	1,80	1,80
467	26 P mehrfarbig	um	1,80	1,80
	Satzpreis (2 Paare)		6,—	6,—
	FDC			6,50

Nominalgleiche Marken wurden senkrecht zusammenhängend gedruckt.

Großbritannien – Jersey

1991, 19. März. Europa: Europäische Weltraumfahrt. Odr. (5×4); gez. K 14¼:13¼.

we) LANDSAT 5, Satellit zur Erkundung von Bodenschätzen

wf) ERS-1, Satellit für Ozeanografie

wg) METEOSAT, Wettersatellit

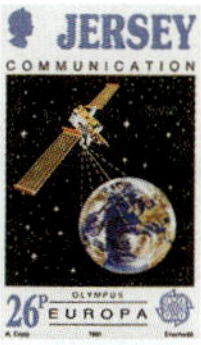

wh) OLYMPUS, Nachrichtensatellit

539	20 P mehrfarbig	we	0,60	0,60
540	20 P mehrfarbig	wf	0,60	0,60
541	26 P mehrfarbig	wg	1,20	1,20
542	26 P mehrfarbig	wh	1,20	1,20
	Satzpreis (4 W.)		3,50	3,50
	FDC			4,—

Auflagen: MiNr. 539 = 682 799, MiNr. 540 = 690 871, MiNr. 541 = 442 476, MiNr. 542 = 439 415 Stück

Irland

1991, 14. Mai. Europa: Europäische Weltraumfahrt. Odr. (2×5); gez. K 15:14.

vt) Raumsonde „Giotto", Diagramm der Ionenintensität des Halleyschen Kometen

vu) Weltraumteleskop „Hubble", Space Shuttle

759	32 (P) mehrfarbig	vt	1,50	1,—
760	44 (P) mehrfarbig	vu	3,50	3,50
	Satzpreis (2 W.)		5,—	4,50
	FDC			5,—
	Kleinbogensatz		50,—	50,—

Auflagen: MiNr. 759 = 1 000 000, MiNr. 760 = 750 000 Stück

Gültig bis 31.12.2002

Island

1991, 29. April. Europa: Europäische Weltraumfahrt. Odr.; gez. K 14.

ut) Gesicht, Erde, Wetterkarte, Satellit

uu) Satellit, Fernsehbilder, Erde, Gesicht

742	26.00 (Kr) mehrfarbig	ut	4,—	1,—
743	47.00 (Kr) mehrfarbig	uu	6,—	2,—
	Satzpreis (2 W.)		10,—	3,—
	FDC			3,50

Auflage: 1 000 000 Sätze

Italien

1991, 29. April. Europa: Europäische Weltraumfahrt. RaTdr. (5×10); Papier fl.; gez. K 14:13¼.

brt) Fernmeldesatellit „DRS"

bru) Raumfähre „Hermes", Raumstation „Columbus"

2180	750 (L) mehrfarbig	brt	3,—	1,10
2181	800 (L) mehrfarbig	bru	3,—	1,10
	Satzpreis (2 W.)		6,—	2,20
	FDC			3,—

Auflage: 4 000 000 Sätze

Jugoslawien

1991, 6. Mai. Europa: Europäische Weltraumfahrt. Odr. (3×3); gez. K 13¾.

cec) Fernmeldesatellit, Erde

ced) Fernmeldesatellit, Parabolantenne, Telefon

2476	7.50 (Din) mehrfarbig	cec	1,—	1,—
2477	15 (Din) mehrfarbig	ced	2,—	2,—
	Satzpreis (2 W.)		3,—	3,—
	FDC			4,50
	Kleinbogensatz (2 Klb.)		30,—	30,—

Auflage: 283 000 Sätze

Liechtenstein

1991, 4. März. Europa: Europäische Weltraumfahrt. RaTdr. (5×4); gez. K 11¾.

anf) Kommunikationssatellit „Olympus"

ang) Wettersatellit „Meteosat"

1011	50 (Rp) mehrfarbig	anf	0,70	0,60
1012	90 (Rp) mehrfarbig	ang	1,30	1,10
	Satzpreis (2 W.)		2,—	1,70
	FDC			2,—
	MK 100			2,50

Auflagen: MiNr. 1011 = 964 635, MiNr. 1012 = 794 795 Stück

Gültig bis 31.12.2001

Luxemburg

1991, 13. Mai. Europa: Europäische Weltraumfahrt. RaTdr.; Papier fl.; gez. K 11¾:11½.

ahz) Fernmeldesatelliten „ASTRA 1A" und „ASTRA 1B"

aia) Satellitenkontrollzentrum, Betzdorf

1271	14 Fr mehrfarbig	ahz	2,—	0,50
1272	18 Fr mehrfarbig	aia	2,—	1,50
	Satzpreis (2 W.)		4,—	2,—
	FDC			2,50

Auflage: 800 000 Sätze

Gültig bis 31.12.2002

Malta

1991, 16. März. Europa: Europäische Weltraumfahrt. Odr. (4×3); Wz. 6; gez. K 14.

aas) Fernmeldesatellit „Eurostar"

aat) Trägerrakete „Ariane 4", Raumfähre „HOTOL"

854	10 C mehrfarbig	aas	0,50	0,50
855	35 C mehrfarbig	aat	2,50	2,50
	Satzpreis (2 W.)		3,—	3,—
	FDC			4,—
	Kleinbogensatz (2 Klb.)		30,—	30,—

MiNr. 854–855 wurden jeweils im Kleinbogen zu 10 Marken und 2 verschiedenen Zierfeldern (Feld 1 und 4) gedruckt.

Gültig bis 31.7.2002

Monaco

1991, 26. April. Europa: Europäische Weltraumfahrt. StTdr. (6×5); gez. K 13:13½.

bmp) Europäischer Fernmeldesatellit „EUTELSAT"

bmr) Internationaler Kommunikationssatellit für die Handelsschifffahrt „INMARSAT"

2009	2.30 (Fr) mehrfarbig	bmp	2,—	2,—
2010	3.20 (Fr) mehrfarbig	bmr	3,—	3,—
	Satzpreis (2 W.)		5,—	5,—
	FDC			5,50
	Sonderdruck, gez.		160,—	
	Sonderdruck, □		220,—	

Blockausgabe mit 5 × MiNr. 2009–2010

Block 50	(143×171 mm)	bms	25,—	20,—
	FDC			25,—

MiNr. 2009–2010 sind auch im Paar zusammenhängend als nicht frankaturgültiger Sonderdruck in Blockform, gez. und □, für Geschenkzwecke bekannt.

Niederlande

1991, 11. Juni. Europa: Europäische Weltraumfahrt. Odr.; Papier ph.; gez. K 12¾:13¼.

ase) Gruß an den Mond

asf) Aufbruch zu anderen Planeten

1409	55 C mehrfarbig	ase	1,—	0,50
1410	75 C mehrfarbig	asf	1,—	0,50
		Satzpreis (2 W.)	2,—	1,—
		FDC		2,50

Auflagen: MiNr. 1409 = 6 955 800, MiNr. 1410 = 12 233 250 Stück

Norwegen

1991, 16. April. Europa: Europäische Weltraumfahrt. Odr.; Papier ph; gez. K 13:13¼.

acv) Erdbeobachtungssatellit „ERS-1" über Skandinavien

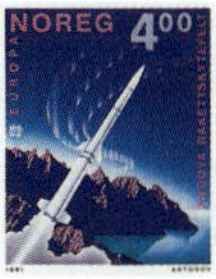

acw) Von Andøya aus startende Forschungsrakete

1062	3.20 (Kr) mehrfarbig	acv	1,—	0,50
1063	4.00 (Kr) mehrfarbig	acw	3,—	1,—
		Satzpreis (2 W.)	4,—	1,50
		FDC		2,50

Auflagen: MiNr. 1062 = 6 636 998, MiNr. 1063 = 2 665 474 Stück

Österreich

1991, 3. Mai. Europa: Europäische Weltraumfahrt. RaTdr. (5×10); gez. K 14.

bno) Erdbeobachtungssatellit „ERS-1"

2026	7 S mehrfarbig	bno	2,50	0,90
		FDC		2,—

Vorlagedruck in Schwarz, mit dem Originaldruckstöckel gedruckt, □, auf Erläuterungsblatt geklebt .... 15,—

Auflage: 3 000 000 Stück

Gültig bis 30.6.2002

Polen

1991, 6. Mai. Europa: Europäische Weltraumfahrt. Odr. (6×5); gez. K 11¾:11¼.

dxe) Erdkugel, Forschungssatellit

3331	1000 Zł mehrfarbig	dxe	2,50	0,50
		FDC		1,—

MiNr. 3331 ist wasserempfindlich.

Auflage: 5 000 000 Stück

Gültig bis 31.12.1996

Portugal

1991, 11. April. Europa: Europäische Weltraumfahrt. Odr. (5×10); Papier ph.; gez. K 12:11¾.

axt) Fernmeldesatellit „EUTELSAT II"

1862	80 (E) mehrfarbig	axt	4,—	3,—
		FDC		3,50

Blockausgabe mit 2 × MiNr. 1862–1863

axt) Fernmeldesatellit „EUTELSAT II" axu) Fernmeldesatellit „Olympus" axv

1863	80 (E) mehrfarbig	axu	2,50	1,50
Block 78	(140×112 mm)	axv	18,—	12,—
		FDC		14,—

S 7 Offizieller Blaudruck der MiNr. 1862 .... —,—

Auflagen: MiNr. 1862 = 600 000 Stück, Bl. 78 = 160 000 Blocks

Gültig bis 31.3.1999

Portugal – Azoren

1991, 11. April. Europa: Europäische Weltraumfahrt. Odr. (5×10); Papier mit vorderseitigen Phosphorstreifen; gez. K 12:11¾.

dg) Projektierte Raumfähre „Hermes"

415	80 (E) mehrfarbig	dg	3,—	2,50
		FDC		3,—

Blockausgabe mit 2 × MiNr. 415–416

dg) Projektierte Raumfähre „Hermes" dh) Projektierter Raumtransporter „Sänger" di

416	80 (E) mehrfarbig	dh	3,—	2,—
Block 12	(140×112 mm)	di	15,—	10,—
		FDC		14,—

S 5 Offizieller Blaudruck der MiNr. 415 .... —,—

Auflagen: MiNr. 415 = 600 000 Stück, Bl. 12 = 170 000 Blocks

Gültig bis 31.3.1999

Portugal – Madeira

1991, 11. April. Europa: Europäische Weltraumfahrt. Odr. (5 × 10); Papier mit vorderseitigen Phosphorstreifen; gez. K 12:11¾.

dk) Erdbeobachtungssatellit „ERS-1“

147	80 (E) mehrfarbig . . . . dk	3,—	2,50
	FDC		3,—

Blockausgabe mit 2 × MiNr. 147–148

dk) Erdbeobachtungssatellit „ERS-1“ dl) Erderkundungssatellit „SPOT“ dm

148 80 (E) mehrfarbig . . . . dl	3,—	2,—
Block 12 (140 × 112 mm) . . . . dm	15,—	10,—
FDC		14,—

S 5 Offizieller Blaudruck der MiNr. 147 . . . . —,—

Auflagen: MiNr. 147 = 600 000 Stück, Bl. 12 = 170 000 Blocks

Gültig bis 31.3.1999

Rumänien

1991, 10. Mai. Europa: Europäische Weltraumfahrt. RaTdr. (5 × 5); gez. K 13½.

fvk) Nachrichtensatellit „EUTELSAT I“

4653 4.50 L mehrfarbig . . . . fvk	4,—	1,—
FDC		2,50

Auflage: 1 000 000 Stück

Gültig bis 30.6.2005

San Marino

1991, 12. Febr. Europa: Europäische Weltraumfahrt. RaTdr. (4 × 5); gez. K 13¼:14.

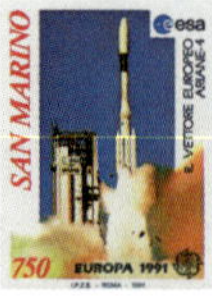

asw) Trägerrakete „Ariane 4“

asx) Erdbeobachtungssatellit „ERS-1“

1465 750 (L) mehrfarbig . . . . asw	4,—	4,—
1466 800 (L) mehrfarbig . . . . asx	5,—	5,—
Satzpreis (2 W.)	9,—	9,—
FDC		11,—

Auflage: 375 000 Sätze

Schweden

1991, 15. Mai. Europa: Europäische Weltraumfahrt. Komb. StTdr. und Odr.; gez. K 12¾.

bau) Raumfähre „Hermes“, Trägerrakete „Ariane 5“ bav) Schwedischer Forschungssatellit „Freja“, Wetterballon baw) Schwedischer Fernmeldesatellit „Tele-X“, Trägerrakete „Ariane 4“

1663 4 Kr mehrfarbig . . . . bau	1,40	1,—
1664 4 Kr mehrfarbig . . . . bav	1,40	1,—
1665 4 Kr mehrfarbig . . . . baw	1,40	1,—
Satzpreis (3 W.)	4,—	3,—
FDC (mit H-Bl. 186)		5,—

MH 159	(Nominale 24 Kr)	9,—	
H-Blatt 186	mit MiNr. 1663–1665		
C	rechter Rand durchstochen	4,50	4,50
D	linker Rand durchstochen	4,50	4,50

MiNr. 1663–1665 □ mit nur jeweils einem Druckgang stammen aus einem Faltblatt des schwedischen Postmuseums.

Auflage: 6 300 000 Sätze

Schweiz

1991, 14. Mai. Europa: Europäische Weltraumfahrt. RaTdr. (5 × 10); Papier fl.; gez. K 11½.

azx) Nutzlastverkleidung der Trägerrakete „Ariane 4“

azy) Weltraumsonde „Giotto“, Umlaufbahnen

1444 50 (C) mehrfarbig . . . . azx	1,—	0,40
1445 90 (C) mehrfarbig . . . . azy	1,80	1,50
Satzpreis (2 W.)	2,80	1,90
FDC		2,50

Auflagen: MiNr. 1444 = 24 716 000, MiNr. 1445 = 6 595 000 Stück

Spanien

1991, 28. Mai. Europa: Europäische Weltraumfahrt. RaTdr.; Papier ph.; gez. K 13¾:14.

cnp) Parabolantennen des Kontrollzentrums „INTA-NASA“, Robledo de Chavela

cnr) Fernmeldesatellit „Olympus“

2990 25 (Pta) mehrfarbig . . . . cnp	1,—	0,50
2991 45 (Pta) mehrfarbig . . . . cnr	2,—	1,20
Satzpreis (2 W.)	3,—	1,70
FDC		3,—

Auflage: 10 000 000 Sätze

Gültig bis 28.2.2002

Tschechoslowakei

1991, 6. Mai. Europa: Europäische Weltraumfahrt. Komb. StTdr. und RaTdr.; Papier fl.; gez. K 11¾:11¼.

doz) Forschungssatellit „Magion II“, Erdkugel

3084	6 Kč	mehrfarbig	doz	3,—	1,—
			FDC		1,50

Auflage: 10 095 000 Stück

Gültig bis 30.9.1993

Türkei

1991, 6. Mai. Europa: Europäische Weltraumfahrt. Odr. (10×10); Wz. 1; gez. K 13¼.

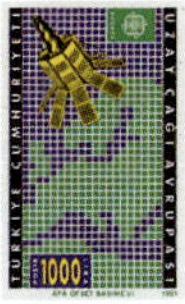
brb

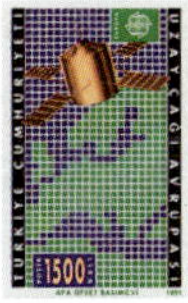
brc

brb–brc) Fermeldesatelliten, Landkarte

2921	1000 L	mehrfarbig	brb	6,—	1,50
2922	1500 L	mehrfarbig	brc	12,—	3,—
			Satzpreis (2 W.)	18,—	4,50
			FDC		5,—

Auflage: 600 000 Sätze

Türkisch-Zypern*

1991, 29. Juli. Blockausgabe: Europa – Europäische Weltraumfahrt. Odr.; Wz. 1; gez. K 12¼.

lv) Raumfähre „Hermes“

lw) Jupitersonde „Ulysses“

lx

303	2000 L	mehrfarbig	lv	4,—	3,—
304	2000 L	mehrfarbig	lw	4,—	3,—
Block 9	(77×81 mm)		lx	12,—	8,—
			FDC		10,—

Auflage: 200 000 Block

Ungarn

1991, 30. April. Europa: Europäische Weltraumfahrt. Odr.; A = gez. K 12½, B = □.

fwa) Jupitersonde „Ulysses“

fwb) Raumsonden „Cassini“ und „Huygens“

				★★	⊙	FDC
4133 A	12 Ft	mehrfarbig	fwa	2,—	1,50	
4134 A	30 Ft	mehrfarbig	fwb	5,50	3,50	
			Satzpreis A (2 W.)	7,50	5,—	7,—
			Satzpreis B (2 W.)	50,—	50,—	55,—

Auflagen: MiNr. 4133 A–4134 A = 227 800, MiNr. 4133 B–4134 B = 12 000 Sätze

Zypern

1991, 6. Mai. Europa: Europäische Weltraumfahrt. Odr. (4×5); gez. K 13:13¼.

zl) Jupitersonde „Ulysses“

zm) Raumsonde „Giotto“, Halleyscher Komet

				★★	⊙
771	7 C	mehrfarbig	zl	0,50	0,50
772	18 C	mehrfarbig	zm	1,30	1,30
			Satzpreis (2 W.)	1,80	1,80
			FDC		2,50

Auflage: 350 000 Sätze

1992

Albanien

1992, 18. Sept. Europa: 500. Jahrestag der Entdeckung von Amerika. Odr. (3×3); gez. K 12.

chx) Kolumbus am Kai vor seinen Karavellen

chy) Kolumbus trifft auf Guanahani die ersten Eingeborenen

chx–chz) Amerikanischer Kontinent

2510	60 Q	mehrfarbig	chx	0,50	0,50
2511	3.20 L	mehrfarbig	chy	3,50	3,50
			Satzpreis (2 W.)	4,—	4,—
			FDC		8,—
			Kleinbogensatz (2 Klb.)	40,—	40,—

Blockausgabe, □

chz) Christoph Kolumbus (1451–1506), spanisch-italienischer Seefahrer

Block 97	5 L	mehrfarbig (90×69 mm)	chz	75,—	75,—
			FDC		80,—

MiNr. 2510–2511 wurden jeweils im Kleinbogen zu 8 Marken und 1 Zierfeld (Feld 5) gedruckt.

MiNr. 2510 wurde zusätzlich im Bogen zu 14 Marken und im ungummierten Bogen zu 100 Marken gedruckt.

Bl. 97 wird nach den neuen Empfehlungen des Koordinationsausschusses des Bundesverbandes des Deutschen Briefmarkenhandels nicht als Europa-Gemeinschafts-Ausgabe angesehen. Wir führen diese Ausgabe, die nach früheren Kriterien anerkannt worden wäre, hier der Vollständigkeit halber auf. Es bleibt jedem Sammler selbst überlassen, ob er diese Ausgabe in seine Sammlung aufnehmen will oder nicht.

FALSCH Bl. 97

Auflagen: MiNr. 2510–2511 je 30 000 Kleinbogen, Bl. 97 = 50 000 Blocks

Andorra (Französische Post)

1992, 25. April. Europa: 500. Jahrestag der Entdeckung von Amerika. StTdr. (5×10); gez. K 12¾:13.

kd) Karracke „Santa Maria“, Karavellen „Niña“ und „Pinta“; nautisches Instrument

ke) Christoph Kolumbus (1451–1506), spanisch-italienischer Seefahrer; Karavellen, Eingeborene

437	2.50 (Fr)	mehrfarbig	kd	3,—	2,—
438	3.40 (Fr)	mehrfarbig	ke	7,—	4,—
		Satzpreis (2 W.)		10,—	6,—
		FDC			7,—

Auflagen: MiNr. 437 = 473 844, MiNr. 438 = 204 549 Stück

Andorra (Spanische Post)

1992, 8. Mai. Europa: 500. Jahrestag der Entdeckung von Amerika. RaTdr. (6×4, Querformat ~); Papier ph.; gez. K 14:13¾, Querformat ~.

gc) Flaggschiff „Santa Maria“

gd) König Ferdinand II. von Aragonien (1452–1516, reg. ab 1479)

226	27 (Pta)	mehrfarbig	gc	1,80	1,—
227	45 (Pta)	mehrfarbig	gd	1,80	1,—
		Satzpreis (2 W.)		3,50	2,—
		FDC			2,50

Auflagen: MiNr. 226 = 400 970, MiNr. 227 = 408 570 Stück

Gültig bis 28.2.2002

Belgien

1992, 2. Mai. Europa: 500. Jahrestag der Entdeckung von Amerika. RaTdr. (5×8); Papier ph.; gez. K 11½:11¾.

cdv) Windrose, Hafen

cdw) Zahl „500“ mit Weltkugel und Astrolabium

2506	15 (Fr)	mehrfarbig	cdv	1,—	0,50
2507	28 (Fr)	mehrfarbig	cdw	4,—	0,70
		Satzpreis (2 W.)		5,—	1,20
		FDC			5,50

Auflagen: MiNr. 2506 = 7 500 000, MiNr. 2507 = 3 000 000 Stück

Bulgarien

1992, 24. April. Europa: 500. Jahrestag der Entdeckung von Amerika. Odr. (2×10) Zd; gez. K 13.

fil) Karavellen fim) Christoph Kolumbus (1451–1506)

3982	1 L	mehrfarbig	fil	1,50	0,50
3983	2 L	mehrfarbig	fim	2,50	0,50
		Satzpreis (Paar)		4,—	1,50
		FDC			4,—

Markenheftchen mit MiNr. 3982–3983 ist privaten Ursprungs.

Auflage: 1 000 000 Sätze

Gültig bis 3.7.1999

Dänemark

1992, 7. Mai. Europa: 500. Jahrestag der Entdeckung von Amerika. MiNr. 1025 StTdr., Bogen (B) (10×5) und Markenheftchen (MH) (2×5); MiNr. 1026 komb. StTdr. und Odr. (10×5); Papier fl.; gez. K 12¾.

zb) Kartoffelpflanze

zc) Maiskolben

1025	3.50 (Kr)	dunkelrotbraun/dunkelgrün (B) (MH)	zb	1,—	0,50
1026	4.75 (Kr)	dunkelgrün/orangegelb (B)	zc	3,—	2,—
		Satzpreis (2 W.)		4,—	2,50
		FDC			3,50
		Markenheftchen		15,—	

Auflagen: MiNr. 1025 = 11 600 000, MiNr. 1026 = 5 350 000 Stück

Dänemark – Färöer

1992, 6. April. Europa: 500. Jahrestag der Entdeckung von Amerika. Odr. (4×5); gez. K 13¼:13¾.

ie) Segelschiff von Leif Eriksson (um 975 – um 1020), isländischer Seefahrer

if) Karavelle von Christoph Kolumbus (1451–1506), spanisch-italienischer Seefahrer

231	3.70 (Kr)	mehrfarbig	ie	1,50	1,50
232	6.50 (Kr)	mehrfarbig	if	2,50	2,50
		Satzpreis (2 W.)		4,—	4,—
		FDC			4,50

Blockausgabe

233	3.70 (Kr)	mehrfarbig	ie I	1,50	1,50
234	6.50 (Kr)	mehrfarbig	if I	2,50	2,50
Block 5	(85×67 mm)		ig	7,50	7,50
		FDC			10,—

MiNr. 231–232 haben im Gegensatz zu MiNr. 233–234 einen weißen Rahmen.

Auflagen: MiNr. 231 = 611 000, MiNr. 232 = 521 000 Stück, Bl. 5 = 500 000 Blocks

Parallelausgabe mit Island MiNr. 762–765/Bl. 13

Deutschland

1992, 7. Mai. Europa: 500. Jahrestag der Entdeckung von Amerika. Odr. (5×5); Papier fl.; gez. K 13¾.

bkl) Die Kolumbusflotte landet in Amerika; florentinischer Holzschnitt (1493)

bkm) René de Laudonnière und Häuptling Athore (1564); Holzschnitt von Jacques le Moyne de Morgues

1608	60 (Pf)	mehrfarbig . . . . bkl	1,40	0,50
1609	100 (Pf)	mehrfarbig . . . . bkm	2,60	0,50
		Satzpreis (2 W.)	4,—	1,—
		FDC		3,—
		ETB 16/1992		1,—

P So 27	Sonderpostkarte „Internationale Briefmarkenmesse Essen '92" mit MiNr. 1608 als Wertstempel	1,40	1,70

Auflagen: MiNr. 1608 = 58 835 000, MiNr. 1609 = 50 215 000 Stück, davon jeweils 408 800 auf ETB

Gültig bis 30.6.2002

Finnland

1992, 8. Mai. Europa: 500. Jahrestag der Entdeckung von Amerika. Odr. (2×5 Zd); gez. K 12¾:13.

amt) Karracke „Santa Maria"; Landkarte mit Reiseroute

amu) Christoph Kolumbus (1451–1506), spanisch-italienischer Seefahrer; Landkarte mit Reiseroute

1178	2.10 (M)	mehrfarbig . . . . amt	2,—	0,50
1179	2.10 (M)	mehrfarbig . . . . amu	2,—	0,50
		Satzpreis (Paar)	5,—	4,—
		FDC		4,50

MiNr. 1178–1179 wurden waagerecht zusammenhängend gedruckt und von der Post nur als unzertrenntes Paar verkauft.

Auflage: 4 000 000 Sätze

Gültig bis 31.12.2011

Frankreich

1992, 9. Mai. Europa: 500. Jahrestag der Entdeckung von Amerika. StTdr.; gez. K 12¾:12¼.

cvu) Nautische Geräte, Karte der Karibischen Inseln mit Reiseroute

cvv) Karracke „Santa Maria", Windrose, Landkarte

2899	2.50 (Fr)	mehrfarbig . . . . cvu	1,—	1,—
2900	3.40 (Fr)	mehrfarbig cvv	3,—	2,—
		Satzpreis (2 W.)	4,—	3,—
		FDC		3,50
		ETB		12,—

Sonderpostkarten „Segeljacht LA POSTE" mit Wertstempel wie MiNr. 2899–2900

P 166	2.50 Fr.	mehrfarbig	2,50	2,50
P 167	3.40 Fr.	mehrfarbig	2,50	2,50

Auflagen: MiNr. 2899 = 12 128 142, MiNr. 2900 = 5 634 125 Stück

Gibraltar*

1992, 6. Febr. Europa: 500. Jahrestag der Entdeckung von Amerika. Odr. (1×4 Zd); gez. K 14¼.

wv) Christoph Kolumbus (1451–1506), spanisch-italienischer Seefahrer; Karracke „Santa Maria"

ww) Landkarte von Europa, Asien und Afrika; Karavelle „Niña"

wx) Landkarte von Amerika; Karavelle „Pinta"

wy) Landkarte von Europa, Asien und Afrika; Matrose im Mastkorb

638	24 P	mehrfarbig . . . . wv	1,50	1,50
639	24 P	mehrfarbig . . . . ww	1,50	1,50
640	34 P	mehrfarbig . . . . wx	2,—	2,—
641	34 P	mehrfarbig . . . . wy	2,—	2,—
		Satzpreis (2 Paare)	7,—	7,—
		FDC		12,—
		Kleinbogensatz (2 Klb.)	40,—	40,—

Nominalgleiche Marken wurden waagerecht zusammenhängend gedruckt.

Griechenland

1992, 22. Mai. Europa: 500. Jahrestag der Entdeckung von Amerika. Odr.; A = vierseitig gez. K 13¾:12¼ (2×4 Zd), C = senkrecht gez. 12¼.

bfa) Christoph Kolumbus (1451–1506), spanisch-italienischer Seefahrer; Karavelle, Landkarte

bfb) Christoph Kolumbus, Hafenanlage

1802	90 (Dr)	mehrfarbig . . . . bfa		
A		gez. K 13¾:12¼	1,50	1,—
C		senkrecht gez. 12¼	2,—	1,50
1803	340 (Dr)	mehrfarbig . . . . bfb		
A		gez. K 13¾:12¼	5,50	4,—
C		senkrecht gez. 12¼	7,—	4,50
		Satzpreis A (Paar)	7,—	5,—
		FDC A		10,—
		Satzpreis C (2 W.)	9,—	6,—
		FDC C		12,—

MH 15	(Nominale 860 Dr)	19,—	
H-Blatt 15	mit 2 × MiNr. 1802 C–1803 C	18,—	18,—

Gültig bis 31.12.2002

Großbritannien

1992, 7. April. Europa: 500. Jahrestag der Entdeckung von Amerika. Komb. StTdr. und Odr. (10×5 + 10×5); Papier ph.; gez. K 14¾:14¼.

att) „Santa Maria", Flaggschiff von Christoph Kolumbus

atu) „Kaisei", Segelschulschiff, Teilnehmerin der Kolumbus-Regatta

1400	24 (P)	mehrfarbig . . . . att	2,—	1,50
1401	39 (P)	mehrfarbig . . . . atu	4,—	2,50
		Satzpreis (2 W.)	6,—	4,—
		FDC		5,50

Zwischenstegpaare:

1400 ZW–1401 ZW	. . . . 2 Paare	14,—	14,—

Auflagen: MiNr. 1400 = 22 089 700, MiNr. 1401 = 5 138 100 Stück

Großbritannien – Guernsey

1992, 6. Febr. Europa: 500. Jahrestag der Entdeckung von Amerika. Odr. (4×5); gez. K 14.

wy) Christoph Kolumbus (1451–1506), spanisch-italienischer Seefahrer

wz) Unterschrift von Kolumbus

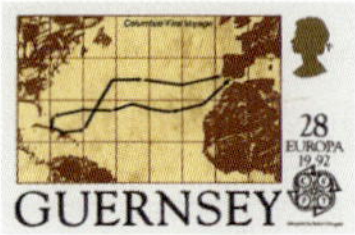

xa) Route der ersten Entdeckungsfahrt

xb) Flaggschiff „Santa Maria“

549	23 (P) mehrfarbig	wy	0,50	0,50
550	23 (P) mehrfarbig	wz	0,50	0,50
551	28 (P) mehrfarbig	xa	1,50	1,50
552	28 (P) mehrfarbig	xb	1,50	1,50
		Satzpreis (4 W.)	4,—	4,—
		FDC		5,—

Blockausgabe mit MiNr. 549–552

Block 8 (156×77 mm)	xc	10,—	10,—
	FDC		14,—

Auflagen: MiNr. 549 = 543 672, MiNr. 550 = 575 633, MiNr. 551 = 363 124, MiNr. 552 = 364 684 Stück, Bl. 8 = 157 166 Blocks

Großbritannien – Isle of Man

1992, 16. April. Europa: 500. Jahrestag der Entdeckung von Amerika. Odr. (2×5 Zd); gez. K 13¾:13¼.

vz

wa

vz–wa) Pilgerväter beim Einschiffen auf die „Speedwell“ in Delfshaven, Holland (1620)

wb

wc

wb–wc) „Mayflower“ und „Speedwell“ im Hafen von Dartmouth, England (1620)

503	18 (P) mehrfarbig	vz	1,20	1,20
504	18 (P) mehrfarbig	wa	1,20	1,20
505	28 (P) mehrfarbig	wb	1,80	1,80
506	28 (P) mehrfarbig	wc	1,80	1,80
		Satzpreis (2 Paare)	6,50	6,50
		FDC		7,—

Nominalgleiche Marken wurden waagerecht zusammenhängend gedruckt.

Großbritannien – Jersey

1992, 14. April. Europa: 500. Jahrestag der Entdeckung von Amerika. Odr. (4×5); gez. K 14¼.

xp) John Bertram (1796–1882), amerikanischer Kaufmann, geboren auf Jersey

xr) George Carteret (um 1610–1680), geb. auf Jersey, Mitbesitzer von Carolina und New Jersey

xs) Walter Raleigh (1554–1618), Gouverneur von Jersey

xp–xs) Christoph Kolumbus (1451–1506), spanisch-italienischer Seefahrer; Flaggschiff „Santa Maria“

574	22 P mehrfarbig	xp	0,90	0,90
575	28 P mehrfarbig	xr	1,—	1,—
576	39 P mehrfarbig	xs	1,60	1,60
		Satzpreis (3 W.)	3,50	3,50
		FDC		4,50

Auflagen: MiNr. 574 = 459 817, MiNr. 575 = 664 537, MiNr. 576 = 298 597 Stück

Irland

1992, 14. Mai. Europa: 500. Jahrestag der Entdeckung von Amerika. Odr. (2×5); gez. K 15:14.

xc) Karracke „Santa Maria“, Karavellen „Niña“ und „Pinta“

xd) Die Kolumbusflotte landet in Amerika

792	32 (P) mehrfarbig	xc	1,50	1,—
793	44 (P) mehrfarbig	xd	3,50	2,—
		Satzpreis (2 W.)	5,—	3,—
		FDC		3,50
		Kleinbogensatz	50,—	50,—

Auflagen: MiNr. 792 = 1 000 000, MiNr. 793 = 750 000 Stück

Island

1992, 6. April. Europa: 500. Jahrestag der Entdeckung von Amerika. Odr.; gez. K 13¼:13¾.

vp) Segelschiff von Leif Eriksson (um 975–um 1020), Seefahrer

vr) Karavelle von Christoph Kolumbus (1451–1506), spanisch-italienischer Seefahrer

762	55.00 (Kr) mehrfarbig	vp	2,50	2,—
763	55.00 (Kr) mehrfarbig	vr	2,50	2,—
		Satzpreis (2 W.)	5,—	4,—
		FDC		5,—

Blockausgabe

764	55.00 (Kr) mehrfarbig	vp I	4,—	4,—
765	55.00 (Kr) mehrfarbig	vr I	4,—	4,—
Block 13	(85×67 mm)	vs	10,—	10,—
		FDC		11,—

MiNr. 762–763 haben im Gegensatz zu MiNr. 764–765 einen weißen Rahmen.

Auflagen: MiNr. 762–763 = 800 000 Sätze, Bl. 13 = 500 000 Blocks

Parallelausgabe mit Dänemark – Färöer MiNr. 231–234/Bl. 5

Italien

1992, 2. Mai. Europa: 500. Jahrestag der Entdeckung von Amerika. RaTdr. (10×5); Papier fl.; gez. K 13¼:14.

btc) Kolumbus-Denkmal, Genua

btd) Weltkugel mit Emblem der Ausstellung COLOMBO '92

2213	750 (L) mehrfarbig	btc	2,50	1,—
2214	850 (L) mehrfarbig	btd	2,50	1,—
		Satzpreis (2 W.)	5,—	2,—
		FDC		4,50

Auflage: 3 000 000 Sätze

Jugoslawien

1992, 5. Mai. Europa: 500. Jahrestag der Entdeckung von Amerika. Odr. (3×3); gez. K 13¾.

cgl) Christoph Kolumbus (1451–1506), spanisch-italienischer Seefahrer

cgm) Schiffe der Kolumbusflotte „Santa Maria", „Niña" und „Pinta"

2534	300 (Din)	mehrfarbig	cgl	5,—	5,—
2535	500 (Din)	mehrfarbig	cgm	5,—	5,—
			Satzpreis (2 W.)	10,—	10,—
			FDC		12,—
			Kleinbogensatz (2 Klb.)	100,—	100,—

Blockausgabe

cgn) Hafen von Lissabon (alter Stich)

cgo

2536	1200 (Din)	mehrfarbig	cgn	12,—	12,—
Block 41	(85×66 mm)		cgo	15,—	15,—
			FDC		25,—

MiNr. 2534–2535 = 200 000 Sätze, Bl. 41 = 200 000 Blocks.

Kroatien

1992, 31. Juli. Europa: 500. Jahrestag der Entdeckung von Amerika (I). Odr. (5×5); gez. K 14.

dr) Handelsschiff aus Dubrovnik (Karacke) (15. Jh.)

ds) Indianer in Chicago; Skulptur von Ivan Mestrovic (1883–1962)

209	30 (Din)	mehrfarbig	dr	0,50	0,50
210	75 (Din)	rot/schwarz	ds	1,—	1,—
			Satzpreis (2 W.)	1,50	1,50
			FDC		2,50

MiNr. 209–210 tragen kein CEPT-Emblem.

FALSCH MiNr. 209–210 mit Aufdruck des CEPT-Emblems und des Beitrittsdatum „4.9.1992" sind private Mache.

Auflage: 350 000 Sätze

1992, 4. Sept. Europa: 500. Jahrestag der Entdeckung von Amerika (II). Odr. (5×5); gez. K 14.

dr I) Handelsschiff aus Dubrovnik (Karaka) (15. Jh.)

ds I) Indianer in Chicago; Skulptur von Ivan Mestrovic (1883–1962)

211	60 (Din)	mehrfarbig	dr I	1,—	1,—
212	130 (Din)	mehrfarbig	ds I	2,50	2,50
			Satzpreis (2 W.)	3,50	3,50
			FDC		4,50

MiNr. 211–212 tragen das CEPT-Emblem und das Beitrittsdatum „4.9.1992".

Auflage: 350 000 Sätze

Liechtenstein

1992, 2. März. Europa: 500. Jahrestag der Entdeckung von Amerika. RaTdr. (5×4); gez. K 11¾:12.

aod) Altes Amerika

aoe) Neues Amerika

1033	80 (Rp)	mehrfarbig	aod	1,20	1,—
1034	90 (Rp)	mehrfarbig	aoe	1,30	1,20
			Satzpreis (2 W.)	2,50	2,20
			FDC		2,50
			MK 106		3,50

Auflagen: MiNr. 1033 = 897 491, MiNr. 1034 = 765 790 Stück

Gültig bis 31.12.2001

Luxemburg

1992, 18. Mai. Europa: 500. Jahrestag der Entdeckung von Amerika. Komb. StTdr. und RaTdr.; Rahmen fl.; gez. K 13½:14.

aiw) Nicholas Gonner (1835–1892), Präsident der katholischen Presse in Chicago

aix) Nicholas Edward Becker (1842–1920), Politiker und Schriftsteller

1293	14 Fr	mehrfarbig	aiw	2,—	0,50
1294	22 Fr	mehrfarbig	aix	2,—	1,50
			Satzpreis (2 W.)	4,—	2,—
			FDC		2,50

Auflage: 800 000 Sätze

Gültig bis 31.12.2002

Malta

1992, 20. Febr. Europa: 500. Jahrestag der Entdeckung von Amerika. Odr. (4×3); Wz. 6; gez. K 14:14¼.

abz) Karracke „Santa Maria", Karavellen „Nina" und „Pinta", Windrose

aca) Christoph Kolumbus (1451–1506), spanisch-italienischer Seefahrer; Landkarte von Amerika, Zirkel

885	10 C	mehrfarbig	abz	1,—	1,—
886	35 C	mehrfarbig	aca	2,50	2,50
			Satzpreis (2 W.)	3,50	3,50
			FDC		5,—
			Kleinbogensatz (2 Klb.)	35,—	35,—

P 31	Sonderpostkarte „GENOVA '92" mit MiNr. 885–886 als Wertstempel	4,—	4,—

MiNr. 885–886 wurden jeweils im Kleinbogen zu 10 Marken und 2 verschiedenen Zierfeldern (Feld 1 und 5) gedruckt.

Gültig bis 31.7.2002

Monaco

1992, 24. April. Europa: 500. Jahrestag der Entdeckung von Amerika. RaTdr. (6×5); gez. K 13:12½.

bpa) „Pinta" bei der Abfahrt von Palos

bpb) „Santa Maria" bei den Antilleninseln

bpc) „Niña" bei der Ankunft in Lissabon

bpa–bpc) Flotte von Christoph Kolumbus (1451–1506), spanisch-italienischer Seefahrer

2070	2.50 (Fr)	mehrfarbig	bpa	1,—	1,—
2071	3.40 (Fr)	mehrfarbig	bpb	2,—	2,—
2072	4.00 (Fr)	mehrfarbig	bpc	3,—	3,—
			Satzpreis (3 W.)	6,—	6,—
			FDC		7,50
			Sonderdruck, gez.	150,—	
			Sonderdruck, □	180,—	

Blockausgabe mit 2 × MiNr. 2070–2072

Block 55 (140×170 mm)	bpd	15,—	15,—
	FDC		20,—

MiNr. 2070–2072 sind auch zusammenhängend als nicht frankaturgültiger Sonderdruck in Blockform, gez. und □, für Geschenkzwecke bekannt.

Niederlande

1992, 12. Mai. Europa: 500. Jahrestag der Entdeckung von Amerika. Odr.; Papier ph.; gez. K 13¼:12¾, Hochformat ∼.

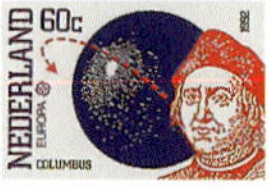

ati) Christoph Kolumbus (1451–1506), spanisch-italienischer Seefahrer; Weltkugel

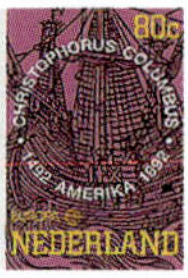

atk) Segelschiff (15. Jh.)

1441	60 C	mehrfarbig	ati	1,—	0,80
1442	80 C	mehrfarbig	atk	1,—	0,80
			Satzpreis (2 W.)	2,—	1,50
			FDC		2,50

Auflagen: MiNr. 1441 = 8 643 450, MiNr. 1442 = 15 205 300 Stück

Norwegen

1992, 21. April. Europa: 500. Jahrestag der Entdeckung von Amerika. Komb. StTdr. und Odr.; Papier ph.; gez. K 13:13¼.

aed) Auswanderer-Segelschiff „Restaurationen“ (1825)

aee) Passagierschiff „Stavangerfjord“ (1918)

1096	3.30 (Kr)	mehrfarbig	aed	2,—	1,—
1097	4.20 (Kr)	mehrfarbig	aee	2,—	1,—
			Satzpreis (2 W.)	4,—	2,—
			FDC		3,—

Auflagen: MiNr. 1096 = 7 025 405, MiNr. 1097 = 5 907 403 Stück

Österreich

1992, 8. Mai. Europa: 500. Jahrestag der Entdeckung von Amerika. Komb. StTdr. und RaTdr. (5×10); gez. K 13¾.

bpc) Landkarte von Amerika (16. Jh.)

2062	7 S	mehrfarbig	bpc	2,—	1,—
			FDC		1,80

Vorlagedruck in Schwarz, mit dem Originaldruckstöckel gedruckt, □, auf Erläuterungsblatt geklebt .... 16,—

Auflage: 3 000 000 Stück

Gültig bis 30.6.2002

Polen

1992, 5. Mai. Europa: 500. Jahrestag der Entdeckung von Amerika. Odr. (2×4 Zd); gez. K 11:11½.

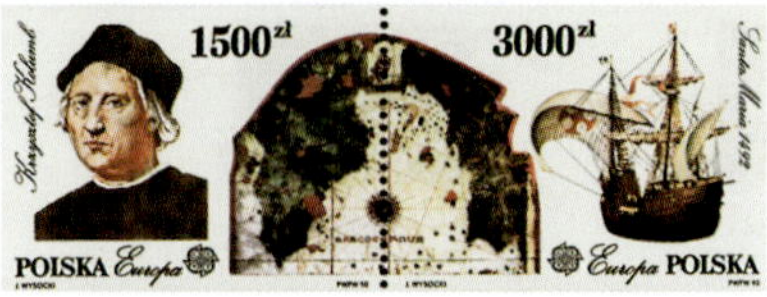

dzg) Christoph Kolumbus (1451–1506), spanisch-italienischer Seefahrer

dzh) Karracke „Santa Maria“

dzg–dzh) Karte von Juan de la Cosa (1449/60–1510)

3377	1500 Zł	mehrfarbig	dzg	0,30	0,30
3378	3000 Zł	mehrfarbig	dzh	0,80	0,50
			Satzpreis (Paar)	1,50	1,—
			FDC		1,50

MiNr. 3377–3378 wurden waagerecht zusammenhängend gedruckt.

Auflage: 2 000 000 Sätze

Gültig bis 31.12.1996

Portugal

1992, 22. Mai. Europa: 500. Jahrestag der Entdeckung von Amerika. Odr. (5×10); Papier ph.; gez. K 12:11¾.

bat) Kolumbus bei König João II. von Portugal (1455–1495, reg. ab 1481)

1927	85 (E)	mehrfarbig	bat	3,—	3,—
			FDC		4,—

Blockausgabe, normales Papier, gez. Ks 12

bav

bau) Kolumbus sucht Hilfe bei Königin Isabella I.

bax

baw) Kolumbus sichtet Land, Indianerfamilie

baz

bay) Kolumbus landet in Amerika

bbb

bba) Kolumbus stellt dem Königspaar Eingeborene vor

bbd

bbc) Empfang von Kolumbus in Barcelona

bbf

bbe) Christoph Kolumbus (1451–1506), spanisch-italienischer Seefahrer

1928	260 (E) rötlichbraun/schwarz	bau	5,—	5,—
Block 85	(111×91 mm)	bav	6,—	6,—
		FDC		8,—
1929	260 (E) grünlichblau/schwarz	baw	5,—	5,—
Block 86	(111×91 mm)	bax	6,—	6,—
		FDC		8,—
1930	260 (E) dunkelgraulila/schwarz	bay	5,—	5,—
Block 87	(111×91 mm)	baz	6,—	6,—
		FDC		8,—
1931	260 (E) braunschwarz/schwarz	bba	5,—	5,—
Block 88	(111×91 mm)	bbb	6,—	6,—
		FDC		8,—
1932	260 (E) dunkelgrauviolett/schwarz	bbc	5,—	5,—
Block 89	(111×91 mm)	bbd	6,—	6,—
		FDC		8,—
1933	260 (E) schwarz	bbe	5,—	5,—
Block 90	(111×91 mm)	bbf	6,—	6,—
		FDC		8,—
	Gesamtpreis (6 Blocks)		36,—	36,—

Die Blockmarken und die Vignetten auf dem Blockrand ähneln den Marken Vereinigte Staaten von Amerika MiNr. 73–88.

Auflagen: MiNr. 1927 = 600 000 Stück, Bl. 85–90 je 340 000 Blocks

Gültig bis 31.3.1999

Portugal – Azoren

1992, 22. Mai. Europa: 500. Jahrestag der Entdeckung von Amerika. Odr. (5×10); Papier mit vorderseitigen Phosphorstreifen; gez. K 12:11¾.

dt) Christoph Kolumbus (1451–1506), spanisch-italienischer Seefahrer; Kirche Ermida dos Anjos auf der Azoren-Insel Santa Maria

425	85 (E) mehrfarbig	dt	6,—	3,50
		FDC		4,50

Auflage: 600 000 Stück

Gültig bis 31.3.1999

Portugal – Madeira

1992, 22. Mai. Europa: 500. Jahrestag der Entdeckung von Amerika. Odr. (5×10); Papier mit vorderseitigen Phosphorstreifen; gez. K 12:11¾.

dw) Christoph Kolumbus (1451–1506), spanisch-italienischer Seefahrer; Haus in Funchal

157	85 (E) mehrfarbig	dw	5,—	3,50
		FDC		4,50

Auflage: 600 000 Stück

Gültig bis 31.3.1999

Rumänien

1992, 22. April. Blockausgabe: Europa – 500. Jahrestag der Entdeckung von Amerika. RaTdr.; gez. K 13½.

gbi) „Santa Maria“ gbk) „Niña“ gbn

gbl) „Pinta“ gbm) Erreichen der ersten Antilleninseln

gbi–gbm) Christoph Kolumbus (1451–1506), spanisch-italienischer Seefahrer

4790	35 L	mehrfarbig	gbi	5,—	3,—
4791	35 L	mehrfarbig	gbk	5,—	3,—
4792	35 L	mehrfarbig	gbl	5,—	3,—
4793	35 L	mehrfarbig	gbm	5,—	3,—
Block 271	(129×87 mm)		gbn	25,—	20,—
			FDC		22,—

Auflage: 165 000 numerierte Blocks

Gültig bis 30.6.2005

San Marino

1992, 22. Mai. Europa: 500. Jahrestag der Entdeckung von Amerika. RaTdr. (4×5); gez. K 12:11¾.

aus) Karavelle, Erdkugel mit amerikanischem Kontinent

aut) Zerbrochenes Ei, Karavelle an Land

1508	750 L	mehrfarbig	aus	1,80	1,80
1509	850 L	mehrfarbig	aut	1,80	1,80
			Satzpreis (2 W.)	3,50	3,50
			FDC		8,—

Auflage: 450 000 Sätze

Schweden

1992, 26. März. Europa: 500. Jahrestag der Entdeckung von Amerika. Komb. StTdr. und Odr.; gez. K 12¾.

bcs) Segelschiff „Sprengtporten" (1785) bct) Segelschiff „Superb" (1855) bcu) Segeljacht „Big T" beim Discovery Race (1992)

1709	4.50 (Kr)	mehrfarbig	bcs	1,40	1,—
1710	4.50 (Kr)	mehrfarbig	bct	1,40	1,—
1711	4.50 (Kr)	mehrfarbig	bcu	1,40	1,—
			Satzpreis (3 W.)	4,—	3,—
			FDC (mit H-Bl. 196)		5,—

MH 169		(Nominale 27 Kr)	9,—	
H-Blatt 196		mit MiNr. 1709–1711		
	C	rechter Rand durchstochen	4,20	4,20
	D	linker Rand durchstochen	4,20	4,20

MiNr. 1709–1711 □ mit nur jeweils einem Druckgang stammen aus einem Faltblatt des schwedischen Postmuseums.

Auflage: 8 760 000 Sätze

Schweiz

1992, 24. März. Europa: 500. Jahrestag der Entdeckung von Amerika. RaTdr. (10×5); Papier fl.; gez. K 11¾.

bax) Karracke „Santa Maria", Landkarte von Amerika

bay) Statue von Christoph Kolumbus (1451–1506), spanisch-italienischer Seefahrer; Karte der Karibik mit Reiseroute

1468	50 (C)	mehrfarbig	bax	1,50	0,50
1469	90 (C)	mehrfarbig	bay	2,50	1,30
			Satzpreis (2 W.)	4,—	1,80
			FDC		3,—

Auflagen: MiNr. 1468 = 9 394 000, MiNr. 1469 = 7 429 000 Stück

Spanien

1992, 5. Mai. Europa: 500. Jahrestag der Entdeckung von Amerika. RaTdr.; Papier ph.; gez. K 13¾:14.

crp) Vorbereitungen zum Auslaufen aus Palos; Gemälde von R. Espejo

crr) Weltkugel mit Karte von Amerika, Schiffe der Kolumbusflotte, spanische Häuser

3064	17 (Pta)	mehrfarbig	crp	1,—	0,50
3065	45 (Pta)	mehrfarbig	crr	2,—	1,—
			Satzpreis (2 W.)	3,—	1,50
			FDC		2,—

Auflagen; MiNr. 3064 = 9 998 766, MiNr. 3065 = 9 963 629 Stück

Gültig bis 28.2.2002

Tschechoslowakei

1992, 5. Mai. Europa: 500. Jahrestag der Entdeckung von Amerika. StTdr. (2×2 + 2×2); gez. K 11¾.

drg) „Karibische Schönheit", Kolumbuskarracke

3114	22 Kč	mehrfarbig	drg	3,—	3,50
			FDC		4,—
			Kleinbogen	25,—	30,—

Ein numerierter Kleinbogen als Schwarzdruck, Wertziffer durchgestrichen, lag dem Buch „ČSFR '92 – Die tschechoslowakischen Briefmarken 1992" bei; nicht frankaturgültig.

Auflage: 1 499 200 Stück

Gültig bis 30.9.1993

Türkei

1992, 4. Mai. Europa: 500. Jahrestag der Entdeckung von Amerika. Odr. (10×10); Wz. 1; gez. K 13.

bsd) Schiffe der Kolumbusflotte aus Wassertropfen

bse) Landkarte von Amerika aus Luftballons

2947	1500 L	mehrfarbig	bsd	3,—	2,—
2948	2000 L	mehrfarbig	bse	4,50	2,50
			Satzpreis (2 W.)	7,50	4,50
			FDC		5,—

Auflage: 600 000 Sätze

Türkisch-Zypern*

1992, 29. Mai. Blockausgabe: Europa – 500. Jahrestag der Entdeckung von Amerika. Odr.; Wz. 1; gez. K 13¾.

nb) Karracke „Santa Maria", Karavellen „Niña" und „Pinta"

nc) Christoph Kolumbus (1451–1506), spanisch-italienischer Seefahrer

nd

332	1500 L mehrfarbig	nb	5,—	4,—
333	3500 L mehrfarbig	nc	5,—	4,—
Block 10	(79×76 mm)	nd	13,—	10,—
		FDC		11,—

Auflage: 200 000 Blocks

Ungarn

1992, 14. April. Europa: 500. Jahrestag der Entdeckung von Amerika. Odr.; gez. K 13.

fys

fyt

fys–fyt) Maya-Skulpturen

4195	15 Ft mehrfarbig	fys	1,30	1,—
4196	40 Ft mehrfarbig	fyt	3,70	3,—
		Satzpreis (2 W.)	5,—	4,—
		FDC		6,—

Auflage: 535 000 Sätze

Zypern

1992, 29. Mai. Europa: 500. Jahrestag der Entdeckung von Amerika. Odr. (2×5 Zd); gez. K 13:13¼.

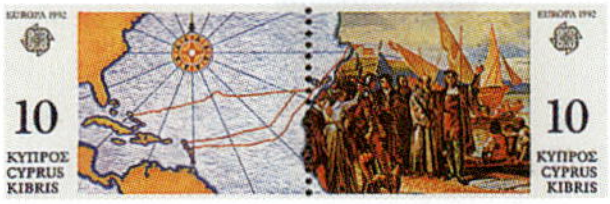

aaf) Landkarte mit Reiseroute

aag) Abfahrt der Kolumbusflotte in Palos

aah) Karracke „Santa Maria“, Karavellen „Niña“ und „Pinta“

aai) Christoph Kolumbus (1451–1506), spanisch-italienischer Seefahrer

790	10 (C) mehrfarbig	aaf	0,50	0,50
791	10 (C) mehrfarbig	aag	0,50	0,50
792	30 (C) mehrfarbig	aah	1,50	1,—
793	30 (C) mehrfarbig	aai	1,50	1,—
		Satzpreis (2 Paare)	4,50	3,50
		FDC		4,50

Nominalgleiche Marken wurden jeweils waagerecht zusammenhängend gedruckt.

Auflage: 500 000 Sätze

1993

Albanien

1993, 28. Mai. Europa: Zeitgenössische Kunst. Odr. (3×2); gez. K 12.

cid) Der Stein wiegt schwer in seiner Lage; Gemälde von Agim Zajmi (1936–2013)

cie) Der grüne Stern; Gemälde von Edi Hila (*1949)

2529	3 L mehrfarbig	cid	1,—	1,—
2530	7 L mehrfarbig	cie	4,—	4,—
		Satzpreis (2 W.)	5,—	5,—
		FDC		8,—
		2529 Zf–2530 Zf	10,—	10,—
		Kleinbogensatz (2 Klb.)	30,—	30,—

Blockausgabe, ☐

cif) Landschaft; Gemälde von B. Ahmeti-Peizah

Block 98	20 L mehrfarbig (116×121 mm)	cif	*7,—*	*7,—*
		FDC		*8,50*

MiNr. 2529–2530 wurden jeweils im Kleinbogen zu 5 Marken und 1 Zierfeld (Feld 5) gedruckt.

Von MiNr. 2529 sind verschiedene waagerechte und senkrechte Streifen mit allseitigem Bogenrand bekannt.

Auflagen: MiNr. 2529–2530 = 50 000 Sätze in Kleinbogen, Bl. 98 = 90 000 Blocks

Andorra (Französische Post)

1993, 15. Mai. Europa: Zeitgenössische Kunst. MiNr. 451 StTdr. (6×5), gez. K 12¼:13; MiNr. 452 Odr. (5×6), gez. K 13¾.

kt) Estructures autogeneradores; Skulptur von Jorge Dubon (1938–2004), französisch-mexikanischer Architekt und Bildhauer

ku) Fisicromia per Andorra; Skulptur von Carlos Cruz-Díez (*1923), venezolanischer Künstler

451	2.50 (Fr) mehrfarbig	kt	1,80	1,20
452	3.40 (Fr) mehrfarbig	ku	2,20	1,80
		Satzpreis (2 W.)	4,—	3,—
		FDC		6,—

Auflagen: MiNr. 451 = 241 808, MiNr. 452 = 238 989 Stück

Andorra (Spanische Post)

1993, 20. Mai. Europa: Zeitgenössische Kunst. RaTdr. (4×6, Hochformat ~); Papier ph.; gez. K 13¾:14, Hochformat ~.

gi) Upatream; Gemälde von John Alan Morrison

gk) Ritme; Gemälde von Àngel Calvente

232	28 (Pta)	mehrfarbig	gi	1,—	1,—
233	45 (Pta)	mehrfarbig	gk	1,50	1,—
			Satzpreis (2 W.)	2,50	2,—
			FDC		2,50

Auflage: 650 000 Sätze

Gültig bis 28.2.2002

Belgien

1993, 24. April. Europa: Zeitgenössische Kunst. RaTdr. (6×5); Papier ph.; gez. K 11½.

cfu) Florence 1960; Gemälde von Gaston Bertrand (1910–1994)

cfv) De Sjees; Gemälde von Constant Permeke (1886–1952)

2553	15 (Fr)	mehrfarbig	cfu	1,—	0,50
2554	28 (Fr)	mehrfarbig	cfv	2,50	1,30
			Satzpreis (2 W.)	3,50	1,80
			FDC		6,—

Auflagen: MiNr. 2553 = 7 500 000, MiNr. 2554 = 3 000 000 Stück

Bosnien und Herzegowina (Kroatische Post Mostar)*

1993, 6. Dez. Europa: Zeitgenössische Kunst. Odr. (2×4 + 2×4); gez. K 14.

g) Blühende Hochebene h) Wilder Mohn

g–h) Gemälde von Gabrijel Jurkić (1886–1974)

7	3500 (Din)	mehrfarbig	g	4,50	4,50
8	5000 (Din)	mehrfarbig	h	4,50	4,50
			Satzpreis (Paar)	9,—	10,—
			FDC		12,—

MiNr. 7–8 wurden schachbrettartig zusammenhängend im Bogen mit senkrechtem Zwischensteg gedruckt.

Auflage: 250 000 Sätze

Gültig bis 31.12.1998

Bulgarien

1993, 29. April. Europa: Zeitgenössische Kunst. Odr. (10×5); gez. K 13.

fmf) Morgen; Skulptur von Georgi Tschapkanov (*1943)

fmg) Komposition; Gemälde von Dimitar Bujukliiski (*1943)

4047	3.00 L	mehrfarbig	fmf	1,50	0,50
4048	8.00 L	mehrfarbig	fmg	2,50	1,50
			Satzpreis (2 W.)	4,—	2,—
			FDC		4,50

Markenheftchen mit MiNr. 4047 ist privaten Ursprungs.

Auflage: 1 000 000 Sätze

Gültig bis 3.7.1999

Dänemark

1993, 6. Mai. Europa: Zeitgenössische Kunst. Odr. (5×8, Hochformat ~); Papier fl.; gez. K 13:13¼, Hochformat ~.

aaa) Ohne Titel; Gemälde von Troels Wörsel (*1950)

aab) No more jokes; Gemälde von Stig Brøgger (*1941)

1052	3.75 (Kr)	mehrfarbig	aaa	1,20	0,80
1053	5.00 (Kr)	mehrfarbig	aab	1,80	1,20
			Satzpreis (2 W.)	3,—	2,—
			FDC		3,—

Auflagen: MiNr. 1052 = 4 500 000, MiNr. 1053 = 3 400 000 Stück

Dänemark – Färöer

1993, 5. April. Europa: Zeitgenössische Kunst. Odr. (4×5); Papier fl.; gez. K 13¼:13½.

ix) Bewegung

iy) Spiegelung

ix–iy) Skulpturen von Hans Pauli Olsen (*1957)

248	4.00 (Kr)	mehrfarbig	ix	1,—	1,—
249	7.00 (Kr)	mehrfarbig	iy	2,—	2,—
			Satzpreis (2 W.)	3,—	3,—
			FDC		4,50

Auflagen: MiNr. 248 = 640 000, MiNr. 249 = 440 000

Deutschland

1993, 5. Mai. Europa: Zeitgenössische Kunst. Odr. (5×5); Papier fl.; gez. K 13¾:14.

bnd) Lagerplatz; Vitrine von Joseph Beuys (1921–1986)

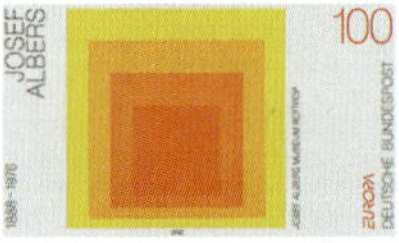

bne) Ehrung des Quadrates; Gemälde von Josef Albers (1888–1976)

1673	80 (Pf)	mehrfarbig	bnd	1,50	0,90
1674	100 (Pf)	mehrfarbig	bne	1,50	0,90
			Satzpreis (2 W.)	3,—	1,80
			FDC		3,—
			ETB 16/1993		1,50

P So 30 Sonderpostkarte „NAPOSTA '93, Dort-mund" mit MiNr. 1673 als Wertstempel 1,40 1,70

Auflagen: MiNr. 1673 = 59 700 000, MiNr. 1674 = 50 400 000 Stück, davon jeweils 371 600 auf ETB

Gültig bis 30.6.2002

Finnland

1993, 26. April. Europa: Zeitgenössische Kunst. Odr. (4×5); gez. K 13.

any) Rumba; Skulptur von Martti Aiha (*1952)

anz) Gesammelte Werke; Skulptur von Kari Cavén (*1954)

1206	2.00 (M)	mehrfarbig . . . . any		1,50	0,50
1207	2.90 (M)	mehrfarbig . . . . anz		2,—	1,—
			Satzpreis (2 W.)	3,50	1,50
			FDC		2,50

Auflagen: MiNr. 1206 = 6 000 000, MiNr. 1207 = 3 000 000 Stück

Gültig bis 31.12.2011

Frankreich

1993, 17. April. Europa: Zeitgenössische Kunst. RaTdr.; gez. K 13:12¼, Hochformat ~.

cxi) Rouge rythme bleu; Gemälde von Olivier Debré (1920–1999)

cxk) Le Griffu; Bronzeskulptur von Germaine Richier (1904–1959), Bildhauerin und Graphikerin

2943	2.50 (Fr)	mehrfarbig cxi		1,50	1,20
2944	3.40 (Fr)	mehrfarbig . . . . cxk		2,—	1,80
			Satzpreis (2 W.)	3,50	3,—
			FDC		6,—
			2 ETB		10,—

Auflagen: MiNr.2943=16 455 095, MiNr. 2944 = 4 376 647 Stück

Gibraltar*

1993, 2. März. Europa: Zeitgenössische Kunst. Odr. (2×2 Zd); gez. K 14¼.

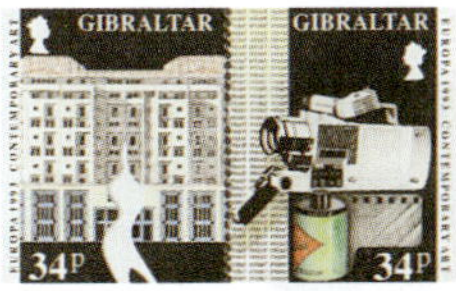

xn) Theater und Musik

xo) Malerei und Kunsthandwerk

xp) Architektur und Bildhauerei

xr) Film- und Druckkunst

654	24 P	mehrfarbig . . . . xn		1,50	1,50
655	24 P	mehrfarbig . . . . xo		1,50	1,50
656	34 P	mehrfarbig . . . . xp		2,—	2,—
657	34 P	mehrfarbig . . . . xr		2,—	2,—
			Satzpreis (2 Paare)	7,—	7,—
			FDC		10,—
			Kleinbogensatz (2 Klb.)	35,—	35,—

Nominalgleiche Marken wurden waagerecht zusammenhängend gedruckt.

Griechenland

1993, 25. Mai. Europa: Zeitgenössische Kunst. Odr.; A = vierseitig gez. K 13:13¾ (2×4 Zd), C = senkrecht gez. 13¼.

bge

bgf

bge–bgf) Die Annehmlichkeiten der Verkehrsmittel; Gemälde von Konstantinos Parthenis (1878–1967)

1829	90 (Dr)	mehrfarbig . . . . bge			
A		vierseitig gez. K 13:13¾		1,50	1,—
C		senkrecht gez. 13¼		2,—	1,50
1830	350 (Dr)	mehrfarbig . . . . bgf			
A		vierseitig gez. K 13:13¾		5,50	4,—
C		senkrecht gez. 13¼		6,—	4,50
			Satzpreis A (Paar)	7,—	5,—
			FDC		7,—
			Satzpreis C (2 W.)	8,—	6,—

MH 16	(Nominale 880 Dr)	17,—	
H-Blatt 16	mit MiNr. 2 × 1829 C–1830 C	16,—	16,—

Auflagen: MiNr. 1829 A–1830 A = 800 000, MiNr. 1829 C–1830 C = 200 000 Sätze

Gültig bis 31.12.2002

Großbritannien

1993, 11. Mai. Europa: Zeitgenössische Kunst. RaTdr. (5×10 + 5×10); Papier ph.; gez. K 14¼:14½.

avu) Familie; Bronzeskulptur von Henry Moore (1898–1986)

avv) Kew Gardens; Linolschnitt von Edward Bawden (1903–1989)

avw) Der hl. Franziskus und die Vögel; Gemälde von Stanley Spencer (1891–1959)

avx) Stilleben, Odyssee 1; Gemälde von Ben Nicholson (1894–1982)

1451	24 (P)	mehrfarbig . . . . avu		0,80	0,80
1452	28 (P)	mehrfarbig . . . . avv		1,20	1,20
1453	33 (P)	mehrfarbig . . . . avw		1,40	1,40
1454	39 (P)	mehrfarbig . . . . avx		1,60	1,60
			Satzpreis (4 W.)	5,—	5,—
			FDC		6,—

Zwischenstegpaare:

1451 ZW–1454 ZW	. . . . 4 Paare	11,—	11,—

Auflagen: MiNr. 1451 = 28 432 100, MiNr. 1452 = 5 553 500, MiNr. 1453 = 5 529 800, MiNr. 1454 = 5 702 400 Stück

Großbritannien – Guernsey

1993, 7. Mai. Europa: Zeitgenössische Kunst. Odr. (4×5); gez. K 13¼:13¾.

zm) Teil eines Wandteppichs von Kelly Fletcher

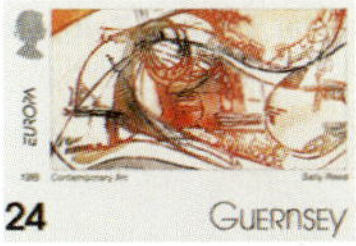

zn) Der Fischmarkt; Gemälde von Sally Reed

zo) Rot abstrakt; Gemälde von Molly Harris

zp) Kleidergeschäft, King's Road; Gemälde von Damon Bell

608	24 (P)	mehrfarbig . . . . zm		1,10	1,10
609	24 (P)	mehrfarbig . . . . zn		1,10	1,10
610	28 (P)	mehrfarbig . . . . zo		1,40	1,40
611	28 (P)	mehrfarbig . . . . zp		1,40	1,40
			Satzpreis (4 W.)	5,—	5,—
			FDC		6,—

Auflagen: MiNr. 608 = 289 838, MiNr. 609 = 292 450, MiNr. 610 = 283 627, MiNr. 611 = 280 150 Stück

Großbritannien – Isle of Man

1993, 14. April. Europa: Zeitgenössische Kunst. Odr. (2×5 Zd); gez. K 14.

xw) Sir Hall Caine; Skulptur

xx) Das Messingbett; Gemälde

xy) Bronze; Plastik

xz) Eisbärskelett; Zeichnung

xw–xz) Kunstwerke von Bryan Kneale (*1930)

546	20 (P) mehrfarbig	xw	0,80	0,80
547	20 (P) mehrfarbig	xx	0,80	0,80
548	28 (P) mehrfarbig	xy	1,20	1,20
549	28 (P) mehrfarbig	xz	1,20	1,20
		Satzpreis (2 Paare)	4,50	4,50
		FDC		5,—

Nominalgleiche Marken wurden waagerecht zusammenhängend gedruckt.

Großbritannien – Jersey

1993, 1. April. Europa: Zeitgenössische Kunst. Odr. (5×4); gez. K 13½:13¾.

zf) Opernhaus Jersey; Gemälde von Ian Rolls

zg) Das Schinken- und Tomatenbrötchen; Gemälde von Jonathan Hubbard

zh) Blumenvase; Gemälde von Neil MacKenzie (*1959)

612	23 P mehrfarbig	zf	0,70	0,70
613	28 P mehrfarbig	zg	0,90	0,90
614	39 P mehrfarbig	zh	1,40	1,40
		Satzpreis (3 W.)	3,—	3,—
		FDC		4,—

Auflagen: MiNr. 612 = 422 536, MiNr. 613 = 340 206, MiNr. 614 = 230 510 Stück

Irland

1993, 18. Mai. Europa: Zeitgenössische Kunst. Odr. (4×3); gez. K 13¼.

yl) Birnen in einer Kupferschale; Gemälde von Hilda Van Stockum (1908–2006)

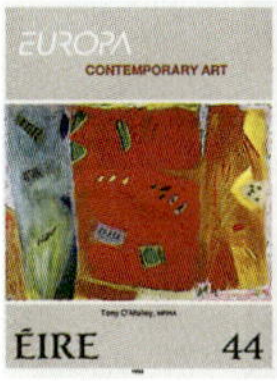

ym) Arrieta Orzola; Gemälde von Tony O'Malley (1913–2003)

825	32 (P) mehrfarbig	yl	1,20	1,20
826	44 (P) mehrfarbig	ym	1,80	1,80
		Satzpreis (2 W.)	3,—	3,—
		FDC		3,50
		Kleinbogensatz (2 Klb.)	30,—	30,—

MiNr. 825–826 wurden jeweils im Kleinbogen zu 10 Marken und 2 Zierfeldern (Feld 1 und 4) gedruckt.

Auflagen: MiNr. 825 = 1 000 000, MiNr. 826 = 700 000 Stück

Gültig bis 31.12.2002

Island

1993, 26. April. Europa: Zeitgenössische Kunst. Odr.; gez. K 13¼.

wo) Segelfahrt; Skulptur von Jón Gunnar Árnason (1931–1989)

wp) Nest eines Düsenflugzeugs; Skulptur von Magnús Tómasson (*1943)

786	35.00 (Kr) mehrfarbig	wo	2,—	1,50
787	55.00 (Kr) mehrfarbig	wp	3,—	2,50
		Satzpreis (2 W.)	5,—	4,—
		FDC		5,—

Auflage: 500 000 Sätze

Italien

1993, 3. Mai. Europa: Zeitgenössische Kunst. RaTdr. (10×5); Papier fl.; gez. K 13¼:14.

bwb) Karussellpferde; Gemälde von Lino Bianchi Barriviera (1906–1985)

bwc) Dynamismus der bunten Formen; Gemälde von Gino Severini (1883–1966)

2279	750 (L) mehrfarbig	bwb	1,—	1,—
2280	850 (L) mehrfarbig	bwc	1,50	1,—
		Satzpreis (2 W.)	2,50	2,—
		FDC		3,—

Auflage: 3 000 000 Sätze

Jugoslawien

1993, 5. Mai. Europa: Zeitgenössische Kunst. Odr. (3×3); gez. K 13¼.

cix) Akt mit Spiegel; Gemälde von Milo Milunović (1897–1967)

ciy) Komposition; Gemälde von Milena Pavlović-Barili (1909–1945)

2603	95 000 (Din) mehrfarbig	cix	3,—	3,—
2604	95 000 (Din) mehrfarbig	ciy	3,—	3,—
		Satzpreis (2 W.)	6,—	6,—
		FDC		9,—
		Kleinbogensatz (2 Klb.)	60,—	60,—

Auflage: 175 000 Sätze

Kroatien

1993, 5. Juni. Europa: Zeitgenössische Kunst. Odr.; gez. K 14.

ew) Gemälde von Ivo Dulčić (1916–1975)

ex) Gemälde von Miljenko Stančić (1926–1977)

ey) Gemälde von Ljubo Ivančić (1925–2003)

240	700 (Din)	mehrfarbig	ew	1,—	0,80
241	1000 (Din)	mehrfarbig	ex	2,—	1,80
242	1100 (Din)	mehrfarbig	ey	3,—	2,40
			Satzpreis (3 W.)	6,—	5,—
			FDC		8,—
			Kleinbogen	12,—	12,—

MiNr. 240–242 wurden jeweils sowohl im Bogen zu 20 Marken als auch waagerecht zusammenhängend im Kleinbogen zu 6 Marken (1 × 2 Zd) gedruckt.

Auflage: 350 000 Sätze

Liechtenstein

1993, 1. März. Europa: Zeitgenössische Kunst. RaTdr. (4 × 5); gez. K 11½:11¾.

apb) 910805; Gemälde von Bruno Kaufmann (*1944)

apc) Das kleine Blau; Gemälde von Evi Kliemand (*1946)

1054	80 (Rp)	mehrfarbig	apb	1,30	1,—
1055	1.00 (Fr)	mehrfarbig	apc	1,70	1,50
			Satzpreis (2 W.)	3,—	2,50
			FDC		3,50
			MK 112		4,—

Auflagen: MiNr. 1054 = 815 551, MiNr. 1055 = 815 459 Stück

Gültig bis 31.12.2001

Litauen

1993, 24. Dez. Europa: Zeitgenössische Kunst. Odr. (10 × 5); gez. K 12.

fp) Der alte Meister; Gemälde von Antanas Gudaitis (1904–1989)

544	80 C mehrfarbig	fp	1,50	1,50
		FDC		2,—
		Kehrdruckpaar	3,—	3,—

MiNr. 544 wurde reihenweise im Kehrdruck gedruckt.

Auflage: 500 000 Stück

Luxemburg

1993, 10. Mai. Europa: Zeitgenössische Kunst. RaTdr.; Papier fl.; gez. K 11¾:11½.

aks) Rezlop; Gemälde von Fernand Roda (*1951)

akt) So close; Gemälde von Sonja Roef (*1952)

1318	14 Fr	mehrfarbig	aks	1,—	0,50
1319	22 Fr	mehrfarbig	akt	2,—	1,50
			Satzpreis (2 W.)	3,—	2,—
			FDC		2,50

Auflage: 1 000 000 Sätze

Gültig bis 31.12.2002

Malta

1993, 7. April. Europa: Zeitgenössische Kunst. Odr. (4 × 3, Querformat ~); Wz. 6; gez. K 14¼:14, Querformat ~.

acu) Gemälde von Pawl Carbonaro (*1948)

acv) Gemälde von Alfred Chircop (*1933)

904	10 C	mehrfarbig	acu	1,—	1,—
905	35 C	mehrfarbig	acv	2,50	2,50
			Satzpreis (2 W.)	3,50	3,50
			FDC		4,50
			Kleinbogensatz (2 Klb.)	35,—	35,—

P 32	Sonderpostkarte „NAPOSTA '93" mit MiNr. 904–905 als Wertstempel	4,—	4,—

MiNr. 904–905 wurden jeweils im Kleinbogen zu 10 Marken und 2 verschiedenen Zierfeldern (Feld 1 und 2 bzw. Feld 1 und 4) gedruckt.

Gültig bis 31.7.2002

Moldawien

1993, 29. Dez. Europa: Zeitgenössische Kunst. Odr., Bogen (3 × 5) und Kleinbogen (2 × 2 + 2 × 2); gez. K 13¼.

bn) Das Leben eines Menschen; von Mihail Grecu (1916–1998)

bo) Frühlingswogen; von Igor Vieru (1923–1988)

94	3 (B)	mehrfarbig	bn	2,—	2,—
95	150 (B)	mehrfarbig	bo	2,—	2,—
			Satzpreis (Paar)	4,—	4,—
			FDC		5,—
			Kleinbogen	16,—	16,—

MiNr. 94–95 wurden auch schachbrettartig zusammenhängend im Kleinbogen zu je 4 Marken mit senkrechtem Zwischensteg gedruckt. Den Kleinbogen gibt es mit und ohne durchgezähnten Bogenrand.

Auflage: 315 000 Sätze, davon 240 000 im Kleinbogen

Monaco

1993, 4. Mai. Europa: Zeitgenössische Kunst. StTdr. (6 × 5); A = gez. K 12¼:12½, C = gez. Ks 13:12½.

bsg) Tanzpaar des Neuen Balletts von Monte Carlo

bsh) Evolution; Skulptur von Emma de Sigaldi (1910–2010)

2120 A	2.50 (Fr)	mehrfarbig	bsg	1,50	1,50
2121 A	4.20 (Fr)	mehrfarbig	bsh	2,—	2,—
			Satzpreis (2 W.)	3,50	3,50
			FDC		5,—
			Sonderdruck, gez.	120,—	
			Sonderdruck, □	180,—	

Blockausgabe mit 3 × MiNr. 2120 C–2121 C

2120 C	2.50 (Fr)	mehrfarbig	bsg	1,50	1,50
2121 C	4.20 (Fr)	mehrfarbig	bsh	2,—	2,—
Block 59	(143 × 170 mm)		bsi	11,—	11,—
			FDC		12,—

MiNr. 2120 C–2121 C sind auch im Paar zusammenhängend als nicht frankaturgültiger Sonderdruck in Blockform, gez. und □, für Geschenkzwecke bekannt.

Niederlande

1993, 6. Juli. Europa: Zeitgenössische Kunst. Odr.; Papier ph.; gez. K 13¼:12¾, Hochformat ~.

auw) Die verkörperte Einheit; Skulptur in Rotterdam von Wessel Couzijn (1912–1984) niederländischer Bildhauer

aux) Architektonisches Kunstobjekt in Groningen von Per Kirkeby (*1938), dänischer Bildhauer

auy) Monumentalplastik in Rotterdam von Naum Gabo (1890–1977), russisch-amerikanischer Bildhauer

1481	70 C mehrfarbig	auw	1,—	0,80
1482	80 C mehrfarbig	aux	1,20	0,50
1483	160 C mehrfarbig	auy	1,80	1,20
	Satzpreis (3 W.)		4,—	2,50
	FDC			4,—

Auflagen: MiNr. 1481 = 8 201 900, MiNr. 1482 = 9 695 250, MiNr. 1483 = 3 805 700 Stück

Österreich

1993, 16. April. Europa: Zeitgenössische Kunst. Komb. StTdr. und RaTdr. (5×10); gez. K 13½:14¼.

brm) Fliegender Harlekin; Zeichnung von Paul Flora (1922–2009)

2095	7 S mehrfarbig	brm	3,60	0,80
	FDC			2,—

Vorlagedruck in Schwarz, mit dem Originaldruckstöckel gedruckt, □, auf Erläuterungsblatt geklebt .... 16,—

Auflage: 3 250 000 Stück

Gültig bis 30.6.2002

Polen

1993, 30. April. Europa: Zeitgenössische Kunst. Odr. (2×5 Zd); gez. K 11:11¾.

ech) Vervielfachtes Bildnis, Skulptur von Alina Szapocznikow (1926–1973); Doppelte Figur, Gemälde von Jan Lebenstein (1930–1999)

eci) CXCIX, Gemälde von Stefan Gierowski (*1925); Roter Kopf, Aquarell von Bronisław Wojciech Linke (1906–1962)

3445	1500 Zł mehrfarbig	ech	0,50	0,30
3446	4000 Zł mehrfarbig	eci	1,—	0,60
	Satzpreis (Paar)		1,50	1,—
	FDC			2,—

Auflage: 1 500 000 Sätze

Gültig bis 31.12.1996

Portugal

1993, 5. Mai. Europa: Zeitgenössische Kunst. Odr. (5×10); gez. K 12:11¾.

bck) Ohne Titel

bck–bcl) Gemälde von José Escada (1934–1980)

1959	90 (E) mehrfarbig	bck	3,—	2,—
	FDC			2,50

Blockausgabe mit 2 × MiNr. 1959–1960

bck) Ohne Titel bcl) Ohne Titel bcm

1960	90 (E) mehrfarbig	bcl	2,—	2,—
Block 93	(140×112 mm)	bcm	10,—	10,—
	FDC			11,—

Auflagen: MiNr. 1959 = 600 000 Stück, Bl. 93 = 150 000 Blocks

Gültig bis 31.3.1999

Portugal – Azoren

1993, 5. Mai. Europa: Zeitgenössische Kunst. Odr. (10×5); gez. K 11¾:12.

ec) Duas Sereias à Boca de uma Gruta

ec–ed) Gemälde von António Dacosta (1914–1990)

434	90 (E) mehrfarbig	ec	2,—	2,—
	FDC			2,50

Blockausgabe mit 2 × MiNr. 434–435

ec) Duas Sereias à Boca de uma Gruta ed) Açoriana III ee

435	90 (E) mehrfarbig	ed	3,—	3,—
Block 13	(140×112 mm)	ee	10,—	10,—
	FDC			12,—

Auflagen: MiNr. 434 = 600 000 Stück, Bl. 13 = 150 000 Blocks

Gültig bis 31.3.1999

Portugal – Madeira

1993, 5. Mai. Europa: Zeitgenössische Kunst. Odr. (10×5); gez. K 11¾:12.

eb) Sombra Projectada de Christa Maar

eb–ec) Gemälde von Lourdes Castro (*1930)

162	90 (E) mehrfarbig	eb	2,—	2,—
		FDC		2,50

Blockausgabe mit 2 × MiNr. 162–163

eb) Sombra Projectada de Christa Maar

ec) Sombra Projectada-Dália

ed

163	90 (E) mehrfarbig	ec	3,—	3,—
Block 13	(140×112 mm)	ed	11,—	11,—
		FDC		12,—

Auflagen: MiNr. 162 = 600 000 Stück, Bl. 13 = 160 000 Blocks

Gültig bis 31.3.1999

Rumänien

1993, 31. Mai. Blockausgabe: Europa – Zeitgenössische Kunst. RaTdr.; gez. K 13½.

gga) Die Schwester des Malers; Gemälde von Pablo Picasso (1881–1973), spanischer Maler

ggb) Der Weltbeginn; Skulptur von Constantin Brâncuşi (1876–1957), rumänischer Bildhauer

ggc) Mädchen mit Götterskulptur; Plastik von Ion Irimescu (1903–2005), rumänischer Bildhauer

ggd) Frau in Grau; Gemälde von Alexandru Ciucurencu (1903–1977), rumänischer Maler

gge

4891	280 L mehrfarbig	gga	1,10	1,10
4892	280 L mehrfarbig	ggb	1,10	1,10
4893	280 L mehrfarbig	ggc	1,10	1,10
4894	280 L mehrfarbig	ggd	1,10	1,10
Block 282	(75×105 mm)	gge	5,—	5,—
		FDC		5,50

Auflage: 200 000 numerierte Blocks

Gültig bis 30.6.2005

San Marino

1993, 29. Jan. Europa: Zeitgenössische Kunst. Odr. (5×4); gez. K 11¾:11½.

avi) Gemälde von Nicola De Maria (*1954)

avk) Gemälde von Mimmo Paladino (*1948)

1523	750 (L) mehrfarbig	avi	1,50	1,20
1524	850 (L) lebhaftlilaultramarin/orange	avk	1,50	1,20
		Satzpreis (2 W.)	3,—	2,40
		FDC		3,—

Auflage: 430 000 Sätze

Schweden

1993, 21. Mai. Europa: Zeitgenössische Kunst. Komb. StTdr. und Odr.; gez. K 12¾.

bfl) Oguasark; Gemälde von Olle Baertling (1911–1981)

bfm) Ade-Ledic-Nander II; Gemälde von Öyvind Fahlström (1928–1976)

bfn) Der kubistische Stuhl; Gemälde von Otto G. Carlsund (1897–1948)

1778	5 Kr mehrfarbig	bfl	1,—	1,—
1779	5 Kr mehrfarbig	bfm	1,—	1,—
1780	5 Kr mehrfarbig	bfn	1,—	1,—
		Satzpreis (3 W.)	3,—	3,—
		FDC (mit H-Bl. 209)		4,—

MH 182		(Nominale 30 Kr)	7,50	
H-Blatt 209		mit MiNr. 1778–1780		
	C	rechter Rand durchstochen	3,—	3,—
	D	linker Rand durchstochen	3,—	3,—

MiNr. 1778–1780 ☐ mit nur jeweils einem Druckgang stammen aus einem Faltblatt des schwedischen Postmuseums.

Auflage: 2 100 000 Sätze

Schweiz

1993, 5. Mai. Europa: Zeitgenössische Kunst. Komb. StTdr. und Odr. (10×5); Papier fl.; gez. K 13½:13¼.

bce) Haus der Medien, Villeurbanne

bcf) Einfamilienhaus, Breganzona

bce–bcf) von Mario Botta (*1943), Architekt

1499	60 (C) mehrfarbig	bce	0,90	0,40
1500	80 (C) dunkelgraurot/schwarz	bcf	1,60	1,20
		Satzpreis (2 W.)	2,50	1,60
		FDC		2,80

MiNr. 1499–1500 wurden auch auf offizieller Glückwunschkarte mit der letzten Ausgabe des Jahres 1993 an Abonnenten abgegeben .... 4,—

Auflagen: MiNr. 1499 = 24 855 000, MiNr. 1500 = 10 000 000 Stück

Slowakei

1993, 31. Mai. Europa: Zeitgenössische Kunst. StTdr. (2×2); gez. K 11¾.

cb) Frau mit Krug; Gemälde von Marián Čunderlík (1926–1983)

174	14 (Sk) mehrfarbig	cb	6,—	6,—
		FDC		6,50
		Kleinbogen	25,—	25,—

Auflage: 284 000 Stück

Slowenien

1993, 29. April. Europa: Zeitgenössische Kunst. Odr. (4×2); gez. K 14.

al) Die Tischrunde in Pompeji; Gemälde von Marij Pregelj (1913–1967)

am) Mädchen mit Spielzeug; Gemälde von Gabrijel Stupica (1913–1990)

48	44.00 (T) mehrfarbig	al	1,30	1,30
49	159.00 (T) mehrfarbig	am	4,70	4,70
		Satzpreis (Paar)	6,—	6,—
		FDC		8,—
		Kleinbogen	25,—	25,—

MiNr. 48–49 wurden schachbrettartig zusammenhängend gedruckt.

Auflage: 236 000 Sätze

Gültig bis 31.12.1996

Spanien

1993, 5. Mai. Europa: Zeitgenössische Kunst. MiNr. 3109 RaTdr., MiNr. 3110 komb. StTdr. und Odr.; Papier ph.; gez. K 13¾:14, Hochformat ~.

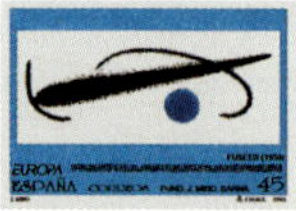

ctw) Fusées

ctx) La Bague d'Aurore

ctw–ctx) Gemälde von Joan Miró (1893–1983), katalanischer Maler, Graphiker und Bildhauer

3109	45 (Pta) mehrfarbig	ctw	1,—	0,50
3110	65 (Pta) mehrfarbig	ctx	2,—	1,—
		Satzpreis (2 W.)	3,—	1,50
		FDC		2,50

Auflagen: MiNr. 3109 = 40 000 000, MiNr. 3110 = 2 500 000 Stück

Gültig bis 28.2.2002

Tschechische Republik

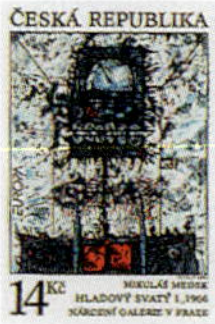

1993, 11. März. Europa: Zeitgenössische Kunst. StTdr. (2×2); gez. K 11¾.

e) Hungriger Heiliger I; Gemälde von Mikuláš Medek (1926–1974)

5	14 Kč mehrfarbig	e	4,—	4,—
		FDC		4,50
		Kleinbogen	20,—	20,—

Auflage: 424 000 Stück

Türkei

1993, 3. Mai. Europa: Zeitgenössische Kunst. Odr. (10×10); Wz. 1; gez. K 13:13¼.

btr) Skulptur von Ali Hadi Bara (1906–1971)

bts) Skulptur von Zühtü Müridoglu (1906–1992)

2984	1000 L mehrfarbig	btr	1,50	1,—
2985	3000 L mehrfarbig	bts	2,50	1,50
		Satzpreis (2 W.)	4,—	2,50
		FDC		4,—

Auflage: 600 000 Sätze

Türkisch-Zypern*

1993, 5. Mai. Blockausgabe: Europa – Zeitgenössische Kunst. Odr.; Wz. 1; gez. K 13¾.

oa) Feurige Liebe; Gemälde von Türksal Ince (*1949)

ob) Wachstum; Gemälde von Ilkay Önsoy (*1953)

oc

353	2000 L mehrfarbig	oa	2,—	2,—
354	3000 L mehrfarbig	ob	2,50	2,50
Block 12	(78×69 mm)	oc	5,—	5,—
		FDC		6,—

Auflage: 200 000 Blocks

Ungarn

1993, 5. Mai. Europa: Zeitgenössische Kunst. Odr.; gez. K 12¾:13¼.

gau) Innenansicht der Herz-Jesu-Kirche, Paks

gav) Ungarischer Pavillon zur Weltausstellung SEVILLA '92

4241	17 Ft mehrfarbig	gau	1,—	0,80
4242	45 Ft mehrfarbig	gav	3,—	2,20
		Satzpreis (2 W.)	4,—	3,—
		FDC		3,50

Auflage: 400 000 Sätze

Vatikanstadt

1993, 29. Sept. Europa: Zeitgenössische Kunst. RaTdr. (4×5); gez. K 13.

aku) Kreuzigung; Gemälde von Felice Casorati (1883–1963), italienischer Maler

akv) Kathedrale von Rouen; Gemälde von Maurice Utrillo (1883–1955), französischer Maler

1099	750 (L) mehrfarbig	aku	1,—	1,—
1100	850 (L) mehrfarbig	akv	1,20	1,20
		Satzpreis (2 W.)	2,20	2,20
		FDC		2,50

Auflage: 600 000 Sätze

Weißrussland

1994, 29. März. Zeitgenössische Kunst. Odr. (2×2 Zd); gez. K 13¾.

ak) Mann über Witebsk

al) Der Spaziergang

ak–an) Gemälde bzw. Gobelin von Marc Chagall (1887–1985), französischer Maler und Graphiker russischer Herkunft

55	1500 (R) mehrfarbig	ak	5,—	7,50
56	1500 (R) mehrfarbig	al	5,—	7,50
		Satzpreis (2 W.)	10,—	15,—
		Kleinbogen	40,—	60,—

Blockausgabe

am) Biblische Botschaft an

57	2500 (R) mehrfarbig	am	—,—	—,—
Block 4	(142×102 mm)	an	55,—	75,—

MiNr. 55–56 wurden schachbrettartig zusammenhängend im Kleinbogen zu 8 Marken gedruckt.

MiNr. 55–57 sind ohne Genehmigung der PostEurop entstanden und sind daher, trotz der entsprechenden Inschrift, keine Europa-Marken. Sie werden hier aber aus Gründen der Vollständigkeit aufgeführt.

Auflagen: MiNr. 55–56 = 80 000 Sätze, Bl. 4 = 20 000 Blocks

Zypern

1993, 5. April. Europa: Zeitgenössische Kunst. Odr. (4×5, Querformat ~); gez. K 13¼:13¾, Querformat ~.

aau) Mutterschaft; Bronzeskulptur von Nicos Dymiotis (1930–1990)

aav) Mutterschaft; Applikation von Christoforos Savva (1924–1968)

803	10 (C) mehrfarbig	aau	0,80	0,80
804	30 (C) mehrfarbig	aav	1,70	1,70
		Satzpreis (2 W.)	2,50	2,50
		FDC		3,—

Auflage: 350 000 Sätze

1994

Albanien

1994, 12. Dez. Europa: Entdeckungen und Erfindungen. Odr.; gez. K 14.

cip) Gjovalin Gjadri (1899 bis 1974), Ingenieur

cir) Karl von Ghega (1802–1860), österreichischer Ingenieur

2540	50 L mehrfarbig	cip	2,—	2,—
2541	100 L mehrfarbig	cir	3,—	3,—
		Satzpreis (2 W.)	5,—	5,—
		FDC		6,—

Blockausgabe, □

cis) Skizze von Verkehrsprojekten

Block 101	150 L mehrfarbig (60×80 mm)	cis	5,—	5,—
		FDC		6,—

Andorra (Französische Post)

1994, 7. Mai. Europa: Entdeckungen und Erfindungen. Odr. (5×10); gez. K 13.

le) Entdeckung des Aids-Virus

lf) Entdeckung der Radiowellen

465	2.80 (Fr) mehrfarbig	le	2,—	1,—
466	3.70 (Fr) mehrfarbig	lf	3,—	1,50
		Satzpreis (2 W.)	5,—	2,50
		FDC		5,—

Auflagen: MiNr. 465 = 340 261, MiNr. 466 = 190 668 Stück

Blockabbildungen

sind aus technischen Gründen nicht immer maßstabsgetreu wiedergegeben. Da jedoch bei Blocks ausnahmslos Größenangaben gemacht werden, ist die Originalgröße erkennbar.

Andorra (Spanische Post)

1994, 6. Mai. Europa: Entdeckungen und Erfindungen. RaTdr. (4×6); Papier ph.; gez. K 13¾.

gp) Alexander Fleming (1881–1955), britischer Bakteriologe, Nobelpreis 1945; Penicillin-Molekül (Entdeckung des Penicillins)

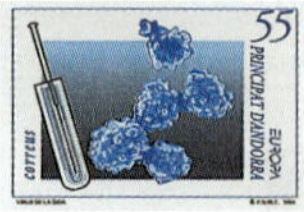

gr) Reagenzglas mit Pipette, Aidsviren (Entdeckung des Aidsvirus)

237	29 (Pta) mehrfarbig . . . . gp	1,—	1,—
238	55 (Pta) mehrfarbig . . . . gr	2,—	1,50
	Satzpreis (2 W.)	3,—	2,50
	FDC		3,—

Auflage: 650 000 Sätze

Gültig bis 28.2.2002

Belgien

1994, 7. Mai. Europa: Entdeckungen und Erfindungen. RaTdr. (6×5); Papier ph.; gez. K 11½.

chw) Georges Lemaître (1894–1966), Theologe und Astronom, Begründer der Urknall-Theorie

chx) Gerhard Mercator (1512–1594), Geograph und Kartograph, verbreitete die zylindrische Kartenprojektion

2607	16 (Fr) mehrfarbig . . . . chw	1,—	0,50
2608	30 (Fr) mehrfarbig . . . . chx	2,50	1,—
	Satzpreis (2 W.)	3,50	1,50
	FDC		6,—

Auflagen: MiNr. 2607 = 6 000 000, MiNr. 2608 = 1 500 000 Stück

Bosnien und Herzegowina (Kroatische Post Mostar)*

1994, 5. Dez. Europa: Entdeckungen und Erfindungen. Odr. (2×4 Zd); gez. K 14.

t) Mercedes (1901)

s) Hochrad (1885)

17	8 (K) mehrfarbig . . . . s	4,—	4,—
18	10 (K) mehrfarbig . . . . t	4,50	4,50
	Satzpreis (Paar)	9,—	11,—
	FDC		12,—

Auflage: 200 000 Stück

Bulgarien

1994, 29. April. Europa: Entdeckungen und Erfindungen. Odr.; gez. K 14:13¾.

fpm) Analyse des photoelektrischen Zustandes durch Georgi Nadjakow (1896–1981), Physiker

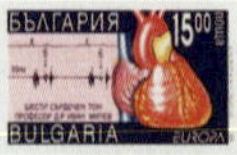

fpm) Entdeckung des sechsten Herztones durch Iwan Mitew (1924–2006), Kinderarzt und Kardiologe

4121	3.00 L mehrfarbig . . . . fpm	1,—	0,50
4122	15.00 L mehrfarbig . . . . fpn	3,50	1,50
	Satzpreis (2 W.)	4,50	2,—
	FDC		6,—

Auflage: 1 000 000 Sätze

Gültig bis 3.7.1999

Dänemark

1994, 5. Mai. Europa: Entdeckungen und Erfindungen. StTdr., Bogen (B) (5×10) und Markenheftchen (MH) (5×2); Papier fl.; gez. K 12¾.

aba) Wetterballon von Alfred Wegener (1880–1930), deutscher Geophysiker und Meteorologe

abb) Johan Peter Koch (1870–1928), Geodät; Theodolit

aba–abb) Dänische Polarexpedition nach Nordostgrönland (1906–1908)

1077	3.75 (Kr) dunkelbraunviolett (B) . . . . aba	1,60	0,80
1078	5.00 (Kr) grünschwarz (B) (MH) . . . . abb	2,—	0,80
	Satzpreis (2 W.)	3,60	1,50
	FDC		3,—
	Markenheftchen	20,—	

Auflagen: MiNr. 1077 = 13 600 000, MiNr. 1078 = 8 800 000 Stück

Dänemark – Färöer

1994, 18. April. Europa: Entdeckungen und Erfindungen. Odr. (4×5); I = mit, II = ohne Namen des Entwerfers am Unterrand; gez. K 14¾:14.

kk) Entdeckung der Färöer

kl) Entdeckung Islands

kk–kl) Seereisen des hl. Brendan (6. Jh.), irischer Mönch (Holzschnitte)

260 I	4.00 (Kr) mehrfarbig . . . . kk	1,—	1,—
261 I	7.00 (Kr) mehrfarbig . . . . kl	2,—	2,—
	Satzpreis (2 W.)	3,—	3,—
	FDC		4,—

Blockausgabe

260 II	4.00 (Kr) mehrfarbig . . . . kk I	1,30	1,30
261 II	7.00 (Kr) mehrfarbig . . . . kl I	2,20	2,20
Block 7	(81×76 mm) . . . . km	3,50	3,50
	FDC		4,—

Auflagen: MiNr. 260 I = 550 000, MiNr. 261 I = 440 000 Stück, Bl. 7 = 339 000 Blocks

Parallelausgabe mit Irland MiNr. 855–856/Bl. 12 und Island MiNr. 800–801/Bl. 15

Dänemark – Grönland

1994, 5. Mai. Europa: Entdeckungen und Erfindungen. Odr. (5×10); Papier fl.; gez. K 12¾.

gh) Dampfbark „Danmark" der Nordost-Grönland-Expedition in der Bucht von Danmarkshavn (1906–1907); Nebensonnen

gi) Expeditionsautomobil ELG auf dem Eis bei Danmarkshavn (1906–1907); Hunde, Dampfbark „Danmark"

247	4.00 (Kr) mehrfarbig . . . . gh	1,50	1,50
248	7.25 (Kr) mehrfarbig . . . . gi	3,50	3,50
	Satzpreis (2 W.)	5,—	5,—
	FDC		6,—

Auflagen: MiNr. 247 = 544 111, MiNr. 248 = 212 254 Stück

Die Preisnotierungen gelten für Marken in handelsüblicher Qualität.

Deutschland

1994, 5. Mai/16. Juni. Europa: Entdeckungen und Erfindungen. RaTdr., Bogen (B) (5×10) und Markenheftchen (MH) (5×2); Papier fl.; gez. K 14.

bpp) Entdeckung des ohmschen Gesetzes durch Georg Simon Ohm (1789–1854), Physiker; elektrischer Widerstand

bpr) Begründung der Quantentheorie durch Max Planck (1858–1947), Physiker; Darstellung der Schwarzkörperstrahlung

1732	80 (Pf)	mehrfarbig (B) (5. Mai) . . . . bpp	1,30	0,60
1733	100 (Pf)	mehrfarbig . . . . bpr		
I		Type I (B) (5. Mai)	1,30	0,60
II		Type II (MH) (16. Juni)	1,30	0,60
		Satzpreis (2 W.)	2,50	1,20
		FDC		3,—
		ETB 14/1994		1,40

MiNr. 1733 gibt es in zwei Typen:

Type I: mittlere und untere Balken des 1. und 2. „E“ in „QUANTENTHEORIE“ gleichmäßig dick, Nullen von „100“ gleichmäßig
Type II: mittlere und untere Balken des 1. und 2. „E“ in „QUANTENTHEORIE“ ungleichmäßig dick, obere und untere Bogen der Nullen von „100“ ungleich

Bei MiNr. 1733 II gibt es viele Zylinderretuschen (wie z.B. schraffiertes Feld über „E“).

Type I

Type II

P So 33	Sonderpostkarte „Internationale Briefmarkenmesse Essen ’94“ mit MiNr. 1732 als Wertstempel	1,40	1,70
MH 30	(Nominale 10 DM)	19,—	
H-Blatt 34	mit 10 × MiNr. 1733 II	17,—	17,—

Auflagen: MiNr. 1732 = 29 780 000, MiNr. 1733 = 76 600 000 Stück, davon jeweils 326 600 auf ETB

Gültig bis 30.6.2002

Estland

1994, 19. Juli. Europa: Entdeckungen und Erfindungen. Odr. (5×10); gez. K 14:13¾.

dc) Mahlwerk (Estnisches Patent Nr. 1)

dd) Mini-Kamera „Minox“ (Estnisches Patent Nr. 2628)

233	1.00 (Kr)	mehrfarbig . . . . dc	0,70	0,70
234	2.70 (Kr)	mehrfarbig . . . . dd	1,80	1,80
		Satzpreis (2 W.)	2,50	2,50
		FDC		3,—

Auflagen: MiNr. 233 = 1 136 350, MiNr. 234 = 1 100 950 Stück

Finnland

1994, 18. März. Europa: Entdeckungen und Erfindungen. Odr. (4×5); gez. K 12¾:13¼.

apu) Papierrolle, Pflanze, Bügelschloss, Eisbrecher MS „Fennica“

apv) Wettersonde, Mobiltelefon, Windmesser, Blinker

1248	2.30 (M)	mehrfarbig . . . . apu	1,20	1,—
1249	4.20 (M)	mehrfarbig . . . . apv	1,80	1,—
		Satzpreis (2 W.)	3,—	2,—
		FDC		3,—

Auflagen: MiNr. 1248 = 8 000 000, MiNr. 1249 = 2 000 000 Stück

Gültig bis 31.12.2011

Finnland – Åland

1994, 5. Mai. Europa: Entdeckungen und Erfindungen. Odr. (4×5 + 4×5); gez. K 13.

cl) Beschreibung der Bluterkrankheit durch Erik Adolf von Willebrand (1870–1949)

cm) Reindarstellung des Heparins durch Erik Jorpes (1894–1973)

86	2.30 (M)	mehrfarbig cl	1,50	1,50
87	2.90 (M)	mehrfarbig . . . . cm	2,—	2,—
		Satzpreis (2 W.)	3,50	3,50
		FDC		4,—

Zwischenstegpaare:

86 ZW–87 ZW	. . . . 2 Paare	8,—	8,—

Auflage: 500 000 Sätze

Gültig bis 30.6.2002

Frankreich

1994, 30. April. Europa: Entdeckungen und Erfindungen. Komb. StTdr. und Odr.; gez. K 13.

dad) Entdeckung des Aids-Erregers durch Luc Montagnier (*1932), Virologe, Nobelpreis 2008

dae) Entdeckung des Welle-Teilchen-Dualismus durch Louis de Broglie (1892–1987), Physiker

3021	2.80 (Fr)	mehrfarbig . . . . dad	1,50	1,—
3022	3.70 (Fr)	mehrfarbig . . . . dae	2,50	1,50
		Satzpreis (2 W.)	4,—	2,50
		FDC		4,—
		2 ETB		10,—

MiNr. 3021 wurde zum Welt-Aids-Tag am 1.12.1994 mit anhängendem Zierfeld neu ausgegeben (30er-Bogen mit 15 Marken und 15 Zierfeldern).

Auflagen: MiNr. 3021 = 18 897 628 (davon 7 857 312 Marken mit Zierfeld), MiNr. 3022 = 6 960 223 Stück

Gibraltar*

1994, 1. März. Europa: Entdeckungen und Erfindungen. Odr. (1×4 Zd); gez. K 13¼.

yu) Mitarbeit an der Kernwaffenentwicklung durch Lord William Penney (1909–1991), englischer Atomphysiker

yv) Entdeckung der Elemente Polonium und Radium durch Marie Curie (1867–1934), französische Physikerin und Chemikerin, Nobelpreis 1903 und 1911

yw) Erfindung des Hochdruckverbrennungsmotors durch Rudolf Diesel (1858–1913), deutscher Maschineningenieur

yx) Entdeckung der Jupitermonde durch Galileo Galilei (1564–1642), italienischer Mathematiker, Physiker und Astronom

683	24 P mehrfarbig	yu	1,50	1,50
684	24 P mehrfarbig	yv	1,50	1,50
685	34 P mehrfarbig	yw	2,—	2,—
686	34 P mehrfarbig	yx	2,—	2,—
		Satzpreis (2 Paare)	7,—	7,—
		FDC		10,—
		Kleinbogensatz (2 Klb.)	30,—	30,—

Nominalgleiche Marken wurden waagerecht zusammenhängend gedruckt.

Griechenland

1994, 9. Mai. Europa: Entdeckungen und Erfindungen. Odr.; A = vierseitig gez. K 14¼:14 (2×4 Zd), C = senkrecht gez. 13¾.

bhb) Konstantin Karatheodoris (1873–1950), Mathematiker; Formeln

bha) Thales von Milet (um 625–547 v. Chr.), Naturphilosoph; Darstellung der statischen Elektrizität

1848	90 (Dr)	mehrfarbig	bha		
A		vierseitig gez. 14¼:14		2,—	1,50
C		senkrecht gez. 13¾		2,—	1,50
1849	350 (Dr)	mehrfarbig	bhb		
A		vierseitig gez. 14¼:14		6,—	4,50
C		senkrecht gez. 13¾		6,—	4,50
		Satzpreis A (Paar)		8,—	6,—
		FDC			7,—
		Satzpreis C (2 W.)		8,—	6,—

MH 17	(Nominale 880 Dr)	17,—	
H-Blatt 17	mit 2 × MiNr. 1848 C–1849 C	16,—	16,—

Auflagen: MiNr. 1848 A–1849 A = 800 000, MiNr. 1848 C–1849 C = 180 000 Sätze

Gültig bis 31.12.2002

Zum besseren Gebrauch des Kataloges empfehlen wir, die Einführung zu lesen.

Großbritannien

1994, 27. Sept. Europa: Entdeckungen und Erfindungen. RaTdr. (5×10 + 5×10); Papier ph.; gez. K 14:14½.

ays) Ultraschalluntersuchung

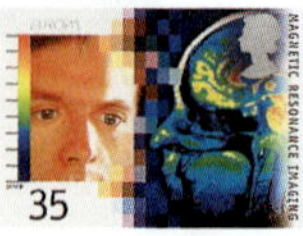

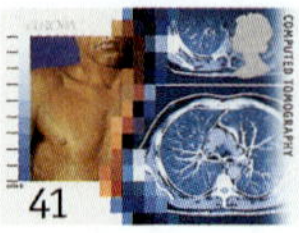

ayt) Elektronenmikroskopie

ayu) Kernspintomographie

ayv) Computertomographie

1535	25 (P) mehrfarbig	ays	1,—	1,—
1536	30 (P) mehrfarbig	ayt	1,40	1,40
1537	35 (P) mehrfarbig	ayu	1,60	1,60
1538	41 (P) mehrfarbig	ayv	2,—	2,—
		Satzpreis (4 W.)	6,—	6,—
		FDC		6,50

Zwischenstegpaare:

1535 ZW–1538 ZW		4 Paare	13,—	13,—
1535 U	ungezähnt		*4000,—*	

Auflagen: MiNr. 1535 = 26 692 900, MiNr. 1536 = 5 561 300, MiNr. 1537 = 5 482 300, MiNr. 1538 = 5 733 900 Stück

Großbritannien – Guernsey

1994, 18. Febr. Europa: Entdeckungen und Erfindungen. Odr. (2×5); gez. K 13¼.

aar) Begräbnisstätte Les Fouaillages (ca. 5000 v. Chr.)

aas) Berittener keltischer Krieger (150–100 v. Chr.)

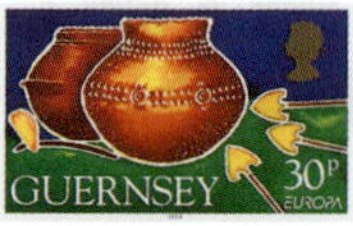

aat) Grabbeigaben aus Les Fouaillages

aau) Grabbeigaben aus dem Grab eines Kriegers (150–100 v. Chr.)

635	24 P mehrfarbig	aar	0,90	0,90
636	24 P mehrfarbig	aas	0,90	0,90
637	30 P mehrfarbig	aat	1,10	1,10
638	30 P mehrfarbig	aau	1,10	1,10
		Satzpreis (4 W.)	4,—	4,—
		FDC		4,50
		Kleinbogensatz (4 Klb.)	40,—	40,—

Den Kleinbogen mit MiNr. 636 gibt es in zwei Versionen: mit und ohne Zudruck für die Internationale Briefmarkenausstellung HONG KONG '94.

Auflagen: MiNr. 635 = 241 910, MiNr. 636 = 553 183 (davon 311 240 im Kleinbogen mit Zudruck), MiNr. 637 = 237 126, MiNr. 638 = 232 797 Stück

Großbritannien – Isle of Man

1994, 5. Mai. Europa: Entdeckungen und Erfindungen. Odr. (1×5 Zd); gez. K 13¼:14¼.

zr) Dreifarbige Fadenschnecke (Eubranchus tricolor)

zs) Nordischer Kalmar (Loligo forbesii)

zt) Edward Forbes (1815–1854), Ozeanograph und Geologe

zu) Fossiler Sonnenstern (Solaster moretonis)

zv) Aktinie (Adamsia carciniopados), Meeres-Einsiedlerkrebs (Pagurus prideaux)

zw) Sonnenstern (Solaster endeca)

587	20 (P) mehrfarbig	zr	0,70	0,70
588	20 (P) mehrfarbig	zs	0,70	0,70
589	20 (P) mehrfarbig	zt	0,70	0,70
590	30 (P) mehrfarbig	zu	1,30	1,30
591	30 (P) mehrfarbig	zv	1,30	1,30
592	30 (P) mehrfarbig	zw	1,30	1,30
		Satzpreis (6 W.)	6,—	6,—
		2 Dreierstreifen	6,50	6,50
		FDC		7,—

Nominalgleiche Marken wurden waagerecht zusammenhängend gedruckt.

Großbritannien – Jersey

1994, 5. April. Europa: Entdeckungen und Erfindungen. Odr. (2×5 Zd); gez. K 13¼:13¾.

aav

aaw

aav–aaw) Mammutjagd nahe La Cotte de St. Brelade

aax) La Hogue de Bie, neolithischer Dolmen

aay) Transport der Steinblöcke zum Dolmen

650	23 P mehrfarbig	aav	0,60	0,60
651	23 P mehrfarbig	aaw	0,60	0,60
652	30 P mehrfarbig	aax	1,20	1,20
653	30 P mehrfarbig	aay	1,20	1,20
		Satzpreis (2 Paare)	3,60	3,60
		FDC		4,50

Nominalgleiche Marken wurden waagerecht zusammenhängend gedruckt.

Auflagen: MiNr. 650 = 371 149, MiNr. 651 = 373 190, MiNr. 652 = 273 889, MiNr. 653 = 275 833 Stück

Irland

1994, 18. April. Europa: Entdeckungen und Erfindungen. Odr. (2×5); gez. K 14¾:14¼.

zt) Entdeckung Islands

zu) Entdeckung der Färöer

zt–zu) Seereisen des hl. Brendan (6. Jh.), irischer Mönch (Holzschnitte)

855	32 (P) mehrfarbig	zt	1,20	1,20
856	44 (P) mehrfarbig	zu	1,80	1,80
		Satzpreis (2 W.)	3,—	3,—
		FDC30		3,50
		Kleinbogensatz (2 Klb.)	30,—	30,—

Blockausgabe mit MiNr. 855–856

Block 12 (81×76 mm)	zv	3,50	3,50
	FDC		4,—

Blockrandbeschriftung „STAMPA '94" ist privaten Ursprungs, aber von der Post genehmigt.

Auflagen: MiNr. 855 = 1 000 000, MiNr. 856 = 750 000 Stück, Bl. 12 = 200 000 Blocks

Gültig bis 31.12.2002

Parallelausgabe mit Dänemark – Färöer MiNr. 260–261/Bl. 7 und Island MiNr. 800–801/Bl. 15

Island

1994, 18. April. Europa: Entdeckungen und Erfindungen. Odr., Bogen (5×10) und Markenheftchen (5×2); gez. K 14¾:14¼.

xe) Entdeckung Islands

xf) Entdeckung der Färöer-Inseln

xe–xf) Seereisen des hl. Brendan (6. Jh.), irischer Mönch (Holzschnitte)

800	35.00 (Kr) mehrfarbig	xe	1,—	1,—
801	55.00 (Kr) mehrfarbig	xf	2,—	1,50
		Satzpreis (2 W.)	3,—	2,50
		FDC		3,50
		2 Markenheftchen	40,—	

Blockausgabe mit MiNr. 800–801

Block 15 (81×76 mm)	xg	3,—	3,—
	FDC		3,50

Auflagen: MiNr. 800 = 1 000 000, MiNr. 801 = 750 000 Stück, Bl. 15 = 219 000 Blocks

Parallelausgabe mit Dänemark – Färöer MiNr. 260–261/Bl. 7 und Irland MiNr. 855–856/Bl. 12

Italien

1994, 2. Mai. Europa: Entdeckungen und Erfindungen. RaTdr. (10×5); Papier fl.; gez. K 13¼:14.

bxz) Camillo Golgi (1844–1926), Histologe, Nobelpreis 1906

bya) Giulio Natta (1903–1979), Chemiker, Nobelpreis 1963

2325	750 (L) mehrfarbig	bxz	1,20	1,20
2326	850 (L) mehrfarbig	bya	1,30	1,30
		Satzpreis (2 W.)	2,50	2,50
		FDC		3,—

Auflage: 3 000 000 Sätze

Jugoslawien

1994, 5. Mai. Europa: Entdeckungen und Erfindungen. Odr. (3×3); gez. K 13½:13¼.

clw) Flugzeug Caudron C-61, Automobil, Europakarte

clx) Flugzeug Caudron C-61 über Belgrad, Europakarte

clw–clx) Erster Nachtflug von Belgrad nach Bukarest beim Linienflug Paris – Istanbul (1923)

2657	0.60 ND mehrfarbig	clw	2,—	2,—
2658	1.80 ND mehrfarbig	clx	2,50	2,50
		Satzpreis (2 W.)	4,50	4,50
		FDC		6,—
		Kleinbogensatz (2 Klb.)	45,—	45,—

MiNr. 2657–2658 wurden jeweils im Kleinbogen zu 8 Marken und 1 Zierfeld (Feld 5) gedruckt.

Auflage: 160 000 Sätze

Kroatien

1994, 16. Mai. Europa: Entdeckungen und Erfindungen. Odr. (5×4, Querformat ~); gez. K 14.

gg) Erfindung des Fallschirmes durch Faust Vrančić (1551–1617), Wissenschaftler

gh) Erfindung des Druckbleistiftes und Füllfederhalters durch Slavoljub Penkala (1871–1922), Ingenieur

274	3800 (Din) mehrfarbig	gg	3,—	3,—
275	4000 (Din) mehrfarbig	gh	3,—	3,—
		Satzpreis (2 W.)	6,—	6,—
		FDC		8,—

Auflage: 500 000 Sätze

Lettland

1994, 29. Okt. Europa: Entdeckungen und Erfindungen. Odr. (5×2); Papier fl.; gez. K 14:13¾.

es) Münzen der neuen lettischen Währung

et) Truhe und Kreditkarte „Latkarte“

es–et) Waage als Symbol der Währungsstabilität

376	10 (S) mehrfarbig	es	1,—	1,—
377	50 (S) mehrfarbig	et	2,50	2,50
		Satzpreis (2 W.)	3,50	3,50
		FDC		5,—
		2 Kehrdruckpaare	7,—	7,—
		Kleinbogensatz (2 Klb.)	35,—	35,—

MiNr. 376–377 wurden jeweils reihenweise kopfstehend gedruckt.

Liechtenstein

1994, 7. März. Europa: Entdeckungen und Erfindungen. Komb. StTdr. und RaTdr. (5×4); gez. K 12¾:13½.

ard) Andenkondor (Vultur gryphus)

are) Rhexia cardinalis

ard–are) Kolorierte Kupferstiche aus den Werken von Alexander von Humboldt (1769–1859), deutscher Naturforscher und Geograph

1079	80 (Rp) mehrfarbig	ard	1,30	1,30
1080	1.00 (Fr) mehrfarbig	are	1,70	1,70
		Satzpreis (2 W.)	3,—	3,—
		FDC		3,50
		MK 122		4,—

Auflagen: MiNr. 1079 = 770 594, MiNr. 1080 = 668 219 Stück

Gültig bis 31.12.2001

Litauen

1994, 7. Mai. Europa: Entdeckungen und Erfindungen. Odr. (5×10); gez. K 12.

ga) Raketenkonstruktionen von Kazimieras Simonavičius (um 1600–1651)

555	80 C mehrfarbig	ga	2,—	2,—
		FDC		3,—

Auflage: 500 000 Stück

Luxemburg

1994, 16. Mai. Europa: Entdeckungen und Erfindungen. RaTdr.; Papier fl.; gez. K 11¾:11½.

all) Globus

alm) Segelschiffe

1340	14 (Fr) mehrfarbig	all	2,—	1,—
1341	22 (Fr) mehrfarbig	alm	2,50	2,—
		Satzpreis (2 W.)	4,50	3,—
		FDC		3,50

Auflage: 1 000 000 Sätze

Gültig bis 31.12.2002

Malta

1994, 29. März. Europa: Entdeckungen und Erfindungen. Odr. (4×3); Wz. 6; gez. K 14¼:14.

adu) Themistocles Zammit (1864–1935), Naturwissenschaftler und Sprachforscher

adv) Marmor-Kerzenständer mit phönizischer und griechischer Inschrift

926	14 C mehrfarbig	adu	1,—	1,—
927	30 C mehrfarbig	adv	3,—	3,—
		Satzpreis (2 W.)	4,—	4,—
		FDC		5,—
		Kleinbogensatz (2 Klb.)	40,—	40,—

P 33	Sonderpostkarte zur Internationalen Briefmarkenmesse 1994 in Essen mit MiNr. 926–927 als Wertstempel	4,—	4,—

MiNr. 926–927 wurden jeweils im Kleinbogen zu 10 Marken und 2 verschiedenen Zierfeldern (Feld 1 und 2) gedruckt.

Gültig bis 31.7.2002

Moldawien

1994, 18. Juni. Europa: Entdeckungen und Erfindungen. Odr. (5×2); Papier fl.; gez. K 14.

bt) 25. Jahrestag des ersten Starts eines Gimini-Raumschiffes mit einer Titan-II-Rakete

bu) 25. Jahrestag des ersten Weltraumspazierganges durch Ed White (Gemini 4)

bv) 25. Jahrestag der ersten bemannten Mondlandung (Apollo 11)

106	0.01 (L) mehrfarbig	bt	1,—	1,—
107	0.45 (L) mehrfarbig	bu	3,50	3,50
108	2.50 (L) mehrfarbig	bv	7,50	7,50
		Satzpreis (3 W.)	12,—	12,—
		FDC		13,—
		Kleinbogensatz (3 Klb.)	120,—	120,—

Auflagen: MiNr. 106 = 100 000, MiNr. 107–108 je 500 000 Stück

Monaco

1994, 5. Mai. Europa: Entdeckungen und Erfindungen. StTdr. (6×5); gez. K 13:12¾.

buh) Kopf des Fürst-Albert-I.-Denkmals in Monaco-Ville, Forschungsschiff „Princesse Alice II", Ansicht von Monaco, Karte von Spitzbergen

bui) Ozeanographisches Museum in Monaco-Ville, von Fürst Albert I. entdeckte Tiefseetiere Opisthoproctus grimaldii und Eryoneicus alberti

buh–bui) Forschungsreisen von Fürst Albert I. (1848–1922)

2178	2.80 (Fr)	mehrfarbig	buh	1,50	1,50
2179	4.50 (Fr)	mehrfarbig	bui	2,—	2,—
			Satzpreis (2 W.)	3,50	3,50
			FDC		5,—
			Sonderdruck, gez.	120,—	
			Sonderdruck, □	180,—	

Blockausgabe mit 3 × MiNr. 2178–2179

Block 63	(155×130 mm)	buk	12,—	12,—
		FDC		14,—

MiNr. 2178–2179 sind auch im Paar zusammenhängend als nicht frankaturgültiger Sonderdruck in Blockform, gez. und □, für Geschenkzwecke bekannt.

Österreich

1994, 27. Mai. Europa: Entdeckungen und Erfindungen. Komb. StTdr. und RaTdr. (5×10); gez. K 13¾.

bsu) Südende des Rudolph-Sees, Kenia; nach Abbildung aus dem Reisewerk der 1. österr.-ungarischen Ostafrikaexpedition (1887/88) unter Samuel Graf Teleki und Ludwig von Höhnel

2126	7 S	mehrfarbig	bsu	3,—	0,70
			FDC		2,—

Vorlagedruck in Schwarz, mit dem Originaldruckstöckel gedruckt, □, auf Erläuterungsblatt geklebt .... 16,—

Auflage: 3 100 000 Stück

Gültig bis 30.6.2002

Polen

1994, 30. April. Europa: Entdeckungen und Erfindungen. Odr. (5×4); Sicherheitszähnung K 11½:11¼.

eee) Petrolelumlampe (Erfinder Ignacy Łukasiewicz (1822–1882), Buch, Brille

eef) Stil. Globus mit Teilprofil von Kopernikus (1473–1543)

3486	2500 Zł	mehrfarbig	eee	0,60	0,50
3487	6000 Zł	mehrfarbig	eef	1,40	1,—
			Satzpreis (2 W.)	2,—	1,50
			FDC		2,—

Auflage: 1 000 000 Sätze

Gültig bis 31.12.1996

Portugal

1994, 5. Mai. Europa: Entdeckungen und Erfindungen. Odr. (5×10); gez. K 12:11¾.

beu) Portugiesischer Ritter von der Insel Hormus im Persischen Golf (16. Jh.)

2010	100 (E)	mehrfarbig	beu	2,—	1,50
			FDC		2,—

Blockausgabe mit 2 × MiNr. 2010–2011

beu) Portugiesischer Ritter bev) Maiskolben bew

2011	100 (E) mehrfarbig	bev	1,50	1,50
Block 99	(140×112 mm)	bew	8,—	8,—
		FDC		10,—

Auflagen: MiNr. 2010 = 500 000 Stück, Bl. 99 = 150 000 Blocks

Gültig bis 31.3.1999

Portugal – Azoren

1994, 5. Mai. Europa: Entdeckungen und Erfindungen. Odr. (5×10); gez. K 12:11¾.

er) Makak

446	100 (E)	mehrfarbig	er	1,50	1,50
			FDC		2,—

Blockausgabe mit 2 × MiNr. 446–447

er) Makak es) Gürteltier et

447	100 (E) mehrfarbig	es	2,—	2,—
Block 14	(140×112 mm)	et	8,—	8,—
		FDC		10,—

Auflagen: MiNr. 446 = 500 000 Stück, Bl. 99 = 160 000 Blocks

Gültig bis 31.3.1999

Portugal – Madeira

1994, 5. Mai. Europa: Entdeckungen und Erfindungen. Odr. (5×10); gez. K 12:11¾.

el) Eingeborener vom Kap der Guten Hoffnung

170	100 (E) mehrfarbig	el	1,50	1,50
		FDC		2,—

Blockausgabe mit 2 × MiNr. 170–171

el) Eingeborener vom Kap der Guten Hoffnung   em) Palme   en

171	100 (E) mehrfarbig	em	2,50	2,—
Block 14	(140×112 mm)	en	8,—	8,—
		FDC		10,—

Auflagen: MiNr. 170 = 500 000 Stück, Bl. 14 = 160 000 Blocks

Gültig bis 31.3.1999

Rumänien

✈ 1994, 25. Mai. Flp.-Blockausgabe: Europa – Entdeckungen und Erfindungen. RaTdr.; gez. Ks 13½.

gky) Hermann Oberth (1894–1989), Raumfahrtpionier; Rakete am Start   Zierfeld

gkz) Henry Coandă (1886–1972), Flugzeugkonstrukteur; Fluggerät   Zierfeld

4980	240 L mehrfarbig	gky	0,30	0,30
4981	2100 L mehrfarbig	gkz	4,—	4,—
Block 289	(109×79 mm)	gla	5,—	5,—
		FDC		6,—

Auflage: 190 000 numerierte Blocks

Gültig bis 30.6.2005

San Marino

1994, 23. Mai. Europa: Entdeckungen und Erfindungen. Odr. (5×4); gez. K 14½:14¼.

axp) Flugbahn der Raumsonde „Ulysses“ im Sonnensystem

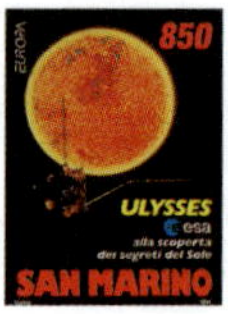

axr) Sonne, Raumsonde „Ulysses“

1575	750 (L) mehrfarbig	axp	1,—	1,—
1576	850 (L) mehrfarbig	axr	1,20	1,20
		Satzpreis (2 W.)	2,20	2,20
		FDC		2,50

Auflage: 420 000 Sätze

Schweden

1994, 26. Aug. Europa: Entdeckungen und Erfindungen. Komb. StTdr. und Odr.; gez. K 12¾.

bhy) Erland Nordenskiöld (1877–1923)   bhz) Eric von Rosen (1879–1948)   bia) Sten Bergman (1895–1975)

bhy–bia) Forschungsreisende

1840	5.50 (Kr) mehrfarbig	bhy	1,40	1,20
1841	5.50 (Kr) mehrfarbig	bhz	1,40	1,20
1842	5.50 (Kr) mehrfarbig	bia	1,40	1,20
		Satzpreis (3 W.)	4,—	3,50
		FDC (mit H-Bl. 222)		4,50

MH 195		(Nominale 33 Kr)	8,50	
H-Blatt 222		mit MiNr. 1840–1842		
	C	rechter Rand durchstochen	4,20	4,20
	D	linker Rand durchstochen	4,20	4,20

MiNr. 1840–1842 ☐ in schwarzgrüner Farbe (ohne Landesnamen und Nominale) stammen aus einem Probeheftchen der schwedischen Post.

Auflage: 1 860 000 Sätze

Schweiz

1994, 17. Mai. Europa: Entdeckungen und Erfindungen. RaTdr. (10×5); Papier fl.; gez. K 11¾.

bdg) Bathyskaph „Trieste“

bdh) Stratosphärenballon „FNRS“

bdg–bdh) Erster bemannter Stratosphärenflug und erste Tiefseetauchfahrt durch Auguste Piccard (1884–1962), Physiker

1525	60 (C) mehrfarbig	bdg	1,20	0,80
1526	100 (C) mehrfarbig	bdh	2,40	1,50
		Satzpreis (2 W.)	3,50	2,30
		FDC		3,50

Auflagen: MiNr. 1525 = 17 690 000, MiNr. 1526 = 5 610 000 Stück

Slowakei

1994, 27. Mai. Europa: Entdeckungen und Erfindungen. StTdr. (2×1 + 2×1); gez. K 11¾:11½.

ct) Jozef Murgaš (1864–1929), Wegbereiter der Radiotelegraphie; Sendeapparatur

191	28 Sk mehrfarbig	ct	3,50	3,50
		FDC		5,—
		Kleinbogen	15,—	15,—

Auflage: 400 000 Stück

Slowenien

1994, 22. April. Europa: Entdeckungen und Erfindungen. Odr. (2×2 Zd); gez. K 13¾:14.

bu) Janez Puhar (1814–1864); Fotografie auf Glasplatten

bv) Jurij Vega (1754–1802); Kurve der Funktion des natürlichen Logarithmus, Mond

80	70 (T) mehrfarbig	bu	1,50	1,50
81	215 (T) mehrfarbig	bv	5,—	5,—
		Satzpreis (Paar)	7,50	7,50
		FDC		9,—
		Kleinbogen	30,—	30,—

Auflage: 280 000 Sätze

Gültig bis 31.12.1996

Spanien

1994, 5. Mai. Europa: Entdeckungen und Erfindungen. Komb. StTdr. und Odr.; Papier ph.; gez. K 13¾:14.

cvw) Severo Ochoa (1905–1993), Biochemiker, Nobelpreis 1959; DNS-Doppelhelix

cvx) Miguel Catalán (1894–1957), Physiker; Spektrum und Atommodell des Mangan

3162	55 (Pta) mehrfarbig	cvw	1,50	1,—
3163	65 (Pta) mehrfarbig	cvx	2,—	1,20
		Satzpreis (2 W.)	3,50	2,20
		FDC		2,50

Auflage: 2 500 000 Sätze

Gültig bis 28.2.2002

Tschechische Republik

1994, 4. Mai. Europa: Entdeckungen und Erfindungen. StTdr. (2×2); gez. K 11¾.

an

ao

an–ao) Die Reise von Marco Polo; phantastische Illustrationen von Adolf Born (*1930)

36	14 Kč mehrfarbig	an	2,—	2,—
37	14 Kč mehrfarbig	ao	2,—	2,—
		Satzpreis (Paar)	4,—	4,—
		2 FDC		6,—
		Kleinbogen	8,—	8,—

MiNr. 36–37 wurden schachbrettartig zusammenhängend im Kleinbogen zu 4 Marken gedruckt.

Auflage: 562 000 Sätze

Türkei

1994, 2. Mai. Europa: Entdeckungen und Erfindungen. Odr. (10×10); Wz. 1; gez. K 13:13¼, Querformat ~.

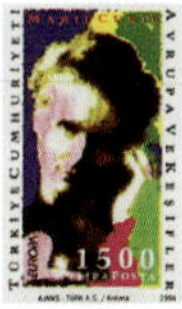

buy) Marie Curie (1867–1934), polnisch-französische Chemikerin und Physikerin, Nobelpreis 1903 und 1911

buz) Albert Einstein (1879–1955) deutsch-amerikanischer Physiker, Nobelpreis 1921

3017	1500 L mehrfarbig	buy	1,50	1,20
3018	5000 L mehrfarbig	buz	2,—	1,60
		Satzpreis (2 W.)	3,50	2,80
		FDC		3,50

Auflage: 600 000 Sätze

Türkisch-Zypern*

1994, 16. Mai. Blockausgabe: Europa – Entdeckungen und Erfindungen. Odr.; Wz. 1; gez. K 13¾:14.

ox) Jungsteinzeitliches Dorf Vrysi bei Çatalköy

oy) Steinwerkzeug (um 6000 v. Chr.)

oz

373	8500 L mehrfarbig	ox	3,—	3,—
374	8500 L mehrfarbig	oy	3,—	3,—
Block 13	(69×79 mm)	oz	7,—	7,—
		FDC		10,—

Auflage: 200 000 Blocks

Ungarn

1994, 1. April. Europa: Entdeckungen und Erfindungen. Odr.; gez. K 13:13¼.

gcw) Österreichisch-ungarische Nordpolexpedition unter Leitung von Julius Payer (1874)

gcx) Forschungsreise nach China und Zentralasien von Marc Aurel Stein (1862–1943)

4287	19 Ft mehrfarbig	gcw	1,50	1,—
4288	50 Ft mehrfarbig	gcx	2,50	2,—
		Satzpreis (2 W.)	4,—	3,—
		FDC		4,—

Auflage: 713 000 Sätze

ETB = Ersttagsblatt

Vatikanstadt

1994, 31. Mai. Europa: Entdeckungen und Erfindungen. Odr. (4×5); gez. K 13¼:13¾.

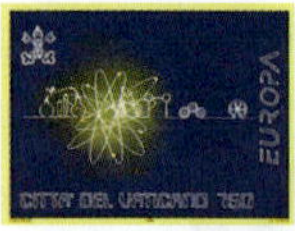

alu) Darstellung der Entwicklung des technischen Fortschritts, Atommodell

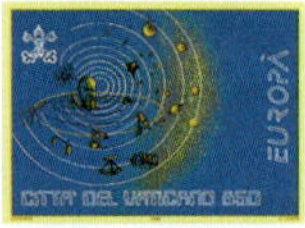

alv) Galileo Galilei (1564–1642), Mathematiker, Physiker und Astronom; Sonnensystem, wissenschaftliche Instrumente

1122	750 (L)	mehrfarbig . . . . alu		1,40	1,30
1123	850 (L)	mehrfarbig . . . . alv		1,60	1,30
			Satzpreis (2 W.)	3,—	2,50
			FDC		3,—

Auflage: 600 000 Sätze

Zypern

1994, 1. März. Europa: Entdeckungen und Erfindungen. Odr. (4×5); gez. K 13:13½.

abk) Prähistorische Kupferschmelze (Kupfergewinnung)

abl) Landkarte von Zypern, Kupfer-Talanta, antikes Segelschiff (Kupferverschiffung)

819	10 (C)	mehrfarbig . . . . abk		0,50	0,50
820	30 (C)	mehrfarbig . . . . abl		1,50	1,50
			Satzpreis (2 W.)	2,—	2,—
			FDC		2,50

Auflagen: MiNr. 819 = 2 000 000, MiNr. 820 = 500 000 Stück

1995

Albanien

1995, 10. Aug. Europa: Frieden und Freiheit. Odr. (5×2); gez. K 13¼:14.

ckh) Sieg des Friedens

cki) Frieden

2556	50 L	mehrfarbig . . . . ckh		2,—	2,—
2557	100 L	mehrfarbig . . . . cki		4,—	4,—
			Satzpreis (2 W.)	6,—	6,—
			FDC		7,—
			Kleinbogensatz (2 Klb.)	60,—	60,—

Blockausgabe, ☐

ckk) Fortschritt bei der Zivilisation und Demokratisierung

Block 104	150 L	mehrfarbig (80×60 mm) . . . . ckk		6,—	6,—
			FDC		8,—

Andorra (Französische Post)

1995, 29. April. Europa: Frieden und Freiheit. Odr. (5×10); gez. K 13.

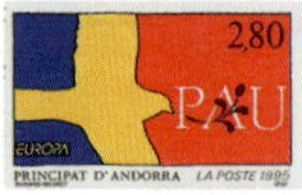

ls) Friedenstaube

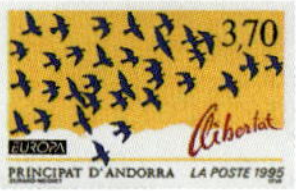

lt) Friedenstauben

477	2.80 (Fr)	mehrfarbig . . . . ls		2,—	1,50
478	3.70 (Fr)	mehrfarbig . . . . lt		4,—	2,50
			Satzpreis (2 W.)	6,—	5,—
			FDC		6,—

Auflagen: MiNr. 477 = 178 283, MiNr. 478 = 145 325 Stück

Andorra (Spanische Post)

1995, 8. Mai. Europa: Frieden und Freiheit. Odr. (4×6); Papier ph.; gez. K 13¾.

gw) Friedenstaube, Stacheldraht

243	60 (Pta)	mehrfarbig . . . . gw		1,50	1,50
			FDC		2,—

Auflage: 650 000 Stück

Gültig bis 28.2.2002

Belgien

1995, 22. April. Europa: Frieden und Freiheit. RaTdr. (5×6); Papier ph.; gez. K 11½.

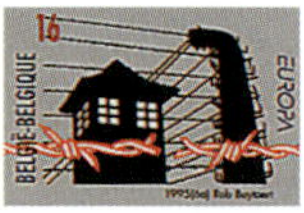

ckp) Wachturm und Stacheldrahtzaun eines Konzentrationslagers (Befreiung der Lager)

ckr) Atompilz, Inschrift (Atomwaffensperrvertrag)

2649	16 (Fr)	mehrfarbig . . . . ckp		1,50	0,50
2650	30 (Fr)	mehrfarbig . . . . ckr		2,50	1,—
			Satzpreis (2 W.)	4,—	1,50
			FDC		6,—

Auflagen: MiNr. 2649 = 6 000 000, MiNr. 2650 = 1 500 000 Stück

Bosnien und Herzegowina

1995, 25. Sept. Europa: Frieden und Freiheit. Odr. (5×4); gez. K 11¾:11½.

s) Friedenstaube

24	200 (Din)	mehrfarbig . . . . s		3,—	3,—
			FDC		4,—

Auflage: 100 000 Stück

Bosnien und Herzegowina (Kroatische Post Mostar)*

1995, 28. Dez. Europa: Frieden und Freiheit. Odr. (6×5); gez. K 14.

ab) Christus am Kreuz (Kupferstich)

26	6.50 (K)	mehrfarbig . . . . ab		*20,—*	*24,—*
			FDC		*24,—*

Auflage: 200 000 Stück

Gültig bis 31.12.1998

Bulgarien

1995, 3. Mai. Europa: Frieden und Freiheit; 50. Jahrestag der Beendigung des Zweiten Weltkrieges. Odr. (10×5); gez. K 13¼.

frt) Geborstener Stahlhelm mit Blume

fru) Friedenstaube auf Gewehrlauf

4151	3.00 L mehrfarbig . . . . frt	1,—	0,50
4152	15.00 L mehrfarbig . . . . fru	3,50	1,50
	Satzpreis (2 W.)	4,50	2,—
	FDC		6,—

Auflagen: MiNr. 4151 = 3 000 000, MiNr. 4152 = 600 000 Stück

Gültig bis 3.7.1999

Dänemark

1995, 4. Mai. Europa: Frieden und Freiheit. Odr., Bogen (B) (10×5, Querformat ~) und Markenheftchen (2×5); Papier fl.; gez. K 12¾.

abz) General Montgomery auf dem Rathausplatz in Kopenhagen (Die Freiheitsbotschaft)

aca) Die weißen Busse (Befreiung aus den Konzentrationslagern)

1100	3.75 (Kr) mehrfarbig (B) (MH) . . . . . . abz	1,50	1,—
1101	5.00 (Kr) mehrfarbig (B) . . . . aca	2,50	2,—
	Satzpreis (2 W.)	4,—	3,—
	FDC		4,—
	Markenheftchen	15,—	

P 294	Sonderpostkarte „Europa“ mit MiNr. 1100 als Wertstempel	3,—	4,—

MiNr. 1100–1101 stammen aus dem Satz MiNr. 1100–1103.

Auflagen: MiNr. 1100 = 22 200 000, MiNr. 1101 = 9 200 000 Stück

Dänemark – Färöer

1995, 10. April. Europa: Frieden und Freiheit. Odr. (4×5); gez. K 13¼:13¾.

le) Gott Vidar tötet den Wolf Fenrir, Vidar und Vali treffen Gott Baldur

lf) Thor tötet die Midgardschlange, Drache Nidhøggur, Lív und Lívtrasir sehen die neue Sonne

le–lf) Illustrationen zum Völuspa-Lied aus der älteren Edda

278	4.00 (Kr) mehrfarbig . . . . le	1,50	1,50
279	7.00 (Kr) mehrfarbig . . . . lf	2,50	2,50
	Satzpreis (2 W.)	4,—	4,—
	FDC		4,50

Auflagen: MiNr. 278 = 412 000, MiNr. 279 = 362 000 Stück

Dänemark – Grönland

1995, 5. Mai. Europa: Frieden und Freiheit. Odr. (5×10); Papier fl.; gez. K 12¾.

gy) Stilisierter Luftpostbrief

gz) Küstenlandschaft, Friedenstauben

262	4.00 (Kr) mehrfarbig . . . . gy	2,—	1,50
263	8.50 (Kr) mehrfarbig . . . . gz	4,—	3,—
	Satzpreis (2 W.)	6,—	4,50
	FDC		5,—

Auflagen: MiNr. 262 = 372 143, MiNr. 263 = 199 525 Stück

Deutschland

1995, 5. Mai. Europa: Frieden und Freiheit. Odr. (5×2); Papier fl.; gez. K 13¾.

btd) Soldaten (1945)

bte) Europafahne

1790	100 (Pf) mehrfarbig . . . . btd	1,50	1,—
1791	200 (Pf) mehrfarbig . . . . bte	2,20	2,—
	Satzpreis (2 W.)	3,50	3,—
	FDC		4,50
	ETB 14/1995		2,20
	Kleinbogensatz (2 Klb.)	36,—	36,—

Auflagen: MiNr. 1790 = 29 000 000, MiNr. 1674 = 18 500 000 Stück, davon jeweils 350 000 auf ETB

Gültig bis 30.6.2002

Estland

1995, 4. Mai. Europa: Frieden und Freiheit. Odr. (10×5); gez. K 13¾:14.

dy) Zerrissener Stacheldraht

254	2.70 (Kr) mehrfarbig . . . . dy	1,50	1,50
	FDC		2,—

Auflage: 1 021 900 Stück

Finnland

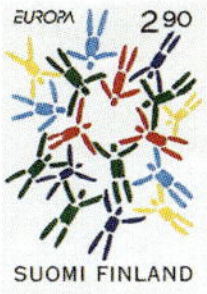

1995, 1. März. Europa: Frieden und Freiheit. Odr. (5×4); gez. K 14:14¼.

asx) Fallschirmspringer bei Formationssprung (stilis.)

1295	2.90 (M) mehrfarbig . . . . asx	2,20	1,50
	FDC		2,50

Auflage: 3 000 000 Stück

Gültig bis 31.12.2011

Finnland – Åland

1995, 5. Mai. Europa: Frieden und Freiheit. Odr. (4×5 + 4×5); gez. K 12¾:14.

da) Friedenstauben, Klamm

db) Friedenstaube, Insel, Sternbild „Großer Wagen“

100	2.80 (M) mehrfarbig . . . . da	1,70	1,70
101	2.90 (M) mehrfarbig . . . . db	1,80	1,80
	Satzpreis (2 W.)	3,50	3,50
	FDC		4,—

Zwischenstegpaare:

100 ZW–101 ZW	. . . . 2 Paare	8,—	8,—

Auflagen: MiNr. 100 = 450 000, MiNr. 101 = 500 000 Stück

Gültig bis 30.6.2002

Frankreich

1995, 29. April. Europa; Frieden und Freiheit. RaTdr.; gez. K 13.

dct) Gitter, Stacheldraht; Lorbeerzweig

dcu) Schwert; Europa-Emblem

3084	2.80 (Fr)	mehrfarbig .... dct	1,50	1,—
3085	3.70 (Fr)	mehrfarbig .... dcu	2,50	2,—
		Satzpreis (2 W.)	4,—	3,—
		FDC		4,—
		ETB		10,—

Auflagen: MiNr. 3084 = 9 232 583, MiNr. 3085 = 5 477 765 Stück

Gibraltar*

1995, 28. Febr. Europa: Frieden und Freiheit. Odr. (1 × 4 Zd); gez. K 13½:13¼.

zz) Stacheldrahtverhau aaa) Friedenstaube, Hände

aab) Ketten in Verlies aac) Küstenseeschwalben, Hände

710	24 P mehrfarbig .... zz	1,50	1,50
711	24 P mehrfarbig .... aaa	1,50	1,50
712	34 P mehrfarbig .... aab	2,—	2,—
713	34 P mehrfarbig .... aac	2,—	2,—
	Satzpreis (2 Paare)	7,—	7,—
	FDC		10,—
	Kleinbogensatz (2 Klb.)	35,—	35,—

Nominalgleiche Marken wurden waagerecht zusammenhängend gedruckt.

Griechenland

1995, 3. Mai. Europa: Frieden und Freiheit. Odr.; A = vierseitig gez. K 14¼:14 (2 × 4 Zd), C = senkrecht gez. 13¼.

bid) Gefangene hinter Stacheldrahtzaun

bie) Friedenstauben, zerstörter Stacheldrahtzaun

1874	90 (Dr) mehrfarbig .... bid		
A	vierseitig gez. K 14¼:14	1,50	1,—
C	senkrecht gez. 13¼	2,—	1,50
1875	340 (Dr) mehrfarbig .... bie		
A	vierseitig gez. K 14¼:14	5,50	4,—
C	senkrecht gez. 13¼	6,—	4,50
	Satzpreis A (Paar)	7,—	5,—
	FDC		6,—
	Satzpreis C (2 W.)	8,—	6,—
MH 18	(Nominale 860 Dr)	17,—	
H-Blatt 18	mit 2 × MiNr. 1874 C–1875 C	16,—	16,—

Auflagen: MiNr. 1874 A–1875 A = 800 000, MiNr. 1874 C–1875 C = 160 000 Sätze

Gültig bis 31.12.2002

Großbritannien

1995, 2. Mai. Europa: Frieden und Freiheit. RaTdr. (10 × 5 + 10 × 5); Papier ph.; gez. K 14½:14¼.

baf) Friedenstaube, Hand

bag) Hände, Weltkugel

1574	25 (P) mehrfarbig .... baf	1,50	1,30
1575	30 (P) mehrfarbig .... bag	2,50	1,90
	Satzpreis (2 W.)	4,—	3,20
	FDC		4,—

Zwischenstegpaare:

1574 ZW–1575 ZW	.... 2 Paare	8,50	8,50
1574 U	ungezähnt	—,—	

MiNr. 1574–1575 stammen aus dem Satz MiNr. 1571–1575.

Auflagen: MiNr. 1574 = 18 235 500, MiNr. 1575 = 6 221 600 Stück

Großbritannien – Guernsey

1995, 9. Mai. Europa: Frieden und Freiheit. Odr. (2 × 5); gez. K 14¼:14½.

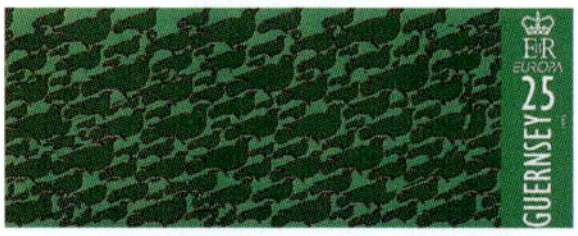

acf) Sitzende Tauben (Stereogramm)

acg) Fliegende Tauben (Stereogramm)

670	25 (P) mehrfarbig .... acf	1,—	1,—
671	30 (P) mehrfarbig .... acg	1,—	1,—
	Satzpreis (2 W.)	2,—	2,—
	FDC		3,—
	Kleinbogensatz (2 Klb.)	20,—	20,—

Auflagen: MiNr. 670 = 219 750, MiNr. 671 = 171 902 Stück

Großbritannien – Isle of Man

1995, 28. April. Europa: Frieden und Freiheit. Odr. (5 × 2); gez. K 13¾:13¼.

abk) Flutwelle, Friedenstauben, Zufluchtsturm in der Douglas-Bucht

abl) Friedenstaube, durchtrennter Stacheldraht

627	20 (P) mehrfarbig .... abk	0,90	0,90
628	30 (P) mehrfarbig .... abl	1,50	1,50
	Satzpreis (2 W.)	2,40	2,40
	FDC		3,—
	Kleinbogensatz (2 Klb.)	24,—	24,—

Länder mit einem Stern nach dem Landesnamen waren oder sind keine Mitglieder der CEPT bzw. POSTEUROP.

Großbritannien – Jersey

1995, 9. Mai. Europa: Frieden und Freiheit. Odr. (5×2); gez. K 13½.

acr) Befreiung, Freiheit und Frieden; Skulptur von Philip Jackson (*1944), britischer Bildhauer

693	23 (P)	hellbräunlichlila/schwarz ...... acr	0,80	0,80
694	30 (P)	hellgrauviolettblau/schwarz ... acr	1,—	1,—
		Satzpreis (2 W.)	1,80	1,80
		FDC		3,—
		Kleinbogensatz (2 Klb.)	18,—	18,—

Auflagen: MiNr. 693 = 251 352, MiNr. 694 = 278 162 Stück

Irland

1995, 6. April. Europa: Frieden und Freiheit. Odr. (2×5); gez. K 14¾:14.

abf) Gebäude einer modernen Großstadt, Friedenstaube

abg) Friedenstaube, Landkarte von Europa

890	32 (P) mehrfarbig .... abf	1,20	1,20
891	44 (P) mehrfarbig .... abg	1,80	1,80
	Satzpreis (2 W.)	3,—	3,—
	FDC		3,50
	Kleinbogensatz (2 Klb.)	30,—	30,—

Auflagen: MiNr. 890 = 1 000 000, MiNr. 891 = 750 000 Stück

Gültig bis 31.12.2002

1995, 6. April. Europa: Frieden und Freiheit. Odr., Rolle (100); selbstklebend; gestanzt 11¾.

abf I) Gebäude einer modernen Großstadt, Friedenstaube

892	32 (P) mehrfarbig .... abf I	1,80	1,80
893	32 (P) mehrfarbig .... abg I	1,80	1,80
	Satzpreis (2 W.)	3,60	3,60
	FDC		4,—
	FDC (MiNr. 890–893)		6,50

MiNr. 892–893 wurden zusammen, in alternierender Folge, in Rollen zu 100 Marken gedruckt.

Gültig bis 31.12.2002

Island

1995, 5. Mai. Europa: Frieden und Freiheit. Odr. Bogen (10×5) und Markenheftchen (2×5); gez. K 13¼.

yk) Befreit; Skulptur von Einar Jónsson (1874–1954)

826	35.00 (Kr) mehrfarbig .... yk	1,50	1,—
827	55.00 (Kr) mehrfarbig .... yk	2,—	2,—
	Satzpreis (2 W.)	3,50	3,—
	FDC		3,50
	2 Markenheftchen	35,—	

Auflagen: MiNr. 826 = 1 000 000, MiNr. 827 = 500 000 Stück

FDC = Ersttagsbrief (First Day Cover)

Italien

1995, 5. Mai. Europa: Frieden und Freiheit. RaTdr. (10×5); Papier fl.; gez. K 13¼:14.

cak) Familie jubelt Befreiern zu

cal) Symbolische Brücke von Mostar zwischen Islam und Christentum

2383	750 (L) mehrfarbig .... cak	1,20	1,20
2384	850 (L) mehrfarbig .... cal	1,30	1,30
	Satzpreis (2 W.)	2,50	2,50
	FDC		3,50

Auflage: 3 000 000 Sätze

Jugoslawien

1995, 6. Mai. Europa: Frieden und Freiheit. Odr. (3×3); gez. K 13¼:13½, Querformat ~.

coa) Bartgeier (Gypaetus barbatus), Gebirgslandschaft

cop) Mädchen auf Dreirad, Großeltern auf Parkbank

2712	0.60 (ND) mehrfarbig .... coa	3,—	2,50
2713	1.90 (ND) mehrfarbig .... cob	3,—	2,50
	Satzpreis (2 W.)	6,—	5,—
	FDC		6,—
	Kleinbogensatz (2 Klb.)	50,—	50,—

MiNr. 2712–2713 wurden jeweils im Kleinbogen zu 8 Marken und 1 Zierfeld (Feld 5) gedruckt.

Auflage: 170 000 Sätze

Kroatien

1995, 9. Mai. Europa: Frieden und Freiheit. Odr. (4×5); Papier ph.; gez. K 14.

if) Gewitterwolken verziehen sich

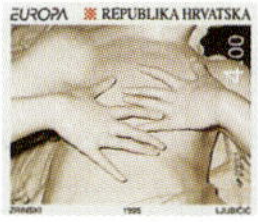

ig) Engel (Detail); Skulptur von Francesco Robba (um 1698–1757) in der Katharinenkirche, Zagreb

319	2.40 (K) mehrfarbig .... if	2,—	2,—
320	4.00 (K) mehrfarbig .... ig	4,—	4,—
	Satzpreis (2 W.)	6,—	6,—
	FDC		8,—

Auflage: 500 000 Sätze

Lettland

1995, 15. Nov. Europa: Frieden und Freiheit. Odr. (5×2); gez. K 13¾:13¼.

gh) Lačplesis, der Bärentöter

gi) Spidola

414	16 (S) mehrfarbig	gh	1,—	1,—
415	50 (S) mehrfarbig	gi	2,50	2,50
		Satzpreis (2 W.)	3,50	3,50
		FDC		4,—
		2 Kehrdruckpaare	7,—	7,—
		Kleinbogensatz (2 Klb.)	35,—	35,—

MiNr. 414–415 wurden jeweils reihenweise kopfstehend gedruckt.

Auflage: 500 000 Sätze

Liechtenstein

1995, 6. März. Europa: Frieden und Freiheit. RaTdr. (5×4); gez. K 11¾:11½.

asd

ase

asd–ase) Zitate von Fürst Franz Josef II.; Friedenstauben

1103	80 (Rp) mehrfarbig	asd	1,20	1,20
1104	1.00 (Fr) mehrfarbig	ase	1,60	1,60
		Satzpreis (2 W.)	2,80	2,80
		FDC		3,—
		MK 130		4,—

Auflagen: MiNr. 1103 = 741 764, MiNr. 1104 = 722 334 Stück

Gültig bis 31.12.2001

Litauen

1995, 29. April. Europa: Frieden und Freiheit. Odr. (5×10); gez. K 12.

gz) Litauische Schule; Skulptur von Petras Rimša (1881–1961)

580	1 L mehrfarbig	gz	2,—	2,—
		FDC		2,50

Auflage: 500 000 Stück

Luxemburg

1995, 15. Mai. Europa: Frieden und Freiheit. Odr.; Papier fl.; gez. K 11½:11¾.

amm

amn

amm–amn) Befreiung der Konzentrationslager; Zeichnungen von François Guiol (*1952), französischer Graphiker

1368	16 (Fr) mehrfarbig	amm	1,50	1,20
1369	25 (Fr) mehrfarbig	amn	2,—	1,80
		Satzpreis (2 W.)	3,50	3,—
		FDC		4,—

Auflage: 800 000 Sätze

Gültig bis 31.12.2002

Malta

1995, 29. März. Europa: Frieden und Freiheit. Odr. (4×3, Querformat ~); Wz. 6; gez. K 14¼:14, Querformat ~.

aez) Hand mit Ölzweig, Regenbogen

afa) Friedenstauben

954	14 C mehrfarbig	aez	1,—	1,—
955	30 C mehrfarbig	afa	3,—	3,—
		Satzpreis (2 W.)	4,—	4,—
		FDC		5,—
		Kleinbogensatz (2 Klb.)	40,—	40,—

P 34	Sonderpostkarte zu den Internationalen Münchner Briefmarkentagen mit MiNr. 954–955 als Wertstempel	4,—	4,—

MiNr. 954–955 wurden jeweils im Kleinbogen zu 10 Marken und 2 verschiedenen Zierfeldern (Feld 1 und 2 bzw. Feld 1 und 4) gedruckt.

Gültig bis 31.7.2002

Moldawien

1995, 9. Mai. Europa: Frieden und Freiheit. Odr. (2×5); Papier fl.; gez. K 14.

dh) Mai 1945; Gemälde von Igor Vieru (1923–1988)

di) Frieden; Gemälde von Sergiu Cuciuc (*1940)

dk) Frühling 1944; Gemälde von Sergiu Cuciuc

164	0.10 L mehrfarbig	dh	0,50	0,50
165	0.40 L mehrfarbig	di	1,50	1,50
166	2.20 L mehrfarbig	dk	10,—	10,—
		Satzpreis (3 W.)	12,—	12,—
		FDC		15,—
		Kleinbogensatz (3 Klb.)	120,—	120,—

Auflagen: MiNr. 164 = 250 000, MiNr. 165 = 150 000, MiNr. 166 = 132 000 Stück

Monaco

1995, 8. Mai. Europa: Frieden und Freiheit. StTdr. (6×5); gez. K 13:12¾.

bwn) Alfred Nobel (1833–1896), schwedischer Chemiker und Industrieller; Friedenstaube

bwo) Wachturm eines Gefangenenlagers, zerbrochene Kette, Rosen

2230	2.80 (Fr) mehrfarbig	bwn	2,—	1,50
2231	5.00 (Fr) mehrfarbig	bwo	3,—	2,50
		Satzpreis (2 W.)	5,—	4,—
		FDC		4,50

Die Preise von Einheiten (z. B. Markenheftchen, H-Blätter, Zusammendrucke, Rollenmarkenstreifen) müssen nicht der Summe der Einzelpreise entsprechen.

Österreich

1995, 19. Mai. Europa: Frieden und Freiheit. Komb. StTdr. und RaTdr. (10×5); gez. K 13¾:14.

bub) Befreiter KZ-Häftling, Totenkopf, Stacheldraht

2157	7 S mehrfarbig	bub	3,60	0,80
		FDC		2,20

2157 F Farbe Rot (Wertangabe) fehlend .... 1800,—

Vorlagedruck in Schwarz, mit dem Originaldruckstöckel gedruckt, □, auf Erläuterungsblatt geklebt .... 16,—

Auflage: 2 800 000 Stück

Gültig bis 30.6.2002

Polen

1995, 28. April. Europa: Frieden und Freiheit. Odr. (4×2 + 4×2); Sicherheitszähnung K 11:11½.

ege) Rose vor Stacheldraht

egf) Stahlhelm mit Blumen

3533	35 Gr mehrfarbig	ege	0,50	0,30
3534	80 Gr mehrfarbig	egf	1,—	0,70
		Satzpreis (2 W.)	1,50	1,—
		2 FDC		2,—

Zwischenstegpaare:

3533 ZW–3534 ZW	2 Paare	3,50	2,50

Auflage: 1 000 000 Sätze

Gültig bis 31.12.2003

Portugal

1995, 5. Mai. Europa: Frieden und Freiheit. Odr. (5×5); gez. K 12:11¾.

bht) Aristides de Sousa Mendes (1885–1954), Konsul; Flüchtlingsfamilie im Hafen von Lissabon

bhu) Insel Madeira als Zufluchtsort für Flüchtlinge aus Gibraltar; britisches Auto, Schiff

2074	95 (E) mehrfarbig	bht	3,50	2,—
2075	95 (E) mehrfarbig	bhu	3,50	2,—
		Satzpreis (2 W.)	7,—	4,—
		FDC		6,—

Auflage: 500 000 Sätze

Gültig bis 30.9.2001

Rumänien

1995, 8. Mai. Europa: Frieden und Freiheit. RaTdr. (5×5); gez. K 13½.

gpm

gpn

gpm–gpn) Regenbogen, Friedenstaube

5084	150 L mehrfarbig	gpm	0,30	0,30
5085	4370 L mehrfarbig	gpn	5,70	5,70
		Satzpreis (2 W.)	6,—	6,—
		FDC		7,—

Auflage: 190 000 Sätze

Gültig bis 30.6.2005

Russland

1995, 15. Nov. Europa: Frieden und Freiheit. Odr. (3×6 Zd); gez. K 12:12¼.

nc) auf Nest

nd) im Flug

nc–nd) Weißstorch (Ciconia ciconia)

471	1500 R mehrfarbig	nc	1,50	1,—
472	1500 R mehrfarbig	nd	1,50	1,—
		Satzpreis (Paar)	3,20	2,—
		FDC		4,20

Auflage: 600 000 Sätze

Gültig bis 31.12.1997

San Marino

1995, 24. März. Europa: Frieden und Freiheit. Odr. (4×5); gez. K 14¾:14¼.

ayz) Fliegende Schwäne

aza) Landschaft mit Schafen

1607	750 (L) mehrfarbig	ayz	0,90	0,90
1608	850 (L) mehrfarbig	aza	1,10	1,10
		Satzpreis (2 W.)	2,—	2,—
		FDC		2,50

Auflage: 300 000 Sätze

Schweden

1995, 17. März. Europa: Frieden und Freiheit. Odr.; gez. K 12¾.

bkg

bkh

bkg–bkh) Liebe, Frieden und Arbeit; Holzreliefs von Bror Hjorth (1894–1968)

1874	5 Kr mehrfarbig	bkg	1,30	0,90
1875	5 Kr mehrfarbig	bkh	1,30	0,90
1876	6 Kr mehrfarbig	bkg	1,50	1,10
1877	6 Kr mehrfarbig	bkh	1,50	1,10
		Satzpreis (4 W.)	5,50	4,—
		FDC (mit H-Bl. 229)		5,50

MH 202		(Nominale 44 Kr)	12,—	
H-Blatt 229		mit MiNr. 1874–1877		
	C	rechter Rand durchstochen	5,60	5,60
	D	linker Rand durchstochen	5,60	5,60

Schweiz

1995, 16. Mai. Europa: Frieden und Freiheit. Komb. StTdr., Odr. und Pdr. (4×4); Papier fl.; gez. K 13¼.

bek) Köpfe, Friedenstaube

bel) Zeus entführt als Stier die phönizsche Königstochter Europa

1552	60 (C) hellcyanblau/dunkelblau	bek	2,—	0,60
1553	100 (C) lebhaftgelbocker/braun	bel	3,—	1,50
		Satzpreis (2 W.)	5,—	2,—
		FDC		4,—

Auflagen: MiNr. 1552 = 17 851 000, MiNr. 1553 = 6 863 000 Stück

Slowakei

1995, 5. Mai. Europa: Frieden und Freiheit. StTdr. (2×5); gez. K 11¾.

eg) Allegorische Gestalt der Freiheit; Gemälde von Igor Rumanský (1946–2006)

226	8 Sk mehrfarbig	eg	1,50	1,50
		FDC		5,—
		Kleinbogen	15,—	15,—

MiNr. 226 in Schwarzgrün lag dem Ausstellungskatalog für die Briefmarkenausstellung „DUNAJFILA '95" bei.

Auflage: 619 000 Stück

Slowenien

1995, 29. März. Europa: Frieden und Freiheit. Odr. (2×2 Zd); gez. K 14.

db) Der Tod und die Braut

dc) Göttin Nike

db–dc) Graphiken von Rudi Španzel (*1948)

110	60 (T) mehrfarbig	db	2,—	2,—
111	70 (T) mehrfarbig	dc	2,—	2,—
		Satzpreis (Paar)	4,50	4,50
		FDC		6,—
		Kleinbogen	18,—	18,—

Auflage: 480 000 Sätze

Gültig bis 31.12.2007

Spanien

1995, 5. Mai. Europa: Frieden und Freiheit. RaTdr.; Papier ph.; gez. K 13¾:14.

cye) Kette, Lorbeerzweig

3217	60 (Pta) mehrfarbig	cye	2,—	1,50
		FDC		2,—

Auflage: 5 000 000 Stück

Gültig bis 28.2.2002

Tschechische Republik

1995, 3. Mai. Europa: Frieden und Freiheit. Komb. StTdr. und RaTdr. (5×10); Papier fl.; gez. K 11¾:11¼.

cd

ce

cd–ce) Änderung des Profils einer Frau, Europasymbole

76	9 Kč mehrfarbig	cd	1,20	0,50
77	14 Kč mehrfarbig	ce	1,80	1,—
		Satzpreis (2 W.)	3,—	1,50
		2 FDC		2,50

Auflagen: MiNr. 76 = 4 130 000, MiNr. 77 = 4 085 000 Stück

Türkei

1995, 5. Mai. Europa: Frieden und Freiheit. Odr. (10×10); Wz. 1; gez. K 13:13¼.

bwe) Nelken

bwf) Ölbaumblätter, Friedenstauben

3047	3 500 L mehrfarbig	bwe	1,—	1,—
3048	15 000 L mehrfarbig	bwf	4,—	2,50
		Satzpreis (2 W.)	5,—	3,50
		FDC		4,50

Auflage: 600 000 Sätze

Türkisch-Zypern*

1995, 20. April. Blockausgabe: Europa – Frieden und Freiheit. Odr.; Wz. 1; gez. K 13¾:14.

pu) Erdkugel, Friedenstaube, Flamme der Freiheit

pv) Friedenstauben über Europa

pw

395	15 000 L mehrfarbig	pu	2,—	2,—
396	15 000 L mehrfarbig	pv	2,—	2,—
Block 14	(72×79 mm)	pw	5,—	5,—
		FDC		8,—

Auflage: 200 000 Blocks

Ungarn

1995, 9. Mai. Europa: Frieden und Freiheit. Odr.; gez. K 13¼:13.

gfg) Friedenstaube in den Farben der Alliierten, europäischer Kontinent

4342	22 Ft mehrfarbig	gfg	2,—	1,50
		FDC		3,—

Auflage: 600 000 Stück

Vatikanstadt

1995, 25. März. Europa: Frieden und Freiheit. RaTdr. (5×4); gez. K 14:13¼.

amp) Hände, Lichtstrahlen, zerbrochene Ketten

amr) Hände, Friedenstaube, Weltkugel, Olivenzweig

1141	750 (L) mehrfarbig	amp	1,20	1,—
1142	850 (L) mehrfarbig	amr	1,30	1,—
		Satzpreis (2 W.)	2,50	2,—
		FDC		2,50

Auflage: 500 000 Sätze

Zypern

1995, 8. Mai. Europa: Frieden und Freiheit. Odr. (4×5); gez. K 13¼:13¾.

acx) KZ-Häftlinge, Friedenstaube, Landkarte von Europa

acy) Häftling, Friedenstaube

854	10 (C) mehrfarbig	acx	0,50	0,50
855	30 (C) mehrfarbig	acy	1,50	1,50
		Satzpreis (2 W.)	2,—	2,—
		FDC		2,50

Auflagen: MiNr. 854 = 2 000 000, MiNr. 855 = 500 000 Stück

1996

Albanien

1996, 5. Mai. Europa: Berühmte Frauen. Odr. (5×2); gez. K 13¼:14.

clv) Mutter Teresa (1910–1997), indische katholische Ordensgründerin albanischer Herkunft, Friedensnobelpreis 1979

2589	25 L mehrfarbig	clv	1,—	1,—
2590	100 L mehrfarbig	clv	3,50	3,50
		Satzpreis (2 W.)	4,50	4,50
		FDC		5,50
		Kleinbogensatz (2 Klb.)	45,—	45,—

Blockausgabe, □

clw) Mutter Teresa

Block 107	150 L mehrfarbig (60×80 mm)	clw	7,—	7,—
		FDC		8,—

Andorra (Französische Post)

1996, 4. Mai. Europa: Berühmte Frauen. Odr. (10×5); gez. K 13.

ml) Ermessenda de Castellbò (1185–1230), Co-Fürstin von Andorra; verschiedene Gebäudeteile

497	3.00 (Fr) mehrfarbig	ml	3,—	2,80
		FDC		3,—

Auflage: 263 307 Stück

Andorra (Spanische Post)

1996, 7. Mai. Europa: Berühmte Frauen. RaTdr. (6×4); Papier ph.; gez. K 13¾.

hb) Isabelle Sandy (1884–1975), Schriftstellerin

248	60 (Pta) mehrfarbig	hb	2,20	1,80
		FDC		2,—

Auflage: 650 000 Stück

Gültig bis 28.2.2002

Belgien

1996, 4. Mai. Europa: Berühmte Frauen. RaTdr. (5×6); Papier ph.; gez. K 11½.

cmf) Yvonne Nevejean (1900–1987), Leiterin des Kinderhilfswerkes ONE und Retterin verfolgter Juden

cmg) Marie Gevers (1883–1975), Dichterin

2688	16 (Fr) mehrfarbig	cmf	1,—	1,—
2689	30 (Fr) mehrfarbig	cmg	3,—	1,50
		Satzpreis (2 W.)	4,—	2,50
		FDC		3,20

Für unverlangt eingesandte Briefsendungen und Markenvorlagen wird keine Haftung übernommen

Bosnien und Herzegowina

1996, 15. April. Europa: Berühmte Frauen. Odr. (4×5); gez. K 14¾.

ao) Bahrija Nuri Hadžić (1904–1993), Opernsängerin

ap) Nasiha Kapidžić-Hadžić (1932–1995), Kinderbuchautorin und Rundfunksprecherin

45	80 (Din)	mehrfarbig	ao	1,20	1,20
46	120 (Din)	mehrfarbig	ap	1,80	1,80
			Satzpreis (2 W.)	3,—	3,—
			FDC		3,50

Auflage: 100 000 Sätze

Bosnien und Herzegowina (Kroatische Post Mostar)*

1996, 20. Juli/Aug. Europa: Berühmte Frauen. Odr. (6×5); x = normales Papier, y = Papier fl.; gez. K 14.

ad) Königin Katharina Kosača-Kotromanić (1424–1478)

28	2.40 (K)	mehrfarbig	ad		
x		normales Papier (20.7.1996)		10,—	12,—
y		Papier fl. (Aug. 1996)		2,—	3,50
			FDC y		4,—

Die FDC tragen das Datum 20-7-1996.

Gültig bis 31.12.1998

Bulgarien

1996, 29. Mai. Europa: Berühmte Frauen. Odr.; gez. K 13¼:13.

fuv) Elisaveta Bagrjana (1893–1991), Dichterin

fuw) Katja Popova (1924–1966), Opernsängerin

4223	10.00 L	mehrfarbig	fuv	2,—	1,—
4224	40.00 L	mehrfarbig	fuw	2,50	1,50
			Satzpreis (2 W.)	4,50	2,50
			FDC		6,—

Markenheftchen mit MiNr. 4223–4224 sind privaten Ursprungs.

Auflagen: MiNr. 4223 = 200 000, MiNr. 4224 = 1 000 000 Stück

Gültig bis 3.7.1999

Dänemark

1996, 9. Mai. Europa: Berühmte Frauen. Odr., Bogen (B) (10×5) und Markenheftchen (MH) (2×5); Papier fl.; gez. K 12¾.

acz) Karen Blixen (1885–1962), Schriftstellerin

ada) Asta Nielsen (1881–1972), Schauspielerin

1124	3.75 (Kr)	mittelbraun/dunkelsiena (B)	acz	1,50	1,—
1125	5.00 (Kr)	lebhaftgrau/schwarzviolettblau (B) (MH)	ada	2,—	2,—
			Satzpreis (2 W.)	3,50	3,—
			FDC		3,50
			Markenheftchen	20,—	

Auflagen: MiNr. 1124 = 8 600 000, MiNr. 1125 = 9 300 000 Stück

Dänemark – Färöer

1996, 15. April. Europa: Berühmte Frauen. Odr. (4×5); gez. K 14¾.

ly

lz

ly–lz) Färingische Seemannsfrauen; Gemälde von Sámal Joensen-Mikines (1906–1979)

296	4.50 (Kr)	mehrfarbig	ly	1,50	1,20
297	7.50 (Kr)	mehrfarbig	lz	2,50	2,—
			Satzpreis (2 W.)	4,—	3,20
			FDC		4,—

Dänemark – Grönland

1996, 5. Sept. Europa: Berühmte Frauen. StTdr. (5×8); Papier fl.; gez. K 13.

hy) Arnarulunnguaq (1896–1933), Expeditionsteilnehmerin und Assistentin von Knud Rasmussen

293	4.50 (Kr)	schwarzblau	hy	2,50	2,—
			FDC		2,50

Auflage: 387 045 Stück

Deutschland

1996, 3. Mai. Europa: Berühmte Frauen. Odr. (5×2); Papier fl.; gez. K 14:13¾.

bwa) Selbstporträt; von Paula Modersohn-Becker (1876–1907), Malerin

bwb) Selbstporträt; von Käthe Kollwitz (1867–1945), Graphikerin und Bildhauerin

1854	80 (Pf)	mehrfarbig	bwa	1,30	0,50
1855	100 (Pf)	mehrfarbig	bwb	1,30	1,—
			Satzpreis (2 W.)	2,50	1,50
			FDC		2,50
			ETB 12/1996		1,50
			Kleinbogensatz (2 Klb.)	26,—	24,—

Sonderpostkarten mit MiNr. 1854 als Wertstempel:

P So 43	MOTIVA '96, Osnabrück	1,40	1,70
P So 44	Briefmarkenbörse Sindelfingen '96	1,40	1,70

1854 I	orangefarbener Fleck links in der Tapete (Feld 8, Teilauflage)	22,—	20,—
1854 Uo	oben ungezähnt	—,—	
1855 Uu	unten ungezähnt	—,—	

Auflagen: MiNr. 1854 = 78 990 000, MiNr. 1855 = 15 000 000 Stück, davon jeweils 306 800 auf ETB

Gültig bis 30.6.2002

Estland

1996, 10. Mai. Europa: Berühmte Frauen. Odr. (10×5); gez. K 13¾:14.

ex) Marie Under (1883–1980), Dichterin; Pastell von Ants Laikmaa (1866–1942)

279	2.50 (Kr)	mehrfarbig	ex	1,80	1,60
			FDC		2,—

Auflage: 1 044 350 Stück

Finnland

1996, 8. März. Europa: Berühmte Frauen. Komb. StTdr. und Odr. (4×5); gez. K 12¾:13.

aun) Stimmabgabe im Wahllokal
(90 Jahre Frauenwahlrecht in Finnland)

1333	3.20 (M)	mehrfarbig	aun	2,—	1,50
			FDC		2,50

Auflage: 4 000 000 Stück

Gültig bis 31.12.2011

Finnland – Åland

1996, 6. Mai. Europa: Berühmte Frauen. Odr. (5×4 + 5×4); gez. K 14:12¾.

do) Sally Salminen (1906–1976), Schriftstellerin

dp) Fanny Sundström (1883–1944), Pädagogin und Politikerin

113	2.80 (M)	mehrfarbig	do	1,50	1,50
114	2.90 (M)	mehrfarbig	dp	1,80	1,80
			Satzpreis (2 W.)	3,30	3,30
			FDC		3,50

Zwischenstegpaare:

113 ZW–114 ZW	. . . . 2 Paare	7,—	7,—

Auflage: 400 000 Sätze

Gültig bis 30.6.2002

Frankreich

1996, 27. April. Europa: Berühmte Frauen. RaTdr.; gez. K 13:13¼.

dfe) Marie de Rabutin-Chantal, Marquise de Sévigné (1626–1696), Schriftstellerin

3148	3.00 (Fr)	mehrfarbig	dfe	2,—	1,50
			FDC		3,20
			ETB		10,—

Auflage: 11 857 721 Stück

Gibraltar*

1996, 9. Febr. Europa: Berühmte Frauen. Odr. (2×5); gez. K 13½.

aca) Prinzessin Diana (1961–1997)

acb) Prinzessin Anne (*1950)

acc) Königin Elisabeth II. (*1926, reg. seit 1952)

acd) Königinmutter Elisabeth (1900–2002)

755	24 P	mehrfarbig	aca	1,—	1,—
756	24 P	mehrfarbig	acb	1,—	1,—
757	34 P	mehrfarbig	acc	1,50	1,50
758	34 P	mehrfarbig	acd	1,50	1,50
			Satzpreis (4 W.)	6,—	6,—
			FDC		7,—
			Kleinbogensatz (4 Klb.)	60,—	60,—

Griechenland

1996, 22. April. Europa: Berühmte Frauen. A = vierseitig gez. K 14:14¼ (2×4 Zd), C = senkrecht gez. 14¼.

bks) Sappho (um 600 v. Chr.), Lyrikerin

bkt) Amalia Fleming (1912–1986), Ärztin und Politikerin

1908	120 (Dr)	mehrfarbig . . . . bks			
A		vierseitig gez. K 14:14¼		2,—	1,50
C		senkrecht gez. 14¼		2,50	2,—
1909	430 (Dr)	mehrfarbig . . . . bkt			
A		vierseitig gez. K 14:14¼		6,—	4,50
C		senkrecht gez. 14¼		7,50	6,—
			Satzpreis A (Paar)	8,—	6,—
			FDC		10,—
			Satzpreis C (2 W.)	10,—	8,—

MH 19	(Nominale 1100 Dr)	22,—	
H-Blatt 19	mit 2 × MiNr. 1908 C–1909 C	20,—	20,—

Auflagen: MiNr. 1908 A–1909 A = 800 000, MiNr. 1908 C–1909 C = 160 000 Sätze

Gültig bis 31.12.2002

Großbritannien

1996, 6. Aug. Europa: Berühmte Frauen. RaTdr. (5×10 + 5×10); Papier ph.; gez. K 14½.

bcu) Margot Fonteyn (1919–1991), Primaballerina

bcv) Elisabeth Frink (1930–1993), Bildhauerin

1648	26 (P)	mehrfarbig	bcu	1,50	1,50
1649	31 (P)	mehrfarbig	bcv	2,—	1,50
			Satzpreis (2 W.)	3,50	3,—
			FDC		4,50

Zwischenstegpaare:

1648 ZW–1649 ZW	. . . . 2 Paare	7,50	6,50
1648 U	ungezähnt	400,—	

MiNr. 1648–1649 stammen aus dem Satz MiNr. 1647–1651.

Auflagen: MiNr. 1648 = 22 976 000, MiNr. 1649 = 4 964 000 Stück

Großbritannien – Guernsey

1996, 21. April. Europa: Berühmte Frauen. Odr. (2×5); gez. K 14.

ade) Prinzessin Anne (*1950); Kinder verschiedener Völker

adf) Königin Elisabeth II. (*1926, reg. seit 1952); Menschen verschiedener Völker

691	25 (P)	mehrfarbig	ade	1,—	1,—
692	30 (P)	mehrfarbig	adf	1,40	1,40
			Satzpreis (2 W.)	2,40	2,40
			FDC		3,—
			Kleinbogensatz (2 Klb.)	24,—	24,—

Auflagen: MiNr. 691 = 224 821, MiNr. 692 = 268 410 Stück

Großbritannien – Isle of Man

1996, 21. April. Europa: Berühmte Frauen. Odr. (2×5); gez. K 14.

adm) Prinzessin Anne (*1950); Kinder verschiedener Völker

adn) Königin Elisabeth II. (*1926, reg. seit 1952); Menschen verschiedener Völker

674	24 (P)	mehrfarbig	adm	0,90	0,90
675	30 (P)	mehrfarbig	adn	1,30	1,30
		Satzpreis (2 W.)		2,20	2,20
		FDC			3,—
		Kleinbogensatz (2 Klb.)		22,—	22,—

Großbritannien – Jersey

1996, 25. April. Europa: Berühmte Frauen. Odr. (5×2); gez. K 13¾.

aeh) Elizabeth Garrett Anderson (1836–1917), erste britische Ärztin

aei) Emmeline Pankhurst (1858–1928), Frauenrechtlerin

735	23 (P)	mehrfarbig	aeh	0,90	0,90
736	30 (P)	mehrfarbig	aei	1,30	1,30
		Satzpreis (2 W.)		2,20	2,20
		FDC			3,—
		Kleinbogensatz (2 Klb.)		22,—	22,—

Auflagen: MiNr. 735 = 245 907, MiNr. 736 = 432 935 Stück

Irland

1996, 2. April. Europa: Berühmte Frauen. Odr. (2×5); gez. K 14¾:14¼.

adc) Louie Bennett (1870–1956), Gewerkschafterin und Frauenrechtlerin

add) Lady Isabella Augusta Gregory (1852–1932), Dramatikerin; Mitbegründerin des Abbey Theatre, Dublin

940	32 (P)	dunkelviolett	adc	1,—	1,—
941	44 (P)	dunkelgrün	add	1,50	1,50
		Satzpreis (2 W.)		2,50	2,50
		FDC			3,—
		Kleinbogensatz (2 Klb.)		25,—	25,—

Auflagen: MiNr. 940 = 1 000 000, MiNr. 941 = 750 000 Stück

Gültig bis 31.12.2002

1996, 2. April. Europa: Berühmte Frauen. Odr., Rolle (100); selbstklebend; gestanzt 11¾.

adc I) Louie Bennett (1870–1956), Gewerkschafterin und Frauenrechtlerin

942	32 (P)	dunkelviolett	adc I	2,—	2,—
943	32 (P)	dunkelgrün	add I	2,—	2,—
		Satzpreis (2 W.)		4,—	4,—
		FDC			4,50
		FDC (MiNr. 940–943)			6,—

MiNr. 942–943 wurden zusammen, in alternierender Folge, in Rollen zu 100 Marken gedruckt.

Gültig bis 31.12.2002

Island

1996, 18. April. Europa: Berühmte Frauen. Odr., Bogen (5×10) und Markenheftchen (5×2); gez. K 14½:14¾.

zb) Halldóra Bjarnadóttir (1873 bis 1981), Gründerin verschiedener Frauenverbände, Verlegerin

zc) Ólafía Jóhannsdóttir (1863 bis 1924), Gründerin und Leiterin der Frauenvereinigung „Weißes Band“

844	35.00 (Kr)	mehrfarbig	zb	1,50	1,40
845	55.00 (Kr)	mehrfarbig	zc	2,—	1,60
		Satzpreis (2 W.)		3,50	3,—
		FDC			3,50
		2 Markenheftchen		35,—	

Italien

1996, 29. April. Europa: Berühmte Frauen. RaTdr. (10×5); Papier fl.; gez. K 13¼:14.

cci) Carina Negrone (1911–1991), Pilotin; Flugzeug Caproni Ca. 113

cck) Adelaide Ristori (1822–1906), Schauspielerin

2432	750 (L)	mehrfarbig	cci	1,30	1,30
2433	850 (L)	mehrfarbig	cck	1,30	1,30
		Satzpreis (2 W.)		2,50	2,50
		FDC			3,50

Auflage: 3 000 000 Sätze

Jugoslawien

1996, 7. Mai. Europa: Berühmte Frauen. Odr. (3×3); gez. K 13¼:13½.

crv) Isidora Sekulić (1877–1958), Schriftstellerin

crv) Desanka Maksimović (1898–1993), Schriftstellerin

2777	2.50 (ND)	mehrfarbig	crv	2,—	2,—
2778	5 (ND)	mehrfarbig	crw	2,—	2,—
		Satzpreis (2 W.)		4,—	4,—
		FDC			5,—
		Kleinbogensatz (2 Klb.)		35,—	35,—

MiNr. 2776–2777 wurden jeweils im Kleinbogen zu 8 Marken und 1 Zierfeld (Feld 5) gedruckt.

Auflage: 140 000 Sätze

Kroatien

1996, 11. April. Europa: Berühmte Frauen. Odr. (5×4); Papier fl.; gez. K 14.

lo) Cvijeta Zuzorić (1552–1648), Dichterin

lp) Ivana Brlić Mažuranić (1874–1938), Schriftstellerin

375	2.20 K	mehrfarbig	lo	1,70	1,70
376	3.60 K	mehrfarbig	lp	2,80	2,80
		Satzpreis (2 W.)		4,50	4,50
		FDC			6,—

Auflage: 400 000 Sätze

Kroatien (Serbische Krajina)*

1996, 10. Okt. Europa: Berühmte Frauen. Odr. (3×3); gez. K 13¾.

ax) Milica Stojadinović-Srpkinja (1830–1878), Dichterin

ay) Mileva Einstein-Marić (1875–1948), Mathematikerin

59	1.50 (ND)	mehrfarbig	ax	25,—	25,—
60	1.50 (ND)	mehrfarbig	ay	25,—	25,—
			Satzpreis (2 W.)	50,—	50,—
			FDC		55,—
			Kleinbogensatz (2 Klb.)	400,—	400,—

MiNr. 59–60 wurden jeweils im Kleinbogen zu 8 Marken und 1 Zierfeld gedruckt.

Auflage: 24 000 Sätze

Lettland

1996, 10. Mai. Europa: Berühmte Frauen. Odr. (5×2); gez. K 13¼:13¾.

gs) Zenta Mauriņa (1897–1978), Schriftstellerin

423	36 (S)	mehrfarbig	gs	2,50	2,50
			FDC		3,—
			Kehrdruckpaar	6,—	6,—
			Kleinbogen	25,—	25,—

MiNr. 423 wurde reihenweise kopfstehend gedruckt.

Auflage: 500 000 Stück

Liechtenstein

1996, 4. März. Europa: Berühmte Frauen. RaTdr. (4×5); gez. K 11¾.

ata

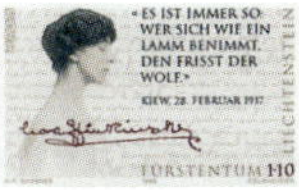

atb

ata–atb) Nora Gräfin Kinsky (1888–1923), Rotkreuzschwester, Mutter der Fürstin Gina von Liechtenstein; Zitate aus ihren Tagebüchern

1124	90 (Rp)	mehrfarbig	ata	1,60	1,30
1125	1.10 (Fr)	mehrfarbig	atb	1,90	1,70
			Satzpreis (2 W.)	3,50	3,—
			FDC		3,80
			MK 138		4,50

Auflagen: MiNr. 1124 = 557 118, MiNr. 1125 = 496 758 Stück

Litauen

1996, 24. April. Europa: Berühmte Frauen. Odr. (5×2); gez. K 13¼:13.

id) Barbora Radvilaitė (1520/22–1551); Gemälde von Lucas Cranach d. Ä. (1472–1553), deutscher Maler

608	1 L	mehrfarbig	id	1,50	1,50
			FDC		2,—
			Kleinbogen	15,—	15,—

Auflage: 500 000 Stück

Luxemburg

1996, 20. Mai. Europa: Berühmte Frauen. Komb. StTdr. und RaTdr.; Papier fl.; gez. K 14¼:13½.

ank) Maria von Burgund (1457–1482), Herzogin von Luxemburg

anl) Kaiserin Maria Theresia von Österreich (1717–1780), Herzogin von Luxemburg

1390	16 (Fr)	mehrfarbig	ank	1,50	1,20
1391	25 (Fr)	mehrfarbig	anl	2,—	1,80
			Satzpreis (2 W.)	3,50	3,—
			FDC		3,50

Auflage: 600 000 Sätze

Gültig bis 31.12.2002

Makedonien

1996, 22. Nov. Europa: Berühmte Frauen. Odr. (3×3); gez. K 13:13¼.

bu) Vera Ciriviri-Trena (1920–1944), Freiheitskämpferin

bv) Mutter Teresa (1910–1997), indische Ordensgründerin albanischer Herkunft, Nobelpreis 1979

74	20 (D)	mehrfarbig	bu	7,—	7,—
75	40 (D)	mehrfarbig	bv	10,—	10,—
			Satzpreis (2 W.)	17,—	17,—
			FDC		18,—
			Kleinbogensatz (2 Klb.)	160,—	160,—

MiNr. 75 wurde von der Post am Ausgabetag zurückgezogen und als nicht ausgegeben bezeichnet; einige Marken waren aber verkauft worden. Nach vielen Protesten wurde die Marke am 15.3.1997 (amtlicher Ersttag) erneut ausgegeben.

Auflagen: MiNr. 74 = 200 000, MiNr. 75 = 100 000 Stück

Malta

1996, 24. April. Europa: Berühmte Frauen. Odr. (4×3); Wz. 6; gez. K 14¼.

age) Mabel Strickland (1899–1988), Politikerin und Verlegerin

agf) Inez Soler (1910–1974), Schriftstellerin und Malerin

983	14 C	mehrfarbig	age	1,50	1,50
984	30 C	mehrfarbig	agf	3,—	3,—
			Satzpreis (2 W.)	4,50	4,50
			FDC		5,50
			Kleinbogensatz (2 Klb.)	45,—	45,—

P 35 Sonderpostkarte „Espamer '96" und „Aviacion y Espacio Sevilla" mit MiNr. 983–984 als Wertstempel . . . . 3,— 3,—

MiNr. 983–984 wurden jeweils im Kleinbogen zu 10 Marken und 2 verschiedenen Zierfeldern (Feld 1 und 2) gedruckt.

Gültig bis 31.7.2002

Moldawien

1996, 21. Juli. Europa: Berühmte Frauen. Odr. (5×2); gez. K 14.

fh) Elena Alistar (1873–1955), Präsidentin der Frauenliga

fi) Marie Skłodowska-Curie (1867–1934), Chemikerin und Physikerin, Nobelpreis 1903 und 1911

210	0.10 L	mehrfarbig	fh	0,30	0,30
211	3.70 L	mehrfarbig	fi	4,20	4,20
			Satzpreis (2 W.)	4,50	4,50
			FDC		5,50
			Kleinbogensatz (2 Klb.)	45,—	45,—

Blockausgabe

fk) Julia Hasdeu (1869–1888), Schriftstellerin

fl

212	2.20 L	mehrfarbig	fk	5,—	5,—
Block 9	(95×104 mm)	. . . .	fl	7,—	7,—
			FDC		9,—

Auflagen: MiNr. 210 = 250 000, MiNr. 211 = 79 000 Stück, Bl. 9 = 105 000 Blocks

Monaco

1996, 29. April. Europa: Berühmte Frauen. StTdr. (5×6); gez. K 12¾:13.

bym) Fürstin Gracia Patricia (1929–1982)

2288	3.00 (Fr)	rot/braun	bym	3,50	2,80
			FDC		3,—

Österreich

1996, 17. Mai. Europa: Berühmte Frauen. Komb. StTdr. und RaTdr. (5×10); gez. K 13½:14¼.

bvk) Paula von Preradović (1887–1951), Dichterin

2189	7 S	mehrfarbig	bvk	1,50	1,50
			FDC		2,—

Vorlagedruck in Schwarz, mit dem Originaldruckstöckel gedruckt, ☐, auf Erläuterungsblatt geklebt . . . . 16,—

Auflage: 2 700 000 Stück

Gültig bis 30.6.2002

Polen

1996, 30. April. Europa: Berühmte Frauen. Odr. (4×4); Sicherheitszähnung K 11½:11.

eii) Hanka Ordonówna, eigentl. Maria Anna Tyszkiewiczowa z Pietruszyńskich (1902–1950), Sängerin, Schauspielerin und Tänzerin

eik) Pola Negri, eigentl. Apolonia Chałupiec (1896–1987), Schauspielerin

3584	40 Gr	mehrfarbig	eii	0,50	0,50
3585	1 Zł	mehrfarbig	eik	1,—	1,—
			Satzpreis (2 W.)	1,50	1,50
			FDC		2,—

Auflage: 1 000 000 Sätze

Gültig bis 31.12.2003

Portugal

1996, 3. Mai. Europa: Berühmte Frauen. Odr. (10×5); A = gez. K 11¾:12.

bla) Helena Vieira da Silva (1908–1992), Malerin (Selbstporträt)

2123 A	98 (E)	mehrfarbig	bla	2,50	2,—
			FDC		2,50

Blockausgabe mit 3× MiNr. 2123 C, C = gez. Ks 11¾:12¼

2123 C	98 (E)	mehrfarbig	bla	1,50	1,50
Block 113	(140×112 mm)	. . . .	blb	8,—	8,—
			FDC		9,—

MiNr. 2123 A mit Druckvermerk am Unterrand, MiNr. 2123 C ohne Druckvermerk.

Auflagen: MiNr. 2133 A = 500 000 Stück, Bl 113 = 100 000 Blocks

Gültig bis 30.9.2001

Portugal – Azoren

1996, 3. Mai. Europa: Berühmte Frauen. Odr. (5×10); A = gez. K 12:11¾, C = gez. Ks 12¼:11¾.

fc) Natália Correia (1923–1993), Dichterin und Schriftstellerin

456 A	98 (E)	mehrfarbig	fc	2,50	2,—
			FDC		2,50

Blockausgabe mit 3 × MiNr. 456 C

456 C	98 (E)	mehrfarbig	fc	2,50	2,50
Block 15	(140×112 mm)	. . . .	fd	8,—	8,—
			FDC		10,—

Auflage: MiNr. 456 A = 500 000 Stück, Bl. 15 = 100 000 Blocks

Gültig bis 30.9.2001

Portugal – Madeira

1996, 3. Mai. Europa: Berühmte Frauen. Odr. (5×10); A = gez. K 12:11¾, C = gez. Ks 12¼:11¾.

ez) Guiomar Vilhena (1705–1789), Großgrundbesitzerin und Unternehmerin

182 A	98 (E)	mehrfarbig	ez	2,50	2,50
			FDC		3,—

Blockausgabe mit 3 × MiNr. 182 C

182 C	98 (E) mehrfarbig	ez	2,50	2,50
Block 15	(140×112 mm)	fa	8,—	8,—
		FDC		10,—

Auflage: MiNr. 182 A = 500 000 Stück, Bl. 15 = 100 000 Blocks

Gültig bis 30.9.2001

Rumänien

1996, 6. Mai. Europa: Berühmte Frauen. RaTdr. (1×5 Zd); gez. K 13½.

gui) Ana Aslan (1897–1988), Ärztin — Zierfeld — guk) Lucia Bulandra (1873–1961), Schauspielerin — Zierfeld

5174	370 L mehrfarbig	gui	0,30	0,30
5175	4140 L mehrfarbig	guk	4,70	4,70
		Satzpreis (2 W.)	5,—	5,—
		Viererstreifen	6,—	6,—
		FDC		7,—
		Kleinbogen I	30,—	30,—
		Kleinbogen II	30,—	30,—

MiNr. 5174–5175 wurden mit 2 Zierfeldern waagerecht zusammenhängend in zwei verschiedenen Kleinbogen zu 10 Marken und 10 Zierfeldern gedruckt. Markenfolge der 1. Zeile im Kleinbogen I: 5174+Zf1+5175+Zf2, im Kleinbogen II: 5175+Zf2+5174+Zf1.

Auflage: 140 000 Sätze

Gültig bis 30.6.2005

Russland

1996, 20. Mai. Europa: Berühmte Frauen. Odr. (6×6); gez. K 12:12½.

oi) Jekaterina Daschkowa (1743–1810), Schriftstellerin

ok) Sofja Kowalewskaja (1850–1891), Mathematikerin

499	1500 R grün/schwarz	oi	2,—	1,—
500	1500 R dunkelviolettpurpur/schwarz	ok	3,—	2,—
		Satzpreis (2 W.)	5,—	3,—
		2 FDC		4,—

Auflage: 500 000 Sätze

Gültig bis 31.12.1997

San Marino

1996, 22. März. Europa: Berühmte Frauen. RaTdr. (4×5); gez. K 11¾.

bau) Mutter Teresa (1910–1997), indische katholische Ordensgründerin albanischer Herkunft, Friedensnobelpreis 1979; Gemälde von Gina Lollobrigida (*1927), Filmschauspielerin

1650	750 (L) mehrfarbig	bau	2,—	1,50
		FDC		2,—

Auflage: 350 000 Stück

Schweden

1996, 3. Mai. Europa: Berühmte Frauen. StTdr.; D = dreiseitig gez. K 12¾.

bmz) Karin Kock (1891–1976), Politikerin

bna) Astrid Lindgren (1907–2002), Schriftstellerin

1943	6 Kr karminrot/schwarz-violettbraun	bmz		
Do	dreiseitig gez.		2,—	1,50
Du	dreiseitig gez.		2,—	1,50
1944	6 Kr karminrot/schwarz-lilaultramarin	bna		
Do	dreiseitig gez.		2,—	1,50
Du	dreiseitig gez.		2,—	1,50
		Satzpreis (2 W.)	4,—	3,—
		FDC (4 W.)		7,—

MH 215	(Nominale 24 Kr)	8,50	
H-Blatt 242	mit MiNr. 1943 Do/Du–1944 Do/Du	8,—	8,—

Schweiz

1996, 14. Mai. Europa: Berühmte Frauen. Komb. StTdr. und Odr. (10×5); Papier fl.; gez. K 13½:13¼.

bfr) Corinna Bille (1912–1979), Schriftstellerin

bfs) Iris von Roten-Meyer (1917–1990), Schriftstellerin und Malerin

1581	70 (C) mehrfarbig	bfr	1,20	0,60
1582	110 (C) mehrfarbig	bfs	1,80	1,40
		Satzpreis (2 W.)	3,—	2,—
		FDC		3,—

Auflagen: MiNr. 1581 = 22 562 000, MiNr. 1582 = 6 832 000 Stück

Slowakei

1996, 3. Mai. Europa: Berühmte Frauen. StTdr. (2×2 + 2×2); gez. K 11¾.

fi) Izabela Textorisová (1866–1949), Botanikerin

fk) Botanikerin bei der Arbeit

250	8 Sk mehrfarbig	fi	0,80	0,70
251	8 Sk mehrfarbig	fk	0,80	0,70
		Satzpreis (Paar)	2,—	2,—
		FDC		2,50
		Kleinbogen	8,—	8,—

MiNr. 250–251 wurden schachbrettartig zusammenhängend im Kleinbogen mit Zwischensteg gedruckt.

Auflage: 297 600 Sätze

Slowenien

1996, 18. April. Europa: Berühmte Frauen. Odr. (4×2); gez. K 14.

ek) Kinder im Gras

el) Blumenstrauß aus Dahlien

ek–el) Gemälde von Ivana Kobilca (1861–1926), Malerin

142	65 (T) mehrfarbig	ek	2,—	2,—
143	75 (T) mehrfarbig	el	2,—	2,—
		Satzpreis (Paar)	4,—	4,—
		FDC		5,—
		Kleinbogen	16,—	16,—

MiNr. 142–143 wurden schachbrettartig zusammenhängend gedruckt.

Auflage: 400 000 Sätze

Gültig bis 31.12.2007

Spanien

1996, 6. Mai. Europa: Berühmte Frauen. RaTdr.; Papier ph.; gez. K 14:13¾.

dba) Carmen Amaya (1913–1963), Flamenco-Tänzerin und Schauspielerin

3281	60 (Pta) mehrfarbig	dba	2,—	1,50
		FDC		2,—

Auflage: 5 000 000 Stück

Gültig bis 28.2.2002

Tschechische Republik

1996, 2. Mai. Europa: Berühmte Frauen. Komb. StTdr. und RaTdr. (5×2); Papier fl.; gez. K 11¼:11½.

du) Emmy Destinn (1878–1930), Sopranistin

114	8 Kč mehrfarbig	du	0,80	0,50
		FDC		1,50
		Kleinbogen	8,—	5,50

Auflage: 3 000 000 Stück

Türkei

1996, 5. Mai. Europa: Berühmte Frauen. Odr. (10×10); Wz. 1; gez. K 12¾:13.

bxi) Nene Hatun (1857–1955), Heldin im Russisch-Türkischen Krieg von 1873/78

bxk) Helide Edip Adivar (1884–1964), Schriftstellerin und Politikerin

3074	10 000 L mehrfarbig	bxi	2,—	1,50
3075	40 000 L mehrfarbig	bxk	3,—	2,50
		Satzpreis (2 W.)	5,—	4,—
		FDC		6,—

Auflage: 600 000 Sätze

Bitte teilen Sie uns von Ihnen festgestellte Fehler mit, damit wir sie berichtigen können.

Türkisch-Zypern*

1996, 31. Mai. Europa: Berühmte Frauen. Odr.; Wz. 1; gez. K 13¾:14.

sc) Beria Remzi Özoran (1916–1992), Journalistin

sd) Kadriye Hulusi Hacıbulgur (*1905), Schuldirektorin und Kulturpolitikerin

428	15 000 L mehrfarbig	sc	1,50	1,50
429	50 000 L mehrfarbig	sd	4,50	3,50
		Satzpreis (2 W.)	6,—	5,—
		FDC		6,—

Auflage: 200 000 Sätze

Ungarn

1996, 2. Mai. Europa: Berühmte Frauen. Odr.; gez. K 12.

ggy) Kaiserin Gisela (um 980–1043, reg. ab 1027)

ggz) Kaiserin Elisabeth „Sisi“ von Österreich, Königin von Ungarn (1837–1898)

4380	24 Ft mehrfarbig	ggy	1,—	0,80
4381	75 Ft mehrfarbig	ggz	2,50	2,20
		Satzpreis (2 W.)	3,50	3,—
		FDC		4,—

Auflage: 650 000 Sätze

Vatikanstadt

1996, 7. Mai. Europa: Berühmte Frauen. StTdr. (5×4); gez. K 13¼:14.

aof) Gianna Beretta Molla (1922–1962), italienische Kinderärztin und Chirurgin

aog) Edith Stein (1891–1942), deutsche katholische Theologin und Philosophin

1179	750 (L) violettbraun	aof	1,20	0,90
1180	850 (L) schwarzgraublau	aog	1,30	1,10
		Satzpreis (2 W.)	2,50	2,—
		FDC		3,—

Auflage: 450 000 Sätze

Zypern

1996, 8. April. Europa: Berühmte Frauen. Odr. (4×5); gez. K 14.

adv) Maria Synglitiki († 1570), Märtyrerin

adw) Caterina Cornaro (1454–1510), Königin von Zypern

877	10 (C) mehrfarbig	adv	0,70	0,70
878	30 (C) mehrfarbig	adw	1,80	1,80
		Satzpreis (2 W.)	2,50	2,50
		FDC		3,—

Auflage: 500 000 Sätze

1997

Albanien

1997, 5. Mai. Europa: Sagen und Legenden. Odr. (5×2); gez. K 13:13¾.

cnd) Drache, Bauer, Esel

cne) Trinkender Drache, Bauer

cnd–cne) „Das azurblaue Auge“

2619	30 L	mehrfarbig . . . . cnd	1,—	1,—
2620	100 L	mehrfarbig . . . . cne	3,50	3,50
		Satzpreis (2 W.)	4,50	4,50
		FDC		5,50
		Kleinbogensatz (2 Klb.)	45,—	45,—

Auflage: 120 000 Sätze

Andorra (Französische Post)

1997, 10. Mai. Europa: Sagen und Legenden. Odr. (10×5); gez. K 13.

mx) Die weiße Frau

508	3.00 (Fr)	mehrfarbig . . . . mx	2,—	1,50
		FDC		3,—

Auflage: 299 976 Stück

Andorra (Spanische Post)

1997, 6. Mai. Europa: Sagen und Legenden. RaTdr. (6×4); Papier ph.; gez. K 14:13¾.

hg) Der Bär und die Schmuggler

253	65 (Pta)	mehrfarbig . . . . hg	2,20	2,20
		FDC		2,50

Auflage: 650 000 Stück

Gültig bis 28.2.2002

Armenien

1997, 18. Okt. Europa: Sagen und Legenden. Odr. (5×2); gez. K 14¼:14¾.

fr) Hayk, Urahn der Armenier; Sternbild Orion

fs) Vahagn, der Drachentöter; Sternbild Herkules

317	170 (D)	mehrfarbig . . . . fr	3,—	3,—
318	250 (D)	mehrfarbig . . . . fs	4,50	4,50
		Satzpreis (2 W.)	7,50	7,50
		FDC		9,—
		Kleinbogensatz (2 Klb.)	75,—	75,—

Auflage: 100 000 Sätze

Belgien

1997, 8. März. Europa: Sagen und Legenden. RaTdr. (5×6); Papier ph.; gez. K 11½.

com) Die Bokkenrijders-Bande

con) Jean von Berneau; wallonische Legende

2745	17 (Fr)	mehrfarbig . . . . com	1,—	1,—
2746	30 (Fr)	mehrfarbig . . . . con	2,50	2,—
		Satzpreis (2 W.)	3,50	3,—
		FDC		10,—

Bosnien und Herzegowina

1997, 3. Mai. Europa: Sagen und Legenden. Odr. (4×5); gez. K 11½:11¾.

cg) Legendäres Troja in Bosnien und Herzegowina; nach der Theorie von Roberto S. Prays

ch) Sage von der wundersamen Quelle Ajvatovica

85	100 (Din)	mehrfarbig . . . . cg	1,50	1,50
86	120 (Din)	mehrfarbig . . . . ch	1,50	1,50
		Satzpreis (2 W.)	3,—	3,—
		2 FDC		5,50

Auflage: 100 000 Sätze

Bosnien und Herzegowina (Kroatische Post Mostar)*

1997, 4. April. Europa: Sagen und Legenden. Odr. (2×4 Zd.); gez. K 14.

ai) Zeus nähert sich Europa in Gestalt eines Stieres

ah) Hl. Georg tötet den Drachen

35	2 (K)	mehrfarbig . . . . ah	0,70	1,30
36	5 (K)	mehrfarbig . . . . ai	1,70	2,70
		Satzpreis (Paar)	3,—	4,—
		FDC		5,—

Bosnien und Herzegowina (Serbische Republik)*

1997, 12. Nov. Europa: Sagen und Legenden. Odr. (3×3); gez. K 13¾.

an) Zwei Königinnen

ao) Reitender Prinz

69	2.50 (ND)	mehrfarbig . . . . an	8,—	8,—
70	6.50 (ND)	mehrfarbig . . . . ao	17,—	17,—
		Satzpreis (2 W.)	25,—	25,—
		FDC		25,—
		Kleinbogensatz (2 Klb.)	220,—	220,—

MiNr. 69–70 wurden jeweils im Kleinbogen zu 8 Marken und 1 Zierfeld (Feld 5) gedruckt.

FALSCH FDC mit Sonderstempel „EUROPA/Banja Luka“

Auflage: 25 000 Sätze

Gültig bis 25.11.1999

Bulgarien

1997, 14. April. Europa: Sagen und Legenden. Odr. (10×5); gez. K 13:13¼.

fxc) Frau März, Symbol des Frühlings

fxd) Hl. Georg, Staatssymbol

4274	120 L	mehrfarbig . . . . fxc	2,50	1,—
4275	600 L	mehrfarbig . . . . fxd	2,—	1,—
		Satzpreis (2 W.)	4,50	2,—
		FDC		4,—

Markenheftchen mit MiNr. 4274–4275 sind privaten Ursprungs.

Auflage: MiNr. 4274 = 320 000, MiNr. 4275 = 720 000 Stück

Gültig bis 31.12.1999

Dänemark

1997, 28. Aug. Europa: Sagen und Legenden. StTdr. (5×10); Papier fl.; gez. K 12¾.

aeh) „Das Feuerzeug“

aei) „Däumelinchen“

aeh–aei) Märchen von Hans Christian Andersen (1805–1875), Dichter

1162	3.75 (Kr) graulila/violettbraun . . . . . . aeh	1,50	1,—
1163	5.25 (Kr) bräunlichrot/grünoliv . . . . . . aei	2,50	2,—
	Satzpreis (2 W.)	4,—	3,—
	FDC		4,—

Auflagen: MiNr. 1162 = 9 700 000, MiNr. 1163 = 3 300 000 Stück

Dänemark – Färöer

1997, 20. Mai. Europa: Sagen und Legenden. Odr. (4×5); gez. K 14¾.

mw) Die Versuchung des hl. Antonius

mx) Neck

mw–mx) Graphiken von William Heinesen (1900–1991), Dichter, Schriftsteller und bildender Künstler

317	4.50 (Kr) mehrfarbig . . . . mw	1,50	1,20
318	7.50 (Kr) mehrfarbig . . . . mx	2,50	2,—
	Satzpreis (2 W.)	4,—	3,20
	FDC		4,50

Dänemark – Grönland

1997, 5. Mai. Europa: Sagen und Legenden. StTdr. (5×8); Papier fl.; gez. K 12¾.

it) Riesen-Eisbär saugt mit seiner Nase Eskimoboot ein

309	4.75 (Kr) schwarzblau . . . . it	2,50	2,50
	FDC		3,—

Auflage: 387 987 Stück

Deutschland

1997, 5. Mai. Europa: Sagen und Legenden. Odr. (5×2); Papier fl.; gez. K 13¾.

byr) „Vom Fischer und seiner Frau“; niederdeutsches Märchen

bys) „Rübezahl“; Sage aus dem Riesengebirge

1915	80 (Pf) mehrfarbig . . . . byr	1,40	0,80
1916	100 (Pf) mehrfarbig . . . . bys	1,40	1,—
	Satzpreis (2 W.)	2,80	1,80
	FDC		2,50
	ETB 15/1997		3,—
	Kleinbogensatz (2 Klb.)	28,—	24,—
P So 46	Sonderpostkarte „NAPOSTA ’97, Stuttgart“	1,40	1,70

1916 U ungezähnt . . . . *1600,—*

Auflage: MiNr. 1915 = 15 000 000, MiNr. 1916 = 40 000 000 Stück, davon je 297 200 auf ETB

Gültig bis 30.6.2002

Estland

1997, 5. Mai. Europa: Sagen und Legenden. Odr. (5×10); gez. K 14:13¾.

ft) „Die Goldspinnerinnen“

301	4.80 (Kr) mehrfarbig . . . . ft	1,50	1,50
	FDC		2,—

Auflage: 796 750 Stück

Finnland

1997, 4. März. Europa: Sagen und Legenden. Odr. (4×5); gez. K 12¾:13.

awk

awl

awk–awl) Szenen aus dem samischen Volksmärchen „Das Mädchen, das in einen goldenen Gänsesäger verzaubert wurde“; Gänsesäger (Mergus merganser)

1378	3.20 (M) mehrfarbig . . . . awk	1,50	1,—
1379	3.40 (M) mehrfarbig . . . . awl	1,50	1,—
	Satzpreis (2 W.)	3,—	2,—
	FDC		5,50

Auflagen: MiNr. 1378 = 4 000 000, MiNr. 1379 = 2 000 000 Stück

Gültig bis 31.12.2011

Finnland – Åland

1997, 9. Mai. Europa: Sagen und Legenden. Odr. (4×5 + 4×5); gez. K 12¾:13¾.

ee) Teufelstanz in Bomarsund

128	2.90 (M) mehrfarbig . . . . ee	2,—	2,—
	FDC		2,50

Zwischenstegpaar:

128 ZW	. . . . 1 Paar	4,50	4,50

Auflage: 500 000 Stück

Gültig bis 30.6.2002

Frankreich

1997, 26. April. Europa: Sagen und Legenden. StTdr.; gez. K 13.

dhi) Der gestiefelte Kater; Märchen von Charles Perrault (1628–1703), Schriftsteller

3201	3.00 (Fr) dunkelviolettblau	dhi	1,50	1,50
		FDC		2,—
		ETB		10,—

MiNr. 3201 ist wasserempfindlich.

Auflage: 12 255 013 Stück

Gibraltar*

1997, 12. Febr. Europa: Sagen und Legenden. Odr. (2×5); gez. K 13¾.

adg

adh

adi

adk

adg–adk) Das geheimnisvolle Verschwinden der Besatzung der Brigantine „Mary Celeste" auf der Reise von New York nach Genua im Jahr 1872

783	28 P mehrfarbig	adg	1,50	1,50
784	28 P mehrfarbig	adh	1,50	1,50
785	30 P mehrfarbig	adi	2,—	2,—
786	30 P mehrfarbig	adk	2,—	2,—
		Satzpreis (4 W.)	7,—	7,—
		FDC		9,—
		Kleinbogensatz (4 Klb.)	70,—	70,—

Griechenland

1997, 19. Mai. Europa: Sagen und Legenden. Odr.; A = vierseitig gez. K 14¼:13¾ (2×4 Zd), C = senkrecht gez. 13¼.

bmg) Prometheus als Feuerträger (Mythologie)

bmh) Digenis Akritas (mittelalterliche Sage)

1946	120 (Dr) mehrfarbig	bmg		
A	vierseitig gez. K 14¼:13¾		1,50	1,—
C	senkrecht gez. 13¼		2,—	1,50
1947	430 (Dr) mehrfarbig	bmh		
A	vierseitig gez. K 14¼:13¾		5,50	5,—
C	senkrecht gez. 13¼		6,—	5,50
		Satzpreis A (Paar)	7,—	6,—
		FDC		10,—
		Satzpreis C (2 W.)	8,—	7,—

MH 20	(Nominale 1100 Dr)	17,—	
H-Blatt 20	mit 2 × MiNr. 1946 C–1947 C	16,—	16,—

Auflagen: MiNr. 1946 A–1947 A = 800 000, MiNr. 1946 C–1947 C = 160 000 Sätze

Gültig bis 31.12.2002

Länder mit einem Stern nach dem Landesnamen waren oder sind keine Mitglieder der CEPT bzw. POSTEUROP.

Großbritannien

1997, 13. Mai. Europa: Sagen und Legenden. RaTdr. (5×10 + 5×10); Papier ph.; gez. K 14:14¾.

bel) Graf Dracula; Figur nach Bram Stoker (1847–1912)

bem) Frankensteins Monster; Figur nach Mary W. Shelley (1797–1851)

1692	26 (P) mehrfarbig	bel	1,40	1,40
1693	31 (P) mehrfarbig	bem	1,60	1,60
		Satzpreis (2 W.)	3,—	3,—
		FDC		3,50

Zwischenstegpaare:

1692 ZW–1693 ZW	2 Paare	6,50	6,50

MiNr. 1692–1693 stammen aus dem Satz MiNr. 1692–1695.

Auflagen: MiNr. 1692 = 22 385 600, MiNr. 1693 = 4 810 300 Stück

Großbritannien – Guernsey

1997, 24. April. Europa: Sagen und Legenden. Odr. (2×5); gez. K 13¼.

afc) Gilliatts Kampf mit der Krake

afd) Gilliatts Ende

afc–afd) Szenen aus dem Roman „Die Arbeiter des Meeres" von Victor Hugo (1802–1885), französischer Schriftsteller

734	26 (P) mehrfarbig	afc	1,—	1,—
735	31 (P) mehrfarbig	afd	1,40	1,40
		Satzpreis (2 W.)	2,40	2,40
		FDC		3,—
		Kleinbogensatz (2 Klb.)	24,—	24,—

Auflagen: MiNr. 734 = 246 098, MiNr. 735 = 246 080 Stück

Großbritannien – Isle of Man

1997, 24. April. Europa: Sagen und Legenden. Odr. (2×5); gez. K 13¼:13¾.

afk) Die Feen im Holunderbaum

afl) Die Feen-Brücke von Santon Burn

717	25 (P) mehrfarbig	afk	0,90	0,90
718	31 (P) mehrfarbig	afl	1,10	1,10
		Satzpreis (2 W.)	2,—	2,—
		FDC		3,20
		Kleinbogensatz (2 Klb.)	20,—	20,—

MiNr. 717–718 stammen aus dem Satz MiNr. 716–721.

Großbritannien – Jersey

1997, 15. April. Erzählungen aus Jersey; Europa: Sagen und Legenden. Odr. (5×2); gez. K 14¾:14.

agm) Der Rappe von St. Ouen

agn) Der schwarze Hund der Bucht von Bouley

784	24 (P) mehrfarbig	agm	1,—	1,—
785	31 (P) mehrfarbig	agn	1,20	1,20
		Satzpreis (2 W.)	2,20	2,20
		FDC		3,—
		Kleinbogensatz (2 Klb.)	22,—	22,—

MiNr. 784–785 stammen aus dem Satz MiNr. 783–786.

Irland

1997, 14. Mai. Europa: Sagen und Legenden. Odr. (2×5); gez. K 13¾:14¼.

afm) Die Kinder von Lir (Normannische Sage)

afn) Oisín und Niamh (Gälische Sage)

1000	32 (P) dunkelviolett	afm	1,20	1,—
1001	44 (P) dunkelgrün	afn	1,80	1,50
		Satzpreis (2 W.)	3,—	2,50
		FDC		3,—
		Kleinbogensatz (2 Klb.)	30,—	30,—

MiNr. 1000–1001 wurden jeweils im Kleinbogen zu 10 Marken gedruckt.

Die Kleinbogen gibt es in zwei Größen: 153×179 mm und 142×158 mm.

Gültig bis 31.12.2002

1997, 14. Mai. Europa: Sagen und Legenden. Odr., Rolle (100); selbstklebend; wellenförmig gestanzt.

afm I) Die Kinder von Lir (Normannische Sage)

1002	32 (P) dunkelviolett	afm I	2,—	2,—
1003	32 (P) dunkelgrün	afn I	2,—	2,—
		Satzpreis (2 W.)	4,—	4,—
		FDC		5,50
		FDC (MiNr. 1000–1003)		4,50

MiNr. 1002–1003 wurden zusammen, in alternierender Folge, in Rollen zu 100 Marken gedruckt.

Gültig bis 31.12.2002

Island

1997, 13. Mai. Europa: Sagen und Legenden. Odr., Bogen (5×10) und Markenheftchen (5×2); gez. K 13¼.

aag) Der Dekan aus Myrká (Sage)

aah) Surtla von den Blaulandinseln (Märchen)

aag–aah) Tuschezeichnungen von Ásgrímur Jónsson (1876–1958)

872	45.00 (Kr) mehrfarbig	aag	1,50	1,50
873	65.00 (Kr) mehrfarbig	aah	2,—	2,—
		Satzpreis (2 W.)	3,50	3,50
		FDC		4,—
		2 Markenheftchen	35,—	

Italien

1997, 5. Mai. Europa: Sagen und Legenden. RaTdr. (5×10, Hochformat ~); Papier fl.; gez. K 14:13¼, Hochformat ~.

cfb) Schuhflickerwerkstatt; handkolorierter Kupferstich von Giuseppe Piattoli (nachweisbar 1785–1807)

cfc) Straßensänger; handkolorierter Kupferstich von Francesco Pisante (um 1830–1889)

2496	800 (L) mehrfarbig	cfb	1,30	1,—
2497	900 (L) mehrfarbig	cfc	1,30	1,—
		Satzpreis (2 W.)	2,50	2,—
		FDC		3,50

Auflage: 5 000 000 Sätze

Jugoslawien

1997, 30. Mai. Europa: Sagen und Legenden. Odr. (3×3); gez. K 11¾:11½.

ctr) Gefesselter Riese Baš Čelik, Zar auf Thron, verschiedene Zauberwesen

cts) Baš Čelik in Ketten, Sohn des Zaren zu Pferde, Zarenpalast, Prinzessin

2821	2.50 (ND) mehrfarbig	ctr	2,—	2,—
2822	6 (ND) mehrfarbig	cts	2,—	2,—
		Satzpreis (2 W.)	4,—	4,—
		FDC		5,—
		Kleinbogensatz (2 Klb.)	35,—	35,—

MiNr. 2821–2822 wurden jeweils im Kleinbogen zu 8 Marken und 1 Zierfeld (Feld 5) gedruckt.

Auflage: 150 000 Sätze

Kroatien

1997, 6. März. Europa: Sagen und Legenden. Odr. (4×5, Hochformat ~); Papier fl.; gez. K 14.

nd) „Der Stribor-Wald“; Erzählung von Ivana Brlić-Mažuranić (1874–1938)

ne) „Der große Jože“; Erzählung von Vladimir Nazor (1876–1949)

412	1.30 (K) mehrfarbig	nd	1,—	1,—
413	3.60 (K) mehrfarbig	ne	2,50	2,50
		Satzpreis (2 W.)	3,50	3,50
		FDC		4,50

Auflage: 350 000 Sätze

Kroatien (Serbische Krajina)*

1997, 12. April. Europa: Sagen und Legenden. Odr. Kleinbogen (3×3); gez. K 13¾.

bk) Fürst Marko und die Türken

bl) Kaiser Trajan

81	1 ND	mehrfarbig	bk	6,—	7,—
82	1 ND	mehrfarbig	bl	6,—	7,—
		Satzpreis (2 W.)		12,—	14,—
		FDC			20,—
		Kleinbogensatz (2 Klb.)		110,—	120,—

MiNr. 81–82 wurden jeweils im Kleinbogen zu 8 Marken und 1 Zierfeld gedruckt.

Auflage: 32 000 Sätze

Gültig bis 19.5.1997

Lettland

1997, 26. April. Europa: Sagen und Legenden. Odr. (5×2); gez. K 12½:12¾.

ia) „Die Rose von Treyden“

453	32 (S)	mehrfarbig	ia	2,—	2,—
		FDC			2,50
		Kehrdruckpaar		4,—	4,—
		Kleinbogen		20,—	20,—

MiNr. 453 wurde reihenweise kopfstehend gedruckt.

Auflage: 500 000 Stück

Liechtenstein

1997, 3. März. Europa: Sagen und Legenden. RaTdr. (5×4); gez. K 11¾.

atx) „Die Wildmannli“

aty) „Das Plankner Fülle“

1145	90 (Rp)	mehrfarbig	atx	1,60	1,30
1146	1.10 (Fr)	mehrfarbig	aty	1,90	1,70
		Satzpreis (2 W.)		3,50	3,—
		FDC			4,—
		MK 147			5,—

Auflagen: MiNr. 1145 = 557 686, MiNr. 1146 = 416 686 Stück

Litauen

1997, 12. April. Europa: Sagen und Legenden. Odr. (2×5, Hochformat ~); gez. K 13.

kk) Regenbogen

kl) Hexlein

kk–kl) Kinderzeichnungen

636	1.20 L	mehrfarbig	kk	1,30	1,30
637	1.20 L	mehrfarbig	kl	1,30	1,30
		Satzpreis (2 W.)		2,50	2,50
		FDC			3,50
		Kleinbogensatz (2 Klb.)		25,—	25,—

Auflage: 500 000 Sätze

Luxemburg

1997, 12. Mai. Europa: Sagen und Legenden. RaTdr.; Papier fl.; gez. K 11½:11¾.

aon) Melusina von Luxemburg

aoo) Der Jäger von Schloss Hollenfels

1418	16 (Fr)	mehrfarbig	aon	1,50	1,50
1419	25 (Fr)	mehrfarbig	aoo	2,50	2,50
		Satzpreis (2 W.)		4,—	4,—
		FDC			4,50

Auflage: 400 000 Sätze

Gültig bis 31.12.2002

Makedonien

1997, 6. Juni. Europa: Sagen und Legenden. Odr. (3×3); gez. K 14¾:14¼.

cv) „Der schlaue Pejo“

cw) „Siljan der Storch“

102	20 (D)	mehrfarbig	cv	6,—	6,—
103	40 (D)	mehrfarbig	cw	11,—	11,—
		Satzpreis (2 W.)		17,—	17,—
		2 FDC			18,—
		Kleinbogensatz (2 Klb.)		160,—	160,—

Auflagen: MiNr. 102 = 200 000, MiNr. 103 = 100 000 Stück

Malta

1997, 5. Mai. Europa: Sagen und Legenden. Odr. (4×3); Wz. 6; gez. K 14¼.

ahl) Gahan, mit einer Haustüre unter dem Arm, auf dem Weg zur Kirche

ahm) Mutter betet zum hl. Dimitrius, der ihren Sohn vom Sklavenschiff befreien soll

1012	16 C	mehrfarbig	ahl	1,50	1,50
1013	35 C	mehrfarbig	ahm	2,50	2,50
		Satzpreis (2 W.)		4,—	4,—
		FDC			5,—
		Kleinbogensatz (2 Klb.)		40,—	40,—

P 36	Sonderpostkarte „NAPOSTA“ mit MiNr. 1012–1013 als Wertstempel	3,—	3,—

MiNr. 1012–1013 wurden jeweils im Kleinbogen zu 10 Marken und 2 verschiedenen Zierfeldern (Feld 1 und 2) gedruckt.

Gültig bis 31.7.2002

Moldawien

1997, 29. Juni. Europa: Sagen und Legenden. Odr. (5×2); gez. K 13¾.

gn) Der helfende Storch

go) Meister Manole

236	10 B	mehrfarbig	gn	1,—	1,—
237	2.80 L	mehrfarbig	go	14,—	14,—
		Satzpreis (2 W.)		15,—	15,—
		FDC			20,—
		Kleinbogensatz (2 Klb.)		150,—	150,—

Blockausgabe

gp) Schneeglöckchen und Frühlingsfee

gr

238	5 L mehrfarbig	gp	16,—	16,—
Block 12	(90 × 70 mm)	gr	20,—	20,—
		FDC		25,—

Auflagen: MiNr. 236 = 200 000, MiNr. 237 = 59 500 Stück, Bl. 12 = 51 000 Blocks

Monaco

1997, 5. Mai. Europa: Sagen und Legenden. StTdr. (5 × 1 Zd); gez. K 12½:13.

cbf) Hl. Dévote

cbg) Herkules in Monaco

2355	3.00 (Fr)	braun-/rötlichorange	cbf	2,50	2,50
2356	3.00 (Fr)	preußischblau	cbg	2,50	2,50
			Satzpreis (Paar)	5,—	5,—
			FDC		6,—
			Kleinbogen	25,—	25,—

MiNr. 2355–2356 wurden senkrecht zusammenhängend im Kleinbogen zu 10 Marken gedruckt.

Österreich

1997, 23. Mai. Europa: Sagen und Legenden. RaTdr. (10 × 5); gez. K 13¾.

bwu) Die Bremer Stadtmusikanten (Märchen der Brüder Grimm); Zeichnung von Bettina Stocker (9 J.)

2221	7 S mehrfarbig	bwu	3,20	1,50
		FDC		2,50

Vorlagedruck in Schwarz, mit dem Originaldruckstöckel gedruckt, □, auf Erläuterungsblatt geklebt .... 16,—

Auflage: 2 700 000 Stück

Gültig bis 30.6.2002

Polen

1997, 5. Mai. Europa: Sagen und Legenden. Odr. (6 × 10); Papier fl., Sicherheitszähnung K 11½:11¾.

emb) Die Blume im Farnkraut

emc) Wars und Sawa, Sirene

3647	50 Gr	mehrfarbig	emb	0,60	0,40
3648	1.10 Zł	mehrfarbig	emc	1,60	0,80
			Satzpreis (2 W.)	2,20	1,20
			FDC		2,—

Auflagen: MiNr. 3647 = 700 000, MiNr. 3648 = 650 000 Stück

Gültig bis 31.12.2003

Portugal

1997, 5. Mai. Europa: Sagen und Legenden. Odr. (10 × 5); gez. K 11¾:12.

bnz) Sage von den zurückgelassenen Schätzen der Mauren

2183	100 (E) mehrfarbig	bnz	2,50	2,50
		FDC		3,—

Blockausgabe mit 3 × MiNr. 2183

Block 124	(140 × 107 mm)	boa	10,—	7,50
		FDC		8,—

Auflagen: MiNr. 2183 = 500 000 Stück, Bl. 124 = 80 000 Blocks

Gültig bis 30.9.2001

Portugal – Azoren

1997, 5. Mai. Europa: Sagen und Legenden. Odr. (5 × 10); gez. K 12:11¾.

fp) Sage von der Insel der sieben Städte

466	100 (E) mehrfarbig	fp	2,50	2,50
		FDC		3,—

Blockausgabe mit 3 × MiNr. 466

Block 17	(140 × 107 mm)	fr	8,—	8,—
		FDC		10,—

Auflagen: MiNr. 466 = 500 000 Stück, Bl. 17 = 80 000 Blocks

Gültig bis 30.9.2001

Portugal – Madeira

1997, 5. Mai. Europa: Sagen und Legenden. Odr. (5 × 10); gez. K 12:11¾.

fk) Sage vom Ritter Robert Machim und Lady Anne of Arfet

191	100 (E) mehrfarbig	fk	2,50	2,50
		FDC		3,—

Blockausgabe mit 3 × MiNr. 191

Block 16	(140 × 107 mm)	fl	8,—	8,—
		FDC		10,—

Auflagen: MiNr. 191 = 500 000 Stück, Bl. 16 = 80 000 Blocks

Gültig bis 30.9.2001

Rumänien

1997, 5. Mai. Europa: Sagen und Legenden. RaTdr. (5 × 2 + 5 × 2); gez. K 13½.

gxy) Vlad Ţepeş, Wojwode der Walachei 1448, 1456–1462, 1476

gxz) Dracula

5253 400 L mehrfarbig . . . . gxy 0,30 0,30
5254 4250 L mehrfarbig . . . . gxz 2,20 2,20
Satzpreis (senkr. Paar) 2,50 2,50
5253 Zf–5254 Zf 4,— 4,—
2 FDC 4,—

MiNr. 5253–5254 wurden senkrecht zusammenhängend in zwei verschiedenen Bogen zu 12 Marken, 8 Zierfeldern und einem Zwischensteg gedruckt.

Markenfolge je Bogenhälfte im Bogen 1: 5253-Zf1-5254-Zf2-5253, 5254-Zf2-5253-Zf1-5254
Markenfolge je Bogenhälfte im Bogen 2: 5254-Zf2-5253-Zf1-5254, 5253-Zf1-5254-Zf2-5253

Auflage: 120 000 Sätze

Gültig bis 30.6.2005

Russland

1997, 5. Mai. Europa: Sagen und Legenden. Odr. (6 × 6); gez. K 12:12½.

sr) Byline (Heldenlied) „Wolga"; Illustration von Iwan Bilibin (1876–1942), Zeichner, Illustrator, Maler und Bühnenbildner

575 1500 R mehrfarbig . . . . sr *9,—* *3,—*
FDC *4,—*

Auflage: 300 000 Stück

Gültig bis 31.12.1997

San Marino

1997, 21. März. Europa: Sagen und Legenden. RaTdr. (4 × 5); gez. K 12:11¾.

bdn) Hl. Marinus zähmt den Bären, der seinen Esel tötete

bdo) Hl. Marinus betet um Gnade für den von Gott mit Stumm- und Starrheit bestraften Verissimo

bdn–bdo) Gründungslegenden von San Marino

1713 650 L mehrfarbig . . . . bdn 1,— 1,—
1714 750 L mehrfarbig . . . . bdo 1,— 1,—
Satzpreis (2 W.) 2,— 2,—
FDC 2,50

Auflage: 320 000 Sätze

Schweden

1997, 9. Mai. Europa: Sagen und Legenden. Odr.; dreiseitig gez. K 12¾.

bph) Der Troll und das Heinzelmännchen

bpi) Der Knabe und die Trolle bzw. Das Abenteuer

bpk) Der Junge, der sich nie fürchtete

bph–bpk) Illustrationen zur Märchenserie „Aus der Welt der Kobolde und Trolle" von John Bauer (1882–1918), Maler und Zeichner

2001 7 (Kr) mehrfarbig . . . . bph
Do dreiseitig gez. (⊔) 1,70 1,50
Du dreiseitig gez. (⊓) 1,70 1,50
2002 7 (Kr) mehrfarbig . . . . bpi
Do dreiseitig gez. (⊔) 1,70 1,50
Du dreiseitig gez. (⊓) 1,70 1,50
2003 7 (Kr) mehrfarbig . . . . bpk
Do dreiseitig gez. (⊔) 1,70 1,50
Du dreiseitig gez. (⊓) 1,70 1,50
Satzpreis (3 W.) 5,— 4,50
FDC (mit H-Bl. 255) 11,—

Senkrechte Paare:

2001 Do/Du 3,50 3,50
2002 Do/Du 3,50 3,50
2003 Do/Du 3,50 3,50

MH 228 (Nominale 42 Kr) . . . . 11,—
H-Blatt 255 mit MiNr. 2001 Do/Du–2003 Do/Du 10,50 10,50

Schweiz

1997, 13. Mai. Europa: Sagen und Legenden. Komb. StTdr. und Odr. (10 × 5); Papier fl.; gez. K 13¼:13½.

bhb) Die Teufelsbrücke, Volkssage aus Uri; Teufel und Ziegenbock, Felswandbild in der Schöllenenschlucht von Heinrich Danioth (1896–1953), Maler und Schriftsteller

1615 90 (C) mehrfarbig . . . . .bhb 1,60 1,20
FDC 1,80

Auflage: 7 786 000 Stück

Slowakei

1997, 5. Mai. Europa: Sagen und Legenden. StTdr. (5 × 2); gez. K 11¾.

gp) „Wunderregen bei Hron"

278 9 Sk mehrfarbig . . . . gp 1,— 1,—
FDC 1,50
Kleinbogen 8,— 8,—

MiNr. 278 wurde im Kleinbogen zu 7 Marken und 3 Zierfeldern (Feld 1, 5 und 8) gedruckt.

Auflage: 625 800 Stück

Slowenien

1997, 27. März. Europa: Sagen und Legenden. Odr. (5 × 2); gez. K 14.

gh) Das Goldhorn (Volksmärchen)

186 80 (T) mehrfarbig . . . . gh 4,— 4,—
FDC 5,—
Kleinbogen 40,— 40,—

Auflage: 400 000 Stück

Gültig bis 31.12.2007

Spanien

1997, 5. Mai. Europa: Sagen und Legenden. RaTdr.; Papier ph.; gez. K 14:13¾.

dcs) Prinzenpaar vor Schloss

3323 65 (Pta) mehrfarbig . . . . dcs 2,— 1,50
FDC 2,—

Auflage: 5 000 000 Stück

Gültig bis 28.2.2002

Tschechische Republik

1997, 30. April. Europa: Sagen und Legenden. Komb. StTdr. und RaTdr. (4×2); Papier fl.; gez. K 11¼:11¾.

fb) Prinz Bruncvik

fc) Der Magier Zito

fb–fc) Graphiken von Adolf Born (*1930)

144	8 Kč mehrfarbig	fb	1,—	0,50
145	8 Kč mehrfarbig	fc	1,—	0,50
		Satzpreis (2 W.)	2,—	1,—
		2 FDC		2,—
		Kleinbogensatz (2 Klb.)	16,—	10,—

Auflagen: MiNr. 144 = 1 056 000, MiNr. 145 = 1 096 000 Stück

Türkei

1997, 5. Mai. Europa: Sagen und Legenden. Odr. (5×5); gez. K 13:12¾.

byt

byu

byt–byu) Szenen aus dem Märchen „Çiğdems Träume" von Cahit Uçuk (1909–2004)

3109	25 000 L mehrfarbig	byt	1,50	1,20
3110	70 000 L mehrfarbig	byu	3,50	3,—
		Satzpreis (2 W.)	5,—	4,20
		FDC		5,—

Auflage: 600 000 Sätze

Türkisch-Zypern*

1997, 30. Mai. Europa: Sagen und Legenden. Odr.; Wz. 1; gez. K 13¾.

tb

tc

tb–tc) Szenen aus einheimischen Märchen

449	25 000 L mehrfarbig	tb	2,—	2,—
450	70 000 L mehrfarbig	tc	3,—	3,—
		Satzpreis (2 W.)	5,—	5,—
		FDC		6,—

Auflage: 200 000 Sätze

Länder mit einem Stern nach dem Landesnamen waren oder sind keine Mitglieder der CEPT bzw. POSTEUROP.

Ukraine

1997, 6. Mai. Blockausgabe: Europa – Sagen und Legenden. Komb. StTdr. und Odr.; gez. Ks 13:12¾.

ep

en) Die Fürsten Kij und Schtschek

eo) Fürst Choryw und seine Schwester Lybid

en–eo) Die Gründer der Kiewer Rus

201	40 K mehrfarbig	en	4,—	4,—
202	40 K mehrfarbig	eo	4,—	4,—
Block 7	(100×81 mm)	ep	10,—	10,—
		FDC		12,—

Auflage: 700 000 Blocks

Ungarn

1997, 5. Mai. Europa: Sagen und Legenden. Odr.; gez. K 13:13¼.

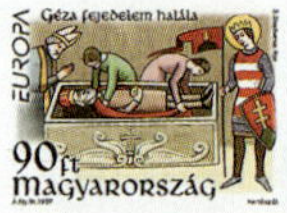

glc) „Der verwunschene Hirsch"

gld) Beisetzung von Großfürst Géza, Wahl von Stephan I. zum Nachfolger (1000. Todestag von Großfürst Géza)

4455	27 Ft mehrfarbig	glc	1,—	0,70
4456	90 Ft mehrfarbig	gld	2,—	1,80
		Satzpreis (2 W.)	3,—	2,50
		FDC		3,—

Auflage: 400 000 Sätze

Vatikanstadt

1997, 20. März. Europa: Sagen und Legenden. Odr. (1×4 Zd); gez. K 13¼.

apk) Hellebardier — Zierfeld — apl) Wache mit Schwert — Zierfeld

apk–apl) Mitglieder der Schweizer Garde, Leibwache des Papstes

1207	750 (L) mehrfarbig	apk	0,80	0,80
1208	850 (L) mehrfarbig	apl	1,20	1,20
		Satzpreis (2 W.)	2,—	2,—
		Viererstreifen	2,50	2,50
		FDC		3,—
		Kleinbogen	9,—	9,—

Auflage: 500 000 Sätze

Zypern

1997, 5. Mai. Europa: Sagen und Legenden. Odr. (4×5); gez. K 13¼:13.

aer) Märchen „Kori Kourelleni“

aes) Kampf des Sagenhelden Dhigenis mit Charon

897	15 (C) mehrfarbig	aer	0,70	0,70
898	30 (C) mehrfarbig	aes	1,80	1,80
	Satzpreis (2 W.)		2,50	2,50
	FDC			3,—

Auflagen: MiNr. 897 = 1 000 000, MiNr. 898 = 500 000 Stück

1998

Albanien

1998, 5. Mai. Europa: Nationale Feste und Feiertage. Odr. (2×5); gez. K 13:13¾.

cny

cnz

cny–coa) Stilisierte Darstellung albanischer Tänze

2648	60 L mehrfarbig	cny	2,—	2,—
2649	100 L mehrfarbig	cnz	2,50	2,50
	Satzpreis (2 W.)		4,50	4,50
	FDC			5,50
	Kleinbogensatz (2 Klb.)		45,—	45,—

Blockausgabe, ☐

coa

Block 112	150 L mehrfarbig (60×80 mm)	coa	4,50	4,50
	FDC			5,50

Andorra (Französische Post)

1998, 20. Juni. Europa: Nationale Feste und Feiertage. Odr. (5×10); gez. K 13.

np) Musikfest (21. Juni)

525	3.00 (Fr) mehrfarbig	np	2,20	1,80
	FDC			2,50

Auflage: 312 946 Stück

Andorra (Spanische Post)

1998, 22. Mai. Europa: Nationale Feste und Feiertage. RaTdr. (4×6); Papier ph.; gez. K 13¾:14.

hn) Karnevalsumzug

259	70 (Pta) mehrfarbig	hn	1,50	1,50
	FDC			2,—

Auflage: 650 000 Stück

Gültig bis 28.2.2002

Armenien

1998, 24. Juni. Europa: Nationale Feste und Feiertage. Odr. (5×2); gez. K 14¾:14¼.

gl) Trndez

gm) Christi Himmelfahrt

335	170 (D) mehrfarbig	gl	2,—	2,—
336	250 (D) mehrfarbig	gm	3,—	3,—
	Satzpreis (2 W.)		5,—	5,—
	FDC			7,—
	Kleinbogensatz (2 Klb.)		50,—	50,—

Auflage: 100 000 Sätze

Aserbaidschan

1998, 29. Dez. Europa: Nationale Feste und Feiertage. Odr. (2×5); gez. K 13:12¾.

ob) Frauen bei Essensvorbereitungen für das Nawrozfest

oc) Männer beim Nawrozfest

438	1000 M mehrfarbig	ob	1,50	1,50
439	3000 M mehrfarbig	oc	3,50	3,50
	Satzpreis (2 W.)		5,—	5,—
	FDC			6,—
	Kleinbogensatz (2 Klb.)		50,—	50,—

Auflage: 75 000 Sätze

Belgien

1998, 2. Mai. Europa: Nationale Feste und Feiertage. RaTdr. (5×6); Papier ph.; gez. K 11½.

csc) Popfestivals in Torhout und Werchter

csd) Wallonisches Musikfestival

2810	17 (Fr) mehrfarbig	csc	1,30	1,—
2811	17 (Fr) mehrfarbig	csd	1,30	1,—
	Satzpreis (2 W.)		2,50	2,—
	FDC			3,—

Bosnien und Herzegowina

1998, 5. Mai. Europa: Nationale Feste und Feiertage. Odr. (4×5); gez. K 11½:11¾.

ec) Internationales Theaterfestival, Sarajevo

128	1.10 (M) mehrfarbig	ec	2,50	2,50
	FDC			3,—

Auflage: 150 000 Stück

Bosnien und Herzegowina (Kroatische Post Mostar)*

1998, 1. April. Europa: Nationale Feste und Feiertage. Odr. (4×5); gez. K 14.

ap) Internationales Animationsfilm-Festival, Zagreb

42	6.50 (K) mehrfarbig	ap	3,50	4,—
		FDC		4,50

Auflage: 150 000 Stück

Bosnien und Herzegowina (Serbische Republik)*

1998, 9. Juni. Europa: Nationale Feste und Feiertage. Odr. (3×3); gez. K 13¾.

bz

ca

bz–ca) Volkstrachten und Volksmusikinstrumente

105	7.50 (ND) mehrfarbig	bz	8,—	8,—
106	7.50 (ND) mehrfarbig	ca	8,—	8,—
		Satzpreis (2 W.)	16,—	16,—
		FDC		17,—
		Kleinbogensatz (2 Klb.)	130,—	130,—

MiNr. 105–106 wurden jeweils im Kleinbogen zu 8 Marken und 1 Zierfeld (Feld 5) gedruckt.

FALSCH FDC mit Sonderstempel „EUROPA/Banja Luka“

Auflage: 30 000 Sätze

Gültig bis 25.11.1999

Bulgarien

1998, 27. April. Europa: Nationale Feste und Feiertage. Odr. (5×10); gez. K 13.

fzo) Mädchen in Tracht mit Sträußen

fzp) Burschen mit Tanzmasken

4332	120 L mehrfarbig	fzo	1,—	0,50
4333	600 L mehrfarbig	fzp	2,50	2,—
		Satzpreis (2 W.)	3,50	3,—
		FDC		4,—

Markenheftchen mit MiNr. 4332–4333 sind privaten Ursprungs.

Auflagen: MiNr. 4332 = 600 000, MiNr. 4333 = 450 000 Stück

Gültig bis 31.12.1999

Dänemark

1998, 3. Sept. Europa: Nationale Feste und Feiertage. Komb. StTdr. und Odr., Bogen (B) (5×10) und Markenheftchen (MH) (5×2); Papier fl.; gez. K 12¾.

afg) Tierschau

afh) Århuser Festwoche

1188	3.75 (Kr) mehrfarbig (B) (MH)	afg	1,50	1,—
1189	4.50 (Kr) mehrfarbig (B)	afh	2,—	1,50
		Satzpreis (2 W.)	3,50	2,50
		FDC		3,—
		Markenheftchen	15,—	

Auflage: MiNr. 1188 = 19 400 000 Stück

Dänemark – Färöer

1998, 18. Mai. Europa: Nationale Feste und Feiertage. Odr. (4×5); gez. K 14:14½.

nr

ns

nr–ns) Umzüge am St.-Olafs-Tag (29. Juli)

338	4.50 (Kr) mehrfarbig	nr	1,20	1,20
339	7.50 (Kr) mehrfarbig	ns	2,40	2,40
		Satzpreis (2 W.)	3,50	3,50
		FDC		4,—

Dänemark – Grönland

1998, 29. Mai. Europa: Nationale Feste und Feiertage. Odr. (5×10); Papier fl.; gez. K 12¾.

kk

kl

kk–kl) Tag der Kinder (1. Juni); Gewinnerzeichnungen des Malwettbewerbs für Schüler

323	4.75 (Kr) mehrfarbig	kk	1,50	1,50
324	10.00 (Kr) mehrfarbig	kl	4,—	3,50
		Satzpreis (2 W.)	5,50	5,—
		FDC		5,50

Auflagen: MiNr. 323 = 256 773, MiNr. 324 = 254 181 Stück

Deutschland

1998, 5. Mai. Europa: Nationale Feste und Feiertage. Odr. (5×2); Papier fl.; gez. K 14¼:14.

cbt) Tag der Deutschen Einheit (3. Oktober)

1985	110 (Pf) mehrfarbig	cbt	1,50	1,—
		FDC		1,60
		ETB 14/1998		1,50
		Kleinbogen	16,—	16,—
1985 F	alle Farben außer Grün fehlend		*600,—*	*600,—*

Auflage: 25 000 000 Stück, davon 293 200 auf ETB

Gültig bis 30.6.2002

Estland

1998, 5. Mai. Europa: Nationale Feste und Feiertage. Odr. (10×5); gez. K 13¾:14.

gs) Paar bei der Johannifeier

325	5.20 (Kr) mehrfarbig	gs	2,—	2,—
		FDC		2,50

Auflage: 802 900 Stück

Finnland

1998, 27. März. Europa: Nationale Feste und Feiertage. Odr. (4×5); gez. K 14¼:14½.

ayt) Tag der Arbeit (1. Mai)

ayu) Johannisfest

1432	3.20 (M)	mehrfarbig	ayt	1,80	1,—
1433	3.40 (M)	mehrfarbig	ayu	1,80	1,50
			Satzpreis (2 W.)	3,50	2,50
			FDC		3,50

Auflagen: MiNr. 1432 = 3 000 000, MiNr. 1433 = 2 000 000 Stück

Gültig bis 31.12.2011

Finnland – Åland

1998, 27. April. Europa: Nationale Feste und Feiertage. Odr. (4×5 + 4×5); gez. K 13¾:14.

et) Mittsommerfest

140	4.20 (M)	mehrfarbig	et	2,50	2,50
			FDC		3,—

Zwischenstegpaar:

140 ZW	1 Paar	5,50	5,50

Auflage: 400 000 Stück

Gültig bis 30.6.2002

Frankreich

1998, 13. Juni. Europa: Nationale Feste und Feiertage. RaTdr. (10×5); gez. K 13.

dln) Musikfest (21. Juni)

3306	3.00 (Fr)	mehrfarbig	dln	1,50	1,50
			FDC		2,50
			ETB		8,—

Auflage: 10 872 487 Stück

Georgien

1998, 31. Dez. Europa: Nationale Feste und Feiertage. Odr. (2×5); gez. K 13:12¾.

iz) Berikaoba

ka) Chiakokonoba

296	ა	mehrfarbig	iz	2,—	2,—
297	ბ	mehrfarbig	ka	2,50	2,50
			Satzpreis (2 W.)	4,50	4,50
			FDC		6,—
			Kleinbogensatz (2 Klb.)	45,—	45,—

MiNr. 296–297 tragen anstelle einer Wertangabe die Buchstaben „An“ bzw. „Ban“ des georgischen Alphabetes (Nominale zur Zeit der Ausgabe: 80 bzw. 100 T).

Gibraltar*

1998, 22. Mai. Europa: Nationale Feste und Feiertage. Odr. (2×5); gez. K 13¼:13.

aft

afu

afv

afw

aft, afu, afv, afw) Nationalfeiertag (10. September); Schönheitskönigin von Gibraltar in verschiedenen Kostümen

834	26 P	mehrfarbig	aft	1,50	1,50
835	26 P	mehrfarbig	afu	1,50	1,50
836	38 P	mehrfarbig	afv	2,50	2,50
837	38 P	mehrfarbig	afw	2,50	2,50
			Satzpreis (4 W.)	8,—	8,—
			FDC		10,—
			Kleinbogensatz (4 Klb.)	80,—	80,—

Griechenland

1998, 29. Mai. Europa: Nationale Feste und Feiertage. Odr., Bogen (2×4 Zd.) und Markenheftchen; A = vierseitig gez. K 14¼:13¾, C = senkrecht gez. 13¼.

bnr) Kulturfestival im Odeon des Herodes Atticus, Athen

bnp) Kulturfestival im griechischen Theater, Epidauros

1978		140 (Dr)	mehrfarbig	bnp		
	A		vierseitig gez. K 14¼:13¾		2,50	2,—
	C		senkrecht gez. 13¼		2,50	2,50
1979		500 (Dr)	mehrfarbig	bnr		
	A		vierseitig gez. K 14¼:13¾		7,50	6,—
	C		senkrecht gez. 13¼		7,50	7,50
				Satzpreis A (Paar)	10,—	8,—
				FDC		12,—
				Satzpreis C (2 W.)	10,—	10,—

MH 21	(Nominale 1280 Dr)	22,—	
H-Blatt 21	mit 2 × MiNr. 1978 C–1979 C	20,—	20,—

Auflagen: MiNr. 1978 A–1979 A = 800 000, MiNr. 1978 C–1979 C = 160 000 Sätze

Gültig bis 31.12.2002

Großbritannien

1998, 25. Aug. Europa: Nationale Feste und Feiertage. RaTdr. (10×5 + 10×5); Papier ph.; gez. K 14¼:14½.

bhc

bhd

bhc–bhd) Kostümierte Tänzer beim Notting Hill Carneval in London

1763	20 (P)	mehrfarbig	bhc	0,80	0,80
1764	26 (P)	mehrfarbig	bhd	1,20	1,20
			Satzpreis (2 W.)	2,—	2,—
			FDC		3,—

Zwischenstegpaare:

1763 ZW–1764 ZW	2 Paare	4,50	4,50
1763 U	ungezähnt	500,—	–,—

MiNr. 1763–1764 stammen aus dem Satz MiNr. 1763–1766.

Auflagen: MiNr. 1763 = 18 015 200, MiNr. 1764 = 19 749 100 Stück

Großbritannien – Guernsey

1998, 11. Aug. Europa: Nationale Feste und Feiertage. Odr. (2×5); gez. K 13¼.

ahg) Blumenkorso „North Show“

ahh) Tag der Befreiung (9. Mai)

783	25 (P) mehrfarbig	ahg	0,80	0,80
784	30 (P) mehrfarbig	ahh	1,10	1,10
		Satzpreis (2 W.)	1,90	1,90
		FDC		3,—
		Kleinbogensatz (2 Klb.)	19,—	19,—

MiNr. 783–784 stammen aus dem Satz MiNr. 782–785.

Großbritannien – Isle of Man

1998, 2. Juli. Europa: Nationale Feste und Feiertage. Odr. (2×5); gez. K 13:13¼.

aic) Parlamentsversammlung auf dem Tynwald-Hügel

aid) Volkstanzgruppe beim Tynwald-Fest

778	25 P mehrfarbig	aic	0,80	0,80
779	30 P mehrfarbig	aid	1,20	1,20
		Satzpreis (2 W.)	2,—	2,—
		FDC		2,50
		Kleinbogensatz (2 Klb.)	20,—	20,—

Großbritannien – Jersey

1998, 2. April. Europa: Nationale Feste und Feiertage. Odr. (5×2); gez. K 13:13¼.

ail) Jazzfestival

aim) Gourmet-festival

828	24 (P) mehrfarbig	ail	1,—	1,—
829	31 (P) mehrfarbig	aim	1,50	1,50
		Satzpreis (2 W.)	2,50	2,50
		FDC		3,50
		Kleinbogensatz (2 Klb.)	25,—	25,—

MiNr. 828–829 stammen aus dem Satz MiNr. 827–830.

Irland

1998, 6. Mai. Europa: Nationale Feste und Feiertage. Odr. (2×5); gez. K 14¾:14.

aib) Crinniú na mBáid, Kinvara

aic) Puck Fair, Killorglin

1068	30 (P) mehrfarbig	aib	1,—	1,—
1069	40 (P) mehrfarbig	aic	1,20	1,20
		Satzpreis (2 W.)	2,20	2,20
		FDC		3,—
		Kleinbogensatz (2 Klb.)	22,—	22,—

Gültig bis 31.12.2002

1998, 6. Mai. Europa: Nationale Feste und Feiertage. Odr., Rolle (100); selbstklebend; wellenförmig gestanzt.

aib I) Crinniú na mBáid, Kinvara

1070	30 (P) mehrfarbig	aib I	2,—	2,—
1071	30 (P) mehrfarbig	aic I	2,—	2,—
		Satzpreis (2 W.)	4,—	4,—
		FDC		5,—

MiNr. 1070–1071 wurden zusammen, in alternierender Folge, in Rollen zu 100 Marken gedruckt.

Gültig bis 31.12.2002

Island

1998, 12. Mai. Europa: Nationale Feste und Feiertage. Odr., Bogen (5×10) und Markenheftchen (5×2); gez. K 14½:14¾.

abc

abd

abc–abd) Umzüge am Nationalfeiertag (17. Juni)

890	45.00 (Kr) mehrfarbig	abc	1,50	1,50
891	65.00 (Kr) mehrfarbig	abd	2,50	2,—
		Satzpreis (2 W.)	4,—	3,50
		FDC		4,—
		2 Markenheftchen	40,—	

Auflagen: MiNr. 890 = 660 000, MiNr. 891 = 649 000 Stück

Italien

1998, 3. April. Europa: Nationale Feste und Feiertage. Odr. (10×5); Papier fl.; gez. K 13¼:14.

chm) Umbria-Jazz, Perugia

chn) Giffoni-Filmfestival

2554	800 (L) mehrfarbig	chm	1,20	1,—
2555	900 (L) mehrfarbig	chn	1,30	1,—
		Satzpreis (2 W.)	2,50	2,—
		FDC		3,50

Auflage: 3 000 000 Sätze

Jugoslawien

1998, 4. Mai. Europa: Nationale Feste und Feiertage. MiNr. 2856 mit silbernem Odr.-Aufdruck auf nicht ausgegebener Marke; RaTdr. (3×3); gez. K 11¾.

cvb) Das Schmücken der Braut; Gemälde von Paja Jovanović (1859–1957)

cvc) Der Fürstbischof gratuliert zum Sieg; Gemälde von Pero Poček (1878–1963)

2855	6.00 (ND) mehrfarbig	cvb	3,—	3,—
2856	**9.00 (ND)** auf 2.50 (ND) mfg.	(cvc)	3,—	3,—
		Satzpreis (2 W.)	6,—	6,—
		FDC		6,50
		Kleinbogensatz (2 Klb.)	60,—	60,—

MiNr. 2855–2856 wurden jeweils im Kleinbogen zu 8 Marken und 1 Zierfeld (Feld 5) gedruckt.

Auflage: 120 000 Sätze

Kroatien

1998, 23. Jan. Europa: Nationale Feste und Feiertage. Odr. (5×4); Papier fl.; gez. K 13½:13¼.

on) Barockabende von Varaždin

oo) Sommerfestspiele von Dubrovnik

447	1.45 (K) mehrfarbig	on	1,—	1,—
448	4.00 (K) mehrfarbig	oo	2,50	2,50
		Satzpreis (2 W.)	3,50	3,50
		FDC		4,50

Auflage: 350 000 Sätze

Lettland

1998, 28. März. Europa: Nationale Feste und Feiertage. Odr., Kleinbogen (5×2); gez. K 13¼:13¾.

ka) Chor

476	30 (S) mehrfarbig	ka	2,50	2,50
		FDC		3,—
		Kehrdruckpaar	5,—	5,—
		Kleinbogen	25,—	25,—

MiNr. 476 wurde reihenweise kopfstehend gedruckt.

Liechtenstein

1998, 2. März. Europa: Nationale Feste und Feiertage. RaTdr. (4×5); gez. K 11¾.

aut) Staatsfeiertag (15. August)

auu) Verbandsmusikfest

1165	90 (Rp) mehrfarbig	aut	1,80	1,80
1166	1.10 (Fr) mehrfarbig	auu	2,20	2,20
		Satzpreis (2 W.)	4,—	4,—
		FDC		4,50
		MK 156		5,—

Auflagen: MiNr. 1165 = 536 000, MiNr. 1166 = 554 000 Stück

Litauen

1998, 18. April. Europa: Nationale Feste und Feiertage. Odr. (5×2); gez. K 13¼.

lr) Teilnehmerinnen eines Musikfestivals in Nationaltracht

664	1.20 L mehrfarbig	lr	2,—	2,—
		FDC		2,50
		Kehrdruckpaar	4,—	4,—
		Kleinbogen	20,—	20,—

MiNr. 664 wurde reihenweise im Kehrdruck gedruckt.

Auflage 500 000 Stück

Luxemburg

1998, 18. Juni. Europa: Nationale Feste und Feiertage. RaTdr. (10×5); Papier fl.; gez. K 11½:11¾.

apy) Nationalfeiertag (23. Juni)

apz) Nationaler Gedenktag

1451	16 (Fr) mehrfarbig	apy	1,50	1,—
1452	25 (Fr) mehrfarbig	apz	2,—	2,—
		Satzpreis (2 W.)	3,50	3,—
		FDC		3,50

Auflage: 400 000 Sätze

Gültig bis 31.12.2002

Makedonien

1998, 5. Mai. Europa: Nationale Feste und Feiertage. Odr.; (3×3); gez. K 13¼.

dx) Volkstanz Oro

dy) Karneval

128	30 (D) mehrfarbig	dx	2,50	2,50
129	40 (D) mehrfarbig	dy	3,50	3,50
		Satzpreis (2 W.)	6,—	6,—
		FDC		7,—
		Kleinbogensatz (2 Klb.)	55,—	55,—

Malta

1998, 22. April. Europa: Nationale Feste und Feiertage. Odr. (3×4); Wz. 6; gez. K 14.

ais

ait

ais–ait) Gedenkregatta anläßlich der Beendigung der Großen Belagerung von 1565 (8. September)

1041	16 C mehrfarbig	ais	1,20	1,20
1042	35 C mehrfarbig	ait	2,40	2,40
		Satzpreis (2 W.)	3,50	3,50
		FDC		4,—
		Kleinbogensatz (2 Klb.)	35,—	35,—

P 37 Sonderpostkarte „ITALIA '98“ mit MiNr. 1041–1042 als Wertstempel ...... 3,— 3,—

MiNr. 1041–1042 wurden jeweils im Kleinbogen zu 10 Marken und 2 verschiedenen Zierfeldern (Feld 1 und 4) gedruckt.

Moldawien

1998, 18. Juli. Europa: Nationale Feste und Feiertage. Odr. (5×2); gez. K 13¾.

ih) Theaterfestival Eugène Ionesco

ii) Keramikmesse Iurceni/Nisporeni

275	10 B mehrfarbig	ih	0,50	0,50
276	2.20 L mehrfarbig	ii	3,50	3,50
		Satzpreis (2 W.)	4,—	4,—
		FDC		6,—
		Kleinbogensatz (2 Klb.)	40,—	40,—

Blockausgabe

ik) Musikfestival Mărţişor

il

277	5 L mehrfarbig . . . . ik	6,50	6,50
Block 16	(70×57 mm) il	7,—	7,—
	FDC		8,50

Auflagen: MiNr. 275 = 500 000, MiNr. 276 = 200 000 Stück, Bl. 16 = 100 000 Blocks

Monaco

1998, 6. Mai. Europa: Nationale Feste und Feiertage (I). Komb. Odr. und Siebdr. (1×4); gez. K 13.

cdg) Buntglasfenster aus der Kapelle des fürstlichen Palastes (Fest der hl. Dévote, 27. Januar)

2403	3.00 (Fr) mehrfarbig . . . . cdg	1,80	1,80
	FDC		2,—
	Kleinbogen	7,20	7,20

MiNr. 2403 wurde im Kleinbogen zu 2 senkrechten Kehrdruckpaaren gedruckt.

1998, 31. Mai. Europa: Nationale Feste und Feiertage (II). Komb. Odr. und Siebdr. (1×4); gez. K 13.

cdp) Fürst Rainier III. und Prinz Albert, fürstlicher Palast (Nationalfeiertag, 19. November)

2411	3.00 (Fr) mehrfarbig . . . . cdp	1,80	1,80
	FDC		2,—
	Kleinbogen	7,20	7,20

Österreich

1998, 15. Mai. Europa: Nationale Feste und Feiertage. Komb. StTdr. und RaTdr. (10×5); gez. K 13¾:14.

byd) Wiener Festwochen (8. Mai–17. Juni)

2254	7 S mehrfarbig . . . . byd	2,50	1,50
	FDC		2,50

Vorlagedruck in Schwarz, mit dem Originaldruckstöckel gedruckt, □, auf Erläuterungsblatt geklebt . . . . 16,—

Auflage: 3 000 000 Stück

Gültig bis 30.6.2002

> In den MICHEL-Katalogen werden Bogen nur dann als Kleinbogen katalogisiert, wenn sie höchstens 10 Marken (+ evtl. Zierfelder) enthalten.

Polen

1998, 5. Mai. Europa: Nationale Feste und Feiertage. Odr. (1×5 Zd.); Papier fl.; Sicherheitszähnung K 11¾:11½.

eoz) Emblem des Internationalen Musikfestivals „Warschauer Herbst"

epa) Noten und Text des Liedes „3. Mai" (Tag der Verfassung)

3714	55 Gr mehrfarbig . . . . eoz	0,50	0,50
3715	1.20 Zł mehrfarbig . . . . epa	1,20	1,20
	Satzpreis (Paar)	2,—	2,—
	2 FDC		2,50
	Kleinbogen	10,—	10,—

Auflage: 1 000 000 Sätze

Gültig bis 31.12.2003

Portugal

1998, 21. Mai. Europa: Nationale Feste und Feiertage. Odr. (5×10); gez. K 12:11¾.

bsl) Allerheiligen

2254	100 (E) mehrfarbig . . . . bsl	2,—	2,—
	FDC		2,50

Blockausgabe mit 3 × MiNr. 2254

Block 137	(140×108 mm) . . . . bsm	8,—	5,50
	FDC		7,—

Auflagen: MiNr. 2254 = 500 000 Stück, Bl. 137 = 100 000 Blocks

Gültig bis 30.9.2001

Portugal – Azoren

1998, 21. Mai. Europa: Nationale Feste und Feiertage. Odr. (5×10); gez. K 12:11¾.

fs) Pfingsten

467	100 (E) mehrfarbig . . . . fs	2,—	2,—
	FDC		2,50

Blockausgabe mit 3 × MiNr. 467

Block 18	(140×108 mm) . . . . ft	6,—	5,50
	FDC		7,—

Auflagen: MiNr. 467 = 500 000 Stück, Bl. 18 = 100 000 Blocks

Gültig bis 30.9.2001

Portugal – Madeira

1998, 21. Mai. Europa: Nationale Feste und Feiertage. Odr. (5×10); gez. K 12:11¾.

fm) Neujahr

192	100 (E) mehrfarbig . . . . fm	2,—	2,—
	FDC		2,50

Blockausgabe mit 3 × MiNr. 192

Block 17	(140×108 mm) . . . . fn	6,50	5,50
	FDC		7,—

Auflagen: MiNr. 192 = 500 000 Stück, Bl. 17 = 100 000 Blocks

Gültig bis 30.9.2001

Rumänien

1998, 26. Febr. Europa: Nationale Feste und Feiertage. RaTdr. (4×4); gez. K 13½.

gzn) Kleeblatt

gzo) Insekt aus Herzen

5297	900 L	mehrfarbig	gzn	1,—	1,—
5298	3900 L	mehrfarbig	gzo	24,—	9,—
			Satzpreis (2 W.)	25,—	10,—
			FDC		30,—

Auflagen: MiNr. 5297 = 1 000 000, MiNr. 5298 = 80 000 Stück

Gültig bis 30.6.2005

Russland

1998, 5. Mai. Europa: Nationale Feste und Feiertage. Odr. (6×6); gez. K 12½:12.

vv) Masleniza-Fest (russische Karnevalswoche)

658	1.50 (R)	mehrfarbig	vv	6,—	3,—
			FDC		4,—

Auflage: 250 000 Stück

San Marino

1998, 31. März. Europa: Nationale Feste und Feiertage. Odr. (5×4); gez. K 14:14¾.

bgc) Tag der Amtseinsetzung der Staatsoberhäupter (1. April und 1. Oktober)

bgd) Tag des hl. Marinus (3. September)

1774	650 L	mehrfarbig	bgc	1,—	1,—
1775	1200 L	mehrfarbig	bgd	1,50	1,50
			Satzpreis (2 W.)	2,50	2,50
			FDC		3,—

Schweden

1998, 14. Mai. Europa: Nationale Feste und Feiertage. Odr.; D = dreiseitig gez. K 12¾.

bso) Krebsessen

bsp) Mittsommertanz

2058	7 Kr	mehrfarbig	bso		
Dl		dreiseitig gez.		1,90	1,90
Dr		dreiseitig gez.		1,90	1,90
2059	7 Kr	mehrfarbig	bsp		
Dl		dreiseitig gez.		1,90	1,90
Dr		dreiseitig gez.		1,90	1,90
			Satzpreis (2 W.)	3,80	3,80
			FDC (4 W.)		8,—
MH 242		(Nominale 28 Kr)		8,—	
H-Blatt 269		mit 2058 Dl/Dr–2059 Dl/Dr		7,60	7,60

Schweiz

1998, 12. Mai. Europa: Nationale Feste und Feiertage. Odr. (8×5); gez. K 13¼.

bis) Nationalfeiertag (1. August)

1654	90 (C)	mehrfarbig	bis	1,60	1,30
			FDC		2,—

Auflage: 7 731 000 Stück

Slowakei

1998, 5. Mai. Europa: Nationale Feste und Feiertage. Komb. StTdr. und RaTdr. (5×2); gez. K 11¾.

ia) Die Hochzeit in Tekov (Detail); Gemälde von Jozef Baláž (1923–2006)

309	12 Sk	mehrfarbig	ia	1,50	1,30
			FDC		2,—
			Kleinbogen	12,—	12,—

MiNr. 309 wurde im Kleinbogen zu 8 Marken und 2 verschiedenen Zierfeldern (Feld 3 und 8) gedruckt.

Auflage: 484 800 Stück

Slowenien

1998, 25. März. Europa: Nationale Feste und Feiertage. Odr. (3×3); gez. K 14.

ia) Jurjevanje (Georgsfest) in Bela Krajina

225	90 (T)	mehrfarbig	ia	4,—	4,—
			FDC		5,—
			Kleinbogen	32,—	32,—

MiNr. 225 wurde im Kleinbogen zu 8 Marken und 1 Zierfeld (Feld 4) gedruckt.

Auflage: 320 000 Stück

Gültig bis 31.12.2007

Spanien

1998, 5. Mai. Europa: Nationale Feste und Feiertage. RaTdr. (10×5); Papier ph.; gez. K 14:13¾.

dtb) Johannisfeuer

3383	70 (Pta)	mehrfarbig	dfb	2,—	1,50
			FDC		2,—

Auflage: 5 000 000 Stück

Gültig bis 28.2.2002

Aufdruck

Wenn die Farbe des Aufdrucks nicht angegeben ist, ist der Aufdruck immer schwarz.

Tschechische Republik

1998, 5. Mai. Europa: Nationale Feste und Feiertage. Komb. StTdr. und RaTdr. (2×5); gez. K 11¾.

gw

gx

gw–gx) Karnevalsmasken

182	11 Kč mehrfarbig	gw	0,80	0,80
183	15 Kč mehrfarbig	gx	1,20	1,20
	Satzpreis (2 W.)		2,—	2,—
	FDC			3,—
	Kleinbogensatz (2 Klb.)		20,—	20,—

Auflagen: MiNr. 182 = 872 000, MiNr. 183 = 769 000 Stück

Türkei

1998, 5. Mai. Europa: Nationale Feste und Feiertage. Odr. (5×5); gez. K 12¾:13.

caf) National-feiertag (29. Oktober)

cag) Europäisches Kinderfest

3148	100 000 L mehrfarbig	caf	2,50	2,50
3149	150 000 L mehrfarbig	cag	2,50	2,50
	Satzpreis (2 W.)		5,—	5,—
	FDC			6,—

Auflage: 600 000 Sätze

Türkisch-Zypern*

1998, 30. Mai. Europa: Nationale Feste und Feiertage. Odr. (5×8, Hochformat ~); Wz. 1; gez. K 13¾.

ub) 15. Jahrestag der Gründung der Republik Nordzypern (15. November)

uc) Feiertag der Nationalen Solidarität und der Kinder (23. April), Internationales Volkstanzfestival für Kinder (21.–26. April)

473	40 000 L mehrfarbig	ub	1,—	1,—
474	150 000 L mehrfarbig	uc	5,—	5,—
	Satzpreis (2 W.)		6,—	6,—
	FDC			8,—

Auflage: 200 000 Sätze

Ukraine

1998, 16. Mai. Europa: Nationale Feste und Feiertage. Odr. (6×6); Papier fl.; gez. K 13½.

gs) Iwan-Kupala-Tag (Sommersonnenwende)

254	40 K mehrfarbig	gs	2,—	2,—
	FDC			2,50

Auflage: 200 000 Stück

Ungarn

1998, 19. Aug. Europa: Nationale Feste und Feiertage. Odr. (10×5); gez. K 12.

gns) Jahrestag der Proklamation der Ungarischen Republik (23. Oktober)

gnt) Nationalfeiertag (20. August)

4514	50 Ft mehrfarbig	gns	1,50	0,80
4515	60 Ft mehrfarbig	gnt	2,—	1,20
	Satzpreis (2 W.)		3,50	2,—
	FDC			2,50

Auflage: 200 000 Sätze

Vatikanstadt

1998, 24. März. Europa: Nationale Feste und Feiertage. RaTdr. (5×4); gez. K 13.

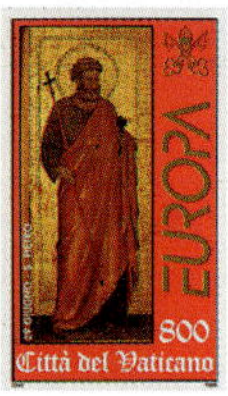
arx) Apostel Petrus

ary) Apostel Paulus

arx–ary) Details der Predella des Triptychon Stefaneschi aus der Werkstatt Giottos (um 1372) (Peter und Paul, 29. Juni)

1242	800 (L) mehrfarbig	arx	1,—	1,—
1243	900 (L) mehrfarbig	ary	1,50	1,—
	Satzpreis (2 W.)		2,50	2,—
	FDC			3,—

Auflage: 400 000 Sätze

Weißrussland

1998, 5. Mai. Europa: Nationale Feste und Feiertage. Odr. (5×2); gez. K 14¼:14.

hy) Eingang zum Schloss Neswisch (775 Jahre Stadt Neswisch)

259	15000 (R) mehrfarbig	hy	1,—	1,—
	FDC			1,50
	Kleinbogen		10,—	10,—

Auflage: 320 000 Stück

Zypern

1998, 4. Mai. Europa: Nationale Feste und Feiertage. Odr. (5×4); gez. K 14.

aff) „Kataklysmós" („Sintflut") in Larnaka am Dreifaltigkeitsfest

afg) Abgeordnetenhaus in Nikosia (Tag der Unabhängigkeit, 1. April)

911	15 (C) mehrfarbig	aff	1,—	1,—
912	30 (C) mehrfarbig	afg	2,—	2,—
	Satzpreis (2 W.)		3,—	3,—
	FDC			4,—

1999

Albanien

1999, 1. Mai. Europa: Natur- und Nationalparks. Odr. (2×5); gez. K 13¾:13.

cpv) Naturpark Thethi

cpw) Naturpark Lura

2690	90 L	mehrfarbig .... cpv	2,50	2,50
2691	310 L	mehrfarbig .... cpw	6,50	6,50
		Satzpreis (2 W.)	9,—	9,—
		FDC		10,—
		Kleinbogensatz (2 Klb.)	90,—	90,—

Blockausgabe, ☐

cpx) Naturpark Divjaka

Block 118	350 L	mehrfarbig (80×60 mm) .... cpx	9,—	9,—
		FDC		10,—

Andorra (Französische Post)

1999, 10. April. Europa: Natur- und Nationalparks. Odr. (2×5); gez. K 13.

nz) Naturschutzgebiet Sorteny-Tal

535	3.00 (Fr)	mehrfarbig .... nz	2,50	2,50
		FDC		3,50
		Kleinbogen	25,—	25,—

Auflage: 204 245 Stück

Andorra (Spanische Post)

1999, 6. Mai. Europa: Natur- und Nationalparks. RaTdr. (5×10); Papier ph.; gez. K 13¾.

hw) Naturpark Vall d'Incles

267	70 (Pta)	mehrfarbig .... hw	1,50	1,50
		FDC		2,50

Auflage: 300 000 Stück

Gültig bis 28.2.2002

> Länder mit einem Stern nach dem Landesnamen waren oder sind keine Mitglieder der CEPT bzw. POSTEUROP.

Armenien

1999, 22. April. Europa: Natur- und Nationalparks. Odr. (2×5); gez. K 14¾:14¼.

hf) Khosrow-Schutzgebiet

hg) Dilijan-Schutzgebiet

353	170 (D)	mehrfarbig .... hf	1,70	1,50
354	250 (D)	mehrfarbig .... hg	2,30	2,—
		Satzpreis (2 W.)	4,—	3,50
		FDC		6,—
		Kleinbogensatz (2 Klb.)	40,—	35,—

Auflage: 70 000 Sätze

Aserbaidschan

1999, 28. April. Europa: Natur- und Nationalparks. Odr. (5×2); gez. K 12¾:13.

od) Qızılağac-Naturschutzgebiet

oe) Hirkan-Nationalpark

442	1000 M	mehrfarbig .... od	1,50	1,50
443	3000 M	mehrfarbig .... oe	3,50	3,50
		Satzpreis (2 W.)	5,—	5,—
		FDC		6,—
		Kleinbogensatz (2 Klb.)	50,—	50,—

Auflage: 60 000 Sätze

Belgien

1999, 10. April. Europa: Natur- und Nationalparks. RaTdr. (5×6); Papier ph.; gez. K 11½.

cum) Naturpark „Die Bunt“

cun) Harchies-Moorgebiet

2867	17 (Fr)	mehrfarbig .... cum	1,30	1,—
2868	17 (Fr)	mehrfarbig .... cun	1,30	1,—
		Satzpreis (2 W.)	2,50	2,—
		FDC		5,—

Bosnien und Herzegowina

1999, 20. Mai. Europa: Natur- und Nationalparks. Odr. (5×4); gez. K 11¾:11½.

ft) Naturschutzgebiet Fluss Una

165	2.00 (M)	mehrfarbig .... ft	3,—	3,—
		FDC		4,50

Auflage: 100 000 Stück

Bosnien und Herzegowina (Kroatische Post Mostar)*

1999, 31. März. Europa: Natur- und Nationalparks. Odr. (4×5); gez. K 14.

az) Naturpark Blidinje

51	1.50 (M)	mehrfarbig .... az	3,—	3,20
		FDC		4,—

Auflage: 150 000 Stück

Bosnien und Herzegowina (Serbische Republik)*

1999, 4. Mai. Europa: Natur- und Nationalparks. Odr. (3×3); gez. K 13¾.

cv) Nationalpark Kozara

cw) Nationalpark Perućica

125	1.50 (M)	mehrfarbig	cv	65,—	65,—
126	2.00 (M)	mehrfarbig	cw	65,—	65,—
			Satzpreis (2 W.)	130,—	130,—
			FDC		130,—
			Kleinbogensatz (2 Klb.)	1100,—	1100,—

MiNr. 125–126 wurden jeweils im Kleinbogen zu 8 Marken und 1 Zierfeld (Feld 5) gedruckt.

Auflagen: MiNr. 125 = 24 000, MiNr. 126 = 18 000 Stück

Bulgarien

1999, 13. April. Europa: Natur- und Nationalparks. Odr. (5×10); gez. K 13.

gby) Naturreservat Ropotamo

gbz) Nationalpark Zentralbalkan

4387	180 L	mehrfarbig	gby	0,70	0,70
4388	600 L	mehrfarbig	gbz	1,80	1,80
			Satzpreis (2 W.)	2,50	2,50
			FDC		3,—

Markenheftchen mit MiNr. 4387–4388 sind privaten Ursprungs.

Auflage: 350 000 Sätze

Gültig bis 31.12.1999

Dänemark

1999, 28. April. Europa: Natur- und Nationalparks. Komb. StTdr. und Odr. (10×5); Papier fl.; gez. K 12¾.

age) Vogelschutzgebiet Vejlerne

agf) Insel Langli im Schutzgebiet Wattenmeer

1211	4.50 (Kr)	mehrfarbig	age	1,80	1,50
1212	5.50 (Kr)	mehrfarbig	agf	2,20	2,—
			Satzpreis (2 W.)	4,—	3,50
			FDC		4,—

Dänemark – Färöer

1999, 25. Mai. Europa: Natur- und Nationalparks. Odr. (4×5); gez. K 14:14½.

og) Svartifossur

oh) Foldarafossur

354	6.00 (Kr)	mehrfarbig	og	2,—	2,—
355	8.00 (Kr)	mehrfarbig	oh	2,50	2,50
			Satzpreis (2 W.)	4,50	4,50
			FDC		5,—

Dänemark – Grönland

1999, 7. Mai. Europa: Natur- und Nationalparks. Komb. StTdr. und Odr. (5×10); Papier fl.; gez. K 12¾.

lb) Eisbär (Ursus maritimus)

338	6.00 (Kr)	mehrfarbig	lb	2,20	2,20
			FDC		2,50

Deutschland

1999, 4. Mai. Blockausgabe: Europa – Natur- und Nationalparks. Odr.; Papier fl.; gez. Ks 13¾:14.

cel

cek) Nationalpark Berchtesgaden

2046	110 (Pf)	mehrfarbig	cek	2,80	3,50
Block 47	(110×65½ mm)		cel	3,—	4,—
			FDC		4,—
			Ⓢ		3,—
			ETB 15/1999		2,60

SD 22 Schwarzdruck und Hologrammdruck der MiNr. 2046 aus der Jahreszusammenstellung 1999 der Deutschen Post (Papierformat 148×210 mm) . . . . . *60,—*

Auflage: 6 000 000 Blocks, davon 278 000 auf ETB

Gültig bis 30.6.2002

Estland

1999, 27. April. Europa: Natur- und Nationalparks. Odr. (5×10); gez. K 14:13¾.

hk) Tolkuse-Moor

343	5.50 (Kr)	mehrfarbig	hk	1,70	1,50
			FDC		2,—

Auflage: 385 100 Stück

Finnland

1999, 15. März. Europa: Natur- und Nationalparks. Odr. (4×5); gez. K 13¼:13¾.

bap) Esplanade, Helsinki

bar) Insel Ruissalo bei Turku

1474	2.70 (M)	mehrfarbig	bap	1,80	1,—
1475	3.20 (M)	mehrfarbig	bar	1,80	1,50
			Satzpreis (2 W.)	3,50	2,50
			FDC		3,50

Auflagen: MiNr. 1474 = 1 500 000, MiNr. 1475 = 2 000 000 Stück

Gültig bis 31.12.2011

Finnland – Åland

1999, 28. April. Europa: National- und Naturparks. Odr. (5×4 + 5×4); gez. K 13.

fl) Naturschutzgebiet Idö, Kökar

157	2.90 (M) / 0.49 € mehrfarbig	fl	2,—	2,—
		FDC		2,50

Zwischenstegpaar:

157 ZW	1 Paar	4,50	4,50

Auflage: 500 000 Stück

Frankreich

1999, 24. April. Europa: Natur- und Nationalparks. RaTdr. (5×8); gez. K 13¼.

doz) Flamingos über der Camargue

3382	3.00 (Fr) mehrfarbig	doz	1,50	1,50
		FDC		3,—
		ETB		10,—

Auflage: 8 759 012 Stück

Georgien

1999, 28. April. Europa: Natur- und Nationalparks. RaTdr. (5×2); gez. K 13¼.

ks) Batsara-Babaneury-Reservat

kt) Lagodekhy-Reservat

312	ა	mehrfarbig	ks	1,80	1,80
313	ბ	mehrfarbig	kt	2,40	2,40
			Satzpreis (2 W.)	4,20	4,20
			FDC		5,—
			Kleinbogensatz (2 Klb.)	42,—	42,—

MiNr. 312–313 tragen anstelle einer Wertangabe die Buchstaben „An“ bzw. „Ban“ des georgischen Alphabetes (Nominale zur Zeit der Ausgabe: 80 bzw 100 T).

MiNr. 313 ist auch ungezähnt bekannt.

Gibraltar*

1999, 4. März. Europa: Natur- und Nationalparks. Odr. (2×5); gez. K 13¼:13.

agm) Magot (Macaca sylvanus)

agn) Provence-Grasmücke (Sylvia undata)

ago) Brauner Zackenbarsch (Epinephelus guaza)

agp) Eisvogel (Alcedo atthis)

852	30 P mehrfarbig	agm	1,50	1,50
853	30 P mehrfarbig	agn	1,50	1,50
854	42 P mehrfarbig	ago	2,50	2,50
855	42 P mehrfarbig	agp	2,50	2,50
		Satzpreis (4 W.)	8,—	8,—
		FDC		10,—
		Kleinbogensatz (4 Klb.)	80,—	80,—

Griechenland

1999, 24. Mai. Europa: Natur- und Nationalparks. Odr., Bogen (B) (2×4 Zd.) und Markenheftchen (MH); A = vierseitig gez. K 14¼:13¾, C = senkrecht gez. 13¼.

box

boy

box–boy) Naturschutzgebiet Berg Olymp

2008	170 (Dr) mehrfarbig	box		
A	vierseitig gez. K 14¼:13¾ (B)		1,50	1,50
C	senkrecht gez. 13¼ (MH)		1,50	1,50
2009	550 (Dr) mehrfarbig	boy		
A	vierseitig gez. K 14¼:13¾ (B)		5,50	5,50
C	senkrecht gez. 13¼ (MH)		5,50	5,50
		Satzpreis A (Paar)	7,—	7,—
		FDC		9,—
		Satzpreis C (2 W.)	7,—	7,—

MH 22	(Nominale 1440 Dr)	15,—	
H-Blatt 22	mit 2 × MiNr. 2008 C–2009 C	14,—	14,—

Auflagen: MiNr. 2008 A–2009 A = 800 000, MiNr. 2008 C–2009 C = 160 000 Sätze

Gültig bis 31.12.2002

Großbritannien

1999, 7. Sept. Europa: Natur- und Nationalparks. RaTdr. (5×10 + 5×10); Papier ph.; gez. K 14¼:14½.

bkg) Dreifelderwirtschaft

1823	19 (P) mehrfarbig	bkg	1,—	1,—
		FDC		2,—

Zwischenstegpaar:

1823 ZW	1 Paar	2,50	2,50

MiNr. 1823 stammt aus dem Satz MiNr. 1823–1826.

Auflage: MiNr. 1823 = 14 426 300 Stück

Großbritannien – Guernsey

1999, 27. April. Europa: Natur und Nationalparks. Odr. (2×5); gez. K 13½.

aik) Papageitaucher (Fratercula arctica); Belvoir Bay

ail) Kleiner Heufalter (Coenonympha pamphilus); Küstenhochufer

aik–ail) Lokalmarken von Herm (1949)

809	25 (P) mehrfarbig	aik	0,80	0,80
810	30 (P) mehrfarbig	ail	1,20	1,20
		Satzpreis (2 W.)	2,—	2,—
		FDC		3,—
		Kleinbogensatz (2 Klb.)	20,—	20,—

MiNr. 809–810 stammen aus dem Satz MiNr. 808–811.

Für unverlangt eingesandte Briefsendungen und Markenvorlagen wird keine Haftung übernommen!

Großbritannien – Isle of Man

1999, 4. März. Europa: Natur- und Nationalparks. Odr. (5×2); gez. K 14.

aka) Landhaus im Ballaglass Glen

akb) Wasserfall im Glen Maye

799	24 (P) mehrfarbig .... aka		1,—	1,—
800	30 (P) mehrfarbig .... akb		1,20	1,20
		Satzpreis (2 W.)	2,20	2,20
		FDC		3,—
		Kleinbogensatz (2 Klb.)	22,—	22,—

Großbritannien – Jersey

1999, 27. April. Europa: Natur- und Nationalparks. Odr. (2×5); gez. K 13:13¼.

alz) Sir-Winston-Churchill-Memorial-Park, St. Brelade

ama) Coronation-Park, St. Lawrence

alz–ama) Emblem der Internationalen Briefmarkenausstellung IBRA '99, Nürnberg

885	25 (P) mehrfarbig .... alz		1,50	1,50
886	31 (P) mehrfarbig .... ama		2,—	2,—
		Satzpreis (2 W.)	3,50	3,50
		FDC		5,—
		Kleinbogensatz (2 Klb.)	35,—	35,—

MiNr. 885–886 stammen aus dem Satz MiNr. 884–887.

Irland

1999, 29. April. Europa: Natur- und Nationalparks. Odr. (2×5); gez. K 14¾:14.

alb) Naturreservat Kilcolman, Buttevant

alc) Phoenix-Park, Wellington

1139	30 (P) mehrfarbig .... alb		1,—	0,80
1140	40 (P) mehrfarbig .... alc		1,40	1,20
		Satzpreis (2 W.)	2,40	2,—
		FDC		2,50
		Kleinbogensatz (2 Klb.)	24,—	20,—

Gültig bis 31.12.2002

1999, 29. April. Europa: Natur- und Nationalparks. Odr., Rolle (100); selbstklebend; wellenförmig gestanzt.

alb I) Naturreservat Kilcolman, Buttevant

1141	30 (P) mehrfarbig .... alb I		1,50	1,50
1142	30 (P) mehrfarbig .... alc I		1,50	1,50
		Satzpreis (2 W.)	3,—	3,—
		FDC		3,50

MiNr. 1141–1142 wurden abwechselnd in der Rolle gedruckt.

Gültig bis 31.12.2002

Island

1999, 20. Mai. Europa: Natur- und Nationalparks. Odr., Bogen (5×10) und Markenheftchen (5×2); gez. K 13¼.

acc) Krater von Skútustadir

acd) Naturschutzgebiet Arnarstapa

913	50.00 (Kr) mehrfarbig .... acc		1,50	1,50
914	75.00 (Kr) mehrfarbig .... acd		2,—	2,—
		Satzpreis (2 W.)	3,50	3,50
		FDC		4,—
		2 Markenheftchen	35,—	

Auflagen: MiNr. 913 = 200 000, MiNr. 914 = 150 000 Stück

Italien

1999, 12. März. Europa: Natur- und Nationalparks. RaTdr. (10×5, Querformat ~); Papier fl.; gez. K 13¼:14, Querformat ~.

clb) Nationalpark Silagebirge, Kalabrien

clc) Nationalpark Toskanischer Archipel

2620	800 (L) / 0.41 € mehrfarbig .... clb		1,20	1,20
2621	900 (L) / 0.46 € mehrfarbig clc		1,30	1,30
		Satzpreis (2 W.)	2,50	2,50
		FDC		3,50

Auflage: 3 000 000 Sätze

Jugoslawien

1999, 5. Mai. Europa: Natur- und Nationalparks. RaTdr. (3×3); gez. K 11¾:12.

cxm) Nationalpark Kopaonik; Wanderfalke (Falco peregrinus)

cxn) Nationalpark Lovćen

2910	6.00 (ND) mehrfarbig .... cxm		5,—	5,—
2911	15.00 (ND) mehrfarbig .... cxn		5,—	5,—
		Satzpreis (2 W.)	10,—	10,—
		FDC		12,—
		Kleinbogensatz (2 Klb.)	*150,—*	*150,—*

MiNr. 2910–2911 wurden jeweils im Kleinbogen zu 8 Marken und 1 Zierfeld (Feld 5) gedruckt.

Auflage: 100 000 Sätze

Kroatien

1999, 12. März. Europa: Natur- und Nationalparks. Odr. (4×5); Papier fl.; gez. K 14.

rt) Nationalpark Insel Mljet

ru) Naturpark Tiefebene Lonjsko Polje

498	1.80 (K) mehrfarbig .... rt		1,50	1,50
499	5.00 (K) mehrfarbig .... ru		3,50	3,50
		Satzpreis (2 W.)	5,—	5,—
		FDC		7,—

Auflage: 350 000 Sätze

Lettland

1999, 20. März. Europa: Natur- und Nationalparks. Odr. (5×2); gez. K 12¾:12½.

kx) Krustkalni (Kruschkaln)

ky) Gauja (Livländische Aa)

496	30 (S) mehrfarbig	kx	1,50	1,50
497	60 (S) mehrfarbig	ky	3,—	3,—
		Satzpreis (2 W.)	4,50	4,50
		FDC		5,—
		2 Kehrdruckpaare	9,—	9,—
		Kleinbogensatz (2 Klb.)	45,—	45,—

MiNr. 496–497 wurden jeweils reihenweise kopfstehend gedruckt.

Liechtenstein

1999, 1. März. Europa: Natur- und Nationalparks. RaTdr. (4×5); gez. K 11½:11¾.

avu) Riedlandschaft Schwabbrünnen-Aescher

avv) Ruggeller Riet

1190	90 (Rp) mehrfarbig	avu	1,80	1,80
1191	1.10 (Fr) mehrfarbig	avv	2,20	2,—
		Satzpreis (2 W.)	4,—	3,80
		FDC		4,50
		MK 166		5,—

Auflagen: MiNr. 1190 = 539 000, MiNr. 1191 = 399 000 Stück

Litauen

1999, 10. April. Europa: Natur- und Nationalparks. Odr. (2×5); gez. K 13:13¼.

mt) Nationalpark Aukschtaiten

mu) Nationalpark Kurische Nehrung

693	1.35 L mehrfarbig	mt	1,30	1,30
694	1.35 L mehrfarbig	mu	1,30	1,30
		Satzpreis (2 W.)	2,50	2,50
		FDC		3,—
		Kleinbogensatz (2 Klb.)	25,—	25,—

Luxemburg

1999, 17. Mai. Europa: Natur- und Nationalparks. RaTdr. (5×5); Papier fl.; gez. K 11½:11¾.

arv) Naturpark Obersauer

arw) Naturpark Ardennen-Eifel

1472	16 (Fr) mehrfarbig	arv	1,50	1,20
1473	25 (Fr) mehrfarbig	arw	2,—	1,80
		Satzpreis (2 W.)	3,50	3,—
		FDC		3,—

Auflage: 400 000 Sätze

Gültig bis 31.12.2002

Makedonien

1999, 5. Mai. Europa: Natur- und Nationalparks. Odr. (3×3); gez. K 13¼.

fi) Nationalpark Pelister

fk) Nationalpark Mavrovo

162	30 (D) mehrfarbig	fi	2,50	2,50
163	40 (D) mehrfarbig	fk	3,50	3,50
		Satzpreis (2 W.)	6,—	6,—
		FDC		7,—
		Kleinbogensatz (2 Klb.)	55,—	55,—

Malta

1999, 6. April. Europa: Natur- und Nationalparks. Odr. (2×5); gez. K 13¾.

akt) Naturschutzgebiet Gandhira, Flussregenpfeifer (Charadrius dubius)

aku) Naturschutzgebiet Simar, Eisvogel (Alcedo atthis)

1065	16 C mehrfarbig	akt	1,—	1,—
1066	35 C mehrfarbig	aku	2,—	2,—
		Satzpreis (2 W.)	3,—	3,—
		FDC		3,—
		Kleinbogensatz (2 Klb.)	30,—	30,—
P 38	Sonderpostkarte „CHINA '99" mit MiNr. 1065–1066 als Wertstempel		3,—	3,—

MiNr. 1065–1066 stammen aus dem Satz MiNr. 1063–1066.

Moldawien

1999, 5. Mai. Europa: Natur- und Nationalparks. Odr. (2×5); gez. K 14.

kr) Naturreservat „Untere Prut"

ks) Naturreservat „Herrschers Wald"

305	25 B mehrfarbig	kr	0,50	0,50
306	2.40 L mehrfarbig	ks	5,—	5,—
		Satzpreis (2 W.)	5,50	5,50
		FDC		10,—
		Kleinbogensatz (2 Klb.)	55,—	55,—

Blockausgabe

kt) Naturreservat „Hochwald"

ku

307	5 L mehrfarbig	kt	7,—	7,—
Block 18	(84×66 mm)	ku	8,—	8,—
		FDC		10,—

Auflagen: MiNr. 305 = 500 000, MiNr. 306 = 100 000 Stück, Bl. 18 = 100 000 Blocks

Monaco

1999, 5. Mai. Europa: Natur- und Nationalparks. RaTdr. (1×4 Zd); gez. K 13:12¾.

cfi
cfk

cfi–cfk) Park von Fontvieille

2454	3.00 Fr / 0.46 € mehrfarbig . . . . . . cfi	1,—	1,—
2455	3.00 Fr / 0.46 € mehrfarbig . . . . . . cfk	1,—	1,—
	Satzpreis (Paar)	2,50	2,50
	FDC		3,—
	Kleinbogen	10,—	10,—

Österreich

1999, 18. Juni. Europa: Natur- und Nationalparks. Komb. StTdr. und RaTdr. (5×10); gez. K 13¾.

bzo) Nationalpark Donauauen

2288	7 S mehrfarbig . . . . bzo	1,50	1,50
	FDC		2,—

Vorlagedruck in Schwarz, mit dem Originaldruckstöckel gedruckt, □, auf Erläuterungsblatt geklebt . . . . 16,—

Auflage: 2 900 000 Stück

Gültig bis 30.6.2002

Polen

1999, 5. Mai. Europa: Natur- und Nationalparks. Odr. (4×4); Papier fl.; Sicherheitszähnung K 11½:11¼.

esd) Dreizehenspecht (Picoides tridactylus), Wisent (Bison bonasus) (Białowieża-Nationalpark)

3763	1.40 Zł mehrfarbig . . . . esd	1,50	1,—
	FDC		1,50

Auflage: 700 000 Stück

Portugal

1999, 5. Mai. Europa: Natur- und Nationalparks. Odr. (5×10); gez. K 12:11¾.

bvl) Nationalpark Peneda-Gerês

2338	100 E / 0.50 € mehrfarbig . . . . bvl	2,50	2,—
	FDC		2,50

Blockausgabe mit 3 × MiNr. 2338

Block 150	(152×108 mm) . . . . bvm	8,—	7,—
	FDC		10,—

Auflagen: MiNr. 2338 = 250 000 Stück, Bl. 150 = 80 000 Blocks

Gültig bis 31.12.2006

Portugal – Azoren

1999, 5. Mai. Europa: Natur- und Nationalparks. Odr. (5×10); gez. K 12:11¾.

fw) Landschaftsschutzgebiet am Berg Pico

470	100 E / 0.50 € mehrfarbig . . . . fw	2,50	2,—
	FDC		2,50

Blockausgabe mit 3 × MiNr. 470

Block 19	(152×108 mm) . . . . fx	6,—	6,—
	FDC		7,—

Auflagen: MiNr. 470 = 250 000 Stück, Bl. 19 = 80 000 Blocks

Gültig bis 31.12.2006

Portugal – Madeira

1999, 5. Mai. Europa: Natur- und Nationalparks. Odr. (5×10); gez. K 12:11¾.

fu) Naturpark von Madeira

197	100 E / 0.50 € mehrfarbig . . . . fm	2,—	2,—
	FDC		2,50

Blockausgabe mit 3 × MiNr. 197

Block 18	(152×108 mm) . . . . fn	6,50	6,—
	FDC		7,—

Auflagen: MiNr. 197 = 250 000 Stück, Bl. 18 = 80 000 Blocks

Gültig bis 31.12.2006

Rumänien

1999, 17. Mai. Europa: Natur- und Nationalparks. RaTdr. (4×2); gez. K 13½.

hch) Löffelente (Anas clypeata)

hci) Schwarzstorch (Ciconia nigra)

5414	1100 L mehrfarbig . . . . hch	0,50	0,50
5415	5700 L mehrfarbig . . . . hci	1,50	1,50
	Satzpreis (2 W.)	2,—	2,—
	FDC		3,—
	Kleinbogensatz (2 Klb.)	12,—	12,—

MiNr. 5414–5415 wurden jeweils im Kleinbogen zu 6 Marken und 2 verschiedenen Zierfeldern gedruckt.

Auflagen: MiNr. 5414 = 2 310 000, MiNr. 5415 = 810 000 Stück

Gültig bis 30.6.2005

Russland

1999, 5. Mai. Europa: Natur- und Nationalparks. Odr. (6×6); gez. K 12½:12.

yr) Wisent (Bison bonasus) im Biosphärenreservat Okskij

722	5.00 (R) mehrfarbig . . . . yr	5,—	2,—
	FDC		3,—

Auflage: 300 000 Stück

San Marino

1999, 27. März. Europa: Natur- und Nationalparks. Odr. (4×5); gez. K 13:13¼.

bio

bip

bio–bip) Naturpark Monte Titano

1832	650 L / 0.34 €	mehrfarbig	bio	0,80	0,80
1833	1250 L / 0.65 €	mehrfarbig	bip	1,70	1,70
		Satzpreis (2 W.)		2,50	2,50
		FDC			3,—

Schweden

1999, 20. Mai. Europa: Natur- und Nationalparks. Odr.; dreiseitig gez. K 12¾.

bvf) Nationalpark Tyresta

bvg) Nationalpark Gotska Sandön

2122	7 Kr	mehrfarbig	bvf		
Do		oben geschnitten (⌶)		1,70	1,70
Du		unten geschnitten (⌶)		1,70	1,70
2123	7 Kr	mehrfarbig	bvg		
Do		oben geschnitten (⌶)		1,70	1,70
Du		unten geschnitten (⌶)		1,70	1,70
		Satzpreis (2 W.)		3,40	3,40
		FDC (4 W.)			7,—

MH 254	(Nominale 28 Kr)	7,20	
H-Blatt 281	mit MiNr. 2122 Do/Du–2123 Do/Du	6,80	6,80

Schweiz

1999, 5. Mai. Europa: Natur- und Nationalparks. Odr. (10×5); gez. K 13¼:13½.

bla) Steinbockhörner (Schweizerischer Nationalpark)

1685	90 (C)	mehrfarbig	bla	1,60	1,30
		FDC			2,—

Auflage: 4 691 100 Stück

Slowakei

1999, 5. Mai. Europa: Natur- und Nationalparks. StTdr. (1×2 Zd + 1×2 Zd); gez. K 11¾.

ke

kf

ke–kf) Nationalpark Hohe Tatra

337	9 Sk	mehrfarbig	ke	0,70	0,70
338	11 Sk	mehrfarbig	kf	0,90	0,90
		Satzpreis (Paar)		2,—	2,—
		FDC			2,50
		Kleinbogen		8,—	8,—

Auflage: 309 600 Sätze

Slowenien

1999, 23. März. Europa: Natur- und Nationalparks. Odr. (3×3); gez. K 14.

kn) Nationalpark Triglav

259	90 (T)	mehrfarbig	kn	3,—	3,—
		FDC			4,—
		Kleinbogen		25,—	25,—

MiNr. 259 wurde im Kleinbogen zu 8 Marken und 1 Zierfeld (Feld 4) gedruckt.

Auflage: 320 000 Stück

Gültig bis 31.12.2007

Spanien

1999, 5. Mai. Europa: Natur- und Nationalparks. Komb. StTdr. und Odr. (5×10); Papier ph.; gez. K 13¾:14.

dim) Naturpark Monfragüe, Wildkatze

3462	70 (Pta)	mehrfarbig	dim	1,80	1,50
		FDC			2,—

MiNr. 3462 wurde auch als ungezähnter Block (105×78 mm) verkauft. Keine Frankaturkraft (Auflage: 55 000 Blocks; 10,—)

Auflage: 2 000 000 Stück

Gültig bis 28.2.2002

Tschechische Republik

1999, 5. Mai. Europa: Natur- und Nationalparks. Komb. StTdr. und RaTdr. (2×4); Papier ph.; gez. K 11¾:11¼.

if) Nationalpark Šumava

ig) Nationalpark Podyjí

215	11 Kč	mehrfarbig	if	0,80	0,50
216	17 Kč	mehrfarbig	ig	1,20	1,—
		Satzpreis (2 W.)		2,—	1,50
		2 FDC			2,50
		Kleinbogensatz (2 Klb.)		18,—	18,—

Auflagen: MiNr. 215 = 806 400, MiNr. 216 = 712 000 Stück

Türkei

1999, 5. Mai. Europa: Natur- und Nationalparks. Odr. (10×10); gez. K 12¾:13¼, Querformat ~.

cbp) Nationalpark Köprülü-Schlucht

cbr) Nationalpark Katschkar-Gebirge

3179	175 000 L	mehrfarbig	cbp	3,—	2,50
3180	200 000 L	mehrfarbig	cbr	3,50	3,—
		Satzpreis (2 W.)		6,50	5,50
		FDC			6,—

Auflage: 600 000 Sätze

Türkisch-Zypern*

1999, 17. Mai. Europa: Natur- und Nationalparks Odr. (5×8, Hochformat ~); Wz. 1; gez. K 13¾.

vf) Sütunlu-Höhle

vg) Incirli-Höhle

499	75 000 L mehrfarbig	vh	2,—	2,—
500	200 000 L mehrfarbig	vi	4,—	4,—
		Satzpreis (2 W.)	6,—	6,—
		FDC		7,—

Auflage: 100 000 Sätze

Weißrussland

1999, 27. April. Europa: Natur- und Nationalparks. Odr. (3×3); gez. K 13½.

lb) Naturschutzgebiet Beresinski

lc) Nationalpark Belaweschskaja Puschtscha

316	150 000 (R) mehrfarbig	lb	1,80	1,80
317	150 000 (R) mehrfarbig	lc	1,80	1,80
		Satzpreis (2 W.)	3,50	3,50
		2 FDC		4,—
		Kleinbogensatz (2 Klb.)	32,—	32,—

Auflage: 270 000 Sätze

Ukraine

1999, 24. April. Europa: Natur- und Nationalparks. Odr. (3×6 Zd); Papier fl.; gez. K 13½.

iv) Holzskulptur „Syn und Wir“

iw) Europäische Äsche (Thymallus thymallus)

iv–iw) Naturpark Synewir

302	50 K mehrfarbig	iv	1,50	1,—
303	1 G mehrfarbig	iw	2,—	1,50
		Satzpreis (Paar)	3,50	2,50
		FDC		3,50

Auflage: 200 000 Sätze

Zypern

1999, 6. Mai. Europa: Natur- und Nationalparks. Odr., Bogen (5×4) und Markenheftchen; gez. K 14.

afy) Naturschutzgebiet Tripylos; Mufflons

afz) Naturschutzgebiet Lara Beach; Schildkröten

927	15 (C) mehrfarbig	afy	1,—	1,—
928	30 (C) mehrfarbig	afz	1,50	1,50
		Satzpreis (2 W.)	2,50	2,50
		FDC		3,—

MH 1	(Nominale 1.80 £)	11,—	
H-Blatt 1	mit 4 × MiNr. 927–928	10,—	10,—

MiNr. 927–928 wurden auch zusammenhängend im Markenheftchen (MH 1) ausgegeben.

Ungarn

1999, 6. Mai. Europa: Natur- und Nationalparks. Odr. (5×10); gez. K 12.

gpe) Nationalpark Aggtelek

gpf) Nationalpark Bükk-Gebirge

4549	27 Ft mehrfarbig	gpe	3,—	1,50
4550	32 Ft mehrfarbig	gpf	3,—	1,50
		Satzpreis (2 W.)	6,—	3,—
		FDC		4,—

Auflage: 300 000 Sätze

Vatikanstadt

1999, 23. März. Europa: Natur- und Nationalparks. Odr. (1×5 Zd); gez. K 12½:13.

atk) Rose „Johannes Paul II.“ Zierfeld atl) Seerosen in den Vatikanischen Gärten

1277	800 (L) mehrfarbig	atk	2,—	2,—
1278	900 (L) mehrfarbig	atl	2,50	2,50
		Satzpreis (2 W.)	4,50	4,50
		Dreierstreifen	5,50	5,50
		FDC		6,50
		Kleinbogen	30,—	30,—

Auflage: 450 000 Sätze

2000

Albanien

2000, 9. Mai. Europa. Odr. (2×5); gez. K 13:13¾.

ctk) Kinder bauen Sternenturm

2754	130 L mehrfarbig	ctk	3,50	3,50
		FDC		4,50
		Kleinbogen	35,—	35,—

Blockausgabe, gez. Ks 13

ctl) Kind mit Stern

ctk I

2755	300 L mehrfarbig . . . . ctl	8,—	8,—
Block 123	(60×80 mm) . . . . ctk I	9,—	9,—
	FDC		10,—

Auflagen: MiNr. 2754 = 70 000 Stück, Bl. 123 = 50 000 numerierte Blocks

Gültig bis 8.5.2002

Andorra (Französische Post)

2000, 9. Mai. Europa. Odr. (8×5); gez. K 13¼:13.

or) Kinder bauen Sternenturm

551	3.00 Fr / 0.46 € mehrfarbig . . . . or	2,80	2,50
	FDC		3,—

Auflage: 282 821 Stück

Andorra (Spanische Post)

2000, 11. Mai. Europa. RaTdr. (10×5); Papier ph.; gez. K 14:13¾.

ia) Kinder bauen Sternenturm

271	70 (Pta) mehrfarbig . . . . ia	2,—	2,—
	FDC		2,50

Auflage: 300 000 Stück

Gültig bis 28.2.2002

Armenien

2000, 19. Juni. Europa. Odr. (5×2); gez. K 14¼:15.

id) Kinder bauen Sternenturm

375	40 (D) mehrfarbig . . . . id	1,—	1,—
376	500 (D) mehrfarbig . . . . id	7,—	7,—
	Satzpreis (2 W.)	8,—	8,—
	FDC		10,—
	Kleinbogensatz (2 Klb.)	80,—	80,—

Auflagen: MiNr. 375 = 100 000, MiNr. 376 = 50 000 Stück

Aserbaidschan

2000, 7. Febr. Europa. Odr. (5×2); A = gez. K 12¾, B = ☐.

pb) Kinder bauen Sternenturm

461 A	1000 M mehrfarbig . . . . pb	2,—	2,—
462 A	3000 M mehrfarbig . . . . pb	5,—	5,—
	Satzpreis A (2 W.)	7,—	7,—
	FDC		8,—
	Kleinbogensatz A (2 Klb.)	70,—	70,—
	Satzpreis B (2 W.)	—,—	—,—
	Kleinbogensatz B (2 Klb.)	—,—	—,—

Auflage: MiNr. 461 A–462 A = 60 000 Sätze

Belgien

2000, 9. Mai. Europa. RaTdr. (6×5); Papier ph.; gez. K 11½.

cyz) Kinder bauen Sternenturm

2973	21 (Fr) / 0.52 (€) mehrfarbig . . . . . cyz	2,—	1,50
	FDC		5,—

Auflage: 2 221 080 Stück

Bosnien und Herzegowina

2000, 9. Mai. Europa. Odr. (4×5); gez. K 11½:11¾.

ha) Kinder bauen Sternenturm

194	2 M / 1.02 € mehrfarbig . . . . ha	3,—	3,—
	FDC		3,50

Auflage: 100 000 Stück

Bosnien und Herzegowina (Kroatische Post Mostar)*

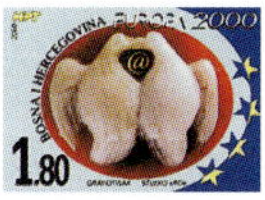

2000, 9. Mai. Europa. Odr. (4×5); gez. K 14.

bg) Friedenstauben (griechische Kamee)

58	1.80 (M) mehrfarbig . . . . bg	5,50	5,50
	FDC		8,50

Auflage: 80 000 Stück

Bosnien und Herzegowina (Serbische Republik)*

2000, 5. Mai. Europa. Odr. (3×3); gez. K 13¾.

ep) Kinder bauen Sternenturm

er) Kinder mit Sternen

167	1.50 (M) mehrfarbig . . . . ep	55,—	55,—
168	2.50 (M) mehrfarbig . . . . er	65,—	65,—
	Satzpreis (2 W.)	120,—	120,—
	FDC		120,—
	Kleinbogensatz (2 Klb.)	1000,—	1000,—
167 Ul	links ungezähnt		—,—

MiNr. 167–168 wurden jeweils im Kleinbogen zu 8 Marken und 1 Zierfeld (Feld 5) gedruckt.

Auflagen: MiNr. 167 = 28 000, MiNr. 168 = 23 000 Stück

Länder mit einem Stern nach dem Landesnamen waren oder sind keine Mitglieder der CEPT bzw. POSTEUROP.

Bulgarien

2000, 26. April. Europa. Odr. (5×10); gez. K 13.

gex) Hl. Jungfau mit Kind (Detail); von unbekanntem Künstler (14. Jh.)

gey) Madonna Lita (Detail); von Leonardo da Vinci (1452–1519), italienischer Maler

gex–gey) Leiterplatten

4453	0.18 L mehrfarbig	gex	1,—	0,50
4454	0.60 L mehrfarbig	gey	2,—	2,—
		Satzpreis (2 W.)	3,—	2,50
		FDC		3,—

Markenheftchen mit MiNr. 4453–4454 sind privaten Ursprungs.

Auflagen: MiNr. 4453 = 450 000, MiNr. 4454 = 350 000 Stück

Gültig bis 17.2.2003

Dänemark

2000, 9. Mai. Europa. Odr. (8×5); Papier fl.; gez. K 13¼:13.

ahm) Kinder bauen Sternenturm

1252	9.75 (Kr) mehrfarbig	ahm	3,50	3,50
		FDC		4,—

Dänemark – Färöer

2000, 9. Mai. Europa. Odr. (4×5); gez. K 13¼:13.

pc) Kinder bauen Sternenturm

374	8.00 (Kr) mehrfarbig	pc	2,50	2,50
		FDC		3,—

Dänemark – Grönland

2000, 9. Mai. Europa. Odr. (5×8); Papier fl.; gez. K 13¼:13.

lt) Kinder bauen Sternenturm

355	4.75 (Kr) mehrfarbig	lt	3,—	2,50
		FDC		3,—

Auflage: 117 146 Stück

Deutschland

2000, 12. Mai. Europa. Odr. (5×2); Papier fl.; gez. K 13¾.

chk) Kinder bauen Sternenturm

2113	110 (Pf) / 0.56 € mehrfarbig	chk	1,70	1,20
		FDC		1,70
		ETB 22/2000		1,20
		Kleinbogen	17,—	14,—

Auflage: 63 100 000 Stück

2000, 12. Mai. Europa. Odr.; Markenheftchen (5×2); Papier fl.; selbstklebend; gestanzt 11.

chk) Kinder bauen Sternenturm

2114	110 (Pf) / 0.56 € mehrfarbig	chk	2,60	1,60
		FDC		2,50
		MH 41 mit 10 × MiNr. 2114	27,—	
2114 U	nicht gestanzt		*400,—*	—,—

Auflage: 128 289 000 Stück

Estland

2000, 9. Mai. Europa. Odr. (5×2); gez. K 13¾:14.

ii) Kinder bauen Sternenturm

371	4.80 (Kr) mehrfarbig	ii	2,—	2,—
		FDC		2,50
		Kleinbogen	20,—	20,—

Auflage: 400 090 Stück

Finnland

2000, 9. Mai. Europa. Odr. (5×4); gez. K 13¼:13.

bcz) Kinder bauen Sternenturm

1531	3.50 (M) mehrfarbig	bcz	2,50	2,—
		FDC		2,50

Auflage: 3 000 000 Stück

Gültig bis 31.12.2011

Finnland – Åland

2000, 9. Mai. Europa. Odr. (4×5 + 4×5); gez. K 13.

gc) Kinder bauen Sternenturm

175	3 M / 0.50 € mehrfarbig	gc	2,—	2,—
		FDC		2,50

Zwischenstegpaar:

175 ZW		1 Paar	4,50	4,50

Auflage: 500 000 Stück

Frankreich

2000, 9. Mai. Europa. RaTdr. (8×5); gez. K 13¼.

dtn) Kinder bauen Sternenturm

3468	3.00 Fr / 0.46 € mehrfarbig	dtn	2,—	2,—
		FDC		2,50
		ETB		8,—

Auflage: 8 948 921 Stück

Georgien

2000, 30. März. Europa. Odr. (5×2); gez. K 12¾:13.

lm) Kinder bauen Sternenturm

330	80 (T)	mehrfarbig	lm	3,—	3,—
331	100 (T)	mehrfarbig	lm	3,50	3,50
		Satzpreis (2 W.)		6,50	6,50
		FDC			7,—
		Kleinbogensatz (2 Klb.)		65,—	65,—

MiNr. 331 ist auch ungezähnt bekannt.

Gibraltar*

2000, 17. April. Europa. Odr. (2×5); gez. K 13¼:13.

aii) Kinder um Springbrunnen mit Sternenfontäne

aik) Kinderhände reichen Stern weiter

ail) Kinder winken einem Flugzeugpiloten

aim) Kinder fangen Regenbogen und Sterne ein

905	30 P	mehrfarbig	aii	1,50	1,50
906	40 P	mehrfarbig	aik	2,—	2,—
907	42 P	mehrfarbig	ail	2,—	2,—
908	54 P	mehrfarbig	aim	3,—	3,—
		Satzpreis (4 W.)		8,50	8,50
		FDC			10,—
		Kleinbogensatz (4 Klb.)		85,—	85,—

Griechenland

2000, 9. Mai. Europa. Odr., Kleinbogen (Klb.) (4×2) und Markenheftchen (MH) (4×1); A = vierseitig gez. K 13¼:13, C = senkrecht gez. 13.

bra) Kinder bauen Sternenturm

2035	170 (Dr)	mehrfarbig	bra		
A		vierseitig gez. (Klb.)		3,—	3,—
C		senkrecht gez. (MH)		3,—	3,—
		FDC			4,—
		Kleinbogen		25,—	25,—
		Markenheftchen		13,—	

Auflagen: MiNr. 2035 A = 1 100 000, MiNr. 2035 C = 280 000 Stück

Gültig bis 31.12.2002

Großbritannien – Guernsey

2000, 9. Mai. Europa. Odr. (2×5); gez. K 13¼.

alf) Flagge von Guernsey als Drachen

alg) Segel mit Symbolen der Landesteile von Großbritannien

alh) Kinder bauen Sternenturm

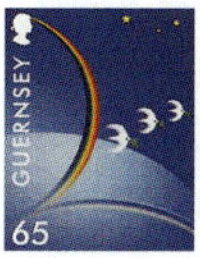

ali) Regenbogen und Friedenstauben

851	21 (P)	mehrfarbig	alf	1,—	1,—
852	26 (P)	mehrfarbig	alg	1,50	1,50
853	36 (P)	mehrfarbig	alh	1,50	1,50
854	65 (P)	mehrfarbig	ali	3,—	3,—
		Satzpreis (4 W.)		7,—	7,—
		FDC			8,—
		Kleinbogensatz (4 Klb.)		70,—	70,—

Großbritannien – Isle of Man

2000, 7. Nov. Europa. Odr., Bogen (4×5 + 4×5) und Kleinbogen (2×5); gez. K 14.

aoh) Kinder bauen Sternenturm

896	36 (P)	mehrfarbig	aoh	1,50	1,50
		FDC			2,50
		Kleinbogen		16,—	16,—

Zwischenstegpaar:

896 ZW	1 Paar	3,40	3,40

MiNr. 896 stammt aus dem Satz MiNr. 894–898.

Großbritannien – Jersey

2000, 9. Mai. Europa. Odr. (2×5, Hochformat ~); gez. K 13¼:13.

ano) Jersey in Europa, „E" im Sternenkreis

anp) Kinder bauen Sternenturm

922	26 P	mehrfarbig	ano	2,—	2,—
923	34 P	mehrfarbig	anp	3,—	3,—
		Satzpreis (2 W.)		5,—	5,—
		FDC			7,—
		Kleinbogensatz (2 Klb.)		50,—	50,—

Irland

2000, 9. Mai. Europa. Odr. (3 + 3 + 4); Papier ph.; gez. K 14:14¾.

anp) Kinder bauen Sternenturm

1223	32 (P)	mehrfarbig	anp	2,—	2,—
		FDC			2,50
		Kleinbogen		20,—	20,—

Auflage: 1 500 000 Stück

Gültig bis 31.12.2002

2000, 9. Mai. Europa. Odr., Rolle (100) und Folienstreifen (1×2); Papier ph.; selbstklebend; wellenförmig gestanzt.

anp I) Kinder bauen Sternenturm

1224	30 (P)	mehrfarbig	anp I	3,50	2,50
		FDC			3,—
		Folienstreifen		7,—	
		FDC (MiNr. 1223–1224)			4,—

Auflage: 6 000 000 Stück

Gültig bis 31.12.2002

Island

2000, 18. Mai. Europa. Odr., Bogen (10×5) und Markenheftchen (5×2); gez. K 13¼:13.

adx) Kinder bauen Sternenturm

953	50.00 (Kr) mehrfarbig	adx	2,—	2,—
		FDC		2,50
		Markenheftchen	20,—	

Auflage: 180 000 Stück

Italien

2000, 9. Mai. Europa. RaTdr. (10×5); Papier fl.; gez. K 13¼:14.

cor) Kinder bauen Sternenturm

2702	800 (L) / 0.41 € mehrfarbig	cor	1,50	1,50
		FDC		2,50

Auflage: 3 500 000 Stück

Jugoslawien

2000, 9. Mai. Europa. Odr. (3×3); gez. K 11¾:12.

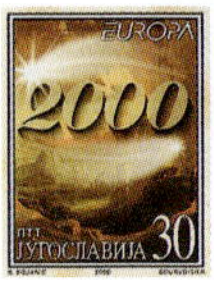

daf) Bethlehem zur Zeit der Geburt Christi

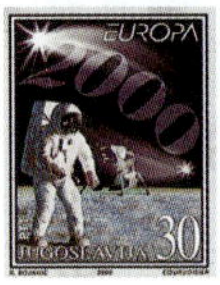

dag) Astronaut und Landefähre auf dem Mond

2975	30 (ND) mehrfarbig	daf	4,—	4,—
2976	30 (ND) mehrfarbig	dag	4,—	4,—
		Satzpreis (2 W.)	8,—	8,—
		FDC		9,—
		Kleinbogensatz (2 Klb.)	70,—	70,—

MiNr. 2975–2976 wurden jeweils im Kleinbogen zu 8 Marken und 1 Zierfeld (Feld 5) gedruckt.

Auflage: 100 000 Sätze

Kroatien

2000, 9. Mai. Europa. Odr. (4×5, Hochformat ~); Guilloche fl.; gez. K 14.

tp) Königskind auf fliegendem Pferd

tr) Kinder bauen Sternenturm

544	2.30 (K) mehrfarbig	tp	1,50	1,50
545	5.00 (K) mehrfarbig	tr	2,50	2,50
		Satzpreis (2 W.)	4,—	4,—
		FDC		5,—

Auflage: 350 000 Sätze

Lettland

2000, 9. Mai. Europa. Odr. (5×2); gez. K 13¾:13¼.3

lw) Kinder bauen Sternenturm

519	60 (S) mehrfarbig	lw	3,50	3,50
		FDC		4,—
		Kehrdruckpaar	7,—	7,—
		Kleinbogen	35,—	35,—

MiNr. 519 wurde reihenweise kopfstehend gedruckt.

Liechtenstein

2000, 9. Mai. Europa. RaTdr. (4×5); gez. K 11½:11¾.

axs) Kinder bauen Sternenturm

1234	1.10 (Fr) mehrfarbig	axs	2,—	1,80
		FDC		2,60
		MK 180		3,—

Auflage: 352 000 Stück

Litauen

2000, 9. Mai. Europa. Odr. (5×2); gez. K 13¼:13.

ok) Kinder bauen Sternenturm

730	1.70 L mehrfarbig	ok	1,80	1,80
		FDC		2,50
		Kleinbogen	18,—	18,—

Auflage: 500 000 Stück

Luxemburg

2000, 9. Mai. Europa. RaTdr. (4×5); Faserpapier; gez. K 11½:11¾.

ate) Kinder bauen Sternenturm

1506	21 (Fr) mehrfarbig	ate	2,—	1,50
		FDC		2,—

Auflage: 1 000 000 Stück

Gültig bis 31.12.2002

Makedonien

2000, 9. Mai. Europa. Odr. (3×3); gez. K 14.

gv) Kinder bauen Sternenturm

196	30 (D) mehrfarbig	gv	2,50	2,50
		FDC		4,—
		Kleinbogen	24,—	24,—

Malta

2000, 9. Mai. Europa. Odr. (5×2); gez. K 14.

ani) Kinder bauen Sternenturm

1127	16 C mehrfarbig . . . . ani	1,—	1,—
1128	46 C mehrfarbig . . . . ani	3,50	3,50
	Satzpreis (2 W.)	4,50	4,50
	FDC		4,50
	Kleinbogensatz (2 Klb.)	45,—	45,—

P 39	Sonderpostkarte „The STAMP SHOW 2000" mit MiNr. 1127–1128 als Wertstempel . . .	3,—	3,—

Moldawien

2000, 9. Mai. Europa. Odr., Kleinbogen (5×2); gez. K 14.

nf) Kinder bauen Sternenturm

363	3 L mehrfarbig . . . . nf	3,50	3,50
	FDC		4,50
	Kleinbogen	35,—	35,—

Markenheftchen (3×2)

MH 0-3	mit 6 × MiNr. 363 (aus Kleinbogen) . .	22,—

Auflagen: MiNr. 363 = 194 000 Stück, MH 0-3 = 6000 Markenheftchen

Monaco

2000, 9. Mai. Europa. Odr. (1×4 Zd); gez. Ks 13¼:13.

chh) Kinder bauen Sternenturm   chi) Landkarte Europas, Nationalflaggen der PostEurop-Mitgliedsländer

2499	3.00 Fr / 0.46 € mehrfarbig . . . . . chh	2,—	2,—
2500	3.00 Fr / 0.46 € mehrfarbig . . . . . . chi	2,—	2,—
	Satzpreis (Paar)	5,—	5,—
	FDC		6,—
	Kleinbogen	20,—	20,—

Österreich

2000, 9. Mai. Europa. RaTdr. (10×5); gez. K 14¼:13½.

cap) Kinder bauen Sternenturm

2311	7 S mehrfarbig . . . . cap	2,—	2,—
	FDC		2,50

Vorlagedruck in Schwarz, mit dem Originaldruckstöckel gedruckt, □, auf Erläuterungsblatt geklebt . . . . 16,—

Auflage: 2 800 000 Stück

Gültig bis 30.6.2002

Polen

2000, 9. Mai. Europa. Odr. (5×4); Papier fl.; Sicherheitszähnung K 11½.

evc) Kinder bauen Sternenturm

3829	1.55 Zł mehrfarbig . . . . evc	2,—	1,50
	FDC		3,—

Auflage: 400 000 Stück

Portugal

2000, 9. Mai. Europa. Odr. (10×5); gez. K 11¾:12.

bzn) Kinder bauen Sternenturm

2430 I	100 E / 0.50 € mehrfarbig . . . . . bzn	2,50	2,50
	FDC		3,—

Blockausgabe mit 3 × MiNr. 2430 II

2430 II	100 E / 0.50 € mehrfarbig . . . . . bzn	2,50	2,50
Block 160	(154×108 mm) . . . . bzo	8,—	8,—
	FDC		10,—

MiNr. 2430 I mit Druckvermerk „INCM Imp. 00", MiNr. 2430 II mit Druckvermerk „Imp.INCM 00".

Auflagen: MiNr. 2430 I = 500 000 Stück, Bl. 160 = 90 000 Blocks

Gültig bis 31.12.2006

Portugal – Azoren

2000, 9. Mai. Europa. Odr. (10×5); gez. K 11¾:12.

gc) Kinder bauen Sternenturm

475 I	100 E / 0.50 € mehrfarbig . . . . gc	2,50	2,50
	FDC		3,—

Blockausgabe mit 3 × MiNr. 475 II

475 II	100 E / 0.50 € mehrfarbig . . . . gc	2,50	2,50
Block 20	(154×108 mm) . . . . gd	8,—	8,—
	FDC		10,—

MiNr. 475 I mit Druckvermerk „INCM Imp. 00", MiNr. 475 II mit Druckvermerk „Imp.INCM 00".

Auflagen: MiNr. 475 I = 500 000 Stück, Bl. 20 = 90 000 Blocks

Gültig bis 31.12.2006

Portugal – Madeira

2000, 9. Mai. Europa. Odr. (10×5); gez. K 11¾:12.

gc) Kinder bauen Sternenturm

204	100 E / 0.50 € mehrfarbig	gc	2,50	2,50
		FDC		3,50

Blockausgabe mit 3 × MiNr. 204

Block 20	(154×108 mm)	gd	8,—	8,—
		FDC		10,—

Auflagen: MiNr. 204 = 500 000 Stück, Bl. 20 = 90 000 Blocks

Gültig bis 31.12.2006

Rumänien

2000, 9. Mai. Europa. RaTdr. (10×5); gez. K 13½.

hev) Kinder bauen Sternenturm

5487	10 150 L mehrfarbig	hev	3,—	3,—
		FDC		3,50

Auflage: 300 000 Stück

Gültig bis 30.6.2005

Russland

2000, 9. Mai. Europa. Odr. (10×5); gez. K 12¼:12.

acl) Kinder bauen Sternenturm

817	7.00 (R) mehrfarbig	acl	6,50	4,—
		FDC		5,—
		PP	*10,—*	

Auflage: 250 000 Stück, davon 3000 in Präsentationspackung

San Marino

2000, 27. April. Europa. Odr. (5×4); gez. K 13¼:13.

blv) Kinder bauen Sternenturm

1883	800 (L) / 0.41 € mehrfarbig	blv	1,50	1,50
		FDC		2,50

Auflage: 230 000 Stück

Schweden

2000, 9. Mai. Europa. Odr.; waagerecht gez. 12¾.

bxt) Kinder bauen Sternenturm

2181	7 (Kr) mehrfarbig	bxt	2,50	1,50
		FDC		2,50

Schweiz

2000, 10. Mai. Europa. Odr. (10×4); gez. K 13¼.

bml) Kinder bauen Sternenturm

1720	90 (C) mehrfarbig	bml	2,—	1,30
		FDC		2,—

Auflage: 3 080 000 Stück

Slowakei

2000, 9./15. Mai. Europa. Odr. (2×2 + 2×2); x = normales Papier, y = Papier fl.; gez. K 11¾:11½.

lp) Kinder bauen Sternenturm

368	12 Sk mehrfarbig	lp		
x	normales Papier (15. Mai)		1,50	1,50
y	Papier fl. (9. Mai)		1,50	1,50
		FDC y		2,—
		Kleinbogen x	12,—	12,—
		Kleinbogen y	12,—	12,—

Auflagen: MiNr. 368 x = 120 000, MiNr. 368 y = 120 000 Stück

Slowenien

2000, 9. Mai. Europa. Odr. (3×3); gez. K 14.

mm) Kinder bauen Sternenturm

310	90 (T) mehrfarbig	mm	4,—	4,—
		FDC		5,—
		Kleinbogen	32,—	32,—

MiNr. 310 wurde im Kleinbogen zu 8 Marken und 1 Zierfeld (Feld 8) gedruckt.

Auflage: 240 000 Stück

Gültig bis 31.12.2007

Spanien

2000, 9. Mai. Europa. RaTdr. (10×5); Papier ph.; gez. K 13¾.

dmv) Kinder bauen Sternenturm

3540	70 (Pta) mehrfarbig	dmv	2,—	2,—
		FDC		2,50

Auflage: 2 000 000 Stück

Gültig bis 28.2.2002

Tschechische Republik

2000, 9. Mai. Europa. Odr. (2×3); Papier fl.; gez. K 12¾:13¼.

lb) Kinder bauen Sternenturm

256	9 Kč mehrfarbig . . . . lb	1,—	0,80
	FDC		1,50
	Kleinbogen	6,—	5,—

Auflage: 3 600 000 Stück

Türkei

2000, 9. Mai. Europa. Odr. (10×10); gez. K 13:13¼.

cde) Kinder bauen Sternenturm

3217	300 000 L mehrfarbig . . . . cde	3,—	3,—
	FDC		3,50

Auflage: 600 000 Stück

Türkisch-Zypern*

2000, 31. Mai. Blockausgabe: Europa. Odr.; Wz. 1; gez. K 13¾:14.

vy) Kinder bauen Sternenturm

vz) Blume mit Landkarte von Zypern, Landkarte von Europa

wa

516	300 000 L mehrfarbig . . . . vy	3,—	3,—
517	300 000 L mehrfarbig . . . . vz	3,—	3,—
Block 19	(75×68 mm) . . . . wa	8,—	8,—
	FDC		10,—

Auflage: 70 000 Blocks

Ukraine

2000, 29. März. Europa. Odr. (6×6); Papier fl.; gez. K 13½.

na) Kinder bauen Sternenturm

370	3.00 (G) mehrfarbig . . . . na	4,50	3,—
	FDC		4,—

Auflage: 200 000 Stück

Ungarn

2000, 9. Mai. Europa. Odr. (10×5); gez. K 12.

gsf) Europa-Puzzle

gsg) Kinder bauen Sternenturm

4596	34 Ft mehrfarbig . . . . gsf	2,—	1,20
4597	54 Ft mehrfarbig . . . . gsg	2,50	1,80
	Satzpreis (2 W.)	4,50	3,—
	2 FDC		3,50

Auflage: 200 000 Sätze

Vatikanstadt

2000, 9. Mai. Europa. RaTdr. (2×5); gez. K 13¼:13.

awa) Kinder bauen Sternenturm

1345	1200 (L) mehrfarbig . . . . awa	2,80	2,80
	FDC		3,—
	Kleinbogen	28,—	28,—

MiNr. 1345 wurde mit Anhängsel für Post der 1. Dringlichkeitsklasse gedruckt. Die angegebenen Preise gelten für Marken mit Anhängsel.

Auflage: 450 000 Stück

Weißrussland

2000, 9. Mai. Europa. Odr. (4×2); gez. K 13½.

mz) Kinder bauen Sternenturm

369	250 (R) mehrfarbig . . . . mz	2,—	2,—
	FDC		2,50
	Kehrdruckpaar	4,—	4,—
	Kleinbogen	16,—	16,—

MiNr. 369 wurde im Kleinbogen zu 4 schachbrettartig angeordneten Kehrdruckpaaren gedruckt.

Auflage: 120 000 Stück

Zypern

2000, 9. Mai. Europa. Odr. (5×4); gez. K 14.

ahh) Kinder bauen Sternenturm

957	30 (C) mehrfarbig . . . . ahh	2,—	2,—
	FDC		2,50

Auflage: 500 000 Stück

Bitte teilen Sie uns von Ihnen festgestellte Fehler mit, damit wir sie berichtigen können.

2001

Albanien

2001, 29. April. Europa: Lebensspender Wasser. Odr. (5×2); gez. K 13¾:14.

cvw) Bergbach

cvx) Wasserfall

cvy) Bergsee

2809	40 L	mehrfarbig	cvw	1,—	1,—
2810	110 L	mehrfarbig	cvx	2,—	2,—
2811	200 L	mehrfarbig	cvy	4,—	4,—
		Satzpreis (3 W.)		7,—	7,—
		FDC			10,—
		Kleinbogensatz (3 Klb.)		70,—	70,—

Blockausgabe, gez. Ks 12¾

cvz) Konzentrische Wellenbewegung

cwa

2812	350 L	mehrfarbig	cvz	8,—	8,—
Block 130	(60×80 mm)		cwa	9,—	9,—
		FDC			10,—

Auflagen: MiNr. 2809–2811 = 80 000 Sätze, Bl. 130 = 50 000 numerierte Blocks

Gültig bis 28.4.2003

Andorra (Französische Post)

2001, 28. April. Europa: Lebensspender Wasser. Odr. (10×5); gez. K 13.

ph) Eintauchender Wassertropfen

567	3.00 Fr / 0.46 €	mehrfarbig	ph	2,80	2,50
		FDC			3,50

Auflage: 214 825 Stück

Andorra (Spanische Post)

2001, 16. Mai. Europa: Lebensspender Wasser. RaTdr. (5×10); Papier ph.; gez. K 13¾:14.

ik) Gefaßte Thermalquelle, El Roc del Metge, Escaldes-Engordany

280	75 (Pta) / 0.45 €	mehrfarbig	ik	1,50	1,50
		FDC			2,—

Auflage: 300 000 Stück

Armenien

2001, 9. Juni. Europa: Lebensspender Wasser. Odr. (2×5); gez. K 15:14¼.

lm) Sewansee

ln) Spandarian-Reservoir, Vorotan-Fluss

431	50 (D)	mehrfarbig	lm	1,—	1,—
432	500 (D)	mehrfarbig	ln	4,50	4,50
		Satzpreis (2 W.)		5,50	5,50
		FDC			7,—
		Kleinbogensatz (2 Klb.)		55,—	55,—

Auflage: 50 000 Sätze

Aserbaidschan

2001, 28. März. Europa: Lebensspender Wasser. Odr., Kleinbogen (5×2); A = vierseitig gez. K 13¾:13½, B = ☐.

ro) Kaspi-Robbe (Phoca caspica)

rp) Sterlet (Acipenser ruthenus)

ro–rp) Bohrinsel im Kaspischen Meer, Umrisskarte von Aserbaidschan

494 A	1000 M	mehrfarbig	ro	2,—	2,—
495 A	3000 M	mehrfarbig	rp	4,50	4,50
		Satzpreis A (2 W.)		6,50	6,50
		FDC A			7,—
		Kleinbogensatz A (2 Klb.)		65,—	65,—
		Satzpreis B (2 W.)		—,—	—,—
		Kleinbogensatz B (2 Klb.)		—,—	—,—

Markenheftchen (2×2), D = dreiseitig gez. K 13¾:13½ (3. Mai)

494 D	1000 M	mehrfarbig (⌑, ⌑)	ro	2,—	2,—
495 D	3000 M	mehrfarbig (⌑, ⌑)	rp	4,50	4,50
		Markenheftchen D		13,—	
		Markenheftchenbogen D		26,—	26,—
		Markenheftchenbogen B		—,—	—,—

MiNr. 494 D–495 D wurden schachbrettartig zusammenhängend im Viererblock gedruckt. Der Markenheftchenbogen enthält zwei Viererblocks im Kehrdruck.

Auflagen: MiNr. 494 A–495 A = 60 000, MiNr. 494 D–495 D = 40 000 Sätze

Belgien

2001, 21. April. Europa: Lebensspender Wasser. RaTdr. (6×5); gez. K 11½.

dba) Im Wasser spielender Knabe; Gemälde von Rachid Sebti (*1947)

3039	21 (Fr) / 0.52 (€)	mehrfarbig	dba	1,50	1,50
		FDC			5,50

Auflage: 2 276 250 Stück

Länder mit einem Stern nach dem Landesnamen waren oder sind keine Mitglieder der CEPT bzw. POSTEUROP.

Bosnien und Herzegowina

2001, 10. April. Blockausgabe: Europa – Lebensspender Wasser. Odr.; gez. Ks 11½:11¾.

iv) Bosna-Quelle

iw

234	2.00 (M)	mehrfarbig	iv	2,80	2,80
Block 12	(60 × 80 mm)		iw	3,20	3,20
			FDC		4,—

Auflage: 125 000 Blocks

Bosnien und Herzegowina (Kroatische Post Mostar)*

2001, 31. März. Europa: Lebensspender Wasser. Odr. (3 × 3); gez. K 14.

bu) Tihaljine-Quelle

bv) Pliva-Wasserfälle

70	1.10 (M)	mehrfarbig	bu	1,70	1,70
71	1.80 (M)	mehrfarbig	bv	2,80	2,80
			Satzpreis (2 W.)	4,50	4,50
			FDC		7,—
			Kleinbogensatz (2 Klb.)	45,—	45,—

Bosnien und Herzegowina (Serbische Republik)*

2001, 4. Mai. Europa: Lebensspender Wasser. Odr., Kleinbogen (3 × 3); A = vierseitig gez. K 13¾.

gc) Skakavac-Wasserfall im Sutjeska-Nationalpark

gd) Fluss Turjanica bei Donji Vijacani

200 A	1.00 (M)	mehrfarbig	gc	2,50	2,50
201 A	2.00 (M)	mehrfarbig	gd	5,—	5,—
			Satzpreis A (2 W.)	7,50	7,50
			FDC A		8,—
			Kleinbogensatz A (2 Klb.)	80,—	80,—

Markenheftchen (3 × 2), C = senkrecht gez. K 13¾

200 C	1.00 (M)	mehrfarbig	gc	4,—	4,—
201 C	2.00 (M)	mehrfarbig	gd	9,—	9,—
			Satzpreis C (2 W.)	13,—	13,—
			FDC C		15,—

H-Blatt 3	mit 3 × MiNr. 200 C–201 C		39,—	39,—
MH 3	mit 1 × H-Blatt 3		40,—	

MiNr. 200 A–201 A haben einen weißen, MiNr. 200 C–201 C einen farbigen Markenrand.

MiNr. 200 A–201 A wurden jeweils im Kleinbogen zu 8 Marken und 1 Zierfeld (Feld 5) gedruckt.

Auflagen: MiNr. 200 A–201 A = 50 000 Sätze, MH 3 = 16 000 Markenheftchen

Bulgarien

2001, 18. April. Europa: Lebensspender Wasser. Odr., Bogen (10 × 5) und Markenheftchen (2 × 2); Papier fl.; gez. K 12¾:13.

gho) Steinadler (Aquila chrysaetos), Seenplatte im Rila-Gebirge

ghp) Wasserfall in den Rhodopen

4512	0.22 L	mehrfarbig	gho	1,—	1,—
4513	0.65 L	mehrfarbig	ghp	19,—	19,—
			Satzpreis (2 W.)	20,—	20,—
			FDC		22,—
			Markenheftchen	*110,—*	

MiNr. 4512–4513 wurden auch zusammen im Markenheftchen mit je einem Viererblock ausgegeben.

Auflagen: MiNr. 4512 = 550 000, MiNr. 4513 = 55 000 Stück, davon jeweils 20 000 im Markenheftchen

Gültig bis 31.07.2002

Dänemark

2001, 9. Mai. Europa: Lebensspender Wasser. Odr., Bogen (B) (8 × 5) und Markenheftchen (MH); Papier fl.; gez. K 13¼:13.

aio) Hände unter dem Wasserhahn

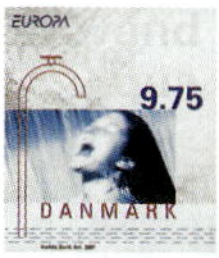

aip) Frau unter der Dusche

1277	4.50 (Kr)	mehrfarbig (B) (MH)	aio	1,30	1,30
1278	9.75 (Kr)	mehrfarbig (B)	aip	2,80	2,80
			Satzpreis (2 W.)	4,—	4,—
			FDC		4,50

MH 63	(Nominale 45 Kr)	14,—	
H-Blatt 69	mit je 5 × Zf 1 und MiNr. 1277	7,—	7,—

P 320	Fünf Sonderpostkarten mit MiNr. 1277 als Wertstempel . . . . je	2,—	2,—

MiNr. 1277 wurde auch im Markenheftchen (MH 63) ausgegeben.

Dänemark – Färöer

2001, 11. Juni. Europa: Lebensspender Wasser. Odr. (4 × 5); gez. K 13:13½.

rg) Fossá-Kraftwerk, Vestmanna

rh) Eiði-Kraftwerk, Insel Eysturoy

402	6.00 (Kr)	mehrfarbig	rg	2,—	2,—
403	8.00 (Kr)	mehrfarbig	rh	2,50	2,50
			Satzpreis (2 W.)	4,50	4,50
			FDC		5,—

Dänemark – Grönland

2001, 9. Mai. Europa: Lebensspender Wasser. Komb. StTdr. und Odr. (5 × 8); Papier fl.; gez. K 13:13¼.

mk) Krill (Euphausia superba)

368	15.00 (Kr)	mehrfarbig	mk	5,—	5,—
			FDC		5,50

Deutschland

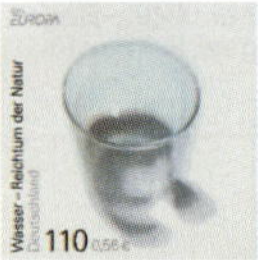

2001, 10. Mai. Europa: Lebensspender Wasser. RaTdr. (5×2); Papier fl.; gez. K 13¾.

clk) Wasserglas

2185	110 (Pf) / 0.56 € mehrfarbig ...... clk	1,50	1,10
	FDC		1,80
	ETB 23/2001		1,30
	Kleinbogen	15,—	12,—

Auflage: 30 000 000 Stück, davon 200 000 auf ETB

Estland

2001, 9. Mai. Europa: Lebensspender Wasser. Odr. (5×2); gez. K 13¾:14.

kl) Teil des Trinkwassersystems vom Soodla-See zur Hauptstadt Tallinn

399	6.50 (Kr) mehrfarbig .... kl	2,—	2,—
	FDC		2,50
	Kleinbogen	20,—	20,—

Auflage: 430 480 Stück

Finnland

2001, 2. April. Europa: Lebensspender Wasser. Odr. (4×5); gez. K 13:13½.

beo) Stromschnelle Haapavitja in der Wildmark Ruunaa

1566	5.40 (M) mehrfarbig .... beo	3,—	2,50
	FDC		3,—

Auflage: 1 000 000 Stück

Gültig bis 31.12.2011

Finnland – Åland

2001, 9. Mai. Europa: Lebensspender Wasser. Odr. (5×4 + 5×4); gez. K 14½:14¾.

gu) Fischerboot auf dem Meer

191	3.20 M / 0.54 € mehrfarbig .... gu	2,—	2,—
	FDC		2,50

Zwischenstegpaar:

191 ZW	.... 1 Paar	4,50	4,50

Auflage: 400 000 Stück

Frankreich

2001, 8. Mai. Europa: Lebensspender Wasser. RaTdr. (10×5); gez. K 13¼:13.

dwc) Erdkugel in Wassertropfen

3528	3.00 Fr / 0.46 € mehrfarbig ..... dwc	1,50	1,50
	FDC		3,—
	ETB		9,—

Auflage: 12 414 392 Stück

Georgien

2001, 10. Sept. Europa: Lebensspender Wasser. Odr., Kleinbogen (5×2); A = vierseitig gez. K 12¾:13.

nm) Ritza-See

nn) Borjomi-Park

376 A	40 (T) mehrfarbig .... nm	1,70	1,70
377 A	80 (T) mehrfarbig .... nn	3,30	3,30
	Satzpreis A (2 W.)	5,—	5,—
	FDC		6,—
	Kleinbogensatz (2 Klb.)	50,—	50,—

Markenheftchen (2×2), D = dreiseitig gez. K 12¾:13

376 D	40 (T) mehrfarbig (□, □) .... nm	1,70	1,70
377 D	80 (T) mehrfarbig (□, □) .... nn	3,30	3,30
	Markenheftchen	10,—	
	Markenheftchenbogen	20,—	20,—

MiNr. 376 D–377 D wurden schachbrettartig zusammenhängend im Viererblock gedruckt. Der Markenheftchenbogen enthält 2 Viererblocks im Kehrdruck.

MiNr. 376–377 sind auch ungezähnt bekannt.

Gibraltar*

2001, 1. Febr. Europa: Lebensspender Wasser. Odr. (2×5); gez. K 13¼:13.

aly) Langschnäuziges Seepferdchen (Hippocampus ramulosus)

alz) Gartenlöwenmaul (Antirrhinum majus)

ama) Mittelmeermöwe (Larus cachinnans michahellis)

amb) Goldfisch (Carassius auratus)

962	30 P mehrfarbig .... aly	1,—	1,—
963	40 P mehrfarbig .... alz	1,50	1,50
964	42 P mehrfarbig .... ama	2,—	2,—
965	54 P mehrfarbig .... amb	2,50	2,50
	Satzpreis (4 W.)	7,—	7,—
	FDC		9,—
	Kleinbogensatz (4 Klb.)	70,—	70,—

Griechenland

2001, 15. Mai. Europa: Lebensspender Wasser. Odr., Bogen (B) (2×4 Zd) und Markenheftchen (MH); A = vierseitig gez. K 14¼:13¾, C = senkrecht gez. 13¼.

bsm

bsn

bsm–bsn) Übergang von Trocken- und Feuchtgebiet

2069	180 (Dr) / 0.53 € mehrfarbig ... bsm		
A	vierseitig gez. K 14¼:13¾ (B) .	1,50	1,50
C	senkrecht gez. 13¼ (MH)	2,—	2,—
2070	650 (Dr) / 1.91 € mehrfarbig ... bsn		
A	vierseitig gez. K 14¼:13¾ (B) .	5,50	5,50
C	senkrecht gez. 13¼ (MH)	6,—	6,—
	Satzpreis A (Paar)	7,—	7,—
	FDC		9,—
	Satzpreis C (2 W.)	8,—	8,—

MH 23	(Nominale 1600 Dr)	17,—	
H-Blatt 23	mit 2 × MiNr. 2069 C–2070 C	16,—	16,—

Auflagen: MiNr. 2069 A–2070 A = 573 061, MiNr. 2069 C–2070 C = 98 020 Sätze

Großbritannien

2001, 10. Juli. Europa: Lebensspender Wasser. RaTdr. (10×5 + 10×5); Papier ph.; gez. K 14¾:14¼.

boz) Grasfrosch (Rana temporaria)

bpa) Gelbrandkäfer (Dytiscus marginalis)

1942	1st	mehrfarbig	boz	1,20	1,20
1943	E	mehrfarbig	bpa	1,70	1,70
			Satzpreis (2 W.)	2,80	2,80
			FDC		4,50

Zwischenstegpaare:

1942 ZW–1943 ZW	2 Paare	6,50	6,50

Nominalen zur Zeit der Ausgabe: MiNr. 1942 = 27 P, MiNr. 1943 = 37 P

MiNr. 1942–1943 stammen aus dem Satz MiNr. 1942–1945.

Großbritannien – Guernsey

2001, 1. Febr. Europa: Lebensspender Wasser. Odr. (2×5); gez. K 14:14¾.

amo) Knäkente (Anas querquedula)

amp) Seidenreiher (Egretta garzetta)

881	26 (P)	mehrfarbig	amo	1,—	1,—
882	36 (P)	mehrfarbig	amp	1,30	1,30
			Satzpreis (2 W.)	2,30	2,30
			FDC		3,—
			Kleinbogensatz (2 Klb.)	23,—	23,—

MiNr. 881–882 stammen aus dem Satz MiNr. 880–883.

Großbritannien – Isle of Man

2001, 10. Aug. Europa: Lebensspender Wasser. Odr., Bogen (6×5) und Kleinbogen (5×2); gez. K 14¼.

apy) Muscheln mit Lachskaviar

apz) Meeresfrüchte-Eintopf

933	26 P	mehrfarbig	apy	0,80	0,80
934	36 P	mehrfarbig	apz	1,20	1,20
			Satzpreis (2 W.)	2,—	2,—
			FDC		3,—
			933 Zf–934 Zf	2,20	2,20
			Kleinbogensatz (2 Klb.)	22,—	22,—

933 I	Rasterung am Unterrand in Violett (Feld 8)	*10,—*	*10,—*

MiNr. 933–934 wurden jeweils im Bogen zu 25 Marken und 5 Zierfeldern (linke senkrechte Bogenreihe) gedruckt.

MiNr. 933–934 stammen aus dem Satz MiNr. 932–937.

Großbritannien – Jersey

2001, 22. Mai. Europa: Lebensspender Wasser. Odr. (2×5); gez. K 14¾:14¼.

are) Europäische Forelle (Salmo trutta)

arf) Weiße Seerose (Nymphaea alba)

981	26 (P)	mehrfarbig	are	1,—	1,—
982	37 (P)	mehrfarbig	arf	1,30	1,30
			Satzpreis (2 W.)	2,30	2,30
			FDC		3,50
			Kleinbogensatz (2 Klb.)	23,—	23,—

MiNr. 981–982 stammen aus dem Satz MiNr. 980–985.

Irland

2001, 16. Mai. Europa: Lebensspender Wasser. Odr. (2×5); Papier ph.; gez. K 14¾:14.

asg) Familie mit Kindern am Badeweiher

ash) Angler beim Forellenfischen

1337	30 (P) / 38 C	mehrfarbig	asg	1,—	1,—
1338	32 (P) / 41 C	mehrfarbig	ash	1,—	1,—
			Satzpreis (2 W.)	2,—	2,—
			FDC		2,50
			Kleinbogensatz (2 Klb.)	20,—	20,—

Auflagen: MiNr. 1337 = 1 000 000, MiNr. 1338 = 500 000 Stück

2001, 16. Mai. Europa: Lebensspender Wasser. Odr., Rollel (100) und Folienstreifen (2×1); Papier ph.; selbstklebend; wellenförmig gestanzt.

ash I) Angler beim Forellenfischen

1339	30 (P) / 38 C	mehrfarbig	ash I	2,—	2,—
1340	30 (P) / 38 C	mehrfarbig	asg I	2,—	2,—
			Satzpreis (2 W.)	4,—	4,—
			Folienstreifen	4,—	
			FDC		5,—

MiNr. 1339–1340 wurden abwechselnd in der Rolle gedruckt.

Auflage: 6 000 000 Sätze

Island

2001, 17. Mai. Europa: Lebensspender Wasser. Odr., Kleinbogen (2×5) und Markenheftchen (5×2); gez. K 13.

afb) Frauenkopf mit Wasserfall

afc) Hände mit Wellen

981	55.00 (Kr)	mehrfarbig	afb	1,50	1,50
982	80.00 (Kr)	mehrfarbig	afc	2,—	2,—
			Satzpreis (2 W.)	3,50	3,50
			FDC		4,—
			Kleinbogensatz (2 Klb.)	35,—	35,—
			2 Markenheftchen	35,—	

Italien

2001, 4. Mai. Europa: Lebensspender Wasser. RaTdr. (5×10); Papier fl.; gez. K 14:13¼.

csh) Pflanzen werden aus Amphore mit Weltkugelzeichnung begossen

2762	800 (L) / 0.41 € mehrfarbig	csh	1,50	1,50
		FDC		2,50

Auflage: 3 500 000 Stück

Jugoslawien

2001, 4. Mai. Europa: Lebensspender Wasser. Odr. (3×3); gez. K 11¾:12.

dcp) Naturbrücke über die Vratna

dcr) Jerme-Felsschlucht

3031	30 (ND) mehrfarbig	dcp	2,50	2,50
3032	45 (ND) mehrfarbig	dcr	2,50	2,50
		Satzpreis (2 W.)	5,—	5,—
		FDC		6,—
		Kleinbogensatz (2 Klb.)	45,—	45,—

MiNr. 3031–3032 wurden jeweils im Kleinbogen zu 8 Marken und 1 Zierfeld (Feld 5) gedruckt.

Auflage: 100 000 Sätze

Kroatien

2001, 9. Mai. Europa: Lebensspender Wasser. Odr. (2×5 Zd); Guilloche fl.; gez. K 14.

uv

uu

uu–uv) Symbolische Darstellung für die Reinhaltung des Wassers

570	3.50 (K) mehrfarbig	uu	1,—	1,20
571	5.00 (K) mehrfarbig	uv	2,—	2,30
		Satzpreis (Paar)	3,—	3,50
		FDC		4,50

Auflage: 350 000 Sätze

Lettland

2001, 14. April. Europa: Lebensspender Wasser. Odr. (5×2); gez. K 14.

mw) Wasserfall der Venta (Windau)

544	60 (S) mehrfarbig	mw	3,—	3,—
		FDC		3,50
		Kehrdruckpaar	6,—	6,—
		Kleinbogen	30,—	30,—

MiNr. 544 wurde reihenweise kopfstehend gedruckt.

Auflage: 200 000 Stück

Liechtenstein

2001, 5. März. Europa: Lebensspender Wasser. RaTdr. (4×5); gez. K 11¾.

ayo) Bergquelle

1255	1.30 (Fr) mehrfarbig	ayo	2,—	2,—
		FDC		3,—
		MK 188		3,—

Auflage: 299 000 Stück

Litauen

2001, 14. April. Europa: Lebensspender Wasser. Odr. (2×5); gez. K 13:13¼.

pp) Galve-See

pr) Fluss Nemunas (Memel)

756	1.70 L mehrfarbig	pp	1,50	1,50
757	1.70 L mehrfarbig	pr	1,50	1,50
		Satzpreis (2 W.)	3,—	3,—
		FDC		4,—
		Kleinbogensatz (2 Klb.)	30,—	30,—

Auflage: 500 000 Sätze

Luxemburg

2001, 22. Mai. Europa: Lebensspender Wasser. RaTdr. (5×4, Hochformat ~); gez. K 11¾:11½, Hochformat ~.

auf) Bach mit klarem Quellwasser

aug) Weiher am Wasserturm Kaltreis

1530	A mehrfarbig	auf	1,—	1,—
1531	21 (Fr) / 0.52 € mehrfarbig	aug	1,50	1,—
		Satzpreis (2 W.)	2,50	2,—
		FDC		3,—

MiNr. 1530 gilt für Inlands-Standardbriefe (Nominale zur Zeit der Ausgabe: 18 Fr / 0.45 €).

Auflage: 500 000 Sätze

Makedonien

2001, 16. Mai. Europa: Lebensspender Wasser. Odr. (2×3 Zd); gez. K 13¼.

ie

if

ie–if) Insel

228	18 (D) mehrfarbig	ie	0,80	1,—
229	36 (D) mehrfarbig	if	1,70	2,—
		Satzpreis (Paar)	2,50	3,—
		FDC		3,—

Malta

2001, 23. Mai. Europa: Lebensspender Wasser. Odr. (2×5); gez. K 14:14¼.

apg) Gemalter Scheibenzüngler (Discoglossus pictus)

aph) Heidelibelle (Sympetrum fonscolombii)

1170	16 C mehrfarbig	apg	1,—	1,—
1171	46 C mehrfarbig	aph	3,—	3,—
		Satzpreis (2 W.)	4,—	4,—
		FDC		5,—
		Kleinbogensatz (2 Klb.)	40,—	40,—

P 41	Sonderpostkarte „BELGICA 2001“ mit MiNr. 1170–1171 als Wertstempel	3,—	3,—

Moldawien

2001, 5. Mai. Europa: Lebensspender Wasser. Odr., Kleinbogen (5×2); gez. K 14.

oh) Wasserfall am Fluss Saharna

388	3 L mehrfarbig	oh	3,—	3,—
		FDC		4,—
		Kleinbogen	30,—	30,—

Markenheftchen (3×2)

MH 0-4 mit 6 × MiNr. 388 (aus Kleinbogen) .. 22,—

Auflagen: MiNr. 388 = 440 000 Stück, MH 0-4 = 10 000 Markenheftchen

Monaco

2001, 7. Mai. Europa: Lebensspender Wasser. Odr. (5×2); gez. K 13¼:13.

cko) Fürstenpalast, Wassertropfen

ckp) Historischer Waschplatz, Monaco-Ville

2550	3.00 Fr / 0.46 € mehrfarbig	cko	1,80	1,80
2551	3.00 Fr / 0.46 € mehrfarbig	ckp	1,80	1,80
		Satzpreis (2 W.)	3,50	3,50
		FDC		4,—
		Kleinbogensatz (2 Klb.)	35,—	35,—

Österreich

2001, 18. Mai. Europa: Lebensspender Wasser. RaTdr. (10×5); gez. K 13¾.

cbx) Blatt erwächst aus Wassertropfen

2344	15 S mehrfarbig	cbx	4,—	4,—
		FDC		5,—

Vorlagedruck in Schwarz, mit dem Originaldruckstöckel gedruckt, □, auf Erläuterungsblatt geklebt .... 16,—

Auflage: 1 500 000 Stück

Gültig bis 30.6.2002

Polen

2001, 5. Mai. Europa: Lebensspender Wasser. Odr. (5×4); Papier fl.; Sicherheitszähnung K 11½:11¼.

exn) In Wassertropfen gehüllte Erdkugel

3886	1.90 Zł mehrfarbig	exn	1,50	1,50
		FDC		2,—

Auflage: 500 000 Stück

Papier ph. = phosphoreszierendes Papier
Papier fl. = fluoreszierendes Papier

Portugal

2001, 9. Mai. Europa: Lebensspender Wasser. Odr. (5×10); gez. K 12:11¾.

ccu) Leben im Wasser (Fische)

2503	105 E / 0.52 € mehrfarbig	ccu	2,—	2,—
		FDC		2,50

Blockausgabe mit 3 × MiNr. 2503

Block 168	(140×110 mm)	ccv	6,50	6,50
		FDC		7,50

Auflagen: MiNr. 2503 = 500 000 Stück, Bl. 168 = 90 000 Blocks

Gültig bis 31.12.2006

Portugal – Azoren

2001, 9. Mai. Europa: Lebensspender Wasser. Odr. (5×10); gez. K 12:11¾.

gg) Leben über Wasser (bewaldete Inseln)

478	105 E / 0.52 € mehrfarbig	gg	2,—	2,—
		FDC		2,50

Blockausgabe mit 3 × MiNr. 478

Block 21	(140×110 mm)	gh	6,—	6,—
		FDC		6,50

Auflagen: MiNr. 478 = 500 000 Stück, Bl. 21 = 90 000 Blocks

Gültig bis 31.12.2006

Portugal – Madeira

2001, 9. Mai. Europa: Lebensspender Wasser. Odr. (5×10); gez. K 12:11¾.

go) Wasser in der Atmosphäre (symbolische Darstellung)

212	105 E / 0.52 € mehrfarbig	go	2,—	2,—
		FDC		2,50

Blockausgabe mit 3 × MiNr. 212

Block 23	(140×110 mm)	gp	6,—	6,—
		FDC		6,50

Auflagen: MiNr. 212 = 500 000 Stück, Bl. 23 = 90 000 Blocks

Gültig bis 31.12.2006

Rumänien

2001, 4. Mai. Europa: Lebensspender Wasser. RaTdr. (4×3); gez. K 13½.

hhm) Erdkugel mit einem Bäumchen, Wassertropfen im Hintergrund

5573	13 000 L mehrfarbig	hhm	2,—	2,—
		FDC		3,—
		Kleinbogen	18,—	18,—

MiNr. 5573 wurde im Kleinbogen zu 8 Marken und 4 Zierfeldern (Feld 1, 7, 10 und 12) gedruckt.

Auflage: 150 000 Stück

Gültig bis 30.6.2005

Russland

2001, 9. Mai. Europa: Lebensspender Wasser. Odr., Bogen (4×7) und Kleinbogen (2×3); gez. K 11¾.

agm) Insel Olchon, Baikalsee

910	8.00 (R) mehrfarbig . . . . agm		1,50	1,20
		FDC		1,80
		Kleinbogen	10,—	10,—
		PP	8,—	

Auflage: 780 000 Stück, davon 480 000 im Kleinbogen und 3000 in Präsentationspackung

San Marino

2001, 17. April. Europa: Lebensspender Wasser. Odr. (5×4); gez. K 13¼:13.

bor) Wald, mit Wasser gefüllter Tresor

bos) Gebirgslandschaft, geöffneter Wasserhahn

1950	800 (L) / 0.41 € mehrfarbig . . . . . bor	1,20	1,20
1951	1200 (L) / 0.62 € mehrfarbig . . . . . bos	1,80	1,80
	Satzpreis (2 W.)	3,—	3,—
	FDC		4,—

Auflage: 130 000 Sätze

Schweden

2001, 22. März. Europa: Lebensspender Wasser. Odr.; dreiseitig gez. K 12¾.

bzu
bzv
bzw
bzx

bzu, bzw) Karte der schwedischen Gewässer
bzv, bzx) Schiffe in der Schleuse des Trollhättakanals

2232	7 Kr mehrfarbig (⌧) . . . . bzu	2,—	2,—
2233	7 Kr mehrfarbig (⌧) . . . . bzv	2,—	2,—
2234	7 Kr mehrfarbig (⌧) . . . . bzw	2,—	2,—
2235	7 Kr mehrfarbig (⌧) . . . . bzx	2,—	2,—
	Satzpreis (4 W.)	8,—	8,—
	FDC		9,—

MH 276	(Nominale 28 Kr)	8,50	
H-Blatt 303	mit MiNr. 2232–2235	8,—	8,—

Schweiz

2001, 9. Mai. Europa: Lebensspender Wasser. Odr. (5×10); gez. K 13¼:13½.

boa) Wasserfontänen

1757	90 (C) mehrfarbig . . . . boa	1,60	1,20
	FDC		2,20

Auflage: 4 400 000 Stück

Slowakei

2001, 5. Mai. Europa: Lebensspender Wasser. StTdr. (2×5); gez. K 11¾.

mt) Studenovodský-Wasserfall in der Hohen Tatra

394	18 Sk mehrfarbig . . . . mt	1,30	1,30
	FDC		2,60
	Kleinbogen	13,—	13,—

Auflage: 359 127 Stück

Slowenien

2001, 23. Mai. Europa: Lebensspender Wasser. Odr. (3×3); gez. K 14.

og) Brunnen „Gospodična“, Uskoken-Gebirge

356	107 (T) mehrfarbig . . . . og	2,50	2,50
	FDC		3,—
	Kleinbogen	20,—	20,—

MiNr. 356 wurde im Kleinbogen zu 8 Marken und 1 Zierfeld (Feld 8) gedruckt.

Auflage: 180 000 Stück

Gültig bis 31.12.2007

Spanien

2001, 9. Mai. Europa: Lebensspender Wasser. RaTdr. (10×5); Papier ph.; gez. K 14:13¾.

dsi) Wasserlauf im Innenhof des Generalife-Palastes, Granada

3629	75 (Pta) / 0.45 € mehrfarbig . . . . . . dsi	1,50	1,50
	FDC		2,—

Auflage: 2 000 000 Stück

Tschechische Republik

2001, 9. Mai. Europa: Lebensspender Wasser. Komb. StTdr. und RaTdr. (2×4); Papier ph.; gez. K 11¾:11¼.

mn) Fischteich Rožmberk bei Třeboň (Wittingau)

289	9 Kč mehrfarbig . . . . mn	1,—	1,—
	FDC		1,50
	Kleinbogen	8,—	8,—

Auflage: 1 416 000 Stück

Türkei

2001, 5. Mai. Europa: Lebensspender Wasser. Odr. (10×10); gez. K 13.

cfc) Düdenbaşı-Wasserfälle

cfd) Yerköprü-Wasserfälle

3260	450 000 L mehrfarbig . . . . cfc	2,20	2,—
3261	500 000 L mehrfarbig . . . . cfd	2,30	2,—
	Satzpreis (2 W.)	4,50	4,—
	FDC		5,—

Auflage: 600 000 Sätze

Türkisch-Zypern*

2001, 31. Mai. Europa: Lebensspender Wasser. Odr. (8×5); Wz. 1; gez. K 13¾.

ww) Değirmenlik-Stausee

wx) Sinar-Wasserfall

538	200 000 L	mehrfarbig	ww	1,50	1,50
539	500 000 L	mehrfarbig	wx	3,50	3,50
		Satzpreis (2 W.)		5,—	5,—
		FDC			7,—

Auflage: 70 000 Sätze

Ukraine

2001, 27. April. Europa: Lebensspender Wasser. Odr. (1×3 Zd); Papier fl.; gez. K 13½.

ri

rk

ri–rk) Große Meergrundeln (Gobius cobitis) und Medusen (Rhizostoma pulmo)

444	1.00 (G)	mehrfarbig	ri	1,50	1,50
445	1.00 (G)	mehrfarbig	rk	1,50	1,50
		Satzpreis (Paar)		3,50	3,50
		FDC			4,—
		Kleinbogen		12,—	12,—

Auflage: 300 000 Sätze

Ungarn

2001, 9. Mai. Europa: Lebensspender Wasser. Odr. (10×5); gez. K 12.

gvs) Wassergefüllte Schatulle

gvt) Wassergefüllte Bonbonniere

4674	36 Ft	mehrfarbig	gvs	0,70	0,70
4675	90 Ft	mehrfarbig	gvt	1,80	1,80
		Satzpreis (2 W.)		2,50	2,50
		FDC			3,50

Auflage: 300 000 Sätze

Vatikanstadt

2001, 22. Mai. Europa: Lebensspender Wasser. Odr. (5×2); gez. K 13½:13¼.

axc) Hände schöpfen Wasser aus Erdkugel

axd) Hand fängt Regentropfen auf

1372	800 (L) / 0.41 €	mehrfarbig	axc	1,40	1,20
1373	1200 (L) / 0.62 €	mehrfarbig	axd	2,80	1,80
		Satzpreis (2 W.)		4,20	3,—
		FDC			4,—
		Kleinbogensatz (2 Klb.)		42,—	35,—

Auflage: 450 000 Sätze

Weißrussland

2001, 4. Mai. Europa: Lebensspender Wasser. Odr. (4×2); gez. K 13¾:13½.

om) Pripjat-Nationalpark

on) Narotschanski-Nationalpark

409	400 (R)	mehrfarbig	om	1,50	1,50
410	1000 (R)	mehrfarbig	on	5,50	5,50
		Satzpreis (2 W.)		7,—	7,—
		2 FDC			8,—
		Kleinbogensatz (2 Klb.)		60,—	60,—

Auflagen: MiNr. 409 = 192 000, MiNr. 408 = 96 000 Stück

Zypern

2001, 3. Mai. Europa: Lebensspender Wasser. Odr., Bogen (4×4) und Markenheftchen; gez. K 13:13¼.

aic) Fluss Diarizos

aid) Fluss Akaki

976	20 (C)	mehrfarbig	aic	1,20	1,20
977	30 (C)	mehrfarbig	aid	1,80	1,80
		Satzpreis (2 W.)		3,—	3,—
		FDC			4,—

MH 2	(Nominale 2 £)	15,—	
H-Blatt 2	mit 4 × MiNr. 976–977	13,—	13,—

MiNr. 976–977 wurden auch zusammenhängend im Markenheftchen (MH 2) ausgegeben.

Auflagen: MiNr. 976 = 380 000, MiNr. 977 = 280 000 Stück, davon jeweils 80 000 Stück im Markenheftchen

2002

Albanien

2002, 1. Mai. Europa: Zirkus. Odr. (5×2); gez. K 13:13¾.

cyl) Drahtseilakt

cym) Jongleure

cyn) Bodenakrobatik

2866	40 L	mehrfarbig	cyl	0,80	0,80
2867	90 L	mehrfarbig	cym	1,70	1,70
2868	220 L	mehrfarbig	cyn	5,—	5,—
		Satzpreis (3 W.)		7,50	7,50
		FDC			8,50
		Kleinbogensatz (3 Klb.)		75,—	75,—

Blockausgabe, gez. Ks 13¾

cyo) Der Zirkus; Gemälde von Georges Seurat (1859–1891), französischer Maler

cyp

2869	350 L	mehrfarbig	cyo	9,—	9,—
Block 138	(60×80 mm)		cyp	10,—	10,—
			FDC		11,—

Auflagen: MiNr. 2866–2868 = 80 000 Sätze, Bl. 138 = 50 000 numerierte Blocks

Andorra (Französische Post)

2002, 10. Mai. Europa: Zirkus. Odr. (10×5); gez. K 13¼:13.

px) Clowns

590	0.46 €	mehrfarbig	px	3,—	3,—
			FDC		5,—

Auflage: 152 270 Stück

Andorra (Spanische Post)

2002, 9. Mai. Europa: Zirkus. RaTdr. (5×10); Papier ph.; gez. K 13¾.

iu) Seiltänzer

290	0.50 €	mehrfarbig	iu	*15,—*	*8,—*
			FDC		*8,—*

Auflage: 300 000 Stück

Armenien

2002, 30. Juli. Europa: Zirkus. Odr. (5×2); gez. K 14¼:15.

mx) Vögel, Spielkarten, Bänder und Bälle entströmen einem Zylinderhut

my) Jongleur mit Ringen im Clownskostüm

464	70 (D)	mehrfarbig	mx	0,50	0,50
465	500 (D)	mehrfarbig	my	3,50	3,50
			Satzpreis (2 W.)	4,—	4,—
			FDC		5,—
			Kleinbogensatz (2 Klb.)	40,—	40,—

Auflage: 50 000 Sätze

Aserbaidschan

2002, 11. März. Europa: Zirkus. Odr., Kleinbogen (5×2); A = vierseitig gez. K 13½, B = ☐.

so) Artisten, Musiker, Gewichtheber

sp) Jongleur auf Pferderücken, Trapezartist

513 A	1000 M	mehrfarbig	so	1,50	1,50
514 A	3000 M	mehrfarbig	sp	5,—	5,—
			Satzpreis A (2 W.)	6,50	6,50
			FDC A		7,—
			Kleinbogensatz A (2 Klb.)	65,—	65,—
			Satzpreis B (2 W.)	—,—	—,—
			Kleinbogensatz B (2 Klb.)	—,—	—,—

Markenheftchen (2×2), D = dreiseitig gez. K 13½

513 D	1000 M	mehrfarbig (⧉, ⧉)	so	1,50	1,50
514 D	3000 M	mehrfarbig (⧉, ⧉)	sp	5,—	5,—
			Markenheftchen D	13,—	
			Markenheftchenbogen D	26,—	26,—
			Markenheftchenbogen B	—,—	—,—

MiNr. 513 D–514 D wurden schachbrettartig zusammenhängend im Viererblock gedruckt. Der Markenheftchenbogen enthält zwei Viererblocks im Kehrdruck.

Auflagen: MiNr. 513 A–514 A = 50 000, MiNr. 513 D–514 D = 60 000 Sätze

Belgien

2002, 4. Mai. Europa: Zirkus. RaTdr. (2×5); Papier ph.; gez. K 11½.

del) Zirkusdirektor und Clown vor Zirkuszelt; Zeichnung von Maarten Verhaegen (11 J.)

3119	0.52 (€)	mehrfarbig	del	2,50	2,—
			FDC		5,50
			Kleinbogen	25,—	25,—

Auflage: 576 480 Stück

Bosnien und Herzegowina

2002, 20. April. Europa: Zirkus. Odr. (5×2); gez. K 14.

lg) Clown

265	2.50 (M) / 1.25 €	mehrfarbig	lg	3,—	3,—
			FDC		4,50
			Kleinbogen	30,—	30,—

Auflage: 100 000 Stück

Bosnien und Herzegowina (Kroatische Post Mostar)*

2002, 5. April. Europa: Zirkus. Odr. (3×3); gez. K 14.

co) Clown und Löwe

cp) Clowns vor Zirkuszelt

88	0.80 (M)	mehrfarbig	co	1,50	1,50
89	1.50 (M)	mehrfarbig	cp	2,80	2,80
			Satzpreis (2 W.)	4,30	4,30
			FDC		6,—
			Kleinbogensatz (2 Klb.)	43,—	43,—

Auflage: 50 000 Sätze

Bosnien und Herzegowina (Serbische Republik)*

2002, 30. April. Europa: Zirkus. Odr., Kleinbogen (3×3); A = vierseitig gez. K 13¾.

hw) Pferdedressur, Clown

hx) Elefantendressur

241 A	1.00 (M)	mehrfarbig	hw	1,50	1,50
242 A	1.50 (M)	mehrfarbig	hx	2,—	2,—
		Satzpreis A (2 W.)		3,50	3,50
		FDC A			5,50
		Kleinbogensatz A (2 Klb.)		35,—	35,—

Markenheftchen (3×2), D = dreiseitig gez. K 13¾

241 D	1.00 (M)	mehrfarbig (⌧)	hw	2,50	2,50
242 D	1.50 (M)	mehrfarbig (⌧)	hx	3,50	3,50
		Satzpreis D (2 W.)		6,—	6,—
		FDC D			7,—

H-Blatt 5	mit 3 × MiNr. 241 D–242 D	18,—	18,—
MH 5	mit 1 × H-Blatt 5	20,—	

MiNr. 241 A–242 A haben einen weißen, MiNr. 241 D–242 D einen farbigen Markenrand.

MiNr. 241 A–242 A wurden jeweils im Kleinbogen zu 8 Marken und 1 Zierfeld (Feld 5) gedruckt.

Auflagen: MiNr. 241 A–242 A = 55 000 Sätze, MH 5 = 18 000 Markenheftchen

Bulgarien

2002, 22. März. Europa: Zirkus. Odr.; Bogen (5×10) und Markenheftchen (5×1); Papier fl.; gez. K 13.

gkl) Elefantendressur

gkm) Clown

4550	0.25 L	mehrfarbig	gkl	0,70	0,60
4551	0.65 L	mehrfarbig	gkm	1,80	1,50
		Satzpreis (2 W.)		2,50	2,—
		FDC			3,20
		Markenheftchen		15,—	

Die Markenheftbögen weisen eine Bogenrandbedruckung auf.

Auflage: 250 000 Sätze, davon 40 000 im Markenheftchen

Gültig bis 2.1.2005

Dänemark

2002, 15. Mai. Europa: Zirkus. Odr., Bogen (8×5) und Markenheftchen (2×5); Papier fl.; gez. K 13¼:13.

akv) Clown; Zeichnung von Luna Østergård (9 J.)

akw) Clown; Zeichnung von Camille Wagner Larsen (12 J.)

1310	4.00 (Kr)	mehrfarbig	akv	1,10	1,10
1311	5.00 (Kr)	mehrfarbig	akw	1,40	1,40
		Satzpreis (2 W.)		2,50	2,50
		FDC			3,—
		Markenheftchen mit 10 × MiNr. 1310		11,—	

MH 64	(Nominale 50 Kr)	14,—	
H-Blatt 70	mit MiNr. 1311 und Zf 1	7,—	7,—

P 323	Sechs verschiedene Sonderpostkarten mit MiNr. 1310 als Wertstempel ... je	2,—	2,—

Dänemark – Färöer

2002, 8. April. Europa: Zirkus. Odr. (4×5); gez. K 13¼:13½.

se) Drei Clowns; Zeichnung von Anna Katrina Olsen (13 J.)

sf) Zirkusvorstellung; Zeichnung von Sára Zachariasardóttir (13 J.)

423	6.50 (Kr)	mehrfarbig	se	2,—	1,80
424	8.00 (Kr)	mehrfarbig	sf	2,50	2,20
		Satzpreis (2 W.)		4,50	4,—
		FDC			4,50

Dänemark – Grönland

2002, 24. Juni. Europa: Zirkus. Odr. (5×10); Papier fl.; gez. K 12¾.

nc) Clown und Mädchen

385	11 Kr	mehrfarbig	nc	3,50	3,50
		FDC			5,—

Auflage: 201 951 Stück

Deutschland

2002, 2. Mai. Europa: Zirkus. Odr. (5×2); Papier fl.; gez. K 13¼.

cnz) Lachender Clown

2252	56 (C)	mehrfarbig	cnz	1,10	1,—
		FDC			1,80
		ETB 16/2002			1,30
		Kleinbogen		11,—	10,—

Auflage: 130 000 000 Stück, davon 200 000 auf ETB

2002, 4. Juli. Europa: Zirkus. Odr., Folienstreifen (1×5) aus Rolle (100); selbstklebend; Papier fl.; gestanzt 11.

cnz) Lachender Clown

2272	56 (C)	mehrfarbig	cnz	2,40	2,40
		FDC			4,50
		Fünferstreifen		15,—	
2272 U		ungestanzt		—,—	

Auf der Trägerfolie befindet sich rückseitig bei jeder 5. Marke eine Zählnummer.

Auflage: 38 578 000 Stück

Estland

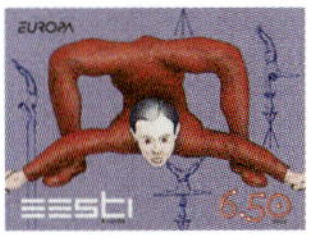

2002, 9. Mai. Europa: Zirkus. Odr. (4×2); gez. K 12¾:13.

lx) Kontorsionist

437	6.50 (Kr)	mehrfarbig	lx	1,50	1,50
		FDC			2,50
		Kleinbogen		12,—	12,—

Auflage: 256 000 Stück

Finnland

2002, 15. April. Europa: Zirkus. Odr. (5×2); gez. K 13.

bha) Pferdedressur, Artistin am Trapez

1623	0.60 €	mehrfarbig . . . . bha		1,50	1,50
			FDC		2,—
			Kleinbogen	15,—	15,—

Auflage: 2 000 000 Stück

Finnland – Åland

2002, 3. Mai. Europa: Zirkus. Odr. (3×5 + 3×5); gez. K 13¼.

hm) Elefantendressur

208	0.40 €	mehrfarbig GA . . . . hm		1,—	1,—
			FDC		2,—

Zwischenstegpaar:

208 ZW	. . . . 1 Paar	2,50	2,50

Auflage: 400 000 Stück

Frankreich

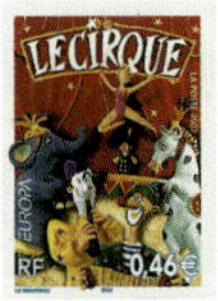

2002, 2. März. Europa: Zirkus. RaTdr. (10×5); Papier ph.; gez. K 13½:13¼.

dyl) Clowns, Artistin, Elefant, Pferd

3603	0.46 €	mehrfarbig . . . . dyl		1,50	1,50
			FDC		3,—
			ETB		10,—

Auflage: 9 988 558 Stück

Georgien

2002, 22. März. Europa: Zirkus. Odr., Kleinbogen (5×2); A = vierseitig gez. K 13¾:13½.

ol) Balance-Artist

om) Zirkuspalast, Tiflis

397 A	40 (T)	mehrfarbig . . . . ol		1,50	1,50
398 A	80 (T)	mehrfarbig . . . . om		3,50	3,50
			Satzpreis A (2 W.)	5,—	5,—
			Kleinbogensatz A (2 Klb.)	50,—	50,—

Markenheftchen (2×2), D = dreiseitig gez. K 13¾:13½

397 D	40 (T)	mehrfarbig (⊞ ⊞) . . . . ol		2,50	2,50
398 D	80 (T)	mehrfarbig (⊞ ⊞) . . . . om		5,—	5,—
			Markenheftchen D	15,—	
			Markenheftchenbogen D	30,—	30,—

MiNr. 397 D–398 D wurden schachbrettartig zusammenhängend im Viererblock gedruckt. Der Markenheftchenbogen enthält 2 Viererblocks im Kehrdruck.

Gibraltar*

2002, 4. März. Europa: Zirkus. Odr. (2×5); gez. K 13¼:13.

ant) Joseph „Joey“ Grimaldi (1778–1831)

anu) Grock, eigentl. Karl Adrian Wettach (1880–1959)

anv) Nicholai Polakovs Obe (1900–1974)

anw) Hubert Jean Charles Cairoli (1910–1980)

1002	30 P	mehrfarbig . . . . ant		1,50	1,50
1003	40 P	mehrfarbig . . . . anu		2,—	2,—
1004	42 P	mehrfarbig . . . . anv		2,—	2,—
1005	54 P	mehrfarbig . . . . anw		2,50	2,50
			Satzpreis (4 W.)	8,—	8,—
			FDC		10,—
			Kleinbogensatz (4 Klb.)	80,—	80,—

Griechenland

2002, 9. Mai. Europa: Zirkus. Odr., Bogen (B) (2×4 Zd) und Markenheftchen (MH); A = vierseitig gez. K 13¼:13¾, C = senkrecht gez. 13¼.

bug) Elefantendressur

buh) Kunstreiter

2110	0.60 €	mehrfarbig . . . . bug			
A		vierseitig gez. (B)		2,—	1,50
C		senkrecht gez. (MH)		2,50	1,50
2111	2.60 €	mehrfarbig . . . . buh			
A		vierseitig gez. (B)		7,—	5,50
C		senkrecht gez. (MH)		7,50	5,50
			Satzpreis A (Paar)	9,—	7,—
			FDC		8,—
			Satzpreis C (2 W.)	10,—	7,—

MH 24	(Nominale 6.40 €)	22,—	
H-Blatt 24	mit 2 × MiNr. 2110 C–2111 C	20,—	20,—

Auflagen: MiNr. 2110 A = 505 096, MiNr. 2111 A = 504 004 Stück, MiNr. 2110 C–2111 C = 119 276 Sätze

Großbritannien

2002, 9. April. Europa: Zirkus. RaTdr. (5×10 + 5×10); Papier ph.; gez. K 14¼:14½.

bsi) Dompteur

bsk) Kunstradartisten

2004	1st	mehrfarbig . . . . bsi		1,20	1,20
2005	E	mehrfarbig . . . . bsk		1,80	1,80
			Satzpreis (2 W.)	3,—	3,—
			FDC		4,—

Zwischenstegpaare:

2004 ZW–2005 ZW	. . . . 2 Paare	5,50	5,50
2004 U	ungezähnt	*1600,—*	
2005 U	ungezähnt	*1800,—*	

Nominalen zur Zeit der Ausgabe: MiNr. 2004 = 27 P, MiNr. 2005 = 37 P

MiNr. 2004–2005 stammen aus dem Satz MiNr. 2003–2007.

Großbritannien – Guernsey

2002, 6. Febr. Europa: Zirkus. Odr. (2×5); gez. K 14¾:14½.

anz) Clowns

aoa) Trapezkünstler

914	27 (P)	mehrfarbig	anz	1,—	1,—
915	36 (P)	mehrfarbig	aoa	1,40	1,40
			Satzpreis (2 W.)	2,40	2,40
			FDC		3,—
			Kleinbogensatz (2 Klb.)	24,—	24,—

MiNr. 914–915 stammen aus dem Satz MiNr. 913–918.

Großbritannien – Isle of Man

2002, 5. Nov. Europa: Zirkus. Odr., Bogen (5×8) und Kleinbogen (5×2); gez. K 14:14½.

aua) Clown

1026	37 (P)	mehrfarbig	aua	1,20	1,20
			FDC		4,50
			Kleinbogen	12,—	12,—

MiNr. 1026 stammt aus dem Satz MiNr. 1024–1028.

Großbritannien – Jersey

2002, 12. März. Europa: Zirkus. Odr. (5×2); gez. K 13¾.

asy) Dummer August (1996)

asz) Weißclown (1988)

asy–asz) Umzugswagen auf dem Blumenfestival „Battle of Flowers“

1020	29 P	mehrfarbig	asy	1,—	1,—
1021	38 P	mehrfarbig	asz	1,30	1,30
			Satzpreis (2 W.)	2,30	2,30
			FDC		3,—
			Kleinbogensatz (2 Klb.)	23,—	23,—

MiNr. 1020–1021 stammen aus dem Satz MiNr. 1019–1022.

Irland

2002, 14. Mai. Europa: Zirkus. Odr. (2×5); Papier ph.; gez. K 14¾:14.

aui) Clown

auk) Kunstreiterin

1432	41 C	mehrfarbig	aui	1,20	1,20
1433	44 C	mehrfarbig	auk	1,30	1,30
			Satzpreis (2 W.)	2,50	2,50
			FDC		3,—
			Kleinbogensatz (2 Klb.)	25,—	25,—

Auflagen: MiNr. 1432 = 1 000 000, MiNr. 1433 = 500 000 Stück

2002, 14. Mai. Europa: Zirkus. Odr., Rolle (100) und Folienstreifen (2); Papier ph.; selbstklebend; wellenförmig gestanzt.

auk I) Kunstreiterin

1434	41 C	mehrfarbig	auk I	1,50	1,50
1435	41 C	mehrfarbig	aui I	1,50	1,50
			Satzpreis (2 W.)	3,—	3,—
			FDC		3,50
			Folienstreifen	3,—	

MiNr. 1434–1435 wurden abwechselnd in der Rolle gedruckt.

Island

2002, 9. Mai. Europa: Zirkus. Odr., Kleinbogen (2×5) und Markenheftchen (5×2); gez. K 13:13¼.

agg) Jonglierender Clown, Artisten am Trapez

agh) Stabpuppe, Löwendressur

1009	60.00 (Kr)	mehrfarbig	agg	1,50	1,50
1010	85.00 (Kr)	mehrfarbig	agh	2,—	2,—
			Satzpreis (2 W.)	3,50	3,50
			FDC		4,—
			Kleinbogensatz (2 Klb.)	35,—	35,—
			2 Markenheftchen	35,—	

Auflagen: MiNr. 1009 = 330 000 Stück, davon 180 000 im Markenheftchen, MiNr. 1010 = 400 000 Stück, davon 150 000 im Markenheftchen

Italien

2002, 4. Mai. Europa: Zirkus. RaTdr. (5×10); Papier fl.; gez. K 14:13¼.

cva) Jonglierender Clown, Seiltänzerin, Artistin am Trapez, Elefant

2842	0.41 €	mehrfarbig	cva	1,50	1,50
			FDC		2,50

Auflage: 3 500 000 Stück

Jugoslawien

2002, 3. Mai. Europa: Zirkus. Odr. (3×3); gez. K 13¾.

deo) Artisten am Trapez

dep) Raubtierdressur

3076	28.70 (ND)	mehrfarbig	deo	5,—	5,—
3077	50 (ND)	mehrfarbig	dep	5,—	5,—
			Satzpreis (2 W.)	10,—	10,—
			FDC		13,—
			Kleinbogensatz (2 Klb.)	150,—	150,—

Blockausgabe

der) Pferdedressur

des

3078	45 (ND) mehrfarbig	der	—,—	—,—
Block 53	(85×73 mm)	des	45,—	45,—
		FDC		50,—

MiNr. 3076–3077 wurden jeweils im Kleinbogen zu 8 Marken und 1 Zierfeld (Feld 5) gedruckt.

Auflage: MiNr. 3076–3077 = 90 000 Sätze, Bl. 53 = 50 000 numerierte Blocks

Kroatien

2002, 9. Mai. Europa: Zirkus. Odr. (2×5 Zd); gez. K 14.

wm) Clown mit Schirm

610	3.50 (K) mehrfarbig	wm	1,20	1,20
611	5.00 (K) mehrfarbig	wm	1,80	1,80
		Satzpreis (Paar)	3,—	3,—
		FDC		4,50

MiNr. 610–611 wurden waagerecht zusammenhängend gedruckt.

Auflage: 300 000 Sätze

Lettland

2002, 4. Mai. Europa: Zirkus. Odr. (5×2); gez. K 14.

nx) Clowns

568	60 (S) mehrfarbig	nx	3,—	3,—
		FDC		4,—
		Kehrdruckpaar	6,—	6,—
		Kleinbogen	30,—	30,—

MiNr. 568 in senkrechten Kehrdrucken gedruckt.

Auflage: 200 000 Stück

Liechtenstein

2002, 4. März. Europa: Zirkus. Komb. StTdr. und RaTdr. (5×4); gez. K 14¼:13¾.

azt) Seiltänzer

azu) Jonglierender Weißclown

azt–azu) Zeichnungen von Paul Flora (1922–2009), österreichischer Graphiker, Karikaturist und Illustrator

1283	90 (Rp) mehrfarbig	azt	1,80	1,50
1284	1.30 (Fr) mehrfarbig	azu	2,20	2,—
		Satzpreis (2 W.)	4,—	3,50
		FDC		5,—
		MK 200		6,—

Auflagen: MiNr. 1283 = 523 000, MiNr. 1284 = 263 000 Stück

Litauen

2002, 4. Mai. Europa: Zirkus. Odr. (5×2); gez. K 13¼:13.

se) Jonas Ramanauskas (1912–1996), Artist

792	1.70 L mehrfarbig	se	1,50	1,50
		FDC		2,50
		Kehrdruckpaar	3,—	3,—
		Kleinbogen	15,—	15,—

MiNr. 792 wurde reihenweise im Kehrdruck gedruckt.

Auflage: 500 000 Stück

Luxemburg

2002, 14. Mai. Europa: Zirkus. Odr. (4×5); gez. K 13½.

avz) Seiltänzerin

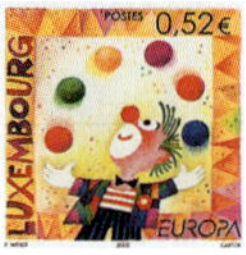

awa) Jonglierender Clown

1579	0.45 € mehrfarbig	avz	1,—	1,—
1580	0.52 € mehrfarbig	awa	1,50	1,50
		Satzpreis (2 W.)	2,50	2,50
		FDC		3,—

Auflage: 400 000 Sätze

Makedonien

2002, 9. Mai. Europa: Zirkus. Odr. (3×3); gez. K 14.

kh) Balanceakt, Rad auf dem Hochseil, Seelöwendressur

ki) Ball auf Hochseil, Fahrrad auf Podest

254	6 (D) mehrfarbig	kh	0,50	0,60
255	36 (D) mehrfarbig	ki	1,50	1,90
		Satzpreis (2 W.)	2,—	2,50
		FDC		3,50
		Kleinbogensatz (2 Klb.)	18,—	25,—

Malta

2002, 9. Mai. Europa: Zirkus. Odr. (5×2); gez. K 14.

ase) Clown

1216	16 C mehrfarbig	ase	1,20	1,20
		FDC		1,80
		Kleinbogen	12,—	12,—

P 42	Sonderpostkarte „RICCIONE 2002“ mit MiNr. 1216 als Wertstempel	3,—	3,—
P 45–47	Sonderpostkarten „Wahl von Maltas Europamarke 2002 zur schönsten Europamarke des Jahres“ mit MiNr. 1216 als Wertstempel . . . je	3,—	3,—

Moldawien

2002, 5. Mai. Europa: Zirkus. Odr., Kleinbogen (5×2); gez. K 14.

rd) Eingang zum Zentralzirkus, Chişinău

429	3 L mehrfarbig	rd	2,50	2,50
		FDC		3,50
		Kleinbogen	25,—	25,—

Markenheftchen (3×2)

MH 0-5	mit 6 × MiNr. 429 (aus Kleinbogen)	15,—

Auflagen: MiNr. 429 = 178 000 Stück, MH 0-5 = 12 000 Markenheftchen

Monaco

2002, 3. Mai. Europa: Zirkus. RaTdr. (5×2); gez. K 13¼.

cms) Weltkugel mit Clowngesicht und Hütchen, Elefantendressur, Zirkuszelt

cmt) Manege mit verschiedenen Artisten und Clowns

2600	0.46 € mehrfarbig	cms	1,30	1,30
2601	0.46 € mehrfarbig	cmt	1,30	1,30
		Satzpreis (2 W.)	2,50	2,50
		FDC		3,—
		Kleinbogensatz (2 Klb.)	25,—	25,—

Niederlande

2002, 11. Juni. Europa: Zirkus. Odr. (1×3 Zd); Papier ph.; gez. K 14½:14¾.

brp) Zirkuszelt, Löwen

brr) Verschiedene Zirkusattraktionen

2011	0.54 € mehrfarbig	brp	1,50	1,50
2012	0.54 € mehrfarbig	brr	1,50	1,50
		Satzpreis (2 W.)	3,—	3,—
		Kehrdruckpaar	3,50	3,50
		FDC		5,—
		Kleinbogen	11,—	11,—

MiNr. 2011–2012 wurden zusammenhängend im Kleinbogen zu 3 Kehrdruckpaaren gedruckt.

Auflage: 2 250 000 Sätze

Norwegen

2002, 20. Sept. Europa: Zirkus. Odr. (8×5); gez. K 14¼:14¾.

atm) Jonglierender Clown auf Hochseil

atn) Elefantendressur

1446	5.50 (Kr) mehrfarbig	atm	2,—	2,—
1447	8.50 (Kr) mehrfarbig	atn	2,80	2,80
		Satzpreis (2 W.)	4,80	4,80
		FDC		5,50

Auflage: 1 500 000 Sätze

Österreich

2002, 3. Mai. Europa: Zirkus. RaTdr. (10×5); gez. K 13¾.

cdf) Weißclown mit maskiertem Affen, Tiger, Artisten am Trapez

2376	0.87 € mehrfarbig	cdf	2,—	2,—
		FDC		3,—

Vorlagedruck in Schwarz, mit dem Originaldruckstöckel gedruckt, □, auf Erläuterungsblatt geklebt .... 16,—

Auflage: 420 000 Stück

Polen

2002, 5. Mai. Europa: Zirkus. Odr. (2×3); Papier fl.; Sicherheitszähnung K 11¼:11½.

fbh) Zirkus mit Mona Lisa; Poster von Maciej Zdzieblan-Urbaniec (1925–2004)

3972	2 Zł mehrfarbig	fbh	2,—	1,50
		FDC		2,50
		Kleinbogen	12,—	9,—

Auflage: 2 400 000 Stück

Portugal

2002, 9. Mai. Europa: Zirkus. Odr. (5×10); A = gez. K 12:11¾.

cgt) Clown (stilisiert)

2593 A	0.54 € mehrfarbig	cgt	2,50	2,50
		FDC		3,—

Blockausgabe mit 3 × MiNr. 2593 C, C = gez. Ks 12½

2593 C	0.54 € mehrfarbig	cgt	2,50	2,50
Block 176	(140×110 mm)	cgu	8,—	8,—
		FDC		10,—

Auflagen: MiNr. 2593 A = 500 000 Stück, Bl. 176 = 90 000 Blocks

Gültig bis 31.1.2010

Portugal – Azoren

2002, 9. Mai. Europa: Zirkus. Odr. (5×10); A = gez. K 12:11¾, C = gez. Ks 12½.

go) Clown (stilisiert)

483 A	0.54 € mehrfarbig	go	2,50	2,50
		FDC		3,—

Blockausgabe mit 3 × MiNr. 483 C

483 C	0.54 € mehrfarbig	go	2,50	2,50
Block 23	(140×110 mm)	gp	8,—	8,—
		FDC		10,—

Auflagen: MiNr. 483 A = 500 000 Stück, Bl. 23 = 90 000 Blocks

Gültig bis 31.1.2010

Portugal – Madeira

2002, 9. Mai. Europa: Zirkus. Odr. (5×10); A = gez. K 12:11¾, C = gez. Ks 12½.

gw) Clown (stilisiert)

217 A	0.54 €	mehrfarbig	gw	2,50	2,50
			FDC		3,—

Blockausgabe mit 3 × MiNr. 217 C

217 C	0.54 €	mehrfarbig	gw	2,50	2,50
Block 25	(140×110 mm)		gx	8,—	8,—
			FDC		10,—

Auflagen: MiNr. 217 A = 500 000 Stück, Bl. 25 = 90 000 Blocks

Gültig bis 31.1.2010

Rumänien

2002, 9. Mai. Europa: Zirkus. RaTdr. (2×3); gez. K 13½.

hlk

hll

hlk–hll) Clowns

5657	17 500 L	mehrfarbig	hlk	2,—	2,—
5658	25 500 L	mehrfarbig	hll	3,—	3,—
			Satzpreis (2 W.)	5,—	5,—
			FDC		6,50
			Kleinbogensatz (2 Klb.)	30,—	30,—

Auflage: 348 000 Sätze

Gültig bis 30.6.2005

Russland

2002, 9. Mai. Europa: Zirkus. Odr., Bogen (6×6) und Kleinbogen (2×3); gez. K 12½:12.

akz) Zirkusdarbietungen

987	8.00 (R)	mehrfarbig	akz	2,—	1,50
			FDC		2,—
			Kleinbogen	12,—	9,—
			PP		5,—

Auflage: 720 000 Stück, davon 420 000 im Kleinbogen

San Marino

2002, 22. März. Europa: Zirkus. Odr. (5×4); gez. K 13¼:13.

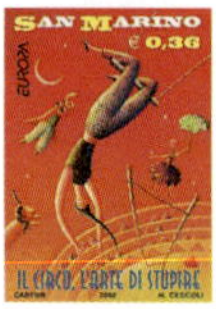
bsn

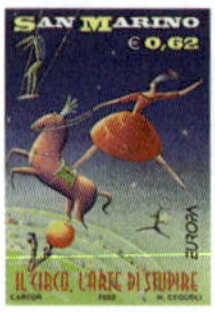
bso

bsn–bso) Zirkusartisten, Zuschauerränge, Manege

2018	0.36 €	mehrfarbig	bsn	6,—	3,—
2019	0.62 €	mehrfarbig	bso	16,—	13,—
			Satzpreis (2 W.)	22,—	16,—
			FDC		18,—

Auflagen: MiNr. 2018 = 500 000, MiNr. 2019 = 160 000 Stück

Schweden

2002, 2. Mai. Europa: Zirkus. Odr.; dreiseitig gez. K 12¾.

ccl) Charlie Rivel (1896–1983), spanischer Clown

ccm) Darbietung von „Clowns ohne Grenzen“

ccn) Luftballonnummer von „Cirkus Cirkör“

cco) Elefantendressur des Zirkus Scott

2295	8 Kr	mehrfarbig (⊏⊐)	ccl	2,—	1,80
2296	8 Kr	mehrfarbig (⊏⊐)	ccm	2,—	1,80
2297	8 Kr	mehrfarbig (⊏⊐)	ccn	2,—	1,80
2298	8 Kr	mehrfarbig (⊏⊐)	cco	2,—	1,80
			Satzpreis (4 W.)	8,—	7,—
			FDC		8,—

MH 286	(Nominale 32 Kr)	8,50	
H-Blatt 313	mit MiNr. 2295–2298	8,20	8,20

Schweiz

2002, 15. Mai. Europa: Zirkus. Odr. (4×4); gez. K 13¼:13½.

bpo) Clown

bpp) Clown

bpo–bpp) Gemälde von Hans Falk (1918–2002), Zeichner und Maler

1794	70 (C)	mehrfarbig	bpo	1,40	1,20
1795	90 (C)	mehrfarbig	bpp	1,60	1,30
			Satzpreis (2 W.)	3,—	2,50
			FDC		3,50

Auflagen: MiNr. 1794 = 6 700 000, MiNr. 1795 = 3 500 000 Stück

Slowakei

2002, 6. Mai. Europa: Zirkus. StTdr. (2×2 + 2×2); gez. K 11¾.

oc) Clown mit Trompete; Gemälde von Emil Bačík (1929–1999)

424	18 Sk	mehrfarbig	oc	2,—	2,—
			FDC		5,—
			Kleinbogen	16,—	16,—

Auflage: 320 000 Stück

Slowenien

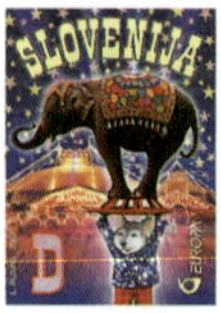

2002, 22. Mai. Europa: Zirkus. Odr. (3×3); gez. K 14.

rb) Elefantendressur, Zirkuszelt

403	D	mehrfarbig	rb	18,—	18,—
			FDC		20,—
			Kleinbogen	180,—	180,—

Nominale zur Zeit der Ausgabe: 107 T

MiNr. 403 wurde im Kleinbogen zu 8 Marken und 1 Zierfeld (Feld 8) gedruckt.

Auflage: 100 000 Stück

Spanien

2002, 9. Mai. Europa: Zirkus. RaTdr. (5×10); Papier ph.; gez. K 13¾:14.

dwu) Robbe; Zeichnung von Sara Blanco (*1983)

3741	0.50 € mehrfarbig	dwu	1,50	1,50
		FDC		2,—

Auflage: 1 200 000 Stück

Tschechische Republik

2002, 7. Mai. Europa: Zirkus. Komb. StTdr. und RaTdr. (2×4); Papier ph.; gez. K 11¾:11¼.

nt) Zirkuszelt, Clown, Löwe

319	9 Kč mehrfarbig	nt	1,20	0,60
		FDC		1,70
		Kleinbogen	10,—	8,—

Auflage: 600 000 Stück

Türkei

2002, 5. Mai. Europa: Zirkus. Odr. (10×10); gez. K 13¼.

cgx) Spaßmacher

3301	500 000 (L) mehrfarbig	cgx	2,50	2,—
		FDC		3,—

Auflage: 600 000 Stück

Türkisch-Zypern*

2002, 27. Mai. Blockausgabe: Europa – Zirkus. Odr.; Wz. 1; gez. K 13¾:14.

xu) Stelzenläufer

xv) Hochseilartistin

xw

560	600 000 L mehrfarbig	xu	2,50	2,50
561	600 000 L mehrfarbig	xv	2,50	2,50
Block 20	(78×72 mm)	xw	6,—	6,—
		FDC		9,—

Auflage: 70 000 Blocks

Ukraine

2002, 4. April. Blockausgabe: Europa – Zirkus. Odr.; Papier fl.; gez. K 11½.

ty

tw) Tiger

tx) Löwe

499	1.75 (G) mehrfarbig	tw	2,—	2,—
500	1.75 (G) mehrfarbig	tx	2,—	2,—
Block 35	(106×70 mm)	ty	4,—	4,—
		FDC		4,50
		Markenheftchen	80,—	

Das Markenheftchen enthält ein Heftchenblatt (1 × MiNr. 499–500), das sich vom Block durch linksseitige Perforation und zusätzlichen Rand unterscheidet.

Auflagen: 150 000 Blocks und 5000 Markenheftchen

Ungarn

2002, 9. Mai. Europa: Zirkus. Odr. (4×4); gez. K 11½:11¼.

gyg) Elefant

4727	62 Ft mehrfarbig	gyg	1,50	1,50
		FDC		2,50
		Kehrdruckpaar	3,—	3,—

MiNr. 4727 wurde schachbrettartig im Kehrdruck gedruckt.

Auflage: 500 000 Stück

Vatikanstadt

2002, 13. Juni. Europa: Zirkus. RaTdr. (2×5); gez. K 13¼.

ayz) Christus und der Zirkus

aza) Christus und der Zirkus (Detail)

ayz–aza) Gemälde von Aldo Carpi (1886–1973)

1415	0.41 € mehrfarbig	ayz	1,20	1,—
1416	0.62 € mehrfarbig	aza	2,—	1,50
		Satzpreis (2 W.)	3,20	2,50
		FDC		3,50
		Kleinbogensatz (2 Klb.)	32,—	25,—

Auflage: 400 000 Sätze

Die Preise von Einheiten (z. B. Markenheftchen, H-Blätter, Zusammendrucke, Rollenmarkenstreifen) müssen nicht der Summe der Einzelpreise entsprechen.

Weißrussland

2002, 30. April. Europa: Zirkus. Odr. (4×2); Aufdruck fl.; gez. K 13¾:13½.

pw) Clown

px) Zirkuspferd

447	400 (R) mehrfarbig	pw	1,20	1,10
448	500 (R) mehrfarbig	px	1,30	1,10
		Satzpreis (2 W.)	2,50	2,20
		2 FDC		3,—
		Kleinbogensatz (2 Klb.)	20,—	18,—

Auflage: 200 000 Sätze

Zypern

2002, 9. Mai. Europa: Zirkus. Odr., Bogen (5×4) und Markenheftchen; gez. K 13¼:13.

ais) Kunstreiterin

ait) Seiltänzer

990	20 (C) mehrfarbig	ais	0,80	0,80
991	30 (C) mehrfarbig	ait	1,20	1,80
		Satzpreis (2 W.)	2,—	2,—
		FDC		3,—

MH 3	(Nominale 2 £)	8,50	
H-Blatt 3	mit MiNr. 990–991	8,—	8,—

MiNr. 990–991 wurden auch zusammenhängend im Markenheftchen (MH 3) ausgegeben.

Auflage: 300 000 Sätze, davon 100 000 im Markenheftchen

2003

Albanien

2003, 30. April. Europa: Plakatkunst. Odr. (5×2); gez. K 14.

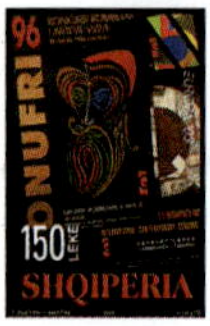

dbh

dbi

dbh–dbk) Plakate für künstlerische Ereignisse der letzten 10 Jahre

2928	150 L mehrfarbig	dbh	3,50	3,50
2929	200 L mehrfarbig	dbi	4,50	4,50
		Satzpreis (2 W.)	8,—	8,—
		FDC		9,—
		Kleinbogensatz (2 Klb.)	80,—	80,—

Blockausgabe, gez. Ks 14

dbk

dbl

2930	350 L mehrfarbig	dbk	7,50	7,50
Block 145	(80×61 mm)	dbl	8,—	8,—
		FDC		10,—

Auflagen: MiNr. 2928–2929 = 80 000 Sätze, Bl. 145 = 50 000 Blocks

Andorra (Französische Post)

2003, 17. Mai. Europa: Plakatkunst. Odr. (10×5); Papier ph.; gez. K 13¼:13.

ri) Werbeplakat zum Volks- und Landwirtschaftsfest in Andorra la Vella

601	0.46 € mehrfarbig	ri	3,—	2,20
		FDC		3,50

Auflage: 112 266 Stück

Andorra (Spanische Post)

2003, 24. April. Europa: Plakatkunst. RaTdr. (10×5); Papier ph.; gez. K 13¾.

kf) Plakat zum Volks- und Landwirtschaftsfest in Andorra la Vella

301	0.76 € mehrfarbig	kf	2,—	2,—
		FDC		2,50

Auflage: 300 000 Stück

Armenien

2003, 24. Juni. Europa: Plakatkunst. Odr., Kleinbogen (5×2) und Markenheftchen (2×4); gez. K 13¾:13½.

nm) „Vorsicht, zerbrechlich!“ (Sanduhr mit Landschaft); von Artak Bagdassaryan

nn) „Armenien, unsere Heimat“ (historische Ornamente, Granatäpfel); von Karen Kojoyan

477	170 (D) mehrfarbig	nm	2,—	2,—
478	250 (D) mehrfarbig	nn	2,50	2,50
		Satzpreis (2 W.)	4,50	4,50
		FDC		5,—
		Kleinbogensatz (2 Klb.)	45,—	45,—
		Markenheftchen	18,—	

Markenfolge im H-Blatt: 477-477, 477-477, 478-478, 478-478

Auflage: MiNr. 477–478 = 50 000 Sätze und 14 000 Markenheftchen

Aserbaidschan

2003, 12. März. Europa: Plakatkunst. Odr., Kleinbogen (2×5); A = vierseitig gez. K 13½:13¾, B = □.

ua) „Stoppt Terrorismus!“ – Hand zerschneidet Zündschnur zu Dynamitstangen, Schlossfassade, brennende Ruine

ub) „Sport bedeutet Gesundheit für die Nation“ – Volleyball, Boxen, Ringen

543 A	1000 M	mehrfarbig	ua	1,50	1,50
544 A	3000 M	mehrfarbig	ub	4,—	4,—
			Satzpreis A (2 W.)	5,50	5,50
			FDC A		6,—
			Kleinbogensatz A (2 Klb.)	55,—	55,—
			Satzpreis B (2 W.)	—,—	—,—
			Kleinbogensatz B (2 Klb.)	—,—	—,—

Markenheftchen (2×2), D = dreiseitig gez. K 13½:13¾

543 D	1000 M	mehrfarbig (□, □)	ua	1,50	1,50
544 D	3000 M	mehrfarbig (□, □)	ub	4,—	4,—
			Markenheftchen D	11,—	
			Markenheftchenbogen D	22,—	22,—
			Markenheftchenbogen B	—,—	—,—

MiNr. 543 D–544 D wurden schachbrettartig zusammenhängend im Viererblock gedruckt. Der Markenheftchenbogen enthält zwei Viererblocks im Kehrdruck.

Auflagen: MiNr. 543 A–544 A = 50 000, MiNr. 543 D–544 D = 60 000 Sätze

Belgien

2003, 28. Juni. Europa: Plakatkunst. RaTdr. (5×2); Papier ph.; gez. K 11½.

dkg) Belgien – Die Küste; Plakat von Léo Marfurt (1894–1977), Graphiker

3232	0.59 (€)	mehrfarbig	dkg	1,50	1,50
			FDC		6,—
			Kleinbogen	15,—	15,—

Bosnien und Herzegowina

2003, 9. Mai. Europa: Plakatkunst. Odr., Kleinbogen (Klb.) (5×2) und Markenheftchen (MH) (2×2); A = vierseitig, D = dreiseitig, E = zweiseitig gez. K 13¾:13¼.

mx) Plakat zum Film „Snijeg“

301	2.50 (M)	mehrfarbig	mx		
A		vierseitig gez. (Klb.)		3,—	3,—
Dl		dreiseitig gez. (□) (MH)		3,50	3,50
Dr		dreiseitig gez. (□) (MH)		3,50	3,50
El		zweiseitig gez. (□) (MH)		3,50	3,50
Er		zweiseitig gez. (□) (MH)		3,50	3,50
			FDC A		4,—
			Kleinbogen A	30,—	30,—
			Markenheftchen mit MiNr. 301 Dl/Dr/El/Er	14,—	

Paare aus Markenheftchen:

301 Dl/Dr	waagerechtes Paar	7,—	7,—
301 El/Er	waagerechtes Paar	7,—	7,—
301 Dl/El	senkrechtes Paar	7,—	7,—
301 Dr/Er	senkrechtes Paar	7,—	7,—

Auflagen: MiNr. 301 A = 80 000 Stück, MH = 32 000 Markenheftchen

Bosnien und Herzegowina (Kroatische Post Mostar)*

2003, 5. April. Europa: Plakatkunst. Odr. (3×3); gez. K 14.

dh) Schlüsselkasten mit Brieffach

106	1.80 (M)	mehrfarbig	dh	3,30	3,30
			FDC		6,—
			Kleinbogen	30,—	30,—

Blockausgabe mit 4 × MiNr. 106

Block 2	(90×101 mm)	di	*70,—*	*70,—*
		FDC		*75,—*

MiNr. 106 wurde im Kleinbogen zu 8 Marken und 1 Zierfeld (Feld 5) gedruckt.

Auflagen: MiNr. 106 = 50 000 Stück, Bl. 2 = 12 500 Blocks

Bosnien und Herzegowina (Serbische Republik)*

2003, 5. Mai. Europa: Plakatkunst. Odr., Kleinbogen (3×3); A = vierseitig gez. K 13¾.

ke) Plakatieren einer Fremdenverkehrswerbung

kf) Hand mit Fremdenverkehrsplakat

271 A	1.00 (M)	mehrfarbig	ke	1,20	1,20
272 A	1.50 (M)	mehrfarbig	kf	1,80	1,80
			Satzpreis A (2 W.)	3,—	3,—
			FDC A		5,50
			Kleinbogensatz A (2 Klb.)	35,—	35,—

Markenheftchen (3×2), D = dreiseitig gez. K 13¾

271	1.00 (M)	mehrfarbig	ke		
Do		dreiseitig gez. (□)		*11,—*	*11,—*
Du		dreiseitig gez. (□)		*11,—*	*11,—*
272	1.50 (M)	mehrfarbig	kf		
Do		dreiseitig gez. (□)		*11,—*	*11,—*
Du		dreiseitig gez. (□)		*11,—*	*11,—*
			Satzpreis D (2 W.)	*22,—*	*22,—*
			FDC D		*24,—*

H-Blatt 6	mit 2 × MiNr. 271 Do und 272 Du sowie 1 × MiNr. 271 Du und 272 Do	*65,—*	*65,—*
MH 6	mit 1 × H-Blatt 6	*70,—*	

MiNr. 271 A–272 A wurden jeweils im Kleinbogen zu 8 Marken und 1 Zierfeld gedruckt.

Auflagen: MiNr. 271 A–272 A = 55 000 Sätze, MH 6 = 16 000 Markenheftchen

Bulgarien

2003, 17. März. Europa: Plakatkunst. Odr., Bogen (5×2 Zd) und Markenheftchen (5×1 Zd); gez. K 13.

gmk

gml

gmk–gml) Durch Scherenschnitte entstandene Silhouetten

4593	0.36 L	mehrfarbig . . . . gmk		0,80	0,80
4594	0.65 L	mehrfarbig . . . . gml		1,40	1,40
			Satzpreis (Paar)	2,50	2,50
			FDC		3,—
			Markenheftchen	15,—	

Auflage: 150 000 Sätze, davon 50 000 im Markenheftchen

Gültig bis 9.1.2006

Dänemark

2003, 14. Mai. Europa: Plakatkunst. MiNr. 1341 Odr., MiNr. 1342 StTdr.; Bogen (B) (10×5), Kleinbogen (Klb.) (3×3) und Markenheftchen (2×5); Papier fl.; gez. K 12¾.

ama) Fools-Festival; Plakat (1985) von Ole Fick (*1948), Musiker, Graphiker, Schriftsteller und Schauspieler

amb) Thorvaldsen-Museum; Plakat von Ole Woldbye (1930–2003), Fotograf

1341	4.25 (Kr)	mehrfarbig (B) (MH) . . . . . ama		1,40	1,40
1342	5.50 (Kr)	schwarz (B) (Klb.) (MH) . . . amb		1,80	1,80
			Satzpreis (2 W.)	3,20	3,20
			FDC		4,—
			Kleinbogen	15,—	15,—
			2 Markenheftchen	32,—	

MiNr. 1342 wurde auch im Kleinbogen zu 8 Marken und 1 Zierfeld (Feld 5) gedruckt.

Dänemark – Färöer

2003, 14. April. Europa: Plakatkunst. Odr. (5×4); gez. K 13¾:13½.

th) Haus des Nordens, Tórshavn (1991); Werbeplakat von Astrid Andreasen (*1948)

ti) Haus des Nordens, Tórshavn (1997); Werbeplakat von Guðrið Poulsen (*1961)

448	6.50 (Kr)	mehrfarbig . . . . th		2,—	1,80
449	8.00 (Kr)	mehrfarbig . . . . ti		2,50	2,20
			Satzpreis (2 W.)	4,50	4,—
			FDC		4,50

Dänemark – Grönland

2003, 16. Juni. Europa: Plakatkunst. Odr. (8×5); Papier fl.; gez. K 13¼.

nr) Plakat des Silamiut-Theaters für das Stück „Nigalik (The Circle)" von Georg Olsen, Maler und Schauspieler

399	5.50 (Kr)	mehrfarbig . . . . nr		2,—	2,—
			FDC		3,50

Auflage: 231 004 Stück

Deutschland

2003, 8. Mai. Europa: Plakatkunst. Odr. (2×5); Papier fl.; gez. K 13:13½.

csi) Plakate von Karl Oskar Blase (*1925), Michael Engelmann (1928–1966), Hans Georg Hillmann (1925–2014) und Günther Kieser (*1930) an einer Ziegelwand

2336	55 (C)	mehrfarbig . . . . csi		1,20	1,10
			FDC		2,—
			ETB 20/2003		1,30
			Kleinbogen	12,—	12,—

Auflage: 30 000 000 Stück, davon 164 000 auf ETB

Estland

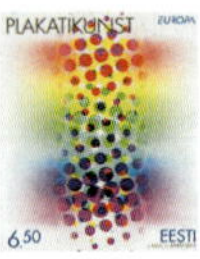

2003, 8. Mai. Europa: Plakatkunst. Odr. (5×2); gez. K 13¾:14.

na) Druckraster eines Regenbogens

463	6.50 (Kr)	mehrfarbig . . . . na		1,50	1,50
			FDC		2,50
			Kleinbogen	15,—	15,—

Auflage: 200 000 Stück

Finnland

2003, 7. Mai. Europa: Plakatkunst. Odr. (5×2); gez. K 13¾:13½.

bii) Herz

bik) Leserin, Schreibfeder

bii–bik) Jemand wartet auf deinen Brief; Entwürfe von Lasse Hietala, Graphiker

1655	0.65 €	mehrfarbig . . . . bii		1,30	1,30
1656	0.65 €	mehrfarbig . . . . bik		1,30	1,30
			Satzpreis (Paar)	3,—	3,—
			FDC		3,50
			Kleinbogen	15,—	15,—

MiNr. 1655–1656 wurden schachbrettartig zusammenhängend gedruckt.

Auflage: 500 000 Sätze

Finnland – Åland

2003, 9. Mai. Europa: Plakatkunst. Odr. (3×5 + 3×5); gez. K 13¼.

ic) Recht auf freie Presse und Meinungsäußerung; Plakat von Kurt Simons

223	0.45 €	mehrfarbig ic		1,20	1,20
			FDC		2,—

Zwischenstegpaar:

223 ZW	. . . . 1 Paar	3,—	3,—

Auflage: 400 000 Stück

Frankreich

2003, 8. Mai. Europa: Plakatkunst. RaTdr. (8×5); Papier ph.; gez. K 13½:13¼.

ecg) Plakat von Raymond Savignac (1907–2002), Graphiker

3694	0.50 €	mehrfarbig . . . . ecg		1,50	1,50
			FDC		3,—
			ETB		8,—

Auflage: 8 573 370 Stück

Einzelne Marken aus Sätzen können teurer sein als die Notierung im Katalog.

Georgien

2003, 10. März. Europa: Plakatkunst. Odr., Kleinbogen (5×2); A = vierseitig gez. K 13¾:13½.

pl) Theaterplakat für „Sei nicht traurig!“: Männer mit Esel und Hund

pm) Plakat: Georgische Dorfbewohner

420 A	40 (T) mehrfarbig	pl	2,—	2,—
421 A	80 (T) mehrfarbig	pm	3,50	3,50
	Satzpreis A (2 W.)		5,50	5,50
	FDC			7,—
	Kleinbogensatz A (2 Klb.)		55,—	55,—

Markenheftchen (2×2), D = dreiseitig gez. K 13¾:13½

420 D	40 (T) mehrfarbig (⊡, ⊡)	pl	2,—	2,—
421 D	80 (T) mehrfarbig (⊡, ⊡)	pm	3,50	3,50
	Markenheftchen D		11,—	
	Markenheftchenbogen D		22,—	22,—

MiNr. 420 D–421 D wurden schachbrettartig zusammenhängend im Viererblock gedruckt. Der Markenheftchenbogen enthält 2 Viererblocks im Kehrdruck.

Gibraltar*

2003, 3. März. Europa: Plakatkunst. Odr. (2× 5); gez. K 14:14½.

apd) Schauspielfestival

ape) Frühlingsfestival

apf) Kunstfestival

apg) Tanzfestival

apd–apg) Plakate zu Veranstaltungen im Jahr 2003

1032	30 P mehrfarbig	apd	1,50	1,50
1033	40 P mehrfarbig	ape	1,50	1,50
1034	42 P mehrfarbig	apf	1,50	1,50
1035	54 P mehrfarbig	apg	2,50	2,50
	Satzpreis (4 W.)		7,—	7,—
	FDC			9,—
	Kleinbogensatz (4 Klb.)		70,—	70,—

Griechenland

2003, 9. Mai. Europa: Plakatkunst. Odr., Bogen (B) (2×4 Zd) und Markenheftchen (MH); A = vierseitig gez. K 13¼:13¾, C = senkrecht gez. 13¼.

bwb

bwc

bwb–bwc) Arbeiten von Yannis Moralis (1916–2009), Maler

2150	0.65 € mehrfarbig	bwb		
A	vierseitig gez. (B)		2,—	2,—
C	senkrecht gez. (MH)		2,—	2,—
2151	2.85 € mehrfarbig	bwc		
A	vierseitig gez. (B)		6,—	6,—
C	senkrecht gez. (MH)		6,—	6,—
	Satzpreis A (Paar)		8,—	8,—
	FDC			9,—
	Satzpreis C (2 W.)		8,—	8,—
MH 25	(Nominale 7 €)		17,—	
H-Blatt 25	mit 2 × MiNr. 2150 C–2151 C		16,—	16,—

Auflagen: MiNr. 2150 A = 534 066, MiNr. 2151 A = 533 424 Stück, MiNr. 2150 C–2151 C = 90 380 Sätze

Großbritannien

2003, 12. Aug. Europa: Plakatkunst. RaTdr., Bogen (B) (5×10 + 5×10) und Markenheftchen (MH); gez. K 14:14½.

bws) „The Station“

bwt) „Black Swan“

bws–bwt) Wirtshausschilder

2147	1ST mehrfarbig (B) (MH)	bws	1,20	1,20
2148	E mehrfarbig (B)	bwt	2,—	2,—
	Satzpreis (2 W.)		3,20	3,20
	FDC			4,50

Zwischenstegpaare:

2147 ZW–2148 ZW	2 Paare	7,—	7,—

Nominalen zur Zeit der Ausgabe: MiNr. 2147 = 28 P, MiNr. 2148 = 38 P

MiNr. 2147–2148 stammen aus dem Satz MiNr. 2147–2151, MiNr. 2147 kommt auch im MH 146 vor.

Großbritannien – Guernsey

2003, 10. April. Europa: Plakatkunst. Odr. (5×2); gez. K 14¾.

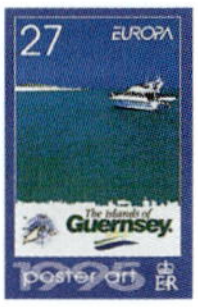

ark) Motorjacht vor Sandstrand (um 1990)

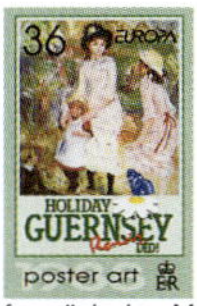

arl) Spielende Kinder; Gemälde von Pierre-Auguste Renoir (1841–1919), französischer Maler

967	27 (P) mehrfarbig	ark	0,80	0,80
968	36 (P) mehrfarbig	arl	1,20	1,20
	Satzpreis (2 W.)		2,—	2,—
	FDC			3,—
	Kleinbogensatz (2 Klb.)		20,—	20,—

MiNr. 967–968 stammen aus dem Satz MiNr. 966–971.

Großbritannien – Isle of Man

2003, 9. Juli. Europa: Plakatkunst. Odr., Bogen (5×4 Zd) und Kleinbogen (5×2 Zd); gez. K 13¼.

avu) The Eternal City; von Thomas Henry Hall (1853–1931)

Zierfeld

1065	38 (P) mehrfarbig	avu	1,20	1,20
	1065 Zf		1,20	1,20
	FDC			2,20
	Kleinbogen		12,—	12,—

MiNr. 1065 stammt aus dem Satz MiNr. 1062–1067.

Satzpreise sind, wenn nicht anders angegeben, nach den niedrigsten Preisen eines Satzes ohne Unterarten errechnet.

Großbritannien – Jersey

2003, 11. März. Europa: Plakatkunst. Odr. (5×2; gez. K 13¾:13¼.

avg) Urlaub auf Jersey (um 1952)

avh) Die Kanalinseln (um 1910)

1071	29 P mehrfarbig	avg	1,—	1,—
1072	38 P mehrfarbig	avh	1,50	1,50
	Satzpreis (2 W.)		2,50	2,50
	FDC			3,50
	Kleinbogensatz (2 Klb.)		25,—	25,—

MiNr. 1071–1072 stammen aus dem Satz MiNr. 1070–1073.

Irland

2003, 9. Mai. Europa: Plakatkunst. Odr. (3 + 3 + 4); Papier ph.; gez. K 14:15.

awk) Peninsula (Ireland for Holidays)

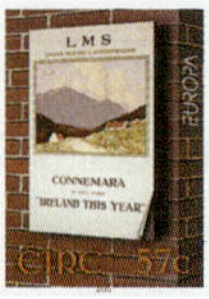
awl) Connemara (Ireland this year)

awk–awl) Plakate von Paul Henry (1876–1958), Maler, für die London, Midland and Scottish Railway Company

1499	41 C mehrfarbig	awk	1,—	0,80
1500	57 C mehrfarbig	awl	1,50	1,20
	Satzpreis (2 W.)		2,50	2,—
	FDC			3,—
	Kleinbogensatz (2 Klb.)		25,—	20,—

Auflagen: MiNr. 1499 = 460 000, MiNr. 1500 = 360 000 Stück

Island

2003, 22. Mai. Europa: Plakatkunst. Odr., Kleinbogen (Klb.) (5×2) und Markenheftchen (MH) (2×5); A = vierseitig, D = dreiseitig gez. K 13½.

aho) Plakate

ahp) Plakate

1038	60.00 (Kr) mehrfarbig	aho		
A	vierseitig gez. (Klb.)		1,80	1,80
Dl	dreiseitig gez. (MH)		1,80	1,80
Dr	dreiseitig gez. (MH)		1,80	1,80
1039	85.00 (Kr) mehrfarbig	ahp		
A	vierseitig gez. (Klb.)		2,20	2,20
Dl	dreiseitig gez. (MH)		2,20	2,20
Dr	dreiseitig gez. (MH)		2,20	2,20
	Satzpreis A (2 W.)		4,—	4,—
	FDC			5,—
	Kleinbogensatz (2 Klb.)		40,—	40,—
	MH mit MiNr. 1038 Dl/Dr		18,—	
	MH mit MiNr. 1039 Dl/Dr		22,—	

Paare aus Markenheftchen:

1038 Dl/Dr	waagerechtes Paar	3,60	3,60
1039 Dl/Dr	waagerechtes Paar	4,40	4,40

Auflage: 350 000 Sätze, davon 200 000 im Markenheftchen

Italien

2003, 5. Mai. Europa: Plakatkunst. RaTdr. (10×5); Papier fl.; gez. K 13¼:14.

cxv

cxw

cxv–cxw) Plakate von Marcello Dudovich (1878–1962), Maler, Illustrator und Dekorateur

2908	0.41 € mehrfarbig	cxv	1,20	1,20
2909	0.52 € mehrfarbig	cxw	1,30	1,30
	Satzpreis (2 W.)		2,50	2,50
	FDC			3,50

Auflage: 3 500 000 Sätze

Jugoslawien

2003, 9. Mai. Europa: Plakatkunst. Odr. (3×3); gez. K 13¾.

dgd) Plakatierer an Litfaßsäule

dge) Plakatierer an Hauswand

3114	28.70 (ND) mehrfarbig	dgd	1,—	1,—
3115	50 (ND) mehrfarbig	dge	2,50	2,50
	Satzpreis (2 W.)		3,50	3,50
	FDC			4,50
	Kleinbogensatz (2 Klb.)		35,—	35,—

MiNr. 3114–3115 wurden jeweils im Kleinbogen zu 8 Marken und 1 Zierfeld (Feld 5) gedruckt.

Auflage: 90 000 Sätze

Kroatien

2003, 9. Mai. Europa: Plakatkunst. Odr. (5×4, Kleinformat ~); Papier fl.; gez. K 14.

ye) Marya Delvard; Plakat von Tomislav Krizman (1882–1955)

yf) Feuervogel; Plakat von Boris Bućan (*1947)

651	3.50 (K) mehrfarbig	ye	1,20	1,20
652	5.00 (K) mehrfarbig	yf	1,80	1,80
	Satzpreis (2 W.)		3,—	3,—
	FDC			4,—

Auflage: 300 000 Sätze

Lettland

2003, 3. Mai. Europa: Plakatkunst. Odr. (5×2); gez. K 13¼:13¾.

ow) Sinnbild Rigaer Türme

590	60 (S) mehrfarbig	ow	3,—	3,—
	FDC			3,50
	Kehrdruckpaar		6,—	6,—
	Kleinbogen		30,—	30,—

MiNr. 590 wurde reihenweise kopfstehend gedruckt.

Auflage: 100 000 Stück

Liechtenstein

2003, 3. März. Europa: Plakatkunst. RaTdr. (4×5); gez. K 13½:12¾.

baw) Liechtensteinische Post – Wir bewegen; Werbeplakat von Karin Beck

1310	1.20 (Fr)	mehrfarbig	baw	2,20	1,80
			FDC		2,80
			MK 213		3,20

Auflage: 297 000 Stück

Litauen

2003, 19. April. Europa: Plakatkunst. Odr. (5×2); gez. K 13¼:13.

tg) Figur mit Bleistiftkörper als Flöte

816	1.70 L	mehrfarbig	tg	1,50	1,50
			FDC		2,50
			Kehrdruckpaar	3,—	3,—
			Kleinbogen	15,—	15,—

MiNr. 816 wurde schachbrettartig im Kehrdruck gedruckt.

Auflage: 500 000 Stück

Luxemburg

2003, 20. Mai. Europa: Plakatkunst. Odr. (4×5); gez. K 13¼.

axe) Ziehung der 8. National-Lotterie (1952); Plakat von Roger Gerson (1913–1966)

axf) 3. Handelsmesse, Luxemburg-Stadt (1924); Plakat von Auguste Trémont (1892–1980)

1607	0.45 €	mehrfarbig	axe	1,—	1,—
1608	0.52 €	mehrfarbig	axf	1,50	1,50
			Satzpreis (2 W.)	2,50	2,50
			FDC		3,—

Auflage: 600 000 Sätze

Makedonien

2003, 9. Mai. Europa: Plakatkunst. Odr. (3×3); gez. K 13¼:13½.

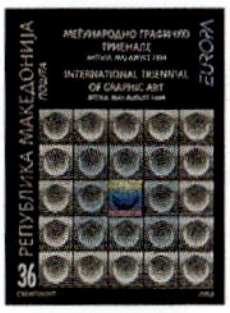

li) Plakat zur Internationalen Triennale für graphische Kunst, Bitola (1994)

lk) Plakat zum „Ohrider Sommer“ (1966)

279	36 (D)	mehrfarbig	li	1,50	1,50
280	36 (D)	mehrfarbig	lk	1,50	1,50
			Satzpreis (2 W.)	3,—	3,—
			FDC		4,50
			Kleinbogensatz (2 Klb.)	30,—	30,—

Auflage: 60 000 Sätze

Malta

2003, 9. Mai. Europa: Plakatkunst. Odr. (5×2); gez. K 14.

aur) Cisk-Bier; Plakat von Robert Caruana Dingli (1882–1940)

aus) Karneval 1939; Plakat von Tusé Busuttil (1912–1994)

1274	16 C	mehrfarbig	aur	1,—	1,—
1275	46 C	mehrfarbig	aus	2,50	2,50
			Satzpreis (2 W.)	3,50	3,50
			FDC		4,—
			Kleinbogensatz (2 Klb.)	35,—	35,—

P 44 Sonderpostkarte zur Internationalen Briefmarkenausstellung „VERONAFIL“ mit MiNr. 1274–1275 als Wertstempel ... 4,— 4,—

Moldawien

2003, 12. Juni. Europa: Plakatkunst. Odr., Kleinbogen (5×2); gez. K 13¼.

ss) Plakat zu einem Auftritt des Volkstanzensembles „Joc“

st) Plakat zu einer Ausstellung zum 150. Geburtstag des rumänischen Schriftstellers Mihai Eminescu

463	3 L	mehrfarbig	ss	3,—	3,—
464	5 L	mehrfarbig	st	4,—	4,—
			Satzpreis (2 W.)	7,—	7,—
			FDC		8,—
			Kleinbogensatz (2 Klb.)	70,—	70,—

Markenheftchen (3×2)

H-Blatt 4	mit 3 × MiNr. 463–464	20,—
MH 7	mit 1 × H-Blatt 4	22,—

Markenfolge im H-Blatt: 464-463-464, 463-464-463

Auflagen: MiNr. 463–464 = 160 000 Sätze, MH 7 = 20 000 Markenheftchen

Monaco

2003, 5. Mai. Europa: Plakatkunst. RaTdr. (5×2); gez. K 13¼.

cot) Mädchen auf Sprungbrett sitzend; Plakat von Jean-Gabriel Domergue (1889–1962)

cou) Monte-Carlo; Plakat von Alfons Mucha (1860–1939)

2647	0.50 €	mehrfarbig	cot	1,50	1,30
2648	0.50 €	mehrfarbig	cou	1,50	1,30
			Satzpreis (2 W.)	3,—	2,50
			FDC		3,50
			Kleinbogensatz (2 Klb.)	30,—	25,—

Norwegen

2003, 19. Sept. Europa: Plakatkunst. Odr. (8×5); gez. K 13¾.

auv) Plakat für die Zeitung „Dagbladet" (1917); von Per Krohg (1889–1965), Maler

auw) Fremdenverkehrsplakat (1950); von Knut Yran (1920–1998), Graphiker

aux) Plakat zu den Festspielen in Nordnorwegen (1985); von Willibald Storn (*1936), Graphiker

1479	8.50 (Kr)	mehrfarbig	auv	2,20	2,20
1480	9.00 (Kr)	mehrfarbig	auw	2,30	2,30
1481	10.00 (Kr)	mehrfarbig	aux	2,50	2,50
			Satzpreis (3 W.)	7,—	7,—
			FDC		7,80

Auflagen: MiNr. 1479 = 500 000, MiNr. 1480–1481 je 600 000 Stück

Österreich

2003, 9. Mai. Europa: Plakatkunst. RaTdr. (10×5); gez. K 13¾.

cey) Plakat zur Ausstellungsreihe „100 Plakate aus Wien" (Tokio, 2003) von Cordula Alessandri (*1960)

2413	1.02 €	mehrfarbig	cey	2,—	2,—
			FDC		3,50

Vorlagedruck in Schwarz, mit dem Originaldruckstöckel gedruckt, □, auf Erläuterungsblatt geklebt .... 10,—

Auflage: 500 000 Stück

Polen

2003, 5. Mai. Europa: Plakatkunst. RaTdr. (7×5); Papier fl.; gez. K 10¾:11.

fex) Plakat für die Ausstellung „Vanitas" in Kattowitz (1997) von Wiesław Wałkuski (*1956)

4050	2.10 Zł	mehrfarbig	fex	2,—	1,50
			FDC		2,50

Auflage: 1 360 000 Stück

Portugal

2003, 5. Mai. Europa: Plakatkunst. Odr. (5×5); gez. K 12:12½.

cln) Strand von Espinho; Plakat (1931) von Fred Kradolfer (1903–1968)

clo) Jazzfestival (1997); Plakat von João Machado (*1942)

2677	0.55 €	mehrfarbig	cln	1,50	1,50
2678	0.55 €	mehrfarbig	clo	1,50	1,50
			Satzpreis (2 W.)	3,—	3,—
			FDC		3,50

Blockausgabe mit MiNr. 2677–2678

Block 185	(140×112 mm)	clp	4,50	4,50
		FDC		5,50

Auflagen: MiNr. 2677–2678 = 250 000 Sätze, Bl. 185 = 150 000 Blocks

Gültig bis 31.1.2010

Portugal – Azoren

2003, 5. Mai. Europa: Plakatkunst. Odr. (5×5); gez. K 12:11¾.

hc) Internationaler Tag der Museen (1983); Plakat von Sebastião Rodrigues (1929–1997)

494	0.55 €	mehrfarbig	hc	1,50	1,50
			FDC		2,—

Blockausgabe mit 2 × MiNr. 494

Block 25	(140×112 mm)	hd	3,50	3,50
		FDC		4,—

Auflagen: MiNr. 494 = 250 000 Stück, Bl. 25 = 120 000 Blocks

Gültig bis 31.1.2010

Portugal – Madeira

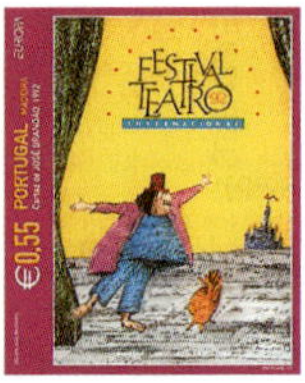

2003, 5. Mai. Europa: Plakatkunst. Odr. (5×5); gez. K 12:11¾.

hc) Internationales Theaterfestival (1992); Plakat von José Brandão (*1944)

222	0.55 €	mehrfarbig	hc	1,50	1,50
			FDC		2,—

Blockausgabe mit 2 × MiNr. 222

Block 26	(140×112 mm)	hd	3,—	3,—
		FDC		3,50

Auflagen: MiNr. 222 = 250 000 Stück, Bl. 26 = 120 000 Blocks

Gültig bis 31.1.2010

Rumänien

2003, 9. Mai. Blockausgabe: Europa – Plakatkunst. RaTdr.; gez. K 13½.

hpb) Dem Kokon entschlüpfender Schmetterling, Sinnbild des sich entwickelnden Künstlers hpc

hpd) Jeder kann die Umwelt positiv verändern, ohne seinen Platz zu verlassen — hpe

hpb, hpd) Plakate von Devis Grebu (*1933)

5735	20 500 L mehrfarbig	hpb	2,—	2,—
Block 330	mit 3 × MiNr. 5735 (124 × 73 mm)	hpc	6,—	6,—
	FDC (1 Blockmarke)			4,—
5736	73 500 L mehrfarbig	hpd	6,—	6,—
Block 331	mit 3 × MiNr. 5736 (123 × 72 mm)	hpe	24,—	24,—
	FDC (1 Blockmarke)			8,—

Auflagen: Bl. 330 = 52 000, Bl. 331 = 32 000 Blocks

Russland

2003, 5. Mai. Europa: Plakatkunst. Odr., Bogen (10 × 5) und Kleinbogen (3 × 2); gez. K 12½:12.

apa) Mein erster Schritt für „Einem-Kekse“; Plakat eines unbekannten Künstler (Anfang des 20. Jh.)

1078	8.00 (R) mehrfarbig	apa	1,50	1,—
		FDC		1,50
		Kleinbogen	10,—	8,—
		PP	6,—	

Auflage: 720 000 Stück, davon 420 000 im Kleinbogen

San Marino

2003, 18. März. Europa: Plakatkunst. Odr. (5 × 4); gez. K 13½:13.

bvl) Werbeplakat von Armando Testa (1917–1992), italienischer Architekt und Designer

bvm) Jane Avril; Plakat von Henri de Toulouse-Lautrec (1864–1901), französischer Maler und Graphiker

2085	0.28 (€) mehrfarbig	bvl	3,—	3,—
2086	0.77 (€) mehrfarbig	bvm	12,—	12,—
		Satzpreis (2 W.)	15,—	15,—
		FDC		18,—

Auflage: 170 000 Sätze

Schweden

2003, 20. Jan. Europa: Plakatkunst. Odr., Markenheftchen; dreiseitig gez. K 12¾.

ceg) Lufttransport; von Anders Beckmann (1907–1967)

ceh) Restaurant Kaos; von Georg Magnusson (1907–1970)

cei) Aktive Landwirtschaft; von Owe Gustafson (*1940)

cek) Das Biologische Museum; von Carina Länk

2339	10 Kr mehrfarbig (⊏⊐)	ceg	2,30	2,20
2340	10 Kr mehrfarbig (⊏⊐)	ceh	2,30	2,20
2341	10 Kr mehrfarbig (⊏⊐)	cei	2,30	2,20
2342	10 Kr mehrfarbig (⊏⊐)	cek	2,30	2,20
		Satzpreis (4 W.)	9,20	8,50
		FDC		10,—
MH 291	(Nominale 40 Kr)		10,—	
H-Blatt 319	mit MiNr. 2339–2342		9,50	9,50

Schweiz

2003, 8. Mai. Europa: Plakatkunst. Odr. (4 × 4); gez. K 13¼:13.

bsk) Vergissmärgglinit (Vergiß die Rabattmarke nicht); Plakat (1943) von Donald Brun (1909–1999), Graphiker

1838	90 (C) mehrfarbig	bsk	1,60	1,40
		FDC		2,40

Auflage: 2 400 000 Stück

Slowakei

2003, 9. Mai. Europa: Plakatkunst. Komb. StTdr. und Odr. (5 × 2); gez. K 11¾.

pm) „Don Juan“ von Molière; Plakat von Vladislav Rostoka (*1948)

454	14 Sk mehrfarbig	pm	1,30	1,30
		FDC		2,50
		Kleinbogen	13,—	13,—

Auflage: 1 000 000 Stück

Slowenien

2003, 22. Mai. Europa: Plakatkunst. Odr. (3 × 3); gez. K 14.

ry) Plakat an Ziegelwand, Kleister und Besen

427	D mehrfarbig	ry	1,50	1,50
		FDC		2,—
		Kleinbogen	13,—	13,—

Nominale zur Zeit der Ausgabe: 107 T

MiNr. 427 wurde im Kleinbogen zu 8 Marken und 1 Zierfeld (Feld 8) gedruckt.

Auflage: 160 000 Stück

Spanien

2003, 24. April. Europa: Plakatkunst. RaTdr. (5×10); Papier ph.; gez. K 13¾:14.

eay) Das Blechspielzeug; Plakat von Enrique Jiménez Carrero (*1953), Maler und Graphiker

3839	0.76 €	mehrfarbig	eay	2,—	2,—
			FDC		2,50

Auflage: 1 000 000 Stück

Tschechische Republik

2003, 7. Mai. Europa: Plakatkunst. Komb. StTdr. und Odr. (4×2); gez. K 11¾.

pg) Plakat für Fellinis Film „Das süße Leben"; von Karel Vaca (1919–1989)

354	9 Kč	mehrfarbig	pg	1,—	1,—
			FDC		2,—
			Kleinbogen	8,—	8,—

Auflage: 588 800 Stück

Türkei

2003, 9. Mai. Europa: Plakatkunst. Odr. (10×10); gez. K 13.

cii

cik

cii–cik) Plakate für die Fremdenverkehrswerbung

3333	500 000 L	mehrfarbig	cii	1,50	1,20
3334	700 000 L	mehrfarbig	cik	2,—	1,80
			Satzpreis (2 W.)	3,50	3,—
			FDC		4,—

Auflage: 600 000 Sätze

Türkisch-Zypern*

2003, 8. Mai. Blockausgabe: Europa – Plakatkunst. Odr.; Wz. 1; gez. K 14:13¾.

yo

yp

yo–yp) Plakate für Umweltschutzkampagnen

yr

578	600 000 L	mehrfarbig	yo	2,50	2,50
579	600 000 L	mehrfarbig	yp	2,50	2,50
Block 21	(79×73 mm)		yr	6,—	6,—
			FDC		10,—

Auflage: 70 000 Blocks

Ukraine

2003, 21. März. Europa: Plakatkunst. Odr., Bogen (2×3 Zd) und Markenheftchen; Papier fl.; gez. K 11½.

wr) Jungfrau Maria mit sterbendem Vogel; Inschrift „Mir geschehe nach Deinem Wort"

ws) Engel Gabriel mit Atomsymbol; Inschrift „Der Herr ist mit Dir, Du bist gebenedeit unter den Frauen"

wr–ws) Tschernobylgedenken: Verkündigungsszene

562	1.75 (G)	mehrfarbig	wr	1,80	1,80
563	1.75 (G)	mehrfarbig	ws	1,80	1,80
			Satzpreis (2 W.)	3,50	3,50
			FDC		4,—

MH 3	(Nominale 7 G)	*20,—*	
H-Blatt 3	mit MiNr. 562–563	*15,—*	*15,—*

Auflage: 150 000 Sätze und 12 000 Markenheftchen

Ungarn

2003, 9. Mai. Europa: Plakatkunst. Odr. (2×6); gez. K 12.

hbs) Nur Plakate; Graphik von István Orosz (*1951), Maler, Graphiker und Zeichentrickfilmer

4800	65 Ft	mehrfarbig	hbs	1,50	1,70
			FDC		2,50

Auflage: 500 000 Stück

Vatikanstadt

2003, 6. Mai. Europa: Plakatkunst. Odr. (5×2); gez. K 13¼:13.

bav) Plakat „Heiliges Jahr der Erneuerung und der Versöhnung" (1975)

baw) Plakat „Ernennung der Heiligen Kyrillos und Methodios zu Schutzpatronen Europas" (1980)

1459	0.41 €	mehrfarbig	bav	1,—	0,80
1460	0.62 €	mehrfarbig	baw	2,—	1,20
			Satzpreis (2 W.)	3,—	2,—
			FDC		3,50
			Kleinbogensatz (2 Klb.)	30,—	20,—

Auflage: 300 000 Sätze

Weißrussland

2003, 24. April. Europa: Plakatkunst. Odr. Bogen (5×4, Hochformat ~) und Markenheftchen (4×2); gez. K 13½:13¾, Hochformat ~.

sp) Wort „Europa"

sr) Orthodoxes Kreuz

488	400 (R)	mehrfarbig	sp	0,80	0,80
489	700 (R)	mehrfarbig	sr	1,20	1,20
			Satzpreis (2 W.)	2,—	2,—
			FDC		2,50
			2 Markenheftchen	25,—	

MiNr. 488–489 existieren mit oder ohne fluoreszierenden Schutzaufdruck, der Aufdruck kommt rechts- und linksliegend vor.

Auflage: 168 000 Sätze, davon 48 000 in Markenheftchen

Zypern

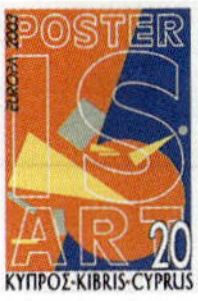

2003, 8. Mai. Europa: Plakatkunst. Odr., Bogen (B) (5×4) und Markenheftchen (MH); A = vierseitig gez. K 13¼:13, D = dreiseitig gez. K 13¼:13¾.

aks) Symbolik

1013	20 (C)	mehrfarbig . . . . aks		
A		vierseitig gez. K 13¼:13 (B) . . .	0,80	0,80
Do		dreiseitig gez. K 13¼:13¾ (⊡) (MH)	7,—	7,—
Du		dreiseitig gez. K 13¼:13¾ (⊡) (MH)	7,—	7,—
1014	30 (C)	mehrfarbig . . . . aks		
A		vierseitig gez. K 13¼:13 (B) . . .	1,20	1,20
Do		dreiseitig gez. K 13¼:13¾ (⊡) (MH)	7,—	7,—
Du		dreiseitig gez. K 13¼:13¾ (⊡) (MH)	7,—	7,—
		Satzpreis A (2 W.)	2,—	2,—
		FDC		2,50

MH 4	(Nominale 2 £)	60,—	
H-Blatt 4	mit MiNr. 1013 Do/Du–1014 Do/Du	58,—	58,—

Auflagen: MiNr. 1013 A = 1 500 000, MiNr. 1014 A = 250 000 Stück, MiNr. 1023 D bis 1024 D je 92 000 Stück

2004

Albanien

2004, 23. Juni. Europa: Ferien. Odr., Bogen (B) (5×2) und Markenheftchen (MH) (4×2); A = vierseitig, D = dreiseitig gez. K 13½.

ddc

ddd

ddc–dde) Naturpark Pushimet

2966	200 L	mehrfarbig . . . . ddc		
A		vierseitig gezähnt (B)	4,50	4,50
Do		oben geschnitten (⊡) (MH)	5,—	5,—
Du		unten geschnitten (⊡) (MH) . . .	5,—	5,—
2967	200 L	mehrfarbig . . . . ddd		
A		vierseitig gezähnt (B)	4,50	4,50
Do		oben geschnitten (⊡) (MH)	5,—	5,—
Du		unten geschnitten (⊡) (MH) . . .	5,—	5,—
		Satzpreis A (2 W.)	9,—	9,—
		FDC A		11,—
		Kleinbogensatz A (2 Klb.)	90,—	90,—

MH 8	(Nominale 1600 L)	50,—	
H-Blatt 8	mit MiNr. 2966 D–2967 D	45,—	45,—

Blockausgabe, gez. Ks 14¼:13½

dde

ddf

2968	350 L	mehrfarbig . . . . dde	8,—	8,—
Block 150		(61×81 mm) . . . . ddf	9,—	9,—
		FDC		10,—

Auflagen: MiNr. 2966–2967 = 100 000 Sätze, Bl. 150 = 30 000 numerierte Blocks

Andorra (Französische Post)

2004, 7. Mai. Europa: Ferien. Odr. (10×5); gez. K 13.

rv) Touristin neben Andorra-Grenzschild (Amateurfilmaufnahme)

615	0.50 €	mehrfarbig . . . . rv	2,20	1,50
		FDC		3,50

Auflage: 124 055 Stück

Andorra (Spanische Post)

2004, 29. April. Europa: Ferien. RaTdr. (10×5); Papier ph.; gez. K 13¾.

ko) Skitouristen mit Autobus (Schwarzweißfoto)

312	0.77 €	schwarz . . . . ko	2,—	2,—
		FDC		2,50

Auflage: 300 000 Stück

Armenien

2005, 16. März. Europa: Ferien (2004). Odr. (5×2); gez. K 13¾:13½.

ox) Tourist auf einer Blume

oy) Fußabdruck im Sand

510	70 (D)	mehrfarbig . . . . ox	1,50	1,50
511	350 (D)	mehrfarbig . . . . oy	2,50	2,50
		Satzpreis (2 W.)	4,—	4,—
		FDC		5,—
		Kleinbogensatz (2 Klb.)	40,—	40,—

Auflage: 100 000 Sätze

Aserbaidschan

2004, 16. März. Europa: Ferien. Odr., Kleinbogen (2×5); A = vierseitig gez. K 13½:13¾, B = ☐.

uy) Göygöl

uz) Baku

573 A	1000 M	mehrfarbig . . . . uy	1,50	1,50
574 A	3000 M	mehrfarbig . . . . uz	3,—	3,—
		Satzpreis A (2 W.)	4,50	4,50
		FDC A		6,—
		Kleinbogensatz A (2 Klb.)	45,—	45,—
		Satzpreis B (2 W.)	—,—	—,—
		Kleinbogensatz B (2 Klb.)	—,—	—,—

Markenheftchen (2×2), D = dreiseitig gez. K 13½:13¾

573 D	1000 M	mehrfarbig (▭, ▭)	uy	1,50	1,50
574 D	3000 M	mehrfarbig (▭, ▭)	uz	3,—	3,—
			Markenheftchen D	9,—	
			Markenheftchenbogen D	18,—	18,—
			Markenheftchenbogen B	—,—	—,—

MiNr. 573 D–574 D wurden schachbrettartig zusammenhängend im Viererblock gedruckt. Der Markenheftchenbogen enthält zwei Viererblocks im Kehrdruck.

Auflagen: MiNr. 573 A–574 A = 50 000, MiNr. 573 D–574 D = 60 000 Sätze

Belgien

2004, 5. Juni. Europa: Ferien. RaTdr. (2×5); Papier fl.; gez. K 11½.

dos) Die belgische Küste; von Muriel Vekemans

dot) Die belgischen Ardennen; von Freddy Deburghgraeve

dos–dot) Gewinner des Wettbewerbs „Ihr Urlaubsfoto als Briefmarke"

3340	0.55 (€)	mehrfarbig	dos	1,20	1,20
3341	0.55 (€)	mehrfarbig	dot	1,20	1,20
			Satzpreis (2 W.)	2,40	2,40
			FDC		6,—
			Kleinbogensatz (2 Klb.)	24,—	24,—

Bosnien und Herzegowina

2004, 26. April. Europa: Ferien. Odr., Bogen (B) (3×4 Zd) und Markenheftchen (MH); A = vierseitig, D = dreiseitig, E = zweiseitig gez. K 13½:13¼.

ox) Zeigerloser Wecker auf Skiern

oy) Zeigerloser Wecker am Strand

359	1.00 (M)	mehrfarbig	ox		
A		vierseitig gez. (B)		1,20	1,20
Dl		dreiseitig gez. (▭) (MH)		1,20	1,20
Dr		dreiseitig gez. (▭) (MH)		1,20	1,20
El		zweiseitig gez. (▭) (MH)		1,20	1,20
360	1.50 (M)	mehrfarbig	oy		
A		vierseitig gez. (B)		1,80	1,80
Dl		dreiseitig gez. (▭) (MH)		1,80	1,80
Dr		dreiseitig gez. (▭) (MH)		1,80	1,80
Er		zweiseitig gez. (▭) (MH)		1,80	1,80
			Satzpreis A (2 W.)	3,—	3,—
			Paar	3,—	3,—
			FDC		4,—

MH 4	(Nominale 7.50 M)	9,—	
H-Blatt 4	mit MiNr. 359 Dl, Dr, E–360 Dl, Dr, E	9,—	9,—

Auflagen: MiNr. 359 A–360 A = 70 002 Stück, MH 4 = 20 000 Markenheftchen

Bosnien und Herzegowina (Kroatische Post Mostar)*

2004, 5. April. Europa: Ferien. Odr. (2×5); gez. K 14.

ei) Winterurlaub

ek) Sommerurlaub

129	1.50 (M)	mehrfarbig	ei	5,—	5,—
130	2.00 (M)	mehrfarbig	ek	6,—	6,—
			Satzpreis (Paar)	11,—	11,—
			FDC		12,—
			Kleinbogen	45,—	45,—

Blockausgabe mit 2 × MiNr. 129–130

Block 4	(90×101 mm)	el	22,—	22,—
		FDC		24,—

MiNr. 129–130 wurden schachbrettartig zusammenhängend im Kleinbogen zu je 4 Marken und 2 verschiedenen Zierfeldern (Feld 5 und 6) gedruckt.

Bl. 4 ist mit durchgezähntem oder nicht durchgezähntem linkem Blockrand sowie unterschiedlichen Höhenabmessungen bekannt.

Auflagen: MiNr. 129–130 = 20 000 Sätze, Bl. 4 = 30 000 Blocks

Bosnien und Herzegowina (Serbische Republik)*

2004, 5. Mai. Europa: Ferien. Odr., Kleinbogen (3×3); A = vierseitig gez. K 13¾:13.

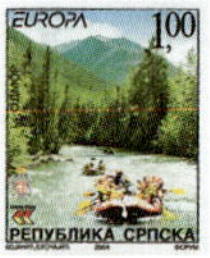

lm) Wildwasser-Rafting

ln) Paragliding

300 A	1.00 (M)	mehrfarbig	lm	1,20	1,20
301 A	1.50 (M)	mehrfarbig	ln	2,—	2,—
			Satzpreis A (2 W.)	3,20	3,20
			FDC A		5,50
			Kleinbogensatz A (2 Klb.)	28,—	28,—

Markenheftchen (3×2), D = dreiseitig gez. K 13¾:13

300	1.00 (M)	mehrfarbig	lm		
Do		dreiseitig gez. (▭)		1,30	1,30
Du		dreiseitig gez. (▭)		1,30	1,30
301	1.50 (M)	mehrfarbig	ln		
Do		dreiseitig gez. (▭)		2,40	2,40
Du		dreiseitig gez. (▭)		2,40	2,40
			Satzpreis D (2 W.)	3,70	3,70
			FDC D		6,—

H-Blatt 7	mit 2 × MiNr. 300 Do und 301 Du sowie 1 × MiNr. 300 Du und 301 Do	12,—	12,—
MH 7	mit 1 × H-Blatt 7	13,—	

MiNr. 300 A–301 A haben einen weißen, MiNr. 300 D–301 D einen farbigen Markenrand.

MiNr. 300 A–301 A wurden jeweils im Kleinbogen zu 8 Marken und 1 Zierfeld (Feld 5) gedruckt.

Auflagen: MiNr. 300 A–301 A = 60 000 Sätze, MH 7 = 30 000 Markenheftchen

Bulgarien

2004, 27. Mai. Europa: Ferien. Odr., Kleinbogen (2×5) und Markenheftchen (2×2); gez. K 13.

goz) Skifahren im Rila-Gebirge

gpa) Baden an der Schwarzmeerküste

4649	0.45 L	mehrfarbig	goz	1,—	1,—
4650	0.80 L	mehrfarbig	gpa	1,60	1,60
			Satzpreis (2 W.)	2,60	2,60
			FDC		3,40
			Kleinbogensatz (2 Klb.)	26,—	26,—

MH 2	(Nominale 5 L)	15,—	
H-Blatt 2	mit 2 × MiNr. 4649–4650 (bedruckter Rand rechts)	7,—	7,—
H-Blatt 3	mit 2 × MiNr. 4649–4650 (bedruckter Rand links)	7,—	7,—

Auflagen: MiNr. 4649 = 150 000, MiNr. 4650 = 180 000 Stück, davon jeweils 56 000 im Markenheftchen

Gültig bis 22.1.2007

Dänemark

2004, 9. Juni. Europa: Ferien. Odr. (5×8); Papier fl.; gez. K 13¼:13.

ani) Radfahren

ank) Segeln

1375	6.00 (Kr) mehrfarbig	ani	1,60	1,60
1376	9.00 (Kr) mehrfarbig	ank	2,50	2,50
		Satzpreis (2 W.)	4,—	4,—
		FDC		5,50

Dänemark – Färöer

2004, 24. Mai. Europa: Ferien. Odr. (4×5); gez. K 13:13¼.

vm) Segeltörn auf die Westseite von Hestur

vn) Strandwanderung auf Stóra Dímun

497	6.50 (Kr) mehrfarbig	vm	2,—	1,80
498	8.00 (Kr) mehrfarbig	vn	2,50	2,20
		Satzpreis (2 W.)	4,50	4,—
		FDC		4,50

Dänemark – Grönland

2004, 18. Okt. Europa: Ferien. Odr. (8×5); Papier fl.; gez. K 13¼:13.

ot) Mädchen bei landestypischer Begrüßung

422	6.50 (Kr) mehrfarbig	ot	2,—	2,—
		FDC		3,50

Deutschland

2004, 6. Mai. Europa: Ferien. Odr. (5×2); Papier fl.; gez. K 13¼.

cux) Urlaubssymbole

2397	45 (C) mehrfarbig	cux	1,—	0,90
		FDC		2,—
		ETB 16/2004		1,10
		Kleinbogen	10,—	9,—

Pluskarten mit MiNr. 2397 als Wertstempel:

P So 86	ohne FSC-Hinweis am Teilstrich	1,20	1,—
P So 88	mit FSC-Hinweis am Teilstrich	1,10	1,—

Auflage: 25 000 000 Stück, davon 150 000 auf ETB

Estland

2004, 4. Mai. Europa: Ferien. Odr. (2×5); gez. K 13:13¼.

ob) Segeln

488	6.50 (Kr) mehrfarbig	ob	1,50	1,80
		FDC		2,—
		Kleinbogen	15,—	18,—

Auflage: 190 000 Stück

Finnland

2004, 28. April. Europa: Ferien. Odr. (1×5 Zd); gez. K 13.

blo) Jugendliche am Johannisfeuer in der Nacht der Sommersonnwende

blp) Frauen und Kinder im Ruderboot

1705	0.65 € mehrfarbig	blo	1,40	1,40
1706	0.65 € mehrfarbig	blp	1,40	1,40
		Satzpreis (Paar)	3,—	3,—
		FDC		3,50
		Kleinbogen	15,—	15,—

Auflage: 2 000 000 Sätze

Finnland – Åland

2004, 10. Mai. Europa: Ferien. Odr. (3×5 + 3×5); gez. K 14:14½.

ir) Segelboot in einer Bucht

235	0.75 € mehrfarbig	ir	1,50	1,50
		FDC		2,50

Zwischenstegpaar:

235 ZW	1 Paar	3,50	3,50

Auflage: 400 000 Stück

Frankreich

2004, 9. Mai. Europa: Ferien. RaTdr. (6×9); gez. K 13:13¼.

egz) Segelboote in einer Bucht; Gemälde von Raoul Dufy (1877–1953)

3812	0.50 € mehrfarbig	egz	1,50	1,50
		FDC		3,—
		ETB		9,—

Auflage: 2 727 832 Stück

2004, 4. Juni. Europa: Ferien. Odr., Markenheftchen (2×5); selbstklebend; gestanzt 11.

egz) Segelboote in einer Bucht; Gemälde von Raoul Dufy (1877–1953)

3816	0.50 € mehrfarbig	egz	2,—	2,—
		FDC		3,—
		Markenheftchen	20,—	

Auflage: 26 544 850 Stück

Georgien

2004, 28. Jan. Europa: Ferien. Odr., Kleinbogen (2×5); A = vierseitig gez. K 13½:13¾.

rz) Schneemann und verschneites Haus (Weihnachten)

sa) Engel mit Laterne, Korb mit Ostereiern (Ostern)

456 A	40 (T)	mehrfarbig	rz	1,50	1,50
457 A	80 (T)	mehrfarbig	sa	3,—	3,—
			Satzpreis A (2 W.)	4,50	4,50
			FDC		6,—
			Kleinbogensatz (2 Klb.)	45,—	45,—

Markenheftchen (4×2); D = dreiseitig, E = zweiseitig gez. K 13½:13¾

456	40 (T)	mehrfarbig	rz		
D		dreiseitig gez. (▯, ▯)		1,50	1,50
E		zweiseitig gez. (▯)		1,50	1,50
457	80 (T)	mehrfarbig	sa		
D		dreiseitig gez. (▯, ▯)		3,—	3,—
E		zweiseitig gez. (▯)		3,—	3,—
			Heftchenblatt	18,—	18,—
			Markenheftchen	18,—	

Das Markenheftchen enthält in schachbrettartiger Anordnung 3 × MiNr. 456 D bis 457 D und 1 × MiNr. 456 E–457 E.

Gibraltar*

2004, 20. Febr. Europa: Ferien. Odr. (2×5); gez. K 14:14½.

ars) St. Michael's Cave

art) Straßencafe

aru) Gemeiner Delphin (Delphinus delphis)

arv) Paar genießt den Blick über den Jachthafen

1064	40 P	mehrfarbig	ars	1,50	1,50
1065	40 P	mehrfarbig	art	1,50	1,50
1066	54 P	mehrfarbig	aru	2,—	2,—
1067	54 P	mehrfarbig	arv	2,—	2,—
			Satzpreis (4 W.)	7,—	7,—
			FDC		9,—
			Kleinbogensatz (4 Klb.)	70,—	70,—

Griechenland

2004, 4. Mai. Europa: Ferien. Odr., Bogen (B) (2×4 Zd) und Markenheftchen (MH); A = vierseitig gez. K 13¼:13¾, C = senkrecht gez. 13¼.

bzm) Segelschiff

bzn) Heißluftballon

2224	0.65 €	mehrfarbig	bzm		
A		vierseitig gez. (B)		2,—	2,—
C		senkrecht gez. (MH)		2,30	2,30
2225	2.85 €	mehrfarbig	bzn		
A		vierseitig gez. (B)		6,—	6,—
C		senkrecht gez. (MH)		6,70	6,70
			Satzpreis A (Paar)	8,—	8,—
			FDC		9,—
			Satzpreis C (2 W.)	9,—	9,—

MH 27	(Nominale 7 €)	18,—	
H-Blatt 35	mit 2 × MiNr. 2224 C–2225 C	18,—	18,—

Auflagen: MiNr. 2224 A = 757 260, MiNr. 2225 A = 756 091 Stück, MiNr. 2224 C–2225 C = 114 534 Sätze

Großbritannien

2004, 15. Juni. Europa: Ferien. RaTdr. (5×5 und 5×5 + 5×5); Papier ph.; gez. K 14½.

bzt) Hyddgen, Plynlimon

bzu) Brecon Beacons

2224	1st	mehrfarbig	bzt	1,20	1,20
2225	40 (P)	mehrfarbig	bzu	1,50	1,50
			Satzpreis (2 W.)	2,70	2,70
			FDC		4,—

Zwischenstegpaare:

2224 ZW–2225 ZW	2 Paare	6,—	6,—

2224 U	ungezähnt	500,—

Nominale von MiNr. 2225 zur Zeit der Ausgabe: 28 P

MiNr. 2224–2225 stammen aus dem Satz MiNr. 2223–2228.

2004, 15. Juni. Europa: Ferien. RaTdr., Markenheftchen (MH); Papier ph.; selbstklebend; gestanzt.

bzt) Hyddgen, Plynlimon

2229	1st	mehrfarbig	bzt	7,—	7,—
			FDC		8,—

Nominale zur Zeit der Ausgabe: 28 P

MiNr. 2229 stammt zusammen mit MiNr. 2025 aus einem Markenheftchen.

Großbritannien – Guernsey

2004, 12. Mai. Europa: Ferien. Odr. (2×5); gez. K 13½:13¼.

asz) Wandern

ata) Wassersport

1002	32 (P)	mehrfarbig	asz	1,10	1,10
1003	36 (P)	mehrfarbig	ata	1,20	1,20
			Satzpreis (2 W.)	2,30	2,30
			FDC		3,—
			Kleinbogensatz (2 Klb.)	23,—	23,—

MiNr. 1002–1003 stammen aus dem Satz MiNr. 1001–1006.

Großbritannien – Isle of Man

2004, 21. Okt. Europa: Ferien. Odr., Bogen (5×5) und Kleinbogen (2×5); gez. K 13¼:12¾.

azf) Hafen von St. Mary

azg) Alte Kirche von Ballaugh

azf–azg) Gemälde von Alfred Heaton Cooper (1864–1929) für das Buch „Die Insel Man“ von W. Ralph Hall Caine

1165	28 (P) mehrfarbig	azf	1,—	1,—
1166	40 (P) mehrfarbig	azg	1,40	1,40
		Satzpreis (2 W.)	2,40	2,40
		FDC		3,50
		Kleinbogensatz (2 Klb.)	24,—	24,—

MiNr. 1165–1166 stammen aus dem Satz MiNr. 1164–1169.

Großbritannien – Jersey

2004, 9. März. Europa: Ferien. Odr. (5×2); gez. K 13:13½.

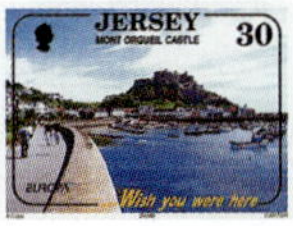

axm) Mont Orgueil und Hafen

axn) Leuchtturm von La Corbière

1119	30 (P) mehrfarbig	axm	1,10	1,10
1120	39 (P) mehrfarbig	axn	1,50	1,50
		Satzpreis (2 W.)	2,60	2,60
		FDC		3,50
		Kleinbogensatz (2 Klb.)	26,—	26,—

MiNr. 1119–1120 stammen aus dem Satz MiNr. 1118–1121.

Irland

2004, 11. Mai. Europa: Ferien. Odr. (2 + 4 + 4); Papier ph.; gez. K 14:13¾.

ayv) Burg auf der Halbinsel Ross, Killarney

ayw) Klippen von Moher, Clare

1581	48 C mehrfarbig	ayv	1,20	1,—
1582	65 C mehrfarbig	ayw	1,80	1,50
		Satzpreis (2 W.)	3,—	2,50
		FDC		4,—
		Kleinbogensatz (2 Klb.)	30,—	25,—

Auflagen: MiNr. 1581 = 510 000, MiNr. 1582 = 400 000 Stück

Island

2004, 19. Mai. Europa: Ferien. Odr., Kleinbogen (2×5) und Markenheftchen (5×2); gez. K 13.

aiw) Radtour

aix) Gletscherfahrt mit Geländewagen

1066	65.00 (Kr) mehrfarbig	aiw	2,—	1,50
1067	90.00 (Kr) mehrfarbig	aix	2,80	2,—
		Satzpreis (2 W.)	4,80	3,50
		FDC		4,20
		Kleinbogensatz (2 Klb.)	48,—	35,—
		MH mit MiNr. 1066	20,—	
		MH mit MiNr. 1067	28,—	

Auflagen: MiNr. 1066 = 730 000, MiNr. 1067 = 380 000 Stück, davon jeweils 180 000 im Markenheftchen

Italien

2004, 7. Mai. Europa: Ferien. RaTdr. (3×4); MiNr. 2970 Papier fl., MiNr. 2971 normales Papier; gez. K 13:13¼.

dag) Geschlossener Koffer

dah) Geöffneter gepackter Koffer

2970	0.45 € mehrfarbig	dag	1,20	0,90
2971	0.62 € mehrfarbig	dah	1,80	1,30
		Satzpreis (2 W.)	3,—	2,20
		FDC		4,—

Auflage: 3 600 000 Sätze

Jugoslawien

2004, 5. Mai. Europa: Ferien. Odr. (3×3); gez. K 13¾:13¼, Querformat ~.

dkn) Trickskifahren, Paragliding

dko) Segeln, Wasserskifahren

3196	16 (ND) / 0.25 € mehrfarbig	dkn	1,20	1,—
3197	56 (ND) / 0.80 € mehrfarbig	dko	2,80	2,50
		Satzpreis (2 W.)	4,—	3,50
		FDC		5,—
		Kleinbogensatz (2 Klb.)	40,—	30,—

Blockausgabe

dkp) Segeln, Paragliding

dkr) Rudern

dks

3198	32 (ND) / 0.50 € mehrfarbig	dkp	10,—	8,—
3199	56 (ND) / 0.80 € mehrfarbig	dkr	10,—	8,—
Block 57	(97×55 mm)	dks	25,—	20,—
		FDC		22,—

MiNr. 3196–3197 wurden jeweils im Kleinbogen zu 8 Marken und 1 Zierfeld (Feld 5) gedruckt.

Auflagen: MiNr. 3196–3197 = 80 000 Sätze, Bl. 57 = 50 000 numerierte Blocks

Kroatien

2004, 9. Mai. Europa: Ferien. Odr. (4×5); Papier fl.; gez. K 14.

zr) Urlaub am Strand

zs) Urlaub im Schnee

684	3.50 (K) mehrfarbig	zr	1,20	1,20
685	3.50 (K) mehrfarbig	zs	1,20	1,20
		Satzpreis (2 W.)	2,40	2,40
		FDC		4,—

Auflage: 300 000 Sätze

Lettland

2004, 8. Mai. Europa: Ferien. Odr. (5×2); gez. K 13¼:13¾.

pw) Familie am Meer

613	60 (S) mehrfarbig	pw	2,—	2,—
		FDC		2,80
		Kehrdruckpaar	4,—	4,—
		Kleinbogen	20,—	20,—

MiNr. 613 wurde reihenweise kopfstehend gedruckt.

Auflage: 100 000 Stück

Liechtenstein

2004, 1. März. Europa: Ferien. RaTdr. (4×5); gez. K 14:14¼.

bcc) „Abheben für Traumferien“; Graphik von Corina Marxer

1340	1.30 (Fr)	mehrfarbig	bcc	2,50	2,—
			FDC		3,—
			MK 226		3,—

Auflage: 246 000 Stück

Litauen

2004, 10. April. Europa: Ferien. Odr. (5×2); gez. K 12.

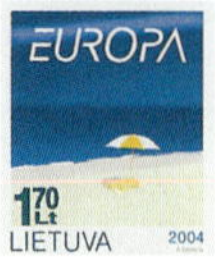

um) Am Strand

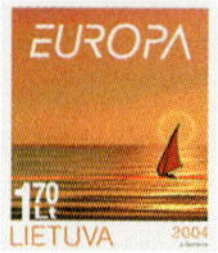

un) Jacht auf dem Meer

842	1.70 L	mehrfarbig	um	1,20	1,20
843	1.70 L	mehrfarbig	un	1,20	1,20
			Satzpreis (2 W.)	2,40	2,40
			FDC		3,50
			Kleinbogensatz (2 Klb.)	24,—	24,—

Auflage: 500 000 Sätze

Luxemburg

2004, 9. Mai. Europa: Ferien. Odr. (5×4); gez. K 13¼.

ayh) Schießentümpel im Müllerthal

ayi) Campingplatz, Flussbad und Schloss, Bourscheid-Plage

1640	0.50 €	mehrfarbig	ayh	1,20	1,20
1641	0.60 €	mehrfarbig	ayi	1,30	1,30
			Satzpreis (2 W.)	2,50	2,50
			FDC		3,—

Auflage: 600 000 Sätze

Makedonien

2004, 7. Mai. Europa: Ferien. Odr. (2×2 Zd); gez. K 13¼:13½.

kz

la

kz–la) Badestrand

317	50 (D)	mehrfarbig	kz	1,90	1,90
318	50 (D)	mehrfarbig	la	1,90	1,90
			Satzpreis (Paar)	3,80	3,80
			FDC		4,50
			Kleinbogen	15,—	15,—

Auflage: 60 000 Sätze

Malta

2004, 19. Mai. Europa: Ferien. Odr. (2×5); gez. K 14:14¼.

axo) Baden im Hafen von La Valletta

axp) Besuch archäologischer Stätten

1343	16 C	mehrfarbig	axo	1,—	1,—
1344	51 C	mehrfarbig	axp	2,50	2,50
			Satzpreis (2 W.)	3,50	3,50
			FDC		4,—
			Kleinbogensatz (2 Klb.)	35,—	35,—

Moldawien

2004, 25. Juni. Europa: Ferien. Odr., Kleinbogen (2×5); gez. K 14:14½.

tu) Junge Archäologen im Ferieneinsatz

tv) Ferienhelfer bei der Weinlese

487	40 B	mehrfarbig	tu	0,50	0,50
488	4.40 L	mehrfarbig	tv	3,50	3,50
			Satzpreis (2 W.)	4,—	4,—
			FDC		5,50
			Kleinbogensatz (2 Klb.)	40,—	40,—

Markenheftchen (2×2)

H-Blatt 5	mit 2 × MiNr. 487–488	10,—
MH 8	mit 1 × H-Blatt 5	12,—

Markenfolge im H-Blatt: 488-487, 487-488

Auflagen: MiNr. 487–488 = 100 000 Sätze, MH 8 = 20 000 Markenheftchen

Monaco

2004, 3. Mai. Europa: Ferien. RaTdr. (5×2); gez. K 13¼.

crr) Frauen in Badekleidung am Strand

crs) Grenzpfahl

2693	0.50 €	mehrfarbig	crr	1,50	1,20
2694	0.50 €	mehrfarbig	crs	1,50	1,20
			Satzpreis (2 W.)	3,—	2,40
			FDC		3,—
			Kleinbogensatz (2 Klb.)	30,—	24,—

Norwegen

2004, 26. März. Europa: Ferien. RaTdr., Markenheftchen (4×2); selbstklebend; Papier normal; dreiseitig zähnungsähnlich gestanzt 13¼.

avo) Radfahren auf den Lofoten

avp) Paddeln in der Mündung des Oslofjords

avr) Skiwandern auf dem Styggebreen-Gletscher

1497	6.00 (Kr)	mehrfarbig	avo		
Do		oben gerade gestanzt (⧉)		1,50	1,50
Du		unten gerade gestanzt (⧉)		1,50	1,50
1498	7.50 (Kr)	mehrfarbig	avp		
Do		oben gerade gestanzt (⧉)		1,80	1,80
Du		unten gerade gestanzt (⧉)		1,80	1,80
1499	9.50 (Kr)	mehrfarbig	avr		
Do		oben gerade gestanzt (⧉)		2,30	2,30
Du		unten gerade gestanzt (⧉)		2,30	2,30
			Satzpreis (3 W.)	5,50	5,50
			FDC		6,50
			3 Markenheftchen	45,—	

Österreich

2004, 4. Juni. Europa: Ferien. RaTdr. (5 × 10); gez. K 13¾.

chz) Sonne über Blumenfeld

2486	75 (C) mehrfarbig	chz	1,80	1,80
		FDC		2,50

Vorlagedruck in Schwarz, mit dem Originaldruckstöckel gedruckt, ☐, auf Erläuterungsblatt geklebt .... 10,—

Auflage: 600 000 Stück

Polen

2004, 5. Mai. Europa: Ferien. Odr. (5 × 4); Papier fl.; Sicherheitszähnung K 11½:11¼.

fhh) Landschaft in Form eines Rucksackes

4106	2.10 Zł mehrfarbig	fhh	1,80	1,—
		FDC		2,40

Auflage: 500 000 Stück

Portugal

2004, 10. Mai. Europa: Ferien. Odr. (10 × 5), gez. K 13¼:14.

csn) Besuch einer Galerie

cso) Strandbesuch

2819	0.56 € mehrfarbig	csn	1,50	1,50
2820	0.56 € mehrfarbig	cso	1,50	1,50
		Satzpreis (2 W.)	3,—	3,—
		FDC		3,50

Blockausgabe mit MiNr. 2819–2820

Block 196	(140 × 112 mm)	csp	3,50	3,50
		FDC		4,50

Auflagen: MiNr. 2819–2820 = 250 000 Sätze, Bl. 196 = 150 000 Blocks

Gültig bis 31.1.2010

Portugal – Azoren

2004, 10. Mai. Europa: Ferien. Odr. (10 × 5), gez. K 13¼:14.

hm) Reisendes Paar an der Küste

501	0.56 € mehrfarbig	hm	1,60	1,60
		FDC		2,—

Blockausgabe mit 2 × MiNr. 501

Block 27	(140 × 112 mm)	hn	3,50	3,50
		FDC		4,—

Auflagen: MiNr. 501 = 250 000 Stück, Bl. 27 = 150 000 Blocks

Gültig bis 31.1.2010

Portugal – Madeira

2004, 10. Mai. Europa: Ferien. Odr. (10 × 5), gez. K 13¼:14.

hm) Wanderer in Küstenlandschaft

229	0.56 € mehrfarbig	hm	1,60	1,60
		FDC		2,—

Blockausgabe mit 2 × MiNr. 229

Block 28	(140 × 112 mm)	hn	3,50	3,50
		FDC		4,—

Auflagen: MiNr. 229 = 250 000 Stück, Bl. 28 = 150 000 Blocks

Gültig bis 31.1.2010

Rumänien

2004, 7. Mai. Europa: Ferien. RaTdr. (2 × 2); gez. K 13½.

huc) Sonne, Sommerlandschaft

hud) Sonne, Winterlandschaft

5822	21 000 L mehrfarbig	huc	1,50	1,50
5823	77 000 L mehrfarbig	hud	5,50	5,50
		Satzpreis (2 W.)	7,—	7,—
		FDC		9,—
		Kleinbogensatz (2 Klb.)	28,—	28,—

Auflagen: MiNr. 5822 = 370 000, MiNr. 5823 = 80 000 Stück

Gültig bis 30.6.2005

Russland

2004, 5. Mai. Europa: Ferien. Odr., Bogen (10 × 5) und Kleinbogen (2 × 4); gez. K 12:12¼.

auh) Stadtalltag, Ferienidylle

1172	8.00 (R) mehrfarbig	auh	1,20	0,80
		FDC		1,—
		Kleinbogen	15,—	10,—
		PP	5,—	

Auflage: 730 000 Stück, davon 480 000 im Kleinbogen

San Marino

2004, 21. Mai. Europa: Ferien. Odr. (5 × 4, Querformat ~); gez. K 13¼:13, Querformat ~.

byd) Autonaviplano

bye) Barcampertrenobus

byd–bye) Skurrile Fahrzeugentwürfe von Ro Marcenaro (*1937), Karikaturist

2148	0.45 € mehrfarbig	byd	1,20	1,20
2149	0.80 € mehrfarbig	bye	2,40	2,40
		Satzpreis (2 W.)	3,50	3,50
		FDC		4,50

Auflage: 200 000 Sätze

Schweden

2004, 26. Jan. Europa: Ferien. Odr., Markenheftchen; dreiseitig gez. K 12¾.

cgk
cgl

cgk–cgl) Naturreservat Laponia, Lappland (Weltnaturerbe)

2392	10 Kr	mehrfarbig . . . . cgk		
Do		oben geschnitten (▭)	2,70	2,70
Du		unten geschnitten (▭)	2,70	2,70
2393	10 Kr	mehrfarbig . . . . cgl		
Do		oben geschnitten (▭)	2,70	2,70
Du		unten geschnitten (▭)	2,70	2,70
		Satzpreis (2 W.)	5,40	5,40
		FDC (1 H-Bl.)		12,—

MH 298	(Nominale 40 Kr)	11,—	
H-Blatt 326	mit 2 × MiNr. 2392–2393	11,—	11,—

Schweiz

2004, 6. Mai. Europa: Ferien. Odr. (4×4); gez. K 14¼:14½.

buf) Liegestuhl und Sonnenschirm

1880	100 (C) mehrfarbig . . . . buf	1,60	1,30
	FDC		2,50

Auflage: 3 700 000 Stück

Slowakei

2004, 23. April. Europa: Ferien. RaTdr., Bogen (10×10) und Kleinbogen (2×5); Sicherheitszähnung K 14:14¼.

rt) Schmetterling, Schloss, Taube und Blumen

483	20 Sk mehrfarbig . . . . rt	1,80	1,—
	FDC		3,20
	Kleinbogen	24,—	20,—

MiNr. 483 wurde früher als 481 katalogisiert.

Auflage: 9 999 545 Stück

Slowenien

2004, 21. Mai. Europa: Ferien. Odr. (3×3); gez. K 14.

tt) Fisch mit Regenschirm

473	D mehrfarbig . . . . tt	1,50	1,50
	FDC		2,50
	Kleinbogen	12,—	12,—

Nominale zur Zeit der Ausgabe: 107 T

MiNr. 473 wurde im Kleinbogen zu 8 Marken und 1 Zierfeld (Feld 8) gedruckt.

Auflage: 160 000 Stück

Spanien

2004, 29. April. Europa: Ferien. RaTdr. (10×5); Papier ph.; gez. K 14:13¾.

egg) Strand mit Sonnenschirmen, Sehenswürdigkeiten von Spanien

3951	0.77 € mehrfarbig . . . . egg	2,—	2,—
	FDC		2,50

Auflage: 1 000 000 Stück

Tschechische Republik

2004, 5. Mai. Europa: Ferien. Odr. (3×2); Papier fl.; gez. K 11¼.

ry) Ferien; Illustration von Miroslav Jágr (1927–1997) für ein Kinderbuch von František Nepil (1929–1995)

395	9 Kč mehrfarbig . . . . ry	1,—	0,50
	FDC		1,50
	Kleinbogen	6,—	5,—

Auflage: 402 000 Stück

Türkei

2004, 9. Mai. Europa: Ferien. Odr. (10×10); gez. K 13.

cle

clf

cle–clf) Touristische Attraktionen

3376	700 000 L mehrfarbig . . . . cle	1,70	1,20
3377	800 000 L mehrfarbig . . . . clf	1,80	1,30
	Satzpreis (2 W.)	3,50	2,50
	FDC		3,—

Auflage: 500 000 Sätze

Türkisch-Zypern*

2004, 25. Mai. Blockausgabe: Europa – Ferien. Odr.; Wz. 1; A = gez. K 14:13¾, B = □.

zl) Badestrand, Segelschiff

zm) Frau mit Cocktail, Hotelterrasse

zn

598 A	600 000 L mehrfarbig . . . . zl	2,50	2,—
599 A	600 000 L mehrfarbig . . . . zm	2,50	2,—
Block 22 A	(72×75 mm) . . . . zn	6,—	5,—
	FDC		7,—

598 B	600 000 L mehrfarbig	zl	2,50	2,—
599 B	600 000 L mehrfarbig	zm	2,50	2,—
Block 22 B	(72×75 mm)	zn	6,—	5,—
		FDC		7,—

Block 22 A F Farbe Schwarz fehlend (Inschriften) ..... —,—

Auflagen: Bl. 22 A = 60 000, Bl. 22 B = 50 000 Blocks

Ukraine

2004, 23. April. Blockausgabe: Europa – Ferien (I). Odr.; Papier fl.; gez. Ks 11½.

zx) Villa „Schwalbennest“, Krim — zz) Burg in der Stadt Chotyn (13.–15. Jh.) — zy) Karpatenlandschaft — aab

aaa) Petscherskij-Kloster, Kiew

634	45 K	mehrfarbig	zx	0,50	0,50
635	75 K	mehrfarbig	zy	0,50	0,50
636	2.61 (G)	mehrfarbig	zz	2,—	2,—
637	3.52 (G)	mehrfarbig	aaa	2,50	2,50
Block 46	(124×104 mm)		aab	6,—	6,—
			FDC		7,50

Die Blockmarken haben folgendes Format: MiNr. 634–635 = 22×33 mm, MiNr. 636 = 30×33 mm und MiNr. 637 = 40×28 mm.

Auflage: 70 000 Blocks

2004, 23. April. Europa: Ferien (II). Odr., Markenheftchen; Papier fl.; gez. K 11½.

638	45 K	mehrfarbig	zx l	23,—	23,—
639	75 K	mehrfarbig	zy l	23,—	23,—
640	2.61 (G)	mehrfarbig	zz l	23,—	23,—
641	3.52 (G)	mehrfarbig	aaa l	23,—	23,—
			Satzpreis (4 W.)	90,—	90,—
MH 5	(Nominale 7.33 G)			*100,—*	
H-Blatt 7	mit MiNr. 638–641			*95,—*	*95,—*

Die Heftchenmarken haben folgendes Format: MiNr. 638–639 = 19×30 mm, MiNr. 640 = 26×30 mm und MiNr. 641 = 33,5×24,5 mm.

Auflage: 10 000 Markenheftchen

Ungarn

2004, 7. Mai. Europa: Ferien. Odr. (3×2); gez. K 12.

hen) Sommerlandschaft; Wandteppich von Erzsébet Szekeres

4861	160 Ft	mehrfarbig	hen	2,—	2,—
			FDC		3,20
			Kleinbogen	12,—	12,—

Auflage: 720 000 Stück

Vatikanstadt

2004, 3. Juni. Europa: Ferien. Odr. (2×5); gez. K 12¾:13¼.

bcb) Gemeinschaftlicher Ausritt

bcc) Spaziergang in Garten französischen Stils

1489	0.45 €	mehrfarbig	bcb	1,80	1,20
1490	0.62 €	mehrfarbig	bcc	2,20	1,80
			Satzpreis (2 W.)	4,—	3,—
			FDC		4,—
			Kleinbogensatz (2 Klb.)	40,—	30,—

Auflage: 300 000 Sätze

Weißrussland

2004, 4. Mai. Europa: Ferien. Odr. Bogen (5×4) und Markenheftchen (4×2); gez. K 13½:13¾.

vd) Pilzsammler

ve) Angler

543	320 (R)	mehrfarbig	vd	0,40	0,40
544	870 (R)	mehrfarbig	ve	1,10	1,10
			Satzpreis (2 W.)	1,50	1,50
			FDC		2,—
H-Blatt 7	mit 7 × MiNr. 543			3,20	3,20
MH 7	mit H-Blatt 7			3,50	
H-Blatt 8	mit 7 × MiNr. 544			9,—	9,—
MH 8	mit H-Blatt 8			9,50	

Auflage: 204 000 Sätze, davon 84 000 in Markenheftchen

Zypern

2004, 1. Mai. Europa: Ferien. Odr., Bogen (B) (4×5) und Markenheftchen (MH); A = vierseitig gez. K 13¾:13¼, D = dreiseitig gez. K 13¾.

alo) Antikes Stadion von Salamis, historisches Segelschiff

alp) Familie am Strand, Aphrodite von Soloi (Statue)

alo–alp) Aphrodites legendärer Geburtsort „Petratou-Romlou“ bei Pissouri

1035	20 (C) mehrfarbig	alo		
A	vierseitig gez. K 13¾:13¼ (B)		1,—	1,—
Do	dreiseitig gez. K 13¾ (⌧) (MH)		1,—	1,—
Du	dreiseitig gez. K 13¾ (⌧) (MH)		1,—	1,—
1036	30 (C) mehrfarbig	alp		
A	vierseitig gez. K 13¾:13¼ (B)		1,40	1,40
Do	dreiseitig gez. K 13¾ (⌧) (MH)		1,40	1,40
Du	dreiseitig gez. K 13¾ (⌧) (MH)		1,40	1,40
		Satzpreis A (2 W.)	2,40	2,40
		FDC		3,—
MH 5	(Nominale 2 £)		10,—	
H-Blatt 5	mit 2 × MiNr. 1035 Do/Du–1036 Do/Du		10,—	10,—

Auflagen: MiNr. 1035 A = 75 000, MiNr. 1036 A = 100 000 Stück, MiNr. 1035 D bis 1036 D = 104 000 Sätze

2005

Albanien

2005, 22. Sept. Europa: Gastronomie. Odr., Bogen (B) (5×2) und Markenheftchen (MH); A = gez. K 14, D = dreiseitig, E = zweiseitig gez. K 13½:14.

dgs) Fleischtopf

dgt) Gefüllte Teigtaschen

3048	200 L	mehrfarbig . . . . dgs		
A		vierseitig gez. (B)	5,—	5,—
Do		dreiseitig gez. (⊡) (MH)	5,—	5,—
Du		dreiseitig gez. (⊡) (MH)	5,—	5,—
E		zweiseitig gez. (⊡) (MH)	5,—	5,—
3049	200 L	mehrfarbig . . . . dgt		
A		vierseitig gez. (B)	5,—	5,—
Do		dreiseitig gez. (⊡) (MH)	5,—	5,—
Du		dreiseitig gez. (⊡) (MH)	5,—	5,—
E		zweiseitig gez. (⊡) (MH)	5,—	5,—
		Satzpreis A (2 W.)	10,—	10,—
		2 FDC A		11,—
		Kleinbogensatz A (2 Klb.)	100,—	100,—

MH 9	(Nominale 1550 L)	60,—	
H-Blatt 9	mit MiNr. 3048 D/E, 3049 D/E, 3050	38,—	38,—

Blockausgabe, gez. Ks 13

dgu) Dollma (Kohlroulade mit Innereien vom Rind)

dgv

3050	350 L mehrfarbig . . . . dgu		7,—	7,—
Block 158	(60×84 mm) . . . . gdv		8,50	8,50
		FDC		10,—

MiNr. 3050 ist auch in MH 9 enthalten.

Auflagen: MiNr. 3048 A–3049 A = 60 000 Sätze, Bl. 158 = 40 000 numerierte Blocks, MH 9 = 15 000 Markenheftchen

Andorra (Französische Post)

2005, 7. Mai. Europa: Gastronomie. Odr. (5×8); gez. K 13:13¼.

sk) Stilleben in einer Küche

629	0.55 € mehrfarbig . . . . sk		1,80	1,50
		FDC		2,—

Auflage: 144 389 Stück

Andorra (Spanische Post)

2005, 15. April. Europa: Gastronomie. RaTdr. (5×10); Papier ph.; gez. K 13¾:14.

ky) Gedeckter Tisch; Gemälde von Carme Mas (1935–2004)

324	0.78 € mehrfarbig . . . . ky		2,—	2,—
		FDC		2,50

Auflage: 300 000 Stück

Armenien

2005, 4. Okt. Europa: Gastronomie. Odr., Kleinbogen (5×2) und Markenheftchen (2×4); gez. K 13¾:13½.

ph) Lavash (flaches armenisches Brot)

pi) Harissa (gekochter Weizenbrei mit Hühnerfleisch)

519	70 (D)	mehrfarbig . . . . ph	1,—	1,—
520	350 (D)	mehrfarbig . . . . pi	3,50	3,50
		Satzpreis (2 W.)	4,50	4,50
		FDC		5,50
		Kleinbogensatz (2 Klb.)	45,—	45,—
		Markenheftchen	18,—	

Markenfolge im H-Blatt: 519-519, 519-519, 520-520, 520-520

Auflagen: MiNr. 519–520 = 120 000 Sätze, 20 000 Markenheftchen

Aserbaidschan

2005, 18. April. Europa: Gastronomie. Odr., Kleinbogen (2×5); Markenformat 42×30 mm, mit weißem Rand; A = gez. K 14:14¼, B = □.

wg) Pilaf

wh) Gefüllte Paprikaschoten (Dolmas)

608 A	1000 M	mehrfarbig . . . . wg	1,50	1,50
609 A	3000 M	mehrfarbig . . . . wh	4,50	4,50
		Satzpreis A (2 W.)	6,—	6,—
		FDC A		7,—
		Kleinbogensatz A (2 Klb.)	60,—	60,—
		Satzpreis B (2 W.)	90,—	90,—
		Kleinbogensatz B (2 Klb.)	—,—	—,—

Markenheftchen (2×2 und 2×3), Markenformat 45×35 mm, mit farbigem Rand; A = vierseitig, D = dreiseitig, E = zweiseitig gez. K 14:13¾

610	1000 M	mehrfarbig . . . . wg I		
A		⊡	2,—	2,—
D		⊡, ⊡	2,—	2,—
E		⊡	2,—	2,—
611	3000 M	mehrfarbig . . . . wh I		
A		⊡	5,—	5,—
D		⊡, ⊡	5,—	5,—
E		⊡	5,—	5,—
		Markenheftchen	35,—	

MiNr. 610–611 stammen aus einem Markenheftchen mit 2 × MiNr. 610 A–611 A und 610 D–611 D sowie 1 × MiNr. 610 E–611 E.

Auflagen: MiNr. 608–609 = 50 000 Sätze, 25 000 Markenheftchen

Belgien

2005, 2. April. Europa: Gastronomie. RaTdr. (1×5 Zd); Papier ph.; gez. K 11½.

dtm) Der Kindertisch; Gemälde von Gustave van de Woestijne (1881–1947)

dtn) Stilleben mit Austern, Obst und Gebäck; Gemälde von Clara Peeters (1594–um 1640)

3437	0.60 (€)	mehrfarbig	dtm	1,20	1,50
3438	0.60 (€)	mehrfarbig	dtn	1,20	1,50
			Satzpreis (Paar)	2,40	3,—
			FDC		6,—
			Kleinbogen	12,—	15,—

Bosnien und Herzegowina

2005, 20. April. Europa: Gastronomie. Odr. (2×5); gez. K 13.

rg) Gefüllte Zwiebeln

rh) Baklava

389	2.00 (M)	mehrfarbig	rg	2,50	2,50
390	2.00 (M)	mehrfarbig	rh	2,50	2,50
			Satzpreis (2 W.)	5,—	5,—
			FDC		6,—
			Kleinbogensatz (2 Klb.)	50,—	50,—

Blockausgabe mit MiNr. 389–390

Block 25	(115×88 mm)	ri	5,—	5,—
		FDC		6,—

Auflagen: MiNr. 389–390 = 80 000 Sätze, Bl. 25 = 50 000 Blocks

Bosnien und Herzegowina (Kroatische Post Mostar)*

2005, 5. April. Europa: Gastronomie. Odr. (2×5); gez. K 14.

fm) Brot, Schinken, Knoblauch, Zwiebeln und Rotwein

fn) Weintrauben, Brot, Käse, Nüsse und Weißwein

154	2.00 (M)	mehrfarbig	fm	2,50	3,—
155	2.00 (M)	mehrfarbig	fn	2,50	3,—
			Satzpreis (Paar)	5,—	6,—
			FDC		7,50
			Kleinbogen	20,—	25,—

Blockausgabe mit 2 × MiNr. 154–155

Block 6	(127×89 mm)	fo	10,—	11,—
		FDC		12,—

MiNr. 154–155 wurden schachbrettartig zusammenhängend im Kleinbogen zu je 4 Marken und 2 verschiedenen Zierfeldern (Feld 5 und 6) gedruckt.

Bosnien und Herzegowina (Serbische Republik)*

2005, 4. April. Europa: Gastronomie. Odr., Kleinbogen (3×3); A = vierseitig gez. K 13¼:13¾.

mo) Traditionelle Feuerstelle mit Kochgeschirr und Gedeck, Hausbrot mit Nationalgericht „Sarmice“

mp) Gedeckter Tisch mit geräuchertem Schinken, Rahm und Maisbrot

327 A	1.00 (M)	mehrfarbig	mo	1,20	1,20
328 A	1.50 (M)	mehrfarbig	mp	2,—	2,—
			Satzpreis A (2 W.)	3,20	3,20
			FDC A		5,50
			Kleinbogensatz A (2 Klb.)	26,—	26,—

Markenheftchen (3×2), D = dreiseitig gez. K 13¼:13¾

327	1.00 (M)	mehrfarbig	mo		
Do		dreiseitig gez. (⌷)		1,20	1,20
Du		dreiseitig gez. (⌷)		1,20	1,20
328	1.50 (M)	mehrfarbig	mp		
Do		dreiseitig gez. (⌷)		2,—	2,—
Du		dreiseitig gez. (⌷)		2,—	2,—
			Satzpreis D (2 W.)	3,20	3,20
			FDC D		5,50

H-Blatt 8	mit 2 × MiNr. 327 Do und 328 Du sowie 1 × MiNr. 327 Du und 328 Do	11,—	11,—
MH 8	mit 1 × H-Blatt 8	12,—	

MiNr. 327 A–328 A haben einen braunen, MiNr. 327 D–328 D einen grünen Rahmen.

MiNr. 327 A–328 A wurden jeweils im Kleinbogen zu 8 Marken und 1 Zierfeld (Feld 5) gedruckt.

Auflagen: MiNr. 327 A–328 A = 55 000 Sätze, MH 8 = 20 000 Markenheftchen

Bulgarien

2005, 28. Mai. Europa: Gastronomie. Odr., Kleinbogen (1×5 Zd) und Markenheftchen (2×2); A = gez. K 13, C = gez. L 13.

gsu) Traditionelles bulgarisches Frühstück

gsv) Traditionelles bulgarisches Mittag- oder Abendessen

4704	0.45 L	mehrfarbig	gsu		
A		gez. K 13		1,—	1,—
C		gez. L 13		1,20	1,20
4705	0.80 L	mehrfarbig	gsv		
A		gez. K 13		1,60	1,60
C		gez. L 13		2,30	2,30
			Satzpreis A (Paar)	2,60	2,60
			FDC A		3,40
			Kleinbogen A	13,—	13,—
			Satzpreis C (Paar)	3,50	3,50

MH 4	(Nominale 2.50 L)	12,—	
H-Blatt 5	mit 2 × MiNr. 4704 C–4705 C	8,—	8,—

Auflagen: 206 000 Sätze, davon 112 000 im Markenheftchen

Gültig bis 16.1.2008

Dänemark

2005, 4. Mai. Europa: Gastronomie. Odr. (10×5); Papier fl.; gez. K 13¼.

aon) Hot Dog

aoo) Fisch

1405	6.50 (Kr) mehrfarbig	aon	1,80	2,—
1406	9.50 (Kr) mehrfarbig	aoo	2,60	3,—
		Satzpreis (2 W.)	4,40	5,—
		FDC		6,—

Dänemark – Färöer

2005, 18. April. Europa: Gastronomie. Odr. (2×5); gez. K 13¼:13.

wv

ww

wv–ww) Spezialitäten der färöischen Küche

528	7.50 Kr mehrfarbig	wv	2,70	2,10
529	10 Kr mehrfarbig	ww	3,30	2,70
		Satzpreis (2 W.)	6,—	4,80
		FDC		5,50
		Kleinbogensatz (2 Klb.)	60,—	48,—

Dänemark – Grönland

2005, 17. Jan. Europa: Gastronomie. Odr. (8×5); Papier fl.; gez. K 13¼:13.

ph) Moschusochsenfleisch mit Gemüse

440	11.75 (Kr) mehrfarbig	ph	3,50	3,50
		FDC		4,80

Deutschland

2005, 12. Mai. Europa: Gastronomie. Odr. (2×5); Papier fl.; gez. K 14.

cxe) Gedeckter Tisch

2457	55 (C) mehrfarbig	cxe	1,10	1,—
		FDC		2,—
		ETB 16/2005		1,30
		Kleinbogen	11,—	11,—

FALSCH

Auflage: 9 000 000 Stück, davon 125 000 auf ETB

Estland

2005, 3. Mai. Europa: Gastronomie. Odr. (2×5); gez. K 14:13¾.

pf) Teigwarenhülle mit Nahrungsmitteln in Form eines Füllhorns

pg) Farben des Regenbogens und landestypische Lebensmittel

515	6.00 (Kr) mehrfarbig	pf	1,—	1,—
516	6.50 (Kr) mehrfarbig	pg	1,10	1,10
		Satzpreis (2 W.)	2,—	2,—
		FDC		3,20
		Kleinbogensatz (2 Klb.)	20,—	20,—

Auflagen: MiNr. 515 = 175 000, MiNr. 516 = 210 000 Stück

Finnland

2005, 11. Mai. Europa: Gastronomie. Odr. (2×5); gez. K 13.

bnm) Pfannkuchen mit Preiselbeersahne

bnn) Geschnetzeltes vom Ren mit Butterkartoffeln und Preisel- oder Moosbeermarmelade

1749	0.65 € mehrfarbig	bnm	1,80	1,30
1750	0.65 € mehrfarbig	bnn	1,80	1,30
		Satzpreis (Paar)	3,60	2,60
		FDC		3,50
		Kleinbogen	18,—	13,—

MiNr. 1749–1750 wurden schachbrettartig zusammenhängend gedruckt.

Auflage: 500 000 Sätze

Finnland – Åland

2005, 29. April. Europa: Gastronomie. Odr. (5×3 + 5×3); gez. K 13½.

kh) Frische Bücklinge

251	0.90 € mehrfarbig	kh	2,50	2,50
		FDC		3,—

Zwischenstegpaar:

251 ZS	1 Paar	5,50	5,50

Auflage: 300 000 Stück

Frankreich

2005, 8. Mai. Europa: Gastronomie. RaTdr. (8×6); Papier ph.; gez. K 13¼.

emg) Gedeckte Tafel mit Speisen der Haute Cuisine

3938	0.53 € mehrfarbig	emg	1,10	1,10
		FDC		1,60
		ETB		3,—

Auflage: 3 510 784 Stück

Georgien

2005, 27. Mai. Europa: Gastronomie. Odr., Kleinbogen (5×2); Bildformat 26×38 mm; vierseitig gez. K 14¼:14.

ta) Fladenbrot

tb) Georgisches Brot

480	20 (T) mehrfarbig	ta	1,—	1,—
481	80 (T) mehrfarbig	tb	4,—	4,—
		Satzpreis (2 W.)	5,—	5,—
		FDC		6,—
		Kleinbogensatz (2 Klb.)	50,—	50,—

Markenheftchen (2×2 und 3×2); Bildformat 29×40½ mm; A = vierseitig, D = dreiseitig, E = zweiseitig gez. K 13¾:14

482	20 (T)	mehrfarbig	ta I		
A		□		1,—	1,—
D		□, □		1,—	1,—
E		□		1,—	1,—
483	80 (T)	mehrfarbig	tb I		
A		□		4,—	4,—
D		□, □		4,—	4,—
E		□		4,—	4,—
			Markenheftchen	25,—	

MiNr. 482–483 stammen aus einem Markenheftchen mit 2 × MiNr. 482 A–483 A und 482 D–482 D sowie 1 × MiNr. 482 E–483 E.

Gibraltar*

2005, 31. März. Europa: Gastronomie. Odr. (2×5); gez. K 14¼:14¾.

auk) „Torta de acelga" (genuesische Küche)

aul) „Robalo a la parilla" (portugiesische Küche)

aum) „Rolitos de ternera" (maltesische Küche)

aun) „Sherry Trifle" (britische Küche)

1122	47 P	mehrfarbig	auk	2,—	1,80
1123	47 P	mehrfarbig	aul	2,—	1,80
1124	47 P	mehrfarbig	aum	2,—	1,80
1125	47 P	mehrfarbig	aun	2,—	1,80
			Satzpreis (4 W.)	8,—	7,—
			FDC		9,—
			Kleinbogensatz (4 Klb.)	80,—	70,—

Griechenland

2005, 19. Mai. Europa: Gastronomie. Odr., Bogen (B) (2×4 Zd) und Markenheftchen (MH); A = vierseitig gez. K 14¼:13¾, C = senkrecht gez. 13¼.

ccm) Dakos (Tomatenbrot mit Feta und Knoblauch)

ccn) Geröstetes Gerstenbrot, Tomaten, Salz, Oregano, Feta, Olivenöl

2290	0.65 €	mehrfarbig	ccm		
A		vierseitig gez. (B)		1,50	1,50
C		senkrecht gez. (MH)		1,50	1,50
2291	2.35 €	mehrfarbig	ccn		
A		vierseitig gez. (B)		5,50	5,50
C		senkrecht gez. (MH)		5,50	5,50
			Satzpreis A (Paar)	7,—	7,—
			FDC		8,—
			Satzpreis C (2 W.)	7,—	7,—
MH 28		(Nominale 6 €)		14,—	
H-Blatt 36		mit 2 × MiNr. 2290 C–2291 C		14,—	14,—

Auflagen: MiNr. 2290 A = 437 391, MiNr. 2291 A = 437 194 Stück, MiNr. 2290 C–2290 C = 89 750 Sätze

Großbritannien

2005, 23. Aug. Europa: Gastronomie. RaTdr. (5×5 und 5×5 + 5×5); Papier ph.; gez. K 14½.

cdl) Tee

cdm) Sushi

2327	1ST	mehrfarbig	cdl	1,30	1,30
2328	42 (P)	mehrfarbig	cdm	1,40	1,40
			Satzpreis (2 W.)	2,70	2,70
			FDC		4,—

Zwischenstegpaare:

2327 ZW–2328 ZW	2 Paare	6,—	6,—

Nominale von MiNr. 2327 zur Zeit der Ausgabe: 30 P

MiNr. 2327–2328 stammen aus dem Satz MiNr. 2326–2331.

Großbritannien – Guernsey

2005, 9. Mai. Europa: Gastronomie. Odr. (2×5); gez. K 14:13¼.

aux) Gebratene Seebarbe und Krebskuchen

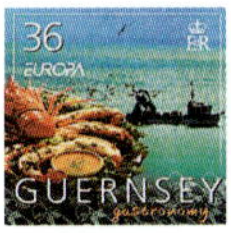
auy) Languste auf Salat

1045	32 (P)	mehrfarbig	aux	1,10	1,10
1046	36 (P)	mehrfarbig	auy	1,20	1,20
			Satzpreis (2 W.)	2,30	2,30
			FDC		3,—
			Kleinbogensatz (2 Klb.)	23,—	23,—

MiNr. 1045–1046 stammen aus dem Satz MiNr. 1044–1049.

Großbritannien – Isle of Man

2005, 15. Juni. Europa: Gastronomie. Odr., Bogen (5×5) und Kleinbogen (2×5); gez. K 13¼:13¾.

bbp) Jugendliche in der Gastronomie-Ausbildung

1220	42 P	mehrfarbig	bbp	1,30	1,30
			FDC		2,50
			Kleinbogen	13,—	13,—

MiNr. 1220 stammt aus dem Satz MiNr. 1217–1222.

Großbritannien – Jersey

2005, 8. März. Europa: Gastronomie. Odr. (5×2); gez. K 13¾.

azv) Austern

azw) Bohneneintopf

1170	33 (P)	mehrfarbig	azv	1,80	1,80
1171	40 (P)	mehrfarbig	azw	2,20	2,20
			Satzpreis (2 W.)	4,—	4,—
			FDC		5,—
			Kleinbogensatz (2 Klb.)	40,—	40,—

MiNr. 1170–1171 stammen aus dem Satz MiNr. 1169–1172.

Irland

2005, 9. Mai. Europa: Gastronomie. Odr. (2×5); Papier ph.; gez. K 14¼:14.

bbo) Zutaten für Irish Stew

bbp) Austern auf Eisbett

1650	48 C mehrfarbig	bbo	1,20	1,—
1651	65 C mehrfarbig	bbp	1,80	1,50
		Satzpreis (2 W.)	3,—	2,50
		FDC		4,—
		Kleinbogensatz (2 Klb.)	30,—	25,—

Auflagen: MiNr. 1650 = 360 000, MiNr. 1651 = 310 000 Stück

Island

2005, 26. Mai. Europa: Gastronomie. Odr., Kleinbogen (2×5); und Markenheftchen (2×5); gez. K 13½.

all) Fischgericht

alm) Fleischgericht

1102	70.00 (Kr) mehrfarbig	all	2,20	2,20
1103	90.00 (Kr) mehrfarbig	alm	2,80	2,80
		Satzpreis (2 W.)	5,—	5,—
		FDC		6,—
		Kleinbogensatz (2 Klb.)	50,—	50,—
		MH mit MiNr. 1102	22,—	
		MH mit MiNr. 1103	28,—	

Auflagen: MiNr. 1102 = 480 000, MiNr. 1103 = 380 000 Stück, davon jeweils 180 000 im Markenheftchen

Italien

2005, 9. Mai. Europa: Gastronomie. RaTdr. (10×5); MiNr. 3031 Papier fl., MiNr. 3032 normales Papier; gez. K 13¼:13.

dct) Teller mit Getreideähren, Europasterne

dcu) Teller mit Trauben, Weinglas, Europasterne

3031	0.45 € mehrfarbig	dct	0,90	0,90
3032	0.62 € mehrfarbig	dcu	1,30	1,30
		Satzpreis (2 W.)	2,20	2,20
		FDC		3,—

Auflage: 5 000 000 Sätze

Jugoslawien

2005, 5. Mai. Europa: Gastronomie. Odr. (3×3); gez. K 13¼:13¾.

dnn) Krautwickerl mit Kartoffelbrei

dno) Gebratene Forelle mit Petersilienkartoffeln

3269	41.50 (ND) / 0.50 € mehrfarbig	dnn	1,30	1,30
3270	73 (ND) / 0.90 € mehrfarbig	dno	2,20	2,20
		Satzpreis (2 W.)	3,50	3,50
		FDC		4,—
		Kleinbogensatz (2 Klb.)	30,—	30,—

Blockausgabe

dnp) Kirschkuchen

dnr) Apfelkuchen

dnl

3271	41.50 (ND) / 0.50 € mehrfarbig	dnp	1,—	1,—
3272	73 (ND) / 0.90 € mehrfarbig	dnr	2,—	2,—
Block 61	(93×50 mm)	dns	4,—	4,—
		FDC		4,50

MiNr. 3269–3270 wurden jeweils im Kleinbogen zu 8 Marken und 1 Zierfeld (Feld 5) gedruckt.

Auflagen: MiNr. 3269–3270 = 80 000 Sätze, Bl. 61 = 50 000 Blocks

Kasachstan

2005, 14. April. Europa: Gastronomie. Odr. (5×4); gez. K 11¾:12¼.

sm) Pferd mit Kochmütze, Kessel mit vergorener Stutenmilch (Kumys)

497	90 (T) mehrfarbig	sm	5,—	5,—
		FDC		6,50

Auflage: 50 000 Stück

Kroatien

2005, 9. Mai. Europa: Gastronomie. Odr. (2×5 Zd); Papier fl.; gez. K 14.

abd) Brot

abe) Wein

718	3.50 (K) mehrfarbig	abd	1,50	2,—
719	3.50 (K) mehrfarbig	abe	1,50	2,—
		Satzpreis (Paar)	3,—	4,—
		FDC		4,50

Auflage: 300 000 Sätze

Lettland

2005, 21. April. Europa: Gastronomie. Odr. (5×2); gez. K 13¼:13¾.

rv) Gedeckter Tisch

635	60 (S) mehrfarbig	rv	2,40	2,40
		FDC		3,60
		Kehrdruckpaar	4,80	4,80
		Kleinbogen	24,—	24,—

MiNr. 635 wurde reihenweise kopfstehend gedruckt.

Auflage: 200 000 Stück

Liechtenstein

2005, 7. März. Europa: Gastronomie. RaTdr. (5×4); gez. K 13½.

bdg) Der Gast ist König; Zeichnung von Oskar Weiss (*1944), Graphiker und Chansonnier

1368	1.30 (Fr) mehrfarbig . . . . bdg	2,50	2,—
	FDC		3,—
	MK 236		3,50

Auflage: 237 000 Stück

Litauen

2005, 9. April. Europa: Gastronomie. Odr. (2×5); gez. K 12.

vt) Frischkäse

vu) Brot

871	1.70 L mehrfarbig . . . . vt	1,20	1,20
872	1.70 L mehrfarbig . . . . vu	1,20	1,20
	Satzpreis (2 W.)	2,40	2,40
	FDC		3,50
	Kleinbogensatz (2 Klb.)	24,—	24,—

Auflage: 300 000 Sätze

Luxemburg

2005, 24. Mai. Europa: Gastronomie. Odr. (4×5); gez. K 13½.

azs) Judd mat Gaardbounen (Schweinenacken mit Saubohnen)

azt) Feierstengszalot (Salat mit Eiern, Cornichons und Rinderbrust)

1673	0.50 € mehrfarbig . . . . azs	1,—	1,—
1674	0.60 € mehrfarbig . . . . azt	1,50	1,50
	Satzpreis (2 W.)	2,50	2,50
	FDC		3,—

Auflagen: MiNr. 1673 = 350 000, MiNr. 1674 = 292 500 Stück

Makedonien

2005, 9. Mai. Europa: Gastronomie. Odr. (2×4); gez. K 13½:13¼.

mh) Getreide, Kuchen und Brot

mi) Paprika, gebratenes Fleisch mit Paprika

348	36 (D) mehrfarbig . . . . mh	1,50	1,50
349	60 (D) mehrfarbig . . . . mi	2,70	2,70
	Satzpreis (Paar)	4,20	4,20
	FDC		5,—
	Kleinbogen	17,—	17,—

MiNr. 348–349 wurden schachbrettartig zusammenhängend gedruckt.

Auflage: 60 000 Sätze

Malta

2005, 9. Mai. Europa: Gastronomie. Odr. (5×2); Wz. 6; gez. K 14¼:14.

azx) Gefüllte Gemüse (Paprika, Kürbis, Aubergine)

axy) Gegrilltes Kaninchen in Weinsoße mit Knoblauch

1398	16 C mehrfarbig . . . . azx	1,—	1,—
1399	51 C mehrfarbig . . . . azy	2,50	2,50
	Satzpreis (2 W.)	3,50	3,50
	FDC		6,—
	Kleinbogensatz (2 Klb.)	35,—	35,—

P 56 Sonderpostkarte zur Internationalen Briefmarkenausstellung „STAMPEX" mit MiNr. 1398–1399 als Wertstempel . . . . 3,— 3,—

Moldawien

2005, 20. Mai. Europa: Gastronomie. Odr., Kleinbogen (2×5); gez. K 14:14½.

uw) Mamaliga (Maiskuchen), Schafskäse, Fleischstückchen, Krug und Tasse

ux) Käsegebäck, Trinkflasche und Becher

511	1.50 L mehrfarbig . . . . uw	1,40	1,40
512	4.40 L mehrfarbig . . . . ux	3,60	3,60
	Satzpreis (2 W.)	5,—	5,—
	FDC		6,50
	Kleinbogensatz (2 Klb.)	50,—	50,—

Markenheftchen (3×2)

H-Blatt 6	mit 3 × MiNr. 511–512	16,—
MH 9	mit 1 × H-Blatt 6	18,—

Markenfolge im H-Blatt: 511-512-511, 512-511-512

Auflagen: MiNr. 511–512 = 103 750 Sätze, MH 9 = 10 350 Markenheftchen

Monaco

2005, 3. Mai. Europa: Gastronomie. RaTdr. (2×5); gez. K 13¼.

ctv) Barbagiuans (Teigtaschen mit Spinat-Reis-Füllung)

ctw) Pissaladière

2746	0.53 € mehrfarbig . . . . ctv	1,20	1,20
2747	0.53 € mehrfarbig . . . . ctw	1,20	1,20
	Satzpreis (Paar)	2,50	2,50
	FDC		3,—
	Kleinbogen	12,50	12,50

MiNr. 2746–2747 wurden schachbrettartig zusammenhängend gedruckt.

MiNr. 2746–2747 stammen aus dem Satz MiNr. 2746–2749.

Montenegro

2005, 30. Dez. Europa: Gastronomie. Odr., Kleinbogen (Klb.) (3×3) und Markenheftchen (MH) (2×1); A = vierseitig, D = dreiseitig gez. K 13¼:14.

v) Fische, Muscheln und Garnelen

w) Schinken, Käse und Oliven

104	0.25 €	mehrfarbig v		
I A		☐ (Klb.)	4,—	4,—
II Dr		☐ (MH)	*30,—*	*30,—*
105	0.50 €	mehrfarbig . . . . w		
I A		☐ (Klb.)	8,—	8,—
II Dl		☐ (MH)	*30,—*	*30,—*
		Satzpreis I A (2 W.)	12,—	12,—
		FDC I A		15,—
		Kleinbogensatz (2 Klb.)	100,—	100,—

MH 1	(Nominale 0,75 €)	*110,—*	
H-Blatt 1	mit MiNr. 104 II D und 105 II D . .	*90,—*	*90,—*

Blockausgabe, gez. K 13¼:14

z

x) Honigbiene (Apis mellifera), Glas mit Met y) Rotweinglas, blaue Trauben

106	0.25 € mehrfarbig	x	*10,—*	*10,—*
107	0.50 € mehrfarbig	y	*20,—*	*20,—*
Block 1	(110×50 mm)	z	*35,—*	*35,—*

MiNr. 104 I A und 105 I A wurden jeweils im Kleinbogen zu 8 Marken und 1 Zierfeld (Feld 5) gedruckt.

Die Marken aus Kleinbogen haben einen weißen Markenrand, die Heftchenmarken einen farbigen.

Bl. 1 und H-Blatt 1 sind auch ungezähnt bekannt.

Auflagen: MiNr. 104 I A und 105 I A = 40 000, MiNr. 104 II D und 105 II D = 5000 Sätze, Bl. 1 = 20 000 Blocks

Norwegen

2005, 16. Sept. Europa: Gastronomie. Odr. (5×10); gez. K 14¾:14.

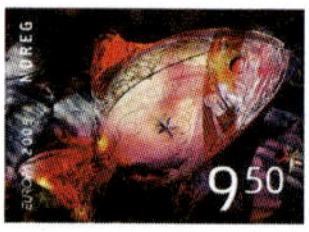

axu) Fisch

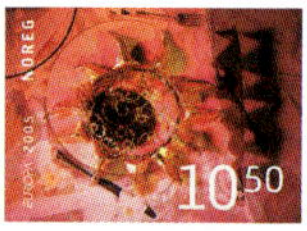

axv) Tischgedeck

1548	9.50 (Kr) mehrfarbig	axu	2,50	2,70
1549	10.50 (Kr) mehrfarbig	axv	2,70	3,—
	Satzpreis (2 W.)		5,20	5,70
	FDC			6,50

Auflagen: MiNr. 1548 = 1 000 000, MiNr. 1549 = 1 500 000 Stück

Österreich

2005, 28. Mai. Europa: Gastronomie. RaTdr. (5×10); gez. K 13¾.

cks) Wiener Melange

2533	75 (C) mehrfarbig	cks	1,50	1,50
	FDC			2,—

Vorlagedruck in Schwarz vom Originaldruckstöckel, ☐ .... 5,—

Auflage: 700 000 Stück

Polen

2005, 5. Mai. Europa: Gastronomie. Komb. Odr. und Pdr. (4×5); Papier fl.; Sicherheitszähnung 11¼:11½.

fls) Oscypek (Schafskäse aus der Region Podhale)

4183	2.20 Zł mehrfarbig	fls	2,—	1,70
	FDC			2,50

Auflage: 450 000 Stück

Portugal

2005, 5. Mai. Europa: Gastronomie. Odr. (5×10); gez. K 14:13¼.

cwp) Gebackener Stockfisch

2911	0.57 € mehrfarbig	cwp	1,50	1,50
	FDC			2,50

Blockausgabe mit 2 × MiNr. 2911

cwr) Cozido (Kernbohneneintopf mit Fleisch) cwr cws

2912	0.57 € mehrfarbig	cwr	*4,—*	*4,—*
Block 209	(125×95 mm)	cws	*9,—*	*9,—*
	FDC			*10,—*

Auflagen: MiNr. 2911 = 250 000 Stück, Bl. 209 = 120 000 Blocks

Gültig bis 31.1.2010

Portugal – Azoren

2005, 5. Mai. Europa: Gastronomie. Odr., Bogen (5×10); gez. K 14:13½.

ht) Torresmos (gebratene Bauchspeckstücke)

506	0.57 € mehrfarbig	ht	1,50	1,50
	FDC			2,50

Blockausgabe mit 2 × MiNr. 507

hu) Geschmorter Tintenfisch hu hv

507	0.57 € mehrfarbig	hu	5,—	5,—
Block 28	(125×95 mm)	hv	12,—	12,—
	FDC			14,—

Markenheftchen (1 × 2 und 1) (5. Dez.)

H-Blatt 17	mit 1 × MiNr. 508–509	—,—
H-Blatt 18	mit 1 × MiNr. 510–511	—,—
H-Blatt 19	mit 1 × MiNr. 512–513	—,—
H-Blatt 20	mit 1 × Bl. 29	—,—
H-Blatt 21	mit 1 × MiNr. 506	—,—
H-Blatt 22	mit 1 × Bl. 28	—,—
MH 17	mit 1 × H-Blatt 17–22	40,—

Auflagen: MiNr. 506 = 250 000 Stück, Bl. 28 = 70 000 Blocks, MH 17 = 7500 Markenheftchen

Gültig bis 31.1.2010

Portugal – Madeira

2005, 5. Mai. Europa: Gastronomie. Odr., Bogen (5 × 10); gez. K 14:13½.

ht) Lorbeer-Fleischspieß

233	0.57 € mehrfarbig	ht	1,50	1,50
		FDC		2,50

Blockausgabe mit 2 × MiNr. 234

hu) Mariniertes Schwertfischfilet   hu   hv

234	0.57 € mehrfarbig	hu	5,—	5,—
Block 30	(125 × 95 mm)	hv	12,—	12,—
		FDC		14,—

Markenheftchen (1 × 2 und 1) (5. Dez.)

H-Blatt 18	mit 1 × MiNr. 235–236	—,—
H-Blatt 19	mit 1 × MiNr. 237–238	—,—
H-Blatt 20	mit 1 × MiNr. 239–240	—,—
H-Blatt 21	mit 1 × Bl. 31	—,—
H-Blatt 22	mit 1 × MiNr. 233	—,—
H-Blatt 23	mit 1 × Bl. 30	—,—
MH 18	mit 1 × H-Blatt 18–22	35,—

Auflagen: MiNr. 233 = 250 000 Stück, Bl. 30 = 120 000 Blocks, MH 18 = 10 000 Markenheftchen

Gültig bis 31.1.2010

Rumänien

2005, 9. Mai. Europa: Gastronomie. Odr. (3 × 2); gez. K 13½.

hzi) Reiter auf der Jagd, Karte des alten Gebietes „Dacia“, Jagdmahl

hzk) Jagdhund, Karte des alten Gebietes „Thracia“, Jagdmahl

5935	21 000 L mehrfarbig	hzi	1,60	1,60
5936	77 000 L mehrfarbig	hzk	5,50	5,50
		Satzpreis (2 W.)	7,—	7,—
		FDC		9,—
		Kleinbogensatz (2 Klb.)	42,—	42,—

Blockausgabe mit 2 × MiNr. 5935–5936

Block 355	(120 × 90 mm)			
I	MiNr. 5935 links	hzl I	14,—	14,—
II	MiNr. 5936 links	hzl II	14,—	14,—
		FDC I		16,—

Bei Bl. 355 I befindet sich oben links die MiNr. 5935, bei Bl. 355 II die MiNr. 5936.

Auflagen: MiNr. 5935 = 153 000, MiNr. 5936 = 82 512 Stück, Bl. 355 = 63 000 Blocks

Gültig bis 30.6.2005

Russland

2005, 5. Mai. Europa: Gastronomie. Odr., Bogen (10 × 5) und Kleinbogen (3 × 2); gez. K 12¼:12.

ayo) Pfannkuchen, Teigkringel, schwarzer und roter Kaviar, Samowar

1261	8.00 (R) mehrfarbig	ayo	2,50	1,50
		FDC		2,—
		Kleinbogen	12,—	10,—
		PP	*4,—*	

Auflage: 670 000 Stück, davon 420 000 im Kleinbogen

San Marino

2005, 25. April. Europa: Gastronomie. Odr. (5 × 4); gez. K 13½:13.

cab) Brot

cac) Wein

2192	0.62 (€) mehrfarbig	cab	1,50	1,50
2193	1.20 (€) mehrfarbig	cac	2,80	2,80
		Satzpreis (2 W.)	4,30	4,30
		FDC		5,—

Auflage: 210 000 Sätze

Schweden

2005, 10. März. Europa: Gastronomie. Odr., Markenheftchen (1 × 6); waagerecht gez. 12¾.

ckk) Zitrone, Holunderbeeren, Sternanis und Holunderbeermarmelade

ckl) Katja-Apfel, Rosmarin und Topinambur

ckm) Ziegenkäse, Schnittlauch und Rote Bete

2463	— mehrfarbig	ckk	1,40	1,40
2464	— mehrfarbig	ckl	1,40	1,40
2465	— mehrfarbig	ckm	1,40	1,40
		Satzpreis (3 W.)	4,20	4,20
		FDC		5,—

MH 304	(Nominale 33 Kr)	8,50	
H-Blatt 332	mit 2 × MiNr. 2463–2465	8,50	8,50

Nominale zur Zeit der Ausgabe: je 5.50 Kr

Schweiz

2005, 10. Mai. Europa: Gastronomie. Odr. (4×4); gez. K 13:13½.

bwc) Festlich gedeckter Tisch

1927	100 (C) mehrfarbig	bwc	1,70	1,60
		FDC		3,—

Auflage: 1 300 000 Stück

Slowakei

2005, 22. April. Europa: Gastronomie. Odr.; (2×4); gez. K 13¾.

sz) Brot und Salz

512	19 Sk mehrfarbig	sz	1,70	1,20
		FDC		3,20
		Kleinbogen	14,—	14,—

Auflage: 499 580 Stück

Slowenien

2005, 20. Mai. Europa: Gastronomie. Odr. (3×3); Papier fl.; gez. K 11¾:11¼.

vg) Potica (Rollkuchen)

537	D mehrfarbig	vg	1,—	1,20
		FDC		2,50
		Kleinbogen	8,—	9,50

Nominale zur Zeit der Ausgabe: 107 T

MiNr. 537 wurde im Kleinbogen zu 8 Marken und 1 Zierfeld (Feld 4) gedruckt.

Auflage: 160 000 Stück

Spanien

2005, 15. April. Europa: Gastronomie. RaTdr. (5×10); Papier ph.; gez. K 13¾:14.

ekz) Schinken, Brot und Wein

4041	0.53 € mehrfarbig	ekz	1,80	1,30
		FDC		2,—

Auflage: 1 000 000 Stück

Tschechische Republik

2005, 4. Mai. Europa: Gastronomie. Odr. (3×2); Papier fl.; gez. K 11¼.

to) Entenbraten mit Knödeln und Weißkraut sowie ein Krug Bier

433	9 Kč mehrfarbig	to	1,—	0,80
		FDC		1,80
		Kleinbogen	6,—	3,—

Auflage: 318 000 Stück

Türkei

2005, 9. Mai. Europa: Gastronomie. Odr. (5×5); gez. K 13:13¼.

cnx) Landschaft aus Obst und Gemüse

3438	70 K mehrfarbig	cnx	2,20	1,80
		FDC		2,—

Auflage: 700 000 Stück

Türkisch-Zypern*

2005, 30. Mai. Europa: Gastronomie. Odr. (5×8); Wz. 1; gez. K 13½:13¾.

aah) Festlich gedeckter Tisch

aai) Gedeckter Tisch, Steinofen

618	60 K mehrfarbig	aah	1,50	1,50
619	60 K mehrfarbig	aai	1,50	1,50
		Satzpreis (Paar)	3,—	3,—
		FDC		5,—

Blockausgabe mit 2 × MiNr. 618–619

Block 23	(114×78 mm)	aak	7,—	7,—
		FDC		9,—

MiNr. 618–619 wurden schachbrettartig zusammenhängend gedruckt.

Auflagen: MiNr. 618–619 = 60 000 Sätze, Bl. 23 = 60 000 Blocks

Ukraine

2005, 20. Mai. Europa: Gastronomie. Odr. (2×4 Zd); Markenformat 45×33 mm; Papier fl.; gez. K 11½.

adl) Suppentasse mit Borschtsch, Gemüse

adm) Gemüse

719	2.61 (G) mehrfarbig	adl	2,—	2,—
720	3.52 (G) mehrfarbig	adm	2,50	2,50
		Satzpreis (Paar)	5,—	5,—
		FDC		6,—

Markenheftchen (1×2 Zd), Markenformat 40×28 mm, gez. K 11½

721	2.61 (G) mehrfarbig	adl I	2,50	2,50
722	3.52 (G) mehrfarbig	adm I	3,50	3,50
		Satzpreis (Paar)	6,—	6,—

MH 6	(Nominale 12.26 G)	15,—	
H-Blatt 8	mit 2 × MiNr. 721–722	14,—	14,—

Auflagen: MiNr. 719–720 = 200 000 Sätze, MH 8 = 15 000 Markenheftchen

Ungarn

2005, 9. Mai. Blockausgabe: Europa – Gastronomie. Odr.; gez. K 12.

hml) Paprikahuhn mit Nockerln, Blumen oben rechts hmn

hmm) Paprikahuhn mit Nockerln, Blumen oben links

5026 160 Ft mehrfarbig . . . . hml 2,20 2,20
5027 160 Ft mehrfarbig . . . . hmm 2,20 2,20
Block 298 mit 2 × MiNr. 5026–5027
(132 × 70 mm) . . . . hmn 9,— 9,—
FDC 10,—

Auflage: 130 000 Blocks

Vatikanstadt

2005, 2. Juni. Europa: Gastronomie. Odr. (2 × 5); gez. K 12½:12¾.

bdi

bdk

bdi–bdk) Fischgericht; Keramiktellerbemalung von Pablo Picasso (1881–1973), spanischer Maler, Graphiker und Bildhauer

1521 0.62 € mehrfarbig . . . . bdi 1,50 1,30
1522 0.80 € mehrfarbig . . . . bdk 2,— 1,70
Satzpreis (2 W.) 3,50 3,—
FDC 4,—
Kleinbogensatz (2 Klb.) 35,— 30,—

Auflage: 300 000 Sätze

Weißrussland

2005, 4. Mai. Europa: Gastronomie. Odr. Bogen (5 × 4) und Markenheftchen (4 × 2); Aufdruck fl.; gez. K 13½:13¾.

xp) Teller mit rohem Gemüse

xr) Brotlaib mit Hut

593 500 (R) mehrfarbig . . . . xp 0,50 0,50
594 1000 (R) mehrfarbig . . . . xr 1,— 1,—
Satzpreis (2 W.) 1,50 1,50
FDC 2,—

H-Blatt 9 mit 7 × MiNr. 593 . . . . 4,— 4,—
MH 9 mit H-Blatt 9 4,50

H-Blatt 10 mit 7 × MiNr. 594 . . . . 7,50 7,50
MH 10 mit H-Blatt 10 . . . . 8,—

Auflage: 190 000 Sätze, davon 70 000 im Markenheftchen

Zypern

2005, 5. Mai. Europa: Gastronomie. Odr., Bogen (B) (5 × 4) und Markenheftchen (MH) (4 × 2); A = vierseitig gez. K 13¼:13, D = dreiseitig gez. K 13¼:13¾.

ami) Mittagstisch

amk) Abendessen

1056 20 (C) mehrfarbig . . . . ami
A vierseitig gez. K 13¼:13 (B) . . . 1,— 1,—
Do dreiseitig gez. K 13¼:13¾
(MH) 1,20 1,20
Du dreiseitig gez. K 13¼:13¾
(MH) 1,20 1,20
1057 30 (C) mehrfarbig . . . . amk
A vierseitig gez. K 13¼:13 (B) . . . 1,40 1,40
Do dreiseitig gez. K 13¼:13¾
(MH) 1,80 1,80
Du dreiseitig gez. K 13¼:13¾
(MH) 1,80 1,80
Satzpreis A (2 W.) 2,40 2,40
FDC 3,—

Senkrechte Paare:

1056 Do/Du 2,40 2,40
1057 Do/Du 3,60 3,60

MH 6 (Nominale 2 £) . . . . 12,—
H-Blatt 6 mit 4 × MiNr. 1056 D–1057 D . . 12,— 12,—

Marken aus Bogen (A) haben ringsum einen weißen Rahmen, Marken aus Heftchen (D) nur an 3 Seiten, der linke oder rechte Rand ist farbig.

Auflagen: MiNr. 1056 A = 200 000, MiNr. 1057 A = 120 000, MiNr. 1056 D–1057 D je 112 000 Stück

2006

Albanien

2007, 23. Okt. Europa: Integration (2006). Odr. (5 × 2); gez. K 13:13¼.

dla) Jugendliche, Umrisskarte und Flagge Albaniens

dlb) Jugendliche, Umrisskarte und Flagge Europas

3142 200 L mehrfarbig . . . . dla 5,— 5,—
3143 200 L mehrfarbig . . . . dlb 5,— 5,—
Satzpreis (2 W.) 10,— 10,—
FDC 12,—
Kleinbogensatz (2 Klb.) 100,— 100,—

Blockausgabe, gez. Ks 13½:13

dlc) Jugendliche

dld

3144 350 L mehrfarbig . . . . dlc 8,— 8,—
Block 163 (80 × 60 mm) . . . . dld 8,50 8,50
FDC 10,—

Auflagen: MiNr. 3142–3143 = 70 000 Sätze, Bl. 163 = 25 000 numerierte Blocks

Andorra (Französische Post)

2006, 9. Mai. Europa: Integration. Odr. (5 × 8); gez. K 13:13¼.

tf) Mosaik

648 0.53 € mehrfarbig . . . . tf 1,80 1,80
FDC 3,50

Andorra (Spanische Post)

2006, 16. Mai. Europa: Integration. RaTdr. (5 × 10); Papier ph.; gez. K 13¾:14.

lf) Behinderte und gesunde Menschen verschiedener Völker; Puzzleteile

333 0.57 € mehrfarbig . . . . lf 1,50 1,70
FDC 2,—

Auflage: 300 000 Stück

Armenien

2006, 17. Okt. Europa: Integration. Odr., Kleinbogen (2×5) und Markenheftchen (4×2); gez. K 13½:13¾.

rv) Uhrwerk mit Zahnrädern in den Nationalfarben Deutschlands, Frankreichs, Armeniens und Italiens

rw) Schlüssel, Sternenkranz aus der Europaflagge

550	200 (D) mehrfarbig	rv	1,50	1,50
551	350 (D) mehrfarbig	rw	3,—	3,—
		Satzpreis (2 W.)	4,50	4,50
		FDC		5,50
		Kleinbogensatz (2 Klb.)	45,—	45,—
		Markenheftchen	20,—	

Markenfolge im H-Blatt: 550-551-550-551, 551-550-551-550

Auflagen: MiNr. 550–551 = 380 000 Sätze und 30 000 Markenheftchen

Aserbaidschan

2006, 1. März. Europa: Integration. Odr., Kleinbogen (5×2); A = vierseitig gez. K 13¾:13½, B = ☐.

xf) Kulturelle Einflüsse auf Europa

xg) Globus, Szenen aus Aserbaidschan

638 A	20 q mehrfarbig	xf	2,—	2,—
639 A	60 q mehrfarbig	xg	4,—	4,—
		Satzpreis A (2 W.)	6,—	6,—
		FDC A		8,—
		Kleinbogensatz A (2 Klb.)	60,—	60,—
		Satzpreis B (2 W.)	—,—	—,—
		Kleinbogensatz B (2 Klb.)	—,—	—,—

Markenheftchen (2×2), D = dreiseitig gez. K 13¾:13½

638 D	20 q mehrfarbig (⊡, ⊡)	xf	2,—	2,—
639 D	60 q mehrfarbig (⊡, ⊡)	xg	4,—	4,—
		Markenheftchen D	20,—	
		Markenheftchenbogen D	24,—	24,—
		Markenheftchenbogen B	—,—	—,—

MiNr. 638 D–639 D wurden schachbrettartig zusammenhängend im Viererblock gedruckt. Der Markenheftchenbogen enthält zwei Viererblocks im Kehrdruck.

Auflagen: MiNr. 638 A–639 A = 50 000, MiNr. 638 D–639 D = 60 000 Sätze

Belgien

2006, 17. Nov. Europa: Integration. RaTdr. (1×5 Zd); Papier fl.; gez. K 11½.

ear) Zebra unter Kühen; Zeichnung von Nassira Tadmiri (14 J.)

eas) Kinder überqueren Fluss; Zeichnung von Lize-Maria Verhaeghe (11 J.)

3611	0.52 (€) mehrfarbig	ear	1,30	1,10
3612	0.52 (€) mehrfarbig	eas	1,30	1,10
		Satzpreis (Paar)	2,60	2,20
		FDC		7,—
		Kleinbogen	13,—	11,—

Bosnien und Herzegowina

2006, 5. April. Europa: Integration. Odr. (2×5); gez. K 13.

tm

tn

tm–tn) Zusammenleben verschiedener Volksgruppen

437	2.00 (M) mehrfarbig	tm	2,50	2,50
438	2.00 (M) mehrfarbig	tn	2,50	2,50
		Satzpreis (2 W.)	5,—	5,—
		FDC		6,—
		Kleinbogensatz (2 Klb.)	50,—	50,—

Blockausgabe mit MiNr. 437–438

Block 30	(115×88 mm)	to	5,50	5,50
		FDC		6,—

Auflagen: MiNr. 437–438 = 80 000 Sätze, Bl. 30 = 80 000 Blocks

Bosnien und Herzegowina (Kroatische Post Mostar)*

2006, 5. April. Europa: Integration. Odr. (2×5); gez. K 14.

gg) Gesichter von Menschen verschiedener Völker

gh) Fußspuren, Inschrift

171	2.00 (M) mehrfarbig	gg	2,70	2,70
172	2.00 (M) mehrfarbig	gh	2,70	2,70
		Satzpreis (Paar)	5,50	5,50
		FDC		6,—
		Kleinbogen	22,—	22,—

Blockausgabe mit 2 × MiNr. 171–172

Block 8	(127×89 mm)	gi	11,—	11,—
		FDC		12,—

MiNr. 171–172 wurden schachbrettartig zusammenhängend im Kleinbogen zu je 4 Marken und 2 verschiedenen Zierfeldern (Feld 5 und 6) gedruckt.

Auflagen: MiNr. 171–172 = 160 000 Sätze

Bosnien und Herzegowina (Serbische Republik)*

2006, 5. April. Europa: Integration. Odr., Kleinbogen (3×3); A = vierseitig gez. K 13¼:13¾.

od) Die Träne; Zeichnung von Luka Kajkut (7 J.)

oe) Liebesreigen; Zeichnung von Minea Madžar (8 J.)

366 A	1.00 (M) mehrfarbig	od	1,50	1,50
367 A	1.50 (M) mehrfarbig	oe	2,30	2,30
		Satzpreis A (2 W.)	3,80	3,80
		FDC A		6,—
		Kleinbogensatz A (2 Klb.)	32,—	32,—

Markenheftchen (3×2), D = dreiseitig gez. K 13¼:13¾

366	1.00 (M) mehrfarbig	od		
Do	dreiseitig gez. (⊡)		1,40	1,40
Du	dreiseitig gez. (⊡)		1,40	1,40

367	1.50 (M)	mehrfarbig . . . . oe		
Do		dreiseitig gez. (⌷)	2,—	2,—
Du		dreiseitig gez. (⌷)	2,—	2,—
		Satzpreis D (2 W.)	3,40	3,40
		FDC D		6,50

H-Blatt 9	mit 1 × MiNr. 366 Do und 367 Du sowie 2 × MiNr. 366 Du und 367 Do	11,—	11,—
MH 9	mit 1 × H-Blatt 9	12,—	

MiNr. 366 A–367 A haben einen weißen, MiNr. 366 D–367 D einen gelben Rahmen.

MiNr. 366 A–367 A wurden jeweils im Kleinbogen zu 8 Marken und 1 Zierfeld (Feld 5) gedruckt.

Auflagen: MiNr. 366 A–367 A = 50 000 Sätze, MH 9 = 25 000 Markenheftchen

Bulgarien

2006, 25. April. Europa: Integration. Odr., Kleinbogen (Klb.) (3×3) und Markenheftchen (MH 5); A = Sicherheitszähnung K 12¾:13¼, C = gez. K 13¼.

gut) Mann greift nach Stern

guu) Mann hält Stern

4747	0.55 L	mehrfarbig . . . . gut		
A		Sicherheitszähnung (Klb.)	1,—	1,—
C		gez. K 13¼ (MH 5)	7,—	7,—
4748	1.00 L	mehrfarbig . . . . guu		
A		Sicherheitszähnung (Klb.)	2,—	2,—
C		gez. K 13¼ (MH 5)	7,—	7,—
		Satzpreis A (2 W.)	3,—	3,—
		FDC A		4,—
		Kleinbogensatz (2 Klb.)	28,—	28,—

MH 5	(Nominale 6.20 L)	60,—	
H-Blatt 6	mit 4 × MiNr. 4747 C–4748 C . .	56,—	56,—

MiNr. 4747 A–4748 A wurden jeweils im Kleinbogen zu 8 Marken und 1 Zierfeld (Feld 5) gedruckt.

Auflagen: MiNr. 4747 = 130 000, MiNr. 4748 = 102 000 Stück

Gültig bis 3.3.2009

Dänemark

2006, 23. Aug. Europa: Integration. Komb. StTdr. und Odr., Bogen (B) (8×5) und Markenheftchen (MH) (2×5); Papier fl.; gez. K 13¼.

apx) Kinderschar; Zeichnug von Rikke Veber Rasmussen (14 J.)

apy) Lachende Kinder; Zeichnung von Anette Bertram Nielsen (15 J.)

1444	4.75 (Kr)	mehrfarbig (B) (MH) . . . . . . apx	1,50	1,60
1445	7.00 (Kr)	schwarz/olivgrün (B) . . . . . apy	2,—	2,20
		Satzpreis (2 W.)	3,50	3,80
		FDC		4,50
		Markenheftchen mit 10 × MiNr. 1444	15,—	

Dänemark – Färöer

2006, 12. Juni. Europa: Integration. Odr. (5×4); gez. K 13¾.

yu

yv

yu–yv) Verschränkte Hände

574	7.50 Kr	mehrfarbig . . . . yu	2,50	2,50
575	10 Kr	mehrfarbig . . . . yv	3,50	3,50
		Satzpreis (2 W.)	6,—	6,—
		FDC		7,—

Deutschland

2006, 4. Mai. Europa: Integration. Odr. (2×5); Papier fl.; gez. K 14.

dac) Windjacke eines Jugendlichen

2535	55 (C)	mehrfarbig . . . . dac	1,10	1,—
		FDC		1,80
		ETB 21/2006		1,30
		Kleinbogen	11,—	11,—

Auflage: 10 500 000 Stück, davon 125 000 auf ETB

Estland

2006, 3. Mai. Europa: Integration. Odr. (5×2); gez. K 14:14¼.

sa) Waben mit Porträts

555	6.50 (Kr) / 0.42 €	mehrfarbig . . . . . . sa	1,20	1,20
		FDC		2,—
		Kleinbogen	12,—	12,—

Auflage: 210 000 Stück

Finnland

2006, 4. Mai. Europa: Integration. Odr. (2×5); gez. K 13.

brg) Tandemfahrer

1810	0.65 €	mehrfarbig . . . . brg	1,60	1,60
		FDC		2,50
		Kleinbogen	16,—	16,—

Auflage: 1 000 000 Stück

Finnland – Åland

2006, 4. Mai. Europa: Integration. Odr. (3×5 + 3×5); gez. K 12½.

ky) König im neuen Land; Kinderzeichnung von Andreas Dienert

265	1.30 €	mehrfarbig . . . . ky	2,80	2,80
		FDC		3,50

Zwischenstegpaar:

265 ZW	. . . . 1 Paar	6,—	6,—

Auflage: 300 000 Stück

Frankreich

2006, 30. April. Europa: Integration. RaTdr. (6×8); Papier ph.; gez. K 13¼:13½.

esk) Mann und Frau, Europafahne

4066	0.53 €	mehrfarbig . . . . esk	1,50	1,20
		FDC		2,50
		ETB		3,50

Georgien

2006, 10. Juli. Europa: Integration. Odr. Kleinbogen (5×2); A = vierseitig gez. K 13¾:13½.

ul) Kinder mit Flaggen von EU-Mitgliedern und Georgiens

um) Georgische Flagge zeigt die Lage Georgiens auf dem Erdball

515 A	20 (T)	mehrfarbig . . . . ul		1,—	1,—
516 A	80 (T)	mehrfarbig . . . . um		3,50	3,50
			Satzpreis A (2 W.)	4,50	4,50
			FDC		6,—
			Kleinbogensatz A (2 Klb.)	45,—	45,—

Markenheftchen (4×2), D = dreiseitig gez. K 13¾:13½

515 D	20 (T)	mehrfarbig (▭, ▭) . . . . ul		1,—	1,—
516 D	80 (T)	mehrfarbig (▭, ▭) . . . . um		3,50	3,50
			Markenheftchen	18,—	

Teilgezähnte Marken wurden schachbrettartig zusammenhängend im Markenheftchen ausgegeben.

Gibraltar*

2006, 30. Juni. Europa: Integration. Odr. (2×5); gez. K 13:13¼.

awl) Kinder in der Schule

awm) Kinder beim Musizieren

awn) Kinder beim Basteln

awo) Kinder beim Sport

1165	41 P	mehrfarbig . . . . awl		1,80	1,80
1166	41 P	mehrfarbig . . . . awm		1,80	1,80
1167	41 P	mehrfarbig . . . . awn		1,80	1,80
1168	41 P	mehrfarbig . . . . awo		1,80	1,80
			Satzpreis (4 W.)	7,—	7,—
			FDC		8,—
			Kleinbogensatz (4 Klb.)	70,—	70,—

Griechenland

2006, 15. Mai. Europa: Integration. Odr., Bogen (B) (4×2 Zd) und Markenheftchen (MH); A = vierseitig gez. K 13¾:14¼, C = senkrecht gez. 13¼.

cfm) Kabelstrang, Mond

cfn) Kabelstrang, Sonne

2364	0.65 €	mehrfarbig . . . . cfm			
A		vierseitig gez. (B)		2,—	2,—
C		senkrecht gez. (MH)		2,—	2,—
2365	3.00 €	mehrfarbig . . . . cfn			
A		vierseitig gez. (B)		7,—	7,—
C		senkrecht gez. (MH)		7,—	7,—
			Satzpreis A (Paar)	9,—	9,—
			FDC		10,—
			Satzpreis C (2 W.)	9,—	9,—

MH 30	(Nominale 7.30 €)	18,—	
H-Blatt 38	mit 2 × MiNr. 2364 C–2365 C . .	18,—	18,—

Auflagen: MiNr. 2364 A = 513 809, MiNr. 2365 A = 513 420 Stück, MiNr. 2364 C–2365 C = 88 510 Sätze

Großbritannien

2006, 3. Okt. Europa: Integration. Odr. (5×5 und 5×5 + 5×5); gez. K 14½.

cht) Sitar-Spiel

chv) Keltische Musik

2446	1ST	mehrfarbig . . . . cht		1,20	1,20
2448	50 (P)	mehrfarbig . . . . chv		1,60	1,60
			Satzpreis (2 W.)	2,80	2,80
			FDC		4,—

Zwischenstegpaare:

2446 ZW und 2448 ZW	2 Paare	6,50	6,50

Nominale von MiNr. 2446 zur Zeit der Ausgabe: 32 P

MiNr. 2446 und 2448 stammen aus dem Satz MiNr. 2446–2450.

Großbritannien – Guernsey

2006, 20. Mai. Europa: Integration. Odr. (2×5); gez. K 13¼:13¾.

awi) Sphinx und Pyramiden in Giseh

awk) Chinesische Mauer

1078	34 (P)	mehrfarbig . . . . awi		1,10	1,10
1079	42 (P)	mehrfarbig . . . . awk		1,30	1,30
			Satzpreis (2 W.)	2,40	2,40
			FDC		3,20
			Kleinbogensatz (2 Klb.)	24,—	24,—

MiNr. 1078–1079 stammen aus dem Satz MiNr. 1077–1082.

Großbritannien – Isle of Man

2006, 11. Okt. Europa: Integration. Komb. Odr. und Hfdr., Bogen (10×5) und Kleinbogen (5×2); gez. K 14.

bfk

bfm

bfk, bfm) Weihnachtsbäume

1326	31 P	mehrfarbig . . . . bfk		1,—	1,—
1328	44 P	mehrfarbig . . . . bfm		1,50	1,50
			Satzpreis (2 W.)	2,50	2,50
			FDC		4,—
			Kleinbogensatz (2 Klb.)	25,—	25,—

MiNr. 1326 und 1328 stammen aus dem Satz MiNr. 1325–1330

2006, 11. Okt. Europa: Integration. Komb. Odr. und Hfdr., Markenheftchen (2×5); selbstklebend; gestanzt 9:9½.

bfk) Weihnachtsbaum

1332	31 P	mehrfarbig . . . . bfk		1,20	1,20
			FDC		2,50
			Markenheftchen	12,—	

MiNr. 1332 stammt aus dem Satz MiNr. 1331–1332.

Großbritannien – Jersey

2006, 7. März. Europa: Integration. Odr. (2×5); gez. K 14.

bcf) Portugiesisches Fado-Musik-Festival; von Liam Reynolds

bcg) Polnische Tradition der Dekoration von Ostereiern; von Kelly Reynolds

bcf–bcg) Zeichnungen von Jugendlichen auf Jersey

1221	34 (P) mehrfarbig	bcf	1,40	1,40
1222	41 (P) mehrfarbig	bcg	1,60	1,60
		Satzpreis (2 W.)	3,—	3,—
		FDC		4,—
		Kleinbogensatz (2 Klb.)	30,—	30,—

MiNr. 1221–1222 stammen aus dem Satz MiNr. 1220–1223.

Irland

2006, 9. Mai. Europa: Integration. Odr.; MiNr. 1701 (5×2), MiNr. 1702 (5×1 + 5×1); Papier ph.; gez. K 14¼.

bdo) Kinder mit National- und Europaflagge; Zeichnung von Katie McMillan, Schülerin

bdp) Blumen mit Flaggen europäischer Staaten; Zeichnung von Sarah Naughter

1701	48 C mehrfarbig	bdo	1,50	1,20
1702	75 C mehrfarbig	bdp	2,50	1,80
		Satzpreis (2 W.)	4,—	3,—
		FDC		4,—
		Kleinbogensatz (2 Klb.)	40,—	30,—

Auflagen: MiNr. 1701 = 330 000, MiNr. 1702 = 280 000 Stück

Island

2006, 18. Mai. Europa: Integration. Odr. (2×5, Querformat ~); gez. K 13¼:13¾, Querformat ~.

amw) Herz in Labyrinth

amx) Richtungspfeile

amw–amx) Symbolische Eingliederung von Immigranten

1133	75 (Kr) mehrfarbig	amw	2,20	2,20
1134	95 (Kr) mehrfarbig	amx	2,80	2,80
		Satzpreis (2 W.)	5,—	5,—
		FDC		6,—
		Kleinbogensatz (2 Klb.)	50,—	50,—

Auflagen: MiNr. 1133 = 300 000, MiNr. 1134 = 200 000 Stück

2006, 18. Mai. Europa: Integration. Odr., Markenheftchen (2×5, Querformat ~); selbstklebend; gestanzt 11¾:12¼, Querformat ~.

amw) Herz in Labyrinth

1135	75 (Kr) mehrfarbig	amw	2,20	2,20
1136	95 (Kr) mehrfarbig	amx	2,80	2,80
		Satzpreis (2 W.)	5,—	5,—
		FDC		6,—
		2 Markenheftchen	50,—	

Auflage: 180 000 Sätze

Italien

2006, 8. Mai. Europa: Integration. RaTdr. (5×10); MiNr. 3118 Papier fl., MiNr. 3119 normales Papier; gez. K 13:13¼.gez. K 13:13¼.

dgk

dgl

dgk–dgl) Jugendliche verschiedener Völker in Umarmung

3118	0.45 € mehrfarbig	dgk	1,—	1,—
3119	0.62 € mehrfarbig	dgl	2,—	2,—
		Satzpreis (2 W.)	3,—	3,—
		FDC		4,—

Auflagen: MiNr. 3118 = 4 000 000, MiNr. 3119 = 3 500 000 Stück

Jugoslawien

2006, 4. Mai. Europa: Integration. Odr. (3×3); gez. K 13¼:13¾.

dre) Eskimo und Pinguin am Badestrand; von Jelena Stojanović und Alaksandra Barjaktarević

drf) Löwe und Lamm liegen nebeneinander; von Maja Stečević

dre–drh) Kinderzeichnungen

3329	46 (ND) / 0.50 € mehrfarbig	dre	1,30	1,30
3330	73 (ND) / 0.80 € mehrfarbig	drf	2,20	2,20
		Satzpreis (2 W.)	3,50	3,50
		FDC		4,—
		Kleinbogensatz (2 Klb.)	30,—	30,—

Blockausgabe

dri

drg) Abseitsstehende Schülerin im Pausenhof; von Valentina Točić

drh) Einwandererfamilie vor Stadttor; von Antonia Lukovac

3331	46 (ND) / 0.50 € mehrfarbig	drg	1,50	1,50
3332	73 (ND) / 0.80 € mehrfarbig	drh	2,50	2,50
Block 65	(94×54 mm)	dri	4,—	4,—
		FDC		5,—

MiNr. 3329–3330 wurden jeweils im Kleinbogen zu 8 Marken und 1 Zierfeld (Feld 5) gedruckt.

Auflagen: MiNr. 3329–3330 = 28 000 Sätze, Bl. 65 = 28 000 Blocks

Abkürzungen der Druckverfahren:

Bdr.	=	Buchdruck
Hfdr.	=	Heißfoliendruck
Odr.	=	Offsetdruck
Pdr.	=	Prägedruck
RaTdr.	=	Rastertiefdruck
Stdr.	=	Steindruck
StTdr.	=	Stichtiefdruck

Kasachstan

2006, 3. Mai. Europa: Integration. Odr. (5×2); gez. K 11¾.

uc) Hände verschiedener Hautfarben malen Europa

535	210 (T)	mehrfarbig	uc	6,—	6,—
			Kleinbogen I	60,—	60,—
			FDC		8,—
			Kehrdruckpaar	12,—	12,—
			Kleinbogen II	60,—	60,—

MiNr. 535 wurde im Kleinbogen ohne (I) und mit (II) senkrechten Kehrdruckpaaren gedruckt.

Auflage: je 15 000 Kleinbogen

Kosovo*

2006, 9. Mai. Europa: Integration. Odr. (5×2); Papier fl.; gez. K 13.

ao) Umrisskarte des Kosovo mit Blumen

ap) Kind, Friedenstaube, Europafahne, Umrisskarte

43	0.50 €	mehrfarbig	ao	1,50	1,50
44	1 €	mehrfarbig	ap	3,—	3,—
			Satzpreis (2 W.)	4,50	4,50
			FDC		7,50
			Kleinbogensatz (2 Klb.)	45,—	45,—

FALSCH MiNr. 43–44 □, sowie Markenheftchen gez. und □

Kroatien

2006, 9. Mai. Europa: Integration. Odr. (2×5 Zd); Embleme fl.; Sicherheitszähnung K 14.

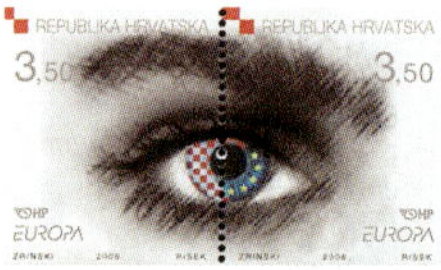

adk

adl

adk–adl) Auge mit Iris aus kroatischem Wappen und Europaflagge

772	3.50 (K)	mehrfarbig	adk	1,50	1,50
773	3.50 (K)	mehrfarbig	adl	1,50	1,50
			Satzpreis (Paar)	3,—	3,—
			FDC		4,—

Auflage: 200 000 Sätze

Lettland

2006, 3. Mai. Europa: Integration. Odr. (5×2); gez. K 13½:14¼.

tl) Menschen im Wald; Kinderzeichnung von Krista Čerpakovska

674	85 (S)	mehrfarbig	tl	3,—	3,—
			FDC		4,—
			Kehrdruckpaar	6,—	6,—
			Kleinbogen	30,—	30,—

MiNr. 674 wurde reihenweise kopfstehend gedruckt.

Auflage: 500 000 Stück

Liechtenstein

2006, 6. März. Europa: Integration. RaTdr. (5×4); gez. K 13½:14¼.

bep) Brücke

ber) Gesichtspunkte

1400	1.20 (Fr)	mehrfarbig	bep	2,—	1,70
1401	1.30 (Fr)	mehrfarbig	ber	2,—	1,80
			Satzpreis (2 W.)	4,—	3,50
			FDC		5,—
			MK 251		6,—

MiNr. 1400–1401 wurden früher als 1402–1403 katalogisiert.

Auflagen: MiNr. 1400 = 246 200, MiNr. 1401 = 246 100 Stück

Litauen

2006, 15. April. Europa: Integration. Odr. (2×5); gez. K 13½:13¼.

xa) Tanzpaar mit Rollstuhl

xb) Wettrennen mit Behinderten

902	1.70 L	mehrfarbig	xa	1,30	1,30
903	1.70 L	mehrfarbig	xb	1,30	1,30
			Satzpreis (2 W.)	2,60	2,60
			FDC		3,50
			Kleinbogensatz (2 Klb.)	26,—	26,—

Auflage: 200 000 Sätze

Luxemburg

2006, 16. Mai. Europa: Integration. Odr. (2×5); gez. K 12¾.

bax) Hände zweier Hautfarben bilden Herz

bay) Jugendliche mit Globus

bax–bay) Ergebnisse eines MMS-Photowettbewerbs für Jugendliche

1709	0.50 €	mehrfarbig	bax	1,20	1,20
1710	0.70 €	mehrfarbig	bay	1,60	1,60
			Satzpreis (2 W.)	2,80	2,80
			FDC		3,50
			Kleinbogensatz (2 Klb.)	28,—	28,—

Auflage: 250 000 Sätze

Makedonien

2006, 9. Mai. Europa: Integration. Odr. (3×3); gez. K 13½:13¼.

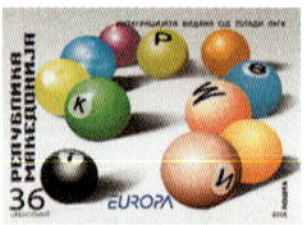

ob) Buchstabenkugeln

oc) Buchstabenwürfel

388	36 (D)	mehrfarbig	ob	1,50	1,50
389	60 (D)	mehrfarbig	oc	2,50	2,50
			Satzpreis (2 W.)	4,—	4,—
			FDC		5,—
			Kleinbogensatz (2 Klb.)	36,—	36,—

Auflage: 60 000 Sätze

Malta

2006, 9. Mai. Europa: Integration. Odr., Kleinbogen (5×2); Wz. 6; gez. K 14¼.

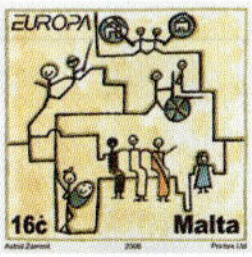

bcn

bco

bcn–bco) Eingliederung von Immigranten im Alltag

1456	16 C	mehrfarbig	bcn	1,20	1,—
1457	51 C	mehrfarbig	bco	3,30	3,—
			Satzpreis (2 W.)	4,50	4,—
			FDC		5,—
			Kleinbogensatz (2 Klb.)	45,—	40,—

Markenheftchen (5×1)

MH 0-8 mit 5 × MiNr. 1456 (aus Kleinbogen) . . . 6,—

P 57 Sonderpostkarte zur Internationalen Briefmarkenausstellung „VERONAFIL" mit MiNr. 1456–1457 als Wertstempel . . . 3,— 3,—

Moldawien

2006, 6. Mai. Europa: Integration. Odr., Kleinbogen (2×5, Hochformat ~); gez. K 14:14¾, Hochformat ~.

wk) Integration im Raum; von Nadejda Olaru (21 J.)

wl) Integration der Nationen durch die Kunst; von Mihai Riga (22 J.)

wk–wl) Ergebnisse eines Zeichenwettbewerbs für Jugendliche

549	60 B	mehrfarbig	wk	0,50	0,50
550	4.50 L	mehrfarbig	wl	3,50	3,50
			Satzpreis (2 W.)	4,—	4,—
			FDC		5,50
			Kleinbogensatz (2 Klb.)	40,—	40,—

Markenheftchen (3×2)

H-Blatt 7 mit 3 × MiNr. 549–550 . . . . 13,—
MH 10 mit 1 × H-Blatt 7 . . . . 14,—

Markenfolge im H-Blatt: 549-549-549, 550-550-550

Auflagen: MiNr. 549–550 = 200 000 Sätze, MH 10 = 20 000 Markenheftchen

Monaco

2006, 5. Mai. Europa: Integration. RaTdr. (5×2, Querformat ~); gez. K 13¼.

cvz) Würfel

cwa) Weltkugel

2799	0.53 €	mehrfarbig	cvz	1,30	1,30
2800	0.55 €	mehrfarbig	cwa	1,40	1,40
			Satzpreis (2 W.)	2,70	2,70
			FDC		3,—
			Kleinbogensatz (2 Klb.)	27,—	27,—

Montenegro

2006, 30. Aug. Europa: Integration. Odr. (5×2, Querformat ~); gez. K 13¾:13¼, Querformat ~.

aw) Zwei Mädchen reichen sich die Hände

ax) Menschenkette

125	0.60 €	mehrfarbig	aw	1,50	1,50
126	0.90 €	mehrfarbig	ax	2,50	2,50
			Satzpreis (2 W.)	4,—	4,—
			FDC		5,—
			Kleinbogensatz (2 Klb.)	32,—	32,—

Blockausgabe

ba

ay) Immigrant blickt auf Stadt

az) Jugendliche verschiedener Völker

127	0.60 €	mehrfarbig	ay	1,50	1,50
128	0.90 €	mehrfarbig	az	2,50	2,50
Block 5	(100×72 mm)		ba	4,—	4,—
			FDC		5,—

MiNr. 125–126 wurden jeweils im Kleinbogen zu 8 Marken und 2 verschiedenen Zierfeldern (Feld 3 und 8 bzw. Feld 5 und 6) gedruckt.

Auflagen: MiNr. 125–126 = 80 000 Sätze, Bl. 5 = 80 000 numerierte Blocks

Norwegen

2006, 17. Nov. Europa: Integration. Odr. (5×10); gez. K 13¾.

azv) Fröhliche Kinder

azw) Kinder spielen Fußball

1593	8.50 (Kr)	mehrfarbig	azv	2,50	2,50
1594	13.00 (Kr)	mehrfarbig	azw	3,70	3,70
			Satzpreis (2 W.)	6,20	6,20
			FDC		7,—

Auflage: 600 000 Sätze

Österreich

2006, 1. Juli. Europa: Integration. RaTdr. (5×10); gez. K 14:14¼.

cnn) Menschen verschiedener Völker tanzen einen Reigen

2605	75 (C)	mehrfarbig	cnn	1,60	1,60
			FDC		2,—

Vorlagedruck in Schwarz vom Originaldruckstöckel, □ . . . . 2,—

Auflage: 450 000 Stück

Polen

2006, 5. Mai. Europa: Integration. Odr. (5×4); Papier fl.; Sicherheitszähnung K 11½:12.

foh) Mann greift nach den Sternen; Graphik von Anna Niemierko

4239	2.40 Zł	mehrfarbig . . . . foh	2,—	1,70
		FDC		2,50

Auflage: 500 000 Stück

Portugal

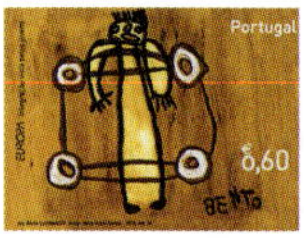

2006, 9. Mai. Europa: Integration. Odr. (4×2); gez. K 12:12½.

ddl) Angekettete Person

3047	0.60 €	mehrfarbig . . . . ddl	1,40	1,40
		FDC		2,60
		Kleinbogen	12,—	12,—

Blockausgabe, gez. Ks 12:11¾

ddm) Behinderter im Rollstuhl — ddn) Menschen verschiedener Völker — ddo

3048	0.60 €	mehrfarbig . . . . ddm	1,40	1,40
3049	0.60 €	mehrfarbig . . . . ddn	1,40	1,40
Block 238	(125×95 mm)	. . . . ddo	3,—	3,—
		FDC		4,—

Auflagen: MiNr. 3047 = 600 000 Stück, Bl. 238 = 160 000 Blocks

Portugal – Azoren

2006, 9. Mai/29. Dez. Europa: Integration. Odr., Kleinbogen (Klb.) (4×2) und Markenheftchen (MH) (1); A = gez. K 12:12½, C = 12:11¾.

if) Menschen verschiedener Völker

516	0.60 €	mehrfarbig . . . . if		
A		gez. K 12:12½ (Klb.) (9. Mai)	1,40	1,40
C		gez. K 12:11¾ (MH) (29. Dez.) . . .	—,—	—,—
		FDC A		2,60
		Kleinbogen A	12,—	12,—

Blockausgabe, gez. Ks 12:11¾

ig) Beinamputierter — ih) Menschen verschiedener Völker — ii

517	0.60 €	mehrfarbig . . . . ig	1,40	1,40
518	0.60 €	mehrfarbig . . . . ih	1,40	1,40
Block 30	(125×95 mm)	 ii	3,—	3,—
		FDC		4,—

Markenheftchen (1×2 und 1) (29. Dez.)

H-Blatt 23	mit 1 × MiNr. 516 C	—,—
H-Blatt 24	mit 1 × Bl. 30	—,—
H-Blatt 25	mit 1 × MiNr. 523–524	—,—
H-Blatt 26	mit 1 × MiNr. 525–526	—,—
H-Blatt 27	mit 1 × Bl. 32	—,—
H-Blatt 28	mit 1 × MiNr. 519–520	—,—
H-Blatt 29	mit 1 × MiNr. 521–522	—,—
H-Blatt 30	mit 1 × Bl. 31	—,—
MH 18	mit 1 × H-Blatt 23–30	35,—

Auflagen: MiNr. 516 A = 600 000, MiNr. 516 C = 7500 Stück, Bl. 30 = 160 000 Blocks, MH 18 = 7500 Markenheftchen

Portugal – Madeira

2006, 9. Mai/29. Dez. Europa: Integration. Odr., Kleinbogen (Klb.) (4×2) und Markenheftchen (MH) (1); A = gez. K 12:12½, C = gez. K 12:11¾.

ix) Menschen verschiedener Völker

257	0.60 €	mehrfarbig ix		
A		gez. K 12:12½ (Klb.) (9. Mai) . .	1,40	1,40
C		gez. K 12:11¾ (MH) (29. Dez.) .	—,—	—,—
		FDC A		2,60
		Kleinbogen A	12,—	12,—

Blockausgabe, gez. Ks 12:11¾

iy) Kinder im Schwimmbad — iz) Sehbehinderter mit Blindenhund — ka

258	0.60 €	mehrfarbig	iy	1,40	1,40
259	0.60 €	mehrfarbig	iz	1,40	1,40
Block 34	(125×95 mm)		ka	3,—	3,—
			FDC		4,—

Markenheftchen (1×2 und 1) (29. Dez.)

H-Blatt 24	mit 1 × MiNr. 243–244	—,—	
H-Blatt 25	mit 1 × MiNr. 245–246	—,—	
H-Blatt 26	mit 1 × MiNr. 247–248	—,—	
H-Blatt 27	mit 1 × Bl. 32	—,—	
H-Blatt 28	mit 1 × Bl. 33	—,—	
H-Blatt 29	mit 1 × MiNr. 257 C	—,—	
H-Blatt 30	mit 1 × Bl. 34	—,—	
H-Blatt 31	mit 1 × MiNr. 260–261	—,—	
H-Blatt 32	mit 1 × MiNr. 262–263	—,—	
H-Blatt 33	mit 1 × Bl. 35	—,—	
MH 19	mit 1 × H-Blatt 24–33	35,—	

Auflagen: MiNr. 253 A = 600 000, Bl. 34 = 160 000 Blocks, MH 19 = 7500 Markenheftchen

Rumänien

2006, 4. Mai. Europa: Integration. Odr. (3×2); gez. K 13½.

ifi) Kinder vor einem Haus

ifk) Flüchtlinge vor einem Haus

6065	2.10 L	mehrfarbig	ifi	1,50	1,50
6066	3.10 L	mehrfarbig	ifk	2,50	2,50
			Satzpreis (2 W.)	4,—	4,—
			FDC		7,—
			Kleinbogensatz (2 Klb.)	24,—	24,—

Blockausgabe mit 2 × MiNr. 6065–6066

Block 374 I	links oben MiNr. 6065 (115×86 mm)	ifl	7,50	7,50
Block 374 II	links oben MiNr. 6066 (115×86 mm)	ifm	7,50	7,50

Auflagen: MiNr. 6065 = 130 800, MiNr. 6066 = 114 600 Stück, Bl. 374 = 78 000 Blocks

San Marino

2006, 19. Juni. Europa: Integration. Odr. (4×5); gez. K 13:13¼.

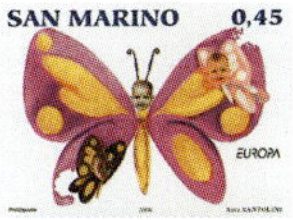

ccz) Schmetterlinge und Kindergesichter

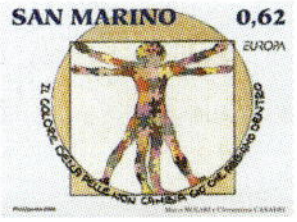

cda) Leonardo da Vincis vitruvianscher Mensch als Puzzle

2261	0.45 (€)	mehrfarbig	ccz	1,—	1,—
2262	0.62 (€)	mehrfarbig	cda	1,50	1,50
			Satzpreis (2 W.)	2,50	2,50
			FDC		3,50

Auflage: 120 000 Sätze

Schweden

2006, 4. Mai. Europa: Integration der Immigranten aus der Sicht der Jugend. Odr., Markenheftchen; dreiseitig gez. K 12¾:13½.

cnk) Einwanderer kommt nach Schweden, Kinderzeichnung von Alexandros Terzis

cnl) Gesichter mit verschiedenen Hautfarben, Kinderzeichnung von Lind Wong

2531	10 Kr	mehrfarbig	cnk		
Do		oben geschnitten (□)		2,30	2,30
Du		unten geschnitten (□)		2,30	2,30
2532	10 Kr	mehrfarbig	cnl		
Do		oben geschnitten (□)		2,30	2,30
Du		unten geschnitten (□)		2,30	2,30
			Satzpreis (2 W.)	4,60	4,60
			FDC (1 H-Bl.)		10,—

MH 311	(Nominale 40 Kr)	10,—	
H-Blatt 339	mit 2 × MiNr. 2531–2532	9,50	9,50

Schweiz

2006, 9. Mai. Europa: Integration. Odr. (4×4); gez. K 13:13½.

bxt) Frauen verschiedener Völker

1965	100 (C)	mehrfarbig	bxt	1,50	1,40
			FDC		2,50

Auflage: 1 100 000 Stück

Slowakei

2006, 5. Mai. Europa: Integration. Komb. Odr. und Pdr. (2×5); Aufdruck fl.; gez. K 13½:13.

tz) Margerite mit verschiedenfarbigen Blütenblättern

534	18 Sk	mehrfarbig	tz	1,50	1,50
			FDC		2,50
			Kleinbogen	15,—	15,—

Auflage: 499 943 Stück

Slowenien

2006, 19. Mai. Europa: Integration. Odr. (3×3); gez. K 14¼.

xc) Verschiedenfarbige Katzen

587	D	mehrfarbig	xc	1,40	1,20
			FDC		2,80
			Kleinbogen	12,—	10,—

Nominale zur Zeit der Ausgabe: 107 T

MiNr. 587 wurde im Kleinbogen zu 8 Marken und 1 Zierfeld (Feld 8) gedruckt.

Auflage: 160 000 Stück

Spanien

2006, 12. Sept. Europa: Integration. RaTdr. (10×5); Papier ph.; gez. K 14:13¾.

epw) Hand, Tastentelefon mit zusätzlicher Brailleschrift

epx) Hände bei Gebärdensprache

4156	0.29 €	mehrfarbig	epw	0,80	0,80
4157	0.57 €	mehrfarbig	epx	1,80	1,80
			Satzpreis (2 W.)	2,60	2,60
			FDC		3,—

Auflage: 1 000 000 Sätze

Tschechische Republik

2006, 3. Mai. Europa: Integration. Komb. StTdr. und RaTdr. (2×4); Papier fl.; gez. K 12:11½.

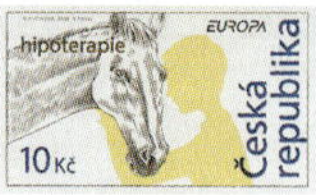

vf) Hippotherapie

vg) Canistherapie

vf–vg) Therapien zur Rehabilitation Behinderter

472	10 Kč mehrfarbig	vf	0,80	0,80
473	20 Kč mehrfarbig	vg	1,60	1,60
	Satzpreis (2 W.)		2,40	2,40
	2 FDC			4,—
	Kleinbogensatz (2 Klb.)		20,—	20,—

Auflage: 326 400 Sätze

Türkei

2006, 30. Mai. Europa: Integration. Odr. (5×5); gez. K 13:13¼.

csl) Händedruck, Flaggen der Türkei und Europas als Manschettenknöpfe

3519	70 K mehrfarbig	csl	2,—	1,50
	FDC			3,50

Auflage: 400 000 Stück

Türkisch-Zypern*

2006, 18. Mai. Europa: Integration. Odr. (4×4); Wz. 1; A = gez. K 14:13¾.

abk) Vögel an Futterplatz

abl) Schwangere Frau, Flaggen

642 A	70 K mehrfarbig	abk	2,—	2,—
643 A	70 K mehrfarbig	abl	2,—	2,—
	Satzpreis (2 W.)		4,—	4,—
	FDC			6,—

Blockausgabe, B = □

Block 25 A	mit MiNr. 642 A–643 A (78×72 mm)	abm	4,—	4,—
	FDC			6,—

642 B	70 K mehrfarbig	abk	2,—	2,—
643 B	70 K mehrfarbig	abl	2,—	2,—
Block 25 B	(78×72 mm)	abm	4,—	4,—
	FDC			6,—

Auflagen: MiNr. 642 A–643 A = 40 000 Sätze, Bl. 25 A und 25 B je 60 000 Blocks

Länder mit einem Stern nach dem Landesnamen waren oder sind keine Mitglieder der CEPT bzw. POSTEUROP.

Ukraine

2006, 28. April. Europa: Integration. Odr. (2×4 Zd); gez. K 11½.

agf) Saturn, Menschenkette, Erde

agg) Erde, Menschenkette, Venus

agh) Saturn, Menschenkette, Erde

Zierfeld

Zierfeld

agi) Erde, Menschenkette, Venus

785	2.50 (G) mehrfarbig	agf	2,—	1,50
786	3.50 (G) mehrfarbig	agg	3,—	2,50
	Satzpreis (Paar)		5,—	4,—
	FDC			5,50

Markenheftchen

787	2.50 (G) mehrfarbig	agh	4,—	4,—
788	3.50 (G) mehrfarbig	agi	5,—	5,—
	Satzpreis (2 W.)		9,—	9,—

MH 7	(Nominale 6 G)	10,—	
H-Blatt 9	mit MiNr. 787–788	9,—	9,—

MiNr. 785–786 wurden waagerecht zusammenhängend im Bogen mit senkrechten Zwischensteg-Kehrdruckpaaren gedruckt.

Postpreis von MH 7: 11.52 G

Auflagen: MiNr. 785–786 = 500 000, MiNr. 787–788 = 30 000 Sätze

Ungarn

2006, 9. Mai. Europa: Integration. Odr. (2×2); gez. K 12¼.

hpt) Blütenblätter aus Gesichtern

5100	190 Ft mehrfarbig	hpt	2,50	2,50
	FDC			4,50
	Kleinbogen		10,—	10,—

Die Marken sind im Kleinbogen jeweils um 90° gedreht zur benachbarten Marke angeordnet.

Auflage: 800 000 Stück

Vatikanstadt

2006, 16. März. Europa: Integration. Odr. (2×5); gez. K 13:13¼.

bek) Kirche, Moschee, Synagoge, Hände

bel) Klassenzimmer, Händedruck

1546	0.62 € mehrfarbig	bek	1,50	1,50
1547	0.80 € mehrfarbig	bel	2,—	2,—
	Satzpreis (2 W.)		3,50	3,50
	FDC			5,—
	Kleinbogensatz (2 Klb.)		35,—	35,—

Auflage: 300 000 Sätze

Weißrussland

2006, 4. Mai. Europa: Integration. Odr., Bogen (4×4) und Markenheftchen (4×2); Aufdruck fl.; gez. K 14:13¾, Querformat ∼.

yu) Pinguine; Zeichnung von Lina Filippoch (10 J.)

yv) Pegasus; Zeichnung von Daria Bunejewa (16 J.)

619	500 (R) mehrfarbig	yu	0,50	0,50
620	1000 (R) mehrfarbig	yv	1,—	1,—
		Satzpreis (2 W.)	1,50	1,50
		FDC		2,20
H-Blatt 13	mit 7×MiNr. 619		3,50	3,50
MH 13	mit H-Blatt 13		4,—	
H-Blatt 14	mit 7×MiNr. 620		7,—	7,—
MH 14	mit H-Blatt 14		8,—	

Auflage: 80 000 Sätze

Zypern

2006, 4. Mai. Europa: Integration. Odr., Bogen (B) (5×4) und Markenheftchen (MH); A = vierseitig gez. K 13¼:13, D = dreiseitig gez. K 13¼:13¾.

ane) Hand und Friedenstaube

1074	30 (C) mehrfarbig	ane		
A	vierseitig gez. K 13¼:13 (B)		1,30	1,30
D	dreiseitig gez. K 13¼:13¾ (⌧) (MH)		1,30	1,30
1075	40 (C) mehrfarbig	ane		
A	vierseitig gez. K 13¼:13 (B)		1,70	1,70
D	dreiseitig gez. K 13¼:13¾ (⌧) (MH)		1,70	1,70
		Satzpreis A (2 W.)	3,—	3,—
		FDC		4,—
MH 8	(Nominale 2.80 £)		12,—	
H-Blatt 8	mit 4 × MiNr. 1074 D–1075 D		12,—	12,—

Auflagen: MiNr. 1074 A–1075 A je 120 000, MiNr. 1074 D–1075 D je 108 000 Stück

2007

Albanien

2007, 24. Okt. Europa: Pfadfinder. Odr. (5×2); gez. K 13½:13.

dle

dlf

dle–dlf) Pfadfindergruppe im Gebirge

3145	100 L mehrfarbig	dle	2,50	2,50
3146	150 L mehrfarbig	dlf	4,—	4,—
		Satzpreis (2 W.)	6,50	6,50
		FDC		8,—
		Kleinbogensatz (2 Klb.)	65,—	65,—

Blockausgabe, gez. Ks 13½:13

dlg) Kreuzknoten

dlh

3147	250 L mehrfarbig	dlg	6,50	6,50
Block 164	(80×59 mm)	dlh	6,50	6,50
		FDC		8,—

Auflagen: MiNr. 3145–3146 = 70 000 Sätze, Bl. 164 = 30 000 numerierte Blocks

Andorra (Französische Post)

2007, 5. Mai. Europa: Pfadfinder. Odr. (8×5); gez. K 13¼:13.

tt) Handhaltung beim Pfadfinderversprechen (Auszug aus Lehrbuch)

661	0.54 € mehrfarbig	tt	1,70	1,70
		FDC		2,50

Andorra (Spanische Post)

2007, 23. April. Europa: Pfadfinder. RaTdr. (10×5); Papier ph.; gez. K 14:13¾.

lm) Friedenstauben, Pfadfinderemblem

341	0.58 € mehrfarbig	lm	1,70	1,70
		FDC		2,50

Auflage: 300 000 Stück

Armenien

2007, 12. Sept. Europa: Pfadfinder. Odr. (5×5); gez. K 15:14¼.

un) Hände zeigen Pfadfindergruß, Pfadfinderemblem

615	350 (D) mehrfarbig	un	4,20	3,80
		FDC		5,—

Auflage: 100 000 Stück

Aserbaidschan

2007, 2. April. Europa: Pfadfinder. Odr., Kleinbogen (5×2); A = vierseitig gez. K 13½:13¼, B = □.

yx) Pfadfinderemblem mit Friedenstaube, Zeltlager

yy) Drache mit Emblem der aserbaidschanischen Pfadfinder

679 A	20 q	mehrfarbig . . . . yx	1,50	1,50
680 A	60 q	mehrfarbig . . . . yy	4,—	4,—
		Satzpreis A (2 W.)	5,50	5,50
		FDC A		7,—
		Kleinbogensatz A (2 Klb.)	55,—	55,—
		Satzpreis B (2 W.)	—,—	—,—
		Kleinbogensatz B (2 Klb.)	—,—	—,—

Markenheftchen (2×2), D = dreiseitig gez. K 13½:13¼

679 D	20 q	mehrfarbig (⊡, ⊡) . . . . yx	1,50	1,50
680 D	60 q	mehrfarbig (⊡, ⊡) . . . . yy	4,—	4,—
		Markenheftchen D	9,—	
		Markenheftchenbogen D	18,—	18,—
		Markenheftchenbogen B	—,—	—,—

MiNr. 679 D–680 D wurden schachbrettartig zusammenhängend im Viererblock gedruckt. Der Markenheftchenbogen enthält zwei Viererblocks im Kehrdruck.

Auflagen: MiNr. 679 A–680 A = 50 000, MiNr. 679 D–680 D = 50 000 Sätze

Belgien

2007, 28. April. Europa: Pfadfinder. RaTdr. (5×2); Papier fl.; gez. K 11½.

edc) Robert Baden-Powell (1857–1941), britischer General und Gründer der Pfadfinderbewegung

3681	0.46 (€)	mehrfarbig . . . . edc	1,50	1,50
		Kleinbogen	15,—	15,—

Blockausgabe

edd) Pfadfinder

ede

3682	0.75 (€)	mehrfarbig . . . . edd	2,20	2,20
Block 120	(90×125 mm)	. . . . ede	2,20	2,20
		FDC (MiNr. 3681–3682)		7,—

Bosnien und Herzegowina

2007, 15. Febr. Europa: Pfadfinder. Odr., Kleinbogen (2×5) und Markenheftchen; gez. K 13.

vd) Bergtour

ve) Zeltlager

476	2.00 (M)	mehrfarbig . . . . vd	2,70	2,70
477	2.00 (M)	mehrfarbig . . . . ve	2,70	2,70
		Satzpreis (2 W.)	5,40	5,40
		FDC		6,50
		Kleinbogensatz (2 Klb.)	54,—	54,—

Blockausgabe mit MiNr. 476–477

Block 32	(87×115 mm)	. . . . vf	5,40	5,40
		FDC		6,50

MH 7	(Nominale 8.00 M)	11,—	
H-Blatt 8	mit 2 × MiNr. 476–477	11,—	11,—

Auflagen: MiNr. 476–477 = 60 000 Sätze, davon 20 000 im Markenheftchen, Bl. 32 = 50 000 Blocks

Bosnien und Herzegowina (Kroatische Post Mostar)*

2007, 5. April. Europa: Pfadfinder. Odr. (2×5); gez. K 14.

ho) Vier Arme in gegenseitigem Griff

hp) Kreuzknoten

200	3.00 (M)	mehrfarbig . . . . ho	4,—	4,—
201	3.00 (M)	mehrfarbig . . . . hp	4,—	4,—
		Satzpreis (Paar)	8,—	8,—
		FDC		10,—
		Kleinbogen	32,—	32,—

Blockausgabe mit 2 × MiNr. 200–201

Block 10	(126×90 mm)	. . . . hr	16,—	16,—
		FDC		18,—

MiNr. 200–201 wurden waagerecht zusammenhängend im Kleinbogen zu je 4 Marken und 2 verschiedenen Zierfeldern (Feld 5 und 6) gedruckt.

Bosnien und Herzegowina (Serbische Republik)*

2007, 3. Mai. Europa: Pfadfinder. Odr., Kleinbogen (3×3); A = vierseitig gez. K 13¼:13¾.

oy) Zeltlager, Fahnenhissung, Knoten

oz) Rast bei Waldwanderung, Knoten

386 A	1.00 (M)	mehrfarbig . . . . oy	1,50	1,50
387 A	1.50 (M)	mehrfarbig . . . . oz	2,30	2,30
		Satzpreis A (2 W.)	3,80	3,80
		FDC A		5,50
		Kleinbogensatz A (2 Klb.)	30,—	30,—

Markenheftchen (3×2), D = dreiseitig gez. K 13¼:13¾

386	1.00 (M)	mehrfarbig . . . . oy		
Do		dreiseitig gez.	1,50	1,50
Du		dreiseitig gez.	1,50	1,50
387	1.50 (M)	mehrfarbig . . . . oz		
Do		dreiseitig gez.	2,30	2,30
Du		dreiseitig gez.	2,30	2,30
		Satzpreis D (2 W.)	3,80	3,80
		FDC D		5,50

H-Blatt 10	mit 1 × MiNr. 386 Do und 387 Du sowie 2 × MiNr. 386 Du und 387 Do	11,50	11,50
MH 10	mit 1 × H-Blatt 10	12,—	

MiNr. 386 A–387 A haben einen grünen, MiNr. 386 D–387 D einen lilafarbenen Unterrand.

MiNr. 386 A–387 A wurden jeweils im Kleinbogen zu 8 Marken und 1 Zierfeld (Feld 5) gedruckt.

Auflagen: MiNr. 386 A–387 A = 50 000 Sätze, MH 10 = 25 000 Markenheftchen

Bulgarien

2007, 26. April. Europa: Pfadfinder. Bildformat 39×28 mm; Odr. (2×5); Sicherheitszähnung K 13

gwz) Pfadfinderinnen mit Gitarre am Lagerfeuer

gxa) Pfadfinder mit Karte, Kompass und Marschgepäck

4792	0.55 L	mehrfarbig . . . . gwz	1,—	1,—
4793	1.50 L	mehrfarbig . . . . gxa	2,50	2,50
		Satzpreis (Paar)	3,50	3,50
		Kleinbogen	14,—	14,—

Markenheftchen (4×2), Bildformat 31×22 mm, gez. L 13

4794	0.55 L	mehrfarbig . . . . gwz I	1,50	1,50
4795	1.50 L	mehrfarbig . . . . gxa I	4,50	4,50
		Satzpreis (2 W.)	6,—	6,—

MH 6	(Nominale 8.20 L)	25,—	
H-Blatt 7	mit 4 × MiNr. 4794–4795	24,—	24,—

MiNr. 4792–4793 wurden schachbrettartig zusammenhängend im Kleinbogen zu je 4 Marken und 2 Zierfeldern (Feld 5 und 6) gedruckt.

Auflagen: MiNr. 4792–4793 je 50 000, MiNr. 4794–4795 je 40 000 Stück

Gültig bis 28.2.2010

Dänemark

2007, 6. Juni. Europa: Pfadfinder. Komb. StTdr. und Odr., Bogen (B) (5×8) und Markenheftchen (MH) (5×2); Papier fl.; gez. K 13¼.

arx) Wanderung

ary) Zeltlager

1470	4.75 (Kr)	mehrfarbig (B) (MH) . . . . . . arx	2,20	2,20
1471	7.25 (Kr)	mehrfarbig (B) . . . . ary	3,30	3,30
		Satzpreis (2 W.)	5,50	5,50
		FDC		6,50
		Markenheftchen mit 10 × MiNr. 1470	22,—	

Dänemark – Färöer

2007, 10. April. Europa: Pfadfinder. Odr. (5×4); gez. K 13¾.

aad) Pfadfinderin hält Vogel in der Hand

aae) Pfadfinderlager

607	5.50 Kr	mehrfarbig . . . . aad	2,—	2,—
608	10 Kr	mehrfarbig . . . . aae	3,50	3,50
		Satzpreis (2 W.)	5,50	5,50
		FDC		6,—

Dänemark – Grönland

2007, 15. Jan. Europa: Pfadfinder. Odr., Bogen (5×10) und Kleinbogen (3×3); Papier fl.; gez. K 13¾:13¼.

ro) Pfadfinder bauen Steinmännchen auf Berggipfel

rp) Pfadfinder errichten Kochstelle im Zeltlager

480	5.75 (Kr)	mehrfarbig . . . . ro	2,—	2,—
481	7.50 (Kr)	mehrfarbig . . . . rp	2,50	2,50
		Satzpreis (2 W.)	4,50	4,50
		FDC		5,50
		Kleinbogensatz (2 Klb.)	36,—	36,—

MiNr. 480–481 wurden auch jeweils im Kleinbogen zu 8 Marken und 1 Zierfeld (Feld 5) gedruckt.

2007, 15. Jan. Europa: Pfadfinder. Odr., Markenheftchen (3×2 + 3×2); selbstklebend; Papier fl.; gestanzt 12½:12¼.

ro) Pfadfinder bauen Steinmännchen auf Berggipfel

482	5.75 (Kr)	mehrfarbig . . . . ro	2,—	2,—
483	7.50 (Kr)	mehrfarbig . . . . rp	2,50	2,50
		Satzpreis (2 W.)	4,50	4,50
		2 FDC		7,—
		Markenheftchen	27,—	

MiNr. 482–483 wurden zusammen im Markenheftchen zu je 6 Marken gedruckt.

Deutschland

2007, 3. Mai. Europa: Pfadfinder. Odr. (2×5); Papier fl.; gez. K 14.

dcn) Pfadfinder bei Wanderung

2600	45 (C)	mehrfarbig . . . . dcn	0,90	0,90
		FDC		1,80
		ETB 18/2007		1,20
		Kleinbogen	9,—	8,—

P So 96	Sonderpostkarte „Philatelie und MünzExpo Köln 2007“ mit MiNr. 2600 als Wertstempel	1,—	1,—

Auflage: 11 000 000 Stück, davon 105 000 auf ETB

Estland

2007, 3. Mai. Europa: Pfadfinder. Odr. (2×5); gez. K 12½.

tg) Robert Baden-Powell (1857–1941), britischer General und Begründer der Pfadfinderorganisation; Pfadfinder; Weberknoten

585	20.50 (Kr) / 1.31 €	mehrfarbig . . . . . . tg	3,20	3,20
		FDC		4,—
		Kleinbogen	32,—	32,—

Auflage: 170 000 Stück

Finnland

2007, 9. Mai. Europa: Pfadfinder. Odr. (1 × 5 Zd.); gez. K 12½:13.

bsz) Pfadfinder beim Segeln

bta) Pfadfinder am Lagerfeuer im Winter

1847	0.70 €	mehrfarbig	bsz	1,80	1,80
1848	0.70 €	mehrfarbig	bta	1,80	1,80
			Satzpreis (Paar)	3,60	3,60
			FDC		4,50
			Kleinbogen	18,—	18,—

Auflage: 1 000 000 Sätze

Finnland – Åland

2007, 9. Mai. Europa: Pfadfinder. Odr. (3 × 5 + 3 × 5); gez. K 12½:13¼.

lp) Geöffnetes Fenster mit Blick aufs Meer, Pfadfinderlilie, Knoten

281	0.70 €	mehrfarbig	lp	1,80	1,80
			FDC		2,50

Zwischenstegpaare:

281 ZW	1 Paar	4,—	4,—

Auflage: 300 000 Stück

Frankreich

2007, 1. Mai. Europa: Pfadfinder. RaTdr. (6 × 8); Papier ph.; gez. K 13¼.

eyz) Pfadfinder binden Stöcke zusammen

4257	0.60 €	mehrfarbig	eyz	1,40	1,40
			FDC		2,—
			ETB		7,—

Georgien

2008, 14. März. Europa: Pfadfinder (2007). Odr., Kleinbogen (5 × 2) und Markenheftchen (4 × 2); gez. K 14¼:14.

vy) Pfadfinder vor Stadt

vz) Pfadfinder vor Berg

551	0.9 L	mehrfarbig	vy	2,50	2,50
552	1.0 L	mehrfarbig	vz	3,—	3,—
			Satzpreis (2 W.)	5,50	5,50
			FDC		6,—
			Kleinbogensatz (2 Klb.)	55,—	55,—
			Markenheftchen	22,—	

Markenfolge im Markenheftchen (k = kopfstehend): 552-551-552k-551k, 551-552-551k-552k

Gibraltar*

2007, 30. Juni. Europa: Pfadfinder. Odr. (2 × 5); gez. K 13¼:13.

ayp) 1908

ayp–ayt) Pfadfinder Gibraltars aus verschiedenen Zeiträumen

ayr) um 1955

ays) um 1985

ayt) um 2005

1210	8 P	mehrfarbig	ayp	0,30	0,30
1211	40 P	mehrfarbig	ayr	1,20	1,20
1212	42 P	mehrfarbig	ays	1,50	1,50
1213	1 £	mehrfarbig	ayt	4,—	4,—
			Satzpreis (4 W.)	7,—	7,—
			FDC		8,—
			Kleinbogensatz (4 Klb.)	70,—	70,—

Griechenland

2007, 25. Mai. Europa: Pfadfinder. Odr., Bogen (B) (4 × 2 Zd) und Markenheftchen (MH); A = vierseitig gez. K 14¼:13¾, C = senkrecht gez. 13¾.

chx) Pfadfinderlilie

chy) Pfadfinder

2421	0.65 €	mehrfarbig ... chx		
A		vierseitig gez. (B)	1,50	1,50
C		senkrecht gez. (MH)	1,50	1,50
2422	3.15 €	mehrfarbig ... chy		
A		vierseitig gez. (B)	7,50	7,50
C		senkrecht gez. (MH)	7,50	7,50
		Satzpreis A (Paar)	9,—	9,—
		FDC		11,—
		Satzpreis C (2 W.)	9,—	9,—

MH 31	(Nominale 7.60 €)	18,—	
H-Blatt 39	mit 2 × MiNr. 2421 C–2422 C	18,—	18,—

Auflagen: MiNr. 2421 A–2422 A = 246 702, MiNr. 2421 C–2422 C = 80 000 Sätze

Großbritannien

2007, 26. Juli. Europa: Pfadfinder. Odr. (5 × 5 und 5 × 5 + 5 × 5); Papier ph.; gez. K 14¼:14.

cml) Lagerfeuerromantik

cmn) Anpflanzen von Bäumchen

2552	1st	mehrfarbig	cml	1,20	1,20
2554	48 (P)	mehrfarbig	cmn	1,50	1,50
			Satzpreis (2 W.)	2,70	2,70
			FDC		4,—

Zwischenstegpaare:

2552 ZW und 2554 ZW	2 Paare	6,—	6,—
P 91	Sonder-Bildpostkarte „100 Jahre Pfadfinderbewegung" mit MiNr. 2552 als Wertstempel	2,—	2,—

Nominale von MiNr. 2552 zur Zeit der Ausgabe: 34 P

MiNr. 2552 und 2554 stammen aus dem Satz MiNr. 2552–2557.

Großbritannien – Guernsey

2007, 24. Mai. Europa: Pfadfinder. Odr. (2×5); gez. K 13¼:12¾.

ays) Segeln

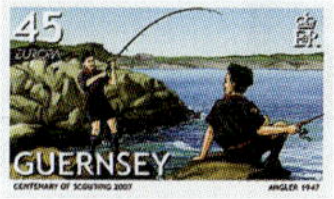

ayt) Angeln

1131	37 (P) mehrfarbig . . . . ays	1,20	1,20
1132	45 (P) mehrfarbig . . . . ayt	1,40	1,40
	Satzpreis (2 W.)	2,60	2,60
	FDC		3,50
	Kleinbogensatz (2 Klb.)	26,—	26,—

MiNr. 1131–1132 stammen aus dem Satz MiNr. 1130–1135.

Großbritannien – Isle of Man

2007, 22. Febr. Europa: Pfadfinder. Odr., Bogen (5×5) und Kleinbogen (5×2) und Markenheftchen; gez. K 14.

bgb) Pfadfinderversprechen

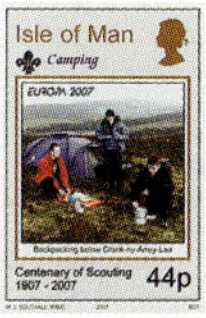

bgc) Zelten

1344	31 P mehrfarbig . . . . bgb	1,—	1,—
1345	44 P mehrfarbig . . . . bgc	1,40	1,40
	Satzpreis (2 W.)	2,40	2,40
	FDC		3,50
	Kleinbogensatz (2 Klb.)	24,—	24,—

MiNr. 1344–1345 stammen aus dem Satz MiNr. 1343–1348 und kommen auch im MH 49 vor.

Großbritannien – Jersey

2007, 6. März. Europa: Pfadfinder. Odr. (2×5); gez. K 14.

beh) Internationales Pfadfindertreffen

bei) Streetlugeing, Klettern, Abseilen, Gokartfahren

beh–bei) Robert Baden-Powell (1857–1941), britischer General und Begründer der Pfadfinderorganisation

1268	37 (P) mehrfarbig . . . . beh	1,10	1,10
1269	42 (P) mehrfarbig . . . . bei	1,30	1,30
	Satzpreis (2 W.)	2,40	2,40
	FDC		3,50
	Kleinbogensatz (2 Klb.)	24,—	24,—

MiNr. 1268–1269 stammen aus dem Satz MiNr. 1267–1270.

Irland

2007, 9. Mai. Europa: Pfadfinder. Odr. (2×5); Papier ph.; gez. K 14¼:14.

bgh) Pfadfinderin

bgi) Pfadfinder

1768	55 C mehrfarbig . . . . bgh	1,50	1,20
1769	78 C mehrfarbig . . . . bgi	2,—	1,80
	Satzpreis (2 W.)	3,50	3,—
	FDC		5,—
	Kleinbogensatz (2 Klb.)	35,—	30,—

Auflagen: MiNr. 1768 = 330 000, MiNr. 1769 = 280 000 Stück

Island

2007, 24. Mai. Europa: Pfadfinder. Odr. (2×5); gez. K 13¼.

aog) Pfadfinderemblem

aoh) Pfadfinderinnenemblem

1168	80 (Kr) mehrfarbig . . . . aog	2,—	2,—
1169	105 (Kr) mehrfarbig . . . . aoh	2,80	2,80
	Satzpreis (2 W.)	4,80	4,80
	FDC		5,50
	Kleinbogensatz (2 Klb.)	48,—	48,—

Auflagen: MiNr. 1168 = 300 000, MiNr. 1169 = 200 000 Stück

2007, 24. Mai. Europa: Pfadfinder. Odr., Markenheftchen (2×5); selbstklebend; □.

aog) Pfadfinderemblem

1170	80 (Kr) mehrfarbig . . . . aog	2,—	2,—
1171	105 (Kr) mehrfarbig . . . . aoh	2,80	2,80
	Satzpreis (2 W.)	4,80	4,80
	FDC		5,50
	2 Markenheftchen	48,—	

Auflage: 160 000 Sätze

Italien

2007, 23. April. Europa: Pfadfinder. RaTdr. (5×5); Papier fl.; gez. K 13¼:13.

diw) Pfadfinder mit Kanu in Stromschnellen

dix) Lagerfeuer nach Kanufahrt

3176	0.60 € mehrfarbig . . . . diw	1,40	1,40
3177	0.65 € mehrfarbig . . . . dix	1,60	1,60
	Satzpreis (2 W.)	3,—	3,—
	FDC		3,50

Blockausgabe mit MiNr. 3176–3177

Block 39	(96×119 mm) . . . . diy	3,—	3,—
	FDC		3,50

Auflagen: MiNr. 3176–3177 = 3 500 000 Sätze, Bl. 39 = 600 000 Blocks

Kasachstan

2007, 8. Mai. Europa: Pfadfinder. Odr. (2×5); gez. K 11¾.

vk) Zeltlager

vl) Wanderung

vk–vl) Kinderzeichnungen

580	25 (T)	mehrfarbig	vk	1,—	1,—
581	65 (T)	mehrfarbig	vl	2,—	2,—
			Satzpreis (Paar)	3,—	3,—
			FDC		4,50
			Kleinbogen	12,—	12,—

MiNr. 580–581 wurden schachbrettartig zusammenhängend im Kleinbogen zu je 4 Marken und 2 Zierfeldern (Feld 5 und 6) gedruckt.

Auflage: 300 000 Sätze

Kosovo*

2007, 12. Mai. Europa: Pfadfinder. Odr. (5×2); gez. K 13¼.

bv) Bergwanderung

bw) Friedenstaube

68	0.70 €	mehrfarbig	bv	*4,50*	*4,50*
69	1 €	mehrfarbig	bw	*5,50*	*5,50*
			Satzpreis (2 W.)	*10,—*	*10,—*
			FDC		*12,—*
			Kleinbogensatz (2 Klb.)	*100,—*	*100,—*

Blockausgabe mit MiNr. 68–69

Block 6	(75×61 mm) bx		*90,—*	*75,—*
		FDC		*80,—*

Kroatien

2007, 16. April. Europa: Pfadfinder. Odr. (2×5 Zd); Embleme fl.; Sicherheitszähnung K 14.

aet) Pfadfinderlilie, Friedenstaube

aeu) Halstuch

805	3.50 (K)	mehrfarbig	aet	1,20	1,20
806	3.50 (K)	mehrfarbig	aeu	1,20	1,20
			Satzpreis (Paar)	2,40	2,40
			FDC		4,—

Auflage: 200 000 Sätze

Lettland

2007, 28. April. Europa: Pfadfinder. Odr. (5×2); gez. K 13¾:14¼.

un) Pfadfinder, Emblem, Kompass, Europakarte

700	85 (S)	mehrfarbig	un	3,—	3,—
			FDC		4,—
			Kehrdruckpaar	6,—	6,—
			Kleinbogen	30,—	30,—

MiNr. 700 wurde reihenweise kopfstehend gedruckt.

Auflage: 200 000 Stück

Liechtenstein

2007, 5. März. Europa: Pfadfinder. RaTdr. (4×5); gez. K 14¼.

bgc) Freunde (Symbolik)

1436	1.30 (Fr)	mehrfarbig	bgc	2,50	2,—
			FDC		3,—
			MK 265		3,—

Auflage: 245 100 Stück

Litauen

2007, 14. April. Europa: Pfadfinder. Odr. (2×5); gez. K 13½.

yg) Pfadfinderflagge und -hymne

yh) Litauische Pfadfinderabzeichen von 1918

933	1.70 L	mehrfarbig	yg	1,20	1,20
934	1.70 L	mehrfarbig	yh	1,20	1,20
			Satzpreis (2 W.)	2,40	2,40
			FDC		3,60
			Kleinbogensatz (2 Klb.)	24,—	24,—

Auflage: 200 000 Sätze

Luxemburg

2007, 22. Mai. Europa: Pfadfinder. Odr. (2×5); gez. K 11½.

bcf) Pfadfinderlager

bcg) Pfadfinder verschiedener Länder, Weltkugel, Weberknoten

1750	0.50 €	mehrfarbig	bcf	1,—	1,—
1751	0.70 €	mehrfarbig	bcg	1,60	1,60
			Satzpreis (2 W.)	2,60	2,60
			FDC		3,50
			Kleinbogensatz (2 Klb.)	26,—	26,—

Auflage: 225 000 Sätze

Makedonien

2007, 9. Mai. Europa: Pfadfinder. Odr. (3×3); gez. K 13½:13¼, Hochformat ~.

py) Zeltlager

pz) Pfadfinder, Zelt

430	60 (D)	mehrfarbig	py	3,50	3,50
431	100 (D)	mehrfarbig	pz	5,50	5,50
			Satzpreis (2 W.)	9,—	9,—
			FDC		10,—
			Kleinbogensatz (2 Klb.)	90,—	90,—

Blockausgabe

ra) Pfadfinderemblem, Flagge

rb

432	160 (D) mehrfarbig	ra	*28,—*	*28,—*
Block 17	(60×70 mm)	rb	*30,—*	*30,—*
		FDC		*35,—*

Auflagen: MiNr. 430–431 = 35 000 Sätze, Bl. 17 = 15 000 Blocks

Malta

2007, 9. Mai. Europa: Pfadfinder. Odr., Kleinbogen (2×5); Wz. 6; gez. K 14¼.

bfd) Robert Baden-Powell (1857–1941), britischer General und Begründer der Pfadfinder-organisation, mit Distriktleiter J. V. Abela (1937)

bfe) Maltesische Pfadfinderabordnung bei der 50-Jahr-Feier in Birmingham (1957)

1514	16 C / 0.37 € mehrfarbig	bfd	1,—	1,—
1515	51 C / 1.19 € mehrfarbig	bfe	3,20	3,20
		Satzpreis (2 W.)	4,20	4,20
		FDC		5,—
		Kleinbogensatz (2 Klb.)	42,—	42,—

Markenheftchen (1×5)

H-Blatt 1	mit 5 × MiNr. 1514	6,—	
MH 0-9	mit 1 × H-Blatt 1	6,—	
P 63	Sonderpostkarte „MALTEX 2007“ mit MiNr. 1514–1515 als Wertstempel	3,—	3,—

Moldawien

2007, 8. Mai. Europa: Pfadfinder. Odr., Kleinbogen (2×5); gez. K 14:14½.

xs) Pfadfinder reinigen und katalogisieren archäologische Funde

xt) Pfadfinder mit Schmetterling

582	2.85 L mehrfarbig	xs	2,—	2,—
583	4.50 L mehrfarbig	xt	3,50	3,50
		Satzpreis (2 W.)	5,50	5,50
		FDC		7,—
		Kleinbogensatz (2 Klb.)	55,—	55,—

Markenheftchen (2×3)

H-Blatt 8	mit 3 × MiNr. 582–583	15,—
MH 11	mit 1 × H-Blatt 8	16,—

Markenfolge im H-Blatt: 582-583, 583-582, 582-583

Auflagen: MiNr. 582–583 = 100 000 Sätze, MH 11 = 7000 Markenheftchen

Monaco

2007, 4. Mai. Europa: Pfadfinder. RaTdr. (1×5 Zd); gez. K 13¼.

cyf) Pfadfinder am Lagerfeuer

cyg) Robert Baden-Powell (1857–1941), britischer General und Begründer der Pfadfinderorganisation

2853	0.60 € mehrfarbig	cyf	1,90	1,90
2854	0.60 € mehrfarbig	cyg	1,90	1,90
		Satzpreis (Paar)	3,80	3,80
		FDC		5,—
		Kleinbogen	19,—	19,—

Montenegro

2007, 20. April. Europa: Pfadfinder. Odr. (3×3); vierseitig gez. K 13¾.

bk) Pfadfinderemblem

bl) Zelt und Lagerfeuer

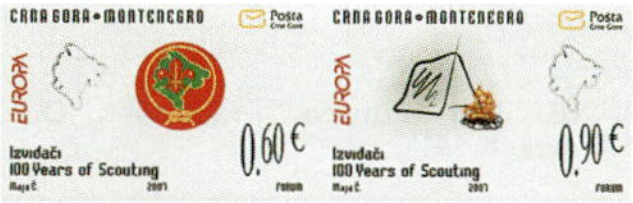

bn) Pfadfinderemblem

bo) Zelt und Lagerfeuer

bk–bo) Umrisskarte von Montenegro

137	0.60 € mehrfarbig	bk	1,50	1,50
138	0.90 € mehrfarbig	bl	2,50	2,50
		Satzpreis (2 W.)	4,—	4,—
		FDC		5,—
		Kleinbogensatz (2 Klb.)	32,—	32,—

Blockausgabe mit MiNr. 137–138

Block 6	(90×62 mm)	bm	4,—	4,—
		FDC		5,—

Markenheftchen, dreiseitig gez. K 13¾

139	0.60 € mehrfarbig (⊏⊐)	bn	2,—	2,—
140	0.90 € mehrfarbig (⊏⊐)	bo	3,50	3,50
		Satzpreis (2 W.)	5,50	5,50

MH 2	(Nominale 1.50 €)	6,—	
H-Blatt 2	mit MiNr. 139–140	5,50	5,50

MiNr. 137–138 wurden jeweils im Kleinbogen zu 8 Marken und 1 Zierfeld (Feld 5) gedruckt.

Auflage: MiNr. 137–138 = 80 000 Sätze

Niederlande

2007, 26. Juli. Europa: Pfadfinder. Odr., Kleinbogen (2×5) und Markenheftchen; Papier ph.; gez. K 13¼:13¾.

cnc) Sonne hält Weltkugel

cnd) Mond hält Weltkugel

2512	0.72 € mehrfarbig	cnc	1,60	1,60
2513	0.72 € mehrfarbig	cnd	1,60	1,60
		Satzpreis (Paar)	3,20	3,20
		FDC		5,50
		Kleinbogen	16,—	16,—

MH 73	(Nominale 4.32 €, Verkaufspreis 9.95 €)	25,—	
H-Blatt 100	mit MiNr. 2512–2513 (Fußspuren abwärts)	6,50	6,50
H-Blatt 101	mit MiNr. 2512–2513 (Fußspuren aufwärts)	6,50	6,50
H-Blatt 102	mit MiNr. 2512–2513 (Fußspuren nur links oben)	6,50	6,50

MiNr. 2512–2513 wurden schachbrettartig zusammenhängend im Kleinbogen gedruckt.

Norwegen

2007, 11. Mai. Europa: Pfadfinder. Komb. StTdr. und Odr. (5×10); gez. K 13¼:13¾.

baz) Pfadfinder, Knoten

bba) Pfadfinderlager, Verknotung dreier Stangen

1619	9.00 (Kr)	mehrfarbig .... baz		2,70	2,70
1620	11.00 (Kr)	mehrfarbig .... bba		3,30	3,30
		Satzpreis (2 W.)		6,—	6,—
		FDC			7,—

Auflagen: MiNr. 1619 = 1 000 000, MiNr. 1620 = 2 000 000 Stück

Österreich

2007, 16. Juni. Europa: Pfadfinder. Odr. (10×5); gez. K 14¼.

crm) Weltkugel mit Pfadfinderhut und -halstuch

2671	55 (C) mehrfarbig .... crm		1,20	1,20
	FDC			1,60

Vorlagedruck in Schwarz vom Originaldruckstöckel, ☐ .... 2,—

Auflage: 800 000 Stück

Polen

2007, 5. Mai. Europa: Pfadfinder. Odr. (4×5); Papier fl.; Sicherheitszähnung K 11¾.

fso) Pfadfinder mit Fanfare

4312	3 Zł mehrfarbig .... fso	2,50	2,50
	FDC		3,50

Auflage: 1 000 000 Stück

Portugal

2007, 9. Mai. Europa: Pfadfinder. Odr. (4×2); gez. K 12½:13.

dim) Robert Baden-Powell (1857–1941), britischer General und Begründer der Pfadfinderorganisation

3157	0.61 € mehrfarbig .... dim	1,40	1,40
	FDC		2,60
	Kleinbogen	11,—	11,—

Blockausgabe

din) Kompass dio) Pfadfinder mit Wanderkarte dip

3158	0.61 € mehrfarbig .... din	1,40	1,40
3159	0.61 € mehrfarbig .... dio	1,40	1,40
Block 252	(125×95 mm) .... dip	3,—	3,—
	FDC		4,—

Auflagen: MiNr. 3157 = 300 000 Stück, Bl. 252 = 90 000 Blocks

Portugal – Azoren

2007, 9. Mai. Europa: Pfadfinder. Odr., Kleinbogen (4×2); gez. K 12½:13.

iz) Halstuch mit Lederknoten

531	0.61 € mehrfarbig .... iz	1,40	1,40
	FDC		2,60
	Kleinbogen	11,—	11,—

Blockausgabe

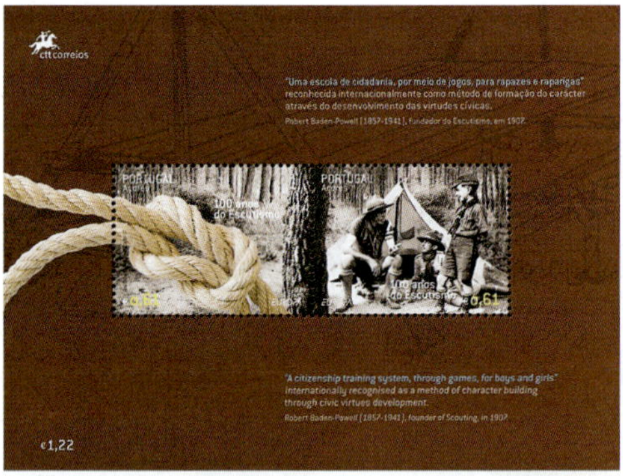

ka) Kreuzknoten kb) Zeltlager kc

532	0.61 € mehrfarbig .... ka	1,40	1,40
533	0.61 € mehrfarbig .... kb	1,40	1,40
Block 33	(125×95 mm) .... kc	3,—	3,—
	FDC		4,—

Markenheftchen (1×2 und 1) (8. Nov.)

H-Blatt 31	mit 1 × MiNr. 534–537	—,—
H-Blatt 32	mit 1 × Bl. 34	—,—
H-Blatt 33	mit 1 × MiNr. 540–541	—,—
H-Blatt 34	mit 1 × Bl. 35	—,—
H-Blatt 35	mit 1 × MiNr. 531	—,—
H-Blatt 36	mit 1 × Bl. 33	—,—
MH 19	mit 1 × H-Blatt 23–30	28,—

Auflagen: MiNr. 531 = 300 000 Stück, Bl. 33 = 90 000 Blocks, MH 19 = 9000 Markenheftchen

Portugal – Madeira

2007, 9. Mai. Europa: Pfadfinder. Odr., Kleinbogen (4×2); gez. K 12½:13.

kv) Pfadfinderlilie

276	0.61 €	mehrfarbig . . . . kv	1,40	1,40
		FDC		2,60
		Kleinbogen	11,—	11,—

Blockausgabe

kw) Robert Baden-Powell (1857–1941), brit. General und Begründer der Pfadfinderorganisation kx) Pfadfinderhut ky

277	0.61 € mehrfarbig . . . . kw	1,40	1,40
278	0.61 € mehrfarbig . . . . kx	1,40	1,40
Block 37	(125×95 mm) . . . . ky	3,—	3,—
	FDC		4,—

Markenheftchen (2×1 und 1 und 2×2) (8. Nov.)

H-Blatt 34	mit 1 × MiNr. 279–280	—,—
H-Blatt 35	mit 1 × Bl. 38	—,—
H-Blatt 36	mit 1 × MiNr. 268–271	—,—
H-Blatt 37	mit 1 × Bl. 36	—,—
H-Blatt 38	mit 1 × MiNr. 276	—,—
H-Blatt 39	mit 1 × Bl. 37	—,—
MH 20	mit 1 × H-Blatt 34–39	28,—

Auflagen: MiNr. 276 = 300 000 Stück, Bl. 37 = 90 000 Blocks, MH 20 = 9000 Markenheftchen

Rumänien

2007, 3. Mai. Europa: Pfadfinder. Odr. (3×2); gez. K 13½.

imi) Pfadfinder

imk) Robert Baden-Powell (1857–1941), britischer General und Begründer der Pfadfinderorganisation

6190	2.10 L mehrfarbig . . . . imi	1,50	1,50
6191	7.70 L mehrfarbig . . . . imk	5,50	5,50
	Satzpreis (2 W.)	7,—	7,—
	FDC		14,—
	Kleinbogensatz I (2 Klb.)	42,—	42,—
	Kleinbogensatz II (2 Klb.)	42,—	42,—

Blockausgabe mit 2 × MiNr. 6190–6191

Block 396 I	links oben MiNr. 6190 (87×118 mm) . . . . iml	15,—	15,—
Block 396 II	links oben MiNr. 6191 (87×118 mm) . . . . imm	15,—	15,—

MiNr. 6190–6191 wurden jeweils in zwei verschiedenen Kleinbogen gedruckt, die sich in der rechten Bogenrandgestaltung (Zahl „100“ mittig oder außen) unterscheiden.

Auflagen: MiNr. 6190 = 150 000, MiNr. 6191 = 102 000 Stück, Bl. 396 = 70 000 Blocks

San Marino

2007, 2. Juni. Europa: Pfadfinder. Odr. (5×4); gez. K 13:13¼.

ceo) Pfadfinder der 5 Kontinente, Weltkugel, Kompass, Karte von Brownsea Island

cep) Pfadfinder, Weltkugel, Umrisskarte und die 3 Türme von San Marino

2299	0.60 (€) mehrfarbig . . . . ceo	1,40	1,40
2300	0.65 (€) mehrfarbig . . . . cep	1,60	1,60
	Satzpreis (2 W.)	3,—	3,—
	FDC		4,—

Auflage: 140 000 Sätze

Schweden

2007, 22. März. Europa: Pfadfinder. Odr., Markenheftchen; dreiseitig gez. K 12¾:13½.

cpe) Inschrift, Weltkugel, Flugzeug cpf) Pfadfinder, Kanufahrt

2573	—	mehrfarbig . . . . cpe		
Do		oben geschnitten (⌷)	1,40	1,40
Du		unten geschnitten (⌷)	1,40	1,40
2574	—	mehrfarbig . . . . cpf		
Do		oben geschnitten (⌷)	1,40	1,40
Du		unten geschnitten (⌷)	1,40	1,40
		Satzpreis (2 W.)	2,80	2,80
		FDC		6,50

MH 315	(Nominale 22 Kr)	6,—	
H-Blatt 343	mit 2 × MiNr. 2573–2574	5,60	5,60

Nominalen zur Zeit der Ausgabe: je 5.50 Kr

Schweiz

2007, 10. Mai. Europa: Pfadfinder. Odr. (5×6); gez. K 14.

bzt) Pfadfinder in Zelt

2011	100 (C) mehrfarbig . . . . bzt	2,—	2,—
	FDC		3,—
	2011 Zf	2,50	2,50
	Kehrdruckpaar	4,—	4,—

MiNr. 2011 wurde im Bogen zu 18 Marken und 12 (zwei verschiedene) Zierfeldern in Kehrdruckanordnung gedruckt.

Auflage: 1 620 000 Stück

Serbien

2007, 3. Mai. Europa: Pfadfinder. Odr., Kleinbogen (3×3); vierseitig gez. K 13¼:13¾.

bu) Zeltlager, Wanderung, Kompass

bv) Kanufahrt, Rucksack mit Hut und Halstuch

bw) Miloš Popović (1876–1954), Gründer der jugoslawischen Pfadfindervereinigung

bx) Robert Baden-Powell (1857–1941), britischer General und Begründer der Pfadfinderorganisation

194	20 (Din)	mehrfarbig	bu	0,80	0,80
195	46 (Din)	mehrfarbig	bv	1,70	1,70
			Satzpreis (2 W.)	2,50	2,50
			FDC		3,—
			Kleinbogensatz (2 Klb.)	20,—	20,—

Markenheftchen (3×2); D = dreiseitig, E = zweiseitig gez. K 13¼:13¾

196	20 (Din)	mehrfarbig	bw		
Do		dreiseitig gez.		0,90	0,90
Du		dreiseitig gez.		0,90	0,90
E		zweiseitig gez.		0,90	0,90
197	20 (Din)	mehrfarbig	bx		
Do		dreiseitig gez.		0,90	0,90
Du		dreiseitig gez.		0,90	0,90
E		zweiseitig gez.		0,90	0,90
			Satzpreis (2 W.)	1,80	1,80

MH 1	(Nominale 120 Din)	6,—	
H-Blatt 1	mit 3 × MiNr. 196–197	5,50	5,50

MiNr. 194–195 wurden jeweils im Kleinbogen zu 8 Marken und 1 Zierfeld (Feld 5) gedruckt. MiNr. 194–195 gibt es mit und ohne optischen Aufheller.

Auflagen: MiNr. 194–195 = 70 000, MiNr. 196–197 = 105 000 Sätze

Slowakei

2007, 30. Mai. Europa: Pfadfinder. Odr. (2×5); Aufdruck fl.; gez. K 13¾.

uy) Pfadfinder folgen der Fackel

556	18 Sk	mehrfarbig	uy	2,—	1,50
			FDC		2,50
			Kleinbogen	20,—	12,—

Auflage: 488 920 Stück

Slowenien

2007, 23. März. Europa: Pfadfinder. Odr. (3×3); gez. K 14.

zl) Pfadfinder am Lagerfeuer (Comic)

644	0.50 (€)	mehrfarbig	zl	*5,50*	*5,50*
			FDC		*7,—*
			Kleinbogen	*45,—*	*45,—*

MiNr. 644 wurde im Kleinbogen zu 8 Marken und 1 Zierfeld (Feld 4) gedruckt.

Auflage: 160 000 Stück

Spanien

2007, 23. April. Europa: Pfadfinder. RaTdr. (10×5); Papier ph.; gez. K 14:13¾.

etr) Friedenstauben, Weltkugel, Pfadfinderemblem

4215	0.58 €	mehrfarbig	etr	1,60	1,60
			FDC		2,—

Auflage: 1 000 000 Stück

Tschechische Republik

2007, 9. Mai. Europa: Pfadfinder. Komb. StTdr. und RaTdr. (2×3); Papier fl.; gez. K 11¼.

xa) Pfadfinderlager

516	11 Kč	mehrfarbig	xa	1,—	1,—
			FDC		2,—
			Kleinbogen	6,—	6,—

Auflage: 312 000 Stück

Türkei

2007, 9. Mai. Europa: Pfadfinder. Odr. (10×7); gez. K 13¼.

cvl) Zeltlager

cvm) Grüßende Pfadfinder

3588	60 K	mehrfarbig	cvl	1,—	1,—
3589	70 K	mehrfarbig	cvm	1,50	1,50
			Satzpreis (2 W.)	2,50	2,50
			FDC		4,—

Auflage: 250 000 Sätze

Türkisch-Zypern*

2007, 4. Mai. Europa: Pfadfinder. Odr. (4×4); Wz. 1; A = gez. K 13¾.

acd) Pfadfinder mit Rucksack und Wanderstab, Zeltlager

ace) Pfadfinder als Musikanten, Zeltlager

659 A	80 K	mehrfarbig	acd	1,80	1,80
660 A	80 K	mehrfarbig	ace	1,80	1,80
			Satzpreis (2 W.)	3,60	3,60
			FDC		5,—

Blockausgabe, B = □

659 B	80 K	mehrfarbig	acd	2,50	2,50
660 B	80 K	mehrfarbig	ace	2,50	2,50
Block 26	(78×72 mm)		acf	5,—	5,—
			FDC		7,—

Auflagen: MiNr. 659 A–660 A = 40 000 Sätze, Bl. 26 = 40 000 Blocks

Ukraine

2007, 28. April. Europa: Pfadfinder. Markenformat 40×28 mm; Odr. (2×3 Zd); gez. K 14:14½.

akk) Pfadfinder-halstuch

akl) Ukrainische Pfadfinder (1920er Jahre)

856	2.50 (G)	mehrfarbig	akk	2,—	2,—
857	3.35 (G)	mehrfarbig	akl	2,70	2,70
		Satzpreis (Paar)		4,70	4,70
		FDC			5,20

Markenheftchen, Markenformat 46×33 mm, gez. K 11¾

858	2.50 (G)	mehrfarbig	akk I	4,—	4,—
859	3.35 (G)	mehrfarbig	akl I	5,50	5,50
		Satzpreis (2 W.)		9,50	9,50

MH 8	(Nominale 5.85 G)	10,—	
H-Blatt 10	mit MiNr. 858–859	9,50	9,50

Postpreis von MH 8: 11.52 G

Auflagen: MiNr. 856–857 = 150 000, MiNr. 858–859 = 30 000 Sätze

Ungarn

2007, 9. Mai. Blockausgabe: Europa – Pfadfinder. Odr.; gez. K 12¼.

hur
hus
hus
hur
hut

hur) Pfadfinder im Kanu
hus) Gedenkstein auf Brownsea Island bei Poole/England, am Ort des ersten Pfadfinderlagers

5186	210 Ft	mehrfarbig	hur	2,—	2,—
5187	210 Ft	mehrfarbig	hus	2,—	2,—
Block 313		mit 2 × MiNr. 5186–5187 (105×64 mm)	hut	8,50	8,50
		FDC			9,50

Auflage: 400 000 Blocks

Vatikanstadt

2007, 12. Juni. Europa: Pfadfinder. Odr. (2×5); gez. K 13:13¼.

bft) Pfadfinder erforschen die Natur

bfu) Pfadfinder sitzen am Lagerfeuer

1576	0.60 (€)	mehrfarbig	bft	1,40	1,40
1577	0.65 (€)	mehrfarbig	bfu	1,60	1,60
		Satzpreis (2 W.)		3,—	3,—
		FDC			3,50
		Kleinbogensatz (2 Klb.)		30,—	30,—

Auflage: 300 000 Sätze

Weißrussland

2007, 4. Mai. Europa: Pfadfinder. Odr., Kleinbogen (4×2) und Markenheftchen (4×2); gez. K 14½:14.

aao) Achter-knoten

aap) Emblem der weißrussischen Pfadfinder

663	500 (R)	mehrfarbig	aao	0,60	0,60
664	1000 (R)	mehrfarbig	aap	1,20	1,20
		Satzpreis (2 W.)		1,80	1,80
		FDC			2,50
		Kleinbogensatz (2 Klb.)		15,—	15,—

MH 15	(Nominale 5000 R)	7,50	
H-Blatt 15	mit 4 × MiNr. 663–664	7,20	7,20

Auflage: 70 000 Sätze

Zypern

2007, 3. Mai. Europa: Pfadfinder. Komb. Odr. und Pdr., Bogen (4×4) und Markenheftchen (4×2); A = vierseitig, D = dreiseitig gez. K 13¼:13¾.

aoc) Symbolik, Pfadfinderlilie

1096	30 (C)	mehrfarbig	aoc		
A		⊠		1,40	1,40
Do		⊠		1,40	1,40
Du		⊠		1,40	1,40
1097	40 (C)	mehrfarbig	aoc		
A		⊠		1,80	1,80
Do		⊠		1,80	1,80
Du		⊠		1,80	1,80
		Satzpreis (2 W.)		3,20	3,20
		FDC			4,—

MH 9	(Nominale 2.80 £)	14,—	
H-Blatt 9	mit 4 × MiNr. 1096 D–1097 D	13,—	13,—

Auflagen: MiNr. 1096 A–1097 A = 77 000, MiNr. 1096 D–1097 D = 80 000 Sätze

2008

Albanien

2008, 15. Juli. Europa: Der Brief. Odr. (5×2); gez. K 13½:13.

dpo) Hand mit Schreibfeder; Umrisskarte Europas

dpp) Hand mit Schreibfeder; Umrisskarte mit Albanien

3256	100 L	mehrfarbig	dpo	2,50	2,50
3257	150 L	mehrfarbig	dpp	3,50	3,50
		Satzpreis (2 W.)		6,—	6,—
		FDC			8,—
		Kleinbogensatz (2 Klb.)		60,—	60,—

Zum besseren Gebrauch des Kataloges empfehlen wir, die Einführung zu lesen.

Blockausgabe, gez. Ks 13:13½

dpr) Inschrift, Herz, Europaflagge

dps

3258	250 L	mehrfarbig	dpr	6,—	6,—
Block 172		(81×61 mm)	dps	6,—	6,—
			FDC		8,—

Andorra (Französische Post)

2008, 17. Mai. Europa: Der Brief. Odr. (5×10); gez. K 13.

uh) Schriftzeichen

676	0.55 €	mehrfarbig	uh	1,50	1,50
			FDC		2,—

Andorra (Spanische Post)

2008, 23. April. Europa: Der Brief. RaTdr. (10×5); Papier ph.; gez. K 13¾.

lw) Briefumschlag

350	0.60 €	schwarz/dunkelkobaltblau	lw	1,40	1,40
			FDC		2,—

Auflage: 300 000 Stück

Armenien

2008, 18. Juni. Europa: Der Brief. Odr. (2×5); gez. K 15:14¼.

vo) Briefe, Weltkarte

638	350 (D)	mehrfarbig	vo	3,50	3,50
			FDC		5,—
			Kleinbogen	35,—	35,—

Auflage: 70 000 Stück

Aserbaidschan

2008, 13. März. Europa: Der Brief. Odr., Kleinbogen (5×2); A = vierseitig gez. K 13¾:13½, B = □.

aak) Brief

aal) Computerbildschirm

aak–aam) Umrisskarte von Aserbaidschan

715 A	20 q	mehrfarbig	aak	1,20	1,20
716 A	60 q	mehrfarbig	aal	3,80	3,80
			Satzpreis A (2 W.)	5,—	5,—
			FDC A		6,50
			Kleinbogensatz A (2 Klb.)	50,—	50,—
			Satzpreis B (2 W.)	—,—	—,—
			Kleinbogensatz B (2 Klb.)	—,—	—,—

Markenheftchen (4×2), D = dreiseitig gez. K 13¾:13½

715 D	20 q	mehrfarbig (□, □)	aak	1,20	1,20
716 D	60 q	mehrfarbig (□, □)	aal	3,80	3,80
			Heftchenblatt D	20,—	20,—
			Markenheftchen D	20,—	
			Heftchenblatt B	—,—	—,—

Blockausgabe; A = gez. Ks 13½:13¾, B = □

aan

aam) Friedenstaube

717 A	1 M	mehrfarbig	aam	—,—	—,—
Block 81 A		(110×65 mm)	aan	6,—	6,—
			FDC		7,50
Block 81 B		(110×65 mm)	aan	—,—	—,—

MiNr. 715 D–716 D wurden schachbrettartig zusammenhängend im Viererblock gedruckt. Das Heftchenblatt enthält zwei Viererblocks im Kehrdruck.

Auflagen: MiNr. 715 A–716 A = 50 000, MiNr. 715 D–716 D = 50 000 Sätze, Bl. 81 A = 50 000 Blocks

Belgien

2008, 17. Mai. Europa: Der Brief. RaTdr. (2×5); Papier ph.; gez. K 11½.

eiy) Brief in Briefschlitz

3827	0.80 (€)	mehrfarbig	eiy	2,—	2,—
			FDC		7,50
			Kleinbogen	20,—	20,—

2008, 17. Mai. Europa: Der Brief. RaTdr., Markenheftchen (2×5); Papier ph., selbstklebend; D = dreiseitig, E = zweiseitig gestanzt 10.

eiy I) Brief in Briefschlitz

3828	1	(Belgien) mehrfarbig	eiy I		
	Dl	dreiseitig gestanzt (□)		1,50	1,50
	Dr	dreiseitig gestanzt (□)		1,50	1,50
	El	zweiseitig gestanzt (□)		1,50	1,50
	Er	zweiseitig gestanzt (□)		1,50	1,50
			Markenheftchen	15,—	

Nominale zur Zeit der Ausgabe: 0.54 €

Bergkarabach*

2008, 28. Okt. Europa: Der Brief. Odr., Bogen (5×8) und Kleinbogen (2×5); gez. K 14¼.

af) Marke MiNr. 1 auf FDC, Erdkugel, Teppich

ag) Hände an Tastatur, Umrisskarte von Bergkarabach mit Teppichmuster

ah) Frau mit Brief, Teppich

43	120 (D)	mehrfarbig	af	2,—	2,—
44	350 (D)	mehrfarbig	ag	8,—	8,—
45	550 (D)	mehrfarbig	ah	10,—	10,—
		Satzpreis (3 W.)		20,—	20,—
		FDC			15,—
		Kleinbogensatz (3 Klb.)		200,—	200,—

Auflagen: MiNr. 43 = 20 800, MiNr. 44–45 je 15 400 Stück, davon jeweils 20 000 bzw. 15 000 im Kleinbogen

Bosnien und Herzegowina

2008, 8. März. Europa: Der Brief. Odr. (2×5); gez. K 13.

wt) Brief, Federkiel, Tintenfass, Kerze

wu) Hände mit Schreibfeder, Postkarte, Tintenfass

512	2.00 (M)	mehrfarbig	wt	2,40	2,40
513	3.00 (M)	mehrfarbig	wu	3,60	3,60
		Satzpreis (2 W.)		6,—	6,—
		FDC			7,—
		Kleinbogensatz (2 Klb.)		60,—	60,—

Blockausgabe mit MiNr. 512–513

Block 34	(88×114 mm)	wv	6,—	6,—
	FDC			7,—

Auflagen: MiNr. 512–513 = 35 000 Sätze, Bl. 34 = 20 000 Blocks

Bosnien und Herzegowina (Kroatische Post Mostar)*

2008, 5. April. Europa: Der Brief. Odr. (2×5); gez. K 14.

iv) Füllfederhalter, Brief

iw) Hand mit aus Aerogramm gefaltetem Papierflieger

226	3.00 (M)	mehrfarbig	iv	4,—	4,—
227	3.00 (M)	mehrfarbig	iw	4,—	4,—
		Satzpreis (2 W.)		8,—	8,—
		FDC			10,—
		Kleinbogen		32,—	32,—

Blockausgabe mit 2 × MiNr. 226–227

Block 14	(126×90 mm)	ix	16,—	16,—
	FDC			18,—

MiNr. 226–227 wurden zusammen im Kleinbogen zu je 4 Marken und 2 verschiedenen Zierfeldern (Feld 5 und 6) gedruckt.

Auflagen: MiNr. 226–227 = 160 000 Sätze, Bl. 14 = 30 000 Blocks

Bosnien und Herzegowina (Serbische Republik)*

2008, 24. April. Europa: Der Brief. Odr., Kleinbogen (3×3); Markenformat 26×36 mm; vierseitig gez. 14:14¼.

rl) Tintenfass mit Federkiel, Pergamentrolle

rm) Hand mit Bleistift

420	1.00 (M)	mehrfarbig	rl	1,50	1,50
421	2.00 (M)	mehrfarbig	rm	3,—	3,—
		Satzpreis (2 W.)		4,50	4,50
		FDC			6,—
		Kleinbogensatz (2 Klb.)		36,—	36,—

Markenheftchen (3×2), Markenformat 28×41 mm, dreiseitig gez. K 12¾:13¼

422		1.00 (M)	mehrfarbig	rl I		
	Do		dreiseitig gez. (⊡)		1,50	1,50
	Du		dreiseitig gez. (⊡)		1,50	1,50
423		2.00 (M)	mehrfarbig	rm I		
	Do		dreiseitig gez. (⊡)		3,—	3,—
	Du		dreiseitig gez. (⊡)		3,—	3,—
			Satzpreis D (2 W.)		4,50	4,50

H-Blatt 11	mit 1 × MiNr. 422 Do und 423 Du sowie 2 × MiNr. 422 Du und 423 Do	13,50	13,50
MH 11	mit 1 × H-Blatt 11	14,—	

MiNr. 420–421 wurden jeweils im Kleinbogen zu 8 Marken und 1 Zierfeld (Feld 5) gedruckt.

Auflagen: MiNr. 420–421 = 50 000 Sätze, MH 11 = 25 000 Markenheftchen

Bulgarien

2008, 22. April. Europa: Der Brief. Odr. (2×5); gez. K 13¼.

gzd) Briefträger, Brief mit Marke Russland MiNr. 26

gze) Taube, Brief mit Marke Bulgarien MiNr. 378

4840	0.55 L	mehrfarbig/Hintergrund grün	gzd	1,—	1,—
4841	1.00 L	mehrfarbig/Hintergrund blau	gze	2,—	2,—
		Satzpreis (2 W.)		3,—	3,—
		FDC			4,20
		Kleinbogen		15,—	15,—

Markenheftchen

4842	0.55 L	mfg./Hintergrund violett	gzd	1,50	1,50
4843	1.00 L	mfg./Hintergrund orangegelb	gze	3,—	3,—
		Satzpreis (2 W.)		4,50	4,50

H-Blatt 8	mit 4 × MiNr. 4842	6,—	6,—
H-Blatt 9	mit 4 × MiNr. 4843	12,—	12,—
MH 7	mit 1 × H-Blatt 8–9	20,—	

MiNr. 4840–4841 wurden jeweils in Kehrdruckanordnung zusammen im Kleinbogen zu je 4 Marken und 2 verschiedenen Zierfeldern (Feld 5 und 6) gedruckt.

Die Heftchenblätter enthalten jeweils 4 verschiedene Kehrdruckkombinationen.

Auflagen: MiNr. 4840–4841 je 50 000 Stück, MH 7 = 10 000 Heftchen

Gültig bis 31.5.2011

Dänemark

2008, 4. Juni. Europa: Der Brief. Odr., Bogen (B) (8×5) und Markenheftchen (MH) (2×5); Papier fl.; gez. K 13¼.

asz) Briefschreiber, Briefkasten, Postbediensteter

ata) Postbote übergibt Brief an Empfänger

1501	5.50 (Kr)	mehrfarbig (B) (MH)	asz	2,—	2,—
1502	7.75 (Kr)	mehrfarbig (B)	ata	2,50	2,50
		Satzpreis (2 W.)		4,50	4,50
		FDC			5,—
		Markenheftchen mit 10×MiNr. 1501		20,—	

Dänemark – Färöer

2008, 19. Mai. Europa: Der Brief. Odr. (4×5); gez. K 13¼:13.

abo) Herz

abp) Posthorn als @-Zeichen

638 550 (Ö) mehrfarbig . . . . abo 1,70 1,70
639 750 (Ö) mehrfarbig . . . . abp 2,30 2,30
Satzpreis (2 W.) 4,— 4,—
FDC 5,—

Dänemark – Grönland

2008, 31. Jan. Europa: Der Brief. Odr., Bogen (5×10) und Kleinbogen (3×3); Papier fl.; gez. K 13¾:13¼.

sk) Mann, Briefumschlag

sl) Frau, Briefumschlag

502 5.75 (Kr) mehrfarbig . . . . sk 1,60 1,60
503 7.50 (Kr) mehrfarbig . . . . sl 2,— 2,—
Satzpreis (2 W.) 3,60 3,60
FDC 5,—
Kleinbogensatz (2 Klb.) 29,— 29,—

MiNr. 502–503 wurden auch jeweils im Kleinbogen zu 8 Marken und 1 Zierfeld (Feld 5) gedruckt.

2008, 31. Jan. Europa: Der Brief. Odr., Markenheftchen (3×2 + 3×2); Papier fl.; selbstklebend; gestanzt 12½:12¼.

sk) Mann, Briefumschlag

504 5.75 (Kr) mehrfarbig . . . . sk 1,60 1,60
505 7.50 (Kr) mehrfarbig . . . . sl 2,— 2,—
Satzpreis (2 W.) 3,60 3,60
FDC 5,—
Markenheftchen 22,—

MiNr. 504–505 wurden zusammen im Markenheftchen zu je 6 Marken gedruckt.

Deutschland

2008, 8. Mai. Europa: Der Brief.; Odr. (2×5); Papier fl.; gez. K 14.

dex) Herzliche Grüße

2662 55 (C) mehrfarbig . . . . dex 1,10 1,—
FDC 2,—
ETB 18/2008 1,30
Kleinbogen 11,— 10,—

U So 152 Sonderumschlag „Herzliche Grüße" mit MiNr. 2662 als Wertstempel 1,30 1,30

Auflage: 18 400 000 Stück, davon 95 000 auf ETB

2008, 8. Mai. Europa: Der Brief. Odr. Markenheftchen (2×5 + 2×5) und Einzelmarken aus Folienbogen; Papier fl.; selbstklebend; gestanzt 14.

dex) Herzliche Grüße

2665 55 (C) mehrfarbig . . . . dex 1,20 1,20
FDC 2,50

2665 U ungestanzt . . . . —,—

MiNr. 2665 stammt aus dem Satz MiNr. 2665–2668 und auch aus MH 73.

Auflage: 44 765 000 Stück

Estland

2008, 30. April. Europa: Der Brief. Odr. (2×5); gez. K 14¼.

ul) Buchstaben und Ziffern bilden Umriss einer Taube

615 9.00 (Kr) / 0.58 € mehrfarbig . . . . ul 1,20 1,20
FDC 2,20
Kleinbogen 12,— 12,—

Auflage: 220 000 Stück

Finnland

2008, 9. Mai. Europa: Der Brief. Odr. (1×5 Zd.); gez. K 13.

bvz) Pekka Halonen (1865–1933), Maler; Selbstporträt

bwa) Maija Halonen (1873–1944); Porträt von Pekka Halonen

bvz–bwa) Auszüge aus dem Briefwechsel zwischen Pekka Halonen und seiner Frau Maija

1914 0.70 € mehrfarbig . . . . bvz 1,50 1,50
1915 0.70 € mehrfarbig . . . . bwa 1,50 1,50
Satzpreis (Paar) 3,— 3,—
FDC 4,—
Kleinbogen 15,— 15,—

Auflage: 1 000 000 Sätze

Finnland – Åland

2008, 9. Mai. Europa: Der Brief. Odr. (5×3 + 5×3); gez. K 13¼.

me) Frau blickt einem Schiff nach, Brief einer Seemannsfrau an ihren Mann

294 1.00 € mehrfarbig . . . . me 2,20 2,20
FDC 3,—

Zwischenstegpaar:

294 ZW . . . . 1 Paar 5,— 5,—

Auflage: 200 000 Stück

Frankreich

2008, 4. Mai. Europa: Der Brief. RaTdr. (6×8); Papier ph.; gez. K 13:13½.

fen) Federkiel

4408	0.55 €	mehrfarbig	fen	1,30	1,30
			FDC		1,80
			ETB		3,50

2008, 22. Sept. Europa: Der Brief. Komb. Odr. und Rdr., Folienbogen (6×8); selbstklebend; Papier ph.; gestanzt 11.

fen) Federkiel

4518	0.55 €	mehrfarbig	fen	3,—	3,—

MiNr. 4518 wurde von der Post nur in kompletten Bogen abgegeben.

Georgien

2008, 5. Dez. Europa: Der Brief. Odr., Kleinbogen (2×5); A = gez. K 13¾:14.

wg) Marke MiNr. 515, Brief mit MiNr. 319, Vogel

wh) Marke MiNr. 516, Brief, Brille, Vogel

560 A	0.9 L	mehrfarbig	wg	3,—	3,—
561 A	1.0 L	mehrfarbig	wh	3,50	3,50
			Satzpreis (2 W.)	6,50	6,50
			FDC		7,50
			Kleinbogensatz (2 Klb.)	65,—	65,—

Markenheftchen (2×4), D = dreiseitig gez. K 13¾:13¼

560 D	0.9 L	mehrfarbig (⌑, ⌑)	wg	3,—	3,—
561 D	1.0 L	mehrfarbig (⌑, ⌑)	wh	3,50	3,50
		H-Blatt mit 4 × MiNr. 560 D–561 D		26,—	26,—
		Markenheftchen		26,—	

Gibraltar*

2008, 1. Juni. Europa: Der Brief. Odr. (2×5); gez. K 14¼:14¾.

bbm) Winston Churchill (1874 bis 1965), britischer Politiker und Premierminister, Literaturnobelpreis 1953

bbn) Horatio Viscount Nelson (1758–1805), britischer Admiral

bbo) John F. Kennedy (1917–1963), 35. Präsident der USA

bbp) Mohandas Karamchand Gandhi, genannt Mahatma (1869 bis 1948), Führer der indischen Unabhängigkeitsbewegung

1281	10 P	mehrfarbig	bbm	0,30	0,30
1282	42 P	mehrfarbig	bbn	1,20	1,20
1283	44 P	mehrfarbig	bbo	1,20	1,20
1284	1 £	mehrfarbig	bbp	2,80	2,80
			Satzpreis (4 W.)	5,50	5,50
			FDC		6,—
			Kleinbogensatz (4 Klb.)	55,—	55,—

Griechenland

2008, 26. Mai. Europa: Der Brief. Odr., Bogen (B) (2×4 Zd) und Markenheftchen (MH) (4×1); A = vierseitig gez. K 14¼:14, C = senkrecht gez. 13¼.

ckx) Manuskriptblätter, Schreibfeder

cky) Brief, Füllfederhalter

2467	0.67 €	mehrfarbig	ckx		
A		vierseitig gez. (B)		1,50	1,50
C		senkrecht gez. (MH)		1,50	1,50
2468	3.17 €	mehrfarbig	cky		
A		vierseitig gez. (B)		7,50	7,50
C		senkrecht gez. (MH)		7,50	7,50
			Satzpreis A (Paar)	9,—	9,—
			FDC		11,—
			Satzpreis C (2 W.)	9,—	9,—

MH 32	(Nominale 7.68 €)	18,—	
H-Blatt 40	mit 2 × MiNr. 2467 C–2468 C	18,—	18,—

Auflagen: MiNr. 2467 A–2468 A = 188 396, MiNr. 2467 C–2468 C = 70 000 Sätze

Großbritannien

2008, 5. Febr. Europa: Der Brief. Odr. (5×5 und 5×5 + 5×5); Papier ph.; gez. K 14½.

coo) Posthund

2606	1st	mehrfarbig	coo	1,20	1,20
			FDC		3,50

Zwischenstegpaar:

2606 ZW	1 Paar	3,—	3,—

Nominale zur Zeit der Ausgabe: 34 P

MiNr. 2606 stamme aus dem Satz MiNr. 2606–2611.

Großbritannien – Guernsey

2008, 15. Mai. Europa: Der Brief. Odr. (2×5); gez. K 13¼:12¾.

bbc) Hallo

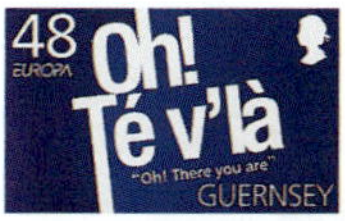

bbd) Ah, da sind Sie ja

1186	40 (P)	mehrfarbig	bbc	1,20	1,20
1187	48 (P)	mehrfarbig	bbd	1,40	1,40
			Satzpreis (2 W.)	2,60	2,60
			FDC		4,50
			Kleinbogensatz (2 Klb.)	26,—	26,—

MiNr. 1186–1187 stammen aus dem Satz MiNr. 1185–1190.

Großbritannien – Isle of Man

2008, 12. Mai. Europa: Der Brief. Odr. (2×5); gez. K 13¼.

blb) Schottland

bld) Irland

blb und bld) Flaggen ehemals keltischsprachiger Regionen

1440	31 (P)	mehrfarbig	blb	0,90	0,90
1442	50 (P)	mehrfarbig	bld	1,50	1,50
			Satzpreis (2 W.)	2,40	2,40
			FDC		4,50
			Kleinbogensatz (2 Klb.)	24,—	24,—

MiNr. 1440 und 1442 stammen aus dem Satz MiNr. 1438–1445.

Großbritannien – Jersey

2008, 14. Febr. Europa: Der Brief. Odr. (2×5); gez. K 13½:14.

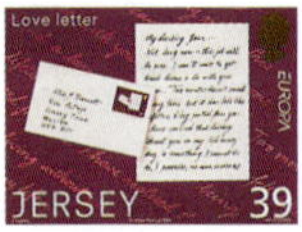

bha) Liebesbrief

bhb) Wunschbrief an den Weihnachtsmann

1334	39 (P)	mehrfarbig	bha	1,20	1,20
1335	43 (P)	mehrfarbig	bhb	1,30	1,30
			Satzpreis (2 W.)	2,50	2,50
			FDC		4,—
			Kleinbogensatz (2 Klb.)	25,—	25,—

MiNr. 1334–1335 stammen aus dem Satz MiNr. 1333–1336.

Irland

2008, 9. Juni. Europa: Der Brief. Odr. (5×2); Papier ph.; gez. K 14:14¾.

bir) Junge schreibt Brief

bis) Mädchen schreibt Brief

1826	55 C	mehrfarbig	bir	1,50	1,50
1827	82 C	mehrfarbig	bis	2,—	2,—
			Satzpreis (2 W.)	3,50	3,50
			FDC		4,80
			Kleinbogensatz (2 Klb.)	35,—	35,—

Auflagen: MiNr. 1826 = 340 000, MiNr. 1827 = 290 000 Stück

Island

2008, 8. Mai. Europa: Der Brief. Odr. (2×5); gez. K 14:13¼.

apu) Brief eines Mädchens an seinen Großvater, als Schiff gefaltet

apv) Brief des Großvaters an seine Enkelin, als Flugzeug gefaltet

1205	85 (Kr)	mehrfarbig	apu	1,60	1,60
1206	110 (Kr)	mehrfarbig	apv	2,20	2,20
			Satzpreis (2 W.)	3,80	3,80
			FDC		4,50
			Kleinbogensatz (2 Klb.)	38,—	38,—

Auflagen: MiNr. 1205 = 400 000, MiNr. 1206 = 300 000 Stück

2008, 8. Mai. Europa: Der Brief. Odr., Markenheftchen (2×5); selbstklebend; gestanzt 9½:10.

apu) Brief eines Mädchens an seinen Großvater, als Schiff gefaltet

1207	85 (Kr)	mehrfarbig	apu	1,60	1,60
1208	110 (Kr)	mehrfarbig	apv	2,20	2,20
			Satzpreis (2 W.)	3,80	3,80
			FDC		4,50
			2 Markenheftchen	38,—	

Auflage: 150 000 Sätze

Italien

2008, 9. Mai. Europa: Der Brief. RaTdr. (5×5); Papier fl.; gez. K 13¼:13.

dmr

dms

dmr–dms) Briefkästen, Briefe

3240	0.60 €	mehrfarbig	dmr	1,40	1,40
3241	0.65 €	mehrfarbig	dms	1,60	1,60
			Satzpreis (2 W.)	3,—	3,—
			FDC		3,50

Auflage: 3 500 000 Sätze

Kasachstan

2008, 6. Mai. Europa: Der Brief. Odr. (1×5 Zd); gez. K 14¼.

wu

wv

wu–wv) Taube, Klappe eines Briefumschlages

616	150 (T)	mehrfarbig	wu	3,—	3,—
617	150 (T)	mehrfarbig	wv	3,—	3,—
			Satzpreis (Paar)	6,—	6,—
			FDC		8,—
			Kleinbogen	30,—	30,—

Auflage: 100 000 Sätze

Kosovo*

2008, 9. Mai. Europa: Der Brief. Odr. (5×2); gez. K 13¼.

dg) Brief, Schreibfeder

dh) Papierflieger

102	0.70 €	mehrfarbig	dg	3,—	3,—
103	1 €	mehrfarbig	dh	4,50	4,50
			Satzpreis (2 W.)	7,50	7,50
			FDC		9,—
			Kleinbogensatz (2 Klb.)	75,—	75,—

Blockausgabe

104	0.70 €	mehrfarbig	dg	10,—	10,—
105	1 €	mehrfarbig	dh	10,—	10,—
Block 9	(68×66 mm)		di	22,—	22,—
			FDC		25,—

MiNr. 102–103 haben im Gegensatz zu MiNr. 104–105 einen weißen Rahmen.

Kroatien

2008, 9. Mai. Europa: Der Brief. MiNr. 857 Odr. mit Lacküberzug, MiNr. 858 komb. Odr. und Pdr. (4×5); Embleme fl.; Sicherheitszähnung K 14.

agy) Wertbrief

agz) Aerogramm

857	3.50 (K) mehrfarbig	agy	1,—	1,—
858	5.00 (K) mehrfarbig	agz	1,60	1,60
		Satzpreis (2 W.)	2,60	2,60
		FDC		3,40

Auflage: 300 000 Sätze

Lettland

2008, 26. April. Europa: Der Brief. Odr. (2×5); gez. K 13½.

vx) Briefe

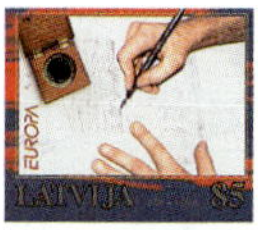

vy) Hände mit Schreibfeder, Tintenfass

731	45 (S) mehrfarbig	vx	1,60	1,60
732	85 (S) mehrfarbig	vy	3,20	3,20
		Satzpreis (2 W.)	4,80	4,80
		FDC		5,50
		2 Kehrdruckpaare	9,60	9,60
		Kleinbogensatz (2 Klb.)	48,—	48,—

MiNr. 731–732 wurden jeweils reihenweise kopfstehend gedruckt.

Liechtenstein

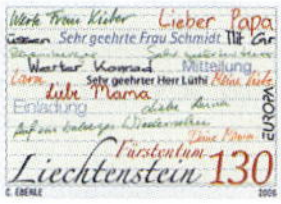

2008, 3. März. Europa: Der Brief. Odr. (5×4); gez. K 13½:14.

bhn) Anredeformen im Brief

1470	130 (Rp) mehrfarbig	bhn	2,50	2,—
		FDC		3,—
		MK 280		3,—

Auflage: 180 000 Stück

Litauen

2008, 3. Mai. Europa: Der Brief. Odr. (2×5); gez. K 14:14¼.

zw) Großfürst Gediminas (1275–1341), Briefe

zx) Vilnius, Brief

970	2.45 L mehrfarbig	zw	1,80	1,80
971	2.45 L mehrfarbig	zx	1,80	1,80
		Satzpreis (2 W.)	3,60	3,60
		FDC		4,80
		Kleinbogensatz (2 Klb.)	36,—	36,—

Auflage: 200 000 Sätze

Luxemburg

2008, 20. Mai. Europa: Der Brief. Odr. (5×2); gez. K 12¾:12½.

bdp) Geöffneter Brief mit Blumen und Regenbogen auf Hand

bdr) Hand entläßt fliegenden Brief

1782	0.50 (€) mehrfarbig	bdp	1,—	1,—
1783	0.70 (€) mehrfarbig	bdr	1,50	1,50
		Satzpreis (2 W.)	2,50	2,50
		FDC		3,—
		Kleinbogensatz (2 Klb.)	25,—	25,—

Auflage: 225 000 Sätze

Makedonien

2008, 2. Mai. Europa: Der Brief. Odr., Kleinbogen (Klb.) (1×4 Zd) und Markenheftchen (MH) (2×2); gez. K 13½:13¼.

sd

se

sd–se) Briefe umkreisen Weltkugel

458	50 (D) mfg./schwarzblau (Klb.)	sd	2,—	2,—
459	100 (D) mfg./schwarzblau (Klb.)	se	4,—	4,—
		Satzpreis (Paar)	6,—	6,—
		FDC		7,—
		Kleinbogen	24,—	24,—
460	50 (D) mfg./hellgelbgrün (MH)	sd	*6,50*	*6,50*
461	50 (D) mfg./hellgelbgrün (MH)	se	*6,50*	*6,50*
462	50 (D) mfg./hellultramarin (MH)	sd	*6,50*	*6,50*
463	50 (D) mfg./hellultramarin (MH)	se	*6,50*	*6,50*
		Satzpreis (4 W.)	*25,—*	*25,—*
		FDC		*28,—*
MH 1	(Nominale 200 D)		28,—	
H-Blatt 1	mit MiNr. 460–463		26,—	26,—

Die zusätzlich Farbangabe bezieht sich auf den Bildhintergrund.

Auflagen: MiNr. 458–459 = 35 000 Sätze, MH 1 = 20 000 Markenheftchen

Malta

2008, 9. Mai. Europa: Der Brief. Odr., Kleinbogen (2×5); Wz. 6; gez. K 14¼.

bho) Postbote mit Fahrrad, manuelle Briefsortierung

1567	0.37 € / 16 C mehrfarbig	bho	0,80	0,80
1568	1.19 € / 51 C mehrfarbig	bho	3,—	3,—
		Satzpreis (2 W.)	3,80	3,80
		FDC		4,50
		Kleinbogensatz (2 Klb.)	38,—	38,—

Markenheftchen (5×1)

H-Blatt 2	mit 5 × MiNr. 1567	5,—	
MH 0-10	mit 1 × H-Blatt 2	5,—	

Moldawien

2008, 30. April. Europa: Der Brief. Odr., Kleinbogen (2×5); gez. K 14:14¾.

yx) Postreiter, Pergament mit Siegel

yy) Computerbildschirm, Briefe, Briefkasten

611	3.50 L	mehrfarbig . . . . yx	2,50	2,50
612	4.50 L	mehrfarbig . . . . yy	3,—	3,—
		Satzpreis (2 W.)	5,50	5,50
		FDC		6,50
		Kleinbogensatz (2 Klb.)	55,—	55,—

Markenheftchen (2×2)

H-Blatt 9	mit 2 × MiNr. 611–612	11,—
MH 12	mit 1 × H-Blatt 9	11,—

Markenfolge im H-Blatt: 611-612, 612-611

Auflagen: MiNr. 611–612 = 100 000 Sätze, MH 12 = 10 000 Markenheftchen

Monaco

2008, 5. Mai. Europa: Der Brief. StTdr. (2×5); gez. K 13¼.

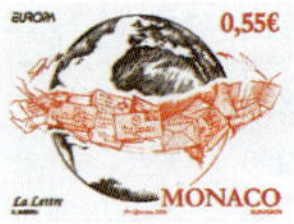

czu) Briefe umkreisen Weltkugel

czv) Postbeförderungsmittel

2890	0.55 €	mehrfarbig . . . . czu	1,20	1,20
2891	0.65 €	mehrfarbig . . . . czv	1,40	1,40
		Satzpreis (2 W.)	2,60	2,60
		FDC		3,40
		Kleinbogensatz (2 Klb.)	26,—	26,—

Montenegro

2008, 2. April. Europa: Der Brief. Odr. (3×3); gez. K 13¾.

cr) Junge mit Briefumschlag

cs) Mädchen mit Brief

166	0.60 €	mehrfarbig . . . . cr	1,50	1,50
167	0.90 €	mehrfarbig . . . . cs	2,50	2,50
		Satzpreis (2 W.)	4,—	4,—
		FDC		5,—
		Kleinbogensatz (2 Klb.)	32,—	32,—

★★ = Ungebraucht mit Originalgummi (postfrisch)

⊙ = Mit Poststempel gebraucht

Blockausgabe

cu) Mädchen mit Briefumschlag

ct) Junge mit Briefumschlag

cv

168	0.60 €	mehrfarbig . . . . ct	1,20	1,20
169	0.90 €	mehrfarbig . . . . cu	1,80	1,80
Block 7	(90×62 mm)	 cv	3,—	3,—
		FDC		4,—

MiNr. 166–167 wurden jeweils im Kleinbogen zu 8 Marken und 1 Zierfeld (Feld 5) gedruckt.

Auflagen: MiNr. 166–167 = 60 000 Sätze, Bl. 7 = 40 000 Blocks

Niederlande

2008, 20. Mai. Europa: Der Brief. Odr. (2×5); Papier ph.; gez. K 13¼:13¾.

cpz) Brief

2576	75 C	mehrfarbig . . . . cpz	1,80	1,80
		FDC		2,80
		Kehrdruckpaar	3,60	3,60
		Kleinbogen	18,—	18,—

MiNr. 2576 wurde im Kleinbogen zu 5 Kehrdruckpaaren gedruckt.

Norwegen

2008, 8. Febr. Europa: Der Brief. Odr. (5×10); gez. K 13¼:14.

bbr) Wort „Love“, Rosen

bbs) Liebesbrief, Turteltauben, Rosen

1635	A	INNLAND	mehrfarbig . . . . bbr	2,—	2,—
1636	A	EUROPA	mehrfarbig . . . . bbs	2,80	2,80
			Satzpreis (2 W.)	4,80	4,80
			FDC		5,50

Nominalen zur Zeit der Ausgabe: MiNr. 1635 = 7 Kr, MiNr. 1636 = 9 Kr

Auflagen: MiNr. 1635 = 600 000, MiNr. 1636 = 1 500 000 Stück

Österreich

2008, 6. Juni. Europa: Der Brief. RaTdr. (5×10); gez. K 13¾:13¼.

cux) Hand mit Schreibfeder, Tintenfass, Brief

2752	65 (C)	mehrfarbig . . . . cux	1,50	1,50
		FDC		2,20

Vorlagedruck in Schwarz vom Originaldruckstöckel, ☐ . . . . 2,—

Auflage: 800 000 Stück

Polen

2008, 5. Mai. Europa: Der Brief. Odr. (4×4); Papier fl.; Sicherheitszähnung K 11¾.

fur) Brief mit Marke MiNr. 4359, Gabel und Messer

4359	3 Zł mehrfarbig	fur	2,50	2,50
		FDC		3,50

Auflage: 500 000 Stück

Portugal

2008, 9. Mai. Europa: Der Brief. Odr. (2×5); Sicherheitszähnung K 12½:13.

doz) Postbote, auf Briefkuvert reitend; Postauto

3283	0.61 € mehrfarbig	doz	1,40	1,40
		FDC		2,40
		Kleinbogen	14,—	14,—

Blockausgabe mit MiNr. 3283–3284

doz) Postbote, auf Briefkuvert reitend; Postauto — dpa) Postauto, Stier mit Briefkuvert — dpb

3284	0.61 € mehrfarbig	dpa	1,40	1,40
Block 266	(125×95 mm)	dpb	3,—	3,—
		FDC		3,60

Auflagen: MiNr. 3283 = 280 000 Stück, Bl. 266 = 80 000 Blocks

Portugal – Azoren

2008, 9. Mai. Europa: Der Brief. Odr., Kleinbogen (2×5); Sicherheitszähnung K 12:11¾.

kp) Postbote, in Briefkuvert rudernd; Wal

543	0.61 € mehrfarbig	kp	1,40	1,40
		FDC		2,40
		Kleinbogen	14,—	14,—

In den MICHEL-Katalogen werden Bogen nur dann als Kleinbogen katalogisiert, wenn sie höchstens 10 Marken (+ evtl. Zierfelder) enthalten.

Blockausgabe mit MiNr. 543–544

kr) Windmühle, Briefe — kp) Postbote, in Briefkuvert rudernd; Wal — ks

544	0.61 € mehrfarbig	kr	1,40	1,40
Block 36	(125×95 mm)	ks	3,—	3,—
		FDC		3,60

Markenheftchen (1×2 und 1) (13. Nov.)

H-Blatt 37	mit 1 × MiNr. 545–546	—,—
H-Blatt 38	mit 1 × MiNr. 547–548	—,—
H-Blatt 39	mit 1 × Bl. 37	—,—
H-Blatt 40	mit 1 × Bl. 38	—,—
H-Blatt 41	mit 1 × MiNr. 543	—,—
H-Blatt 42	mit 1 × Bl. 36	—,—
H-Blatt 43	mit 1 × MiNr. 551	—,—
MH 20	mit 1 × H-Blatt 37–43	28,—

Auflagen: MiNr. 543 = 280 000 Stück, Bl. 36 = 80 000 Blocks, MH 20 = 9000 Markenheftchen

Portugal – Madeira

2008, 9. Mai. Europa: Der Brief. Odr., Kleinbogen (2×5); Sicherheitszähnung K 12:11¾.

lm) Empfänger mit Brief, Feuerwerk aus Briefumschlag

288	0.61 € mehrfarbig	lm	1,40	1,40
		FDC		2,40
		Kleinbogen	14,—	14,—

Blockausgabe mit MiNr. 288–289

ln) Häuser, Briefe — lm — lo

289	0.61 € mehrfarbig	ln	1,40	1,40
Block 41	(125×95 mm)	lo	3,—	3,—
		FDC		3,60

Markenheftchen (1×2 und 1) (13. Nov.)

H-Blatt 40	mit 1 × MiNr. 282–283	–,–
H-Blatt 41	mit 1 × MiNr. 284–285	–,–
H-Blatt 42	mit 1 × Bl. 39	–,–
H-Blatt 43	mit 1 × Bl. 40	–,–
H-Blatt 44	mit 1 × MiNr. 288	–,–
H-Blatt 45	mit 1 × Bl. 41	–,–
H-Blatt 46	mit 1 × MiNr. 290	–,–
MH 21	mit 1 × H-Blatt 40–46	28,–

Auflagen: MiNr. 288 = 280 000 Stück, Bl. 41 = 80 000 Blocks, MH 21 = 9000 Markenheftchen

Rumänien

2008, 8. Mai. Europa: Der Brief. Odr. (3×2); gez. K 13½.

isw) Umrisskarte Europas, Sternenkranz, Briefumschlag

isx) Brief mit Marke Schweiz MiNr. 1824, Europaflagge

6294	1.60 L	mehrfarbig	isw	1,20	1,20
6295	8.10 L	mehrfarbig	isx	6,–	6,–
		Satzpreis (2 W.)		7,20	7,20
		FDC			20,–
		Kleinbogensatz (2 Klb.)		43,–	43,–

Blockausgabe mit 2 × MiNr. 6294–6295

Block 425 I	links oben MiNr. 6294 (121×91 mm)	isy	14,–	14,–
	FDC I			28,–
Block 425 II	links oben MiNr. 6295 (121×91 mm)	isz	14,–	14,–
	FDC II			28,–

Auflagen: MiNr. 6294 = 145 200, MiNr. 6295 = 91 200 Stück, Bl. 425 I/II je 34 500 Blocks

Russland

2008, 5. Mai. Europa: Der Brief. Odr., Bogen (6×6) und Kleinbogen (2×3); gez. K 12½:12.

bhv) Briefe aus verschiedenen Epochen

1462	8.00 (R)	mehrfarbig	bhv	1,–	1,–
		FDC			2,–
		Kleinbogen		6,50	6,50

Auflage: 782 000 Stück

San Marino

2008, 13. Juni. Europa: Der Brief. Odr. (3×4); gez. K 13¼:13.

cgm) Mann und Frau auf Schiffen aus Briefkuverts

cgn) Mann und Frau auf Weltkugel schicken Brieftauben los

2343	0.60 (€)	mehrfarbig	cgm	1,40	1,40
2344	0.65 (€)	mehrfarbig	cgn	1,60	1,60
		Satzpreis (2 W.)		3,–	3,–
		FDC			4,–

Auflage: 200 016 Sätze

Schweden

2008, 27. März. Europa: Der Brief. Komb. StTdr. und Odr., Markenheftchen; D = dreiseitig gez. K 12¾.

csr) Semikolon

css) Komma

2629	11 Kr	mehrfarbig	csr		
Do		oben geschnitten (▯)		2,50	2,50
Du		unten geschnitten (▯)		2,50	2,50
2630	11 Kr	mehrfarbig	css		
Do		oben geschnitten (▯)		2,50	2,50
Du		unten geschnitten (▯)		2,50	2,50
		Satzpreis (2 W.)		5,–	5,–
		FDC (1 H-Bl.)			10,50

MH 319	(Nominale 44 Kr)	10,–	
H-Blatt 347	mit 2 × MiNr. 2629–2630	10,–	10,–

Schweiz

2008, 8. Mai. Europa: Der Brief. Odr. (4×5); gez. K 13:13¼.

cca) Vögel im Formationsflug bilden Briefumschlag

2065	100 (C)	mehrfarbig	cca	1,50	1,50
		FDC			2,50

Auflage: 1 400 000 Stück

Serbien

2008, 5. Mai. Europa: Der Brief. Odr. (3×3); gez. K 13¼:13¾.

eh

ei

eh–ei) Seltene Einschreibbriefe mit Marken von 1866

251	46 (Din)	mehrfarbig	eh	1,30	1,30
252	50 (Din)	mehrfarbig	ei	1,50	1,50
		Satzpreis (2 W.)		2,80	2,80
		FDC			3,50
		Kleinbogensatz (2 Klb.)		22,–	22,–

MiNr. 251–252 wurden jeweils im Kleinbogen zu 8 Marken und 1 Zierfeld (Feld 5) gedruckt.

Auflage: 60 000 Sätze

Slowakei

2008, 5. Mai. Europa: Der Brief. Odr. (4×2); Papier fl.; gez. K 11½:12.

wa) Katze benützt Maus als Schreibgerät

581	21 Sk	mehrfarbig	wa	2,–	2,–
		FDC			3,–
		Kleinbogen		18,–	18,–

Auflage: 186 896 Stück

Slowenien

2008, 29. Mai. Europa: Der Brief. Odr. (3×3); Papier fl.; gez. K 11¾:11¼.

abg) Postpaket, Briefe und Postkarte

abg) Postbote mit Zustellfahrzeug, Empfänger als Poststücke

682	0.45 (€) mehrfarbig	abg	1,—	1,—
683	0.92 (€) mehrfarbig	abh	2,—	2,—
		Satzpreis (2 W.)	3,—	3,—
		FDC		5,—
		Kleinbogensatz (2 Klb.)	25,—	25,—

MiNr. 682–683 wurden jeweils im Kleinbogen zu 8 Marken und 1 Zierfeld (Feld 4) gedruckt.

Auflage: 180 000 Sätze

Spanien

2008, 23. April. Blockausgabe: Europa – Der Brief. RaTdr.; Papier ph.; gez. Ks 12¾:13¼.

ext) Briefumschläge

exu

4317 0.60 € mehrfarbig	ext	2,—	2,—
Block 166 (79×106 mm)	exu	2,—	2,—
	FDC		2,50

Auflage: 500 000 numerierte Blocks

Tschechische Republik

2008, 7. Mai. Europa: Der Brief. Odr. (2×4); Papier fl.; gez. K 12:11½.

yu) Handschrift: „Meine Liebe! Ich habe Sehnsucht, und darum schreibe ich diesen Brief... Die Zeit fließt langsam, und ich"...

559 17 Kč mehrfarbig	yu	1,60	1,60
	FDC		2,60
	Kleinbogen	13,—	13,—

Auflage: 344 000 Stück

Türkei

2008, 9. Mai. Europa: Der Brief. Odr. (3×4); gez. K 13¼.

cyt) Hände formen Herz, Brief

cyu) Tintenfass, Füllfederhalter, Brief

3663	65 K mehrfarbig	cyt	1,—	1,20
3664	80 K mehrfarbig	cyu	1,20	1,30
		Satzpreis (2 W.)	2,20	2,50
		FDC		3,—

Auflage: 252 000 Sätze

Türkisch-Zypern*

2008, 8. Mai. Europa: Der Brief. Odr. (4×4); Wz. 1; A = gez. K 13¾.

adc) Briefschreiber

add) Weltkugel, Pfauenfeder, Brief

681	80 K mehrfarbig	adc	1,10	1,10
682	80 K mehrfarbig	add	1,10	1,10
		Satzpreis (2 W.)	2,20	2,20
		FDC		2,50

Auflage: 40 000 Sätze

Ukraine

2008, 12. März. Europa: Der Brief. Odr. (1×5 Zd); Markenformat 33×30 mm; gez. K 13½.

aog) Briefschreiber mit Federkiel

aoh) Briefschreiberin mit Computer

945	2.47 (G) mehrfarbig	aog	2,20	2,20
946	3.33 (G) mehrfarbig	aoh	2,80	2,80
		Satzpreis (Paar)	5,—	5,—
		FDC		5,50
		Kleinbogen	25,—	25,—

Markenheftchen (2×1), Markenformat 36¼×30 mm, gez. K 11½

947	2.47 (G) mehrfarbig	aog l	3,50	3,50
948	3.33 (G) mehrfarbig	aoh l	5,—	5,—
		Satzpreis (2 W.)	8,50	8,50

H-Blatt 11	mit 1 × MiNr. 947–948	8,50	8,50
MH 9	mit 1 × H-Bl. 11	9,—	

Postpreis: 12.84 G

Auflagen: MiNr. 945–946 = 150 000 Sätze, MH 9 = 30 000 Markenheftchen

Ungarn

2008, 9. Mai. Blockausgabe: Europa – Der Brief. Odr.; gez. K 12¼.

hyk) Brief

hyl) Tintenfeder

hyl

hyk

hym

5282	100 Ft mehrfarbig	hyk	1,—	1,—
5283	230 Ft mehrfarbig	hyl	2,30	2,30
Block 320	mit 2 × MiNr. 5282–5283 (105×65 mm)	hym	6,50	6,50
		FDC		7,90

Auflage: 400 000 Blocks

Vatikanstadt

2008, 6. März. Europa: Der Brief. Odr. (2×5); gez. K 13¾.

bgv) An Papst Benedikt XVI. adressierter Briefumschlag

bgw) Papst Benedikt XVI. (*1927) beim Briefschreiben, Brief an Kinder in Österreich

1601	0.60 (€)	mehrfarbig . . . . bgv		1,30	1,30
1602	0.85 (€)	mehrfarbig . . . . bgw		1,90	1,90
			Satzpreis (2 W.)	3,20	3,20
			FDC		4,—
			Kleinbogensatz (2 Klb.)	32,—	32,—

Auflage: 250 000 Sätze

Weißrussland

2008, 28. Mai. Europa: Der Brief. Odr., Kleinbogen (3×3); gez. K 13¾:14.

ack) Frühgeschichtliche Birkenrindenritzung

acl) Computertastatur, Kabel, Briefumschläge

705	1000 (R)	mehrfarbig . . . . ack		1,—	1,—
706	1000 (R)	mehrfarbig . . . . acl		1,—	1,—
			Satzpreis (2 W.)	2,—	2,—
			FDC		2,80
			Kleinbogensatz (2 Klb.)	18,—	18,—

Markenheftchen (4×2)

H-Blatt 16	mit 3 × MiNr. 705–706 und 2 Zierfeldern	6,—	6,—
MH 16	mit 1 × H-Blatt 16	6,—	

Markenfolge im Heftchenblatt: Zf-705-706-706, 705-705-706-Zf

Auflage: 95 700 Sätze, davon 30 000 im Markenheftchen

Zypern

2008, 2. Mai. Europa: Der Brief. Odr., Bogen (B) (4×4) und Markenheftchen (MH) (4×2); A = vierseitig, D = dreiseitig gez. K 13¼:13¾.

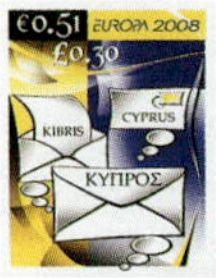

aph) Briefumschläge

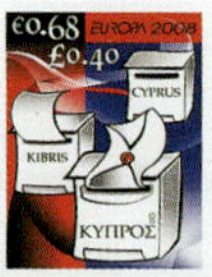

api) Briefkästen

1125	0.51 € / 0.30 £ mehrfarbig . . . aph			
A	⌑ (B)		1,20	1,20
Do	⌑ (MH)		1,20	1,20
Du	⌑ (MH)		1,20	1,20
1126	0.68 € / 0.40 £ mehrfarbig . . . . api			
A	⌑ (B)		1,50	1,50
Do	⌑ (MH)		1,50	1,50
Du	⌑ (MH)		1,50	1,50
		Satzpreis (2 W.)	2,70	2,70
		FDC		3,50

Senkrechte Paare (aus Markenheftchen)

1125 Do/1125 Du	. . . .	2,40	2,40
1126 Do/1126 Du	. . . .	3,—	3,—

MH 10	(Nominale 4.76 €)	11,—	
H-Blatt 10	mit 4 × MiNr. 1125–1126	11,—	11,—

Auflagen: MiNr. 1125 A = 80 000, MiNr. 1126 A = 160 000 Stück, MiNr. 1125 D bis 1126 D = 92 000 Sätze

2009

Albanien

2009, 11. Dez. Europa: Astronomie. Odr. (2×5); gez. K 13:13½.

dtc) Raumsonde, Planeten

dtd) Erforschung des Mars

3316	200 L	mehrfarbig . . . . dtc		4,—	4,—
3317	250 L	mehrfarbig . . . . dtd		5,—	5,—
			Satzpreis (2 W.)	9,—	9,—
			FDC		13,—
			Kleinbogensatz (2 Klb.)	90,—	90,—

Blockausgabe, gez. Ks 13½:13

dte) Raumsonde

dtf

3318	350 L	mehrfarbig . . . . dte		7,—	7,—
Block 174	(80×60 mm)	. . . . dtf		7,—	7,—
			Markenheftchen	24,—	

Das Markenheftchen enthält ein Heftchenblatt mit MiNr. 3316–3318. Postpreis: 1200 L.

Bl. 174 unterscheidet sich vom ähnlich gestalteten Teil des Heftchenblattes durch die Kontrollnummer am unteren Blockrand.

Auflagen: MiNr. 3316–3317 = 25 650 Sätze, Bl. 174 = numerierte 14 650 Blocks sowie 6000 Markenheftchen

Andorra (Französische Post)

2009, 2. Mai. Europa: Astronomie. Odr. (5×10); gez. K 13.

vd) Galaxie

694	0.56 €	mehrfarbig . . . . vd		1,80	1,80
			FDC		2,20

Auflage: 150 000 Stück

Andorra (Spanische Post)

2009, 23. April. Europa: Astronomie. Odr. (5×5); Papier ph.; gez. K 14:13¾.

mi) Erwachsener zeigt Kind den Sternenhimmel

361	0.62 €	mehrfarbig . . . . mi		1,80	1,80
			FDC		2,20

Auflage: 150 000 Stück

Lesen Sie bitte auch das Vorwort!

Armenien

2009, 1. Juli. Europa: Astronomie. Odr. (5×2); gez. K 13¼:13¾.

wb) Astrophysikalisches Observatorium Bjurakan, Sternenhimmel

662	350 (D) mehrfarbig	wb	3,50	3,50
		FDC		7,—
		Kleinbogen	35,—	35,—

Auflage: 60 000 Stück

Aserbaidschan

2009, 13. April. Europa: Astronomie. Odr., Kleinbogen (5×2); A = vierseitig gez. K 13½:13¼, B = ☐.

aci) Nasir ad-Din at-Tusi (1201 bis 1274), persischer Mathematiker und Astronom; mit astronomischen Geräten

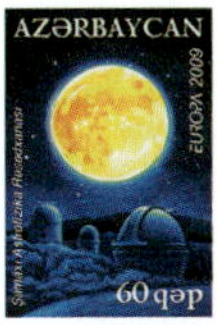

ack) Mond; Observatorium, Şamaxı

758 A	20 q mehrfarbig	aci	1,50	1,50
759 A	60 q mehrfarbig	ack	4,50	4,50
		Satzpreis A (2 W.)	6,—	6,—
		FDC A		8,—
		Kleinbogensatz A (2 Klb.)	60,—	60,—
		Satzpreis B (2 W.)	—,—	—,—
		Kleinbogensatz B (2 Klb.)	—,—	—,—

Markenheftchen (4×2), D = dreiseitig gez. K 13½:13¼

758 D	20 q mehrfarbig (⌷, ⌷)	aci	1,50	1,50
759 D	60 q mehrfarbig (⌷, ⌷)	ack	4,50	4,50
		Heftchenblatt D	24,—	16,—
		Markenheftchen D	24,—	
		Heftchenblatt B	—,—	—,—

Blockausgabe; A = gez. Ks 13½:13¼, B = ☐

acl) Fernrohr, Erde und Mond

acm

760 A	1 M mehrfarbig	acl	—,—	—,—
Block 85 A	(80×80 mm)	acm	6,50	6,50
		FDC		8,—
Block 85 B	(80×80 mm)	acm	—,—	—,—

MiNr. 758 D–759 D wurden schachbrettartig zusammenhängend im Viererblock gedruckt. Das Heftchenblatt enthält zwei Viererblocks im Kehrdruck.

Auflagen: MiNr. 758 A–759 A = 50 000, MiNr. 758 D–759 D = 50 000 Sätze, Bl. 85 = 15 000 Blocks

> Länder mit einem Stern nach dem Landesnamen waren oder sind keine Mitglieder der CEPT bzw. POSTEUROP.

Belgien

2009, 4. April. Blockausgabe: Europa – Astronomie. Odr.; Papier ph.; gez. Ks 11½.

eog) Fernrohr, Erdglobus

eoh

3933	1 (Europa) mehrfarbig	eog	2,80	2,80
Block 141	(125×90 mm)	eoh	2,80	2,80
		FDC (Blockmarke)		7,50

Nominale zur Zeit der Ausgabe: 0.90 €

Bergkarabach*

2009, 14. Sept. Europa: Astronomie. Odr. (2×5); gez. K 14¼.

am) Fernrohr, Gebäude der Artsakh-Universität

an) Sternbild Jungfrau, Frau in Nationaltracht

ao) Jupitermond Europa

49	120 (D) mehrfarbig	am	1,50	1,50
50	350 (D) mehrfarbig	an	3,50	3,50
51	650 (D) mehrfarbig	ao	7,—	7,—
		Satzpreis (3 W.)	12,—	12,—
		FDC		13,—
		Kleinbogensatz (3 Klb.)	120,—	120,—

Auflagen: MiNr. 49 = 45 500, MiNr. 50–51 je 25 500 Stück

Bosnien und Herzegowina

2009, 10. Sept. Europa: Astronomie. Odr. (3×3); gez. K 13.

xz) Planeten des Sonnensystems

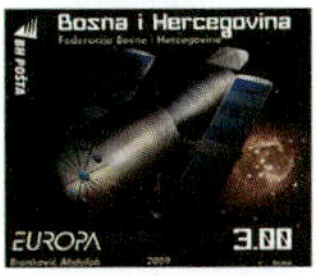

ya) Weltraumteleskop Hubble

541	2.00 (M) mehrfarbig	xz	2,40	2,40
542	3.00 (M) mehrfarbig	ya	3,60	3,60
		Satzpreis (2 W.)	6,—	6,—
		FDC		7,—
		Kleinbogensatz (2 Klb.)	48,—	48,—

Blockausgabe mit MiNr. 541–542

Block 35	(114×90 mm)	yb	6,—	6,—
		FDC		7,—

MiNr. 541–542 wurden jeweils im Kleinbogen zu 8 Marken und 1 Zierfeld (Feld 5) gedruckt.

Auflagen: MiNr. 541–542 = 30 000 Sätze, Bl. 34 = 20 000 Blocks

Bosnien und Herzegowina (Kroatische Post Mostar)*

2009, 5. April. Europa: Astronomie. Komb. Odr. und Pdr. (2×5); gez. K 14.

lf) Fernrohr, Planeten

lg) Planeten

257	3.00 (M)	mehrfarbig	lf	4,50	4,50
258	3.00 (M)	mehrfarbig	lg	4,50	4,50
		Satzpreis (2 W.)		9,—	9,—
		FDC			10,—
		Kleinbogen		36,—	36,—

Blockausgabe mit 2 × MiNr. 257–258

Block 18	(100×90 mm)	lh	18,—	18,—
	FDC			20,—

MiNr. 257–258 wurden zusammen im Kleinbogen zu je 4 Marken und 2 verschiedenen Zierfeldern (Feld 5 und 6) gedruckt.

Auflagen: MiNr. 257–258 = 120 000 Sätze

Bosnien und Herzegowina (Serbische Republik)*

2009, 23. April. Europa: Astronomie. Odr., Kleinbogen (3×3); Markenformat 36×26 mm; linke untere Inschrift mit Kontur; vierseitig gez. K 13.

tb) Observatorium

tc) Teleskop, Sternkarte

461	1.00 (M)	mehrfarbig	tb	1,50	1,50
462	2.00 (M)	mehrfarbig	tc	3,—	3,—
		Satzpreis (2 W.)		4,50	4,50
		FDC			6,—
		Kleinbogensatz (2 Klb.)		36,—	36,—

Markenheftchen (2×3); Markenformat 37,5×28 mm; linke untere Inschrift ohne Kontur; D = dreiseitig, E = zweiseitig gez. K 13

463	1.00 (M)	mehrfarbig . . . . tb l		
Dl		dreiseitig gez. (⊐)	1,50	1,50
Dr		dreiseitig gez. (⊏)	1,50	1,50
E		zweiseitig gez. (⊓)	1,50	1,50
464	2.00 (M)	mehrfarbig . . . . tc l		
Dl		dreiseitig gez. (⊐)	3,—	3,—
Dr		dreiseitig gez. (⊏)	3,—	3,—
E		zweiseitig gez. (⊓)	3,—	3,—
		Satzpreis (2 W.)	4,50	4,50

H-Blatt 12	mit 1 × MiNr. 463 Dl/Dr/E und 464 Dl/Dr/E	13,50	13,50
MH 12	mit 1 × H-Blatt 12	14,—	

MiNr. 461–462 wurden jeweils im Kleinbogen zu 8 Marken und 1 Zierfeld (Feld 5) gedruckt.

Auflagen: MiNr. 461–462 = 45 000 Sätze, MH 12 = 25 000 Markenheftchen

Die Preise von Einheiten (z. B. Markenheftchen, H-Blätter, Zusammendrucke, Rollenmarkenstreifen) müssen nicht der Summe der Einzelpreise entsprechen.

Bulgarien

2009, 28. April. Europa: Astronomie. Rahmenformat 28½×39 mm; Odr., Kleinbogen (3×2); Sicherheitszähnung K 13.

hch) Spiralgalaxie IC 342

hci) Spiralgalaxie M 31 („Andromedanebel")

4904	0.60 L	mehrfarbig	hch	1,—	1,—
4905	1.50 L	mehrfarbig	hci	2,50	2,50
		Satzpreis (2 W.)		3,50	3,50
		FDC			4,50
		Kleinbogensatz (2 Klb.)		18,—	18,—

Blockausgabe, Rahmen 25×35 mm, Odr. (4×1), gez. Ks 13¼

4906	0.60 L	mehrfarbig	hch I	1,—	1,—
4907	1.50 L	mehrfarbig	hci I	2,50	2,50
Block 315		mit 2 × MiNr. 4906–4907 (111×90 mm)	hcj	7,—	7,—
		FDC			8,—

Markenheftchen

H-Blatt 10	mit 3 × MiNr. 4906 und 1 × MiNr. 4907	5,50	5,50
H-Blatt 11	mit 3 × MiNr. 4907 und 1 × MiNr. 4906	8,50	8,50
MH 8	mit 1 × H-Blatt 10–11	14,—	14,—

U 1809	Umschlag mit MiNr. 4904 als Wertstempel	3,—	3,—

MiNr. 4904–4905 wurden jeweils im Kleinbogen zu 5 Marken und 1 Zierfeld (Feld 2) gedruckt.

Auflagen: MiNr. 4904–4905 = 50 000 Sätze, Bl. 315 = 25 000 Blocks, MH 8 = 7000 Markenheftchen

Gültig bis 31.10.2012

Dänemark

2009, 25. März. Europa: Astronomie. Odr., Bogen (B) (8×5) und Markenheftchen (MH) (2×5); Papier fl.; gez. K 13¼.

aud) Observatorium „Runder Turm", Kopenhagen (erb. 1642)

aue) Tycho-Brahe-Planetarium, Kopenhagen (erb. 1989)

1528	5.50 (Kr)	mehrfarbig (B) (MH)	aud	1,80	1,80
1529	8.00 (Kr)	mehrfarbig (B)	aue	2,70	2,70
		Satzpreis (2 W.)		4,50	4,50
		FDC			5,50
		Markenheftchen mit 10 × MiNr. 1528		18,—	

Dänemark – Färöer

2009, 25. Mai. Europa: Astronomie. Odr. (5×4); gez. K 13:12½.

adf) Saturn

adg) Jupiter

adf–adg) Felsformationen an der Küste der Färöer-Inseln

675	10 Kr	mehrfarbig	adf	2,70	2,70
676	12 Kr	mehrfarbig	adg	3,30	3,30
		Satzpreis (2 W.)		6,—	6,—
		FDC			7,—

Dänemark – Grönland

2009, 19. Jan. Europa: Astronomie. Odr., Bogen (10×5) und Kleinbogen (3×3); Papier fl.; gez. K 13¼:13¾.

ti

tk

ti–tk) Sternbild Großer Bär und Polarlicht

525	6.25 (Kr) mehrfarbig	ti	1,80	1,80
526	8.00 (Kr) mehrfarbig	tk	2,40	2,40
		Satzpreis (2 W.)	4,20	4,20
		FDC		5,50
		Kleinbogensatz (2 Klb.)	34,—	34,—

MiNr. 525–526 wurden auch jeweils im Kleinbogen zu 8 Marken und 1 Zierfeld gedruckt.

Auflagen: MiNr. 525 = 253 087, MiNr. 526 = 245 019 Stück, davon 36 330 bzw. 35 710 in Kleinbogen

2009, 19. Jan. Europa: Astronomie. Odr., Markenheftchen (2×3 + 2×3); Papier fl.; selbstklebend; gestanzt 12¼:12½.

ti) Sternbild Großer Bär und Polarlicht

527	6.25 (Kr) mehrfarbig	ti	2,—	2,—
528	8.00 (Kr) mehrfarbig	tk	2,50	2,50
		Satzpreis (2 W.)	4,50	4,50
		FDC		5,50
		Markenheftchen	27,—	

MiNr. 527–528 wurden zusammen im Markenheftchen zu je 6 Marken gedruckt.

Auflage: 16 156 Markenheftchen

Deutschland

2009, 7. Mai. Europa: Astronomie. Odr. (Klb. 2×5); Papier fl.; gez. S 14.

dhf) Schematische Darstellung der Keplerschen Gesetze (1609)

2732	55 (C) mehrfarbig	dhf	1,—	1,—
		FDC		2,—
		ETB 15/2009		1,30
		Kleinbogen	10,—	10,—

U So 192	Sonderumschlag „Internationale Briefmarkenbörse, Sindelfingen“	1,20	1,20
U So 200	Umschlag „Plusbrief DIN lang“	1,20	1,—
U So 217	Umschlag „Plusbrief C6“	1,20	1,—

2732 Klb. U ungezähnt .... —,—

Auflage: 8 800 000 Stück, davon 85 000 auf ETB

Estland

2009, 5. Mai. Europa: Astronomie. Odr. (1×5 Zd); gez. K 14.

vi
vk

vi–vk) Wabenstruktur des Universums, entdeckt von Jaan Einasto (*1929), Astrophysiker

637	9.00 (Kr) / 0.58 € mehrfarbig	vi	1,40	1,40
638	9.00 (Kr) / 0.58 € mehrfarbig	vk	1,40	1,40
		Satzpreis (Paar)	2,80	2,80
		FDC		3,80
		Kleinbogen	14,—	14,—

Auflage: 200 000 Sätze

Finnland

2009, 6. Mai. Europa: Astronomie. Odr. (1×5 Zd); gez. K 13.

bym
byn

bym–byn) Finnische Seenlandschaft mit Mond und Planeten am Nachthimmel

1968	0.80 € mehrfarbig	bym	2,—	2,—
1969	0.80 € mehrfarbig	byn	2,—	2,—
		Satzpreis (Paar)	4,—	4,—
		FDC		5,—
		Kleinbogen	20,—	20,—

Auflage: 800 000 Sätze

Finnland – Åland

2009, 8. Mai. Europa: Astronomie. Odr. mit 7 sternförmigen Lochungen (4×4 + 4×4); gez. K 13.

mx) Sternbild „Großer Wagen“

310	— EUROPA mehrfarbig	mx	2,—	2,—
		FDC		2,80

Zwischenstegpaar:

310 ZW		1 Paar	4,—	4,—

Nominale zur Zeit der Ausgabe: 0.80 €

Auflage: 200 000 Stück

Frankreich

2009, 3. Mai. Blockausgabe: Europa – Astronomie. Odr., Blockrand komb. Odr. und Hfdr.; gez. Ks 13¼:13.

foa) Saturn, Pferdekopfnebel fob) Exoplanet, Fixstern foc

4660	0.70 € mehrfarbig	foa	1,60	1,60
4661	0.70 € mehrfarbig	fob	1,60	1,60
Block 106	(144×105 mm)	foc	3,20	3,20
		FDC		4,—
		ETB		10,—

Auf dem Blockrand befindet sich teilweise Metallstaub, der durch Kunststofffolie fixiert wurde.

Auflage: 2 300 000 Blocks

Bitte teilen Sie uns von Ihnen festgestellte Fehler mit, damit wir sie berichtigen können.

Georgien

2010, 15. Okt. Europa: Astronomie (2009). Odr., Kleinbogen (5×2) und H-Blatt (4×2); gez. K 13½.

xm) Skizze der Planetenbahnen des Sonnensystems

xn) Sonnenamulett einer Priesterin (17.–14. Jh. v. Chr.)

587	2 L	mehrfarbig	xm	4,—	4,—
588	3 L	mehrfarbig	xn	6,—	6,—
			Satzpreis (2 W.)	10,—	10,—
			FDC		11,—
			Kleinbogensatz (2 Klb.)	100,—	100,—
			Heftchenblatt	40,—	40,—

Blockausgabe mit MiNr. 587–588

Block 46	(128×84 mm)	xo	10,—	10,—
		FDC		11,—

MiNr. 587–588 wurden sowohl jeweils im Kleinbogen zu 10 Marken als auch schachbrettartig zusammenhängend im Heftchenblatt zu je 4 Marken gedruckt. Letzteres wurde zusammen mit einem losen Heftchendeckel verkauft.

Gibraltar*

2009, 1. Juni. Europa: Astronomie. Odr. (2×4); gez. K 13:12½.

bdv) Aristoteles (384–322 v. Chr.), griechischer Philosoph

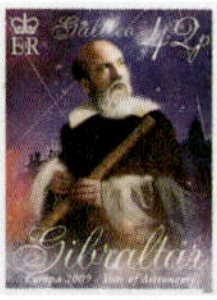

bdw) Galileo Galilei (1564–1642), italienischer Mathematiker, Physiker und Astronom

bdx) Nikolaus Kopernikus (1473–1543), deutscher Astronom und Mathematiker

bdy) Isaac Newton (1643–1727), englischer Mathematiker, Physiker und Astronom

1333	10 P	mehrfarbig	bdv	0,30	0,30
1334	42 P	mehrfarbig	bdw	1,—	1,—
1335	44 P	mehrfarbig	bdx	1,10	1,10
1336	1.50 £	mehrfarbig	bdy	3,60	3,60
			Satzpreis (4 W.)	6,—	6,—
			FDC		7,—
			Kleinbogensatz (4 Klb.)	48,—	48,—

Griechenland

2009, 11. Mai. Europa: Astronomie. Odr., Bogen (B) (2×4 Zd) und Markenheftchen (MH) (4×1); A = vierseitig gez. K 14¼:14, C = senkrecht gez. 13¾.

cmu) Neutronenstern

cmv) Teleskop „Aristarchos“

2511	0.70 €	mehrfarbig	cmu		
A		vierseitig gez. (B)		1,50	1,50
C		senkrecht gez. (MH)		1,50	1,50
2512	3.20 €	mehrfarbig	cmv		
A		vierseitig gez. (B)		7,50	7,50
C		senkrecht gez. (MH)		7,50	7,50
			Satzpreis A (Paar)	9,—	9,—
			FDC		11,—
			Satzpreis C (2 W.)	9,—	9,—

MH 33	(Nominale 7.80 €)	18,—	
H-Blatt 41	mit 2 × MiNr. 2511 C–2512 C	18,—	18,—

Auflagen: MiNr. 2511 A–2512 A = 102 885, MiNr. 2511 C–2512 C = 31 502 Sätze

Großbritannien

2009, 8. Okt. Europa: Astronomie. Odr. (1×5 Zd + 1×5 Zd); Papier ph.; gez. K 14½.

cws) Martin Ryle (1918–1984), Radioastronom, Nobelpreis 1974

2814	1ST	mehrfarbig	cws	1,30	1,30
			FDC		3,50
			Fünferstreifen	6,50	6,50

Zwischenstegpaar:

2814 ZW	Paar	3,—	3,—

Nominale zur Zeit der Ausgabe: 39 P

MiNr. 2814 wurde mit MiNr. 2810–2813 waagerecht zusammenhängend gedruckt.

MiNr. 2814 stammt aus dem Satz MiNr. 2805–2814.

Großbritannien – Guernsey

2009, 28. Mai. Europa: Astronomie. Odr. (2×5); gez. K 13¼.

bdk) Asteroid

bdl) Sonne und Erde

1239	43 (P)	mehrfarbig	bdk	1,—	1,—
1240	51 (P)	mehrfarbig	bdl	1,10	1,10
			Satzpreis (2 W.)	2,10	2,10
			FDC		4,—
			Kleinbogensatz (2 Klb.)	21,—	21,—

MiNr. 1239–1240 stammen aus dem Satz MiNr. 1238–1243.

Großbritannien – Isle of Man

2009, 12. April. Europa: Astronomie. Odr., Bogen (5×5) und Kleinbogen (2×5); gez. K 12½.

bnz) Mondlandefähre „Eagle“, erster Fußabdruck

bob) Astronaut, Erde über Mondhorizont

1527	33 (P)	mehrfarbig	bnz	0,80	0,80
1529	56 (P)	mehrfarbig	bob	1,40	1,40
			Satzpreis (2 W.)	2,20	2,20
			FDC		3,50
			Kleinbogensatz (2 Klb.)	22,—	22,—

MiNr. 1527 und 1529 stammen aus dem Satz MiNr. 1527–1532.

Großbritannien – Jersey

2009, 10. Febr. Europa: Astronomie. Komb. Odr. und Hfdr. (2×5); gez. K 13:13½.

bkw) Jupiter mit Mond Europa, Sternbilder Bärenhüter und Nördliche Krone

bkx) Jupiter mit Mond Ganymed, Sternbilder Schwan und Pegasus

1395	39 (P)	mehrfarbig	bkw	1,—	1,—
1396	43 (P)	mehrfarbig	bkx	1,10	1,10
			Satzpreis (2 W.)	2,10	2,10
			FDC		2,50
			Kleinbogensatz (2 Klb.)	21,—	21,—

MiNr. 1395–1396 stammen aus dem Satz MiNr. 1394–1397.

Irland

2009, 15. Mai. Europa: Astronomie. Odr. (2×5); Papier ph.; gez. K 13¼.

bme) Krebsnebel

bmf) Brauner Zwerg

1891	55 C	mehrfarbig	bme	1,30	1,30
1892	82 C	mehrfarbig	bmf	1,90	1,90
			Satzpreis (2 W.)	3,20	3,20
			FDC		4,80
			Kleinbogensatz (2 Klb.)	32,—	32,—

Auflagen: MiNr. 1891 = 294 000, MiNr. 1892 = 260 000 Stück

Island

2009, 7. Mai. Europa: Astronomie. Odr. (2×5); gez. K 13¼.

asg) Messung der Sonnenbewegung (um 1100)

ash) Stjörnuturn, Lambhúsum (1789)

1242	105 (Kr)	mehrfarbig	asg	1,70	1,70
1243	140 (Kr)	mehrfarbig	ash	2,30	2,30
			Satzpreis (2 W.)	4,—	4,—
			FDC		4,80
			Kleinbogensatz (2 Klb.)	40,—	40,—

Auflagen: MiNr. 1242 = 250 000, MiNr. 1243 = 150 000 Stück

2009, 7. Mai. Europa: Astronomie. Odr., Markenheftchen (2×5); selbstklebend; gestanzt 10.

asg) Messung der Sonnenbewegung (um 1100)

1244	105 (Kr)	mehrfarbig	asg	1,70	1,70
1245	140 (Kr)	mehrfarbig	ash	2,30	2,30
			Satzpreis (2 W.)	4,—	4,—
			FDC		4,80
			2 Markenheftchen	40,—	

Auflagen: MiNr. 1244 = 166 000, MiNr. 1245 = 160 000 Stück

Italien

2009, 7. Mai. Europa: Astronomie. RaTdr. (5×10); Papier fl.; gez. K 13:13¼.

dox) Italienisches Teleskop „Galileo“, La Palma; Galaxie

doy) Satellit „Agile“ im Erdorbit

3294	0.60 €	mehrfarbig	dox	1,40	1,40
3295	0.65 €	mehrfarbig	doy	1,60	1,60
			Satzpreis (2 W.)	3,—	3,—
			FDC		4,—

Auflage: 3 500 000 Sätze

Kasachstan

2009, 3. April. Europa: Astronomie. Odr. (2×5); gez. K 11½.

xv) Galileo Galilei (1564–1642), italienischer Mathematiker, Physiker und Astronom; Fernrohr; Mond

xw) Teleskop, Sternbild Stier

641	230 (T)	mehrfarbig	xv	4,—	4,—
642	230 (T)	mehrfarbig	xw	4,—	4,—
			Satzpreis (2 W.)	8,—	8,—
			FDC		10,—
			Kleinbogensatz (2 Klb.)	80,—	80,—

Auflage: 150 000 Sätze

Kosovo*

2009, 9. Mai. Europa: Astronomie. Odr. (5×2); gez. K 13¼.

en) Europasterne, Weltkugel, Erwachsener und Kind mit Fernrohr

eo) Kind, startende Rakete

132	1 €	mehrfarbig	en	3,—	3,—
133	2 €	mehrfarbig	eo	7,—	7,—
			Satzpreis (2 W.)	10,—	10,—
			FDC		12,—
			Kleinbogensatz (2 Klb.)	100,—	100,—

Blockausgabe

134	2 €	mehrfarbig	eo	9,—	9,—
Block 11	(80×70 mm)		ep	10,—	10,—
			FDC		12,—

MiNr. 133 unterscheidet sich von MiNr. 134 durch den weißen Markenrand.

Auflagen: MiNr. 132–133 = 25 000 Stück, Bl. 11 = 20 000 Blocks

Kroatien

2009, 9. Mai. Europa: Astronomie. Odr. (3×3 Zd); Embleme fl.; Sicherheitszähnung K 14.

akc

akd

akc–akd) Teil des Universums, aufgenommen vom Hubble-Weltraumteleskop

905	8.00 (K)	mehrfarbig	akc	2,30	2,30
906	8.00 (K)	mehrfarbig	akd	2,30	2,30
			Satzpreis (Paar)	4,60	4,60
			FDC		5,50

Auflage: 200 000 Sätze

Lettland

2009, 2. April. Europa: Astronomie. Odr. (5×2); gez. K 14:13¾.

xb) Teleskop in Baldone, Galaxie; Janis Ikaunieks (1912–1969), Astronom

xc) Asteroid Šteins und Umlaufbahnen weiterer Asteroiden; Stanislaus Vasilevskis (1907–1988), Fricis Blumbahs (1864–1949), Karlis Šteins (1911–1983) und Arturs Balklavs-Grinhofs (1933 bis 2005), Astronomen; Friedrich Zander (1887–1933), Raketeningenieur

757	50 (S) mehrfarbig	xb	1,70	1,70
758	55 (S) mehrfarbig	xc	1,80	1,80
		Satzpreis (2 W.)	3,50	3,50
		FDC		4,50
		2 Kehrdruckpaare	7,—	7,—
		Kleinbogensatz (2 Klb.)	35,—	35,—

MiNr. 757–758 wurden jeweils reihenweise kopfstehend gedruckt.

Auflage: 400 000 Sätze

Liechtenstein

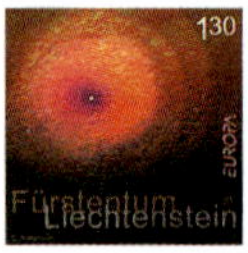

2009, 2. März. Europa: Astronomie. Odr. auf Hologrammfolie (4×5); gez. K 14:14¼.

biw) Supernova

1505	1.30 (Fr) mehrfarbig	biw	2,50	2,—
		FDC		3,50
		MK 296		3,50

Auflage: 250 000 stück

Litauen

2009, 25. April. Europa: Astronomie. Odr. (5×2); gez. K 14.

abh) Universität Vilnius, Teleskop, Sonne

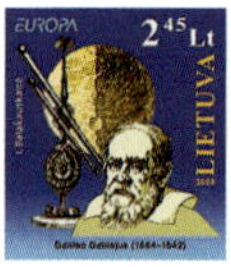

abi) Galileo Galilei (1564–1642), italienischer Mathematiker, Physiker und Astronom; Teleskop, Mond

1006	2.45 L mehrfarbig	abh	1,90	1,90
1007	2.45 L mehrfarbig	abi	1,90	1,90
		Satzpreis (2 W.)	3,80	3,80
		FDC		4,80
		2 Kehrdruckpaare	7,60	7,60
		Kleinbogensatz (2 Klb.)	38,—	38,—

MiNr. 1006–1007 wurden jeweils reihenweise im Kehrdruck gedruckt.

Auflage: 200 000 Sätze

Luxemburg

2009, 12. Mai. Europa: Astronomie. Odr. (5×2); gez. K 13½.

bfk) Paar beobachtet Sternschnuppe

bfl) Galileo Galilei (1564–1642), italienischer Mathematiker, Physiker und Astronom

1831	0.50 (€) mehrfarbig	bfk	1,20	1,20
1832	0.70 (€) mehrfarbig	bfl	1,60	1,60
		Satzpreis (2 W.)	2,80	2,80
		FDC		3,50
		Kleinbogensatz (2 Klb.)	28,—	28,—

Auflagen: MiNr. 1831 = 225 000, MiNr. 1832 = 450 000 Stück

Makedonien

2009, 6. Mai. Europa: Astronomie. Odr. (3×3); gez. K 13¼.

tw) Plejaden und Venus, Huhn mit Küken

tx) Sternbild Orion, Hirte mit Ochsengespann

502	50 (D) mehrfarbig	tw	3,50	3,70
503	100 (D) mehrfarbig	tx	6,50	7,30
		Satzpreis (2 W.)	10,—	11,—
		FDC		12,—
		Kleinbogensatz (2 Klb.)	90,—	100,—

Blockausgabe, gez. Ks 13:13½

ty) Sternbild Fuhrmann, Mond, Hahn

tz

504	150 (D) mehrfarbig	ty	*15,—*	*15,—*
Block 19	(57×77 mm)	tz	*18,—*	*18,—*
		FDC		*20,—*

Auflagen: MiNr. 502–503 = 18 000 Sätze, Bl. 19 = 15 000 Blocks

Malta

2009, 9. Mai. Europa: Astronomie. Odr., Kleinbogen (5×2); Wz. 6; gez. K 14¼.

bwh) Galileo Galilei (1564–1642), italienischer Mathematiker, Physiker und Astronom; Mond; Mondlandefähre „Eagle“

bwi) Lassell-Teleskop im Observatorium von Malta; Galaxie M42

1594	0.37 € mehrfarbig	bwh	1,—	1,—
1595	1.19 € mehrfarbig	bwi	2,50	2,50
		Satzpreis (2 W.)	3,50	3,50
		FDC		5,—
		Kleinbogensatz (2 Klb.)	35,—	35,—

Markenheftchen (5×1)

H-Blatt 3	mit 5 × MiNr. 1594	6,—
MH 0-11	mit 1 × H-Blatt 3	6,—

Moldawien

2009, 7. Mai. Europa: Astronomie. Odr., Kleinbogen (2×5); A = gez. K 14:14½.

aau) Nicolae Donici (1874–1956), rumänischer Astrophysiker

aav) Galileo Galilei (1564–1642), italienischer Mathematiker, Physiker und Astronom

650 A 4.20 L mehrfarbig . . . . aau 2,30 2,30
651 A 4.50 L mehrfarbig . . . . aav 2,70 2,70
Satzpreis A (2 W.) 5,— 5,—
FDC A 7,—
Kleinbogensatz A (2 Klb.) 50,— 50,—

Markenheftchen (2×3); A = gez. K 14:14½, B = ☐

H-Blatt 11 A mit 3 × MiNr. 650 A–651 A . . . . . . 15,—
MH 14 A mit 1 × H-Blatt 11 A . . . . 16,—

650 B 4.20 L mehrfarbig . . . . aau 2,30 2,30
651 B 4.50 L mehrfarbig . . . . aav 2,70 2,70
H-Blatt 11 B mit 3 × MiNr. 650 B–651 B . . . . . . 15,—
MH 14 B mit 1 × H-Blatt 11 B . . . . 16,—

Markenfolge im H-Blatt: 650-651, 651-650, 650-651

Auflagen: MiNr. 650 A–651 A = 100 000 Sätze, MH 14 A/B je 10 000 Markenheftchen

Monaco

2009, 4. Mai. Europa: Astronomie. StTdr. (2×5); gez. K 13:12½.

dbu) Francesco Maria Grimaldi (1618–1663), italienischer Physiker und Astronom; Sternenkarte

dbv) Galileo Galilei (1564–1642), italienischer Mathematiker, Physiker und Astronom; Teleskop

2939 0.56 € mehrfarbig . . . . dbu 1,30 1,30
2940 0.70 € mehrfarbig . . . . dbv 1,70 1,70
Satzpreis (2 W.) 3,— 3,—
FDC 4,—
Kleinbogensatz (2 Klb.) 30,— 30,—

Montenegro

2009, 16. April. Europa: Astronomie. Odr. (3×3); gez. K 13¾.

eh) Junge und Mädchen betrachten die Sterne

ei) Junge betrachtet Mond mit Fernrohr

206 0.60 € mehrfarbig . . . . eh 1,50 1,50
207 0.90 € mehrfarbig . . . . ei 2,50 2,50
Satzpreis (2 W.) 4,— 4,—
FDC 5,—
Kleinbogensatz (2 Klb.) 32,— 32,—

Blockausgabe

el) Sternbild „Großer Wagen“, Komet

ek) Sternbilder, Planeten

em

208 0.60 € mehrfarbig . . . . ek 1,80 1,80
209 0.90 € mehrfarbig . . . . el 2,70 2,70
Block 8 (78×63 mm) . . . . em 4,50 4,50
FDC 5,50

MiNr. 206–207 wurden jeweils im Kleinbogen zu 8 Marken und 1 Zierfeld (Feld 5) gedruckt.

Auflagen: MiNr. 206–207 = 50 000 Sätze, Bl. 8 = 30 000 numerierte Blocks

Niederlande

2009, 7. April. Europa: Astronomie. Odr. (1×5 Zd); Papier ph.; gez. K 13¼:12¾.

cuc) Karte mit geplanten Standorten der LOFAR-Radioteleskope

cud) Huygenssches Okular

2651 0.77 € mehrfarbig . . . . cuc 1,80 1,80
2652 0.77 € mehrfarbig . . . . cud 1,80 1,80
Satzpreis (Paar) 3,60 3,60
FDC 4,50
Kleinbogen 18,— 18,—

MiNr. 2651–2652 wurden in waagerechten Kehrdruckpaaren zusammenhängend gedruckt.

Norwegen

2009, 12. Juni. Europa: Astronomie. Odr. (5×10); gez. K 14¼:13¾.

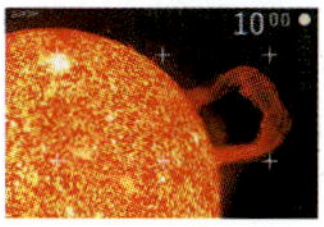

bdw) Sonne

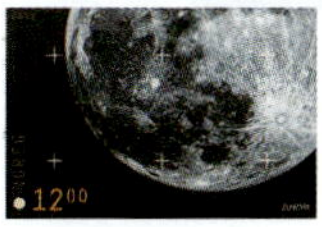

bdx) Mond

1686 10.00 (Kr) mehrfarbig . . . . bdw 2,80 2,80
1687 12.00 (Kr) mehrfarbig . . . . bdx 3,20 3,20
Satzpreis (2 W.) 6,— 6,—
FDC 7,—

Blockausgabe mit MiNr. 1686–1687

Block 38 (156×108 mm) . . . . bdy 6,— 6,—
FDC 7,—

Bei MiNr. 1686–1687 wurde jeweils neben dem Landesnamen echter Meteoritenstaub aufgebracht.

Auflagen: MiNr. 1686–1687 = 600 000 Sätze, Bl. 38 = 225 000 Blocks

Österreich

2009, 5. Juni. Europa: Astronomie. Odr.; gez. K 14:13¾.

cxs) Österreichischer Nanosatellit TUGSAT-1

2814 65 (C) mehrfarbig . . . . cxs 1,40 1,40
FDC 2,20

Vorlagedruck in Schwarz vom Originaldruckstöckel, □ . . . . 2,—

Auflage: 600 000 Stück

Polen

2009, 5. Mai. Europa: Astronomie. Odr. (2×4); Papier fl.; Sicherheitszähnung K 11½:11¾.

fxu) Codes bilden Sonne, Sternbilder

4425 3 Zł mehrfarbig . . . . fxu
Su Sicherheitszähnung unten . . . . . 3,— 3,—
So Sicherheitszähnung oben . . . . . 3,— 3,—
FDC 4,—
Kehrdruckpaar 6,— 6,—
Kleinbogen 24,— 24,—

MiNr. 4425 Su und So wurden im Kehrdruck waagerecht zusammenhängend gedruckt. Die ovale Aussparung in der Zähnung befindet sich dadurch bei den linken Marken des Kleinbogens nahe dem unteren Markenrand, bei den rechten Marken nahe dem oberen.

Auflage: 600 000 Stück

Portugal

2009, 8. Mai. Europa: Astronomie. Odr. (2×5); Sicherheitszähnung K 12:11¾.

dvs) Phasen der totalen Mondfinsternis am 3.3.2007

3407 I 0.68 € mehrfarbig . . . . dvs 1,50 1,50
FDC 2,50
Kleinbogen 15,— 15,—

Blockausgabe mit MiNr. 3407 II und 3408

dvt) Teleskop der Europäischen Südsternwarte, Chile
dvs) Phasen der totalen Mondfinsternis am 3.3.2007
dvu

3407 II 0.68 € mehrfarbig . . . . dvs 1,50 1,50
3408 0.68 € mehrfarbig . . . . dvt 1,50 1,50
Block 281 (125×95 mm) . . . . dvu 3,50 3,50
FDC 4,—

MiNr. 3407 I mit Druckvermerk „des. A. Santos / E. Fonseca Imp. CARTOR 09)“ links, MiNr. 3407 II mit Druckvermerk „des. A. Santos / E. Fonseca ©Pedro Ré Imp. CARTOR 09)“ unten.

Auflagen: MiNr. 3407 I = 280 000 Stück, Bl. 281 = 80 000 Blocks

Portugal – Azoren

2009, 8. Mai. Europa: Astronomie. Odr., Kleinbogen (2×5); Sicherheitszähnung K 12:11¾.

ll) Erdfunkstelle, Insel Santa Maria

558 0.68 € mehrfarbig . . . . ll 1,50 1,50
FDC 2,50
Kleinbogen 15,— 15,—

Blockausgabe mit MiNr. 558–559

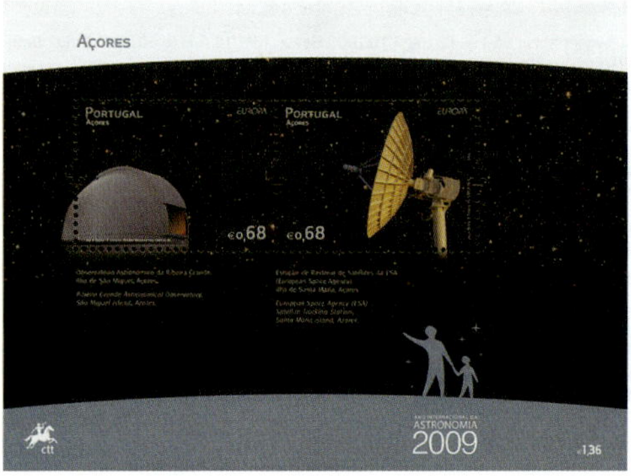

lm) Observatorum Ribeira Grande, Insel São Miguel
ll) Erdfunkstelle, Insel Santa Maria
ln

559 0.68 € mehrfarbig . . . . lm 1,50 1,50
Block 41 (125×95 mm) . . . . ln 3,50 3,50
FDC 4,—

Markenheftchen (1×2 und 1) (5. Nov.)

H-Blatt 44 mit 1 × MiNr. 552–553 . . . . —,—
H-Blatt 45 mit 1 × MiNr. 554–555 . . . . —,—
H-Blatt 46 mit 1 × Bl. 39 . . . . —,—
H-Blatt 47 mit 1 × Bl. 40 . . . . —,—
H-Blatt 48 mit 1 × MiNr. 558 . . . . —,—
H-Blatt 49 mit 1 × Bl. 41 . . . . —,—
H-Blatt 50 mit 1 × Bl. 42 . . . . —,—
MH 21 mit 1 × H-Blatt 44–50 . . . . 30,—

Auflagen: MiNr. 558 = 280 000 Stück, Bl. 41 = 80 000 Blocks, MH 21 = 8000 Markenheftchen

Portugal – Madeira

2009, 8. Mai. Europa: Astronomie. Odr., Kleinbogen (2×5); Sicherheitszähnung K 12:11¾.

lz) Galaxie M51

297 0.68 € mehrfarbig . . . . lz 1,50 1,50
FDC 2,50
Kleinbogen 15,— 15,—

Blockausgabe mit MiNr. 297–298

ma) Teleskop der Universität Madeira | lz) Galaxie M51 | mb

298	0.68 € mehrfarbig	ma	1,50	1,50
Block 44	(125×95 mm)	mb	3,50	3,50
		FDC		4,—

Markenheftchen (1×2 und 1) (5. Nov.)

H-Blatt 47	mit 1 × MiNr. 291–292	—,—
H-Blatt 48	mit 1 × MiNr. 293–294	—,—
H-Blatt 49	mit 1 × Bl. 42	—,—
H-Blatt 50	mit 1 × Bl. 43	—,—
H-Blatt 51	mit 1 × MiNr. 297	—,—
H-Blatt 52	mit 1 × Bl. 44	—,—
H-Blatt 53	mit 1 × Bl. 45	—,—
MH 22	mit 1 × H-Blatt 47–53	30,—

Auflagen: MiNr. 297 = 280 000 Stück, Bl. 44 = 80 000 Blocks, MH 22 = 8000 Markenheftchen

Rumänien

2009, 6. Mai. Europa: Astronomie. Odr. (3×2); gez. K 13½.

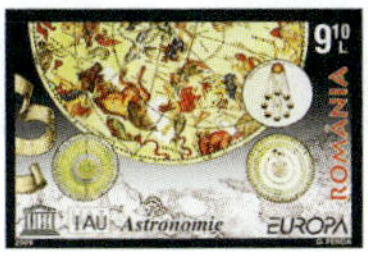

iwi) Galileo Galilei (1564–1642), italienischer Mathematiker, Physiker und Astronom; Teleskop; Schiefer Turm von Pisa

iwk) Historische Himmelskarte

6357	2.40 L mehrfarbig	iwi	1,80	1,80
6358	9.10 L mehrfarbig	iwk	6,80	6,80
		Satzpreis (2 W.)	8,50	8,50
		FDC		22,—
		Kleinbogensatz I (2 Klb.)	50,—	50,—
		Kleinbogensatz II (2 Klb.)	50,—	50,—

Blockausgabe mit 2 × MiNr. 6357–6358

Block 445 I	links oben MiNr. 6357 (113×90 mm)	iwl	17,—	17,—
		FDC I		42,—
Block 445 II	links oben MiNr. 6358 (113×90 mm)	iwm	17,—	17,—
		FDC II		42,—

Kleinbogen I Format 165×95 mm, Kleinbogen II Format 165×204 mm

Auflagen: MiNr. 6357 = 139 100, MiNr. 6358 = 92 100 Stück, Bl. 445 I = 31 000, Bl. 445 II = 29 000 Blocks

Russland

2009, 5. Mai. Europa: Astronomie. Odr., Bogen (6×6) und Kleinbogen (3×3); gez. K 12.

bmg) Terskol-Observatorium, Armillarsphäre, Komet, Sternbild Großer Wagen

1547	9.00 (R) mehrfarbig	bmg	1,—	1,—
		FDC		1,80
		Kleinbogen	10,—	10,—

Auflage: 1 300 000 Stück, davon 1 080 000 im Kleinbogen

San Marino

2009, 8. Mai. Europa: Astronomie. Odr. (4×3); gez. K 13¼:14.

cif) Saturn und Erde, astronomische Geräte

cig) Sonnensystem

2383	0.60 (€) mehrfarbig	cif	1,50	1,50
2384	0.65 (€) mehrfarbig	cig	2,50	2,50
		Satzpreis (2 W.)	4,—	4,—
		FDC		5,—

Auflage: 100 000 Sätze

Schweden

2009, 29. Jan. Europa: Astronomie. Odr., Markenheftchen; D = dreiseitig gez. K 12¾.

cve) Schemazeichnungen eines Röntgenteleskops

cvf) Himmelsausschnitt mit Krebsnebel, Ballon mit Instrumentenkapsel

2687	12 Kr mehrfarbig	cve		
Dl	links geschnitten (⌧)		2,60	2,60
Dr	rechts geschnitten (⌧)		2,60	2,60
2688	12 Kr mehrfarbig	cvf		
Dl	links geschnitten (⌧)		2,60	2,60
Dr	rechts geschnitten (⌧)		2,60	2,60
		Satzpreis (2 W.)	5,20	5,20
		FDC (1 H-Bl.)		11,—
MH 324	(Nominale 48 Kr)		10,50	
H-Blatt 352	mit 2 × MiNr. 2687–2688		10,50	10,50

MiNr. 2688 weist 1 sternförmige Lochung im Markenbild auf.

Schweiz

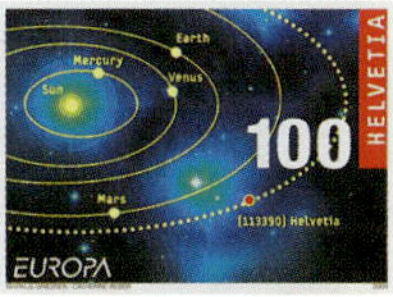

2009, 8. Mai. Europa: Astronomie. Odr. (3×2); Aufdruck ph.; gez. K 12¾:13½.

cdo) Inneres Sonnensystem mit Umlaufbahn des Asteroiden 113390 „Helvetia“

2101	100 (C) mehrfarbig	cdo	1,70	1,70
		FDC		2,70
		Kleinbogen	10,50	10,50

Auflage: 1 000 000 Stück

Serbien

2009, 5. Mai. Europa: Astronomie. Odr. (3×3); gez. K 13¼:13¾.

gi) Göttin-Urania-Statue, Teleskop von Galileo Galilei, Milchstraße

gk) Radioteleskop, Pferdekopfnebel im Sternbild Orion

300	46 (Din) mehrfarbig	gi	1,30	1,30
301	50 (Din) mehrfarbig	gk	1,50	1,50
		Satzpreis (2 W.)	2,80	2,80
		FDC		3,50
		Kleinbogensatz (2 Klb.)	23,—	23,—

MiNr. 300–301 wurden jeweils im Kleinbogen zu 8 Marken und 1 Zierfeld (Feld 5) gedruckt.

Auflage: 60 000 Sätze

Slowakei

2009, 28. Mai. Europa: Astronomie. Odr., Bogen (5×10) und Kleinbogen (2×4); Papier fl.; gez. K 11¾:11¼.

xm) Menschen im Sternenkreis, Himmelskörper

615	0.90 € mehrfarbig	xm	2,20	2,20
		FDC		3,—
		Kleinbogen	18,—	18,—

Auflage: 1 620 000 Stück

Slowenien

2009, 29. Mai. Europa: Astronomie. Odr. (3×3); gez. K 13:13¼.

adb) Erwachsener und Kind betrachten Sternhimmel, Sonnensystem mit Komet Matičič

adc) Astronomisch-geophysikalisches Observatorium Golovec (erbaut 1959)

730	0.45 (€) mehrfarbig	adb	1,—	1,—
731	0.92 (€) mehrfarbig	adc	2,20	2,20
		Satzpreis (2 W.)	3,20	3,20
		FDC		4,80
		Kleinbogensatz (2 Klb.)	26,—	26,—

MiNr. 730–731 wurden jeweils im Kleinbogen zu 8 Marken und 1 Zierfeld (Feld 4) gedruckt.

Auflage: 160 000 Sätze

Spanien

2009, 23. April. Europa: Astronomie. Odr. (5×10); Papier ph.; gez. K 13¾:14.

fce) Mond

4413	0.62 € mehrfarbig	fce	1,70	1,70
		FDC		2,—

Auflage: 550 000 Stück

Länder mit einem Stern nach dem Landesnamen waren oder sind keine Mitglieder der CEPT bzw. POSTEUROP.

Tschechische Republik

2009, 6. Mai. Europa: Astronomie. Komb. StTdr. und Odr. (3×2); Papier fl.; gez. K 11.

aao) Johannes Kepler (1571–1630), deutscher Astronom

595	17 Kč mehrfarbig	aao	1,40	1,40
		FDC		2,30
		Kleinbogen	8,50	8,50

Auflage: 210 000 Stück

Türkei

2009, 16. Juni. Europa: Astronomie. Odr. (4×4); gez. K 13.

dcy) Cacabey-Hochschule für Astronomie (1272), Kırşehir

dcz) Ali Kuşçu (1403–1474), Astronom, Mathematiker und Physiker

3760	80 K mehrfarbig	dcy	1,30	1,30
3761	1 L mehrfarbig	dcz	1,70	1,70
		Satzpreis (2 W.)	3,—	3,—
		FDC		3,50

Auflage: 251 200 Sätze

Türkisch-Zypern*

2009, 5. Mai. Europa: Astronomie. Odr. (4×10); Wz. 1; A = gez. K 13¾.

adx) Komet, Galaxie

ady) Sonnensystem

698	80 K mehrfarbig	adx	1,50	1,50
699	80 K mehrfarbig	ady	1,50	1,50
		Satzpreis (Paar)	3,—	3,—
		FDC (mit Viererblock)		6,50

MiNr. 698–699 wurden schachbrettartig zusammenhängend gedruckt.

Auflage: 40 000 Sätze

Ukraine

2009, 17. April. Europa: Astronomie. Odr. (1×5 Zd); gez. K 14:14¼.

ate) Meridiankreis, Sternkarte

atf) Galileo Galilei (1564–1642), italienischer Mathematiker, Physiker und Astronom

1032	3.75 (G) mehrfarbig	ate	2,70	2,70
1033	5.25 (G) mehrfarbig	atf	3,80	3,80
		Satzpreis (Paar)	6,50	6,50
		FDC		7,50
		Kleinbogen	33,—	33,—

Markenheftchen, gez. K 11½

1034	3.75 (G) mehrfarbig	ate	5,—	5,—
1035	5.25 (G) mehrfarbig	atf	7,—	7,—
		Satzpreis (2 W.)	12,—	12,—

H-Blatt 12	mit 1 × MiNr. 1034–1035	12,—	12,—
MH 10	mit 1 × H-Blatt 12	12,—	

MiNr. 1032–1033 haben das Format 52 × 25 mm, MiNr. 1034–1035 das Format 57 × 28 mm.

Postpreis von MH 10: 18.42 G

Auflagen: MiNr. 1032–1033 = 95 000, MiNr. 1034–1035 = 22 000 Sätze

Ungarn

2009, 8. Mai. Blockausgabe: Europa – Astronomie. Odr.; gez. K 12¼.

ibi
ibk
ibk
ibi
ibl

ibi) Galileo Galilei (1564–1642), italienischer Mathematiker, Physiker und Astronom; Jupitersonde Galileo
ibk) Jupiter mit den Galileischen Monden Io, Europa, Ganymed und Kallisto

5351	100 Ft mehrfarbig	ibi	1,—	1,—
5352	230 Ft mehrfarbig	ibk	2,30	2,30
Block 328	mit 2 × MiNr. 5351–5352 (105 × 65 mm)	ibl	6,60	6,60
		FDC		8,—

Auflage: 300 000 Blocks

Vatikanstadt

2009, 20. Mai. Europa: Astronomie. Odr. (2 × 5); gez. K 14¼.

bik) Die Sonne

bil) Saturn

bik–bil) Gemälde von Donato Creti (1671–1749)

1638	0.60 (€) mehrfarbig	bik	1,30	1,30
1639	0.65 (€) mehrfarbig	bil	1,50	1,50
		Satzpreis (2 W.)	2,80	2,80
		FDC		3,50
		Kleinbogensatz (2 Klb.)	28,—	28,—

Auflage: 250 000 Sätze

Weißrussland

2009, 15. April. Europa: Astronomie. Odr., Kleinbogen (2 × 4); gez. K 13½:13¾.

aey) Astrolabium, Teleskop, Winkelmesser

aez) Erde, Satellit, Parabolantenne

763	1000 (R) mehrfarbig	aey	1,—	1,—
764	1000 (R) mehrfarbig	aez	1,—	1,—
		Satzpreis (2 W.)	2,—	2,—
		FDC		2,80
		Kleinbogensatz (2 Klb.)	14,—	14,—

Markenheftchen (4 × 2)

H-Blatt 17	mit 3 × MiNr. 763–764 und 2 Zierfeldern	6,—	6,—
MH 17	mit 1 × H-Blatt 17	6,—	

MiNr. 763–764 wurden jeweils im Kleinbogen zu 7 Marken und 1 Zierfeld (Feld 1 bzw. 8) gedruckt.

Markenfolge im Heftchenblatt: Zf-763-764-764, 763-763-764-Zf

Auflage: 100 000 Sätze, davon 30 000 im Markenheftchen

Zypern

2009, 4. Mai. Europa: Astronomie. Odr., Bogen (B) (4 × 4) und Markenheftchen (MH) (4 × 2); A = vierseitig, D = dreiseitig gez. K 13¼:13¾.

arh) Sternbild Kassiopeia

ari) Sternbild Andromeda

1148	0.51 €	mehrfarbig	arh		
A		(B)		1,20	1,20
Do		(MH)		1,20	1,20
Du		(MH)		1,20	1,20
1149	0.68 €	mehrfarbig	ari		
A		(B)		1,50	1,50
Do		(MH)		1,50	1,50
Du		(MH)		1,50	1,50
			Satzpreis (2 W.)	2,70	2,70
			FDC A		3,50

MH 12	(Nominale 4.76 €)	11,—	
H-Blatt 12	mit 4 × MiNr. 1125–1126	11,—	11,—

Auflagen: MiNr. 1148 A–1149 A = 70 000, MiNr. 1148 D–1149 D = 80 000 Sätze

Bitte bedenken Sie, dass sich dieser Katalog als Standard-Katalog auf die wesentlichen Unterschiede der Briefmarken beschränkt. Ausführliche Katalogisierungen müssen Spezialkatalogen und Handbüchern der einzelnen Sammelgebiete vorbehalten bleiben.

2010

Albanien

2011, 25. Febr. Europa: Kinderbücher (2010). Odr. (5×1 Zd); gez. K 13¼:13.

dty) Sonne, Esel und Hahn

dtz) Mädchen, Taube, Katze

3334	100 L	mehrfarbig	dty	2,—	2,—
3335	150 L	mehrfarbig	dtz	3,50	3,50
			Satzpreis (Paar)	5,50	5,50
			FDC		7,—
			Kleinbogen	28,—	28,—

Blockausgabe, gez. Ks 13:13¼

dub

dua) Mädchen mit Bücherstapel

3336 250 L mehrfarbig	dua	5,—	5,—
Block 176 (80×60 mm)	dub	5,50	5,50
	FDC		7,—

MiNr. 3334–3335 wurden senkrecht zusammenhängend gedruckt.

Auflagen: MiNr. 3334–3335 = 19 650 Paare, MiNr. 3335 zusätzlich 100 000 Stück, Bl. 176 = 14 650 numerierte Blocks

Andorra (Französische Post)

2010, 7. Mai. Europa: Kinderbücher. Komb. Odr. und Hfdr. (5×4); gez. K 13¼:13.

vu) Spiegel

715	0.56 €	mehrfarbig	vu	1,40	1,40
			FDC		2,—

Auflage: 100 000 Stück

Andorra (Spanische Post)

2010, 6. Mai. Europa: Kinderbücher. RaTdr. (5×5); Papier ph.; gez. K 13¼:13¾.

mu) Junge, Buch und Elfe

370	0.64 €	mehrfarbig	mu	1,70	1,70
			FDC		2,—

Auflage: 120 000 Stück

Armenien

2010, 8. Okt. Europa: Kinderbücher. Odr. (3×3); gez. K 13¼.

xn) Märchenszene

713	350 (D)	mehrfarbig	xn	3,—	3,—
			FDC		4,50
			Kleinbogen	30,—	30,—

Auflage: 50 000 Stück

Aserbaidschan

2010, 16. März. Europa: Kinderbücher. Odr., Kleinbogen (5×2); A = vierseitig gez. K 13:13¼, B = ☐.

adw) Volksmärchen „Bärentraum“

adx) Volksmärchen „Löwe und Fuchs“

791 A	20 q	mehrfarbig	adw	1,50	1,50
792 A	60 q	mehrfarbig	adx	4,50	4,50
			Satzpreis A (2 W.)	6,—	6,—
			FDC A		7,50
			Kleinbogensatz A (2 Klb.)	60,—	60,—
			Satzpreis B (2 W.)	—,—	—,—
			Kleinbogensatz B (2 Klb.)	—,—	—,—

Markenheftchen (4×2), D = dreiseitig gez. K 13:13¼

791 D	20 q	mehrfarbig (⊏⊐, ⊔⊓)	adw	1,50	1,50
792 D	60 q	mehrfarbig (⊏⊐, ⊔⊓)	adx	4,50	4,50
			Heftchenblatt D	24,—	24,—
			Markenheftchen D	24,—	
			Heftchenblatt B	—,—	—,—

Blockausgabe, A = gez. Ks 12¾:13, B = ☐

ady) Volksmärchen „Jirtdan“

adz

793 A 1 M mehrfarbig	ady	—,—	—,—
Block 89 A (86×86 mm)	adz	7,—	7,—
	FDC		8,—
Block 89 B (86×86 mm)	adz	—,—	—,—

MiNr. 791 D–792 D wurden schachbrettartig zusammenhängend im Viererblock gedruckt. Das Heftchenblatt enthält zwei Viererblocks im Kehrdruck.

Auflagen: MiNr. 791 A–792 A = 35 000, MiNr. 791 D–792 D = 40 000 Sätze, Bl. 89 = 15 000 Blocks

Papier ph. = phosphoreszierendes Papier
Papier fl. = fluoreszierendes Papier

Belgien

2010, 13. März. Europa: Kinderbücher. Odr.; Papier ph.; gez. Ks 11½.

eui

euk

eul

eui–euk) Die Nase in die Bücher; Zeichnungen von Kitty Crowther (*1970) und Gerda Dendooven (*1962)

4048	3 (Europa) mehrfarbig . . . . eui	6,50	6,50
4049	3 (Europa) mehrfarbig . . . . euk	6,50	6,50
Block 150	(80 × 120 mm) . . . . eul	13,—	13,—
	FDC (Blockmarken)		7,50

Nominale zur Zeit der Ausgabe: je 2.70 €

Bergkarabach*

2012, 23. Jan. Europa: Kinderbücher (2010). Odr. (2 × 5); gez. K 12¾.

bh) Vladimir Arzumanyan (*1998), Gewinner des Junior Eurovision Song Contest in Weißrußland; Mädchen am Flügel

bi) Manuel Petrosyan (*1998), 4. der Jugend-Schachweltmeisterschaft in Griechenland, mit Schachlehrbuch

65	120 (D) mehrfarbig . . . . bh	1,20	1,20
66	650 (D) mehrfarbig . . . . bi	6,50	6,50
	Satzpreis (2 W.)	7,70	7,70
	FDC		9,—
	Kleinbogensatz I (2 Klb.)	70,—	70,—
	Kleinbogen II	30,—	30,—

MiNr. 65–66 wurden sowohl jeweils im Kleinbogen (I) zu 9 Marken und 1 Zierfeld (Feld 10) als auch zusammenhängend im Kleinbogen (II) (Markenfolge 66-65, 65-Zf, 66-65, Zf-66, 66-65) gedruckt.

Ungezähnte Stücke von MiNr. 65–66 sind nicht frankaturgültige Druckproben.

Auflagen: MiNr. 65 = 47 700, MiNr. 66 = 31 500 Stück

Bosnien und Herzegowina

2010, 26. April. Europa: Kinderbücher. Odr., Kleinbogen (1 × 5 Zd); A = vierseitig gez. K 12¾:13¼.

zf) Drache

zg) Little Blu

zf–zg) Figuren aus dem Märchen „Little Blu im Land der Drachen" von Sanjin Fazlić (*1977), Autor, und Mustafa Tanović (*1970), Zeichner

567 A	1.00 (M) mehrfarbig . . . . zf	1,50	1,50
568 A	1.50 (M) mehrfarbig . . . . zg	2,—	2,—
	Satzpreis A (Paar A)	3,50	3,50
	FDC A		4,—
	Kleinbogen A	18,—	18,—

Blockausgabe mit MiNr. 567 A–568 A

Block 39	(68 × 103 mm) . . . . zh	3,50	3,50
	FDC		4,—

Markenheftchen (1 × 3 Zd); D = dreiseitig, E = zweiseitig gez. K 12¾:13¼

567	1.00 (M) mehrfarbig . . . . zf		
D	dreiseitig gez.	1,50	1,50
E	zweiseitig gez.	1,50	1,50
568	1.50 (M) mehrfarbig . . . . zg		
D	dreiseitig gez.	2,—	2,—
E	zweiseitig gez.	2,—	2,—
	Satzpreis D/E (2 W.)	3,50	3,50

MH 8	(Nominale 7.50 M)	11,—	
H-Blatt 9	mit MiNr. 567 D–568 D	11,—	11,—

Auflagen: MiNr. 567 A–568 A = 30 000 Sätze, Bl. 39 = 30 000 Blocks, MH 8 = 5000 Markenheftchen

Bosnien und Herzegowina (Kroatische Post Mostar)*

2010, 5. April. Europa: Kinderbücher. Odr. (5 × 2); gez. K 14.

mn) Kind mit Drachen auf Regenbogen

mo) Kind mit Windrad auf Buch

285	3.00 (M) mehrfarbig . . . . mn	4,—	4,—
286	3.00 (M) mehrfarbig . . . . mo	4,—	4,—
	Satzpreis (Paar)	8,—	8,—
	FDC		10,—
	Kleinbogen	32,—	32,—

Blockausgabe mit 2 × MiNr. 285–286

Block 21	(88 × 99 mm) . . . . mp	16,—	16,—
	FDC		18,—

MiNr. 285–286 wurden senkrecht zusammenhängend im Kleinbogen zu je 4 Marken und 2 verschiedenen Zierfeldern (Feld 1 und 6) gedruckt.

Bosnien und Herzegowina (Serbische Republik)*

2010, 7. Mai. Europa: Kinderbücher. Odr., Kleinbogen (3 × 3); A = vierseitig gez. K 13:13¾.

ui) Fliegende Bücher

uk) Baum mit Büchern

493 A	1.00 (M) mehrfarbig . . . . ui	1,50	1,50
494 A	2.00 (M) mehrfarbig . . . . uk	3,—	3,—
	Satzpreis A (2 W.)	4,50	4,50
	FDC A		6,—
	Kleinbogensatz A (2 Klb.)	36,—	36,—

Markenheftchen (3 × 2); D = dreiseitig, E = zweiseitig gez. K 13:13¾

493	1.00 (M) mehrfarbig . . . . ui		
Do	dreiseitig gez.	1,50	1,50
Du	dreiseitig gez.	1,50	1,50
E	zweiseitig gez.	1,50	1,50

494	2.00 (M)	mehrfarbig . . . . uk		
Do		dreiseitig gez. (⊓)	3,—	3,—
Du		dreiseitig gez. (⊓)	3,—	3,—
E		zweiseitig gez. (⊔)	3,—	3,—
		Satzpreis D/E (2 W.)	4,50	4,50

H-Blatt 13	mit 1 × MiNr. 493 Do/Du/E und 494 Do/Du/E	13,50	13,50
MH 13	mit 1 × H-Blatt 13	14,—	

MiNr. 493 A–494 A wurden jeweils im Kleinbogen zu 8 Marken und 1 Zierfeld (Feld 5) gedruckt.

Auflagen: MiNr. 493 A–494 A = 45 000 Sätze, MH 13 = 25 000 Markenheftchen

Bulgarien

2010, 23. April. Europa: Kinderbücher; Markenformat 32½ × 43 mm. Odr. (2 × 2 Zd); gez. K 13.

hei) Illustration zu den „Bulgarischen Volksmärchen“ von Angel Karalijchev (1902–1972)

hek) Illustrationen zu Kinderbüchern von Valeri Petrov (*1920) und Leda Mileva (1920–2013)

4945	0.60 L	mfg., weißer Rahmen . . . . hei	1,—	1,—
4946	1.50 L	mfg., weißer Rahmen . . . . . . hek	2,80	2,80
		Satzpreis (Paar)	3,80	3,80
		FDC		4,50
		Kleinbogen	15,—	15,—

Blockausgabe

4947	0.60 L	mfg., ohne Rahmen . . . . hei I	1,—	1,—
4948	1.50 L	mfg., ohne Rahmen . . . . hek I	2,80	2,80
Block 326		(106 × 85 mm) . . . . hel	3,80	3,80
		FDC		4,50

Markenheftchen, Markenformat 29 × 39 mm, gez. K 13¼

4949	0.60 L	mfg., weißer Rahmen . . . . . hei II	1,30	1,30
4950	1.50 L	mfg., weißer Rahmen . . . . . hek II	3,20	3,20
H-Blatt 12–15		jeweils mit 1 × MiNr. 4949, Zierfeld und MiNr. 4950 . . . . . . je	4,50	4,50
MH 9		mit 1 × H-Blatt 12–15	18,—	

Die Heftchenblätter unterscheiden sich durch die Zierfelder. H-Bl. 12: Lesendes Kind im Schaukelstuhl, H-Bl. 13: Zwei Männer mit Säcken auf dem Rücken, H-Bl. 14: Bärin mit Kochtopf, H-Bl. 15: Schlafendes Kind unter Ast mit Vögeln.

Auflagen: MiNr. 4945–4946 = 50 000 Sätze, Bl. 326 = 20 000 Blocks, MH 9 = 7000 Markenheftchen

Dänemark

2010, 1. Juni. Europa: Kinderbücher. Odr.; Folienbogen (Fbg.) (6 × 6), Folienblatt (Fbl.) (8) und Markenheftchen (MH) (2 × 6); selbstklebend; BA = zähnungsähnlich gestanzt 13:13¼, BC = wellenförmig gestanzt 13½, BD = wellenförmig gestanzt 10.

avv) Spørge-Jørgen; Zeichnung von Robert Storm Petersen (1882–1949) aus Liederbuch von Kamma Laurents (1903–1996)

avw) Orla Frø-Snapper (Orla Froschfresser); von Ole Lund Kirkegaard (1940–1979), Autor und Lehrer

1596	5.50 (Kr)	mehrfarbig . . . . avv		
BA		gestanzt 13:13¼ (Fbg.) (Fbl.)	2,—	2,—
BC		gestanzt 13½ (MH)	2,50	2,50
BD		gestanzt 10 (MH)	5,—	5,—
1597 BA	8.50 (Kr)	mehrfarbig (Fbg.) . . . . avw	4,—	4,—
		Satzpreis BA (2 W.)	6,—	6,—
		FDC BA		7,—
		Folienblatt mit 8 × MiNr. 1596 BA	16,—	
		Markenheftchen mit 12 × MiNr. 1596 BC	30,—	
		Markenheftchen mit 12 × MiNr. 1596 BD	60,—	

Dänemark – Färöer

2010, 26. April. Europa: Kinderbücher. Odr.; gez. K 13¾.

aed) Illustration aus „Ein Hund, eine Katze und eine Maus“ von Bárður Oskarsson (*1972)

aee) Illustration aus „Mosamollis Reise“ von Janus á Húsagarði (*1975)

698	10 Kr	mehrfarbig . . . . aed	3,—	3,—
699	12 Kr	mehrfarbig . . . . aee	3,50	3,50
		Satzpreis (2 W.)	6,50	6,50
		FDC		7,—

2010, 26. April. Europa: Kinderbücher. Odr., Markenheftchen (4 × 2); selbstklebend; gestanzt 14.

aed) Illustration aus „Ein Hund, eine Katze und eine Maus“ von Bárður Oskarsson (*1972)

700	10 Kr	mehrfarbig . . . . aed	3,20	3,20
701	12 Kr	mehrfarbig . . . . aee	3,80	3,80
		Satzpreis (2 W.)	7,—	7,—
		FDC		7,50
		Markenheftchen	28,—	

MINr. 700–701 wurden zusammen im Markenheftchen zu je 4 Marken gedruckt.

Dänemark – Grönland

2010, 18. Jan. Europa: Kinderbücher. Odr., Bogen (5 × 10) und Kleinbogen (3 × 3); Papier fl.; gez. K 13¾:13¼.

uo) Junge beim Lesen

up) Kinder mit Bilderbuch

554	8.50 (Kr)	mehrfarbig . . . . uo	2,40	2,40
555	9.50 (Kr)	mehrfarbig . . . . up	2,60	2,60
		Satzpreis (2 W.)	5,—	5,—
		FDC		6,50
		Kleinbogensatz (2 Klb.)	40,—	40,—

MiNr. 554–555 wurden auch jeweils im Kleinbogen zu 8 Marken und 1 Zierfeld (Feld 5) gedruckt.

Auflagen: MiNr.554 = 157 445, MiNr. 555 = 127 568 Stück und 24 360 Sätze in Kleinbogen

2010, 18. Jan. Europa: Kinderbücher. Odr., Markenheftchen (3 × 2 + 3 × 2); Papier fl.; selbstklebend; gestanzt 12½:12¼.

uo) Junge beim Lesen

556	8.50 (Kr)	mehrfarbig . . . . uo	2,60	2,60
557	9.50 (Kr)	mehrfarbig . . . . up	2,90	2,90
		Satzpreis (2 W.)	5,50	5,50
		FDC		6,50
		Markenheftchen	33,—	

MiNr. 556–557 wurden zusammen im Markenheftchen zu je 6 Marken gedruckt.

Auflage: 14 118 Markenheftchen

Lesen Sie bitte auch das Vorwort!

Deutschland

2010, 6. Mai. Europa: Kinderbücher. Odr. (5×2); Papier fl.; gez. K 13¼.

dkt) Zampino der Zauberbär beim Lesen

2796	55 (C) mehrfarbig . . . . dkt		1,—	1,—
		FDC		2,—
		ETB 17/2010		1,30
		Kleinbogen	10,—	10,—

Auflage: 5 900 000 Stück, davon 74 000 auf ETB

Estland

2010, 6. Mai. Europa: Kinderbücher. Odr. (2×5); gez. K 14:13¾.

wk) Eislaufende Kinder; Buchillustration von Viive Noor (*1955)

wl) Rattenfamilie; Buchillustration von Jaan Tammsaar (*1949)

664	9.00 (Kr) / 0.58 € mehrfarbig . . . . . . wk		1,40	1,40
665	9.00 (Kr) / 0.58 € mehrfarbig . . . . . . wl		1,40	1,40
		Satzpreis (2 W.)	2,80	2,80
		FDC		3,50
		Kleinbogensatz (2 Klb.)	28,—	28,—

Auflage: 75 000 Sätze

Finnland

2010, 4. Mai. Europa: Kinderbücher. Odr. (1×5 Zd); gez. K 14:13¼.

cbs) Junge und Mädchen, Buch als Türe, Märchenfiguren

cbt) Junge und Märchenfiguren lesen zusammen ein Buch

2041	0.80 € mehrfarbig . . . . cbs		1,90	1,90
2042	0.80 € mehrfarbig . . . . cbt		1,90	1,90
		Satzpreis (Paar)	3,80	3,80
		FDC		4,50
		Kleinbogen	19,—	19,—

Auflage: 800 000 Sätze

Finnland – Åland

2010, 19. April. Europa: Kinderbücher. Odr. (3×5 + 3×5); gez. K 12½:13.

nm) Figuren aus „Zackarina und der Sandwolf“; von Åsa Lind (* 1958), Schriftstellerin

324	— EUROPA mehrfarbig . . . . nm		2,—	2,—
		FDC		2,70

Zwischenstegpaar:

324 ZW	. . . . 1 Paar		4,50	4,50

Nominale zur Zeit der Ausgabe: 0.85 €

Auflage: 180 000 Stück

Frankreich

2010, 9. Mai. Europa: Kinderbücher. RaTdr. (6×7); Papier ph.; gez. K 13¼.

fxy) Mädchen beim Lesen, Märchenfiguren

4857	0.70 € mehrfarbig . . . . fxy		1,70	1,70
		FDC		2,—
		ETB		4,—

Auflage: 2 650 000 Stück

Gibraltar*

2010, 15. Mai. Europa: Kinderbücher. Odr. (2×4); gez. K 13.

bfs) Charlie and the Chocolate Factory (Charlie und die Schokoladenfabrik)

bft) Matilda

bfu) The Twits (Die Zwicks stehen Kopf)

bfv) The BFG (Sophiechen und der Riese)

bfs–bfv) Illustrationen von Quentin Blake aus Kinderbüchern von Roald Dahl (1916–1990), norwegisch-walisischer Schriftsteller

1374	10 P mehrfarbig . . . . bfs		0,30	0,30
1375	42 P mehrfarbig . . . . bft		1,—	1,—
1376	44 P mehrfarbig . . . . bfu		1,10	1,10
1377	1.50 £ mehrfarbig . . . . bfv		3,60	3,60
		Satzpreis (4 W.)	6,—	6,—
		FDC		7,—
		Kleinbogensatz (4 Klb.)	48,—	48,—

Griechenland

2010, 26. Mai. Europa: Kinderbücher. Odr., Bogen (B) (2×4 Zd) und Markenheftchen (MH) (4×1); A = vierseitig gez. K 14¼:14, C = senkrecht gez. 13¾.

cou) Junge in Ballon mit Buch, gestiefelter Kater

cov) Mädchen auf Buchstapel, Buch als Haus

2553	0.72 € mehrfarbig . . . . cou			
A	vierseitig gez. (B)		2,—	2,—
C	senkrecht gez. (MH)		2,—	2,—
2554	3.22 € mehrfarbig . . . . cov			
A	vierseitig gez. (B)		6,50	6,50
C	senkrecht gez. (MH)		6,50	6,50
		Satzpreis A (Paar)	8,50	8,50
		FDC		11,—
		Satzpreis C (2 W.)	8,50	8,50
MH 34	(Nominale 7.88 €)		17,—	
H-Blatt 42	mit 2 × MiNr. 2553 C–2554 C		17,—	17,—

Auflagen: MiNr. 2553 A–2554 A = 100 515, MiNr. 2553 C–2554 C = 28 515 Sätze

Großbritannien

2010, 12. Okt. Europa: Kinderbücher. Odr. (5×5 und 5×5 + 5×5); gez. K 14¼.

dcr) Pu mit Christopher Robin und Ferkel

dcr, dcx–ddda) Illustrationen von Ernest Howard Shepard (1879–1976) aus der Kinderbuchreihe „Pu der Bär“ („Winnie-the-Pooh“) von Alan Alexander Milne (1882–1956)

3002	1ST	mehrfarbig	dcr	1,30	1,30
			FDC		3,—

Zwischenstegpaar:

3002 ZW	Paar		3,—	3,—

Blockausgabe

ddb

dcx) beim Zeichnen
dcy) beim Vorlesen
dcz) bei Bootsfahrt in Regenschirm
dda) im Gras sitzend
dcx–dda) Pu mit Christopher Robin

3008	1ST	hellgelboliv/schwarz	dcx	1,30	1,30
3009	60 (P)	hellgelboliv/schwarz	dcy	1,40	1,40
3010	88 (P)	hellgelboliv/schwarz	dcz	2,20	2,20
3011	97 (P)	hellgelboliv/schwarz	dda	2,50	2,50
Block 60	(115×89 mm)		ddb	7,50	7,50
			FDC		9,—

Nominale von MiNr. 3002 und 3008 zur Zeit der Ausgabe: je 41 P

MiNr. 3002 stammt aus dem Satz MiNr. 3002–3007.

Großbritannien – Guernsey

2010, 4. Mai. Europa: Kinderbücher; Comics. Odr. (5×2); MiNr. 1297 gez. K 13¼, MiNr. 1298 gez. K 14¼.

bfp

bfr

bfp–bfr) Illustrationen aus der Comicserie „The Adventures of Penny the Postie“ von Keith Robinson

1297	45 (P)	mehrfarbig	bfp	1,30	1,30
1298	50 (P)	mehrfarbig	bfr	1,40	1,40
			Satzpreis (2 W.)	2,70	2,70
			FDC		4,—
			Kleinbogensatz (2 Klb.)	27,—	27,—

Blockausgabe mit MiNr. 1297–1299

Block 51	(150×100 mm)	bft	8,50	8,50
		FDC		10,—

MiNr. 1297–1298 stammen aus dem Satz MiNr. 1297–1299.

Großbritannien – Isle of Man

2010, 18. Febr. Europa: Kinderbücher. Odr., Bogen (1×3 Zd + 1×3 Zd) und Kleinbogen (2×5); gez. K 14.

brm

bro

brk–bru) Pfadfinderinnen in allen Altersgruppen, früher und heute

1593	33 P	mehrfarbig	brm	0,80	0,80
1595	56 P	mehrfarbig	bro	1,30	1,30
			Satzpreis (2 W.)	2,10	2,10
			FDC		4,—
			2 Paare	4,20	4,20
			Kleinbogensatz (2 Klb.)	21,—	21,—

MiNr. 1593 und 1595 stammen aus dem Satz MiNr. 1591–1598. MiNr. 1593 wurde mit MiNr. 1594, MiNr. 1595 mit MiNr. 1596 zusammenhängend in Bogen gedruckt.

Großbritannien – Jersey

2010, 9. Febr. Europa: Kinderbücher. Odr. (2×5); gez. K 13:13¼.

bnr) Wie das Elefantenkind seinen Rüssel bekam; von Rudyard Kipling (1865–1936)

bns) Teeparty des verrückten Hutmachers aus Alice im Wunderland; von Lewis Carroll (1832–1898)

1459	42 (P)	mehrfarbig	bnr	1,10	1,10
1460	45 (P)	mehrfarbig	bns	1,20	1,20
			Satzpreis (2 W.)	2,30	2,30
			FDC		4,—
			Kleinbogensatz (2 Klb.)	23,—	23,—

MiNr. 1459–1460 stammen aus dem Satz MiNr. 1458–1461.

Irland

2010, 6. Mai. Europa: Kinderbücher. Odr. (5×2); Papier ph.; gez. K 13¼.

bnv) Illustration zu „Der glückliche Prinz“; Märchen von Oscar Wilde (1854–1900), Schriftsteller

bnw) Illustration zu „Gullivers Reisen“; Roman von Jonathan Swift (1667–1745), Schriftsteller und Satiriker

1929	55 C	mehrfarbig	bnv	1,20	1,20
1930	82 C	mehrfarbig	bnw	2,—	2,—
			Satzpreis (2 W.)	3,20	3,20
			FDC		4,80
			Kleinbogensatz (2 Klb.)	32,—	32,—

Auflagen: MiNr. 1929 = 294 000, MiNr. 1930 = 260 000 Stück

Island

2010, 6. Mai. Europa: Kinderbücher. Odr. (2×5); gez. K 13¼.

ats) Illustration zu „Das Schicksal der Götter" von Ingunn Asdísardóttir (*1952)

att) Illustration zu „Guten Abend" von Áslaug Jónsdóttir (*1963)

1276	165 (Kr) mehrfarbig	ats	2,30	2,30
1277	220 (Kr) mehrfarbig	att	3,20	3,20
	Satzpreis (2 W.)		5,50	5,50
	FDC			6,—
	Kleinbogensatz (2 Klb.)		55,—	55,—

Auflagen: MiNr. 1242 = 250 000, MiNr. 1243 = 150 000 Stück

2010, 6. Mai. Europa: Kinderbücher. Odr., Markenheftchen (2×5); selbstklebend; gestanzt 13¼.

ats) Illustration zu „Das Schicksal der Götter" von Ingunn Asdísardóttir (*1952)

1278	165 (Kr) mehrfarbig	ats	2,30	2,30
1279	220 (Kr) mehrfarbig	att	3,20	3,20
	Satzpreis (2 W.)		5,50	5,50
	FDC			6,—
	2 Markenheftchen		55,—	55,—

Auflage: 132 000 Sätze

Italien

2010, 7. Mai. Europa: Kinderbücher. RaTdr. (10×5); Papier fl.; gez. K 13¼:13.

dti) Pinocchio; Kinderbuchfigur von Benito Jacovitti (1923–1997) nach Carlo Collodi

dtk) Geronimo Stilton; Kinderbuchfigur von Elisabetta Dami (*1972)

3376	0.60 € mehrfarbig	dti	1,40	1,40
3377	0.65 € mehrfarbig	dtk	1,60	1,60
	Satzpreis (2 W.)		3,—	3,—
	2 FDC			4,50

Auflage: 4 000 000 Sätze

Kasachstan

2010, 6. Mai. Europa: Kinderbücher. Odr. (2×5); gez. K 12¾.

ze) Wolf, Katze und andere Figuren aus Kinderbüchern

673	240 (T) mehrfarbig	ze	4,50	4,50
	FDC			5,50
	Kleinbogen		45,—	45,—

Auflage: 50 000 Stück

> Länder mit einem Stern nach dem Landesnamen waren oder sind keine Mitglieder der CEPT bzw. POSTEUROP.

Kosovo*

2010, 5. Mai. Europa: Kinderbücher. Odr. (5×2); gez. K 13¼.

fn) Lesender unter Baum aus Stift und Büchern

fo) Mensch holt Buchstaben aus geöffnetem Buch

155	1 € mehrfarbig	fn	3,—	3,—
156	2 € mehrfarbig	fo	6,—	6,—
	Satzpreis (2 W.)		9,—	9,—
	FDC			11,—
	Kleinbogensatz (2 Klb.)		90,—	90,—

Blockausgabe; A = gez. Ks 13¼, C = gez. Ks 14¼

fp) Lesender Junge, auf Buch sitzend

fr

157 A	2 € mehrfarbig	fp	14,—	14,—
Block 13 A	(81×69 mm)	fr	15,—	15,—
157 C	2 € mehrfarbig	fp	6,—	6,—
Block 13 C	(81×69 mm)	fr	7,—	7,—
	FDC C			9,—

Kroatien

2010, 7. Mai. Europa: Kinderbücher. Komb. Odr. und Hfdr. (2×5 Zd); Embleme fl.; gez. K 14.

amf

amg

amf–mag) Aufgeschlagenes Buch, Märchenfiguren

953	7.10 (K) mehrfarbig	amf	2,30	2,30
954	7.10 (K) mehrfarbig	amg	2,30	2,30
	Satzpreis (Paar)		4,60	4,60
	FDC			5,50

Auflage: 200 000 Sätze

Lettland

2010, 9. April. Europa: Kinderbücher. Odr. (5×2); gez. K 13¼.

yf) Mädchen, Zauberer, Prinzessin, Fabelwesen

yg) Lesender Knabe, Segelschiff, Burg, Berg

783	55 (S) mehrfarbig	yf	2,—	2,—
784	120 (S) mehrfarbig	yg	4,—	4,—
	Satzpreis (2 W.)		6,—	6,—
	2 Kehrdrucke		12,—	12,—
	FDC			7,—
	Kleinbogensatz (2 Klb.)		60,—	60,—

MiNr. 783–784 wurden jeweils reihenweise kopfstehend gedruckt.

Liechtenstein

2010, 6. Sept. Europa: Kinderbücher. Odr. (4×5); gez. K 14.

bmh) Illustration von Mariagrazia Orlandini aus der Bilderbuchserie „Lisa und Max“

1563	140 (Rp)	mehrfarbig	bmh	2,10	2,10
			FDC		3,50
			MK 319		4,50

Auflage: 180 000 Stück

Litauen

2010, 8. Mai. Europa: Kinderbücher. Odr. (2×5); gez. K 14.

acs) Mädchen, Hase, Buch

act) Knabe, Vogel, Buch

1038	2.45 L	mehrfarbig	acs	1,80	1,80
1039	2.45 L	mehrfarbig	act	1,80	1,80
			Satzpreis (2 W.)	3,60	3,60
			FDC		4,80
			Kleinbogensatz (2 Klb.)	36,—	36,—

Auflage: 200 000 Sätze

Luxemburg

2010, 16. Juni. Europa: Kinderbücher. Odr. (5×2); gez. K 13½.

bgz) Junge und Drache betrachten gemeinsam ein Buch

bha) Mädchen mit Lasso, auf Buch reitend

1867	0.50 (€)	mehrfarbig	bgz	1,10	1,10
1868	0.70 (€)	mehrfarbig	bha	1,60	1,60
			Satzpreis (2 W.)	2,70	2,70
			FDC		3,—
			Kleinbogensatz (2 Klb.)	27,—	27,—

Auflagen: MiNr. 1867 = 191 590, MiNr. 1868 = 249 000 Stück

Makedonien

2010, 5. Mai. Europa: Kinderbücher. Odr. (3×3); gez. K 13½:13¼.

vr) Peter Pan; Kinderbuchfigur von James Matthew Barrie (1860–1937), schottischer Schriftsteller

542	100 (D)	mehrfarbig	vr	7,—	7,—
			FDC		9,—
			Kleinbogen	65,—	65,—

Auflage: 18 000 Stück

Malta

2010, 4. Mai. Europa: Kinderbücher. Odr., Kleinbogen (5×2); Wz. 6; gez. K 14¼.

byk) „Puttino und Toninu“ von Philip Farrugia Randon (*1949)

byl) „Wenn Weihnachten ausfällt“ von Clare Azzopardi (*1977)

1642	0.37 €	mehrfarbig	byk	1,—	1,—
1643	1.19 €	mehrfarbig	byl	2,50	2,50
			Satzpreis (2 W.)	3,50	3,50
			FDC		4,—
			Kleinbogensatz (2 Klb.)	35,—	35,—

Markenheftchen (5×1)

H-Blatt 4	mit 5 × MiNr. 1642	5,—	
MH 0-12	mit 1 × H-Blatt 4	5,—	

Moldawien

2010, 30. April. Europa: Kinderbücher. Odr., Kleinbogen (2×5); gez. K 14:14½.

add) „Beutel mit zwei Münzen“ von Ion Creangă (1839–1889)

ade) „Guguță und seine Freunde“ von Spiridon Vangheli (*1932)

703	1.20 L	mehrfarbig	add	0,50	0,50
704	5.40 L	mehrfarbig	ade	3,50	3,50
			Satzpreis (2 W.)	4,—	4,—
			FDC		5,50
			Kleinbogensatz (2 Klb.)	40,—	40,—

Markenheftchen (2×3)

H-Blatt 12	mit 3 × MiNr. 703–704	10,—	
MH 15	mit 1 × H-Blatt 12	11,—	

Markenfolge im H-Blatt: 704-703, 703-704, 704-703

Auflagen: MiNr. 703 = 115 000, MiNr. 704 = 50 000 Stück, MH 15 = 15 000 Markenheftchen

Monaco

2010, 5. Mai. Europa: Kinderbücher. StTdr. (2×5); gez. K 13.

deh) Kinder beim Lesen, Weltkugel

dei) Lesender Junge, Buch, Textseiten, Europakarte

2995	0.56 €	mehrfarbig	deh	1,30	1,30
2996	0.70 €	mehrfarbig	dei	1,70	1,70
			Satzpreis (2 W.)	3,—	3,—
			FDC		3,50
			Kleinbogensatz (2 Klb.)	30,—	30,—

Montenegro

2010, 22. April. Europa: Kinderbücher. Odr. (3×3); gez. K 13¾.

fm) Mädchen vor Buchstapel mit Märchenschloss

fn) Junge auf Buchstapel, Märchenszenen

233	0.60 €	mehrfarbig	fm	1,70	1,70
234	0.90 €	mehrfarbig	fn	2,50	2,50
			Satzpreis (2 W.)	4,20	4,20
			FDC		5,—
			Kleinbogensatz (2 Klb.)	34,—	34,—

Blockausgabe

fp

fo

fo–fp) Brücke aus Büchern, Märchenszenen

fr

235	0.60 €	mehrfarbig	fo	1,70	1,70
236	0.90 €	mehrfarbig	fp	2,50	2,50
Block 9	(78×62 mm)		fr	4,20	4,20
			FDC		5,—

MiNr. 233–234 wurden jeweils im Kleinbogen zu 8 Marken und 1 Zierfeld (Feld 5) gedruckt.

Auflagen: MiNr. 233–234 = 80 000 Sätze, Bl. 9 = 30 000 numerierte Blocks

Norwegen

2010, 15. Nov. Europa: Kinderbücher. Komb. Odr. und Hfdr. (10×5); gez. K 13¼.

bfz) „Marte und Großmutter und Großmutter und Morten“

bga) „Acht Kleine, zwei Große und ein Lastwagen“

bfz–bga) Illustrationen aus Büchern von Anne-Catharina Vestly (1920–2008), Schriftstellerin

1736	A	INNLAND	mehrfarbig	bfz	2,70	2,70
1737	A	EUROPA	mehrfarbig	bga	3,50	3,50
				Satzpreis (2 W.)	6,20	6,20
				FDC		7,—

Nominalen zur Zeit der Ausgabe: MiNr. 1736 = 8.50 Kr, MiNr. 1737 = 11 Kr

Auflage: 600 000 Sätze

Österreich

2010, 11. Juni. Europa: Kinderbücher. Odr.; Emblem fl.; gez. K 13¾.

dah) Postfuchs Fridolin; Zeichnung von Carola Holland (*1947), deutsche Illustratorin von Kinder- und Jugendbüchern

2873	65 (C)	mehrfarbig	dah	1,50	1,50
			FDC		2,20

Vorlagedruck in Schwarz vom Originaldruckstöckel, □ .... 2,—

Auflage: 250 000 Stück

Polen

2010, 5. Mai. Europa: Kinderbücher. Odr. (3×3); Papier fl.; Sicherheitszähnung K 11½.

gam) Lesendes Kind, König

4483	3 Zł	mehrfarbig	gam	2,50	2,50
			FDC		3,50
			Kleinbogen	23,—	23,—

Auflage: 600 000 Stück

Portugal

2010, 7. Mai. Europa: Kinderbücher. Odr. (5×2); Sicherheitszähnung K 11¾:12.

eam) Affe

3509	0.68 €	mehrfarbig	eam	1,70	1,70
			FDC		3,—
			Kleinbogen	17,—	17,—

Blockausgabe mit MiNr. 3509–3510

ean) Barbier eam) Affe eao

3510	0.68 €	mehrfarbig	ean	1,70	1,70
Block 297	(125×95 mm)		eao	3,40	3,40
			FDC		4,50

Auflagen: MiNr. 3509 = 230 000 Stück, Bl. 297 = 60 000 Blocks

Portugal – Azoren

2010, 7. Mai. Europa: Kinderbücher. Odr., Kleinbogen (5×2); Sicherheitszähnung K 11¾:12.

lr) Burgfräulein

561	0.68 €	mehrfarbig	lr	1,70	1,70
			FDC		3,—
			Kleinbogen	17,—	17,—

Blockausgabe mit MiNr. 561–562

ls) Ritter lr) Burgfräulein lt

562	0.68 €	mehrfarbig	ls	1,70	1,70
Block 43	(125×95 mm)		lt	3,40	3,40
			FDC		4,50

Markenheftchen (1×2 und 1) (29. Okt.)

H-Blatt 51	mit 1 × MiNr. 563–564	—,—
H-Blatt 52	mit 1 × MiNr. 565–566	—,—
H-Blatt 53	mit 1 × Bl. 45	—,—
H-Blatt 54	mit 1 × Bl. 46	—,—
H-Blatt 55	mit 1 × MiNr. 561	—,—
H-Blatt 56	mit 1 × Bl. 43	—,—
MH 22	mit 1 × H-Blatt 57–56	25,—

Auflagen: MiNr. 561 = 230 000 Stück, Bl. 43 = 60 000 Blocks, MH 22 = 8000 Markenheftchen

Portugal – Madeira

2010, 7. Mai. Europa: Kinderbücher. Odr., Kleinbogen (5×2); Sicherheitszähnung K 11¾:12.

mn) Tochter

306	0.68 €	mehrfarbig	mn	1,70	1,70
			FDC		3,—
			Kleinbogen	17,—	17,—

Blockausgabe mit MiNr. 306–307

mo) Vater mn) Tochter mp

307	0.68 €	mehrfarbig	mo	1,70	1,70
Block 48	(125×95 mm)		mp	3,40	3,40
			FDC		4,50

Markenheftchen (1×2 und 1) (29. Okt.)

H-Blatt 54	mit 1 × MiNr. 300–301	—,—
H-Blatt 55	mit 1 × MiNr. 302–303	—,—
H-Blatt 56	mit 1 × Bl. 47	—,—
H-Blatt 57	mit 1 × Bl. 46	—,—
H-Blatt 58	mit 1 × MiNr. 306	—,—
H-Blatt 59	mit 1 × Bl. 48	—,—
MH 23	mit 1 × H-Blatt 54–59	25,—

Auflagen: MiNr. 306 = 230 000 Stück, Bl. 48 = 60 000 Blocks, MH 23 = 8000 Markenheftchen

Rumänien

2010, 6. Mai. Europa: Kinderbücher. Odr. (3×2); gez. K 13½.

kaf) Rotkäppchen trifft lesenden Wolf

kag) Drache schaut lesendem Knaben über die Schulter

6427	4.30 L	mehrfarbig	kaf	3,—	3,—
6428	7.60 L	mehrfarbig	kag	5,50	5,50
			Satzpreis (2 W.)	8,50	8,50
			FDC		24,—
			Kleinbogensatz I (110×119 mm) (2 Klb.)	52,—	52,—
			Kleinbogensatz II (111×171 mm) (2 Klb.)	52,—	52,—

Blockausgabe mit 2 × MiNr. 6427–6428

Block 467 I	links oben MiNr. 6427 (127×109 mm)	kah	18,—	18,—
Block 467 II	links oben MiNr. 6428 (127×109 mm)	kai	18,—	18,—

Auflagen: MiNr. 6427–6428 = 67 200 Sätze, Bl. 467 I = 27 000, Bl. 467 II = 24 300 Blocks

Russland

2010, 5. Mai. Europa: Kinderbücher. Odr., Bogen (6×6) und Kleinbogen (3×2); gez. K 12:12½.

brs) Lesender Knabe

1641	10.50 (R)	mehrfarbig	brs	1,40	1,40
			FDC		2,20
			Kleinbogen	8,50	8,50

Auflage: 750 000 Stück, davon 540 000 im Kleinbogen

San Marino

2010, 17. März. Europa: Kinderbücher. Odr. (3×4); gez. K 15:14.

clm) Mädchen mit Buch als Flügel fliegt über Landschaft

cln) Mädchen fliegt auf Buch schlafend durch den Weltraum

2433	0.60 (€)	mehrfarbig	clm	1,40	1,40
2434	0.65 (€)	mehrfarbig	cln	1,60	1,60
			Satzpreis (2 W.)	3,—	3,—
			FDC		3,50

Auflage: 90 000 Sätze

Schweden

2010, 28. Jan. Europa: Kinderbücher. StTdr., Rolle; senkrechte Sicherheitszähnung 12¾.

cxd) Illustration zu „Majas Alphabet" von Lena Anderson (*1939)

cxe) Illustration zu „Kinder des Waldes" von Elsa Beskow (1874–1953)

2733	12 Kr	mehrfarbig . . . . cxd	2,70	2,70
2734	12 Kr	mehrfarbig . . . . cxe	2,70	2,70
		Satzpreis (2 W.)	5,40	5,40
		FDC (mit 2 Paaren)		11,—

Schweiz

2010, 6. Mai. Europa: Kinderbücher. Odr. (4×4); gez. K 13¼:13.

cga) Illustration zu den Heidi-Büchern von Johanna Spyri (1827–1901), Schriftstellerin

2157	100 (C)	mehrfarbig . . . . cga	3,—	3,—
		FDC		4,—

Auflage: 1 300 000 Stück

Serbien

2010, 5. Mai. Europa: Kinderbücher. Odr. (3×3); gez. K 13¾.

io) Mädchen auf Buchstapel beim Lesen, Märchenszenen

ip) Mädchen auf Buchstapel greift nach Stern, Märchenfiguren

352	66 (Din)	mehrfarbig . . . . io	2,—	2,—
353	77 (Din)	mehrfarbig . . . . ip	2,50	2,50
		Satzpreis (2 W.)	4,50	4,50
		FDC		5,50
		Kleinbogensatz (2 Klb.)	40,—	40,—

MiNr. 352–353 wurden jeweils im Kleinbogen zu 8 Marken und 1 Zierfeld (Feld 5) gedruckt.

Auflage: 60 000 Sätze

Slowakei

2010, 4. Mai. Europa: Kinderbücher. Odr. (4×2); Papier fl.; gez. K 11¼:11¾.

yl) Windgeister über dem Preßburger Schloss; Kinderbuchillustration von Albín Brunovský (1935–1997)

636	0.90 €	mehrfarbig . . . . yl	2,30	2,30
		FDC		3,30
		Kleinbogen	18,50	18,50

Auflage: 200 000 Stück

Slowenien

2010, 28. Mai. Europa: Kinderbücher. Odr. (3×3); gez. K 13:13¼.

afe) Junge beim Lesen

aff) Mädchen beim Lesen

851	D	mehrfarbig . . . . afe	1,—	1,—
852	0.92 (€)	mehrfarbig . . . . aff	2,20	2,20
		Satzpreis (2 W.)	3,20	3,20
		FDC		4,80
		Kleinbogensatz (2 Klb.)	26,—	26,—

Nominale von MiNr. 851 zur Zeit der Ausgabe: 0.45 €

MiNr. 851–852 wurden jeweils im Kleinbogen zu 8 Marken und 1 Zierfeld (Feld 4) gedruckt.

Auflage: 160 000 Sätze

Spanien

2010, 6. Mai. Europa: Kinderbücher. RaTdr. (5×5); Papier ph.; gez. K 13½:13¼.

fgg) Kleinkind mit Bilderbuch

4506	0.64 €	mehrfarbig . . . . fgg	1,60	1,60
		FDC		2,—

Auflage: 320 000 Stück

Tschechische Republik

2010, 5. Mai. Europa: Kinderbücher. Odr. (3×2); Papier fl.; gez. K 11¼.

acg) Dášeňka; von Karel Čapek (1890–1938)

631	17 Kč	mehrfarbig . . . . acg	1,50	1,50
		FDC		2,40
		Kleinbogen	9,—	9,—

Auflage: 204 000 Stück

Türkei

2010, 9. Mai. Europa: Kinderbücher. Odr. (5×5); gez. K 13¼.

dfp

dfr

dfp–dfr) Szenen aus türkischen Märchen

3824	80 K	mehrfarbig . . . . dfp	1,30	1,30
3825	110 K	mehrfarbig . . . . dfr	1,70	1,70
		Satzpreis (2 W.)	3,—	3,—
		FDC		3,50

Auflage: 250 000 Sätze

Türkisch-Zypern*

2010, 28. Mai. Europa: Kinderbücher. Odr., Bogen (4×4); Wz. 1; A = vierseitig gez. K 13¾.

ael) Zwei Mädchen mit Buch; Zeichnung von Nadide Keleş

aem) Lesendes Mädchen mit Figuren aus „Pinocchio"; Zeichnung von Afet Deniz

711 A	80 K	mehrfarbig	ael	1,20	1,20
712 A	80 K	mehrfarbig	aem	1,20	1,20
		Satzpreis A (Paar)		2,40	2,40
		FDC A (Viererblock)			5,—

Markenheftchen (1×4), C = waagerecht gez. 13¾

711 C	80 K	mehrfarbig	ael	1,50	1,50
712 C	80 K	mehrfarbig	aem	1,50	1,50
		Satzpreis C (Paar)		3,—	3,—
		FDC C (Paar)			4,—

H-Blatt 3	mit 2 × MiNr. 711 C–712 C	6,—	6,—
MH 3	mit 1 × H-Blatt 3	6,—	

MiNr. 711 A–712 A wurden schachbrettartig zusammenhängend gedruckt.

Auflagen: MiNr. 711 A–712 A = 40 000 Sätze, MH 3 = 5000 Markenheftchen

Ukraine

2010, 30. April. Europa: Kinderbücher. Komb. Odr. und Hfdr., Kleinbogen (1×4 Zd); gez. K 13.

avo) „Pferdekopf"

avp) „Goldschuh"

1084	2.20 (G)	mehrfarbig	avo	1,80	1,80
1085	3.30 (G)	mehrfarbig	avp	2,70	2,70
		Satzpreis (Paar)		4,50	4,50
		FDC			5,40
		Kleinbogen		18,—	18,—

Markenheftchen (3×1), gez. K 11½

1086	2.20 (G)	mehrfarbig	avo I	3,50	3,50
1087	3.30 (G)	mehrfarbig	avp I	5,—	5,—
H-Blatt 13	mit 1 × MiNr. 1086–1087 und 1 Zierfeld			8,50	8,50
MH 11	mit 1 × H-Blatt 13			9,—	

MiNr. 1084–1085 haben das Format 33×30 mm, MiNr. 1086–1087 das Format 43½×42 mm.

Postpreis von MH 11: 10.50 G

Auflagen: MiNr. 1084–1085 = 160 000 Sätze, MH 11 = 25 000 Markenheftchen

Ungarn

2010, 7. Mai. Blockausgabe: Europa – Kinderbücher. Odr.; gez. K 12.

ign
igo
igo
ign
igp

ign–igo) Teddybär Vackor aus den Geschichten von István Kormos (1923–1977); Illustrationen von Károly Reich (1922–1988)

5470	150 Ft	mehrfarbig	ign	1,50	1,50
5471	150 Ft	mehrfarbig	igo	1,50	1,50
Block 334	mit 2 × MiNr. 5470–5471 (100×68 mm)		igp	6,—	6,—
		FDC			7,30

Auflage: 150 000 Blocks

Vatikanstadt

2010, 22. Juni. Europa: Kinderbücher. Odr. (2×3); gez. K 13.

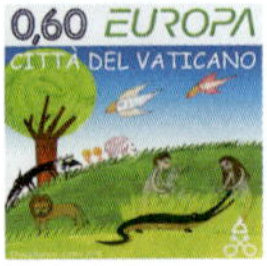

bkt) Adam und Eva im Paradies

bku) Jesus, von Kindern umringt

bkt–bku) Illustrationen aus dem Buch „Die Bibel, den Kindern erzählt" von Chiara Raineri (*1975)

1669	0.60 (€)	mehrfarbig	bkt	1,20	1,20
1670	0.65 (€)	mehrfarbig	bku	1,30	1,30
		Satzpreis (2 W.)		2,50	2,50
		FDC			3,50
		Kleinbogensatz (2 Klb.)		15,—	15,—

Auflage: 900 000 Sätze

Weißrussland

2010, 30. März. Europa: Kinderbücher. Odr., Kleinbogen (2×4) und Markenheftchen (4×2); gez. K 13¾:14.

ahc) Knabe, sowjetische Trickfilmfiguren

ahd) Mädchen, Trickfilmfigur Tscheburaschka

802	1000 (R)	mehrfarbig	ahc	1,—	1,—
803	1000 (R)	mehrfarbig	ahd	1,—	1,—
		Satzpreis (2 W.)		2,—	2,—
		FDC			2,80
		Kleinbogensatz (2 Klb.)		16,—	16,—

H-Blatt 18	mit 3 × MiNr. 802–803 und 2 Zierfeldern	6,—	6,—
MH 18	mit 1 × H-Blatt 18	6,—	

Markenfolge im Heftchenblatt: 802-802-803-803, Zf-803-802-Zf

Auflage: 110 000 Sätze, davon 30 000 im Markenheftchen

Zypern

2010, 5. Mai. Europa: Kinderbücher. Odr., Bogen (B) (2×4 Zd) und Markenheftchen (MH) (4×2); A = vierseitig, D = dreiseitig gez. K 13¼:13¾.

ass

ast

ass–ast) Buchstapel, Bäume, Bienen und Schnecken

1181	0.51 €	mehrfarbig	ass		
A		⌑ (B)		1,20	1,20
Do		⌑ (MH)		1,20	1,20
Du		⌑ (MH)		1,20	1,20
1182	0.51 €	mehrfarbig	ast		
A		⌑ (B)		1,20	1,20
Do		⌑ (MH)		1,20	1,20
Du		⌑ (MH)		1,20	1,20
		Satzpreis (2 W.)		2,40	2,40
		FDC A			3,—

Senkrechte Paare (aus MH):

1181 Do/Du	....	2,80	2,80
1182 Do/Du	....	2,80	2,80
MH 13	(Nominale 4.08 €)	11,—	
H-Blatt 13	mit 4 × MiNr. 1181 D–1182 D	11,—	11,—

Auflagen: MiNr. 1181 A–1182 A = 550 000, MiNr. 1181 D–1182 D = 68 000 Sätze

2011

Albanien

2011, 29. Juli. Europa: Der Wald. Odr. (3×3); gez. K 13¼:13.

dvl) Landkarte, Bäume

3366	200 L mehrfarbig .... dvl		4,50	4,50
		FDC		6,50
		Kleinbogen	41,—	41,—

Blockausgabe

dvm) Landkarte, Bäume

dvn

3367	250 L mehrfarbig .... dvm	5,50	5,50
Block 180	(81×60 mm) .... dvn	5,50	5,50

Auflagen: MiNr. 3366 = 219 650 Stück, Bl. 180 = 14 650 numerierte Blocks

Andorra (Französische Post)

2011, 6. Mai. Europa: Der Wald. Odr. auf Holz (5×5); selbstklebend; gestanzt 11.

wh) Baumrinde

728	0.58 € mehrfarbig .... wh	1,40	1,40
	FDC		2,20

Auflage: 90 000 Stück

Andorra (Spanische Post)

2011, 4. April. Europa: Der Wald. Odr. (10×5); Papier ph.; gez. K 14:13¾.

ne) Wald von Sorobilles

379	0.65 € mehrfarbig .... ne	1,40	1,40
	FDC		2,—

Auflage: 115 000 Stück

Armenien

2011, 14. Dez. Europa: Der Wald. Odr. (2×5); gez. K 12½:13¼.

zl

zm

zl–zm) Herbstlicher Laubwald

762	350 (D) mehrfarbig .... zl	2,50	2,50
763	350 (D) mehrfarbig .... zm	2,50	2,50
	Satzpreis (2 W.)	5,—	5,—
	FDC		6,50
	Kleinbogensatz (2 Klb.)	50,—	50,—

Auflage: 40 000 Sätze

Aserbaidschan

2011, 8. April. Europa: Der Wald. Odr., Kleinbogen (2×5); A = gez. K 13¼:13, B = ☐.

agh) Ulmus densa

agi) Morgenländische Platane (Platanus orientalis)

840		20 q mehrfarbig .... agh		
	A	vierseitig gez. K 13¼:13	1,40	1,40
	B	☐	—,—	—,—
841		60 q mehrfarbig .... agi		
	A	vierseitig gez. K 13¼:13	4,40	4,40
	B	☐	—,—	—,—
		Satzpreis A (2 W.)	5,80	5,80
		FDC		5,—
		Kleinbogensatz A (2 Klb.)	58,—	58,—
		Satzpreis B (2 W.)	—,—	—,—
		Kleinbogensatz B (2 Klb.)	—,—	—,—

Heftchenblatt (2×4); B = ☐, D = dreiseitig gez. L 13

840 D	20 q mehrfarbig (⌧, ⌧) .... agh	1,40	1,40
841 D	60 q mehrfarbig (⌧, ⌧) .... agi	4,40	4,40
	Heftchenblatt B	—,—	—,—
	Heftchenblatt D	24,—	24,—

Blockausgabe; A = gez. Ks 13¼:13, B = ☐

agk) Persischer Eisenholzbaum (Parrotia persica)

agl

842 A	1 M mehrfarbig .... agk	—,—	—,—
Block 99 A	(86×61 mm) .... agl	7,—	7,—
	FDC		8,—
Block 99 B	(86×61 mm) .... agl	—,—	—,—

841 A I ohne Landesname (Feld 6, Teilauflage) ...... 50,—

MiNr. 840 D–841 D wurden schachbrettartig zusammenhängend im Viererblock gedruckt. Das Heftchenblatt enthält zwei Viererblocks im Kehrdruck.

Auflagen: MiNr. 840 A–841 D = 35 000, MiNr. 840 D–841 D = 40 000 Sätze, Bl. 89 = 15 000 Blocks

Belgien

2011, 17. Sept. Blockausgabe: Europa – Der Wald. Odr.; gez. Ks 11½.

fcg) Eichelhäher (Garrulus glandarius)

fch) Rehkitz (Capreolus capreolus)

fci

4226	3	(Europa) mehrfarbig	fcg	6,50	6,50
4227	3	(Europa) mehrfarbig	fch	6,50	6,50
Block 162		(79×117 mm)	fci	13,—	13,—
		FDC (Blockmarken)			7,70

Nominale zur Zeit der Ausgabe: je 2.79 €

Bergkarabach*

2012, 16. Mai. Europa: Der Wald (2011). Odr. (2×5); gez. K 12¾.

bm) Landschaft

bn) Landschaft

69	350 (D)	mehrfarbig	bm	3,50	3,50
70	650 (D)	mehrfarbig	bn	6,50	6,50
		Satzpreis (2 W.)		10,—	10,—
		FDC			11,50
		Kleinbogensatz I (2 Klb.)		90,—	90,—
		Kleinbogen II		40,—	40,—

MiNr. 69–70 wurden sowohl jeweils im Kleinbogen (I) zu 9 Marken und 1 Zierfeld (Feld 10) als auch zusammenhängend im Kleinbogen (II) (Markenfolge 69-70, Zf-69, 69-70, 70-Zf, 69-70) gedruckt.

Auflage: 39 000 Sätze

Bosnien und Herzegowina

2011, 9. Mai. Europa: Der Wald. Odr., Kleinbogen (1×5 Zd); A = vierseitig gez. K 12¾:13¼.

zn) Baumäste

zo) Baumstamm

573 A	2.50 (M)	mehrfarbig	zn	3,—	3,—
574 A	2.50 (M)	mehrfarbig	zo	3,—	3,—
		Satzpreis A (Paar A)		6,—	6,—
		FDC A			7,—
		Kleinbogen A		30,—	30,—

Blockausgabe mit MiNr. 573 A–574 A

Block 40	(73×115 mm*)	zp	6,—	6,—
	FDC			7,—

Markenheftchen (1×3 Zd); D = dreiseitig, E = zweiseitig gez. K 12¾:13¼

573	2.50 (M)	mehrfarbig	zn		
D		dreiseitig gez. (□)		3,—	3,—
E		zweiseitig gez. (□)		3,—	3,—
574	2.50 (M)	mehrfarbig	zo		
D		dreiseitig gez. (□)		3,—	3,—
E		zweiseitig gez. (□)		3,—	3,—
		Satzpreis D/E (2 W.)		6,—	6,—

MH 9	(Nominale 15 M)	18,—	
H-Blatt 10	mit MiNr. 573 D/E–574 D/E	18,—	18,—

*) Bl. 40 ist an Konturen gestanzt. Angegeben ist die maximale Ausdehnung.

Auflagen: MiNr. 573 A–574 A = 20 000 Sätze, Bl. 40 = 20 000 Blocks, MH 9 = 8000 Markenheftchen

Bosnien und Herzegowina (Kroatische Post Mostar)*

2011, 5. April. Europa: Der Wald. Odr. (5×2); gez. K 14.

ns) Nadelwald

nt) Laubwald

311	3.00 (M)	mehrfarbig	ns	4,—	4,—
312	3.00 (M)	mehrfarbig	nt	4,—	4,—
		Satzpreis (Paar)		8,—	8,—
		FDC			10,—
		Kleinbogen		32,—	32,—

Blockausgabe mit 2 × MiNr. 311–312

Block 23	(96×76 mm)	nu	16,—	16,—
	FDC			18,—

MiNr. 311–312 wurden schachbrettartig zusammenhängend im Kleinbogen zu je 4 Marken und 2 verschiedenen Zierfeldern (Feld 5 und 6) gedruckt.

Auflagen: MiNr. 311–312 = 60 000 Sätze

Bosnien und Herzegowina (Serbische Republik)*

2011, 6. April. Europa: Der Wald. Odr., Kleinbogen (3×3); A = vierseitig gez. K 13:13¾.

vu) Rehe und Hase im Wald

vv) Fuchs und Braunbär im Wald

525 A	1.00 (M)	mehrfarbig	vu	1,40	1,40
526 A	2.00 (M)	mehrfarbig	vv	2,80	2,80
		Satzpreis A (2 W.)		4,20	4,20
		FDC A			6,—
		Kleinbogensatz A (2 Klb.)		34,—	34,—

Markenheftchen (3×2); D = dreiseitig, E = zweiseitig gez. K 13:13¾

525	1.00 (M)	mehrfarbig	vu		
Do		dreiseitig gez. (□)		1,40	1,40
Du		dreiseitig gez. (□)		1,40	1,40
E		zweiseitig gez. (□)		1,40	1,40
526	2.00 (M)	mehrfarbig	vv		
Do		dreiseitig gez. (□)		2,80	2,80
Du		dreiseitig gez. (□)		2,80	2,80
E		zweiseitig gez. (□)		2,80	2,80
		Satzpreis D/E (2 W.)		4,20	4,20

H-Blatt 14	mit 1 × MiNr. 525 Do/Du/E und 526 Do/Du/E	13,—	13,—
MH 14	mit 1 × H-Blatt 14	14,—	

MiNr. 525 A–526 A wurden jeweils im Kleinbogen zu 8 Marken und 1 Zierfeld (Feld 5) gedruckt.

Auflagen: MiNr. 525 A–526 A = 45 000 Sätze, MH 14 = 25 000 Markenheftchen

Bulgarien

2011, 28. April. Europa: Der Wald. Odr. (4×1); A = gez. K 13.

hgr) Reh (Capreolus capreolus) in verschneitem Wald

hgs) Waldschnepfe (Scolopax rusticola) am Rande einer Waldlichtung

4989 A	0.65 L mehrfarbig GA	hgr	1,—	1,—
4990 A	1.50 L mehrfarbig	hgs	2,50	2,50
	Satzpreis (Paar)		3,50	3,50
	FDC			4,50
	Kleinbogensatz (2 Klb.)		14,—	14,—

Blockausgabe, C = gez. K 13:13¼

4989 C	0.65 L mehrfarbig	hgr	1,—	1,—
4990 C	1.50 L mehrfarbig	hgs	2,50	2,50
Block 340	(106×85 mm)	hgt	3,50	3,50
	FDC			4,50

Markenheftchen, gez. L 13

4991	0.65 L mehrfarbig	hgr l	1,20	1,20
4992	1.50 L mehrfarbig	hgs l	2,80	2,80
H-Blatt 16	mit 2 × MiNr. 4991–4992		8,—	8,—
MH 10	mit 2 × H-Blatt 16		16,—	

U 1832	Umschlag mit MiNr. 4989 in Schwarz/Grün als Wertstempel	3,—	3,—

MiNr. 4989–4990 haben das Format 29×54 mm, MiNr. 4991–4992 das Format 24×44 mm.

Postpreis von MH 10: 9.30 L

Auflagen: MiNr. 4989 A–4990 A = 20 000 Sätze, Bl. 340 = 20 000 Blocks, MH 10 = 7000 Markenheftchen

Dänemark

2011, 4. Mai. Europa: Der Wald. Odr.; Folienbogen (Fbg.) (7×6) und Markenheftchen (MH) (2×6); Papier fl.; selbstklebend; BA = zähnungsähnlich gestanzt 13:13¼, BC = wellenförmig gestanzt 13½.

axf) Spannerraupe an Zweig

axg) Eichhörnchen an Baum

1642	8.00 (Kr) mehrfarbig	axf		
BA	gest. 13:13¼ (Fbg.)		2,50	2,50
BC	gest. 13½ (MH)		2,50	2,50
1643	11.00 (Kr) mehrfarbig	axg		
BA	gest. 13:13¼ (Fbg.)		3,50	3,50
	Satzpreis BA (2 W.)		6,—	6,—
	FDC BA			7,—
	Markenheftchen mit 12 × MiNr. 1642 BC		30,—	

Dänemark – Färöer

2011, 26. April. Europa: Der Wald. Odr. (4×5, Hochformat ~); gez. K 12½.

afa) Stadtwald von Tórshavn

afb) Wald von Kunoy

722	10 Kr mehrfarbig	afa	3,—	3,—
723	12 Kr mehrfarbig	afb	3,50	3,50
	Satzpreis (2 W.)		6,50	6,50
	FDC			7,—

Dänemark – Grönland

2011, 17. Jan. Europa: Der Wald. Odr., Bogen (10×5) und Kleinbogen (3×3); Papier fl.; gez. K 12¾.

vp) Grönländische Moorbirke (Betula pubescens czerepanovii)

vr) Gemeine Kiefer (Pinus sylvestris)

578	9.00 (Kr) mehrfarbig	vp	2,60	2,60
579	10.00 (Kr) mehrfarbig	vr	2,90	2,90
	Satzpreis (2 W.)		5,50	5,50
	FDC			7,—
	Kleinbogensatz (2 Klb.)		44,—	44,—

MiNr. 578–579 wurden auch jeweils im Kleinbogen zu 8 Marken und 1 Zierfeld (Feld 5) gedruckt.

Auflage: MiNr. 578 = 134 946 Stück

2011, 17. Jan. Europa: Der Wald. Odr., Markenheftchen (3×2 + 3×2); Papier fl.; selbstklebend; gestanzt 12¾:13¼.

vp) Grönländische Moorbirke (Betula pubescens czerepanovii)

580	9.00 (Kr) mehrfarbig	vp	2,60	2,60
581	10.00 (Kr) mehrfarbig	vr	2,90	2,90
	Satzpreis (2 W.)		5,50	5,50
	FDC			7,—
	Markenheftchen		33,—	

MiNr. 580–581 wurden zusammen im Markenheftchen zu je 6 Marken gedruckt.

Auflage: 11 404 Markenheftchen

Deutschland

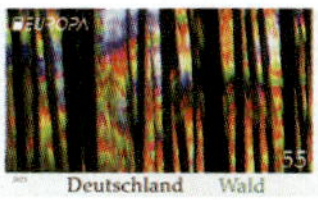

2011, 5. Mai. Europa: Der Wald. Odr. (2×5); Papier fl.; gez. S 13¾.

dna) Lichteinfall im Wald

2864	55 (C) mehrfarbig	dna	1,—	1,—
	FDC			2,—
	ETB 12/2011			1,30
	Kleinbogen		10,—	10,—

U So 241	Blankoumschlag mit MiNr. 2864 als Wertstempel	3,—	3,—

Estland

2011, 28. April. Europa: Der Wald. Odr. (2×5); gez. K 13.

xg) Elch (Alces alces)

xh) Gepoltertes Holz

694	0.58 € mehrfarbig	xg	1,30	1,30
695	0.58 € mehrfarbig	xh	1,30	1,30
	Satzpreis (2 W.)		2,60	2,60
	FDC			3,60
	Kleinbogensatz (2 Klb.)		26,—	26,—

Auflage: 75 000 Sätze

Finnland

2011, 6. Mai. Europa: Der Wald. Odr. (1×5 Zd); selbstklebend; gez. K 12¾:13¼.

cev

cew

cev–cew) Wald am Mustalampi-See im Nationalpark Nuuksio in den vier Jahreszeiten

2109	2 LK (2. Klasse) mehrfarbig ...... cev	1,40	1,40
2110	2 LK (2. Klasse) mehrfarbig ...... cew	1,40	1,40
	Satzpreis (Kehrdruckpaar)	2,80	2,80
	FDC		3,80
	Kleinbogen	14,—	14,—

Nominale zur Zeit der Ausgabe: je 0.60 €

MiNr. 2109–2120 wurden in Kehrdruckpaaren zusammenhängend gedruckt.

Auflage: 3 000 000 Sätze

Finnland – Åland

2011, 9. Mai. Europa: Der Wald. Odr. (4×5 + 4×5); gez. K 13.

og) Waldrand; Gemälde von Anette Gustafsson (*1966)

341	— EUROPA mehrfarbig .... og	2,—	2,—
	FDC		3,—

Zwischenstegpaar:

341 ZW	.... 1 Paar	4,50	4,50

Nominale zur Zeit der Ausgabe: 0.85 €

Auflage: 180 000 Stück

Frankreich

2011, 8. Mai. Europa: Der Wald. RaTdr. (6×7); Papier ph.; gez. K 13¼.

ghk) Blattformen verschiedener Bäume

5099	0.75 € mehrfarbig .... ghk	1,50	1,50
	FDC		2,50
	ETB		4,50

Auflage: 2 250 000 Stück

2011, 8. Mai. Europa: Der Wald. RaTdr. (6×7); Papier ph.; selbstklebend; gestanzt 11.

ghk) Blattformen verschiedener Bäume

5100	0.75 € mehrfarbig .... ghk	*2,40*	*2,40*

MiNr. 5100 wurde von der Post nur in kompletten Bogen abgegeben.

Länder mit einem Stern nach dem Landesnamen waren oder sind keine Mitglieder der CEPT bzw. POSTEUROP.

Gibraltar*

2011, 4. April. Europa: Der Wald. Odr. (2×4); gez. K 12½.

bhz) Nadelwald in den Graubündner Alpen, Schweiz

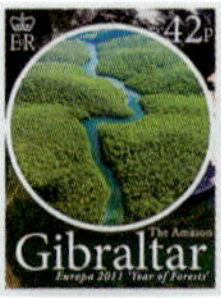

bia) Regenwald am Amazonas, Brasilien

bib) Wald im Yosemite-Nationalpark, USA

bic) Mischwald bei den Plitvicer Seen, Kroatien

1421	10 P mehrfarbig .... bhz	0,30	0,30
1422	42 P mehrfarbig .... bia	1,10	1,10
1423	44 P mehrfarbig .... bib	1,10	1,10
1424	1.50 £ mehrfarbig .... bic	4,—	4,—
	Satzpreis (4 W.)	6,50	6,50
	FDC		7,—
	Kleinbogensatz (4 Klb.)	52,—	52,—

Griechenland

2011, 17. Mai. Europa: Der Wald. Komb. Odr. und Hfdr., Bogen (2×4 Zd); A = vierseitig gez. K 13½.

csk) Tiere des Waldes

csl) Bäume

2617 A	0.75 € mehrfarbig .... csk	1,50	1,50
2618 A	3.25 € mehrfarbig .... csl	7,50	7,50
	Satzpreis A (Paar)	9,—	9,—
	FDC A		11,—

Markenheftchen (2×1 Zd), C = senkrecht gez. 12¾

2617 C	0.75 € mehrfarbig .... csk	1,50	1,50
2618 C	3.25 € mehrfarbig .... csl	7,50	7,50
	Satzpreis C (2 W.)	9,—	9,—

MH 35	(Nominale 8 €)	18,—	
H-Blatt 43	mit 2 × MiNr. 2617 C–2618 C	18,—	18,—

Auflagen: MiNr. 2617 A–2618 A = 150 000, MiNr. 2617 C–2618 C = 30 000 Sätze

Großbritannien

2011, 22. März. Blockausgabe: Europa – Der Wald. Odr., Papier ph.; gez. Ks 14¼.

dfm

dfh) Braunkopf-Klammeraffe (Ateles fusciceps)

dfi) Hyazinthara (Anodorhynchus hyacinthinus)

dfk) Färberfrosch (Dendrobates tinctorius)

dfl) Jaguar (Panthera onca)

3077	1ST	mehrfarbig	dfh	1,30	1,30
3078	60 (P)	mehrfarbig	dfi	1,50	1,50
3079	88 (P)	mehrfarbig	dfk	2,20	2,20
3080	97 (P)	mehrfarbig	dfl	2,50	2,50
Block 64	(115×89 mm)		dfm	7,50	7,50
			FDC		9,—

Nominale von MiNr. 3077 zur Zeit der Ausgabe: 41 P

Bl. 64 gehört zu der Ausgabe MiNr. 3067–3076 und MH 166.

Großbritannien – Guernsey

2011, 4. Mai. Europa: Der Wald. Odr. (5×2); gez. K 13¾.

bhl) Eichel

bhm) Haselnuss

1339	45 (P)	mehrfarbig	bhl	1,20	1,20
1340	52 (P)	mehrfarbig	bhm	1,30	1,30
		Satzpreis (2 W.)		2,50	2,50
		FDC			4,—
		Kleinbogensatz (2 Klb.)		25,—	25,—

Blockausgabe mit MiNr. 1339–1341

Block 54	(135×88 mm*)	bho	7,50	7,50
		FDC		9,—

*) Bl. 54 ist an Konturen geschnitten. Angegeben ist die maximale Ausdehnung.

MiNr. 1339–1340 stammen aus dem Satz MiNr. 1339–1341.

Großbritannien – Isle of Man

2011, 28. Sept. Europa: Der Wald. Odr., Bogen (B) (5×10) und Kleinbogen (Klb.) (2×5); A = gez. 13¼, C = gez. K 12½:13.

bxi) Erlenzeisig (Carduelis spinus)

1730	68 (P) mehrfarbig	bxi		
A	gez. K 13¼ (B)		1,60	1,60
C	gez. K 12½:13 (Klb.)		1,60	1,60
	FDC			3,—
	Kleinbogen mit MiNr. 1730 C		16,—	16,—

MiNr. 1730 stammt aus dem Satz MiNr. 1727–1732.

Großbritannien – Jersey

2011, 8. Febr. Europa: Der Wald. Odr. (2×5); gez. K 13:13¼.

brz) Stieleiche (Quercus robur)

bsa) Rotbuche (Fagus sylvatica)

1536	45 (P)	mehrfarbig	brz	1,20	1,20
1537	55 (P)	mehrfarbig	bsa	1,30	1,30
		Satzpreis (2 W.)		2,50	2,50
		FDC			4,—
		Kleinbogensatz (2 Klb.)		25,—	25,—

MiNr. 1536–1537 stammen aus dem Satz MiNr. 1535–1538.

Zum besseren Gebrauch des Kataloges empfehlen wir, die Einführung zu lesen.

Irland

2011, 5. Mai. Europa: Der Wald. Odr. (2×5); Papier ph.; gez. K 14¾:14.

bpm) Rast im Wald

bpn) Wanderer an Flussufer

1967	55 C	mehrfarbig	bpm	1,20	1,20
1968	82 C	mehrfarbig	bpn	1,80	1,80
		Satzpreis (2 W.)		3,—	3,—
		FDC			4,80
		Kleinbogensatz (2 Klb.)		30,—	30,—

Auflagen: MiNr. 1967 = 224 000, MiNr. 1968 = 188 000 Stück

Island

2011, 17. März. Europa: Der Wald. Komb. Odr. und Hfdr. (2×5); gez. K 13¾.

auw) Jahresringe eines Baums

aux) Adern eines Blatts

1304	—	mehrfarbig	auw	2,50	2,50
1305	—	mehrfarbig	aux	3,—	3,—
		Satzpreis (2 W.)		5,50	5,50
		FDC			6,—
		Kleinbogensatz (2 Klb.)		55,—	55,—

Nominalen zur Zeit der Ausgabe: MiNr. 1304 = 165 Kr, MiNr. 1305 = 220 Kr

Auflagen: MiNr. 1304 = 250 000, MiNr. 1305 = 150 000 Stück

2011, 17. März. Europa: Der Wald. Komb. Odr. und Hfdr., Markenheftchen (2×5); selbstklebend; gestanzt 13¼.

auw) Jahresringe eines Baums

1306	—	mehrfarbig	auw	2,50	2,50
1307	—	mehrfarbig	aux	3,—	3,—
		Satzpreis (2 W.)		5,50	5,50
		FDC			6,—
		2 Markenheftchen		55,—	55,—

Nominalen zur Zeit der Ausgabe: MiNr. 1306 = 165 Kr, MiNr. 1307 = 220 Kr

Auflage: 120 000 Sätze

Italien

2011, 9. Mai. Europa: Der Wald. RaTdr. (10×5); Papier fl.; gez. K 13¼:13.

dwg) Wald, Eichhörnchen, Pilze

dwh) Wald, Vogel, Blume

3443	0.60 €	mehrfarbig	dwg	1,30	1,30
3444	0.75 €	mehrfarbig	dwh	1,70	1,70
		Satzpreis (2 W.)		3,—	3,—
		2 FDC			4,70

Auflage: 2 500 000 Sätze

Kasachstan

2011, 21. April. Europa: Der Wald. Odr. (2×5); gez. K 14:14¼.

aas) Lupe, Elster über Wald

705	250 (T) mehrfarbig	aas	4,50	4,50
		FDC		6,—
		Kleinbogen	45,—	45,—

Auflage: 250 000 Stück

Kosovo*

2011, 9. Mai. Europa: Der Wald. Odr. (5×2); Embleme fl.; gez. K 14¼.

hd) Blick aus Höhle auf Wald

he) Wald vor Gebirgsmassiv

190	1 € mehrfarbig	hd	2,50	2,50
191	2 € mehrfarbig	he	4,50	4,50
		Satzpreis (2 W.)	7,—	7,—
		FDC		9,—
		Kleinbogensatz (2 Klb.)	70,—	70,—

Blockausgabe

hf) Bewaldete Hügellandschaft

hg

192	2 € mehrfarbig	hf	5,—	5,—
Block 17	(70×53 mm)	hg	6,—	6,—
		FDC		8,—

Auflagen: MiNr. 190–191 = 22 000 Sätze, Bl. 17 = 20 000 Blocks

Kroatien

2011, 5. Mai. Europa: Der Wald. Odr. (3×3 Zd); Embleme fl.; gez. K 14.

aoa) Waldszene mit Spinnennetz; Gemälde von Lovro Artuković (*1959)

aob) Buche; Gemälde von Josip Zanki (*1969)

996	7.10 (K) mehrfarbig	aoa	2,30	2,30
997	7.10 (K) mehrfarbig	aob	2,30	2,30
		Satzpreis (Paar)	4,60	4,60
		FDC		5,60

Auflage: 300 000 Sätze

Lettland

2011, 8. April. Europa: Der Wald. Odr. (5×2); gez. K 14:13¾.

zc) Birkenhain, Reh

zd) Lichtung im Fichtenwald, Wolf

804	55 (S) mehrfarbig	zc	1,70	1,70
805	120 (S) mehrfarbig	zd	3,80	3,80
		Satzpreis (2 W.)	5,50	5,50
		FDC		6,50
		2 Kehrdruckpaare	11,—	11,—
		Kleinbogensatz (2 Klb.)	55,—	55,—

MiNr. 804–805 wurden jeweils in senkrechten Kehrdrucken gedruckt.

Auflage: 150 000 Sätze

Liechtenstein

2011, 6. Juni. Europa: Der Wald. Odr. (4×5); gez. K 13¾:13¼.

bnm) Baum; Gemälde von Louis Jäger (*1930)

1591	1.40 (Fr) mehrfarbig	bnm	2,20	2,20
		FDC		3,50
		MK 330		3,50

Litauen

2011, 23. April. Europa: Der Wald. Odr. (2×5); gez. K 14.

adv) Wald, Eiche

adw) Eiche, Wald

1063	2.45 L mehrfarbig	adv	1,90	1,90
1064	2.45 L mehrfarbig	adw	1,90	1,90
		Satzpreis (2 W.)	3,80	3,80
		FDC		5,—
		Kleinbogensatz (2 Klb.)	38,—	38,—

Auflage: 150 000 Sätze

Luxemburg

2011, 17. Mai. Europa: Der Wald. Odr. (5×2); gez. K 13½.

bim) Im Wald

bin) Bewaldete Hügellandschaft

1904	0.60 (€) mehrfarbig	bim	1,30	1,30
1905	0.85 (€) mehrfarbig	bin	1,90	1,90
		Satzpreis (2 W.)	3,20	3,20
		FDC		4,—
		Kleinbogensatz (2 Klb.)	32,—	32,—

Auflage: 250 000 Sätze

Bitte teilen Sie uns von Ihnen festgestellte Fehler mit, damit wir sie berichtigen können.

Makedonien

2011, 5. Mai. Europa: Der Wald. Odr. (3×3); gez. K 13½:13¼.

xr) Herbstwald

xs) Wald im Winter

593	50 (D)	mehrfarbig	xr	2,—	2,—
594	100 (D)	mehrfarbig	xs	4,—	4,—
			Satzpreis (2 W.)	6,—	6,—
			2 FDC		7,—
			Kleinbogensatz (2 Klb.)	54,—	54,—

Blockausgabe

xt) Wald im Frühling

xu

595	100 (D)	mehrfarbig	xt	5,—	5,—
Block 23	(70×60 mm)		xu	6,—	6,—
			FDC		7,—

Auflagen: MiNr. 593–594 = 28 000 Sätze, Bl. 23 = 15 000 Blocks

Malta

2011, 9. Mai. Europa: Der Wald. Odr., Kleinbogen (5×2); Wz. 6; gez. K 14¼.

bzm

bzn

bzm–bzn) Pflanzen des Waldes, Herrschaftshäuser

1665	0.37 €	mehrfarbig	bzm	0,80	0,80
1666	1.19 €	mehrfarbig	bzn	2,70	2,70
			Satzpreis (2 W.)	3,50	3,50
			FDC		4,—
			Kleinbogensatz (2 Klb.)	35,—	35,—

Markenheftchen (5×1)

H-Blatt 5	mit 5 × MiNr. 1665	4,—
MH 0-13	mit 1 × H-Blatt 5	4,—

Auflage: 70 000 Sätze

Moldawien

2011, 7. Mai. Europa: Der Wald. Odr., Kleinbogen (5×2); Sicherheitszähnung K 13.

aff) Blatt, Waldbrand, Hirsch

afg) Baumscheibe, Uhu, Bluttropfen

749	4.20 L	mehrfarbig	aff	2,—	2,—
750	5.40 L	mehrfarbig	afg	3,—	3,—
			Satzpreis (2 W.)	5,—	5,—
			FDC		7,—
			Kleinbogensatz (2 Klb.)	50,—	50,—

Markenheftchen (3×2)

H-Blatt 13	3 × MiNr. 749–750	15,—	15,—
MH 16	1 × H-Blatt 13	16,—	16,—

Markenfolge im H-Blatt: 749-750-749, 750-749-750

Auflagen: MiNr. 749 = 115 000, MiNr. 750 = 75 000 Stück, MH 16 = 18 000 Markenheftchen

Monaco

2011, 3. Mai. Europa: Der Wald. RaTdr. (5×2); gez. K 13¼.

dgd) Bergwald

dge) Mediterraner Wald

3039	0.58 €	mehrfarbig	dgd	1,30	1,30
3040	0.75 €	mehrfarbig	dge	1,70	1,70
			Satzpreis (2 W.)	3,—	3,—
			FDC		4,—
			Kleinbogensatz (2 Klb.)	30,—	30,—

Montenegro

2011, 21. April. Europa: Der Wald. Odr. (3×3); gez. K 13¼:12¾.

gv) Landkarte Europas aus Blatt

gw) Inschrift „EU“ aus Blättern

264	0.90 €	mehrfarbig	gv	2,10	2,10
265	0.90 €	mehrfarbig	gw	2,10	2,10
			Satzpreis (2 W.)	4,20	4,20
			FDC		5,—
			Kleinbogensatz (2 Klb.)	34,—	34,—

Blockausgabe, gez. K 12¾:13¼

gx) Inschrift „EU“ aus Blättern

gy) Landkarte Europas aus Blatt

gz

266	0.90 €	mehrfarbig	gx	2,10	2,10
267	0.90 €	mehrfarbig	gy	2,10	2,10
Block 10	(78×64 mm)		gz	4,50	4,50
			FDC		5,—

MiNr. 264–265 wurden jeweils im Kleinbogen zu 8 Marken und 1 Zierfeld (Feld 5) gedruckt.

Auflagen: MiNr. 264–265 = 80 000 Sätze, Bl. 10 = 80 000 numerierte Blocks

Norwegen

2011, 10. Juni. Europa: Der Wald. Odr. (5×10); gez. K 13¼:14.

bgv) Holzfällarbeiten in Bjønnsäsen bei Elverum im Winter

bgw) Wald am Farrisvannet-See in Siljan im Sommer

1758	12.00 (Kr) mehrfarbig	bgv	3,50	3,50
1759	14.00 (Kr) mehrfarbig	bgw	4,—	4,—
		Satzpreis (2 W.)	7,50	7,50
		FDC		8,50

Auflage: 600 000 Sätze

Österreich

2011, 8. Sept. Blockausgabe: Europa – Der Wald. Odr.; Emblem fl.; gez. Ks 13¾.

ddy) Waldboden und Baumstämme ddz

2953	170 (C) mehrfarbig	ddy	4,—	4,—
Block 67	(120×80 mm, gefaltet)	ddz	4,—	4,—
		FDC		4,50

Vorlagedruck in Schwarz vom Originaldruckstöckel, □ .... 5,—

Bl. 67 ist zu einem Tütchen gefaltet und zugeklebt. Darin befinden sich Fichtensamen.

Auflage: 180 000 Blocks

Polen

2011, 5. Mai. Europa: Der Wald. Odr. (3×3); Papier fl.; Sicherheitszähnung K 11½.

gce) Umriss eines Wisentes, Wald

4521	3 Zł mehrfarbig	gce	2,70	2,70
		FDC		3,20
		Kleinbogen	25,—	25,—

Auflage: 630 000 Stück

Portugal

2011, 9. Mai. Europa: Der Wald. Odr. (2×5); Sicherheitszähnung K 12:11¾.

efx) Korkschäler und Schweine in Korkeichenplantage

3623	0.68 € mehrfarbig	efx	1,60	1,60
		FDC		2,60
		Kleinbogen	16,—	16,—

Blockausgabe mit MiNr. 3623–3624

efy) Rotwild am Waldrand efx) Korkschäler und Schweine in Korkeichenplantage efz

3624	0.68 € mehrfarbig	efy	1,60	1,60
Block 313	(125×95 mm)	efz	3,20	3,20
		FDC		4,—

Auflagen: MiNr. 3623 = 220 000 Stück, Bl. 313 = 70 000 Blocks

Portugal – Azoren

2011, 9. Mai. Europa: Der Wald. Odr., Kleinbogen (5×2); Sicherheitszähnung K 12:11¾.

mc) Kühe und Azorengimpel (Pyrrhula murina)

569	0.68 € mehrfarbig	mc	1,60	1,60
		FDC		3,—
		Kleinbogen	16,—	16,—

Blockausgabe mit MiNr. 569–570

md) Weidende Kühe mc) Kühe und Azorengimpel (Pyrrhula murina) me

570	0.68 € mehrfarbig	md	1,60	1,60
Block 46	(125×95 mm)	me	3,20	3,20
		FDC		4,50

Markenheftchen (1×2 und 1) (Nov.)

H-Blatt 57	mit 1 × MiNr. 571–572	—,—
H-Blatt 58	mit 1 × MiNr. 573–574	—,—
H-Blatt 59	mit 1 × Bl. 47	—,—
H-Blatt 60	mit 1 × Bl. 48	—,—
H-Blatt 61	mit 1 × MiNr. 569	—,—
H-Blatt 62	mit 1 × Bl. 46	—,—
H-Blatt 63	mit 1 × Portugal MiNr. 3647	—,—
MH 23	mit 1 × H-Blatt 57–63	26,—

Auflagen: MiNr. 569 = 220 000 Stück, Bl. 46 = 70 000 Blocks, MH 23 = 7000 Markenheftchen

Portugal – Madeira

2011, 9. Mai. Europa: Der Wald. Odr., Kleinbogen (5×2); Sicherheitszähnung K 12:11¾.

mr) Wanderer neben Levada, Rotkehlchen (Erithacus rubecula)

308	0.68 €	mehrfarbig . . . . mr	1,60	1,60
		FDC		3,—
		Kleinbogen	16,—	16,—

Blockausgabe mit MiNr. 308–309

ms) Silberhalstaube (Columba trocaz) mr) Wanderer neben Levada, Rotkehlchen (Erithacus rubecula) mt

309	0.68 € mehrfarbig . . . . ms	1,60	1,60
Block 49	(125×95 mm) . . . . mt	3,20	3,20
	FDC		4,50

Markenheftchen (1×2 und 1) (Nov.)

H-Blatt 60	mit 1 × MiNr. 310–311	—,—
H-Blatt 61	mit 1 × MiNr. 312–313	—,—
H-Blatt 62	mit 1 × Bl. 50	—,—
H-Blatt 63	mit 1 × Bl. 51	—,—
H-Blatt 64	mit 1 × MiNr. 308	—,—
H-Blatt 65	mit 1 × Bl. 49	—,—
H-Blatt 66	mit 1 × Portugal MiNr. 3646	—,—
MH 24	mit 1 × H-Blatt 60–66	22,—

Auflagen: MiNr. 308 = 220 000 Stück, Bl. 49 = 70 000 Blocks, MH 24 = 7000 Markenheftchen

Rumänien

2011, 27. April. Europa: Der Wald. Odr., Bogen (8×4) und Kleinbogen (3×2); gez. K 13½.

kfv) Hirsch im Wald

kvw) Eichhörnchen im Wald

6522	2.40 L mehrfarbig . . . . kfv	2,—	2,—
6523	9.10 L mehrfarbig . . . . kfw	7,—	7,—
	Satzpreis (2 W.)	9,—	9,—
	FDC		25,—
	Kleinbogensatz (2 Klb.)	54,—	54,—

Blockausgabe mit 2 × MiNr. 6522–6523

Block 500	links oben MiNr. 6522 (107×136 mm) . . . . kfx	18,—	18,—
Block 501	links oben MiNr. 6523 (107×136 mm) . . . . kfy	18,—	18,—

Bl. 500 und 501 unterscheiden sich außer der Markenanordnung auch durch das Motiv des Blockrandes.

Auflagen: MiNr. 6522 = 49 200, MiNr. 6523 = 38 800 Stück, davon jeweils 37 200 im Kleinbogen, Bl. 500–501 je 19 000 Blocks

Russland

2011, 5. Mai. Europa: Der Wald. Odr. (4×3); gez. K 11¼.

bvf) Elster (Pica pica) im Birkenwald

1712	15 R mehrfarbig . . . . bvf	2,50	2,—
	FDC		3,—

Auflage: 312 000 Stück

San Marino

2011, 5. April. Europa: Der Wald. Odr. (3×4); gez. K 15:14.

cnc) Teso-Wald bei San Marcello Pistoiese

cnd) Gestapelte Baumstämme

2472	0.60 (€) mehrfarbig . . . . cnc	1,30	1,30
2473	0.65 (€) mehrfarbig . . . . cnd	1,50	1,50
	Satzpreis (2 W.)	2,80	2,80
	FDC		3,50

Auflage: 70 000 Sätze

Schweden

2011, 24. März. Europa: Der Wald. StTdr., Rolle; senkrechte Sicherheitszähnung 12¾.

dak

dal

dak–dal) Holzmaserungen

2812	12 Kr mehrfarbig . . . . dak	2,80	2,80
2813	12 Kr mehrfarbig . . . . dal	2,80	2,80
	Satzpreis (2 W.)	5,60	5,60
	FDC (mit 2 Paaren)		12,—

Schweiz

2011, 5. Mai. Europa: Der Wald. Odr. (4×4); gez. K 13½.

chu) Lichteinfall im Wald

2198	100 (C) mehrfarbig . . . . chu	1,80	1,80
	FDC		3,—

Auflage: 1 200 000 Stück

Serbien

2011, 5. Mai. Europa: Der Wald. Odr. (3×3); gez. K 13¾.

lu) Nadelwald, Rundholzstapel

lv) Laubwald, Blätter

405	33 (Din)	mehrfarbig	lu	0,70	0,70
406	66 (Din)	mehrfarbig	lv	1,50	1,50
			Satzpreis (2 W.)	2,20	2,20
			FDC		3,—
			Kleinbogensatz (2 Klb.)	18,—	18,—

MiNr. 405–406 wurden jeweils im Kleinbogen zu 8 Marken und 1 Zierfeld (Feld 5) gedruckt.

Auflage: 100 000 Sätze

Slowakei

2011, 6. Mai. Europa: Der Wald. Komb. StTdr. und Odr. (4×2); Papier fl.; gez. K 11¾.

zl) Windbruch im Nationalpark Poloniny

661	0.90 €	mehrfarbig	zl	2,10	2,10
			FDC		3,60
			Kleinbogen	17,—	17,—

Auflage: 200 000 Stück

Slowenien

2011, 27. Mai. Europa: Der Wald. Odr. (3×3); gez. K 13:13¼.

ahd) Laubbaum

ahe) Nadelbaum

897	D	mehrfarbig	ahd	1,—	1,—
898	0.92 (€)	mehrfarbig	ahe	2,20	2,20
			Satzpreis (2 W.)	3,20	3,20
			FDC		5,60
			Kleinbogensatz (2 Klb.)	26,—	26,—

Nominale von MiNr. 897 zur Zeit der Ausgabe: 0.44 €

MiNr. 897–898 wurden jeweils im Kleinbogen zu 8 Marken und 1 Zierfeld (Feld 4) gedruckt.

Auflage: 140 000 Sätze

Spanien

2011, 4. April. Europa: Der Wald. Odr. (5×5); Papier ph.; gez. K 13¼:13¾.

flh) Herbstlicher Buchenwald in der Provinz Segovia

4596	0.65 €	mehrfarbig	flh	1,40	1,40
			FDC		2,—

Auflage: 300 000 Stück

Tschechische Republik

2011, 4. Mai. Europa: Der Wald. Odr. (3×2); Papier fl.; gez. K 11¼.

aen) Auwald

679	20 Kč	mehrfarbig	aen	2,—	2,—
			FDC		2,70
			Kleinbogen	12,—	12,—

Auflage: 192 000 Stück

Türkei

2011, 9. Mai. Europa: Der Wald. Odr.; gez. K 13.

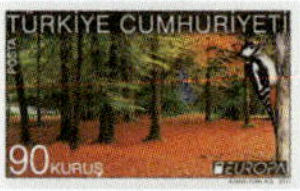

dic) Wald, Buntspecht

did) Wald, Hirsch

3881	90 K	mehrfarbig	dic	1,30	1,30
3882	1.30 L	mehrfarbig	did	1,90	1,90
			Satzpreis (2 W.)	3,20	3,20
			FDC		4,—

Auflage: 250 000 Sätze

Türkisch-Zypern*

2011, 16. Mai. Europa: Der Wald. Odr. (4×4); Wz. 1; gez. K 13¾.

afo) Gebirgswald, Marienkäfer

afp) Küstenwald, Pinienzapfen

738	1.50 L	mehrfarbig	afo	1,80	1,80
739	1.50 L	mehrfarbig	afp	1,80	1,80
			Satzpreis (2 W.)	3,60	3,60
			FDC		4,—

Blockausgabe mit MiNr. 738–739

Block 29	(72×78 mm)	afr	4,—	4,—
		FDC		4,50

Auflagen: MiNr. 738–739 = 40 000 Sätze, Bl. 29 = 40 000 Blocks

Ukraine

2011, 20. Dez. Europa: Der Wald. Odr. (4×3); Aufdruck fl.; gez. K 13¼.

bau) Wald im Sommer und Herbst

bav) Wald im Winter und Frühling

1204	2.20 (G)	mehrfarbig	bau	1,20	1,20
1205	4.30 (G)	mehrfarbig	bav	2,30	2,30
			Satzpreis (Paar)	3,50	3,50
			FDC		4,50

MiNr. 1204–1205 wurden schachbrettartig zusammenhängend gedruckt.

Auflage: 150 000 Sätze

Ungarn

2011, 6. Mai. Blockausgabe: Europa – Der Wald. Odr.; gez. K 12.

iip) Bewaldete Hügel, Wiese — iir) Bewaldete Hügel, Nebel — iis

iir — iip

5518	200 Ft	mehrfarbig . . . . iip	2,—	2,—
5519	200 Ft	mehrfarbig . . . . iir	2,—	2,—
Block 342	mit 2 × MiNr. 5518–5519 (120 × 70 mm) . . . . iis		8,—	8,—
		FDC		9,50

Auflage: 150 000 Blocks

Vatikanstadt

2011, 21. Juni. Europa: Der Wald. Odr. (1 × 5 Zd); gez. K 13¾.

bml

bmm

bml–bmm) Die Wanderung Moses' nach Ägypten; Gemälde von Perugino, eigentlich Pietro Vannucci (um 1448–1523), italienischer Maler

1710	0.60 (€) mehrfarbig . . . . bml	1,40	1,40
1711	0.75 (€) mehrfarbig . . . . bmm	1,80	1,80
	Satzpreis (Paar)	3,20	3,20
	FDC		4,20
	Kleinbogen	16,—	16,—

Auflage: 300 000 Sätze

Weißrussland

2011, 14. April. Europa: Der Wald. Odr., Kleinbogen (4 × 2) und Zd-Kleinbogen (4 × 2); gez. K 12¼:12.

akr) Wald, Hirsch

aks) Wald, Wisent

853	2000 (R) mehrfarbig . . . . akr	2,—	2,—
854	2500 (R) mehrfarbig . . . . aks	2,50	2,50
	Satzpreis (2 W.)	4,50	4,50
	FDC		5,50
	Kleinbogensatz (2 Klb.)	36,—	36,—
	Zd-Kleinbogen	14,—	14,—

Markenfolge im Zd-Kleinbogen: 854-Zf-Zf-853, 854-854-853-853

Auflage: 102 000 Sätze, davon 30 000 im Zd-Kleinbogen

Bitte teilen Sie uns von Ihnen festgestellte Fehler mit, damit wir sie berichtigen können.

Zypern

2011, 4. Mai. Europa: Der Wald. Odr., Kleinbogen (Klb.) (2 × 4) und Markenheftchen (MH) (4 × 2); A = vierseitig gez. K 14, D = dreiseitig gez. K 13:13¼.

atz) Wald mit Eule, Fuchs und Igel

aua) Wald mit Elster, Zypernmufflon und Schlange

1208	0.51 €	mehrfarbig . . . . atz		
A		⌑ (Klb.)	1,20	1,20
Do		⌑ (MH)	1,20	1,20
Du		⌑ (MH)	1,20	1,20
1209	0.68 €	mehrfarbig . . . . aua		
A		⌑ (Klb.)	1,50	1,50
Do		⌑ (MH)	1,50	1,50
Du		⌑ (MH)	1,50	1,50
		Satzpreis A (2 W.)	2,70	2,70
		FDC A		3,50
		Kleinbogensatz A (2 Klb.)	22,—	22,—
MH 14		(Nominale 4.76 €)	11,—	
H-Blatt 14		mit MiNr. 1208 D–1209 D	11,—	11,—

Auflagen: MiNr. 1208 A–1209 A = 50 000, MiNr. 1208 D–1209 D = 68 000 Sätze

2012

Albanien

2012, 21. Sept. Europa: Besuche. Odr. (1 × 5 Zd); gez. K 13:13¼.

dwr) Landschaften mit Türmen

dws) Historische Wohnbebauung

3392	30 L mehrfarbig . . . . dwr	0,50	0,50
3393	250 L mehrfarbig . . . . dws	5,50	5,50
	Satzpreis (Paar)	6,—	6,—
	FDC		10,—
	Kleinbogen	30,—	30,—

Auflagen: MiNr. 3392–3393 = 15 600 Paare, MiNr. 3392 zusätzlich 5000 Stück

Andorra (Französische Post)

2012, 5. Mai. Blockausgabe: Europa – Besuche. Odr. mit Ausstanzung statt Markenbild; gez. Ks 13:13¼.

xc) Bilderrahmen

xd

745	0.77 € mehrfarbig xc	2,—	2,—
Block 8	(105 × 72 mm) . . . . xd	2,—	2,—
	FDC		2,60

Andorra (Spanische Post)

2012, 4. April. Europa: Besuche. Odr. (5×10); Papier ph.; gez. K 14:13¾.

np) Schutzhütte in Perafita

389	0.70 € schwarz	np	1,70	1,70
		FDC		2,—

Auflage: 100 000 Stück

Armenien

2012, 27. Dez. Europa: Besuche. Odr. (2×3); gez. K 13¼.

abu) Kloster Tatev (gegr. 895), Seilbahn (2010)

812	350 (D) mehrfarbig	abu	2,80	2,80
		FDC		4,50
		Kleinbogen I	17,—	17,—
		Kleinbogen II	12,—	12,—

Kleinbogen I enthält 6 Marken, Kleinbogen II enthält 4 Marken und 2 Zierfelder (Feld 3 und 4).

Auflage: 50 000 Stück

Aserbaidschan

2012, 5. März. Europa: Besuche. Odr., Kleinbogen (2×5); A = vierseitig gez. K 13¼:13, B = □.

akv) Badestrand an der Abşeron-Halbinsel

akw) Skifahrer im Skigebiet

915	20 q	mehrfarbig	akv		
A		vierseitig gez. K 13¼:13		1,50	1,50
B		□		—,—	—,—
916	60 q	mehrfarbig	akw		
A		vierseitig gez. K 13¼:13		4,—	4,—
B		□		—,—	—,—
			Satzpreis A (2 W.)	5,50	5,50
			FDC A		8,—
			Kleinbogensatz A (2 Klb.)	55,—	55,—
			Satzpreis B (2 W.)	—,—	—,—
			Kleinbogensatz B (2 Klb.)	—,—	—,—

Markenheftchen (2×4); B = □, D = dreiseitig gez. L 13

915 D	20 q mehrfarbig (⊡, ⊡)	akv	1,50	1,50
916 D	60 q mehrfarbig (⊡, ⊡)	akw	4,—	4,—
		Heftchenblatt B	—,—	—,—
		Heftchenblatt D	22,—	22,—
		Markenheftchen	22,—	

Blockausgabe; A = gez. Ks 12¾:13, B = □

akx) Flugzeug über dem Empfangsgebäude des Flughafens von Baku

aky

917 A	1 M mehrfarbig	akx	6,50	6,50
Block 109 A	(86×86 mm)	aky	6,50	6,50
		FDC A		8,—
Block 109 B	(86×86 mm)	aky	—,—	—,—

MiNr. 915 D–916 D wurden schachbrettartig zusammenhängend im Viererblock gedruckt. Das Heftchenblatt enthält zwei Viererblocks im Kehrdruck.

Auflagen: MiNr. 915 A–916 A = 20 000, MiNr. 915 D–916 D = 32 000 Sätze, Bl. 109 = 10 000 Blocks

Belgien

2012, 11. Febr. Blockausgabe: Europa – Besuche. Odr.; gez. Ks 11½.

fdx) Sehenswürdigkeiten in Wallonien und Brüssel

fdy) Sehenswürdigkeiten in Brüssel und Flandern

fdz

4262	3 (Europa) mehrfarbig	fdx	7,—	7,—
4263	3 (Europa) mehrfarbig	fdy	7,—	7,—
Block 166	(120×80 mm)	fdz	14,—	14,—
		FDC (Blockmarken)		8,—

Nominale zur Zeit der Ausgabe: je 2.97 €

Bergkarabach*

2013, 15. März. Europa: Besuche (2012). Odr. (2×5); gez. K 12½:13.

br) Adler über Schlucht

bs) Dadivank

73	350 (D) mehrfarbig	br	2,50	2,50
74	650 (D) mehrfarbig	bs	4,50	4,50
		Satzpreis (2 W.)	7,—	7,—
		Kleinbogensatz (2 Klb.)	50,—	50,—
		Zd-Kleinbogen	30,—	30,—

MiNr. 73–74 wurden jeweils im sortenreinen Kleinbogen zu 9 Marken und 1 Zierfeld (Feld 10) gedruckt.

Außerdem gibt es Zd-Kleinbogen mit der Markenfolge 74-74, 73-Zf, 74-73, Zf-74, 73-73.

Bosnien und Herzegowina

2012, 29. Mai. Europa: Besuche. Odr., Kleinbogen (1×5 Zd); A = vierseitig gez. K 12¾:13¼.

aak) Moschee, Türbe, Kanne, Teppich

aal) Berge, Wasserfall, Schrein, Boot

589 A	2.50 (M)	mehrfarbig .... aak	3,—	3,—
590 A	2.50 (M)	mehrfarbig .... aal	3,—	3,—
		Satzpreis A (Paar A)	6,—	6,—
		FDC A		7,—
		Kleinbogen A	30,—	30,—

Blockausgabe mit MiNr. 589 A–590 A

Block 45	(102×91 mm) .... aam	6,—	6,—
	FDC		7,—

Markenheftchen (2×3); D = dreiseitig, E = zweiseitig gez. K 12¾:13¼

589	2.50 (M)	mehrfarbig .... aak		
Dl		dreiseitig gez. (▢)	3,—	3,—
Dr		dreiseitig gez. (▢)	3,—	3,—
E		zweiseitig gez. (▢)	3,—	3,—
590	2.50 (M)	mehrfarbig .... aal		
Dl		dreiseitig gez. (▢)	3,—	3,—
Dr		dreiseitig gez. (▢)	3,—	3,—
E		zweiseitig gez. (▢)	3,—	3,—
		Satzpreis D/E (2 W.)	6,—	6,—

MH 10	(Nominale 15 M)	18,—	
H-Blatt 11	mit MiNr. 589 Dl/Dr/E–590 Dl/Dr/E	18,—	18,—

Auflagen: MiNr. 589 A–590 A = 20 000 Sätze, Bl. 45 = 20 000 Blocks, MH 10 = 8000 Markenheftchen

Bosnien und Herzegowina (Kroatische Post Mostar)*

2012, 5. April. Europa: Besuche. Odr. (2×5); gez. K 14.

ox) Alte Brücke, Mostar

oy) Kulturzentrum „Herceg Stjepan Kosača“, Mostar

337	3.00 (M)	mehrfarbig .... ox	4,—	4,—
338	3.00 (M)	mehrfarbig .... oy	4,—	4,—
		Satzpreis (Paar)	8,—	8,—
		FDC		10,—
		Kleinbogen	40,—	40,—

Blockausgabe mit 2 × MiNr. 337–338

Block 26	(102×90 mm) .... oz	16,—	16,—
	FDC		18,—

MiNr. 337–338 wurden schachbrettartig zusammenhängend im Kleinbogen zu je 4 Marken und 2 verschiedenen Zierfeldern (Feld 5 und 6) gedruckt.

Auflagen: MiNr. 337–338 = 120 000 Sätze

Preisspalten

Die Notierungen gelten in den linken Spalten für ungebrauchte (✶, (✶), ✶✶), in den rechten für gebrauchte (⊙, ⌇, ✉) Stücke. In besonderen Fällen sind noch weitere Preisspalten eingefügt.

Bosnien und Herzegowina (Serbische Republik)*

2012, 26. April. Europa: Besuche. Odr., Kleinbogen (3×3); A = vierseitig gez. K 13:13¾.

xm) Rafting auf dem Fluss Tara

xn) Wandern im Nationalpark Sutjeska

563 A	1.00 (M)	mehrfarbig .... xm	1,50	1,50
564 A	2.00 (M)	mehrfarbig .... xn	3,—	3,—
		Satzpreis A (2 W.)	4,50	4,50
		FDC A		5,50
		Kleinbogensatz (2 Klb.)	36,—	36,—

Markenheftchen (3×2); D = dreiseitig, E = zweiseitig gez. K 13:13¾

563	1.00 (M)	mehrfarbig .... xm		
Do		dreiseitig gez. (▢)	1,50	1,50
Du		dreiseitig gez. (▢)	1,50	1,50
E		zweiseitig gez. (▢)	1,50	1,50
564	2.00 (M)	mehrfarbig .... xn		
Do		dreiseitig gez. (▢)	3,—	3,—
Du		dreiseitig gez. (▢)	3,—	3,—
E		zweiseitig gez. (▢)	3,—	3,—
		Satzpreis D/E (2 W.)	4,50	4,50

H-Blatt 15	mit 1 × MiNr. 563 Do/Du/E und 564 Do/Du/E	13,50	13,50
MH 15	mit 1 × H-Blatt 15	14,—	

MiNr. 563 A–564 A wurden jeweils im Kleinbogen zu 8 Marken und 1 Zierfeld (Feld 5) gedruckt.

Auflagen: MiNr. 563 A–564 A = 40 000 Sätze, MH 15 = 20 000 Markenheftchen

Bulgarien

2012, 4. April. Europa: Besuche. Odr. (3×2); AS = Sicherheitszähnung K 13.

hiy) Balduin-Turm, Weliko Tarnowo

hiz) Patriarchenkirche, Weliko Tarnowo

5032 AS	0.65 L	mehrfarbig .... hiy	1,20	1,20
5033 AS	1.50 L	mehrfarbig .... hiz	2,80	2,80
		Satzpreis (2 W.)	4,—	4,—
		FDC		5,—
		Kleinbogensatz (2 Klb.)	20,—	20,—

Blockausgabe, A = gez. K 13

5032 A	0.65 L	mehrfarbig .... hiy	1,20	1,20
5033 A	1.50 L	mehrfarbig .... hiz	2,80	2,80
Block 354	(85×118 mm) .... hka		4,—	4,—

Markenheftchen (2×2), D = dreiseitig gez. L 13

5032	0.65 L	mehrfarbig .... hiy		
Do		▢	1,20	1,20
Du		▢	1,20	1,20
5033	1.50 L	mehrfarbig .... hiz		
Do		▢	2,80	2,80
Du		▢	2,80	2,80
H-Blatt 17		mit 2 × MiNr. 5032 Do/Du	5,—	5,—
H-Blatt 18		mit 2 × MiNr. 5033 Do/Du	11,—	11,—
MH 11		mit 1 × H-Blatt 17–18	16,—	

U 1852	Umschlag mit MiNr. 5032 als Wertstempel	3,50	3,50

MiNr. 5032 AS–5033 AS wurden jeweils im Kleinbogen zu 5 Marken und 1 Zierfeld (Feld 2) gedruckt.

Auflagen: MiNr. 5032 AS–5033 AS = 26 000 Sätze, Bl. 354 = 17 000 Blocks, MH 11 = 6500 Markenheftchen

Dänemark

2012, 21. März. Blockausgabe: Europa – Besuche. Odr.; Papier fl.; gez. Ks 14.

aza

ayz) Pierrot und Harlekin mit Christiania-Rad auf der Königin-Louise-Brücke, Kopenhagen

1699	12.00 (Kr) mehrfarbig	ayz	3,80	3,80
Block 49	(105×70 mm)	aza	3,80	3,80
		FDC		4,50

2012, 21. März. Europa: Besuche. Odr. (6×5); Papier fl.; selbstklebend; gestanzt 14.

ayz) Pierrot und Harlekin mit Christiania-Rad auf der Königin-Louise-Brücke, Kopenhagen

1700	12.00 (Kr) mehrfarbig	ayz	3,80	3,80
		FDC		4,50

Dänemark – Färöer

2012, 30. April. Europa: Besuche. Odr. (2×5); gez. K 12½:13¼.

agu) Beinisvørð, Insel Suðuroy

agv) Trøllanes, Insel Kalsoy

753	6.50 Kr mehrfarbig	agu	2,—	2,—
754	10.50 Kr mehrfarbig	agv	3,—	3,—
		Satzpreis (2 W.)	5,—	5,—
		FDC		6,20
		Kleinbogensatz (2 Klb.)	50,—	50,—

Dänemark – Grönland

2012, 7. Mai. Europa: Besuche. Odr., Bogen (5×8) und Kleinbogen (3×3); Papier fl.; gez. K 14:13½.

xd) Nordlicht

xe) Eisberge bei Spitzbergen

613	9.50 (Kr) mehrfarbig	xd	2,80	2,80
614	10.50 (Kr) mehrfarbig	xe	3,—	3,—
		Satzpreis (2 W.)	5,80	5,80
		FDC		7,—
		Kleinbogensatz (2 Klb.)	47,—	47,—

MiNr. 613–614 wurden auch jeweils im Kleinbogen zu 8 Marken und 1 Zierfeld (Feld 5) gedruckt.

2012, 7. Mai. Europa: Besuche. Odr., Markenheftchen (3×2 + 3×2); Papier fl.; selbstklebend; gestanzt 13:12½.

xd) Nordlicht (Aurora borealis)

615	9.50 (Kr) mehrfarbig	xd	2,80	2,80
616	10.50 (Kr) mehrfarbig	xe	3,—	3,—
		Satzpreis (2 W.)	5,80	5,80
		FDC		7,—
		Markenheftchen	35,—	

MiNr. 615–616 wurden zusammen im Markenheftchen zu je 6 Marken gedruckt.

Deutschland

2012, 2. Mai. Europa: Besuche. Odr. (2×5); Papier fl.; gez. K 13½:13¾.

dpm) Sommerferien

2933	55 (C) mehrfarbig	dpm	1,10	1,10
		FDC		2,20
		ETB 21/2012		1,40
		Kleinbogen	11,—	11,—

Estland

2012, 3. Mai. Europa: Besuche. Odr. (2×5); gez. K 14.

yk) „wild-est"

yl) „smart-est"

733	1.00 € mehrfarbig	yk	2,40	2,40
734	1.00 € mehrfarbig	yl	2,40	2,40
		Satzpreis (2 W.)	4,80	4,80
		FDC		5,50
		Kleinbogensatz (2 Klb.)	48,—	48,—

MiNr. 733–734 wurden jeweils in senkrechten Kehrdrucken gedruckt.

Auflage: 75 000 Sätze

Finnland

2012, 7. Mai. Europa: Besuche. Odr. (5×1 Zd); selbstklebend; gez. K 13¼:13.

chy) Ausflugsboot

chz) Badestrand

2179	1 LK (1. Klasse) mehrfarbig	chy	2,10	2,10
2180	1 LK (1. Klasse) mehrfarbig	chz	2,10	2,10
		Satzpreis (Paar)	4,20	4,20
		FDC		5,—
		Kleinbogen	21,—	21,—

Nominale zur Zeit der Ausgabe: je 0.75 €

Auflage: 4 000 000 Sätze

Finnland – Åland

2012, 9. Mai. Europa: Besuche. Odr. (5×3 + 5×3); gez. K 13¾.

pb) Strand auf der Lotseninsel Kobba Klintar

358	—	EUROPA mehrfarbig	pb	2,20	2,20
			FDC		3,—

Zwischenstegpaar:

358 ZW	1 Paar	5,—	5,—

Nominale zur Zeit der Ausgabe: 0.95 €

Auflage: 180 000 Stück

Frankreich

2012, 20. Mai. Europa: Besuche. StTdr. (3×10); Papier ph.; gez. K 12¾:13.

gta) Cirque de Mafate, Réunion; Eiffelturm, Paris; Pont du Gard; Mont-Saint-Michel; Place Stanislas, Nancy

5349	0.77 €	mehrfarbig	gta	1,80	1,80
			FDC		2,80
			ETB		4,50

Auflage: 2 500 000 Stück

2012, 18. Juni. Europa: Besuche. StTdr. (5×10); Papier ph.; selbstklebend; gestanzt 11.

gta) Cirque de Mafate, Réunion; Eiffelturm, Paris; Pont du Gard; Mont-Saint-Michel; Place Stanislas, Nancy

5420	0.77 €	mehrfarbig	gta	*2,80*	*2,80*

MiNr. 5420 wurde von der Post nur in kompletten Bogen abgegeben.

Georgien

2013, 15. April. Europa: Besuche (2012). Odr., Bogen (4×4) und Zd-Bogen (12); gez. K 13¼.

yr) Kirche Gergetis Sameba (14. Jh.), Qasbegi (5047 m)

612	3.0 L	mehrfarbig	yr	8,—	8,—
			FDC		10,—
			Zd-Bogen	18,—	18,—

MiNr. 612 wurde auch zusammenhängend mit MiNr. 613–623 im Bogen gedruckt.

Auflage: 130 000 Stück, davon 100 000 im Zd-Bogen

Gibraltar

2012, 15. Juni. Europa: Besuche. Odr. (4×2); gez. K 13:13¼.

blw) Maurische Burg

blx) Luftaufnahme von Gibraltar

1485	42 P	mehrfarbig	blw	1,10	1,10
1486	44 P	mehrfarbig	blx	1,20	1,20
			Satzpreis (2 W.)	2,30	2,30
			FDC		3,80
			Kleinbogensatz (2 Klb.)	18,40	18,40

MiNr. 1485–1486 stammen aus dem Satz MiNr. 1484–1489.

Griechenland

2012, 10. Mai. Europa: Besuche. Komb. Odr. und Hfdr., Bogen (2×4 Zd); A = vierseitig gez. K 13¾:13¼.

cue) Landzunge, Insel, Sonne

cuf) Insel, untergehende Sonne

2671 A	0.75 €	mehrfarbig	cue	1,70	1,70
2672 A	3.25 €	mehrfarbig	cuf	7,30	7,30
			Satzpreis A (Paar)	9,—	9,—
			FDC A		11,—

Markenheftchen (2×1 Zd), C = senkrecht gez. 12¾

2671 C	0.75 €	mehrfarbig	cue	1,70	1,70
2672 C	3.25 €	mehrfarbig	cuf	7,30	7,30
			Satzpreis C (2 W.)	9,—	9,—

MH 36	(Nominale 8 €)	18,—	
H-Blatt 44	mit 2 × MiNr. 2671 C–2672 C	18,—	18,—

Auflagen: MiNr. 2671 A–2672 A = 100 000, MiNr. 2671 C–2672 C = 24 000 Sätze

Großbritannien

2012, 10. April. Europa: Besuche. Odr., Bogen (1×5 Zd und 1×5 Zd + 1×5 Zd) und Zd-Bogen (5×6); Papier ph.; gez. K 14¼.

dms) Victoria and Albert Museum (Kunstgewerbemuseum, London)

3244	1ST	mehrfarbig	dms	1,40	1,40
			Sechserstreifen	8,50	8,50
			FDC		10,—
			Zd-Bogen	40,—	40,—

Nominale zur Zeit der Ausgabe: 46 P

MiNr. 3244 wurde mit MiNr. 3241–3243 und 3245–3246 waagerecht zusammenhängend gedruckt.

MiNr. 3244 stammt aus dem Satz MiNr. 3235–3248.

Ferner wurden MiNr. 3235–3248 auch mit MiNr. 3154–3165 zusammenhängend im Zd-Bogen mit 4 Zierfeldern gedruckt und zum Nennwert (11.96 £) verkauft.

Großbritannien – Guernsey

2012, 1. Mai. Europa: Besuche. Odr. (2×5); gez. K 12¾:13¼.

bke) Klippen Grande Greve, Sark

bkg) Bluestone-Bucht, Alderney

1375	—	mehrfarbig	bke	1,40	1,40
1377	—	mehrfarbig	bkg	1,50	1,50
			Satzpreis (2 W.)	2,90	2,90
			FDC		4,50
			Kleinbogensatz (2 Klb.)	29,—	29,—

Blockausgabe mit MiNr. 1374–1379

Block 60	(139×100 mm)	bkk	9,—	9,—
		FDC		10,50

Die Marken tragen statt einer Wertangabe folgende Inschriften: MiNr. 1375 „UK LETTER" (Nominale zur Zeit der Ausgabe: 53 P), MiNr. 1377 „INT LETTER 20G" (Nominale zur Zeit der Ausgabe: 59 P)

MiNr. 1375 und 1377 stammen aus dem Satz MiNr. 1374–1379.

Großbritannien – Isle of Man

2012, 2. April. Europa: Besuche. Odr., Bogen (4×5) und Kleinbogen (5×2); gez. K 13¾.

byw) Hafen von Douglas (erbaut 1876)

1769	68 P mehrfarbig	byw	1,70	1,70
		FDC		5,50
		Kleinbogen	17,—	17,—

MiNr. 1769 stammt aus dem Satz MiNr. 1768–1773.

Großbritannien – Jersey

2012, 10. Jan. Europa: Besuche. Odr. (2×5); gez. K 13¼.

bvg) Surfen, Segeln und Strandsegeln

bvh) Wandern und Radfahren

1615	49 (P) mehrfarbig	bvg	1,20	1,20
1616	59 (P) mehrfarbig	bvh	1,50	1,50
		Satzpreis (4 W.)	2,70	2,70
		FDC		5,—
		Kleinbogensatz (4 Klb.)	27,—	27,—

MiNr. 1615–1616 stammen aus dem Satz MiNr. 1614–1617.

Irland

2012, 3. Mai. Europa: Besuche. Odr. (2×5); Papier ph.; gez. K 13¼.

bso) Little Skellig, Insel vor der Küste der Grafschaft Kerry

bsp) Ha'penny Bridge, Fußgängerbrücke (erbaut 1816) über die Liffey, Dublin

2016	55 C mehrfarbig	bso	1,30	1,30
2017	82 C mehrfarbig	bsp	1,90	1,90
		Satzpreis (2 W.)	3,20	3,20
		FDC		4,80
		Kleinbogensatz (2 Klb.)	32,—	32,—

Auflagen: MiNr. 2016 = 184 000, MiNr. 2017 = 148 000 Stück

Island

2012, 3. Mai. Europa: Besuche. Odr., Folienblatt (5×2); selbstklebend; A = vierseitig gestanzt 18.

axg) Geysir, QR-Code

axh) Nordlicht, QR-Code

1361 A	— mehrfarbig	axg	2,80	2,80
1362 A	— mehrfarbig	axh	3,70	3,70
		Satzpreis A (2 W.)	6,50	6,50
		FDC A		7,50
		2 Folienblätter A	65,—	65,—

Markenheftchen (2×5), D = dreiseitig gestanzt 18

1361 D	— mehrfarbig (⌶)	axg	2,80	2,80
1362 D	— mehrfarbig (⌶)	axh	3,70	3,70
		Satzpreis D (2 W.)	6,50	6,50
		FDC D		7,50
		2 Markenheftchen D	65,—	

Nominalen zur Zeit der Ausgabe: MiNr. 1361 = 175 Kr, MiNr. 1362 = 230 Kr

Auflagen: MiNr. 1361 A = 400 000, MiNr. 1362 A = 250 000 Stück, MiNr. 1361 D–1362 D = 150 000 Sätze

Italien

2012, 9. Mai. Europa: Besuche. RaTdr. (5×9); selbstklebend; gestanzt 11.

eas) Sonnenblumenfeld, Hügellandschaft, antiker Tempel

eat) Dorf am Meer, Silhouette einer Tänzerin, Säulenkapitell

eas–eat) Frau blickt durch Zugfenster

3536	0.60 € mehrfarbig	eas	1,50	1,50
3537	0.75 € mehrfarbig	eat	1,80	1,80
		Satzpreis (2 W.)	3,30	3,30
		FDC		4,—

Auflage: 2 700 000 Sätze

Kasachstan

2012, 11. April. Europa: Besuche. Odr. (2×5); gez. K 14:14¼.

aca) Burabai-Nationalpark

744	250 (T) mehrfarbig	aca	5,—	5,—
		FDC		6,—
		Kleinbogen	50,—	50,—

Auflage: 150 000 Stück

Kosovo*

2012, 12. April. Europa: Besuche. Odr. (5×2); Embleme fl.; gez. K 14¼.

io) Schlucht

ip) Altes Wohnhaus

220	1 € mehrfarbig	io	2,50	2,50
221	2 € mehrfarbig	ip	5,—	5,—
		Satzpreis (2 W.)	7,50	7,50
		FDC		9,—
		Kleinbogensatz (2 Klb.)	75,—	75,—

Blockausgabe

ir) Terzijski-Brücke (15. Jh.), Hotel Pashtriku (erbaut 1967)

is

222	2 € mehrfarbig	ir	5,—	5,—
Block 21	(62×86 mm)	is	5,—	5,—
		FDC		6,—

Kroatien

2012, 9. Mai. Europa: Besuche. Odr. (4×4); Embleme fl.; gez. K 14.

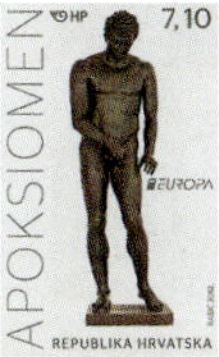

apn) Kroatischer Apoxyomenos (Bronzestatue)

apo) Nationalpark Paklenica

1033	7.10 (K) mehrfarbig	apn	2,30	2,30
1034	7.10 (K) mehrfarbig	apo	2,30	2,30
		Satzpreis (2 W.)	4,60	4,60
		FDC		6,—

Auflage: 300 000 Sätze

Lettland

2012, 17. März. Europa: Besuche. Odr. (5×2); gez. K 14.

aac) Ballettänzerinnen in der Nationaloper, Riga

aad) Nationaloper, Riga (erbaut 1860–1863)

829	55 (S) mehrfarbig	aac	1,70	1,70
830	120 (S) mehrfarbig	aad	3,80	3,80
		Satzpreis (2 W.)	5,50	5,50
		FDC		6,50
		2 Kehrdruckpaare	11,—	11,—
		Kleinbogensatz (2 Klb.)	55,—	55,—

MiNr. 829–830 wurden jeweils in senkrechten Kehrdrucken gedruckt.

Auflage: 100 000 Sätze

In den MICHEL-Katalogen werden Bogen nur dann als Kleinbogen katalogisiert, wenn sie höchstens 10 Marken (+ evtl. Zierfelder) enthalten.

Liechtenstein

2012, 5. März. Europa: Besuche. Odr. (5×4); gez. K 13¾.

boy) Almabtrieb; Landtagsgebäude, Vaduz

1624	140 (Rp) mehrfarbig	boy	2,30	2,30
		FDC		3,60
		MK 344		3,60

Litauen

2012, 28. März. Europa: Besuche. Odr. (5×2); gez. K 14.

afo) Landschaft

afp) Architektur

1103	2.45 L mehrfarbig	afo	1,80	1,80
1104	2.45 L mehrfarbig	afp	1,80	1,80
		Satzpreis (2 W.)	3,60	3,60
		FDC		5,—
		2 Kehrdruckpaare	7,20	7,20
		Kleinbogensatz (2 Klb.)	36,—	36,—

MiNr. 1103–1104 wurden jeweils in senkrechten Kehrdrucken gedruckt.

Auflage: 100 000 Sätze

Luxemburg

2012, 15. Mai. Europa: Besuche. Odr. (5×2); gez. K 12½.

blf) Historische Architektur: Mahnmal „Gëlle Fra" (1923)

blg) Moderne Architektur: Wasserturm, Leudelange (2008)

1943	0.60 (€) mehrfarbig	blf	1,50	1,50
1944	0.85 (€) mehrfarbig	blg	2,—	2,—
		Satzpreis (2 W.)	3,50	3,50
		FDC		4,—
		Kleinbogensatz (2 Klb.)	35,—	35,—

Auflage: 250 000 Sätze

Makedonien

2012, 13. April. Europa: Besuche. Odr. (3×3); gez. K 13½:13¼.

zd) Gebäude, Hafen

ze) Statue von Alexander dem Großen

627	20 (D) mehrfarbig	zd	1,—	1,—
628	100 (D) mehrfarbig	ze	4,50	4,50
		Satzpreis (2 W.)	5,50	5,50
		2 FDC		7,—
		Kleinbogensatz (2 Klb.)	50,—	50,—

Blockausgabe

zg

zf) Brücke über den Vardar, Skopje

629	100 (D) mehrfarbig	zf	5,50	5,50
Block 25	(108×48 mm)	zg	5,50	5,50
		FDC		7,—

Auflagen: MiNr. 627–628 = 15 000 Sätze, Bl. 25 = 12 000 Blocks

Malta

2012, 9. Mai. Europa: Besuche. Odr., Kleinbogen (1×5 Zd); Wz. 6; gez. K 14¼.

cbm) Fort St. Angelo, Birgu

cbn) Fort St. Michael, Senglea

cbm–cbn) Aussicht auf den Grand Harbour von den Upper Barrakka Gardens, Valletta

1712	0.37 € mehrfarbig	cbm	0,90	0,90
1713	1.19 € mehrfarbig	cbn	2,90	2,90
		Satzpreis (2 W.)	3,80	3,80
		FDC		4,80
		Kleinbogen	19,—	19,—

Markenheftchen (1×5)

H-Blatt 6	mit 5 × MiNr. 1712	4,50	
MH 0-14	mit 1 × H-Blatt 6	4,50	

Moldawien

2012, 18. April. Europa: Besuche. Odr., Kleinbogen (2×5); gez. K 14:14¾.

ahk) Kloster Curchi

ahl) Weingut „Mileștii Mici“

793	4.20 L mehrfarbig	ahk	2,—	2,—
794	5.40 L mehrfarbig	ahl	2,50	2,50
		Satzpreis (2 W.)	4,50	4,50
		FDC		6,—
		Kleinbogensatz (2 Klb.)	45,—	45,—

Markenheftchen (2×2)

H-Blatt 14	mit 3 × MiNr. 793 und 1 Zierfeld	6,—	7,50
H-Blatt 15	mit 3 × MiNr. 794 und 1 Zierfeld	7,50	10,50
MH 17	mit 1 × H-Blatt 14–15	14,—	14,—

Markenfolge im H-Blatt 14: 793-Zf, 793-793
Markenfolge im H-Blatt 15: Zf-794, 794-794

Auflagen: MiNr. 793–794 = 50 000 Sätze, MH 17 = 7000 Markenheftchen

Monaco

2012, 9. Mai. Europa: Besuche. Odr. (2×5); gez. K 13¼.

dhz) Chambre Louis XV

dia) Salon Mazarin

dhz–dia) Zimmer im fürstlichen Palast

3085	0.60 € mehrfarbig	dhz	1,30	1,30
3086	0.77 € mehrfarbig	dia	1,70	1,70
		Satzpreis (2 W.)	3,—	3,—
		FDC		4,—
		Kleinbogensatz (2 Klb.)	30,—	30,—

Montenegro

2012, 17. Okt. Europa: Besuche. Odr. (3×3); gez. K 13¼:12¾.

iv) Bucht von Kotor

iw) Herceg Novi

310	0.80 € mehrfarbig	iv	2,—	2,—
311	0.95 € mehrfarbig	iw	2,20	2,20
		Satzpreis (2 W.)	4,20	4,20
		FDC		5,—
		Kleinbogensatz (2 Klb.)	34,—	34,—

Blockausgabe mit MiNr. 310–311

Block 12	(104×48 mm)	ix	4,20	4,20
		FDC		5,—

MiNr. 310–311 wurden jeweils im Kleinbogen zu 8 Marken und 1 Zierfeld (Feld 5) gedruckt.

Auflagen: MiNr. 314–315 = 50 000 Sätze, Bl. 12 = 20 000 numerierte Blocks

Niederlande

2012, 26. März. Europa: Besuche. Odr. (1×3 Zd); Papier ph.; gez. K 13¼:13½.

dgr) Die Kurve in der Herengracht; Gemälde von Gerrit Adriaensz. Berckheyde (1638–1698)

dgs) Magere Brücke über die Amstel

dgr–dgs) Ansichten von Amsterdam

2956	1 EUROPA mehrfarbig	dgr	2,—	2,—
2957	1 EUROPA mehrfarbig	dgs	2,—	2,—
		Satzpreis (Paar)	4,—	4,—
		FDC		4,50
		Kleinbogen	12,—	12,—

Nominale zur Zeit der Ausgabe: je 0.85 €

MiNr. 2956–2957 wurden in waagerechten und senkrechten Kehrdrucken zusammenhängend im Kleinbogen zu 6 Marken gedruckt.

MiNr. 2956–2957 stammen aus dem Satz MiNr. 2954–2957.

Auflage: MiNr. 2956–2957 je 990 000 Stück

Norwegen

2012, 13. April. Europa: Besuche. Odr., Markenheftchen (2×5); selbstklebend; gestanzt 13¼:13¾.

bhw) Klosterruinen auf der Insel Selja, Nordfjord (erbaut 12. Jh.)

bhx) Wanderer auf dem Pilgerweg über Dovre bei Fokstugu

bhw–bhx) Pilgerweg zum Nidarosdom, Trondheim

1783	A	EUROPA mehrfarbig	bhw	3,50	3,50
1784	A	VERDEN mehrfarbig	bhx	4,—	4,—
		Satzpreis (2 W.)		7,50	7,50
		FDC			8,50
		2 Markenheftchen		75,—	

Nominalen zur Zeit der Ausgabe: MiNr. 1783 = 13 Kr, MiNr. 1784 = 15 Kr

MiNr. 1783–1784 stammen aus dem Satz MiNr. 1782–1784.

Auflagen: MiNr. 1783 = 2 100 000, MiNr. 1784 = 1 100 000 Stück

Österreich

2012, 11. Mai. Blockausgabe: Europa – Besuche. Odr.; Emblem fl.; gez. Ks 13½:14¼.

dfo

dfn) Riesenrad im Wiener Prater

2995	70 (C) mehrfarbig	dfn	1,60	1,60
Block 69	(100×80 mm)	dfo	1,60	1,60
	FDC			2,50

Vorlagedruck in Schwarz vom Originaldruckstöckel, ☐ .... 5,—

Auflage: 175 000 Blocks

Polen

2012, 22. Mai. Europa: Besuche. Odr. (3×3); Papier fl.; Sicherheitszähnung K 11½.

gei) Wegweiser mit Fußballstadion, Kultur und Natur, Fryderyk Chopin und Segelboot

4564	3 Zł mehrfarbig	gei	2,70	2,70
	FDC			3,50
	Kleinbogen		25,—	25,—

Auflage: 540 000 Stück

Portugal

2012, 9. Mai. Europa: Besuche. Odr. (2×5); Sicherheitszähnung K 12:11¾.

elo) Passagierschiff „Príncipe Perfeito“ (1961)

3720	0.68 € mehrfarbig	elo	1,60	1,60
	FDC			2,50
	Kleinbogen		16,—	16,—

Blockausgabe mit MiNr. 3720–3721

elp) Stadtansicht von Lissabon mit den Kirchen „Santa Engrácia“ und „Basilica de Estrela“ elr

elo) Passagierschiff „Príncipe Perfeito“ (1961)

3721	0.68 € mehrfarbig	elp	1,60	1,60
Block 331	(125×95 mm)	elr	3,20	3,20
	FDC			5,—

Auflagen: MiNr. 3720 = 185 000 Stück, Bl. 331 = 60 000 Blocks

Portugal – Azoren

2012, 9. Mai. Europa: Besuche. Odr., Kleinbogen (5×2); Sicherheitszähnung K 12:11¾.

mo) Passagierschiff „Funchal“ (1961)

577	0.68 € mehrfarbig	mo	1,60	1,60
	FDC			3,—
	Kleinbogen		16,—	16,—

Blockausgabe mit MiNr. 577–578

mp) Blick von Horta auf die Insel Pico mr

mo) Passagierschiff „Funchal“ (1961)

578	0.68 € mehrfarbig	mp	1,60	1,60
Block 49	(125×95 mm)	mr	3,20	3,20
	FDC			5,—

Markenheftchen (1×2 und 1) (Nov.)

H-Blatt 64	mit 1 × MiNr. 579–580	—,—
H-Blatt 65	mit 1 × MiNr. 581–582	—,—
H-Blatt 66	mit 1 × Bl. 50	—,—
H-Blatt 67	mit 1 × Bl. 51	—,—
H-Blatt 68	mit 1 × MiNr. 577	—,—
H-Blatt 69	mit 1 × Bl. 49	—,—
MH 24	mit 1 × H-Blatt 64–69	25,—

Auflagen: MiNr. 577 = 185 000 Stück, Bl. 49 = 60 000 Blocks, MH 24 = 5000 Markenheftchen

Portugal – Madeira

2012, 9. Mai. Europa: Besuche. Odr., Kleinbogen (5×2); Sicherheitszähnung K 12:11¾.

nc) Passagierschiff „Santa Maria“ (1953)

316 0.68 € mehrfarbig . . . . nc	1,60	1,60
FDC		3,—
Kleinbogen	16,—	16,—

Blockausgabe mit MiNr. 316–317

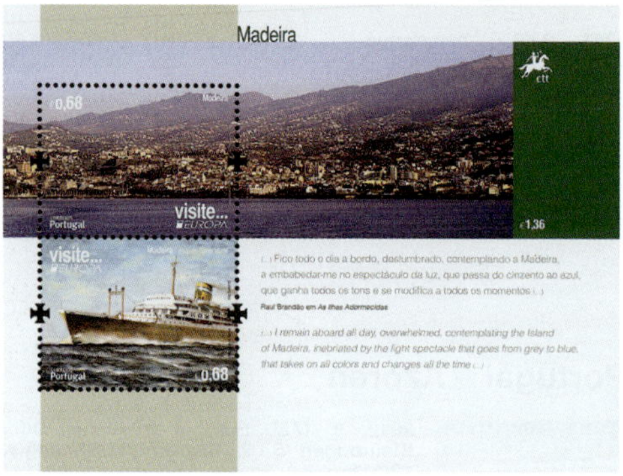

nd) Blick auf den Hafen von Funchal

ne

nc) Passagierschiff „Santa Maria“ (1953)

317 0.68 € mehrfarbig . . . . nd	1,60	1,60
Block 52 (125×95 mm) . . . . ne	3,20	3,20
FDC		5,—

Markenheftchen (1×2 und 1) (Nov.)

H-Blatt 67	mit 1 × MiNr. 318–319	—,—
H-Blatt 68	mit 1 × MiNr. 320–321	—,—
H-Blatt 69	mit 1 × Bl. 53	—,—
H-Blatt 70	mit 1 × Bl. 54	—,—
H-Blatt 71	mit 1 × MiNr. 316	—,—
H-Blatt 72	mit 1 × Bl. 52	—,—
MH 25	mit 1 × H-Blatt 67–72	25,—

Auflagen: MiNr. 316 = 185 000 Stück, Bl. 52 = 60 000 Blocks, MH 25 = 5000 Markenheftchen

Rumänien

2012, 6. April. Europa: Besuche. Odr., Bogen (8×4) und Kleinbogen (3×2); gez. K 13½.

klz) Reiher im Donaudelta

kma) Törzburg

6617 1.40 L mehrfarbig . . . . klz	1,—	1,—
6618 8.10 L mehrfarbig . . . . kma	5,50	5,50
Satzpreis (2 W.)	6,50	6,50
FDC		17,—
Kleinbogensatz (2 Klb.)	39,—	39,—

Blockausgabe mit 2 × MiNr. 6617–6618

Block 529 I links oben MiNr. 6617 (85×118 mm) . . . . kmb	13,—	13,—
Block 529 II links oben MiNr. 6618 (85×118 mm) . . . . kmc	13,—	13,—

Auflagen: MiNr. 6617 = 96 880, MiNr. 6618 = 34 480 Stück, davon jeweils 32 400 im Kleinbogen, Bl. 529 I und II je 16 500 Blocks

Russland

2012, 4. Mai. Europa: Besuche. Odr. (3×3); gez. K 11½.

cae) Frau in Tracht empfängt Besucher mit Brot und Salz

1816 15 R mehrfarbig . . . . cae	1,50	1,50
FDC		2,—
Kleinbogen	14,—	14,—

Auflage: 360 000 Stück

San Marino

2012, 13. Juni. Europa: Besuche. Odr. (4×3); gez. K 13¼.

bps) Seilbahn, farbige Hände mit Gesichtern

2524 0.65 (€) mehrfarbig . . . . bps	1,50	1,50
FDC		2,50

Auflage: 100 008 Stück

Schweden

2012, 12. Jan. Europa: Besuche. StTdr., Rolle; senkrechte Sicherheitszähnung 12.

dcg) Blick über Stockholm mit „Globen“ und Rathaus

dch) Siedlung und Landschaft am Siljan-See

2855 12 Kr dunkellilaultramarin . . . . dcg	3,—	3,—
2856 12 Kr schwarzopalgrün . . . . dch	3,—	3,—
Satzpreis (2 W.)	6,—	6,—
FDC (mit 2 Paaren)		13,—

Schweiz

2012, 9. Mai. Europa: Besuche. Odr. (4×4); gez. K 13½.

cky) Es kommt Besuch; Karikatur von Max Spring (*1962)

2248 100 (C) mehrfarbig . . . . cky	2,—	2,—
FDC		3,20

Serbien

2012, 30. Mai. Europa: Besuche. Odr. (3×3); gez. K 13¾.

of) Klosterkirchen, Engel (Fresko)

og) Häuser am See, Snowboardfahrer

464 44 (Din) mehrfarbig . . . . of 1,— 1,—
465 77 (Din) mehrfarbig . . . . og 2,— 2,—
Satzpreis (2 W.) 3,— 3,—
FDC 4,—
Kleinbogensatz (2 Klb.) 24,— 24,—

MiNr. 464–465 wurden jeweils im Kleinbogen zu 8 Marken und 1 Zierfeld (Feld 5) gedruckt.

Auflage: 100 000 Sätze

Slowakei

2012, 4. Mai. Europa: Besuche. Odr. (3×4); Papier fl.; gez. K 11¾:11¼.

aah) Die Söhne des letzten römischen Königs pilgern nach Delphi; Detail einer römischen Servierschüssel (2. Jh. v. Chr.) aus einem germanischen Grab bei Krakovany

681 0.90 € mehrfarbig . . . . aah 2,20 2,20
FDC 3,60
Kleinbogen 18,— 18,—

MiNr. 681 wurde im Kleinbogen zu 8 Marken und 4 Zierfeldern (mittlere Bogenspalte) gedruckt. Die zweite und vierte Bogenzeile sind kopfstehend.

Auflage: 200 000 Stück

Slowenien

2012, 30. März. Europa: Besuche. Odr. (3×3); Papier fl.; gez. K 11¾:11¼.

aiw

aix

aiw–aix) Plakatentwürfe von Borut Bončina zum Slogan „Wendepunkt“ während des Kulturjahres „Maribor – Kulturhauptstadt Europas 2012“

952 0.44 (€) mehrfarbig . . . . aiw 1,— 1,—
953 0.92 (€) mehrfarbig . . . . aix 2,— 2,—
Satzpreis (2 W.) 3,— 3,—
FDC 5,60
Kleinbogensatz (2 Klb.) 24,— 24,—

MiNr. 952–953 wurden jeweils im Kleinbogen zu 8 Marken und 1 Zierfeld (Feld 4) gedruckt.

Auflage: 140 000 Sätze

Spanien

2012, 4. April. Europa: Besuche. Odr. (10×5); Papier ph.; gez. K 13¾.

fpo) Frau im Bilderrahmen, Tüte mit spanischer Flagge, Kind und Hund; Collage von Enrique Jiménez Carrero (*1953), Maler und Bildhauer

4688 0.70 € mehrfarbig . . . . fpo 1,60 1,60
FDC 2,—

Auflage: 300 000 Stück

Tschechische Republik

2012, 2. Mai. Europa: Besuche. Komb. StTdr. und RaTdr. (4×2); Papier fl.; gez. K 11¼:11¾.

agd) Altstädter Brückenturm und „Tanzendes Haus“, Prag

718 20 Kč mehrfarbig . . . . agd 2,20 2,20
FDC 3,—
Kleinbogen 18,— 18,—

Auflage: 200 000 Stück

Türkei

2012, 9. Mai. Europa: Besuche. Odr.; Sicherheitszähnung K 13¾:14.

dmm) Tanzende Derwische; Mosaik aus Zeugma; Unechte Karettschildkröte (Caretta caretta); Grabheiligtum Nemrut Dağı; Selimiye-Moschee, Edirne

dmn) Abant-See; Çifte Minare Medresesi, Erzurum; Paragliding; Höhlenarchitektur in Kappadokien; Skifahren auf dem Uludağ

3954 2 L mehrfarbig . . . . dmm 2,60 2,60
3955 2 L mehrfarbig . . . . dmn 2,60 2,60
Satzpreis (2 W.) 5,20 5,20
FDC 6,—

Auflage: 250 000 Sätze

Türkisch-Zypern*

2012, 8. Mai. Europa: Besuche. Odr. (2×4 Zd); Wz. 1; gez. K 13¾:14.

agl) Festung Kyrenia (10. Jh.)

agm) Hafen mit Blick auf die Festung Kyrenia

757 80 K mehrfarbig . . . . agl 1,— 1,—
758 80 K mehrfarbig . . . . agm 1,— 1,—
Satzpreis (Paar) 2,— 2,—
FDC 2,50

Auflage: 40 000 Sätze

Ukraine

2012, 13. Juni. Europa: Besuche. Odr., Kleinbogen (4×3); Aufdruck fl.; A = gez. K 14:14¼.

bcr) Huzulische Trembita-Bläser

bcs) Wegweiser am „Zentrum Europas“, Bezirk Rachiw

1249 A 4.00 (G) mehrfarbig . . . . bcr 2,— 2,—
1250 A 5.60 (G) mehrfarbig . . . . bcs 2,50 2,50
Satzpreis (Paar) 4,50 4,50
FDC 6,—
Kleinbogen 23,— 23,—

Markenheftchen (2×1), C = gez. K 11½

1249 C	4.00 (G) mehrfarbig	bcr	3,—	3,—
1250 C	5.60 (G) mehrfarbig	bcs	4,—	4,—
H-Blatt 14	mit 1 × MiNr. 1249 C–1250 C		7,—	7,—
MH 12	mit 1 × H-Blatt 14		7,—	

Markenfolge im Kleinbogen: Zf-1249-1250-Zf, 1249-1250-1249-1250, 1249-1250-1249-1250

Auflagen: MiNr. 1249 A–1250 A = 150 000 Sätze, MH 12 = 25 000 Markenheftchen

Ungarn

2012, 9. Mai. Blockausgabe: Europa – Besuche. Odr.; gez. K 12½:12.

ilp) Paprika, Weintrauben

ilr) Madonnenfigur und Bücherschrank in der Abtei Pannonhalma

ils

ilr

ilp

ilp–ilr) Top-Level-Domain für Ungarn

5562	235 Ft mehrfarbig	ilp	2,—	2,—
5563	235 Ft mehrfarbig	ilr	2,—	2,—
Block 347	mit 2 × MiNr. 5562–5563 (120×70 mm)	ils	8,—	8,—
	FDC			9,—

Auflage: 100 000 Blocks

Vatikanstadt

2012, 11. Mai. Europa: Besuche. Odr. (5×2); gez. K 13½:14.

bnr) Silhouette des Petersdoms

bns) Heilig-Geist-Taube, Kirchenfenster im Petersdom

1740	0.75 (€) mehrfarbig	bnr	1,70	1,70
1741	0.75 (€) mehrfarbig	bns	1,70	1,70
	Satzpreis (2 W.)		3,40	3,40
	FDC			4,50
	Kleinbogensatz (2 Klb.)		34,—	34,—

Auflage: 200 000 Sätze

Weißrussland

2012, 12. März. Europa: Besuche. Odr., Bogen (2×4 Zd) und Kleinbogen (3 Zd); Aufdruck fl.; gez. K 13:13½.

amw

amx

amw–amx) Paare in Tracht bringen Gastgeschenke

912	5000 (R) mehrfarbig	amw	2,—	2,—
913	5000 (R) mehrfarbig	amx	2,—	2,—
	Satzpreis (Paar)		4,—	4,—
	FDC			5,50
	Kleinbogen		12,—	12,—

Auflage: 140 000 Sätze, davon 60 000 im Kleinbogen

Zypern

2012, 2. Mai. Europa: Besuche. Odr., Kleinbogen (4×2); A = vierseitig gez. K 13¾.

avg) Familie betrachtet Sonnenuntergang am Meer

avh) Radfahrer blicken aufs Meer

1237 A	0.51 € mehrfarbig	avg	1,30	1,30
1238 A	0.68 € mehrfarbig	avh	1,70	1,70
	Satzpreis A (2 W.)		3,—	3,—
	FDC A			3,50
	Kleinbogensatz A (2 Klb.)		24,—	24,—

Markenheftchen (4×2), D = dreiseitig gez. K 13¾

1237	0.51 € mehrfarbig	avg		
Do	oben geschnitten		1,30	1,30
Du	oben geschnitten		1,30	1,30
1238	0.68 € mehrfarbig	avh		
Do	oben geschnitten		1,70	1,70
Du	oben geschnitten		1,70	1,70
MH 15	(Nominale 4.76 €)		12,—	
H-Blatt 15	mit 4 × MiNr. 1237 D–1238 D		12,—	12,—

Auflagen: MiNr. 1237 A = 500 000, MiNr. 1238 A = 50 000 Stück, MiNr. 1237 D bis 1238 D = 60 000 Sätze

2013

Albanien

2013, 4. Okt. Europa: Postfahrzeuge. Odr., Kleinbogen (1×5 Zd) und Markenheftchen (1 Zd); gez. K 13¼:13.

dyd) Kleinlaster, Sattelschlepper

dye) Flugzeug, Eisenbahn, Schiff

dyd–dye) Erdkugel, Briefe und Pakete

3427	80 L mehrfarbig	dyd	1,50	1,50
3428	200 L mehrfarbig	dye	4,—	4,—
	Satzpreis (Paar)		5,50	5,50
	FDC			10,—
	Kleinbogen		28,—	28,—
	Markenheftchen		10,—	

Auflagen: MiNr. 3427–3428 = 13 750 Paare und 4000 Markenheftchen, MiNr. 3427 zusätzlich 50 000 Stück

Andorra (Französische Post)

2013, 17. Mai. Europa: Postfahrzeuge. Odr. (4×5); gez. K 13¼.

xw) Postbus

760	0.80 € mehrfarbig	xw	2,—	2,—
	FDC			2,60

Auflage: 60 000 Stück

Andorra (Spanische Post)

2013, 23. April. Europa: Postfahrzeuge. Odr. (5×5); Papier ph.; gez. K 14:13¼.

od) Post-Kleintransporter

401	0.75 € schwarz	od	1,80	1,80
		FDC		2,50

Auflage: 90 000 Stück

Armenien

2013, 15. Aug. Europa: Postfahrzeuge. Odr. (2×5 und 2×2); gez. K 13:13¼.

acu) Postlieferwagen

834	350 (D) mehrfarbig	acu	2,80	2,80
		FDC		4,50
		Kleinbogen I mit 10 × MiNr. 834	28,—	28,—
		Kleinbogen II mit 9 × MiNr. 834	25,—	25,—
		Kleinbogen III mit 4 × MiNr. 834	11,—	11,—

Kleinbogen II enthält 9 Marken und 1 Zierfeld (Feld 9).

Aserbaidschan

2013, 25. Febr. Europa: Postfahrzeuge. Odr., Kleinbogen (2×5); A = gez. K 13¼:13, B = ☐.

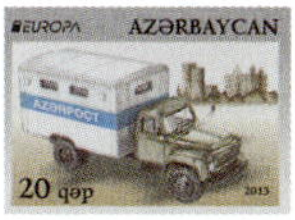

anv) Lkw

anw) Klein-lieferwagen

973	20 q mehrfarbig	anv		
A	vierseitig gez. K 13¼:13		1,20	1,20
B	☐		20,—	20,—
974	60 q mehrfarbig	anw		
A	vierseitig gez. K 13¼:13		3,80	3,80
B	☐		50,—	50,—
		Satzpreis A (2 W.)	5,—	5,—
		FDC A		7,—
		Kleinbogensatz A (2 Klb.)	50,—	50,—
		Satzpreis B (2 W.)	70,—	70,—
		Kleinbogensatz B (2 Klb.)	—,—	—,—

Markenheftchen (2×4); B = ☐, D = dreiseitig gez. L 13

973 D	20 q dreiseitig gez. L 13 (⊏⊐, ⊏⊐)		1,20	1,20
974 D	60 q dreiseitig gez. L 13 (⊏⊐, ⊏⊐)		3,80	3,80
		Heftchenblatt B	*300,—*	*300,—*
		Heftchenblatt D	20,—	20,—
		Markenheftchen	20,—	

Blockausgabe; A = gez. Ks 12¾:13, B = ☐

any

anx) Einachsiger Pferdewagen

975 A	1 M mehrfarbig	anx	5,—	5,—
Block 123 A	(110×82 mm)	any	5,—	5,—
		FDC A		7,—
Block 123 B	(110×82 mm)	any	130,—	—,—

MiNr. 973 D–974 D wurden schachbrettartig zusammenhängend im Viererblock gedruckt. Das Heftchenblatt enthält zwei Viererblocks im Kehrdruck.

Auflagen: MiNr. 973 A–974 A = 20 000, MiNr. 973 B–974 B = 500, MiNr. 973 D–974 D = 32 000 Sätze, Bl. 123 A = 10 000, Bl. 123 B = 100 Blocks

Belgien

2013, 9. Febr. Blockausgabe: Europa – Postfahrzeuge. Odr.; gez. Ks 11½.

fia) Pkw fib) Transporter fic

4358	3 (Europa) mehrfarbig	fia	7,—	7,—
4359	3 (Europa) mehrfarbig	fib	7,—	7,—
Block 172	(160×112 mm)	fic	14,—	14,—
		FDC (Blockmarken)		10,—

Nominale zur Zeit der Ausgabe: je 3.09 €

Bergkarabach*

2013, 19. Juli. Europa: Postfahrzeuge. Odr. (2×4, 2×3 und 2×2); gez. K 12.

bz) Postlieferwagen, Nationaldenkmal

81	500 (D) mehrfarbig	bz	3,50	3,50
		Kleinbogen zu 8 Marken	28,—	28,—
		Kleinbogen zu 6 Marken	42,—	42,—
		Kleinbogen zu 4 Marken	35,—	35,—

Bosnien und Herzegowina

2013, 9. Mai. Europa: Postfahrzeuge. Odr., Kleinbogen (1×5 Zd); A = vierseitig gez. K 13¼:12¾.

abs) VW-Kombi

abt) VW-Klein-transporter

618 A	2.50 (M) mehrfarbig	abs	3,—	3,—
619 A	2.50 (M) mehrfarbig	abt	3,—	3,—
		Satzpreis A (Paar A)	6,—	6,—
		FDC A		7,—
		Kleinbogen A	30,—	30,—

Blockausgabe mit MiNr. 618 A–619 A

Block 47	(103×47 mm)	abu	6,—	6,—
		FDC		7,—

Markenheftchen (2×3); D = dreiseitig, E = zweiseitig gez. K 12¾:13¼

618	2.50 (M)	mehrfarbig . . . . abs			
Dl		dreiseitig gez. (▢)		3,—	3,—
Dr		dreiseitig gez. (▢)		3,—	3,—
E		zweiseitig gez. (▢)		3,—	3,—
619	2.50 (M)	mehrfarbig . . . . abt			
Dl		dreiseitig gez. (▢)		3,—	3,—
Dr		dreiseitig gez. (▢)		3,—	3,—
E		zweiseitig gez. (▢)		3,—	3,—
		Satzpreis D/E (2 W.)		6,—	6,—
MH 11		(Nominale 15 M)		18,—	
H-Blatt 12		mit MiNr. 618 Dl/Dr/E–619 Dl/Dr/E		18,—	18,—

Auflagen: MiNr. 618 A–619 A = 20 000 Sätze, Bl. 47 = 20 000 Blocks, MH 11 = 8000 Markenheftchen

Bosnien und Herzegowina (Kroatische Post Mostar)*

2013, 5. April. Europa: Postfahrzeuge. Odr. (2×5); gez. K 14.

ra) Lieferwagen

rb) Moped

361	3.00 (M)	mehrfarbig . . . . ra	4,—	4,—
362	3.00 (M)	mehrfarbig . . . . rb	4,—	4,—
		Satzpreis (Paar)	8,—	8,—
		FDC		9,—
		Kleinbogen	32,—	32,—

Blockausgabe mit 2 × MiNr. 361–362

Block 29 (96×72 mm) . . . . rc	16,—	16,—
FDC		18,—

MiNr. 361–362 wurden waagerecht zusammenhängend im Kleinbogen zu je 4 Marken und 2 verschiedenen Zierfeldern (Feld 5 und 6) gedruckt.

Auflage: 100 000 Sätze

Bosnien und Herzegowina (Serbische Republik)*

2013, 12. Juli. Europa: Postfahrzeuge. Odr., Kleinbogen (3×3); A = vierseitig gez. K 13:13¾.

yt

yu

yt–yu) Historische Postbusse mit Fahrer

592 A	1.00 (M)	mehrfarbig . . . . yt	1,50	1,50
593 A	2.00 (M)	mehrfarbig . . . . yu	3,—	3,—
		Satzpreis A (2 W.)	4,50	4,50
		FDC A		5,—
		Kleinbogensatz (2 Klb.)	36,—	36,—

Markenheftchen (3×2); D = dreiseitig, E = zweiseitig gez. K 13:13¾

592	1.00 (M)	mehrfarbig . . . . yt		
Do		dreiseitig gez. (▢)	1,50	1,50
Du		dreiseitig gez. (▢)	1,50	1,50
E		zweiseitig gez. (▢)	1,50	1,50
593	2.00 (M)	mehrfarbig . . . . yu		
Do		dreiseitig gez. (▢)	3,—	3,—
Du		dreiseitig gez. (▢)	3,—	3,—
E		zweiseitig gez. (▢)	3,—	3,—
		Satzpreis D/E (2 W.)	4,50	4,50
H-Blatt 16		mit 1 × MiNr. 592 Do/Du/E und 593 Do/Du/E	13,50	13,50
MH 16		mit 1 × H-Blatt 16	14,—	

MiNr. 592 A–593 A wurden jeweils im Kleinbogen zu 8 Marken und 1 Zierfeld (Feld 5) gedruckt.

Auflagen: MiNr. 592 A–593 A = 40 000 Sätze, MH 16 = 20 000 Markenheftchen

Bulgarien

2013, 24. April. Europa: Postfahrzeuge. Odr. (3×2); gez. K 13¼:13.

hnb) Lieferwagen Citroën Jumper

hnc) Lieferwagen Citroën Berlingo

5092	0.65 L	mehrfarbig/rot; mit weißem Rahmen . . . . hnb	1,40	1,40
5093	1.50 L	mehrfarbig/rot/gelb; mit weißem Rahmen . . . . hnc	3,—	3,—
		Satzpreis (2 W.)	4,40	4,40
		FDC		6,50
		Kleinbogen	22,—	22,—

Blockausgabe

5094	0.65 L	mehrfarbig/rot; ohne Rahmen . . . . hnb	1,40	1,40
5095	1.50 L	mehrfarbig/rot/gelb; ohne Rahmen . . . . hnc	3,—	3,—
Block 370		(74×86 mm) . . . . hnd	4,50	4,50
		FDC		6,50

Markenheftchen (2×2), dreiseitig gez. L 13

5096	0.65 L	mehrfarbig/gelb; mit weißem Rahmen . . . . hnb		
Dl		▢	1,40	1,40
Dr		▢	1,40	1,40
5097	1.50 L	mehrfarbig/blau/gelb; mit weißem Rahmen . . . . hnc		
Dl		▢	3,—	3,—
Dr		▢	3,—	3,—
H-Blatt 19		mit 2 × MiNr. 5096 Dl/Dr	6,—	6,—
H-Blatt 20		mit 2 × MiNr. 5097 Dl/Dr	12,—	12,—
MH 12		mit H-Blatt 19–20	18,—	

Die zusätzlichen Farbangaben beziehen sich auf den Hintergrund der Wertziffern.

MiNr. 5092–5093 wurden jeweils im Kleinbogen zu 5 Marken und 1 Zierfeld (Feld 2) gedruckt.

Auflagen: MiNr. 5092–5093 = 24 000 Sätze, Bl. 370 = 17 000 Blocks, MH 12 = 6500 Markenheftchen

Dänemark

2013, 4. März. Blockausgabe: Europa – Postfahrzeuge. Komb. StTdr. und Odr.; gez. Ks 14.

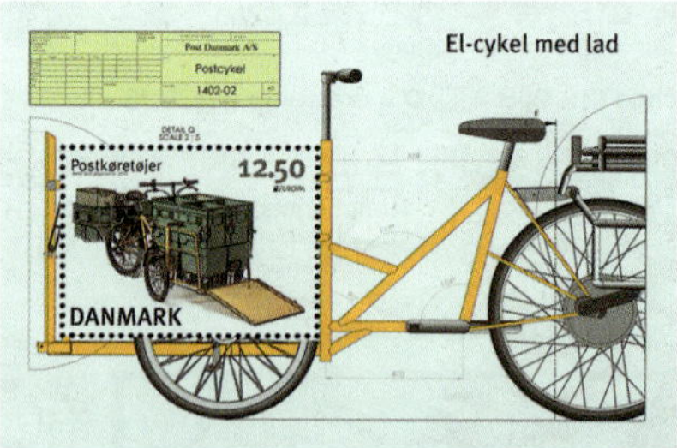

bae

bad) Elektrofahrrad

1737 12.50 (Kr) mehrfarbig . . . . bad	4,—	4,—
Block 50 (105×70 mm) . . . . bae	4,—	4,—
FDC		4,50

2013, 4. März. Europa: Postfahrzeuge. Komb. StTdr. und Odr. (6×6); selbstklebend; gestanzt 14.

bad) Elektrofahrrad

1738 12.50 (Kr) mehrfarbig . . . . bad	4,—	4,—
FDC		4,50

Dänemark – Färöer

2013, 29. April. Europa: Postfahrzeuge. Odr.; gez. K 14.

ahz) Fiat Doblò Maxi (2012)

aia) Lastkraftwagen Scania R420 (2007)

781	7 Kr	mehrfarbig	ahz	2,20	2,20
782	12.50 Kr	mehrfarbig	aia	3,80	3,80
			Satzpreis (2 W.)	6,—	6,—
			FDC		7,—

2013, 29. April. Europa: Postfahrzeuge. Odr.; Markenheftchen (2×4); selbstklebend; gestanzt 14.

ahz) Fiat Doblò Maxi (2012)

aia) Lastkraftwagen Scania R420 (2007)

783	7 Kr	mehrfarbig	ahz	2,20	2,20
784	12.50 Kr	mehrfarbig	aia	3,80	3,80
			Satzpreis (2 W.)	6,—	6,—
			FDC		7,—
			Markenheftchen	24,—	

MiNr. 785–786 wurden zusammen im Markenheftchen zu je 4 Marken gedruckt.

Dänemark – Grönland

2013, 14. Jan. Europa: Postfahrzeuge. Odr., Bogen (5×8); A = gez. K 12½.

xv) Hundeschlitten

xw) Kleintransporter, Lastkraftwagen, Motorroller

632 A	10.50 (Kr)	farbig	xv	3,—	3,—
633 A	11.50 (Kr)	mehrfarbig	xw	3,50	3,50
			Satzpreis A (2 W.)	6,50	6,50
			FDC A		7,50

Kleinbogen (3×3), C = gez. K 13¼

632 C	10.50 (Kr)	farbig	xv	3,—	3,—
633 C	11.50 (Kr)	mehrfarbig	xw	3,50	3,50
			Satzpreis C (2 W.)	6,50	6,50
			FDC C		7,50
			Kleinbogensatz C (2 Klb.)	59,—	59,—

MiNr. 632 C–633 C wurden auf Papier mit optischem Aufheller gedruckt.

2013, 14. Jan. Europa: Postfahrzeuge. Odr., Markenheftchen (3×2 + 3×2); selbstklebend; gestanzt K 13.

xv) Hundeschlitten

xw) Kleintransporter, Lastkraftwagen, Motorroller

634	10.50 (Kr)	mehrfarbig	xv	3,—	3,—
635	11.50 (Kr)	mehrfarbig	xw	3,50	3,50
			Satzpreis (2 W.)	6,50	6,50
			FDC		7,50
			Markenheftchen	39,—	

MiNr. 634–635 wurden zusammen im Markenheftchen zu je 6 Marken gedruckt.

Deutschland

2013, 2. Mai. Europa: Postfahrzeuge. Odr. (2×5); gez. K 13½:13¾.

dsx) Lloyd-Paketzustellwagen (1908)

3007	58 (C)	mehrfarbig	dsx	1,20	1,20
			FDC		2,20
			ETB 18/2013		1,50
			Kleinbogen	12,—	12,—

U So 307 Sonderumschlag „Internationale Briefmarkenbörse Sindelfingen“ mit MiNr. 3007 als Wertstempel 1,30 1,30

Estland

2013, 2. Mai. Europa: Postfahrzeuge. Odr. (1×5 Zd); gez. K 14:13¾.

zn) Postkutsche (um 1840)

zo) Postlieferwagen (2013)

763	1.00 €	mehrfarbig	zn	2,40	2,40
764	1.00 €	mehrfarbig	zo	2,40	2,40
			Satzpreis (Paar)	4,80	4,80
			FDC		5,50
			Kleinbogen	24,—	24,—

Auflage: 100 000 Sätze

Finnland

2013, 6. Mai. Europa: Postfahrzeuge. Odr. Folienblatt (2×5); selbstklebend; gestanzt 13:13¼.

clo) Lieferwagen Fort Transit Connect (2012); Briefträgerin verteilt Post

clp) Postbus Volvo LV70 (1933); Busfahrer

2239	1 LK	(1. Klasse) mehrfarbig	clo	2,20	2,20
2240	1 LK	(1. Klasse) mehrfarbig	clp	2,20	2,20
			Satzpreis (2 W.)	4,40	4,40
			FDC		5,—
			Folienblatt	22,—	22,—

Nominale zur Zeit der Ausgabe: je 0.80 €

Auflage: 1 000 000 Sätze

Finnland – Åland

2013, 6. Mai. Europa: Postfahrzeuge. Odr. (5×3 + 5×3); gez. K 13.

pv) Toyota Auris Hybrid

376	—	EUROPA mehrfarbig	pv	2,40	2,40
			FDC		3,40

Zwischenstegpaar:

376 ZW		1 Paar	5,50	5,50

Nominale zur Zeit der Ausgabe: 1.00 €

Auflage: 170 000 Stück

Frankreich

2013, 19. Mai. Europa: Postfahrzeuge. RaTdr. (3×7 Zd); Papier ph.; gez. K 13¼.

hde) Postkutsche (1840)

hdf) Kleintransporter Renault Kangoo Z.E.

5579	0.80 €	mehrfarbig	hde	1,90	1,90
5580	0.80 €	mehrfarbig	hdf	1,90	1,90
			Satzpreis (Paar)	3,80	3,80
			FDC		4,50

Auflage: 1 200 000 Sätze

Gibraltar

2013, 20. Juni. Europa: Postfahrzeuge. Odr. (2×4); gez. K 13¼.

bot) Lieferwagen Dennis (1911)

bou) Pferdekarren

bov) Motorrad Rover DU 5660 (1914)

bow) Elektrischer Lieferwagen YX 7649 (1928)

1547	10 P	mehrfarbig	bot	0,30	0,30
1548	42 P	mehrfarbig	bou	1,—	1,—
1549	44 P	mehrfarbig	bov	1,—	1,—
1550	1.75 £	mehrfarbig	bow	4,20	4,20
			Satzpreis (4 W.)	6,50	6,50
			FDC		8,—
			Kleinbogensatz (4 Klb.)	52,—	52,—

Griechenland

2013, 9. Mai. Europa: Postfahrzeuge. Odr., Bogen (2×4 Zd); A = vierseitig gez. K 13¾.

cvw) Fahrrad

cvv) Kleintransporter

2710 A	0.78 €	mehrfarbig	cvv	1,70	1,70
2711 A	3.28 €	mehrfarbig	cvw	7,30	7,30
			Satzpreis A (Paar)	9,—	9,—
			FDC A		11,—

Markenheftchen (2×1 Zd), C = senkrecht gez. 12¾

2710 C	0.78 €	mehrfarbig	cvv	1,70	1,70
2711 C	3.28 €	mehrfarbig	cvw	7,30	7,30
			Satzpreis C (2 W.)	9,—	9,—

MH 37	(Nominale 8.12 €)	18,—	
H-Blatt 45	mit 2 × MiNr. 2710 C–2711 C	18,—	18,—

Auflagen: MiNr. 2710 A–2711 A = 100 000, MiNr. 2710 C–2711 C = 24 000 Sätze

Großbritannien

2013, 13. Aug. Blockausgabe: Europa – Postfahrzeuge. Odr.; gez. Ks 14¼.

dwn) Morris Minor Van (1953) dwo) Austin FX4 (1958) dwp) Ford Anglia 105E (1959) dwr) Land Rover Defender 110 (1990) dws

3509	1ST	mehrfarbig	dwn	1,50	1,50
3510	1ST	mehrfarbig	dwo	1,50	1,50
3511	1ST	mehrfarbig	dwp	1,50	1,50
3512	1ST	mehrfarbig	dwr	1,50	1,50
Block 84	(180×74 mm)		dws	6,—	6,—
			FDC		7,50

Nominale zur Zeit der Ausgabe: je 60 P

Bl. 84 gehört zu der Ausgabe MiNr. 3503–3508.

2013, 19. Sept. Europa: Postfahrzeuge. RaTdr., Markenheftchen; selbstklebend; gestanzt 14¼.

dwn) Morris Minor Van (1953)

3523	1ST	mehrfarbig	dwn	1,50	1,50
			FDC		3,—
			Markenheftchen	10,—	

Nominale zur Zeit der Ausgabe: 60 P

MiNr. 3523 stammt zusammen mit MiNr. 3524 aus dem Markenheftchen MH 0-354.

Großbritannien – Guernsey

2013, 8. Mai. Europa: Postfahrzeuge. Odr. (2×5); gez. K 13¼.

bmf) Morris 6cwt O-Type, Royal Mail (Großbritannien)

bmg) VW Käfer Kastenwagen, Deutsche Bundespost (Deutschland)

1419	—	mehrfarbig	bmf	1,40	1,40
1420	—	mehrfarbig	bmg	1,60	1,60
			Satzpreis (6 W.)	3,—	3,—
			FDC		4,50
			Kleinbogensatz (6 Klb.)	30,—	30,—

Blockausgabe mit MiNr. 1417–1422

Block 65	(140×100 mm)	bmk	9,—	9,—
		FDC		12,—

Die Marken tragen statt einer Wertangabe folgende Inschriften: MiNr. 1419 „UK LETTER“ (Nominale zur Zeit der Ausgabe: 55 P), MiNr. 1420 „INT LETTER 20G“ (Nominale zur Zeit der Ausgabe: 63 P)

MiNr. 1419–1420 stammen aus dem Satz MiNr. 1417–1422.

Großbritannien – Isle of Man

2013, 4. Juli. Europa: Postfahrzeuge. Odr., Bogen (5×3) und Kleinbogen (5×2); gez. K 14¾:14.

cdi) Schlagzeile der britischen Tageszeitung „The Times“ (5.7.1973): Postalische Unabhängigkeit der Isle of Man

1876	73 (P) mehrfarbig	cdi	1,80	1,80
		FDC mit 2 × MiNr. 1876		6,—
		Kleinbogen	18,—	18,—

MiNr. 1876 stammt aus dem Satz MiNr. 1874–1879.

Großbritannien – Jersey

2013, 19. März. Europa: Postfahrzeuge. Odr. (2×5); gez. K 13¼.

bzl) Kraftfahrzeuge

bzn) Postcontainer, Frachtflugzeug Vickers Viscount

1715	55 (P) mehrfarbig	bzl	1,40	1,40
1717	80 (P) mehrfarbig	bzn	2,—	2,—
		Satzpreis (2 W.)	3,40	3,40
		FDC		5,—
		Kleinbogensatz (2 Klb.)	34,—	34,—

MiNr. 1715 und 1717 stammen aus dem Satz MiNr. 1714–1717.

Irland

2013, 2. Mai. Europa: Postfahrzeuge. Odr. (2×5); Papier ph.; gez. K 15:14.

bud) Briefträger mit Postkarre und Fahrrad

bue) Zusteller mit Kleintransporter

2051	60 C mehrfarbig	bud	1,50	1,50
2052	90 C mehrfarbig	bue	2,—	2,—
		Satzpreis (2 W.)	3,50	3,50
		FDC		5,—
		Kleinbogensatz (2 Klb.)	35,—	35,—

Auflagen: MiNr. 2051 = 136 000, MiNr. 2052 = 116 000 Stück

Island

2013, 2. Mai. Europa: Postfahrzeuge. Odr., Folienblatt (2×5); selbstklebend; A = vierseitig gestanzt 13½.

ayr) Kleintransporter Ford Transit 350M (2012)

ays) Lastkraftwagen MAN TGS (2010)

1394 A	— mehrfarbig	ayr	2,80	2,80
1395 A	— mehrfarbig	ays	3,70	3,70
		Satzpreis A (2 W.)	6,50	6,50
		FDC A		7,50
		2 Folienblätter A	65,—	65,—

Markenheftchen (2×5), D = dreiseitig gestanzt 13½

1394 D	— mehrfarbig (⊡)	ayr	2,80	2,80
1395 D	— mehrfarbig (⊡)	ays	3,70	3,70
		Satzpreis D (2 W.)	6,50	6,50
		FDC D		7,50
		2 Markenheftchen D	65,—	

Nominalen zur Zeit der Ausgabe: MiNr. 1394 = 175 Kr, MiNr. 1395 = 230 Kr

Auflagen: MiNr. 1394 A = 300 000, MiNr. 1395 A = 150 000, MiNr. 1394 D–1395 D je 130 000 Stück

Italien

2013, 9. Mai. Europa: Postfahrzeuge. RaTdr. (5×9); selbstklebend; gestanzt 11.

edn) Motorroller, historisches Motorrad mit Briefträger

edo) Historischer Lastwagen, Elektro-Kleinwagen „Free Duck“

3603	0.70 € mehrfarbig	edn	1,80	1,80
3604	0.85 € mehrfarbig	edo	2,—	2,—
		Satzpreis (2 W.)	3,80	3,80
		FDC		4,50

Auflage: 4 050 000 Sätze

Kasachstan

2013, 25. April. Europa: Postfahrzeuge. Odr. (5×2); gez. K 14¼:14.

aea) Kamelreiter

794	200 (T) mehrfarbig	aea	4,—	4,—
		FDC		5,—
		Kleinbogen I	40,—	40,—
		Kleinbogen II	40,—	40,—

MiNr. 794 wurde in zwei verschiedenen Kleinbogen gedruckt: Im Kleinbogen I stehen alle Marken richtig, im Kleinbogen II stehen die Marken auf Feld 7 und 9 kopf.

Auflage: 220 000 Stück

Kosovo*

2013, 2. Mai. Europa: Postfahrzeuge. Odr. (5×2); Embleme fl.; gez. K 14:14¼.

kw) Briefträger mit Fahrrad, Dampflokomotive

kx) Postkutsche, Briefträger auf Motorroller

247	1 € mehrfarbig	kw	2,50	2,50
248	2 € mehrfarbig	kx	5,50	5,50
		Satzpreis (2 W.)	8,—	8,—
		FDC		9,—
		Kleinbogensatz (2 Klb.)	80,—	80,—

Länder mit einem Stern nach dem Landesnamen waren oder sind keine Mitglieder der CEPT bzw. POSTEUROP.

Blockausgabe, gez. Ks 14¼:14

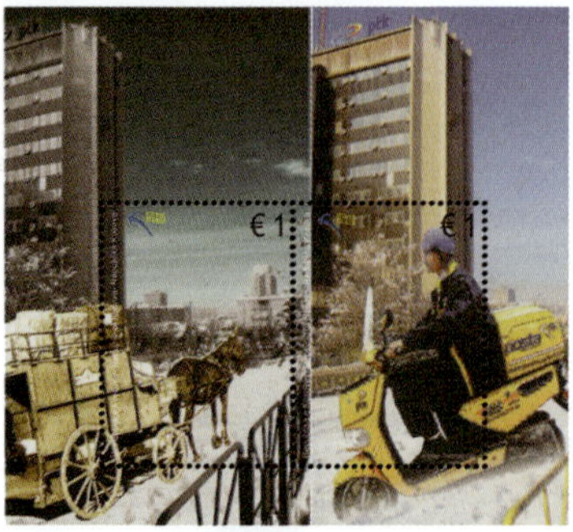

ky) Postkutsche

kz) Briefträger auf Motorroller

la

249	1 €	mehrfarbig	ky	2,50	2,50
250	1 €	mehrfarbig	kz	2,50	2,50
Block 25	(93×86 mm)		la	5,50	5,50
			FDC		7,—

Auflagen: MiNr. 247–248 = 18 000 Sätze, Bl. 25 = 15 000 Blocks

Kroatien

2013, 9. Mai. Europa: Postfahrzeuge. Odr. (4×4); Embleme fl.; gez. K 14.

ast) Postzusteller mit Mopeds Tomos Colibri T12

asu) Lieferwagen OM Lupetto 25

1082	7.10	(K)	mehrfarbig	ast	2,20	2,20
1083	7.10	(K)	mehrfarbig	asu	2,20	2,20
				Satzpreis (2 W.)	4,40	4,40
				FDC		5,—

Auflage: 300 000 Sätze

Lettland

2013, 19. April. Europa: Postfahrzeuge. Odr., Kleinbogen (5×2); A = gez. K 14.

abm) Kutsche, Eisenbahnwagen

abn) Flugzeug, Lkw, Lieferwagen, Fahrrad

861 A	55 (S) / 0.78 €	mehrfarbig	abm	2,—	2,—
862 A	120 (S) / 1.71 €	mehrfarbig	abn	4,—	4,—
			Satzpreis (2 W.)	6,—	6,—
			FDC		6,50
			Kleinbogensatz (2 Klb.)	60,—	60,—

Markenheftchen (2×2), D = dreiseitig gezähnt K 14

861	55 (S) / 0.78 €	mehrfarbig	abm		
Do		oben ungezähnt		5,—	5,—
Du		unten ungezähnt		5,—	5,—
			Markenheftchen	20,—	20,—

MiNr. 861 A–862 A wurden jeweils in senkrechten Kehrdrucken gedruckt.

Das Markenheftchen ist der Briefmarkenmesse in Essen (2.–4. 5. 2013) gewidmet.

Auflagen: MiNr. 861 A = 50 000, MiNr. 862 A = 30 000, MiNr. 861 D = 20 000 Stück

Lesen Sie bitte auch das Vorwort!

Liechtenstein

2013, 4. März. Europa: Postfahrzeuge. Odr. (4×5); gez. K 14¼:14½.

brn) Fahrzeugräder

1661	1.40 (Fr)	mehrfarbig	brn	2,30	2,30
			FDC		4,—
			MK 359		4,—

Litauen

2013, 27. April. Europa: Postfahrzeuge. Odr., Kleinbogen (2×5) und Markenheftchen (3×2); gez. K 13:13¼.

agv) Tazzari ZERO (2009)

agw) Moskwitsch 401 (um 1950)

1131	2.45	L	mehrfarbig	agv	1,80	1,80
1132	2.45	L	mehrfarbig	agw	1,80	1,80
				Satzpreis (2 W.)	3,60	3,60
				FDC		4,90
				Kleinbogensatz (2 Klb.)	36,—	36,—
				Heftchenblatt	*50,—*	*50,—*
				Markenheftchen	*50,—*	

Das Markenheftchen (Postpreis: 21 L) enthält ein Heftchenblatt mit 3 × MiNr. 1131–1132 schachbrettartig zusammenhängend. Bei einer Teilauflage wurde das Heftchenblatt nur eingelegt statt eingeklebt.

Auflage: 89 000 Sätze, davon 9000 im Markenheftchen

Luxemburg

2013, 2. Mai. Europa: Postfahrzeuge. Odr. (2×5); gez. K 13¼.

bmk) Citroën 2CV AZU (1960)

bml) Renault Kangoo

1969	0.60	(€)	mehrfarbig	bmk	1,50	1,50
1970	0.85	(€)	mehrfarbig	bml	2,—	2,—
				Satzpreis (2 W.)	3,50	3,50
				FDC		4,—
				Kleinbogensatz (2 Klb.)	35,—	35,—

Auflage: 200 000 Sätze

Makedonien

2013, 24. April. Europa: Postfahrzeuge. Odr. (3×3); gez. K 13½:13¼.

aak) Mercedes-Lieferwagen

aal) VW-Kleintransporter

656	40	(D)	mehrfarbig	aak	1,80	1,80
657	60	(D)	mehrfarbig	aal	2,70	2,70
				Satzpreis (2 W.)	4,50	4,50
				FDC		5,50
				Kleinbogensatz (2 Klb.)	41,—	41,—

Blockausgabe

aam) Mercedes-Lastkraftwagen, VW Caddy

aan

658	100 (D) mehrfarbig	aam	4,50	4,50
Block 26	(60×80 mm)	aan	4,50	4,50
		FDC		5,50

Auflagen: MiNr. 656–657 = 12 000 Sätze, Bl. 26 = 10 000 Blocks

Malta

2013, 9. Mai. Europa: Postfahrzeuge. Odr., Kleinbogen (4×3); Wz. 6; gez. K 13¾:14.

cfz) Kleintransporter Ford Transit

cga) Motorroller Lambretta

1817	0.37 € mehrfarbig	cfz	1,—	1,—
1818	1.19 € mehrfarbig	cga	2,80	2,80
		Satzpreis (2 W.)	3,80	3,80
		FDC		4,50
		Kleinbogensatz (2 Klb.)	38,—	38,—

Markenheftchen (1×5)

H-Blatt 7	mit 5 × MiNr. 1817	5,—	
MH 0-15	mit 1 × H-Blatt 7	5,—	

MiNr. 1817–1818 wurden jeweils im Kleinbogen zu 10 Marken und 2 verschiedenen Zierfeldern (Feld 1 und 2) gedruckt.

Auflagen: MiNr. 1817 = 200 000, MiNr. 1818 = 30 000 Stück

Moldawien

2013, 30. April. Europa: Postfahrzeuge. Odr. (5×2); gez. K 14:14½.

aix) Schiguli-Postlieferwagen

aiy) Postpferdewagen (17. Jh.)

829	4.50 L mehrfarbig	aix	2,10	2,10
830	5.75 L mehrfarbig	aiy	2,70	2,70
		Satzpreis (2 W.)	4,80	4,80
		FDC		6,—
		Kleinbogensatz (2 Klb.)	48,—	48,—

Markenheftchen (2×2)

H-Blatt 16	mit 4 × MiNr. 829	9,—	9,—
H-Blatt 17	mit 4 × MiNr. 830	11,—	11,—
MH 18	mit 1 × H-Blatt 16–17	20,—	20,—

Auflagen: MiNr. 829–830 = 50 000 Sätze, MH 18 = 6000 Markenheftchen

Monaco

2013, 10. Mai. Europa: Postfahrzeuge. Odr. (2×5); gez. K 13¼.

dkw) Elektroauto Peugeot Venturi

3132	0.63 € mehrfarbig	dkw	1,30	1,30
		FDC		2,30
		Kleinbogen	13,—	13,—

Auflage: 100 000 Stück

Montenegro

2013, 19. April. Europa: Postfahrzeuge. Odr. (3×3); gez. K 13:13¼.

kp) Historisches Postautomobil

328	0.95 € mehrfarbig	kp	*18,—*	*18,—*
		FDC		—,—
		Kleinbogen	*150,—*	*150,—*

MiNr. 328 wurde im Kleinbogen zu 8 Marken und 1 Zierfeld (Feld 5) gedruckt.

Auflage: 20 000 Stück

Niederlande

2013, 22. April. Europa: Postfahrzeuge. Odr., Kleinbogen (1×5 Zd); gez. K 13¼:12¾.

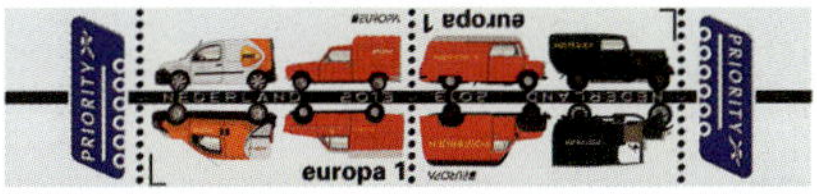

dob) Renault Kangoo (2013); Fiat Fiorino (2010); Simca 1100 VF (1976); Lieferwagen Daf 33 (1974)

doc) Lieferwagen Bedford CA (1960); Opel Blitz (1956); Opel P4 (1936); GMC 2,5t (1918)

3104	1 EUROPA mehrfarbig	dob	2,20	2,20
3105	1 EUROPA mehrfarbig	doc	2,20	2,20
		Satzpreis (Kehrdruckpaar)	4,40	4,40
		FDC		7,80
		Kleinbogen	22,—	22,—

Markenheftchen (1×2)

H-Blatt 175	mit 1 × MiNr. 3104–3105 (mit rotem Auto)	8,—	8,—
H-Blatt 176	mit 1 × MiNr. 3104–3105 (mit grünem Auto)	8,—	8,—
H-Blatt 177	mit 1 × MiNr. 3104–3105 (ohne Auto)	8,—	8,—
MH 90	mit 1 × H-Blatt 175–177	25,—	

Nominale zur Zeit der Ausgabe: je 0.90 €

MiNr. 3104–3105 wurden zusammenhängend in waagerechten Kehrdruckpaaren gedruckt.

Postpreis von MH 90: 9.95 €

Auflage: 600 000 Sätze

Norwegen

2013, 10. Juni. Europa: Postfahrzeuge. Odr. (5×10); gez. K 14:13¼.

bkg) Motorrad Harley-Davidson mit Seitenwagen (1932)

bkh) Elektrofahrzeug Ford Connect

1816	13.00 (Kr) mehrfarbig	bkg	4,—	4,—
1817	15.00 (Kr) mehrfarbig	bkh	4,50	4,50
		Satzpreis (2 W.)	8,50	8,50
		FDC		9,—

Auflage: 500 000 Sätze

Österreich

2013, 6. Mai. Blockausgabe: Europa: Postfahrzeuge; 100 Jahre Elektrofahrzeuge. Odr.; selbstklebend; ☐.

dit) Postfahrzeug Renault Kangoo Z.E. (2013)

diu

3070	70 (C) mehrfarbig	dit	1,60	1,60
Block 75	(85×48 mm)	diu	1,60	1,60
		FDC		2,30

Auflage: 170 000 Blocks

Polen

2013, 6. Mai. Europa: Postfahrzeuge. Odr. (3×3); Papier fl.; Sicherheitszähnung K 11½.

ggl) Briefträger im Peugeot-Kleinlieferwagen

4607	4.60 Zł mehrfarbig	ggl	4,50	4,50
		FDC		6,50
		Kleinbogen	41,—	41,—

Auflage: 540 000 Stück

Portugal

2013, 9. Mai. Europa: Postfahrzeuge. Odr. (2×5); Sicherheitszähnung K 12:11¾.

eod) Elektrofahrzeug Goupil G3

3843	0.70 € mehrfarbig	eod	1,60	1,60
		FDC		3,—
		Kleinbogen	16,—	16,—

Blockausgabe mit MiNr. 3843–3844

eod) Elektrofahrzeug Goupil G3 — eof

eoe) Elektrofahrzeug Goupil G3, Briefträgerin

3844	0.70 € mehrfarbig	eoe	1,60	1,60
Block 345	(125×95 mm)	eof	3,20	3,20
		FDC		5,—

Auflagen: MiNr. 3843 = 175 000 Stück, Bl. 345 = 60 000 Blocks

Portugal – Azoren

2013, 9. Mai. Europa: Postfahrzeuge. Odr., Kleinbogen (2×5); Sicherheitszähnung K 12:11¾.

na) 125-ccm-Motorrad mit Postkiste

585	0.70 € mehrfarbig	na	1,60	1,60
		FDC		3,—
		Kleinbogen	16,—	16,—

Blockausgabe mit MiNr. 585–586

na) 125-ccm-Motorrad mit Postkiste — nc

nb) Briefträger auf Motorrad

586	0.70 € mehrfarbig	nb	1,60	1,60
Block 52	(125×95 mm)	nc	3,20	3,20
		FDC		5,—

Markenheftchen (1×2 und 1) (Nov.)

H-Blatt 70	mit 1 × MiNr. 587–588	—,—
H-Blatt 71	mit 1 × MiNr. 589–590	—,—
H-Blatt 72	mit 1 × Bl. 53	—,—
H-Blatt 73	mit 1 × Bl. 54	—,—
H-Blatt 74	mit 1 × MiNr. 585	—,—
H-Blatt 75	mit 1 × Bl. 52	—,—
MH 25	mit 1 × H-Blatt 70–75	25,—

Auflagen: MiNr. 585 = 155 000 Stück, Bl. 52 = 60 000 Blocks, MH 25 = 4500 Markenheftchen

Portugal – Madeira

2013, 9. Mai. Europa: Postfahrzeuge. Odr., Kleinbogen (2×5); Sicherheitszähnung K 12:11¾.

no) Geländefahrzeug Quad mit Postkiste

324	0.70 € mehrfarbig	no	1,60	1,60
		FDC		3,—
		Kleinbogen	16,—	16,—

Blockausgabe mit MiNr. 324–325

no) Geländefahrzeug Quad mit Postkiste nr

np) Briefträger auf Quad, Briefkästen

325	0.70 € mehrfarbig	np	1,60	1,60
Block 55	(125×95 mm)	nr	3,20	3,20
		FDC		5,—

Markenheftchen (1×2 und 1) (Nov.)

H-Blatt 73	mit 1 × MiNr. 326–327		—,—
H-Blatt 74	mit 1 × MiNr. 328–329		—,—
H-Blatt 75	mit 1 × Bl. 56		—,—
H-Blatt 76	mit 1 × Bl. 57		—,—
H-Blatt 77	mit 1 × MiNr. 324		—,—
H-Blatt 78	mit 1 × Bl. 55		—,—
MH 26	mit 1 × H-Blatt 73–78		25,—

Auflagen: MiNr. 324 = 155 000 Stück, Bl. 55 = 60 000 Blocks, MH 26 = 4500 Markenheftchen

2014, 27. Jan. Europa: Postfahrzeuge. Odr., Faltblatt (3×10); selbstklebend; gestanzt 10½.

no) Geländefahrzeug Quad mit Postkiste

333	E mehrfarbig	no	1,60	1,60
		FDC		4,—
		Faltblatt	48,—	

Nominale zur Zeit der Ausgabe: 0.70 €

MiNr. 333 stammt aus dem Satz MiNr. 332–336 und wurde im Faltblatt zu jeweils 6 Marken ausgegeben.

Auflage: 180 000 Sätze

Rumänien

2013, 30. April. Europa: Postfahrzeuge. Odr., Bogen (4×8) und Kleinbogen (3×2); gez. K 13½.

krw) Flugzeug

krx) Auto und Fahrrad

6705	2.10 L mehrfarbig	krw	1,50	1,50
6706	14.50 L mehrfarbig	krx	8,50	8,50
		Satzpreis (2 W.)	10,—	10,—
		FDC		30,—
		Kleinbogensatz (2 Klb.)	60,—	60,—

Blockausgabe mit 2 × MiNr. 6705–6706

Block 558 I	links oben MiNr. 6705 (112×89 mm)	kry	20,—	20,—
Block 558 II	links oben MiNr. 6706 (112×89 mm)	krz	20,—	20,—

Auflagen: MiNr. 6705 = 91 800, MiNr. 6618 = 32 600 Stück, davon jeweils 27 000 im Kleinbogen, Bl. 529 I und II je 16 000 Blocks

Russland

2013, 26. April. Europa: Postfahrzeuge. Odr. (2×4); gez. K 13½.

cfn) Pferdeschlitten

1925	15 R mehrfarbig	cfn	1,80	1,80
		FDC		2,20
		Kleinbogen I	15,—	15,—
		Kleinbogen II	*150,—*	*150,—*

Kleinbogen I trägt die falsche Randinschrift „POSTAL MENS OF TRANSPORT", Kleinbogen II die korrigierte Inschrift „POSTAL MEANS OF TRANSPORT". Kleinbogen II stammt aus einer Verkaufsverpackung (Auflage: 1000 Stück).

Auflage: 480 000 Stück

San Marino

2013, 3. April. Europa: Postfahrzeuge. Odr. (3×4); Emblem fl.; gez. K 13:13¼.

brz) Postauto (Anfang 20. Jh.), Porta San Francesco, Brieftransport

bsa) VW-Bus, Gebäude Parva Domus, Briefübergabe

2551	0.70 (€) mehrfarbig	brz	1,60	1,60
2552	0.85 (€) mehrfarbig	bsa	1,90	1,90
		Satzpreis (2 W.)	3,50	3,50
		FDC		4,—

Auflage: 70 000 Sätze

Schweden

2013, 14. März. Blockausgabe: Europa – Postfahrzeuge. Komb. StTdr. und Odr.; gez. Ks 12¾.

dfm

dfk) Fahrrad dfl) Elektroauto

2930	12 Kr mehrfarbig	dfk	3,50	3,50
2931	12 Kr mehrfarbig	dfl	3,50	3,50
Block 43	(107×70 mm)	dfm	7,—	7,—
		FDC		8,—

Schweiz

2013, 7. Mai. Europa: Postfahrzeuge. Odr. (4×4); gez. K 13½.

cmy) Elektrodreirad Tribelhorn mit Gepäckabteil (1920–1950)

cmz) Elektrodreirad Kyburz DXP (ab 2010)

2292	100 (C) mehrfarbig . . . . cmy		2,—	2,—
2293	100 (C) mehrfarbig . . . . cmz		2,—	2,—
		Satzpreis (2 W.)	4,—	4,—
		FDC		5,50
		Paar	4,50	4,50

MiNr. 2292–2293 wurden zusammen im Bogen zu 16 Marken gedruckt, wobei MiNr. 2292 in der linken und MiNr. 2293 in der rechten Bogenhälfte angeordnet ist.

Serbien

2013, 9. Mai. Europa: Postfahrzeuge. Odr. (3×3); gez. K 13¼:13¾.

pv) Postfahrzeug zwischen Kosovska Mitrovica und Novi Pazar (Anfang 20. Jh.)

pw) Peugeot-Kleinlieferwagen für Express- und Paketzustellungen

501	44 (Din) mehrfarbig . . . . pv		0,90	0,90
502	112 (Din) mehrfarbig . . . . pw		2,30	2,30
		Satzpreis (2 W.)	3,20	3,20
		FDC		3,80
		Kleinbogensatz (2 Klb.)	25,50	25,50

MiNr. 501–502 wurden jeweils im Kleinbogen zu 8 Marken und 1 Zierfeld (Feld 5) gedruckt.

Auflage: MiNr. 501 = 100 000, MiNr. 502 = 45 000 Stück

Slowakei

2013, 9. Mai. Europa: Postfahrzeuge. Odr. (5×10); Papier fl.; gez. K 11¾:11¼.

abl) Postbus Škoda 125 (um 1930)

707	0.90 € mehrfarbig . . . . abl		2,20	2,20
		FDC		3,60

Auflage: 300 000 Stück

2013, 9. Mai. Europa: Postfahrzeuge. Odr., Markenheftchen (3×2); Papier fl.; selbstklebend; gestanzt 16½:15.

abl) Postbus Škoda 125 (um 1930)

708	0.90 € mehrfarbig . . . . abl	2,20	2,20
MH 0-74	mit 6 × MiNr. 708	14,—	

Auflage: 15 000 Markenheftchen

Slowenien

2013, 22. März. Europa: Postfahrzeuge. Odr. (3×3); Papier fl.; gez. K 11¾:11¼.

alp) Krpan-Postfahrrad

alr) Postkutsche (18. Jh.)

992	0.64 (€) mehrfarbig . . . . alp		1,50	1,50
993	0.92 (€) mehrfarbig . . . . alr		2,20	2,20
		Satzpreis (2 W.)	3,70	3,70
		FDC		6,—
		Kleinbogensatz (2 Klb.)	30,—	30,—

MiNr. 992–993 wurden jeweils im Kleinbogen zu 8 Marken und 1 Zierfeld (Feld 4) gedruckt.

Auflage: 100 000 Sätze

Spanien

2013, 23. April. Europa: Postfahrzeuge. Odr. (5×5); Papier ph.; gez. K 13¾:13¼.

fuy) Elektro-Kleinwagen Comarth CR Sport

4781	0.75 € mehrfarbig . . . . fuy		1,80	1,80
		FDC		2,50

Auflage: 300 000 Stück

Tschechische Republik

2013, 2. Mai. Europa: Postfahrzeuge. Odr. (3×2); Papier fl.; gez. K 11¼.

aia) Paketwagen Modell IV im Postmuseum Vyšší Brod (Hohenfurth)

762	25 Kč mehrfarbig . . . . aia		2,30	2,30
		FDC		3,20
		Kleinbogen	14,—	14,—

Auflage: 150 000 Stück

Türkei

2013, 9. Mai. Europa: Postfahrzeuge. Odr.; gez. K 13¼.

drf) Moderne Postbeförderungsmittel

drg) Historische Postbeförderungsmittel

4029	1.10 L mehrfarbig . . . . drf		1,40	1,40
4030	2.20 L mehrfarbig . . . . drg		2,80	2,80
		Satzpreis (2 W.)	4,20	4,20
		FDC		5,—

Auflage: 100 000 Sätze

Türkisch-Zypern*

2013, 6. Mai. Europa: Postfahrzeuge. Odr.; I = (4×4), II = (5×8); Wz. 1; gez. K 13¾:14.

ahd) Fahrrad mit Posttaschen

ahe) Kleintransporter

I = mit Hintergrundbild

774 I	80 K mehrfarbig . . . . ahd		1,20	1,20
775 I	80 K mehrfarbig . . . . ahe		1,20	1,20
		Satzpreis (2 W.)	2,40	2,40
		FDC		3,—
		774 I Zf–775 I Zf	3,—	3,—

II = ohne Hintergrundbild

774 II	80 K mehrfarbig . . . . ahd		1,—	1,—
775 II	80 K mehrfarbig . . . . ahe		1,—	1,—
		Satzpreis (2 W.)	2,—	2,—
		FDC		2,50

MiNr. 774 I–775 I wurden jeweils im Bogen zu 15 Marken und 1 Zierfeld (Feld 16) gedruckt. Die Marken aus diesen Bogen weisen Teile eines Hintergrundbildes in grauer Farbe auf, wobei die ersten beiden Marken davon nicht betroffen sind. Diese können aber anhand der farbstärkeren Inschriften von den Marken aus den 40er-Bogen unterschieden werden. Die unterschiedlichen Details aus dem Hintergrundbild werden nicht katalogisiert.

Auflagen: MiNr. 774 I–775 I = 40 000, MiNr. 774 II–775 II = 10 000 Sätze

Ukraine

2013, 29. Mai. Europa: Postfahrzeuge. Odr. (4×4); Aufdruck fl.; A = gez. K 14:14¼.

bgs) Moskwitsch 400 (1953)

bgt) MAZ 5440 (2013)

1334 A	4.00 (G) mehrfarbig	bgs	2,—	2,—
1335 A	5.60 (G) mehrfarbig	bgt	3,—	3,—
		Satzpreis (Paar)	5,—	5,—
		FDC		6,—

Markenheftchen (1 Zd), C = gez. K 11½

1334 C	4.00 (G) mehrfarbig	bgs	—,—	—,—
1335 C	5.60 (G) mehrfarbig	bgt	—,—	—,—
H-Blatt 15	mit 1 × MiNr. 1334 C–1335 C		10,—	10,—
		FDC		11,50
MH 13	mit 1 × H-Bl. 15		10,—	

MiNr. 1334 A–1335 A wurden schachbrettartig zusammenhängend gedruckt.

Auflagen: MiNr. 1334 A–1335 A = 100 000 Sätze, MiNr. 1334 C–1335 C = 15 500 Heftchen

Ungarn

2013, 3. Mai. Blockausgabe: Europa – Postfahrzeuge. Odr.; gez. K 13:13¼.

iot) Csonka-Paketzustellwagen (1914)

iou) Ford-Postlieferwagen (2013)

iov

iou

iot

5627	235 Ft mehrfarbig	iot	2,20	2,20
5628	235 Ft mehrfarbig	iou	2,20	2,20
Block 357	mit 2 × MiNr. 5627–5628 (120×70 mm)	iov	9,—	9,—
		FDC		10,—

Auflage: 80 000 Blocks

Vatikanstadt

2013, 2. Mai. Europa: Postfahrzeuge. Odr. (5×2); gez. K 13¼:13.

boz) Postauto, Petersdom

bpa) Postauto, Petersdom, Weltkugel

1772	0.70 (€) mehrfarbig	boz	1,80	1,80
1773	0.85 (€) mehrfarbig	bpa	2,—	2,—
		Satzpreis (2 W.)	3,80	3,80
		FDC		4,50
		Kleinbogensatz (2 Klb.)	38,—	38,—

Auflage: 150 000 Sätze

Weißrussland

2013, 29. April. Europa: Postfahrzeuge. Odr. (2×5); Aufdruck fl.; gez. K 12:12¼.

aou) Peugeot-Postlieferwagen

aov) Lkw MAZ 437143-340

950	H mehrfarbig	aou	2,—	2,—
951	P mehrfarbig	aov	2,—	2,—
		Satzpreis (2 W.)	4,—	4,—
		FDC		5,—
		Kleinbogensatz (2 Klb.)	40,—	40,—

Blockausgabe mit 2 × MiNr. 950–951

Block 100	(106×106 mm)	aow	8,—	8,—

Nominale zur Zeit der Ausgabe: 5500 bzw. 5800 R

Auflagen: MiNr. 950–951 = 70 000 Sätze, Bl. 100 = 13 000 Blocks

Zypern

2013, 2. Mai. Europa: Postfahrzeuge. Odr., Kleinbogen (4×2); A = vierseitig gez. K 14.

awe) Modernes Postfahrzeug, Briefkasten

awf) Historisches Postfahrzeug, Briefkasten, Briefträger

1257 A	0.34 € mehrfarbig	awe	0,80	0,80
1258 A	0.51 € mehrfarbig	awf	1,20	1,20
		Satzpreis A (2 W.)	2,—	2,—
		FDC A		2,50
		Kleinbogensatz A (2 Klb.)	16,—	16,—

Markenheftchen (4×2), D = dreiseitig gez. K 14

1257	0.34 € mehrfarbig	awe		
Do	oben geschnitten		0,80	0,80
Du	unten geschnitten		0,80	0,80
1258	0.51 € mehrfarbig	awf		
Do	oben geschnitten		1,20	1,20
Du	unten geschnitten		1,20	1,20
MH 16	(Nominale 3.40 €)		8,—	
H-Blatt 16	mit 4 × MiNr. 1257 D–1258 D		8,—	8,—

Auflagen: MiNr. 1257 A = 55 000, MiNr. 1258 A = 550 000 Stück, MiNr. 1257 D bis 1258 D = 72 000 Sätze

2014

Eine Ausgabe von Albanien lag bei Redaktionsschluss noch nicht vor.

Andorra (Französische Post)

2014, 23. Mai. Europa: Musikinstrumente. Odr. (4×5); gez. K 13.

yk) Dudelsack

773	0.83 € mehrfarbig	yk	1,90	1,90
		FDC		3,—

Auflage: 50 000 Stück

Andorra (Spanische Post)

2014, 23. April. Europa: Musikinstrumente. Odr. (5×5); Papier ph.; gez. K 13:13¾.

or) Akkordeon

416	0.76 €	mehrfarbig	or	1,80	1,80
			FDC		2,40

Auflage: 90 000 Stück

Armenien

2014, 24. Mai. Europa: Musikinstrumente. Odr. (2×4); gez. K 13:13¼.

afi) Zurna

afk) Pku

887	350 (D)	mehrfarbig	afi	3,—	3,—
888	350 (D)	mehrfarbig	afk	3,—	3,—
			Satzpreis (2 W.)	6,—	6,—
			FDC		8,—
			Kleinbogensatz (2 Klb.)	48,—	48,—

Aserbaidschan

2014, 17. Febr. Europa: Musikinstrumente. Odr., Kleinbogen (2×5); A = vierseitig gez. K 14¼:14, B = □.

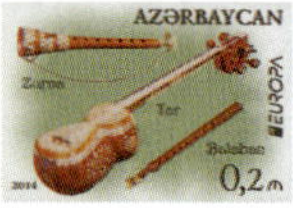

asd) Zurna, Tar, Balaban

ase) Kamança, Qaval, Tütək

1038	0.2 M	mehrfarbig	asd		
A		vierseitig gez. K 14¼:14		0,70	0,70
B		□		20,—	20,—
1039	0.6 M	mehrfarbig	ase		
A		vierseitig gez. K 14¼:14		2,10	2,10
B		□		50,—	50,—
			Satzpreis A (2 W.)	2,80	2,80
			FDC A		5,—
			Kleinbogensatz A (2 Klb.)	28,—	28,—
			Satzpreis B (2 W.)	70,—	70,—
			Kleinbogensatz B (2 Klb.)	700,—	700,—

Markenheftchen (2×4); B = □, dreiseitig gez. K 14:14¼

1038 D	0.2 M	dreiseitig gez. K 14:14¼ (⊏⊐, ⊏⊐)		0,70	0,70
1039 D	0.6 M	dreiseitig gez. K 14:14¼ (⊏⊐, ⊏⊐)		2,10	2,10
			Heftchenblatt B	300,—	300,—
			Heftchenblatt D	12,—	12,—
			Markenheftchen	12,—	

Blockausgabe; A = gez. Ks 14¼:14, B = □

asf) Musikant mit Qaval

asg

1040 A	1 M	mehrfarbig	asf	3,40	3,40
Block 139 A	(98×80 mm)		asg	3,40	3,40
			FDC A		6,—
Block 139 B	(98×80 mm)		asg	130,—	130,—

MiNr. 1038 D–1039 D wurden schachbrettartig zusammenhängend im Viererblock gedruckt. Das Heftchenblatt enthält zwei Viererblocks im Kehrdruck.

Auflagen: MiNr. 1038 A–1039 A = 20 000, MiNr. 1038 B–1039 B = 200, MiNr. 1038 D–1039 D = 10 000 Sätze, Bl. 139 A = 10 000, Bl. 139 B = 200 Blocks

Belgien

2014, 5. Juli. Blockausgabe: Europa – Musikinstrumente. Odr., MiNr. 4473 komb. Odr. und Pdr.; gez. Ks 11½.

fog) Saxophon

foh) Saxophonist

foi

4473	3	(Europa) mehrfarbig	fog	7,40	7,40
4474	3	(Europa) mehrfarbig	foh	7,40	7,40
Block 185	(120×168 mm)		foi	14,80	14,80
			FDC (Blockmarken)		12,—

Nominale zur Zeit der Ausgabe: je 3.21 €

Eine Ausgabe von Bergkarabach lag bei Redaktionsschluss noch nicht vor.

Bosnien und Herzegowina

2014, 9. Mai. Europa: Musikinstrumente. Odr., Kleinbogen (1×5 Zd); A = vierseitig gez. K 12¾:13¼.

acr) Akkordeon

acs) Geige, Trommel

638 A	2.50 (M)	mehrfarbig	acr	3,—	3,—
639 A	2.50 (M)	mehrfarbig	acs	3,—	3,—
			Satzpreis A (Paar A)	6,—	6,—
			FDC A		7,—
			Kleinbogen A	30,—	30,—

Blockausgabe mit MiNr. 638 A–639 A

Block 50	(90×65 mm)	act	6,—	6,—
		FDC		7,—

Markenheftchen (2×3); D = dreiseitig, E = zweiseitig gez. K 12¾:13¼

638	2.50 (M)	mehrfarbig	acr		
D		dreiseitig gez. (⊐⊏)		3,—	3,—
E		zweiseitig gez. (⊏⊐)		3,—	3,—
639	2.50 (M)	mehrfarbig	acs		
D		dreiseitig gez. (⊐⊏)		3,—	3,—
E		zweiseitig gez. (⊏⊐)		3,—	3,—
		Satzpreis D/E (2 W.)		6,—	6,—
MH 12		(Nominale 15 M)		18,—	
H-Blatt 13		mit MiNr. 638 Dl/Dr/E–613 Dl/Dr/E		18,—	18,—

Bosnien und Herzegowina (Kroatische Post Mostar)*

2014, 5. April. Europa: Musikinstrumente. Odr. (5×2); gez. K 14.

sc) Sackpfeife (Diple)

sd) Doppelflöte (Dvojnice)

385	3.00 (M)	mehrfarbig	sc	3,50	3,50
386	3.00 (M)	mehrfarbig	sd	3,50	3,50
		Satzpreis (Paar)		7,—	7,—
		FDC			8,50
		Kleinbogen		28,—	28,—

Blockausgabe mit 2 × MiNr. 385–386

Block 31	(77×97 mm)	se	14,—	14,—
		FDC		15,50

MiNr. 385–386 wurden schachbrettartig zusammenhängend im Kleinbogen zu je 4 Marken und 2 verschiedenen Zierfeldern (Feld 3 und 8) gedruckt.

Auflage: 50 000 Sätze

Bosnien und Herzegowina (Serbische Republik)*

2014, 25. April. Europa: Musikinstrumente. Odr., Kleinbogen (3×3); A = vierseitig gez. K 13:13¾.

aab) Dvojnice (Doppelblockflöte)

aac) Fiddle (Saiteninstrument)

623 A	1.00 (M)	mehrfarbig	aab	1,20	1,20
624 A	2.00 (M)	mehrfarbig	aac	2,30	2,30
		Satzpreis A (2 W.)		3,50	3,50
		FDC A			5,—
		Kleinbogensatz (2 Klb.)		28,—	28,—

Markenheftchen (3×2); D = dreiseitig, E = zweiseitig gez. K 13:13¾

623	1.00 (M)	mehrfarbig	aab		
Do		dreiseitig gez. (⊐⊏)		1,20	1,20
Du		dreiseitig gez. (⊐⊏)		1,20	1,20
E		zweiseitig gez. (⊏⊐)		1,20	1,20
624	2.00 (M)	mehrfarbig	aac		
Do		dreiseitig gez. (⊐⊏)		2,30	2,30
Du		dreiseitig gez. (⊐⊏)		2,30	2,30
E		zweiseitig gez. (⊏⊐)		2,30	2,30
		Satzpreis D/E (2 W.)		3,50	3,50
H-Blatt 17		mit 1 × MiNr. 623 Do/Du/E und 624 Do/Du/E		11,—	11,—
MH 17		mit 1 × H-Blatt 17		12,—	

MiNr. 623 A–624 A wurden jeweils im Kleinbogen zu 8 Marken und 1 Zierfeld (Feld 5) gedruckt.

Auflagen: MiNr. 623 A–624 A = 35 000 Sätze, MH 17 = 15 000 Markenheftchen

Bulgarien

2014, 29. April. Europa: Musikinstrumente. Odr. (2×3); Sicherheitszähnung K 13.

hpw) Trommler und Tänzer in Trachten

hpx) Flötenspieler und Tänzer in Trachten

5153	0.65 L	mehrfarbig; mit weißem Rahmen	hpw	1,20	1,20
5154	1.50 L	mehrfarbig; mit weißem Rahmen	hpx	2,80	2,80
		Satzpreis (2 W.)		4,—	4,—
		FDC			6,—
		Kleinbogensatz (2 Klb.)		24,—	24,—

Blockausgabe, gez. Ks 13

5155	0.65 L	mehrfarbig; ohne Rahmen	hpw I	1,20	1,20
5156	1.50 L	mehrfarbig; ohne Rahmen	hpx I	2,80	2,80
Block 386	(126×86 mm)		hpy	4,—	4,—
		FDC			6,—

Markenheftchen (1×2 + 2×2); B = □, D = einseitig gez. 13

5157	0.65 L	mehrfarbig	hpw II		
B		□		1,40	1,40
Dl		⊐		1,40	1,40
Dr		⊏		1,40	1,40
5158	1.50 L	mehrfarbig	hpx II		
B		□		3,—	3,—
Dl		⊐		3,—	3,—
Dr		⊏		3,—	3,—
H-Blatt 22		mit 3 × MiNr. 5157–5158		13,—	13,—
MH 14		mit H-Blatt 22		13,—	

In den Kleinbogen steht jeweils die unterste Markenreihe kopf.

Die Heftchenmarken unterscheiden sich auch durch das kleinere Format von Bogen- und Blockmarken. Das Heftchenblatt enthält jede Zähnungsvariante (B, Dl, Dr) je einmal.

Auflagen: MiNr. 5153–5154 = 22 000 Sätze, Bl. 386 = 15 000 Blocks, MH 14 = 6300 Markenheftchen

Dänemark

2014, 15. März. Europa: Musikinstrumente. Komb. StTdr. und Odr. (5×1); selbstklebend; gestanzt 13:13¼.

bbd) PH-Flügel (1931); von Poul Henningsen

1771	14.00 (Kr)	mehrfarbig	bbd	4,40	4,40
		FDC			5,80
		Folienblatt		22,—	

Dänemark – Färöer

2014, 28. April. Europa: Musikinstrumente. Odr. (5×4); gez. K 13:13¼.

aiz) Färöisches Symphonieorchester

aka) Kontrabassisten

804	14.50 Kr	mehrfarbig	aiz	4,50	4,50
805	19.50 Kr	mehrfarbig	aka	6,—	6,—
		Satzpreis (2 W.)		10,50	10,50
		FDC			11,—

Dänemark – Grönland

2014, 20. Jan. Europa: Musikinstrumente. Odr. (10×5, Querformat ~) und Kleinbogen (3×3); gez. K 12½.

yy) Trommel

yz) Fidel und Harmonika

660	11.50 (Kr)	mehrfarbig . . . . yy	3,50	3,50
661	13.00 (Kr)	mehrfarbig . . . . yz	4,—	4,—
		Satzpreis (2 W.)	7,50	7,50
		FDC		9,—
		Kleinbogensatz (2 Klb.)	67,50	67,50

2014, 20. Jan. Europa: Musikinstrumente. Odr., Markenheftchen (3×2 + 3×2); selbstklebend; gestanzt 13¾.

yy) Trommel

yz) Fidel und Harmonika

662	11.50 (Kr)	mehrfarbig . . . . yy	3,50	3,50
663	13.00 (Kr)	mehrfarbig . . . . yz	4,—	4,—
		Satzpreis (2 W.)	7,50	7,50
		FDC		9,—
		Markenheftchen	45,—	

MiNr. 662–663 wurden zusammen im Markenheftchen zu je 6 Marken gedruckt.

Deutschland

2014, 8. Mai. Europa: Musikinstrumente. Odr. (2×5); gez. K 13¾.

dvd) Klarinette

3078	60 (C)	mehrfarbig . . . . dvd	1,20	1,20
		FDC		2,20
		ETB 17/2014		1,50
		Kleinbogen	12,—	12,—

Estland

2014, 8. Mai. Europa: Musikinstrumente. Odr. (2×5); gez. K 14:13¾.

aau) Kantele

aav) Konzertina

794	1 €	mehrfarbig . . . . aau	2,30	2,30
795	1 €	mehrfarbig . . . . aav	2,30	2,30
		Satzpreis (2 W.)	4,60	4,60
		FDC		5,50
		Kleinbogensatz (2 Klb.)	46,—	46,—

Auflage: 50 000 Sätze

Finnland

2014, 5. Mai. Europa: Musikinstrumente. Odr. (2×5); selbstklebend; Sicherheitsstanzung.

com) Akkordeon

con) Kantele

2304	1 LK	(1. Klasse) mehrfarbig . . . . . . com	2,30	2,30
2305	1 LK	(1. Klasse) mehrfarbig . . . . . . con	2,30	2,30
		Satzpreis (2 W.)	4,60	4,60
		FDC		6,20
		Folienblatt	23,—	

Nominale zur Zeit der Ausgabe: je 1 €

MiNr. 2304–2305 wurden zusammen im Folienblatt gedruckt.

Auflage: 1 000 000 Sätze

Finnland – Åland

2014, 8. Mai. Europa: Musikinstrumente. Odr. (4×4 + 4×4); gez. K 13¼.

rm) Flügel von Alie Lindberg (1849–1933), Pianistin

391	—	EUROPA mehrfarbig . . . . rm	2,50	2,50
		FDC		4,—

Zwischenstegpaar:

391 ZW	. . . . 1 Paar	5,50	5,50

Nominale zur Zeit der Ausgabe: 1.10 €

Auflage: 150 000 Stück

Frankreich

2014, 4. Mai. Europa: Musikinstrumente. RaTdr. (6×5); gez. K 13¼.

hns) Naderman-Harfe (1787)

5839	0.83 €	mehrfarbig . . . . hns	1,90	1,90
		FDC		3,—

Auflage: 1 000 000 Stück

Gibraltar

2014, 2. Mai. Europa: Musikinstrumente. Odr. (2×4); gez. K 13¼:13.

brp) Tambourmajor

brr) Trommler

brp–brr) Armeemusikkorps „The Band and Corps of Drums of the Royal Gibraltar Regiment“

1620	50 P	mehrfarbig . . . . brp	1,40	1,40
1621	1.00 £	mehrfarbig . . . . brr	2,80	2,80
		Satzpreis (2 W.)	4,20	4,20
		FDC		6,50
		Kleinbogensatz (2 Klb.)	33,50	33,50

Griechenland

2014, 19. Mai. Europa: Musikinstrumente. Odr., Bogen (2×4 Zd); A = vierseitig gez. K 13¼:13¾.

cyv) Kithara (Saiteninstrument)

cyu) Laute (Zupfinstrument)

2776 A	0.90 €	mehrfarbig .... cyu		2,—	2,—
2777 A	3.40 €	mehrfarbig .... cyv		7,80	7,80
			Satzpreis A (Paar)	9,80	9,80
			FDC A		13,50

Markenheftchen (2×1 Zd), C = senkrecht gez. 13¾

2776 C	0.90 €	mehrfarbig .... cyu		2,—	2,—
2777 C	3.40 €	mehrfarbig .... cyv		7,80	7,80
			Satzpreis C (2 W.)	9,80	9,80

MH 38	(Nominale 8.60 €)	20,—	
H-Blatt 46	mit 2 × MiNr. 2776 C–2777 C	20,—	20,—

Auflagen: MiNr. 2776 A–2777 A = 100 000, MiNr. 2776 C–2777 C = 10 000 Sätze

Eine Ausgabe von Großbritannien lag bei Redaktionsschluss noch nicht vor.

Großbritannien – Guernsey

2014, 8. Mai. Europa: Musikinstrumente. Odr. (5×2); gez. K 13¼.

bog

boh

bog–boh) Chifournie, Drehleier von Guernsey

1464	55 (P)	mehrfarbig .... bog		1,50	1,50
1465	63 (P)	mehrfarbig .... boh		1,80	1,80
			Satzpreis (6 W.)	3,30	3,30
			FDC		6,—
			Kleinbogensatz (6 Klb.)	33,—	33,—

Blockaugabe mit MiNr. 1462–1467

Block 69 (140×100 mm) .... bol		10,—	10,—
	FDC		13,—

MiNr. 1464–1465 stammen aus dem Satz MiNr. 1462–1467.

Großbritannien – Isle of Man

2014, 6. Jan. Europa: Musikinstrumente. Odr., Bogen (4×5) und Kleinbogen (5×2); gez. K 12¾.

cen) Musik auf dem Festival „Island of Culture 2014"

1904	—	mehrfarbig .... cen		2,10	2,10
			FDC mit 2 × MiNr. 1876		8,—
			Kleinbogen	21,—	21,—

MiNr. 1904 trägt statt einer Wertangabe die Inschrift „EU" (Nominale zur Zeit der Ausgabe: 73 P).

MiNr. 1904 stammt aus dem Satz MiNr. 1900–1907.

Großbritannien – Jersey

2014, 25. März. Europa: Musikinstrumente. Odr. (5×2); gez. K 14.

cda) Saxophon

cdb) Banjo

1794	60 (P)	mehrfarbig .... cda		1,70	1,70
1795	80 (P)	mehrfarbig .... cdb		2,40	2,40
			Satzpreis (2 W.)	4,10	4,10
			FDC		7,—
			Kleinbogensatz (2 Klb.)	41,—	41,—

MiNr. 1794–1795 stammen aus dem Satz MiNr. 1792–1795.

Irland

2014, 8. Mai. Europa: Musikinstrumente. Odr. (2×5); Papier ph.; gez. K 13½.

bvw) Bodhrán (irische Rahmentrommel)

bvx) Keltische Harfe

2089	60 C	mehrfarbig .... bvw		1,50	1,50
2090	90 C	mehrfarbig .... bvx		2,—	2,—
			Satzpreis (2 W.)	3,50	3,50
			FDC		5,80
			Kleinbogensatz (2 Klb.)	35,—	35,—

Auflagen: MiNr. 2089 = 136 000, MiNr. 2090 = 116 000 Stück

Island

2014, 27. März. Europa: Musikinstrumente. Odr. (2×5); selbstklebend; senkrecht gestanzt 13¼, oben an Konturen gestanzt.

baa) Steinharfe (2001)

bab) Elektromagnetische Harfe

1424	—	mehrfarbig .... baa		2,60	2,60
1425	—	mehrfarbig .... bab		3,40	3,40
			Satzpreis (2 W.)	6,—	6,—
			FDC		7,—
			2 Folienblätter	60,—	60,—

Nominalen zur Zeit der Ausgabe: MiNr. 1424 = 175 Kr, MiNr. 1425 = 230 Kr

Auflagen: MiNr. 1424 = 300 000, MiNr. 1425 = 100 000 Stück

Italien

2014, 9. Mai. Europa: Musikinstrumente. RaTdr. (9×5); selbstklebend; gestanzt 11.

fcc) Zampogna (Sackpfeife)

fcd) Launedda (Rohrpfeife)

3691	0.70 €	mehrfarbig . . . . fcc	1,60	1,60
3692	0.85 €	mehrfarbig . . . . fcd	1,90	1,90
		Satzpreis (2 W.)	3,50	3,50
		FDC		4,50

Auflage: 2 700 000 Sätze

Eine Ausgabe von Kasachstan lag bei Redaktionsschluss noch nicht vor.

Eine Ausgabe von Kosovo lag bei Redaktionsschluss noch nicht vor.

Kroatien

2014, 9. Mai. Europa: Musikinstrumente. Odr. (4×5); Embleme fl.; gez. K 14.

aux) Lijerica (Streichlaute)

auy) Sopila (Schalmei)

1131	3.10 (K) mehrfarbig . . . . aux	1,—	1,—
1132	7.60 (K) mehrfarbig . . . . auy	2,30	2,30
	Satzpreis (2 W.)	3,30	3,30
	FDC		4,30

Auflage: 300 000 Sätze

Lettland

2014, 11. April. Europa: Musikinstrumente. Odr., Kleinbogen (5×2); A = gez. K 14:13¾.

adf) Kokle (Zither)

adg) Dudas (Dudelsack)

904 A	0.78 € mehrfarbig . . . . adf	1,80	1,80
905 A	1.71 € mehrfarbig . . . . adg	3,70	3,70
	Satzpreis A (2 W.)	5,50	5,50
	FDC A		6,80
	Kleinbogensatz A (2 Klb.)	55,—	55,—

Markenheftchen (2×2), D = dreiseitig gezähnt K 14

904 0.78 €	mehrfarbig . . . . adf		
Do	oben ungezähnt	2,50	2,50
Du	unten ungezähnt	2,50	2,50
	Markenheftchen	10,—	10,—

MiNr. 904 A–905 A wurden jeweils in senkrechten Kehrdrucken gedruckt.

Das Markenheftchen ist der Briefmarkenmesse in Essen (8.–10. 5. 2014) gewidmet.

Auflagen: MiNr. 904 A = 54 000, MiNr. 904 D = 24 000, MiNr. 905 A = 30 000 Stück

Liechtenstein

2014, 10. März. Europa: Musikinstrumente. Odr. (4×5); gez. K 12½:12¼.

btg) Landsknechttrommel

1702	140 (Rp) mehrfarbig . . . . btg	2,60	2,60
	FDC		4,—
	MK 374		4,—

Litauen

2014, 3. Mai. Europa: Musikinstrumente. Odr. (2×5); gez. K 13:13¼.

aic) Ziegenhorn, hölzernes Glockenspiel

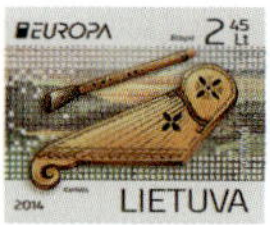

aid) Birbynė, Kantele

1159	2.45 L mehrfarbig . . . . aic	2,—	2,—
1160	2.45 L mehrfarbig . . . . aid	2,—	2,—
	Satzpreis (2 W.)	4,—	4,—
	FDC		5,30

Auflage: 80 000 Sätze

Luxemburg

2014, 8. Mai. Europa: Musikinstrumente. Odr. (2×5); gez. K 12½.

boc) Volksmusikgruppe

bod) Marschmusikgruppe

2007	0.60 (€) mehrfarbig . . . . boc	1,40	1,40
2008	0.85 (€) mehrfarbig . . . . bod	2,—	2,—
	Satzpreis (2 W.)	3,40	3,40
	FDC		4,20
	Kleinbogensatz (2 Klb.)	34,—	34,—

Makedonien

2014, 4. Juni. Europa: Musikinstrumente. Odr., Kleinbogen (3×3); gez. K 13½:13¼.

aca) Zurna (Doppelblattflöte)

acb) Okarina (Kugelflöte)

694	40 (D) mehrfarbig . . . . aca	1,50	1,50
695	50 (D) mehrfarbig . . . . acb	1,80	1,80
	Satzpreis (2 W.)	3,30	3,30
	2 FDC		5,—
	Kleinbogensatz (2 Klb.)	30,—	30,—

Blockausgabe

acc) Tapan (Trommel)

acd

696	60 (D) mehrfarbig . . . . acc	2,20	2,20
Block 27	(83×60 mm) . . . . acd	2,20	2,20
	FDC		4,—

Markenheftchen (2×2)

ace) Tambura (Zupfinstrument)

acf) Zweisaitige Tambura

acg) Gusle (Schalenhalslaute)

ach) Gaida (Sackpfeife)

697	50 (D) mehrfarbig	ace	1,80	1,80
698	50 (D) mehrfarbig	acf	1,80	1,80
699	50 (D) mehrfarbig	acg	1,80	1,80
700	50 (D) mehrfarbig	ach	1,80	1,80
		Satzpreis (4 W.)	7,20	7,20
		FDC		9,—
MH 2	(Nominale 200 D)		8,—	
H-Blatt 2	mit MiNr. 697–700		7,50	7,50

Auflagen: MiNr. 694–695 = 8000 Sätze, Bl. 27 = 8000 Blocks, MH 2 = 5000 Markenheftchen

Malta

2014, 9. Mai. Europa: Musikinstrumente. Odr. Bogen (6×2); Wz. 6; gez. K 13¾.

chl) Sackpfeifenspieler

chm) Musiker mit Rahmentrommel

chl–chm) Details aus dem Gemälde von Girolamo Gianni (1837–1895), italienischer Maler

1848	0.59 €	mehrfarbig	chl	1,30	1,30
1849	2.19 €	mehrfarbig	chm	5,—	5,—
			Satzpreis (2 W.)	6,30	6,30
			FDC		8,60
			1848 Zf–1849 Zf	6,50	6,50

Markenheftchen (5×1)

H-Blatt 8	mit 5 × MiNr. 1848	6,50	
MH 0-16	mit 1 × H-Blatt 8	6,50	

MiNr. 1848–1849 wurden jeweils im Bogen zu 11 Marken und 1 Zierfeld (Feld 7) gedruckt.

Auflage: 39 600 Sätze

Moldawien

2014, 22. März. Europa: Musikinstrumente. Odr. (2×5); gez. K 14:14½.

all) Zymbal

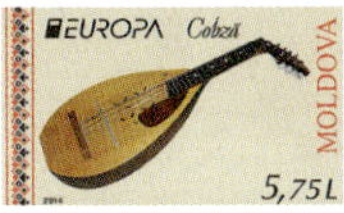

alm) Koboz

863	3 L	mehrfarbig	all	1,50	1,50
864	5.75 L	mehrfarbig	alm	3,—	3,—
			Satzpreis (2 W.)	4,50	4,50
			FDC		12,—
			Kleinbogensatz (2 Klb.)	45,—	45,—

Markenheftchen (2×2)

H-Blatt 18	mit 3 × MiNr. 863 und 1 Zierfeld	—,—	—,—
H-Blatt 19	mit 3 × MiNr. 864 und 1 Zierfeld	—,—	—,—
MH 19	mit 1 × H-Blatt 18–19	25,—	

Auflagen: MiNr. 863–864 = 100 000 Sätze, MH 19 = 3000 Markenheftchen

Monaco

2014, 7. Mai. Europa: Musikinstrumente. Odr. (2×5); gez. K 13¼.

dnd) Mandoline, Volksmusikanten, Fürstenpalast

3184	0.83 €	mehrfarbig	dnd	1,90	1,90
			FDC		3,—
			Kleinbogen	11,50	11,50

Auflage: 60 000 Stück

Montenegro

2014, 18. April. Europa: Musikinstrumente. Odr. (3×3); gez. K 13:13¼.

ln) Gusle (Schalenhalslaute)

349	0.95 €	mehrfarbig	ln	2,20	2,20
			FDC		3,20
			Kleinbogen	18,—	18,—

Blockausgabe mit MiNr. 349

Block 14	(52×66 mm)	lo	2,20	2,20
		FDC		3,20

MiNr. 349 wurde im Kleinbogen zu 8 Marken und 1 Zierfeld (Feld 5) gedruckt.

Auflage: MiNr. 349 = 30 000 Stück

Niederlande

2014, 22. April. Europa: Musikinstrumente. Odr. (1×5 Zd); Papier ph.; gez. K 13¼:13½.

duc) Orgelrad, Trommel und Lochbuch

dud) Vorderseite mit Orgelfiguren

duc–dud) Straßendrehorgel De Drie Pruiken (1952) der Orgelbauerfamilie Perlee, Amsterdam

3227	1	INTERNATIONAL mehrfarbig	duc	2,40	2,40
3228	1	INTERNATIONAL mehrfarbig	dud	2,40	2,40
			Satzpreis (Paar)	4,80	4,80
			FDC		10,50
			Kleinbogen	24,—	24,—

Nominale zur Zeit der Ausgabe: je 1.05 €

Auflage: 450 000 Sätze

Österreich

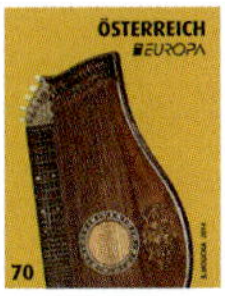

2014, 9. Mai. Europa: Musikinstrumente. Odr. (10×5); gez. K 13¼:14.

dmo) Alpenländische Konzertzither in der traditionellen Salzburger Form

3134	70 (C)	mehrfarbig	dmo	1,60	1,60
			FDC		2,60

Auflage: 360 000 Stück

Polen

2014, 5. Mai. Europa: Musikinstrumente. Odr. (4×3); Papier fl.; Sicherheitszähnung K 11½.

gkt) Traditioneller Dudelsack in Gestalt einer Ziege

4676	5.20 Zł	mehrfarbig	gkt	4,40	4,40
			FDC		7,—

Auflage: 300 000 Stück

Portugal

2014, 9. Mai. Europa: Musikinstrumente. Odr. (5×2); Sicherheitszähnung K 11¾:12.

etn) Dudelsackspieler

3934	E	mehrfarbig	etn	1,60	1,60
			FDC		3,50
			Kleinbogen	16,—	16,—

Blockausgabe mit MiNr. 3934–3935

etn) Dudelsackspieler eto) Dudelsack etp

3935	E	mehrfarbig	eto	1,60	1,60
Block 362		(125×95 mm)	etp	3,20	3,20
			FDC		5,80

Nominale zur Zeit der Ausgabe: 0.70 €

Auflagen: MiNr. 3934 = 185 000 Stück, Bl. 362 = 60 000 Blocks

Portugal – Azoren

2014, 9. Mai. Europa: Musikinstrumente. Odr. (5×2); Sicherheitszähnung K 11¾:12.

nm) Viola-da-Terra-Spieler

593	E	mehrfarbig	nm	1,60	1,60
			FDC		3,50
			Kleinbogen	16,—	16,—

Blockausgabe mit MiNr. 593–594

nm) Viola-da-Terra-Spieler nn) Viola da Terra (Saiteninstrument) no

594	E	mehrfarbig	nn	1,60	1,60
Block 55		(125×95 mm)	no	3,20	3,20
			FDC		5,80

Nominale zur Zeit der Ausgabe: 0.70 €

Auflagen: MiNr. 593 = 185 000 Stück, Bl. 55 = 60 000 Blocks

Portugal – Madeira

2014, 9. Mai. Europa: Musikinstrumente. Odr. (5×2); Sicherheitszähnung K 11¾:12.

oa) Brinquinho-Spieler

337	E	mehrfarbig	oa	1,60	1,60
			FDC		3,50
			Kleinbogen	16,—	16,—

Blockausgabe mit MiNr. 337–338

oa) Brinquinho-Spieler ob) Brinquinho oc

338	E	mehrfarbig	ob	1,60	1,60
Block 58		(125×95 mm)	oc	3,20	3,20
			FDC		5,80

Nominale zur Zeit der Ausgabe: E = 0.70 €

Auflagen: MiNr. 337 = 205 000 Stück, Bl. 58 = 60 000 Blocks

Lesen Sie bitte auch das Vorwort!

Rumänien

2014, 5. Mai. Europa: Musikinstrumente. Odr., Bogen (4×8) und Kleinbogen (3×2); gez. K 13½.

kxo) Bucium

kxp) Laute

kxo–kxp) Details des Wandgemäldes an der Außenfassade der Klosterkirche Voroneț; Volksmusikanten

6812	2.10 L	mehrfarbig	kxo	1,70	1,70
6813	14.50 L	mehrfarbig	kxp	11,50	11,50
			Satzpreis (2 W.)	13,—	13,—
			FDC		35,—
			Kleinbogensatz (2 Klb.)	80,—	80,—

Blockausgabe mit 2 × MiNr. 6812–6813

Block 586 I	links oben MiNr. 6812 (114×90 mm)	kxr	26,—	26,—
Block 586 II	links oben MiNr. 6813 (114×90 mm)	kxs	26,—	26,—

Auflagen: MiNr. 6812 = 85 800, MiNr. 6813 = 28 200 Stück, davon jeweils 21 000 in Kleinbogen, Bl. 586 I und II je 13 000 Blocks

Russland

2014, 30. April. Europa: Musikinstrumente. Odr. (4×3); gez. K 12.

cme) Musikanten mit Balalaika und Akkordeon, Tänzer; Basiliuskathedrale, Moskau

2041	18 R	mehrfarbig	cme	2,20	2,20
			FDC		2,40

Auflage: 480 000 Stück

San Marino

2014, 17. März. Europa: Musikinstrumente. Odr. (4×3); Emblem fl.; gez. K 13¼.

btr) Trompete; Erster Turm auf dem Monte Titano (Spiegelbild)

bts) Horn; Staatspalast Palazzo Pubblico (Spiegelbild)

2585	0.70 (€)	mehrfarbig	btr	1,60	1,60
2586	0.85 (€)	mehrfarbig	bts	1,90	1,90
			Satzpreis (2 W.)	3,50	3,50
			FDC		4,50

Auflage: 70 008 Sätze

Schweden

2014, 8. Mai. Blockausgabe: Europa – Musikinstrumente. Komb. StTdr. und Odr.; gez. Ks 12¾.

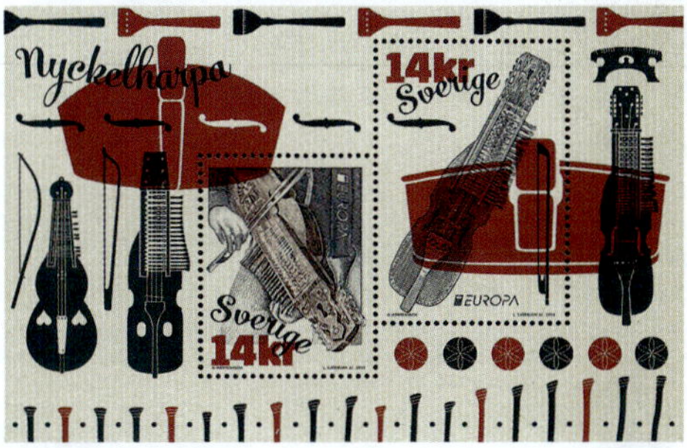

dii dik dil

dii–dik) Nyckelharpa (Schlüsselfiedel)

2996	14 Kr	mehrfarbig	dii	3,70	3,70
2997	14 Kr	mehrfarbig	dik	3,70	3,70
Block 49	(125×83 mm)		dil	7,40	7,40
			FDC		8,80

Schweiz

2014, 8. Mai. Europa: Musikinstrumente. Odr. (4×4); gez. K 13½.

cpl) Hackbrett, Ziehharmonika

cpm) Ziehharmonika, Alphorn

2349	100 (C)	mehrfarbig	cpl	1,90	1,90
2350	100 (C)	mehrfarbig	cpm	1,90	1,90
			Satzpreis (2 W.)	3,80	3,80
			FDC		5,50
			Paar	4,—	4,—

MiNr. 2349–2350 wurden zusammen im Bogen zu 16 Marken gedruckt, wobei MiNr. 2349 in der linken und MiNr. 2350 in der rechten Bogenhälfte angeordnet ist.

Serbien

2014, 28. April. Europa: Musikinstrumente. Odr. (3×3); gez. K 13¼.

sx) Duduk (Holzflöte)

sy) Dudelsack

550	69 (Din)	mehrfarbig	sx	1,40	1,40
551	74 (Din)	mehrfarbig	sy	1,50	1,50
			Satzpreis (2 W.)	2,90	2,90
			FDC		3,50
			Kleinbogensatz (2 Klb.)	23,50	23,50

MiNr. 550–551 wurden jeweils im Kleinbogen zu 8 Marken und 1 Zierfeld (Feld 5) gedruckt.

Auflage: MiNr. 550 = 100 000, MiNr. 551 = 45 000 Stück

Bitte teilen Sie uns von Ihnen festgestellte Fehler mit, damit wir sie berichtigen können.

Slowakei

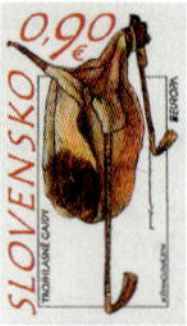

2014, 5. Mai. Europa: Musikinstrumente. Odr. (4×2); Papier fl.; gez. K 11¼:11¾.

acn) Dudelsack

735	0.90 € mehrfarbig	acn	2,—	2,—
		FDC		4,—
		Kleinbogen	16,—	16,—

Auflage: 200 000 Stück

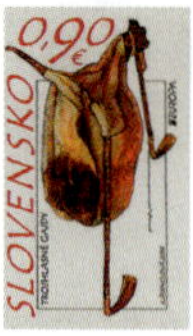

2014, 5. Mai. Europa: Musikinstrumente. Odr., Markenheftchen (2×3); Papier fl.; selbstklebend; gestanzt 15:16½.

acn) Dudelsack

736	0.90 € mehrfarbig	acn	2,—	2,—
MH 0-77	mit 6 × MiNr. 736		12,—	

Auflage: 15 000 Markenheftchen

Slowenien

2014, 30. Mai. Europa: Musikinstrumente. Odr. (3×3); Papier fl.; gez. K 13¼.

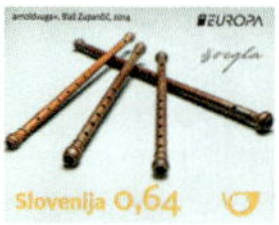

aoc) Schwegelpfeifen aus Haloze

aod) Ratschen

1063	0.64 (€) mehrfarbig	aoc	1,50	1,50
1064	0.97 (€) mehrfarbig	aod	2,20	2,20
		Satzpreis (2 W.)	3,70	3,70
		FDC		7,—
		Kleinbogensatz (2 Klb.)	30,—	30,—

MiNr. 1063–1064 wurden jeweils im Kleinbogen zu 8 Marken und 1 Zierfeld (Feld 5) gedruckt.

Auflage: 80 000 Sätze

Spanien

2014, 23. April. Europa: Musikinstrumente. Odr. (5×5); Papier ph.; selbstklebend; gestanzt 13.

fzp) Paco de Lucía (1947–2014), Gitarrist

4878	B mehrfarbig	fzp	1,70	1,70
		FDC		2,50

Nominale zur Zeit der Ausgabe: 0.75 €

Tschechische Republik

2014, 30. April. Europa: Musikinstrumente. Komb. StTdr. und RaTdr. (2×3); gez. K 11¼.

aku) Chodenländer Dudelsack

803	25 Kč mehrfarbig	aku	2,20	2,20
		FDC		3,20
		Kleinbogen	14,—	14,—

Auflage: 150 000 Stück

Türkei

2014, 9. Mai. Europa: Musikinstrumente. Odr.; gez. K 13½:13¼.

dvd) Kabak-Kemane (Fiedel)

dve) Oud (Laute)

4107	1.25 L mehrfarbig	dvd	1,—	1,—
4108	2.50 L mehrfarbig	dve	2,—	2,—
		Satzpreis (2 W.)	3,—	3,—
		FDC		3,50

Auflage: 100 000 Sätze

Eine Ausgabe von Türkisch-Zypern lag bei Redaktionsschluss noch nicht vor.

Ukraine

2014, 25. Juli. Europa: Musikinstrumente; Markenformat 29½×40 mm. Odr., Kleinbogen (4×3); Aufdruck fl.; gez. K 11½.

blo) Kosak Mamai mit Kobsa

blp) Kobsa

1418	4.80 (G) mehrfarbig	blo	2,—	2,—
1419	5.70 (G) mehrfarbig	blp	2,50	2,50
		Satzpreis (2 W.)	4,50	4,50
		FDC		6,—
		Kleinbogensatz (2 Klb.)	45,—	45,—

Markenheftchen (1), Markenformat 28×36½ mm

1420	4.80 (G) mehrfarbig	blo I	4,—	4,—
1421	5.70 (G) mehrfarbig	blp I	5,—	5,—
		Satzpreis (2 W.)	9,—	9,—
H-Blatt 16	mit 1 × MiNr. 1420		4,—	4,—
H-Blatt 17	mit 1 × MiNr. 1421		5,—	5,—
MH 14	mit 1 × H-Bl. 16–17		9,—	

MiNr. 1418–1419 wurden jeweils im Kleinbogen zu 10 Marken und einem doppelt breiten Zierfeld bis zum Bogenrand auf Feld 2 und 3 gedruckt.

Das Markenheftchen enthält je ein blockähnliches Heftchenblatt jeder Marke.

Auflagen: MiNr. 1418–1419 = 145 000 Sätze, MiNr. 4120–4121 = 13 000 Heftchen

Ungarn

2014, 9. Mai. Blockausgabe: Europa – Musikinstrumente. Odr.; gez. K 11½:12¼.

itw

itu) Gardon itv) Maultrommel

itv itu

5714	250 Ft mehrfarbig	itu	2,20	2,20
5715	250 Ft mehrfarbig	itv	2,20	2,20
Block 371	mit 2 × MiNr. 5714–5715 (100 × 68 mm)	itw	9,—	9,—
		FDC		10,—

Auflage: 70 000 Blocks

Vatikanstadt

2014, 20. Mai. Europa: Musikinstrumente. Odr. (5 × 2); gez. K 13¾.

brr) Biagi-Orgel (1599) in der Lateranbasilika

brs) Tamburini-Orgel (1974) in der Petersbasilika

1809	0.70 (€)	mehrfarbig	brr	1,60	1,60
1810	0.85 (€)	mehrfarbig	brs	1,90	1,90
			Satzpreis (2 W.)	3,50	3,50
			FDC		5,—
			Kleinbogensatz (2 Klb.)	35,—	35,—

Auflage: 150 000 Sätze

Weißrussland

2014, 6. März. Europa: Musikinstrumente. Odr., Kleinbogen (3 × 3) und Zd-Kleinbogen (4 × 2); Aufdruck fl.; gez. K 13½:13.

asi) Surma

ask) Horum

1001	H	mehrfarbig	asi	3,40	3,40
1002	P	mehrfarbig	ask	3,60	3,60
			Satzpreis (2 W.)	7,—	7,—
			FDC		8,—
			Kleinbogensatz (2 Klb.)	63,—	63,—
			Zd-Kleinbogen	21,—	21,—

Nominale zur Zeit der Ausgabe: H = 9000 R, P = 9600 R

Markenfolge im Zd-Kleinbogen: 1002-1001-1002-1001, Zf-1002-1001-Zf

Auflage: 120 000 Sätze

Zypern

2014, 2. Mai. Europa: Musikinstrumente. Odr., Kleinbogen (4 × 2); A = vierseitig gez. K 13¾.

axa) Pithkiavlin (zypriotische Flöte)

axb) Laute

1277 A	0.34 €	mehrfarbig	axa	0,80	0,80
1278 A	0.51 €	mehrfarbig	axb	1,20	1,20
			Satzpreis A (2 W.)	2,—	2,—
			FDC A		3,—
			Kleinbogensatz A (2 Klb.)	16,—	16,—

Markenheftchen (4 × 2), D = dreiseitig gez. K 13¾

1277	0.34 €	mehrfarbig	axa		
Do		oben geschnitten (□)		0,80	0,80
Du		oben geschnitten (□)		0,80	0,80
1278	0.51 €	mehrfarbig	axb		
Do		oben geschnitten (□)		1,20	1,20
Du		oben geschnitten (□)		1,20	1,20

MH 17	(Nominale 3.40 €)	8,—	
H-Blatt 17	mit 4 × MiNr. 1277 D–1278 D	8,—	8,—

Auflagen: MiNr. 1277 A = 275 000, MiNr. 1278 A = 55 000 Stück, MiNr. 1277 D bis 1278 D = 72 000 Sätze

Jahrgangswerttabelle

Die Aufstellung folgt der numerischen Reihenfolge der Katalogisierung ohne Rücksicht auf die Chronologie eventueller Ergänzungswerte.

Grundsätzlich ist nur die jeweils billigste Sorte pro Marke bzw. Ausgabe angegeben, sofern nichts anderes vermerkt.

Zusammendrucke aus Bogen, Marken mit Zierfeldern usw. sind dann berücksichtigt, wenn sie als normale Ausgabeform anzusehen sind. Einzelmarken aus Blocks und Marken mit der Preisnotierung „—,—" sind nicht berücksichtigt.

Jahr	Motiv (Länder)	✱✱	⊙
1956	Stahlrohrgerüst (6)	387,—	88,10
1957	Baum (8)	242,—	75,80
1958	Stilisierte Taube (8)	20,60	11,—
1959	Geschlossene Kette (8)	21,50	10,40
1960	Wagenrad (20)	176,60	102,10
1961	Taube (16)	58,30	37,80
1962	Stilisierter Baum (18)	69,70	42,90
1963	Ornament (19)	82,80	46,10
1964	Stilisierte Blume (19)	85,80	43,50
1965	Zweig mit Frucht (19)	93,60	47,80
1966	Stilisiertes Boot (19)	58,80	33,60
1967	Zahnräder (19)	67,40	36,20
1968	Kreuzbartschlüssel (18)	73,60	42,80
1969	Stilisierter Tempel (26)	99,90	59,10
1970	Flechtwerk (19)	86,20	46,40
1971	Waagerechte Kette (21)	86,80	46,50
1972	Sterne (22)	179,80	136,30
1973	Posthorn (24)	109,—	54,70
1974	Skulpturen (23)	146,70	95,50
1975	Gemälde (24)	155,10	73,20
1976	Kunsthandwerk (27)	164,—	72,80
1977	Landschaften (28)	143,80	109,80
1978	Baudenkmäler (30)	150,30	99,50
1979	Post- und Fernmeldewesen (31)	118,20	75,50
1980	Persönlichkeiten (32)	84,50	47,30
1981	Folklore (35)	102,60	62,40
1982	Historische Ereignisse (35)	125,40	89,40
1983	Werke des menschlichen Geistes (35)	207,70	112,50
1984	Brücke (35)	195,40	128,30
1985	Jahr der Musik (35)	189,90	122,20
1986	Natur- und Umweltschutz (35)	282,80	167,20
1987	Moderne Architektur (35)	220,70	157,40
1988	Transport und Kommunikation (35)	255,50	165,60
1989	Kinderspiele (35)	212,20	170,90
1990	Postalische Einrichtungen (35)	219,—	158,60
1991	Weltraumfahrt (40)	272,70	182,50
1992	Entdeckung Amerikas (42)	397,—	331,20
1993	Zeitgenössische Kunst (48)	296,80	282,—
1994	Entdeckungen und Erfindungen (50)	256,90	233,50
1995	Frieden und Freiheit (50)	222,60	190,—
1996	Berühmte Frauen (54)	274,40	255,30
1997	Sagen und Legenden (57)	301,60	279,90
1998	Nationale Feste und Feiertage (58)	265,80	232,40
1999	Natur- und Nationalparks (59)	375,10	360,40
2000	Kinder bauen Sternenturm (58	351,20	337,80
2001	Lebensspender Wasser (59)	245,—	241,90
2002	Zirkus (61)	327,60	303,40
2003	Plakatkunst (60)	315,60	309,60
2004	Ferien (60)	368,50	352,50
2005	Gastronomie (62)	353,10	350,40
2006	Integration (61)	275,20	271,70
2007	Pfadfinder (63)	453,30	436,40
2008	Der Brief (65)	379,10	378,80
2009	Astronomie (65)	414,10	414,60
2010	Kinderbücher (63)	370,40	370,40
2011	Der Wald (63)	393,60	393,10
2012	Besuche (65)	361,80	361,80
2013	Postfahrzeuge (64)	404,30	404,30
2014	Musikinstrumente (57)	355,30	355,30
Gesamtsumme		**13004,20**	**10498,40**

Dienstmarken für den Europarat

1958–1978

1958, 14. Jan. MiNr. 1164 von Frankreich mit Bdr.-Aufdruck „CONSEIL DE L'EUROPE".

1	35 Fr	karminlila/rotlila	(1164)	1,50	1,50
			FDC		25,—

Auflagen: 1 040 000 Stück

1958, Okt./1959, 29. Mai. Europafahne. StTdr.; gez. K 13.

Da) Europaratfahne vor Sonne (Landesname „République Française")

2	8 Fr	mehrfarbig (10.10.1958)	Da	0,50	0,50
3	20 Fr	mehrfarbig (11.10.1958)	Da	0,50	0,50
4	25 Fr	mehrfarbig (29.5.1959)	Da	0,50	0,50
5	35 Fr	rot/violettblau (13.10.1958)	Da	0,50	0,50
6	50 Fr	lila/violettblau (29.5.1959)	Da	1,50	1,50
			Satzpreis (5 W.)	3,50	3,50

FDC-Bewertungen:

I. Sammlerkärtchen:

2 I	(10.10.1958)	2,50
3 I	(11.10.1958)	2,50
4 I	(29.5.1959)	—,—
5 I	(13.10.1958)	2,50
6 I	(29.5.1959)	—,—

II. Dienstbrief-FDC:

2 II	(10.10.1958)	70,—
3 II	(11.10.1958)	70,—
4 II	(29.5.1959)	750,—
5 II	(13.10.1958)	70,—
6 II	(29.5.1959)	750,—

1963, 3. Jan. Europafahne. StTdr.; gez. K 13.

Da) Europaratfahne vor Sonne (Landesname „République Française")

7	0.20 (Fr)	mehrfarbig	Da	0,50	0,50
8	0.25 (Fr)	mehrfarbig	Da	1,50	1,50
9	0.50 (Fr)	lila/violettblau	Da	2,—	2,—
			Satzpreis (3 W.)	4,—	4,—
			FDC		9,—

MiNr. 7–9: Sterne in Europafahne weiß.

1965, 16. Jan. Europafahne. StTdr.; gez. K 13.

Da) Europaratfahne vor Sonne (Landesname „République Française")

10	0.25 (Fr)	mehrfarbig	Da	0,50	0,50
11	0.30 (Fr)	mehrfarbig	Da	1,—	1,—
12	0.60 (Fr)	mehrfarbig	Da	1,—	1,—
			Satzpreis (3 W.)	2,50	2,50
			FDC		7,50

MiNr. 10–15: Sterne in Europafahne gelb.

1969, 22. März. Europafahne. StTdr.; gez. K 13

Da) Europaratfahne vor Sonne (Landesname „République Française")

13	0.40 (Fr)	mehrfarbig	Da	1,50	1,50
14	0.70 (Fr)	mehrfarbig	Da	3,—	3,—
			Satzpreis (2 W.)	4,50	4,50
			FDC		7,—

MiNr. 10–15: Sterne in Europafahne gelb.

1971, 20. Febr. Europafahne. Komb. StTdr. und RaTdr.; gez. K 13.

Da) Europaratfahne vor Sonne (Landesname „République Française")

15	0.50 (Fr)	mehrfarbig	Da	2,50	2,50
			FDC		3,—

MiNr. 10–15: Sterne in Europafahne gelb.

1975, 22. Nov. Europafahne. StTdr.; gez. K 13.

Da I) Europaratfahne vor Sonne (Landesname „France")

16	0.60 (Fr)	mehrfarbig	Da I	1,—	1,—
17	0.80 (Fr)	mehrfarbig	Da I	1,50	1,50
18	1.20 (Fr)	mehrfarbig	Da I	4,50	4,50
			Satzpreis (3 W.)	7,—	7,—
			FDC		10,—

1976, 16. Okt. Europafahne. StTdr.; gez. K 13.

Da I) Europaratfahne vor Sonne (Landesname „France")

19	1.00 (Fr)	mehrfarbig	Da I	4,—	4,—
			FDC		5,50

1977, 22. Jan. Europaratsgebäude. StTdr.; gez. K 13.

Db) Palais de l'Europe in Straßburg

20	0.80 (Fr)	mehrfarbig	Db	0,50	0,50
21	1.00 (Fr)	mehrfarbig	Db	0,50	0,50
22	1.40 (Fr)	mehrfarbig	Db	2,50	2,50
			Satzpreis (3 W.)	3,50	3,50
			FDC		4,—

1978, 14. Okt. Europaratsgebäude. StTdr.; gez. K 13.

Db I) Palais de l'Europe in Straßburg, Emblem

23	1.20 (Fr)	mehrfarbig	Db I	0,40	0,40
24	1.70 (Fr)	mehrfarbig	Db I	0,60	0,60
			Satzpreis (2 W.)	1,—	1,—
			FDC		2,50

1980–1996

1980, 22. Nov. Europaratsgebäude. StTdr.; gez. K 13.

Db) Palais de l'Europe in Straßburg

25	1.40 (Fr) dunkelbraunoliv	Db	0,50	0,50
26	2.00 (Fr) schwarzblau	Db	1,—	1,—
	Satzpreis (2 W.)		1,50	1,50
	FDC			3,50

1981, 21. Nov. Plenarsaal. StTdr.; gez. K 13.

Dc) Palais de l'Europe in Straßburg, Plenarsaal

27	1.40 (Fr) mehrfarbig	Dc	0,50	0,50
28	1.60 (Fr) mehrfarbig	Dc	0,50	0,50
29	2.30 (Fr) mehrfarbig	Dc	1,—	1,—
	Satzpreis (3 W.)		2,—	2,—
	FDC			3,50

1982, 13. Nov. Plenarsaal. StTdr.; gez. K 13.

Dc) Palais de l'Europe in Straßburg, Plenarsaal

30	1.80 (Fr) mehrfarbig	Dc	0,50	0,50
31	2.60 (Fr) mehrfarbig	Dc	1,—	1,—
	Satzpreis (2 W.)		1,50	1,50
	FDC			3,50

1983, 19. Nov. Plenarsaal. StTdr.; gez. K 13.

Dc) Palais de L'Europe in Straßburg, Plenarsaal

32	2.00 (Fr) mehrfarbig	Dc	0,80	0,80
33	2.80 (Fr) mehrfarbig	Dc	1,20	1,20
	Satzpreis (2 W.)		2,—	2,—
	FDC			3,50

1984, 10. Nov. Plenarsaal. StTdr.; gez. K 13.

Dc) Palais de l'Europe in Straßburg, Plenarsaal

34	1.70 (Fr) dunkelgelblichgrün	Dc	0,50	0,50
35	2.10 (Fr) rot	Dc	1,—	1,—
36	3.00 (Fr) dunkelkobalt	Dc	1,50	1,50
	Satzpreis (3 W.)		3,—	3,—
	FDC			4,—

1985, 31. Aug. Jugend. StTdr.; gez. K 13.

Dd) Ei, Bein mit Turnschuh

37	1.80 (Fr) dunkelgelblichgrün	Dd	1,—	1,—
38	2.20 (Fr) rot	Dd	1,—	1,—
39	3.20 (Fr) dunkelkobalt	Dd	1,50	1,50
	Satzpreis (3 W.)		3,50	3,50
	FDC			5,—

1986, 13. Dez. Europahaus. Odr.; gez. K 13.

De) Palais de l'Europe, Straßburg

40	1.90 (Fr) smaragdgrün	De	1,—	1,—
41	2.20 (Fr) lebhaftkarminrot	De	1,—	1,—
42	3.40 (Fr) kobalt	De	2,—	2,—
	Satzpreis (3 W.)		4,—	4,—
	FDC			7,—

1987, 10. Okt. Europahaus. Odr.; gez. K 13.

De) Palais de l'Europe, Straßburg

43	2.00 (Fr) hellsmaragdgrün	De	1,20	1,20
44	3.60 (Fr) kobalt	De	1,80	1,80
	Satzpreis (2 W.)		3,—	3,—
	FDC			8,—

1989, 4. Febr. 40 Jahre Europarat. Komb. StTdr. und RaTdr.; gez. K 12¾:13.

Df) Friedenstauben; Mädchen, Teil der Europafahne

45	2.20 (Fr / 0.31 ECU mehrfarbig	Df	1,50	1,50
46	3.60 (Fr) / 0.50 ECU mehrfarbig	Df	2,50	2,50
	Satzpreis (2 W.)		4,—	4,—
	FDC			6,50

1990, 26. Mai. Europakarte. Odr.; gez. K 13.

Dg) Landkarte von Europa

47	2.30 (Fr) mehrfarbig	Dg	1,20	1,20
48	3.20 (Fr) mehrfarbig	Dg	1,80	1,80
	Satzpreis (2 W.)		3,—	3,—
	FDC			4,—

1991, 23. Nov. Europakarte. Odr.; gez. K 13.

Dg) Landkarte von Europa

49	2.50 (Fr) mehrfarbig	Dg	1,20	1,20
50	3.40 (Fr) mehrfarbig	Dg	1,80	1,80
	Satzpreis (2 W.)		3,—	3,—
	FDC			7,—

1994, 15. Jan. Gemälde. Odr.; gez. K 13.

Dh) Beiordnung von 99 Köpfen (Detail);
von Friedensreich Hundertwasser (1928–2000),
österreichischer Maler und Graphiker

51	2.80 (Fr) mehrfarbig	Dh	1,70	1,70
52	3.70 (Fr) mehrfarbig	Dh	2,30	2,30
	Satzpreis (2 W.)		4,—	4,—
	FDC			6,—

1996, 1. Juni. Palast der Menschenrechte. Odr.; gez. K 13.

Di) Palast der Menschenrechte, Straßburg

53	3.00 (Fr) mehrfarbig	Di	1,20	1,20
54	3.80 (Fr) mehrfarbig	Di	1,80	1,80
	Satzpreis (2 W.)		3,—	3,—
	FDC			4,—

1999–2013

1999, 18. Sept. Antike und zeitgenössische Skulpturen. RaTdr. (10 × 5); gez. K 13.

Dk) Auriga von Delphi; Nachbildung der griechischen Bronzestatue (um 475 v. Chr.)

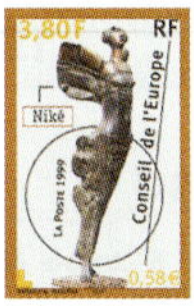

Dl) Siegesgöttin Nike; Skulptur von Petras Mazuras (*1949), litauischer Bildhauer

55	3.00 Fr / 0.46 €	mehrfarbig	Dk	1,50	1,50
56	3.80 Fr / 0.58 €	mehrfarbig	Dl	2,—	2,—
			Satzpreis (2 W.)	3,50	3,50
			FDC		4,50

2001, 1. Dez. 70. Geburtstag von Tomi Ungerer. Odr. (5 × 10); Papier ph.; gez. K 13.

Dm) Ich bin weiß, ich bin schwarz, ich bin weiß und schwarz; Karikatur von Tomi Ungerer (*1931), Zeichner und Cartoonist

57	3.00 Fr / 0.46 €	mehrfarbig	Dm	1,20	1,20
58	3.80 Fr / 0.58 €	mehrfarbig	Dm	1,80	1,80
			Satzpreis (2 W.)	3,—	3,—
			FDC		4,50

Auflagen: MiNr. 57 = 327 726, MiNr. 58 = 371 400 Stück

2003, 18. Okt. Der Wanderer auf den Sternen. Odr. (10 × 5); Papier ph.; gez. K 13.

Dn

Do

Dn–Do) Der Wanderer auf den Sternen; Karikatur von Tomi Ungerer (*1931), Zeichner und Cartoonist

59	0.50 €	mehrfarbig	Dn	1,50	1,50
60	0.75 €	mehrfarbig	Do	2,—	2,—
			Satzpreis (2 W.)	3,50	3,50
			FDC		6,—

2005, 17. Sept. Kunst. Odr. (5 × 10); Papier ph.; gez. K 13.

Dp) Mann gießt wachsende Europasterne; Karikatur von Tomi Ungerer (*1931), Zeichner und Cartoonist

Dr) Fahne mit aus Wolken gebildeter Europakarte und Gesichtsprofil; Zeichnung von Jean-Paul Cousin (*1942), Graphiker

61	0.55 €	mehrfarbig	Dp	1,70	1,70
62	0.75 €	mehrfarbig	Dr	2,30	2,30
			Satzpreis (2 W.)	4,—	4,—
			FDC		6,—

2007, 23. Juni. Blick auf Europa, Kunst. Odr. (5 × 10); Papier ph.; gez. K 13.

Ds) Europa aus dem Weltraum gesehen, Emblem des Europarats

Dt) Menschenrechte; Bronzestandbild von Mariano González Beltrán (*1948)

63	0.60 €	mehrfarbig	Ds	1,70	1,70
64	0.85 €	mehrfarbig	Dt	2,30	2,30
			Satzpreis (2 W.)	4,—	4,—
			FDC		6,—

2009, 16. Mai. 60 Jahre Europarat, 50 Jahre Europäischer Gerichtshof für Menschenrechte (EGMR). Odr. (5 × 10); Papier ph.; gez. K 13.

Du) Emblem des Europarates

Dv) EGMR-Gebäude, Straßburg

65	0.56 €	mehrfarbig	Du	1,40	1,40
66	0.70 €	mehrfarbig	Dv	1,80	1,80
			Satzpreis (2 W.)	3,20	3,20
			FDC		5,—

Auflage: 750 000 Sätze

2010, 17. Sept. 60 Jahre Europäische Konvention für die Rechte des Menschen. Odr. (10 × 5); Papier ph.; gez. K 13.

Dw) Baum, Menschen

Dx) Kette mit gebrochenem Glied

67	0.75 €	mehrfarbig	Dw	1,80	1,80
68	0.87 €	mehrfarbig	Dx	2,20	2,20
			Satzpreis (2 W.)	4,—	4,—
			FDC		6,—

Auflage: 750 000 Sätze

2011, 9. Sept. 50 Jahre Europäische Sozialcharta. Odr. (10 × 5); Papier ph.; gez. K 13.

Dy) Weltkugel mit Europakarte aus Flaggen

69	0.89 €	mehrfarbig	Dy	2,20	2,20
			FDC		3,50

Auflage: 750 000 Stück

2012, 28. Sept. 40 Jahre Europäisches Zentrum der Jugend. Odr. (10 × 5); Papier ph.; gez. K 13.

Dz) Emblem des Jugendzentrums

70	0.89 €	mehrfarbig	Dz	2,20	2,20
			FDC		3,50

Auflage: 750 000 Stück

2013, 22. Sept. Erziehung zur Demokratie. Odr. (5 × 10); Papier ph.; gez. K 13.

Daa) Waage mit Figuren als Symbol für Recht und Verantwortung

71	0.95 €	mehrfarbig	Daa	2,30	2,30
			FDC		3,50

Auflage: 700 000 Stück

NATO-Ausgaben

(**N**orth **A**tlantic **T**reaty **O**rganization = Nordatlantikpakt)

1952

Portugal

1952, 4. April. 3 Jahre Nordatlantikpakt (OTAN = Organisação de Tratado do Atlantico Norte). Odr. (10×10); gez. K 13½.

gg) Weltkugel und Anker

778	1.00 (E)	schwarzgrün/grün	gg	*10,—*	1,—
779	3.50 (E)	blau/grau	gg	*440,—*	24,—
			Satzpreis (2 W.)	*450,—*	25,—
			FDC		80,—

778 U ungezähnt .... —,—

Auflagen: MiNr. 778 = 14 000 000, MiNr. 779 = 350 000 Stück

Gültig bis 25.5.1955

Vereinigte Staaten von Amerika

1952, 4. April. 3 Jahre Nordatlantikpakt (NATO = North Atlantic Treaty Organization). StTdr.; gez. L 11:10½.

vu) Globus und Freiheitsfackel

627	3 C	violett	vu	0,30	0,30
			FDC		1,20

1953

Italien

1953, 6. Aug. 4 Jahre Nordatlantikpakt (NATO). RaTdr. (5×10); Wz. 3; gez. K 14.

sg) Regenbogen verbindet Amerika und Europa

896	25 L	gelborange/dunkelgrünblau	sg	6,—	0,30
897	60 L	lilapurpur/violettultramarin	sg	12,—	4,20
			Satzpreis (2 W.)	18,—	4,50
			FDC		50,—

Auflagen: MiNr. 896 = 8 000 000, MiNr. 897 = 4 200 000 Stück

Gültig bis 30.6.1954

Triest – Zone A

1953, 6. Aug. 4 Jahre Nordatlantikpakt (NATO). Aufdruck Type XVI.

216	25 L	gelborange/dkl'grünblau	(896)	0,50	0,50
217	60 L	lilapurpur/violettultramarin	(897)	2,50	2,50
			Satzpreis (2 W.)	3,—	3,—
			FDC		20,—

Auflage: 200 000 Sätze

Gültig bis 30.6.1954

1954

Griechenland

✈ **1954, 15. Mai. 5 Jahre Nordatlantikpakt (NATO). StTdr.; Wz. 2; gez. K 13:13½.**

gy) Fackelträger, Flugzeug

gz) Münze des Amphiktyonenbundes, Flugzeug Douglas DC-6 „Liftmaster"

ha) Göttin Athene, Flugzeug

615	1200 Dr	rotorange	gy	5,—	0,50
616	2400 Dr	dunkelgrün	gz	40,—	4,50
617	4000 Dr	dunkelviolettblau	ha	75,—	5,—
			Satzpreis (3 W.)	120,—	10,—
			FDC		220,—

Auflagen: MiNr. 615 = 10 219 000, MiNr. 616 = 656 000, MiNr. 617 = 1 229 000 Stück

Gültig bis 31.1.1955

Türkei

1954, 4. April. 5 Jahre Nordatlantikpakt (NATO). RaTdr. (5×10); gez. K 14.

mh) Windrose über Karte von Nordamerika und Europa

mi) Sterne und Halbmond über Welthalbkugel

mk) Baum mit Verzweigung

1388	15 K	dunkelbraun	mh	2,50	2,50
1389	20 K	violettultramarin	mi	2,50	2,50
1390	40 K	schwarzblaugrün	mk	15,—	15,—
			Satzpreis (3 W.)	20,—	20,—
			FDC		40,—

Auflagen: MiNr. 1388–1389 je 450 000, MiNr. 1390 = 100 000 Stück

Gültig bis 31.12.1957

1959

Belgien

1959, 3. April. 10. Jahre Nordatlantikpakt (NATO). RaTdr. (6×5); gestrichenes Papier; gez. K 11½.

aai

aak

aai–aak) NATO-Emblem

1147	2.50 Fr	karminrot/preußischblau	aai	0,40	0,30
1148	5 Fr	gelblichgrün/preußischblau .	aak	1,10	0,70
			Satzpreis (2 W.)	1,50	1,—
			FDC		4,50

Auflage: 1 325 446 Sätze

Frankreich

1959, 12. Dez. 10 Jahre Nordatlantikpakt (NATO). StTdr.; gez. K 13.

agw) NATO-Gebäude, Paris

1272	50 Fr	mehrfarbig	agw	0,70	0,70
			FDC		3,—

Auflage: 4 325 000 Stück

Italien

1959, 4. April. 10 Jahre Nordatlantikpakt (NATO). RaTdr. (5×10); Wz. 4; gez. K 14.

wb) NATO-Emblem zwischen Landkarten von Amerika und Europa

1032	25 L	violettultramarin/ chromgelb	wb	0,30	0,30
1033	60 L	violettultramarin/ dunkelblaugrün	wb	0,30	0,30
			Satzpreis (2 W.)	0,50	0,50
			FDC		3,50

Zwischenstegpaare:

1032 ZW–1033 ZW	2 Paare	10,—	10,—

Auflagen: MiNr. 1032 = 10 000 000. MiNr. 1033 = 5 000 000 Stück

Gültig bis 31.12.1960

Kanada

1959, 2. April. 10 Jahre Nordatlantikpakt (NATO). StTdr.; gez. L 12.

hf) Globus mit Taube

331	5 C	violettblau	hf	0,70	0,40
			FDC		1,—

Luxemburg

1959, 3. April. 10 Jahre Nordatlantikpakt (NATO). Odr.; gez. K 12½:12.

gp) NATO-Emblem auf Schild und Beschriftung

604	2.50 Fr	gelboliv/blau	gp	0,30	0,30
605	8.50 Fr	rotbraun/blau	gp	0,50	0,40
			Satzpreis (2 W.)	0,80	0,70
			FDC		1,50

Auflagen: MiNr. 604 = 1 230 000, MiNr. 605 = 682 500 Stück

Gültig bis 31.12.2002

Niederlande

1959, 3. April. 10 Jahre Nordatlantikpakt (NATO). Odr.; gez. K 12½:12.

oy) NATO-Emblem auf Schild und Beschriftung

728	12 C	bräunocker/graublau	oy	0,30	0,30
729	30 C	bräunlichrot/graublau	oy	0,70	0,70
			Satzpreis (2 W.)	1,—	1,—
			FDC		3,—

Auflagen: MiNr. 728 = 22 751 300, MiNr. 229 = 2 850 400 Stück

Gültig bis 31.12.1960

Türkei

1959, 4. April. 10 Jahre Nordatlantikpakt (NATO). Odr.; gez. L 10.

tb) Welthalbkugel mit Sternen

1621	105 (K)	orangerot	tb	0,50	0,30
1622	195 (K)	grün	tb	0,70	0,70
			Satzpreis (2 W.)	1,20	1,—
			FDC		2,50

1621 Uu	unten ungezähnt	60,—
1621 Uo	oben ungezähnt	60,—
1622 Uu	unten ungezähnt	60,—
1622 Uo	oben ungezähnt	60,—

Auflagen: 1 000 000 Sätze

Gültig bis 31.12.1960

Vereinigte Staaten von Amerika

1959, 1. April. 10 Jahre Nordatlantikpakt (NATO). StTdr.; gez. L 10½:11.

aar) NATO-Emblem

750	4 C	dunkelblau	aar	0,30	0,30
			FDC		1,50

1960

Portugal

1960, 2. März. 10 Jahre Nordatlantikpakt (NATO). Odr. (10×5); gez. K 12.

hz) Friedenstaube auf Anker

878	1.00 E	grauviolett/schwarzgrün	hz	0,50	0,50
879	3.50 E	dunkelgrüngrau/ schwarzgrün	hz	4,—	2,50
			Satzpreis (2 W.)	4,50	3,—
			FDC		5,50

Auflagen: MiNr. 878 = 9 000 000, MiNr. 879 = 1 000 000 Stück

Gültig bis 31.10.1961

1962

Griechenland

1962, 3. Mai. Ministerkonferenz der Mitgliedstaaten der NATO. Odr.; Wz. 2; MiNr. 792 gez. K 14:12½, MiNr. 793 und 794 gez. K 12½:14, MiNr. 795 gez. K 13½:14.

nm) Ausstellungsgebäude Zappeion in Athen

nn) Krieger mit Schild (aus einer antiken Lykithos)

no) Hoplit (= schwerbewaffneter Krieger) (vom Aphäatempel in Ägina)

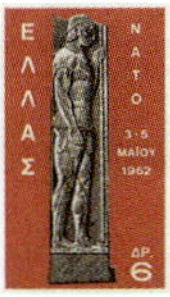

np) Hoplit (= schwerbewaffneter Krieger) (aus der Grabsäule von Marathon)

792	2.50 Dr	mehrfarbig . . . . nm	0,30	0,30
793	3 Dr	mehrfarbig . . . . nn	0,30	0,30
794	4.50 Dr	mehrfarbig . . . . no	0,50	0,50
795	6 Dr	mehrfarbig . . . . np	0,50	0,50
		Satzpreis (4 W.)	1,50	1,50
		FDC		2,50

Auflagen: MiNr. 792 = 2 551 913, MiNr. 793 = 2 261 906, MiNr. 794 = 1 318 706, MiNr. 795 = 1 259 939 Stück

Gültig bis 1.12.1962

Türkei

1962, 18. Febr. 10 Jahre Türkei in der NATO. Odr.; gez. K 13½.

zb) Friedenstaube, NATO-Emblem, Halbmond mit Stern, Zahl „X“

zc) NATO-Emblem, Halbmond mit Stern, Zahl „X“

1830	75 K	mehrfarbig . . . . zb	0,50	0,50
1831	105 K	mehrfarbig . . . . zc	0,50	0,50
		Satzpreis (2 W.)	1,—	1,—
		FDC		2,—

Auflage: 1 000 000 Sätze

1964

Türkei

1964, 4. April. 15 Jahre Nordatlantikpakt (NATO). Odr.; gez. K 13½.

abs) NATO-Emblem, Zahl „XV“

abt) Stilisierter Lorbeerzweig, NATO-Emblem, Inschrift

1899	50 K	mehrfarbig . . . . abs	0,50	0,30
1900	130 K	orangerot/schwarz . . . . abt	1,—	0,70
		Satzpreis (2 W.)	1,50	1,—
		FDC		2,50

Auflage: 500 000 Sätze

1967

Luxemburg

1967, 13. Juni. Tagung des NATO-Rates in Luxemburg. Odr.; gez. K 13½:12½.

lz) Verwaltungsgebäude der Europäischen Gemeinschaften in Luxemburg-Kirchberg; NATO-Emblem

751	3 Fr	hellgrünlichblau/grünlichblau . . . . lz	0,30	0,30
752	6 Fr	dunkelrosa/bräunlichkarmin . . . . . lz	0,50	0,40
		Satzpreis (2 W.)	0,80	0,70
		FDC		1,—

Auflage: 1 222 333 Sätze

Gültig bis 31.12.2002

1969

Belgien

1969, 31. Mai. 20 Jahre Nordatlantikpakt (NATO). RaTdr. (6×5); Papier ph.; gez. K 11½.

ark) NATO-Emblem auf Schild

1549	6 Fr	rotorangebraun/blau . . . . ark	0,50	0,30
		FDC		2,—

Auflage: 2 750 000 Stück

In ähnlicher Zeichnung : MiNr. 1147–1148

Griechenland

1969, 4. April. 20 Jahre Nordatlantikpakt (NATO). Odr.; Wz. 2; gez. K 12¼:13¾, Querformat ∼.

vv) Didrachmon (Silber) aus Kamarina: Korinthischer Helm auf attischem Schild, ca. 450 v. Chr.

vw) Waffenträger (Detail eines frühkorinthischen Wasserkruges, ca. 630 v. Chr.)

1002	2.50 Dr	mehrfarbig vv	0,30	0,30
1003	4.50 Dr	mehrfarbig . . . . vw	1,20	1,20
		Satzpreis (2 W.)	1,50	1,50
		FDC		2,—

Auflagen: MiNr. 1002 = 5 628 056, MiNr. 1003 = 731 082 Stück

Gültig bis 4.1.1971

Großbritannien

1969, 2. April. 20 Jahre Nordatlantikpakt (NATO). RaTdr. (6×20); Papier ph.; gez. K 14¾:14¼.

mm) Flaggen der NATO-Länder

514	1'6 Sh'P	mehrfarbig . . . . mm	0,30	0,30
		FDC		1,—

514 F I	Farbe Schwarz fehlend	120,—	
514 F II	Farbe Gelbgrün fehlend	80,—	
514 F V	Farbe Hellgelb fehlend		*4500,—*

MiNr. 514 stammt aus dem Satz MiNr. 511–515.

Auflagen: 10 512 480 Stück

Gültig bis 29.2.1971

Luxemburg

1969, 8. Sept. 20 Jahre Nordatlantikpakt (NATO). Odr.; gez. K 14:12¾.

ns) NATO-Emblem

794	3 Fr	braunorange/karminbraun . . . . . . ns	0,50	0,30
		FDC		0,50

Auflage: 1 007 500 Stück

Gültig bis 31.12.2002

Türkei

1969, 4. April. 20 Jahre Nordatlantikpakt (NATO). Odr.; gez. K 13½.

akv) Friedenstaube und NATO-Emblem

akw) NATO-Emblem, Erdkugel mit 15 Sternen

2120	50 (K) + 10 K mehrfarbig	akv	0,50	0,50
2121	130 (K) + 10 K mehrfarbig	akw	1,—	1,—
	Satzpreis (2 W.)		1,50	1,50
	FDC			2,50

Auflagen: MiNr. 2120 = 307 627, MiNr. 2121 = 307 151 Stück

1972

Türkei

1972, 18. Febr. 20 Jahre Türkei in der NATO. Odr.; gez. K 13:13½.

apk) Symbol für Sicherheit, NATO-Emblem

2250	100 K mehrfarbig	apk	1,—	1,—
2251	250 K mehrfarbig	apk	2,—	1,50
	Satzpreis (2 W.)		3,—	2,50
	FDC			12,—

Auflagen: MiNr. 2250 = 307 461, MiNr. 2251 = 298 506 Stück

1974

Belgien

1974, 20. April. 25 Jahre Nordatlantikpakt (NATO). RaTdr. (5×6); Papier ph.; gez. K 11½.

azc) NATO-Emblem

1764	10 F dunkelblau/graublau	azc	0,60	0,30
	FDC			1,20

Auflage: 3 500 000 Stück

Niederlande

1974, 10. Sept. 25 Jahre Nordatlantikpakt (NATO). RaTdr.; Papier ph.; gez. K 12¾:14.

abg) Wappenschild mit NATO-Emblem; Möwe

1037	45 C mehrfarbig	abg	0,50	0,30
	FDC			1,—

MiNr. 1037 stammt aus dem Satz MiNr. 1035–1037.

Auflagen: 12 500 000 Stück

Gültig bis 31.12.1985

1979

Belgien

1979, 31. März. 30 Jahre Nordatlantikpakt (NATO). RaTdr. (5×6); Papier ph.; gez. K 11¾:11½.

bgw) NATO-Denkmal in Brüssel, Emblem

1979	30 Fr mehrfarbig	bgw	1,50	0,50
	FDC			3,—

Auflage: 2 000 000 Stück

Portugal

1979, 4. April. 30 Jahre Nordatlantikpakt (NATO). Odr. (5×10); x = normales Papier, y = Papier mit vorderseitigem Phosphorstreifen; gez. K 12:11¾.

aca) NATO-Emblem

1439 y	5.00 (E) mehrfarbig	aca	0,50	0,30
1440 x	50.00 (E) mehrfarbig	aca	3,50	2,70
	Satzpreis (2 W.)		4,—	3,—
	FDC			3,20

Blockausgabe mit 2 × MiNr. 1439 x–1440 x

1439 x	5.00 (E) mehrfarbig	aca	0,30	0,30
Block 26	(120×100 mm)	acb	5,50	5,50
	FDC			20,—

Auflagen: MiNr. 1439 y = 5 000 000, MiNr. 1440 x = 400 000 Stück, Bl. 26 = 200 000 Blocks

Gültig bis 31.12.1983

1980

Deutschland

1980, 10. Jan. 25 Jahre Zugehörigkeit zur NATO. Odr. (5×10); Papier fl.; gez. K 14.

ali) Flaggen der NATO und ihrer Mitgliedstaaten

1034	100 (Pf) mehrfarbig	ali	2,—	1,—
	FDC			3,50
	ETB 2/1980			1,50

Auflage: 21 630 000 Stück, davon 457 000 auf ETB

Gültig bis 30.6.2002

1983

Luxemburg

1983, 7. März. 25 Jahre Instandhaltungs- und Nachschuborganisation der NATO (NAMSO). RaTdr.; gez. K 11¾.

zu) NATO-Emblem, Flaggen der Mitgliedstaaten

1071	6 Fr mehrfarbig	zu	0,30	0,30
	FDC			1,—

MiNr. 1071 stammt aus dem Satz MiNr. 1070–1073.

Auflagen: 750 000 Stück

Gültig bis 31.12.2002

1986

Türkei

1986, 13. Nov. Tagung der Nordatlantischen Versammlung (NATO), Istanbul. Odr.; gez. K 13.

bix) Friedenstaude, NATO-Emblem, Ansicht von Istanbul

2764	100 L + 20 (L) mehrfarbig	bix	2,50	0,70
		FDC		4,50

Auflage: 600 000 Stück

1989

Dänemark

1989, 16. März. 40 Jahre Nordatlantikpakt (NATO). Odr. (10×5); Papier fl.; gez. K 12¾.

wf) NATO-Emblem

946	4.40 (Kr) mehrfarbig	wf	1,50	1,—
		FDC		2,—

Auflage: 5 825 000 Stück

Niederlande

1989, 14. März. 40 Jahre Nordatlantikpakt (NATO). Odr.; Papier ph.; gez. K 14:12¾.

apd) Flaggen der NATO-Staaten

1360	75 C mehrfarbig	apd	0,80	0,30
		FDC		1,50

Auflage: 12 122 300 Stück

Türkei

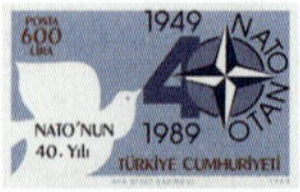

1989, 4. April. 40 Jahre Nordatlantikpakt (NATO). Odr.; Wz. 1; gez. K 13¼:13.

bnn) Friedenstaube, NATO-Emblem

2851	600 L mehrfarbig	bnn	2,20	1,50
		FDC		3,—

Auflage: 600 000 Stück

Mit Ablauf des Jahres 1989 werden, nach Empfehlung des Koordinations-Ausschusses des APHV, die weiteren NATO-Ausgaben nicht mehr erfasst.

EFTA-Ausgaben

(**E**uropean **F**ree **T**rade **A**ssociation = Europäische Freihandelszone)

1967

Dänemark

1967, 2. März. Aufhebung der Zollschranken zwischen den EFTA-Ländern. StTdr. (5×10); x = normales Papier, y = Papier fl.; gez. K 12¾.

er) Symbolische Darstellung der Aufhebung der Zollschranken

450	80 (Ø) schwarzblau	er		
x	normales Papier		1,—	0,30
y	Papier fl.		1,—	0,80
		FDC x		1,50
		FDC y		1,50

Auflagen: MiNr. 450 x = 5 492 500, MiNr. 450 y = 1 943 750 Stück

Finnland

1967, 15. Febr. Finnland assoziiertes Mitglied der EFTA (FINEFTA). StTdr.; gez. K 14.

oy) Symbolische Darstellung der Assoziation Finnlands an die EFTA-Freihandelszone

619	0.40 (M) violettultramarin	oy	1,—	0,50
		FDC		2,50

Auflage: 2 998 135 Stück

Gültig bis 31.12.2011

Großbritannien

1967, 20. Febr. Aufhebung der Zollschranken zwischen den EFTA-Ländern. RaTdr. (6×20); Wz. 22; gez. K 14¾:14¼.

kl) Verladen von Frachtgut, Eisenbahn–Schiff am Hafenkai

km) Verladen von Schnellgut, Lkw–Flugzeug auf dem Flugplatz

kl–km) Flaggen der Mitgliedsstaaten der EFTA

x = ohne Phosphorstreifen-Aufdruck

444 x	9 P mehrfarbig	kl	0,30	0,30
445 x	1'6 Sh'P mehrfarbig	km	0,30	0,40
		Satzpreis x (2 W.)	0,40	0,50
		FDC x		3,—

y = mit Phosphorstreifen-Aufdruck

444 y	9 P mehrfarbig	kl	0,30	0,30
445 y	1'6 Sh'P mehrfarbig	km	0,30	0,40
		Satzpreis y (2 W.)	0,40	0,50
		FDC y		3,—

444 F I	Farben Schwarz, Dunkelgelbbraun, Lebhaftblau und Gelb fehlend	1200,—	1200,—
444 x F II	Farbe Hellviolettblau fehlend	120,—	120,—
444 x F III	Farbe Gelblichgrün fehlend	120,—	120,—
444 x F IV	Farbe Dunkelgelbbraun fehlend	90,—	90,—
444 x F V	Farbe Lebhaftblau fehlend	120,—	120,—
444 x F VI	Farbe Gelb fehlend	120,—	120,—
444 y F II	Farbe Hellviolettblau fehlend	200,—	200,—
444 y F III	Farbe Gelblichgrün fehlend	120,—	120,—
444 y F IV	Farbe Dunkelgelbbraun fehlend	90,—	90,—
444 y F V	Farbe Lebhaftblau fehlend	120,—	120,—
444 y F VI	Farbe Gelb fehlend	180,—	180,—
445 x F I	Farbe Lebhaftrot fehlend	—,—	*4000,—*
445 x F II	Farbe Dunkelblau fehlend	500,—	500,—
445 x F III	Farbe Gelbbraun fehlend	120,—	120,—
445 x F IV	Farbe Graublau fehlend	120,—	120,—
445 x F V	Farbe Lebhaftblau fehlend	120,—	120,—
445 x F VI	Farbe Gelb fehlend	120,—	120,—
445 y F I	Farbe Lebhaftrot fehlend	—,—	—,—
445 y F II	Farbe Dunkelblau fehlend	500,—	500,—
445 y F III	Farbe Gelbbraun fehlend	100,—	100,—
445 y F IV	Farbe Graublau fehlend	150,—	150,—
445 y F V	Farbe Lebhaftblau fehlend	150,—	150,—

Auflagen: MiNr. 444 x = 6 553 738, MiNr. 445 x = 6 363 483, MiNr. 444 y = 5 557 104, MiNr. 445 y = 4 237 944 Stück

Gültig bis 29.2.1972

Liechtenstein

1967, 28. Sept. Aufhebung der Zollschranken zwischen den EFTA-Ländern. RaTdr. (5×4); gez. K 11¾.

pa) „EFTA" in einem Bausteingefüge

481	50 (Rp) mehrfarbig	pa	0,60	0,60
		FDC		1,—

Auflage: 1 056 907 Stück

Gültig bis 31.12.2001

Norwegen

1967, 16. Jan. Aufhebung der Zollschranken zwischen den EFTA-Ländern. StTdr.; gez. K 13.

hi) „EFTA" im Kreis

551	60 (Ø) braunkarmin	hi	0,50	0,50
552	90 (Ø) dunkelblau	hi	1,50	1,50
		Satzpreis (2 W.)	2,—	2,—
		FDC		2,50

Auflagen: MiNr. 551 = 3 061 000, MiNr. 552 = 1 327 500 Stück

Portugal

1967, 24. Okt. Aufhebung der Zollschranken zwischen den EFTA-Ländern. Odr. (10×5); gez. K 13½.

mi) Ring aus Flaggen der EFTA-Länder

1043	1.00 (E) mehrfarbig	mi	0,50	0,50
1044	3.50 (E) mehrfarbig	mi	2,50	2,—
1045	4.30 (E) mehrfarbig	mi	3,50	3,50
		Satzpreis (3 W.)	6,50	6,—
		FDC		6,—

1043 F	Farben Gelb und Kobalt fehlend		—,—

Auflagen: MiNr. 1043 = 10 000 000, MiNr. 1044–1045 je 1 000 000 Stück

Gültig bis 31.3.1973

Schweden

1967, 15. Febr. Aufhebung der Zollschranken zwischen den EFTA-Ländern. StTdr.; C = waagerecht, D = dreiseitig gez. 12¾.

gt) EFTA und 70 als Verbindung

573	70 (Ö) rotorange	gt		
C	waagerecht gez.		0,50	0,30
Do	dreiseitig gez. (⌴)		1,—	1,—
Du	dreiseitig gez. (⌴)		1,—	1,—
		FDC		3,—
	Markenheftchen mit 10 × MiNr. 573 D		12,—	
	Paar: 573 Do/Du		2,—	2,—

Auflagen: MiNr. 573 C = 7 043 600, MiNr. 573 D = 3 069 000 Stück

Schweiz

1967, 13. März. Aufhebung der Zollschranken zwischen den EFTA-Ländern. RaTdr. (5×5); Papier ph.; gez. K 11¾.

zg) Flaggen der EFTA-Staaten und der assoziierten Länder

852	20 (C) mehrfarbig	zg	0,30	0,30
		FDC		0,70

MiNr. 852 stammt aus dem Satz MiNr. 851–852.

Auflagen: 24 369 000 Stück

1985

Finnland

1985, 2. Febr. 25 Jahre Europäische Freihandelszone (EFTA). Odr.; Papier ph.; gez. K 14.

acn) Symbolische Darstellung

954	1.20 (M) mehrfarbig	acn	0,60	0,30
		FDC		1,70

Auflage: 8 000 000 Stück

Gültig bis 31.12.2011

Österreich

1985, 10. Mai. 25 Jahre Europäische Freihandelszone (EFTA). RaTdr. (10×5); gez. K 13½.

bdn) Merkurstab, Flaggen der EFTA-Staaten

1813	4 S mehrfarbig	bdn	0,60	0,50
		FDC		1,30

Vorlagedruck in Schwarz, mit dem Originaldruckstöckel gedruckt, □, auf Erläuterungsblatt geklebt .... 16,—

Auflage: 3 550 000 Stück

Gültig bis 30.6.2002

Portugal

1985, 10. April. 25 Jahre Europäische Freihandelszone (EFTA). Odr. (5×10); Papier ph.; gez. K 12:11¾.

amv) Flaggen der EFTA-Staaten

1655	46.00 (E) mehrfarbig	amv	2,—	0,80
		FDC		1,60

Auflage: 600 000 Stück

Gültig bis 31.12.1992

Mit Ablauf des Jahres 1989 werden die EFTA-Ausgaben nicht mehr gesondert erfasst. Die weiteren Ausgaben sind, nach Empfehlung des Koordinations-Ausschusses des APHV, im Abschnitt „Europa-Ausgaben“ aufgeführt.

Skandinavien-Gemeinschaftsausgaben

1956

Dänemark

1956, 30. Okt. NORDEN: Tag des Nordens. StTdr. (5×10); gez. K 12¾.

cp) Fünf Singschwäne (Cygnus cygnus)

364	30 (Ø) karminrot . . . . cp	1,50	0,30
365	60 (Ø) violettultramarin . . . . cp	1,50	0,90
	Satzpreis (2 W.)	3,—	1,—
	FDC		3,—

Auflagen: MiNr. 364 = 10 000 000, MiNr. 365 = 3 750 000 Stück

Finnland

1956, 30. Okt. NORDEN: Tag des Nordens. StTdr. (5×10); gez. K 12¾.

it) Fünf Singschwäne (Cygnus cygnus)

465	20 (M) karminrot . . . . it	2,—	1,50
466	30 (M) violettultramarin . . . . it	8,—	1,50
	Satzpreis (2 W.)	10,—	3,—
	FDC		10,—

Auflage: 5 000 000 Sätze

Gültig bis 31.5.1994

Island

1956, 30. Okt. NORDEN: Tag des Nordens. StTdr. (5×10); gez. K 12¾.

cx) Fünf Singschwäne (Cygnus cygnus)

312	1.50 Kr karminrot cx	0,50	0,50
313	1.75 Kr violettultramarin cx	8,—	8,—
	Satzpreis (2 W.)	8,50	8,50
	FDC		17,—

Auflagen: MiNr. 312 = 1 000 000, MiNr. 313 = 500 000 Stück

Gültig bis 30.6.1981

Norwegen

1956, 30. Okt. NORDEN: Tag des Nordens. StTdr. (5×10); gez. K 12¾.

dx) Fünf Singschwäne (Cygnus cygnus)

406	35 (Ø) karminrot . . . . dx	0,70	0,70
407	65 (Ø) violettultramarin . . . . dx	0,80	0,80
	Satzpreis (2 W.)	1,50	1,50
	FDC		4,50

Auflagen: MiNr. 406 = 3 937 000, MiNr. 407 = 1 975 000 Stück

Schweden

1956, 30. Okt. NORDEN: Tag des Nordens. StTdr.; senkrecht gez. 12¾.

dy) Fünf Singschwäne (Cygnus cygnus)

416	25 (Ö) karminrot . . . . dy	0,50	0,30
417	40 (Ö) violettultramarin . . . . dy	1,—	0,70
	Satzpreis (2 W.)	1,50	1,—
	FDC		3,—

Auflagen: MiNr. 416 = 20 923 900, MiNr. 417 = 3 975 900 Stück

1961

Dänemark

1961, 24. Febr./1962, 15. Nov. NORDEN: Tag des Nordens; 10 Jahre Fluggesellschaft SAS. StTdr. (5×10); x = normales Papier, y = Papier fl.; gez. K 12¾.

dg) Flugzeug

388	60 (Ø) ultramarin . . . . dg		
x	normales Papier (24.2.1961)	0,80	0,50
y	Papier fl. (15.11.1962)	5,50	3,—
	FDC x		2,—
	FDC y		7,50

Auflagen: MiNr. 388 x = 5 278 750, MiNr. 388 y = 538 750 Stück

Norwegen

1961, 24. Febr. NORDEN: Tag des Nordens; 10 Jahre Fluggesellschaft SAS. RaTdr. (5×10); gez. K 13.

eu) Stilisiertes Flugzeug

451	90 (Ø) dunkelblau . . . . eu	0,80	0,80
	FDC		1,50

Auflage: 1 938 000 Stück

Schweden

1961, 24. Febr. NORDEN: Tag des Nordens; 10 Jahre Fluggesellschaft SAS. StTdr.; A = senkrecht, D = dreiseitig gez. 12¾.

ez) Stilisiertes Flugzeug

467	40 (Ö) hellblau . . . . ez		
A	senkrecht gez.	0,50	0,30
Dl	dreiseitig gez. (⊏)	0,70	0,70
Dr	dreiseitig gez. (⊐)	0,70	0,70
	FDC		3,50
	Markenheftchen mit 10 × MiNr. 467 D	10,—	
467 Dl/Dr	. . . . 1 Paar	1,50	1,50

Auflagen: MiNr. 467 A = 5 247 800, MiNr. 467 D = 2 494 500 Stück

1969

Dänemark

1969, 28. Febr. NORDEN: 100 Jahre Zusammenarbeit der Postverwaltungen Skandinaviens. StTdr. (5×10); Papier fl.; gez. K 12¾.

fi) Fünf Segelboote (nach einer antiken Münze)

475	60 (Ø) bräunlichkarmin . . . . fi	1,—	0,50
476	90 (Ø) hellblau . . . . fi	1,—	1,—
	Satzpreis (2 W.)	2,—	1,50
	FDC		2,50

Auflagen: MiNr. 475 = 11 100 000, MiNr. 476 = 4 306 250 Stück

Finnland

1969, 28. Febr. NORDEN: 100 Jahre Zusammenarbeit der Postverwaltungen Skandinaviens. StTdr. (5×10); gez. K 11¾.

rf) Fünf Segelboote (nach einer antiken Münze)

654	0.40 (M) kobalt	rf	1,50	0,50
		FDC		2,20

Auflage: 5 000 000 Stück

Gültig bis 31.12.2011

Island

1969, 28. Febr. NORDEN: 100 Jahre Zusammenarbeit der Postverwaltungen Skandinaviens. StTdr. (5×10); gez. K 12¾.

gi) Fünf Segelboote (nach einer antiken Münze)

426	6.50 Kr braunrot	gi	0,50	0,50
427	10.00 Kr blau	gi	0,50	0,50
		Satzpreis (2 W.)	1,—	1,—
		FDC		2,—

Auflage: 1 700 000 Sätze

Gültig bis 30.6.1981

Norwegen

1969, 28. Febr. NORDEN: 100 Jahre Zusammenarbeit der Postverwaltungen Skandinaviens. StTdr. (5×10); Papier ph.; gez. K 13:13¾.

hz) Fünf Segelboote (nach einer antiken Münze)

579	65 (Ø) braunrot	hz	0,50	0,50
580	90 (Ø) hellblau	hz	1,—	1,—
		Satzpreis (2 W.)	1,50	1,50
		FDC		2,—

Auflagen: MiNr. 579 = 5 600 000, MiNr. 580 = 2 000 000 Stück

Schweden

1969, 28. Febr. NORDEN: 100 Jahre Zusammenarbeit der Postverwaltungen Skandinaviens. StTdr.; Papier fl.; A = senkrecht, D = dreiseitig gez. 12¾.

ik) Fünf Segelboote (nach einer antiken Münze)

629	45 (Ö) braunschwarz	ik		
A	senkrecht gez.		0,30	0,30
Dl	dreiseitig gez.		1,20	1,20
Dr	dreiseitig gez.		1,20	1,20
630 A	70 (Ö) hellgrünlichblau	ik	0,80	0,80
		Satzpreis (2 W.)	1,—	1,—
		FDC (4 W.)		4,—
	Markenheftchen mit 10 × MiNr. 629 D		13,—	
	Paar: 629 Dl/Dr		2,50	2,50

Auflagen: MiNr. 629 A = 9 710 000, MiNr. 629 D = 4 894 000, MiNr. 630 A = 5 616 000 Stück

1973

Dänemark

1973, 26. Juni. NORDEN: Haus des Nordens. Komb. StTdr. und Odr. (5×10); Papier fl.; gez. K 12¾.

hr) Haus des Nordens, Reykjavík

545	70 (Ø) mehrfarbig	hr	1,—	0,50
546	1 Kr mehrfarbig	hr	1,50	1,—
		Satzpreis (2 W.)	2,50	1,50
		FDC		2,50

Auflagen: MiNr. 545 = 20 000 000, MiNr. 546 = 6 000 000 Stück

Finnland

1973, 26. Juni. NORDEN: Haus des Nordens. Komb. StTdr. und Odr. (5×10); gez. K 12¾.

tx) Haus des Nordens, Reykjavik

724	0.60 (M) mehrfarbig	tx	1,—	0,40
725	0.70 (M) mehrfarbig	tx	1,—	0,40
		Satzpreis (2 W.)	2,—	0,80
		FDC		3,—

Auflagen: MiNr. 724 = 5 000 000, MiNr. 725 = 3 000 000 Stück

Gültig bis 31.12.2011

Island

1973, 26. Juni. NORDEN: Haus des Nordens. Komb. StTdr. und Odr. (5×10); gez. K 12¾.

id) Haus des Nordens, Reykjavik

478	9 (Kr) mehrfarbig	id	0,50	0,50
479	10 (Kr) mehrfarbig	id	1,—	1,—
		Satzpreis (2 W.)	1,50	1,50
		FDC		2,50

Gültig bis 30.9.2006

Norwegen

1973, 26. Juni. NORDEN: Haus des Nordens. Komb. StTdr. und Odr. (5×10); Papier ph.; gez. K 12¾.

li) Haus des Nordens, Reykjavik

662	1.00 (Kr) mehrfarbig	li	0,80	0,80
663	1.40 (Kr) mehrfarbig	li	0,80	0,80
		Satzpreis (2 W.)	1,50	1,50
		FDC		2,—

Auflagen: MiNr. 662 = 8 000 000, MiNr. 663 = 2 366 000 Stück

Schweden

1973, 26. Juni. NORDEN: Haus des Nordens. Komb. StTdr. und Odr.; Papier fl.; A = senkrecht gez. 12¾.

rg) Haus des Nordens, Reykjavík

808	75 (Ö) mehrfarbig	rg	0,50	0,30
809	1 Kr mehrfarbig	rg	0,50	0,30
		Satzpreis (2 W.)	1,—	0,50
		FDC		1,50

Auflagen: MiNr. 808 = 18 966 600, MiNr. 809 = 10 976 400 Stück

Für unverlangt eingesandte Briefsendungen und Markenvorlagen wird keine Haftung übernommen

1977

Dänemark

1977, 2. Febr. NORDEN: Umweltschutz. Komb. StTdr. und Odr. (10×5); Papier fl.; u = matte, v = glänzende Gummierung; gez. K 12¾.

lp) Fünf Seerosen; Emblem des nordischen Postvereins: Posthorn mit fünffachem Schallbecher

635	100 (Ø)	mehrfarbig . . . . lp		
u		matte Gummierung (1. Aufl.) . . .	9,—	0,50
v		glänz. Gummierung (2. Aufl.) . . .	0,50	0,50
636	130 (Ø)	mehrfarbig . . . . lp		
u		matte Gummierung (1. Aufl.) . . .	11,—	1,—
v		glänz. Gummierung (2. Aufl.) . . .	1,50	1,—
		Satzpreis u (2 W.)	20,—	1,50
		Satzpreis v (2 W.)	2,—	1,50
		FDC u		2,50

Auflagen: MiNr. 635 = 11 685 000, MiNr. 636 = 2 091 900 Stück

Finnland

1977, 2. Febr. NORDEN: Umweltschutz. Komb. StTdr. und Odr. (10×5); u = matte, v = glänzende Gummierung; gez. K 12¾.

wu) Fünf Seerosen; Emblem des nordischen Postvereins: Posthorn mit fünffachem Schallbecher

803	0.90 (M)	mehrfarbig . . . . wu		
u		matte Gummierung (1. Aufl.) . .	7,—	0,40
v		glänz. Gummierung (2. Aufl.) .	0,80	0,40
804	1.00 (M)	mehrfarbig . . . . wu		
u		matte Gummierung (1. Aufl.) . .	5,—	0,40
v		glänz. Gummierung (2. Aufl.) .	0,80	0,40
		Satzpreis u (2 W.)	12,—	0,80
		Satzpreis v (2 W.)	1,50	0,80
		FDC u		3,—

Auflagen: MiNr. 803 u = 343 417, MiNr. 803 v = 4 550 000, MiNr. 804 u = 497 492, MiNr. 804 v = 3 502 508 Stück

Gültig bis 31.12.2011

Island

1977, 2. Febr. NORDEN: Umweltschutz. Komb. StTdr. und Odr. (10×5); gez. K 12¾.

kv) Fünf Seerosen; Emblem des nordischen Postvereins: Posthorn mit fünffachem Schallbecher

520	35 (Kr)	mehrfarbig . . . . kv	0,60	0,50
521	45 (Kr)	mehrfarbig . . . . kv	0,60	0,50
		Satzpreis (2 W.)	1,20	1,—
		FDC		2,—

Auflage: 1 500 000 Sätze

Gültig bis 30.9.2006

Norwegen

1977, 2. Febr. NORDEN: Umweltschutz. Komb. StTdr. und Odr. (10×5); u = matte, v = glänzende Gummierung; Papier ph.; gez. K 12¾.

oc) Fünf Seerosen; Emblem des nordischen Postvereins: Posthorn mit fünffachem Schallbecher

737	1.25 (Kr)	mehrfarbig . . . . oc		
u		matte Gummierung (1. Aufl.) . .	1,50	0,30
v		glänz. Gummierung (2. Aufl.) .	0,30	0,30
738	1.40 (Kr)	mehrfarbig . . . . oc		
u		matte Gummierung (1. Aufl.) . .	3,—	0,70
v		glänz. Gummierung (2. Aufl.) .	0,70	0,70
		Satzpreis u (2 W.)	4,50	1,—
		Satzpreis v (2 W.)	1,—	1,—
		FDC u		1,50

Auflagen: MiNr. 737 = 7 000 000, MiNr. 738 = 1 500 000 Stück

Schweden

1977, 2. Febr. NORDEN: Umweltschutz. Komb. StTdr. und Odr.; u = matte, v = glänzende Gummierung; waagerecht gez. 12¾.

xk) Fünf Seerosen; Emblem des nordischen Postvereins: Posthorn mit fünffachem Schallbecher

972	1 Kr	mehrfarbig . . . . xk		
u		matte Gummierung (1. Aufl.) . . .	9,—	0,40
v		glänz. Gummierung (2. Aufl.) . . .	0,50	0,40
973	1.30 (Kr)	mehrfarbig . . . . xk		
u		matte Gummierung (1. Aufl.) . . .	11,—	0,40
v		glänz. Gummierung (2. Aufl.) . . .	0,50	0,40
		Satzpreis u (2 W.)	20,—	0,80
		Satzpreis v (2 W.)	1,—	0,80
		FDC u		1,50

Auflagen: MiNr. 972 = 6 882 000, MiNr. 973 = 8 949 000 Stück

1980

Dänemark

1980, 9. Sept. NORDEN: Handwerkskunst. StTdr., Bogen (B) (5×10) und Markenheftchen (MH) (5×2); Papier fl.; gez. K 12¾.

nw) Silberkrug

nx) Terrine in Form einer Bischofsmütze

708	1.30 (Kr)	schwarz/bräunlichkarmin (B) (MH) . . . . nw	0,30	0,30
709	1.80 (Kr)	blau/dunkelviolettblau (B) . . . nx	1,30	0,90
		Satzpreis (2 W.)	1,50	1,—
		FDC		2,—
		Markenheftchen	5,—	

Auflagen: MiNr. 708 = 16 225 000, MiNr. 709 = 1 600 000 Stück

Bitte teilen Sie uns von Ihnen festgestellte Fehler mit, damit wir sie berichtigen können.

Finnland

1980, 9. Sept. NORDEN: Handwerkskunst. Odr. (5×10, Hochformat ~); Papier ph.; gez. K 14.

zg) Sielengeschirr (19. Jh.) aus Ylistaro, Süd-Pohjanmaa

zh) Kummetgeschirr (19. Jh.) aus Kuhmalahti, Häme

871	1.10 (M)	mehrfarbig	zg	0,60	0,40
872	1.30 (M)	mehrfarbig	zh	0,60	0,40
		Satzpreis (2 W.)		1,20	0,80
		FDC			2,50

Auflagen: MiNr. 871 = 6 000 000, MiNr. 872 = 4 000 000 Stück

Gültig bis 31.12.2011

Island

1980, 9. Sept. NORDEN: Handwerkskunst. RaTdr. (5×10); gez. K 11½:11¾.

mg) Geschnitzte Schranktüre (18. Jh.)

mh) Blumenbestickte Kissenplatte (1856)

556	150 (Kr)	mehrfarbig	mg	0,50	0,50
557	180 (Kr)	mehrfarbig	mh	0,70	0,70
		Satzpreis (2 W.)		1,20	1,20
		FDC			1,70

Auflage: 1 500 000 Sätze

Gültig bis 30.9.2006

Norwegen

1980, 9. Sept. NORDEN: Handwerkskunst. StTdr. (5×10); Papier ph.; gez. K 13:13¼.

sl) Vulcanus als Waffenschmied; gußeiserne Ofenplatte aus dem Eisenwerk Hassel (1761)

sm) Herkules vor brennendem Altar; gußeiserne Ofenplatte aus dem Eisenwerk Moss (1769)

821	1.25 (Kr)	karminbraun	sl	0,30	0,30
822	1.80 (Kr)	blauviolett	sm	0,70	0,70
		Satzpreis (2 W.)		1,—	1,—
		FDC			1,50

Auflagen: MiNr. 821 = 9 075 000, MiNr. 822 = 2 226 600 Stück

Schweden

1980, 9. Sept. NORDEN: Handwerkskunst. StTdr.; MiNr. 1115 waagerecht gez. 12¾, MiNr. 1116 senkrecht gez. 12½.

adb) Stuhl (1831), Provinz Skåne

adc) Wiege (19. Jh.), Provinz Norrbotten

1115	1.50 (Kr)	dunkelgrünblau (▭)	adb	0,50	0,30
1116	2 Kr	rotbraun (▯)	adc	1,—	0,50
		Satzpreis (2 W.)		1,50	0,70
		FDC			1,50

Auflagen: MiNr. 1115 = 18 166 000, MiNr. 1116 =11 079 000 Stück

1983

Dänemark

1983, 24. März. NORDEN: Tourismus in Skandinavien. StTdr. (5×10); Papier fl.; gez. K 12¾.

pp) Burg Egeskov, Landkarte

pr) Dolmen „Trollkirche", Nordjütland; Landkarte

772	2.50 (Kr)	schwarzbraun/rotkarmin	pp	1,—	0,30
773	3.50 (Kr)	schwarzgrünblau/mittelkobalt	pr	1,50	0,80
		Satzpreis (2 W.)		2,50	1,—
		FDC			3,—

Auflagen: MiNr. 772 = 16 700 000, MiNr. 773 = 9 300 000 Stück

Finnland

1983, 24. März. NORDEN: Tourismus in Skandinavien. Odr.; Papier ph.; gez. K 14.

abh) Goldwäscher in Nordfinnland

abi) Flussfahrt auf dem Kitkajoki

922	1.20 (M)	mehrfarbig	abh	0,60	0,50
923	1.30 (M)	mehrfarbig	abi	0,60	0,50
		Satzpreis (2 W.)		1,20	1,—
		FDC			2,20

Auflagen: MiNr. 922 = 6 000 000, MiNr. 923 = 10 000 000 Stück

Gültig bis 31.12.2011

Island

1983, 24. März. NORDEN: Tourismus in Skandinavien. RaTdr.; gez. K 11¾.

nz) Berg Súlur zwischen Breithdalsvík und Stöthvarfjörthur

oa) Urrithafossar, Melbugsá

596	4.50 (Kr)	mehrfarbig	nz	0,70	0,70
597	5.00 (Kr)	mehrfarbig	oa	0,80	0,80
		Satzpreis (2 W.)		1,50	1,50
		FDC			2,50

Auflage: 1 000 000 Sätze

Norwegen

1983, 24. März. NORDEN: Tourismus in Skandinavien. Odr.; Papier ph.; gez. K 13.

uz) Gebirgslandschaft

va) Fjordlandschaft

881	2.50 (Kr)	mehrfarbig	uz	0,50	0,30
882	3.50 (Kr)	mehrfarbig	va	1,50	0,70
		Satzpreis (2 W.)		2,—	1,—
		FDC			2,50

Auflagen: MiNr. 881 = 9 800 050, MiNr. 882 = 3 625 000 Stück

Schweden

1983, 24. März. NORDEN: Tourismus in Skandinavien. StTdr.; MiNr. 1230 waagerecht gez. 12½, MiNr. 1231 senkrecht gez. 12¾.

ahx) Familie beim Radausflug

ahy) Segelboote in der Riddar-Bucht

1230	1.65 (Kr)	dunkelgelbgrün (▭) . . . . . . ahx	0,50	0,30
1231	2.40 (Kr)	violettultramarin/dunkelbraunkarmin (▯) . . . . ahy	1,—	0,80
		Satzpreis (2 W.)	1,50	1,—
		FDC		2,—

Auflagen: MiNr. 1230 = 12 246 000, MiNr. 1231 = 10 718 000 Stück

1986

Dänemark

1986, 27. Mai. NORDEN: Partnerstädte in Skandinavien. StTdr. (5×10); Papier fl.; gez. K 12¾.

ts) Ålborg

tt) Thisted, Mutter mit Kind

868	2.80 (Kr)	schwarzblau . . . . ts	0,80	0,40
869	3.80 (Kr)	violettblau/lebhaftrot . . . . tt	1,20	0,60
		Satzpreis (2 W.)	2,—	1,—
		FDC		2,50

Auflagen: MiNr. 868 = 12 900 000, MiNr. 869 = 6 300 000 Stück

Finnland

1986, 27. Mai. NORDEN: Partnerstädte in Skandinavien. Odr.; Papier ph.; gez. K 14.

aee) Neue Tribüne der Chorwiese. Joensuu

aef) „Treppe des Wissens", Jyväskylä

996	1.60 (M)	mehrfarbig . . . . aee	0,80	0,40
997	2.20 (M)	mehrfarbig . . . . aef	1,20	0,80
		Satzpreis (2 W.)	2,—	1,20
		FDC		2,50

Auflagen: MiNr. 996 = 8 000 000, MiNr. 997 = 4 000 000 Stück

Gültig bis 31.12.2011

Island

1986, 27. Mai. NORDEN: Partnerstädte in Skandinavien. RaTdr.; gez. K 11¾:11½.

rf) Ansicht von Stykkishólmur

rg) Ansicht von Seyðisfjörður

650	10.00 (Kr)	mehrfarbig . . . . rf	1,—	0,80
651	12.00 (Kr)	mehrfarbig . . . . rg	1,—	0,70
		Satzpreis (2 W.)	2,—	1,50
		FDC		2,50

Auflage: 1 000 000 Sätze

Norwegen

1986, 27. Mai. NORDEN: Partnerstädte in Skandinavien. Odr.; Papier ph.; gez. K 13¼:13.

xt) Stadtansicht von Moss, Wappen der Partnerstadt

xu) Stadtansicht von Ålesund, Wappen der Partnerstadt

948	2.50 (Kr)	mehrfarbig . . . . xt	1,—	0,30
949	4.00 (Kr)	mehrfarbig . . . . xu	1,50	0,70
		Satzpreis (2 W.)	2,50	1,—
		FDC		2,50

Auflagen: MiNr. 948 = 10 012 392, MiNr. 949 = 3 735 143 Stück

Schweden

1986, 27. Mai. NORDEN: Partnerstädte in Skandinavien. StTdr.; senkrecht gez. 12¾.

apd) Stadtansicht von Uppsala

ape) Stadtansicht von Eskilstuna

1395	2.10 (Kr)	mehrfarbig . . . . apd	0,50	0,30
1396	2.90 (Kr)	mehrfarbig . . . . ape	1,—	0,80
		Satzpreis (2 W.)	1,50	1,—
		FDC		1,50

Auflagen: MiNr. 1395 = 9 700 000, MiNr. 1396 = 7 100 000 Stück

1989

Dänemark

1989, 20. April. NORDEN: Volkstrachten. Komb. StTdr. und Odr. (10×5); Papier fl.; gez. K 12¾.

wg) Frau aus Valby

wh) Feinkosthändler

wg–wh) Kolorierte Kupferstiche von Gerhard Ludvig Lahde (1765–1833)

947	3.20 (Kr)	mehrfarbig . . . . wg	1,—	0,30
948	4.40 (Kr)	mehrfarbig . . . . wh	1,50	1,30
		Satzpreis (2 W.)	2,50	1,50
		FDC		3,50

Auflagen: MiNr. 947 = 11 125 000, MiNr. 948 = 5 875 000 Stück

Dänemark – Färöer

1989, 10. April. Sympathieausgabe NORDEN: Volkstrachten. Komb. StTdr. und Odr.; gez. K 13¼.

gc) Männertracht „Sjóstúka“

gd) Frauentracht „Stakkur“

182	350 (Ø) mehrfarbig	gc	1,20	1,20
183	600 (Ø) mehrfarbig	gd	1,80	1,80
		Satzpreis (2 W.)	3,—	3,—
		FDC		4,—

Da Föröer keine Genehmigung erhielt, das Emblem des Nordischen Postvereins zu verwenden, fehlt es auf diesen Marken. Streng genommen sind daher die Marken MiNr. 182–183 keine NORDEN-Ausgabe.

Auflagen: MiNr. 182 = 562 000, MiNr. 183 = 420 000 Stück

Finnland

1989, 20. April. NORDEN: Volkstrachten. Odr.; gez. K 14.

ahw) Mann in Tracht aus Säkylä

ahx) Frau in Tracht aus Veteli

1084	1.90 (M) mehrfarbig	ahw	1,—	0,30
1085	2.50 (M) mehrfarbig	ahx	1,50	0,70
		Satzpreis (2 W.)	2,50	1,—
		FDC		2,50

Auflagen: MiNr. 1084 = 8 000 000, MiNr. 1085 = 4 000 000 Stück

Gültig bis 31.12.2011

Island

1989, 20. April. NORDEN: Volkstrachten. RaTdr.; gez. K 11½:11¾.

tf) Frau in Peysuföt-Tracht

tg) Frau in Upphlutur-Tracht

699	21.00 (Kr) mehrfarbig	tf	1,—	0,60
700	26.00 (Kr) mehrfarbig	tg	1,—	0,60
		Satzpreis (2 W.)	2,—	1,20
		FDC		3,—

Auflage: 1 500 000 Sätze

Norwegen

1989, 20. April. NORDEN: Volkstrachten. Odr.; Papier ph.; gez. K 13:13¼.

aau) Frau mit Tracht aus dem Setesdal

aav) Mann mit Tracht aus Kautokeino

1017	3.00 (Kr) mehrfarbig	aau	1,40	0,30
1018	4.00 (Kr) mehrfarbig	aav	1,80	0,90
		Satzpreis (2 W.)	3,20	1,20
		FDC		3,—

Auflagen: MiNr. 1017 = 10 050 360, MiNr. 1018 = 4 034 493 Stück

Schweden

1989, 20. April. NORDEN: Volkstrachten. Komb. StTdr. und Odr.; waagerecht gez. 12¾.

avr) Brusttuch

avs) Gürteltasche

avr–avs) Teile der lappländischen Vokstracht

1537	2.30 (Kr) mehrfarbig	avr	0,90	0,40
1538	3.30 (Kr) mehrfarbig	avs	1,30	0,80
		Satzpreis (2 W.)	2,20	1,20
		FDC		2,50

Auflage: 6 000 000 Sätze

1991

Dänemark

1991, 6. Juni. NORDEN: Tourismus. Odr., Bogen (B) (5×10) und Markenheftchen (MH) (5×2); Papier fl.; gez. K 12¾.

yc) Badestrand auf der Insel Fanø

yd) Hafeneinfahrt auf der Insel Christiansø

1003	3.50 (Kr) mehrfarbig (B) (MH)	yc	1,20	0,30
1004	4.75 (Kr) mehrfarbig (B)	yd	1,80	0,80
		Satzpreis (2 W.)	3,—	1,—
		FDC		3,—
		Markenheftchen	18,—	

Auflagen: MiNr. 1003 = 22 000 000, MiNr. 1004 = 6 525 000 Stück

Dänemark – Färöer

1991, 3. Juni. NORDEN: Tourismus. Odr. (4×5); gez. K 13½:13¼.

hs) Dorf Saksun auf Streymoy

ht) Klippen von Vestmanna auf Streymoy

219	370 (Ø) mehrfarbig	hs	1,50	1,50
220	650 (Ø) mehrfarbig	ht	2,50	2,50
		Satzpreis (2 W.)	4,—	4,—
		FDC		4,50

Auflagen: MiNr. 219 = 577 000, MiNr. 220 = 418 000 Stück

Dänemark – Grönland

1991, 15. Mai. NORDEN: Tourismus. Odr. (4×5); Papier fl.; gez. K 12½:13.

fa) Sommerlandschaft

fb) Winterlandschaft

217	4.00 (Kr)	mehrfarbig	fa	1,50	1,50
218	8.50 (Kr)	mehrfarbig	fb	3,—	3,—
			Satzpreis (2 W.)	4,50	4,50
			FDC		5,—

Auflagen: MiNr. 217 = 650 190, MiNr. 218 = 470 962 Stück

Finnland

1991, 4. Juni. NORDEN: Tourismus. Odr.; gez. K 14.

ale) Freilichtmuseum Seurasaari, Helsinki

alf) Ausflugsdampfer auf dem Saimaa-See

1142	2.10 (M)	mehrfarbig	ale	1,—	0,50
1143	2.90 (M)	mehrfarbig	alf	1,50	1,—
			Satzpreis (2 W.)	2,50	1,50
			FDC		2,50

Auflagen: MiNr. 1142 = 6 000 000, MiNr. 1143 = 3 000 000 Stück

Gültig bis 31.12.2011

Finnland – Åland

1991, 4. Juni. NORDEN: Tourismus. Odr. (5×4 + 5×4); gez. K 14.

ay) Urlaub mit dem Kanu

az) Urlaub mit dem Fahrrad

51	2.10 (M)	mehrfarbig	ay	1,—	1,—
52	2.90 (M)	mehrfarbig	az	1,50	1,50
			Satzpreis (2 W.)	2,50	2,50
			FDC		4,—

Zwischenstegpaare:

51 ZW–52 ZW	2 Paare	6,—	6,—

Auflagen: MiNr. 51 = 1 000 000, MiNr. 52 = 600 000 Stück

Gültig bis 30.6.2002

Island

1991, 23. Mai. NORDEN: Tourismus. Odr.; gez. K 14¾:14¼.

uz) Jökulsárlón, Gletschersee südlich des Vatnajökull

va) Strokkur, heiße Quelle bei den Haukadalur-Geysiren in Árnessýsla

747	26.00 (Kr)	mehrfarbig	uz	1,—	1,—
748	31.00 (Kr)	mehrfarbig	va	1,50	1,—
			Satzpreis (2 W.)	2,50	2,—
			FDC		2,50

Auflage: 1 000 000 Sätze

Norwegen

1991, 7. Juni. NORDEN: Tourismus. Odr.; Papier ph.; gez. K 13¼:13.

adb) Brunnen im Vigelandpark

adc) Globus am Nordkap

1068	3.20 (Kr)	mehrfarbig	adb	1,20	0,60
1069	4.00 (Kr)	mehrfarbig	adc	1,60	1,40
			Satzpreis (2 W.)	2,80	2,—
			FDC		2,50

Auflagen: MiNr. 1068 = 7 279 867, MiNr. 1069 = 2 941 627 Stück

Schweden

1991, 15. Mai. NORDEN: Tourismus. StTdr.; waagerecht gez. 12¾.

bax) Tierpark Kolmården, Eisbären

bay) Tierpark Kolmården, Delphin-Show

1666	2.50 (Kr)	violettschwarz/ violettultramarin	bax	1,—	0,50
1667	4 Kr	violettschwarz/ rosakarmin	bay	1,50	1,—
			Satzpreis (2 W.)	2,50	1,50
			FDC		2,50

Auflagen: MiNr. 1666 = 17 600 000, MiNr. 1667 = 7 800 000 Stück

---

1993

Dänemark

1993, 6. Mai. NORDEN: Touristische Attraktionen: 150 Jahre Tivoli. Odr., Bogen (B) (5×10, Hochformat ~) und Markenheftchen (MH) (5×2); Papier fl.; gez. K 12¾.

aac) Plakat von Thor Bøgelund (1947)

aad) Plakat von Wilhelm Freddie (1987)

aac–aad) Werbeplakate für den Vergnügungspark Tivoli, Kopenhagen

1054	3.75 (Kr)	mehrfarbig (B) (MH)	aac	1,40	0,70
1055	5.00 (Kr)	mehrfarbig (B)	aad	1,80	1,50
			Satzpreis (2 W.)	3,20	2,20
			FDC		3,—
			Markenheftchen	14,—	

Auflagen: MiNr. 1054 = 24 800 000, MiNr. 1055 = 10 600 000 Stück

Dänemark – Färöer

1993, 5. April. NORDEN: Touristische Attraktionen. Odr.; gez. K 13½:13¼.

iv

iw

iv–iw) Ortsansichten von Gjógv

246	4.00 (Kr)	mehrfarbig	iv	1,50	1,50
247	4.00 (Kr)	mehrfarbig	iw	1,50	1,50
			Satzpreis (2 W.)	3,—	3,—
			FDC		3,50

MH 6	(Nominale 24 Kr)	10,—	
H-Blatt 6	mit 3 × MiNr. 246–247	9,—	9,—

MiNr. 246–247 wurden auch zusammenhängend im Markenheftchen (MH 6) ausgegeben.

Auflage: 871 000 Sätze; davon 381 000 aus Heftchen

Dänemark – Grönland

1993, 6. Mai. NORDEN: Touristische Attraktionen. Odr. (4×5); Papier fl.; gez. K 12½:13.

ft) Kirche in Uummannaq

fu) Kirchenruine in Hvalsø

234	4.00 (Kr) mehrfarbig	ft	1,50	1,50
235	8.50 (Kr) mehrfarbig	fu	3,50	3,50
		Satzpreis (2 W.)	5,—	5,—
		FDC		6,—

Auflagen: MiNr. 234 = 344 240, MiNr. 235 = 266 150 Stück

Finnland

1993, 7. Mai. NORDEN: Touristische Attraktionen. Odr.; gez. K 12¾:13.

aoc) Stilisierte Stadtansicht von Naantali (Nådendal)

aod) Stilisierte Stadtansicht von Imatra

1210	2.30 (M) mehrfarbig	aoc	1,20	0,70
1211	2.90 (M) mehrfarbig	aod	1,60	0,90
		Satzpreis (2 W.)	2,80	1,60
		FDC		2,50

Auflagen: MiNr. 1210 = 6 000 000, MiNr. 1211 = 3 000 000 Stück

Gültig bis 31.12.2011

Finnland – Åland

1993, 7. Mai. NORDEN: Touristische Attraktionen. Odr. (4×5 + 4×5, Querformat ~); gez. K 13:12¾, Querformat ~.

bu) Getreidedarre, Geigenspieler

bv) Boots- und Geräteschuppen

bu–bv) Gebäude im Freilichtmuseum „Jan Karlsgården“

70	2.00 (M) mehrfarbig	bu	1,—	1,—
71	2.30 (M) mehrfarbig	bv	1,—	1,—
		Satzpreis (2 W.)	2,—	2,—
		FDC		3,—

Zwischenstegpaare:

70 ZW–71 ZW	2 Paare	4,50	4,50

Auflagen: MiNr. 70 = 1 200 000, MiNr. 71 = 1 000 000 Stück

Gültig bis 30.6.2002

Island

1993, 26. April. NORDEN: Touristische Attraktionen. Odr.; gez. K 13¼.

wm) Blaue Lagune

wn) Wasserspeicher „Perlan“

784	30.00 (Kr) mehrfarbig	wm	1,—	1,—
785	35.00 (Kr) mehrfarbig	wn	1,50	1,50
		Satzpreis (2 W.)	2,50	2,50
		FDC		3,—

Auflagen: MiNr. 784 = 1 000 000, MiNr. 785 = 500 000 Stück

Norwegen

1993, 23. April. NORDEN: Touristische Attraktionen. Odr.; Papier ph.; gez. K 13¼.

afa) Kajakfahrt auf einem See

afb) Wildwasser-Rafting

1123	4.00 (Kr) mehrfarbig	afa	1,—	0,80
1124	4.50 (Kr) mehrfarbig	afb	2,—	0,80
		Satzpreis (2 W.)	3,—	1,50
		FDC		3,—

Auflagen: MiNr. 1123 = 5 065 959, MiNr. 1124 = 5 850 569 Stück

Schweden

1993, 25. März. NORDEN: Touristische Attraktionen. Komb. StTdr. und Odr.; senkrecht gez. 12¾.

bfe) Poseidon-Brunnen, Göteborg

bff) Achterbahn im Vergnügungspark Liseberg, Göteborg

1772	3.50 (Kr) mehrfarbig	bfe	1,50	1,—
1773	3.50 (Kr) mehrfarbig	bff	1,50	1,—
		Satzpreis (2 W.)	3,—	2,—
		Paar	3,—	2,50
		FDC (mit 2 Paaren)		6,—

MiNr. 1772–1773 wurden waagerecht zusammenhängend in Rollen gedruckt.

Auflage: 3 700 000 Sätze

1995

Dänemark

1995, 8. Juni. NORDEN: Tourismus. Odr., Bogen (B) (5×10, Hochformat ~) und Markenheftchen (MH) (5×2); Papier fl.; gez. K 12¾.

ace) Popmusikfestival, Roskilde

acf) Folkmusikfestival, Tondern

1105	3.75	(Kr)	mehrfarbig (B) (MH) . . . . . . ace		1,50	1,—
1106	5.00	(Kr)	mehrfarbig (B) . . . . acf		2,—	1,50
				Satzpreis (2 W.)	3,50	2,50
				FDC		5,—
				Markenheftchen	15,—	

Auflage: MiNr. 1105 = 30 400 000, MiNr. 1106 = 10 400 000 Stück

Dänemark – Färöer

1995, 10. April. NORDEN: Tourismus. Odr.; gez. K 13¼:13¾.

lc) Ortsansicht von Fámjin, Insel Suðuroy

ld) Vatnstal, Insel Suðuroy

276	400	(Ø)	mehrfarbig lc		1,60	1,60
277	400	(Ø)	mehrfarbig . . . . ld		1,60	1,60
				Satzpreis (2 W.)	3,20	3,20
				FDC		3,50

Auflagen: MiNr. 276 = 379 000, MiNr. 277 = 378 000 Stück

Dänemark – Grönland

1995, 20. April. NORDEN: Tourismus. Odr. (4×5); Papier fl.; gez. K 12½:13.

gw) Küstenlandschaft mit Eisbergen

gx) Gebirgslandschaft

260	4.00	(Kr)	mehrfarbig . . . . gw		1,50	1,50
261	8.50	(Kr)	mehrfarbig . . . . gx		3,50	3,50
				Satzpreis (2 W.)	5,—	5,—
				FDC		5,50

Auflagen: MiNr. 260 = 176 940, MiNr. 261 = 145 311 Stück

Finnland

1995, 12. Mai. NORDEN: Tourismus. Odr.; gez. K 13:12¾.

atf) Vergnügungspark Linnanmäki, Clown

atg) Kirche von Mäntyharju

1302	2.80	(M)	mehrfarbig . . . . atf		1,20	0,90
1303	2.90	(M)	mehrfarbig . . . . atg		1,30	1,10
				Satzpreis (2 W.)	2,50	2,—
				FDC		2,50

Auflagen: MiNr. 1302 = 6 000 000, MiNr. 1303 = 2 000 000 Stück

Gültig bis 31.12.2011

Finnland – Åland

1995, 12. Mai. NORDEN: Tourismus. Odr. (4×5 + 4×5); gez. K 12¾:14.

dc) Golfspielen, Schloss Kastelholm

dd) Sportangeln

102	—		2. Klasse, mehrfarbig . . . . dc		1,40	1,40
103	—		1. Klasse, mehrfarbig . . . . dd		1,60	1,60
				Satzpreis (2 W.)	3,—	3,—
				FDC		3,50

Zwischenstegpaare:

102 ZW–103 ZW	. . . . 2 Paare	6,—	6,—

MiNr. 102–103 gelten für Standardbriefe der 2. bzw. 1. Dringlichkeitsklasse innerhalb Skandinaviens (zur Zeit der Ausgabe 2 bzw. 2.30 M).

Auflage: 800 000 Sätze

Gültig bis 30.6.2002

Island

1995, 5. Mai. NORDEN: Tourismus. Odr. Bogen (B) (5×10) und Markenheftchen (MH) (5×2); gez. K 13¼:13.

yh) Pfarrhof Laufás am Eyiafjord

yi) Gletscher Fjallsjökull

824	30.00	(Kr)	mehrfarbig (B) (MH) . . . . yh		1,—	0,80
825	35.00	(Kr)	mehrfarbig (B) . . . . yi		1,80	1,40
				Satzpreis (2 W.)	2,80	2,20
				FDC		3,—
				Markenheftchen	10,—	

Auflagen: MiNr. 824 = 1 000 000, MiNr. 825 = 800 000 Stück

Norwegen

1995, 8. Mai. NORDEN: Tourismus. Odr. Markenheftchen (2×4); x = normales Papier, y = Papier ph.; D = dreiseitig gez. K 13¼.

ahd) Ansicht von Skudeneshavn

ahe) Berg Torghatten

1176 x	4.00 (Kr)	mehrfarbig . . . . ahd		
Dl		dreiseitig gez.	2,—	0,50
Dr		dreiseitig gez.	2,—	0,50
1177	4.50 (Kr)	mehrfarbig . . . . ahe		
x		normales Papier		
Dl		dreiseitig gez.	2,50	2,—
Dr		dreiseitig gez.	2,50	2,—
y		Papier ph.		
Dl		dreiseitig gez.	1,20	1,—
Dr		dreiseitig gez.	1,20	1,—
		Satzpreis x (2 W.)	4,50	2,50
		FDC		3,—
		2 Markenheftchen x	45,—	
		1 Markenheftchen y	12,—	

Waagerechte Paare:

1176 x Dl/1176 x Dr	. . . .	4,—	4,—
1177 x Dl/1177 x Dr	. . . .	7,—	7,—
1177 y Dl/1177 y Dr	. . . .	3,—	3,—

Auflagen: MiNr. 1176 x = 4 180 624, MiNr. 1177 x = 240 000, MiNr. 1177 y = 4 175 000 Stück

Schweden

1995, 12. Mai. NORDEN: Tourismus. StTdr., Markenheftchen (2×2); D = dreiseitig gez. K 12¾.

bkt) Passagierschiff „Wilhelm Tham" auf dem Göta-Kanal; Radfahrer

bku) Segeljacht auf dem Vättern-See

1887	5 Kr	dunkelgrün . . . . bkt		
Do		dreiseitig gez.	1,30	0,80
Du		dreiseitig gez.	1,30	0,80
1888	5 Kr	dunkelblauviolett . . . . bku		
Do		dreiseitig gez.	1,30	0,80
Du		dreiseitig gez.	1,30	0,80
		Satzpreis (2 W.)	2,50	1,50
		FDC (4 W.)		5,—

MH 204	(Nominale 20 Kr)	5,50	
H-Blatt 231	mit MiNr. 1887 Do/Du–1888 Do/Du	5,20	5,20

1998

Dänemark

1998, 28. Mai. NORDEN: Seefahrt. Odr. (4×5 Zd); Papier fl.; gez. K 13¼:13.

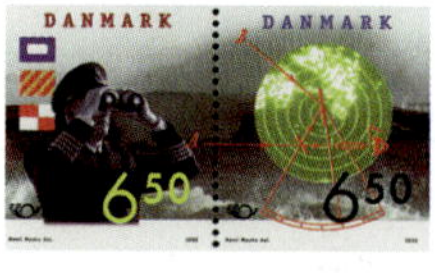

afd) Hafenkapitän mit Fernglas, Flaggensignal „Gute Reise"

afe) Radarbild von der Einfahrt des Kopenhagener Hafens, Sextant

1186	6.50 (Kr)	mehrfarbig . . . . afd	2,50	2,50
1187	6.50 (Kr)	mehrfarbig . . . . afe	2,50	2,50
		Satzpreis (Paar)	5,—	5,—
		FDC		5,50

Blockausgabe mit MiNr. 1186–1187

Block 9	(105×75 mm) . . . . aff	6,—	6,—
	FDC		8,—

Dänemark – Grönland

1998, 20. Aug. NORDEN: Seefahrt. Komb. StTdr. und Odr., Bogen (B) (5×8) und Markenheftchen (MH) (3×2); x = normales Papier, y = Papier fl.; gez. K 13:13¼.

ko) Dampfsegelschiff „Gertrud Rask" (1923)

kp) Dampfsegelschiff „Hans Egede" (1905)

327	4.50 (Kr)	mehrfarbig . . . . ko		
x		normales Papier (MH)	2,—	2,—
y		Papier fl. (B)	1,70	1,70
328	4.75 (Kr)	mehrfarbig . . . . kp		
x		normales Papier (MH)	2,—	2,—
y		Papier fl. (B)	1,80	1,80
		Satzpreis y (2 W.)	3,50	3,50
		FDC		4,—
		Markenheftchen mit 6 × MiNr. 327 x–328 x	25,—	

Auflagen: MiNr. 327 x–328 x = 294 852 Sätze, MiNr. 327 y = 384 082, MiNr. 328 y = 278 320 Stück

Finnland

1998, 7. Mai. NORDEN: Seefahrt. Komb. StTdr. und Odr. (4×5); gez. K 13¾:13¼.

ayw) Forschungsschiff „Aranda" (1989) des nationalen Meeresforschungsinstituts

ayx) Walfangschiff „Vega" (1878) als Expeditionsschiff des Polarforschers Adolf Erik Nordenskiöld (1832–1901)

1435	2.80 (M)	mehrfarbig . . . . ayw	1,—	0,50
1436	3.20 (M)	mehrfarbig . . . . ayx	1,80	1,30
		Satzpreis (2 W.)	2,80	1,80
		FDC		2,50

Auflage: 1 810 000 Sätze

Gültig bis 31.12.2011

Finnland – Åland

1998, 8. Mai. NORDEN: Seefahrt. Odr. (5×4 + 5×4); gez. K 14½:14¾.

ev) Fährschiff „Isabella" der Viking-Linie

142	2.40 (M)	mehrfarbig . . . . ev	1,50	1,50
		FDC		2,50

Zwischenstegpaar:

142 ZW	. . . . 1 Paar	3,50	3,50

Auflage: 500 000 Stück

Gültig bis 30.6.2002

Für unverlangt eingesandte Briefsendungen und Markenvorlagen wird keine Haftung übernommen

Island

1998, 5. März. NORDEN: Seefahrt. Odr. (5×10); gez. K 13¼:13.

aav) Segelboote

aaw) Segelschiffe

aav–aaw) Gemälde von Aðalbjörg Þórdardóttir

884	35.00 (Kr) mehrfarbig . . . . aav	1,30	1,—
885	45.00 (Kr) mehrfarbig . . . . aaw	1,70	1,50
	Satzpreis (2 W.)	3,—	2,50
	FDC		3,—

Auflagen: MiNr. 884 = 3 000 000, MiNr. 885 = 1 050 000 Stück

Norwegen

1998, 20. April. NORDEN: Seefahrt. Komb. StTdr. und Odr. (5×10); gez. K 13:13¼.

ame) Post- und Passagierdampfer „Hornelen“ (um 1900)

amf) Motorschiff „Kommandøren“ im Sognefjord (1991)

1280	3.80 (Kr) kobalt/opalgrün . . . . ame	1,50	1,50
1281	4.50 (Kr) opalgrün/grünlichblau . . . . amf	1,70	1,70
	Satzpreis (2 W.)	3,20	3,20
	FDC		4,—

Auflage: 5 000 000 Sätze

Schweden

1998, 14. Mai. NORDEN: Seefahrt. Komb. StTdr. und Odr.; senkrecht gez. 12¾.

bst) Hafen von Stockholm, Passagierschiff „Albatros“

2062	6 Kr mehrfarbig . . . . bst	2,—	1,50
	FDC		2,50

2002

2002, 13. März. NORDEN: Kunst des 20. Jahrhunderts. Komb. StTdr. und RaTdr., Bogen (B) (10×5) und Markenheftchen (MH) (2×5); Papier fl.; gez. K 12¾.

akn

ako

akn–ako) Mädchen im Flughafen; Skulpturengruppe von Hanne Varming (*1939)

1303	4.00 (Kr) mehrfarbig (B) (MH) . . . . . . akn	1,40	1,20
1304	5.00 (Kr) mehrfarbig (B) . . . . ako	1,80	1,60
	Satzpreis (2 W.)	3,20	2,80
	FDC		3,50
	Markenheftchen	14,—	

Dänemark – Färöer

2002, 8. April. NORDEN: Kunst des 20. Jahrhunderts. Odr., Bogen (4×5) und Markenheftchen (4×2); gez. K 13¼:13½.

sc) Der Wal

sd) Kosmischer Raum

sc–sd) Glasmalereien von Tróndur Patursson (*1944), Maler und Bildhauer

421	5.00 (Kr) mehrfarbig . . . . sc	1,80	1,80
422	6.50 (Kr) mehrfarbig . . . . sd	2,20	2,20
	Satzpreis (2 W.)	4,—	4,—
	FDC		4,50
MH 19	(Nominale 26 Kr)	16,—	
H-Blatt 19	mit MiNr. 421–422	16,—	16,—

Dänemark – Grönland

2002, 5. März. NORDEN: Kunst des 20. Jahrhunderts. Odr. (5×10); Papier fl.; gez. K 12¾.

ms) Fels und Mensch; Skulpturprojekt von Aka Høegh in Qaqortoq (Julianehaab)

mt) Fischkopf; Schneeskulptur beim Nuuk Snow Festival

376	1.00 (Kr) mehrfarbig . . . . ms	0,50	0,50
377	31.00 (Kr) mehrfarbig . . . . mt	9,50	8,50
	Satzpreis (2 W.)	10,—	9,—
	FDC		12,—

Auflagen: MiNr. 376 = 227 813, MiNr. 377 = 133 428 Stück

Finnland

2002, 3. Mai. NORDEN: Kunst des 20. Jahrhunderts. Odr. (2×5); gez. K 13.

bhb) Passio Musicae; Skulptur zum Gedenken an Jean Sibelius, Helsinki, von Eila Hiltunen (1922–2003)

1624	0.60 € mehrfarbig . . . . bhb	1,70	1,20
	FDC		2,—
	Kleinbogen	17,—	12,—

Auflage: 1 500 000 Stück

Finnland – Åland

2002, 3. Mai. NORDEN: Kunst des 20. Jahrhunderts. Odr. (5×4 + 5×4); gez. K 13.

hl) Radar II; Stahlkonstruktion von Stefan Lindfors (*1962)

207	3.00 € mehrfarbig . . . . hl	7,—	7,—
	FDC		8,—

Zwischenstegpaar:

207 ZW	. . . . 1 Paar	15,—	15,—

Auflage: 400 000 Stück

Island

2002, 18. April. NORDEN: Kunst des 20. Jahrhunderts. Odr. (2×5); gez. K 14¾:14½.

agc) Fyssa; Kunstwerk von Rúrí (*1951)

agd) Spannung; Skulptur von Hafsteinn Austmann (*1934)

1005	—	mehrfarbig . . . . agc		1,20	1,20
1006	60.00 (Kr)	mehrfarbig . . . . agd		2,—	2,—
			Satzpreis (2 W.)	3,20	3,20
			FDC		4,—
			Kleinbogensatz (2 Klb.)	32,—	32,—

Nominale von MiNr. 1005 zur Zeit der Ausgabe: 42 Kr

Auflagen: MiNr. 1005 = 500 000, MiNr. 1006 = 250 000 Stück

Norwegen

2002, 12. April. NORDEN: Kunst des 20. Jahrhunderts. Odr. (10×5); gez. K 13½:13¾.

asu) Walfangdenkmal, Tromsø; von Sivert Donali (1931–2010)

asv) Start; Skulptur am Osloer Flughafen von Kåre Groven (*1945)

1430	7.50 (Kr)	mehrfarbig . . . . asu		2,30	2,30
1431	8.50 (Kr)	mehrfarbig . . . . asv		2,70	2,70
			Satzpreis (2 W.)	5,—	5,—
			FDC		6,—

Auflagen: MiNr. 1430 = 1 000 000, MiNr. 1431 = 2 000 000 Stück

Schweden

2002, 23. März. NORDEN: Kunst des 20. Jahrhunderts. Komb. StTdr. und Odr., Rolle; senkrecht gez. 12¾.

ccg) Struktur; Skulptur von Takashi Naraha (*1930) in Kristianstad

cch) Entsprungen aus ...; Skulptur von Pål Svensson (*1950) im Schlosspark von Wanås

2291	8 Kr	mehrfarbig . . . . ccg		2,—	2,—
2292	8 Kr	mehrfarbig . . . . cch		2,—	2,—
			Satzpreis (2 W.)	4,—	4,—
			Paar	4,50	4,50
			FDC (mit 2 Paaren)		9,—

Die Erhaltung entscheidet bei allen Marken über den Preis.

Die Preisnotierungen gelten für Marken in einwandfreier Qualität. Marken ohne Gummi, mit starker Verstempelung und sonstigen Fehlern kosten weniger, Luxusstücke mit Überdurchschnittserhaltung, besonders bei den klassischen Ausgaben, oft wesentlich mehr.

2004

Dänemark

2004, 26. März. NORDEN: Nordische Mythen (I). Komb. StTdr. und Odr., Bogen (8×5) und Kleinbogen (3×3); Papier fl.; gez. K 13¼.

amw) Gott Heimdal bewacht die Brücke Bifrost zwischen Asgård und Midgård

amx) Fruchtbarkeitsgöttin Gefion pflügt Seeland aus Schweden heraus

1366	4.50 (Kr)	mehrfarbig . . . . amw		1,70	1,70
1367	6.00 (Kr)	mehrfarbig . . . . amx		2,30	2,30
			Satzpreis (2 W.)	4,—	4,—
			FDC		5,—
			Kleinbogensatz (2 Klb.)	32,—	32,—

Blockausgabe mit MiNr. 1366–1367

Block 22	(105×71 mm) . . . . amy		5,—	5,—
		FDC		6,—

MiNr. 1366–1367 wurden auch jeweils im Kleinbogen zu 8 Marken und 1 Zierfeld (Feld 5) gedruckt.

Dänemark – Färöer

2004, 26. März. Blockausgabe: NORDEN – Nordische Mythen (I). Odr.; gez. Ks 13.

uz

ux) Asen-Gott Thor und Riese Hymir im Kampf mit der Midgardschlange

uy) Meeresgöttin Ran mit Fischernetz

485	6.50 (Kr)	mehrfarbig . . . . ux		2,10	2,10
486	6.50 (Kr)	mehrfarbig . . . . uy		2,10	2,10
Block 16	(105×70 mm)	. . . . uz		4,20	4,20
			FDC		5,—

Dänemark – Grönland

2004, 26. März. NORDEN: Nordische Mythen (I). Odr. (5×10); Papier fl.; gez. K 12¾.

og) Mondmann

oh) Nordlicht

414	5.50 (Kr)	mehrfarbig . . . . og		1,80	1,80
415	6.50 (Kr)	mehrfarbig . . . . oh		2,20	2,20
			Satzpreis (2 W.)	4,—	4,—
			FDC		5,—

Blockausgabe mit MiNr. 414–415

Block 28	(105×71 mm) . . . . oi		4,50	4,50
		FDC		5,50

Finnland

2004, 26. März. Blockausgabe: NORDEN – Nordische Mythen (I). Odr.; gez. K 14¼.

bli
blk
bll

bli–blk) Luonnotar; Illustration zum Großen Kalevala von Akseli Gallen-Kallela (1865–1931), Maler

1701	0.65 € mehrfarbig	bli	1,80	1,80
1702	0.65 € mehrfarbig	blk	1,80	1,80
Block 33	(105×70 mm)	bll	3,60	3,60
		FDC		4,—

Auflage: 700 000 Blocks

Finnland – Åland

2004, 26. März. Blockausgabe: NORDEN – Nordische Mythen (I). Odr.; gez. K 14:14¾.

in

im) Die Riesinnen Fenja und Menja

232	0.55 € mehrfarbig	im	1,50	1,50
Block 5	(105×70 mm)	in	2,—	2,—
		FDC		2,50

Auflage: 200 000 Blocks

Island

2004, 26. März. Blockausgabe: NORDEN – Nordische Mythen (I). Odr.; gez. Ks 13¼.

air

aio) Odin (Wotan), oberster germanischer Gott

aip) Sleipnir, das Totenpferd

1060	50.00 (Kr) mehrfarbig	aio	1,50	1,50
1061	60.00 (Kr) mehrfarbig	aip	2,—	2,—
Block 35	(105×70 mm)	air	3,50	3,50
		FDC		5,—

Auflage: 150 000 Blocks

Norwegen

2004, 26. März. NORDEN: Nordische Mythen (I). Odr. (10×5); normales Papier; gez. K 14¼:13¾.

avs) Meeresgott Njord

avt) Bestattung Balders

1500	7.50 (Kr) mehrfarbig	avs	2,30	2,30
1501	10.50 (Kr) mehrfarbig	avt	3,20	3,20
		Satzpreis (2 W.)	5,50	5,50
		FDC		6,—

Blockausgabe mit MiNr. 1500–1501

Block 25	(105×70 mm)	avu	6,50	6,50
		FDC		7,—

Auflagen: MiNr. 1500–1501 = 600 000 Sätze, Bl. 25 = 250 000 Blocks

Schweden

2004, 26. März. Blockausgabe: NORDEN – Nordische Mythen (I). Komb. StTdr. und Odr.; gez. Ks 12¾.

cgo

cgm) Krieger, mit Rundschild, auf dem Totenpferd

cgn) Die Walküre heißt den Helden willkommen

cgm–cgn) Ankunft eines Kriegers in Walhalla; Bildstein von der Insel Gotland

2394	10 Kr mehrfarbig	cgm	2,50	2,50
2395	10 Kr mehrfarbig	cgn	2,50	2,50
Block 18	(104×69 mm)	cgo	5,50	5,50
		FDC		6,—

2006

Dänemark

2006, 29. März. NORDEN: Nordische Mythen (II). Komb. StTdr. und Odr. (8×5); Papier fl.; gez. K 13¼.

apg) Elfenhügel mit Elfenkönig und drei Elfenmädchen

aph) Nachtmahre, Kobold, Gespensterpferd, Troll, Werwölfe

1431	4.75 (Kr) mehrfarbig	apg	1,50	1,50
1432	7.00 (Kr) mehrfarbig	aph	2,50	2,50
		Satzpreis (2 W.)	4,—	4,—
		FDC		4,50

Blockausgabe mit MiNr. 1431–1432

Block 27	(105×70 mm)	api	4,—	4,—
		FDC		4,50

Dänemark – Färöer

2006, 29. März. Blockausgabe: NORDEN: Nordische Mythen (II). Odr.; gez. Ks 13¼.

yf

yd) Neugeborenes Kind, Nornen (Schicksalsgöttinnen)
ye) Sjódreygil (Meeresgespenst)

560	7.50 (Kr)	mehrfarbig	yd	2,50	2,50
561	7.50 (Kr)	mehrfarbig	ye	2,50	2,50
Block 19	(105×70 mm)	....	yf	5,50	5,50
			FDC		6,—

Dänemark – Grönland

2006, 29. März. NORDEN: Nordische Mythen (II). Odr. (5×10); Papier fl.; gez. K 14:13½.

pw) Mutter des Meeres

px) Asiaq, Herrscherin über das Wetter

462	7.50 (Kr)	mehrfarbig	pw	2,—	2,—
463	13.50 (Kr)	mehrfarbig	px	4,—	4,—
			Satzpreis (2 W.)	6,50	6,50
			FDC		10,—

Blockausgabe mit MiNr. 462–463

Block 34	(105×70 mm)	....	py	6,50	6,50
			FDC		8,—

Finnland

2006, 29. März. Blockausgabe: NORDEN – Nordische Mythen (II). Odr.; gez. K 13¾:13½.

bps

bpp) Elfe
bpr) Elfe und Weihnachtsmann

bpp–bpr) Details des Titelbildes von „Märchen und Geschichten vom Weihnachtsmann“ (1932); von Rudolf Koivu (1890–1946)

1796	0.65 €	mehrfarbig	bpp	1,50	1,50
1797	0.65 €	mehrfarbig	bpr	1,50	1,50
Block 40	(105×70 mm)	....	bps	3,—	3,—
			FDC		4,—

Auflage: 300 000 Blocks

Finnland – Åland

2006, 29. März. Blockausgabe: NORDEN – Nordische Mythen (II). Odr.; gez. K 14:14¾.

kx

kw) Ein „Letesgubbe“ rasselt mit den „Leten“, um vor einem Sturm zu warnen

264	0.85 €	mehrfarbig	kw	2,—	2,—
Block 6	(105×70 mm)	....	kx	2,—	2,—
			FDC		2,80

Auflage: 200 000 Blocks

Island

2006, 29. März. Blockausgabe: NORDEN – Nordische Mythen (II). Odr.; gez. Ks 13¼:13.

aml

amk) Elfen und Vögel; Gemälde von Jóhann Briem (1907–1991)

1123	95 (Kr)	mehrfarbig	amk	2,50	2,50
Block 40	(105×70 mm)	....	aml	3,—	3,—
			FDC		3,50

Auflage: 80 000 Blocks

Norwegen

2006, 29. März. Blockausgabe: NORDEN – Nordische Mythen (II). Odr.; gez. Ks 14:14½.

ayv

ayt) Zeichnungen auf einer lappischen Schamanentrommel
ayu) Der Drache Fafnir erwehrt sich Siegfrieds Angriff; Relief an der Kirchtür von Hylestad

1570	A	mehrfarbig	ayt	1,50	1,50
1571	10.50 (Kr)	mehrfarbig	ayu	3,—	3,—
Block 30	(105×70 mm)	....	ayv	5,—	5,—
			FDC		6,—

Nominale von MiNr. 1570 zur Zeit der Ausgabe: 6 Kr.

Auflage: 275 000 Blocks

Schweden

2006, 29. März. Blockausgabe: NORDEN – Nordische Mythen (II). Komb. StTdr. und Odr.; gez. Ks 13.

cmy

cmw) Waldweiblein cmx) Nöck

2520	10 Kr mehrfarbig	cmw	2,50	2,50
2521	10 Kr mehrfarbig	cmx	2,50	2,50
Block 21	(105×71 mm)	cmy	5,50	5,50
		FDC		6,—

2008

Dänemark

2008, 27. März. NORDEN: Nordische Mythen (III). Odr. (5×8); gez. K 13¼.

ass) Gräberfeld auf Lindholm Høje

ast) Bergrücken Feggeklit, Insel Mors

1495	5.50 (Kr) schwarz	ass	1,70	1,70
1496	7.75 (Kr) schwarz	ast	2,50	2,50
		Satzpreis (2 W.)	4,20	4,20
		FDC		5,—

Blockausgabe mit MiNr. 1495–1496

Block 33	(105×70 mm)	asu	4,20	4,20
		FDC		5,—

Dänemark – Färöer

2008, 27. März. Blockausgabe: NORDEN – Nordische Mythen (III). Odr.; gez. K 12½:13.

abn

abl) Álvheyggur (Elfenhügel) bei Haldarsvík

abm) Klovningasteinur (gespaltener Stein) von Leirvík

636	7.50 (Kr) mehrfarbig	abl	2,50	2,50
637	7.50 (Kr) mehrfarbig	abm	2,50	2,50
Block 22	(100×70 mm)	abn	5,—	5,—
		FDC		6,—

Dänemark – Grönland

2008, 27. März. NORDEN: Nordische Mythen (III). Odr. (5×10); gez. K 14:13½.

sp) Die Klippen

sr) Bär des Sees

509	7.00 (Kr) mehrfarbig	sp	2,30	2,30
510	8.00 (Kr) mehrfarbig	sr	2,70	2,70
		Satzpreis (2 W.)	5,—	5,—
		FDC		7,50

Blockausgabe mit MiNr. 509–510

Block 40	(105×70 mm)	ss	5,—	5,—
		FDC		7,50

Auflagen: MiNr. 509 = 108 737 Stück, Bl. 40 = 66 122 Blocks

Finnland

2008, 27. März. Blockausgabe: NORDEN – Nordische Mythen (III). Odr.; gez. K 13½.

bvs

bvp) Gesicht am Naturfelsen bei Ristiina

bvr) Bernsteinkopf aus dem Yövesi-See

1906	0.70 € mehrfarbig	bvp	1,60	1,60
1907	0.70 € mehrfarbig	bvr	1,60	1,60
Block 49	(105×70 mm)	bvs	3,20	3,20
		FDC		4,—

Auflage: 300 000 Blocks

Finnland – Åland

2008, 27. März. Blockausgabe: NORDEN – Nordische Mythen (III). Odr.; gez. K 12½:13.

mb

ma) Prinzessin Signhild auf Isaksö

291	— VÄRLDEN mehrfarbig	ma	2,20	2,20
Block 7	(105×70 mm)	mb	2,20	2,20
		FDC		3,—

Nominale zur Zeit der Ausgabe: 0.85 €

Auflage: 200 000 Blocks

Island

2008, 27. März. Blockausgabe: NORDEN – Nordische Mythen (III). Odr.; gez. Ks 14:13¼.

aph

apg) Þóra, Glæsir und Bárður Snæfellsas, Halbinsel Snæfellsnes

1194	95 (Kr) mehrfarbig	apg	2,80	2,80
Block 44	(105×70 mm)	aph	2,80	2,80
		FDC		3,50

Auflage: 80 000 Blocks

Norwegen

2008, 27. März. Blockausgabe: NORDEN – Nordische Mythen (III). Odr.; gez. Ks 14:14¼.

bcc

bca) Harald Schönhaar und die Samin Schneefrid in Tofte am Dovre

bcb) Berg Snøhetta (2286 m), Kommune Dovre

1644	A INNLAND mehrfarbig	bca	2,50	2,50
1645	A EUROPA mehrfarbig	bcb	3,50	3,50
Block 35	(105×70 mm)	bcc	6,—	6,—
		FDC		7,—

Nominalen zur Zeit der Ausgabe: MiNr. 1644 = 7 Kr, MiNr. 1645 = 9 Kr

Auflage: 250 000 Blocks

Schweden

2008, 27. März. Blockausgabe: NORDEN – Nordische Mythen (III). Komb. StTdr. und Odr.; gez. Ks 12¾.

csx
csy

csz

csx–csy) Blåkulla, der Ort, zu dem die Hexen rückwärts fliegen

2635	11 Kr mehrfarbig	csx	2,50	2,50
2636	11 Kr mehrfarbig	csy	2,50	2,50
Block 28	(104×69 mm)	csz	5,50	5,50
		FDC		6,—

2010

Dänemark

2010, 24. März. Blockausgabe: NORDEN – Leben am Meer (I). Odr.; Papier fl.; gez. Ks 12¼:12½.

avl

avj) Beladen des Fährschiffs „Maas Viking“

avk) Schaufel eines Ladekrans, Lagerhaus

1571	5.50 (Kr) mehrfarbig	avj	2,—	2,—
1572	8.50 (Kr) mehrfarbig	avk	3,—	3,—
Block 39	(105×70 mm)	avl	5,—	5,—
		FDC		6,—

2010, 24. März. NORDEN: Leben am Meer (I). Odr. (6×6); Papier fl.; selbstklebend; gestanzt 13¼:13.

avj) Beladen des Fährschiffs „Maas Viking“

1573	5.50 (Kr) mehrfarbig	avj	2,—	2,—
1574	8.50 (Kr) mehrfarbig	avk	3,—	3,—
		Satzpreis (2 W.)	5,—	5,—
		FDC		6,—

Dänemark – Färöer

2010, 24. März. Blockausgabe: NORDEN – Leben am Meer (I). Odr.; gez. Ks 14¼.

aec

aea aeb

aea–aeb) Fischzuchtanlagen

696	10 Kr mehrfarbig	aea	3,—	3,—
697	10 Kr mehrfarbig	aeb	3,—	3,—
Block 26	(105×70 mm)	aec	6,50	6,50
		FDC		7,—

Lesen Sie bitte auch das Vorwort!

Dänemark – Grönland

2010, 24. März. NORDEN: Leben am Meer (I). Odr. (5×8); Papier fl.; gez. K 14:13¼.

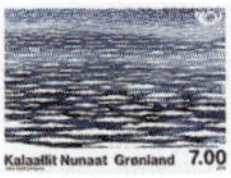

uv) Meeres-wellen

uw) Hafenum-gebung

uv–uw) Gemälde von Aka Høegh (*1947)

561	7.00 (Kr) mehrfarbig	uv	2,20	2,20
562	8.50 (Kr) mehrfarbig	uw	2,80	2,80
		Satzpreis (2 W.)	5,—	5,—
		FDC		6,—

Blockausgabe mit MiNr. 561–562

Block 49	(110×70 mm)	ux	5,—	5,—
		FDC		6,—

Auflagen: MiNr. 561 = 98 340, MiNr. 562 = 94 696 Stück, Bl. 49 = 40 118 Blocks

Finnland

2010, 24. März. Blockausgabe: NORDEN – Leben am Meer (I). Odr.; gez. Ks 13¾.

cbi

cbg) Meereszentrum Vellamo und Museumsschiff „Tarmo“, Kotka

cbh) Holzbootzentrum und Segeljacht, Kotka

2033	1 LK (1. Klasse) mehrfarbig	cbg	1,90	1,90
2034	1 LK (1. Klasse) mehrfarbig	cbh	1,90	1,90
Block 58	(130×70 mm)	cbi	3,80	3,80
		FDC		4,50

Nominale zur Zeit der Ausgabe: je 0.80 €

Auflage: 250 000 Blocks

Finnland – Åland

2010, 24. März. Blockausgabe: NORDEN - Leben am Meer (I). Odr.; gez. K 12½.

nl

nk) Lotsenstation auf Kobba klintar bei Mariehamn

323	— VÄRLDEN mehrfarbig	nk	2,20	2,20
Block 9	(105×70 mm)	nl	2,20	2,20
		FDC		3,—

Nominale zur Zeit der Ausgabe: 0.90 €

Island

2010, 18. März. Blockausgabe: NORDEN – Leben am Meer (I). Odr.; gez. Ks 13¼:14.

atg
ath
ati

atg–ath) Heringsfang und -verarbeitung

1267	75 (Kr) mehrfarbig	atg	1,10	1,10
1268	75 (Kr) mehrfarbig	ath	1,10	1,10
Block 49	(105×70 mm)	ati	2,20	2,20
		FDC		3,—

Norwegen

2010, 24. März. Blockausgabe: NORDEN – Leben am Meer (I). Odr.; gez. Ks 13¼:14.

bfa

bez) Trockenfisch auf Gerüst

1712	A EUROPA mehrfarbig	bez	3,20	3,20
Block 39	(105×70 mm)	bfa	3,20	3,20
		FDC		4,—

Nominale zur Zeit der Ausgabe: 11 Kr

Auflage: 225 000 Blocks

Schweden

2010, 24. März. Blockausgabe: NORDEN – Leben am Meer (I). Komb. StTdr. und Odr.; gez. Ks 12¾:12½.

cxy

cxw) Gemeine Miesmuschel (Mytilus edulis)

cxx) Fischfangschiff „SD 141 Emelie“

2752	12 Kr mehrfarbig	cxw	3,—	3,—
2753	12 Kr mehrfarbig	cxx	3,—	3,—
Block 34	(104×70 mm)	cxy	6,—	6,—
		FDC		7,—

2012

Dänemark

2012, 21. März. Blockausgabe: NORDEN – Leben am Meer (II). Odr.; Papier fl.; gez. Ks 13½:13¼.

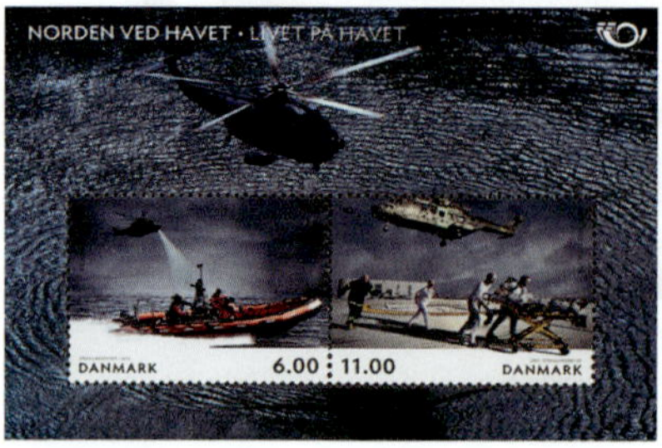

ayy

ayw) Rettungsboot und Hubschrauber der Seenotrettung
ayx) Rettungshubschrauber am Dach des Rigshospitals, Kopenhagen

1695	6.00 (Kr) mehrfarbig	ayw	1,80	1,80
1696	11.00 (Kr) mehrfarbig	ayx	3,20	3,20
Block 48	(105×70 mm)	ayy	5,—	5,—
		FDC		6,—

2012, 21. März. NORDEN: Leben am Meer (II). Odr. (5×5); Papier fl.; selbstklebend; gestanzt 13¼.

ayw) Rettungsboot und Hubschrauber der Seenotrettung
ayx) Rettungshubschrauber am Dach des Rigshospitals, Kopenhagen

1697	6.00 (Kr) mehrfarbig	ayw	1,80	1,80
1698	11.00 (Kr) mehrfarbig	ayx	3,20	3,20
		Satzpreis (2 W.)	5,—	5,—
		FDC		6,—

Dänemark – Färöer

2012, 21. März. Blockausgabe: NORDEN – Leben am Meer (II). Odr.; gez. Ks 14¼:13½.

ago

agm agn

agm–agn) Hubschrauber der Seenotrettung birgt Schiffbrüchige von Rettungsinsel

747	10.50 Kr mehrfarbig	agm	3,—	3,—
748	10.50 Kr mehrfarbig	agn	3,—	3,—
Block 30	(105×70 mm)	ago	6,—	6,—
		FDC		7,—

Dänemark – Grönland

2012, 21. März. NORDEN: Leben am Meer (II). Odr. (5×10); Papier fl.; gez. K 14:13¼.

wy) Robben im Meer, Eisberg

wz) Walfluke, Eisberg

wy–wz) Gemälde von Buuti Pedersen (*1955)

609	8.00 (Kr) mehrfarbig	wy	2,40	2,40
610	9.50 (Kr) mehrfarbig	wz	2,80	2,80
		Satzpreis (2 W.)	5,20	5,20
		FDC		6,50

Blockausgabe mit MiNr. 609–610

Block 59	(110×70 mm)	xa	5,20	5,20
		FDC		6,50

Finnland

2012, 21. März. Blockausgabe: NORDEN – Leben am Meer (II). Odr.; selbstklebend; gez. Ks 13¾.

chx

chv) Seenotrettungskreuzer
chw) Küstenwachboot „Merikarhu"

2177	1 LK (1. Klasse) mehrfarbig	chv	1,50	1,50
2178	1 LK (1. Klasse) mehrfarbig	chw	1,50	1,50
Block 73	(105×70 mm)	chx	3,50	3,50
		FDC		4,—

Nominale zur Zeit der Ausgabe: je 0.75 €

Auflage: 500 000 Blocks

Finnland – Åland

2012, 21. März. Blockausgabe: NORDEN – Leben am Meer (II). Odr.; gez. K 13¼.

ox

ow) Einholen des Schleppnetzes

355	— VÄRLDEN mehrfarbig	ow	2,20	2,20
Block 12	(105×70 mm)	ox	2,20	2,20
		FDC		3,—

Nominale zur Zeit der Ausgabe: 1.00 €

Auflage: 100 000 Blocks

Island

2012, 22. März. Blockausgabe: NORDEN - Leben am Meer (II). Odr.; gez. Ks 14¾.

axa

awz) Hubschrauber der Seenotrettung birgt Verletzten von einem Schiff

1355	— mehrfarbig	awz	2,20	2,20
Block 56	(105×70 mm)	axa	2,20	2,20
		FDC		2,80

Nominale zur Zeit der Ausgabe: 155 Kr

Auflage: 55 000 Blocks

Norwegen

2012, 21. März. Blockausgabe: NORDEN – Leben am Meer (II). Odr.; gez. Ks 14:13¼.

bhp

bho) Hubschrauber der Seenotrettung birgt Überlebenden

1777	A EUROPA mehrfarbig	bho	4,—	4,—
Block 42	(105×70 mm)	bhp	4,—	4,—
		FDC		4,50

Nominale zur Zeit der Ausgabe: 13 Kr

Auflage: 200 000 Blocks

Schweden

2012, 21. März. Blockausgabe: NORDEN – Leben am Meer (II). Komb. StTdr. und Odr.; gez. Ks 12¾.

dcw

dcv) Arbeitsschiff Arkö 833, Leuchtfeuer Häradsskär

dcu) Flugzeug Dash 8 Q-300 der Küstenwache

2870	12 Kr mehrfarbig	dcu	3,—	3,—
2871	12 Kr mehrfarbig	dcv	3,—	3,—
Block 39	(107×70 mm)	dcw	6,50	6,50
		FDC		7,—

2014

Dänemark

2014, 17. März. Blockausgabe: NORDEN – Leben am Meer (III). Odr.; gez. Ks 12½:12¾.

bbm

bbk) Laser Radial (Jolle)

bbl) Kielboot Hanse 430e

1780	6.50 (Kr) mehrfarbig	bbk	2,—	2,—
1781	14.00 (Kr) mehrfarbig	bbl	4,50	4,50
Block 55	(105×70 mm)	bbm	6,50	6,50
		FDC		8,50

2014, 17. März. NORDEN: Leben am Meer (III). Odr.; MiNr. 1782 (2×5), MiNr. 1783 (1×5); selbstklebend; gestanzt 13¼:13.

bbk) Laser Radial (Jolle)

bbl) Kielboot Hanse 430e

1782	6.50 (Kr) mehrfarbig	bbk	2,—	2,—
1783	14.00 (Kr) mehrfarbig	bbl	4,50	4,50
		Satzpreis (2 W.)	6,50	6,50
		FDC		8,50
		2 Folienblätter	43,—	

Dänemark – Färöer

2014, 17. März. Blockausgabe: NORDEN – Leben am Meer (III). Odr.; gez. Ks 13:13¼.

aiy

aiw aix

aiw–aix) Passagier- und Frachtschiff „Norröna“ (1973)

802	14.50 Kr mehrfarbig	aiw	4,50	4,50
803	14.50 Kr mehrfarbig	aix	4,50	4,50
Block 34	(105×70 mm)	aiy	9,—	9,—
		FDC		10,50

Dänemark – Grönland

2014, 17. März. NORDEN: Leben am Meer (III). Odr. (5×10); gez. K 12½.

ze) Ankunft eines Passagierschiffes der Arctic Umiaq Line

zf) Einlaufen eines Frachtschiffes der Royal Arctic Line

ze–zf) Gemälde von Miki Jacobsen (*1965)

667 10.00 (Kr) mehrfarbig	ze	3,—	3,—
668 11.50 (Kr) mehrfarbig	zf	3,50	3,50
	Satzpreis (2 W.)	6,50	6,50
	FDC		8,—

Blockausgabe mit MiNr. 667–668

Block 67 (105×70 mm)	zg	6,50	6,50
	FDC		8,—

Finnland

2014, 17. März. Blockausgabe: NORDEN – Leben am Meer (III). Odr.; selbstklebend; Sicherheitsstanzung 12½.

coi

cok

col

coi–cok) Gasturbinen-Fährschiff „Finnjet“ (1977–2005)

2302 1 LK (1. Klasse) mehrfarbig	coi	2,30	2,30
2303 1 LK (1. Klasse) mehrfarbig	cok	2,30	2,30
Block 82 (105×70 mm)	col	4,60	4,60
	FDC		6,20

Nominale zur Zeit der Ausgabe: je 1 €

Auflage: 200 000 Blocks

Finnland – Åland

2014, 17. März. Blockausgabe: NORDEN – Leben am Meer (III). Odr.; gez. K 13¼.

rk

ri) Blick über die Kommandobrücke eines Frachtschiffes aufs Meer

389 3.00 € mehrfarbig	ri	7,—	7,—
Block 13 (105×70 mm)	rk	7,—	7,—
	FDC		8,30

Auflage: 90 000 Blocks

Island

2014, 27. März. Blockausgabe: NORDEN - Leben am Meer (III). Odr.; gez. Ks 13½.

azz

azy) Containerschiff „Dettifoss“

1423 — mehrfarbig	azy	2,30	2,30
Block 60 (105×70 mm)	azz	2,30	2,30
	FDC		3,30

Nominale zur Zeit der Ausgabe: 155 Kr

Auflage: 45 000 Blocks

Norwegen

2014, 17. März. Blockausgabe: NORDEN – Leben am Meer (III). Odr.; gez. Ks 14:13¼.

blh

blg) Versorgungsschiff „Nordmand Arctic“ (2011)

1843 A EUROPA mehrfarbig	blg	3,60	3,60
Block 45 (105×70 mm)	blh	3,60	3,60
	FDC		5,—

Nominale zur Zeit der Ausgabe: 13 Kr

Auflage: 125 000 Blocks

Schweden

2014, 17. März. Blockausgabe: NORDEN – Leben am Meer (III). Komb. StTdr. und Odr.; gez. Ks 13.

dhu

dhs dht

dhs–dht) Eisbrecher „Atle“ (1974)

2981 12 Kr mehrfarbig	dhs	3,20	3,20
2982 12 Kr mehrfarbig	dht	3,20	3,20
Block 48 (105×70 mm)	dhu	6,40	6,40
	FDC		7,80

Europa-Ausgaben (Sympathieausgaben/Mitläuferausgaben)

1948

Jugoslawien

1948, 30. Juli. Donau-Konferenz, Belgrad. Odr. (10×10); gez. K 12½.

fo) Savebrücke bei Belgrad

			✱✱	⊙
548	2 Din gelbgrün	fo	5,—	5,—
549	3 Din rosa	fo	5,—	5,—
550	5 Din ultramarin	fo	5,—	5,—
551	10 Din gelbbraun	fo	5,—	5,—
	Satzpreis (4 W.)		20,—	20,—
	FDC			150,—

551 Ul links ungezähnt . . . . 200,—

Auflage: 200 000 Sätze

Gültig bis 31.12.1948

1959

Belgien

1959, 25. Febr. Flüchtlingshilfe. RaTdr. (5×6); gestrichenes Papier; gez. K 11½.

aag) Weltkugel hinter geöffnetem Fenster in einem strahlenden Herz

1143	1 Fr + 50 C lila	aag	0,30	0,30
1144	2.50 Fr + 1 Fr dunkelgrün	aag	0,70	0,50
1145	5 Fr + 2.50 Fr violettbraun	aag	1,50	1,20
	Satzpreis (3 W.)		2,50	2,—
	FDC			5,50

Auflage: 424 606 Sätze

Gültig bis 30.9.1960

Schweiz

1959, 22. Juni. Europäische Konferenz der PTT-Verwaltungen in Montreux. MiNr. 679–680 mit blauem bzw. rotem Aufdruck.

681	30 (C) rot	(679) Bl	20,—	8,—
682	50 (C) lebhaftkobaltblau	(680) R	20,—	8,—
	Satzpreis (2 W.)		40,—	16,—
	FDC			30,—

681 I Farbstrich durch linke obere Ecke des rechten unteren Quadrates (Feld 36, Teilauflage) . . . . . . 200,—

Auflagen: MiNr. 681 = 658 940, MiNr. 682 = 656 716 Stück

Gültig bis 2.7.1959

Türkei

1959, 5. Mai. 10 Jahre Europarat. MiNr. 1612 mit violettblauem Aufdruck.

1625	**105 (K)** auf 15 + 5 (K) rotorange	(1612)	0,90	0,80
	FDC			1,50

Auflage: 1 000 000 Stück

Gültig bis 31.12.1961

Vereinte Nationen – New York

1959, 18. Mai. Wirtschaftskommission für Europa (ECE). StTdr.; gez. L 12.

at) UNO-Emblem, Symbole für Landwirtschaft und Industrie

78	4 C hellblau	au	0,30	0,30
79	8 C rotorange	au	0,30	0,30
	Satzpreis (2 W.)		0,50	0,50
	FDC			6,—

Auflagen: MiNr. 78 = 1 743 502, MiNr. 79 = 1 482 898 Stück

1960

Dänemark

1960, 16. Aug. Kongress des Regionalkomitees für Europa der Weltgesundheitsorganisation (WHO), Kopenhagen. StTdr. (10×5); gez. K 12¾.

dd) Frau stillt Säugling

385	60 (Ø) ultramarin	dd	0,60	0,50
	FDC			1,70

Auflage: 3 867 500 Stück

Deutschland

1960, 15. Okt. 1. Todestag von George C. Marshall. Odr. (10×5); Wz. 5; gez. K 13:13¼.

gy) George C. Marshall (1880–1959), amerikanischer General und Politiker

344	40 (Pf) blau/schwarz	gy	3,40	2,80
	FDC			8,—

344 Uo oben ungezähnt . . . . 400,—

Auflage: 20 000 000 Stück

Gültig bis 31.12.1962

Frankreich

1960, 5. März. Generalstände der europäischen Gemeinden in Cannes. StTdr.; gez. K 13.

ahh) Embleme der Gemeinden über Cannes

1292	0.50 (Fr) gelbgrün/orangebraun	ahh	0,70	0,70
			FDC	3,—

Auflage: 4 500 000 Stück

Luxemburg

1960, 9. Mai. 10. Jahrestag des Schuman-Planes. StTdr.; gez. K 11:11½.

hb) Schmelzarbeiter, Inschrift CECA, Umrisse der Montan-Union-Länder

620	2.50 Fr rotlila	hb	0,50	0,30
			FDC	1,—

Auflage: 1 020 000 Stück

Gültig bis 31.12.2002

1960, 9. Mai. 1. Europäische Schule, Luxemburg. StTdr.; gez. K 11:11½.

hc) Kindersilhouetten vor 1. Europäischer Schule von Luxemburg

621	5 Fr blau/schwarz	hc	1,20	1,20
			FDC	1,80

Auflage: 550 000 Stück

Gültig bis 31.12.2002

1961

Belgien

1961, 8. Nov. Nuklearanlagen in Mol; EURATOM. RaTdr. (5×6, Hochformat ~); gestrichenes Papier; gez. K 11½.

adt) Kernreaktor BR 2

adu) Hauptarbeitsbühne im Kernreaktor BR 3

adv) Kernreaktor BR 3

1255	40 C dunkelblaugrün	adt	0,30	0,30
1256	3 Fr lila	adu	0,30	0,30
1257	6 Fr kobalt	adv	0,30	0,30
		Satzpreis (3 W.)	0,70	0,60
			FDC	1,50

Privates, von der belgischen Post genehmigtes Gedenkblatt mit MiNr. 1255–1257 □ (nicht frankaturgültig) .... 50,—

MiNr. 1256 ist wasserempfindlich.

Auflage: 1 976 557 Sätze

Österreich

1961, 29. Mai. Europäische Konferenz der Verkehrsminister. Komb. StTdr. und Bdr. (10×5); gez. K 13¾.

xf) Lastwagen und Omnibus auf Brücke über Eisenbahnlinie mit Güter- und Personenzug sowie Kanal mit Lastkähnen; Wiener Stadtwappen

1086	3 S zinnoberrot/oliv	xf	1,—	0,70
			FDC	2,—

1086 U ungezähnt .... 250,—

Vorlagedruck in Schwarz, mit dem Originaldruckstöckel gedruckt, □, auf Erläuterungsblatt geklebt .... 25,—

Auflage: 2 970 000 Stück

Gültig bis 30.6.2002

Spanien

1961, 24. Juli. Ausstellung des Europarates „Romanische Kunst". RaTdr.; gez. K 13¼.

rv) „Pórtico de la Gloria" der Kathedrale von Santiago de Compostela

rw) Binnenhof Dominkaner-Kloster Santo Domingo de Silos

rx) Madonna aus der Kirche von Irache (Navarra), 12. Jh.

ry) Christus Pantocrator, Wandfresko Kirche Tahull (Lérida)

1260	25 C gold/schwarzviolett	rv	0,30	0,30
1261	1 Pta gold/orangebraun (Töne)	rw	0,30	0,30
1262	2 Pta gold/violett	rx	0,70	0,30
1263	3 Pta mehrfarbig	ry	0,70	0,30
		Satzpreis (4 W.)	2,—	1,20
			FDC	4,—

Auflagen: MiNr. 1260 = 5 000 000, MiNr. 1261 = 6 000 000, MiNr. 1262–1263 je 3 500 000 Stück

Gültig bis 28.2.2002

1962

Schweiz

1962, 19. März. Inbetriebnahme Schweizer Elektro-TEE-Züge. RaTdr. (5×5); gez. K 11¾.

vc) Schweizer Elektro-TEE-Zug, Europakarte

747	5 (C) mehrfarbig	vc	0,70	0,40
			FDC	1,50

MiNr. 747 stammt aus dem Satz MiNr. 747–750.

Auflagen: 12 254 481 Stück

1963

Belgien

1963, 13. Juni. 10. Jahrestag der 1. Konferenz der Europäischen Verkehrsminister. Komb. StTdr. und RaTdr. (5×6); gez. K 11½.

aga) Flügel- und Steuerrad, Verkehrszeichen, Frauenkopf mit Landesfahnen in Wabenform

1313	6 Fr hellblau/schwarz	aga	0,50	0,30
			FDC	1,50

Privates, von der belgischen Post genehmigtes Gedenkblatt mit MiNr. 1313 □ (nicht frankaturgültig) .... 50,—

Auflage: 3 000 000 Stück

Dänemark

1963, 14. Mai. Einweihung der „Vogelfluglinie“ (kürzeste Verbindung zwischen Deutschland und Kopenhagen). StTdr. (5×10); x = normales Papier, y = Papier fl.; gez. K 12¾.

dr) Eisenbahnschiene mit Teil eines Rades, Autoreifenspur über Wasser, Vogel

			✶✶	⊙	FDC
413	15 (Ø)	dunkelgrün . . . . dr			
x		normales Papier	0,30	0,30	1,—
y		Papier fl.	0,30	0,30	1,50

Auflagen: MiNr. 413 x = 14 246 250, MiNr. 413 y = 1 998 750 Stück

Deutschland

1963, 14. Mai. Einweihung der „Vogelfluglinie“ (kürzeste Verbindung zwischen Deutschland und Kopenhagen). Odr. (10×5); Papier fl.; gez. K 13¾:14.

ke) Im Vogelumriß Landkarte mit Linienführung der „Vogelfluglinie“, Flaggen von Dänemark und der Bundesrepublik Deutschland

			✶✶	⊙
399	20 (Pf)	mehrfarbig . . . . ke	0,40	0,40
		FDC I		11,—
		FDC II		15,—

FDC II trägt auch die Marke Dänemark MiNr. 413.

Auflage: 30 000 000 Stück

Gültig bis 31.12.1964

Frankreich

1963, 27. April. Bedeutende Europäer. StTdr.; gez. K 13.

anu) Ludwig van Beethoven (1770–1827), deutscher Komponist; Geburtshaus in Bonn, Rheinlandschaft

anv) Emile Verhaeren (1855–1916), belgischer Dichter; Denkmal in Roisin und Wohnhaus Caillou-qui-bique

anw) Giuseppe Mazzini (1805–1872), italienischer Revolutionär; Capitol in Rom, Reiterstandbild Marc Aurel

anx) Emile Mayrisch (1862–1928), Luxemburger Großindustrieller; Schloss von Colpach und Hochöfen in Esch

any) Hugh de Groot (Hugo Grotius) (1583–1645), niederländischer Jurist; Friedenspalast in Den Haag und Kirche St. Agathe in Delft

			✶✶	⊙	FDC
1432	0.20 (Fr)	mehrfarbig . . . . anu	0,30	0,30	2,—
1433	0.20 (Fr)	mehrfarbig . . . . anv	0,30	0,30	1,50
1434	0.20 (Fr)	mehrfarbig . . . . anw	0,30	0,30	1,50
1435	0.20 (Fr)	mehrfarbig . . . . anx	0,30	0,30	1,50
1436	0.30 (Fr)	mehrfarbig . . . . any	0,50	0,50	2,50
		Satzpreis (5 W.)	1,50	1,50	8,—

Auflagen: MiNr. 1432 = 6 000 000, MiNr. 1433 = 6 250 000, MiNr. 1434 = 6 600 000, MiNr. 1435 = 6 100 000, MiNr. 1436 = 5 150 000 Stück

Luxemburg

1963, 13. April. 10 Jahre Europäische Schulen. RaTdr.; Faserpapier; gez. K 11¾.

if) Schultafel mit großem E, dazwischen (stilis.) die 5 Europäischen Schulen von Luxemburg, Brüssel, Varese, Mol und Karlsruhe; Silhouette Luxemburgs und Signet der Tausendjahrfeier

			✶✶	⊙
666	2.50 Fr	mehrfarbig . . . . if	0,30	0,30
		FDC		0,80

Auflage: 1 610 000 Stück

Gültig bis 31.12.2002

1963, 25. Juni. 10 Jahre Europäische Konvention für Menschenrechte. StTdr.; gefärbtes Papier; gez. K 13:14½.

iu) Inschrift mit zwölf Sternen des Europarates

679	2.50 Fr	violettultramarin auf gold . . . . . iu	0,30	0,30
		FDC		0,50

Auflage: 1 027 500 Stück

Gültig bis 31.12.2002

1964

Belgien

1964, 12. Okt. 20 Jahre Zollunion „BENELUX“. RaTdr. (5×5); gestrichenes Papier; gez. K 11½.

aif) König Baudouin von Belgien, Königin Juliane der Niederlande und Großherzogin Charlotte von Luxemburg

1366	3 Fr	mehrfarbig . . . . aif	0,50	0,30
		FDC		1,20

Auflage: 7 500 000 Stück

Italien

1964, 15. Okt. 7. Generalversammlung des Europäischen Städtetages. MiNr. 1166–1167 RaTdr., MiNr. 1168 StTdr.; (10×5); Wz. 4; gez. K 14.

aar) Rathäuser von London, Rom, Brügge, Frankfurt, Paris und Zürich in Stadtmauer von Kampen in Holland

1166	30 L	gelblichgrün/dunkellilabraun . . aar	0,30	0,30
1167	70 L	blau/dunkellilabraun . . . . aar	0,30	0,30
1168	500 L	rot . . . . aar	2,—	2,—
		Satzpreis (3 W.)	2,50	2,50
		FDC		5,—

Zwischenstegpaare:

1166 ZW–1167 ZW . . . . 2 Paare 15,— 15,—

MiNr. 1168

Auflagen: MiNr. 1166 = 7 871 359, MiNr. 1167 = 4 893 538, MiNr. 1168 = 1 881 251 Stück

Gültig bis 31.12.1865

Luxemburg

1964, 12. Okt. 20 Jahre Zollunion „BENELUX“.; Faserpapier; RaTdr.; gez. K 11¾.

kl) König Baudouin von Belgien, Königin Juliane der Niederlande und Großherzogin Charlotte von Luxemburg

700	3 Fr	mehrfarbig . . . . kl	0,30	0,30
		FDC		0,50

Auflage: 1 360 000 Stück

Gültig bis 31.12.2002

Niederlande

1964, 12. Okt. 20 Jahre Zollunion „BENELUX“. RaTdr.; gez. K 14:12½.

tr) König Baudouin von Belgien, Königin Juliana der Niederlande und Großherzogin Charlotte von Luxemburg

829	15 C	dunkelviolett/hellsämisch . . . . tr	0,30	0,30
		FDC		2,—

Auflage: 27 273 200 Stück

Gültig bis 31.12.1965

Österreich

1964, 25. Mai. Parlamentarisch-Wissenschaftliche Konferenz, Wien. Komb. StTdr. und Odr. (10×5); gez. K 14½:13¾.

zz) Pallas Athene und Sitzungssaal des Nationalrates

1152	1.80 S schwarz/hellsmaragdgrün	zz	0,40	0,40
		FDC		1,50

1152 U	ungezähnt	400,—	
	Vorlagedruck in Schwarz, mit dem Originaldruckstöckel gedruckt, □, auf Erläuterungsblatt geklebt	18,—	

Auflage: 3 000 000 Stück

Gültig bis 30.6.2002

Türkei

1964, 5. Mai. 15 Jahre Europarat. Odr.; gez. K 12¼.

abu) Frauengestalt mit Fackel, Emblem des Europarates

abv) Fackel, Emblem des Europarates

1901	50 K mehrfarbig	abu	0,50	0,30
1902	130 K mehrfarbig	abv	1,—	0,70
		Satzpreis (2 W.)	1,50	1,—
		FDC		2,50

Auflage: 500 000 Sätze

1965

Vatikanstadt

1965, 2. Juli. Hl. Benedikt von Nursia. RaTdr. (10×5); Wz. 1; gez. K 14.

km) Hl. Benedikt von Nursia (um 480–547), Gründer des Benediktiner-Ordens, Schutzpatron Europas; Gemälde von Perugino

kn) Kloster Monte Cassino

481	40 L sepia	km	0,30	0,30
482	300 L schwarzblaugrün	kn	0,30	0,30
		Satzpreis (2 W.)	0,50	0,50
		FDC		1,50

Auflage: 3 883 300 Sätze

Gültig bis 30.6.1966 und 23.7.1983–30.6.2009

1966

Belgien

1966, 9. Juli. Eurochemic in Mol. Komb. StTdr. und RaTdr. (6×5); gestrichenes Papier; gez. K 11½.

alz) Emblem der Eurochemic Mol vor Spiralengrund

1438	6 Fr mehrfarbig	alz	0,50	0,30
		FDC		2,—

Auflage: 2 500 000 Stück

Frankreich

1966, 5. Nov. Große Namen aus der französischen Geschichte (I). StTdr.; gez. K 13.

atv) Karl der Große (742–814)

1562	0.60 (Fr) mehrfarbig	atv	0,40	0,30
		FDC		1,70

MiNr. 1562 stammt aus dem Satz MiNr. 1560–1562.

Auflagen: 6 232 000 Stück

Gibraltar

1966, 15. Nov. 100. Jahrestag der Wiedereinsetzung „Unserer Lieben Frau von Europa" in Gibraltar. RaTdr. (6×10); Wz. 4; gez. K 14½.

bx) Unsere Liebe Frau von Europa, Schutzpatronin von Gibraltar; bemalte Holzschnitzerei (16. Jh.)

184	2 Sh blau/schwarz	bx	1,—	1,—
		FDC		3,—

Auflage: 252 000 Stück

Luxemburg

1966, 26. Sept. Europa-Zentrum Luxemburg. StTdr.; gez. K 13.

lm) Hochhaus auf dem Kirchbergplateau, Sitz der Europäischen Gemeinschaften in Luxemburg

ln) Robert-Schuman-Denkmal stadtseitig, an der Großherzogin-Charlotte-Brücke

738	1.50 Fr schwarzblaugrün	lm	0,30	0,30
739	13 Fr kobalt	ln	0,70	0,30
		Satzpreis (2 W.)	1,—	0,50
		FDC		1,—

Auflage: 1 000 000 Sätze

Gültig bis 31.12.2002

Schweiz

1966, 21. Febr. Europäisches Kernforschungsinstitut (CERN), Genf. RaTdr. (5×5); Papier ph.; gez. K 11¾.

yp) Kernspaltungsphase und Flaggen der CERN-Mitgliedstaaten

835	50 (C) mehrfarbig	yp	0,60	0,30
		FDC		1,80

835 I	weißer Fleck in mittlerer Spirale (Feld 20, Teilauflage)	6,—	6,—

MiNr. 835 stammt aus dem Satz MiNr. 833–835.

Auflagen: 11 217 000 Stück

1967

Belgien

1967, 24. Juni. Europatage der Telekommunikation. Komb. StTdr. und RaTdr. (5×6); gez. K 11½.

ann) Postreiter aus dem Jahre 1833; unten links Abkürzung FITCE (= Fédération des Ingénieurs des Télécommunications de la Communauté Européenne)

1476	10 Fr mehrfarbig	ann	0,60	0,50
		FDC		1,30

Auflage: 1 770 000 Stück

1967, 24. Juni. Robert Schuman. StTdr. (6×5); gez. K 11½.

ano) Robert Schuman (1886–1963), Politiker, Förderer des Europagedankens

1477	2 Fr + 1 Fr dunkelgraublau	ano	0,30	0,30
		FDC		1,20

MiNr. 1477 stammt aus dem Satz MiNr. 1477–1479.

Auflage: 1 056 000 Stück

Frankreich

1967, 4. März. Internationaler Kongress der UER für Erziehung durch Radio und Fernsehen. StTdr.; gez. K 13.

aug) Weltkugel mit Signet der UER

1573	0.40 (Fr) blauviolett/karmin	aug	0,50	0,30
		FDC		1,50

Auflage: 6 810 000 Stück

Italien

1967, 25. März. 10. Jahrestag der Unterzeichnung der Römischen Verträge. RaTdr. (5×8); Wz. 4; gez. K 14:14¼.

aco) Unterzeichnungsort Kapitol und Kapitolsplatz, Rom

1221	40 L sepia/schwarz	aco	0,30	0,30
1222	90 L lebhaftviolett/schwarz	aco	0,30	0,30
		Satzpreis (2 W.)	0,50	0,50
		FDC		1,50

Zwischenstegpaare:

1221 ZW–1222 ZW	.... 2 Paare	15,—	15,—

Auflagen: MiNr. 1221 = 20 000 000, MiNr. 1222 = 15 000 000 Stück

Österreich

1967, 12, Juni. Europagespräche der Stadt Wien. Komb. StTdr. und Odr. (5×10); gez. K 13¾.

adp) Wien vom sog. „Marshallhof" gesehen, davor Donauüberschwemmungsgelände mit Reichsbrücke

1241	3 S schwarz/zinnoberrot	adp	0,70	0,50
		FDC		1,50

Vorlagedruck in Schwarz, mit dem Originaldruckstöckel gedruckt, □, auf Erläuterungsblatt geklebt .... 10,—

Auflage: 3 200 000 Stück

Gültig bis 30.6.2002

Spanien

1967, 28. März. Tagung der Interparlamentarischen Union, Palma de Mallorca. RaTdr.; gez. K 12¾:13¼.

ahn) Kathedrala von Palma de Mallorca; Emblem der Interparlamentarischen Union

1675	1.50 Pta dunkelblaugrün	ahn	0,30	0,30
		FDC		1,—

Auflage: 10 000 000 Stück

Gültig bis 28.2.2002

1967, 3. April. Kongress für Radiologie, Barcelona. RaTdr.; gez. K 12¾:13¼.

aho) Wilhelm Conrad Röntgen (1845–1923), deutscher Physiker; Doppelfokus-Drehanoden-Röntgenröhre; Atommodell

1676	1.50 Pta dunkelgrün	aho	0,30	0,30
		FDC		1,—

Auflage: 10 000 000 Stück

Gültig bis 28.2.2002

Türkei

1967, 30. Juni. Europastraße E 5. Odr.; gez. K 13½:13, Hochformat ~.

ahl) Autobahn-Kleeblatt, Umriss der Türkei

ahm) Verlauf der E 5 durch die Türkei, hethitische Sonnenscheibe

2058	60 (K) + 5 K mehrfarbig	ahl	0,50	0,30
2059	130 (K) + 5 K mehrfarbig	ahm	1,30	1,—
		Satzpreis (2 W.)	1,80	1,30
		FDC		3,50

2058 F	Farbe Schwarz fehlend	170,—	—,—
2059 F	Farbe Dunkelbraunoliv fehlend	200,—	

Auflage: 277 256 Sätze

Ungarn

1967, 1. Juni. 25. Session der Donaukommission. RaTdr.; A = gez. K 12, B = □.

bom) Raddampfer „Deák Ferencz", Schloss Schönbühel (Niederösterreich); Flagge Österreichs

bon) Fahrgastschiff „Revfulop", Bratislava (Preßburg); Flagge der Tschechoslowakei

boo) Fahrgastschiff „Hunyadi", Burg Buda (Budapest); Flagge Ungarns

bop) Schlepper „Szekszárd", Festung Golubac (Jugoslawien); Flagge Jugoslawiens

bor) Schubschiff „Miskolc“, Festung Vidin (Bulgarien); Flagge Bulgariens

bos) Frachtschiff „Tihany“, Schiffswerft von Galati (Rumänien); Flagge Rumäniens

bot) Tragflächenboot „Sirály I“, Hafen von Izmail (Ukraine); Flagge der Sowjetunion

2323 A	30 f	mehrfarbig	bom	0,50	0,30
2324 A	60 f	mehrfarbig	bon	0,80	0,30
2325 A	1 Ft	mehrfarbig	boo	1,20	0,40
2326 A	1.50 Ft	mehrfarbig	bop	2,—	0,50
2327 A	1.70 Ft	mehrfarbig	bor	3,50	0,80
2328 A	2 Ft	mehrfarbig	bos	4,—	1,20
2329 A	2.50 Ft	mehrfarbig	bot	6,—	1,50
			Satzpreis A (7 W.)	18,—	5,—
			FDC A		20,—
			Satzpreis B (7 W.)	250,—	250,—
			FDC B		300,—

Auflagen: MiNr. 2323 A–2329 A = 607 066, MiNr. 2323 B–2329 B = 4532 Sätze

Vereinigte Staaten von Amerika

1967, 24. Okt./1973, 3. April. Freimarke: Berühmte Amerikaner. StTdr:; x = normales Papier, y = mit Phosphoraufdruck; gez. L 11¼:10½.

aic) George C. Marshall (1880–1959), General und Politiker; Friedensnobelpreis 1953, Urheber des Marshall-Plans zum wirtschaftlichen Wiederaufbau Europas

935	20 C	dunkelbraunoliv .... aic		
x		normales Papier (24.10.1967)	0,80	0,30
y		mit Phosphoraufdruck (3.4.1973)	0,60	0,30
		FDC x		1,20
		FDC y		25,—

1968

Deutschland

1968, 19. April. Blockausgabe: 1. Todestag von Konrad Adenauer (I). Odr.; Papier fl.; gez. Ks 14:13¾.

rg) Konrad Adenauer (1876–1967), 1. deutscher Bundeskanzler — rh

rd) Winston Churchill (1874–1965), britischer Politiker und Premierminister, Literaturnobelpreis 1953

re) Alcide De Gasperi (1881–1954), italienischer Politiker

rf) Robert Schuman (1886–1963), französischer Politiker

554	10 (Pf)	mittelrotbraun/schwarz	rd	0,70	0,50
555	20 (Pf)	dunkelopalgrün/schwarz	re	0,70	0,60
556	30 (Pf)	bräunlichrot/schwarz	rf	0,70	0,70
557	50 (Pf)	dunkelblau/schwarz	rg	0,70	1,—
Block 4	(148×105 mm)		rh	3,—	3,—
			FDC		11,—

Block 4 II	Format 148×111 mm	*1500,—*	*1500,—*
Bl.ock 4 Pa	auf geklebter Papierbahn		2000,—

Auflage: 12 102 000 Blocks

Gültig bis 31.12.1969

1968, 19. Juli. 1. Todestag von Konrad Adenauer (II). Odr. (10×5); Papier fl.; gez. K 13¾:14.

rs) Konrad Adenauer (1876–1967), 1. deutscher Bundeskanzler

567	30 (Pf)	lebhaftorange/schwarz .... rs	0,40	0,40
		FDC		1,70

567 DG zusätzlicher Druck auf Gummiseite .... 750,—

Auflage: 30 000 000 Stück

Gültg bis 31.12.1969

Malta

1968, 21. Okt. 6. Europäische Regionalkonferenz der UN-Organisation für Ernährung und Landwirtschaft (FAO), Malta. RaTdr. (6×10); Wz. 6; gez. K 12¾:12.

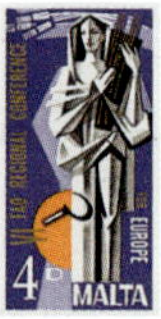
gi

gk

gl

gi–gl) Sinnbildliche Darstellungen

383	4 P	mehrfarbig .... gi	0,30	0,30
384	1 Sh	mehrfarbig .... gk	0,30	0,30
385	2'6 Sh'P	mehrfarbig .... gl	0,40	0,40
		Satzpreis (3 W.)	1,—	1,—
		FDC		1,50

Auflagen: MiNr. 383 = 970 071, MiNr. 384 = 451 185, MiNr. 385 = 395 934 Stück

Gültig bis 19.10.1976

1969

Andorra (Französische Post)

1969, 27. Sept. Europäisches Wasserschutzabkommen. StTdr. (5×5); gez. K 13.

bc) Wassertropfen mit größtem Diamant

217	0.70 (Fr)	mehrfarbig .... bc	6,—	5,—
		FDC		6,—

Auflage: 625 000 Stück

Die Preise von Einheiten (z. B. Markenheftchen, H-Blätter, Zusammendrucke, Rollenmarkenstreifen) müssen nicht der Summe der Einzelpreise entsprechen.

Belgien

1969, 6. Sept. 25 Jahre BENELUX-Zollabkommen. RaTdr. (6×5); gestrichenes, phosphoreszierendes Papier; gez. K 11½.

art) Flaggenband

1557	3 Fr mehrfarbig	art	0,30	0,30
		FDC		2,50

Auflage: 10 500 000 Stück

Deutschland

1969, 4. Juni. Europäisches Naturschutzjahr (1970). Komb. StTdr. und Odr. (5×10); Papier fl.; gez. K 14:13¾.

sr) Seeniederung

ss) Mittelgebirge

st) Hochgebirge

su) Flusslandschaft

591	10 (Pf) mehrfarbig	sr	0,30	0,30
592	20 (Pf) mehrfarbig	ss	0,80	0,50
593	30 (Pf) mehrfarbig	st	0,30	0,30
594	50 (Pf) mehrfarbig	su	1,—	0,70
		Satzpreis	2,40	1,80
		FDC		6,50

Auflagen: MiNr. 591–593 je 30 000 000, MiNr. 594 = 20 000 000 Stück

Gültig bis 30.6.2002

Frankreich

1969, 27. Sept. Europäisches Wasserschutzabkommen. StTdr.; gez. K 13.

ayl) Stilisierte Wassertropfen, im größten Diamant

1682	0.70 (Fr) mehrfarbig	ayl	0,60	0,40
		FDC		1,70

Auflage: 8 415 000 Stück

Luxemburg

1969, 8. Sept. 25. Jahrestag der Unterzeichnung des BENELUX-Zollabkommens. Odr.; gez. K 12¾:14.

nr) Flaggenband

793	3 Fr mehrfarbig	nr	0,40	0,30
		FDC		0,50

Auflage: 1 322 500 Stück

Gültig bis 31.12.2002

Malta

1969, 20. Sept. 5. Jahrestag der Unabhängigkeit. RaTdr. (10×6); Wz. 6; gez. K 12¾:12¼.

gw) Maltas Mitgliedschaft in UN und Europarat

396	1'6 Sh'P mehrfarbig	gw	0,30	0,30
		FDC		2,—

MiNr. 396 stammt aus dem Satz MiNr. 393–397.

Auflage: 480 371 Stück

Gültig bis 19.10.1976

Niederlande

1969, 8. Sept. 25 Jahre Zollunion BENELUX. RaTdr.; Papier ph.; gez. K 12¾:14.

xh) Flaggenband

926	25 C mehrfarbig	xh	0,30	0,30
		FDC		3,50

Auflage: 28 911 000 Stück

Gültig bis 31.12.1985

Österreich

1969, 5. Mai. 20 Jahre Europarat. RaTdr. (5×10); gez. K 12.

aft) Europa-Emblem aus 12 Sternen, griechische Säule

1292	3.50 S mehrfarbig	aft	0,70	0,40
		FDC		1,50

Vorlagedruck in Schwarz, mit dem Originaldruckstöckel gedruckt, □, auf Erläuterungsblatt geklebt .... 16,—

Auflage: 3 100 000 Stück

Gültig bis 30.6.2002

Rumänien

1969, 28. April. INTEREUROPA. RaTdr. (10×5); gez. K 13½.

cfu) Symbolik für Zusammenarbeit in Wirtschaft, Wissenschaft und Kultur

2764	55 B mehrfarbig	cfu	0,50	0,50
2765	1.50 L mehrfarbig	cfu	1,—	1,—
		Satzpreis (2 W.)	1,50	1,50
		FDC		5,—

Auflagen: MiNr. 2764 = 1 500 000, MiNr. 2765 = 500 000 Stück

Gültig bis 30.6.2005

1970

Belgien

1970, 7. März. Europäisches Naturschutzjahr. Komb. StTdr. und RaTdr. (6×5); gestrichenes, phosphoreszierendes Papier; gez. K 11½.

asw) Buchen im staatl. Botanischen Garten

asx) Birken

1583	3.50 Fr mehrfarbig	asw	0,30	0,30
1584	7 Fr mehrfarbig	asx	0,40	0,30
		Satzpreis (2 W.)	0,70	0,50
		FDC		1,30

Auflagen: MiNr. 1583 = 10 500 000, MiNr. 1584 = 2 750 000 Stück

Finnland

1970, 10. Febr. Europäisches Naturschutzjahr. Odr.; gez. K 14.

rt) Steinadler (Aquila chrysaetos) mit Jungen im Horst

667	0.30 (M)	mehrfarbig	rt	3,—	1,—
			FDC		2,50

Auflage: 3 000 000 Stück

Gültig bis 31.12.2011

Frankreich

1970, 21. März. Europäisches Naturschutzjahr. StTdr.; gez. K 13.

azi) Großer Flamingo (Phoenicopterus ruber)

1704	0.45 (Fr)		azi		
	a	schwärzlichgrünlicholiv/ karminlila/dunkelblaugrau		0,50	0,30
	b	schwärzlichgrünlicholiv/ karminlila		—,—	
			FDC a		2,20

Bei der zweifarbigen MiNr. 1704 b sind Hals und Körper der Flamingos ebenfalls mit der Farbe Schwärzlichgrünlicholiv gedruckt.

Auflage: 9 280 000 Stück

Gibraltar

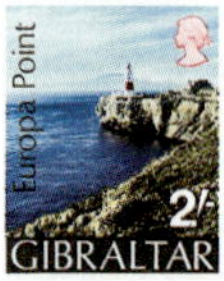

1970, 8. Juni. Europa Point. RaTdr.; X = Wz. 4 stehend, Z = Wz. 4 kopfstehend; gez. K 13½.

dy) Küste von Gibraltar mit ,,Europa Point" und Leuchtturm

236	2 Sh	mehrfarbig	dy		
	X	Wz. stehend		1,—	1,—
	Z	Wz. kopfstehend		*10,—*	—,—
			FDC X		2,20

Griechenland

1970, 16. Juni. Europäisches Naturschutzjahr. Odr.; Wz. 2; MiNr. 1049 und 1052 gez. K 13:14, MiNr. 1050 gez. K 12¼:13, MiNr. 1051 gez. K 14:13.

xr) Griechische Tanne

xs) Jankaea heldreichii

xt) Steinhuhn (Alectoris graeca)

xu) Kretische Wildziege

1049	0.80 Dr	mehrfarbig	xr	0,30	0,50
1050	2.50 Dr	mehrfarbig	xs	1,—	0,50
1051	6 Dr	mehrfarbig	xt	2,20	0,50
1052	8 Dr	mehrfarbig	xu	3,—	2,50
			Satzpreis (4 W.)	6,50	4,—
			FDC		7,50

Auflagen: MiNr. 1049 = 1 100 000, MiNr. 1050 = 4 600 000, MiNr. 1051 = 2 200 000, MiNr. 1052 = 600 000 Stück

Gültig bis 31.12.2002

Irland

1970, 23. Febr. Europäisches Naturschutzjahr. RaTdr.; Wz. 2; gez. K 15.

cp) Kleeblatt mit Vogelkopf (Sinnbild für „Besseres Land für Leben, Arbeit und Freizeit")

237	6 Pg	grünlichocker/schwarz	cp	0,30	0,30
238	9 Pg	blauviolett/schwarz	cp	1,20	0,90
			Satzpreis (2 W.)	1,50	1,20
			FDC		2,—

Zwischenstegpaare:

237 ZW–238 ZW	2 Paare	18,—	18,—

Auflagen: MiNr. 237 = 16 000 000, MiNr. 238 = 2 000 000 Stück

Gültig bis 31.12.2002

Island

1970, 25. Aug. Europäisches Naturschutzjahr. RaTdr.; gez. K 11¾.

hb) Roter Steinbrech (Saxifraga oppositifolia)

hc) Lakagígar (Kraterkette)

447	3 Kr	mehrfarbig	hb	0,30	0,30
448	15 Kr	mehrfarbig	hc	1,—	1,—
			Satzpreis (2 W.)	1,20	1,20
			FDC		2,—

Auflagen: MiNr. 447 = 2 000 000, MiNr. 448 = 750 000 Stück

Gültig bis 30.6.1981

Italien

1970, 28. Nov. Europäisches Naturschutzjahr. RaTdr. (8×5); Wz. 4; Papier fl.; gez. K 14:14¼ (14½).

afn) Fabrikanlage, abgestorbener Baum

1325	20 (L)	braunkarmin/dunkelgelbgrün	afn	0,30	0,30
1326	25 (L)	dunkelviolettblau/gelblichgrün	afn	0,30	0,30
			Satzpreis (2 W.)	0,50	0,50
			FDC		1,50

Zwischenstegpaare:

1325 ZW–1326 ZW	2 Paare	15,—	15,—

Auflagen: MiNr. 1325 = 14 000 000, MiNr. 1326 = 15 000 000 Stück

Jugoslawien

1970, 14. Dez. Europäisches Naturschutzjahr. RaTdr. (3×3); gez. K 11¾.

alx) Alpenrose (Rhodothamnus chamaecistus)

aly) Bartgeier (Gypaetus barbatus)

1406	1.25 (Din)	mehrfarbig . . . . alx	1,—	1,—
1407	3.25 (Din)	mehrfarbig . . . . aly	5,—	5,—
		Satzpreis (2 W.)	6,—	6,—
		FDC		15,—
		Kleinbogensatz (2 Klb.)	60,—	60,—

1407 Klb F ohne Kontrollnummer auf Kleinbogenrand . —,—

MiNr. 1406 ohne, MiNr. 1407 mit Kontrollnummer auf dem Kleinbogenrand.

Auflagen: MiNr. 1406 = 450 000, MiNr. 1407 = 270 000 Stück

Liechtenstein

1970, 30. April. Einheimische Flora (I); Europäisches Naturschutzjahr. RaTdr. (5×4); gez. K 11¾.

rs) Feuerlilie (Lilium bulbiferum)

rt) Hummel-Ragwurz (Ophrys holoserica)

ru) Gletscher-Hahnenfuß (Ranunculus glacialis)

rv) Fieberklee (Menyanthes trifoliata)

521	20 (Rp)	mehrfarbig . . . . rs	0,30	0,30
522	30 (Rp)	mehrfarbig . . . . rt	0,40	0,40
523	50 (Rp)	mehrfarbig . . . . ru	0,70	0,60
524	1.20 (Fr)	mehrfarbig . . . . rv	1,60	1,50
		Satzpreis (4 W.)	3,—	2,80
		FDC		3,50

Auflagen: MiNr. 521 = 1 358 454, MiNr. 522 = 1 265 825, MiNr. 523 = 1 122 267, MiNr. 524 = 1 026 026 Stück

Gültig bis 31.12.2001

Luxemburg

1970, 9. März. Europäisches Naturschutzjahr. RaTdr.; Faserpapier; gez. K 11¾.

oc) Gemeine Küchenschelle

od) Igel mit drei Jungen

804	3 Fr	mehrfarbig . . . . oc	0,30	0,30
805	6 Fr	mehrfarbig . . . . od	0,40	0,40
		Satzpreis (2 W.)	0,70	0,70
		FDC		1,—

Auflage: 700 000 Sätze

Gültig bis 31.12.2002

Malta

1970, 21. März. 13. Kunstausstellung des Europarates, Malta. RaTdr. (6×10); Wz. 6; verschieden gez.

hb) Enthauptung des hl. Johannes; Gemälde von Michelangelo Merisi da Caravaggio (1571–1610)

hc) Johannes der Täufer; Gemälde von Mattia Preti (1613–1699), italienischer Maler

hd) Altar und Innenraum der St. John's Co-Kathedrale

he) Orden des hl. Johannes – Allegorie (17. Jh.)

hf) Der hl. Hieronymus; Gemälde von Caravaggio (1571–1610), italienischer Maler

hg) Pharmazeutische Gefäße der Malteser Ordensritter

hh) Der hl. Gerhard empfängt Gottfried von Bouillon im St.-Johannes-Hospital, Jerusalem, 1903; Gemälde von Antoine Chevalier de Favray (1706–1798), französischer Maler

hi) Gottesdienstliche Gewandstücke (16. Jh.)

401	1 P	mehrfarbig (gez. K 14½:13½) hb	0,30	0,30
402	2 P	mehrfarbig (gez. K 13½:14) . . hc	0,30	0,30
403	5 P	mehrfarbig (gez. K 13½) . . . . hd	0,30	0,30
404	6 P	mehrfarbig (gez. K 13½:14) . . he	0,30	0,30
405	8 P	mehrfarbig (gez. K 14½:13½) . hf	0,30	0,30
406	10 P	mehrfarbig (gez. K 12¼:12¾) hg	0,30	0,30
407	1'6 Sh'P	mehrfarbig (gez. K 13½:14) . . hh	0,30	0,30
408	2 Sh	mehrfarbig (gez. K 12¼:12¾) . hi	0,30	0,40
		Satzpreis (8 W.)	2,—	2,50
		FDC		3,50

Auflagen: MiNr. 401 = 1 427 576, MiNr. 402 = 1 801 645, MiNr. 403 = 2 005 335, MiNr. 404 = 708 925, MiNr. 405 = 451 193, MiNr. 406 = 726 169, MiNr. 407 = 500 135, MiNr. 408 = 440 218 Stück

Gültig bis 19.10.1976

Norwegen

1970, 10. April. Europäisches Naturschutzjahr. RaTdr.; Papier ph.; gez. K 13.

im) Wolf (Canis lupus)

in) Mogop-Pflanze (Pulsatilla vernalis)

io) Wasserfall Vøringfossen

ip) Seeadler (Haliaeetus albicilla)

602	40 (Ø)	dunkelbraun/blassgrünlichblau im	0,80	0,80
603	60 (Ø)	braun/blassblau . . . . in	1,80	1,80
604	70 (Ø)	braun/blassblau . . . . io	0,80	0,60
605	100 (Ø)	braun/blassblau . . . . ip	1,10	1,30
		Satzpreis (4 W.)	4,50	4,50
		FDC		6,—

Auflagen: MiNr. 602 = 3 617 500, MiNr. 603 = 2 605 000, MiNr. 604 = 6 532 500, MiNr. 605 = 2 500 000 Stück

Österreich

1970, 19. Mai. Europäisches Naturschutzjahr. StTdr. (10×5); gez. K 13¾:14.

ahc) Obere Stufe der Krimmler Wasserfälle

1325	2 S	schwarzbläulichgrün	ahc	0,50	0,30
			FDC		1,50

Vorlagedruck in Schwarz, mit dem Originaldruckstöckel gedruckt, □, auf Erläuterungsblatt geklebt .... 20,—

Auflage: 2 900 000 Stück

Gültig bis 30.6.2002

Rumänien

1970, 28. April. INTEREUROPA. RaTdr. (5×10); gez. K 13½.

cit) Europakarte im Punktmuster

2833	40 B	mehrfarbig	cit	0,50	0,50
2834	1.50 L	mehrfarbig	cit	1,—	1,—
			Satzpreis (2 W.)	1,50	1,50
			FDC		2,50

Auflagen: MiNr. 2833 = 3 000 000, MiNr. 2834 = 400 000 Stück

Gültig bis 30.6.2005

Schweden

1970, 11. Mai. Europäisches Naturschutzjahr. StTdr.; Papier fl.; senkrecht gez. 12¾.

lb) Landschaft am Ljungan-Fluss

674	55 (Ö)	mehrfarbig	lb	0,30	0,30
675	70 (Ö)	mehrfarbig	lb	0,70	0,40
			Satzpreis (2 W.)	1,—	0,70
			FDC		1,20

Auflagen: MiNr. 674 = 26 624 000, MiNr. 675 = 6 107 000 Stück

Schweiz

1970, 17. Sept. Europäisches Naturschutzjahr. RaTdr. (5×10); Papier ph.; gez. K 11¾.

acn) Emblem des Naturschutzjahres 1970

932	50 (C)	mehrfarbig	acn	0,70	0,70
			FDC		1,30

MiNr. 932 stammt aus dem Satz MiNr. 929–932.

Auflage: 12 134 000 Stück

Türkei

1970, 9. Febr. Europäisches Naturschutzjahr. Odr.; gez. K 13.

ame) Berglandschaft (Schutz der Wasserquellen)

amf) Baumstamm (Schutz der Flora)

amg) Vogel in den Krallen eines Raubvogels (Schutz des Wildes)

2158	50 (K)	+	10 K	mehrfarbig	ame	0,50	0,50
2159	60 (K)	+	10 K	mehrfarbig	amf	0,50	0,50
2160	130 (K)	+	10 K	mehrfarbig	amg	1,50	1,50
					Satzpreis (3 W.)	2,50	2,50
					FDC		8,—

Auflage: 290 440 Sätze

Zypern

1970, 3. Aug. Europäisches Naturschutzjahr. Odr.; Wz. 6; gez. K 13:14.

gh) Wilde Schwertlilie (Gladlolus segetum)

gi) Klatschmohn (Papaver rhoeas)

gk) Riesenfenchel (Ferula communis)

335	10 M	mehrfarbig	gh	0,30	0,30
336	50 M	mehrfarbig	gi	0,30	0,30
337	90 M	mehrfarbig	gk	1,40	1,40
			Satzpreis (3 W.)	2,—	2,—
			FDC		2,50

Auflagen: MiNr. 335 = 669 254, MiNr. 336 = 669 280, MiNr. 337 = 288 287 Stück

Gültig bis 2.8.1978

1971

Italien

1971, 28. April. 20 Jahre Europäische Gemeinschaft für Kohle und Stahl (Montanunion). RaTdr. (5×10); Wz. 4; Papier fl.; gez. K 14:13¾.

afv) Kopfbilder von Adenauer, Schuman und De Gasperi, Begründer der Montanunion

1333	50 L	dunkelgrünblau/schwarzbraun	afv	0,30	0,30
1334	90 L	dunkelrosalila/schwarzbraun	afv	0,30	0,30
			Satzpreis (2 W.)	0,50	0,50
			FDC		1,60

Auflagen: MiNr. 1333 = 15 000 000, MiNr. 1334 = 8 000 000 Stück

Rumänien

1971, 28. April. INTEREUROPA. RaTdr. (2×5); gez. K 13½.

cnp

cnr

cnp–cnr) Symbolhafte Darstellung der Zusammenarbeit

2919	55 B	mehrfarbig	cnp	0,80	0,80
2920	1.75 L	mehrfarbig	cnr	1,20	1,20
			Satzpreis (2 W.)	2,—	2,—
			FDC		5,—
			Kleinbogensatz (2 Klb.)	20,—	20,—

Auflage: 500 000 Sätze

Gültig bis 30.6.2005

1972

Belgien

1972, 19. Febr. 50 Jahre belgisch-luxemburgische Wirtschaftsgemeinschaft. Komb. StTdr. und RaTdr. (6×5); gez. K 11½.

awa) 1-Fr-Münzen von Belgien und Luxemburg

1673	1.50 Fr mehrfarbig	awa	0,30	0,30
		FDC		1,20

Auflage: 9 000 000 Stück

Dänemark

1972, 14. Sept. Einweihung des WHO-Gebäudes – Europakonferenz der WHO. StTdr. (5×10), Papier fl.; gez. K 12¾.

hb) Verwaltungsgebäude der WHO in Kopenhagen

531	2 Kr mehrfarbig	hb	1,—	0,70
		FDC		1,20

Auflage: 6 750 000 Stück

Luxemburg

1972, 6. März. 50 Jahre belgisch-luxemburgische Wirtschaftsgemeinschaft. RaTdr.; Faserpapier; gez. K 11¾.

pk) 1-Franc-Münzen von Luxemburg und Belgien

841	1.50 Fr mehrfarbig	pk	0,30	0,30
		FDC		0,50

Auflage: 1 200 000 Stück

Gültig bis 31.12.2002

1972, 2. Mai. 20 Jahre Niederlassung der Montanunion in Luxemburg. StTdr.; gez. K 13.

ps) Präsident Robert Schuman (1886–1963), nach einer Bronzeskulptur

849	3 Fr braungrau/schwarzoliv	ps	0,60	0,30
		FDC		0,60

Auflage: 1 200 000 Stück

Gültig bis 31.12.2002

1972, 11. Sept. Bauten. StTdr.; gez. K 13.

pu) Gerichtshof der Europäischen Gemeinschaften

851	3 Fr mehrfarbig	pu	1,30	0,30
		FDC		1,—

MiNr. 851 stammt aus dem Satz MiNr. 850–851.

Auflage: 1 000 000 Stück

Gültig bis 31.12.2002

Österreich

1972, 11. April. Konferenz der Europäischen PTT-Minister, Wien. StTdr. (10×5); gez. K 14½:13¾.

akp) Wiener Hofburg, Ansicht vom Michaelerplatz

1385	4 S schwarzviolettblau	akp	0,80	0,50
		FDC		1,50

Vorlagedruck in Schwarz, mit dem Originaldruckstöckel gedruckt, □, auf Erläuterungsblatt geklebt .... 16,—

Auflage: 2 900 000 Stück

Gültig bis 30.6.2002

Rumänien

1972, 28. April. INTEREUROPA. RaTdr. (1×5 Zd); gez. K 13½.

cso csp

cso–csp) Symbole für kulturelle und wirtschaftliche Zusammenarbeit

3020	1.75 L mehrfarbig	cso	0,80	0,80
3021	2.90 L mehrfarbig	csp	1,20	1,20
		Satzpreis (Paar)	2,—	2,—
		FDC		5,—
		Kleinbogen	12,—	12,—

3021 F lebhaftcyanblau/gold/schwarz .... —,—

Auflage: 500 000 Sätze

Gültig bis 30.6.2005

Schweden

1972, 5. Juni. UNO-Konferenz für Umweltschutz, Stockholm. StTdr., Papier fl.; MiNr. 758 A = senkrecht, C = waagerecht gez. 12¾; MiNr. 759 A = senkrecht gez. 11¾.

og) Konferenz-Emblem

oh) Der Frühling; Holzrelief von Bror Hjorth (1894–1968)

758		65 (Ö) hellblau/rotlila	og		
	A	senkrecht gez.		0,40	0,30
	C	waagerecht gez.		0,40	0,30
759 A		85 (Ö) mehrfarbig	oh	0,70	0,40
			Satzpreis (2 W.)	1,—	0,70
			FDC (3 W.)		1,50
		Markenheftchen mit 10 × MiNr. 758 C		5,—	
		Markenheftchen mit 8 × MiNr. 759 A		7,—	

Auflagen: MiNr. 758 A = 12 435 000, MiNr. 758 C = 6 913 000, MiNr. 759 A = 5 120 000 Stück

Vereinte Nationen – Genf

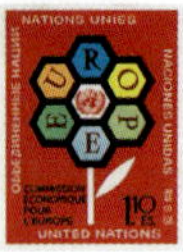

1972, 11. Sept. 25 Jahre Wirtschaftskommission für Europa (ECE). Odr. (10×5); gez. K 13:13¾.

ab) Stilisierte Blume mit UNO-Emblem

27	1.10 Fr	mehrfarbig	ab	1,70	1,70
			FDC		3,30

Auflage: 1 604 082 Stück

Vereinte Nationen – New York

1972, 11. Sept. 25 Jahre Wirtschaftskommission für Europa (ECE). Odr.; gez. K 13:13¾.

fu) Stilisierte Blume mit UNO-Emblem

251	21 C	mehrfarbig	fu	0,50	0,50
			FDC		1,50

Auflage: 1 748 675 Stück

1973

Deutschland

1973, 22. Jan. 10 Jahre Vertrag über deutsch-französische Zusammenarbeit. Odr. (5×5); Papier fl.; gez. K 13¾:14.

yk) Nationalfarben Deutschlands und Frankreichs zu einem Pfeil vereinigt

753	40 (Pf)	mehrfarbig	yk	1,40	0,50
			FDC		4,50

Auflage: 31 810 000 Stück

Gültig bis 30.6.2002

Frankreich

1973, 22. Jan. 10 Jahre Vertrag über deutsch-französische Zusammenarbeit. RaTdr.; gez. K 13.

bdw) Nationalfarben Deutschlands und Frankreichs zu einem Pfeil vereinigt

1819	0.50 (Fr)	mehrfarbig	bdw	0,60	0,60
			FDC		2,20

Auflage: 9 650 000 Stück

Gibraltar

1973, 22. Febr. Aufnahme Großbritanniens in die Europäische Gemeinschaft. Odr. (5×5); Wz. 4; gez. K 14½:14¼.

gh) Flaggen der damaligen EG-Staaten

297	5 P	mehrfarbig	gh	0,80	0,80
298	10 P	mehrfarbig	gh	1,20	1,20
			Satzpreis (2 W.)	2,—	2,—
			FDC		3,50

Griechenland

1973, 22. Okt. 5. Symposium der europäischen Transportminister, Athen. Odr.; Wz. 2; gez. K 13:14.

aby) Triptolemos, der auf dem Wagen Weizen befördert

1157	4.50 Dr	schwarz/rot auf sämisch	aby	0,50	0,50
			FDC		1,—

Auflage: 1 098 575 Stück

Gültig bis 31.12.2002

Großbritannien

1973, 3. Jan. Beitritt Großbritanniens zur Europäischen Gemeinschaft. RaTdr.; MiNr. 612 (10×10), MiNr. 613–614 (5×10 Zd); gez. K 14¼:14¾.

pv) Puzzle-Teile versinnbildlichen die 9 EG-Länder

612	3 P	mehrfarbig	pv	0,30	0,30
613	5 P	hellblau/mehrfarbig	pv	0,40	0,40
614	5 P	gelblichgrün/mehrfarbig	pv	0,40	0,40
			Satzpreis (3 W.)	1,—	1,—
			Satzpreis (1 W. + Paar)	1,80	1,80
			FDC		2,50

MiNr. 613–614 wurden zusammenhängend gedruckt.

Die zusätzliche Farbangabe bezieht sich auf die Farbe der Puzzle-Teile für die übrigen acht EG-Länder.

Auflagen: MiNr. 612 = 54 812 900, MiNr. 613–614 je 5 934 250 Stück

Irland

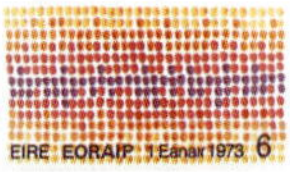

1973, 1. Jan. Beitritt Irlands zur Europäischen Gemeinschaft. RaTdr.; gez. K 15.

dl) Symbolik

287	6 (P)	mehrfarbig	dl	0,80	0,80
288	12 (P)	mehrfarbig	dl	1,70	1,70
			Satzpreis (2 W.)	2,50	2,50
			FDC		4,—

Auflagen: MiNr. 287 = 2 000 000, MiNr. 288 = 4 000 000 Stück

Gültig bis 31.12.2002

Rumänien

1973, 28. April. INTEREUROPA. RaTdr. (1×5 Zd); gez. K 13½.

cxc cxd

cxc–cxd) Symbole für kulturelle und wirtschaftliche Zusammenarbeit

3120	3.35 L	mehrfarbig	cxc	1,—	1,—
3121	3.60 L	mehrfarbig	cxd	1,—	1,—
			Satzpreis (Paar)	2,—	2,—
			FDC		4,—
			Kleinbogen	12,—	12,—

Auflage: 500 000 Sätze

Gültig bis 30.6.2005

Zypern

1973, 24. Sept. Assoziierung Zyperns mit der EWG. Odr.; Wz. 6; gez. K 14:13½.

ir) Anschluss Zyperns an die EWG, Symbolik

397	25 M mehrfarbig	ir	0,40	0,40
		FDC		1,—

MiNr. 397 stammt aus dem Satz MiNr. 396–400.

Auflage: 262 372 Stück

Gültig bis 23.9.1981

1974

Belgien

1974, 23. März. Umweltschutz: Robert-Schuman-Vereinigung. RaTdr. (6×5); gez. K 11¾:11½.

ayx) Taube, Sonne, Blumen

1759	3 Fr mehrfarbig	ayx	0,30	0,30
		FDC		1,20

Auflage: 7 000 000 Stück

1974, 7. Sept. 30 Jahre Zollunion BENELUX. RaTdr. (5×6); Papier ph.; gez. K 11½.

azn) Symbolik

1775	5 Fr mehrfarbig	azn	0,30	0,30
		FDC		1,20

Auflage: 10 000 000 Stück

Frankreich

1974, 4. Mai. 25 Jahre Europarat. StTdr.; gez. K 13.

bgb) Europa-Parlamentsgebäude, Straßburg

1872	0.45 (Fr) mehrfarbig	bgb	0,50	0,30
		FDC		1,70

Auflage: 7 675 000 Stück

Luxemburg

1974, 9. Sept. 30 Jahre Zollunion BENELUX. RaTdr.; gez. K 11¾.

si) Symbolik

891	4 Fr mehrfarbig	si	1,—	0,30
		FDC		5,—

Auflage: 1 200 000 Stück

Gültig bis 31.12.2002

Die Bildbeschreibungen zu den Markenabbildungen sind so ausführlich wie möglich gehalten!

Niederlande

1974, 10. Sept. 30 Jahre Zollunion BENELUX; 25 Jahre Europarat. RaTdr.; Papier ph.; gez. K 14:12¾, Hochformat ~.

abe) Schriftzug abf) Flagge des Europarates

1035	30 C mehrfarbig	abe	0,50	0,30
1036	45 C mehrfarbig	abf	0,50	0,30
		Satzpreis (2 W.)	1,—	0,40
		FDC		1,—

MiNr. 1035–1036 stammen aus dem Satz MiNr. 1035–1037.

Auflagen: MiNr. 1035 = 20 000 000, MiNr. 1036 = 12 500 000 Stück

Gültig bis 31.12.1985

Österreich

Nicht ausgegeben:

1974, 8. Mai. 11. Europäischer Gemeindetag. RaTdr. (10×5); gez. K 14.

anj) Rosette eines Glasfensters des Wiener Rathauses

VIII	2.50 S mehrfarbig	anj	750,—

Teilweise schon an die Postämter ausgegeben, jedoch wieder zurückgezogen, da der 11. Europäische Gemeindetag in Wien abgesagt wurde.

1974, 18. Juni. Europäische Konferenz der Verkehrsminister (CEMT), Wien. RaTdr. (10×5); gez. K 14½:13¾.

anr) Verkehrssymbole

1457	4 S mehrfarbig	anr	0,80	0,50
		FDC		1,20

Vorlagedruck in Schwarz, mit dem Originaldruckstöckel gedruckt, □, auf Erläuterungsblatt geklebt .... 16,—

Auflage: 3 050 000 Stück

Gültig bis 30.6.2002

Rumänien

1974, 27. April. INTEREUROPA. RaTdr. (2×5); gez. K 13½.

dag) Stilisierte Europakarte dah) Satellit im Erdorbit

3189	2.20 L mehrfarbig	dag	0,80	0,80
3190	3.45 L mehrfarbig	dah	1,20	1,20
		Satzpreis (Paar)	2,—	2,—
		FDC		4,—
		Kleinbogen	12,—	12,—

MiNr. 3189–3990 wurden schachbrettartig zusammenhängend gedruckt.

Auflage: 500 000 Sätze

Gültig bis 30.6.2005

1975

Belgien

1975, 10. Mai. Europäisches Denkmalschutzjahr. StTdr. (5×6, Hochformat ~); MiNr. 1821 normales Papier, MiNr. 1822–1823 Papier ph.; gez. K 11½.

baw) St.-Janshospital, Brügge

bax) St.-Loup-Kirche, Namur

bay) Märtyrerplatz, Brüssel

1821	4.50 Fr	violettpurpur . . . . baw	0,30	0,30
1822	5 Fr	schwarzgrün . . . . bax	0,30	0,30
1823	10 Fr	blau . . . . bay	0,60	0,30
		Satzpreis (3 W.)	1,20	0,70
		FDC		2,50

Auflagen: MiNr. 1821 = 7 000 000, MiNr. 1822 = 5 500 000, MiNr. 1823 = 3 500 000 Stück

Berlin (West)

1975, 15. Juli. Europäisches Denkmalschutzjahr. Komb. StTdr. und Odr. (5×10); Papier fl.; gez. K 14.

rn) Naunynstraße, Berlin-Kreuzberg

508	50 (Pf)	mehrfarbig . . . . rn	1,—	0,80
		FDC		1,50
		ETB 8/1975		1,—
508 F		Stichtiefdruck (Gebäude, Inschrift, Wertziffer) vollkommen fehlend	1400,—	2000,—

Auflage: 6 950 000 Stück, davon 380 000 auf ETB

Gültig bis 31.12.1991

Bulgarien

1975, 17. Dez. Europäisches Denkmalschutzjahr. RaTdr. (3×2); gez. K 13.

Zierfeld

clz) Ethnographisches Museum, Plovdiv

2456	80 St	mehrfarbig . . . . clz	1,50	1,50
		2456 Zf	2,—	2,—
		FDC		3,50
		Kleinbogen	6,—	6,—

MiNr. 2456 wurde im Kleinbogen zu 3 Marken und 3 Zierfeldern (Feld 1, 3 und 5) gedruckt.

Auflagen: 225 000 Kleinbogen

Gültig bis 3.7.1999

Dänemark

1975, 19. Juni. Europäisches Denkmalschutzjahr. StTdr., Bogen (B) (5×10, Hochformat ~) und Markenheftchen (MH) (5×2); Papier fl.; gez. K 12¾.

kb) Kirche der Herrnhuter Gemeinde, Christiansfeld

kc) Alter Königshof, Lejre

kd) Anna-Queen-Straße, Helsingør

592	70 (Ø)	dunkelviolettbraun (B) (MH) . . . kb	0,50	0,50
593	120 (Ø)	schwarzoliv (B) . . . . kc	0,50	0,50
594	150 (Ø)	dunkelviolettblau (B) . . . . kd	0,50	0,50
		Satzpreis (3 W.)	1,50	1,50
		FDC		2,—
		Markenheftchen	50,—	

Auflagen: MiNr. 592 = 4 814 650, MiNr. 593 = 5 625 000, MiNr. 594 = 12 425 000 Stück

Deutschland

1975, 15. Juli. Europäisches Denkmalschutzjahr. Komb. StTdr. und Odr. (5×10); Papier fl.; gez. K 14.

acw) Hauptmarkt mit Rathaus, Alsfeld

acx) Siebersturm, Plönlein, Kobolzeller Tor, Rothenburg ob der Tauber

acy) Die Steipe, Trier

acz) Xanten

860	50 (Pf)	mehrfarbig . . . . acw	1,—	0,70
861	50 (Pf)	mehrfarbig . . . . acx	1,—	0,70
862	50 (Pf)	mehrfarbig . . . . acy	1,—	0,70
863	50 (Pf)	mehrfarbig . . . . acz	1,—	0,70
		Satzpreis (4 W.)	3,80	2,80
		FDC		5,50
		ETB 15/1975		2,—

Auflagen: MiNr. 860 = 19 600 000, MiNr. 861 = 21 150 000, MiNr. 862 = 18 800 000, MiNr. 863 = 20 450 000 Stück, davon jeweils 395 000 auf ETB

Gültig bis 30.6.2002

Frankreich

1975, 10. Mai. 12. Todestag von Robert Schuman. StTdr.; gez. K 13.

bht) Robert Schuman (1886–1963), Politiker

1918	0.80 (Fr)	+ 0.20 (Fr) schwarzblau/schwarz . . . . . bht	1,—	0,30
		FDC		2,20

Auflage: 3 750 000 Stück

Großbritannien

1975, 23. April. Europäisches Denkmalschutzjahr 1975. RaTdr.; MiNr. 673–674 (5×5 Zd + 5×5 Zd), MiNr. 675–677 (10×5 + 10×5); gez. K 14¾:14¼.

ta) Charlotte Square, Edinburgh

tb) Altstadthäuser, Chester

tc) Königliches Observatorium, Greenwich

td) St. Georgs-Kapelle, Windsor

te) Nationaltheater, London

673	7 P	mehrfarbig . . . . ta	0,30	0,30
674	7 P	mehrfarbig . . . . tb	0,30	0,30
675	8 P	mehrfarbig . . . . tc	0,40	0,40
676	10 P	mehrfarbig . . . . td	0,40	0,40
677	12 P	mehrfarbig . . . . te	0,50	0,50
		Satzpreis (5 W.)	1,90	1,90
		Satzpreis (Paar + 3 W.)	2,—	2,—
		FDC		4,50

Zwischenstegpaare:

673 ZW–677 ZW	. . . . 5 Paare	6,—	6,—
673 ZW–677 ZW	mit „Farbampeln“ . . 5 Paare	30,—	30,—

MiNr. 673–674 wurden zusammenhängend gedruckt.

Auflagen: MiNr. 673–674 zusammen 40 950 000, MiNr. 675 = 6 640 000, MiNr. 676 = 5 560 000, MiNr. 677 = 5 450 000 Stück

Irland

1975, 6. Okt. Europäisches Denkmalschutzjahr. RaTdr.; gez. K 12½.

ef) Turm der St. Ann Kirche, Shandon (Cork)

eg) Inneres des Holycross Klosters (Tipperary)

327	5 (P)	lilaschwarz . . . . ef	0,40	0,40
328	6 (P)	mehrfarbig . . . . ef	1,—	2,—
329	7 (P)	schwarzblau . . . . eg	0,40	0,40
330	9 (P)	mehrfarbig . . . . eg	1,20	1,20
		Satzpreis (4 W.)	3,—	4,—
		FDC		5,—

Auflagen: MiNr. 327 und 329 je 8 000 000, MiNr. 328 und 330 je 2 000 000 Stück

Gültig bis 31.12.2002

Jugoslawien

1975, 30. Jan. 2. Interparlamentarische Konferenz über Sicherheit und Zusammenarbeit in Europa, Belgrad. Odr. (3×3); gez. K 11¾.

att) Taube, Landkarte von Europa

1585	3.20 (Din)	mehrfarbig . . . . att	0,30	0,30
1586	8.00 (Din)	mehrfarbig . . . . att	0,30	0,30
		Satzpreis (2 W.)	0,50	0,50
		FDC		3,50
		Kleinbogensatz (2 Klb.)	5,—	5,—

1585 U	ungezähnt	—,—
1586 U	ungezähnt	—,—

Bei dieser Ausgabe gibt es viele Zufälligkeiten, wie fehlendes „ptt“, nur „pt“ usw. Eine gesonderte Katalogisierung erfolgt nicht.

Auflagen: MiNr. 1585 = 975 000, MiNr. 1586 = 375 000 Stück

1975, 10. Dez. Europäisches Denkmalschutzjahr. StTdr. (3×3); gez. K 13¼.

avk) Diokletianspalast in Split

avl) Haus in Ohrid

avm) Kloster Gračanica im Kosovo

1627	1.20 (Din)	dunkellilabraun . . . . avk	0,30	0,30
1628	3.20 (Din)	blauschwarz . . . . avl	0,30	0,30
1629	8.00 (Din)	dunkelbraunviolett . . . . . avm	0,30	0,30
		Satzpreis (3 W.)	0,50	0,50
		FDC		2,—
		Kleinbogensatz (3 Klb.)	4,50	4,50

1627 U	ungezähnt	*70,—*
1628 U	ungezähnt	*70,—*
1629 U	ungezähnt	*70,—*

Auflagen: MiNr. 1627–1628 je 959 539, MiNr. 1629 = 459 539 Stück

Liechtenstein

1975, 4. Sept. Europäisches Denkmalschutzjahr. RaTdr. (5×4); gez. K 11¾.

wf) St. Mamerten, Triesen

wg) Rotes Haus, Vaduz

wh) Pfrundbauten, Eschen

wi) Burg Gutenberg, Balzers

630	40 (Rp)	mehrfarbig . . . . wf	0,40	0,30
631	50 (Rp)	mehrfarbig . . . . wg	0,50	0,40
632	70 (Rp)	mehrfarbig . . . . wh	0,60	0,50
633	1.00 (Fr)	mehrfarbig . . . . wi	1,—	1,—
		Satzpreis (4 W.)	2,50	2,20
		FDC		3,—

Auflagen: MiNr. 630 = 962 142, MiNr. 631 = 898 661, MiNr. 632 = 851 210, MiNr. 633 = 886 715 Stück

Gültig bis 31.12.2001

Luxemburg

1975, 10. März. Europäisches Denkmalschutzjahr. StTdr.; gez. K 14¼:13¾, Querformate ~.

st) Luxemburg, Fischmarktviertel

su) Burglinster, Burg

sv) Echternach, Marktplatz

sw) Mersch, Michaelsplatz

900	1 Fr	dunkeloliv . . . . st	0,60	0,30
901	3 Fr	schwarzlila . . . . su	1,—	0,30
902	4 Fr	purpurviolett . . . . sv	1,40	0,30
903	19 Fr	rot . . . . sw	1,80	0,60
		Satzpreis (4 W.)	4,80	1,50
		FDC		3,—

Auflage: 600 000 Sätze

Gültig bis 31.12.2002

1975, 28. April. 25. Jahrestag der Erklärung von Robert Schuman. RaTdr.; gez. K 11¾.

tc) Robert Schuman (1886–1963), französischer Politiker; Gaetano Martino (1900–1967), italienischer Politiker; Paul-Henri Spaak (1889–1972), belgischer Politiker

909	4 Fr	mehrfarbig . . . . tc	0,70	0,30
		FDC		1,50

Auflage: 1 000 000 Stück

Gültig bis 31.12.2002

Bitte teilen Sie uns von Ihnen festgestellte Fehler mit, damit wir sie berichtigen können.

Malta

1975, 16. Sept. Europäisches Denkmalschutzjahr. Odr. (5×10); Wz. 6; gez. K 14.

lv) Grundrisszeichnung des Ggantija-Komplexes

lw) Silhouette von Mdina

lx) Stadtansicht von Victoria, Gozo

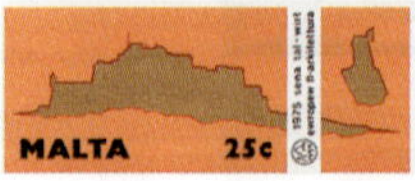

ly) Silhouette des Forts St. Angelo

514	1.3 C	schwarz/lachs	lv	0,30	0,30
515	3 C	mehrfarbig	lw	0,40	0,40
516	5 C	schwarz/lachs	lx	0,50	0,50
517	25 C	mehrfarbig	ly	2,—	2,—
		Satzpreis (4 W.)		3,20	3,20
		FDC			5,—

Auflagen: MiNr. 514 = 1 044 184, MiNr. 515 = 763 639, MiNr. 516 = 569 896, MiNr. 517 = 250 197 Stück

Gültig bis 31.7.2002

Monaco

1975, 13. Mai. Europäisches Denkmalschutzjahr. StTdr. (6×5); gez. K 13:12¾.

aea) Nationalmuseum

1180	1.20 (Fr)	mehrfarbig	aea	1,—	1,—
		FDC			2,—

Auflage: 288 420 Stück

Niederlande

1975, 4. April. Europäisches Denkmalschutzjahr. Odr.; Papier ph.; gez. K 14:12¾, Hochformate ~.

abs) Jagdschloss St. Hubertus (1920) im Nationalpark Hoge Veluwe

abt) Beginenhof (15.–17. Jh.), Amsterdam

abu) Küferstor, Middelburg

abv) Dorf Orvelte, Provinz Drente

1048	35 (C) + 20 C	mehrfarbig	abs	0,50	0,50
1049	40 (C) + 15 C	mehrfarbig	abt	0,50	0,50
1050	50 (C) + 20 C	mehrfarbig	abu	0,70	0,70
1051	60 (C) + 20 C	mehrfarbig	abv	0,80	0,80
		Satzpreis (4 W.)		2,50	2,50
		FDC			3,50

Auflagen: MiNr. 1048 = 1 371 887, MiNr. 1049 = 1 361 872, MiNr. 1050 = 1 584 838, MiNr. 1051 = 1 359 594 Stück

Gültig bis 31.12.1985

Die Preise von Einheiten (z. B. Markenheftchen, H-Blätter, Zusammendrucke, Rollenmarkenstreifen) müssen nicht der Summe der Einzelpreise entsprechen.

Norwegen

1975, 17. April. Europäisches Denkmalschutzjahr. Odr.; Papier ph.; gez. K 13.

mp) Fischerdorf Nusfjord, Lofoten-Inseln

mr) Altstadtansicht von Stavanger

ms) Stadt Røros

700	1.00 (Kr)	dunkelgelbgrün	mp	0,50	0,50
701	1.25 (Kr)	rot	mr	0,50	0,50
702	1.40 (Kr)	dunkelblau	ms	1,—	0,50
		Satzpreis (3 W.)		2,—	1,50
		FDC			2,—

Auflagen: MiNr. 700 = 4 150 000, MiNr. 701 = 7 625 000, MiNr. 702 = 1 500 000 Stück

Österreich

1975, 24. Jan. Europäisches Denkmalschutzjahr: 125 Jahre Denkmalpflege in Österreich. Komb. StTdr. und RaTdr. (10×5); gez. K 13¾.

aoi) Hl. Christophorus mit Jesuskind; Figur vom Flügelaltar der Pfarrkirche zu Kefermarkt

1474	2.50 S	dunkelgraugrün/ schwärzlichrötlichbraun	aoi	0,50	0,30
		FDC			1,—

Vorlagedruck in Schwarz, mit dem Originaldruckstöckel gedruckt, ☐, auf Erläuterungsblatt geklebt .... 16,—

Auflage: 3 050 000 Stück

Gültig bis 30.6.2002

1975, 2. April. Europäischer Gemeindetag. RaTdr. (10×5); gez. K 14.

aou) Rosette eines Glasfensters des Wiener Rathauses

1484	2.50 S	mehrfarbig	aou	0,50	0,30
		FDC			1,—

Vorlagedruck in Schwarz, mit dem Originaldruckstöckel gedruckt, ☐, auf Erläuterungsblatt geklebt .... 16,—

Auflage: 3 150 000 Stück

Gültig bis 30.6.2002

Polen

1975, 11. Nov. Freimarken: Europäisches Denkmalschutzjahr. RaTdr., Rollen (1000); gez. K 14.

cfl) Przybyłów-Haus am Markt von Kazimierz Dolny

cfm) Rathaus von Zamość

2413	1 Zł	dunkeloliv	cfl	0,30	0,30
2414	1.50 Zł	karminbraun	cfm	0,30	0,30
		Satzpreis (2 W.)		0,50	0,50
		FDC			1,—

Jede fünfte Marke weist eine rückseitige Nummer auf.

Auflagen: MiNr. 2413 = 50 800 000, MiNr. 2414 = 51 300 000 Stück

Gültig bis 31.12.1994

Portugal

1975, 28. Nov. Europäisches Denkmalschutzjahr. Odr. (5×10); Papier mit vorderseitigem Phosphorstreifen; gez. K 13½.

vw) Gemauerter Bogen über Landschaft mit Bäumen

vx) Plan mit Reißbrett

vy) Hand schützt alte Gebäude vor herabstürzendem Steinwürfel

1298	2.00 (E) mehrfarbig	vw	0,50	0,30
1299	8.00 (E) mehrfarbig	vx	3,50	1,20
1300	10.00 (E) mehrfarbig	vy	4,—	1,50
	Satzpreis (3 W.)		8,—	3,—
	FDC			5,—

Auflagen: MiNr. 1298 = 10 000 000, MiNr. 1299 = 1 000 000, MiNr. 1300 = 500 000 Stück

Gültig bis 31.12.1983

Rumänien

1975, 28. April. INTEREUROPA. RaTdr. (2×5); gez. K 13½.

ddk) Pfingstrosen; Gemälde von Nicolae Tonitza (1886–1940)

ddl) Chrysanthemen; Gemälde von Ştefan Luchian (1868–1916)

3258	2.20 L mehrfarbig	ddk	0,80	0,80
3259	3.45 L mehrfarbig	ddl	1,20	1,20
	Satzpreis (Paar)		2,—	2,—
	FDC			5,—
	Kleinbogen		12,—	12,—

MiNr. 3258–3259 wurden schachbrettartig zusammenhängend gedruckt.

Auflage: 400 000 Sätze

Gültig bis 30.6.2005

1975, 26. Juni. Europäisches Denkmalschutzjahr. RaTdr. (5×5); gez. K 13½.

ddv) Römerkaiser Trajan

ddw) Trajanssäule in Rom

ddx) Decebalus, König von Dakien

ddy) Tropaeum Traiani bei Adamklissi

ddz) Ausgrabungen der Römerstadt Turnu–Severin

dea) Donaubrücke des römischen Kaisers Trajan bei Turnu-Severin

3267	55 B mehrfarbig	ddv	0,30	0,30
3268	1.20 L mehrfarbig	ddw	0,30	0,30
3269	1.55 L mehrfarbig	ddx	0,50	0,30
3270	1.75 L mehrfarbig	ddy	0,60	0,30
3271	2 L mehrfarbig	ddz	0,80	0,30
3272	2.25 L mehrfarbig	dea	1,—	0,50
	Satzpreis (6 W.)		3,50	2,—
	FDC			7,—

Blockausgabe; Bl. 121 gez. Ks 13½, Bl. 122 □

deb) Ausgrabungsstätte, Burg von Grădiştea Muncelului

dec

ded) Kapitolinische Wölfin mit Romulus und Remus, Bronzeskulptur in Rom

dee

3273	10 L mehrfarbig	deb	—,—	—,—
Block 121	(78×89 mm)	dec	2,—	2,—
	FDC			4,—
3274	10 L mehrfarbig	ded	—,—	—,—
Block 122	(80×107 mm)	dee	60,—	60,—
	FDC			120,—

FALSCH

Auflagen: MiNr. 3267–3268 je 7 000 000, MiNr. 3269–3270 je 5 000 000, MiNr. 3271 = 4 000 000, MiNr. 3272 = 400 000 Stück, Bl. 121 = 150 000, Bl. 122 = 38 500 numerierte Blocks

Schweden

1975, 13. Juni. Europäisches Denkmalschutzjahr. StTdr.; Papier fl.; waagerecht gez. 12¾.

uz) Kirchstadt von Skellefteå

va) Eisenhüttenbetrieb in Engelsberg (18. Jh.)

vb) Pulverturm von Visby

vc) Förderanlage von Husberg, Schachthalle von Creutz, 1852 (Faluner Kupfergrube)

vd) Offiziersmesse in Rommehed (1798)

908	75 (Ö) schwarz	uz	0,40	0,40
909	75 (Ö) dunkelrot	va	0,40	0,40
910	75 (Ö) schwarz	vb	0,40	0,40
911	75 (Ö) dunkelrot	vc	0,40	0,40
912	75 (Ö) dunkelviolettblau	vd	0,40	0,40
		Satzpreis (5 W.)	2,—	2,—
		FDC		2,50

MH 50	(Nominale 7.50 Kr)	4,—	
H-Blatt 77	mit MiNr. 908–912	4,—	4,—

Auflage: 2619600 Sätze

Schweiz

1975, 11. Sept. Europäisches Denkmalschutzjahr. RaTdr. (5×10); Papier ph.; gez. K 11¾.

ahv) Bauwerke in Form des Emblems des Denkmalschutzjahrs

1060	50 (C) ocker (Töne)/braunkarmin	ahv	0,70	0,60
		FDC		1,50

MiNr. 1060 stammt aus dem Satz MiNr. 1058–1061.

Auflage: 10216000 Stück

Ungarn

1975, 13. Sept. Europäisches Denkmalschutzjahr – Tag der Briefmarke. Odr. (1×4 Zd); A = gez. K 12, B = □.

cyf) Wandbrunnen

cyg) Brunnenhaus

cyh) Löwen-Wandbrunnen

cyi) Herkulesfontäne

cyf–cyi) Architektonische Details der Burg Visegrád

3060 A	2 (Ft) + 1 Ft mehrfarbig	cyf	1,50	1,50
3061 A	2 (Ft) + 1 Ft mehrfarbig	cyg	1,50	1,50
3062 A	2 (Ft) + 1 Ft mehrfarbig	cyh	1,50	1,50
3063 A	2 (Ft) + 1 Ft mehrfarbig	cyi	1,50	1,50
		Satzpreis A (4 W.)	6,—	6,—
		Viererstreifen A	8,—	8,—
		FDC A		15,—
		Satzpreis B (4 W.)	—,—	—,—
		Viererstreifen B	150,—	150,—
		FDC B		180,—

Blockausgabe; A = gez. Ks 12¼:11¾, B = □

cyk) Löwenbrunnendetail (Wappen der Familie Hunyadi)

cyl) Madonna von Visegrád

cym) Ornamentik der Herkulesfontäne (Wappen von Beszterce)

cyo

cyn) Visegrád (um 1480)

3064 A	2 (Ft) + 1 Ft mehrfarbig	cyk	—,—	—,—
3065 A	2 (Ft) + 1 Ft mehrfarbig	cyl	—,—	—,—
3066 A	2 (Ft) + 1 Ft mehrfarbig	cym	—,—	—,—
3067 A	2 (Ft) + 1 Ft mehrfarbig	cyn	—,—	—,—
Block 115 A	(128×98 mm), gez.	cyo	3,—	3,—
		FDC A		8,—
Block 115 B	(128×98 mm), □	cyo	100,—	100,—
		FDC B		150,—

MiNr. 3060–3063 wurden waagerecht zusammenhängend gedruckt.

Auflagen: MiNr. 3060 A–3063 A = 360000, MiNr. 3060 B–3063 B = 14000 Sätze, Bl. 115 A = 333528, Bl. 115 B = 18000 numerierte Blocks

Vatikanstadt

1975, 22. Mai. Europäisches Denkmalschutzjahr: Bauwerke (I). Komb. StTdr. und RaTdr. (5×5); gez. K 14¼.

rx) Brunnen auf dem St.-Peters-Platz

ry) Brunnen auf dem St.-Martha-Platz

rz) Del-Forno-Brunnen, Kirche St. Etienne

sa) Belvedere-Brunnen

sb) Casino-Brunnen, Wissenschaftliche Akademie

sc) Della-Galea-(Galeere)-Brunnen

657	20 L	mattorange/schwarz	rx	0,30	0,30
658	40 L	mattviolett/schwarz	ry	0,30	0,30
659	50 L	mattrot/schwarz	rz	0,30	0,30
660	90 L	mattgrüngrau/schwarz	sa	0,30	0,30
661	100 L	mattgrünlichblau/schwarz	sb	0,30	0,30
662	200 L	mattblau/schwarz	sc	0,30	0,30
			Satzpreis (6 W.)	0,70	0,70
			FDC		1,50

Auflage: 1 600 000 Sätze

Zypern

1975, 17. Febr. 25 Jahre Europarat. Odr.; gez. K 14½.

km) Flagge des Europarats

424	100 M	mehrfarbig	km	1,—	1,—
			FDC		2,—

Auflage: 599 499 Stück

Gültig bis 16.2.1983

1976

Deutschland

1976, 5. Jan. 100. Geburtstag von Konrad Adenauer. StTdr. (10×5); Papier fl.; gez. K 13¾:14.

ado) Konrad Adenauer (1876–1967), 1. deutscher Bundeskanzler

876	50 (Pf)	schwarzgrün	ado	2,80	0,40
			FDC		1,30
			ETB 2/1976		0,80

SD 1 Schwarzdruck der MiNr. 876 aus der Jahreszusammenstellung 1975 der Deutschen Bundespost (Papierformat 105×148 mm) . . . *110,—*

Auflage: 35 000 000 Stück, davon 409 000 auf ETB

Gültig bis 30.6.2002

1976, 6. April. 25 Jahre Europäische Gemeinschaft für Kohle und Stahl (EGKS). RaTdr. (5×10); Papier fl.; gez. K 14.

adt) Aus glühenden Eisenträgern geformte Buchstaben „EG“

880	40 (Pf)	mehrfarbig (Töne)	adt	1,—	0,40
			FDC		1,50
			ETB 7/1976		0,70

Zur Briefmarkenausstellung NAPOSTA ’76 in Wuppertal und zur 1. internationalen Briefmarkenmesse 1976 in Essen wurden (Auflage 75 531 bzw. 56 766 Stück) Schwarzdrucke der MiNr. 880 verkauft (ohne oder mit eingedruckten Stempeln), Papierformat 105×148 mm, die jedoch keine Frankaturgültigkeit hatten.

Auflage: 31 900 000 Stück, davon 394 000 auf ETB

Gültig bis 30.6.2002

Frankreich

1976, 22. Okt. Europäisches Kernforschungsinstitut (CERN), Genf. RaTdr.; gez. K 13.

bll) Lageplan des Beschleunigers

1997	1.40 (Fr)	mehrfarbig	bll	0,80	0,50
			FDC		2,50
			ETB		8,—

Auflage: 6 000 000 Stück

Rumänien

1976, 13. Mai. Blockausgabe: INTEREUROPA. RaTdr.; gez. K 13½.

dhh) Keramikvase mit Bildnis von König Dezebalus

dhi

dhk) Keramikvase mit Bildnis von Michael dem Tapferen

dhl

3340	2.20 L	mehrfarbig	dhh	0,50	0,50
Block 133	mit 4 × MiNr. 3340 (80×110 mm)		dhi	2,—	2,—
			FDC		5,—
3341	3.45 L	mehrfarbig	dhk	0,50	0,50
Block 134	mit 4 × MiNr. 3341 (80×110 mm)		dhl	2,—	2,—
			FDC		5,—

Auflage: 120 000 Blockpaare

Gültig bis 30.6.2005

1977

Belgien

1977, 17. Sept. Europäisches Kulturfestival „Europalia '77 – Bundesrepublik Deutschland", Brüssel. RaTdr. (5×5); Papier ph.; gez. K 11½.

beu) Symbol

1919	5 Fr	mehrfarbig	beu	0,30	0,30
			FDC		1,50

Auflage: 4 000 000 Stück

Berlin (West)

1977, 13. Juli. 15. Europäische Kunstausstellung. Odr. (10×5); Papier fl.; gez. K 14.

th) Ohne Titel; Gemälde von George Grosz, eigentlich George Ehrenfried (1893–1959), Maler und Graphiker

551	70 (Pf)	mehrfarbig	th	1,20	1,30
			FDC		1,70
			ETB 12/1977		1,—

Auflage: 6 850 000 Stück, davon 370 000 auf ETB

Gültig bis 31.12.1991

Deutschland

1977, 13. Jan. Einweihung des Palais de l'Europe des Europarats in Straßburg. StTdr. (5×10); Papier fl.; gez. K 14.

afn) Palais de l'Europe, Straßburg

921	140 (Pf)	schwärzlichsmaragdgrün/schwarz	afn	2,20	0,70
			FDC		3,20
			ETB 2/1977		1,—

SD 2 Schwarzdruck der MiNr. 921 aus der Jahreszusammenstellung 1976 der Deutschen Bundespost (Papierformat 105×148 mm) .... *45,—*

Auflage: 31 950 000 Stück, davon 392 000 auf ETB

Gültig bis 30.6.2002

1977, 16. Febr. Jean Monnet, Ehrenbürger von Europa. Odr. (5×10); Papier fl.; gez. K 14:14¼.

afu) Jean Monnet (1888–1979), französischer Politiker

926	50 (Pf)	mehrfarbig	afu	0,80	0,40
			FDC		1,30
			ETB 6/1977		1,30

Auflage: 30 750 000 Stück, davon 392 000 auf ETB

Gültig bis 30.6.2002

Gibraltar

1977, 27. Mai. Internationale Briefmarkenausstellung AMPHILEX '77, Amsterdam. Odr. (3×2, Hochformate ~); Wz. 5; gez. K 14.

kb) Marke MiNr. 184

kc) Marke MiNr. 236

kd) Marke MiNr. 297

364	6 P	mehrfarbig	kb	0,30	0,30
365	12 P	mehrfarbig	kc	0,40	0,40
366	25 P	mehrfarbig	kd	0,70	0,70
			Satzpreis (3 W.)	1,40	1,40
			FDC		2,50
			Kleinbogensatz (3 Klb.)	9,—	9,—

Griechenland

1977, 16. Mai. 45. Europäische Transportminister-Konferenz. Odr.; gez. K 14¼:13½.

agm) Geflügeltes Rad, moderne Transportmittel

1266	7 (Dr)	mehrfarbig	agm	0,30	0,30
			FDC		0,70

Auflage: 1 036 860 Stück

Gültig bis 31.12.2002

Luxemburg

1977, 5. Dez. 20 Jahre Römische Verträge. RaTdr.; gez. K 11¾.

uz) „Europa mit Stier" als Münze, Karte der EG-Länder

956	6 Fr	mehrfarbig	uz	0,70	0,30
			FDC		1,—

Auflage: 1 000 000 Stück

Gültig bis 31.12.2002

Portugal

1977, 28. Jan. Aufnahme Portugals in den Europarat. Odr. (5×10); Papier mit vorderseitigem Phosphorstreifen; gez. K 12:11¾.

yb

yc

yb–yc) Landkarte von Europa mit Kennzeichnung der Mitgliedsländer des Europarates; Emblem

1348	8.50 (E)	mehrfarbig	yb	1,50	1,50
1349	10.00 (E)	mehrfarbig	yc	2,—	2,—
			Satzpreis (2 W.)	3,50	3,50
			FDC		3,50

Auflagen: MiNr. 1348 = 1 000 000, MiNr. 1349 = 500 000 Stück

Gültig bis 31.12.1983

Rumänien

1977, 17. Mai. Blockausgabe: INTEREUROPA. RaTdr.; gez. K 13½.

dml

dmk) Sinaia, Karpaten

dmn

dmm) Aurora, Schwarzes Meer

3431	2 L mehrfarbig	dmk	0,50	0,50
Block 141	mit 4 × MiNr. 3431 (110 × 80 mm)	dml	2,—	2,—
		FDC		5,—
3432	2.40 L mehrfarbig	dmm	0,50	0,50
Block 142	mit 4 × MiNr. 3432 (110 × 80 mm)	dmn	2,—	2,—
		FDC		5,—

Auflage: 120 000 Blockpaare

Gültig bis 30.6.2005

1977, 28. Dez. Donau-Schifffahrt (Europäische Donaukommission). RaTdr. (5 × 5); gez. K 13½.

dov) „Carpaţi“ bei Cazane

dow) „Mirceşti“ bei Orşova

dox) „Olteniţa“ bei Calafat

doy) Rumänischer Wasserbus bei Giurgiu

doz) „Herculane“ bei Tulcea

dpa) „Muntenia“ bei Sulina

dpb) Donaudelta mit Sulina-Kanal

3484	55 B mehrfarbig	dov	0,30	0,30
3485	1 L mehrfarbig	dow	0,30	0,30
3486	1.50 L mehrfarbig	dox	0,30	0,30
3487	2.15 L mehrfarbig	doy	0,30	0,30
3488	3 L mehrfarbig	doz	0,30	0,30
3489	3.40 L mehrfarbig	dpa	0,50	0,30
3490	4.80 L mehrfarbig	dpb	1,—	0,30
		Satzpreis (7 W.)	3,—	2,—
		FDC		6,—

Blockausgabe; Bl. 146 gez. Ks 13½, Bl. 147 ☐

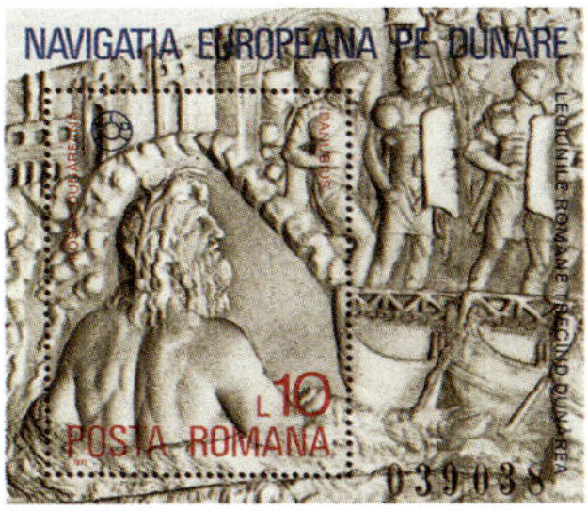

dpc) Gott Danubius, Detail der „Columna Traiana“ in Rom

dpd

dpe) Landkarte mit Einzeichnung der Donau

dpf

3491	10 L mehrfarbig	dpc	1,50	1,50
Block 146	(80 × 70 mm)	dpd	2,—	2,—
		FDC		3,50
3492	10 L mehrfarbig	dpe	—,—	—,—
Block 147	(93 × 75 mm)	dpf	30,—	30,—
		FDC		60,—

Bl. 146 ist auch ungezähnt bekannt.

Auflagen: MiNr. 3484–3485 je 3 000 000, MiNr. 3486 = 2 000 000, MiNr. 3487–3489 je 1 000 000, MiNr. 3490 = 250 000 Stück, Bl. 146 = 150 000, Bl. 147 = 38 500 numerierte Blocks

Gültig bis 30.6.2005

Ungarn

1977, 28. Dez. Blockausgabe. Donau-Main-Rhein-Schifffahrt (Europäische Donaukommission). Odr.; A = gez. Ks 12, B = ☐.

dhb

dgp–dha) Flaggen der zur Europäischen Donaukommission gehörenden Länder

3248 A	2 Ft	mehrfarbig	dgp	0,60	0,60
3249 A	2 Ft	mehrfarbig	dgr	0,60	0,60
3250 A	2 Ft	mehrfarbig	dgs	0,60	0,60
3251 A	2 Ft	mehrfarbig	dgt	0,60	0,60
3252 A	2 Ft	mehrfarbig	dgu	0,60	0,60
3253 A	2 Ft	mehrfarbig	dgv	0,60	0,60
3254 A	2 Ft	mehrfarbig	dgw	0,60	0,60
3255 A	2 Ft	mehrfarbig	dgx	0,60	0,60
3256 A	2 Ft	mehrfarbig	dgy	0,60	0,60
3257 A	2 Ft	mehrfarbig	dgz	0,60	0,60
3258 A	2 Ft	mehrfarbig	dha	0,60	0,60
Block 128 A	(130×93 mm), gez.		dhb	7,—	7,—
			FDC A		10,—
Block 128 B	(130×93 mm), ☐		dhb	70,—	70,—
			FDC B		100,—

Auflagen: Bl. 128 A = 271 000, Bl. 128 B = 17 300 numerierte Blocks

1978

Belgien

1978, 18. März. Europäische Aktion: 25 Jahre Europäische Transportministerkonferenz (CEMT), erste Direktwahlen zum Europäischen Parlament, 20 Jahre Römische Verträge, Paul-Henri Spaak; RaTdr. (6×5, Querformate ~); Papier ph.; gez. K 11½.

bfk) Pfeile, symbolisch für die Transportmöglichkeiten, über Europakarte

bfl) Europäisches Parlament in Straßburg

bfm) Palais Campidoglio, Europakarte

bfn) Paul-Henri Spaak (1899–1972), Politiker

1936	10 Fr	mehrfarbig	bfk	0,80	0,30
1937	10 Fr	mehrfarbig	bfl	0,80	0,30
1938	14 Fr	mehrfarbig	bfm	1,—	0,50
1939	14 Fr	mehrfarbig	bfn	1,—	0,50
			Satzpreis (4 W.)	3,50	1,50
			FDC		7,50

Auflagen: MiNr. 1936–1937 je 2 500 000, MiNr. 1938–1939 je 3 000 000 Stück

Bulgarien

✈ 1978, 9. Febr. Donauschifffahrt (Europäische Donaukommission). RaTdr. (3×4); gez. K 13.

cvr) Festung Baba Vida in Vidin

cvs) Freundschaftsbrücke zwischen Russe und Giurgiu

2652	25 St	mehrfarbig	cvr	0,70	0,70
2653	35 St	mehrfarbig	cvs	1,—	1,—
			Satzpreis (2 W.)	1,70	1,70
			Dreierstreifen mit Zf	2,50	2,50
			Kleinbogen	10,—	10,—
			FDC		12,—

2652 Uo	oben ungezähnt	—,—
2653 Uo	oben ungezähnt	—,—

Markenfolge im Kleinbogen: 2652-Zf1-2653, 2653-2652-2652, 2652-2653-2653, 2653-Zf2-2652

Auflage: 550 000 Sätze

Gültig bis 3.7.1999

Deutschland

1978, 17. Aug. 25 Jahre Europäische Konvention zum Schutz der Menschenrechte. Odr. (5×10); Papier fl.; gez. K 14.

aib) Inschrift

979	50 (Pf)	mehrfarbig	afu	1,—	0,40
			FDC		1,30
			ETB 16/1978		0,40

979 F	Farbe Dunkelorangerot (Jahreszahlen) fehlend	*1400,—*

Auflage: 31 450 000 Stück, davon 410 000 auf ETB

Gültig bis 30.6.2002

Griechenland

1978, 21. Sept. 25 Jahre Europäische Konvention zum Schutz der Menschenrechte. Odr.; gez. K 12½:12¾.

aiw) Bronzener Männerkopf aus dem Archäologischen Museum, Athen

1323	5 Dr	mehrfarbig	aiw	0,30	0,30
			FDC		0,60

Auflage: 7 000 000 Stück

Gültig bis 31.12.2002

1978, 21. Sept. Kultusministerkonferenz der Mitgliedsstaaten des Europarates. Odr.; gez. K 12¾:12½.

aix) Hand des Wagenlenkers, Skulptur aus dem Museum in Delphi

1324	7 Dr	mehrfarbig	aix	0,30	0,30
			FDC		0,60

Auflage: 3 000 000 Stück

Gültig bis 31.12.2002

Die Preise von Einheiten (z. B. Markenheftchen, H-Blätter, Zusammendrucke, Rollenmarkenstreifen) müssen nicht der Summe der Einzelpreise entsprechen.

Italien

1978, 26. Nov. 20. Tag der Briefmarke: Kinderzeichnungen. RaTdr. (10×5); Papier fl.; gez. K 14¼:14.

ath) Flaggen der Mitgliedstaaten der EG als Blumenstrauß; von Silvia Colazilli

ati) Flaggen der Mitgliedstaaten der EG von Band umgeben; von Grazia Gazzarri

atk) Ballspielende Menschen; von P. Riccardo Porceddu

ath–atk) Sinnbilder für ein vereintes Europa

1632	120 L	mehrfarbig	ath	0,40	0,30
1633	120 L	mehrfarbig	ati	0,40	0,30
1634	120 L	mehrfarbig	atk	0,40	0,30
			Satzpreis (3 W.)	1,—	0,70
			FDC		2,—

Auflage: 10 000 000 Sätze

Luxemburg

1978, 18. Mai. 50. Todestag von Emile Mayrisch. Komb. StTdr. und RaTdr.; Papier ph.; gez. K 11½.

vr) Emile Mayrisch (1862–1928), Großindustrieller

971	6 Fr	mehrfarbig	vr	1,—	0,30
			FDC		1,20

Auflage: 1 000 000 Stück

Gültig bis 31.12.2002

Niederlande

1978, 2. Mai. 25 Jahre Europäische Konvention zum Schutz der Menschenrechte. RaTdr.; Papier ph.; gez. K 12¾:14.

aen) Inschrift

1119	45 C	mehrfarbig	aen	0,40	0,30
			FDC		1,—

Auflage: 7 000 000 Stück

Österreich

1978, 3. Mai. Interparlamentarische Konferenz über Sicherheit und Zusammenarbeit in Europa. RaTdr. (10×5); gez. K 14¼:13¾.

atp) Parlamentsgebäude in Wien, Europakarte

1574	4 S	mehrfarbig	atp	0,80	0,50
			FDC		1,20

Vorlagedruck in Schwarz, mit dem Originaldruckstöckel gedruckt, □, auf Erläuterungsblatt geklebt .... 18,—

Auflage: 3 200 000 Stück

Gültig bis 30.6.2002

1978, 27. Okt. Europäischer Familienkongress. RaTdr. (5×10); gez. K 13¾:14¼.

aud) Tischgebet; Gemälde von Albin Egger-Lienz (1868–1926)

1587	6 S	mehrfarbig	aud	1,30	0,70
			FDC		1,50

Vorlagedruck in Schwarz, mit dem Originaldruckstöckel gedruckt, □, auf Erläuterungsblatt geklebt .... 16,—

Auflage: 3 200 000 Stück

Gültig bis 30.6.2002

Portugal

1978, 7. Dez. 30. Jahrestag der Allgemeinen Erklärung der Menschenrechte und 25 Jahre Europäische Konvention zum Schutz der Menschenrechte. Odr. (5×10); gez. K 12:11¾.

abf

abg

abf–abg) Symbolische Darstellungen

1422	14.00 (E)	mehrfarbig	abf	0,50	0,50
1423	40.00 (E)	mehrfarbig	abg	2,50	1,50
			Satzpreis (2 W.)	3,—	2,—
			FDC		2,50

Blockausgabe mit 2 × MiNr. 1422–1423

Block 24	(120×100 mm)	abh	6,—	6,—
		FDC		20,—
Block 24 F	Inschrift am Blockrand fehlend			—,—

Auflagen: MiNr. 1422 = 2 500 000, MiNr. 1423 = 1 000 000 Stück, Bl. 24 = 260 000 Blocks

Gültig bis 31.12.1983

Rumänien

1978, 22. Mai. Blockausgabe: INTEREUROPA. RaTdr.; gez. K 13½.

drh

drg) Decebalus, König von Dakien (86–106 n. Chr.), Denkmal in Deva

drk

dri) Mircea cel Bătrân (1386–1418), Denkmal in Tulcea; Segelboot

3514	1.30 L mehrfarbig	drg	0,50	0,50
Block 151	mit 4 × MiNr. 3514 (110 × 80 mm)	drh	2,—	2,—
		FDC		6,50
3515	3.40 L mehrfarbig	dri	0,50	0,50
Block 152	mit 4 × MiNr. 3515 (110 × 80 mm)	drk	2,—	2,—
		FDC		6,50

Auflage: 120 000 numerierte Blockpaare

Gültig bis 30.6.2005

1978, 16. Okt. Blockausgabe: Internationale Briefmarkenmesse, Essen; Europatag der Philatelie. RaTdr.; □.

dte) Marke MiNr. 3274

dtf

3556	10 L mehrfarbig	dte	—,—	—,—
Block 155	(75 × 90 mm)	dtf	8,—	8,—
		FDC		15,—

Auflage: 70 000 numerierte Blocks

Gültig bis 30.6.2005

Spanien

1978, 5. Mai. Beitritt Spaniens zum Europarat. RaTdr.; gez. K 12¾.

bmm) Iberische Halbinsel (stilisiert), Europa-Emblem

2368	12 Pta mehrfarbig	bmm	0,30	0,30
		FDC		0,80

Auflage: 12 000 000 Stück

Gültig bis 28.2.2002

Türkei

1978, 3. Sept. 25 Jahre Europäische Konvention zum Schutz der Menschenrechte. Odr.; gez. K 12¾:13, Hochformat ∼.

ayd) Band um Kette

aye) Band um Blume

2463	2½ L + 0.50 (L) mehrfarbig	ayd	0,50	0,50
2464	5 L + 0.50 (L) mehrfarbig	aye	1,—	1,—
		Satzpreis (2 W.)	1,50	1,50
		FDC		3,50

Auflagen: MiNr. 2463 = 249 089, MiNr. 2464 = 249 041 Stück

Zypern

1978, 23. Okt. 30. Jahrestag der Allgemeinen Erklärung der Menschenrechte und 25 Jahre Europäische Konvention zum Schutz der Menschenrechte. Odr.; gez. K 14:13¼.

ni) Stilisierte Gesichter

494	75 (M) schwarz	nk	0,50	0,50
		FDC		1,—

1979

Belgien

1979, 3. März. Erste Direktwahlen zum Europäischen Parlament. RaTdr. (6×5); Papier ph.; gez. K 11½:11¼.

bgu) „E" und Friedenstaube

1976	8 Fr mehrfarbig	bgu	0,50	0,30
		FDC		2,20

Auflage: 10 000 000 Stück

Deutschland

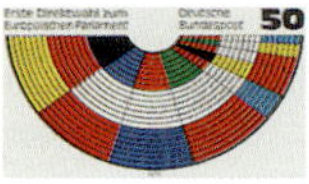

1979, 14. Febr. Erste Direktwahlen zum Europäischen Parlament. Odr. (5×10); Papier fl.; gez. K 14.

aka) Parlamentsränge mit der Sitzverteilung der beteiligten Staaten in ihren Landesfarben

1002	50 (Pf) mehrfarbig	aka	1,20	0,40
		FDC		1,80
		ETB 5/1979		0,70

SD 5 „Schwarzdruck" (nicht vom Originaldruckstock) der MiNr. 1002 im Viererblock aus der Jahreszusammenstellung 1979 der Deutschen Bundespost (Papierformat 148 × 210 mm) . . . . . *40,—*

Auflage: 30 200 000 Stück, davon 427 000 auf ETB

Gültig bis 30.6.2002

Frankreich

1979, 19. Mai. Erste Direktwahlen zum Europäischen Parlament. RaTdr.; gez. K 13.

bsg) Flaggen der beteiligten Länder, Straßburger Münster

2154	1.20 (Fr) mehrfarbig	bsg	0,60	0,50
		FDC		3,60
		ETB		8,—

Auflage: 15 000 000 Stück

Griechenland

1979, 28. Mai. Beitritt Griechenlands zur Europäischen Gemeinschaft. Odr., gez. K 13:14, Querformat ∼.

alh) Ähre mit Flaggen der Mitgliedstaaten, Münzen

ali) Europaparlament in Straßburg, Münze

1360	7 (Dr)	mehrfarbig	alh	0,30	0,30
1361	30 (Dr)	mehrfarbig	ali	0,50	0,50
			Satzpreis (2 W.)	0,70	0,70
			FDC		1,20

Gedruckt in Bogen zu 40 und in Bogen zu 20 Marken.

Auflagen: MiNr. 1360 = 6 000 000, MiNr. 1361 = 1 202 848 Stück

Gültig bis 31.12.2002

Großbritannien

1979, 9. Mai. Erste Direktwahlen zum Europäischen Parlament. RaTdr. (10×5 + 10×5); Papier ph.; gez. K 14¾:14¼.

xk

xl

xm

xn

xk–xn) Hände mit Flaggen der beteiligten Staaten als Stimmzettel

789	9 P	mehrfarbig	xk	0,30	0,30
790	10½ P	mehrfarbig	xl	0,40	0,40
791	11 P	mehrfarbig	xm	0,50	0,50
792	13 P	mehrfarbig	xn	0,60	0,60
			Satzpreis (4 W.)	1,80	1,80
			FDC		2,20

Zwischenstegpaare:

789 ZW–792 ZW		4 Paare	4,—	4,—
789 ZW–792 ZW	mit „Farbampeln“	4 Paare	5,—	5,—

Auflagen: MiNr. 789 = 47 510 000 MiNr. 790 = 15 870 000, MiNr. 791 = 15 400 000, MiNr. 792 = 14 820 000 Stück

Irland

1979, 20. Aug. Erste Direktwahlen zum Europäischen Parlament. RaTdr.; gez. K 14¾:15.

gf) Inschrift in 7 Sprachen

395	10 (P)	mattgrünlichblau	gf	0,50	0,50
396	11 (P)	bläulichviolett	gf	0,50	1,—
			Satzpreis (2 W.)	1,—	1,50
			FDC		2,—

Auflagen: MiNr. 395 = 4 000 000, MiNr. 396 = 2 000 000 Stück

Gültig bis 31.12.2002

Italien

1979, 5. Mai. Erste Direktwahlen zum Europäischen Parlament. RaTdr. (5×10); Papier fl.; gez. K 14:13¼.

auf) Flaggen der beteiligten Staaten bilden „E“

1659	170 (L)	mehrfarbig	auf	0,30	0,30
1660	220 (L)	mehrfarbig	auf	0,40	0,40
			Satzpreis (2 W.)	0,70	0,70
			FDC		2,—

Auflage: 10 000 000 Sätze

Jugoslawien

1979, 14. Dez. 31. Jahrestag der Donaukonferenz in Belgrad (1948). Odr. (3×3); gez. K 13¼.

bci) Dampfschiff „Deligrad“ (1862–1914)

bvk) Schleppdampfer „Srbija“ (1917–1972) vor der Festung Peterwardein

1816	4.90 (Din)	mehrfarbig	bci	0,40	0,40
1817	10 Din	mehrfarbig	bck	0,80	0,80
			Satzpreis (2 W.)	1,20	1,20
			FDC		4,—
			Kleinbogensatz (2 Klb.)	11,—	11,—

1816 U–1817 U	ungezähnt	je	*75,—*

Auflage: 450 000 Sätze

Liechtenstein

1979, 7. Juni. Beitritt Liechtensteins zum Europarat (1978). RaTdr.; gez. K 11¾.

aak) Symbolik

729	80 (Rp)	mehrfarbig	aak	0,80	0,70
			FDC		1,—
			MK 8		4,50

Auflage: 1 309 390 Stück

Gültig bis 31.12.2001

Luxemburg

1979, 7. Juni. Erste Direktwahlen zum Europäischen Parlament. RaTdr.; gez. K 11¾.

wo) Sitzungssaal des Europa-Parlaments (stilis.), Emblem

993	6 Fr	mehrfarbig	wo	1,50	1,—
			FDC		5,—

Auflage: 1 000 000 Stück

Gültig bis 31.12.2002

Niederlande

1979, 20. Febr. Erste Direktwahlen zum Europäischen Parlament. Odr.; Papier ph.; gez. K 13½:12¾.

afe) Inschrift

1134	45 C	mehrfarbig	afe	0,40	0,30
			FDC		1,—

Auflage: 16 149 700 Stück

Rumänien

1979, 3. Mai. Blockausgabe: INTEREUROPA. RaTdr.; gez. Ks 13½.

dup

duo) Postbeförderung durch Postkutsche und Postreiter

3587	1.30 L mehrfarbig	duo	0,50	0,50
Block 157	mit 4 × MiNr. 3587 (110×80 mm)	dup	2,—	2,—
		FDC		5,—

✈ Flp.-Blockausgabe

dus

dur) Postbeförderung durch Flugzeug, Postauto, Motorrad

3588	3.40 L mehrfarbig	dur	0,50	0,50
Block 158	mit 4 × MiNr. 3588 (110×80 mm)	dus	2,—	2,—
		FDC		5,—

Auflage: 120 000 numerierte Blockpaare

Gültig bis 30.6.2005

1979, 25. Sept. Blockausgabe: 4. Europäische Sportkonferenz Berchtesgaden. RaTdr.; ☐.

dwf) Bodenturnerin

dwg

3624	10 L mehrfarbig	dwf	—,—	—,—
Block 160	(90×75 mm)	dwg	10,—	10,—
		FDC		20,—

Auflage: 65 000 numerierte Blocks

Gültig bis 30.6.2005

Schweiz

1979, 6. Sept. Europäische Weltraumorganisation (ESA). RaTdr. (10×5); Papier ph.; gez. K 11¾.

ane) Trägerrakete „Ariane"

1164	80 (C) mehrfarbig	ane	1,—	1,—
		FDC		2,20
		MK		6,—

MiNr. 1164 stammt aus dem Satz MiNr. 1161–1164.

Auflage: 10 143 000 Stück

Türkei

1979, 24. Sept. Symposium der europäischen Verkehrsminister. Odr.; gez. K 13.

azf) Straße, Flugzeug, Eisenbahntunnel, Emblem

2492	5 L mehrfarbig	azf	0,50	0,50
		FDC		1,—

Auflage: 650 000 Stück

1980

Belgien

1980, 12. Mai. 4. Interparlamentarische Konferenz über Sicherheit und Zusammenarbeit in Europa, Brüssel. RaTdr. (5×5); gez. K 11½:11¾.

blo) Palast der Nation, Brüssel

2026	5 Fr mehrfarbig	blo	0,30	0,30
		FDC		2,50

Auflage: 6 000 000 Stück

Deutschland

1980, 10. Juli. 1500. Geburstag des hl. Benedikt von Nursia. Odr. (10×5); Papier fl.; gez. K 13:13¼.

amf) Hl. Benedikt von Nursia (480–547), italienischer Ordensgründer, Schutzpatron Europas

1055	50 (Pf) mehrfarbig	amf	0,80	0,40
		FDC		1,30
		ETB 17/1980		0,40

Auflage: 31 780 000 Stück, davon 463 000 auf ETB

Gültig bis 30.6.2002

Frankreich

1980, 12. Jan. 25 Jahre Eurovision. StTdr.; gez. K 13.

bto) Satellit, Erdkugel

2191	1.80 (Fr) mehrfarbig	bto	1,—	1,—
		FDC		2,50
		ETB		5,—

Auflage: 7 000 000 Stück

1980, 15. März. 1. Todestag von Jean Monnet. StTdr.; gez. K 13.

btw) Jean Monnet (1888–1979), Wirtschaftspolitiker

2198	1.30 (Fr) + 0.30 (Fr) lila/blaugrün	btw	1,50	1,—
		FDC		3,—
		ETB		9,—

Auflage: 3 000 000 Stück

Italien

1980, 21. März. 1500. Geburtstag des hl. Benedikt von Nursia. StTdr. (10×5); Papier fl.; gez. K 13½:14.

ave) Hl. Benedikt von Nursia (480–547), Ordensgründer; Freskendetail aus „Der hl. Benedikt überreicht den Mönchen die Ordensregeln“ von Giovanni Antonio Bazzi, genannt Sodoma (1477–1549)

1684	220 (L) schwarzblau	ave	0,50	0,50
		FDC		1,—

Auflage: 8 000 000 Stück

Österreich

1980, 16. Mai. Kongress der benediktinischen Orden Österreichs. StTdr. (10×5); gez. K 14¼:13¾.

awk) Hl. Benedikt von Nursia; Skulptur von Meinrad Guggenbichler (1649–1723)

1642	2.50 S dunkelbraunoliv/schwarz	awk	0,50	0,30
		FDC		1,—

Vorlagedruck in Schwarz, mit dem Originaldruckstöckel gedruckt, □, auf Erläuterungsblatt geklebt .... 16,—

Auflage: 3 100 000 Stück

Gültig bis 30.6.2002

Portugal

1980, 6. Mai. Europäische Artenschutzkampagne: Tiere aus dem Zoo von Lissabon. Odr. (5×10); y = Papier mit vorderseitigem Phosphorstreifen; gez. K 12:11¾.

aeg) Schleiereule (Tyto alba)

aeh) Rotfuchs (Vulpes vulpes)

aei) Wolf (Canis lupus signatus)

aek) Steinadler (Aquila chrysaetos)

1490 y	6.50 (E) mehrfarbig	aeg	0,30	0,30
1491 y	16.00 (E) mehrfarbig	aeh	1,20	0,70
1492 y	19.50 (E) mehrfarbig	aei	1,50	1,—
1493 y	20.00 (E) mehrfarbig	aek	1,50	1,—
		Satzpreis (4 W.)	4,50	3,—
		FDC		4,—

Blockausgabe, x = normales Papier

1490 x	6.50 (E) mehrfarbig	aeg	1,—	1,—
1491 x	16.00 (E) mehrfarbig	aeh	1,—	1,—
1492 x	19.50 (E) mehrfarbig	aei	1,—	1,—
1493 x	20.00 (E) mehrfarbig	aek	1,—	1,—
Block 30	(110×117 mm)	ael	5,—	5,—
		FDC		17,—

Auflagen: MiNr. 1490 y = 5 000 000, MiNr. 1491 y–1493 y je 800 000 Stück, Bl. 30 = 350 000 Blocks

Gültig bis 31.8.1989

Rumänien

1980, 25. März. Europäisches Naturschutzjahr. RaTdr. (5×5); gez. K 13½.

dzx) Eisvogel (Alcedo atthis)

dzy) Seidenreiher (Egretta garzetta)

dzz) Rothalsgans (Branta ruficollis)

eaa) Rothirsch (Cervus elaphus)

eab) Rehkitz (Capreolus capreolus juv.)

eac) Wisent (Bison bonasus)

3705	55 B mehrfarbig	dzx	0,30	0,30
3706	1 L mehrfarbig	dzy	0,30	0,30
3707	1.50 L mehrfarbig	dzz	0,30	0,30
3708	2.15 L mehrfarbig	eaa	0,30	0,30
3709	3.40 L mehrfarbig	eab	0,50	0,30
3710	4.80 L mehrfarbig	eac	1,—	0,30
		Satzpreis (6 W.)	2,50	1,—
		FDC		5,—

✈ Flp.-Blockausgabe, gez. Ks 13½

eae

ead) Rosapelikan (Pelecanus onocrotalus)

3711	10 L mehrfarbig	ead	—,—	—,—
Block 167	(90×78 mm)	eae	2,50	2,50
		FDC		3,50

Blockausgabe, □

eag

eaf) Braunbär (Ursus arctos)

3712	10 L mehrfarbig	eaf	—,—	—,—
Block 168	(106×80 mm)	eag	25,—	25,—
		FDC		35,—

Auflagen: MiNr. 3705–3707 je 1 000 000, MiNr. 3708 = 800 000, MiNr. 3709 = 500 000, MiNr. 3710 = 250 000 Stück, Bl. 167 = 150 000, Bl. 168 = 49 500 numerierte Blocks

Gültig bis 30.6.2005

1980, 6. Mai. Blockausgabe: INTEREUROPA. RaTdr.; gez. Ks 13½.

eam

eah eai

eak eal

eas

ean eao

eap ear

eah–eal) George Enescu (1881–1955), Komponist
ean–ear) Ludwig van Beethoven (1770–1827), Komponist

3713	1.30 L mehrfarbig	eah	—,—	—,—
3714	1.30 L mehrfarbig	eai	—,—	—,—
3715	1.30 L mehrfarbig	eak	—,—	—,—
3716	1.30 L mehrfarbig	eal	—,—	—,—
Block 169	(110×80 mm)	eam	3,—	3,—
		FDC		5,—
3717	3.40 L mehrfarbig	ean	—,—	—,—
3718	3.40 L mehrfarbig	eao	—,—	—,—
3719	3.40 L mehrfarbig	eap	—,—	—,—
3720	3.40 L mehrfarbig	ear	—,—	—,—
Block 170	(110×80 mm)	eas	3,—	3,—
		FDC		5,—

Auflage: 120 000 numerierte Blockpaare

Gültig bis 30.6.2005

San Marino

1980, 27. März. 1500. Geburtstag des hl. Benedikt von Nursia. RaTdr. (5×5); gez. K 11¾:11½.

afz) Hl. Benedikt von Nursia (480–547), Ordensgründer (Fresko aus der Kirche Santa Scolastica in Norcia)

1205	170 (L) mehrfarbig	afz	0,50	0,50
		FDC		1,—

Auflage: 631 562 Stück

Vatikanstadt

1980, 21. März. 1500. Geburtstag des hl. Benedikt von Nursia. RaTdr.; gez. K 14:13¾.

vx) Benedikt übernimmt Vorsitz der Mönchsgemeinschaft

vy) Benedikt schreibt die Ordensregel

vz) Seite aus der „Regula“ (Benediktinerregel)

wa) Tod des hl. Benedikt (480–547)

wb) Kloster Montecassino; Gemälde von Maria Magdalena Tuccelli

vx–wb) Initialen und Illustrationen aus verschiedenen Codices

759	80 (L) mehrfarbig	vx	0,30	0,30
760	100 (L) mehrfarbig	vy	0,30	0,30
761	150 (L) mehrfarbig	vz	0,30	0,30
762	220 (L) mehrfarbig	wa	0,30	0,30
763	450 (L) mehrfarbig	wb	0,30	0,30
		Satzpreis (5 W.)	1,20	1,20
		FDC		2,—

Auflage: 1 150 000 Sätze

Entwertungen

⨀ = mit Poststempel gebraucht
〰 = Federzugentwertung
⊗ = fiskalische Entwertung
▨ = Gefälligkeitsstempel
○ = Lochentwertung
≡ = andere besondere Entwertungen
Ⓢ = Sonderstempel
Ⓣ = Tagesstempel

1981

Bulgarien

1981, 15. Mai. Blockausgabe: 125 Jahre Europäische Donaukommission. RaTdr.; gez. Ks 13½:13.

dls) Raddampfer „Pordim“

dlt) Passagierschiff „Georgi Dimitrow“

dlu

2990	25 St	mehrfarbig	dls	6,—	6,—
2991	25 St	mehrfarbig	dlt	6,—	6,—
Block 112	(90×124 mm)		dlu	12,—	12,—
			FDC		20,—

Auflage: 48 500 numerierte Blocks

Gültig bis 3.7.1999

1981, 25. Sept. Blockausgabe: 125 Jahre Europäische Donaukommission – Donauschiffe. RaTdr.; gez. K 13.

dnx dny dnz doa dob doc dod doe dof

dnx–doe) Passagierschiffe aus Deutschland, Österreich, Tschechoslowakei, Ungarn, Jugoslawien, Bulgarien, Rumänien und der Sowjetunion

3039	35 St	mehrfarbig	dns	2,50	2,50
3040	35 St	mehrfarbig	dny	2,50	2,50
3041	35 St	mehrfarbig	dnz	2,50	2,50
3042	35 St	mehrfarbig	doa	2,50	2,50
3043	35 St	mehrfarbig	dob	2,50	2,50
3044	35 St	mehrfarbig	doc	2,50	2,50
3045	35 St	mehrfarbig	dod	2,50	2,50
3046	35 St	mehrfarbig	doe	2,50	2,50
Block 116	(109×176 mm)		dof	20,—	20,—
			FDC		30,—

Auflage: 42 000 numerierte Blocks

Gültig bis 3.7.1999t

Dänemark

1981, 10. Sept. Europäische Denkmalschutzkampagne „Renaissance der Städte“. StTdr. (10×5); Papier fl.; gez. K 12¾.

op) Riegensgade-Viertel in Kopenhagen

738	1.60 (Kr)	dunkelbraunrot	op	0,70	0,30
			FDC		1,50

Auflage: 14 349 900 Stück

Deutschland

1981, 15. Jan. Europäische Denkmalschutzkampagne „Renaissance der Städte“. Komb. StTdr. und Odr. (5×10); Papier fl.; gez. K 14.

amx) Sinnbild einer deutschen Stadt

1084	60 (Pf)	mehrfarbig	amx	1,10	0,40
			FDC		1,50
			ETB 3/1981		0,40

Auflage: 31 000 000 Stück, davon 521 000 auf ETB

Gültig bis 30.6.2002

1981, 12. Febr. Europäisches Patentamt, München. Odr. (5×10); Papier fl.; gez. K 14.

anb) Emblem

1088	60 (Pf)	mehrfarbig	anb	1,—	0,40
			FDC		1,50
			ETB 7/1981		0,40

Auflage: 31 000 000 Stück, davon 521 000 auf ETB

Gültig bis 30.6.2002

Finnland

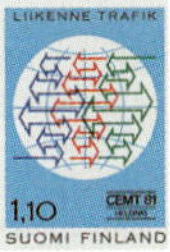

1981, 26. Mai. Sitzung des Ministerrats der Europäischen Verkehrsministerkonferenz (ECMT). Odr.; Papier ph.; gez. K 14.

zt) Symbolische Darstellung

883	1.10 (M)	mehrfarbig	zt	0,70	0,30
			FDC		1,70

Auflage: 6 000 000 Stück

Gültig bis 31.12.2011

Griechenland

1981, 20. Nov. Europäische Denkmalschutzkampagne „Renaissance der Städte". Odr.; gez. K 14:13¼.

apw) Stadtansicht

1469	3 (Dr)	mehrfarbig	apw	0,30	0,30
			FDC		0,70

Auflage: 3 000 000 Stück

Gültig bis 31.12.2002

Italien

1981, 3. April. 100. Geburtstag von Alcide De Gasperi. StTdr. (10×5); Papier fl.; gez. K 13¼:14.

axp) Alcide De Gasperi (1881–1954), Politiker

1743	200 (L)	schwarzoliv	axp	0,30	0,30
			FDC		1,20

Auflage: 7 000 000 Stück

Jugoslawien

1981, 28. Okt. 125 Jahre Europäische Donaukommission. Odr. (3×3); gez. K 13½.

bft) Schubschiff „Karlovac" (1980)

bfu) Schiff-Schleppdienst am Siper-Kanal (1916–1972)

1903	8 Din	mehrfarbig	bft	0,30	0,30
1904	13 Din	mehrfarbig	bfu	0,80	0,80
			Satzpreis (2 W.)	1,—	1,—
			FDC		2,—
			Kleinbogensatz (2 Klb.)	10,—	10,—

1903 U	ungezähnt	*35,—*
1904 U	ungezähnt	*35,—*

Auflage: 450 000 Sätze

Luxemburg

1981, 5. März. Bauwerke. StTdr.; gez. K 13.

yb) Europazentrum-Plenarsaal

1029	8 Fr	schwarzblau/ dunkelbraunkarmin	yb	0,50	0,40
			FDC		1,—

MiNr. 1029 stammt aus dem Satz MiNr. 1029–1030.

Auflage: 1 000 000 Stück

Gültig bis 31.12.2002

Rumänien

1981, 27. März. 125 Jahre Europäische Donaukommission – Donauschiffe. RaTdr. (5×5); gez. K 13½.

ecy) Raddampfer „Ştefan cel Mare"

ecz) Überwachungsschiff

eda) Raddampfer „Tudor Vladimirescu"

edb) Baggerschiff „Sulina"

edc) Raddampfer „Republica Populară Română"

edd) Hochseeschiff auf dem Sulina-Kanal

3769	55	B	mehrfarbig	ecy	0,30	0,30
3770	1	L	mehrfarbig	ecz	0,30	0,30
3771	1.50	L	mehrfarbig	eda	0,30	0,30
3772	2.15	L	mehrfarbig	edb	0,30	0,30
3773	3.40	L	mehrfarbig	edc	0,30	0,30
3774	4.80	L	mehrfarbig	edd	0,50	0,50
				Satzpreis (6 W.)	2,—	2,—
				FDC		3,50

Blockausgabe; Bl. 176 gez. Ks 13½, Bl. 177 ☐

ede) Motorschiff „Moldova" bei Galaţi

edf

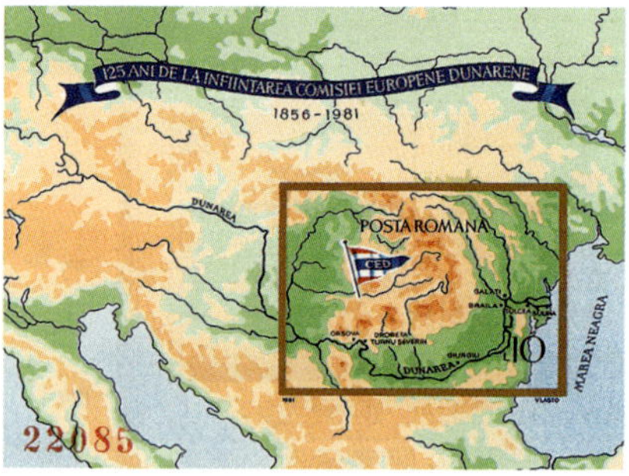

edh

edg) Landkarte, Wimpel der Donaukommission

3775	10 L mehrfarbig	ede	—,—	—,—
Block 176	(90×78 mm)	edf	2,—	2,—
		FDC		3,50
3776	10 L mehrfarbig	edg	—,—	—,—
Block 177	(106×80 mm)	edh	20,—	20,—
		FDC		30,—

Auflagen: MiNr. 3769 = 450 000, MiNr. 3770 = 400 000, MiNr. 3771 = 350 000, MiNr. 3772 = 300 000, MiNr. 3773 = 250 000, MiNr. 3774 = 200 000 Stück, Bl. 176 = 150 000, Bl. 177 = 48 000 numerierte Blocks

Gültig bis 30.6.2005

1981, 4. Mai. Blockausgabe: INTEREUROPA. RaTdr.; gez. Ks 13½.

edv

edr) Volkstanzgruppe aus Moldova (Moldau)

eds) Tanzpaare aus Transilvania (Siebenbürgen)

edt) Tanzgruppe aus Banat

edu) Tänzer aus Muntenia (Große Walachei)

eea

edw) Tanzpaare aus Maramureş-Oaş (Marmarosch)

edx) Volkstanzgruppe aus Dobrogea (Dobrudscha)

edy) Tanzgruppe aus Oltenia (Kleine Walachei)

edz) Tänzer aus Crişana (Kreischgebiet)

3784	2.50 L mehrfarbig	edr	–,–	–,–
3785	2.50 L mehrfarbig	eds	–,–	–,–
3786	2.50 L mehrfarbig	edt	–,–	–,–
3787	2.50 L mehrfarbig	edu	–,–	–,–
Block 178	(107×82 mm)	edv	2,–	2,–
		FDC		3,–

3788	2.50 L mehrfarbig	edw	–,–	–,–
3789	2.50 L mehrfarbig	edx	–,–	–,–
3790	2.50 L mehrfarbig	edy	–,–	–,–
3791	2.50 L mehrfarbig	edz	–,–	–,–
Block 179	(179×82 mm)	eea	2,–	2,–
		FDC		3,–

Auflage: 120 000 numerierte Blockpaare

Gültig bis 30.6.2005

Spanien

1981, 17. Juni. Persönlichkeiten: Hl. Benedikt von Nursia. StTdr.; gez. K 13.

bta) Hl. Benedikt von Nursia (480–543), Ordensgründer

2503	30 Pta dunkelgrün/rotbraun	bta	0,40	0,30
		FDC		0,80

MiNr. 2503 stammt aus dem Satz MiNr. 2501–2503.

Auflage: 8 000 000 Stück

Gültig bis 28.2.2002

Ungarn

1981, 4. Mai. Blockausgabe: Europäische Konferenz des Roten Kreuzes. Odr.; A = gez. Ks 12½:11½, B = ☐.

dtu

dtt) Henri Dunant (1828–1910), Gründer des Roten Kreuzes; Landkarte mit Rotem Kreuz und Rotem Halbmond

3494 A	20 Ft mehrfarbig	dtt	2,–	2,–
Block 149 A	(98×78 mm), gez.	dtu	3,–	3,–
		FDC A		5,–
Block 149 B	(98×78 mm), ☐	dtu	25,–	25,–
		FDC B		30,–

Auflagen: Bl. 149 A = 313 000, Bl. 149 B = 25 400 numerierte Blocks

1981, 25. Nov. 125 Jahre Europäische Donaukommission: Donauschiffe. Odr.; A = gez. K 12:11½, B = ☐.

dut) Marke MiNr. 2323, Raddampfer „Franz I.“ (1830)

duu) Marke MiNr. 2324, Raddampfer „Árpád“ (1843)

duv) Marke MiNr. 2325, Raddampfer „Széchenyi“ (1853)

duw) Marke MiNr. 2326, Raddampfer „Gróf Széchenyi István“ (1896)

dux) Marke MiNr. 2327, Raddampfer „Zsófia“ (1914)

duy) Marke MiNr. 2328, Raddampfer „Felszabadulás“ (1917)

duz) Marke MiNr. 2329, Fahrgastschiff „Rákóczi“ (1964)

3514 A	1 Ft mehrfarbig	dut	0,30	0,30
3515 A	1 Ft mehrfarbig	duu	0,30	0,30
3516 A	2 Ft mehrfarbig	duv	0,30	0,30
3517 A	2 Ft mehrfarbig	duw	0,30	0,30
3518 A	4 Ft mehrfarbig	dux	0,50	0,50
3519 A	6 Ft mehrfarbig	duy	0,80	0,80
3520 A	8 Ft mehrfarbig	duz	1,50	1,50
		Satzpreis A (7 W.)	4,–	4,–
		FDC A		5,50
		Satzpreis B (7 W.)	25,–	25,–
		FDC B		35,–

Blockausgabe, A = gez. Ks 12½, B = □

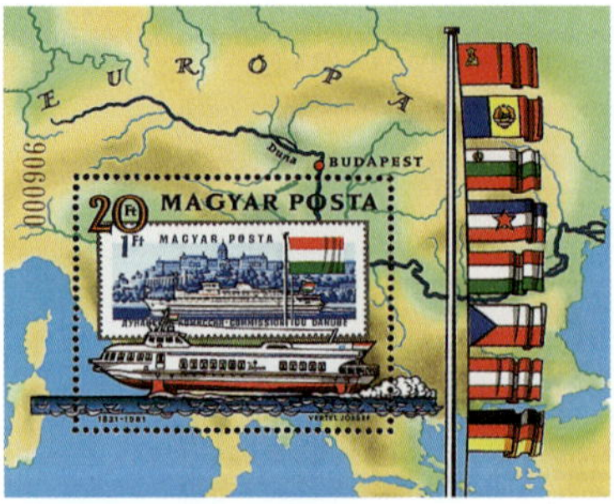

dvb

dva) Marke MiNr. 2325, Tragflügelboot „Sólyom“

3521 A	20 Ft mehrfarbig	dva	2,—	2,—
Block 153 A	(96×78 mm), gez.	dvb	3,50	3,50
		FDC A		6,—
Block 153 B	(96×78 mm), □	dvb	25,—	25,—
		FDC B		30,—

Auflagen: MiNr. 3514 A–3520 A = 339 136, MiNr. 3514 B–3520 B = 19 800 Sätze, Bl. 153 A = 289 300, Bl. 153 B = 23 800 numerierte Blocks

Zypern

1981, 28. Sept. Europäische Denkmalschutzkampagne „Renaissance der Städte“. Odr.; Wz. 6; gez. K 14:13.

rd) Haus, Blume, Emblem

559	150 (M) mehrfarbig	rd	0,50	0,50
		FDC		1,—

1982

Portugal

1982, 24. Febr. 25 Jahre Europäische Wirtschaftsgemeinschaft (EWG). Odr. (5×10); Papier ph.; gez. K 12:11¾.

ahd) Landesflaggen der EG-Mitglieder

1556	27.00 (E) mehrfarbig	ahd	1,50	1,20
		FDC		1,70

Blockausgabe mit 4 × MiNr. 1556

Block 34	(155×88 mm)	ahe	6,—	6,—
		FDC		17,—

Block 34 F fehlende Phosphorstreifen .... —,—

Auflagen: MiNr. 1556 = 1 000 000, Bl. 34 = 250 000 Blocks

Gültig bis 31.8.1989

Rumänien

1982, 6. Mai. Blockausgabe: INTEREUROPA. RaTdr.; gez. Ks 13½.

ehg

ehc) Schloss Bran (Törzburg)
ehd) Schloss Hunedoara (Eisenmarkt)
ehe) Schloss Peleş, Sinaia
ehf) Kulturpalast Iaşi

ehm

ehh) Schloss Neuschwanstein
ehi) Burg Stolzenfels
ehk) Burg Katz-Loreley
ehl) Schloss Linderhof

3859	2.50 L mehrfarbig	ehc	—,—	—,—
3860	2.50 L mehrfarbig	ehd	—,—	—,—
3861	2.50 L mehrfarbig	ehe	—,—	—,—
3862	2.50 L mehrfarbig	ehf	—,—	—,—
Block 186	(108×81 mm)	ehg	2,—	2,—
		FDC		4,—
3863	2.50 L mehrfarbig	ehh	—,—	—,—
3864	2.50 L mehrfarbig	ehi	—,—	—,—
3865	2.50 L mehrfarbig	ehk	—,—	—,—
3866	2.50 L mehrfarbig	ehl	—,—	—,—
Block 187	(108×81 mm)	ehm	2,—	2,—
		FDC		4,—

Auflage: 125 000 numerierte Blockpaare

Gültig bis 30.6.2005

Tschechoslowakei

1982, 29. Sept. 125 Jahre Europäische Donaukommission. Komb. StTdr. und RaTdr.; Papier fl.; gez. K 11¼:11¾.

cvm) Fahrgastschiff „Kamzík“ bei Preßburg (Bratislava)
cvn) Schubschiff „TR 100“ bei Budapest

2679	3 Kč mehrfarbig	cvm	0,80	0,30
2680	3.60 Kč mehrfarbig	cvn	1,20	0,30
		Satzpreis (2 W.)	2,—	0,50
		FDC		2,50

Blockausgabe

Block 51	mit 4 × MiNr. 2679 (129 × 128 mm)	cvo	4,—	4,—
		FDC		7,—
Block 52	mit 4 × MiNr. 2680 (129 × 128 mm)	cvp	6,—	6,—
		FDC		10,—

Auflagen: MiNr. 2679 = 1 940 000, MiNr. 2680 = 2 475 000, Bl. 51 = 306 000, Bl. 52 = 314 800 Blocks

Gültig bis 30.9.1993

1983

Belgien

1983, 24. Sept. Europäisches Jahr der Klein- und Mittelbetriebe und des Handwerks. RaTdr. (5 × 6); Papier ph.; gez. K 11½.

bol) Ziegelmauer, Emblem

2153	11 Fr mehrfarbig	bol	0,70	0,30
		FDC		2,—

Auflage: 9 000 000 Stück

Liechtenstein

1983, 6. Juni. Europarat-Kampagne „Schutz der Ufer und Gestade". RaTdr.; gez. K 11¾.

aek) Uferlandschaft

824	20 (Rp) mehrfarbig	aek	0,40	0,30
		FDC		2,50
		MK 40		3,50

MiNr. 824 stammt aus dem Satz MiNr. 824–827.

Auflage: 1 093 342 Stück

Gültig bis 31.12.2001

Portugal

1983, 6. April. Europäische Ausstellung für Kunst, Wissenschaft und Kultur, Lissabon. Odr. (5 × 10); MiNr. 1595–1599 Papier ph.; MiNr. 1600 normales Papier; gez. K 11¾:11½.

aiz) Helm (16. Jh.)

aka) Astrolabium (16. Jh.)

akb) Flämischer Gobelin (16. Jh.)

akc) Kapitell (12. Jh.)

akd) Sanduhr (16. Jh.)

ake) Bemalte Trennwand (16.–17. Jh.)

1595	11.00 (E) mehrfarbig	aiz	1,60	0,50
1596	12.50 (E) mehrfarbig	aka	0,80	0,50
1597	25.00 (E) mehrfarbig	akb	1,60	0,50
1598	30.00 (E) mehrfarbig	akc	1,60	0,50
1599	37.50 (E) mehrfarbig	akd	0,80	1,—
1600	40.00 (E) mehrfarbig	ake	1,60	1,—
		Satzpreis (6 W.)	8,—	4,—
		FDC		5,—

Blockausgabe mit MiNr. 1595–1600

Block 39	(115 × 119 mm)	akf	10,—	10,—
		FDC		15,—

Auflagen: MiNr. 1595, 1597–1598 und 1600 je 600 000, MiNr. 1596 = 1 000 000, MiNr. 1599 = 800 000 Stück, Bl. 39 = 200 000 Blocks

Gültig bis 31.8.1989

1983, 16. Mai. Europäische Transportministerkonferenz. Odr. (5 × 10); Papier ph.; gez. K 12½.

aki) Fenster eines vorbeifahrenden Personenzuges

1602	30.00 (E) mehrfarbig	aki	3,—	1,20
		FDC		1,80

Auflage: 600 000 Stück

Gültig bis 31.8.1989

Rumänien

1983, 16. Mai. Blockausgabe: INTEREUROPA. RaTdr.; gez. Ks 13½.

emp

eml) Johannes Kepler (1571–1630), deutscher Astronom

emm) Alexander von Humboldt (1769–1859), deutscher Naturforscher

emn) Johann Wolfgang von Goethe (1749–1832), deutscher Dichter

emo) Richard Wagner (1813–1883), deutscher Komponist

emv

emr) Ioan Andreescu (1850–1882), Maler

ems) George Constantinescu (1881–1965), Ingenieur

emt) Tudor Arghezi (1880–1967), Dichter

emu) Constantin Ion Parhon (1874–1969), Arzt

3956	3 L mehrfarbig	eml	0,50	0,50
3957	3 L mehrfarbig	emm	0,50	0,50
3958	3 L mehrfarbig	emn	0,50	0,50
3959	3 L mehrfarbig	emo	0,50	0,50
Block 193	(110 × 80 mm)	emp	2,—	2,—
		FDC		4,—
3960	3 L mehrfarbig	emr	0,50	0,50
3961	3 L mehrfarbig	ems	0,50	0,50
3962	3 L mehrfarbig	emt	0,50	0,50
3963	3 L mehrfarbig	emu	0,50	0,50
Block 194	(110 × 80 mm)	emv	2,—	2,—
		FDC		4,—

Auflagen: Bl. 193 = 125 000, Bl. 194 = 123 000 numerierte Blocks

Gültig bis 30.6.2005

Türkei

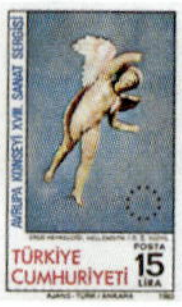

1983, 22. Mai. Europäische Kunstausstellung, Istanbul. Odr.; gez. K 13.

bef) Eros-Statue (2.–1. Jh. v. Chr.)

beg) Entenfigur mit zwei Köpfen (14. Jh. v. Chr.)

beh) Osmanisches Zink-Geschirr (16. Jh.)

bei) Büsten von Kaiser Marcus Aurelius und seiner Frau (2. Jh.)

2636	15 L	mehrfarbig	bef	0,50	0,30
2637	35 L	mehrfarbig	beg	1,—	0,50
2638	50 L	mehrfarbig	beh	1,30	1,—
2639	70 L	mehrfarbig	bei	1,70	1,20
			Satzpreis (4 W.)	4,50	3,—
			FDC		6,50

Auflage: 600 000 Sätze

1983, 1. Juni. Europarat-Kampagne „Schutz der Ufer und Gestade". Odr.; gez. K 13:12¾.

bek) Ölüdeniz

bel) Olimpos

bem) Kakova

2640	10 L	mehrfarbig	bek	0,50	0,30
2641	25 L	mehrfarbig	bel	1,—	0,30
2642	35 L	mehrfarbig	bem	1,50	0,50
			Satzpreis (3 W.)	3,—	1,—
			FDC		4,—

Auflage: 600 000 Sätze

Ungarn

1983, 30. Mai. Blockausgabe: 5. Interparlamentarische Konferenz über Sicherheit und Zusammenarbeit in Europa, Budapest. Odr.; A = gez. Ks 12½, B = ☐.

dze

dzd) Parlamentsgebäude, Landkarte

3610 A	20 Ft mehrfarbig	dzd	3,—	3,—
Block 163 A	(96×78 mm), gez.	dze	4,—	4,—
		FDC A		6,—
Block 163 B	(96×78 mm), ☐	dze	25,—	25,—
		FDC B		30,—

Block 163 A mit zusätzlicher vorderseitiger Inschrift „„Zu Ehren der Konferenzteilnehmer" und rückseitigem Aufdruck „Geschenk der ungarischen Post" wurde von der Post verschenkt. Dieser Block ist frankaturgültig.

Block 163 A I	mit Textaufdruck	120,—	120,—

Auflagen: Bl. 163 A = 289 300, Bl. 163 A I = 5990, Bl. 163 B = 19 800 numerierte Blocks.

1984

Belgien

1984, 26. Mai. Zweite Direktwahlen zum Europäischen Parlament. RaTdr. (5×6); Papier ph.; gez. K 11½.

bpo) Friedenstaube, Bleistifte, Flagge

2185	12 (Fr)	mehrfarbig	bpo	1,—	0,30
			FDC		2,—

Auflage: 9 000 000 Stück

Berlin (West)

1984, 8. Mai. Konferenz der Europäischen Kulturminister, Berlin. Odr. (10×5); Papier fl.; gez. K 13¾:14.

aak) Konferenzemblem

721	60 (Pf)	mehrfarbig	aak	1,50	1,—
			FDC		1,70
			ETB 6/1984		1,—

Auflage: 8 100 000 Stück, davon 441 000 auf ETB

Gültig bis 31.12.1991

Dänemark

1984, 12. April. Zweite Direktwahlen zum Europäischen Parlament. Komb. StTdr. und Odr. (10×5); Papier fl.; gez. K 12¾.

ri) Emblem des Europaparlaments

804	2.70 (Kr)	schwarz/gelb	ri	1,—	0,50
			FDC		1,50

Auflage: 9 660 000 Stück

Deutschland

1984, 12. April. Zweite Direktwahlen zum Europäischen Parlament. Odr. (5×5); Papier fl.; gez. K 13.

atb) Emblem des Europäischen Parlaments

1209	80 (Pf)	mehrfarbig	atb	2,40	0,70
			FDC		1,80
			ETB 8/1984		0,40
1209 F		Farbe Gelb fehlend		—,—	—,—

Auflage: 29 300 000 Stück, davon 518 000 auf ETB

Gültig bis 30.6.2002

Frankreich

1984, 24. März. Zweite Direktwahlen zum Europäischen Parlament. RaTdr.; gez. K 13.

ccc) Emblem des Europäischen Parlaments

2432	2.00 (Fr)	mehrfarbig	ccc	1,—	1,—
			FDC		2,20
			ETB		7,—

Auflage: 12 000 000 Stück

Großbritannien

1984, 15. Mai. Zweite Direktwahlen zum Europäischen Parlament. RaTdr. (5×5 Zd + 5×5 Zd); Papier ph.; gez. K 14¾:14¼.

aeh) Entführung der Europa durch Zeus

989	16 P	mehrfarbig	aeh	1,20	1,20
991	20½ P	mehrfarbig	aeh	1,80	1,80
			Satzpreis (2 W.)	3,—	3,—
			FDC (MiNr. 988–991)		6,—

Zwischenstegpaare:

989 ZW und 991 ZW	2 Paare	7,—	7,—

988 U–989 U	ungezähntes Paar	*6000,—*	*6000,—*
990 U–991 U	ungezähntes Paar	*7000,—*	*7000,—*

MiNr. 989 und 991 wurden jeweils mit den nominalgleichen Europa-Gemeinschaftsausgaben MiNr. 988 und 990 zusammenhängend gedruckt.

Auflagen: MiNr. 989 = 22 618 150, MiNr. 991 = 5 339 600 Stück

Irland

1984, 10. Mai. Zweite Direktwahlen zum Europäischen Parlament. Odr.; gez. K 15:14.

mc) Wahlurne, Landesflaggen, Emblem

540	26 (P)	mehrfarbig	mc	1,—	1,—
			FDC		2,50

Auflage: 1 000 000 Stück

Gültig bis 31.12.2002

Italien

1984, 16. April. Zweite Direktwahlen zum Europäischen Parlament. RaTdr. (5×10); Papier fl.; gez. K 14:13¼.

bde) Parlamentsgebäude, Straßburg

1878	400 L	mehrfarbig	bde	1,—	0,70
			FDC		2,—

Auflage: 4 000 000 Stück

Luxemburg

1984, 6. März. Zweite Direktwahlen zum Europäischen Parlament. RaTdr.; gez. K 11¼.

aav) Hände, Emblem

1097	10 Fr	mehrfarbig	aav	1,—	0,30
			FDC		1,50

Auflage: 1 620 000 Stück

Gültig bis 31.12.2002

Niederlande

1984, 13. März. Zweite Direktwahlen zum Europäischen Parlament. Odr.; Papier ph.; gez. K 13¼:12¾.

akm) Sitzungssaal und Emblem des Europäischen Parlaments

1245	70 C	mehrfarbig	akm	0,60	0,30
			FDC		1,—

Auflage: 19 582 400 Stück

Rumänien

1984, 24. April. Blockausgabe: INTEREUROPA. RaTdr.; gez. Ks 13½.

epu

epp) Orşova-Brücke
epr) Argeş-Brücke
eps) Basarabi-Brücke
ept) Ohaba-Brücke

epz

epv) Köhlbrand-Brücke, Hamburg
epw) Bosporus-Brücke, Istanbul
epx) Europa-Brücke, bei Innsbruck
epy) Tower-Bridge, London

4023	3 L	mehrfarbig	epp	0,50	0,50
4024	3 L	mehrfarbig	epr	0,50	0,50
4025	3 L	mehrfarbig	eps	0,50	0,50
4026	3 L	mehrfarbig	ept	0,50	0,50
Block 202	(110×80 mm)		epu	2,—	2,—
			FDC		4,—
4027	3 L	mehrfarbig	epv	0,50	0,50
4028	3 L	mehrfarbig	epw	0,50	0,50
4029	3 L	mehrfarbig	epx	0,50	0,50
4030	3 L	mehrfarbig	epy	0,50	0,50
Block 203	(110×80 mm)		epz	2,—	2,—
			FDC		4,—

Auflage: 125 000 numerierte Blockpaare

Gültig bis 30.6.2005

1985

Belgien

1985, 19. Jan. Europäisches Kulturfestival „Europalia '85 España", Brüssel. RaTdr. (6×5); Papier ph.; gez. K 11½.

brl) Jungfrau von Löwen; Gemälde von Jan Mabuse, eigentlich Jean Gossaert (um 1478–1532), flämischer Maler

2209	12 (Fr)	mehrfarbig	brl	0,80	0,30
			FDC		2,—

Auflage: 8 100 000 Stück

Bulgarien

1985, 25. März. Europäisches Jahr der Musik: Komponisten. RaTdr.; gez. K 12¾:13.

edb) Johann Sebastian Bach (1685–1750), deutscher Komponist

edc) Wolfgang Amadeus Mozart (1756–1791), österreichischer Komponist

edd) Pjotr Tschaikowskij (1840–1893), russischer Komponist

ede) Modest Mussorgskij (1839–1881), russischer Komponist

edf) Giuseppe Verdi (1813–1901), italienischer Komponist

edg) Filip Kutev Tenev (1903–1982) bulgarischer Komponist

3344	42 St	mehrfarbig	edb	1,40	0,60
3345	42 St	mehrfarbig	edc	1,40	0,60
3346	42 St	mehrfarbig	edd	1,40	0,60
3347	42 St	mehrfarbig	ede	1,40	0,60
3348	42 St	mehrfarbig	edf	1,40	0,60
3349	42 St	mehrfarbig	edg	1,40	0,60
			Satzpreis (6 W.)	8,—	3,50
			3 FDC		10,—

Auflage: 180 000 Sätze

Gültig bis 3.7.1999

1985, 6. April. 1100. Todestag des hl. Methodios. RaTdr.; gez. K 13.

edr) Hl. Methodios (ca. 820–885), „Slawenapostel", Schutzpatron Europas

3357	13 St	mehrfarbig	edr	0,70	0,30
			FDC		3,50

Auflage: 800 000 Stück

Gültig bis 3.7.1999

Dänemark

1985, 21. Febr. 30. Jahrestag der Bonn-Kopenhagener Erklärungen. Odr. (5×10); Papier fl.; gez. K 14.

sb) Landkarte des deutsch-dänischen Grenzgebietes; Landesflaggen

829	2.80 (Kr)	mehrfarbig	sb	1,50	0,50
			FDC		1,70

Auflage: 15 000 000 Stück

Deutschland

1985, 21. Febr. 30. Jahrestag der Bonn-Kopenhagener Erklärungen. Odr. (5×10); Papier fl.; gez. K 14.

auk) Landkarte des deutsch-dänischen Grenzgebietes; Landesflaggen

1241	80 (Pf)	mehrfarbig	auk	2,40	0,80
			FDC		2,20
			FDC mit dänischem Ⓢ		4,50
			ETB 7/1985		0,40

1241 F	Farbe Schwarz (Inschriften, Teil der deutsche Flagge) fehlend	*3200,—*	*3000,—*
1241 U	ungezähnt		—,—

Auflage: 26 650 000 Stück, davon 506 000 auf ETB

Gültig bis 30.6.2002

Griechenland

1985, 24. Juni. 2300. Jahrestag der Gründung von Thessaloniki. Odr.; gez. K 14:14¼.

avv) Hl. Demetrios († 306), Märtyrer; Hl. Methodios (820–885), „Slavenapostel"

1586	5 (Dr)	mehrfarbig	avv	0,50	0,30
			FDC		1,50

MiNr. 1586 stammt aus dem Satz MiNr. 1585–1592.

Auflage: 3 000 000 Stück

Gültig bis 31.12.2002

1985, 7. Okt. Athen - Kulturhauptstadt Europas 1985. Odr.; gez. K 13¼:13, Querformate ~.

awd) Demokratia und Volk; Relief auf einer Säule auf der antiken Agora von Athen

awe) Triton und Nymphe; Römischer Mosaikboden in Isthmia (2. Jh.)

awf) Engel; Fresko in einer Höhlenkirche im Pentelikon (13. Jh.)

awg) Kapodistrische Universität, Athen

1594	15 (Dr)	mehrfarbig	awd	0,30	0,30
1595	20 (Dr)	mehrfarbig	awe	0,30	0,30
1596	32 (Dr)	mehrfarbig	awf	0,40	0,30
1597	80 (Dr)	mehrfarbig	awg	2,—	1,60
			Satzpreis (4 W.)	3,—	2,50
			FDC		3,50

Auflagen: MiNr. 1594 = 4 000 000, MiNr. 1595 = 3 000 000, MiNr. 1596 = 2 200 000, MiNr. 1597 = 800 000 Stück

Gültig bis 31.12.2002

Irland

1985, 16. Mai. Europäisches Jahr der Musik. Odr.; gez. K 14:14¾.

nc) Georg Friedrich Händel (1685–1759), deutscher Komponist

nd) Domenico Scarlatti (1685–1757), italienischer Komponist

ne) Johann Sebastian Bach (1685–1750), deutscher Komponist

565	22 (P) mehrfarbig	nc	1,20	1,20
566	22 (P) mehrfarbig	nd	1,20	1,20
567	26 (P) mehrfarbig	ne	1,20	1,20
		Satzpreis (3 W.)	3,50	3,50
		Satzpreis (Paar + 1 W.)	4,—	4,—
		FDC		5,—

MiNr. 565–566 wurden schachbrettartig zusammenhängend gedruckt.

Auflagen: MiNr. 565–566 je 1 000 000, MiNr. 567 = 2 000 000 Stück

Gültig bis 31.12.2002

Jugoslawien

1985, 6. April. 1100. Todestag des hl. Methodios. Odr. (5×5); gez.K 11¾:12.

boo) Hl. Methodios (ca. 820–885), „Slawenapostel“, Schutzpatron Europas

2102	10 (Din) mehrfarbig	boo	1,50	1,—
		FDC		2,—

Auflage: 500 000 Stück

Monaco

1985, 7. Nov. Europäische Organisation für Fernmeldeverbindungen über Satelliten (EUTELSAT). StTdr. (5×6); gez. K 13.

baa) Fernmeldesatellit, Erdkugel

1722	3.00 (Fr) mehrfarbig	baa	1,50	1,50
		FDC		3,60

Auflage: 151 736 Stück

Rumänien

1985, 28. März. Blockausgabe: INTEREUROPA. RaTdr.; gez. Ks 13½.

evb

eux) Pjotr Tschaikowskij (1840 bis 1893), russischer Komponist; Bolschoi-Theater, Moskau

euy) George Enescu (1881–1955), Violonist und Komponist; Opernhaus Bukarest

euz) Richard Wagner (1813–1883), deutscher Komponist; Semper-Oper, Dresden

eva) Stanisław Moniuszko (1819–1872), polnischer Komponist; Opernhaus, Warschau

evg

evc) Charles François Gounod (1818–1893), französischer Komponist; Opernhaus Paris

evd) Richard Strauss (1864–1949), deutscher Komponist; Nationaltheater München

eve) Wolfgang Amadeus Mozart (1756–1791), österreichischer Komponist; Opernhaus Wien

evf) Giuseppe Verdi (1813–1901), italienischer Komponist; Mailänder Scala

4116	3 L mehrfarbig	eux	0,50	0,50
4117	3 L mehrfarbig	euy	0,50	0,50
4118	3 L mehrfarbig	euz	0,50	0,50
4119	3 L mehrfarbig	eva	0,50	0,50
Block 212	(110×80 mm)	evb	2,50	2,50
		FDC		4,—
4120	3 L mehrfarbig	evc	0,50	0,50
4121	3 L mehrfarbig	evd	0,50	0,50
4122	3 L mehrfarbig	eve	0,50	0,50
4123	3 L mehrfarbig	evf	0,50	0,50
Block 213	(110×80 mm)	evg	2,50	2,50
		FDC		4,—

Auflage: 125 000 numerierte Blockpaare

Gültig bis 30.6.2005

Spanien

1985, 21. Jan. Europäisches Kulturfestival „Europalia '85 España" Brüssel. RaTdr.; gez. K 13¼.

bzp) Jungfrau von Löwen; Gemälde von Jan Mabuse, eigentlich Jean Gossaert (um 1478–1532), flämischer Maler

2664	40 Pta	mehrfarbig	bzp	0,80	0,50
			FDC		1,50

Auflage: 4 000 000 Stück

Gültig bis 28.2.2002

1985, 26. Juni. Europäisches Jahr der Musik. Komb. StTdr. und Odr.; x = normales Papier, y = Papier ph.; gez. K 12¾.

cag) Ataulfo Argenta (1913–1958), Dirigent

cah) Tomás Luis de Victoria (1540–1611), Komponist

cai) Fernando Sor (1778–1839), Gitarrist und Komponist

2685 x	12 Pta	mehrfarbig	cag	0,30	0,30
2686 x	17 Pta	mehrfarbig	cah	0,30	0,30
2687	45 Pta	mehrfarbig	cai		
x		normales Papier		0,90	0,60
y		Papier ph.		3,50	0,30
			Satzpreis (3 W.)	1,50	0,70
			FDC		2,—

Auflagen: MiNr. 2685 und 2687 je 3 500 000, MiNr. 2686 = 4 000 000 Stück

Gültig bis 28.2.2002

Ungarn

1985, 10. Juli. Internationales Jahr der Musik: Komponisten. Odr.; A = gez. K 11, B = □.

fdn) Georg Friedrich Händel (1685–1759); Pauke, Horn (18. Jh.)

fdo) Johann Sebastian Bach (1685–1750); Orgel der Thomaskirche, Leipzig

fdp) Luigi Cherubini (1760–1842); Bassviole, Baryton, Doppelpedalharfe (17./18. Jh.)

fdr) Frédéric Chopin (1810–1849); Klavierflügel (1817)

fds) Gustav Mahler (1860–1911); Pardessus de viole (1742), Doppelhorn, Pauke (19. Jh.)

fdt) Ferenc Erkel (1810–1893); Orchestertuba, Violine (18./19. Jh.)

3772 A	1 Ft	mehrfarbig	fdn	0,30	0,30
3773 A	2 Ft	mehrfarbig	fdo	0,30	0,30
3774 A	4 Ft	mehrfarbig	fdp	0,60	0,40
3775 A	4 Ft	mehrfarbig	fdr	0,60	0,40
3776 A	5 Ft	mehrfarbig	fds	1,—	0,60
3777 A	6 Ft	mehrfarbig	fdt	1,20	1,—
			Satzpreis A (6 W.)	4,—	3,—
			FDC A		6,—
			Satzpreis B (6 W.)	25,—	25,—
			FDC B		30,—

Auflagen: MiNr. 3772 A–3777 A = 358 740, MiNr. 3772 B–3777 B = 5800 Sätze

Vatikanstadt

1985, 7. Mai. 1100. Todestag des hl. Methodios. RaTdr.; gez. K 13¼:14.

aal) Hl. Methodios (ca. 820–885), „Slawenapostel"

aam) Kyrillos und Methodios mit Leichnam von Papst Klemens I.

aan) Hl. Benedikt, hl. Kyrillos und hl. Methodios, Schutzpatrone Europas

867	500 (L)	mehrfarbig	aal	0,50	0,40
868	600 (L)	mehrfarbig	aam	0,70	0,50
869	1700 (L)	mehrfarbig	aan	1,80	1,30
			Satzpreis (3 W.)	3,—	2,20
			FDC		4,—

Auflage: 850 000 Sätze

Zypern

1985, 23. Sept. Europäisches Jahr der Musik. Odr.; gez. K 14¼:13¾.

uf) Solon Michaelides (1905–1979), Dirigent

646	15 C	mehrfarbig	uf	1,30	1,—
			FDC		1,50

MiNr. 646 stammt aus dem Satz MiNr. 643–647.

Auflagen: 250 000 Stück

1986

Berlin (West)

1986, 10. April. Europatag der Gemeinden und Regionen, Berlin. Odr. (5×10); Papier fl.; gez. K 14.

aby) Stadtsilhouette, Flaggen europäischer Länder

758	60 (Pf)	mehrfarbig	aby	1,20	1,30
			FDC		1,50
			ETB 5/1986		1,—

Auflage: 6 089 000 Stück, davon 411 000 auf ETB

Gültig bis 31.12.1991

Deutschland

1986, 13. Febr. Halleyscher Komet; GIOTTO-Mission der ESA. RaTdr. (5×10); Papier fl.; gez. K 14.

avt) GIOTTO-Raumsonde, Halleyscher Komet

1273 80 (Pf) mehrfarbig . . . . avt 2,40 0,70
FDC 1,80
ETB 5/1986 0,40

1273 F verschiedene Zylinderretuschen . . . . je 20,— 15,—

Auflage: 28 650 000 Stück, davon 497 000 auf ETB

Gültig bis 30.6.2002

1986, 20. Juni. Europäische Satellitentechnik. Odr. (5×10); Papier fl.; gez. K 14.

awm) Deutsch-französischer Rundfunksatellit TV-SAT/TDF-1, Weltkugel

1290 80 (Pf) mehrfarbig . . . . awm 2,50 0,70
FDC 1,80
ETB 16/1986 0,40

Auflage: 30 350 000 Stück, davon 487 000 auf ETB

Gültig bis 30.6.2002

Griechenland

1986, 3. März. Europäisches Jahr der Verkehrssicherheit. Odr.; gez. K 12½:13¾.

axo) Sicherheitsgurt, Lenkrad

axp) Motorradfahrer zwischen Lastkraftwagen

axr) Geschwindigkeitsbegrenzungsschilder, Personenwagen

1627 18 (Dr) mehrfarbig . . . . axo 0,30 0,30
1628 27 (Dr) mehrfarbig . . . . axp 0,70 0,30
1629 110 (Dr) mehrfarbig . . . . axr 2,— 1,40
Satzpreis (3 W.) 3,— 2,—
FDC 3,—

Auflagen: MiNr. 1627 = 3 000 000, MiNr. 1628 = 2 300 000, MiNr. 1629 = 700 000 Stück

Gültig bis 31.12.2002

Luxemburg

1986, 26. Juni. 100. Geburtstag von Robert Schuman. RaTdr., Markenheftchen (2×2); dreiseitig gez. K 11¾.

adf) Robert Schuman (1886–1963), französischer Politiker

1156 2 Fr schwarz/hellrot . . . . adf
Do dreiseitig gez. (⊔) 0,30 0,30
Du dreiseitig gez. (⊓) 0,30 0,30
1157 10 Fr schwarz/hellcyanblau . . . . . adf
Do dreiseitig gez. (⊔) 0,50 0,50
Du dreiseitig gez. (⊓) 0,50 0,50
Satzpreis (2 W.) 0,80 0,80
FDC 6,50

Paare:

1156 Do/1156 Du 0,80 0,80
1157 Do/1157 Du 1,20 1,20

MH 1 (Nominale 60 Fr) . . . . 5,—
H-Blatt 1 mit 1 × MiNr. 1156–1157
und 2 Leerfeldern . . . . 1,— 1,—
H-Blatt 2 mit 4 × MiNr. 1156 . . . . 1,50 1,50
H-Blatt 3 mit 4 × MiNr. 1157 . . . . 2,50 2,50

Auflage: 2 500 000 Sätze

Gültig bis 31.12.2002

1986, 15. Sept. Europäisches Jahr der Verkehrssicherheit. RaTdr.; gez. K 11¾.

adl) Karte der EG-Länder, stil. Straße

1162 10 Fr mehrfarbig . . . . adl 0,70 0,30
FDC 1,50

Auflage: 800 000 Stück

Gültig bis 31.12.2002

Österreich

1986, 28. Febr. Österreich – 30 Jahre Mitglied des Europarates. RaTdr. (10×5); gez. K 12¾:13½.

beu) Landesflagge, Europarat-Emblem

1842 6 S mehrfarbig . . . . beu 1,— 0,70
FDC 1,80

Vorlagedruck in Schwarz, mit dem Originaldruckstöckel gedruckt, □, auf Erläuterungsblatt geklebt . . . . 16,—

Auflage: 3 500 000 Stück

Gültig bis 30.6.2002

Portugal

1986, 7. Jan. Beitritt Portugals und Spaniens zur Europäischen Gemeinschaft (EG). Odr. (5×10); Papier ph.; gez. K 12:11¾.

anw) Flaggen der Mitgliedsländer

anx) Landkarte und Flagge der Mitgliedsländer

1677 20.00 (E) mehrfarbig . . . . anw 1,— 0,50
1678 57.50 (E) mehrfarbig . . . . anx 2,50 1,50
Satzpreis (2 W.) 3,50 2,—
FDC I 2,60
FDC II 3,—

S 1 Offizieller numerierter Schwarzdruck (Beilage zu FDC I) mit MiNr. 1677–1678 . . . . 3,—

FDC II trägt auch die Marken Spanien MiNr. 2710 und 2712 mit portugiesischem Stempel.

Auflagen: MiNr. 1677 = 1 000 000, MiNr. 1678 = 800 000 Stück

Gültig bis 31.12.1992

1986, 3. Okt. Blockausgabe: Internationale Briefmarkenausstellung EUROPEX '86, Lissabon. Odr.; Papier ph.; gez. Ks 12:11¾.

anw) Flaggen der Mitgliedsländer

anx) Landkarte und Flagge der Mitgliedsländer

aoy

anx

anw

Block 52 mit 2 × MiNr. 1677–1678
(127×91 mm) . . . . aoy 7,— 7,—
FDC 11,—

Auflage: 150 000 Blocks

Gültig bis 31.12.1992

Rumänien

1986, 25. März. Blockausgabe: INTEREUROPA. RaTdr.; gez. Ks 13½.

fam

fah) Wildkatze (Felis silvestris)
fai) Hermelin (Mustela erminea)
fak) Auerhahn (Tetrao urogallus)
fal) Braunbär (Ursus arctos)

fas

fan) Schmuck-Nelke (Dianthus callizonus)
fao) Zirbelkiefer (Pinus cembra)
fap) Weide (Salix sp.)
far) Dornenlose Alpen-Heckenrose (Rosa pendulina)

4235	3 L	mehrfarbig	fah	0,50	0,50
4236	3 L	mehrfarbig	fai	0,50	0,50
4237	3 L	mehrfarbig	fak	0,50	0,50
4238	3 L	mehrfarbig	fal	0,50	0,50
Block 223	(110×80 mm)		fam	2,50	2,50
			FDC		4,—
4239	3 L	mehrfarbig	fan	0,50	0,50
4240	3 L	mehrfarbig	fao	0,50	0,50
4241	3 L	mehrfarbig	fap	0,50	0,50
4242	3 L	mehrfarbig	far	0,50	0,50
Block 224	(110×80 mm)		fas	2,50	2,50
			FDC		4,—

Auflage: 125 000 numerierte Blockpaare

Gültig bis 30.6.2005

Spanien

1986, 7. Jan. Beitritt Spaniens und Portugals zur Europäischen Gemeinschaft (EG). Odr., Bogen (5×12); gez. K 13¼:12¾.

cbf) Königspalast, Madrid

cbg) Landkarte und Flaggen der Mitgliedsländer
cbh) Säulensalon im Königspalast, Madrid
cbi) Flaggen der Mitgliedsländer

2709	7 (Pta)	mehrfarbig	cbf	0,30	0,30
2710	17 (Pta)	mehrfarbig	cbg	0,30	0,30
2711	30 (Pta)	mehrfarbig	cbh	0,40	0,30
2712	45 (Pta)	mehrfarbig	cbi	0,80	0,30
			Satzpreis (4 W.)	1,80	1,20
			FDC I		2,50
			FDC II		4,—

Markenheftchen (1×4)

H-Blatt 1	mit 1 × MiNr. 2709–2712	5,50
MH 1	mit 1 × H-Blatt 1	6,—

FDC II trägt auch die Marken Portugal MiNr. 1677–1678 mit spanischem Stempel.

Auflagen: MiNr. 2709–2712 = 4 000 000 Sätze, MH 1 = 1 500 000 Markenheftchen

Gültig bis 28.2.2002

Zypern

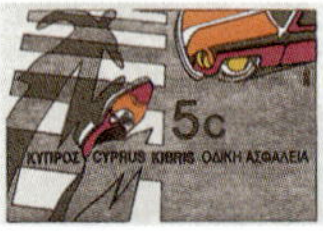

1986, 10. Nov. Europäisches Jahr der Verkehrssicherheit. Odr. (4×5); Wz. 6; gez. K 13¾:13.

va) Zebrastreifen

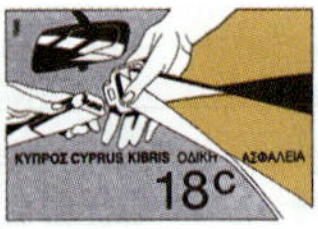

vb) Motorradhelm
vc) Sicherheitsgurt

666	5 C	mehrfarbig	va	1,—	0,50
667	7 C	mehrfarbig	vb	1,50	1,—
668	18 C	mehrfarbig	vc	5,—	3,50
			Satzpreis (3 W.)	7,50	5,—
			FDC		7,50

Auflagen: MiNr. 666–667 je 700 000, MiNr. 668 = 200 000 Stück

1987

Belgien

1987, 14. März. Europäisches Jahr der Umwelt. RaTdr. (6×5); MiNr. 2297–2298 Papier ph.; gez. K 11¾:11½.

buy) Bienenragwurz (Ophrys apifera)
buz) Kleine Hufeisennase (Rhinolophus hipposideros)
bva) Wanderfalke (Falco peregrinus)

2296	9 (Fr)	+ 2 (Fr)	mehrfarbig	buy	1,—	1,—
2297	24 (Fr)	+ 6 (Fr)	mehrfarbig	buz	2,50	2,—
2298	26 (Fr)	+ 6 (Fr)	mehrfarbig	bva	2,50	2,50
				Satzpreis (3 W.)	6,—	5,50
				FDC		9,50

Auflagen: MiNr. 2296 = 571 900, MiNr. 2297 = 551 907, MiNr. 2298 = 553 575 Stück

1987, 4. April. Europäisches Kulturfestival „Europalia ’87 Österreich“, Brüssel. RaTdr. (5×5); Papier ph.; gez. K 11¾.

bvb) L'Attente; Fresko von Gustav Klimt (1862–1918), österreichischer Maler, im Stoclet-Haus, Brüssel

2299	13 (Fr)	mehrfarbig	bvb	1,—	0,30
			FDC		2,—

Auflage: 8 100 000 Stück

Deutschland

1987, 5. Mai. Europäisches Jahr der Umwelt. RaTdr. (5×10); Papier fl.; gez. K 14.

ayb) Dülmener Wildpferde im Naturschutzgebiet Merfelder Bruch

1328	60 (Pf) mehrfarbig	ayb	2,20	0,60
		FDC		1,80
		ETB 18/1987		0,40

Auflage: 31 650 000 Stück, davon 487 000 auf ETB

Gültig bis 30.6.2002

Luxemburg

1987, 9. März. Europäisches Jahr der Umwelt. RaTdr.; Papier fl.; gez. K 11¾:11½, Hochformate ~.

ads) Gartenschläfer (Eliomys quercinus)

adt) Gebänderte Prachtlibelle (Calopteryx splendens)

adu) Wasseramsel (Cinclus cinclus)

adv) Feuersalamander (Salamandra salamandra terrestris)

1168	6 Fr mehrfarbig	ads	1,—	0,50
1169	10 Fr mehrfarbig	adt	1,50	0,50
1170	12 Fr mehrfarbig	adu	2,—	1,—
1171	25 Fr mehrfarbig	adv	3,—	1,50
		Satzpreis (4 W.)	7,50	3,50
		FDC		4,—

Auflage: 1 000 000 Sätze

Gültig bis 31.12.2002

1987, 14. Sept. Europäische Kampagne für den ländlichen Raum: Ländliche Architektur. Komb. StTdr. und Odr.; Papier fl.; gez. K 13¼.

aee) Hennesbau, Niederfeulen

aef) Bürgerhaus, Mersch

aeg) Postamt, Bartringen

1180	10 Fr mehrfarbig	aee	0,70	0,50
1181	12 Fr mehrfarbig	aef	0,80	0,50
1182	100 Fr mehrfarbig	aeg	5,—	1,50
		Satzpreis (3 W.)	6,50	2,50
		FDC		7,50

Auflage: 1 000 000 Sätze

Gültig bis 31.12.2002

Malta

1987, 18. Aug. Europäisches Jahr der Umwelt. Odr. (5×8); Wz. 6; gez. K 14¼.

xg) Gebäude, Sonne, Getreideähren

772	5 C mehrfarbig	xg	1,—	1,—
		FDC		2,—

MiNr. 772 stammt aus dem Satz MiNr. 772–774.

Gültig bis 31.7.2002

Portugal

1987, 20. März. Europäisches Jahr der Umwelt. Odr. (5×10); Papier ph.; gez. K 12½:11¾.

aps) Hand, Sonne, Wald

apt) Hände, Blume, Landkarte Europas

apu) Hand, Muschel, Himmel

1717	25 (E) mehrfarbig	aps	1,—	0,50
1718	57 (E) mehrfarbig	apt	2,—	1,30
1719	74.5 (E) mehrfarbig	apu	3,—	2,20
		Satzpreis (3 W.)	6,—	4,—
		FDC		4,50

S 2 Offizieller Sonderdruck in den Farben Schwarz und Blau mit MiNr. 1717–1719 .. —,—

Auflagen: MiNr. 1717 = 1 000 000, MiNr. 1718–1719 je 600 000 Stück

Gültig bis 31.12.1992

Rumänien

1987, 18. Mai. Blockausgabe: INTEREUROPA. RaTdr.; gez. Ks 13½.

fen

fei) Messepavillon, Bukarest

fek) Hotel „Intercontinental“, Bukarest

fel) Hotel „Europa“, Eforie Nord

fem) Polytechnikum, Bukarest

fet

feo) Rathauspalais, Satu Mare

fep) Haus der Jungen Pioniere, Bukarest

fer) Hotel „Valahia“, Tîrgovişte

fes) Mineralbad-Hotel, Căciulata

4324	3 L mehrfarbig	fei	0,50	0,50
4325	3 L mehrfarbig	fek	0,50	0,50
4326	3 L mehrfarbig	fel	0,50	0,50
4327	3 L mehrfarbig	fem	0,50	0,50
Block 231	(110×80 mm)	fen	2,50	2,50
		FDC		5,—

4328	3 L	mehrfarbig	feo	0,50	0,50
4329	3 L	mehrfarbig	fep	0,50	0,50
4330	3 L	mehrfarbig	fer	0,50	0,50
4331	3 L	mehrfarbig	fes	0,50	0,50
Block 232		(110×80 mm)	fet	2,50	2,50
			FDC		5,—

Auflage: 125 000 numerierte Blockpaare

Gültig bis 30.6.2005

1987, 16. Okt. Blockausgabe: Flora und Fauna der europäischen Naturschutzgebiete. RaTdr.; gez. K 13½.

fgn) Alpenakelei (Aquilegia alpina)
fgo) Küchenschelle (Pulsatilla vernalis)
fgp) Alpenaster (Aster alpinus)
fha
fgr) Alpenglöckchen (Soldanella pusilla)
fgs) Feuerlilie (Lilium bulbiferum)
fgt) Bärentraube (Arctostaphylos uva-ursi)
fgu) Frühlingskrokus (Crocus vernus)
fgv) Goldpippau (Crepis aurea)
fgw) Frauenschuh (Cypripedium calceolus)
fgx) Flockenblume (Centaurea nervosa)
fgy) Silberwurz (Dryas octopetala)
fgz) Enzian (Gentiana excisa)

fhb) Baummarder (Martes martes)
fhc) Luchs (Lynx lynx)
fhd) Eisbär (Ursus maritimus)
fhe) Fischotter (Lutra lutra)
fhf) Wisent (Bison bonasus)
fhg) Rothalsgans (Branta ruficollis)
fho
fhh) Großer Flamingo (Phoenicopterus ruber)
fhi) Großtrappe (Otis tarda)
fhk) Birkhuhn (Tetrao tetrix)
fhl) Bartgeier (Gypaetus barbatus)
fhm) Fleckiltis (Vormela peregusna)
fhn) Weißkopf-Ruderente (Oxyura leucocephala)

4372	1 L	mehrfarbig	fgn	0,50	0,50
4373	1 L	mehrfarbig	fgo	0,50	0,50
4374	1 L	mehrfarbig	fgp	0,50	0,50
4375	1 L	mehrfarbig	fgr	0,50	0,50
4376	1 L	mehrfarbig	fgs	0,50	0,50
4377	1 L	mehrfarbig	fgt	0,50	0,50
4378	1 L	mehrfarbig	fgu	0,50	0,50
4379	1 L	mehrfarbig	fgv	0,50	0,50
4380	1 L	mehrfarbig	fgw	0,50	0,50
4381	1 L	mehrfarbig	fgx	0,50	0,50
4382	1 L	mehrfarbig	fgy	0,50	0,50
4383	1 L	mehrfarbig	fgz	0,50	0,50
Block 235		(152×136 mm)	fha	6,50	6,50
			FDC		9,—

4384	1 L	mehrfarbig	fhb	0,50	0,50
4385	1 L	mehrfarbig	fhc	0,50	0,50
4386	1 L	mehrfarbig	fhd	0,50	0,50
4387	1 L	mehrfarbig	fhe	0,50	0,50
4388	1 L	mehrfarbig	fhf	0,50	0,50
4389	1 L	mehrfarbig	fhg	0,50	0,50
4390	1 L	mehrfarbig	fhh	0,50	0,50
4391	1 L	mehrfarbig	fhi	0,50	0,50
4392	1 L	mehrfarbig	fhk	0,50	0,50
4393	1 L	mehrfarbig	fhl	0,50	0,50
4394	1 L	mehrfarbig	fhm	0,50	0,50
4395	1 L	mehrfarbig	fhn	0,50	0,50
Block 236		(152×136 mm)	fho	6,50	6,50
			FDC		9,—

Auflage: 100 000 numerierte Blockpaare

Gültig bis 30.6.2005

Zypern

1987, 2. Nov. Europäische Kampagne für den ländlichen Raum. Odr.; Wz. 6; gez. K 14:13¼.

vy) Feldarbeiter, Schnecke

688	15 C	mehrfarbig	vy	1,—	1,—
			FDC		1,50

MiNr. 688 stammt aus dem Satz MiNr. 687–689.

Auflage: 1 500 000 Stück

1988

Belgien

1988, 10. Sept. 100. Geburtstag von Jean Monnet. Komb. StTdr. und RaTdr. (6×5); Papier ph.; gez. K 11¾:11½.

bxb) Jean Monnet (1888–1979), französischer Wirtschaftspolitiker

2345	13 (Fr)	weißgelborange/schwarz	bxb	0,70	0,30
			FDC		2,20

Auflage: 8 100 000 Stück

Berlin (West)

1988, 14. Jan. Berlin – Kulturhauptstadt Europas 1988. Odr. (10×5); Papier fl.; gez. K 13¾:14.

adt) Berliner Bär

800	80 (Pf)	mehrfarbig	adt	2,50	2,50
			FDC		3,—
			ETB 2/1988		1,80

Auflage: 8 093 000 Stück, davon 406 400 auf ETB

Gültig bis 31.12.1991

Dänemark

1988, 22. Sept. Dänisch-französisches Kulturjahr. StTdr. (6×5); normales Papier; gez. K 12¼:13.

vw) Hommage à Léon Degand; Metallarbeit von Robert Jacobsen (1912–1993)

928	4.10 (Kr) schwarz/braunkarmin	vw	2,50	2,50
		FDC		3,50

Auflage: 4 965 000 Stück

Deutschland

1988, 14. Jan. 25 Jahre Vertrag über die deutsch-französische Zusammenarbeit. StTdr. (5×5); Papier fl.; gez. K 14.

aza) Bundeskanzler Konrad Adenauer (1876–1967) und Staatspräsident Charles de Gaulle (1890–1970)

1351	80 (Pf) violettschwarz/schwarz	aza	2,—	0,80
		FDC		2,—
		ETB 4/1988		3,50

SD 12 Schwarzdruck der MiNr. 1351 aus der Jahreszusammenstellung 1988 der Deutschen Bundespost (Papierformat 148×210 mm) . . . . *40,—*

ETB 4/1988 enthält zusätzlich die bildgleiche Marke Frankreich MiNr. 2636.

Auflage: 33 640 000 Stück, davon 750 000 auf ETB

Gültig bis 30.6.2002

1988, 5. Mai. 100. Geburtstag von Jean Monnet. Odr. (5×5); Papier fl.; gez. K 13¾.

azx) Jean Monnet (1888–1979), französischer Wirtschaftspolitiker

1372	80 (Pf) mehrfarbig	azx	1,40	0,60
		FDC		1,50
		ETB 18/1988		0,40

Auflage: 32 000 000 Stück, davon 477 400 auf ETB

Gültig bis 30.6.2002

Frankreich

1988, 14. Jan. 25 Jahre Vertrag über die deutsch-französische Zusammenarbeit. StTdr.; Papier ph.; gez. K 13 : 12¾.

clb) Bundeskanzler Konrad Adenauer (1876–1967) und Staatspräsident Charles de Gaulle (1890–1970)

2636	2.20 (Fr) violettpurpur/schwarz	clb	1,50	1,—
		FDC		3,—
		ETB		10,—

„Pochette Philatélique" mit je einem Viererblock Frankreich MiNr. 2636 und Bundesrepublik Deutschland MiNr. 1351 sowie Erläuterungen in Deutsch und Französisch . . . . 10,—

Auflage: 19 736 659 Stück

1988, 16. April. Freimarke: Liberté. MiNr. 2510 A mit Bdr.-Aufdruck.

2666	**0.31 ECU** auf 2.20 (Fr) hellrot	(bxo)	1,50	1,—
		FDC		3,60
		ETB		15,—
		Zwischenstegpaar	6,—	6,—

Der aufgedruckte Wert in ECU entspricht der Nominale von 2.20 Fr.

1988, 9. Mai. 100. Geburtstag von Jean Monnet. StTdr.; gez. K 12½:13.

cmk) Jean Monnet (1888–1979), Wirtschaftspolitiker

2669	2.20 (Fr) blauviolett/braun	cmk	1,—	1,—
		FDC		2,20
		ETB		11,—

Auflage: 13 676 133 Stück

1988, 22. Sept. Dänisch-Französisches Kulturjahr. StTdr.; gez. K 12¼:13.

cnd) Hommage à Léon Degand; Metallarbeit von Robert Jacobsen (1912–1993)

2687	5.00 (Fr) schwarz/braunkarmin	cnd	2,50	1,80
		FDC		3,—
		ETB		10,—

Auflage: 4 283 267 Stück

Griechenland

1988, 4. Juli. Europäische Kampagne für den ländlichen Raum: Wasserfälle. Odr.; A = vierseitig gez. 12¼, C = senkrecht gez. 14.

bah) Wasserfall bei Kataraktis

bai) Wasserfälle von Edessa

bak) Stufenwasserfall des Flusses Edessäos

1692	10 (Dr) mehrfarbig	bah		
A	gez. K 12¼		2,—	0,50
C	senkrecht gez. 14		5,—	1,50
1693	60 (Dr) mehrfarbig	bai		
A	gez. K 12¼		8,—	2,—
C	senkrecht gez. 14		12,—	1,50
1694	100 (Dr) mehrfarbig	bak		
A	gez. K 12¼		10,—	2,50
C	senkrecht gez. 14		18,—	7,—
		Satzpreis A (3 W.)	20,—	5,—
		FDC A		7,—
		Satzpreis C (3 W.)	35,—	10,—
		FDC C		30,—

MiNr. 1692 C–1694 C wurden jeweils in Verkaufspackungen zu 100 Marken (20 Fünferstreifen) ausgegeben.

Auflagen: MiNr. 1692 A–1694 A = 700 000 Sätze, MiNr. 1692 C = 3 300 000, MiNr. 1693 C = 9 300 000, MiNr. 1694 C = 2 300 000 Stück

Gültig bis 31.12.2002

1988, 2. Dez. Konferenz der Ministerpräsidenten der Europäischen Gemeinschaft, Rhodos. Odr.; A = vierseitig gez. K 12½, C = waagerecht gez. 14.

bbg) Landkarte der EG; Johanniterburg auf Rhodos

bbh) Rhodische Münze mit dem Emblem der EG-Länder

1715	60 (Dr)	mehrfarbig . . . . bbg		
A		gez. K 12½	3,—	2,—
C		waagerecht gez. 14	3,—	2,50
1716	100 (Dr)	mehrfarbig . . . . bbh		
A		gez. K 12½	4,—	3,—
C		waagerecht gez. 14	5,50	4,—
		Satzpreis A (2 W.)	7,—	5,—
		FDC A		6,—
		Satzpreis C (2 W.)	8,50	6,50
		FDC C		7,—

MiNr. 1715 C–1716 C wurden in Verkaufspackungen zu 100 Marken (20 Fünferstreifen) ausgegeben.

Auflagen: MiNr. 1715 A–1716 A = 600 000 Sätze, MiNr. 1715 C = 2 400 000, MiNr. 1716 C = 1 400 000 Stück

Gültig bis 31.12.2002

Jugoslawien

1988, 18. Aug. 40 Jahre Donaukonferenz. Odr. (3×3); gez. K 13¾.

bxc) Schiffe auf der Donau, Emblem

2290	1000 (Din)	mehrfarbig . . . . bxc	0,60	0,60
		FDC		1,30
		Kleinbogen	5,50	5,50

Blockausgabe, □

bxd) Landkarte mit Lauf der Donau, Emblem

bxe

2291	2000 (Din)	mehrfarbig . . . . bxd	—,—	—,—
Block 33	(84×68 mm)	. . . . bxe	4,—	4,—
		FDC		5,—

Auflagen: MiNr. 2290 = 220 000 Stück, Bl. 33 = 220 000 Blocks

Liechtenstein

1988, 7. März. Europäische Kampagne für den ländlichen Raum. RaTdr. (5×4); gez. K 11¾.

ake) Landwirtschaftliche Nutzung

akf) Dorfkern

akg) Verkehrsplanung

939	80 (Rp)	mehrfarbig . . . . ake	1,20	1,20
940	90 (Rp)	mehrfarbig . . . . akf	1,50	1,50
941	1.70 (Fr)	mehrfarbig . . . . akg	1,80	1,80
		Satzpreis (3 W.)	4,50	4,50
		FDC		5,—
		MK 81		6,—

Auflagen: MiNr. 939 = 753 087, MiNr. 940 = 725 707, MiNr. 941 = 699 067 Stück

Gültig bis 31.12.2001

1988, 6. Juni. Europäische Kampagne für eine gegenseitige Abhängigkeit und Solidarität zwischen Nord und Süd: Kulturelle Zusammenarbeit zwischen Liechtenstein und Costa Rica. RaTdr. (5×4); gez. K 11¾.

akm) Bücher, Kopfhörer (Kulturelle Radiosendungen)

akn) Mann mit Taschenradio (Erwachsenenbildung)

945	50 (Rp)	mehrfarbig . . . . akm	0,80	0,80
946	1.40 (Fr)	mehrfarbig . . . . akn	3,—	3,—
		Satzpreis (2 W.)	3,80	3,80
		FDC I		4,50
		FDC II		12,—

FDC II trägt auch die Marken Costa Rica MiNr. 1347–1348.

Auflagen: MiNr. 945 = 898 235, MiNr. 946 = 708 095 Stück

Gültig bis 31.12.2001

Luxemburg

1988, 8. Febr. Transport: Europäische Transportminister-Konferenz (CEMT), Luxemburg; 25 Jahre Europäische Organisation für Flugsicherheit (EUROCONTROL). RaTdr.; Papier fl.; gez. K 11¾:12.

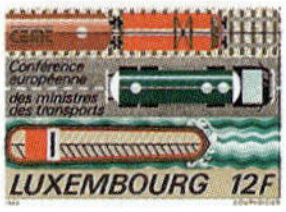

aeu) Güterzug, Tanklastwagen, Prahm

aev) Flugzeuge, Emblem

1194	12 Fr	mehrfarbig . . . . aeu	1,—	0,50
1195	20 Fr	mehrfarbig . . . . aev	1,50	1,—
		Satzpreis (2 W.)	2,50	1,50
		FDC		2,50

Auflage: 1 000 000 Sätze

Gültig bis 31.12.2002

1988, 12. Sept. 100. Geburtstag von Jean Monnet; 30 Jahre Europäische Investitionsbank (EIB). Komb. StTdr. und Odr.; Rahmen fl.; gez. K 14.

afi) Jean Monnet (1888–1979), Wirtschaftspolitiker

afk) Bankgebäude

1207	12 Fr	mehrfarbig . . . . afi	0,70	0,40
1208	12 Fr	violettschwarz/olivgrün . . . . . . afk	1,30	0,40
		Satzpreis (2 W.)	2,—	0,80
		FDC		2,—

Auflage: 1 500 000 Sätze

Gültig bis 31.12.2002

Malta

1988, 28. Mai. Europäische Kampagne für eine gegenseitige Abhängigkeit und Solidarität zwischen Nord und Süd. Odr. (10×5); Wz. 6; gez. K 13¾.

yg) Weltkugel

797	18 C mehrfarbig	yg	1,80	1,80
		FDC		2,50

MiNr. 797 stammt aus dem Satz MiNr. 796–798.

Gültig bis 31.7.2002

Monaco

1988, 26. Mai. 100. Geburtstag von Jean Monnet. StTdr. (5×6); gez. K 12½:13.

bfz) Jean Monnet (1888–1979), französischer Wirtschaftspolitiker

1871	2.00 (Fr) mehrfarbig	bfz	3,—	3,—
		FDC		4,50

Auflage: 146 700 Stück

Norwegen

1988, 26. April. Europäische Kampagne für eine gegenseitige Abhängigkeit und Solidarität zwischen Nord und Süd. Odr.; Papier ph.; gez. K 13:13¼.

zu) Weltkugel

995	25 Kr mehrfarbig	zu	8,—	2,—
		FDC		8,50

Auflage: 2 918 769 Stück

Portugal

1988, 9. Mai. 100. Geburtstag von Jean Monnet. Odr. (5×10); Papier ph.; gez. K 12:11¾.

asl) Jean Monnet (1888–1979), französischer Wirtschaftspolitiker

1755	60 (E) mehrfarbig	asl	2,—	1,50
		FDC		2,—

Auflage: 600 000 Stück

Gültig bis 31.8.1995

Rumänien

1988, 27. April. Blockausgabe: INTEREUROPA. RaTdr.; gez. Ks 13½.

fkm

fkh) Alter Postwagen
fki) Satellit „ECS“
fkk) Rumänischer Pkw „OLTCIT“
fkl) Deutscher „ICE“

fks

fkn) Segelschiff „Santa Maria“
fko) Rumänische Telekommunikationsstelle „CHEIA“
fkp) U-Bahn, Bukarest
fkr) Airbus A 320

4435	3 L mehrfarbig	fkh	0,50	0,50
4436	3 L mehrfarbig	fki	0,50	0,50
4437	3 L mehrfarbig	fkk	0,50	0,50
4438	3 L mehrfarbig	fkl	0,50	0,50
Block 239	(110×80 mm)	fkm	3,—	3,—
		FDC		5,—
4439	3 L mehrfarbig	fkn	0,50	0,50
4440	3 L mehrfarbig	fko	0,50	0,50
4441	3 L mehrfarbig	fkp	0,50	0,50
4442	3 L mehrfarbig	fkr	0,50	0,50
Block 240	(110×80 mm)	fks	3,—	3,—
		FDC		5,—

Auflage: 125 000 numerierte Blockpaare

Gültig bis 30.6.2005

San Marino

1988, 8. Juli. Europäisches Film- und Fernsehjahr: Verleihung des Preises „I Grandi dello Spettacolo“ an Federico Fellini. RaTdr. (10×5); gez. K 13¼:14.

aor) La Strada

aos) La Dolce Vita

aot) Amarcord

aor–aot) Plakate zu Filmen von Federico Fellini (1920–1993), Regisseur

1391	300 (L)	mehrfarbig	aor	0,50	0,50
1392	900 (L)	mehrfarbig	aos	1,50	1,50
1393	1200 (L)	mehrfarbig	aot	2,—	2,—
			Satzpreis (3 W.)	4,—	4,—
			FDC		5,—

Auflage: 300 000 Sätze

Schweiz

1988, 8. März. Europäische Kampagne für den ländlichen Raum. RaTdr. (5×10); Papier fl.; gez. K 11¾.

awr) Kulturlandschaft

1367	80 (C)	mehrfarbig	awr	1,20	1,10
			FDC		1,80

MiNr. 1367 stammt aus dem Satz MiNr. 1364–1368.

Auflage: 7 846 000 Stück

Spanien

1988, 9. Mai. 100. Geburtstag von Jean Monnet. StTdr.; Papier ph.; gez. K 14:13¾.

cfy) Jean Monnet (1888–1979), französischer Wirtschaftspolitiker

2830	45 (Pta)	schwarzgraublau	cfy	1,—	0,50
			FDC		1,20

Auflage: 3 500 000 Stück

Gültig bis 28.2.2002

Türkei

1988, 19. Okt. Europäische Kampagne für den ländlichen Raum. Odr.; Wz. 1; gez. K 12¾:13.

bmr) Hände, ausgetrocknete Landschaft

bms) Auge mit Kulturlandschaft

2829	100 L + 25 (L)	mehrfarbig	bmr	0,80	0,80
2830	400 L + 50 (L)	mehrfarbig	bms	1,70	1,70
			Satzpreis (2 W.)	2,50	2,50
			FDC		3,50

Auflage: 300 000 Sätze

Zypern

1988, 11. Jan. Zollabkommen Zyperns mit der Europäischen Gemeinschaft. Odr. (2×5); Wz. 6; gez. K 13:13¼.

wd) Europaratfahne, Landesflagge

we) Karte der Mitgliedsländer der Europäischen Gemeinschaft und von Zypern

693	15 C	mehrfarbig	wd	3,50	3,—
694	18 C	mehrfarbig	we	3,50	3,—
			Satzpreis (2 W.)	7,—	6,—
			FDC		8,—
			Kleinbogensatz (2 Klb.)	70,—	60,—

MiNr. 693–694 wurden auf verschiedenen Papieren mit unterschiedlichen Aufhellern gedruckt. Es gibt kein fluoreszierendes Papier.

Auflagen: MiNr. 693 = 200 000, MiNr. 694 = 1 000 000 Stück

1989

Belgien

1989, 3. Juni. Dritte Direktwahlen zum Europäischen Parlament. RaTdr. (3×5); Papier ph.; gez. K 11½:11¾.

bym) Stadtansicht von Brüssel, Europafahne

2378	13 (Fr)	mehrfarbig	bym	1,—	0,50
			FDC		2,50

Auflage: 6 000 000 Stück

Dänemark

1989, 11. Mai. Dritte Direktwahlen zum Europäischen Parlament. Odr. (5×10); Papier fl.; gez. K 12¾.

wi) Europafahne

949	3.00 (Kr)	dunkelultramarin/gelb	wi	1,50	1,—
			FDC		2,—

Auflage: 4 800 000 Stück

Deutschland

1989, 20. April. Dritte Direktwahlen zum Europäischen Parlament. Odr. (5×10); Papier fl.; gez. K 14.

bbo) Europafahne, Flaggen der Mitgliedsländer

1416	100 (Pf)	mehrfarbig	bbo	2,60	1,20
			FDC		2,20
			ETB 12/1989		1,—

Auflage: 32 800 000 Stück, davon 454 200 auf ETB

Gültig bis 30.6.2002

1989, 5. Mai. 40 Jahre Europarat. RaTdr. (5×5); Papier fl.; gez. K 14.

bbv) Parlamentarische Versammlung, Sterne der Europafahne

1422	100 (Pf)	mehrfarbig	bbv	2,20	1,—
			FDC		1,80
			ETB 17/1989		0,70

Auflage: 31 000 000 Stück, davon 454 200 auf ETB

Gültig bis 30.6.2002

Finnland

1989, 4. Sept. 40 Jahre Europarat; Eintritt Finnlands in den Europarat. Odr.; gez. K 14.

aif) Brücken, Flaggen

1093	2.50 (M) mehrfarbig	aif	1,50	1,—
		FDC		2,—

Auflage: 1 000 000 Stück

Gültig bis 31.12.2011

Frankreich

1989, 4. März. Dritte Direktwahlen zum Europäischen Parlament. Odr.; gez. K 13.

cny) Emblem, Europafahne

2706	2.20 (Fr) mehrfarbig	cny	1,—	1,—
		FDC		1,70
		ETB		9,—

Auflage: 11 100 939 Stück

Griechenland

1989, 22. Mai. 10 Jahre Direktwahlen zum Europäischen Parlament; 40 Jahre Europarat. Odr.; A = vierseitig gez. K 14:13¼, C = waagerecht gez. 13.

bbs) Hand, Wahlurne

bbu) Flagge des Europarats, Zahl „40“

1725	60 (Dr) mehrfarbig	bbs		
A	gez. K 14:13¼		1,50	1,—
C	waagerecht gez. 13		10,—	4,—
1727	200 (Dr) mehrfarbig	bbu		
A	gez. K 14:13¼		5,—	3,—
C	waagerecht gez. 13		10,—	8,—
	Satzpreis A (2 W.)		6,50	4,—
	FDC A			6,—
	Satzpreis C (2 W.)		20,—	12,—
	FDC C			15,—

Teilgezähnte Werte wurden jeweils in Verkaufspackungen zu 100 Marken (20 Fünferstreifen) ausgegeben.

MiNr. 1725 und 1727 stammen aus Satz 1723–1727.

Auflagen: MiNr. 1725 A und 1727 A je 600 000, MiNr. 1725 C und 1727 C je 400 000 Stück

Gültig bis 31.12.2002

Großbritannien

1989, 11. April. Dritte Direktwahlen zum Europäischen Parlament. Odr. (5×5 Zd + 5×5 Zd); Papier ph.; gez. K 14:14½.

ams) Wahlzettel mit Kreuz

1199	19 P mehrfarbig	ams	1,30	1,30
		Paar	3,—	3,—
		FDC		3,50

MiNr. 1199 wurde mit MiNr. 1198 waagerecht zusammenhängend gedruckt.

MiNr. 1199 stammt aus dem Satz MiNr. 1198–1201.

Auflage: 14 512 700 Stück

Irland

1989, 11. Mai. Dritte Direktwahlen zum Europäischen Parlament. Odr.; gez. K 14:15.

sr) Zwölf kreisförmig angeordnete Sterne

681	28 (P) mehrfarbig	sr	1,—	1,—
		FDC		1,50

Auflage: 1 000 000 Stück

Gültig bis 31.12.2002

Italien

1989, 3. Juni. Dritte Direktwahlen zum Europäischen Parlament. RaTdr. (10×5); Papier fl.; gez. K 13¼:14.

bmm) Baum mit Europafahne, Landkarte Europas

2083	500 (L) / 0.31 ECU mehrfarbig	bmm	1,50	1,—
		FDC		2,—

Auflage: 4 000 000 Stück

Luxemburg

1989, 8. Mai. 40 Jahre Europarat. RaTdr.; Papier fl.; gez. K 11¼:11½.

afz) Europafahne, Sitzungssaal, Zahl „40“

1222	12 Fr mehrfarbig	afz	1,—	0,30
		FDC		1,50

MiNr. 1222 stammt aus dem Satz MiNr. 1221–1222.

Auflage: 1 000 000 Sätze

Gültig bis 31.12.2002

1989, 8. Mai. Dritte Direktwahlen zum Europäischen Parlament. RaTdr.; Papier fl.; gez. K 11¾:11½.

aga) Emblem, Hände

1223	12 Fr mehrfarbig	aga	1,—	0,50
		FDC		1,20

Auflage: 800 000 Stück

Gültig bis 31.12.2002

Malta

1989, 28. Jan. Malta im Europarat. Odr. (5×10); Wz. 6; gez. K 13¾.

yv) Europa-Fahne

810	3 C mehrfarbig	yv	0,30	0,30
		FDC		1,—

MiNr. 810 stammt aus dem Satz MiNr. 809–814.

Gültig bis 31.7.2002

1989, 17. Okt. 40 Jahre Europarat. Odr. (5×10); Wz. 6; gez. K 14.

zk) Familie, Europarat-Emblem

824	10 C	mehrfarbig	zk	0,70	0,70
			FDC		1,50

MiNr. 824 stammt aus dem Satz MiNr. 822–826.

Gültig bis 31.7.2002

Portugal

1989, 8. März. Dritte Direktwahlen zum Europäischen Parlament. Odr. (10×5); Papier ph.; gez. K 11¾:12.

atx) Wahlurne mit Staatsflaggen als Stimmzettel

1784	60 (E)	mehrfarbig	atx	2,—	1,50
			FDC		2,—

Auflage: 600 000 Stück

Gültig bis 31.8.1995

Rumänien

1989, 15. Juni. Blockausgabe: INTEREUROPA. RaTdr.; gez. Ks 13½.

fpu

fpp) Mädchen mit Puppen fpr) Ballspielende Jungen
fps) Kleinkinder im Sand fpt) Jungen mit Autorennbahn

fpz

fpv) Badende Kinder fpw) Kinder auf Rutschbahn
fpx) Kinder am Spielplatz fpy) Jungen lassen Drachen steigen

4547	3 L	mehrfarbig	fpp	0,50	0,50
4548	3 L	mehrfarbig	fpr	0,50	0,50
4549	3 L	mehrfarbig	fps	0,50	0,50
4550	3 L	mehrfarbig	fpt	0,50	0,50
Block 254	(110×80 mm)		fpu	3,—	3,—
			FDC		5,—
4551	3 L	mehrfarbig	fpv	0,50	0,50
4552	3 L	mehrfarbig	fpw	0,50	0,50
4553	3 L	mehrfarbig	fpx	0,50	0,50
4554	3 L	mehrfarbig	fpy	0,50	0,50
Block 255	(110×80 mm)		fpz	3,—	3,—
			FDC		5,—

Auflage: 125 000 numerierte Blockpaare

Gültig bis 30.6.2005

Sowjetunion

1989, 12. Juni. Europa – unser gemeinsames Haus. RaTdr., Bogen (B) (10×5) und Kleinbogen (Klb.) (4×2); gez. K 11½.

icw) Europakarte, Friedenstaube

icx) Brückenbau, Europakarte

icy) Storchennest, Europakarte

5955	5 K	mehrfarbig (B) (Klb.)	icw	0,30	0,30
5956	10 K	mehrfarbig (B)	icx	0,40	0,40
5957	15 K	mehrfarbig (B)	icy	0,60	0,60
			Satzpreis (3 W.)	1,30	1,30
			FDC		1,70
			Kleinbogen	20,—	25,—

Auflagen: MiNr. 5955 = 2 460 000, davon 160 000 im Kleinbogen, MiNr. 5956 bis 5957 je 2 300 000 Stück

Gültig bis 30.9.1992

Spanien

1989, 9. Mai. Vorsitz Spaniens im Ministerrat der Europäischen Gemeinschaft (EG). RaTdr.; Papier ph.; gez. K 13¾:14.

cig) Europafahne

2887	45 (Pta)	mehrfarbig	cig	1,—	0,60
			FDC		1,80

Auflage: 4 500 000 Stück

Gültig bis 28.2.2002

1989, 12. Juni. Dritte Direktwahlen zum Europäischen Palament. RaTdr.; Papier ph.; gez. K 12¾:13.

cil) Wahlurne mit Europafahne und Staatsflaggen der EG-Länder

2894	45 (Pta)	mehrfarbig	cil	1,—	0,60
			FDC		1,80

Auflage: 3 000 000 Stück

Gültig bis 28.2.2002

Türkei

1989, 5. Mai. 40 Jahre Europarat. Odr.; gez. K 13.

bnt) Pfeil, Zahl „40“ mit Europakarte, Europafahne

2856	600 L + 100 (L)	mehrfarbig	bnt	2,—	2,—
			FDC		2,50

Zypern

1989, 13. Nov. Europäisches Jahr der Krebsbekämpfung. Odr.; gez. K 13¼:13¾.

xp) Blume, Krebs

728	7 C mehrfarbig	. . . . xp	0,70	0,70
		FDC		1,50

MiNr. 728 stammt aus dem Satz MiNr. 726–729.

Auflagen: 180 000 Stück

1990

Andorra (Französische Post)

1990, 23. Okt. 100. Geburtstag von Charles de Gaulle. StTdr. (1×5 Zd); gez. K 13.

im

Zierfeld

in) in Andorra (1967)

im–in) Charles de Gaulle (1890–1970), französischer Staatspräsident und Co-Fürst von Andorra

418	2.30 (Fr) dunkelviolettblau	. . . . im	1,50	1,50
419	3.20 (Fr) rot	. . . . in	2,—	2,—
		Satzpreis (2 W.)	3,50	3,50
		Dreierstreifen	4,—	4,—
		FDC		5,—
		Kleinbogen	20,—	20,—

Auflage: 277 960 Sätze

Frankreich

1990, 24. Febr. 100. Geburtstag von Charles de Gaulle. StTdr.; gez. K 12½:13.

crb) Charles de Gaulle (1890–1970), Staatspräsident

2759	2.30 (Fr) mehrfarbig	. . . . crb	1,30	1,30
		FDC		3,50
		ETB		10,—

Auflage: 27 279 272 Stück

Griechenland

1990, 20. Juli. Freimarken: Provinzhauptstädte. Odr.; A = vierseitig gez. K 12¼:12¾, C = waagerecht gez. 13¼.

bcx) Chios

bda) Kalamata

bde) Argostolion

1753	15 (Dr) mehrfarbig	. . . . bcx		
A	vierseitig gez. 12¾:12¼	. . . . .	0,50	0,30
C	waagerecht gez. 13¼	. . . .	0,30	0,30
1756	40 (Dr) mehrfarbig	. . . . bda		
A	vierseitig gez. 12¾:12¼	. . . . .	1,—	0,50
C	waagerecht gez. 13¼	. . . .	0,50	0,50
1760	90 (Dr) mehrfarbig	. . . . bde		
A	vierseitig gez. 12¾:12¼	. . . . .	2,—	0,50
C	waagerecht gez. 13¼	. . . .	1,—	0,50
		Satzpreis A (3 W.)	3,50	1,20
		FDC A		5,—
		Satzpreis C (3 W.)	1,70	1,20
		FDC C		6,—

Teilgezähnte Werte wurden jeweils in Verkaufspackungen zu 100 Marken (20 Fünferstreifen) ausgegeben.

MiNr. 1753, 1756 und 1760 stammen aus dem Satz MiNr. 1749–1763.

Auflagen: MiNr. 1753 A, 1756 A und 1760 A je 600 000, MiNr. 1753 C, 1756 C und 1760 C je 4 400 000 Stück

Gültig bis 31.12.2002

Großbritannien

1990, 6. März. Glasgow – Kulturhauptstadt Europas 1990. RaTdr. (5×10 + 5×10); Papier ph.; gez. K 14¼:14¾.

aor) Kunstschule (ab 1897) von Charles Rennie Mackintosh (1868–1928)

aos) Templeton-Teppichfabrik (1892) von William Leiper (1839–1916)

1263	20 (P) mehrfarbig	. . . . aor	0,80	0,80
1264	37 (P) mehrfarbig	. . . . aos	1,80	1,80
		Satzpreis (2 W.)	2,60	2,60
		FDC		3,—

Zwischenstegpaare:

1263 ZW–1264 ZW		. . . . 2 Paare	6,50	6,50

Auflagen: MiNr. 1263 = 21 010 000, MiNr. 1264 = 5 610 200 Stück

Irland

1990, 9. Jan. Vorsitz Irlands im Ministerrat der Europäischen Gemeinschaft (EG); Europäisches Jahr des Tourismus. Odr.; gez. K 15:14.

tk) Emblem der irischen Präsidentschaft in der EG

tl) Emblem des Europäischen Tourismusjahres, Landkarte Irlands

698	30 (P) mehrfarbig	. . . . tk	0,80	0,80
699	50 (P) mehrfarbig	. . . . tl	1,70	1,70
		Satzpreis (2 W.)	2,50	2,50
		FDC		3,—

Auflagen: MiNr. 698 = 3 000 000, MiNr. 699 = 500 000 Stück

Gültig bis 31.12.2002

Island

1990, 6. Sept. Europäisches Jahr des Tourismus. Odr.; gez. K 13¼.

ue) Landkarte Europas, Vogel, Sterne der Europafahne

730	30.00 (Kr) mehrfarbig	. . . . ue	1,50	1,—
		FDC		1,50

Auflage: 1 500 000 Stück

San Marino

1990, 23. März/11. Juni. Europäisches Jahr der Tourismus (I). RaTdr. Bogen (10×5) und Markenheftchen; A = vierseitig gez. K 11½:11¾, C = senkreckt gez. 11¾.

aro) Landkarte von Nord- und Mittelitalien

arp) Adriaküste mit San Marino

arr) La Cesta

A = vierseitig gez. K 11½:11¾ (23. März)

1435 A	600 (L) mehrfarbig	aro	0,90	0,90
1436 A	600 (L) mehrfarbig	arp	0,90	0,90
1437 A	600 (L) mehrfarbig	arr	0,90	0,90
		Satzpreis A (3 W.)	2,50	2,50
		FDC A		6,—

C = senkreckt gez. 11¾ (11. Juni)

1435 C	600 (L) mehrfarbig	aro	0,70	0,70
1436 C	600 (L) mehrfarbig	arp	0,70	0,70
1437 C	600 (L) mehrfarbig	arr	0,70	0,70
		Satzpreis C (3 W.)	2,—	2,—

MiNr. 1435 C–1437 C stammen aus MH 2; siehe nach MiNr. 1450.

FDC für MiNr. 1435 C–1437 C siehe bei MiNr. 1447–1450.

Auflage: MiNr. 1435 A–1437 A = 300 000 Sätze

1990, 11. Juni. Europäisches Jahr des Tourismus (II). RaTdr., Markenheftchen (3 + 2×2); dreiseitig gez. K 11½:11¾.

asc) Heiligenstatue am Regierungspalast
asd) Statue der Freiheit
ase) Regierungspalast
asf) Mann mit Staatsflagge

1447	50 (L) mehrfarbig	asc	0,30	0,30
1448	50 (L) mehrfarbig	asd	0,30	0,30
1449	50 (L) mehrfarbig	ase	0,30	0,30
1450	50 (L) mehrfarbig	asf	0,30	0,30
		Satzpreis (4 W.)	0,80	0,80
		FDC (H-Blatt 1)		4,—

H-Blatt 1	mit 1 × MiNr. 1435 C–1437 C und 1447–1450	3,50
MH 2	mit 1 × H-Blatt 1	5,—

Auflage: 300 000 Markenheftchen

Sowjetunion

1990, 31. Dez. Charta für ein neues Europa. RaTdr. (10×5); gez. K 11½.

ima) Europakarte, Eiffelturm, Flaggen

6157	30 K mehrfarbig	ima	0,80	0,80
		FDC		1,—

Auflage: 1 800 000 Stück

Gültig bis 30.9.1992

Spanien

1990, 1. Dez. Europäisches Jahr des Tourismus. RaTdr.; Papier ph.; gez. K 14:13¾.

cmr) Gemälde von Joan Miró (1893–1983)

2967	45 (Pta) mehrfarbig	cmr	1,—	0,80
		FDC		1,20

Auf der Briefmarkenausstellung „Exfime '90" wurde MiNr. 2967 ungezähnt in Blockform (Format 120×85 mm) verkauft. Keine Frankaturkraft (Auflage: 55 000 Blocks; 40,—).

Auflage: 10 000 000 Stück

Gültig bis 28.2.2002

Türkei

1990, 26. April. Europäisches Jahr des Tourismus. Odr.; Wz. 1; gez. K 13.

bot) Antalya

bou) Istanbul mit Bosporus

2884	300 L + 50 (L) mehrfarbig	bot	0,50	0,50
2885	1000 L + 100 (L) mehrfarbig	bou	1,50	1,50
		Satzpreis (2 W.)	2,—	2,—
		FDC		3,—

Auflage: 600 000 Sätze

1990, 7. Mai. Europäische Konferenz der Verfassungsgerichte. Odr.; gez. K 12¾:13.

box) Landkarte Europas, Gesetzbuch und Taube

2888	1000 L mehrfarbig	box	2,50	2,20
		FDC		3,50

Auflage: 600 000 Stück

Türkisch-Zypern

1990, 24. Aug. Europäisches Jahr des Tourismus. Odr.; Wz. 1; gez. K 12¼.

lc) Amphitheater

ld) Schwanenmosaik

lc–ld) Ruinen von Soli

283	150 L mehrfarbig	lc	0,50	0,50
284	1000 L mehrfarbig	ld	1,50	1,50
		Satzpreis (2 W.)	2,—	2,—
		FDC		3,—

Auflage: 150 000 Sätze

Die Preise von Einheiten (z. B. Markenheftchen, H-Blätter, Zusammendrucke, Rollenmarkenstreifen) müssen nicht der Summe der Einzelpreise entsprechen.

Zypern

1990, 9. Juli. Europäisches Jahr des Tourismus. Odr.; gez. K 14:13¾.

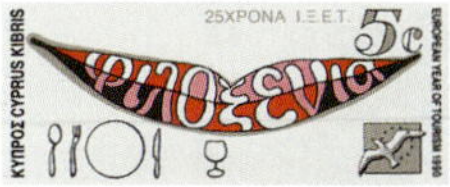

yn) 25 Jahre Hotel- und Gaststätten-Fachschule

yo) 1100 Jahre Kirche des hl. Lazarus, Larnaka

yp) Natürliche Umwelt: Schmetterlinge, Frau

yr) Natürliche Umwelt: Vögel, Mann

750	5 C	mehrfarbig	yn	0,50	0,30
751	7 C	mehrfarbig	yo	0,50	0,30
752	15 C	mehrfarbig	yp	2,50	1,—
753	18 C	mehrfarbig	yr	2,50	1,—
			Satzpreis (4 W.)	5,50	2,50
			FDC		3,—

Auflagen: MiNr. 750–751 = 250 000, MiNr. 752 = 1 000 000, MiNr. 753 = 200 000 Stück

1991

Belgien

1991, 25. Mai. Europäisches Kulturfestival „Europalia '91 Portugal", Brüssel. RaTdr. (5×8); Papier ph.; gez. K 11½:11¾.

cby) Königin Isabella von Portugal (1397–1471) und König Philipp der Gute (1396–1467); Gemälde eines unbekannten Künstlers (15. Jh.)

2461	14 (Fr)	mehrfarbig	cby	1,—	0,30
			FDC		2,20

Auflage: 7 500 000 Stück

Deutschland

1991, 9. April. 750. Jahrestag der Schlacht bei Liegnitz. Komb. StTdr. und Odr. (5×10); Papier fl.; gez. K 14.

bfp) Aufeinandertreffen des deutsch-polnischen und des mongolischen Heeres; Miniatur aus dem Schlackenwerther Codex (um 1350)

1511	100 (Pf)	mehrfarbig	bfp	2,—	1,20
			FDC		1,80
			ETB 15/1991		1,—

1511 F I	Offsetdruck fehlend	1000,—	*250,—*
1511 F II	Stichtiefdruck fehlend	1000,—	

Auflage: 31 250 000 Stück, davon 429 600 auf ETB

Gültig bis 30.6.2002

Bitte teilen Sie uns von Ihnen festgestellte Fehler mit, damit wir sie berichtigen können.

Griechenland

1991, 20. Sept. Blockausgabe: Vorsitz Griechenlands in der Europäischen Post- und Fernmeldeministerkonferenz (CEPT). Odr.; gez. K 14:12¾.

beh) Zeus als Stier und Europa; Dekoration eines attischen Keramikgefäßes (um 500 v. Chr.)

bei

1786	300 (Dr)	mehrfarbig	beh	18,—	18,—
Block 9	(81×62 mm)		bei	20,—	20,—
			FDC		25,—

Auflage: 120 000 numerierte Blocks

Gültig bis 31.12.2002

Irland

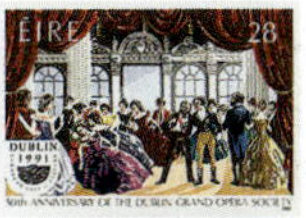

1991, 11. April. Dublin – Kulturhauptstadt Europas 1991; 50 Jahre Dublin Grand Opera Society: 800 Jahre St.-Patrick's-Cathedral; 200 Jahre Custom House. Odr.; gez. K 15:14.

vo) Szene aus „La Traviata"

vp) Rathaus, Dublin; EG-Emblem

vr) St.-Patrick-Kathedrale, Dublin

vs) Zollamt, Dublin

755	28 (P)	mehrfarbig	vo	1,10	1,10
756	32 (P)	mehrfarbig	vp	1,20	1,20
757	44 (P)	mehrfarbig	vr	1,60	1,60
758	52 (P)	mehrfarbig	vs	1,60	1,60
			Satzpreis (4 W.)	5,50	5,50
			FDC		6,—

MH 17	(Nominale 2.60 £)	10,—	
H-Blatt 24	mit MiNr. 755–758	5,60	5,60
H-Blatt 25	mit MiNr. 755–757	4,—	4,—

P 45	Sonderpostkarte zum gleichen Anlaß mit MiNr. 756 als Wertstempel	1,50	1,50

Auflagen: MiNr. 755 = 1 000 000, MiNr. 756 = 3 000 000, MiNr. 757–758 je 500 000 Stück

Gültig bis 31.12.2002

Italien

1991, 12. März. Europäisches Jugendtreffen, Venedig. RaTdr. (10×10); Papier fl.; gez. K 14:13¼.

brn) Europafahne

2175	750 (L)	mehrfarbig	brn	1,—	1,—
			FDC		2,—

Auflage: 5 000 000 Stück

Jugoslawien

1991, 15. Mai. Konferenz der Donau-Anrainerstaaten, Belgrad. Odr. (3×3); gez. K 13¾.

cef) Schiffe auf der Donau

ceg) Schiff auf der Donau

2479	7.50 (Din)	mehrfarbig	cef	1,—	1,—
2480	15 (Din)	mehrfarbig	ceg	1,50	1,50
			Satzpreis (2 W.)	2,50	2,50
			FDC		3,50
			Kleinbogensatz (2 Klb.)	25,—	25,—

Blockausgabe

ceh) Landkarte mit Lauf der Donau und Wahrzeichen wichtiger Donaustädte

cei

2481	20 (Din)	mehrfarbig	ceh	5,—	5,—
Block 40	(85×65 mm)		cei	8,—	8,—
			FDC		10,—

MiNr. 2479–2480 wurden jeweils im Kleinbogen zu 8 Marken und 1 Zierfeld gedruckt.

Auflagen: MiNr. 2479–2480 = 183 000 Sätze, Bl. 40 = 183 000 Blocks

Polen

1991, 15. März. Aufnahme Polens in die Konferenz der Verwaltungen für das Post- und Fernmeldewesen (CEPT). Odr. (5×6); gez. K 11:11¾.

dwl) Radziwiłł-Palast; Gebäude des Ministerrates

3314	1500 Zł	mehrfarbig	dwl	0,80	0,30
			FDC		1,—

Auflage: 5 000 000 Stück

Gültig bis 31.12.1996

1991, 9. April. 750. Jahrestag der Schlacht bei Liegnitz. Komb. StTdr. und Odr. (5×10); Papier fl.; gez. K 14.

dwp) Aufeinandertreffen des deutsch-polnischen und des mongolischen Heeres; Miniatur aus dem Schlackenwerther Codex (um 1350)

3318	1500 Zł	mehrfarbig	dwp	1,—	0,50
			FDC		1,—

Auflage: 5 000 000 Stück

Gültig bis 31.12.1996

1991, 28. Mai. Symposium der Konferenz für Sicherheit und Zusammenarbeit in Europa (KSZE), Krakau: Kulturelles Erbe. Odr. (6×5); gez. K 12:11½.

dxg) Stadtwappen von Krakau unter Kasimir III. d. Großen (Kazimierz Wielki) (1310–1370)

3333	2000 Zł	lebhaftviolettultramarin/ mittelbraunviolett	dxg	1,—	0,50
			FDC		2,—

Auflage: 5 000 000 Stück

Gültig bis 31.12.1996

Portugal

1991, 6. März. Europäisches Jahr des Tourismus. Odr. (5×10); Papier ph.; gez. K 12:11¾.

axo) Flamingos, Tejo-Mündung

axp) Chamäleon, Ria Formosa

1859	60 (E)	mehrfarbig	axo	1,—	1,—
1860	110 (E)	mehrfarbig	axp	2,50	2,50
			Satzpreis (2 W.)	3,50	3,50
			FDC		4,—

Blockausgabe, normales Papier

axs

axr) Rothirsch, Serra de São Mamede

1861	250 (E)	mehrfarbig	axr	6,50	6,50
Block 77	(112×104 mm)		axs	7,—	7,—
			FDC		12,—

Auflagen: MiNr. 1859 = 1 000 000, MiNr. 1860 = 600 000 Stück, Bl. 77 = 100 000 Blocks

Gültig bis 31.3.1999

1991, 27. Mai. Blockausgabe: Europäisches Kulturfestival „Europalia '91 Portugal", Brüssel. Odr.; normales Papier; gez. Ks 12½.

axw) Isabella von Portugal (1397–1471) und Philipp der Gute (1396–1467); Gemälde eines unbekannten Künstlers (15. Jh.)

axx

1864	300 (E)	mehrfarbig	axw	8,—	8,—
Block 79	(140×112 mm)		axx	10,—	10,—
			FDC		12,—

Auflage: 110 000 Blocks

Gültig bis 31.3.1999

San Marino

1991, 24. Sept. Blockausgabe: Geburt des neuen Europa. Odr.; gez. K 14:13½.

atr) Friedenstaube; zersprungene Kette; Brandenburger Tor, Berlin — ats) Michail Gorbatschow, George Bush, Regenbogen — att) Blume, gebrochener Stacheldraht, Landkarte von Europa — atu

1484	1500 (L) mehrfarbig	atr	2,—	2,—
1485	1500 (L) mehrfarbig	ats	2,—	2,—
1486	1500 (L) mehrfarbig	att	2,—	2,—
Block 14	(120×72 mm)	atu	7,—	7,—
		FDC		8,50

Auflage: 320 000 Blocks

Sowjetunion

1991, 1. Juli. Symposium der Konferenz für Sicherheit und Zusammenarbeit in Europa (KSZE), Moskau. RaTdr. (5×10); gez. K 11½.

iok) Veranstaltungsemblem

6213	10 K mehrfarbig	iok	0,40	0,40
		FDC		1,—

Auflage: 1 800 000 Stück

Gültig bis 30.9.1992

Spanien

1991, 29. Juli. Madrid – Kulturhauptstadt Europas 1992 (I). RaTdr.; Papier ph.; gez. K 13¾:14.

cnw) Apollo-Brunnen

cnx) Denkmal von Alvaro de Bazán — cny) Nationalbank — cnz) San-Isidro-Institut

2996	15 (Pta) + 5 (Pta) mehrfarbig	cnw	0,60	0,60
2997	25 (Pta) + 5 (Pta) mehrfarbig	cnx	0,60	0,60
2998	45 (Pta) + 5 (Pta) mehrfarbig	cny	0,80	0,80
2999	55 (Pta) + 5 (Pta) mehrfarbig	cnz	1,—	1,20
		Satzpreis (4 W.)	3,—	3,20
		FDC		4,50

Auflage: 3 000 000 Sätze

Gültig bis 28.2.2002

Die Notierungen gelten in der ersten Spalte für ungebrauchte (postfrische), in der zweiten für gebrauchte (gestempelte) Postwertzeichen.

Türkei

1991, 22. Mai. Konferenz der europäischen Verkehrsminister (CEMT), Antalya. Odr. (10×10); Wz. 1; gez. K 13¼.

brf) Europakarte

2925	500 L mehrfarbig	brf	1,50	1,—
		FDC		4,—

Auflage: 600 000 Stück

Ungarn

1991, 22. März. Aufnahme Ungarns in die CEPT (1990). Odr. (4×4); A = gez. K 11½:12¼, B = ☐.

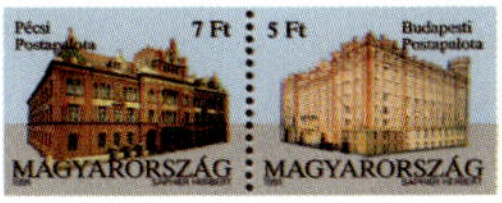

fvz) Hauptpostamt Pécs

fvy) Hauptpostamt Budapest

4131 A	5 Ft mehrfarbig	fvy	3,50	3,50
4132 A	7 Ft mehrfarbig	fvz	4,50	4,50
		Satzpreis A (Paar)	8,—	8,—
		FDC A		12,—
		Satzpreis B (Paar)	50,—	50,—
		FDC B		100,—

MiNr. 4131–4132 wurden schachbrettartig zusammenhängend gedruckt.

Auflagen: MiNr. 4131 A–4131 A = 264 160, MiNr. 4131 B–4132 B = 21 280 Sätze

Vereinte Nationen – Genf

1991, 15. März. Wirtschaftskommission für Europa (ECE): Für eine bessere Umwelt. Odr. (2×5 Zd); gez. K 14.

gc
gd
ge
gf

gc–gf) Fauna und Flora eines Tieflandsees

194	0.90 Fr mehrfarbig	gc	1,80	1,80
195	0.90 Fr mehrfarbig	gd	1,80	1,80
196	0.90 Fr mehrfarbig	ge	1,80	1,80
197	0.90 Fr mehrfarbig	gf	1,80	1,80
		Satzpreis (4 W.)	7,—	7,—
		Viererblock	8,—	8,—
		FDC		12,—
		MK 2		15,—

Auflage: 643 143 Sätze

Vereinte Nationen – New York

1991, 15. März. Wirtschaftskommission für Europa (ECE): Für eine bessere Umwelt. Odr. (2×5 Zd); gez. K 14.

vh
vi
vk
vl

vh–vl) Fauna und Flora eines Bergsees

608	30 C mehrfarbig	vh	1,—	1,—
609	30 C mehrfarbig	vi	1,—	1,—
610	30 C mehrfarbig	vk	1,—	1,—
611	30 C mehrfarbig	vl	1,—	1,—
		Satzpreis (4 W.)	4,—	4,—
		Viererblock	4,50	4,50
		FDC		5,—
		MK 1		8,—

Auflage: 590 102 Sätze

Vereinte Nationen – Wien

1991, 15. März. Wirtschaftskommission für Europa (ECE): Für eine bessere Umwelt. Odr. (2×5 Zd); gez. K 14.

dp
dr
ds
dt

dp–dt) Fauna und Flora der Mittelmeerküste

110	5 S mehrfarbig	dp	0,90	0,90
111	5 S mehrfarbig	dr	0,90	0,90
112	5 S mehrfarbig	ds	0,90	0,90
113	5 S mehrfarbig	dt	0,90	0,90
		Satzpreis (4 W.)	3,50	3,50
		Viererblock	4,—	4,—
		FDC		5,50
		MK 3		9,—

Auflage: 727 436 Sätze

Gültig bis 30.6.2002

1992

Albanien

1992, 31. März. Aufnahme Albaniens in die Konferenz für Sicherheit und Zusammenarbeit in Europa (KSZE) (1991). Odr.; MiNr. 2493 (2×4), MiNr. 2493–2494 (3×4); gez. K 12½:12¼.

chc) Europa als Friedensgöttin

chd) Europäischer Kontinent, albanische Flagge

2493	90 Q mehrfarbig	chc	1,10	1,10
2494	1.20 L mehrfarbig	chd	1,40	1,40
		Satzpreis (2 W.)	2,50	2,50
		FDC		3,50
		2493 Zf–2494 Zf	4,50	4,50
		Kleinbogen I	9,—	9,—
		Kleinbogen II	15,—	15,—

2493 F Farbe Blau (Wertangabe und Kreis mit „91“) fehlend . . . . —,—

Der Kleinbogen I enthält 8 × MiNr. 2493.

Markenfolge im Kleinbogen II: 2493-2493-2494, 2493-Zf1-2494, 2493-Zf2-2494, 2493-2494-2494.

Auflage: 138 500 Sätze

Die Preise von Einheiten (z. B. Markenheftchen, H-Blätter, Zusammendrucke, Rollenmarkenstreifen) müssen nicht der Summe der Einzelpreise entsprechen.

1992, 15. April. Aufnahme Albaniens in die Europäische Konferenz der Verwaltungen für Post- und Fernmeldewesen (CEPT) (1991) Odr. (3×4); gez. K 12½:12¼.

che) CEPT-Emblem

chf) CEPT-Emblem

2495	90 Q mehrfarbig	che	1,10	1,10
2496	1.20 L mehrfarbig	chf	1,40	1,40
		Satzpreis (2 W.)	2,50	2,50
		FDC		2,50
		Kleinbogen	13,—	13,—

2495 F Farbe Grau (Landesname) fehlend . . . . 40,—

Markenfolge im Kleinbogen: 2495-2495-2496, 2495-Zf1-2496, 2495-Zf2-2496, 2495-2496-2496.

MiNr. 2495 wurde auch im Bogen zu 2×8 Marken, senkrecht getrennt durch 2 Leerfelder, gedruckt.

Auflage: 179 500 Sätze

Belgien

1992, 24. Okt. Europäischer Binnenmarkt. RaTdr. (5×8); Papier ph.; gez. K 11½:11¾.

cfb) Landkarte Europas, Stern, Buchstabe „B“ aus Landesflaggen, Europa-Emblem

2537	15 (Fr) mehrfarbig	cfb	1,—	0,30
		FDC		2,20

Gedenkblatt der belgischen Post mit MiNr. 2537 □ (nicht frankaturgültig) . . . . 130,—

Auflage: 10 000 000 Stück

Bulgarien

1992, 6. Nov. Aufnahme Bulgariens in den Europarat. Odr.; gez. K 13.

fku) Europa-Emblem

4014	7.00 L mehrfarbig	fku	3,80	2,20
		FDC		6,—

Markenheftchen mit MiNr. 4014 ist privaten Ursprungs.

Auflage: 1 200 000 Stück

Gültig bis 3.7.1999

Dänemark

1992, 8. Okt. Europäischer Binnenmarkt. Komb. StTdr. und Odr. (8×5); Papier fl.; gez. K 13¼:13.

zl) Graphik von Per Kirkeby (*1938), Europa-Emblem

1038	3.75 (Kr) dunkellilaultramarin/ gelborange	zl	1,30	0,70
		FDC		1,50

Auflage: 7 900 000 Stück

Deutschland

1992, 5. Nov. Europäischer Binnenmarkt. Odr. (5×10); Papier fl.; gez. K 14.

bly) Stern des Europa-Emblems aus Holzstäben; Europa-Emblem

1644	100 (Pf) mehrfarbig	bly	2,40	0,80
		FDC		2,—
		ETB 48/1992		0,70

Auflage: 30 520 000 Stück, davon 395 400 auf ETB

Gültig bis 30.6.2002

Finnland

1992, 20. März. Konferenz über Sicherheit und Zusammenarbeit in Europa (KSZE), Helsinki. Odr.; gez. K 14½:14¾.

amf) Weltkugel, Buchstaben „E“

1166	16.00 (M) mehrfarbig	amf	7,—	4,—
		FDC		6,—

Auflage: 3 000 000 Stück

Gültig bis 31.12.2011

Frankreich

1992, 6. Nov. Europäischer Binnenmarkt. RaTdr.; gez. K 12¼:13¼.

cwp) Symbolische Darstellung, Europa-Emblem

2924	2.50 (Fr) mehrfarbig	cwp	1,50	1,—
		FDC		1,50
		ETB		12,—

Auflage: 15 238 165 Stück

Griechenland

1992, 22. Mai. Europäisches Jahr für Gesundheit, Hygiene und Sicherheit am Arbeitsplatz. Odr.; gez. K 12½.

bey) Arbeitsschutzsymbol nach einem Vasenbild (6. Jh. v. Chr.)

1800	120 (Dr) mehrfarbig	bey	2,—	1,50
		FDC		2,—

MiNr. 1800 stammt aus dem Satz MiNr. 1797–1801.

Auflage: 2 500 000 Stück

Gültig bis 31.12.2002

1992, 8. Juni. Blockausgabe: Konferenz der Europäischen Verkehrsminister (CEMT), Athen. Odr.; gez. K 13¾:12¾.

bfc) Proitos von Tiryns gibt Bellerophon ein Schreiben an Iobates, Bellerophons Flügelross Pegasus

bfd

1804	300 (Dr) mehrfarbig	bfc	10,—	10,—
Block 10	(85×60 mm)	bfd	12,—	12,—
		FDC		18,—

Auflage: 130 000 numerierte Blocks

Gültig bis 31.12.2002

1992, 12. Okt. Europäischer Binnenmarkt. Odr.; gez. K 13¾:12¾.

bfz) Quader mit Flaggen der EG-Mitgliedstaaten, Landkarte Europas, Europa-Emblem

1824	90 (Dr) mehrfarbig	bfz	1,50	1,—
		FDC		1,50

Auflage: 2 000 000 Stück

Gültig bis 31.12.2002

Großbritannien

1992, 13. Okt. Europäischer Binnenmarkt. RaTdr. (10×5 + 10×5); Papier ph.; gez. K 14¾:14¼.

aum) Seestern

1418	24 (P) mehrfarbig	aum	1,20	1,20
		FDC		2,—

Zwischenstegpaar:

1418 ZW	1 Paar	2,50	2,50

Auflage: 27 869 200 Stück

Irland

1992, 15. Okt. Europäischer Binnenmarkt. Odr., Bogen (5×10) und Markenheftchen; gez. K 15:14.

xu) Megalithischer Dolmen, Europa-Emblem

810	32 (P) mehrfarbig	xu	1,—	1,—
		FDC		1,30
		Heftchenblatt mit 3 × MiNr. 810	3,50	3,50
		Heftchenblatt mit 4 × MiNr. 810	4,50	4,50
		Markenheftchen	17,—	

P 48	Sonderpostkarte „STAMPA '92“ mit MiNr. 810 als Wertstempel	1,50	1,70

MiNr. 810 wurde auch im Markenheftchen zu 15 Marken ausgegeben; die Heftchenblätter wurden von der Versandstelle auch lose abgegeben. Es gibt 3 verschiedene Heftchenblätter mit je 4 Marken und eines mit 3 Marken.

Auflage: 1 000 000 Stück

Gültig bis 31.12.2002

Italien

1992, 5. Okt. Europäischer Binnenmarkt. RaTdr. (5×10); Papier fl.; gez. K 14:13¼.

bux) Flaggen der EG-Staaten bilden den Buchstaben „E“, Europa-Emblem

2251	600 (L) mehrfarbig	bux	1,20	1,20
		FDC		2,—

Auflage: 3 000 000 Stück

Luxemburg

1992, 5. Okt. Europäischer Binnenmarkt. RaTdr.; Papier fl.; gez. K 11¾:12.

aki) Stern, Europa-Emblem

1305	14 Fr mehrfarbig	aki	1,20	0,70
		FDC		1,50

Auflage: 2 000 000 Stück

Gültig bis 31.12.2002

Moldawien

1992, 21. Nov. Beitritt Moldawiens zur KSZE. Odr., Bogen (B) (5×10) und Kleinbogen (Klb.) (2×5); gez. K 13.

z) Prager Burg, Nationalflagge

aa) Domkirche Helsinki, Nationalflagge

41	2.50 (R) mehrfarbig (B) (Klb.) . . . . z	0,50	0,50
42	25.00 (R) mehrfarbig (Klb.) . . . . aa	1,50	1,50
	Satzpreis (2 W.)	2,—	2,—
	FDC		2,50
	Kleinbogensatz (2 Klb.)	20,—	20,—

Auflagen: MiNr. 41 = 1 150 000, MiNr. 42 = 150 000 Stück

Niederlande

1992, 6. Okt. Europäischer Binnenmarkt. Odr.; Papier ph.; gez. K 13¼:12¾.

ats) Inschrift, Europaratfahne

1449	80 C mehrfarbig . . . . ats	1,—	0,50
	FDC		1,80

Auflage: 16 998 300 Stück

Portugal

1992, 24. Jan. Vorsitz Portugals in der Europäischen Gemeinschaft. Odr. (5×10); Papier ph.; gez. K 12:11¾.

azf) Symbolische Darstellung

1894	65 (E) mehrfarbig . . . . azf	2,—	1,50
	FDC		2,50

Auflage: 600 000 Stück

Gültig bis 31.3.1999

1992, 4. Nov. Europäischer Binnenmarkt. Odr. (5×10); Papier ph.; gez. K 12:11¾.

bbw) Stern des Europa-Emblems, Europa-Emblem

1946	65 (E) mehrfarbig . . . . bbw	1,20	1,—
	FDC		1,50

Auflage: 600 000 Stück

Gültig bis 31.3.1999

1992, 4. Nov. Europäische Jahr für Gesundheit, Hygiene und Sicherheit am Arbeitsplatz. Odr. (5×10); Papier ph.; gez. K 12:11¾.

bbx) Gesundheitsschutzmaßnahmen am Arbeitsplatz

1947	120 (E) mehrfarbig . . . . bbx	2,20	2,20
	FDC		3,—

Auflage: 600 000 Stück

Gültig bis 31.3.1999

Spanien

1992, 4. Nov. Europäischer Binnenmarkt. RaTdr.; Papier ph.; gez. K 14: 13¾.

csw) Hand hält Karte mit Europa-Emblem

3087	45 (Pta) mehrfarbig . . . . csw	0,80	0,60
	FDC		1,50

Auflage: 3 919 865 Stück

Gültig bis 28.2.2002

1993

Belgien

1993, 19. März. Antwerpen – Kulturhauptstadt Europas 1993. RaTdr.; MiNr. 2547 (3×5), MiNr. 2548–2551 (5×6, Hochformat ~); Papier ph.; gez. K 11½.

cfn) Stadtansicht von Antwerpen

cfo) Rathaus; Architekt Cornelis Floris (1514–1575)

cfp) Frauenköpfe und Kriegertorso; Studienskizze von Jakob Jordaens (1593–1678)

cfr) Teil des Jakobsaltars in Schoonbroek

cfs) Muttergottes von Engeln umringt (Detail); Glasfenster von Eugeen Yoors (1879–1975)

2547	15 (Fr) mehrfarbig . . . . cfn	1,—	0,80
2548	15 (Fr) mehrfarbig . . . . cfo	1,—	0,80
2549	15 (Fr) mehrfarbig . . . . cfp	1,—	0,80
2550	15 (Fr) mehrfarbig . . . . cfr	1,—	0,80
2551	15 (Fr) mehrfarbig . . . . cfs	1,—	0,80
	Satzpreis (5 W.)	5,—	4,—
	FDC		11,—

Gedenkblatt der belgischen Post mit MiNr. 2547 □ (nicht frankaturgültig) . . . . 130,—

Auflage: 7 500 000 Sätze

1993, 7. Aug. Vorsitz Belgiens in der Europäischen Union. RaTdr. (5×6); Papier ph.; gez. K 11½.

cgn) B(elgien) im Zentrum Europas

2571	15 (Fr) mehrfarbig	cgn	1,—	0,30
		FDC		2,—

Auflage: 6 000 000 Stück

Deutschland

1993, 14. Jan. Europäisches Jahr für Sicherheit und Gesundheitsschutz am Arbeitsplatz. RaTdr. (10×5); Papier fl.; gez. K 13¾:14.

bmd) Emblem, Sicherheitsstreifen

1649	100 (Pf) mehrfarbig	bmd	1,50	0,70
		FDC		1,80
		ETB 5/1993		2,—

Auflage: 22 110 000 Stück, davon 395 400 auf ETB

Gültig bis 30.6.2002

Frankreich

1993, 8. Mai. Konferenz der europäischen Verfassungsrichter. StTdr.; gez. K 12¼:13.

cxt) Staatssiegel, Landkarte Europa

2954	2.50 (Fr) mehrfarbig	cxt	1,50	1,—
		FDC		1,20
		ETB		10,—

Auflage: 9 434 623 Stück

1993, 15. Mai. 100. Geburtstag von Louise Weiss. StTdr.; gez. K 13:12¼.

cxv) Louise Weiss (1893–1983), Frauenrechtlerin; Palais de l'Europe, Straßburg

2956	2.50 (Fr) mehrfarbig	cxv	1,50	1,—
		FDC		1,20
		ETB		10,—

Auflage: 9 778 832 Stück

Die Preisnotierungen in den MICHEL-Katalogen gelten für Marken in einwandfreier Qualität. Bei gezähnten Marken muss die Zähnung allseits vollständig sein, bei geschnittenen Marken darf der Schnitt das Markenbild nicht berühren. Postfrische Erhaltung setzt vollkommen unberührte Gummierung voraus, Marken mit Falz dürfen nur einen sauberen Erstfalz haben. Gestempelte Marken sollen eine saubere und möglichst lesbare Abstempelung haben.

Lesen Sie dazu auch die Einführung.

Griechenland

1993, 20. Dez. Blockausgabe: Vorsitz Griechenlands in der Europäischen Union. Odr.; gez. K 13¾:14.

bgt) Emblem mit Europafahne, Karte von Griechenland

bgu

1842	400 (Dr) mehrfarbig	bgt	5,—	5,—
Block 11	(84×60 mm)	bgu	6,—	6,—
		FDC		8,—

Auflage: 150 000 numerierte Blocks

Gültig bis 31.12.2002

Italien

1993, 20. Jan. Vereintes Europa. RaTdr. (4×3); Papier fl.; gez. K 13¼:14.

bva) Italien, bvb) Belgien, bvc) Dänemark, bvd) Frankreich, bve) Deutschland, bvf) Griechenland, bvg) Irland, bvh) Luxemburg, bvi) Niederlande, bvk) Portugal, bvl) Großbritannien, bvm) Spanien

bva–bvm) Stilisierte Gebäude, Sterne des Europa-Emblems, Flaggen der Mitgliedsstaaten der Europäischen Gemeinschaft

2254	750 (L) mehrfarbig	bva	0,90	0,40
2255	750 (L) mehrfarbig	bvb	0,90	0,40
2256	750 (L) mehrfarbig	bvc	0,90	0,40
2257	750 (L) mehrfarbig	bvd	0,90	0,40
2258	750 (L) mehrfarbig	bve	0,90	0,40
2259	750 (L) mehrfarbig	bvf	0,90	0,40
2260	750 (L) mehrfarbig	bvg	0,90	0,40
2261	750 (L) mehrfarbig	bvh	0,90	0,40
2262	750 (L) mehrfarbig	bvi	0,90	0,40
2263	750 (L) mehrfarbig	bvk	0,90	0,40
2264	750 (L) mehrfarbig	bvl	0,90	0,40
2265	750 (L) mehrfarbig	bvm	0,90	0,40
		Satzpreis (12 W.)	10,—	4,50
		ZD-Bogen	15,—	15,—
		FDC		25,—

Auflage: 4 000 000 Sätze

Luxemburg

1993, 20. Sept. Umweltschutz. RaTdr.; Papier fl.; gez. K 11¾.

ald) Ökologisches Warenzeichen der Europäischen Gemeinschaft

1329	14 Fr mehrfarbig	ald	1,—	1,—
		FDC		1,50

Auflage: 1 000 000 Stück

Gültig bis 31.12.2002

Österreich

1993, 8. Okt. Gipfelkonferenz des Europarates, Wien. Komb. StTdr. und RaTdr. (10×5); gez. K 13¾.

bsd) Beiordnung von 99 Köpfen (Detail); Gemälde von Friedensreich Hundertwasser (1928–2000)

2111	7 S mehrfarbig	bsd	2,—	1,—
		FDC		2,50

Vorlagedruck in Schwarz, mit dem Originaldruckstöckel gedruckt, □, auf Erläuterungsblatt geklebt .... 45,—

Auflage: 2 900 000 Stück

Gültig bis 30.6.2002

Rumänien

1993, 26. Nov. Blockausgabe: Aufnahme Rumäniens in den Europarat. RaTdr.; gez. Ks 13½.

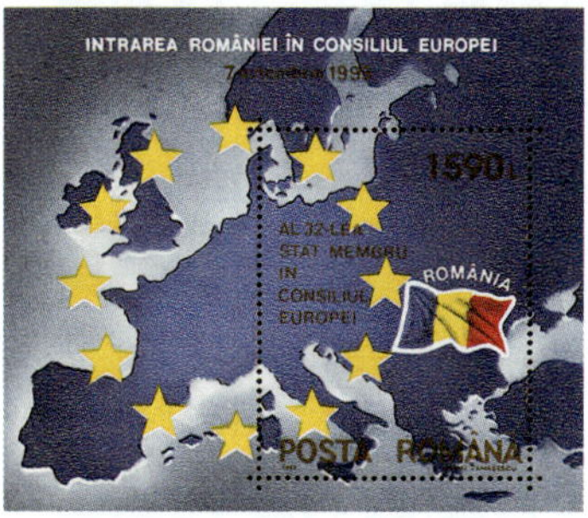

ghu

ght) Karte Mitteleuropas, Flagge Rumäniens, Teil des Europaratemblems

4931	1590 L mehrfarbig	ght	4,—	4,—
Block 285	(90×78 mm)	ghu	5,—	5,—
		FDC		7,—

Auflage: 200 000 Blocks

Gültig bis 30.6.2005

San Marino

1993, 26. Mai. Blockausgabe: Das Dorf Europa. Odr.; gez. Ks 13¼:13¾.

awb) Dänemark, awc) Großbritannien, awd) Irland, awe) Luxemburg, awo
awf) Deutschland, awg) Niederlande, awh) Belgien, awi) Portugal
awk) Italien, awl) Spanien, awm) Frankreich, awn) Griechenland

awb–awn) Karikaturistische Darstellungen der Länder der Europäischen Gemeinschaft, von Ro Marcenaro

1539	750 (L) mehrfarbig	awb	0,80	0,80
1540	750 (L) mehrfarbig	awc	0,80	0,80
1541	750 (L) mehrfarbig	awd	0,80	0,80
1542	750 (L) mehrfarbig	awe	0,80	0,80
1543	750 (L) mehrfarbig	awf	0,80	0,80
1544	750 (L) mehrfarbig	awg	0,80	0,80
1545	750 (L) mehrfarbig	awh	0,80	0,80
1546	750 (L) mehrfarbig	awi	0,80	0,80
1547	750 (L) mehrfarbig	awk	0,80	0,80
1548	750 (L) mehrfarbig	awl	0,80	0,80
1549	750 (L) mehrfarbig	awm	0,80	0,80
1550	750 (L) mehrfarbig	awn	0,80	0,80
Block 17	(145×170 mm)	awo	12,—	12,—
		FDC		13,—

Auflage: 250 000 Blocks

1994

Deutschland

1994, 10. März. Vierte Direktwahlen zum Europäischen Parlament. Odr. (5×10); Papier fl.; gez. K 14.

bpg) Sterne mit Flaggen der Mitgliedstaaten der Europäischen Union

1724	100 (Pf) mehrfarbig	bpg	2,—	0,90
		FDC		1,90
		ETB 9/1994		1,20

Auflage: 24 750 000 Stück, davon 337 600 auf ETB

Gültig bis 30.6.2002

Frankreich

1994, 26. Febr. Vierte Direktwahlen zum Europäischen Parlament. Odr.; gez. K 13.

czp) Europafahne

3007	2.80 (Fr)	mehrfarbig	czp	1,50	1,—
			FDC		1,50
			ETB		10,—

Auflage: 11 237 249 Stück

Griechenland

1994, 7. März. Gesamteuropäische Verkehrskonferenz. Odr.; gez. K 13¼.

bgv) Hermes führt den mit geflügelten Rossen bespannten Wagen der Göttin Selene; bemaltes böotisches Gefäß (4. Jh. v. Chr.)

1843	200 (Dr)	mehrfarbig	bgv	3,50	1,50
			FDC		2,—

Auflage: 1 000 000 Stück

Gültig bis 31.12.2002

Irland

1994, 27. April. Vierte Direktwahlen zum Europäischen Parlament. Odr.; A = vierseitig, D = dreiseitig, E = zweiseitig gez. K 14¾:14.

zs) Sitzung des Europäischen Parlaments

854	32 P	mehrfarbig . . . zs		
	A	vierseitig gez.	1,50	0,90
	D	dreiseitig gez.	1,50	1,—
	E	zweiseitig gez.	1,50	1,—
		FDC		1,50
MH 26		(Nominale 1.92 £)	10,—	
H-Blatt 43		mit MiNr. 853 D/E–854 D/E	4,—	4,—
H-Blatt 44		mit MiNr. 853 D und 854 A	1,80	1,80

MiNr. 854 A wurde auch, MiNr. 854 D/E nur im Markenheftchen (MH 26) ausgegeben.

MiNr. 854 stammt aus dem Satz MiNr. 853–854.

Auflage: 1 000 000 Sätze

Gültig bis 31.12.2002

Italien

1994, 11. Juni. Vierte Direktwahlen zum Europäischen Parlament. RaTdr. (10×5); Papier fl.; gez. K 13¼:14.

bym) Buchstabe „E“, stilisierter Sitzungssaal

2337	600 (L)	mehrfarbig	bym	1,20	1,20
			FDC		1,80

Auflage: 3 000 000 Stück

Luxemburg

1994, 16. Mai. Vierte Direktwahlen zum Europäischen Parlament. RaTdr.; Papier fl.; gez. K 11¾:11½.

alr) Flaggen europäischer Staaten

1345	14 (Fr)	mehrfarbig	alr	1,—	1,—
			FDC		1,50

Auflage: 1 000 000 Stück

Gültig bis 31.12.2002

1994, 19. Sept. Europäische Kampagne für die Bronzezeit. RaTdr.; Papier fl.; gez. K 11¾:11½.

alu) Keramikteller

1348	14 (Fr)	mehrfarbig	alu	3,50	1,50
			FDC		3,—

MiNr. 1348 stammt aus dem Satz MiNr. 1346–1348.

Auflage: 1 000 000 Stück

Gültig bis 31.12.2002

Norwegen

1994, 14. Juni. Forschung: Vorsitz Norwegens in der Europäischen Koordinierungsstelle für Forschung (EUREKA). Odr.; Papier ph.; gez. K 13¼.

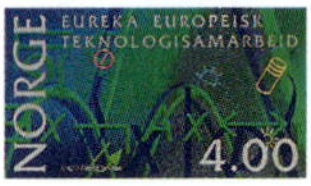

agl) Glaskolben (Detail)

agm) Mikrochip (Detail)

1159	4.00 (Kr)	mehrfarbig	agl	1,70	0,80
1160	4.50 (Kr)	mehrfarbig	agm	1,80	1,—
			Satzpreis (2 W.)	3,50	1,80
			FDC		2,50

Auflagen: MiNr. 1159 = 3 390 673, MiNr. 1160 = 3 583 011 Stück

Polen

1994, 15. Dez. Polen und die Europäische Union. Odr. (4×4); Sicherheitszähnung K 11:11½.

efn) Landschaft und Flagge der EU

3517	6000 Zł	mehrfarbig	efn	1,50	1,—
			FDC		2,—

Auflage: 1 000 000 Stück

Gültig bis 31.12.1996

Portugal

1994, 1. Juli. Lissabon – Kulturhauptstadt Europas 1994. Odr. (5×10); gez. K 12:11¾.

bfb) Symbol für Musik

bfc) Symbol für Fotografie und Filmkunst

bfd) Symbol für Theater und Ballett

bfe) Symbol für bildende Kunst

bfb–bfe) Rabe

2017	45 (E)	mehrfarbig	bfb	0,50	0,50
2018	75 (E)	mehrfarbig	bfc	1,50	1,—
2019	100 (E)	mehrfarbig	bfd	2,—	1,50
2020	140 (E)	mehrfarbig	bfe	2,—	2,—
			Satzpreis (4 W.)	6,—	5,—
			FDC		6,—

Blockausgabe mit MiNr. 2017–2020

Block 100	(140×112 mm)	bff	7,—	7,—
		FDC		8,—

Auflagen: MiNr. 2017 = 1 000 000, MiNr. 2018–2020 je 500 000 Stück, Bl. 100 = 80 000 Blocks

Gültig bis 31.3.1999

Schweden

1994, 17. Jan. Abkommen über die Zusammenarbeit im Europäischen Wirtschaftsraum (EWR). StTdr.; senkrecht gez. 12¾.

bgu) Mutter Svea, Sterne

1811	5 Kr mehrfarbig	bgu	1,60	1,—
		FDC		2,—

Auflage: 6 700 000 Stück

Ungarn

1994, 10. Okt. Blockausgabe: KSZE-Kontrollkonferenz, Budapest. Odr.; gez. Ks 12.

gef) Budapest

geg

4318	100 Ft mehrfarbig	gef	4,—	4,—
Block 232	(91×70 mm)	geg	4,50	4,50
		FDC		5,—

Auflage: 130 000 Blocks

1995

Albanien

1995, 29. Juni. Aufnahme Albaniens in den Europarat. Odr.; gez. K 14:13½.

ckv) Palais de l'Europe, Straßburg

ckw) Albanisches Staatswappen

2567	25 L mehrfarbig	ckv	1,—	1,—
2568	85 L mehrfarbig	ckw	3,50	3,50
		Satzpreis (2 W.)	4,50	4,50
		FDC		5,—

Andorra (Französische Post)

1995, 25. Febr. Europäisches Naturschutzjahr. Odr. (10×5); gez. K 13.

lp) Emblem

475	2.80 (Fr) mehrfarbig	lp	1,50	1,50
		FDC		2,—

Auflage: 219 757 Stück

1995, 4. Nov. Beitritt Andorras zum Europarat. Odr. (5×10); gez. K 13.

mc) Palais de l'Europe, Straßburg; Nationalflagge

487	2.80 (Fr) mehrfarbig	mc	1,50	1,50
		FDC		2,—

Auflage: 206 486 Stück

Andorra (Spanische Post)

1995, 23. März. Europäisches Naturschutzjahr. RaTdr. (4×6); Papier ph.; gez. K 13¾:14.

gu

gv

gu–gv) Landschaftsansichten im Madriu-Tal

241	30 (Pta) mehrfarbig	gu	0,60	0,60
242	60 (Pta) mehrfarbig	gv	1,60	1,60
		Satzpreis (2 W.)	2,20	2,20
		FDC		2,50

Auflage: 650 000 Sätze

Gültig bis 28.2.2002

1995, 10. Nov. Aufnahme Andorras in den Europarat. RaTdr. (4×6); Papier ph.; gez. K 13¾:14.

gy) Palais de l'Europe, Straßburg

245	30 (Pta) mehrfarbig	gy	1,—	1,—
		FDC		1,50

Auflage: 550 000 Stück

Gültig bis 28.2.2002

Finnland

1995, 30. Jan. Beitritt Finnlands zur Europäischen Union. Odr.; gez. K 14.

asp) Sterne der Europafahne

1288	3.50 (M) mehrfarbig	asp	1,50	1,20
		FDC		2,—

Auflage: 1 500 000 Stück

Gültig bis 31.12.2011

Finnland – Åland

1995, 1. März. Beitritt Ålands zur Europäischen Union. Odr. (4×5 + 4×5); gez. K 12¾:14.

cz) Sterne der Europafahne, Flagge von Åland

99	2.90 (M) mehrfarbig	cz	1,20	1,20
		FDC		2,—

Zwischenstegpaar:

99 ZW	1 Paar	3,—	3,—

Auflage: 500 000 Stück

Gültig bis 30.6.2002

Griechenland

1995, 21. Juni. Europäisches Naturschutzjahr. Odr.; gez. K 13:13¼.

bil) Delphine

1881	150 (Dr) mehrfarbig	bil	2,—	1,—
		FDC		2,—

MiNr. 1881 stammt aus dem Satz MiNr. 1876–1883

Auflage: 2 000 000 Stück

Gültig bis 31.12.2002

Großbritannien – Jersey

1995, 4. Juli. Europäisches Naturschutzjahr: Wildblumen. Odr. (1×4 Zd); gez. K 13¾.

ada) Grauheide (Erica cinerea)
adb) Leimkraut (Silene uniflora)
adc) Zistrose (Tuberaria guttata)
add) Grasnelke (Armeria maritima)

ade) Scabiose (Scabiosa columbaria)

adf) Ackerwinde (Convolvulus arvensis)

adg) Hornklee (Lotus corniculatus)
adh) Stranddistel (Eryngium maritimum)
adi) Tausendgüldenkraut (Centaurium erythraea)
adk) Stiefmütterchen (Viola tricolor)

702	19 (P) mehrfarbig	ada	0,80	0,80
703	19 (P) mehrfarbig	adb	0,80	0,80
704	19 (P) mehrfarbig	adc	0,80	0,80
705	19 (P) mehrfarbig	add	0,80	0,80
706	19 (P) mehrfarbig	ade	0,80	0,80
707	23 (P) mehrfarbig	adf	0,90	0,90
708	23 (P) mehrfarbig	adg	0,90	0,90
709	23 (P) mehrfarbig	adh	0,90	0,90
710	23 (P) mehrfarbig	adi	0,90	0,90
711	23 (P) mehrfarbig	adk	0,90	0,90
		Satzpreis (10 W.)	8,50	8,50
		2 Fünferstreifen	10,—	10,—
		FDC		11,—

Nominalgleiche Marken wurden waagerecht zusammenhängend gedruckt

Auflagen: MiNr. 702–706 je 90 828, MiNr. 707–711 je 110 014 Stück

Island

1995, 18. Sept. Europäisches Naturschutzjahr: Vögel (VII). Odr.; gez. K 13¼.

yr) Island-Birkenzeisig (Carduelis flammea islandica)

ys) Bekassine (Gallinago gallinago)

833	25.00 (Kr) mehrfarbig	yr	1,—	0,50
834	250.00 (Kr) mehrfarbig	ys	8,—	7,50
		Satzpreis (2 W.)	9,—	8,—
		FDC		9,—

Auflagen: MiNr. 833 = 1 500 000, MiNr. 834 = 500 000 Stück

Lettland

1995, 8. Juli. Europäisches Naturschutzjahr: Vögel. Odr.; gez. K 12½:12¾.

fw) Weißrückenspecht (Dendrocopos leucotos)

fx) Wachtelkönig (Crex crex)

fy) Weißflügel-Seeschwalbe (Chlidonias leucopterus)

403	8 (S) mehrfarbig	fw	0,50	0,50
404	20 (S) mehrfarbig	fx	1,20	1,20
405	24 (S) mehrfarbig	fy	1,30	1,30
		Satzpreis (3 W.)	3,—	3,—
		FDC		4,50

Auflage: 500 000 Sätze

Luxemburg

1995, 6. März. Luxemburg – Kulturhauptstadt Europas 1995 (I). Komb. StTdr. und RaTdr.; Papier fl.; gez. K 13¾.

amd) Antipodischer König

ame) Arkadenhaus und gelber Turm

amf) Der kleine Weg

amd–amf) Gemälde von Friedensreich Hundertwasser, eigentlich Friedrich Stowasser (1928–2000), österreichischer Maler und Graphiker

1360	16 (Fr) mehrfarbig	amd	2,—	1,20
1361	16 (Fr) mehrfarbig	ame	2,—	1,20
1362	16 (Fr) mehrfarbig	amf	2,—	1,20
		Satzpreis (3 W.)	6,—	3,50
		FDC		6,—

Auflage: 1 500 000 Sätze

Gültig bis 31.12.2002

1995, 6. März. Luxemburg – Kulturhauptstadt Europas 1995 (II). RaTdr. (1×5 Zd); Papier fl.; gez. K 11½:11¾.

amg amh ami amk

amg–amk) Panorama der Stadt Luxemburg; Gemälde von Carlo Losch (*1937)

1363	16 (Fr) mehrfarbig	amg	1,—	0,60
1364	16 (Fr) mehrfarbig	amh	1,—	0,60
1365	16 (Fr) mehrfarbig	ami	1,—	0,60
1366	16 (Fr) mehrfarbig	amk	1,—	0,60
	Satzpreis (4 W.)		4,—	2,40
	Viererstreifen		4,50	4,50
	FDC			5,—

Auflage: 750 000 Sätze

Gültig bis 31.12.2002

1995, 6. März. Luxemburg – Kulturhauptstadt Europas 1995 (III). RaTdr.; Papier fl.; gez. K 11¾:11½.

aml) Emblem; Graphik von Jacques Nicolay

1367	16 (Fr) mehrfarbig	aml	1,—	1,—
	FDC			1,50

Auflage: 1 000 000 Stück

Gültig bis 31.12.2002

1995, 15. Mai. Europäisches Naturschutzjahr. Odr.; Papier fl.; gez. K 13¾:13½.

ams) Landschaft, Emblem

1373	16 (Fr) mehrfarbig	ams	1,—	1,—
	FDC			1,50

Auflage: 3 000 000 Stück

Gültig bis 31.12.2002

Makedonien

1995, 27. Dez. Aufnahme Makedoniens in den Europarat und in die Organisation für Sicherheit und Zusammenarbeit in Europa (OSZE). Odr.; gez. L 10.

bf) Europafahne und Staatsflagge werden mit Reißverschluss zusammengefügt

61	20 (D) mehrfarbig	bf	1,60	1,60
	FDC			2,50

Auflage: 100 000 Stück

Malta

1995, 24. Juli. Europäisches Naturschutzjahr. Odr. (5×10); Wz. 6; gez. K 14:14¼.

afk) Prähistorische Steinmauern, Girna (Unterstand für Hirten und Bauern)

afl) Malta-Eidechse (Podarcis filfolensis)

afm) Seekiefer (Pinus halepensis)

964	5 C mehrfarbig	afk	0,50	0,50
965	14 C mehrfarbig	afl	1,30	1,30
966	44 C mehrfarbig	afm	4,20	4,20
	Satzpreis (3 W.)		6,—	6,—
	FDC			7,—

Gültig bis 31.7.2002

Moldawien

1995, 18. März. Europäisches Naturschutzjahr. Odr. (5×2); Papier fl.; gez. K 13¾.

db) Zwergadler (Hieraaetus pennatus)

dc) Reh (Capreolus capreolus)

dd) Wildschwein (Sus scrofa)

158	0.04 L mehrfarbig	db	0,50	0,50
159	0.45 L mehrfarbig	dc	4,50	4,50
160	0.90 L mehrfarbig	dd	10,—	10,—
	Satzpreis (3 W.)		15,—	15,—
	FDC			20,—
	Kleinbogensatz (3 Klb.)		150,—	150,—

Auflagen: MiNr. 158–159 je 300 000, MiNr. 160 = 42 500 Stück

Monaco

1995, 3. April. Europäisches Naturschutzjahr. Odr. (6×5); gez. K 13:13¼.

bvx) Ansicht des Stadtteils Fontvieille

2216	2.40 (Fr) mehrfarbig	bvx	1,60	1,60
	FDC			2,—

Niederlande

1995, 5. Sept. Natur und Umwelt: Greifvögel; Europäisches Naturschutzjahr. RaTdr.; Papier ph.; gez. K 12¾:14, Querformate ~.

axu) Turmfalke (Falco tinnunculus)

axv) Kornweihe (Circus cyaneus)

axw) Rotmilan (Milvus milvus)

1549	70 C mehrfarbig	axu	1,—	1,—
1550	80 C mehrfarbig	axv	1,—	1,—
1551	100 C mehrfarbig	axw	1,50	1,50
	Satzpreis (3 W.)		3,50	3,50
	FDC			4,—

Blockausgabe

axx) Wespenbussard (Pernis apivorus)

axy

1552	160 C mehrfarbig	axx	2,50	2,50
Block 44	(72×50 mm)	axy	3,—	3,—
		FDC		3,50

Auflagen: MiNr. 1549 = 8 679 300, MiNr. 1549 = 12 082 950, MiNr. 1550 = 3 726 900 Stück, Bl. 43 = 1 502 000 Blocks

Österreich

1995, 13. Jan. Beitritt Österreichs zur Europäischen Union. RaTdr. (10×5); gez. K 14¼:14.

btp) Österreichische Staatsflagge, Europafahne, Landkarte Europas

2146	7 S mehrfarbig	btp	1,20	1,—
		FDC		2,—

Vorlagedruck in Schwarz, mit dem Originaldruckstöckel gedruckt, □, auf Erläuterungsblatt geklebt .... 16,—

Auflage: 2 700 000 Stück

Gültig bis 30.6.2002

1995, 26. Mai. Europäische Konferenz der Verkehrsminister (CEMT), Wien. RaTdr. (10×5); gez. K 13¾.

bud) Verschiedene Verkehrsmittel, Europakarte

2159	7 S mehrfarbig	bud	1,20	1,—
		FDC		1,70

Vorlagedruck in Schwarz, mit dem Originaldruckstöckel gedruckt, □, auf Erläuterungsblatt geklebt .... 16,—

Auflage: 2 700 000 Stück

Gültig bis 30.6.2002

Portugal

1995, 22. Febr. Europäisches Naturschutzjahr. Odr. (5×10); A = gez. K 12:11¾.

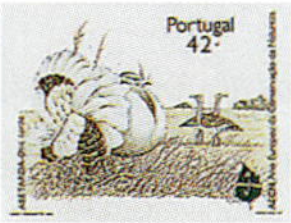

bhf) Großtrappe (Otis tarda)

bhg) Fischadler (Pandion haliaetus)

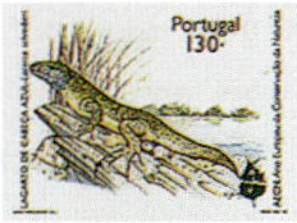

bhh) Schreibers Smaragdeidechse (Lacerta schreiberi)

2063 A	42 (E) mehrfarbig	bhf	1,—	1,—
2064 A	90 (E) mehrfarbig	bhg	2,—	2,—
2065 A	130 (E) mehrfarbig	bhh	3,—	3,—
		Satzpreis (3 W.)	6,—	6,—
		FDC		7,—

Blockausgabe, C = gez. Ks 12¼:11¾

2063 C	42 (E) mehrfarbig	bhf	2,—	2,—
2064 C	90 (E) mehrfarbig	bhg	2,—	2,—
2065 C	130 (E) mehrfarbig	bhh	2,—	2,—
Block 106	(140×112 mm)	bhi	6,—	6,—
		FDC		7,—

Auflagen: MiNr. 2063 A = 1 000 000, MiNr. 2064 A–2065 A je 500 000 Stück, Bl. 106 = 80 000 Blocks

Gültig bis 30.9.2001

Rumänien

1995, 5. Juni. Europäisches Naturschutzjahr. RaTdr. (5×5); gez. K 13½.

grc) Damhirsch (Dama dama)

grd) Großtrappe (Otis tarda)

gre) Marienfrauenschuh (Cypripedium calceolus)

grf) Tropfsteinhöhle, Scărişoara

5099	150 L mehrfarbig	grc	0,30	0,30
5100	280 L mehrfarbig	grd	0,30	0,30
5101	960 L mehrfarbig	gre	1,50	0,50
5102	1615 L mehrfarbig	grf	2,—	1,—
		Satzpreis (4 W.)	4,—	2,—
		FDC		4,—

Auflage: 200 000 Sätze

Gültig bis 30.6.2005

San Marino

1995, 10. Febr. Europäisches Naturschutzjahr. RaTdr. (1×4 Zd); gez. K 13¼:14.

ayp

ayr ays ayt ayu

ayp–ayu) Leben im Feuchtbiotop

1598	600 (L) mehrfarbig	ayp	0,80	0,80
1599	600 (L) mehrfarbig	ayr	0,80	0,80
1600	600 (L) mehrfarbig	ays	0,80	0,80
1601	600 (L) mehrfarbig	ayt	0,80	0,80
1602	600 (L) mehrfarbig	ayu	0,80	0,80
		Satzpreis (5 W.)	4,—	4,—
		Fünferstreifen	4,50	4,50
		FDC		5,—

MiNr. 1598–1602 wurden waagerecht zusammenhängend gedruckt.

Auflage: 300 000 Sätze

Schweden

1995, 17. März. Beitritt Schwedens zur Europäischen Union. Odr.; senkrecht gez. 12¾.

bkl) Flaggen der EU-Mitgliedsländer, Sterne der Europafahne

1880 6 Kr mehrfarbig . . . . bkl 1,80 1,20
FDC 2,—

1995, 27. Okt. Europäische Kampagne für die Bronzezeit. Komb. StTdr. und Odr.; gez. K 12¾.

bln) Bronzezeitliche Kultfiguren (1800–500 v. Chr.)
blo) Goldkragen (Detail) (400–500 n. Chr.)
blp) Brakteat (Halsschmuck) (400–500 n. Chr.)
bln) Bronzezeitlicher Kultgegenstand (1800–500 v. Chr.)

1906 3.70 (Kr) mehrfarbig . . . . bln 0,80 0,70
1907 3.70 (Kr) mehrfarbig . . . . blo 0,80 0,70
1908 3.70 (Kr) mehrfarbig . . . . blp 0,80 0,70
1909 3.70 (Kr) mehrfarbig . . . . blr 0,80 0,70
Satzpreis (4 W.) 3,— 2,50
FDC (mit H-Bl. 235) 3,50

MH 208 (Nominale 29.60 Kr) 7,50
H-Blatt 235 mit MiNr. 1906–1909 . . . .
C rechter Rand durchstochen 3,50 3,50
D linker Rand durchstochen 3,50 3,50

Slowakei

1995, 28. Febr. Europäisches Naturschutzjahr. Komb. StTdr. und RaTdr., Bogen (5×10); Papier fl.; gez. K 11½:11¼.

dw) Clusius-Enzian (Gentiana clusii)

dx) Slawische Kuhschelle (Pulsatilla slavica)

dy) Lotwurz (Onosma tornense)

217 2 Sk mehrfarbig . . . . dw 0,50 0,30
218 3 Sk mehrfarbig . . . . dx 0,50 0,30
219 8 Sk mehrfarbig . . . . dy 1,— 0,40
Satzpreis (3 W.) 2,— 1,—
FDC (MiNr. 217–218) 1,—
FDC (MiNr. 219) 1,50

Markenheftchen (5×2 und 1×5)

MH 0-4 mit 10 × MiNr. 217 (aus Bogen) . . . . 12,—
MH 0-5 mit 5 × MiNr. 218 (aus Bogen) . . . . 8,—

Auflagen: MiNr. 217 = 3 460 000, MiNr. 218 = 3 475 000, MiNr. 219 = 2 260 000 Stück

Slowenien

1995, 29. März. Europäisches Naturschutzjahr. Odr. (5×10); gez. L 14¼.

dd) Alpenschwertlilie (Iris cengialti); Berg Mežaklja und Savetal im Nationalpark Triglav; Alpenmohn (Papaver ernesti-mayeri)

112 70 (T) mehrfarbig . . . . dd 1,50 1,50
FDC 2,50

Auflage: 150 000 Stück

Gültig bis 31.12.2007

Spanien

1995, 6. April. Europäisches Naturschutzjahr. RaTdr.; Papier ph.; gez. K 14:13¾.

cxs) Baum mit Krone als Weltkarte, schützende Hand

3207 60 (Pta) mehrfarbig . . . . cxs 1,50 1,—
FDC 1,50

Auflage: 2 500 000 Stück

Gültig bis 28.2.2002

1995, 1. Juli. Vorsitz Spaniens in der Europäischen Union. RaTdr.; Papier ph.; gez. K 14:13¾.

cyz) Emblem

3239 60 (Pta) mehrfarbig . . . . cyz 1,50 1,—
FDC 1,50

Auflage: 10 000 000 Stück

Gültig bis 28.2.2002

Tschechische Republik

1995, 20. Jan. Tschechische Republik – Assoziiertes Mitglied der EU. Odr. (5×10); Papier fl.; gez. K 13¼:13¾.

bp) Flaggen der EU und der Tschechischen Republik

62 8 Kč mehrfarbig . . . . bp 1,20 1,—
FDC 1,20

Auflage: 3 000 000 Stück

1995, 12. April. Europäisches Naturschutzjahr: Geschützte Insekten. Komb. StTdr. und RaTdr. Bogen (10×5); Papier fl.; gez. K 11¼:11½.

ca) Erdhummel (Bombus terrestris)

cb) Gottesanbeterin (Mantis religiosa)

cc) Gebänderte Prachtlibelle (Calopteryx splendens)

73 3 Kč mehrfarbig . . . . ca 0,50 0,40
74 5 Kč mehrfarbig . . . . cb 0,70 0,40
75 6 Kč mehrfarbig . . . . cc 0,80 0,40
Satzpreis (3 W.) 2,— 1,20
3 FDC 2,50

Markenheftchen (5×1)

MH 0-26 mit 5 × MiNr. 73 (aus Bogen) . . . . 5,—
MH 0-27 mit 5 × MiNr. 74 (aus Bogen) . . . . 5,—
MH 0-28 mit 5 × MiNr. 75 (aus Bogen) . . . . 5,—

Auflagen: MiNr. 73 = 3 530 000, MiNr. 74 = 3 310 000, MiNr. 75 = 3 205 000 Stück, MH 0-26–0-28 je 12 000 Markenheftchen

Türkei

1995, 5. Juni. Europäisches Naturschutzjahr; Internationaler Tag der Umwelt. Odr. (10×10); Wz. 1; gez. K 13¼:13.

bwg) Nationalpark Beysehir-See

bwh) Nationalpark Yedigöller

bwi) Nationalpark Ilgaz-Gebirge

3049	5 000 L	mehrfarbig	bwg	0,50	0,50
3050	15 000 L	mehrfarbig	bwh	1,50	1,50
3051	25 000 L	mehrfarbig	bwi	3,—	3,—
			Satzpreis (3 W.)	5,—	5,—
			FDC		6,—

Auflage: 600 000 Sätze

Türkisch-Zypern

1995, 10. Febr. Europäisches Naturschutzjahr. Odr.; Wz. 1; gez. K 13¾:14.

pr) Gebirgslandschaft

ps) Küstenlandschaft

pt) Steppenlandschaft

392	2000 L	mehrfarbig	pr	0,50	0,50
393	3500 L	mehrfarbig	ps	1,—	1,—
394	15000 L	mehrfarbig	pt	4,50	4,50
			Satzpreis (3 W.)	6,—	6,—
			FDC		8,—

Auflagen: MiNr. 392 und 394 je 150 000, MiNr. 393 = 200 000 Stück

Ukraine

1995, 14. Okt. Europäisches Naturschutzjahr. Odr. (6×6); Papier fl.; gez. K 13½.

cg) Fragment eines Regenbogens, Weißstorch (Ciconia ciconia), Blatt mit Sicherheitsnadel

149	50 000 (Karb)	mehrfarbig	cg	1,50	1,50
			FDC		2,50

Auflage: 1 000 000 Stück

Gültig bis 31.10.1996

Ungarn

1995, 9. Mai. Europäisches Naturschutzjahr. Odr. (1×4 Zd); gez. K 13¼:13.

gfh) Weißstorch (Ciconia ciconia), Frosch; gfi) Eichhörnchen; gfk) Blaumeise (Parus caeruleus); gfl) Igel

4343	14 Ft	mehrfarbig	gfh	0,80	0,80
4344	14 Ft	mehrfarbig	gfi	0,80	0,80
4345	14 Ft	mehrfarbig	gfk	0,80	0,80
4346	14 Ft	mehrfarbig	gfl	0,80	0,80
			Satzpreis (4 W.)	2,80	2,80
			Viererstreifen	3,—	3,—
			FDC		4,—

Auflage: 1 000 000 Sätze

Vatikanstadt

1995, 8. Juni. Freimarken: Europäisches Naturschutzjahr. RaTdr., Bogen (4×5); gez. K 11¾.

amu) Tritonen-Brunnen von G. L. Bernini, Vatikanische Gärten

amv) Rosenallee und Barberini-palast, Castelgandolfo

amw) Apoll als Kitharöde, Statue, Vatikanische Gärten

amx) Ruinen der Domitian-Villa, Castelgandolfo

amy) Eschenahorn (Acer negundo), Vatikanische Gärten

amz) Belvedere-Garten, Castelgandolfo

ana) Adler-Brunnen, Vatikanische Gärten

anb) Zypressenallee und Reiterstatue, Castelgandolfo

1145	200 (L)	mehrfarbig	amu	0,30	0,30
1146	300 (L)	mehrfarbig	amv	0,40	0,40
1147	400 (L)	mehrfarbig	amw	0,50	0,50
1148	550 (L)	mehrfarbig	amx	0,70	0,70
1149	750 (L)	mehrfarbig	amy	0,90	0,90
1150	1500 (L)	mehrfarbig	amz	1,90	1,90
1151	2000 (L)	mehrfarbig	ana	2,50	2,50
1152	3000 (L)	mehrfarbig	anb	3,80	3,80
			Satzpreis (8 W.)	11,—	11,—
			FDC		14,—

Markenheftchen (3×1)

H-Blatt 9	mit 3 × MiNr. 1146	—,—
H-Blatt 10	mit 3 × MiNr. 1147	—,—
H-Blatt 11	mit 3 × MiNr. 1148	—,—
H-Blatt 12	mit 3 × MiNr. 1149	—,—
MH 0-5	mit 1 × H-Blatt 9–12	9,—

Auflage: 500 000 Sätze

Zypern

1995, 18. Sept. Europäischer Kulturmonat, Nikosia. Odr.; gez. K 13:13¼.

add) Europafahne

ade) Landkarte Europas, Stadttor von Nikosia

860	20 (C)	mehrfarbig	add	*1,—*	*1,—*
861	25 (C)	mehrfarbig	acu	*7,—*	*7,—*
			Satzpreis (2 W.)	*8,—*	*8,—*
			FDC		*10,—*

Auflagen: MiNr. 860 = 500 000, MiNr. 861 = 150 000 Stück

1995, 24. Okt. Europäisches Naturschutzjahr. Odr.; gez. K 13¼:13.

adl) Emblem

868	20 (C)	mehrfarbig	adl	1,—	1,—
			FDC		2,—

MiNr. 868 stammt aus dem Satz MiNr. 866–869.

Auflage: 500 000 Stück

1996

Dänemark

1996, 25. Jan. Kopenhagen – Kulturhauptstadt Europas 1996: Sehenswürdigkeiten. Odr., Bogen (B) (8×5) und Markenheftchen (MH) (2×5); Papier fl.; gez. K 13¼:13.

acr) Runder Turm

acs) Schloss Christiansborg

act) Marmorkirche

acu) Die kleine Meerjungfrau

1116	3.75 (Kr) mehrfarbig (B) (MH)	acr	1,—	0,50
1117	5.00 (Kr) mehrfarbig (B)	acs	2,—	1,—
1118	8.75 (Kr) mehrfarbig (B)	act	3,—	2,—
1119	12.00 (Kr) mehrfarbig (B)	acu	4,—	3,50
		Satzpreis (4 W.)	10,—	7,—
		FDC		11,—
		Markenheftchen	12,—	
P 296	Sonderpostkarte zum gleichen Anlaß mit MiNr. 1116 als Wertstempel		3,—	4,—

Auflagen: MiNr. 1116 = 19 800 000, MiNr. 1117 = 8 400 000, MiNr. 1118 = 3 200 000, MiNr. 1119 = 1 500 000 Stück

Irland

1996, 4. Juli. Vorsitz Irlands in der Europäischen Union. Odr.; gez. K 13¼.

ado) Symbolische Darstellung, Sterne der Europafahne

952	32 (P) mehrfarbig	ado	1,20	1,20
		FDC		2,—

MiNr. 952 stammt aus dem Satz MiNr. 951–954.

Auflage: 1 000 000 Stück

Gültig bis 31.12.2002

Liechtenstein

1996, 4. März. Die Bronzezeit in Europa. RaTdr. (5×4); gez. K 11¾.

ate) Schmelztiegel, Bronzenadel

1128	90 (Rp) mehrfarbig	ate	1,70	1,60
		FDC		2,—
		MK 140		2,—

Auflage: 482 344 Stück

Blockabbildungen

sind aus technischen Gründen nicht immer maßstabsgetreu wiedergegeben. Da jedoch bei Blocks ausnahmslos Größenangaben gemacht werden, ist die Originalgröße erkennbar.

Portugal

1996, 2. Dez. Blockausgabe: Organisation für Sicherheit und Zusammenarbeit in Europa (OSZE). Odr.; gez. Ks 12:11¾.

bng) Wolken bilden Landkarte Europas

bnh

2167	200 (E) mehrfarbig	bng	3,50	3,50
Block 123	(93×110 mm)	bnh	4,—	4,—
		FDC		5,—

Auflage: 80 000 Blocks

Gültig bis 30.9.2001

1997

Deutschland

1997, 9. Juni. 50 Jahre Marshallplan. Odr. (2×5); Papier fl.; gez. K 13:13½.

bzd) George C. Marshall (1880–1959), amerikanischer General und Politiker; Staatsflagge der USA, zerbombte Häuser in Europa

1926	100 (Pf) mehrfarbig	bzd	1,10	0,90
		FDC		1,80
		ETB 20/1997		1,50
		Kleinbogen	12,—	12,—

Auflage: 160 000 000 Stück, davon 297 200 auf ETB

Gültig bis 30.6.2002

Griechenland

1997, 26. März. Saloniki – Kulturhauptstadt Europas 1997. Odr.; gez. K 13¼:13¾, Querformate ~.

blx) Hl. Demetrios († Anfang 4. Jh.), Fresko (14. Jh.)

bly) Fassade des Hippokrates-Krankenhauses

blz) Statuensockel mit Inschrift, rundes Frauenkopf-Relief

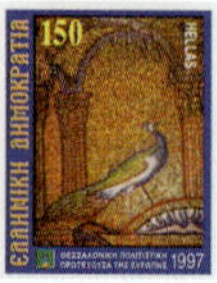

bma) Kuppelmosaik in der St.-Georgios-Kirche (5.–6. Jh.)

bmb) Messkelch (14. Jh.) aus dem Watopediu-Kloster

1937	80 (Dr)	mehrfarbig	blx	0,50	0,80
1938	100 (Dr)	mehrfarbig	bly	1,50	1,—
1939	120 (Dr)	mehrfarbig	blz	2,—	1,20
1940	150 (Dr)	mehrfarbig	bma	2,—	1,50
1941	300 (Dr)	mehrfarbig	bmb	9,—	3,—
			Satzpreis (5 W.)	15,—	7,50
			FDC		8,—

Auflagen: MiNr. 1937 = 4 000 000, MiNr. 1938–1939 je 2 000 000, MiNr. 1940 = 2 500 000, MiNr. 1941 = 500 000 Stück

Gültig bis 31.12.2002

Italien

1997, 17. Okt. 50 Jahre Marshallplan. RaTdr. (10 × 10); Papier fl.; gez. K 14¼:13¼.

cgv) Zerstörte und wiederaufgebaute Stadt

2538	800 (L)	mehrfarbig	cgv	1,20	1,20
			FDC		2,—

Auflage: 50 000 000 Stück

Niederlande

1997, 27. Mai. 50 Jahre Marshallplan. Odr. (5 × 10 Zd); Papier ph.; gez. K 13¼:12¾.

bbc) Landkarte Europas

bbd) Stilisierte Staatsflagge der USA

1620	80 C	mehrfarbig	bbc	0,80	0,50
1621	80 C	mehrfarbig	bbd	0,80	0,50
			Satzpreis (Paar)	2,—	2,—
			FDC		2,50

Auflage: 4 122 350 Sätze

1997, 17. Juni. Vorsitz der Niederlande in der Europäischen Union und Gipfeltreffen des Ministerrates, Amsterdam. Odr.; Papier ph.; gez. K 13¼.

bbe) Weltkugel

1622	100 C	mehrfarbig	bbe	1,50	1,—
			FDC		2,50

Auflage: 2 763 900 Stück

Russland

1997, 1. Okt. Aufnahme Russlands in den Europarat. Odr. (3 × 6 Zd); gez. K 12:12½.

ur) Nationalflagge von Russland; Palais de l'Europe, Straßburg

Zierfeld

622	1000 R	mehrfarbig	ur	0,50	0,30
			622 Zf	2,—	2,—
			FDC		3,—

Auflage: 250 000 Stück

Gültig bis 31.12.1997

Vereinigte Staaten von Amerika

1997, 4. Juni. 50 Jahre Marshallplan. Komb. StTdr. und Odr. (4 × 5); gez. K 11.

dne) George C. Marshall (1880–1959), General und Politiker; Landkartenausschnitt von Europa

2832	32 (C)	mehrfarbig	dne	1,20	1,—
			FDC		2,—
			ETB		7,—

1998

Belgien

1998, 4. Juli. Europäische Denkmaltage. RaTdr. (4 × 3); Papier ph.; gez. K 11½.

csi) Emblem der Denkmaltage; csk) Bourla-Theater, Antwerpen; csl) „La Halle", Durbuy; csm) „Halletoren", Kortrijk

csn) Rathaus, Löwen; cso) „Le Perron", Lüttich; csp) Königliches Theater, Namur; csr) Schloss Aspremont-Lynden, Rekem

css) Pavillon, Sint-Niklaas; cst) St.-Vincent-Kapelle, Tournai; csu) Abtei, Villers-la-Ville; csv) Rathaus, Saint-Gilles

2815	17 (Fr)	mehrfarbig	csi	0,80	0,50
2816	17 (Fr)	mehrfarbig	csk	0,80	0,50
2817	17 (Fr)	mehrfarbig	csl	0,80	0,50
2818	17 (Fr)	mehrfarbig	csm	0,80	0,50
2819	17 (Fr)	mehrfarbig	csn	0,80	0,50
2820	17 (Fr)	mehrfarbig	cso	0,80	0,50
2821	17 (Fr)	mehrfarbig	csp	0,80	0,50
2822	17 (Fr)	mehrfarbig	csr	0,80	0,50
2823	17 (Fr)	mehrfarbig	css	0,80	0,50
2824	17 (Fr)	mehrfarbig	cst	0,80	0,50
2825	17 (Fr)	mehrfarbig	csu	0,80	0,50
2826	17 (Fr)	mehrfarbig	csv	0,80	0,50
			Satzpreis (12 W.)	9,50	6,—
			ZD-Bogen	12,—	12,—
			FDC		13,—

Deutschland

1998, 16. Juli. Gründung der Europäischen Zentralbank. RaTdr. (2 × 5); Papier fl.; gez. K 13¾:14.

ccl) Buchstaben „EZB" mit Banknoten in Euro-Währung, Europaemblem

2000	110 (Pf) mehrfarbig	ccl	2,—	1,40
		FDC		2,—
		ETB 23/1998		1,50
		Kleinbogen	20,—	18,—

Auflage: 20 000 000 Stück, davon 280 400 auf ETB

Gültig bis 30.6.2002

Frankreich

1998, 5. Dez. Neues Gebäude des Europaparlamentes in Straßburg. RaTdr. (5 × 10); gez. K 13.

dnt) Architekturmodell

3349	3.00 (Fr) mehrfarbig	dnt	1,50	1,—
		FDC		3,—
		ETB		10,—

Auflage: 9 017 758 Stück

Griechenland

1998, 30. April. 50 Jahre Europäische Bewegung. Odr. (10 × 5); gez. K 13¼:13.

bno) Emblem der Europäischen Bewegung

1977	500 (Dr) mehrfarbig	bno	7,—	3,50
		FDC		4,50

MiNr. 1977 stammt aus dem Satz MiNr. 1972–1977.

Auflage: 4 000 000 Stück

Gültig bis 31.12.2002

Irland

1998, 2. Juni. 25 Jahre Mitgliedschaft in der Europäischen Union. Odr. (5 × 10); gez. K 14¾:14.

aii) Europaflagge, Staatswappen, Wahlurne

1081	32 (P) mehrfarbig	aii	1,—	1,—
		FDC		2,—

MiNr. 1081 stammt aus dem Satz MiNr. 1080–1083.

Gültig bis 31.12.2002

Italien

1998, 28. Okt. Internationale Briefmarkenausstellung ITALIA '98, Mailand (VIII): Europatag. RaTdr. (10 × 5); Papier fl.; gez. K 13¼:14.

cko) Zahnräder, Euro-Zeichen

2603	800 (L) mehrfarbig	cko	1,20	1,20
		FDC		2,—

Auflage: 50 000 000 Stück

1998, 28. Okt. Internationale Briefmarkenausstellung ITALIA '98, Mailand (IX): Europatag. RaTdr., Markenheftchen (6 × 1); selbstklebend; gestanzt 11.

cko) Zahnräder, Euro-Zeichen

2604	800 (L) mehrfarbig	cko	1,80	1,80
		FDC		2,50
		Markenheftchen	11,—	

Auflage: 3 600 000 Stück

Malta

1998, 26. Febr. Blockausgabe: Europäischer Kulturmonat, Valletta. Odr.; Wz. 6; gez. Ks 13¼.

ail) Ansicht von Valletta (17. Jh.) aim

1036	26 C mehrfarbig	ail	2,—	2,—
Block 16	(123 × 88 mm)	aim	2,50	2,50
		FDC		3,50

Österreich

1998, 1. Juli. Vorsitz Österreichs in der Europäischen Union. RaTdr. (10 × 5); gez. K 13¾.

byl) Emblem der österreichischen Präsidentschaft, Landkarte Europas

2261	7 S mehrfarbig	byl	1,20	1,—
		FDC		2,—

Vorlagedruck in Schwarz, mit dem Originaldruckstöckel gedruckt, □, auf Erläuterungsblatt geklebt .... 16,—

Auflage: 2 900 000 Stück

Gültig bis 30.6.2002

Schweden

1998, 14. Mai. Stockholm – Kulturhauptstadt Europas 1998. Komb. StTdr. und Odr., Markenheftchen; waagerecht gez. 12¾.

bsh) Königliches Schloss

bsi) Blick auf die Altstadt

2056	7 Kr mehrfarbig	bsh	1,50	1,50
2057	7 Kr mehrfarbig	bsi	1,50	1,50
		Satzpreis (2 W.)	3,—	3,—
		FDC		4,—

MH 241	(Nominale 28 Kr)	7,50	
H-Blatt 268	mit 2 × MiNr. 2056–2057	7,—	7,—

MiNr. 2056–2057 stammen aus dem Satz MiNr. 2050–2057.

Papier ph. = phosphoreszierendes Papier
Papier fl. = fluoreszierendes Papier

1999

Albanien

1999, 20. April. 50 Jahre Europarat. MiNr. 2567 mit Odr.-Aufdruck.

2681	**150 L**	auf 25 L mehrfarbig	(2567)	4,—	4,—
			FDC		5,—

Andorra (Französische Post)

1999, 5. Mai. 50 Jahre Europarat. Odr. (5×10); gez. K 13.

oa) Palast der Menschenrechte, Straßburg; Jubiläumsemblem

536	3.80 (Fr)	mehrfarbig	oa	1,70	1,70
			FDC		2,—

Auflage: 122 250 Stück

Andorra (Spanische Post)

1999, 29. April. 50 Jahre Europarat. RaTdr. (5×10); Papier ph.; gez. K 13¾.

hv) Palast der Menschenrechte, Straßburg; Jubiläumsemblem

266	35 (Pta)	mehrfarbig	hv	1,—	1,—
			FDC		1,50

Auflage: 300 000 Stück

Gültig bis 28.2.2002

1999, 12. Nov. Gemeinsames europäisches Kulturerbe. RaTdr. (10×5); Papier ph.; gez. K 14:13¾.

hz) Kirche von Santa Coloma

270	35 (Pta)	mehrfarbig	hz	1,—	1,—
			FDC		1,50

Auflage: 300 000 Stück

Gültig bis 28.2.2002

Armenien

1999, 12. Juni. 50 Jahre Europarat. Odr. (5×2); gez. K 14:13½.

hh) Flagge mit Emblem des Europarates

355	170 (D)	mehrfarbig	hh	4,20	4,20
			FDC		5,—
			Kleinbogen	42,—	42,—

Auflage: 40 000 Stück

Aserbaidschan

1999, 29. Dez. 50 Jahre Europarat. Odr. (2×5); gez. K 12:12¼.

pa) Emblem des Europarates

460	1000 M	mehrfarbig	pa	2,50	2,50
			FDC		4,—
			Kleinbogen	25,—	25,—

Auflage: 50 000 Stück

Bulgarien

1999, 5. Mai. 50 Jahre Europarat. Odr.; gez. K 13.

gcb) Europaemblem

4390	180 L	mehrfarbig	gcb	1,—	0,50
			FDC		1,50

Auflage: 600 000 Stück

Gültig bis 31.12.1999

Dänemark

1999, 28. April. 50 Jahre Europarat. StTdr. (5×10); Papier fl.; gez. K 12¾.

agg) Stern, Europarat-Emblem

1213	9.75 (Kr)	dunkelviolettblau	agg	3,20	3,20
			FDC		4,—

Deutschland

1999, 14. Jan. 1100 Jahre Weimar – Kulturhauptstadt Europas 1999. Odr., Kleinbogen (5×2) und Markenheftchen (5×2); Papier fl.; gez. K 13¾.

cdr) Friedrich von Schiller (1759–1805), Johann Wolfgang von Goethe (1749–1832), Christoph Martin Wieland (1733–1813) und Johann Gottfried von Herder (1744–1803), Dichter und Schriftsteller; Deutsches Nationaltheater, Weimar

2028	100 (Pf)	mehrfarbig	cdr	1,20	1,10
			FDC		1,80
			ETB 2/1999		1,50
			Kleinbogen	13,—	13,—

MH 38	(Nominale 10 DM)	13,—	
H-Blatt 42	mit 10 × MiNr. 2028	13,—	13,—

Sonderpostkarten mit MiNr. 2028 als Wertstempel:

P So 59	Jahrtausendwende	1,30	1,50
P So 44	Briefmarkenbörse Sindelfingen ’99 ...	1,25	1,25

Auflage: 150 000 000 Stück, davon 278 000 auf ETB

Gültig bis 30.6.2002

1999, 4. Mai. 50 Jahre Europarat. Odr. (5×2); Papier fl.; gez K 13¼.

ceo) Emblem des Europarats

2049	110 (Pf)	mehrfarbig	ceo	1,50	1,10
			FDC		1,80
			ETB 18/1999		1,30
			Kleinbogen	15,—	16,—

Auflage: 25 000 000 Stück, davon 278 000 auf ETB

Gültig bis 30.6.2002

Estland

1999, 24. März. 50 Jahre Europarat. Odr. (10×5); gez. K 13¾:14.

hh) Europa-Emblem; Palais de l’Europe, Straßburg

341	5.50 (Kr) / 0.35 €	mehrfarbig	hh	1,50	1,50
			FDC		2,50

Auflage: 500 750 Stück

Finnland

1999, 1. Juli. Vorsitz Finnlands in der Europäischen Union. Odr. (5×4); gez. K 13¾:13¼.

bba) Menschliche Figur zwischen den Sternen der Europafahne

1483	3.50 (M) mehrfarbig	bba	1,60	1,60
		FDC		2,50

Auflage: 1 500 000 Stück

Gültig bis 31.12.2011

Frankreich

1999, 1. Jan. Freimarke: Einführung des Euro als Recheneinheit im Zahlungsverkehr. StTdr.; (10×10); Papier ph.; gez. K 13.

doa) Euro-Zeichen

3356	3.00 Fr / 0.46 € mehrfarbig	doa	1,20	1,20
		FDC		1,80
		ETB		10,—

U 235–U 240	Umschläge mit MiNr. 3356 als Wertstempel in verschiedenen Formaten mit und ohne Fenster je	1,50	1,50
DUB 7	Dienstumschlag (DIRECTION DES JOURNAUX OFFICIELS mit MiNr. 3356 als Wertstempel	2,—	2,—

1999, 6. Febr. Freimarke: Einführung des Euro als Recheneinheit im Zahlungsverkehr. StTdr., Markenheftchen (5×2); Papier ph.; selbstklebend; senkrecht gestanzt 6½.

doa) Euro-Zeichen

3363	3.00 Fr / 0.46 € mehrfarbig	doa	1,50	1,20
		FDC		2,—
		Markenheftchen	15,—	

1999, 19. März. 50 Jahre Europarat. RaTdr. (5×10); gez. K 13.

dol) Weltkarte, Sterne

3370	3.00 (Fr) mehrfarbig	dol	1,50	1,—
		FDC		3,—
		ETB		10,—

Auflage: 8 749 529 Stück

1999, 27. März. Fünfte Direktwahlen zum Europäischen Parlament. RaTdr. (5×10); gez. K 13.

dov) Baum, Hand, Sterne

3378	3.00 (Fr) mehrfarbig	dov	1,50	1,—
		FDC		3,—
		ETB		10,—

Auflage: 7 506 444 Stück

Georgien

1999, 9. Dez. Aufnahme Georgiens in den Europarat. Odr. (3×6); gez. K 12¾.

kx) Inschrift mit georgischen Buchstaben

ky) Inschrift mit lateinischen Buchstaben

318	50 (T) mehrfarbig	kx	2,—	2,—
319	80 (T) mehrfarbig	ky	3,—	3,—
		Satzpreis (2 W.)	5,—	5,—
		FDC		7,—

Irland

1999, 29. April. Jahrestage und Ereignisse: Einführung des Euro als Recheneinheit im Zahlungsverkehr, 50 Jahre Europarat. Odr. (5×10, Hochformat ~); gez. K 14¾:14, Hochformat ~.

ald) 1-Euro-Münze

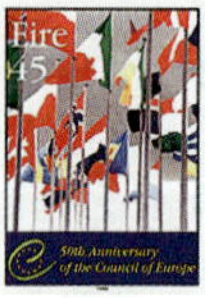

alf) Flaggen der Mitglieder des Europarates

1143	30 (P) / 38 C mehrfarbig	ald	1,—	1,—
1145	45 (P) mehrfarbig	alf	1,30	1,30
		Satzpreis (2 W.)	2,30	2,30
		FDC		3,—

MiNr. 1143 und 1145 stammen aus dem Satz MiNr. 1143–1145.

MiNr. 1145 gültig bis 31.12.2002

Island

1999, 15. April. 50 Jahre Europarat. Odr. (5×10); gez. K 13.

acb) Friedenstauben bilden Europaratsemblem, Jahreszahlen, Jubiläumsemblem

912	35.00 (Kr) mehrfarbig	acb	2,50	1,50
		FDC		2,—

Auflage: 250 000 Stück

1999, 7. Okt. Reykjavík – Kulturhauptstadt Europas 2000. Odr. (5×5); gez. K 13¼:13.

acr) Menschen verschiedener Völker

acs) Symbole der verschiedenen Kunst- und Kulturrichtungen, Stadtsilhouette

925	35.00 (Kr) mehrfarbig	acr	1,20	1,20
926	50.00 (Kr) mehrfarbig	acs	1,80	1,80
		Satzpreis (2 W.)	3,—	3,—
		FDC		3,50

Italien

1999, 5. Mai. 50 Jahre Europarat. RaTdr. (5×10); Papier fl.; gez. K 14:13¼.

clt) Palast der Menschenrechte, Straßburg

2636	800 (L) / 0.41 € mehrfarbig	clt	1,30	1,30
		FDC		2,—

Auflage: 3 000 000 Stück

Kroatien

1999, 5. Mai. 50 Jahre Europarat. Odr. (4×5); Papier fl.; gez. K 14.

rz) Europa-Emblem, Zahl „50“

504	2.80 (K) mehrfarbig	rz	1,—	1,—
		FDC		2,—

Auflage: 350 000 Stück

Lettland

1999, 3. Mai. 50 Jahre Europarat. Odr. (3×4); gez. K 12¾:12½.

lb) Europasterne

500	30 (S) mehrfarbig	lb	1,50	1,50
		FDC		2,50
		500 Zf	2,—	2,—
		Kleinbogen	15,—	15,—

MiNr. 500 wurde im Kleinbogen zu 8 Marken und 4 Zierfeldern (2 verschiedene, mittlere Bogenspalte) gedruckt.

Auflage: 300 000 Stück

Liechtenstein

1999, 25. Mai. 50 Jahre Europarat und Europäische Menschenrechtskonvention. RaTdr. (4×5); gez. K 11¾.

awf) Jubiläumsemblem des Europarates

1200	70 (Rp) mehrfarbig	awf	1,10	1,—
		FDC		1,50
		MK 169		6,50

MiNr. 1200 stammt aus dem Satz MiNr. 1200–1202.

Litauen

1999, 1. Mai. 50 Jahre Europarat. Odr. (10×5); gez. K 14.

mv) Flagge mit Jubiläumsemblem

695	70 C mehrfarbig	mv	0,80	0,80
		FDC		1,50

Auflage: 500 000 Stück

Luxemburg

1999, 8. März. Einführung des Euro als Recheneinheit im Zahlungsverkehr. RaTdr. (5×6); Papier fl.; gez. K 11½.

ars) Landkarte Europas, 1-Euro-Münze, Motive aus Euro-Banknoten

1469	A mehrfarbig	ars	1,50	1,50
		FDC		2,—

MiNr. 1469 gilt für Inlands-Standardbriefe (Nominale zur Zeit der Ausgabe 16 Fr).

Auflage: 1 000 000 Stück

1999, 8. März. 50 Jahre Europarat. RaTdr. (5×6); Papier fl.; gez. K 11¾:11½.

art) Sitz des Europarats, Straßburg

1470	16 (Fr) mehrfarbig	art	1,50	1,50
		FDC		2,50

Auflage: 400 000 Stück

Gültig bis 31.12.2002

Makedonien

1999, 5. Mai. 50 Jahre Europarat. Odr. (3×3); gez. K 13¼.

fh) Landkarte von Europa, Jubiläumsemblem

161	30 (D) mehrfarbig	fh	1,30	1,30
		FDC		2,50
		Kleinbogen	12,—	12,—

Malta

1999, 6. April. 50 Jahre Europarat. Odr. (2×5); Wz. 6; gez. K 13¾.

akr) Plenarsaal im Palast der Menschenrechte, Straßburg

aks) Palast der Menschenrechte, Straßburg

1063	6 C mehrfarbig	akr	0,50	0,50
1064	16 C mehrfarbig	aks	1,50	1,50
		Satzpreis (2 W.)	2,—	2,—
		FDC		2,50
		Kleinbogensatz (2 Klb.)	20,—	20,—

MiNr. 1063–1064 stammen aus dem Satz MiNr. 1063–1066.

Moldawien

1999, 9. April. 50 Jahre Europarat. Odr. (2×5); gez. K 14.

kp) Europa-Emblem, Europakarte

304	2.20 L mehrfarbig	kp	3,—	3,—
		FDC		4,—
		Kleinbogen	30,—	30,—

MiNr. 304 stammt aus dem Satz MiNr. 303–304.

Auflage: 50 000 Stück

Niederlande

1999, 5. Jan. Einführung des Euro als Recheneinheit im Zahlungsverkehr. Odr.; Papier ph.; gez. K 13¼:12¾.

bem) 1-Euro-Münze

1704	80 C mehrfarbig	bem	1,—	1,—
		FDC		3,—

Österreich

1999, 7. Mai. 50 Jahre Europarat. RaTdr. (5×10); gez. K 13½:14¼.

bzf) Europaratsgebäude, Straßburg

2280 14 S / 1.02 € mehrfarbig . . . . bzf 2,50 2,50
FDC 3,50

Vorlagedruck in Schwarz, mit dem Originaldruckstöckel gedruckt, □, auf Erläuterungsblatt geklebt . . . . 16,—

Auflage: 1 800 000 Stück

Gültig bis 30.6.2002

Polen

1999, 5. Mai. 50 Jahre Europarat. Odr. (5×4); Papier fl.; Sicherheitszähnung K 11½:11.

esc) Europa-Emblem; Palais de l'Europe, Straßburg

3762 1 Zł mehrfarbig . . . . esc 1,— 1,—
FDC 2,—

Auflage: 600 000 Stück

Gültig bis 31.12.2003

Portugal

1999, 15. März. Einführung des Euro als Recheneinheit im Zahlungsverkehr. Odr. (5×10); gez. K 12:11¾.

buv) Flaggen der EU-Mitglieder, Euro-Zeichen

2326 95 E / 0.47 € mehrfarbig . . . . buv 1,60 1,60
FDC 2,—

Auflage: 500 000 Stück

Gültig bis 31.12.2006

1999, 5. Mai. 50 Jahre Europarat. Odr. (5×10); gez. K 12:11¾.

bvk) Jubiläumsemblem

2337 100 E / 0.50 € mehrfarbig . . . . bvk 1,80 1,80
FDC 2,50

Auflage: 250 000 Stück

Gültig bis 31.12.2006

Rumänien

1999, 5. Mai. 50 Jahre Europarat. RaTdr. (3×5 Zd); gez. K 13½.

hcc) Palais de l'Europe, Straßburg

Zierfeld

5409 2300 L mehrfarbig . . . . hcc 0,70 0,70
5409 Zf 1,— 1,—
FDC 2,—

Auflage: 1 080 000 Stück

Gültig bis 30.6.2005

Russland

1999, 5. Mai. 50 Jahre Europarat. Odr. (6×6); gez. K 12:12¼.

yp) Europaflagge; Palais de l'Europe, Straßburg; Spasskij-Turm, Moskau

721 3.00 (R) mehrfarbig . . . . yp 0,60 0,40
FDC 1,—

Auflage: 250 000 Stück

San Marino

1999, 12. Mai. 50 Jahre Europarat. Odr. (4×5); gez. K 13¼:13.

biv) Menschen auf einer Leiter mit weiterem Stern für das Jubiläumsemblem des Europarates, Zahl „50"

1838 1300 (L) / 0.67 € mehrfarbig . . . . . . biv 2,— 2,—
FDC 2,50

Schweden

1999, 20. Mai. 50 Jahre Europarat; fünfte Direktwahlen zum Europäischen Parlament. Odr.; waagerecht gez. 12¾.

bvh) Keimende Pflanze

2124 7 Kr mehrfarbig . . . . bvh 2,20 1,80
FDC 2,50

Schweiz

1999, 5. Mai. 50 Jahre Europarat. RaTdr. (5×10); Papier fl.; gez. K 13¼:13½.

bld) Flaggen der Europarat-Mitgliedstaaten, Jubiläumsemblem

1688 90 (C) mehrfarbig . . . . bld 1,40 1,10
FDC 1,80

MiNr. 1688 stammt aus dem Satz MiNr. 1686–1689.

Slowakei

1999, 5. Mai. 50 Jahre Europarat. Komb. StTdr. und RaTdr. (5×2); Papier ph.; gez. K 11¾:11¼.

kg) Gesicht in Europaflagge

339 16 Sk mehrfarbig . . . . kg 1,50 1,50
FDC 2,—
Kleinbogen 15,— 12,—

Blockausgabe mit MiNr. 339

Block 11 (65×85 mm) . . . . kh 2,— 2,—

Auflagen: MiNr. 339 = 246 800 Stück, Bl. 11 = 120 000 Blocks

Slowenien

1999, 23. März. 50 Jahre Europarat. Odr. (5×5); gez. K 14.

km) Mann und Frau halten einander fest, Emblem des Europarates

258	80 (T) mehrfarbig	km	1,40	1,40
		FDC		2,—

Auflage: 80 000 Stück

Gültig bis 31.12.2007

Spanien

1999, 28. Mai. Einführung des Euro als Recheneinheit im Zahlungsverkehr: Das Währungsgebiet. RaTdr. (3×4); Papier ph.; gez. K 13¾:14.

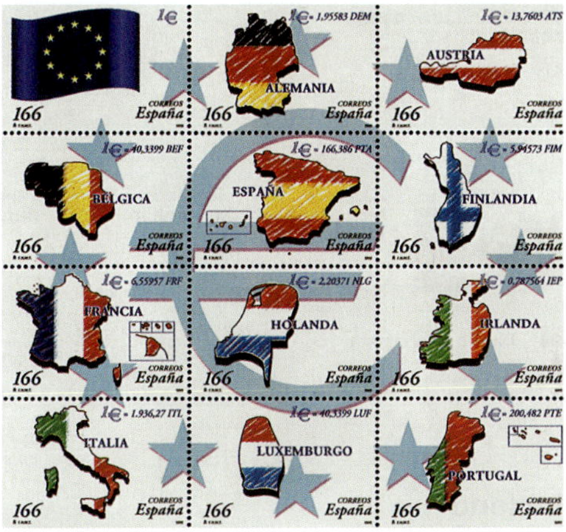

dir) Europafahne — dis) Deutschland — dit) Österreich
diu) Belgien — div) Spanien — diw) Finnland
dix) Frankreich — diy) Niederlande — diz) Irland
dka) Italien — dkb) Luxemburg — dkc) Portugal

3466	166 (Pta) mehrfarbig	dla	2,50	1,—
3467	166 (Pta) mehrfarbig	dlb	2,50	1,—
3468	166 (Pta) mehrfarbig	dlc	2,50	1,—
3469	166 (Pta) mehrfarbig	dld	2,50	1,—
3470	166 (Pta) mehrfarbig	dle	2,50	1,—
3471	166 (Pta) mehrfarbig	dlf	2,50	1,—
3472	166 (Pta) mehrfarbig	dlg	2,50	1,—
3473	166 (Pta) mehrfarbig	dlh	2,50	1,—
3474	166 (Pta) mehrfarbig	dli	2,50	1,—
3475	166 (Pta) mehrfarbig	dlk	2,50	1,—
3476	166 (Pta) mehrfarbig	dll	2,50	1,—
3477	166 (Pta) mehrfarbig	dlm	2,50	1,—
		Satzpreis (12 W.)	30,—	12,—
		Zd-Bogen	35,—	35,—
		FDC		40,—

Auflage: 1 200 000 Sätze

Gültig bis 28.2.2002

Tschechische Republik

1999, 14. April. 50 Jahre Europarat. Komb. StTdr. und RaTdr.; (5×10); Papier ph.; gez. K 11¾:11¼.

id) Emblem des Europarates, wolkiger Himmel

213	7 Kč mehrfarbig	id	1,—	0,50
		FDC		1,50

Auflage: 2 240 000 Stück

Türkei

1999, 30. April. 50 Jahre Europarat. Odr. (10×10); gez. K 13¼:13.

cbo) Jubiläumsemblem

3178	175 000 (L) + 10 000 L mehrfarbig	cbo	3,50	2,50
		FDC		5,—

Auflage: 300 000 Stück

Ukraine

1999, 22. Mai. 50 Jahre Europarat. Odr. (6×6); gez. K 13½.

iz) Palais de l'Europe, Straßburg; Europaemblem

306	40 K mehrfarbig	iz	0,80	0,80
		FDC		1,50

Auflage: 200 000 Stück

Ungarn

1999, 3. Mai. 50 Jahre Europarat. Odr. (5×10); gez. K 13:13¼.

gow) Europaflagge

4542	50 Ft mehrfarbig	gow	1,50	1,50
		FDC		2,—

Auflage: 200 000 Stück

Vatikanstadt

1999, 12. Okt. 50 Jahre Europarat. RaTdr. (2×5); gez. K 11¾.

aun) Heißluftballone, Lupe, Landkarte Europas

1302	1200 (L) mehrfarbig	aun	1,50	1,50
		FDC		2,50
		Kleinbogen	16,—	16,—

MiNr. 1302 wurde mit Anhängsel für Post der 1. Dringlichkeitsklasse gedruckt. Die angegebenen Preise gelten für Marken mit Anhängsel.

Auflage: 450 000 Stück

Zypern

1999, 6. Mai. 50 Jahre Europarat. Odr. (5×5); gez. K 14.

aga) Palast der Menschenrechte, Straßburg; Flaggen; Jubiläumsemblem

929	30 (C) mehrfarbig	aga	2,—	2,—
		FDC		2,50

2000

Andorra (Französische Post)

2000, 4. Nov. Gemeinsames Erbe Europa. Odr. (8×5); gez. K 13¼:13.

oy) Romanischer Türbogen

558	3.80 Fr / 0.58 € mehrfarbig . . . . oy		1,70	1,70
		FDC		2,—

Auflage: 52 223 Stück

Andorra (Spanische Post)

2000, 3. Nov. 50. Jahre Europäische Menschenrechtskonvention. RaTdr. (5×10); Papier ph.; gez. K 13¾:14.

if) Palast der Menschenrechte, Straßburg

276	70 (Pta) mehrfarbig . . . . if		1,50	1,50
		FDC		2,—

Auflage: 300 000 Stück

Gültig bis 28.2.2002

Belgien

2000, 22. Jan. Brüssel – Kulturhauptstadt Europas 2000. RaTdr. (1×6 Zd); Papier ph.; gez. K 11½.

Zierfeld — cxl) Menschen verschiedener Kulturen — cxm) Toots Tielemans und Anna-Teresa de Keersmaeker, Künstler — cxn) Flugzeug, Hochgeschwindigkeitszug, Schiffe — Zierfeld

cxl–cxn) Stadtansichten aus verschiedenen Epochen

2935	17 (Fr) / 0.42 (€) mehrfarbig cxl		1,—	1,—
2936	17 (Fr) / 0.42 (€) mehrfarbig . . . . . cxm		1,—	1,—
2937	17 (Fr) / 0.42 (€) mehrfarbig . . . . . cxn		1,—	1,—
		Satzpreis (3 W.)	3,—	3,—
		Fünferstreifen	3,50	3,50
		FDC		9,50

Auflage: 1 619 154 Sätze

Bulgarien

2000, 15. Febr. Beitrittsverhandlungen zur Europäischen Union im Jahr 2000. Odr.; gez. K 13.

ger) Europaemblem, Staatsflagge

4448	0.18 L mehrfarbig . . . . ger		1,—	0,70
		FDC		1,50

Auflage: 200 000 Stück

Gültig bis 17.2.2003

2000, 19. Juli. Blockausgabe: 25. Jahrestag der Konferenz über Sicherheit und Zusammenarbeit in Europa (KSZE), Helsinki. Odr.; gez. Ks 13.

gfx) Buchstabe „e“ mit Händen

gfy) Personifizierte Buchstaben „e“

gfz

4476	0.20 (L) mehrfarbig . . . . gfx		1,—	0,80
4477	0.20 (L) mehrfarbig . . . . gfy		1,—	0,80
Block 244	(68×91 mm) . . . . gfz		2,50	2,—
		FDC		3,—

Auflage: 40 000 Blocks

Gültig bis 17.2.2003

2000, 3. Nov. 50 Jahre Europäische Menschenrechtskonvention. Odr.; gez. K 13¼:13.

ggp) Demonstrierende Menschenmenge (Stilis. Darstellung)

4492	0.65 L mehrfarbig . . . . ggp		2,—	1,—
		FDC		2,50

Auflage: 60 000 Stück

Gültig bis 24.9.2003

Finnland

2000, 12. Jan. Helsinki – Kulturhauptstadt Europas 2000; 450 Jahre Stadt Helsinki. Odr., Markenheftchen; gez. K 14½:14¾.

bbu) Museum für zeitgenössische Kunst „Kiasma“ — bbv) Dom am Senatsplatz — bbw) Medien- und Kulturzentrum „Lasipalatsi“ — bbx) Finlandia-Halle

bby) „Jagd nach der verschwundenen Krone“ auf Suomenlinna — bbz) Strömlingsmarkt — bca) Open-Air-Konzert im Kaivopuisto-Park — bcb) Festival „Kräfte des Lichts“

1502	3.50 (M) mehrfarbig . . . . bbu		1,50	1,50
1503	3.50 (M) mehrfarbig . . . . bbv		1,50	1,50
1504	3.50 (M) mehrfarbig . . . . bbw		1,50	1,50
1505	3.50 (M) mehrfarbig . . . . bbx		1,50	1,50
1506	3.50 (M) mehrfarbig . . . . bby		1,50	1,50

1507	3.50 (M)	mehrfarbig	bbz	1,50	1,50
1508	3.50 (M)	mehrfarbig	bca	1,50	1,50
1509	3.50 (M)	mehrfarbig	bcb	1,50	1,50
			Satzpreis (8 W.)	12,—	12,—
			2 FDC		13,—

MH 57	(Nominale 28 M)	14,—	
H-Blatt 58	mit MiNr. 1502–1505	6,—	6,—
H-Blatt 59	mit MiNr. 1506–1509	6,—	6,—

Auflage: 305 000 Sätze

Gültig bis 31.12.2011

Georgien

2000, 12. Dez. 50 Jahre Europäische Menschenrechtskonvention. Odr. (5×5); gez. K 14¼:14.

mp) Inschrift

mr) Inschrift

356	50 (T)	mehrfarbig	mp	2,—	2,—
357	80 (T)	mehrfarbig	mr	3,—	3,—
			Satzpreis (2 W.)	5,—	5,—
			FDC		6,—

Jugoslawien

2000, 29. Dez. Wiederaufnahme Jugoslawiens in die OSZE. Odr. (5×5); gez. K 13¾.

dbr) OSZE-Emblem, Europakarte

3008	6 (ND)	mehrfarbig	dbr	0,50	0,50
			FDC		1,—

MiNr. 3008 stammt aus dem Satz MiNr. 3008–3009.

Auflage: 55 000 Stück

Liechtenstein

2000, 4. Sept. 25 Jahre Organisation für Sicherheit und Zusammenarbeit in Europa (OSZE). RaTdr. (5×5); gez. K 11¾.

ayg) Friedenstauben

1248	1.30 (Fr)	mehrfarbig	ayg	2,—	2,—
			FDC		3,50
			MK 185		3,50
			1248 Zf	2,20	2,20

MiNr. 1248 wurde im Bogen zu 20 Marken und 5 verschiedenen Zierfeldern (rechte Bogenspalte) gedruckt.

Auflage: 333 000 Stück

Luxemburg

2000, 9. Mai. 50 Jahre Schuman-Plan. RaTdr. (4×5); gez. K 11½.

atf) Jean Monnet (1888–1979) und Robert Schuman (1886–1963), französische Politiker

1507	21 (Fr)	mehrfarbig	atf	1,50	1,50
			FDC		2,—

Auflage: 1 000 000 Stück

Gültig bis 31.12.2002

Polen

2000, 26. April. Krakau – Kulturhauptstadt Europas 2000. Odr. (3×6); Papier fl.; Sicherheitszähnung K 11¼:11.

eux) Stanisław Lem (1921–2006), Schriftsteller; „Der verzauberte Weg“ von Konstanty Ildefons Gałczyński (1905–1953), Lyriker; Kaiser Franz Joseph I. (1830–1916); Tadeusz Kantor (1915–1990), Maler, Regisseur; Piotr Skrzynecki (1930–1997), Kabarettist; Jan Matejko (1838–1893), Maler; Wisława Szymborska (*1923), Lyrikerin; „Hochzeit“ von Stanisław Wyspiański (1869–1907), Dramatiker, Maler; Sławomir Mrożek (*1930), Schriftsteller; Tuchhallen von Krakau

euy) Krzystof Penderecki (*1933), Komponist; Monogramm und Porträt von König Kasimir III. d. Große (1310–1370), Papst Johannes Paul II. (1920–2005); Józef Dietl (1804–1878), Bürgermeister von Krakau, Rektor der Jagiellonen-Universität; Königin Hedwig (Jadwiga) (1374–1399); Jerzy Turowicz (1912–1999), Chefredakteur des „Tygodnik Powszechny“ (Allgemeines Wochenblatt); Bruder Albert (Adam Chmielowski) (1845–1916), Gründer der Albertinerbrüder; Nikolaus Kopernikus (1473–1543), Theologe und Astronom; Collegium Maius der Jagiellonen-Universität, Marienkirche

eux–euy) Persönlichkeiten aus der Geschichte Krakaus

3825	70 Gr	mehrfarbig	eux	0,50	0,50
3826	1.55 Zł	mehrfarbig	euy	1,50	1,50
			Satzpreis (2 W.)	2,—	2,—
			FDC		3,—

Blockausgabe, StTdr.; A = Sicherheitszähnung Ks 11¼:11½, B = ☐.

eva

euz) Krakau um 1489; Holzschnitt von Konrad Celtis, eigentl. Bickel, gen. Protucius (1459–1508) aus der Weltchronik von Hartmann Schedel (1440–1514), Arzt, Humanist

3827 A	1.75 Zł	schwarzblau	euz	1,50	1,50
Block 140 A	(110×77 mm)		eva	2,—	2,—
			FDC A		2,50
3827 B	1.75 Zł	schwarzblau	euz	20,—	20,—
Block 140 B	(110×77 mm)		eva	20,—	20,—
			FDC B		22,—

Auflagen: MiNr. 3825 = 1 000 000, MiNr. 3826 = 600 000 Stück, Bl. 140 A = 400 000, Bl. 136 B = 120 000 numerierte Blocks

Portugal

2000, 23. März. Vorsitz Portugals in der Europäischen Union. Odr. (5×10); gez. K 12:11¾.

bzg) Sterne in den Nationalfarben der Mitgliedsländer

2425	100 E / 0.50 €	mehrfarbig	bzg	1,50	1,50
			FDC		2,—

Auflage: 500 000 Stück

Gültig bis 31.12.2006

Rumänien

2000, 13. Jan. Beitrittsverhandlungen zur Europäischen Union. RaTdr. (5×10); gez. K 13½.

hec) Europa- und Staatsflagge

5457	6100 L mehrfarbig	hec	1,30	1,30
		FDC		2,50

Auflage: 370 000 Stück

Gültig bis 30.6.2005

2000, 3. Nov. 50 Jahre Europäische Menschenrechtskonvention. RaTdr. (5×10); gez. K 13½.

hga) Ilie Ilaşcu (*1952), prorumänischer moldawischer Politiker, der in Transnistrien inhaftiert wurde

5529	11 300 L mehrfarbig	hga	1,80	1,80
		FDC		3,—

Auflage: 200 000 Stück

Gültig bis 30.6.2005

San Marino

2000, 15. Sept. 50 Jahre Europäische Menschenrechtskonvention. Odr. (4×5); gez. K 13:13¼.

bmm) Kindergesicht, Jubiläumsemblem des Europarates

1899	800 (L) / 0.41 € mehrfarbig	bmm	1,20	1,20
		FDC		2,—

Auflage: 160 000 Stück

Slowakei

2000, 18. Aug. 25 Jahre Schlussakte von Helsinki der Konferenz über Sicherheit und Zusammenarbeit in Europa (KSZE). Komb. StTdr. und RaTdr. (5×10); Papier ph.; gez. K 11½:11¼.

lw) Stilisierte Taube in Form des Buchstaben „E“

374	4 Sk schwarz/lilaultramarin	lw	0,50	0,30
		FDC (2 × MiNr. 374)		1,50

Auflage: 1 000 000 Stück

Tschechische Republik

2000, 5. April. Blockausgabe: Prag – Kulturhauptstadt Europas 2000. Komb. StTdr. und Odr.; Papier fl.; gez. Ks 11¾.

Zierfeld — kt) Statue Karls IV. — Zierfeld — ku

ks) Statue eines Harfenspielers — Zierfeld — kr) Statue eines Siegers mit Lorbeerzweig

248	9 Kč mehrfarbig	kr	1,—	1,—
249	11 Kč mehrfarbig	ks	1,—	1,—
250	17 Kč mehrfarbig	kt	1,50	1,50
Block 12	(161×109 mm)	ku	4,—	4,—
	3 FDC (je eine Blockmarke)			5,—

Auflage: 156 000 Blocks

2000, 9. Mai. Blockausgabe: Europäische Verkehrsministerkonferenz – Eisenbahnverkehr 1900 und 2000. Komb. StTdr. und Odr.; gez. Ks 11¾.

ky

kw) Dampflokomotive mit Gepäckwagen (um 1900) — Zierfeld

Zierfeld

kx) Elektrolokomotive Typ 371 (2000) — Zierfeld

252	8 Kč mehrfarbig	kw	1,—	1,—
253	15 Kč mehrfarbig	kx	1,50	1,50
Block 13	(114×112 mm)	ky	3,—	3,—
	2 FDC (je eine Blockmarke + Zf)			3,50

Auflage: 146 500 Blocks

Ungarn

2000, 3. Nov. 50 Jahre Europäische Menschenrechtskonvention. Odr. (5×5); gez. K 12¼:12½.

guc) Modelle des Straßburger Münsters und des Kolosseums in Rom; Tischlampe, Federkiel und Notizbuch auf einem Tisch

4637 50 Ft mehrfarbig . . . . guc 1,— 1,—
FDC 2,—

Auflage: 200 000 Stück

Zypern

2000, 29. Juni. 50 Jahre Europäische Menschenrechtskonvention. Odr. (4×5); gez. K 13:13¼.

ahr) Menschenmenge, Flamme der Freiheit, Europaemblem

965 30 (C) mehrfarbig . . . . ahr 2,— 2,—
FDC 2,50

Auflage: 250 000 Stück

2001

Andorra (Französische Post)

2001, 16. Juni. Europäisches Jahr der Sprachen. Odr. (5×10); gez. K 13.

pl) Köpfe (Emblem)

570 3.80 Fr / 0.58 € mehrfarbig . . . . pl 1,70 1,70
FDC 4,—

Auflage: 45 695 Stück

Armenien

2001, 11. Juni. Aufnahme Armeniens in den Europarat. Odr. (2×5); gez. K 15:14¼.

lo) Emblem des Europarates, Komet mit Schweif in armenischen Nationalfarben

433 240 (D) mehrfarbig . . . . lo 2,50 2,50
FDC 6,50
Kleinbogen 25,— 25,—

Auflage: 20 000 Stück

2001, 21. Dez. Europäisches Jahr der Sprachen. Odr. (2×5); gez. K 14¾:14¼.

mg) Köpfe

448 350 (D) mehrfarbig . . . . mg 3,80 3,80
FDC 7,50
Kleinbogen 38,— 38,—

Auflage: 30 000 Stück

Aserbaidschan

2001, 25. April. Aufnahme Aserbaidschans in den Europarat. Odr. (2×5); gez. K 13¼:13½.

rr) Palais de l'Europe, Straßburg; Europaflagge und Nationalflagge

496 1000 M mehrfarbig . . . . rr 2,40 2,40
FDC 4,—
Kleinbogen 24,— 24,—

Auflage: 50 000 Stück

Belgien

2001, 15. Juni. Vorsitz Belgiens in der Europäischen Union. RaTdr. (5×6); Papier ph.; gez. K 11½.

dcd) EU-Flagge mit belgischem Internet-Domänenkürzel

3064 17 (Fr) / 0.42 (€) mehrfarbig . . . . . dcd 1,20 1,20
FDC 5,—

Auflage: 2 310 180 Stück

Dänemark

2001, 28. März. Europäisches Jahr der Sprachen. Odr., Bogen (B) (8×5) und Markenheftchen (MH) (2×5); Papier fl.; gez. K 13¼:13.

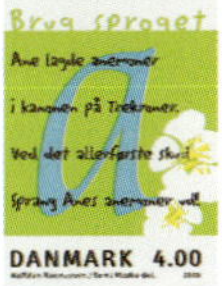

aih) Buchstabe „a“, Blumen

aii) Buchstabe „z“

1271 4.00 (Kr) mehrfarbig (B) (MH) . . . . . . aih 1,20 1,20
1272 7.00 (Kr) mehrfarbig (B) . . . . aii 2,40 2,40
Satzpreis (2 W.) 3,60 3,60
FDC 4,—
Markenheftchen mit 10 × MiNr. 1271 12,—

P 319 Fünf Sonderpostkarten mit MiNr. 1271 als Wertstempel . . . . je 2,— 2,—

Estland

2001, 6. März. Europäisches Jahr der Sprachen. Odr. (5×4); gez. K 14:13¾.

kh) Das Wort „Sprache“ in verschiedenen Sprachen

396 4.40 (Kr) mehrfarbig . . . . kh 1,— 1,—
FDC 2,—
396 Zf 5,— 5,—

MiNr. 396 wurde im Bogen zu 19 Marken und 1 Zierfeld (Feld 3) gedruckt.

Auflage: 314 222 Stück

Bei Anfragen bitte Rückporto nicht vergessen!

Finnland

2001, 17. Jan. Europäisches Jahr der Sprachen. Odr. (4×5); gez. K 13¼.

bdz) Mundpartie einer Frau

1554	1 LK (1. Klasse) mehrfarbig . . . . . . bdz	1,70	1,70
	FDC		2,50

Nominale zur Zeit der Ausgabe: 3.50 M

Auflage: 1 000 000 Stück

Frankreich

2001, 23. Juni. Einführung der Euro-Münzen und -Banknoten. RaTdr. (6×5); rund gez. Ks 13.

dws) 1-Euro-Münze

3542	3.00 Fr / 0.46 € mehrfarbig . . . . . dws	2,—	1,40
	FDC		2,—
	ETB		8,—

Auflage: 6 131 198 Stück

Italien

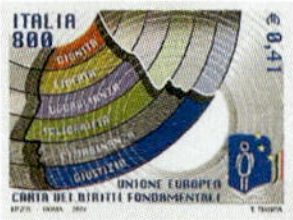

2001, 9. Mai. Charta der Grundrechte der Europäischen Union. RaTdr. (5×10); Papier fl.; gez. K 14:13¼.

csk) Menschliche Gesichtsprofile in Kreissegmenten, Emblem

2764	800 (L) / 0.41 € mehrfarbig . . . . . . csk	1,20	1,20
	FDC		2,—

Auflage: 3 500 000 Stück

Liechtenstein

2001, 5. März. Vorsitz Liechtensteins im Europarat. RaTdr. (5×5); gez. K 11¾.

ayp) Europarat-Emblem

1256	1.80 (Fr) mehrfarbig . . . . ayp	2,60	2,50
	FDC		3,50
	1256 Zf	2,80	2,80
	MK 189		3,50

MiNr. 1256 wurde im Bogen zu 20 Marken und 5 verschiedenen Zierfeldern (rechte Bogenspalte) gedruckt.

Auflage: 260 000 Stück

Luxemburg

2001, 20. März. 50 Jahre Pariser Vertrag zur Gründung der Europäischen Gemeinschaft für Kohle und Stahl. RaTdr. (4×5); gez. K 11½.

aue) Siegel

1529	21 (Fr) / 0.52 € mehrfarbig . . . . . . aue	1,50	1,50
	FDC		2,—

Auflage: 2 000 000 Stück

2001, 1. Okt. Europäisches Jahr der Sprachen. RaTdr. (4×5); gez. K 11¾:11½.

aur) Stilisierte Köpfe (Emblem)

1543	A mehrfarbig . . . . aur	1,50	1,50
	FDC		2,—

MiNr. 1543 gilt für Inlands-Standardbriefe (Nominale zur Zeit der Ausgabe: 0.45 €).

Auflage: 2 000 000 Stück

2001, 1. Okt. Euro-Münzen. RaTdr. (4×5); gez. K 11½:11¾.

aus) 5-Cent-Münze

aut) 10-Cent-Münze

auu) 20-Cent-Münze

auv) 50-Cent-Münze

auw) 1-Euro-Münze

aux) 2-Euro-Münze

1544	0.05 € mehrfarbig . . . . aus	0,30	0,30
1545	0.10 € mehrfarbig . . . . aut	0,30	0,30
1546	0.20 € mehrfarbig . . . . auu	0,40	0,40
1547	0.50 € mehrfarbig . . . . auv	1,—	1,—
1548	1 € mehrfarbig . . . . auw	2,—	2,—
1549	2 € mehrfarbig . . . . aux	4,50	4,50
	Satzpreis (6 W.)	8,50	8,50
	FDC		9,—

Auflagen: MiNr. 1544 = 1 954 200, MiNr. 1545 = 2 731 000, MiNr. 1546 = 3 434 000, MiNr. 1547 und 1549 je 2 000 000, MiNr. 1548 = 3 000 000 Stück

Niederlande

2001, 14. März. Rotterdam – Kulturhauptstadt Europas 2001. Odr., Folienblatt (1×5); Papier ph.; selbstklebend; wellenförmig gestanzt.

blx) Erasmusbrücke

1861	110 C mehrfarbig . . . . blx	1,50	1,50
	FDC		2,50
	Folienblatt	7,50	

2001, 2. Juli. Einführung der Euro-Münzen und -Banknoten. RaTdr., Markenheftchen (5 und 50); Papier ph.; selbstklebend; MiNr. 1901 wellenförmig, MiNr. 1902–1903 teils gerade, teils wellenförmig geschnitten, BB = ohne, BD = mit Durchstich zwischen Priority-Feld und Markenbild bei MiNr. 1902–1903.

bnk) Kanalufer

bnl) Sandstrand

bnm) Hafen

1901	0.85 G / 0.39 € mfg. (5er-MH) . bnk	1,—	0,50
1902	1.20 G / 0.54 € mehrfarbig . . . . bnl		
BB	ohne Durchstich (50er-MH) . . .	1,50	1,—
BD	mit Durchstich (5er-MH)	1,50	1,—
1903	1.65 G / 0.75 € mehrfarbig . . . bnm		
BB	ohne Durchstich (50er-MH) . . .	2,—	1,50
BD	mit Durchstich (5er-MH)	2,—	1,50
	Satzpreis (3 W.)	4,50	3,—
	FDC		5,—
	3 Markenheftchen zu je 5 Marken	24,—	
	2 Markenheftchen zu je 50 Marken	180,—	

MiNr. 1902 BD und 1903 BD gibt es auch mit grobem (weitem) Durchstich.

Portugal

2001, 23. Mai. Porto – Kulturhauptstadt Europas 2001. Odr. (5×10); gez. K 12:11¾.

cdb) Buchseiten

cdc) Erde, Datenspeicherung

cdd) Konzertflügel

cde) Theatervorhang

cdf) Bilderrahmen

cdg) Sterne

2508	53 E / 0.26 € mehrfarbig	cdb	0,60	0,60
2509	85 E / 0.42 € mehrfarbig	cdc	1,—	1,—
2510	105 E / 0.52 € mehrfarbig	cdd	1,30	1,30
2511	140 E / 0.70 € mehrfarbig	cde	1,80	1,80
2512	225 E / 1.12 € mehrfarbig	cdf	2,80	2,80
2513	350 E / 1.75 € mehrfarbig	cdg	4,50	4,50
		Satzpreis (6 W.)	12,—	12,—
		FDC		14,—

Blockausgabe mit MiNr. 2508–2513

Block 170	(140×110 mm)	cdh	12,—	12,—
		FDC		14,—

Auflagen: MiNr. 2508 = 1 000 000, MiNr. 2509 und 2511–2512 je 300 000, MiNr. 2510 = 500 000, MiNr. 2513 = 350 000 Stück, Bl. 170 = 60 000 Blocks

Gültig bis 31.12.2006

San Marino

2001, 18. Okt. Einführung der Euro-Münzen und -Banknoten. Odr. (4×5); gez. K 13:13¼.

bpx) Münzen, Europakarte

bpy) Banknoten, Europakarte

1980	1200 (L) / 0.62 € mehrfarbig	bpx	1,50	1,50
1981	2400 (L) / 1.24 € mehrfarbig	bpy	3,50	3,50
		Satzpreis (2 W.)	5,—	5,—
		FDC		6,—

Auflage: 120 000 Sätze

Slowenien

2001, 21. März. Europatag. Odr. (5×5); gez. K 14.

nx) Europa und Zeus, Relief aus der römischen Nekropole in Šempeter; EU-Emblem

348	221 (T) mehrfarbig	nx	3,50	3,50
		FDC		4,—

Auflage: 70 000 Stück

Gültig bis 31.12.2007

Spanien

2001, 5. Sept. Salamanca – Kulturhauptstadt Europas 2002. RaTdr. (5×8); Papier ph.; gez. K 12¾:13¼.

dtb) Stadtansicht bei Nacht mit Kathedrale und Clerenciakirche

3649	75 (Pta) / 0.45 € mehrfarbig	dtb	1,50	1,50
		FDC		2,—

Auflage: 1 200 000 Stück

Ungarn

2001, 15. Jan. Europäisches Jahr der Sprachen. Odr. (5×10); gez. K 13:13¼.

gui) Köpfe

4642	100 Ft mehrfarbig	gui	2,—	2,—
		FDC		2,50

Auflage: 250 000 Stück

2002

Belgien

2002, 2. März. Brügge – Kulturhauptstadt Europas 2002. RaTdr. (2×5); Papier ph.; gez. K 11½.

ddz) Restaurationen, neue Architektur

dea) Klassische und zeitgenössische Musik

deb) Klassische Ausstellungen, moderne Kunst

3108	0.42 (€) mehrfarbig	ddz	1,—	1,—
3109	0.42 (€) mehrfarbig	dea	1,—	1,—
3110	0.42 (€) mehrfarbig	deb	1,—	1,—
		Satzpreis (3 W.)	3,—	3,—
		FDC		11,50
		Kleinbogensatz (3 Klb.)	30,—	30,—

Auflagen: MiNr. 3108 = 897 340, MiNr. 3109 = 890 340, MiNr. 3110 = 867 560 Stück

2002, 28. Sept. 100. Geburtstag von Jean Rey. Komb. StTdr. und RaTdr. (5×2); Papier ph.; gez. Ks 11½.

dfr) Jean Rey (1902–1983), Politiker

3147	0.52 (€) mehrfarbig	dfr	1,50	1,50
		FDC		5,50
		Kleinbogen	15,—	15,—

Als Grundlage für die Ermittlung von Preisnotierungen dienten Verkaufspreislisten des Briefmarkenhandels und Arbeitsvorlagen von Arbeitsgemeinschaften sowie Sammlern im In- und Ausland.

Deutschland

2002, 10. Jan. Einführung der Euro-Münzen und -Banknoten.Odr. (5×2); Papier fl.; gez. K 13¾.

cni) Euro-Zeichen

2234	56 (C) mehrfarbig	cni	1,70	1,70
		FDC		2,40
		ETB 4/2002		1,50
		Kleinbogen	17,—	17,—
U So 33	Sonderumschlag mit MiNr. 2234 als Wertstempel		1,20	1,20

Auflage: 52 360 000 Stück, davon 200 000 auf ETB

2002, 10. Jan. Einführung der Euro-Münzen und -Banknoten. Odr., Folienstreifen (1×5) aus Rolle; Papier fl.; selbstklebend; gestanzt 10¼.

cni) Euro-Zeichen

2236	56 (C) mehrfarbig	cni	4,—	3,—
		FDC		4,—
		Folienstreifen	20,—	

Auf der Trägerfolie befindet sich rückseitig bei jeder 5. Marke eine Zählnummer.

Auflage: 63 456 000 Stück

Finnland – Åland

2002, 2. Jan. Einführung der Euro-Münzen und -Banknoten. Odr. (3×5 + 3×5); gez. K 12½.

hb) Frau schiebt Einkaufswagen mit Euro-Münze

198	0.60 € mehrfarbig	hb	2,—	2,—
		FDC		2,50

Zwischenstegpaar:

198 ZW		1 Paar	4,50	4,50

Auflage: 400 000 Stück

Irland

2002, 1. Jan. Einführung der Euro-Münzen und -Banknoten. Odr. (4×4); Papier ph.; gez. K 14¾:14¼.

atl) 1-Euro-Münze (2002)

atm) 50-Pence-Münze (1971–2001)

atn) 1-Pingin-Münze (1928–1971)

1403	38 C mehrfarbig	atl	1,—	1,—
1404	41 C mehrfarbig	atm	1,30	1,30
1405	57 C mehrfarbig	atn	1,70	1,70
		Satzpreis (3 W.)	4,—	4,—
		FDC		4,50

Italien

2002, 2. Jan. Einführung der Euro-Münzen und -Banknoten. RaTdr. (2×10 Zd); Papier fl.; gez. K 14:13¼.

cty) Venezianischer Dukat (1285)

ctz) Genuesischer Genovino und florentinischer Fiorino (1252)

cua) Euro-Zeichen mit Flaggen der Euro-Länder, Landkarte Europas

cub) Lire-Münzen, 1-Euro-Münze

2800	0.41 € mehrfarbig	cty	1,20	1,20
2801	0.41 € mehrfarbig	ctz	1,20	1,20
2802	0.41 € mehrfarbig	cua	1,20	1,20
2803	0.41 € mehrfarbig	cub	1,20	1,20
		Satzpreis (2 Paare)	4,80	4,80
		FDC		6,—

MiNr. 2800–2801 und 2802–2803 wurden jeweils waagerecht zusammenhängend gedruckt.

Auflage: 3 000 000 Sätze

Luxemburg

2002, 5. März. Europäische Institutionen in Luxemburg: 25 Jahre Europäischer Rechnungshof, 50 Jahre Gerichtshof der Europäischen Gemeinschaften. Odr. (5×4); gez. K 13½.

avl) Sterne um Gründungsjahr, Europakarte

avm) Emblem des Gerichtshofes, Europakarte

1562	0.45 € mehrfarbig	avl	1,—	1,—
1563	0.52 € mehrfarbig	avm	1,50	1,50
		Satzpreis (2 W.)	2,50	2,50
		FDC		3,—

Auflage: 1 000 000 Sätze

Monaco

2002, 21. Juni. Einführung der Euro-Münzen und -Banknoten. Komb. Odr. und Pdr. (1×5 Zd); gez. K 13¼:13½.

cnb) 1-, 2- und 5-Cent-Münzen sowie Rückseite

cnc) 10-, 20- und 50-Cent-Münzen sowie Rückseite

cnd) 1-Euro-Münze (Vorder- und Rückseite)

cne) 2-Euro-Münze (Vorder- und Rückseite)

2609	0.46 € mehrfarbig	cnb	*2,—*	*2,—*
2610	0.46 € mehrfarbig	cnc	*2,—*	*2,—*
2611	1.50 € mehrfarbig	cnd	*5,—*	*5,—*
2612	1.50 € mehrfarbig	cne	*5,—*	*5,—*
		Satzpreis (2 Paare)	*14,—*	*14,—*
		FDC		*15,—*
		Kleinbogensatz (2 Klb.)	*70,—*	*70,—*

Nominalgleiche Marken wurden waagerecht zusammenhängend gedruckt.

Niederlande

2002, 28. Jan. Einführung der Euro-Münzen und -Banknoten. RaTdr., Markenheftchen MiNr. 1977 (5), MiNr. 1978–1979 (5 und 50); Papier ph.; selbstklebend; MiNr. 1977 wellenförmig gestanzt, MiNr. 1978–1979 teils gerade, teils wellenförmig gestanzt mit Durchstich zwischen Priority-Feld und Markenbild.

bnk) Kanalufer

bnl) Sandstrand

bnm) Hafen

1977	0.39 €	mehrfarbig . . . . bnk	1,—	1,—
1978	0.54 €	mehrfarbig . . . . bnl	1,20	1,20
1979	0.75 €	mehrfarbig . . . . bnm	1,80	1,80
		Satzpreis (3 W.)	4,—	4,—
		FDC		4,50
		3 Markenheftchen zu je 5 Marken	20,—	
		2 Markenheftchen zu je 50 Marken	150,—	

Österreich

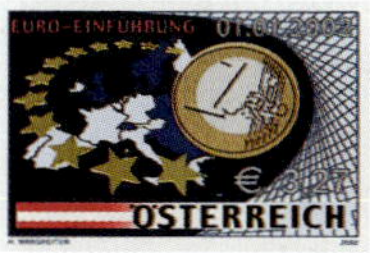

2002, 1. Jan. Einführung der Euro-Münzen und -Banknoten. Komb. RaTdr., Pdr. und rückseitigem Bdr. (2×2); gez. K 13½:13¾.

ccx) 1-Euro-Münze, Europasterne, Europakarte mit Hervorhebung des Euro-Währungsgebietes

2368	3.27 €	mehrfarbig ccx	7,50	7,50
		FDC		9,—
		Kleinbogen	35,—	35,—

Vorlagedruck in Schwarz, mit dem Originaldruckstöckel gedruckt, □, auf Erläuterungsblatt geklebt . . . . 20,—

Auflage: 900 000 Stück

Portugal

2002, 2. Jan. Einführung der Euro-Münzen und -Banknoten. Odr. (5×10); gez. K 12.

cfh) 1-Cent-Münze

cfi) 2-Cent-Münze

cfk) 5-Cent-Münze

cfl) 10-Cent-Münze

cfm) 20-Cent-Münze

cfn) 50-Cent-Münze

cfo) 1-Euro-Münze

cfp) 2-Euro-Münze

2558	0.01 €	mehrfarbig . . . . cfh	0,30	0,30
2559	0.02 €	mehrfarbig . . . . cfi	0,30	0,30
2560	0.05 €	mehrfarbig . . . . cfk	0,30	0,30
2561	0.10 €	mehrfarbig . . . . cfl	0,30	0,30
2562	0.20 €	mehrfarbig . . . . cfm	0,30	0,30
2563	0.50 €	mehrfarbig . . . . cfn	1,—	1,—
2564	1 €	mehrfarbig . . . . cfo	2,—	2,—
2565	2 €	mehrfarbig . . . . cfp	4,50	4,50
		Satzpreis (8 W.)	9,—	9,—
		FDC		10,—

Auflagen: MiNr. 2558 und 2563= 8 000 000, MiNr. 2559 = 4 000 000, MiNr. 2560 = 7 000 000, MiNr. 2561 = 5 000 000, MiNr. 2562 = 2 000 000, MiNr. 2564 = 3 000 000, MiNr. 2565 = 1 000 000 Stück

Gültig bis 31.1.2010

San Marino

2002, 3. Juni. 10 Jahre Vertrag von Maastricht. Odr. (4×5); gez. K 13:13¼.

bss) Landkarte Europas als Baumkrone, Stamm mit €-Zeichen

2022	1.24 €	mehrfarbig . . . . bss	3,—	3,—
		FDC		3,50

Auflage: 120 000 Stück

Spanien

2002, 2. Jan. Vorsitz Spaniens in der Europäischen Union. RaTdr. (5×10); Papier ph.; gez. K 13¾:14.

dvl) Sterne

3702	0.25 €	mehrfarbig . . . . dvl	0,70	0,70
3703	0.50 €	mehrfarbig . . . . dvl	1,30	1,30
		Satzpreis (2 W.)	2,—	2,—
		FDC		2,50

2003

Belgien

2003, 13. Sept. Europäisches Kulturfestival „Europalia 2003 Italien“, Brüssel. RaTdr. (2×5); Papier ph.; gez. K 11½.

dle) Stilleben; Gemälde von Giorgio Morandi (1890-1964)

dlf) Berlinetta Cisitalia 202 (1947); von Battista Farina (1930–1966), Automobil-Designer

3254	0.49 €	mehrfarbig . . . . dle	1,20	0,50
3255	0.59 €	mehrfarbig . . . . dlf	1,30	1,—
		Satzpreis (2 W.)	2,50	1,50
		FDC		6,—
		Kleinbogensatz (2 Klb.)	25,—	25,—

Bulgarien

2003, 10. Jan. Europäisches Kulturfestival „Europalia 2003 Italien“, Brüssel. Odr.; gez. K 13.

gmb) Europa-Symbol, Regenbogenfarben, Veranstaltungsemblem

4586	0.65 L	mehrfarbig . . . . gmb	1,50	1,50
		FDC		2,50

Auflage: 60 000 Stück

Gültig bis 9.1.2006

Deutschland

2003, 16. Jan. 40 Jahre Vertrag über die deutsch-französische Zusammenarbeit. Odr. (5×2); Papier fl.; gez. K 13¾.

cri) Brücke mit Nationalflaggen und Herz

2311	55 (C) mehrfarbig	cri	1,20	1,10
		FDC		1,80
		ETB 6/2003		1,40
		Kleinbogen	12,—	11,—

Sonderumschläge mit MiNr. 2311 als Wertstempel:

U So 52	Bilaterale Briefmarkenausstellung Frankreich–Deutschland, Bremen	1,20	1,20
U So 82	50 Jahre Pariser Verträge	1,20	1,20

Auflage: 50 183 900 Stück, davon 164 000 auf ETB

2003, 13. Nov. 10 Jahre Vertrag von Maastricht (Europäische Union). Odr. (2×5); Papier fl.; gez. S 13¾.

cty) Sterne der Europaflagge

2373	55 (C) mehrfarbig	cty	1,20	1,10
		FDC		2,—
		ETB 45/2003		1,30
		Kleinbogen	*20,—*	*20,—*

U So 65	Sonderumschlag mit MiNr. 2373 als Wertstempel	1,20	1,20

Auflage: 18 000 000 Stück, davon 164 000 auf ETB

Frankreich

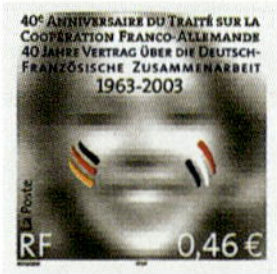

2003, 16. Jan. 40 Jahre Vertrag über die deutsch-französische Zusammenarbeit. RaTdr. (6×5); Papier ph.; gez. K 13:13¼.

ebs) Mädchengesicht mit aufgemalten Nationalflaggen von Deutschland und Frankreich

3681	0.46 € mehrfarbig	ebs	2,—	2,—
		FDC		3,50
		ETB		8,—

Auflage: 3 186 860 Stück

2003, 8. Mai. 3 Jahre Charta der Grundrechte der Europäischen Union. RaTdr. (8×5); Papier ph.; gez. K 13½:13¼.

ech) Gemälde von Nicolas Vial (*1955)

3695	0.50 € mehrfarbig	ech	1,50	1,20
		FDC		3,—
		ETB		8,—

Auflage: 8 410 623 Stück

Gibraltar*

2003, 15. Sept. Erweiterung der Europäischen Union: Blumen. Odr. (2×5); gez. K 13¾:14.

ara) Wiesenmargerite (Leucanthemum vulgare), Kornblume (Centaurea cyanus), Weinraute (Ruta graveolens)

arb) Rose (Rosa sp.), Maltesische Flockenblume (Palaeocyanus crassifolius)

arc) Tulpe (Tulipa sp.), Gartennelke (Dianthus caryophyllus), Hundsrose (Rosa canina)

ard) Klatschmohn (Papaver rhoeas), Quendel (Thymus serphyllum)

1050	30 P mehrfarbig	ara	1,—	1,—
1051	40 P mehrfarbig	arb	1,30	1,30
1052	42 P mehrfarbig	arc	1,40	1,40
1053	54 P mehrfarbig	ard	1,80	1,80
		Satzpreis (4 W.)	5,50	5,50
		FDC		6,—
		Kleinbogensatz (4 Klb.)	55,—	55,—

Griechenland

2003, 16. April. Vorsitz Griechenlands in der Europäischen Union. Odr., Bogen (5×5) und Kleinbogen (2×4); gez. K 14:13¾.

bvx) Jubiläumsemblem

bvy) Weißer Turm, Thessaloniki (Graphik)

bvz) Frühling (Wandmalerei aus Thira)

bwa) Symbolik der EU-Erweiterung (Puzzle)

2146	0.47 € mehrfarbig	bvx	1,—	1,—
2147	0.65 € mehrfarbig	bvy	1,50	1,50
2148	2.17 € mehrfarbig	bvz	4,50	4,50
2149	2.85 € mehrfarbig	bwa	10,—	10,—
		Satzpreis (4 W.)	17,—	17,—
		FDC		20,—
		Kleinbogen	35,—	35,—

MiNr. 2146–2149 wurden auch zusammenhängend im Kleinbogen zu 8 Marken gedruckt, der zum Preis von 13.45 € verkauft wurde.

Auflagen: MiNr. 2146 = 12 987 382, MiNr. 2147 = 7 971 261, MiNr. 2148 = 3 418 154, MiNr. 2149 = 265 625 Stück, davon jeweils 34 246 Stück im Kleinbogen

Irland

2003, 9. Mai. Europäisches Jahr der Behinderten. Odr. (4×4); Papier ph.; gez. K 14¾:14¼.

awm) Emblem

1501	41 C mehrfarbig	awm	1,50	1,—
		FDC		2,—

Auflage: 200 000 Stück

Italien

2003, 14. Febr. Europäisches Jahr der Behinderten. RaTdr. (5×10); Papier fl.; gez. K 14:13¼.

cxd) Puzzle

2892	0.41 €	mehrfarbig	cxd	1,—	1,—
			FDC		2,—

Auflage: 3 500 000 Stück

2003, 1. Juli. Vorsitz Italiens in der Europäischen Union. RaTdr. (5×10); Papier fl.; gez. K 14:13¼.

cye) Flaggen Italiens und der EU, Buchstabe „E“

2916	0.41 €	mehrfarbig	cye	1,—	1,—
			FDC		2,—

Auflage: 3 500 000 Stück

2003, 13. Sept. Europäisches Kulturfestival „Europalia 2003 Italien“, Brüssel. RaTdr. (5×10); Papier fl.; gez. K 14:13¼.

cys) Stilleben; Gemälde von Giorgio Morandi (1890–1964)

cyt) Berlinetta Cisitalia 202 (1947); von Battista Farina (1930–1966), Automobil-Designer

2927	0.41 €	mehrfarbig	cys	1,—	1,—
2928	0.52 €	mehrfarbig	cyt	1,40	1,40
			Satzpreis (2 W.)	2,40	2,40
			FDC		3,—

Auflage: 3 500 000 Sätze

Jugoslawien

2003, 3. April. Aufnahme von Serbien und Montenegro in den Europarat. Odr. (5×5); gez. K 13¾.

dfw

dfx

dfw–dfx) Landkarte Europas, Jubiläumsemblem zum 50jährigen Bestehen des Europarates (1999)

3107	16 (ND)	mehrfarbig	dfw	0,60	0,60
3108	28.70 (ND)	mehrfarbig	dfx	1,—	1,—
			Satzpreis (2 W.)	1,50	1,50
			FDC		2,—

Auflage: 35 000 Sätze

Luxemburg

2003, 18. März. 50 Jahre Amtsblatt der Europäischen Gemeinschaften. Odr. (4×5); gez. K 14½:14.

awv) Titelseiten des Amtsblattes in 11 Sprachen, @-Zeichen, CD-Roms

1598	0.52 (€)	mehrfarbig	awv	1,50	1,50
			FDC		2,—

Auflage: 500 000 Stück

Moldawien

2003, 5. Nov. Vorsitz Moldawiens im Ministerkomitee des Europarates. Odr. (5×2); gez. K 13½.

tf) Wladimir Woronin (*1941), Staatspräsident

475	3 L	mehrfarbig	tf	3,—	3,—
			FDC		4,—
			Kleinbogen	30,—	30,—

Auflage: 100 000 Stück

Österreich

2003, 14. März. Graz – Kulturhauptstadt Europas 2003. RaTdr. (5×10); gez. K 13½:14¼.

cel) Murinsel mit Amphitheater

2403	0.58 €	mehrfarbig	cel	1,30	1,30
			FDC		2,—

Vorlagedruck in Schwarz, mit dem Originaldruckstöckel gedruckt, ☐, auf Erläuterungsblatt geklebt .... 6,—

Auflage: 880 000 Stück

Polen

2003, 18. Febr. Der Weg Polens in die Europäische Union (EU) (I). RaTdr. (5×10); Papier fl.; gez. K 11¼:11½.

fdl) Symbolische Darstellung der Beitrittsverhandlungen in den Jahren 1998–2002

4016	1.20 Zł	mehrfarbig	fdl	1,20	1,20
			FDC		2,—
			MH mit 5 × MiNr. 4016	7,—	

Auflage: 3 800 000 Stück

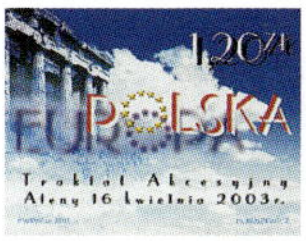

2003, 16. April. Der Weg Polens in die Europäische Union (EU) (II). RaTdr. (5×10); Papier fl.; gez. K 11¼:11½.

few) Signatur des Beitrittsvertrages am 16. April in Athen

4049	1.20 Zł	mehrfarbig	few	1,20	1,20
			FDC		2,—

Auflage: 3 800 000 Stück

2003, 26. Mai. Der Weg Polens in die Europäische Union (EU) (III). RaTdr. (5×10); Papier fl.; gez. K 11¼:11½.

fey) Volksentscheid über den EU-Beitritt in Polen und bei anderen Beitrittskandidaten am 7./8. Juni 2003

4051	1.20 Zł	mehrfarbig	fey	1,20	1,20
			FDC		2,—

Auflage: 3 830 000 Stück

Portugal

2003, 12. März. Europäisches Jahr der Behinderten. Odr. (5×5); gez. K 13¼.

ckk) Personen bilden Symbol eines Körperbehinderten

ckl) Personen bilden Kopf eines geistig Behinderten

ckm) Personen bilden Kopf eines Hör-, Seh- und Sprachbehinderten

2650	0.30 €	mehrfarbig	ckk	0,80	0,80
2651	0.55 €	mehrfarbig	ckl	1,20	1,20
2652	0.70 €	mehrfarbig	ckm	1,50	1,50
			Satzpreis (3 W.)	3,50	3,50
			FDC		4,—

Auflagen: MiNr. 2650 = 350 000, MiNr. 2651–2652 je 250 000 Stück

Gültig bis 31.1.2010

Spanien

2003, 8. Mai. Europäisches Jahr der Behinderten. Komb. RaTdr. und Rdr. (5×10); Papier ph.; gez. K 13¾:14.

ebb) Behinderte, Emblem, Landkarte Europas

3842	0.76 €	mehrfarbig	ebb	2,—	2,—
			FDC		2,50

Auflage: 1 200 000 Stück

Ungarn

2003, 14. April. Blockausgabe: Unterzeichnung des Beitrittsvertrages zur Europäischen Union. Odr.; gez. Ks 11¾:12.

haz

hay) Hand mit Federkiel, Europasterne der zehn Beitrittsländer

4786	500 Ft	mehrfarbig	hay	6,50	6,50
Block 279	(105×70 mm)		haz	7,50	7,50
			FDC		8,50

Auflage: 120 000 numerierte Blocks

2003, 16. Sept. Aufnahme Ungarns in die Europäische Union (I). Odr. (10×10); Papier fl.; gez. K 12¼:11½.

hcc) Europaemblem in Form eines Zifferblattes einer Uhr

4808	115 Ft	mehrfarbig	hcc	2,—	2,—
			Kehrdruckpaar	4,—	4,—
			FDC		4,50

MiNr. 4808 wurde im waagerechten Kehrdruckpaar gedruckt.

2003, 18. Okt. Aufnahme Ungarns in die Europäische Union (II). Odr. (10×10); Papier fl.; gez. K 12¼:11½.

hci) Europaemblem in Form eines Zifferblattes einer Uhr

4814	130 Ft	mehrfarbig	hci	2,50	2,50
			Kehrdruckpaar	5,—	5,—
			FDC		6,—

MiNr. 4814 wurde im waagerechten Kehrdruckpaar gedruckt.

Zypern

2003, 12. Juni. 7. Konferenz der Europäischen Bildungsminister, Nikosia. Odr. (5×5); gez. K 13:13¼.

akx) Eule (Konferenzemblem)

1019	30 (C)	mehrfarbig	akx	1,50	1,20
			FDC		1,80

Auflage: 150 000 Stück

2004

Belgien

2004, 17. April. Sechste Direktwahlen zum Europäischen Parlament. RaTdr. (5×6); Papier fl.; gez. K 11½.

dng) Stern, Weltkugel mit Europasternen

3304	0.22 (€)	mehrfarbig	dng	0,50	0,50
			FDC		3,—

2004, 17. April. Blockausgabe: Erweiterung der Europäischen Union (EU). RaTdr.; Papier ph.; gez. Ks 11½.

dni) Europaparlamentsgebäude „Caprice des dieux“, Brüssel

dnh) Flaggen der 10 neuen Mitgliedstaaten, „PRIOR“ rechts

dnk

dnh I) Flaggen der 10 neuen Mitgliedstaaten, „PRIOR“ links

dnj) Marke MiNr. 3304

3305	0.50 (€)	mehrfarbig	dnh	1,20	0,50
3306	0.50 (€)	mehrfarbig	dnh I	1,20	0,50
3307	0.60 (€)	mehrfarbig	dni	1,50	0,50
3308	0.60 (€)	mehrfarbig	dnj	1,50	0,50
Block 94	(125×90 mm)		dnk	5,50	5,50
			FDC		7,—

2004, 5. Juni. Freimarken: Erweiterung der Europäischen Union (EU). RaTdr., Markenheftchen (2×5); Papier fl.; selbstklebend; drei- bzw. zweiseitig gestanzt 10.

dou) Zypern

dov) Estland

dow) Ungarn

dox) Lettland

doy) Litauen

doz) Malta

dpa) Polen

dpb) Tschechische Republik

dpc) Slowakei

dpd) Slowenien

dou–dpd) Nationalflaggen der EU-Beitrittsländer, Europasterne

3342	0.44 (€)	mehrfarbig (▢)	dou	1,—	0,50
3343	0.44 (€)	mehrfarbig (▢)	dov	1,—	0,50
3344	0.44 (€)	mehrfarbig (▢)	dow	1,—	0,50
3345	0.44 (€)	mehrfarbig (▢)	dox	1,—	0,50
3346	0.44 (€)	mehrfarbig (▢)	doy	1,—	0,50
3347	0.44 (€)	mehrfarbig (▢)	doz	1,—	0,50
3348	0.44 (€)	mehrfarbig (▢)	dpa	1,—	0,50
3349	0.44 (€)	mehrfarbig (▢)	dpb	1,—	0,50
3350	0.44 (€)	mehrfarbig (▢)	dpc	1,—	0,50
3351	0.44 (€)	mehrfarbig (▢)	dpd	1,—	0,50
		Satzpreis (10 W.)		10,—	5,—
		FDC			6,—
		Markenheftchen		11,—	

Bosnien und Herzegowina

2004, 31. Dez. 50 Jahre Europäische Kulturkonvention. Odr. (2×5); gez. K 13.

pr) Emblem, Zahl „50“ aus Sternen, Buchstabe „e“ aus Flaggen

374	1.50 (M)	mehrfarbig	pr	2,—	2,—
		FDC			3,—
		Kleinbogen		20,—	20,—

Auflage: 30 000 Stück

Bulgarien

2004, 30. Jan. Vorsitz Bulgariens in der Organisation für Sicherheit und Zusammenarbeit in Europa (OSZE). Odr.; gez. K 13.

gok) Brücke als Symbol für politischen Brückenschlag

4638	0.80 L	mehrfarbig	gok	1,70	1,70
		FDC			2,50

Auflage: 40 000 Stück

Gültig bis 22.1.2007

Die Bildbeschreibungen sind so informativ wie möglich gehalten, können und wollen jedoch kein Lexikon ersetzen. Fortlaufende Buchstaben (= Klischeezeichen) vor den Bildlegenden sowie vor den Preisspalten in den Katalogisierungszeilen ermöglichen problemlos die Zuordnung von Abbildungen und MICHEL-Nummern.

2004, 6. Dez. Blockausgabe: 12. Konferenz der Außenminister der OSZE-Staaten, Sofia. Odr.; gez. Ks 13.

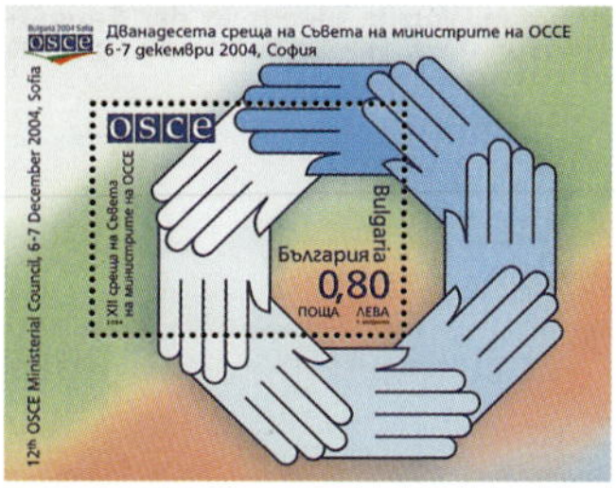

gro) Hände als Symbol der Zusammenarbeit

grp

4683	0.80 L	mehrfarbig	gro	1,70	1,70
Block 269	(84×67 mm)		grp	2,—	2,—
		FDC			2,50

Auflage: 14 000 Blocks

Gültig bis 27.6.2007

Deutschland

2004, 6. Mai. Erweiterung der Europäischen Union. Odr. (5×2); Papier fl.; gez. K 13¼.

cva) Spielfiguren in den Farben der Nationalflaggen der Beitrittsländer

2400	55 (C)	mehrfarbig	cva	1,10	1,—
		FDC			1,70
		ETB 19/2004			1,30
		Kleinbogen		11,—	10,—

U So 75 Sonderumschlag „25 Jahre Direktwahl zum Europäischen Parlament“ mit MiNr. 2400 als Wertstempel 1,20 1,20

Auflage: 22 000 000 Stück, davon 150 000 auf ETB

Estland

2004, 1. Mai. Beitritt zur Europäischen Union (EU). Odr. (2×5); gez. K 13¼.

oa) Europakarte, Flaggen der zehn Beitrittsländer und zwölf Sterne

487	6.50 (Kr)	mehrfarbig	oa	1,30	1,30
		FDC			2,—
		Kleinbogen		13,—	13,—

Auflage: 300 000 Stück

Frankreich

2004, 10. Jan. Lille – Kulturhauptstadt Europas 2004. RaTdr. (5×10); gez. K 13.

efs) „Maison folie“ (Kulturzentrum) in der ehemaligen Textilfabrik LeClercq, Lille-Wazemmes

3782	0.50 €	mehrfarbig	efs	1,50	1,20
		FDC			3,50
		ETB			10,—

Auflage: 4 574 788 Stück

2004, 1. Mai. Erweiterung der Europäischen Union (EU). RaTdr. (6×9); gez. K 13¼.

egx) Landkarte Europas mit Flaggen der EU-Mitgliedstaaten

3810	0.50 €	mehrfarbig	egx	1,50	1,20
		FDC			3,—
		ETB			10,—

Auflage: 4 535 589 Stück

Irland

2004, 15. Jan. Vorsitz Irlands in der Europäischen Union. Odr. (4×4); Papier ph.; gez. K 14:15.

axz) Boyne-Brücke bei Drogheda

1558	48 C mehrfarbig	axz	1,20	1,20
		FDC		2,50

Auflage: 500 000 Stück

2004, 1. Mai. Erweiterung der Europäischen Union (EU). Odr. (4×4); Papier ph.; gez. K 14¾:14¼.

ayo) Landkarte Europas

1576	65 C mehrfarbig	ayo	1,60	1,60
		FDC		2,80

Auflage: 330 000 Stück

Italien

2004, 12. Febr. Genua – Kulturhauptstadt Europas 2004. RaTdr. (10×5); Papier fl.; gez. K 13¼:13.

czm) Leuchtturm von Genua, Landkarte Europas, Stechzirkel

2949	0.45 € mehrfarbig	czm	1,20	1,20
		FDC		3,—

Auflage: 3 500 000 Stück

2004, 29. Okt. Europäische Verfassung. RaTdr. (5×10); gez. K 13:13¼.

dbk) Karte Europas mit Hervorhebung der EU-Staaten, Europaflagge

2999	0.62 € mehrfarbig	dbk	1,60	1,60
		FDC		2,20

Auflage: 3 500 000 Stück

Lettland

2004, 1. Mai. Beitritt zur Europäischen Union (EU). Odr. (2×5); gez. K 13:13½.

pu) Sterne des Freiheitsdenkmals und Europasterne

pv) Europakarte, Flaggen der zehn Beitrittsländer und zwölf Sterne

611	30 (S) mehrfarbig	pu	1,20	1,20
612	30 (S) mehrfarbig	pv	1,20	1,20
		Satzpreis (2 W.)	2,40	2,40
		FDC		3,—
		Kleinbogensatz (2 Klb.)	24,—	24,—

Auflage: 200 000 Sätze

Litauen

2004, 1. Mai. Beitritt zur Europäischen Union (EU). Odr. (2×5); gez. K 12.

uo) Europakarte, Flaggen der zehn Beitrittsländer und zwölf Sterne

up) Staatsflagge, Landesterritorium, Europasterne und Staatswappen

844	1.70 L mehrfarbig	uo	1,40	1,40
845	1.70 L mehrfarbig	up	1,40	1,40
		Satzpreis (Paar)	2,80	2,80
		FDC		3,50
		Kleinbogen	14,—	14,—

MiNr. 844–845 wurden schachbrettartig zusammenhängend gedruckt.

Auflage: 300 000 Sätze

Luxemburg

2004, 9. Mai. Europäisches Jahr der Erziehung durch Sport. Odr. (5×4); gez. K 11½.

ayl) Basketballtraining; Zeichnung von Lynn Eyschen (16 J.)

1643	0.60 € mehrfarbig	ayl	1,30	1,30
		FDC		2,—

MiNr. 1643 stammt aus dem Satz MiNr. 1642–1643.

Auflage: 500 000 Stück

2004, 9. Mai. Sechste Direktwahlen zum Europäischen Parlament. Odr. (2×5); gez. K 13¼.

aym) Wähler und Abgeordnete (stilisiert)

1644	0.50 € mehrfarbig	aym	1,50	1,50
		FDC		2,—
		Kleinbogen	15,—	15,—

Auflage: 400 000 Stück

2004, 9. Mai. 50 Jahre Europäische Schulen in Luxemburg (2003). Odr. (5×4); gez. K 14¼:14½.

ayn) Symbolik, Gebäude

1645	0.70 € mehrfarbig	ayn	1,80	1,80
		FDC		2,50

Auflage: 500 000 Stück

Malta

2004, 1. Mai. Beitritt zur Europäischen Union (EU). Odr. (2×5); gez. K 14:14¼.

axm) Europakarte, Flaggen der zehn Beitrittsländer und zwölf Sterne

axn) Unterzeichnung des EU-Betrittsabkommens

1341	16 C mehrfarbig	axm	1,—	1,—
1342	28 C mehrfarbig	axn	2,—	2,—
		Satzpreis (2 W.)	3,—	3,—
		FDC		3,50
		Kleinbogensatz (2 Klb.)	30,—	30,—

Monaco

2004, 5. Okt. Aufnahme Monacos in den Europarat. StTdr. (2×5); gez. K 13:12½.

cso) Ansicht von Monaco, Europaratsemblem

2714	0.50 €	mehrfarbig . . . . cso	1,20	1,20
		FDC		2,—
		Kleinbogen	12,—	12,—

Niederlande

2004, 10. Mai. Erweiterung der Europäischen Union (EU). Odr. (2×5); Papier ph.; gez. K 14¾.

bzd) Tschechische Republik
bze) Litauen
bzf) Estland
bzg) Polen
bzh) Malta
bzi) Ungarn
bzk) Lettland
bzl) Slowakei
bzm) Zypern
bzn) Slowenien

bzd–bzn) Briefmarkenausgaben und Umrisskarten der 10 neuen Mitgliedsstaaten, Buchstaben „EU“

2205	0.39 €	mehrfarbig . . . . bzd	0,90	0,90
2206	0.39 €	mehrfarbig . . . . bze	0,90	0,90
2207	0.39 €	mehrfarbig . . . . bzf	0,90	0,90
2208	0.39 €	mehrfarbig . . . . bzg	0,90	0,90
2209	0.39 €	mehrfarbig . . . . bzh	0,90	0,90
2210	0.39 €	mehrfarbig . . . . bzi	0,90	0,90
2211	0.39 €	mehrfarbig . . . . bzk	0,90	0,90
2212	0.39 €	mehrfarbig . . . . bzl	0,90	0,90
2213	0.39 €	mehrfarbig . . . . bzm	0,90	0,90
2214	0.39 €	mehrfarbig . . . . bzn	0,90	0,90
		Satzpreis (10 W.)	9,—	9,—
		Kleinbogen	9,—	9,—
		FDC		11,—

Auflage: 630 000 Sätze

Polen

2004, 1. Mai. Beitritt zur Europäischen Union (EU). Odr. (5×4); Papier fl.; Sicherheitszähnung K 11½:11¾.

fhg) EU-Flagge und -karte, Flaggen und Lage der Beitrittsländer

Zierfeld

4105	2.10 Zł	mehrfarbig . . . . fhg	1,80	1,—
		4105 Zf	2,—	1,50
		FDC		2,50
		Kleinbogen	20,—	20,—

MiNr. 4105 wurde schachbrettartig im Kleinbogen zu 10 Marken und 10 Zierfeldern gedruckt.

Auflage: 1 400 000 Stück

Portugal

2004, 3. Mai. Sechste Direktwahlen zum Europäischen Parlament; Erweiterung der Europäischen Union (EU). Odr.; MiNr. 2816 (5×10), MiNr. 2817 (2×10); gez. K 14:13¼.

csi) Europäer (stilisiert), Buchstabe „e“

csk) Flaggen der 10 neuen Mitgliedsländer, EU-Emblem

2816	0.30 €	mehrfarbig . . . . csi	0,80	0,80
2817	0.50 €	mehrfarbig . . . . csk	1,40	1,40
		Satzpreis (2 W.)	2,20	2,20
		FDC		3,—

Blockausgabe

csl) Flaggen der 10 neuen Mitgliedsländer csm

2818	2.00 €	mehrfarbig . . . . csl	4,—	4,—
Block 195	(140×112 mm)	. . . . csm	5,—	5,—
		FDC		6,—

Auflagen: MiNr. 2816–2817 = 250 000 Sätze, Bl. 195 = 60 000 Blocks

Gültig bis 31.1.2010

Schweiz

2004, 9. März. 50 Jahre Europäisches Kernforschungsinstitut (CERN), Genf. Odr. (2×5); gez. K 13½:13¼.

btp) Symbolik

1866	180 (C)	mehrfarbig . . . . btp	3,—	3,—
		FDC		4,50
		Kleinbogen	30,—	30,—

Auflage: 1 100 000 Stück

Slowakei

2004, 1. Mai. Beitritt zur Europäischen Union (EU). Odr. (2×5); gez. K 13½.

ru) Europakarte, Flaggen der zehn Beitrittsländer und zwölf Sterne

484	18 Sk	mehrfarbig . . . . ru	2,—	1,—
		FDC		3,—
		Kleinbogen	20,—	20,—

Auflage: 299 990 Stück

Slowenien

2004, 1. Mai. Beitritt zur Europäischen Union (EU). Odr. (2×5); gez. K 14.

to) Europakarte, Flaggen der zehn Beitrittsländer und zwölf Sterne

469	95 (T) mehrfarbig	to	1,—	1,—
		FDC		2,20
		Kleinbogen	10,—	10,—

Auflage: 250 000 Stück

Gültig bis 31.12.2007

Spanien

2004, 2. April. Europäischer Tag der Opfer des Terrorismus (11. März). RaTdr. (10×5); Papier ph.; gez. K 14:13¾.

efx) Schwarze Schleife

3942	0.27 € schwarz	efx	0,70	0,70
		FDC		1,20

Auflage: 1 000 000 Stück

2004, 2. April. Europäischer Tag der Opfer des Terrorismus (11. März). Odr. Markenheftchen (4×2); Papier ph.; selbstklebend; gestanzt 13.

efx I) Schwarze Schleife

3943	A schwarz	efx I	0,70	0,70
		FDC		1,20
MH 0-16	mit 8 × MiNr. 3943		6,—	

Nominale zur Zeit der Ausgabe: 0.27 €

Auflage: 1 000 000 Stück

2004, 3. Mai. Erweiterung der Europäischen Union (EU). RaTdr. (5×10); Papier ph.; gez. K 13¾:14.

egh) Buchstabe „e“, Symbolik

3952	0.52 € mehrfarbig	egh	1,30	1,30
		FDC		2,—

Auflage: 1 000 000 Stück

2004, 19. Okt. 50 Jahre Europäisches Kernforschungsinstitut (CERN), Genf. RaTdr. (5×10); Papier ph.; gez. K 13¾:14.

eih) Tunnel mit Teilchenbeschleuniger

3995	1.90 € mehrfarbig	eih	4,50	4,50
		FDC		5,—

Auflage: 1 000 000 Stück

Eine Notierung in Schrägschrift bedeutet, dass die Bewertungsunterlagen für eine eindeutige Preisfestsetzung nicht ausreichten.

Tschechische Republik

2004, 1. Mai. Beitritt zur Europäischen Union (EU) (I). Komb. StTdr. und RaTdr. (5×7); Papier fl.; gez. K 11¼.

rw) Umrisskarte des Landes und zwölf Sterne

393	9 Kč mehrfarbig	rw	1,—	0,50
		FDC		1,50

Auflage: 700 000 Stück

2004, 1. Mai. Beitritt zur Europäischen Union (EU) (II). Odr. (2×5); Papier fl.; gez. K 11¼.

rx) Europakarte, Flaggen der zehn Beitrittsländer und zwölf Sterne

394	9 Kč mehrfarbig	rx	1,—	0,50
		FDC		1,50
		Kleinbogen	10,—	10,—

Auflage: 600 000 Stück

Ungarn

2004, 26. Febr. Europäische Konferenz zur Informationsgesellschaft, Budapest. Odr. (5×10); gez. K 13¼:13.

hdg
hdg
hdg
hdg

hdg) „e“ als Sinnbild für die Informatik und „0“ und „1“ als Bestandteile des Binärzahlensystems

4832	40 Ft mfg. (hellblau/dunkelblau)	hdg	0,70	0,70
4833	40 Ft mfg. (gelb/lilapurpur)	hdg	0,70	0,70
4834	40 Ft mfg. (lilapurpur/orangegelb)	hdg	0,70	0,70
4835	40 Ft mfg. (orangerot/gelboliv)	hdg	0,70	0,70
		Satzpreis (4 W.)	2,80	2,80
		Viererblock	3,—	3,—
		FDC		3,50

Die weiteren Farbangaben beziehen sich auf das Motiv der bildgleichen Marken.

Auflage: 400 000 Stück

2004, 5. März. Aufnahme Ungarns in die Europäische Union (III). Odr. (10×10); Papier fl.; gez. K 12¼:11½.

hdi) Europaemblem in Form eines Zifferblattes einer Uhr

4837	100 Ft mehrfarbig	hdi	2,—	2,—
		Kehrdruckpaar	4,—	4,—
		FDC		5,—

MiNr. 4837 wurde im waagerechten Kehrdruckpaar gedruckt.

2004, 19. April. Aufnahme Ungarns in die Europäische Union (IV). Odr. (10×10); Papier fl.; gez. K 12¼:11½.

hdr) Europaemblem in Form eines Zifferblattes einer Uhr

4844	190 Ft mehrfarbig	hdr	3,50	3,50
		Kehrdruckpaar	7,—	7,—
		FDC		8,50

MiNr. 4844 wurde im waagerechten Kehrdruckpaar gedruckt.

2004, 30. April. Blockausgabe: Beitritt zur Europäischen Union (EU) (I). Odr.; gez. Ks 12.

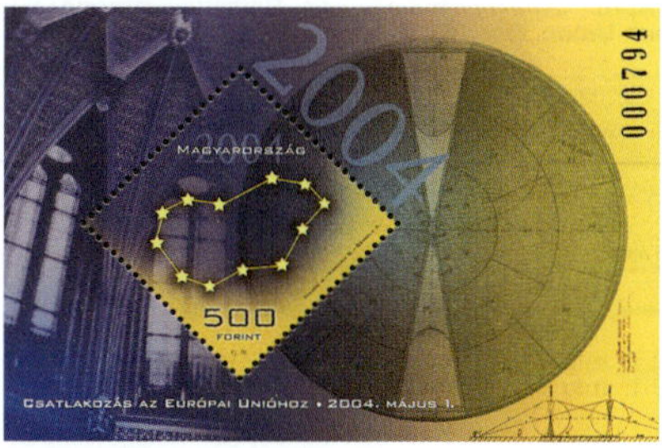

hdz

hdy) Durch Ungarns Grenzen bestimmtes Sternbild aus 12 EU-Sternen

4850	500 Ft mehrfarbig	hdy	7,—	7,—
Block 290	(105×70 mm)	hdz	7,—	7,—
		FDC		8,—

Auflage: 150 000 numerierte Blocks

2004, 1. Mai. Beitritt zur Europäischen Union (EU) (II). Odr. (1×5 Zd); gez. K 12.

heb) Europakarte, Flaggen der zehn Beitrittsländer und zwölf Sterne

hea) Landestypisches Stickmuster, umgeben von den EU-Sternen

4851	120 Ft mehrfarbig	hea	1,80	1,80
4852	150 Ft mehrfarbig	heb	2,20	2,20
		Satzpreis (Paar)	4,—	4,—
		FDC		5,—
		Kleinbogen	20,—	20,—

2004, 7. Mai. Sechste Direktwahlen zum Europäischen Parlament. Odr.; gez. K 12½:13¼.

heo) Wahlurne mit Europamotiven, Hand mit Wahlumschlag, Teil des Europaparlaments

4862	150 Ft mehrfarbig	heo	2,—	2,—
		FDC		3,20

Auflage: 150 000 Stück

2004, 8. Okt. Blockausgabe: Aufnahme Ungarns in die Europäische Union. Odr.; gez. K 12.

hid) Uhrzeit 11.20 Uhr und Europastern

hie) Uhrzeit 11.35 Uhr und Europastern

hif) Uhrzeit 11.48 Uhr und Europastern

hig) Uhrzeit 11.57 Uhr und Europastern

hih

hid–hig) Europaemblem in Form eines Zifferblattes einer Uhr

4949	100 Ft mehrfarbig	hid	1,40	1,40
4950	100 Ft mehrfarbig	hie	1,40	1,40
4951	100 Ft mehrfarbig	hif	1,40	1,40
4952	100 Ft mehrfarbig	hig	1,40	1,40
Block 294	(85×72 mm)	hih	6,—	6,—
		FDC		7,—

Zypern

2004, 1. Mai. Beitritt zur Europäischen Union (EU) (I). Odr. (2×5); gez. K 14¼:14.

alm) Europakarte, Flaggen der zehn Beitrittsländer und zwölf Sterne

1033	30 (C) mehrfarbig	alm	1,50	1,50
		FDC		2,—
		Kleinbogen	15,—	15,—

Auflage: 200 000 Stück

2004, 1. Mai. Beitritt zur Europäischen Union (EU) (II); 5. Todestag von Yiannos Kranidiotis. Odr. (5×5); gez. K 13¼.

aln) Yiannos Kranidiotis (1947–1999), Außenminister und Europa-Abgeordneter

1034	20 (C) mehrfarbig	aln	1,10	0,90
		FDC		1,50

Auflage: 75 000 Stück

2005

Belgien

2005, 10. Sept. Europäisches Kulturfestival „Europalia 2005 Russland", Brüssel. RaTdr. (2×5); MiNr. 3278 Papier ph., MiNr. 3279 Papier fl.; gez. K 11½.

dvf) Der Sensenmann; Gemälde von Kasimir Malewitsch (1878–1935), russischer Maler und Kunsttheoretiker

dvg) Allegorische Szene; Gemälde von Sergeij Sudeikin (1882–1946), russischer Maler und Graphiker

3478	0.50 € mehrfarbig	dvf	1,20	1,20
3479	0.70 € mehrfarbig	dvg	1,80	1,80
		Satzpreis (2 W.)	3,—	3,—
		FDC		6,—
		Kleinbogensatz (2 Klb.)	30,—	30,—

Deutschland

2005, 12. Mai. 50 Jahre Pariser Verträge. Odr. (5×2); Papier fl.; gez. K 13¾.

cxg) Unterzeichnung der Verträge

2459	55 (C) mehrfarbig	cxg	1,10	1,—
		FDC		2,—
		ETB 18/2005		1,30
		Kleinbogen	11,—	10,—
U So 116	Sonderpostkarte „Briefmarkenmesse, Koblenz" mit MiNr. 2459 als Wertstempel		1,20	1,20

Auflage: 8 800 000 Stück, davon 125 000 auf ETB

Irland

2005, 7. März. Cork – Kulturhauptstadt Europas 2005. Odr. (2×4 Zd); Papier ph.; gez. K 13¼:13½.

bav
baw
bav–baw) Sehenswürdigkeiten von Cork

1634	48 C mehrfarbig	bav	1,—	1,—
1635	48 C mehrfarbig	baw	1,—	1,—
		Satzpreis (Paar)	2,50	2,50
		FDC		3,50

Auflage: 410 000 Sätze

Italien

2005, 9. Nov. 50. Todestag von Alcide De Gasperi. RaTdr. (10×5); gez. K 13½:13.

ded) Alcide De Gasperi (1881–1955), Politiker

3064	0.62 € mehrfarbig	ded	1,60	1,60
		FDC		2,40

Auflage: 3 500 000 Stück

Luxemburg

2005, 25. Jan. Vorsitz Luxemburgs in der Europäischen Union. RaTdr., Markenheftchen (4×2); selbstklebend; senkrecht wellenförmig gestanzt.

azc) Die Hauptstadt (Teil eines modernen Gebäudes)

azd) Ländliche Regionen und kulturelle Wurzeln (romanischer Rundbogen)

aze) Naturschönheiten des Landes (Moselabschnitt bei Remich)

azf) Eisen- und Stahlindustrie im Süden (Eisenkonstruktion)

1659	A mehrfarbig	azc	1,50	1,50
1660	A mehrfarbig	azd	1,50	1,50
1661	A mehrfarbig	aze	1,50	1,50
1662	A mehrfarbig	azf	1,50	1,50
		Satzpreis (4 W.)	6,—	6,—
		FDC		6,50
		Markenheftchen	12,—	

MiNr. 1659–1662 gelten für Inlands-Standardbriefe (Nominale zur Zeit der Ausgabe: je 0.50 €).

MiNr. 1659–1662 wurden zusammen im Markenheftchen zu 8 Marken gedruckt.

Auflage: 536 000 Markenheftchen

Rumänien

2005, 25. April. Unterzeichnung des Beitrittsvertrages zur Europäischen Union. Odr. (4×9); gez. K 13½.

hzg
hzg

hzg) Europasterne, Landesterritorium

5933	5000 L mfg. (Territorium gold)	hzg	0,50	0,50
5934	5000 L mfg. (Territorium silber)	hzg	0,50	0,50
		Satzpreis (Paar)	1,—	1,—
		FDC		2,80

Blockausgabe mit 2 × MiNr. 5933–5934

Block 354 (120×91 mm)	hzh	2,—	2,—
	FDC		4,—

MiNr. 5933–5934 wurden waagerecht zusammenhängend in 2 verschiedenen Bogen (Markenfolge: 5933–5934–5934–5933 bzw. 5934–5933–5933–5934) gedruckt.

Auflagen: MiNr. 5933–5934 = 557 136 Sätze, Bl. 354 = 30 000 Blocks

Gültig bis 30.6.2005

Slowenien

2005, 18. Nov. Vorsitz Sloweniens in der Organisation für Sicherheit und Zusammenarbeit in Europa (OSZE). Odr. (5×5); Papier fl.; gez. K 11¼:11¾.

wl) Regenschirm mit OSZE-Emblem über Puzzleteilen

570	107 (T) mehrfarbig	wl	1,20	1,20
		FDC		2,20

Auflage: 80 000 Stück

Gültig bis 31.12.2007

Spanien

2005, 12. Jan. Europäische Verfassung. RaTdr. (5×10); Papier ph.; gez. K 13¾:14.

ekf) Europafahne

4016	0.28 € mehrfarbig	ekf	0,70	0,70
		FDC		1,20

Auflage: 1 000 000 Stück

Türkei

2005, 3. Nov. Beginn der Verhandlungen zur Aufnahme der Türkei in die Europäische Union. Odr. (10×10); gez. K 13¼:13.

cpw) Landkarte Europas, Kombination aus Flaggen der Türkei und der EU

3483	70 (K) mehrfarbig	cpw	2,—	1,50
		FDC		4,—

Auflage: 500 000 Stück

2006

Bulgarien

2006, 29. Nov. Beitritt Bulgariens und Rumäniens zur Europäischen Union. Odr. (5×10); gez. K 13¼.

gwe) Flaggen über Wahlurne, Landkarte Europas

gwf) Inschrift „EU" in den Nationalfarben der Beitrittsländer

4777	0.55 L	mehrfarbig	gwe	1,—	1,—
4778	1.50 L	mehrfarbig	gwf	2,50	2,50
			Satzpreis (2 W.)	3,50	3,50
			FDC		4,80

Blockausgabe mit MiNr. 4777–4778, gez. L 13¼

Block 288	(97×86 mm)	gwg	3,50	3,50
		FDC		4,80

Auflagen: MiNr. 4777–4778 = 69 000 Sätze, Bl. 288 = 46 000 Blocks

Gültig bis 3.3.2009

Griechenland

2006, 28. Febr. Patras – Europäische Kulturhauptstadt 2006 (I). Odr. (5×5); gez. K 13¼:13½, Hochformate ~.

cek) Klassische Tragödie

cel) Reisen

cem) Kind und Kunst

cen) Karneval

ceo) Emblem

cep) Dichtung und Musik

cer) Religion und Kunst

2340	0.01 €	mehrfarbig	cek	0,30	0,30
2341	0.15 €	mehrfarbig	cel	0,40	0,40
2342	0.20 €	mehrfarbig	cem	0,50	0,50
2343	0.50 €	mehrfarbig	cen	1,—	1,—
2344	0.65 €	mehrfarbig	ceo	1,80	1,80
2345	2.25 €	mehrfarbig	cep	5,—	5,—
2346	2.30 €	mehrfarbig	cer	6,—	6,—
			Satzpreis (7 W.)	15,—	15,—
			2 FDC		18,—

Auflagen: MiNr. 2340 = 2 116 062, MiNr. 2341 = 481 215, MiNr. 2342 = 790 710, MiNr. 2343 = 991 287, MiNr. 2344 = 784 556, MiNr. 2345 = 585 410, MiNr. 2346 = 261 941 Stück

2006, 28. Febr. Patras – Europäische Kulturhauptstadt 2006 (II). Odr. (2×5 Zd); gez. K 14:13¾.

ces) Karneval Zierfeld

cet) Emblem Zierfeld

2347	0.50 €	mehrfarbig	ces	3,—	2,50
2348	0.65 €	mehrfarbig	cet	4,—	3,50
			Satzpreis (2 W.)	7,—	6,—
			FDC		—,—
			Kleinbogensatz (2 Klb.)	70,—	70,—

MiNr. 2347–2348 wurden jeweils im Kleinbogen zu 10 Marken und 10 personalisierbaren Zierfeldern gedruckt (Postpreis der Kleinbogen: 10 bzw. 13 €).

Auflage: MiNr. 2347 = 100 000, MiNr. 2348 = 50 000 Stück

2006, 15. Mai. 25 Jahre Mitgliedschaft Griechenlands in der Europäischen Union. Odr. (5×5); gez. K 14:13¾.

cfp) Nationalflagge, Europa-Sterne

2367	0.20 €	mehrfarbig	cfp	0,50	0,50
			FDC		2,—

MiNr. 2367 stammt aus dem Satz MiNr. 2366–2371.

Auflage: 973 135 Stück

Irland

2006, 9. Mai. 20 Jahre Flagge der Europäischen Union. Odr. (4×4); Papier ph.; gez. K 14¼.

bdr) Europaflagge

1703	48 C	mehrfarbig	bdr	1,20	1,20
			FDC		2,50

Auflage: 402 000 Stück

Jugoslawien

2006, 6. März. 150 Jahre Donaukommission. Odr. (1×5 Zd); gez. K 13¼.

dpr) Novi Sad

dpt) Belgrad

Zierfeld

dps) Smederevo dpu) Tabula Traiana

3317	16.50 (ND) / 0.20 €	mehrfarbig	dpr	0,50	0,50
3318	16.50 (ND) / 0.20 €	mehrfarbig	dps	0,50	0,50
3319	46 (ND) / 0.50 €	mehrfarbig	dpt	1,30	1,30
3320	46 (ND) / 0.50 €	mehrfarbig	dpu	1,30	1,30
			Satzpreis (4 W.)	3,60	3,60
			Fünferstreifen	4,—	4,—
			FDC		6,—

MiNr. 3317–3320 wurden mit 1 Zierfeld (fünf verschiedene im Bogen) waagerecht zusammenhängend gedruckt.

Auflage: 28 000 Sätze

Österreich

2006, 1. Jan. Vorsitz Österreichs in der Europäischen Union. Komb. StTdr. und RaTdr. (5×10); gez. K 14:14¼.

cmc) Bundeskanzleramt, Wien

2565	75 (C) mehrfarbig	cmc	2,—	2,—
		FDC		2,50

Vorlagedruck in Schwarz vom Originaldruckstöckel, □ .... 2,—

Auflage: 800 000 Stück

Rumänien

2006, 29. Nov. Beitritt Rumäniens und Bulgariens zur Europäischen Union. Odr., Bogen (4×9) und Kleinbogen (3×3); x = ohne, y = mit fluoreszierendem Aufdruck; gez. K 13½.

ikm) Inschrift „EU" in den Nationalfarben der Beitrittsländer

ikn) Flaggen über Wahlurne, Landkarte Europas

6149	50 B	mehrfarbig	ikm		
x		ohne Aufdruck (B)		0,40	0,40
y		mit Aufdruck (Klb.)		0,50	0,50
6150	2.10 L	mehrfarbig	ikn		
x		ohne Aufdruck (B)		1,60	1,60
y		mit Aufdruck (Klb.)		2,—	2,—
		Satzpreis x (2 W.)		2,—	2,—
		FDC x			9,50
		Satzpreis y (2 W.)		2,50	2,50
		Kleinbogen y		10,—	10,—

MiNr. 6149 y-6150 y weisen im „O" von „ROMANIA" die fluoreszierenden Buchstaben „UE" auf.

Markenfolge im Kleinbogen: 6149-6150-6149, 6150-Zf-6150, 6149-6150-6149

Auflagen: MiNr. 6149 x–6150 x = 410 076, MiNr. 6149 y–6150 y = 100 000 Sätze

2007

Belgien

2007, 28. April. 50 Jahre Römische Verträge. RaTdr. (2×5); Papier fl.; gez. K 11½.

edf) Kfz-Nationalitätszeichen der sechs beteiligten Staaten

3683	0.80 (€) mehrfarbig	edf	2,—	2,—
		FDC		7,—
		Kleinbogen	20,—	20,—

2007, 1. Sept. Luxemburg-Stadt und die Großregion – Kulturhauptstadt Europas 2007. MiNr. 3724 Odr., MiNr. 3725 komb. StTdr. und Odr.; (5×2); gez. K 11½.

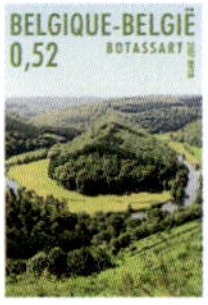

eew) Naturreservat „Tombeau du géant", Botassart

eex) Rotunden (erb. 1875) am Bahnhof von Luxemburg-Stadt

3724	0.52 (€) mehrfarbig	eew	1,20	1,20
3725	0.80 (€) mehrfarbig	eex	2,—	2,—
		Satzpreis (2 W.)	3,20	3,20
		FDC		7,—
		Kleinbogensatz (2 Klb.)	32,—	32,—

Bulgarien

2007, 31. Jan. Blockausgabe: Beitritt zur Europäischen Union. Odr.; gez. Ks 13¼.

gwp) Frau und Mann in Trachten, Europakarte, Sternenkranz, Stern mit bulgarischer Flagge

gwr

4785	1.50 L mehrfarbig	gwp	2,20	2,20
Block 290	(86×85 mm)	gwr	2,50	2,50
		FDC		4,—

Auflage: 20 000 Blocks

Gültig bis 28.2.2010

2007, 23. März. 50 Jahre Römische Verträge. Odr. (5×10); gez. K 13½:13¼.

gwt) Sterne der Europaflagge in den Nationalfarben der Gründungsmitglieder, Landkarte der EU

4787	1 L mehrfarbig	gwt	1,50	1,50
		FDC		3,—

Auflage: 25 000 Stück

Gültig bis 28.2.2010

2007, 30. Mai. Internationales Transportforum der Europäischen Verkehrsministerkonferenz (CEMT), Sofia. Odr.; gez. K 13:13¼.

gxm) Bohnen, Verkehrsschild Stauwarnung

4806	1 L mehrfarbig	gxm	1,80	1,80
		FDC		3,—

Auflage: 25 000 Stück

Gültig bis 28.2.2010

Deutschland

2007, 2. Jan. Vorsitz Deutschlands in der Europäischen Union. Komb. Odr. und Pdr. (5×2); Papier fl.; gez. K 13¼.

dbw) Sterne der Europafahne

2583	55 (C) mehrfarbig	dbw	1,10	1,—
		FDC		2,—
		ETB 6/2007		1,30
		Kleinbogen	11,—	11,—

Auflage: 7 400 000 Stück, davon 105 000 auf ETB

2007, 1. März. 50 Jahre Römische Verträge. Odr. (5×2); Papier fl.; gez. K 13¾.

dcg) Unterzeichnung der EWG- und EURATOM-Verträge, Rom (1957)

2593 55 (C) mehrfarbig . . . . dcg 1,10 1,—
FDC 2,—
ETB 13/2007 1,30
Kleinbogen 11,— 11,—

U So 134 Sonderumschlag „17. Internationale Briefmarkenmesse, Essen“ 1,20 1,20

Auflage: 8 300 000 Stück, davon 105 000 auf ETB

Frankreich

2007, 23. März. 50 Jahre Römische Verträge. RaTdr. (6×8); Papier ph.; gez. K 13¼.

eyc) Symbolik

4237 0.54 € mehrfarbig . . . . eyc 1,30 1,30
FDC 1,80
ETB 7,—

2007, 7. Juli. 100. Geburtstag von Pierre Pflimlin. RaTdr. (8×6); Papier ph.; gez. K 13¼.

fah) Pierre Pflimlin (1907–2000), Europapolitiker und Bürgermeister von Straßburg; Straßburger Münster

4292 0.60 € mehrfarbig . . . . fah 1,40 1,40
FDC 2,—
ETB 7,—

Gibraltar*

2007, 28. Febr. Blockausgabe: 50 Jahre Römische Verträge. Odr.; gez. Ks 15:14.

axx) Belgien axy) Deutschland ayd
axz) Frankreich aya) Italien
ayb) Luxemburg ayc) Niederlande

axx–ayc) Nationalflaggen der Unterzeichnerstaaten der EWG- und EURATOM-Verträge (1957)

1196 40 P mehrfarbig . . . . axx 1,50 1,50
1197 40 P mehrfarbig . . . . axy 1,50 1,50
1198 40 P mehrfarbig . . . . axz 1,50 1,50
1199 40 P mehrfarbig . . . . aya 1,50 1,50
1200 40 P mehrfarbig . . . . ayb 1,50 1,50
1201 40 P mehrfarbig . . . . ayc 1,50 1,50
Block 77 (138×100 mm) . . . . ayd 9,— 9,—
FDC 10,—

Griechenland

2007, 25. April. 50 Jahre Römische Verträge. Odr.; gez. K 13¼:13¾.

chs) Regenbogen, Europasterne

2416 0.65 € mehrfarbig . . . . chs 1,50 1,50
FDC 3,50

MiNr. 2416 stammt aus dem Satz MiNr. 2412–2420.

Auflage: 561 390 Stück

Irland

2007, 28. März. 50 Jahre Römische Verträge. Odr. (4×4); Papier ph.; gez. K 14¼:14¾.

bgb) Europaflagge (Detail); Unterschriften; Palazzo dei Conservatori, Rom (Ort der Unterzeichnung)

1758 55 C mehrfarbig . . . . bgb 1,50 1,50
FDC 3,20

Auflage: 330 000 Stück

Italien

2007, 1. März. Europäisches Jahr der Chancengleichheit für alle. RaTdr. (5×5); Papier fl.; gez. K 14.

dic) Frau mit Kind innerhalb architektonisch facettierter Struktur

3159 0.60 € mehrfarbig . . . . dic 1,40 1,40
FDC 2,20

Auflage: 3 500 000 Stück

2007, 25. März. Blockausgabe: 50 Jahre Römische Verträge. RaTdr.; Papier fl.; gez. Ks 13:13¼.

dim din dio

dim–din) Piazza del Campidoglio, Rom; Europasterne

3168 0.60 € mehrfarbig . . . . dim 1,20 1,20
3169 0.65 € mehrfarbig . . . . din 1,50 1,30
Block 38 (120×96 mm) . . . . dio 3,20 3,20
FDC 3,50

Auflage: 2 500 000 Blocks

2007, 21. Juni. 100. Geburtstag von Altiero Spinelli. RaTdr. (5×10); Papier fl.; gez. K 13:13¼.

dkk) Altiero Spinelli (1907–1986), Politiker und Schriftsteller; Sitzungssaal des Europaparlaments

3188	0.60 €	mehrfarbig . . . . dkk		1,40	1,40
			FDC		2,20

Auflage: 3 500 000 Stück

Luxemburg

2007, 30. Jan. Luxemburg-Stadt und die Großregion – Kulturhauptstadt Europas 2007 (I). Odr., Markenheftchen (4×2); selbstklebend; senkrecht gestanzt 8¼.

bbr
bbs
bbt
bbu

bbr–bbu) Hirschmenschen (Symbolik)

1730	A	mehrfarbig . . . . bbr		1,20	1,20
1731	A	mehrfarbig . . . . bbs		1,20	1,20
1732	A	mehrfarbig . . . . bbt		1,20	1,20
1733	A	mehrfarbig . . . . bbu		1,20	1,20
			Satzpreis (4 W.)	4,80	4,80
			FDC		5,50
			Markenheftchen	10,—	

MiNr. 1730–1733 gelten für Inlands-Standardbriefe (Nominale zur Zeit der Ausgabe: je 0.50 €).

MiNr. 1730–1733 wurden zusammen im Markenheftchen zu je 4 Marken gedruckt.

Auflage: 500 000 Markenheftchen

2007, 20. März. 50 Jahre Römische Verträge. Odr. (2×5); gez. K 13¼:13.

bbv) Unterzeichnung der EWG- und EURATOM-Verträge, Rom (1957)

bbw) Unterzeichnung der Verträge, Namen der Unterzeichner

1734	0.70 €	mehrfarbig . . . . bbv		1,60	1,60
1735	1.00 €	mehrfarbig . . . . bbw		2,20	2,20
			Satzpreis (2 W.)	3,80	3,80
			FDC		4,50
			Kleinbogensatz (2 Klb.)	38,—	38,—

Auflage: 300 000 Sätze

2007, 3. Sept. Historische Verbindung der europäischen Kulturhauptstädte Luxemburg und Hermannstadt (Sibiu). Odr. (2×5); gez. K 11½.

bct) Luxemburg-Haus in Hermannstadt (Rumänien)

1761	0.70 (€)	mehrfarbig . . . . bct		1,60	1,60
			FDC		2,20
			Kleinbogen	16,—	16,—

Auflage: 500 000 Stück

2007, 3. Sept. Luxemburg-Stadt und die Großregion – Kulturhauptstadt Europas 2007 (II). Komb. StTdr. und Odr. (5×2); gez. K 11½.

bcu) Buchstaben (Phänomen des Grenzüberschreitenden)

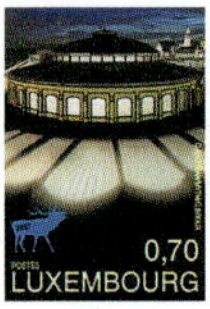

bcv) Rotunden (erb. 1875) am Bahnhof von Luxemburg-Stadt

1762	0.50 (€)	mehrfarbig . . . . bcu		1,—	1,—
1763	0.70 (€)	mehrfarbig . . . . bcv		1,60	1,60
			Satzpreis (2 W.)	2,60	2,60
			FDC		3,—
			Kleinbogensatz (2 Klb.)	26,—	26,—

Auflage: 500 000 Sätze

Malta

2007, 29. Dez. Blockausgabe: 50 Jahre Römische Verträge. Odr.; Wz. 6; gez. Ks 13¾

bgy

bgx) Robert Schuman (1886–1963), französischer Politiker

1555	76 C / 1.77 €	mehrfarbig . . . . bgx		4,—	4,—
Block 40	(100×70 mm)	. . . . bgy		4,50	4,50
			FDC		5,50

MiNr. 1555/Bl. 40 stammt aus dem Satz MiNr. 1550–1555/Bl. 40.

Polen

2007, 20. März. 50 Jahre Römische Verträge. Odr. (5×4); Papier fl.; Sicherheitszähnung K 11¾.

fse) Flaggen der Mitgliedstaaten der Europäischen Union

4303	3.55 Zł	mehrfarbig . . . . fse		2,50	2,50
			FDC		3,50

Auflage: 500 000 Stück

Portugal

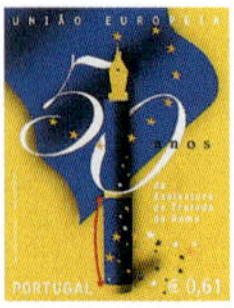

2007, 23. März. 50 Jahre Römische Verträge. Odr. (10×5); gez. K 11¾:12.

dia) Füllfederhalter, Europafahne

3146	0.61 €	mehrfarbig . . . . dia		1,40	1,40
			FDC		2,50

Auflage: 230 000 Stück

2007, 1. Juli. Vorsitz Portugals in der Europäischen Union. Odr. (5×10); Sicherheitszähnung K 12.

dlr) Praça do Comércio, Lissabon; Europasterne

3208	0.61 €	mehrfarbig . . . . dlr		1,40	1,40
			FDC		2,60

Blockausgabe

3209	2.45 €	mehrfarbig . . . . dlr		5,—	5,—
Block 256	(125×95 mm)	. . . . dls		5,50	5,50
			FDC		6,50

Auflagen: MiNr. 3208 = 230 000 Stück, Bl. 256 = 60 000 Blocks

Rumänien

2007, 3. Jan. Beitritt Rumäniens zur Europäischen Union. Odr., Bogen (3×8 Zd) und Kleinbogen (2×4 Zd); gez. K 13½.

Zierfeld

ikv) Sternenkranz; Felsen „Bucegi-Sphinx“, Südkarpaten

6157	2.20 L	mehrfarbig . . . . ikv		1,80	1,80
			6157 Zf	2,—	2,—
			FDC		5,—
			Kleinbogen	16,—	16,—

Auflage: 584 080 Stück, davon 64 000 im Kleinbogen

2007, 11. Juni. Hermannstadt – Kulturhauptstadt Europas 2007. Odr. (2×5); gez. K 13½.

inf) Altemberger-Haus (14. Jh.); Ritter

ing) Lügenbrücke (1859) und Ratturm; Siebenbürger Sachsen in der Tracht des 18. Jh.

inh) Evangelische Stadtpfarrkirche (14. Jh.); Kreuzigung (Detail des Altarbildes)

ini) Großer Ring; Bauernpaar aus dem Umland (18. Jh.)

ink) Brukenthal-Palais (18. Jh.); Baron Samuel von Brukenthal (1721–1803), Gubernator von Siebenbürgen

inl) Stadtansicht von 1790, Gemälde von Franz Neuhauser; Heltauer Tor (1839 abgerissen), Aquarell von Johann Böbel

6206	30 B	mehrfarbig . . . . inf	0,30	0,30
6207	50 B	mehrfarbig . . . . ing	0,40	0,40
6208	60 B	mehrfarbig . . . . inh	0,50	0,50
6209	70 B	mehrfarbig . . . . ini	0,60	0,60
6210	2.10 L	mehrfarbig . . . . ink	1,70	1,70
6211	5.60 L	mehrfarbig . . . . inl	4,—	4,—
		Satzpreis (6 W.)	7,50	7,50
		2 FDC		13,—
		Kleinbogensatz (6 Klb.)	75,—	75,—

Blockausgabe; Bl. 400 gez. K 13½, Bl. 401 gez. Ks 14:13½

inn) Stadtansicht im 17. Jh. (Gemälde) ino

Block 400	mit MiNr. 6206–6211 (190×160 mm) . . . . inm		7,50	7,50
6212	4.70 L	mehrfarbig . . . . inn	3,50	3,50
Block 401	(126×101 mm) . . . . ino		3,50	3,50

Auflagen: MiNr. 6206–6211 = 31 500 Sätze, Bl. 400 = 16 500, Bl. 401 = 18 500 Blocks

2007, 3. Sept. Historische Verbindung der europäischen Kulturhauptstädte Luxemburg und Hermannstadt (Sibiu). Odr. (2×5); gez. K 13½.

ioy) Luxemburg-Haus in Hermannstadt

6238	3.60 L	mehrfarbig . . . . ioy		2,80	2,80
			FDC		11,—
			Kleinbogen	28,—	28,—

Blockausgabe, gez. Ks 14:13½

ipa

ioz) Luxemburg-Haus in Hermannstadt

6239	4.30 L	mehrfarbig . . . . ioz	3,—	3,—
Block 409	(116×95 mm)	. . . . ipa	3,—	3,—

Auf dem amtlichen FDC befindet sich auch Luxemburg MiNr. 1761.

Auflagen: MiNr. 6238 = 36 000 Stück, Bl. 409 = 28 000 Blocks

San Marino

2007, 23. Jan. Vorsitz San Marinos im Europarat. Odr. (1×4); gez. K 13¼.

cdz) Nationalflagge, Emblem des Europarates

2285	0.65 (€)	mehrfarbig	cdz	1,80	1,80
			FDC		2,50
			Kleinbogen	7,50	7,50

Auflage: 480 000 Stück

2007, 3. Dez. Europäisches Jahr der Chancengleichheit für alle. Odr. (4×3); gez. K 13½:13.

cfk) Frau mit Krone, San Marino verkörpernd, hält Balkenwaage, in der Frau und Mann sitzen

2318	1.00 (€)	mehrfarbig	cfk	8,—	8,—
			FDC		9,—

Auflage: 70 008 Stück

Serbien

2007, 10. Mai. Vorsitz Serbiens im Europarat. Odr. (5×5); gez. K 13¼:13¾.

by) Umrisskarte von Europa, Europaratsemblem

198	20 (Din)	mehrfarbig	by	3,50	3,50
			FDC		4,—

Auflage: 28 000 Stück

Slowenien

2007, 1. Jan. Blockausgabe: Einführung der Euro-Währung. Odr.; Sicherheitszähnung Ks 13¼.

yv) 1-Euro-Münze

yw

626	1.00 (€)	mehrfarbig	yv	2,—	2,—
Block 31	(100×50 mm)	. . . .	yw	2,50	2,50
			FDC		3,50

Auflagen: 200 000 Blocks

2007, 25. Mai. 50 Jahre Römische Verträge. Odr. (5×2); Papier fl.; gez. K 11¼:11¾.

zp) Windrad, Europasterne

647	0.45 (€)	mehrfarbig	zp	1,20	1,20
			FDC		2,50
			Kleinbogen	12,—	12,—

Auflage: 120 000 Stück

2007, 23. Nov. Wegfall der Grenzkontrollen gemäß dem Schengener Abkommen. Odr. (2×5); Papier fl.; gez. K 11¾:11¼.

aah) Grenzüberquerung bei geöffnetem Schlagbaum

662	0.45 €	mehrfarbig	aah	1,20	1,20
			FDC		2,50
			Kleinbogen	12,—	12,—

Auflage: 120 000 Stück

Spanien

2007, 23. März. 50 Jahre Römische Verträge. RaTdr. (10×5); Papier ph.; gez. K 14:13¾.

eti) Karte der EU-Mitgliedstaaten

4210	0.58 €	mehrfarbig	eti	1,40	1,40
			FDC		2,—

Aufllage: 1 000 000 Stück

Tschechische Republik

2007, 19. Dez. Wegfall der Grenzkontrollen gemäß dem Schengener Abkommen. Odr. (5×7); Papier fl.; gez. K 11¼.

ya) Verkehrsampel mit drei grünen Lichtern, Himmel, Inschrift

537	10 Kč	mehrfarbig	ya	1,—	1,—
			FDC		1,70

Auflage: 763 000 Stück

Vatikan

2007, 20. Sept. 50 Jahre Römische Verträge. Odr. (2×5); gez. K 13:13¼.

bgb) Atomium, Brüssel

bgc) Eiffelturm, Paris

bgd) Brandenburger Tor, Berlin

bge) Kapitol, Rom

bgf) Burg von Vianden, Luxemburg

bgg) Altstadt von Amsterdam

1583	0.15 (€)	mehrfarbig	bgb	0,30	0,30
1584	0.30 (€)	mehrfarbig	bgc	0,70	0,70
1585	0.60 (€)	mehrfarbig	bgd	1,30	1,30
1586	0.65 (€)	mehrfarbig	bge	1,50	1,50
1587	1.00 (€)	mehrfarbig	bgf	2,20	2,20
1588	4.00 (€)	mehrfarbig	bgg	10,—	10,—
			Satzpreis (6 W.)	16,—	16,—
			FDC		18,—
			Kleinbogensatz (6 Klb.)	160,—	160,—

Blockausgabe, zweiseitig gez.

bgi

bgh) Mutter mit Kind, Europasterne

1589	2.80 (€) mehrfarbig	bgh	6,50	6,50
Block 30	(115×85 mm)	bgi	7,—	7,—
		FDC		8,—

Auflagen: MiNr. 1583–1588 = 300 000 Sätze, Bl. 30 = 120 000 Blocks

Zypern

2007, 3. Mai. 50 Jahre Römische Verträge. Odr. (4×4); gez. K 13¼:13¾.

aob) Symbolik, Europasterne

1095	30 (C) mehrfarbig	aob	1,50	1,50
		FDC		2,—

Auflage: 47 000 Stück

2008

Frankreich

2008, 14. Juni/23. Sept. Freimarken: Marianne (Beaujard), Europäische Union. StTdr., Markenheftchen (MH) (6×2), Folienbogen (F-Bg.) (10×10) und Rollen (R) (300) ; Papier ph.; selbstklebend; B = senkrecht, C = waagerecht gestanzt 6½.

ffl) Marianne, Europasterne

ffm) Wahlurne, Europasterne

ffn) Hand mit Baum, Europasterne

ffo) Friedenstaube, Europasterne

4424	—	dunkelrosa	ffl		
Bc		senkrecht gestanzt (MH) (F-Bg.)		2,30	2,30
Bd		senkrecht gestanzt mit je 2 Verbindungsstegen links oder rechts (MH)		2,30	2,30
C		waagerecht gestanzt (R) (23. Sept.)		*3,50*	*3,50*
4425	0.55 €	dunkelrosa (MH)	ffm		
Bc		senkrecht gestanzt		2,30	2,30
4426	0.55 €	dunkelrosa (MH)	ffn		
Bd		senkrecht gestanzt mit je 2 Verbindungsstegen links oder rechts		2,30	2,30
4427	0.55 €	dunkelrosa (MH)	ffo		
Bd		senkrecht gestanzt mit je 2 Verbindungsstegen links oder rechts		2,30	2,30
		Satzpreis (4 W.)		9,—	9,—
		Markenheftchen mit MiNr. 4424–4427		28,—	
		Markenheftchen mit 20×MiNr. 4424 Bc		50,—	
		Markenheftchen mit 10×MiNr. 4424 Bd		25,—	
		Markenheftchen mit 12×MiNr. 4424 Bc/Bd		35,—	
4428	—	violettultramarin	ffl		
Bc		senkrecht gestanzt (MH) (F-Bg.)		2,70	2,70
Bd		senkrecht gestanzt mit je 2 Verbindungsstegen links oder rechts (MH)		2,70	2,70
C		waagerecht gestanzt (R) (23. Sept.)		*5,50*	*5,50*
4429	0.65 €	violettultramarin (MH)	ffm		
Bc		senkrecht gestanzt		2,70	2,70
4430	0.65 €	violettultramarin (MH)	ffn		
Bd		senkrecht gestanzt mit je 2 Verbindungsstegen links oder rechts		2,70	2,70
4431	0.65 €	violettultramarin (MH)	ffo		
Bd		senkrecht gestanzt mit je 2 Verbindungsstegen links oder rechts		2,70	2,70
		Satzpreis (4 W.)		10,—	10,—
		Markenheftchen mit MiNr. 4428 B–4431 B		30,—	

Nominalen zur Zeit der Ausgabe: MiNr. 4424 = 0.55 €, MiNr. 4428 = 0.65 €

MiNr. 4424–4427 und 4428–4431 wurden jeweils zusammen im Markenheftchen zu 12 Marken (6 × MiNr. 4424 und 2 × MiNr. 4425–4427 bzw. 6 × MiNr. 4428 und 2 × MiNr. 4429–4431) gedruckt.

MiNr. 4424 Bc wurde auch zusammen mit MiNr. 5016 im Markenheftchen ausgegeben.

MiNr. 4424 C und 4428 C wurden von der Post nur in kompletten Rollen abgegeben.

2008, 19. Juni. Blockausgabe: Europäische Projekte. RaTdr.; gez. Ks 13.

fgr) 1-Euro-Münze, Euro-Zeichen, Landkarte Europas

fgs) Staats- und Europaflagge

fgv

fgt) Satelliten umkreisen Erde

fgu) Familie, Flaggen europäischer Staaten

4469	0.55 €	mehrfarbig	fgr	1,10	1,10
4470	0.55 €	mehrfarbig	fgs	1,10	1,10
4471	0.55 €	mehrfarbig	fgt	1,10	1,10
4472	0.55 €	mehrfarbig	fgu	1,10	1,10
Block 95		(142×106 mm)	fgv	6,—	6,—
			FDC		7,—

Irland

2008, 7. März. Europäisches Jahr des interkulturellen Dialogs. Odr. (4×4); Papier ph.; gez. K 13¼.

bie) Symbolik

1814	55 C mehrfarbig	bie	1,30	1,30
		FDC		3,—

Auflage: 310 000 Stück

Luxemburg

2008, 18. März. 50 Jahre Europäische Investitionsbank (EIB). Odr. (2×5); gez. K 13:13¼.

bdf) Symbolik

1773	0.70 (€) dunkelviolettblau/silber	bdf	1,50	1,50
		FDC		2,—
		Kleinbogen	15,—	15,—

Auflage: 250 000 Stück

2008, 18. März. 10 Jahre Eurosystem. Odr. (2×5); gez. K 13¾.

bdg) Eurotower, Frankfurt am Main, Sitz der Europäischen Zentralbank

1774	1.00 € mehrfarbig	bdg	2,20	2,20
		FDC		3,—
		Kleinbogen	22,—	22,—

Auflage: 250 000 Stück

2008, 2. Dez. Einweihung des neuen Palais des Europäischen Gerichtshofes. Odr. (2×5); gez. K 14:13¼.

bev) Gebäude des Europäischen Gerichtshofes, Luxemburg-Stadt

1817	0.70 (€) mehrfarbig	bev	1,50	1,50
		FDC		2,—
		Kleinbogen	15,—	15,—

Auflage: 200 000 Stück

Malta

2008, 1. Jan. Blockausgabe: Einführung der Euro-Währung (I). Odr.; Wz. 6; gez. Ks 14¼.

bhb) 1-€-Münze

bhc

1557	1 € / 43 C mehrfarbig	bhb	2,—	2,—
Block 42	(100×66 mm)	bhc	2,50	2,50
		FDC		3,—

2008, 1. Jan. Blockausgabe: Einführung der Euro-Währung (II). Odr.; Wz. 6; gez. K 14¼.

bhf

bhd) Aphrodite, Euro-Zeichen

bhe) Venus von Malta, Euro-Zeichen

1558	1.00 € / 43 C mehrfarbig	bhd	2,—	2,—
1559	1.00 € / 43 C mehrfarbig	bhe	2,—	2,—
Block 43	(100×62 mm)	bhf	4,50	4,50
		FDC		5,—

Niederlande

2008, 20. Mai. 10 Jahre Europäische Zentralbank (ECB). Odr. (3×5); gez. K 13¼:12¾.

crb) 1-Euro-Münze

2578	0.44 € mehrfarbig	crb	0,90	0,90
		FDC		2,50
		2581 Zf	0,90	0,90
		Kleinbogen	9,—	9,—

MiNr. 2578 stammt aus dem Satz MiNr. 2577–2581. Die Marken wurden senkrecht zusammenhängend im Kleinbogen zu 10 Marken und 5 Zierfeldern gedruckt.

Norwegen

2008, 6. Juni. Stavanger – Kulturhauptstadt Europas 2008. Odr. (5×10, Hochformat ~); gez. K 14:13¼, Hochformat ~.

bcs) Tänzerin in Kulturlandschaft; Photographie von Marcel Lelienhof

bct) Schwert in Felsen; Denkmal in Hafrsfjord von Fritz Røed

bcu) Auge; Motiv aus dem Musical „Das tausendste Herz“ im Rogaland-Theater

1659	7.00 (Kr) mehrfarbig	bcs	2,—	2,—
1660	14.00 (Kr) mehrfarbig	bct	4,—	4,—
1661	23.00 (Kr) mehrfarbig	bcu	7,—	7,—
		Satzpreis (3 W.)	13,—	13,—
		FDC		15,—

Blockausgabe mit MiNr. 1659–1661 (23. Okt.)

Block 36	(170×65 mm)	bcv	14,—	14,—
		FDC		16,—

Portugal

2008, 23. Okt. Europäisches Jahr des interkulturellen Dialogs. Odr. (5×10); Sicherheitszähnung K 12:11¾.

dud) Steinrelief, Keramikteller

due) Festzugsdrache, Marmorkopf

duf) Fenster, Federschmuck

dug) Maske, Umzugsdrache

3371	0.31 € mehrfarbig	dud	0,70	0,70
3372	0.47 € mehrfarbig	due	1,—	1,—
3373	0.67 € mehrfarbig	duf	1,50	1,50
3374	0.80 € mehrfarbig	dug	1,80	1,80
		Satzpreis (4 W.)	5,—	5,—
		FDC		6,—

Auflagen: MiNr. 3371 = 280 000, MiNr. 3372–3373 je 230 000, MiNr. 3374 = 200 000 Stück

San Marino

2008, 8. April. Blockausgabe: Europäisches Jahr des interkulturellen Dialogs. Odr.; gez. Ks 14¼:14¾.

cgf

cge) Prähistorische Weltkugel mit Riesenkontinent Pangäa

2337	0.65 (€) mehrfarbig	cge	1,50	1,50
Block 39	mit 3 × MiNr. 2337 (113×153 mm)	cgf	5,—	5,—
		FDC		6,—

Auflage: 110 000 Blocks

Slowenien

2008, 1. Jan. Blockausgabe: Vorsitz Sloweniens in der Europäischen Union. Komb. Odr. und Hfdr.; gez. Ks 14:13½.

aap) Flaggen der Mitgliedstaaten, Europakarte, Karte Sloweniens im Sternenkranz

aar

668	2.38 (€) mehrfarbig	aap	5,—	5,—
Block 36	(72×62 mm)	aar	5,50	5,50
		FDC		6,50

Auflage: 80 000 Blocks

2008, 27. Nov. 10 Jahre Euro-Währung (2009). Odr. (5×5); gez. K 14.

aby) 1-Euro-Münze

696	0.45 (€) mehrfarbig	aby	1,10	1,10
		FDC		2,30

Auflage: 80 000 Stück

Spanien

2008, 19. März. 50 Jahre Europäisches Parlament. RaTdr. (5×10); Papier ph.; gez. K 13¾:14.

exg) Jubiläumsemblem

4306	0.60 € mehrfarbig	exg	1,40	1,40
		FDC		2,—

Auflage: 2 500 000 Stück

Tschechische Republik

2008, 25. Nov. Vorsitz der Tschechischen Republik in der Europäischen Union (2009). Odr. (3×10 Zd); Papier fl.; gez. K 12:11½.

Zierfeld

zz) Adresse der offiziellen Web-Seite zur tschechischen Ratspräsidentschaft

583	17 Kč mehrfarbig	zz	1,60	1,60
		583 Zf	1,60	1,60
		FDC		2,40

Auflage: 900 000 Stück

Zypern

2008, 1. Jan. Blockausgabe: Einführung der Euro-Währung. Odr.; gez. Ks 13¾.

apc

apa) Aphrodite, Euro-Zeichen

apb) Venus von Malta, Euro-Zeichen

1119	1 € / 0.59 £ mehrfarbig	apa	2,—	2,—
1120	1 € / 0.59 £ mehrfarbig	apb	2,—	2,—
Block 28	(100×62 mm)	apc	5,—	5,—
		FDC		6,—

Auflagen: 100 000 numerierte Blocks

2009

Albanien

2009, 30. Okt. 50 Jahre Europäischer Gerichtshof für Menschenrechte. Odr. (3×3); gez. K 13.

dsi) Gebäude des Gerichtshofes, Straßburg

3298	200 L mehrfarbig	dsi	4,50	4,50
		FDC		7,50
		Kleinbogen	40,—	40,—

Auflage: 4800 Stück

2009, 2. Nov. 60 Jahre Europarat. Odr. (3×3); gez. K 13.

dsk) Europakarte mit Flaggen

3299	150 L	mehrfarbig . . . . dsk		3,50	3,50
			FDC		6,50
			Kleinbogen	32,—	32,—

Auflage: 4800 Stück

Andorra (Spanische Post)

2009, 6. April. 60 Jahre Europarat. Odr. (5×5); Papier ph.; gez. K 14:13¾.

mh) Emblem des Europarates

360	0.32 €	mehrfarbig . . . . mh		0,80	0,80
			FDC		1,30

Auflage: 150 000 Stück

Armenien

2009, 13. Nov. 60 Jahre Europarat. Odr. (5×2); gez. K 13¼:12¾.

we) Emblem des Europarates

665	280 (D)	mehrfarbig . . . . we		20,—	20,—
			FDC		—,—
			Kleinbogen	—,—	—,—

Auflage: 30 000 Stück

2009, 13. Nov. 50 Jahre Europäischer Gerichtshof für Menschenrechte. Odr. (2×5); gez. K 12¾:13¼.

wf) Gerichtsgebäude, Straßburg

666	70 (D)	mehrfarbig . . . . wf		20,—	20,—
			FDC		—,—
			Kleinbogen	—,—	—,—

Auflage: 30 000 Stück

Aserbaidschan

2009, 5. Mai. 60 Jahre Europarat. Odr. (2×5); A = gez. K 14:14¼, B = □.

aco) Gebäude des Europarats in Straßburg, Jubiläumsemblem, Flagge Aserbaidschans

762	60 q	mehrfarbig . . . . aco			
A		gez. K 14:14¼		2,50	2,50
B		□		—,—	—,—
			FDC A		4,—
			Kleinbogen A	25,—	25,—
			Kleinbogen B	—,—	—,—

Auflage: 100 000 Stück

2009, 5. Mai. 50 Jahre Europäischer Gerichtshof für Menschenrechte. Odr. (2×5); A = gez. K 14:14¼, B = □.

acp) Gerichtsgebäude in Straßburg, Umrisskarte Europas

763	60 q	mehrfarbig . . . . acp			
A		gez. K 14:14¼		2,50	2,50
B		□		—,—	—,—
			FDC A		4,—
			Kleinbogen I A	25,—	25,—
			Kleinbogen II A	25,—	25,—
			Kleinbogen I B	—,—	—,—

MiNr. 763 wurde in zwei verschiedenen Kleinbogen gedruckt: Kleinbogen I hat einen farbigen Bogenrand, Kleinbogen II einen weißen Bogenrand.

Auflage: 100 000 Stück

Belgien

2009, 17. Jan. 10 Jahre Euro-Währung. RaTdr., Markenheftchen (2×5); Papier ph.; selbstklebend; BD = dreiseitig, BE = zweiseitig gestanzt 10.

enp) Euro-Zeichen

3919	1	(Belgien) mehrfarbig . . . . . . enp			
Dl		dreiseitig gestanzt (⊐)		1,40	1,40
Dr		dreiseitig gestanzt (⊏)		1,40	1,40
El		zweiseitig gestanzt (⌐)		1,40	1,40
Er		zweiseitig gestanzt (¬)		1,40	1,40
			FDC		7,50
			Markenheftchen	14,—	

Nominale zur Zeit der Ausgabe: 0.54 €

Bosnien und Herzegowina

2009, 10. Sept. 60 Jahre Europarat. Odr. (5×2); gez. K 12¾:13¼.

ym) Emblem des Europarates

551	1.00 (M)	mehrfarbig . . . . ym		1,40	1,40
			FDC		2,20
			Kleinbogen	14,—	14,—

Auflage: 10 000 Stück

Bosnien und Herzegowina (Kroatische Post Mostar)*

2009, 1. April. 60 Jahre Europarat, 50 Jahre Europäischer Gerichtshof für Menschenrechte (EGMR). Odr. (3×3); gez. K 14.

ld) Teil der Nationalflagge, Europaratsemblem

le) EGMR-Gebäude, Straßburg

255	1.50 (M)	mehrfarbig . . . . ld		2,—	2,—
256	1.50 (M)	mehrfarbig . . . . le		2,—	2,—
			Satzpreis (2 W.)	4,—	4,—
			FDC		5,50
			Kleinbogensatz (2 Klb.)	36,—	36,—

Auflage: 30 000 Sätze

Bosnien und Herzegowina (Serbische Republik)*

2009, 25. März. 50 Jahre Europäischer Gerichtshof für Menschenrechte (EGMR); 60 Jahre Europarat. Odr. (3×3); gez. K 13.

sw) EGMR-Gebäude, Straßburg

sx) Sitz des Europarates, Straßburg

456	1.00 (M) mehrfarbig . . . . sw	1,50	1,50
457	1.50 (M) mehrfarbig . . . . sx	2,—	2,—
	Satzpreis (2 W.)	3,50	3,50
	2 FDC		7,—
	Kleinbogensatz (2 Klb.)	28,—	28,—

MiNr. 456–457 wurden jeweils im Kleinbogen zu 8 Marken und 1 Zierfeld (Feld 5) gedruckt.

Auflage: 20 000 Sätze

Deutschland

2009, 3. Sept. 20. Jahrestag der Grenzöffnung zwischen Ungarn und Österreich. Odr. (2×5); Papier fl.; gez. S 13¾.

dii) Zahl „20" aus Flaggenbändern

2759	70 (C) mehrfarbig . . . . dii	1,30	1,30
	FDC		2,30
	ETB 33/2009		1,60
	Kleinbogen	13,—	13,—

ETB 33/2009 trägt auch die Marken Österreich MiNr. 2823 und Ungarn MiNr. 5383.

Auflage: 6 150 000 Stück, davon 85 000 auf ETB

Georgien

2009, 10. Aug. 50 Jahre Europäischer Gerichtshof für Menschenrechte; 60 Jahre Europarat. Odr. (5×2); gez. K 13¼.

wz) Gerichtsgebäude, Straßburg

xa) Emblem des Europarates

576	1.0 L mehrfarbig . . . . wz	2,—	2,—
577	2.0 L mehrfarbig . . . . xa	5,—	5,—
	Satzpreis (2 W.)	7,—	7,—
	FDC		8,—
	Kleinbogensatz (2 Klb.)	70,—	70,—

Griechenland

2009, 30. März. 10 Jahre Euro-Währung. Odr.; gez. K 13¾:13¼.

cmr) Stilisierte Stadt, Eurozeichen

2508	0.70 € mehrfarbig . . . . cmr	1,40	1,40
	FDC		3,50

MiNr. 2508 stammt aus dem Satz MiNr. 2503–2510

Auflage: 4 982 624 Stück

Irland

2009, 15. Mai. 50 Jahre Europäische Konferenz der Verwaltungen für Post und Telekommunikation (CEPT). Odr. (4×4); Papier ph.; gez. K 13½.

bmg) Telefonwählscheibe, Briefkastenschlitz

1893	82 C mehrfarbig . . . . bmg	1,80	1,80
	FDC		3,80

Auflage: 260 000 Stück

Italien

2009, 7. Mai. 7. Direktwahlen zum Europäischen Parlament. RaTdr. (5×10); Papier fl.; gez. K 13:13¼.

doz) Europaparlament, Straßburg; Europasterne

3296	0.60 € mehrfarbig . . . . doz	1,30	1,30
	FDC		2,50

Auflage: 3 500 000 Stück

Litauen

2009, 11. April. Vilnius – Europäische Kulturhauptstadt 2009. Odr. (5×5); gez. K 14.

abg) Denkmal des Großfürsten Gediminas, Burg

1005	2.15 L mehrfarbig . . . . abg	1,60	1,60
	FDC		2,80

Auflage: 300 000 Stück

Luxemburg

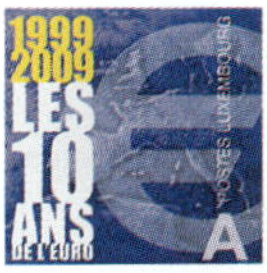

2009, 17. März. 10 Jahre Euro-Währung. Odr. (2×5); gez. K 12½.

bff) Euro-Zeichen

1827	A mehrfarbig . . . . bff	1,20	1,20
	FDC		1,80
	Kleinbogen	12,—	12,—

Nominale zur Zeit der Ausgabe: 0.50 €

Auflage: 150 000 Stück

2009, 12. Mai. Siebente Direktwahlen zum Europäischen Parlament. Odr. (5×2); gez. K 13:13¼.

bfo) Europastern

1836	0.50 (€) mehrfarbig . . . . bfo	1,20	1,20
	FDC		1,80
	Kleinbogen	12,—	12,—

Auflage: 200 000 Stück

Malta

2009, 30. April. 10 Jahre Euro-Währung. Odr. (2×5); Wz. 6; gez. K 14¼.

bwg) 2-Euro-Sondermünze

1593	2.00 €	mehrfarbig	bwg	4,80	4,80
			FDC		5,50
			Kleinbogen	48,—	48,—

Moldawien

2009, 15. April. 60 Jahre Europarat. Odr. (5×2); gez. K 14½:14.

aat) Emblem des Europarates

649	4.50 L	mehrfarbig	aat	3,50	3,50
			FDC		4,50
			Kleinbogen	35,—	35,—

Auflage: 100 000 Stück

Österreich

2009, 10. Sept. 20. Jahrestag der Grenzöffnung durch Ungarn. Odr. (5×2); Emblem fl.; gez. K 12.

cyb) Zahl „20“ aus Flaggenbändern

2823	65 (C)	mehrfarbig	cyb	1,50	1,50
			FDC		2,20
			Kleinbogen	15,—	15,—

Vorlagedruck in Schwarz vom Originaldruckstöckel, ☐ .... 2,—

Auflage: 1 000 000 Stück

Portugal

2009, 28. Jan. 10 Jahre Euro-Währung. Odr. (5×10); Sicherheitszähnung K 12:11¾.

duk) Münzen, Euro-Zeichen

dul) Euro-Zeichen, Münze

3377	0.47 €	mehrfarbig	duk	1,—	1,—
3378	1.00 €	mehrfarbig	dul	2,20	2,20
			Satzpreis (2 W.)	3,20	3,20
			FDC		4,—

Auflagen: MiNr. 3377 = 230 000, MiNr. 3378 = 245 000 Stück

Rumänien

2009, 11. Mai. 60 Jahre Europarat. Odr. (2×4); gez. K 13½.

iwn) Palais de l'Europe, Straßburg

6359	6 L	mehrfarbig	iwn	4,50	4,50
			FDC		12,—
			Kleinbogen	36,—	36,—

Auflage: 35 200 Stück

San Marino

2009, 25. Aug. Blockausgabe: Europäisches Jahr der Kreativität und Innovation. Odr.; gez. Ks 13¾:14.

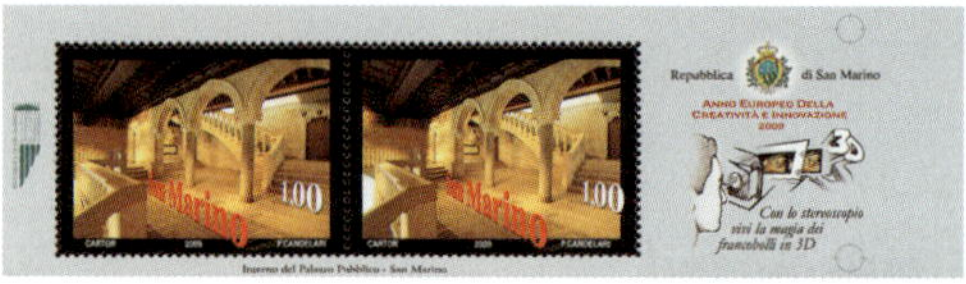

ckf ckf I ckg

ckf–ckf I) Innenansicht des Palazzo Pubblico

ckh ckh I cki

ckh–ckh I) Statue des hl. Marinus († 697), iroschottischer Wanderbischof, in der St.-Marinus-Basilika

ckk ckk I ckl

ckk–ckk I) Freiheitsstatue, Piazza della Libertà

2406	1.00 (€)	mehrfarbig	ckf	2,50	2,50
2407	1.00 (€)	mehrfarbig	ckf I	2,50	2,50
Block 43	(149×43 mm)		ckg	6,—	6,—
			FDC		7,—
2408	1.00 (€)	mehrfarbig	ckh	2,50	2,50
2409	1.00 (€)	mehrfarbig	ckh I	2,50	2,50
Block 44	(149×43 mm)		cki	6,—	6,—
			FDC		7,—
2410	1.00 (€)	mehrfarbig	ckk	2,50	2,50
2411	1.00 (€)	mehrfarbig	ckk I	2,50	2,50
Block 45	(149×43 mm)		ckl	6,—	6,—
			FDC		7,—

Die beiden Marken jedes Blocks bilden ein Stereopaar und unterscheiden sich dadurch geringfügig in der Zeichnung. Bei Betrachtung mit dem mitgelieferten Stereoskop entsteht ein dreidimensionales Bild.

Die Blocks wurden nur zusammen mit einem zusammenbaubaren Stereoskop und einer integrierten Ganzsache (Postkarte zu 1.40 €) zum Preis von 7.40 € verkauft.

Auflage: je 80 000 Blocks

Slowakei

2009, 1. Jan. Einführung des Euro. Komb. StTdr. und Odr. (3×1 + 3×1); gez. K 11¾.

ws) Euro-Symbol, Landkarte der Slowakei

596	1.00 € mehrfarbig	ws	2,20	2,20
		FDC		3,30
		Kleinbogen	13,—	13,—

Auflage: 600 000 Stück

Slowenien

2009, 8. Mai. 60 Jahre Europarat; Vorsitz Sloweniens im Europarat. Odr. (4×4); Papier fl.; gez. K 12:11½.

acy) Emblem des Europarates

716	0.45 (€) mehrfarbig	acy	1,10	1,10
		FDC		2,40

Auflage: 80 000 Stück

Spanien

2009, 6. April. 60 Jahre Europarat. RaTdr. (5×10); Papier ph.; gez. K 13¾:14.

fbw) Emblem des Europarates

4406	0.62 € mehrfarbig	fbw	1,50	1,50
		FDC		2,—

Auflage: 450 000 Stück

2009, 10. Juli. Blockausgabe: 10 Jahre Euro-Währung. Komb. StTdr. und Odr.; Papier ph.; gez. Ks 13¾.

fdb

fda) 2-Euro-Sondermünze

4431	1.00 € mehrfarbig	fda	2,—	2,—
Block 185	(115×106 mm)	fdb	2,40	2,40
		FDC		3,—

Bl. 185 wurde auch ungezähnt in veränderten Farben verkauft; keine Frankaturkraft (Auflage: 55 000 Blocks; 12,—).

Auflage: 340 000 numerierte Blocks

Türkei

2009, 5. Mai. 50 Jahre Europäischer Gerichtshof für Menschenrechte (EGMR); 60 Jahre Europarat. Odr. (10×10); gez. K 13.

dbn) EGMR-Gebäude, Straßburg

dbo) Emblem des Europarates

3728	80 K mehrfarbig	dbn	1,40	1,40
3729	80 K mehrfarbig	dbo	1,40	1,40
		Satzpreis (2 W.)	2,80	2,80
		FDC		3,50

Auflage: 250 000 Sätze

Ungarn

2009, 10. Sept. 20. Jahrestag der Grenzöffnung nach Österreich. Odr. (5×2); gez. K 12.

ict) Zahl „20“ aus Flaggenbändern

5383	210 Ft mehrfarbig	ict	2,40	2,40
		FDC		3,40
		Kleinbogen	24,—	24,—

Von der ungarischen Post wurde ein Ersttagsblatt mit MiNr. 5383 und den motivgleichen deutschen und österreichischen Marken verkauft (Postpreis 1100 Ft).

Auflage: 1 000 000 Stück

Zypern

2009, 12. März. 10 Jahre Euro-Währung. Odr. (4×2); gez. K 13¾.

ard

are

ard–are) Zahl „10“ mit Motiven der Euro-Münzen und Euro-Zeichen

1144	0.51 € mehrfarbig	ard	1,20	1,20
1145	0.68 € mehrfarbig	are	1,60	1,60
		Satzpreis (2 W.)	2,80	2,80
		FDC		3,50
		Kleinbogensatz (2 Klb.)	22,—	22,—

Auflage: 70 000 Sätze

2009, 12. Nov. 50 Jahre Europäischer Gerichtshof für Menschenrechte (EGMR). Odr. (4×2); gez. K 13:13¼.

ase) EGMR-Gebäude, Straßburg

1168	0.51 € mehrfarbig	ase	1,20	1,20
		FDC		2,—
		Kleinbogen	10,—	10,—

Auflage: 60 000 Stück

FDC = Ersttagsbrief (First Day Cover)

2010

Belgien

2010, 1. Juli. Vorsitz Belgiens in der Europäischen Union. Odr. (1×5); Papier fl.; gez. K 11½.

ewk) Europaflagge

4094	1 (Europa) mehrfarbig	ewk	2,—	2,—
		FDC		7,50
		Kleinbogen	10,—	10,—

Nominale zur Zeit der Ausgabe: 0.90 €

Deutschland

2010, 2. Jan. Ruhrgebiet – Kulturhauptstadt Europas 2010. Odr. (2×5); Papier fl.; gez. K 13½:13¾.

dkb) Schriftzug „Ruhr 2010" aus acht Fotoausschnitten aus dem Ruhrgebiet

2776	55 (C) mehrfarbig	dkb	1,—	1,—
		FDC		2,—
		ETB 6/2010		1,30
		Kleinbogen	10,—	10,—

Auflage: 7 120 000 Stück, davon 74 000 auf ETB

Estland

2010, 9. Sept. Tallinn – Kulturhauptstadt Europas 2011. Odr. (2×5); selbstklebend; Sicherheitsstanzung 11¼.

wp) Herzensdieb

672	5.50 (Kr) / 0.35 € mehrfarbig	wp	0,80	0,80
		FDC		1,80
		Folienblatt	8,—	

Auflage: 2 000 000 Stück

Kasachstan

2010, 6. Jan. Vorsitz Kasachstans in der Organisation für Sicherheit und Zusammenarbeit in Europa (OSZE). Odr. (2×4); gez. K 12.

yz) Emblem

668	230 (T) mehrfarbig	yz	6,—	6,—
		FDC		8,—
		Kleinbogen	48,—	48,—

Auflage: 30 000 Stück

2010, 23. Nov. Blockausgabe: Gipfelkonferenz der Organisation für Sicherheit und Zusammenarbeit in Europa (OSZE), Astana. Odr.; gez. Ks 14¼:14.

zy

zx zw zv

zv–zx) Bauwerke in Astana

687	32 (T) mehrfarbig	zv	0,70	0,70
688	140 (T) mehrfarbig	zw	2,80	2,80
689	190 (T) mehrfarbig	zx	4,—	4,—
Block 42	(109×79 mm)	zy	7,50	7,50
		FDC		9,—

Auflage: 90 000 Blocks

Liechtenstein

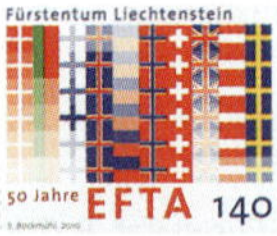

2010, 7. Juni. 50 Jahre Europäische Freihandelszone (EFTA). Odr. (5×4); gez. K 12:12¾.

bmf) Zugehörigkeit der Mitgliedsländer im Verlauf

1561	140 (Rp) mehrfarbig	bmf	2,20	2,—
		FDC		4,—

MiNr. 1561 stammt aus dem Satz MiNr. 1560–1562.

MiNr. 1560–1562 wurden früher als 1558–1560 katalogisiert.

Auflage: 180 000 Stück

Luxemburg

2010, 16. März. 25 Jahre Schengener Abkommen. Odr. (5×2); gez. K 13¼:13.

bgl) Europadenkmal, Schengen

1855	0.70 (€) mehrfarbig	bgl	1,60	1,60
		FDC		2,—
		Kleinbogen	16,—	16,—

Auflage: 250 000 Stück

In der MICHEL-Rundschau werden Marken nur katalogisiert, wenn sie der Redaktion im Original vorgelegen haben. Oftmals ist es nicht nur schwierig, Neuausgaben zu erhalten; es bereitet auch immer mehr Probleme, Frankaturgültigkeit und Legalität einer Ausgabe zu klären. Wir bitten um Verständnis, wenn es aus diesen Gründen zu Verzögerungen bei der Katalogisierung kommt.

2010, 27. Sept. Europäisches Jahr zur Bekämpfung von Armut und sozialer Ausgrenzung. Odr. (2×5); gez. K 11½.

bhw) Schulunterricht; von Timothy Clement

bhx) Werkzeugausgabe; von Cinthya Gonçalves Guerriro

1887	A	mehrfarbig	bhw	1,50	1,50
1888	A	EUROPE mehrfarbig	bhx	2,—	2,—
			Satzpreis (2 W.)	3,50	3,50
			FDC		4,—
			Kleinbogensatz (2 Klb.)	35,—	35,—

Nominalen zur Zeit der Ausgabe: MiNr. 1887 = 0.60 €, MiNr. 1888 = 0.85 €

Auflagen: MiNr. 1887 = 236 100, MiNr. 1888 = 232 615 Stück

Makedonien

2010, 8. Mai. Vorsitz Makedoniens im Europarat. Odr. (3×3); gez. K 13½:13¼.

vs) Menschen, Landkarte

543	18 (D)	mehrfarbig	vs	0,90	0,90
			FDC		2,—
			Kleinbogen	8,—	8,—

Auflage: 20 000 Stück

Schweiz

2010, 3. Sept. 50 Jahre Europäische Freihandelszone (EFTA). Odr. (5×4); gez. K 14:13¾.

cgr) Inschrift

2172	140 (C)	gelb/schwarz	cgr	2,50	2,50
			FDC		3,50

Auflage: 600 000 Stück

Spanien

2010, 22. Febr. Vorsitz Spaniens im Rat der Europäischen Union. Odr. (5×5); Papier ph.; selbstklebend; gestanzt 13.

ffk) Inschrift „eu“ als Wellen

4487	0.34 €	mehrfarbig	ffk	0,80	0,80
4488	0.64 €	mehrfarbig	ffk	1,60	1,60
			Satzpreis (2 W.)	2,40	2,40
			FDC		3,—

2010, 11. Juni. 25 Jahre Zugehörigkeit Spaniens und Portugals zur Europäischen Union. Odr. (5×5); Papier ph.; selbstklebend; gestanzt 13.

fgr) Zahl „25“ mit Europasternen

4516	0.34 €	mehrfarbig	fgr	0,90	0,90
			FDC		1,50

Türkei

2010, 7. Jan. Istanbul – Kulturhauptstadt Europas 2010. Odr. (4×2); gez. K 13¼.

deb def dec deg ded deh dee dei

dek del deo dep dem den der des

deb–des) Sehenswürdigkeiten von Istanbul

3787	75 K	mehrfarbig	deb	1,—	1,—
3788	75 K	mehrfarbig	dec	1,—	1,—
3789	75 K	mehrfarbig	ded	1,—	1,—
3790	75 K	mehrfarbig	dee	1,—	1,—
3791	75 K	mehrfarbig	def	1,—	1,—
3792	75 K	mehrfarbig	deg	1,—	1,—
3793	75 K	mehrfarbig	deh	1,—	1,—
3794	75 K	mehrfarbig	dei	1,—	1,—
3795	90 K	mehrfarbig	dek	1,20	1,20
3796	90 K	mehrfarbig	del	1,20	1,20
3797	90 K	mehrfarbig	dem	1,20	1,20
3798	90 K	mehrfarbig	den	1,20	1,20
3799	90 K	mehrfarbig	deo	1,20	1,20
3800	90 K	mehrfarbig	dep	1,20	1,20
3801	90 K	mehrfarbig	der	1,20	1,20
3802	90 K	mehrfarbig	des	1,20	1,20
			Satzpreis (16 W.)	17,50	17,50
			Kleinbogensatz (2 Klb.)	18,—	18,—
			2 FDC		20,—

Nominalgleiche Marken wurden zusammenhängend im Kleinbogen gedruckt.

Auflage: 100 000 Sätze

2010, 9. Mai. Europatag. Odr. (10×10); gez. K 12¾:13¼.

dfs) Nationalflagge und Europaflagge vereint

3826	75 K	mehrfarbig	dfs	1,—	1,—
			FDC		1,50

Auflage: 250 000 Stück

Ungarn

2010, 10. Jan. Pécs – Kulturhauptstadt Europas 2010. Odr.; gez. K 12¼.

idk) Hassan-Jakovali-Moschee	idl) Kalvarienberg	idm) Nationaltheater	idn) Akademie der Wissenschaften	ido) Barbakán
idp) Synagoge	idr) Franz-von-Assisi-Denkmal	ids) Nationaltheater	idt) Janus-Pannonius-Denkmal	idu) Komitatshaus
idv) Postamt	idw) Basilika	idx) Basilika	idy) Dreifaltigkeitssäule	idz) Gazi-Khassim-Moschee
iea) Universität	ieb) Frühchristlicher Friedhof	iec) Zsolnay-Brunnen	ied) Klimó-Bibliothek	iee) Csontváry-Denkmal, Zsolnay-Vase
ief) Reformierte Kirche	ieg) Ruinen von Tettye	ieh) Evangelische Kirche	iei) Rathaus	iek) Skulptur von Victor Vasarely

5398	—	mehrfarbig	idk	0,80	0,80
5399	—	mehrfarbig	idl	0,80	0,80
5400	—	mehrfarbig	idm	0,80	0,80
5401	—	mehrfarbig	idn	0,80	0,80
5402	—	mehrfarbig	ido	0,80	0,80
5403	—	mehrfarbig	idp	0,80	0,80
5404	—	mehrfarbig	idr	0,80	0,80
5405	—	mehrfarbig	ids	0,80	0,80
5406	—	mehrfarbig	idt	0,80	0,80
5407	—	mehrfarbig	idu	0,80	0,80
5408	—	mehrfarbig	idv	0,80	0,80
5409	—	mehrfarbig	idw	0,80	0,80
5410	—	mehrfarbig	idx	0,80	0,80
5411	—	mehrfarbig	idy	0,80	0,80
5412	—	mehrfarbig	idz	0,80	0,80
5413	—	mehrfarbig	iea	0,80	0,80
5414	—	mehrfarbig	ieb	0,80	0,80
5415	—	mehrfarbig	iec	0,80	0,80
5416	—	mehrfarbig	ied	0,80	0,80
5417	—	mehrfarbig	iee	0,80	0,80
5418	—	mehrfarbig	ief	0,80	0,80
5419	—	mehrfarbig	ieg	0,80	0,80
5420	—	mehrfarbig	ieh	0,80	0,80
5421	—	mehrfarbig	iei	0,80	0,80
5422	—	mehrfarbig	iek	0,80	0,80
			Satzpreis (25 W.)	20,—	20,—
			Zd-Bogen	20,—	20,—
			FDC mit beliebigem Einzelwert		2,—

Belföld: normaler Inlandsbrief (zur Zeit der Ausgabe 75 Ft).

MiNr. 5398–5422 wurden zusammenhängend im Bogen (210×210 mm) gedruckt.

Die Preise von Einheiten (z. B. Markenheftchen, H-Blätter, Zusammendrucke, Rollenmarkenstreifen) müssen nicht der Summe der Einzelpreise entsprechen.

2011

Belgien

2011, 12. Febr. Europäisches Jahr der Freiwilligentätigkeit. RaTdr., Markenheftchen (2×5); selbstklebend; D = dreiseitig, E = zweiseitig gestanzt 10.

eyv) Sich reichende Hände

4149	1	(Belgien) mehrfarbig	eyv		
Dl		dreiseitig gestanzt (⊏⊐)		1,40	1,40
Dr		dreiseitig gestanzt (⊏⊐)		1,40	1,40
El		zweiseitig gestanzt (⊏⊐)		1,40	1,40
Er		zweiseitig gestanzt (⊏⊐)		1,40	1,40
			FDC		7,50
			Markenheftchen	14,—	

Nominale zur Zeit der Ausgabe: 0.61 €

Estland

2011, 1. Jan. Einführung der Euro-Währung. Odr. (2×5); selbstklebend; Sicherheitsstanzung 11¼.

wz) Estnische 1-Euro-Münze

681	1.00 €	mehrfarbig	wz	2,20	2,20
			FDC		3,—
			Folienblatt	22,—	

Auflage: 1 000 000 Stück

Griechenland

2011, 23. Febr. Europäisches Jahr der Freiwilligentätigkeit. Odr. (5×5); gez. K 14.

crp) Europafahne, Emblem

2599	0.03 €	mehrfarbig	crp	0,30	0,30
			FDC		1,50

MiNr. 2599 stammt aus dem Satz MiNr. 2599–2604.

Auflage: 2 000 000 Stück

Italien

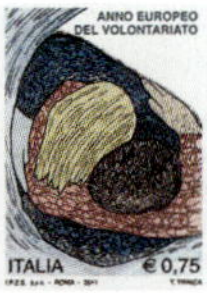

2011, 4. Okt. Europäisches Jahr der Freiwilligentätigkeit. RaTdr. (9×5); selbstklebend; gestanzt 11.

dyk) Zwei Menschen in Umarmung

3484	0.75 €	mehrfarbig	dyk	1,60	1,60
			FDC		2,50

Auflage: 4 500 000 Stück

Luxemburg

2011, 15. März. Europäisches Jahr der Freiwilligentätigkeit. Odr. (2×5); gez. K 13.

bil) Sich gegenseitig haltende Arme

1903	A	mehrfarbig	bil	1,30	1,30
			FDC		1,80
			Kleinbogen	13,—	13,—

Nominale zur Zeit der Ausgabe: 0.60 €

Auflage: 158 116 Stück

Polen

2011, 30. Juni. Vorsitz Polens in der Europäischen Union. Komb. Odr. und Pdr. (4×2); Papier fl.; Sicherheitszähnung K 11½.

gck) Farbige Pfeile, Staatsflagge — Zierfeld

4526	3 Zł	mehrfarbig	gck	2,70	2,70
			4526 Zf	2,70	2,70
			FDC		3,20
			Kleinbogen	11,—	11,—

MiNr. 4526 wurde mit Zierfeld schachbrettartig zusammenhängend gedruckt.

Auflage: 500 000 Stück

Rumänien

2011, 25. Okt. Europäischer Tag der Ziviljustiz. Odr., Bogen (4×8) und Kleinbogen (3×3); gez. K 13½.

kio) Buch, Justitia, Hammer, Sterne

6570	5 L	mehrfarbig	kio	3,50	3,50
			FDC		10,—
			Kleinbogen	28,—	28,—

Der Kleinbogen enthält 8 Marken und 1 Zierfeld (Feld 5).

Auflage: 23 400 Stück, davon 17 000 im Kleinbogen

San Marino

2011, 11. Okt. Blockausgabe: Europäisches Jahr der Freiwilligentätigkeit. Odr.; gez. Ks 14½:14¼.

coh) „Miteinander" agieren; Jugendlicher schiebt Rollstuhlfahrer

coi

2497	4.95 (€)	mehrfarbig	coh	10,—	10,—
Block 55	(80×60 mm)		coi	11,—	11,—
			FDC		12,—

Auflage: 120 000 Blocks

Slowenien

2011, 25. März. 60. Jahrestag der Gründung der Europäischen Gemeinschaft für Kohle und Stahl. Odr. (2×3); gez. K 13:12¾.

agz) Zahl „60" aus Europaflagge

893	0.92 (€)	mehrfarbig	agz	2,—	2,—
			FDC		4,—
			Kleinbogen	12,—	12,—

Auflage: 120 000 Stück

Ungarn

2011, 7. Febr. Vorsitz Ungarns in der Europäischen Union. Odr. (6×6); Papier fl.; gez. K 12¼.

ihp) Flaggenband, Inschrift

5494	90 Ft	mehrfarbig	ihp	1,—	1,—
			FDC		2,20

MiNr. 5494 wurde in verschiedenen Winkeln zusammenhängend gedruckt.

2012

Andorra (Französische Post)

2012, 26. Okt. Vorsitz Andorras im Europarat. Odr. (5×4); gez. K 13¼:13.

xm) Verschränkte Hände, Emblem des Europarats

752	1.00 €	mehrfarbig	xm	2,20	2,20
			FDC		3,—

Auflage: 60 000 Stück

Deutschland

2012, 11. Okt. Helmut Kohl, Ehrenbürger von Europa. Odr. (2×5); Papier fl.; gez. K 13¾.

drn) Helmut Kohl (*1930), Politiker

2960	55 (C)	mehrfarbig	drn	1,10	1,10
			FDC		2,20
			ETB 43/2012		1,40
			Kleinbogen	11,—	11,—

Irland

2012, 2. Febr. Vorsitz Irlands in der Organisation für Sicherheit und Zusammenarbeit in Europa (OSZE). Odr. (4×4); Papier ph.; gez. K 13¼.

bsb) Emblem

2002	55 C	mehrfarbig	bsb	1,20	1,20
			FDC		3,20

Auflage: 184 000 Stück

Italien

2012, 10. Dez. Verleihung des Friedensnobelpreises 2012 an die Europäische Union. RaTdr. (5×5); Papier fl.; gez. K 13½:13.

ecu) Europaflagge, Ölzweig

3585	0.75 €	mehrfarbig	ecu	1,70	1,70
			FDC		2,50

Auflage: 2 500 000 Stück

Luxemburg

2012, 13. März. 10 Jahre Euro-Bargeld. Komb. Odr. und Pdr. (5×2); gez. K 13.

bkv) Euro-Banknoten und -Münzen

1934	0.85 (€)	mehrfarbig .... bkv		1,80	1,80
			FDC		2,50
			Kleinbogen	18,—	18,—

Auflage: 300 000 Stück

2012, 4. Dez. 60 Jahre Europäischer Gerichtshof. Odr. (5×2); gez. K 12½.

blv) Villa Vauban, Luxemburg-Stadt (Sitz des Europäischen Gerichtshofs, 1952–1959)

1955	0.85 (€)	mehrfarbig .... blv		1,80	1,80
			FDC		2,50
			Kleinbogen	18,—	18,—

Auflage: 250 000 Stück

Portugal

2012, 10. April. Guimarães – Kulturhauptstadt Europas 2012. Odr. (5×10); Sicherheitszähnung K 12:11¾.

ele) Promenadeplatz „Largo da Oliveira", Schlacht-von-Salado-Denkmal (14. Jh.)

elf) Konzerthalle „Centro Cultural Vila Flor" (eröffnet 2005)

elg) Prozession „Festas Nicolinas" zu Ehren des hl. Nikolaus (16. Jh.)

elh) Hotel „Pousada Santa Marinha da Costa", restauriertes Augustiner-Kloster (12. Jh.)

3713	0.32 €	mehrfarbig .... ele		0,80	0,80
3714	0.47 €	mehrfarbig .... elf		1,10	1,10
3715	0.68 €	mehrfarbig .... elg		1,60	1,60
3716	0.80 €	mehrfarbig .... elh		2,—	2,—
			Satzpreis (4 W.)	5,50	5,50
			FDC		6,70

Blockausgabe

eli) Burg von Guimarães (10. Jh.), Afonso-Henriques-Statue (11. Jh.)

elk

3717	3.00 €	mehrfarbig .... eli		6,—	6,—
Block 329	(125×95 mm)	.... elk		7,—	7,—
			FDC		9,—

Auflagen: MiNr. 3713 = 235 000, MiNr. 3714 = 145 000, MiNr. 3715 = 185 000, MiNr. 3716 = 135 000 Stück, Bl. 329 = 50 000 Blocks

Zypern

2012, 1. Juli. Vorsitz Zyperns in der Europäischen Union. Odr. und Hfdr. (4×2); gez. K 13¾.

avi) Emblem

1239	0.51 €	mehrfarbig .... avi		1,20	1,20
			Kleinbogen	10,—	10,—

Blockausgabe

1240	10.00 €	mehrfarbig .... avi		20,—	20,—
Block 38	(85×55 mm)	.... avk		22,—	22,—
			FDC		24,—

Auflagen: MiNr. 1239 = 50 000 Stück, Bl. 38 = 20 000 numerierte Blocks

2013

Armenien

2013, 25. Nov. Vorsitz Armeniens im Europarat. Odr. (5×2); gez. K 13¼:13.

ads) Emblem, Flaggen vor dem Sitz des Europarates in Straßburg

852	380 (D)	mehrfarbig .... ads		3,—	3,—
			FDC		5,—
			Kleinbogen	30,—	30,—

Auflage: 40 000 Stück

Deutschland

2013, 2. Jan. 50 Jahre Elysée-Vertrag über die deutsch-französische Zusammenarbeit. Odr. (2×5); gez. K 13¾.

dsb) Junges Paar blickt durch Fernglas mit Gläsern in den Nationalfarben; Graphik von Tomi Ungerer (*1931), französischer Illustrator

2977	75 (C)	mehrfarbig .... dsb		1,50	1,50
			FDC		2,50
			ETB 4/2013		1,80
			Kleinbogen	15,—	15,—

U So 297 Sonderumschlag „50 Jahre Deutsch-Französisches Jugendwerk mit MiNr. 2977 als Wertstempel 1,50 1,50

ETB 4/2013 trägt auch die Marke Frankreich MiNr. 5479.

2013, 4. April. 50 Jahre Fehmarnsundbrücke. Odr. (2×5); gez. K 13¾.

dst) Mittelteil der Netzwerkbogenbrücke

3001	75 (C)	mehrfarbig .... dst		1,50	1,50
			FDC		2,50
			ETB 16/2013		1,80
			Kleinbogen	15,—	15,—

U So 292 Blankoumschlag mit MiNr. 3001 als Wertstempel .... 2,40 2,—

2013, 4. April. 50 Jahre Fehmarnsundbrücke. Odr., Folienblatt (2×5) und Einzelmarke aus Folienbogen; selbstklebend; gestanzt 10.

dst I) Mittelteil der Netzwerkbogenbrücke

3003	75 (C) mehrfarbig	dst I	1,50	1,50
		FDC		2,50
		Folienblatt 29	15,—	

Frankreich

2013, 2. Jan. 50 Jahre Elysée-Vertrag über die deutsch-französische Zusammenarbeit. StTdr. (5×10); Papier ph.; gez. K 13.

gyu) Junges Paar blickt durch Fernglas mit Gläsern in den Nationalfarben; Graphik von Tomi Ungerer (*1931), Illustrator

5479	0.80 € mehrfarbig	gyu	1,80	1,80
		FDC		2,60

Auflage: 2 000 000 Stück

2013, 12. Jan. Marseille – Kulturhauptstadt Europas 2013. RaTdr. (5×6); Papier ph.; gez. K 13.

gzk) Frau

5493	0.80 € mehrfarbig	gzk	1,80	1,80
		FDC		2,60

Auflage: 1 400 000 Stück

Irland

2013, 17. Jan. Vorsitz Irlands in der Europäischen Union. Odr. (4×4); Papier ph.; gez. K 14¼:14¾.

btn) Emblem

2036	55 C mehrfarbig	btn	1,20	1,20
		FDC		3,20

Auflage: 136 000 Stück

Kroatien

2013, 1. Juli. Beitritt Kroatiens zur Europäische Union. Odr. (5×6); Embleme fl.; gez. K 14.

asv) Flaggen der Europäischen Union und Kroatiens

1084	3.10 (K) mehrfarbig	asv	0,90	0,90
		FDC		2,—
		1084 Zf	1,50	1,50

Blockausgabe

asw) Kroatien auf Europakarte

asx

1085	20.00 (K) mehrfarbig	asw	5,30	5,30
Block 50	(97×80 mm)	asx	5,30	5,30
		FDC		6,20

MiNr. 1084 wurde im Bogen zu 25 Marken und 5 verschiedenen Zierfeldern (Feld 13, 24, 25, 29 und 30) gedruckt.

Auflagen: MiNr. 1084 = 500 000 Stück, Bl. 50 = 35 000 Blocks

Litauen

2013, 15. Juni. Vorsitz Litauens in der Europäischen Union. Odr. (5×5); gez. K 14½:14.

ahc) EU-Flagge, Flaggen einiger EU-Mitglieder

1137	2.45 L mehrfarbig	ahc	1,80	1,80
		FDC		3,10

Auflage: 80 000 Stück

Luxemburg

2013, 12. März. Europäisches Jahr der Bürgerinnen und Bürger. Odr. (2×5); gez. K 13¼.

bmc) Miteinander reden

1962	0.60 (€) mehrfarbig	bmc	1,20	1,20
		FDC		2,—
		Kleinbogen	12,—	12,—

Auflage: 250 000 Stück

San Marino

2013, 9. Okt. Blockausgabe: 25. Jahrestag der Aufnahme von San Marino in den Europarat. Odr.; Blockrand Emblem fl.; gez. Ks 13:13¼.

bsx bsy bsz

bsx–bsy) Zahl „25", geschwungene Linien

2570	0.85 (€)	mehrfarbig	bsx	1,70	1,70
2571	0.85 (€)	mehrfarbig	bsy	1,70	1,70
Block 68	(130×100 mm)		bsz	3,50	3,50
			FDC		4,50

Auflage: 50 000 Blocks

Slowakei

2013, 1. Jan. Košice – Kulturhauptstadt Europas 2013. Odr. (2×4 Zd); Papier fl.; gez. K 11¾:11¼.

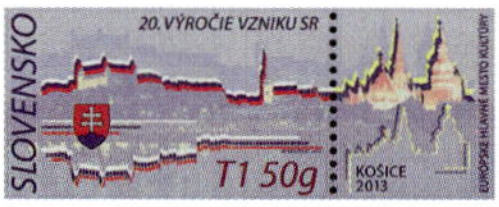

abd) Silhouette von Košice (Kaschau), Staatswappen

Zierfeld

699	T1 50 g	mehrfarbig	abd	1,30	1,30
			699 Zf	1,30	1,30
			FDC		3,10
			Kleinbogen	11,—	11,—

Nominale zur Zeit der Ausgabe: 0.65 €

Auflage: 200 000 Stück

2014

Griechenland

2014, 15. Jan. Vorsitz Griechenland im Rat der Europäischen Union. Odr. (5×4); gez. K 14:13¼.

cxh) Minoische Keramik

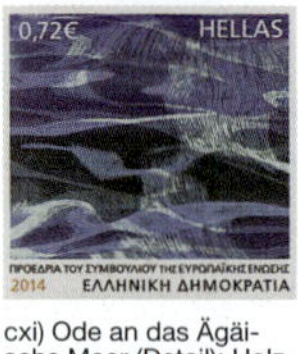

cxi) Ode an das Ägäische Meer (Detail); Holzschnitt von Mary Schina (*1948)

cxk) Emblem der Ratspräsidentschaft

cxl) Kleinboot von Iklaina; Mykenische Zeichnung

2743	0.03 €	mehrfarbig	cxh	0,30	0,30
2744	0.72 €	mehrfarbig	cxi	1,50	1,50
2745	2.00 €	mehrfarbig	cxk	4,50	4,50
2746	2.15 €	mehrfarbig	cxl	4,70	4,70
			Satzpreis (4 W.)	11,—	11,—
			FDC		15,—

Blockausgabe

Block 72	mit MiNr. 2743 und 2746 (120×80 mm)	cxm	5,—	5,—
Block 73	mit MiNr. 2744–2745 (120×80 mm)	cxn	6,—	6,—

Auflagen: MiNr. 2743–2744 je 500 000, MiNr. 2745 = 1 500 000, MiNr. 2746 = 100 000 Stück, Bl. 72–73 je 7000 numerierte Blocks

2014, 17. Febr. Thessaloniki – Europäische Jugendhauptstadt 2014. Odr. (5×5); gez. K 13¾:13¼.

cxs) Veranstaltungsemblem

2750	0.90 €	mehrfarbig	cxs	2,—	2,—
			FDC		9,—

MiNr. 2750 stammt aus dem Satz MiNr. 2747–2752.

Auflage: 500 000 Stück

Italien

2014, 1. Juli. Vorsitz Italiens in der Europäischen Union. RaTdr. (5×9); selbstklebend; gestanzt 11.

fct) Friedenstaube (Emblem)

3706	0.70 €	mehrfarbig	fct	1,60	1,60
			FDC		2,60

Auflage: 2 700 000 Stück

Lettland

2014, 16. Jan. Umeå und Riga – Kulturhauptstädte Europas 2014. Odr. (50); gez. K 13¼.

acu) Bildmuseum, Umeå

acv) Nationalbibliothek, Riga

889	0.50 €	mehrfarbig	acu	1,20	1,20
890	0.78 €	mehrfarbig	acv	1,70	1,70
			Satzpreis (2 W.)	2,90	2,90
			FDC		4,30

Auflage: 300 000 Sätze

Luxemburg

2014, 8. Mai. Achte Direktwahlen zum Europäischen Parlament. Odr. (2×5); gez. K 13.

boe) Plakat für die Europawahl

2009	0.60 (€)	mehrfarbig	boe	1,40	1,40
			FDC		2,20
			Kleinbogen	14,—	14,—

San Marino

2014, 5. Juni. 59. Vollversammlung der PostEurop. Odr. (4×5); Emblem fl.; gez. K 13:13¼.

bub) Briefumschläge, Umriss von San Marino mit Positionen der Postämter

2594	0.85 (€)	mehrfarbig	bub	1,90	1,90
			FDC		2,90

Auflage: 70 000 Stück

Schweden

2014, 16. Jan. Umeå und Riga – Kulturhauptstädte Europas 2014. Odr., Rollen (100); Papier fl.; selbstklebend; Stanzungen im Markenbild; Sicherheitsstanzung 12.

dhp) Bildmuseum, Umeå

dhr) Nationalbibliothek, Riga

2979	12 Kr	mehrfarbig	dhp	3,—	3,—
2980	12 Kr	mehrfarbig	dhr	3,—	3,—
			Satzpreis (2 W.)	6,—	6,—
			FDC		13,50

Der FDC trägt auch die Marken Lettland MiNr. 889–890.

Neuheiten

Ein Abonnement der MICHEL-Rundschau sichert Ihnen einen immer vollständigen Katalog, zeigt Ihnen Preisänderungen an und bereichert Ihre philatelistischen Kenntnisse durch gut recherchierte Fachbeiträge.

Länderalphabetische Zusammenfassung der Europa-Ausgaben

MiNr.	Ausgabe-Anlass	Ausgabejahr
Albanien		
2493–2494	Aufnahme in die KSZE	1992
2495–2496	Aufnahme in die CEPT	1992
2567–2568	Aufnahme in den Europarat	1995
2681	50 Jahre Europarat	1999
3298	50 Jahre Gerichtshof für Menschenrechte	2009
3299	60 Jahre Europarat	2009
Andorra – Französische Post		
217	Wasserschutz	1969
418–419	100. Geburtstag von de Gaulle	1990
475	Europäisches Naturschutzjahr	1995
487	Beitritt zum Europarat	1995
536	50 Jahre Europarat	1999
558	Gemeinsames Erbe Europa	2000
570	Europäisches Jahr der Sprachen	2001
752	Vorsitz im Europarat	2012
Andorra – Spanische Post		
241–242	Europäisches Naturschutzjahr	1995
245	Beitritt zum Europarat	1995
266	50 Jahre Europarat	1999
270	Gemeinsames europäisches Kulturerbe	1999
276	50 Jahre Europäische Menschenrechtskonvention	2000
360	60 Jahre Europarat	2009
Armenien		
355	50 Jahre Europarat	1999
433	Aufnahme in den Europarat	2001
448	Europäisches Jahr der Sprachen	2001
665	60 Jahre Europarat	2009
666	50 Jahre Gerichtshof für Menschenrechte	2009
852	Vorsitz im Europarat	2013
Aserbaidschan		
460	50 Jahre Europarat	1999
496	Aufnahme in den Europarat	2001
762	60 Jahre Europarat	2009
763	50 Jahre Gerichtshof für Menschenrechte	2009
Belgien		
1143–1145	Flüchtlinge	1959
1255–1257	„Euratom“	1961
1313	1. Konf. der Europ. Verkehrsminister	1963
1366	20 Jahre BENELUX	1964
1438	Eurochemic	1966
1476	Europatage der Tele-Verbindungen	1967
1477	Robert Schuman	1967
1557	BENELUX-Zollabkommen	1969
1583–1584	Europäisches Naturschutzjahr	1970
1673	Wirtschaftsgemeinschaft	1972
1759	Umweltschutz	1974
1775	BENELUX-Zollunion	1974
1821–1823	Europäisches Denkmalschutzjahr	1975
1919	Europalia ’77	1977
1936–1939	Europäische Aktion	1978
1976	Direktwahl z. Europ. Parlament	1979
2026	4. Interparlamentarische Konferenz	1980
2153	Jahr der Klein- und Mittelbetriebe	1983
2185	Direktwahl z. Europ. Parlament	1984
2209	Europalia ’85 España	1985
2296–2298	Europäisches Jahr der Umwelt	1987
2299	Europalia ’87	1987
2345	100. Geburtstag von Monnet	1988
2378	Direktwahl z. Europ. Parlament	1989
2461	Europalia ’91	1991
2537	Europäischer Binnenmarkt	1992
2547–2551	Antwerpen – Kulturhauptstadt Europas	1993
2571	Vorsitz im Ministerrat	1993
2815–2826	Denkmaltage	1998
2935–2937	Brüssel – Kulturhauptstadt Europas	2000
3064	Vorsitz in der EU	2001
3108–3110	Brügge – Kulturhauptstadt Europas	2002
3147	Jean Rey	2002
3254–3255	Europalia ’03	2003
3304	Direktwahl z. Europ. Parlament	2004
3305–3308/ Bl. 94	Erweiterung der EU (I)	2004
3342–3351	Erweiterung der EU (II)	2004
3478–3479	Europalia ’05	2005
3683	50 Jahre Römische Verträge	2007
3919	10 Jahre Euro-Währung	2009
4149	Europäisches Jahr der Freiwilligentätigkeit	2011
Berlin (West)		
508	Denkmalschutzjahr	1975
551	Europäische Kunstausstellung	1977
721	Konferenz d. Europ. Kulturminister	1984
758	Europatag d. Gemeinden und Regionen	1986
800	Berlin – Kulturstadt Europas	1988
Bosnien und Herzegowina		
374	50 Jahre Europ. Kulturkonvention	2004
551	60 Jahre Europarat	2009
Bosnien und Herzegowina (Kroatische Post Mostar)		
255	60 Jahre Europarat	2009
256	50 Jahre Gerichtshof für Menschenrechte	2009
Bosnien und Herzegowina (Serbische Republik)		
456	50 Jahre Gerichtshof für Menschenrechte	2009
457	60 Jahre Europarat	2009
Bulgarien		
2456	Europäisches Denkmalschutzjahr	1975
2652–2653	Donaukommission	1978
2990–2991/ Bl. 112	Donaukommission	1981
3039–3046/ Bl. 116	Donaukommission	1981
3344–3349	Europäisches Jahr der Musik	1985
3357	1100. Todestag von Methodios	1985
4014	Aufnahme in den Europarat	1992
4390	50 Jahre Europarat	1999
4448	Beitrittsverhandlungen zur EU	2000
4476–4477/ Bl. 244	25 Jahre OSZE	2000
4492	50 Jahre Europäische Menschenrechtskonvention	2000
4586	Europalia ’03	2003
4638	Vorsitz in der OSZE	2004
4683/Bl. 269	Außenministerkonferenz	2004
4777–4778	Beitritt zur EU	2006
Bl. 288	Beitritt zur EU	2006
4785/Bl. 290	Beitritt zur EU	2007
4787	50 Jahre Römische Verträge	2007
4806	Europäische Verkehrsministerkonferenz	2007
Dänemark		
385	Weltgesundheitsorganisation	1960
413	Vogelfluglinie	1963
531	Einweihung d. WHO-Gebäudes	1972
592–594	Europäisches Denkmalschutzjahr	1975
738	Europäische Denkmalschutzkampagne	1981
804	Direktwahl z. Europ. Parlament	1984
829	Bonn-Kopenhagener Erklärungen	1985
928	Dänisch-französisches Kulturjahr	1988
949	Direktwahl z. Europ. Parlament	1989
1038	Europäischer Binnenmarkt	1992
1116–1119	Kopenhagen – Kulturhauptstadt Europas	1996
1213	50 Jahre Europarat	1999
1271–1272	Europäisches Jahr der Sprachen	2001
Deutschland		
344	1. Todestag von Marshall	1960
399	Vogelfluglinie	1963
554–557/Bl. 4	1. Todestag von Adenauer	1968
XI	1. Todestag von Adenauer	1968
567	1. Todestag von Adenauer	1968
591–594	Europäisches Naturschutzjahr	1969
753	Deutsch-französische Zusammenarbeit	1973
860–863	Europäisches Denkmalschutzjahr	1975
876	100. Geburtstag von Adenauer	1976
880	Europäische Gemeinschaft	1976
921	Einweihung Palais de l’Europe	1977
926	Jean Monnet	1977
979	Menschenrechte	1978
1002	Direktwahl z. Europ. Parlament	1979
1055	Benedikt von Nursia	1980
1084	Europäische Denkmalschutzkampagne	1981
1088	Europäisches Patentamt	1981
1209	Direktwahl z. Europ. Parlament	1984
1241	Bonn-Kopenhagener Erklärungen	1985
1273	Halleyscher Komet · GIOTTO	1986
1290	Europäische Satellitentechnik	1986
1328	Europäisches Jahr der Umwelt	1987
1351	Deutsch-französischer Vertrag	1988
1372	100. Geburtstag von Monnet	1988
1416	Direktwahl z. Europ. Parlament	1989
1422	40 Jahre Europarat	1989
1511	Schlacht bei Liegnitz	1991
1644	Europäischer Binnenmarkt	1992
1649	Europäisches Jahr für Sicherheit und Gesundheitsschutz am Arbeitsplatz	1993
1724	Direktwahl z. Europ. Parlament	1994
1926	50 Jahre Marshallplan	1997
2000	Europäische Zentralbank	1998
2028	Weimar – Kulturhauptstadt Europas	1999

MiNr.	Ausgabe-Anlass	Ausgabejahr
2049	50 Jahre Europarat	1999
2234	Einführung des Euro-Bargeldes	2002
2236	Einführung des Euro-Bargeldes	2002
2311	Deutsch-frazösische Zusammenarbeit	2003
2373	10 Jahre Vertrag von Maastricht	2003
2400	Erweiterung der EU	2004
2459	50 Jahre Pariser Verträge	2005
2583	Vorsitz in der EU	2007
2593	50 Jahre Römische Verträge	2007
2759	Ungarisch-österreichische Grenze	2009
2776	Ruhrgebiet – Kulturhauptstadt Europas	2010
2960	Helmut Kohl	2011
2977	50 Jahre Elysée-Vertrag	2013
3001	50 Jahre Fehmarnsundbrücke	2013
3003	50 Jahre Fehmarnsundbrücke	2013
Estland		
341	50 Jahre Europarat	1999
396	Europäisches Jahr der Sprachen	2001
487	Beitritt zur EU	2004
672	Tallinn – Kulturhauptstadt Europas	2010
681	Einführung der Euro-Währung	2011
Finnland		
667	Europäisches Naturschutzjahr	1970
883	Verkehrsministerkonferenz	1981
1093	40 Jahre Europarat	1989
1166	KSZE-Konferenz	1992
1288	Beitritt zur EU	1995
1483	Vorsitz in der EU	1999
1502–1509	Helsinki – Kulturhauptstadt Europas	2000
1554	Europäisches Jahr der Sprachen	2001
Finnland – Åland		
99	Beitritt zur EU	1995
198	Einführung des Euro-Bargeldes	2002
Frankreich		
1292	Europ. Gemeinden in Cannes	1960
1432–1436	Berühmte Männer	1963
1562	Namen aus franz. Geschichte	1966
1573	Internationaler Kongress	1967
1682	Europäisches Wasserschutzabkommen	1969
1704	Europäisches Naturschutzjahr	1970
1819	Deutsch-französische Zusammenarbeit	1973
1872	25 Jahre Europarat	1974
1918	12. Todestag von Schuman	1975
1997	Europäischer Teilchenbeschleuniger	1976
2154	Direktwahl z. Europ. Parlament	1979
2191	25 Jahre Eurovision	1980
2198	1. Todestag von Monnet	1980
2432	Direktwahl z. Europ. Parlament	1984
2636	Deutsch-französischer Vertrag	1988
2666	Europäische Währung ECU	1988
2669	100. Geburtstag von Monnet	1988
2687	Dänisch-französisches Kulturjahr	1988
2706	Direktwahl z. Europ. Parlament	1989
2759	100. Geburtstag von de Gaulle	1990
2924	Europäischer Binnenmarkt	1992
2954	Konferenz d. europ. Verfassungsrichter	1993
2956	100. Geburtstag von L. Weiss	1993
3007	Direktwahl z. Europ. Parlament	1994
3349	Neues Gebäude des Europa-Parlaments	1998
3356	Einführung des Euro	1999
3363	Einführung des Euro	1999
3370	50 Jahre Europarat	1999
3378	Direktwahl z. Europ. Parlament	1999
3542	Einführung des Euro-Bargeldes	2001
3681	Deutsch-französische Zusammenarbeit	2003
3695	Charta der Grundrechte	2003
3782	Lille – Kulturhauptstadt Europas	2004
3810	Erweiterung der EU	2004
4237	50 Jahre Römische Verträge	2007
4292	100. Geburtstag von Pflimlin	2007
4424–4431	Europäische Union	2008
4469–4472/ Bl. 95	Europäische Projekte	2008
5479	50 Jahre Elysée-Vertrag	2013
5493	Marseille – Kulturhauptstadt Europas	2013
Georgien		
318–319	Aufnahme in den Europarat	1999
356–357	50 Jahre Europäische Menschenrechts-konvention	2000
576	50 Jahre Gerichtshof für Menschenrechte	2009
577	60 Jahre Europarat	2009
Gibraltar		
184	Unsere Liebe Frau	1966
236	Europa-Point	1970
297–298	Aufnahme Großbritanniens in die EWG	1973
364–366	AMPHILEX '77	1977
1050–1053	Erweiterung der EU	2003

MiNr.	Ausgabe-Anlass	Ausgabejahr
1196–1201/ Bl. 77	50 Jahre Römische Verträge	2007
Griechenland		
1049–1052	Europäisches Naturschutzjahr	1970
1157	Symposium	1973
1266	Transportminister-Konferenz	1977
1323	Menschenrechte	1978
1324	Kultusministerkonferenz	1978
1360–1361	Beitritt zur EWG	1979
1469	Europäische Denkmalschutzkampagne	1981
1586	1100. Todestag von Methodios	1985
1594–1597	Athen – Kulturhauptstadt Europas	1985
1627–1629	Europ. Jahr d. Verkehrssicherheit	1986
1692–1694	Europ. Kamp. f. d. ländlichen Raum	1988
1715–1716	Konferenz d. Ministerpräs. d. EG	1988
1725, 1727	Direktwahl z. Europ. Parlament, 40 J. Europarat	1989
1753, 1756, 1760	Europäisches Jahr des Tourismus	1990
1786/Bl. 9	Vorsitz Griechenlands in der CEPT	1991
1800	Jahr der Sicherheit und Gesundheit	1992
1804/Bl. 10	Konferenz europ. Verkehrsminister	1992
1824	Europäischer Binnenmarkt	1992
1842/Bl. 11	Vorsitz in der EU	1993
1843	Gesamteuropäische Verkehrskonferenz	1994
1881	Europäisches Naturschutzjahr	1995
1937–1941	Saloniki – Kulturhauptstadt Europas	1997
1977	50 Jahre Europäische Bewegung	1998
2146–2149	Vorsitz in der EU	2003
2340–2346	Patras – Kulturhauptstadt Europas	2006
2347–2348	Patras – Kulturhauptstadt Europas	2006
2367	25 Jahre Mitglied der EU	2006
2416	50 Jahre Römische Verträge	2007
2508	10 Jahre Euro-Währung	2009
2599	Europäisches Jahr der Freiwilligen-tätigkeit	2011
2743–2746/ Bl. 72–73	Vorsitz in der EU	2014
2750	Thessaloniki – Europäische Jugendhauptstadt	2014
Großbritannien		
612–614	Aufnahme Großbritanniens in die EWG	1973
673–677	Europäisches Denkmalschutzjahr	1975
789–792	Direktwahl z. Europ. Parlament	1979
989, 991	Direktwahl z. Europ. Parlament	1984
1199	Direktwahl z. Europ. Parlament	1989
1263–1264	Glasgow – Kulturhauptstadt Europas	1990
1418	Europäischer Binnenmarkt	1992
Großbritannien – Jersey		
702–711	Europäisches Naturschutzjahr	1995
Irland		
237–238	Europäisches Naturschutzjahr	1970
287–288	Aufnahme Irlands in die EWG	1973
327–330	Europäisches Denkmalschutzjahr	1975
395–396	Direktwahl z. Europ. Parlament	1979
540	Direktwahl z. Europ. Parlament	1984
565–567	Europäisches Jahr der Musik	1985
681	Direktwahl z. Europ. Parlament	1989
698–699	Vorsitz Ministerrat der EG und Europäisches Jahr des Tourismus	1990
755–758	Dublin – Kulturhauptstadt Europas	1991
810	Europäischer Binnenmarkt	1992
854	Direktwahl z. Europ. Parlament	1994
952	Vorsitz in der EU	1996
1081	25 Jahre Mitglied der EU	1998
1143	Einführung des Euro	1999
1145	50 Jahre Europarat	1999
1403–1405	Einführung des Euro-Bargeldes	2002
1501	Jahr der Behinderten	2003
1558	Vorsitz in der EU	2004
1576	Erweiterung der EU	2004
1634–1635	Cork – Kulturhauptstadt Europas	2005
1703	20 Jahre Flagge der EU	2006
1758	50 Jahre Römische Verträge	2007
1814	Europ. Jahr des interkulturellen Dialogs	2008
1893	50 Jahre CEPT	2009
2002	Vorsitz in der OSZE	2012
2036	Vorsitz in der EU	2013
Island		
447–448	Europäisches Naturschutzjahr	1970
730	Europäisches Jahr des Tourismus	1990
833–834	Europäisches Naturschutzjahr	1995
912	50 Jahre Europarat	1999
925–926	Reykjavik – Kulturhauptstadt Europas	1999
Italien		
1166–1168	7. Generalvers. Europ. Städtetag	1964
1221–1222	10 Jahre Römische Verträge	1967

MiNr.	Ausgabe-Anlass	Ausgabejahr
1325–1326	Europäisches Naturschutzjahr	1970
1333–1334	20 Jahre Montanunion	1971
1632–1634	Tag d. Briefmarke, Europ. Flaggen	1978
1659–1660	Direktwahl z. Europ. Parlament	1979
1684	Benedikt von Nursia	1980
1743	100. Geburtstag von De Gasperi	1981
1878	Direktwahl z. Europ. Parlament	1984
2083	Direktwahl z. Europ. Parlament	1989
2175	Europäisches Jugendtreffen	1991
2251	Europäischer Binnenmarkt	1992
2254–2265	Vereintes Europa	1993
2337	Direktwahl z. Europ. Parlament	1994
2538	50 Jahre Marshallplan	1997
2603–2604	ITALIA '98: Europatag	1998
2636	50 Jahre Europarat	1999
2764	Charta der Grundrechte der EU	2001
2800–2803	Einführung des Euro-Bargeldes	2002
2892	Jahr der Behinderten	2003
2916	Vorsitz in der EU	2003
2927–2928	Europalia '03	2003
2949	Genua – Kulturhauptstadt Europas	2004
2999	Europäische Verfassung	2004
3064	Alcide de Gasperi	2005
3159	Jahr der Chancengleichheit	2007
3168–3169/ Bl. 38	50 Jahre Römische Verträge	2007
3296	Direktwahl z. Europ. Parlament	2009
3484	Europäisches Jahr der Freiwilligentätigkeit	2011
3585	Verleihung des Friedensnobelpreises	2012
3706	Vorsitz in der EU	2014

Jugoslawien

MiNr.	Ausgabe-Anlass	Ausgabejahr
548–551	Donaukonferenz	1948
1406–1407	Europäisches Naturschutzjahr	1970
1585–1586	2. Interparlamentarische Konferenz	1975
1627–1629	Europäisches Denkmalschutzjahr	1975
1816–1817	Donaukonferenz	1979
1903–1904	Donaukommission	1981
2102	1100. Todestag von Methodios	1985
2290–2291/ Bl. 33	40 Jahre Donaukonferenz	1988
2479–2480	Donaukonferenz	1991
2481/Bl. 40	Donaukonferenz	1991
3008–3009	Wiederaufnahme in die OSZE	2000
3108	Aufnahme in den Europarat	2003
3317–3320	150 Jahre Donaukommission	2006

Kasachstan

MiNr.	Ausgabe-Anlass	Ausgabejahr
668	Vorsitz in der OSZE	2010
687–689/ Bl. 42	OSZE-Konferenz	2010

Kroatien

MiNr.	Ausgabe-Anlass	Ausgabejahr
504	50 Jahre Europarat	1999
1085	Beitritt zur EU	2013
1086/Bl. 50	Beitritt zur EU	2013

Lettland

MiNr.	Ausgabe-Anlass	Ausgabejahr
403–405	Europäisches Naturschutzjahr	1995
500	50 Jahre Europarat	1999
611–612	Beitritt zur EU	2004
889–890	Umeå und Riga – Kulturhauptstädte Europas	2014

Liechtenstein

MiNr.	Ausgabe-Anlass	Ausgabejahr
521–524	Europäisches Naturschutzjahr	1970
630–633	Europäisches Denkmalschutzjahr	1975
729	Europarat	1979
824	Schutz der Ufer und Gestade	1983
939–941	Europ. Kampagne f. d. ländlichen Raum	1988
945–946	Europ. Kampagne f. Abhäng. u. Solidar.	1988
1128	Europ. Kampagne für die Bronzezeit	1996
1200	50 Jahre Europarat	1999
1248	25 Jahre OSZE	2000
1256	Vorsitz in der EU	2001
1559	50 Jahre EFTA	2010

Litauen

MiNr.	Ausgabe-Anlass	Ausgabejahr
695	50 Jahre Europarat	1999
844–845	Beitritt zur EU	2004
1005	Vilnius – Kulturhauptstadt Europas	2009
1137	Vorsitz in der EU	2013

Luxemburg

MiNr.	Ausgabe-Anlass	Ausgabejahr
620	Schuman-Plan	1960
621	1. Europa-Schule	1960
666	Europa-Schulen	1963
679	Menschenrechte	1963
700	20 Jahre BENELUX	1964
738–739	Europa-Zentrum	1966
793	BENELUX-Zollabkommen	1969
804–805	Europäisches Naturschutzjahr	1970
841	Wirtschaftsgemeinschaft	1972
849	Montanunion	1972
851	Europäischer Gerichtshof	1972
891	Zollunion-BENELUX	1974
900–903	Europäisches Denkmalschutzjahr	1975
909	Robert Schuman	1975
956	Römische Verträge	1977
971	Todestag von Mayrisch	1978
993	Direktwahl z. Europ. Parlament	1979
1029	Europazentrum	1981
1097	Direktwahl z. Europ. Parlament	1984
1156–1157	100. Geburtstag von R. Schuman	1986
1162	Europ. Jahr für Verkehrssicherheit	1986
1168–1171	Europäisches Jahr der Umwelt	1987
1180–1182	Europ. Kamp. f. d. ländlichen Raum	1987
1194–1195	Europ. Transportmin.-Konf. u. Europ. Org. Flugsicherheit	1988
1207–1208	100. Geburtstag von Monnet und Europäische Investitionsbank	1988
1222	40 Jahre Europarat	1989
1223	Direktwahl z. Europ. Parlament	1989
1305	Europäischer Binnenmarkt	1992
1329	EG-Umweltschutz	1993
1345	Direktwahl z. Europ. Parlament	1994
1348	Europ. Kampagne für die Bronzezeit	1994
1360–1367	Luxemburg – Kulturhauptstadt Europas	1995
1373	Europäisches Naturschutzjahr	1995
1469	Einführung des Euro	1999
1470	50 Jahre Europarat	1999
1507	50 Jahre Schuhmann-Plan	2000
1529	50 Jahre Pariser Vertrag	2001
1543	Europäisches Jahr der Sprachen	2001
1544–1549	Einführung des Euro-Bargeldes	2001
1562–1563	Europäische Institutionen	2002
1598	50 Jahre Amtsblatt	2003
1643	Jahr der Sporterziehung	2004
1644	Direktwahl z. Europ. Parlament	2004
1645	Europäische Schulen	2004
1659–1662	Vorsitz in der EU	2005
1730–1733	Region Luxemburg – Kulturhauptstadt Europas	2007
1734–1735	50 Jahre Römische Verträge	2007
1761	Kulturhauptstädte Luxemburg und Hermannstadt	2007
1762–1763	Region Luxemburg – Kulturhauptstadt Europas	2007
1773	50 Jahre Europäische Investitionsbank	2008
1774	10 Jahre Eurosystem	2008
1817	Neues Palais d. Europ. Gerichtshofes	2008
1827	10 Jahre Euro-Währung	2009
1836	Direktwahl z. Europ. Parlament	2009
1855	25 Jahre Schengener Abkommen	2010
1903	Europäisches Jahr der Freiwilligen-tätigkeit	2011
1934	10 Jahre Euro-Bargeld	2012
1955	60 Jahre Europäischer Gerichtshof	2012
1962	Europäisches Jahr der Bürgerinnen und Bürger	2013
2009	Direktwahl z. Europ. Parlament	2014

Makedonien

MiNr.	Ausgabe-Anlass	Ausgabejahr
61	Aufnahme in den Europarat und die OSZE	1995
161	50 Jahre Europarat	1999
543	Vorsitz im Europarat	2010

Malta

MiNr.	Ausgabe-Anlass	Ausgabejahr
383–385	Europäische Regionalkonferenz	1968
396	Unabhängigkeit	1969
401–408	Kunstausstellung	1970
514–517	Europäisches Denkmalschutzjahr	1975
772	Europäisches Jahr der Umwelt	1987
797	Europ. Kamp. f. Abhäng. u. Solidar.	1988
810	Malta im Europarat	1989
824	40 Jahre Europarat	1989
964–966	Europäisches Naturschutzjahr	1995
1036/Bl. 16	Europäischer Kulturmonat	1998
1063–1064	50 Jahre Europarat	1999
1341–1342	Beitritt zur EU	2004
1555/Bl. 40	50 Jahre Römische Verträge	2008
1557/Bl. 42	Einführung des Euro (I)	2008
1558–1559/ Bl. 43	Einführung des Euro (II)	2008
1593	10 Jahre Euro-Währung	2009

Moldawien

MiNr.	Ausgabe-Anlass	Ausgabejahr
41–42	Aufnahme in die KSZE	1992
158–160	Europäisches Naturschutzjahr	1995
304	50 Jahre Europarat	1999
475	Vorsitz im Europarat	2003
649	60 Jahre Europarat	2009

Monaco

MiNr.	Ausgabe-Anlass	Ausgabejahr
1180	Europäisches Denkmalschutzjahr	1975
1722	EUTELSAT	1985

MiNr.	Ausgabe-Anlass	Ausgabejahr
1871	100. Geburtstag von Monnet	1988
2216	Europäisches Naturschutzjahr	1995
2609–2612	Einführung des Euro-Bargeldes	2002
2714	Aufnahme in den Europarat	2004

Niederlande

MiNr.	Ausgabe-Anlass	Ausgabejahr
829	20 Jahre BENELUX	1964
926	BENELUX-Zollabkommen	1969
1035–1036	Zollunion BENELUX	1974
1048–1051	Europäisches Denkmalschutzjahr	1975
1119	Menschenrechte	1978
1134	Direktwahl z. Europ. Parlament	1979
1245	Direktwahl z. Europ. Parlament	1984
1449	Europäischer Binnenmarkt	1992
1549–1551	Europäisches Naturschutzjahr	1995
1552/Bl. 44	Europäisches Naturschutzjahr	1995
1620–1621	50 Jahre Marshallplan	1997
1622	Vorsitz in der EU	1997
1704	Einführung des Euro	1999
1861	Rotterdam – Kulturhauptstadt Europas	2001
1901–1903	Einführung des Euro-Bargeldes	2001
1977–1979	Einführung des Euro-Bargeldes	2002
2205–2214	Erweiterung der EU	2004
2578	10 Jahre Europäische Zentralbank	2008

Norwegen

MiNr.	Ausgabe-Anlass	Ausgabejahr
602–605	Europäisches Naturschutzjahr	1970
700–702	Europäisches Denkmalschutzjahr	1975
995	Europ. Kamp. f. Abhäng. u. Solidar.	1988
1159–1160	EUREKA	1994
1659–1661	Stavanger – Kulturhauptstadt Europas	2008

Österreich

MiNr.	Ausgabe-Anlass	Ausgabejahr
1086	Europäische Konferenz	1961
1152	Wissenschaftliche Konferenz	1964
1241	Europagespräche	1967
1292	Europarat	1969
1325	Europäisches Naturschutzjahr	1970
1385	Konferenz PTT-Minister	1972
VIII	Gemeindetag	1974
1457	Europäische Konferenz	1974
1474	Europäisches Denkmalschutzjahr	1975
1484	Europäischer Gemeindetag	1975
1574	Interparlamentarische Konferenz	1978
1587	Familienkongress	1978
1642	Ordenskongress – Hl. Benedikt von Nursia	1980
1842	Österreich – 30 Jahre Mitglied des Europarates	1986
2111	Gipfelkonferenz des Europarates	1993
2146	Beitritt zur EU	1995
2159	Europäische Verkehrsministerkonferenz	1995
2261	Vorsitz in der EU	1998
2280	50 Jahre Europarat	1999
2368	Einführung des Euro-Bargeldes	2002
2403	Graz – Kulturhauptstadt Europas	2003
2565	Vorsitz in der EU	2006
2823	Ungarisch-österreichische Grenze	2009

Polen

MiNr.	Ausgabe-Anlass	Ausgabejahr
2413–2414	Europäisches Denkmalschutzjahr	1975
3314	Aufnahme in die CEPT	1991
3318	Schlacht bei Liegnitz	1991
3333	Symposium zur KSZE-Konferenz	1991
3517	Polen und die EU	1994
3762	50 Jahre Europarat	1999
3825–3826	Krakau – Kulturhauptstadt Europas	2000
3827/Bl. 140	Krakau – Kulturhauptstadt Europas	2000
4016	Der Weg in die EU (I)	2003
4049	Der Weg in die EU (II)	2003
4051	Der Weg in die EU (III)	2003
4105	Beitritt zur EU	2004
4303	50 Jahre Römische Verträge	2007
4526	Vorsitz in der EU	2011

Portugal

MiNr.	Ausgabe-Anlass	Ausgabejahr
1298–1300	Europäisches Denkmalschutzjahr	1975
1348–1349	Europarat	1977
1422–1423	Menschenrechte	1978
Bl. 24	Menschenrechte	1978
1490–1493	Naturschutz	1980
Bl. 30	Naturschutz	1980
1556	25 Jahre Römische Verträge	1982
Bl. 34	25 Jahre Römische Verträge	1982
1595–1600	Europäische Kunstausstellung	1983
Bl. 39	Europäische Kunstausstellung	1983
1602	Europäische Transportministerkonferenz	1983
1677–1678	Beitritt Portugals und Spaniens zur EG	1986
Bl. 52	EUROPEX '86	1986
1717–1719	Europäisches Jahr der Umwelt	1987
1755	100. Geburtstag von Monnet	1988
1784	Direktwahl z. Europ. Parlament	1989
1859–1860	Europäisches Jahr des Tourismus	1991
1861/Bl. 77	Europäisches Jahr des Tourismus	1991
1864/Bl. 79	Europalia '91	1991
1894	Präsidentschaft in der EG	1992
1946	Europäischer Binnenmarkt	1992
1947	Europ. Jahr für Gesundheit, Hygiene und Sicherheit am Arbeitsplatz	1992
2017–2020	Lissabon – Kulturhauptstadt Europas	1994
Bl. 100	Lissabon – Kulturhauptstadt Europas	1994
2063–2065	Europäisches Naturschutzjahr	1995
Bl. 106	Europäisches Naturschutzjahr	1995
2167/Bl.123	OSZE-Konferenz	1996
2326	Einführung des Euro	1999
2337	50 Jahre Europarat	1999
2425	Vorsitz in der EU	2000
2508–2513	Porto – Kulturhauptstadt Europas	2001
Bl. 170	Porto – Kulturhauptstadt Europas	2001
2558–2565	Einführung des Euro-Bargeldes	2002
2650–2653	Jahr der Behinderten	2003
2816–2817	Direktwahl z. Europ. Parlament	2004
2818/Bl. 195	Erweiterung der EU	2004
3146	50 Jahre Römische Verträge	2007
3208	Vorsitz in der EU	2007
3209/Bl. 256	Vorsitz in der EU	2007
3371–3374	Europ. Jahr des interkulturellen Dialogs	2008
3377–¬3378	10 Jahre Euro-Währung	2009
3713–3716	Guimarães – Kulturhauptstadt Europas	2012
3717/Bl. 329	Guimarães – Kulturhauptstadt Europas	2012

Rumänien

MiNr.	Ausgabe-Anlass	Ausgabejahr
2764–2765	INTEREUROPA	1969
2833–2834	INTEREUROPA	1970
2919–2920	INTEREUROPA	1971
3020–3021	INTEREUROPA	1972
3120–3121	INTEREUROPA	1973
3189–3190	INTEREUROPA	1974
3258–3259	INTEREUROPA	1975
3267–3272	Europäisches Denkmalschutzjahr	1975
3273–3274/ Bl. 121–122	Europäisches Denkmalschutzjahr	1975
3340–3341/ Bl. 133–134	INTEREUROPA	1976
3431–3432/ Bl. 141–142	INTEREUROPA	1977
3484–3490	Donaukommission	1977
3491–3492/ Bl. 146–147	Donaukommission	1977
3514–3515/ Bl. 151–152	INTEREUROPA	1978
3556/Bl. 155	Briefmarkenmesse Essen – Europatag	1978
3587–3588/ Bl. 157–158	INTEREUROPA	1979
3624/Bl.160	Sportkonferenz	1979
3705–3710	Europäisches Naturschutzjahr	1980
3711–3712/ Bl. 167–168	Europäisches Naturschutzjahr	1980
3713–3720/ Bl. 169–170	INTEREUROPA	1980
3769–3774	Donaukommission	1981
3775–3776/ Bl. 176–177	Donaukommission	1981
3784–3791/ Bl. 178–179	INTEREUROPA	1981
3859–3866/ Bl. 186–187	INTEREUROPA	1982
3956–3963/ Bl. 193–194	INTEREUROPA	1983
4023–4030/ Bl. 202–203	INTEREUROPA	1984
4116–4123/ Bl. 212–213	INTEREUROPA	1985
4235–4242/ Bl. 223–224	INTEREUROPA	1986
4324–4331/ Bl. 231–232	INTEREUROPA	1987
4372–4395/ Bl. 235–236	Europäischer Naturschutz	1987
4435–4442/ Bl. 239–240	INTEREUROPA	1988
4547–4554/ Bl. 254–255	INTEREUROPA	1989
4931/Bl.285	Aufnahme in den Europarat	1993
5099–5102	Europäisches Naturschutzjahr	1995
5409	50 Jahre Europarat	1999
5457	Beitrittsverhandlungen zur EU	2000
5529	50 Jahre Europäische Menschenrechtskonvention	2000
5933–5934	EU-Beitrittsvertrag	2005
Bl. 354	EU-Beitrittsvertrag	2005
6149–6150	Beitritt zur EU	2006
6157	Beitritt zur EU	2007
6206–6211	Hermannstadt – Kulturhauptstadt Europas	2007
Bl. 400	Hermannstadt – Kulturhauptstadt Europas	2007
6212/Bl. 401	Hermannstadt – Kulturhauptstadt Europas	2007

MiNr.	Ausgabe-Anlass	Ausgabejahr
6238	Kulturhauptstädte Luxemburg und Hermannstadt	2007
6239/Bl. 409	Kulturhauptstädte Luxemburg und Hermannstadt	2007
6359	60 Jahre Europarat	2009
6570	Europäischer Tag der Ziviljustiz	2011

Russland

MiNr.	Ausgabe-Anlass	Ausgabejahr
622	Aufnahme in den Europarat	1997
721	50 Jahre Europarat	1999

San Marino

MiNr.	Ausgabe-Anlass	Ausgabejahr
1205	Benedikt von Nursia	1980
1391–1393	Europäisches Film- und Fernsehjahr	1988
1435–1437	Europäisches Jahr des Tourismus (I)	1990
1447–1450	Europäisches Jahr des Tourismus (II)	1990
1484–1486/ Bl. 14	Geburt des neuen Europa	1991
1539–1550/ Bl. 17	Das Dorf Europa	1993
1598–1602	Europäisches Naturschutzjahr	1995
1838	50 Jahre Europarat	1999
1899	50 Jahre Europäische Menschenrechts-konvention	2000
1980–1981	Einführung des Euro-Bargeldes	2001
2022	10 Jahre Vertrag von Maastricht	2002
2285	Vorsitz im Europarat	2007
2318	Jahr der Chancengleichheit	2007
2337/Bl. 39	Europ. Jahr des interkulturellen Dialogs	2008
2406–2411/ Bl. 43–45	Europäisches Jahr der Kreativität und Innovation	2009
2497/Bl. 55	Europäisches Jahr der Freiwilligentätigkeit	2011
2570–2571/ Bl. 68	25 Jahre Mitglied des Europarats	2013
2594	Vollversammlung der PostEurop	2014

Schweden

MiNr.	Ausgabe-Anlass	Ausgabejahr
674–675	Europäisches Naturschutzjahr	1970
758–759	Umweltschutz	1972
908–912	Europäisches Denkmalschutzjahr	1975
1811	Europäischer Wirtschaftsraum	1994
1880	Beitritt zur EU	1995
1906–1909	Europ. Kampagne für die Bronzezeit	1995
2056–2057	Stockholm – Kulturhauptstadt Europas	1998
2124	50 Jahre Europarat, Direktwahl z. Europ. Parlament	1999
2979–2980	Umeå und Riga – Kulturhauptstädte Europas	2014

Schweiz

MiNr.	Ausgabe-Anlass	Ausgabejahr
681–682	Konferenz d. PTT-Verwaltung	1959
747	TEE-Züge	1962
835	Kernforschungsinstitut	1966
932	Europäisches Naturschutzjahr	1970
1060	Europäisches Denkmalschutzjahr	1975
1164	Europäische Weltraumorganisation (ESA)	1979
1367	Europ. Kamp. f. d. ländlichen Raum	1988
1688	50 Jahre Europarat	1999
1866	50 Jahre CERN	2004

Serbien

MiNr.	Ausgabe-Anlass	Ausgabejahr
198	Vorsitz im Europarat	2007

Slowakei

MiNr.	Ausgabe-Anlass	Ausgabejahr
217–219	Europäisches Naturschutzjahr	1995
339	50 Jahre Europarat	1999
Bl. 11	50 Jahre Europarat	1999
374	KSZE-Konferenz	2000
484	Beitritt zur EU	2004
596	Einführung der Euro-Währung	2009
699	Košice – Kulturhauptstadt Europas	2013

Slowenien

MiNr.	Ausgabe-Anlass	Ausgabejahr
112	Europäisches Naturschutzjahr	1995
258	50 Jahre Europarat	1999
348	Europatag	2001
469	Beitritt zur EU 2004	2004
570	Vorsitz in der OSZE	2005
626/Bl. 31	Einführung der Euro-Währung	2007
647	50 Jahre Römische Verträge	2007
662	Wegfall der Grenzkontrollen	2007
668/Bl. 36	Vorsitz in der EU	2008
696	10 Jahre Euro-Währung	2008
716	60 Jahre Europarat	2009
893	60 Jahre Montanunion	2011

Sowjetunion

MiNr.	Ausgabe-Anlass	Ausgabejahr
5955–5957	Europa – unser gemeinsames Haus	1989
6157	Charta neues Europa	1990
6213	Symposium der KSZE	1991

Spanien

MiNr.	Ausgabe-Anlass	Ausgabejahr
1260–1263	Ausstellung des Europarates	1961
1675	Tagung Interparlamentarische Union	1967
1676	Kongress der Radiologie	1967
2368	Beitritt zum Europarat	1978
2503	Benedikt von Nursia	1981
2664	Europalia '85 España	1985
2685–2687	Europäisches Jahr der Musik	1985
2709–2712	Beitritt Spaniens und Portugals zur EG	1986
2830	100. Geburtstag von Monnet	1988
2887	Vorsitz in der EG	1989
2894	Direktwahl z. Europ. Parlament	1989
2967	Europäisches Jahr des Tourismus	1990
2996–2999	Madrid – Kulturhauptstadt Europas	1991
3087	Europäischer Binnenmarkt	1992
3207	Europäisches Naturschutzjahr	1995
3239	Vorsitz in der EU	1995
3466–3477	Einführung des Euro	1999
3649	Salamanca – Kulturhauptstadt Europas	2001
3702–3703	Vorsitz in der EU	2002
3842	Jahr der Behinderten	2003
3942	Opfer des Terrorismus	2004
3943	Opfer des Terrorismus	2004
3952	Erweiterung der EU	2004
3995	50 Jahre CERN	2004
4016	Europäische Verfassung	2005
4210	50 Jahre Römische Verträge	2007
4306	50 Jahre Europäisches Parlament	2008
4406	60 Jahre Europarat	2009
4431	10 Jahre Euro-Währung	2009
4487-4488	Vorsitz in der EU	2010
4516	25 Jahre Mitglied der EU	2010

Tschechische Republik

MiNr.	Ausgabe-Anlass	Ausgabejahr
62	Assoziiertes Mitglied der EU	1995
73–75	Europäisches Naturschutzjahr	1995
213	50 Jahre Europarat	1999
248–250/ Bl. 12	Prag – Kulturhauptstadt Europas	2000
252–253/ Bl. 13	Europäische Verkehrsministerkonferenz	2000
393	Beitritt zur EU (I)	2004
394	Beitritt zur EU (II)	2004
537	Wegfall der Grenzkontrollen	2007
583	Vorsitz in der EU	2008

Tschechoslowakei

MiNr.	Ausgabe-Anlass	Ausgabejahr
2679–2680	Donaukommission	1982
Bl. 51–52	Donaukommission	1982

Türkei

MiNr.	Ausgabe-Anlass	Ausgabejahr
1625	Europa-Jahrestag	1959
1901–1902	Europa-Jahrestag	1964
2058–2059	Europa-Straße	1967
2158–2160	Europäisches Naturschutzjahr	1970
2463–2464	Menschenrechte	1978
2492	Symposium europ. Verkehrsminister	1979
2636–2639	Europäische Kunstausstellung	1983
2640–2642	Schutz der Ufer und Gestade	1983
2829–2830	Europ. Kamp. f. d. ländlichen Raum	1988
2856	40 Jahre Europarat	1989
2884–2885	Europäisches Jahr des Tourismus	1990
2888	Europ. Konferenz der Verfassungsgerichte	1990
2925	Konferenz europ. Verkehrsminister	1991
3049–3051	Europäisches Naturschutzjahr	1995
3178	50 Jahre Europarat	1999
3483	Beitrittsverhandlungen zur EU	2005
3728	50 Jahre Gerichtshof für Menschenrechte	2009
3729	60 Jahre Europarat	2009
3787–3802	Istanbul – Kulturhauptstadt Europas	2010
3826	Europatag	2010

Türkisch-Zypern

MiNr.	Ausgabe-Anlass	Ausgabejahr
283–284	Europäisches Jahr des Tourismus	1990
392–394	Europäisches Naturschutzjahr	1995

Ukraine

MiNr.	Ausgabe-Anlass	Ausgabejahr
149	Europäisches Naturschutzjahr	1995
306	50 Jahre Europarat	1999

Ungarn

MiNr.	Ausgabe-Anlass	Ausgabejahr
2323–2329	Donaukommission	1967
3060–3063	Europäisches Denkmalschutzjahr	1975
3064–3067/ Bl. 115	Europäisches Denkmalschutzjahr	1975
3248–3258/ Bl. 128	Donaukommission	1977
3494/Bl. 149	Europa-Konferenz Rotes Kreuz	1981
3514–3520	Donaukommission	1981
3521/Bl. 153	Donaukommission	1981
3610/Bl. 163	Interparlamentarische Konferenz	1983
3772–3777	Europäisches Jahr der Musik	1985
4131–4132	Aufnahme in die CEPT	1991
4318/Bl. 232	KSZE-Kontrollkonferenz	1994
4343–4346	Europäisches Naturschutzjahr	1995

MiNr.	Ausgabe-Anlass	Ausgabejahr
4542	50 Jahre Europarat	1999
4637	50 Jahre Europäische Menschenrechtskonvention	2000
4642	Europäisches Jahr der Sprachen	2001
4786/Bl. 279	Beitrittsvertrag zur EU	2003
4808	Aufnahme in die EU (I)	2003
4814	Aufnahme in die EU (II)	2003
4832¬–4835	Informationskonferenz	2004
4837	Aufnahme in die EU (III)	2004
4844	Aufnahme in die EU (IV)	2004
4850/Bl. 290	Beitritt zur EU (I)	2004
4851–4852	Beitritt zur EU (II)	2004
4862	Direktwahl z. Europ. Parlament	2004
4949–4952/ Bl. 294	Aufnahme in die EU (V)	2004
5383	Ungarisch-österreichische Grenze	2009
5398–5422	Pecs – Kulturhauptstadt Europas	2010
5494	Vorsitz in der EU	2011
Vatikanstadt		
481–482	Benedikt von Nursia	1965
657–662	Europäisches Denkmalschutzjahr	1975
759–763	Benedikt von Nursia	1980
867–869	1100. Todestag von Methodios	1985
1145–1152	Europäisches Naturschutzjahr	1995
1302	50 Jahre Europarat	1999
Vereinigte Staaten von Amerika		
935	George Marshall	1967
2832	50 Jahre Marshallplan	1997
Vereinte Nationen – Genf		
27	Wirtschaftskommission für Europa	1972
194–197	Wirtschaftskommission für Europa	1991
Vereinte Nationen – New York		
78–79	Wirtschaftskommission für Europa	1959
251	Wirtschaftskommission für Europa	1972
608–611	Wirtschaftskommission für Europa	1991
Vereinte Nationen – Wien		
110–113	Wirtschaftskommission für Europa	1991
Zypern		
335–337	Europäisches Naturschutzjahr	1970
397	Zypern in der EWG	1973
424	Europarat	1975
494	Menschenrechte	1978
559	Europäische Denkmalschutzkampagne	1981
646	Europäisches Jahr der Musik	1985
666–668	Sicherheit im Straßenverkehr	1986
688	Europ. Kamp. f. d. ländlichen Raum	1987
693–694	Zollabkommen Zypern – Europäische Gemeinschaft	1988
728	Europ. Jahr der Krebsbekämpfung	1989
750–753	Europäisches Jahr des Tourismus	1990
860–861	Europäischer Kulturmonat	1995
868	Europäisches Naturschutzjahr	1995
929	50 Jahre Europarat	1999
965	50 Jahre Europäische Menschenrechtskonvention	2000
1019	Konferenz europ. Bildungsminister	2003
1033	Beitritt zur EU (I)	2004
1034	Beitritt zur EU (II)	2004
1095	50 Jahre Römische Verträge	2007
1119–1120/ Bl. 28	Einführung der Euro-Währung	2008
1144–1145	10 Jahre Euro-Währung	2009
1168	50 Jahre Gerichtshof für Menschenrechte	2009
1239	Vorsitz in der EU	2012
1240/Bl. 38	Vorsitz in der EU	2012

KSZE-Ausgaben

(**K**onferenz über **S**icherheit und **Z**usammenarbeit in **E**uropa)

1972

Finnland

1972, 11. Dez. Europäische Sicherheitskonferenz, Helsinki. Odr.; gez. K 14.

tp) Europakarte, Farbpunkte

				**	⊙
715	0.50 (M)	mehrfarbig	tp	2,80	0,50
			FDC		3,50

Auflage: 3 000 000 Stück

Gültig bis 31.12.2011

Sowjetunion

1972, 25. Mai. Forum für europäische Sicherheit und Zusammenarbeit, Brüssel. RaTdr. (5×10); gez. K 11½.

epb) Weltkugel, Ölzweig

4010	6 K	mehrfarbig	epb	1,60	1,30
			FDC		2,50

Auflage: 2 500 000 Stück

Gültig bis 30.9.1992

1973

Finnland

1973, 3. Juli. Konferenz über europäische Sicherheit und Zusammenarbeit, Helsinki. Komb. Odr. und Pdr.; Papier ph.; gez. K 13 (13:12¾).

ty) Europakarte, Labyrinth mit den Buchstaben „EUROPA"

726	0.70 (M)	mehrfarbig	ty	1,—	0,30
			FDC		2,50

Auflage: 5 000 000 Stück

Gültig bis 31.12.2011

Rumänien

1973, 2. Okt. Blockausgabe: Europäische Sicherheitskonferenzen (KSZE), Helsinki und Genf. RaTdr.; gez. K 13½.

cyk) Blumenblätter über Europa — cyl) Baum über Europa — cym

3147	2.75 L	mehrfarbig	cyk	0,50	0,50
3148	5 L	mehrfarbig	cyl	1,—	1,—
Block 108	mit 2 × MiNr. 3147–3148 (150×81 mm)		cym	3,—	3,—
			FDC		8,—

Auflage: 250 000 Blocks

Gültig bis 30.6.2005

Ungarn

1973, 3. Juli. Blockausgabe: Konferenz über europäische Sicherheit und Zusammenarbeit (KSZE), Helsinki. RaTdr.; A = gez. K 11½:12, B = ☐.

cph) Landkarte Europas in 2 Händen — cpi

2886 A	2.50 Ft	schwarz/orangebraun	cph	—,—	—,—
Block 99 A	(122×109 mm), gez.		cpi	5,—	7,—
			FDC A		15,—
Block 99 B	(122×109 mm), ☐		cpi	160,—	180,—
			FDC B		200,—

Auflagen: Bl. 99 A = 360 000, Bl. 99 B = 7000 Blocks

1974

Bulgarien

1974, 29. Okt. Blockausgabe: Konferenz über europäische Sicherheit und Zusammenarbeit. RaTdr.; A = gez. Ks 13:13¼, B = ☐.

chb

cgx) Tauben cgy) Landkarte von Europa

cgz) Palmwedel cha) Inschrift

2365	13 St mehrfarbig	cgx	—,—	—,—
2366	13 St mehrfarbig	cgy	—,—	—,—
2367	13 St mehrfarbig	cgz	—,—	—,—
2368	13 St mehrfarbig	cha	—,—	—,—
Block 53 A	(96×116 mm)	chb	2,—	2,—
		FDC A		7,50
Block 53 B	(96×116 mm)	chb	60,—	80,—
		FDC B		120,—

Postpreis: 60 St.

Auflagen: Bl. 53 A = 260 000, Bl. 53 B = 150 000 Blocks

Gültig bis 3.7.1999

Ungarn

1974, 15. Jan. Blockausgabe: Konferenz über europäische Sicherheit und Zusammenarbeit (KSZE), Genf. RaTdr.; A = gez. Ks 12¼:11½, B = ☐.

csd) Landkarte von Europa cse

2926 A	5 Ft mehrfarbig	csd	—,—	—,—
Block 103 A	mit 2 × MiNr. 2926 A (142×70 mm)	cse	4,—	4,—
		FDC		10,—
2926 B	5 Ft mehrfarbig	csd	—,—	—,—
Block 103 B	mit 2 × MiNr. 2926 B (142×70 mm)	cse	100,—	100,—
		FDC		150,—

Auflagen: Bl. 103 A = 350 000 Blocks, Bl. 103 B = 8500 numerierte Blocks

1975

Bulgarien

1975, 29. Okt. Konferenz über Sicherheit und Zusammenarbeit in Europa (KSZE). RaTdr. (3×3); gez. K 13.

clb) Landkarte von Europa in Taube

2434	18 St mehrfarbig	clb	0,80	0,80
		2434 Zf	0,90	0,90
		Kleinbogen	5,—	5,—
		FDC		6,—

2434 Klb F	fehlende Farbe Lebhaftviolett auf Zierfeld (Feld 6)	—,—

MiNr. 2434 wurde im Kleinbogen zu 5 Marken und 4 verschiedenen Zierfeldern (Feld 2, 4, 6 und 8) gedruckt.

Auflage: 690 000 Stück

Gültig bis 3.7.1999

Deutsche Demokratische Republik

1975, 30. Juli. Unterzeichnung der Schlussakte der Konferenz über Sicherheit und Zusammenarbeit in Europa (KSZE), Helsinki. RaTdr. (6×5); gez K 13.

caz) Landkarte von Europa, Strahlenkranz

2069	20 (Pf) mehrfarbig	caz	0,50	0,30
		FDC		0,70

Auflage: 6 000 000 Stück

Gültig bis 2.10.1990

Finnland

1975, 30. Juli. Konferenz über Sicherheit und Zusammenarbeit in Europa (KSZE), Helsinki. Odr.; Papier ph.; gez. K 13:12¾.

vo) Rauchschwalbe (Hirundo rustica); Konferenzgebäude (Finlandia-Halle), Helsinki

770	0.90 (M) mehrfarbig	vo	1,—	0,30
		FDC		2,20

MiNr. 770 als Schwarzdruck auf Kunstdruckpapier (Format 74:104 mm), geschnitten, mit Randbedruckung in Lebhaftviolettultramarin, lag zur Briefmarkenausstellung PRAGA '88 dem Werk „Umĕni na známkách" bei. Nicht frankaturgültig.

Auflage: 4 000 000 Stück

Gültig bis 31.12.2011

Jugoslawien

1975, 10. Okt. Konferenz über Sicherheit und Zusammenarbeit in Europa (KSZE). Odr. (3×3); gez. K 13¼.

ava) Symbolik

1617	3.20 (Din) mehrfarbig	ava	0,30	0,30
1618	8.00 (Din) mehrfarbig	ava	0,30	0,30
		Satzpreis (2 W.)	0,60	0,60
		FDC		2,—
		Kleinbogensatz (2 Klb.)	6,—	6,—

1617 U	ungezähnt	50,—
1618 U	ungezähnt	50,—

Auflagen: MiNr. 1617 = 1 250 000, MiNr. 1618 = 750 000 Stück

Polen

1975, 30. Juli. Konferenz über Sicherheit und Zusammenarbeit in Europa (KSZE), Helsinki. Odr. (6×5); gez. K 11¼:11½.

cem) „E“ für Europa mit integrierter polnischer Nationalfahne

2391	4 Zł mehrfarbig	cem	0,50	0,50
		FDC		1,—

Auflage: 3 540 000 Stück

Gültig bis 31.12.1994

Rumänien

1975, 30. Juli. Blockausgabe: Konferenz über Sicherheit und Zusammenarbeit in Europa (KSZE). RaTdr.; gez. K 13½.

der

dem) Landkarte von Europa
den) Aufgeschlagenes Buch
deo) Kinderreigen
dep) Tauben, Sonne

3280	2.75 L mehrfarbig	dem	0,40	0,40
3281	5 L mehrfarbig	den	0,40	0,40
3282	5 L mehrfarbig	deo	0,40	0,40

✈ Flugpostmarke

3283	2.75 L mehrfarbig	dep	0,40	0,40
Block 124	(111×81 mm)	der	2,—	2,—
		FDC		3,50

✈ Flp.-Blockausgabe, ☐

des) Landkarte von Europa mit Einzeichnung der Konferenzstadt Helsinki

det

3284	10 L mehrfarbig	des	—,—	—,—
Block 125	(84×104 mm)	det	50,—	50,—
		FDC		80,—

Auflagen: Bl. 124 = 200 000, Bl. 125 = 38 500 numerierte Blocks

Gültig bis 30.6.2005

Sowjetunion

1975, 18. Aug. Konferenz über Sicherheit und Zusammenarbeit in Europa (KSZE), Helsinki. RaTdr. (5×5); gez. K 11½.

fgt) Landkarte von Europa; Konferenzgebäude (Finlandia-Halle), Helsinki

Zierfeld

4390	6 K mehrfarbig	fgt	1,20	0,60
		4390 Zf	1,60	0,80
		FDC		2,—

Auflage: 4 200 000 Stück

Gültig bis 30.9.1992

Ungarn

✈ 1975, 30. Juli. Blockausgabe: Konferenz über Sicherheit und Zusammenarbeit in Europa (KSZE), Helsinki. Odr.; A = gez. Ks 12½, B = ☐.

cxz) Zahnräder, Landkarte von Europa

cya

3056 A	10 Ft mehrfarbig	cxz	—,—	—,—
Block 113 A	(156×82 mm), gez.	cya	4,—	4,—
		FDC A		8,—
Block 113 B	(156×82 mm), ☐	cya	50,—	50,—
		FDC B		80,—

Auflagen: Bl. 113 A = 350 000, Bl. 113 B = 16 515 numerierte Blocks

1976

Tschechoslowakei

1976, 30. Juli. Blockausgabe. 1. Jahrestag der Unterzeichnung der Schlussakte der Konferenz von Helsinki über Sicherheit und Zusammenarbeit in Europa (KSZE). StTdr.; gez. Ks 11¾.

cep

ceo) Zu einem Kind emporgehobene Hände, Friedenstaube vor Kongresshalle von Helsinki und Globus

2335	6 Kč mehrfarbig	ceo	1,50	1,50
Block 33	mit 2 × MiNr. 2335 (114 × 165 mm)	cep	3,—	3,—
	FDC (Blockmarke)			3,50

Auflage: 336 000 Blocks

Gültig bis 30.9.1993

1977

Jugoslawien

1977, 15. Juni. Konferenz über Sicherheit und Zusammenarbeit in Europa (KSZE), Belgrad (I). Odr. (3×3); gez. K 13¼.

axy) Taube, Landkarte von Europa

1692	4.90 (Din) mehrfarbig	axy	0,30	0,30
1693	10.00 (Din) mehrfarbig	axy	1,—	1,—
	Satzpreis (2 W.)		1,20	1,20
	FDC			5,—
	Kleinbogensatz (2 Klb.)		11,—	11,—

Auflagen: MiNr. 1692 = 989 970, MiNr. 1693 = 289 970 Stück

1977, 4. Okt. Konferenz über Sicherheit und Zusammenarbeit in Europa (KSZE), Belgrad (II). Odr. (3×3); gez. K 13½:13¼.

ayc) Kongressgebäude

1699	4.90 (Din) mehrfarbig	ayc	0,30	0,30
1700	10.00 (Din) mehrfarbig	ayc	0,70	0,70
	Satzpreis (2 W.)		1,—	1,—
	FDC			5,—
	Kleinbogensatz (2 Klb.)		10,—	10,—
1699 U	ungezähnt		*150,—*	
1700 U	ungezähnt		*150,—*	

MiNr. 1699 ohne, MiNr. 1700 mit Kontrollnummer auf dem Kleinbogenrand.

Auflagen: MiNr. 1699 = 1 000 000, MiNr. 1700 = 300 000 Stück

Rumänien

✈ 1977, 28. Juni. Flp.-Blockausgabe: Konferenz über Sicherheit und Zusammenarbeit in Europa (KSZE), Belgrad. RaTdr.; Bl. 143 gez. Ks 13½, Bl. 144 □.

dmt) Düsenflugzeug Boeing 707, Flughafen Bukarest-Otopeni, Pioniere

dmu

dmv) Düsenflugzeug Boeing 707, Landkarte von Europa, Gebäude in Belgrad und Bukarest

dmw

3437	10 L mehrfarbig	dmt	—,—	—,—
Block 143	(80 × 70 mm)	dmu	2,—	2,—
	FDC			3,50
3438	10 L mehrfarbig	dmv	—,—	—,—
Block 144	(90 × 75 mm)	dmw	30,—	30,—
	FDC			60,—

Auflagen: Bl. 143 = 150 000, Bl. 144 = 38 500 numerierte Blocks

Gültig bis 30.6.2005

Tschechoslowakei

1977, 4. Okt. Europa des Friedens und der Zusammenarbeit. Komb. StTdr. und RaTdr.; gez. K 11¾:11¼.

chp) Frau mit Losung, Taube, Friedenszweig (Frieden)

chr) Frau mit Losung, Buch (Zusammenarbeit)

chs) Frau mit Losung, Stern, Zweig (gesellschaftlicher Fortschritt)

2407	60 H mehrfarbig	chp	0,40	0,40
2408	1.60 Kč mehrfarbig	chr	0,40	0,40
2409	2.40 Kč mehrfarbig	chs	0,70	0,70
		Satzpreis (3 W.)	1,50	1,50
		FDC		2,50
		Kleinbogensatz (3 Klb.)	3,—	3,—

MiNr. 2407–2409 wurden jeweils im Kleinbogen zu 2 Marken gedruckt.

Dem Praga-1978-Ausstellungskatalog und einem ČSSR-Briefmarken-Spezialkatalog lagen nicht frankaturgültige, ungezähnte Viererkleinbogen mit MiNr. 2407–409 (je 130 × 174 mm) bei. Auflage: je 40 000 Kleinbogen.

Auflagen: MiNr. 2407 = 512 190, MiNr. 2408 = 588 780, MiNr. 2409 = 380 100 Kleinbogen

Gültig bis 30.9.1993

Ungarn

✈ 1977, 3. Okt. Blockausgabe: Konferenz über Sicherheit und Zusammenarbeit in Europa (KSZE), Belgrad. Odr.; A = gez. Ks 12¾, B = ☐.

dfk) Landkarte von Europa, Friedenstaube — dfl

3221 A	20 Ft mehrfarbig	dfk	2,50	2,50
Block 126 A	(73 × 82 mm), gez.	dfl	3,—	3,—
		FDC A		5,—
Block 126 B	(73 × 82 mm), ☐	dfl	30,—	30,—
		FDC B		35,—

Auflagen: Bl. 126 A = 273 743, Bl. 126 B = 22 700 numerierte Blocks

1979

Bulgarien

1979, 2. März. Blockausgabe: Zusammenarbeit in Europa. Bl. 53 A mit schwarzem Bdr.-Aufdruck.

2754	13 St mehrfarbig	(2365 A)	10,—	10,—
2755	13 St mehrfarbig	(2366 A)	10,—	10,—
2756	13 St mehrfarbig	(2367 A)	10,—	10,—
2757	13 St mehrfarbig	(2368 A)	10,—	10,—
Block 84	(96 × 116 mm)	(Bl. 53 A)	40,—	40,—
		FDC		60,—

Postpreis: 60 St

FALSCH Aufdruckfälschungen bekannt

Auflage: 35 000 Blocks

Gültig bis 3.7.1999

1980

Bulgarien

1980, 27. März. Blockausgabe: Konferenz über Sicherheit und Zusammenarbeit in Europa (KSZE), Madrid (I). RaTdr.; gez. K 13.

dfd dfe dff dfk
dfg dfh dfi

dfd–dfi) Flaggen der teilnehmenden Länder, Buchstaben EUROPA

2869	13 St mehrfarbig	dfd	2,—	2,—
2870	13 St mehrfarbig	dfe	2,—	2,—
2871	13 St mehrfarbig	dff	2,—	2,—
2872	13 St mehrfarbig	dfg	2,—	2,—
2873	13 St mehrfarbig	dfh	2,—	2,—
2874	13 St mehrfarbig	dfi	2,—	2,—
Block 100	(130 × 118 mm)	dfk	15,—	15,—
		FDC		20,—

Block 100 I Numerierung kopfstehend am Oberrand . . —,—

Auflage: 55 000 numerierte Blocks

Gültig bis 3.7.1999

1980, 1. Okt. Blockausgabe: Konferenz über Sicherheit und Zusammenarbeit in Europa (KSZE), Madrid (II). RaTdr.; gez. Ks 13.

dic) Friedenstaube, Landkarte von Europa

did

2934	50 St mehrfarbig	dic	10,—	10,—
Block 106	(80×80 mm)	did	15,—	15,—
		FDC		20,—

Block 106 F ohne Zählnummer .... —,—

Auflage: 55 000 numerierte Blocks

Gültig bis 3.7.1999

Jugoslawien

1980, 11. Nov. Konferenz über Sicherheit und Zusammenarbeit in Europa (KSZE), Madrid. Komb. StTdr. und Odr. (3×3); gez. K 13¾:13¼.

bdy) Friedenstaube, Stadtansicht von Madrid

1857	4.90 (Din) oliv-/blaugrün	bdy	0,30	0,30
1858	13 Din lila-/ockerbraun	bdy	0,40	0,40
		Satzpreis (2 W.)	0,70	0,70
		FDC		1,20
		Kleinbogensatz (2 Klb.)	7,50	7,50

1858 F Farbe Ockerbraun fehlend .... —,—

Auflage: 450 000 Sätze

Rumänien

1980, 30. Sept. Blockausgabe: Konferenz über Sicherheit und Zusammenarbeit in Europa (KSZE), Madrid. RaTdr.; gez. Ks 13½.

ebw) Gebäude der Rumänischen Nationalversammlung, Bukarest

ebx

3745	10 L mehrfarbig	ebw	—,—	—,—
Block 174	(78×90 mm)	ebx	2,—	2,—
		FDC		3,50

✈ Flp.-Blockausgabe, ☐

ebz

eby) Don-Quichotte-Denkmal an der Plaza de España, Madrid

3746	10 L mehrfarbig	eby	—,—	—,—
Block 175	(106×79 mm)	ebz	15,—	15,—
		FDC		20,—

Auflagen: Bl. 174 = 150 000, Bl. 175 = 48 000 numerierte Blocks

Gültig bis 30.6.2005

Spanien

1980, 11. Nov. Konferenz über Sicherheit und Zusammenarbeit in Europa (KSZE), Madrid. RaTdr.; gez. K 13:13½.

bsf) Plaza Mayor, Madrid; Flaggen der teilnehmenden Staaten

2482	22 Pta mehrfarbig	bsf	0,30	0,30
		FDC		0,80

Auflage: 10 000 000 Stück

Gültig bis 28.2.2002

Ungarn

1980, 11. Nov. Blockausgabe: Konferenz über Sicherheit und Zusammenarbeit in Europa (KSZE), Madrid. Odr.; A = gez. Ks 12¼:11½, B = ☐.

dse

dsd) Landkarte von Europa, Friedenstaube

3458 A	20 Ft mehrfarbig	dsd	2,—	2,—
Block 147 A	(98×78 mm), gez.	dse	3,—	3,—
		FDC A		4,—
Block 147 B	(98×78 mm), ☐	dse	30,—	30,—
		FDC B		40,—

Auflagen: Bl. 147 A = 299 300, Bl. 147 B = 25 000 numerierte Blocks

1981

Bulgarien

1981, 6. Okt. Blockausgabe: Konferenz über Sicherheit und Zunsammenarbeit in Europa (KSZE), Madrid, RaTdr.; gez. Ks 13.

doh) Ineinandergreifende Zahnräder

doi) Europakarte, Bücher

dok

3048	35 St mehrfarbig	doh	6,—	6,—
3049	35 St mehrfarbig	doi	6,—	6,—
Block 117	(90×142 mm)	dok	15,—	15,—
		FDC		20,—

Auflage: 45 000 numerierte Blocks

Gültig bis 3.7.1999

Rumänien

✈ 1981, 28. Okt. Flp.-Blockausgabe. Konferenz über Sicherheit und Zusammenarbeit in Europa (KSZE), Madrid. RaTdr.; ▢.

efs

efo) Marke MiNr. 3284

efp) Marke MiNr. 3438

efr) Marke MiNr. 3746

3825	5 L mehrfarbig	efo	—,—	—,—
3826	5 L mehrfarbig	efp	—,—	—,—
3827	5 L mehrfarbig	efr	—,—	—,—
Block 183	(106×80 mm)	efs	20,—	20,—
		FDC		25,—

Auflage: 39 500 numerierte Blocks

Gültig bis 30.6.2005

1982

Bulgarien

1982, 31. Aug. 10 Jahre Konferenz über Sicherheit und Zusammenarbeit in Europa (KSZE). RaTdr. (2×5); gez. K 13.

dsp) Marken MiNr. 2365 und 2434

dsr) Marken MiNr. 2366 und 2434

dss) Marken MiNr. 2367 und 2434

dst) Marken MiNr. 2368 und 2434

3119	5 St mehrfarbig	dsp	1,50	1,50
3120	13 St mehrfarbig	dsr	2,50	2,50
3121	25 St mehrfarbig	dss	4,50	4,50
3122	30 St mehrfarbig	dst	5,50	5,50
		Satzpreis (4 W.)	14,—	14,—
		FDC		17,—
		Kleinbogensatz (4 Klb.)	140,—	140,—

Blockausgabe

dsu) Marken MiNr. 2434 und 2934

dsv

3123	1 L mehrfarbig	dsu	8,—	8,—
Block 126	(89×87 mm)	dsv	10,—	10,—
		FDC		15,—

Auflagen: MiNr. 3119–3122 = 50 000 Sätze, Block 126 = 50 000 numerierte Blocks

Gültig bis 3.7.1999

Rumänien

1982, 25. Sept. Blockausgabe: 10 Jahre Konferenz über Sicherheit und Zusammenarbeit in Europa (KSZE). RaTdr.; ▢.

eiw

eiv) Inschrift, Regenbogen

3896	10 L mehrfarbig	eiv	10,—	12,—
Block 190	(105×80 mm)	eiw	15,—	18,—
		FDC		25,—

Auflage: 35 000 numerierte Blocks

Gültig bis 30.6.2005

Ungarn

1982, 13. Sept. Blockausgabe: 10 Jahre Konferenz über Sicherheit und Zusammenarbeit in Europa (KSZE). Odr.; A = gez. Ks 11½, B = □.

dxm

dxl) Stadtansicht von Budapest

3573 A	20 (Ft) + 10 Ft mfg.	dxl	2,—	2,—
Block 159 A	(100×85 mm), gez.	dxm	3,—	3,—
		FDC A		7,—
Block 159 B	(100×85 mm), □	dxm	30,—	30,—
		FDC B		35,—

Auflagen: Bl. 159 A = 285 300, Bl. 159 B = 19 800 numerierte Blocks

1983

Bulgarien

1983, 21. Nov. Konferenz über Sicherheit und Zusammenarbeit in Europa (KSZE), Madrid. RaTdr. (2×3); gez. K 13.

dxd

dxe

dxf

dxg

dxd-dxg) Landkarte Europas, verschiedene Friedenssymbole

3218	5 St mehrfarbig	dxd	1,—	1,—
3219	13 St mehrfarbig	dxe	2,—	2,—
3220	30 St mehrfarbig	dxf	5,—	5,—
3221	42 St mehrfarbig	dxg	7,—	7,—
		Satzpreis (4 W.)	15,—	15,—
		FDC		20,—
		Kleinbogensatz (4 Klb.)	90,—	90,—

Blockausgabe

dxh) Landkarte Europas, Friedenstaube dxi

3222	1 L mehrfarbig	dxh	10,—	10,—
Block 137	(123×131 mm)	dxi	12,—	12,—
		FDC		15,—

Auflagen: MiNr. 3218–3221 = 45 000 Sätze, Bl. 137 = 40 500 numerierte Blocks

Gültig bis 3.7.1999

Rumänien

✈ 1983, 28. Nov. Flp.-Blockausgabe: Konferenz über Sicherheit und Zusammenarbeit in Europa (KSZE), Madrid. RaTdr.; □.

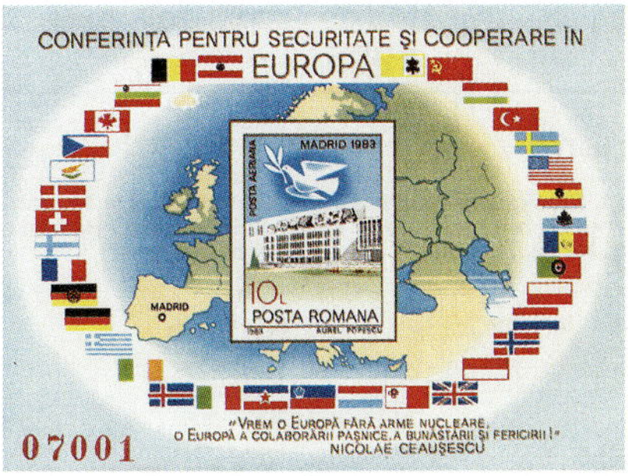

eog

eof) Kongresspalast, Madrid; Friedenstaube

3996	10 L mehrfarbig	eof	—,—	—,—
Block 196	(106×80 mm)	eog	25,—	25,—
		FDC		30,—

Auflage: 29 800 numerierte Blocks

Gültig bis 30.6.2005

Ungarn

1983, 10. Nov. Blockausgabe: Konferenz über Sicherheit und Zusammenarbeit in Europa (KSZE), Madrid. Odr.; A = gez. Ks 12½:11½, B = □.

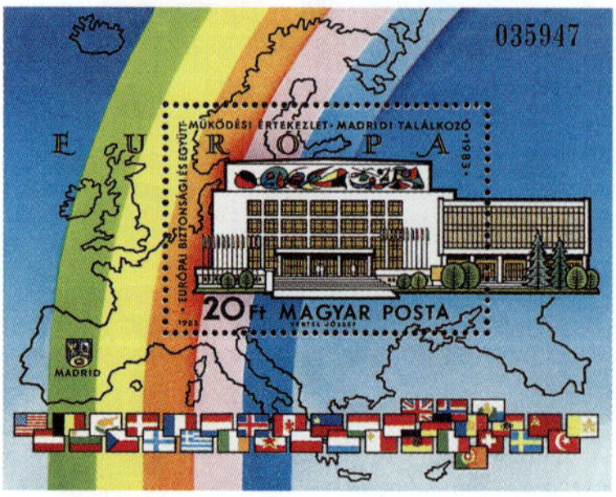

eav) Kongresspalast, Madrid

eaw

3645 A	20 Ft mehrfarbig	eav	3,—	3,—
Block 168 A	(98×78 mm), gez.	eaw	4,—	4,—
		FDC A		6,—
Block 168 B	(98×78 mm), □	eaw	25,—	25,—
		FDC B		30,—

Auflagen: Bl. 168 A = 275 300, Bl. 168 B = 16 800 numerierte Blocks

1984

Jugoslawien

1984, 18. Okt. Internationale Kriegsveteranen-Konferenz über Sicherheit, Abrüstung und Zusammenarbeit in Europa. Odr. (3×3); gez. K 13¼.

bnl) Stilisierte Blume

2071	26 Din mehrfarbig	bnl	1,—	1,—
2072	40 Din mehrfarbig	bnl	1,50	1,50
		Satzpreis (2 W.)	2,50	2,50
		FDC		3,50
		Kleinbogensatz (2 Klb.)	22,—	22,—

MiNr. 2071–2072 wurden jeweils im Kleinbogen zu 8 Marken und 1 Zierfeld (Feld 5) gedruckt.

Auflage: 300 000 Sätze

1985

Bulgarien

1985, 2. Jan. Blockausgabe: Jubiläumskonferenz zum 10. Jahrestag der Unterzeichnung der KSZE-Schlussakte, Helsinki. RaTdr.; gez. Ks 13, MiNr. 3331 nur senkrecht gez.

eci) Flaggen der teilnehmenden Länder — eck) Landkarte von Europa, Friedenstaube — ecl) Flaggen der teilnehmenden Länder — ecm

3330	50 St mehrfarbig	eci	7,—	7,—
3331	50 St mehrfarbig	eck	7,—	7,—
3332	50 St mehrfarbig	ecl	7,—	7,—
Block 150	(172×125 mm)	ecm	25,—	25,—
		FDC		35,—

Auflage: 32 000 numerierte Blocks

Gültig bis 3.7.1999

1985, 22. Okt. Blockausgabe: Kulturforum der Konferenz über Sicherheit und Zusammenarbeit in Europa (KSZE), Budapest. RaTdr.; A = gez. K 12¾:13, MiNr. 3403 nur senkrecht gez., B = □.

efv

efs) Hl. Kyrillos (ca. 826–869), Geistlicher und Lehrer, Schutzpatron Europas — eft) Landkarte von Europa, Friedenstaube — efu) Hl. Methodios (ca. 820–885), Slawenapostel, Schutzpatron Europas

3402	50 St mehrfarbig	efs	0,90	0,90
3403	50 St mehrfarbig	eft	0,90	0,90
3404	50 St mehrfarbig	efu	0,90	0,90
Block 158 A	(105×93 mm)	efv	4,—	4,—
		FDC A		10,—
Block 158 B	(105×93 mm)	efv	40,—	40,—
		FDC B		50,—

Auflagen: Bl. 158 A = 55 000 Blocks , Bl. 158 B = 10 000 numerierte Blocks

Gültig bis 3.7.1999

Finnland

1985, 19. Juni. Jubiläumskonferenz „10. Jahrestag der Unterzeichnung der KSZE-Schlussakte", Helsinki. Odr.; Papier ph.; gez. K 13:12¾.

vo l) Rauchschwalbe (Hirundo rustica); Konferenzgebäude (Finlandia-Halle), Helsinki

970	2.10 (M) mehrfarbig	vo l	1,20	1,—
		FDC		2,—

Auflage: 3 000 000 Stück

Gültig bis 31.12.2011

Rumänien

1985, 3. Juni. Blockausgabe: Jubiläumskonferenz „10. Jahrestag der Unterzeichnung der KSZE-Schlussakte", Helsinki. RaTdr.; □.

ewd) Familie

ewe

4143	10 L mehrfarbig	ewd	—,—	—,—
Block 215	(105×80 mm)	ewe	20,—	20,—
		FDC		30,—

Auflage: 22 500 numerierte Blocks

Gültig bis 30.6.2005

San Marino

1985, 24. Juni. 10. Jahrestag der Unterzeichnung der KSZE-Schlussakte, Helsinki. RaTdr. (8×5); gez. K 13¼:14.

alu) Sonne, Wolken, Pflanze

1323	600 L mehrfarbig	alu	1,—	1,—
		FDC		1,50

Auflage: 331 351 Stück

Sowjetunion

1985, 25. Juli. Jubiläumskonferenz zum 10. Jahrestag der Unterzeichnung der KSZE-Schlussakte, Helsinki. RaTdr., Bogen (6×6) und Kleinbogen (4×2); gez. K 11½.

hit) Konferenzgebäude (Finlandia-Halle), Helsinki; Erdkugel; Palmenzweig

5535	20 K mehrfarbig	hit	0,80	0,80
		FDC		1,50
		Kleinbogen	40,—	50,—

Auflage: 2 820 000 Stück, davon 120 000 im Kleinbogen

Gültig bis 30.9.1992

Tschechoslowakei

1985, 1. Juli. Blockausgabe: Jubiläumskonferenz „10. Jahrestag der Unterzeichnung der KSZE-Schlussakte", Helsinki. Komb. StTdr. und RaTdr.; Papier fl.; A = gez. K 11¾:11¼.

dbz

dby) Mädchen mit Friedenstaube

2822 A	7 Kč mehrfarbig	dby	3,—	2,50
Block 65	mit 4 × MiNr. 2822 A (108×135mm)	dbz	12,—	12,—
		FDC A (Blockmarke)		4,—

Auflage: 229 500 Blocks

Gültig bis 30.9.1993

Ungarn

1985, 1. Aug. Blockausgabe: Jubiläumskonferenz „10. Jahrestag der Unterzeichnung der KSZE-Schlussakte", Helsinki. Odr.; A = gez. Ks 11¼, B = □.

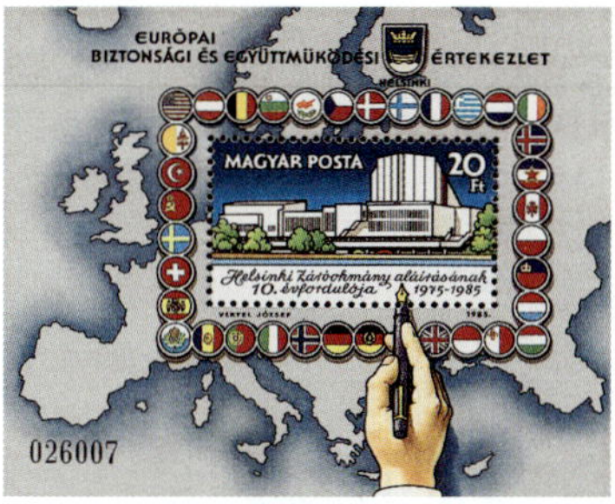

fdw) Finlandia-Halle, Helsinki

fdx

3779 A	20 Ft mehrfarbig	fdw	3,—	3,—
Block 179 A	(92×75 mm), gez.	fdx	4,—	4,—
		FDC A		6,—
Block 179 B	(92×75 mm), □	fdx	40,—	40,—
		FDC B		50,—

Auflagen: Bl. 179 A = 265 300, Bl. 179 B = 12 200 numerierte Blocks

1985, 15. Okt. Blockausgabe: Kulturforum der Konferenz über Sicherheit und Zusammenarbeit in Europa (KSZE), Budapest. Odr.; A = gez. Ks 12, B = □.

fea) Stadtansicht von Budapest

feb

3782 A	20 Ft mehrfarbig	fea	3,—	3,—
Block 180 A	(90×80 mm), gez.	feb	4,—	4,—
		FDC A		6,—
Block 180 B	(90×80 mm), □	feb	40,—	40,—
		FDC B		50,—

Bl. 180 A mit zusätzlicher goldener Beschriftung am Unterrand, sowie mit rückseitigem ungarischem Aufdruck „Geschenk der ungarischen Post" wurde von der Post verschenkt. Dieser Block ist frankaturgültig.

Block 180 A I	mit Aufdruck	130,—	130,—

Auflagen: Bl. 180 A = 260 000, Bl. 180 A I = 3990, Bl. 180 B = 13 200 numerierte Blocks

1986

Bulgarien

1986, 27. Nov. Blockausgabe: Konferenz über Sicherheit und Zusammenarbeit in Europa (KSZE), Wien. RaTdr.; A = gez. Ks 12¾:13, MiNr. 3511 nur senkrecht gez, B = □.

elt

elp) Wiener Hofburg — elr) Rathaus, Wien — els) UNO-Gebäude im Donaupark, Wien

3510	50 St mehrfarbig	elp	1,—	1,—
3511	50 St mehrfarbig	elr	1,—	1,—
3512	50 St mehrfarbig	els	1,—	1,—
Block 168 A	(106×90 mm)	elt	4,—	4,—
		FDC A		20,—
Block 168 B	(106×90 mm)	elt	30,—	30,—

Auflagen: Bl. 168 A = 50 000 Blocks, Bl. 168 B = 11 000 numerierte Blocks

Gültig bis 3.7.1999

Österreich

1986, 4. Nov. Blockausgabe: Konferenz über Sicherheit und Zusammenarbeit in Europa (KSZE), Wien. Komb. StTdr. und RaTdr.; gez. Ks 13½:13¾.

bfv) Luftaufnahme von Wien

bfw

1867	6 S mehrfarbig	bfv	1,—	1,—
Block 8	(90×70 mm)	bfw	1,10	1,50
		FDC		2,—

Block 8 U	ungezähnt		15000,—
Vorlagedruck in Schwarz, mit dem Originaldruckstöckel gedruckt, □, auf Erläuterungsblatt geklebt			35,—

Auflage: 3 500 000 Blocks

Gültig bis 30.6.2002

Rumänien

1986, 28. Okt. Blockausgabe: Konferenz über Sicherheit und Zusammenarbeit in Europa (KSZE), Wien. RaTdr.; □.

fdg) Wiener Hofburg

fdh

4299	10 L mehrfarbig	fdg	—,—	—,—
Block 230	(79×105 mm)	fdh	25,—	25,—
		FDC		30,—

Auflage: 22 500 numerierte Blocks

Gültig bis 30.6.2005

Ungarn

1986, 4. Nov. Blockausgabe: Konferenz über Sicherheit und Zusammenarbeit in Europa (KSZE), Wien. Odr.; A = gez. Ks 11¼:11, B = □.

fgx) Wiener Hofburg

fgy

3844 A	20 Ft mehrfarbig	fgx	4,—	4,—
Block 187 A	(65×80 mm), gez.	fgy	5,—	5,—
		FDC A		7,50
Block 187 B	(65×80 mm), □	fgy	35,—	35,—
		FDC B		45,—

Block 187 wurde auch als numerierter Schwarzdruck (Format 85×100 mm) zusammen mit der Jahreszusammenstellung der ungarischen Post ausgegeben; keine Frankaturgültigkeit. Auflagen: 5000 Stück mit schwarzer Numerierung, 500 Stück mit roter Numerierung.

Auflagen: Bl. 187 A = 253 300, Bl. 187 B = 11 400 numerierte Blocks